浙江政策年鉴

ZHEJIANG ZHENGCE NIANJIAN

2015

中共浙江省委政策研究室　编

中国出版集团
研究出版社

编 辑 说 明

一、《浙江政策年鉴》是由中共浙江省委政策研究室编纂的省级政策性年鉴，主要收集、选编浙江省、市、县（市、区）党委、政府制定出台的可公开发表的部分政策文件。这些政策文件反映了浙江省委、省政府和地方的工作思路和举措，具有浙江特色，是各级党政干部、政策研究工作者的重要工具书，也是研究浙江的重要文献。

二、《浙江政策年鉴》每年出版一卷，2015卷选载2014年制定出台的部分政策文件。

三、本卷《浙江政策年鉴》按年度特色进行分类选编，分为“年度政策综述”“转型升级篇”“深化改革篇”“改善民生篇”“统筹发展篇”“党的建设篇”等六个栏目。

四、本年鉴编纂工作在编辑委员会指导下，依靠省、市、县（市、区）有关部门共同完成，谨向支持年鉴编纂工作的各地各部门表示衷心的感谢。本年鉴编写疏漏和不足之处，敬请广大读者批评指正。

2015年12月

序

赵一德

《浙江政策年鉴》(2015卷）秉承记录政策、存史资政的办刊宗旨，分门别类地汇总了2014年度全省各级党委、政府制定出台的重要政策文件，必将成为全省各级领导机关科学决策的重要依据，成为广大理论工作者开展研究工作的重要资料，成为宣传浙江、研究浙江、解读浙江的重要文献。

政策是我们党意志和主张的集中体现，是各级党委、政府重大决策和工作部署的主要载体，是指导经济社会发展和调整各种利益关系的重要手段。政策的制定和实施，直接关系到党的基本理论、基本路线、基本纲领和基本要求的贯彻执行，关系到不同时期、不同发展阶段的具体目标的实现，关系到一个国家和地区各项事业的兴衰成败。政策创新，对于一个地方发展具有关键性作用。改革开放30多年来，浙江经济社会持续快速发展，实现了从资源小省向经济大省、从计划经济向市场经济、从农业社会向工业社会、从封闭型经济向开放型经济、从基本温饱向全面小康的历史性跨越，成为我国经济增长最快、发展活力最强的省份之一。这其中很重要的一个原因就是政策创新，创造性地贯彻落实中央的路线方针政策，创造性地制定实施具有浙江特色的地方政策，创造性地开展工作推动各项政策落实。可以说，浙江改革发展的每一个阶段、每一步前进、每一项成绩，都是政策引导、探索和推动的结果。这些顺势应时、被实践证明行之有效的政策创新举措，极大地调动了全省人民创业创新的积极性和主动性，使自然资源相对缺乏的浙江较早地从传统计划经济体制的束缚中解放出来，形成了体制机制的先发性优势，使浙江经济社会发展始终保持蓬勃朝气和强劲动力。

2014年是全面深化改革的开局之年，浙江的政策创新更是层出不穷、政策累积效应愈发显现。全省各级各部门认真贯彻党的十八大和十八届三中、四中全会精神，深入实施“八八战略”，全面落实省委十三届四次、五次、六次全会精神，坚持稳中求进工作总基调，突出转型升级主线，守住百姓增收、生态良好、社会平安“底线”，坚持把中央精神与浙江实际结合起来，把尊重人民群众首创精神与注重引导规范结合起来，把继承与发展结合起来，制定实施了一整套抓改革、治环境、促转型、惠民生的政策创新举措，有力地确保了经济社会平稳较快发展，推动了中国特色社会主义在浙江的具体实践，为干好“一三五”、实现“四翻番”打下了坚实基础。2014 年，全省生产总值突破 4 万亿元大关，同比增长 7.6%；财政总收入 7522 亿元，增长 8.9%；规模以上工业企业能源消费下降 0.2%，单位工业增加值能耗下降 6.7%；电子商务交易额突破 2 万亿元，增长 25%左右，网络零售额 5642 亿元，增长 47.6%，总量约占全国五分之一；城乡居民人均可支配收入分别达到 40393 元和 19373 元，分别连续 14 年和 30 年居各省区首位；环境质量继续保持稳中向好态势，雾霾天数下降 17%，PM2.5 平均浓度下降 13%，设区市空气质量优良率达到 75.5%，四项主要污染物年度减排任务全面完成。

毛泽东同志指出：“政策和策略是党的生命，各级领导同志务必充分注意，万万不可粗心大意。”当前，世界经济正陷入新平庸，我国经济正处于新常态，我省发展正进入新阶段，这既给我们带来了前所未有的挑战，也蕴含着十分难得的机遇。“凡益之道，与时偕行。”全省各级各部门一定要认真学习贯彻习近平总书记系列重要讲话精神，始终坚持以“八八战略”为总纲，与时俱进地制定出更多体现中央精神、符合浙江实际、具有各自特色、切实可行的“为政之策”，促进省委省政府重大决策的深化、细化和具体化，推进“四个全面”战略布局在我省的生动实践，确保“八八战略”持续落地生根、开花结果。

目　　录

年度政策综述

年度政策综述 …… 2

转型升级篇

中共浙江省委关于建设美丽浙江创造美好生活的决定 …… 6
浙江省人民政府关于实施“空间换地”深化节约集约用地的意见 …… 12
浙江省人民政府关于建设信息化和工业化深度融合国家示范区的实施意见 …… 14
浙江省人民政府关于全面推进城镇低效用地再开发工作的意见 …… 17
浙江省人民政府关于加快发展信息经济的指导意见 …… 19
浙江省人民政府关于加快建设标准强省的意见 …… 23
浙江省人民政府关于加快培育旅游业成为万亿产业的实施意见 …… 25
浙江省人民政府办公厅关于印发激励全省高新园区争先创优建立摘牌退出机制实施方案（试行）的通知 …… 29
浙江省人民政府办公厅关于促进信息消费扩大内需的实施意见 …… 30
浙江省人民政府办公厅关于印发浙江省扩大有效投资“411”重大项目建设行动计划2014年实施计划的通知 …… 34
浙江省人民政府办公厅关于深入实施商标品牌战略的意见 …… 36
浙江省人民政府办公厅关于在平湖市开展产业结构调整机制创新试点的通知 …… 38
浙江省人民政府办公厅关于推进现代农资经营服务体系建设的意见 …… 41
浙江省人民政府办公厅关于加快发展现代生态循环农业的意见 …… 42
浙江省人民政府办公厅就关于印发浙江省跨境电子商务实施方案的通知 …… 45
浙江省人民政府办公厅关于印发浙江省化解产能过剩矛盾实施方案的通知 …… 47
浙江省人民政府办公厅关于启动云工程与云服务产业培育工作的若干意见 …… 50
浙江省人民政府办公厅关于支持外贸稳定增长的实施意见 …… 52
浙江省人民政府办公厅关于印发浙江省产业集聚区提升发展方案的通知 …… 54
浙江省人民政府办公厅关于“精准对接精准服务”支持医疗器械产业提升发展的若干意见 …… 59
中共杭州市委　杭州市人民政府关于加快发展信息经济的若干意见 …… 62
中共杭州市萧山区委　杭州市萧山区人民政府关于发展信息（智慧）经济的实施意见 …… 65
中共临安市委办公室　临安市人民政府办公室关于进一步加快电子商务发展的实施意见 …… 69
中共宁波市江东区委办公室　宁波市江东区人民政府办公室关于印发《江东区总部经济扩量提质三年行动计划(2014－2016)》的通知 …… 70
中共宁波市江北区委　宁波市江北区人民政府关于加快旅游休闲产业发展的实施意见 …… 75
中共慈溪市委　慈溪市人民政府关于印发《慈溪市关于促进产业转型升级的若干政策》的通知 …… 77
中共温州市委　温州市人民政府关于进一步加强温商回归工作的若干意见 …… 85
中共温州市鹿城区委关于发展时尚产业建设时尚城区的决定 …… 86
中共乐清市委　乐清市人民政府关于千亿级电气产业集群提升发展的决定 …… 89
中共苍南县委　苍南县人民政府关于修复振兴浙南鱼仓的若干意见 …… 93
中共嘉兴市委　嘉兴市人民政府关于印发《嘉兴市深化接轨上海三年行动计划(2014—2016年)》的通知 …… 95

中共嘉兴市秀州区委办公室　嘉兴市秀州区人民政府办公室关于建立招商选资与招才引智融合互动机制的若干意见 …… 98
中共金华市委　金华市人民政府关于加快推进旅游业转型发展的实施意见 …… 99
中共永康市委关于开展"二次出发"解放思想大讨论活动的实施意见 …… 102
常山县人民政府办公室关于印发常山县小微企业助保贷管理办法(试行)的通知 …… 104
中共舟山市委关于建设美丽群岛创造美好生活的若干意见 …… 106
岱山县人民政府关于金融支持实体经济发展的实施意见 …… 110
台州市人民政府关于加快循环经济发展的若干意见 …… 112
三门县人民政府关于印发三门县工业企业亩产效益综合评价加快转型发展实施意见(试行)的通知 …… 115
丽水市人民政府关于深入贯彻"绿水青山就是金山银山"指导思想全面实施生态产业强市的意见 …… 117
中共青田县委　青田县人民政府关于鼓励民间资本参与社会事业发展的若干意见(试行) …… 121

深化改革篇

浙江省人民政府关于严格控制新设行政许可的通知 …… 126
浙江省人民政府关于赋予舟山群岛新区部分省级行政审批(管理)权限的通知 …… 127
浙江省人民政府关于清理非行政许可审批事项的通知 …… 131
浙江省人民政府关于全面开展政府职权清理推行权力清单制度的通知 …… 132
浙江省人民政府办公厅关于在富阳市推行权力清单制度试点的通知 …… 134
浙江省人民政府办公厅关于公布全省行政许可事项目录的通知 …… 135
浙江省人民政府办公厅关于在德清县开展城乡体制改革试点的通知 …… 160
浙江省人民政府办公厅关于开展分级诊疗推进合理有序就医的试点意见 …… 162
浙江省人民政府办公厅印发关于推广海宁试点经验加快推进资源要素市场化配置改革指导意见的通知 …… 163
浙江省人民政府办公厅关于印发浙江省强镇扩权改革指导意见的通知 …… 165
浙江省人民政府办公厅关于政府向社会力量购买服务的实施意见 …… 171
浙江省人民政府办公厅关于调整资源税征收政策有关问题的通知 …… 173
浙江省人民政府办公厅关于印发关于推广柯桥试点经验加快建立企业投资项目高效审批服务机制指导意见的通知 …… 174
浙江省人民政府办公厅关于公布取消和调整行政审批事项目录的通知 …… 177
浙江省人民政府办公厅关于在新昌县开展科技体制改革试点的通知 …… 185
中共富阳市委　富阳市人民政府关于印发《富阳市推行权力清单制度试点方案》的通知 …… 187
中共象山县委　象山县人民政府关于全面深化农村改革发展持续推进幸福美丽新农村建设的若干意见 …… 189
中共温州市委　温州市人民政府关于进一步深化国有企业改革的若干意见 …… 191
瑞安市人民政府办公室印发关于进一步深化公共资源交易规范创新若干规定的通知 …… 194
中共洞头县委关于贯彻党的十八届三中全会精神深化若干重点领域改革的实施意见 …… 196
中共平阳县委办公室　平阳县人民政府办公室关于印发平阳县户籍管理制度改革试点工作方案的通知 …… 198
中共嘉兴市南湖区委　嘉兴市南湖区人民政府关于开展园区管理体制改革的实施意见 …… 202
中共嘉善县委办公室　嘉善县人民政府办公室关于印发《嘉善县创新"三权三抵押"机制深化农村产权制度改革总体方案》的通知 …… 205
平湖市人民政府办公室关于印发平湖市排污权交易办法的通知 …… 206
中共海盐县委办公室　海盐县人民政府办公室关于印发《海盐县村(社区)股份经济合作社深化改革试点方案》的通知 …… 208
中共湖州市委办公室　湖州市人民政府办公室关于推进湖州南太湖产业集聚区、湖州经济技术开发区体制机制创新的实施意见 …… 210
中共湖州市吴兴区委　湖州市吴兴区人民政府

关于深化农村改革创新加快推进国家现代农业示范区改革与建设试点的若干政策意见 ……… 215
中共德清县委　德清县人民政府关于德清县城乡体制改革试点工作实施意见 ……………………… 217
中共绍兴市委办公室　绍兴市人民政府办公室印发《关于全面推进农村集体资产股份合作制改革的实施意见》的通知 ……………………………… 220
衢州市人民政府办公室关于进一步深化农村宅基地管理制度改革的实施意见 ……………………… 222
台州市人民政府办公室关于印发台州市商事登记制度改革实施细则(试行)的通知 ………………… 223
台州市椒江区人民政府办公室关于印发台州市椒江区推进工业企业资源要素市场化配置改革实施方案(试行)的通知 ……………………………… 227
中共玉环县委办公室　玉环县人民政府办公室关于印发《玉环县户籍制度改革实施方案》和《玉环县户籍制度改革户口迁移实施办法(试行)》的通知 ……………………………………… 233
中共云和县委办公室　云和县人民政府办公室关于全面推进农村住房抵押贷款工作的实施意见 ……………………………………………… 236

改善民生篇

浙江省人民政府关于启动实施一方是独生子女夫妇可生育两个孩子政策的通知 ………………… 240
浙江省人民政府关于加快发展养老服务业的实施意见 ……………………………………………… 240
浙江省人民政关于发展民办养老产业的若干意见 ……………………………………………… 243
浙江省人民政府关于调整完善征地补偿安置政策的通知 ……………………………………………… 247
浙江省人民政府关于促进健康服务业发展的实施意见 ……………………………………………… 249
浙江省人民政府　浙江省军区关于批转省人力社保厅、省军区政治部浙江省军人随军家属就业安置实施办法的通知 ……………………………………… 253
浙江省人民政府关于进一步完善城乡居民基本养老保险制度的意见 …………………………… 255
浙江省人民政府关于调整全省最低工资标准的通知 ……………………………………………… 257
浙江省人民政府关于实施省重点高校建设计划的意见 ……………………………………………… 257
浙江省人民政府办公厅关于加强职业卫生监管工作的意见 ……………………………………… 259
浙江省人民政府办公厅关于印发低收入农户收入倍增计划(2013—2017年)的通知 ……………… 259
浙江省人民政府办公厅关于加强食品安全基层责任网络建设的意见 ……………………………… 265
浙江省人民政府关于促进城乡居民收入持续普遍较快增长的若干意见 ……………………………… 267
浙江省人民政府办公厅关于规范农村宅基地管理切实破解农民建房难的意见 ………………… 268
浙江省人民政府办公厅关于推进全省农村应急广播体系建设的实施意见 ………………………… 270
浙江省人民政府办公厅关于推行设区市主城区家禽“杀白”上市工作的通知 ………………………… 271
浙江省人民政府办公厅关于加快推进全省农村宅基地确权登记发证工作的意见 ………………… 273
浙江省人民政府办公厅关于进一步推进村级(社区)便民服务中心建设完善政务服务体系的通知 …… 274
浙江省人民政府办公厅关于进一步完善医疗救助制度有关问题的通知 …………………………… 275
浙江省人民政府办公厅关于加快建立和完善大病保险制度有关问题的通知 ……………………… 276
浙江省人民政府办公厅关于印发浙江政务服务网信息资源共享管理暂行办法的通知 ……………… 277
中共杭州市上城区委办公室　杭州市上城区人民政府办公室关于印发《深化“平安365”社会服务管理平台建设实施方案》的通知……………………… 280
中共杭州市下城区委　杭州市下城区人民政府关于加快推进社区治理和服务创新的意见 ……… 283
中共杭州市江干区委办公室　杭州市江干区人民政府办公室关于进一步加强教育人才队伍建设的意见 ……………………………………………… 284
中共杭州市拱墅区委办公室　杭州市拱墅区人民政府办公室关于印发《拱墅区加快推进社会组织培育发展工作实施意见》的通知……………………… 286
宁波市海曙区人民政府关于加强社会化助残服务体系建设的意见 ……………………………… 287
中共余姚市委　余姚市人民政府关于加快构建新型社区治理体系进一步提升城市社区建设水平的意见 ……………………………………………… 289
中共永嘉县委　永嘉县人民政府关于印发《永嘉县民宿管理办法(试行)》的通知 …………… 292
中共文成县委　文成县人民政府关于实施

促进农民收入持续普遍较快增长十大行动的意见 …… 294
绍兴市人民政府办公室关于鼓励和引导民间资本进入养老服务业的实施意见 …… 297
新昌县人民政府办公室关于印发新昌县水价综合改革实施方案的通知 …… 301
金华市人民政府关于加快发展养老服务业的实施意见 …… 305
中共金华市金东区委办公室　金华市金东区人民政府办公室关于开展金东区美丽家庭创建活动的实施意见 …… 308
中共磐安县委　磐安县人民政府关于加快推进农村危房改造的意见 …… 309
衢州市人民政府关于促进民办教育发展的若干意见(试行) …… 311
中共舟山市定海区委　舟山市定海区人民政府关于进一步减轻社区负担规范社区工作的意见 …… 313
中共舟山市普陀区委办公室　舟山市普陀区人民政府办公室印发舟山市普陀区关于构建和完善大社保工作体系的实施意见(试行)的通知 …… 314
中共台州市路桥区委办公室　台州市路桥区人民政府办公室关于加强全区农村文化礼堂建设的意见 …… 316
中共天台县委办公室　天台县人民政府办公室关于进一步加强社区矫正工作的实施意见 …… 318
中共缙云县委　缙云县人民政府关于促进农民增收的实施意见 …… 321

统筹发展篇

中共浙江省委关于全面深化法治浙江建设的决定 …… 326
浙江省人民政府关于加强计算量工作的意见 …… 333
浙江省人民政府关于印发浙江省 2014 年主要污染物总量减排计划的通知 …… 335
浙江省人民政府关于印发浙江省行政奖励暂行办法的通知 …… 338
浙江省人民政府关于开展"无违建县(市、区)"创建活动的实施意见(试行) …… 340
浙江省人民政府关于公布第二批浙江省珍贵古籍名录和第二批浙江省古籍重点保护单位的通知 …… 341
浙江省人民政府办公厅关于在开化县开展重点生态功能区示范区建设试点的通知 …… 347
浙江省人民政府办公厅关于加强城市内涝防治工作的实施意见 …… 349
浙江省人民政府办公厅关于印发浙江省人民政府 2014 年立法工作计划的通知 …… 351
浙江省人民政府办公厅关于在淳安县开展重点生态功能区示范区建设试点的通知 …… 353
浙江省人民政府办公厅关于印发浙江省劳动模范评选管理办法(试行)的通知 …… 355
浙江省人民政府办公厅关于印发浙江省人民政府法律顾问工作规则的通知 …… 358
浙江省人民政府办公厅关于加强湿地保护管理工作的意见 …… 359
浙江省人民政府办公厅关于进一步加强耕地占补平衡管理的通知 …… 360
浙江省人民政府办公厅关于印发浙江省大气重污染应急预案(试行)的通知 …… 362
浙江省人民政府办公厅关于公布小城市培育试点扩围名单的通知 …… 368
浙江省人民政府办公厅关于创新农药管理机制保障农产品质量及生态安全的意见 …… 368
浙江省人民政府办公厅关于印发浙江省建设项目环境影响评价文件分级审批管理办法的通知 …… 370
浙江省人民政府办公厅关于印发浙江省大气污染防治行动计划重点工作部门分工方案的通知 …… 372
浙江省人民政府办公厅关于完善农村土地承包制度搞活承包经营权权能的意见 …… 375
浙江省人民政府办公厅关于公布首批省重要湿地名录的通知 …… 378
浙江省人民政府办公厅关于全面编制实施环境功能区划加强生态环境空间管制的若干意见 …… 379
浙江省人民政府办公厅关于进一步推进地理信息产业发展的实施意见 …… 382
浙江省人民政府办公厅关于深入推进反走私领域企业守法诚信体系建设的意见 …… 385
中共杭州市委　杭州市人民政府关于进一步加快萧山区余杭区与主城区一体化发展的若干意见 …… 386
中共淳安县委办公室　淳安县人民政府办公室关于培育发展家庭农场的实施意见(试行) …… 389
中共宁波市委　宁波市人民政府关于全面深化农村改革加快城乡一体化发展的若干意见 …… 390
中共宁波市镇海区委关于贯彻落实党的十八届四中全会精神全面推进"法治镇海"建设的决定 …… 394
中共宁海县委　宁海县人民政府关于印发《宁海县

“五水共治”总体方案》的通知 …………………… 398
中共温州市瓯海区委　温州市瓯海区人民政府关于推进社会治理创新工作的实施意见 ………… 400
中共泰顺县委办公室　泰顺县人民政府办公室关于加快推进罗阳镇重点生态功能区小城市培育试点三年政策扶持的通知 ……………… 402
中共嘉兴市委关于深入贯彻省委“两美”建设决定打造江南水乡典范的实施意见 ………… 403
中共湖州市委办公室　湖州市人民政府办公室关于印发《湖州市大气污染防治(治霾 318)攻坚行动实施方案》的通知 ………………… 408
中共湖州市南浔区委　湖州市南浔区人民政府关于加快推进练市小城市培育试点工作的扶持政策 …………………………………… 410
中共诸暨市委　诸暨市人民政府关于社会治理“一张网”工程的实施意见 …………………… 411
中共嵊州市委　嵊州市人民政府关于开展“三争”提升年活动的通知 ……………………… 415
金华市婺城区人民政府办公室关于印发婺城区畜牧业污染专项整治行动方案的通知 ………… 417
浦江县加强长效管护、巩固“清三河”工作成果实施方案 ………………………………… 420
中共武义县委办公室　武义县人民政府办公室关于印发《武义县美丽乡村精品创建工作实施方案》的通知 ……………………………… 421
中共开化县委　开化县人民政府关于推进新型城镇化的实施意见 ……………………………… 423
中共舟山市委　舟山市人民政府关于深化新区渔农村改革加快推进城乡发展一体化的若干意见 ……………………………………………… 428
临海市人民政府关于印发加快乡村绿色发展示范建设扶持办法的通知 …………………… 431
温岭市人民政府办公室关于印发“三改一拆”拆后土地利用的实施意见(试行)的通知 ………… 437
中共龙泉市委关于深入实施生态立市战略建设美丽龙泉创造美好生活的决定 ……………… 438
中共遂昌县委　遂昌县人民政府关于加快推进新型城镇化建设的实施意见 …………………… 441
中共景宁畲族自治县委　景宁畲族自治县人民政府关于进一步加强新形势下民族工作深化少数民族经济社会发展扶持工作的若干意见 …………… 445

党的建设篇

中共杭州市余杭区委关于印发《杭州市余杭区区管领导干部“四考合一”考核评价实施办法(试行)》的通知 ………………………………… 448
中共建德市委关于落实“走访不漏户，户户见干部”要求进一步深化乡镇(街道)干部“驻乡进村访户”活动的通知 ………………………… 449
桐庐县县管领导干部不敢担当情形问责办法(试行) ……………………………………………… 450
中共宁波市委关于建立健全科学民主依法决策机制的实施意见 …………………………………… 452
中共奉化市委关于进一步加强和改进调查研究工作的意见 ……………………………………… 453
中共温州市龙湾区委　温州市龙湾区人民政府关于印发《“三联四推五提升”专项活动实施方案》的通知 ………………………………… 455
中共海宁市委关于推行项目主办工作制建设担当型干部队伍的试行意见 ………………………… 458
中共桐乡市委关于加强全市干部团队精神建设的实施意见 ………………………………… 459
中共长兴县委办公室关于印发《长兴县干部全员竞聘工作实施意见(试行)》的通知 ………………… 461
中共安吉县委办公室《关于开展“乡镇(街道)、部门一把手与百姓面对面”活动的通知》 ………… 462
中共绍兴市越城区委关于进一步加强基层党组织建设的意见 ………………………………… 463
中共绍兴市柯桥区委办公室　绍兴市柯桥区人民政府办公室关于完善规范管理、能进能出机制着力建设“三合适”村干部队伍的若干意见 ………… 466
中共绍兴市上虞区委关于进一步加强村主职干部队伍建设的意见 ……………………………… 468
中共兰溪市委关于深化完善市四套班子例会制度的意见 ………………………………………… 473
中共东阳市委办公室　东阳市人民政府办公室关于进一步加强不守规矩村官管理的意见 ……… 473
中共龙游县委关于建立能上能下机制建设过得硬打胜仗干部队伍的实施意见 …………………… 474
中共台州市黄岩区委办公室关于印发《区管领导干部谈心谈话制度》的通知 …………………… 476
中共仙居县委办公室关于深化“强基惠民村村帮”工程扎实推进党的群众路线教育实践活动的实施意见 …………………………………… 478
中共丽水市委办公室关于深化“双先双创”活动进一步加强基层服务型党组织建设的意见 ……… 480
中共庆元县委办公室　庆元县人民政府办公室关于推行“一线破难、一线比学”工作机制的实施意见 ……………………………………………… 483

年度政策综述

年度政策综述

2014年，浙江省委、浙江省政府带领全省人民认真贯彻落实党的十八大及十八届二中、三中、四中全会精神，深入实施“八八战略”，坚持稳中求进、改中求活、转中求好，着力在提质增效上见成效，在改善民生上出实招，在狠抓落实上下功夫，推动经济持续健康发展与社会和谐稳定，为全面完成“十二五”规划，干好“一三五”、实现“四翻番”奠定了坚实基础。

回顾这一年全省各级党委政府制定的政策文件，主要有以下四个特点：

1. 坚持以改革为统领。“惟改革者进，惟创新者强，惟改革创新者胜。”改革是生成发展红利的“活水”，是解决发展中突出矛盾和问题的“总开关”，是推动经济社会发展和民生改善的“动力源”。当前和今后一个时期，改革仍然是最大的红利。2014年，全省各级党委政府竞相把新理念、新方式、新机制以及新法规、新政策和新工作载体引入原有的制度体系、政策体系、工作体系并实现新的整合，努力通过制度创新、政策创新和工作创新，完善制度供给，着力打造更有效率的政务生态系统、更有活力的创业创新生态系统、更有魅力的自然生态系统、更加和谐的社会生态系统。大力推进以“四张清单一张网”为重点的政府自身改革，重点推进权力清单“瘦身”、责任清单“强身”、政务服务网功能提升，着力提高行政效能，推动政府治理体系和治理能力现代化。加快“四大国家战略举措”相关改革，设立省海洋开发投资集团公司，赋予舟山群岛新区116项省级行政审批和管理权限，义乌市市场采购新型贸易方式正式落地，“义新欧”中欧班列开通，温州市民间融资管理条例全面实施。积极推进各项改革试点，富阳市权力清单制度改革试点、舟山市综合行政执法改革试点、海宁市资源要素市场化配置试点、绍兴市柯桥区企业投资项目高效审批改革试点、台州市小微金融等改革创新试点初步形成多项“可复制、可推广”的制度创新成果。

2. 坚持以转变经济发展方式为主线。加快经济发展方式转变是适应全球需求结构重大变化、增强抵御国际市场风险能力的必然要求，是提高可持续发展能力的必然要求，是在后国际金融危机时期国际竞争中抢占制高点、争创新优势的必然要求，是实现国民收入分配合理化、促进社会和谐稳定的必然要求，是适应实现全面建成小康社会奋斗目标新要求，是满足人民群众过上更好生活新期待的必然要求。全省各级各部门咬定目标、上下同欲、精准发力，以壮士断腕的勇气、凤凰涅槃的魄力、浴火重生的担当，以治水为突破口，坚决打出了以浙商回归、“五水共治”、“三改一拆”、“四换三名”、“四边三化”、“一打三整治”、创新驱动、市场主体升级、小微企业三年成长计划、七大产业培育等为主要内容的转型升级组合拳，找到了转型升级的跑道，见到了转型升级的曙光。2014年，全省淘汰落后产能3500多家企业，主动关停重污染高耗能企业1133家、高污染小作坊1.88万家；R&D经费支出占GDP的比例提高到2.34%；高新技术企业累计达6232家；使用工业机器人总量约占全国的15%，位居全国第一；劳动生产率为18万元/人，增长9.4%，未来科技城、青山湖科技城、宁波新材料科技城等重大创新平台相继建成。准确把握县域经济向城市经济转变的大趋势，研究制定杭州、宁波、温州和金华——义乌四大都市区规划，加快小城镇改革发展，推动先进制造业向产业集聚区集中、现代服务业向中心城市集中。

3. 坚持以改善民生作为发展的根本目的。“民惟邦本，本固邦宁。”民生是人民幸福之基、社会和谐之本。我们党来自人民、植根人民、服务人民，是全心全意为人民服务的政党，无论干革命、搞建设、抓改革，都是为了让人民过上幸福生活。检验我们一切工作的成效，最终都要看人民是否真正得到了实惠，人民生活是否真正得到了改善。全省抓住人民最关心最直接最现实的利益问题，发放了许多民生“红包”。全面部署“两美”战略的改革总目标、总要求和路线图，完善城乡居民基本养老保险制度、上调全省最低工资标准、鼓励养老服务业加快发展、调整征地补偿安置政策、实施省重点高校建设计划、实施新的浙江省军人随军家属就业安置实施办法、实施一方是独生子女夫妇可生育两个孩子政策、加强职业卫生监管工作、开展低收入农户收入倍增计划（2013—2017年）、加强食品安全基层责任网络建设、启动实施省级公立医院综合改革的意见、推进全省农村应急广播体系建设、建立和完善大病保险制度、开展大气环境污染防治专项行动计划、编制环境功能区规划、加强生态空间管制、公布首批省重点湿地目录等等。这些政策的实施，有力地促进了社会建设和民生改善。2014年，全省卫生、计生、教育、就业及社会保障等领域的财政支出分别增长23.7%、8.5%和9.7%。十个方面民生实事年度目标任务全面完成。企业退休人员基本养老金待遇标准平均提高10%，城乡居民低保标准分别提高11.6%和20%，四档最低工资标准均提高12%以上。全省设区市空气质量优良率达到75.5%，提高7.1

个百分点。安全生产事故起数、死亡人数分别下降6.2%和9%。

4. 坚持以党的建设为保障。省委认真贯彻习近平总书记系列重要讲话精神，坚持党要管党、从严治党，充分借鉴运用第一批党的群众路线教育实践活动成功经验，深入开展第二批教育实践活动，以改革创新精神切实加强党的建设各项工作。一是着力解决"四风"问题。认真落实中央八项规定、《党政机关厉行节约反对浪费条例》和我省"28条办法""六个严禁"，坚决反对形式主义、官僚主义、享乐主义和奢靡之风。制订浙江省党的纪律检查体制改革实施方案，强化党风廉政建设党委主体责任和纪委监督责任，开展落实中央巡视组反馈意见专项整改工作，实施党政机关国内公务接待管理办法以及配偶已移居国（境）外的国家工作人员任职岗位管理办法等规定，对作风之弊、行为之垢进行大排查、大检修、大扫除。二是着力加强党内法规制度建设。印发省委党内法规制定工作五年规划纲要，切实把党内法规制度建设摆到更加突出的位置。建立定期清理和即时清理机制，废止和宣布失效一批党内法规和规范性文件。深化巡视工作体制机制改革，狠抓党内法规制度执行，杜绝"制度空转"，确保从严管党治党各项要求落到实处。三是着力推进基层服务型党组织建设。以全面轮训换届后村（社区）党组织书记为重点，抓好服务骨干队伍建设。坚持和完善乡镇（街道）干部住夜值班、驻村联户制度，全面推行联村干部到村综合服务大厅（窗口）开展"固定服务日"制度和村（社区）主职干部到综合服务大厅（窗口）"轮流值班服务"制度，健全"为民服务全程代理"制度，全面推行在职党员到社区报到志愿服务，深入开展"微心愿"活动。

转型升级篇

中共浙江省委关于建设美丽浙江创造美好生活的决定

（2014 年 5 月 23 日中国共产党浙江省第十三届委员会五次全体会议通过）

为深入贯彻党的十八大、十八届三中全会和习近平总书记系列重要讲话精神，积极推进建设美丽中国在浙江的实践，加快生态文明制度建设，努力走向社会主义生态文明新时代，作出关于建设美丽浙江、创造美好生活的决定。

一、建设美丽浙江、创造美好生活的重大意义、总体要求、主要目标和重点工作

（一）建设美丽浙江、创造美好生活的重大意义

党的十八大把生态文明建设纳入中国特色社会主义事业总体布局，提出努力建设美丽中国，走向社会主义生态文明新时代，实现中华民族永续发展。党的十八届三中全会把加快生态文明制度建设作为全面深化改革的重要内容，提出必须建立系统完整的生态文明制度体系，用制度保护生态环境。习近平总书记强调，走向生态文明新时代，建设美丽中国，是实现中华民族伟大复兴的中国梦的重要内容。他还提出“山水林田湖是一个生命共同体”“绿水青山就是金山银山”“人民对美好生活的向往，就是我们的奋斗目标”等一系列新思想新观点新要求。这标志着我们党对中国特色社会主义规律的认识进一步深化，表明了我们党坚持“五位一体”总体布局、加强生态文明建设的坚定意志和坚强决心。

建设美丽浙江、创造美好生活，是建设美丽中国在浙江的具体实践，也是对历届省委提出的建设绿色浙江、生态省、全国生态文明示范区等战略目标的继承和提升。这些年来，我省在生态文明建设实践中，始终以“八八战略”为统领，进一步发挥浙江的生态优势，坚定“绿水青山就是金山银山”的发展思路，坚持一任接着一任干、一张蓝图绘到底，把生态文明建设放在突出位置；坚持在保护中发展、在发展中保护，把发展生态经济和改善生态环境作为核心任务；坚持全面统筹、突出重点，把解决影响可持续发展和危害人民群众身体健康的突出环境问题作为着力点；坚持严格监管、优化服务，把保障生态环境安全和维护社会和谐稳定作为基本要求；坚持党政主导、社会参与，把创新体制机制和倡导共建共享作为重要保障，推进我省生态文明建设取得重大进展和积极成效，为建设美丽浙江、创造美好生活奠定了坚实基础。

面向未来发展，建设美丽浙江、创造美好生活，是我省深入贯彻落实党的十八大、十八届三中全会和习近平总书记系列重要讲话精神的重大部署，是尽快改善生态环境、不断满足人民对美好生活新期待的重大举措，是加快转变生产生活方式、实现更高水平发展的必由之路，是提升全面建成小康社会水平、建设物质富裕精神富有现代化浙江的重要内容。全省上下要从全局和战略的高度，把建设美丽浙江、创造美好生活作为重要工作指针，贯穿于经济社会发展全过程，认真抓紧抓实抓好各项工作。

（二）建设美丽浙江、创造美好生活的总体要求

坚持以邓小平理论、“三个代表”重要思想、科学发展观为指导，认真贯彻党的十八大、十八届三中全会和习近平总书记系列重要讲话精神，深入实施“八八战略”，围绕干好“一三五”、实现“四翻番”目标，坚持生态省建设方略，把生态文明建设融入经济建设、政治建设、文化建设、社会建设各个方面和全过程，全面深化改革，加快经济转型升级，着力优化空间结构，改善生态人居环境，加强生态安全和资源安全，培育弘扬生态文化，强化法治制度保障，形成人口、资源、环境协调和可持续发展的空间格局、产业结构、生产方式、生活方式，努力实现天蓝、水清、山绿、地净，建设富饶秀美、和谐安康、人文昌盛、宜业宜居的美丽浙江。

（三）建设美丽浙江、创造美好生活的主要目标

建设美丽浙江、创造美好生活是一项具有系统性、长期性、艰巨性的历史任务，需要确定具体工作目标，有步骤分阶段推进。

到 2015 年，美丽浙江建设各项基础性工作扎实开展，基本完成国土（海洋）空间规划体系和主体功能区、环境功能区布局，初步建立比较完善的美丽浙江建设体制机制和组织领导保障体系；低消耗、低排放、高附加值的产业结构加快形成，生态经济成为我省经济增长新亮点；“五水共治”有力推进，垃圾河、黑河、臭河整治成效显著，近岸海域污染治理有效推进，县以上城市集中式饮用水源地水质达标率大于 90%；“三改一拆”工作持续深入开展，大气环境治理取得成效，耕地土壤污染有所遏制，基本建成污染物收集处置环境基础设施体系，城乡生态环境质量在全国保持领先地位。省“十二五”规划确定的单位生产总值能耗、主要污染物排放、民生保障和社会公平等主要指标全面完成。

到 2017 年，美丽浙江建设取得明显进展，全省空间开发格局确定，科学合理的生产空间、生活空间和生态空间

初步形成；生态安全屏障体系构建初步完成，奠定浙江经济社会可持续发展基础；人民群众最为关心的水、大气环境质量有效改善，省域主要河流水质达标率以及人均公共绿化面积达到全国领先水平，土壤污染防治行动和土壤修复工程全面推进，近岸海域整治和生态修复取得成效，环境健康安全体系初步建立，构建绿色循环低碳的现代产业体系取得重大进展，主要污染物排放量和能源消耗强度在"十二五"基础上进一步下降；生态文明行为习惯在全社会积极养成，人居环境质量有效改善；就业、教育、医疗、养老、住房等方面社会保障和基本公共服务进一步加强和改善。省第十三次党代会确定的生态环境质量、人民生活品质、社会文明程度等方面的目标全面完成。

到2020年，初步形成比较完善的生态文明制度体系，以水、大气、土壤和森林绿化美化为主要标志的生态系统初步实现良性循环，全省生态环境面貌出现根本性改观，生态文明建设主要指标和各项工作走在全国前列，争取建成全国生态文明示范区和美丽中国先行区，城乡统筹发展指数、城乡居民收入、居民健康指数、生态环境指数、文化发展指数、社会发展指数、社会保障指数、农民权益保障指数等达到预期目标。

在此基础上，再经过较长时间努力，实现天蓝、水清、山绿、地净，建成富饶秀美、和谐安康、人文昌盛、宜业宜居的美丽浙江。

（四）建设美丽浙江、创造美好生活的重点工作

建设美丽浙江、创造美好生活，近期要在以下四个方面取得突破。深入开展"五水共治"、雾霾治理、城市交通拥堵治理、城乡垃圾处理、浙江渔场修复振兴以及餐饮业污染治理等专项行动，在回应与人民群众生活生命质量密切相关、反映强烈的突出问题上取得突破；深入开展节能减排、循环经济培育、重污染高能耗行业整治提升专项行动，在推进我省产业转型升级上取得突破；深入开展绿色城镇创建、美丽乡村建设、"四边三化"等专项行动，在进一步改善全省城乡面貌上取得突破；深入探索建立和实施生态保护红线划定、资源要素市场化配置约束激励机制、环境准入和环境监管制度、考核评价体系调整等专项改革，在构建生态文明制度体系上取得突破。力争三年内，全省河流1～3类水质断面比例每年提高一个百分点；PM2.5浓度比2012年下降20%以上，年优良空气天数达到250天以上；设区市城市公共交通分担率达到30%以上，专用停车位新增60万个；农村生活污水和垃圾集中处理实现全覆盖；"垃圾海湾""东海无鱼"状况得到改善；完善从田头到餐桌食品安全全程管控体系，餐桌安全问题得到有效整治，切实在生态文明领域取得惠民利民的实际成效。

建设美丽浙江、创造美好生活，全省各地都要积极努力。山区市县和沿海市县要根据自身特点，为美丽浙江建设积极打造绿色生态屏障和蓝色生态屏障。杭州市要成为美丽中国建设先行区，重点在提升城市形象和生态竞争力上取得显著成效；宁波市、舟山市要成为美丽浙江建设港口特色市、海上花园城，重点在浙江海洋经济发展示范区、舟山群岛新区建设上取得显著成效；温州市、台州市、金华市要成为美丽浙江建设环境综合整治示范区，重点在加快产业转型升级、实现保护与发展双赢上取得显著成效；绍兴市、嘉兴市、湖州市要成为美丽浙江建设江南水乡典范，重点在水环境治理和生态文化培育上取得显著成效；衢州市、丽水市要成为美丽浙江建设重要生态屏障，重点在生态环境保护和生态经济发展上取得显著成效。支持湖州、杭州、丽水等地创建国家生态文明先行示范区。

二、建设美丽浙江、创造美好生活的主要任务

（五）优化完善实现永续发展的城乡区域空间布局

完善空间规划体系。按照人口、经济、资源环境承载力相协调和主体功能区定位的要求，创新编制省域总体规划，促进经济社会发展规划、城乡规划、土地利用规划、地下空间规划、环境功能区划、海洋发展规划和流域规划等多规融合、一体发展，形成定位清晰、管控严格的空间规划体系，保证规划刚性执行，强化规划重点目标任务的考核。加强全省陆海统一的地理空间信息系统建设，完善各类规划和功能区划调整机制，探索编制近岸海域主体功能区规划。

优化区域空间开发格局。贯彻落实《浙江省主体功能区规划》，打造浙江海洋经济发展示范区，构建现代农业发展格局，构筑产业集聚大平台，完善新型城市化战略格局，建设生态安全体系，逐步形成人口、经济、资源、环境相协调的空间开发总体格局，实施财政、土地、产业、环境等差别化区域政策。严格保护自然资源保护区域、生态环境涵养区域、历史文化保护区域等禁止开发区域的自然资源、生态环境、文化遗迹，严格禁止一切不符合主体功能区定位的开发活动，严格控制区域内符合功能定位的建设活动，严格监管开发、建设、保护和利用等各个环节。制定国土空间差别化准入条件，强化准入管理。

统筹推进城乡一体化。深入实施《浙江省深入推进新型城市化纲要》和关于深入推进新型城市化的实施意见，促进工业化、信息化、城镇化、农业现代化同步发展，加快形成城乡空间布局框架和城镇体系结构。统筹推进城乡规划实施、基础设施建设、产业布局、社会事业发展和生态环境保护。统筹抓好城乡综合配套改革，加快建立城乡要素平等交换、公共资源均衡配置的体制机制，促进城乡区域协调发展。着力建设一批集景观建设、林相改造、生态涵养于一体，富有人文内涵的示范工程，建成省域"万里绿道网"，增进城乡生态空间有机联系。加强城乡地质灾害防治和住宅质量检测，完善防火、防灾安全设施，提高城乡安全保障水平。

（六）加强山川海洋自然生态保护建设

加强重点区域生态保护。加大对重要生态功能区、生态环境敏感区和脆弱区的保护力度，确保钱塘江、瓯江、太湖等主要流域源头地区和海洋生态功能区维持原生态。加强湖泊和湿地生态保护，遏制面积萎缩、功能退化趋势。控制低丘缓坡开发，遏制水土流失。推进自然保护区、海洋特别保护区规范化建设，抵御外来物种入侵，全面加强生物多样性保护。按照保护优先、开发有序的原则，加大土地、矿产、森林、海岸线和岛礁等资源重点开发区域的生

态监管力度。积极应对气候变化，建立健全气象灾害预警先导的部门联动和社会响应机制，深入推进防灾减灾体系建设。加强辐射污染和放射源监管。

加大生态修复力度。坚持自然修复为主、人工修复为辅，通过退耕还林、封山育林、增殖放流、禁渔休渔等措施，让生态系统休养生息，对无法实现自我修复的生态系统开展工程修复。在水体污染较严重的江河流域、平原河网和重要水环境功能区，积极建设水环境生态治理和修复工程。加快修复湖库生态系统，持续改善湖库生态环境。全面加强矿山生态环境整治、复垦和沿海滩涂、重点港湾、海域海岛的生态修复。深入推进小流域、坡耕地及林地水土流失综合治理。

大力推进生态屏障建设。加强绿色生态屏障建设，深入推进"下山移民"工程，加大森林资源保护力度，全面推进平原绿化和森林扩面提质，提高林分质量和林木蓄积量，提升森林生态系统功能。加强海洋蓝色生态屏障建设，实施入海污染物排放总量控制、海洋灾害监测与预警、海洋环境监测、浙江渔场修复振兴、海域海岛海岸带整治修复和海洋建设能力保障等六大海洋重点工程，扎实推进近岸海域和重点海湾污染整治，加强围填海和海岸线的管理，科学合理利用岸线、滩涂和海岛资源，严格控制海洋开发活动。加快海岸防护工程和海岛防护林体系建设。开展滨海生态走廊建设。

（七）着力推进以治水为重点的环境综合治理

抓"五水共治"让水更清。把"五水共治"作为重大战略常抓不懈，形成规划指导、项目跟进、资金配套、监理到位、考核引导、科技支撑、规章约束、指挥统一的保障机制。坚持"五水共治"、治污先行，重点整治垃圾河、黑河、臭河，近期实现城镇截污纳管基本覆盖，农村污水处理、生活垃圾集中处理基本覆盖。加快推进化工、印染、造纸、制革等重污染行业的淘汰落后、整治提升工作，推进种养殖业的集聚化、规模化经营和污物排放的集中化、无害化处理，强化农业面源污染防治。防洪水、排涝水、保供水、抓节水要齐抓共治、协调并进。实行最严格的水环境监管制度，全面落实"河长制"，动员全社会力量参与水环境治理，构建良好水生态系统。强化流域统筹、疏堵并举，全面开展江河湖库治理，解决防汛防台抗旱突出问题。深入推进重点流域、主要污染河段以及平原河网的污染整治。加强城镇污水处理设施建设，提高城乡污水处理效率，提升污泥无害化处置水平。加大水利基础设施和重大水利工程建设，完善城市、县城排涝管网设施。全面开展农村生活污水处理和卫生设施改造。强化饮用水源安全保障，推进饮用水水源地与取水裸露管网的污染防治与管理，健全完善水质监控、超标预警和应急处置机制。加强全社会节水教育，坚持节约用水、科学用水。

抓雾霾治理让天更蓝。深入实施《浙江省大气污染防治行动计划（2013—2017 年）》，认真落实六大专项实施方案，切实改善环境空气质量。严格控制煤炭消费总量，大力推进"煤改气"工作，加强高污染燃料禁燃区建设。加强机动车污染防治，加快彻底淘汰黄标车，大力推广新能源汽车等清洁交通工具，切实做好油品提升和城市治堵工作。深入实施工业脱硫脱硝减排工程，加大工业烟粉尘、挥发性有机废气治理。加强城市烟尘整治，全面建成"烟控区"。严格控制城市工程扬尘和农村废气排放，全面禁止农作物秸秆焚烧。建立健全重污染天气监测、预警和应急响应体系，积极参与长三角地区治气降霾联防联控，不断完善大气污染区域联防联控机制。

抓土壤净化让地更净。强化土壤环境保护和综合治理。全面开展土壤污染防治行动和土壤修复工程，深化重金属、持久性有机污染物综合防治，建立覆盖危险废物和污泥产生、贮存、转运及处置的全过程监管体系。严格控制新增土壤污染，明确土壤环境保护优先区域，实行严格的土壤保护制度。全面开展重点区域土壤环境调查，建立全省土壤信息数据库，加快构建土壤环境监测体系，逐步实现主要农产品产地土壤环境状况动态监控。排查并划分污染场地环境风险，全面强化污染场地开发利用的监督管理，逐步推进污染企业原址、废弃矿场的土壤污染修复示范工程。

（八）切实优化"诗画江南"人居环境

加快美丽城市规划建设。根据环境和人口承载能力、可开发土地资源和经济社会发展水平，进一步完善全省城镇体系规划。坚持全省规划"一盘棋"，统筹抓好都市区、区域中心城市、县城和中心镇的规划建设，推动高端要素向都市区集聚，分类指导区域中心城市发展，推动县城、小城市和中心镇成为统筹城乡发展的战略节点。结合自然资源特点和人文特色，科学设计城镇人居环境、景观风貌和建筑色彩，加强城镇生态景观保护和建设，推进生态人文小城市试点，建设一批江南风情小镇，彰显"诗画江南"独特魅力。坚守城市发展"边界"，推进绿色城市、智慧城市、人文城市建设。科学开发利用城市地下空间，整治城市光污染问题。强化城镇市容环境卫生管理，进一步提高城市垃圾分类处理以及收、运、储网络和设施建设与管理水平，积极推进垃圾资源化利用和焚烧处理，推进垃圾处理减量化、无害化、资源化。

提升美丽乡村建设水平。实施《美丽乡村建设规范》，提升标准，优化布局，强化特色，让广大人民群众望得见山、看得见水、记得住乡愁。深化"千村示范、万村整治"工程，推进村庄生态化有机更新。加强农村环境综合整治连线成片，建立长效管理机制。大力创建绿色城镇和生态示范村，保护乡土自然景观和特色文化村落。加强村庄规划和建设，强化农房设计服务，彰显江南农房特色。抓好农房改造和危房改造，精心建设一批"浙派民居"。积极推进全省景观森林建设，建设一流森林休闲养生福地。提升全省农村公路建、管、养、运一体化发展水平，着力打造美丽公路。

大力推行绿色建筑和低碳交通。建立健全绿色建筑监管体系，不断提高绿色建筑比例。大力推进建筑节能改造和太阳能等可再生资源建筑一体化应用，新建住宅普遍推广使用节能、节水新技术、新工艺、新型墙体建材和环保装修材料。大力实施农村建筑节能推进工程，推进农村太阳能供电、供热设施进村入户。积极推进低碳综合交通网络建设，有效削减道路交通的能源消耗和温室气体排放。实施“公交优先”发展战略，不断加大公共交通投入，加快建设城市轨道交通，发展水上公共交通，完善智能交通服务体系。

(九)加快打造浙江经济升级版

打好转型升级“组合拳”。深入实施与生态文明建设相关的“五水共治”“四换三名”“四边三化”和“三改一拆”行动，优化存量，提升增量，推进经济转型升级，加快发展生态经济，形成有利于节约资源、保护环境的现代产业体系。严格按照全省主体功能区规划和环境功能区划，统筹谋划区域产业发展格局，发挥产业集聚区、经济技术开发区等创新平台作用，力促企业搬迁入园，推进产业集聚发展。发展壮大节能环保产业，努力使之成为全省新的经济增长点。积极培育战略性新兴产业和高新技术产业，加快信息化和工业化深度融合国家示范区建设。大力发展金融、物流、旅游、健康、文化创意等现代服务业，促进先进制造业与现代服务业融合发展。继续以现代农业园区和粮食生产功能区建设为主抓手，大力发展现代生态循环农业，加快建设绿色农业强省。

强化创新驱动发展。全面实施创新驱动发展战略，加快建设创新型省份，扎实推进质量强省、品牌强省和标准强省建设，破除低端制造、传统市场、县域经济路径依赖，实现从“浙江制造”向“浙江创造”转变。积极创建国家自主创新示范区，建设国家级高新区，支持网上自由贸易试验区建设，着力拓展转型升级和创新发展空间。坚持以企业为主体，加快创新平台建设，着力推进产学研协同创新，培育壮大一批环保领域科技型企业。有效实施节能环保重大科技专项，加快突破关键共性技术瓶颈，推进节能环保领域先进成熟技术成果转化和推广应用，加强知识产权保护。大力推进涉及人口健康、食品药品安全、防灾减灾、安全生产、生态环境和应对气候变化等领域的科技创新。加强生态、环境、资源方面学科研究和专业建设，积极培养和引进适应我省生态文明建设需要的各类人才。

发展绿色循环低碳经济。切实加强资源能源节约，加快推动资源利用方式根本转变，加强节约型社会建设。加快淘汰高能耗、高排放落后产能，积极发展太阳能、风能等新能源和可再生能源。严格实施用水总量管理，加快建设节水型社会。大力推进循环经济发展，积极推进园区循环化改造，全面提高再生资源综合利用水平。加快建立和推广现代生态循环农业模式，大力发展无公害农产品、绿色食品和有机产品。发展现代林业经济，带动山区林农增收致富。推进工业园区生态化改造，全面推行清洁生产审核。鼓励企业开发绿色低碳产品，建立实施绿色采购消费政策。积极构建以低能耗、低污染、低排放为基础的低碳经济发展模式。

(十)弘扬具有浙江特色的人文精神

传承优秀传统文化。注重挖掘浙江传统文化中的生态理念和生态思想，加强国家重大文化和自然遗产地、重点文物保护单位、重要革命遗址遗迹、历史文化名城名镇名村保护建设，抓好非物质文化遗产保护传承与利用，丰富民间民俗特色文化活动载体，传承乡愁记忆，延续历史文脉。发现和培养扎根基层的乡土文化能人、民族民间文化传承人。开展优秀传统文化教育普及活动，积极打造文化精品，促进传统文化现代化。

不断提升公民人文素养。积极培育和践行社会主义核心价值观，倡导“务实、守信、崇学、向善”的当代浙江人共同价值观。大力宣传建设美丽浙江、创造美好生活的“最美景观”“最美人物”“最美现象”，促进“最美”由“盆景”变为“风景”，进而成为风尚，不断焕发社会正能量。培育和激发全体公民建设美丽浙江、创造美好生活的主体意识，大力推进志愿服务制度化，推动养成与生态文明建设相适应的思想品德、职业道德、社会公德和家庭美德。增强公民法治观念和科学人文素养，提高全社会节约资源、保护环境的自觉意识，大力倡导绿色低碳的生活方式、消费模式和行为习惯。

积极培育生态文化。结合浙江生态日、世界环境日等纪念活动，展示生态环保成就、普及生态环保知识、弘扬生态人文精神。大力弘扬尊重自然、顺应自然、保护自然的理念，积极借鉴发达国家注重生态文明的先进理念、有效做法和具体制度，强化全社会的生态伦理、生态道德、生态价值意识，形成政府、企业、公众互动的社会行动体系。积极开展生态文化重大理论和应用研究，繁荣“两美”主题文艺创作，着力构建包括学校、社区、家庭、企业和社会公益教育体系等在内的生态文明教育网络体系。

(十一)不断提高城乡居民生活品质

持续改善城乡居民物质生活条件。鼓励群众创业创新，千方百计促进城乡居民收入增长和家庭财产普遍增加，不断扩大中等收入群体。深化收入分配制度改革，建立完善居民收入增长与经济发展同步、劳动报酬增长与劳动生产率提高同步的机制，逐步提高居民收入在国民收入分配中的比重以及劳动报酬在初次分配中的比重。完善再分配调节机制，逐步提高城乡居民最低生活保障和最低工资标准，大幅减少低收入和贫困人口。全面推进各项社会事业发展，逐步提高财政人均公共服务支出，统筹做好就业、教育、医疗、住房、养老、食品安全、安全生产等各项民生工作，让全省人民享有更好的教育、更稳定的工作、更满意的收入、更可靠的社会保障、更高水平的医疗卫生服务和更舒适的居住条件。

不断丰富城乡居民精神文化生活。实施文化强省战略，繁荣发展社会主义文化，不断满足人民群众日益增长的文化需求。加强公共文化服务体系建设，不断增强基本公共文化服务的均衡性、普惠性，推进重大文化惠民工程，推进农村文化礼堂等设施建设，广泛开展群众性文化体育活动，不断丰富城乡居民精神生活，培育良好社会心态，促进群众身心健康。深入开展全民教育、卫生和科技普及活动，持续提高全省人民受教育水平、健康水平和科学素质，积极营造浓厚的社会人文氛围，促进人民群众发展自豪感、生活幸福感、心灵归属感和价值认同感普遍增强。

努力营造和谐稳定的社会环境。深入推进平安浙江建设，进一步提高社会治理能力。加快政府职能转变，完善管理体制和运行机制。加强和创新社会治理，强化法律法规、体制机制、人才队伍和信息化保障，坚持和发展“枫桥经验”，提高基层社会管理与服务水平。畅通和规范群众诉求表达、利益协调、权益保障渠道，进一步改进信访工作，完善调解制度，积极预防和化解社会矛盾。着力维护市场秩序，加快社会信用体系建设。全面开展重大决策社会稳定风险评估，涉及环境问题重大决策要坚持评估在先；健全预案、强化措施，积极预防和妥善处置各类群体性事件。加强公共安全体系建设，完善立体化社会治安防控体系，严密防范和依法打击各类违法犯罪活动，切实保障人民群众生命财产安全，维护社会和谐稳定。

三、建立完善建设美丽浙江、创造美好生活的体制机制

（十二）建立完善“源头严控”的体制机制

探索建立自然资源资产产权制度和环境空间管制制度。实施最严格的自然资源和生态空间保护制度，从源头上预防各类生态破坏行为。全面落实中央关于自然资源资产产权制度和用途管理制度的改革举措，积极推进自然资源资产产权制度改革，加快推进以土地为核心的自然资源不动产统一登记。按照自然资源属性、使用用途和环境功能明确用途管制规则，建立生态环境空间管制制度，对自然资源实行统一监管，有效提升生态环境空间管制效力，保障生态安全。探索建立海洋综合管理协调机制，建立海洋资源管控、海洋资源权属管理制度。建立完善废旧物资进口管控制度。

划定生态保护红线。抓紧划定生态功能保障基线、环境质量安全底线和自然资源利用上线等三条红线，建立我省生态保护红线体系。划定符合《国家生态保护红线——生态功能红线划定技术指南（试行）》要求的全省生态功能红线，并通过立法加以保护。以解决水、大气、土壤突出环境问题为目标，建立健全环境质量安全底线。不断完善土地资源、水资源、能源、矿产等为重点的利用上线和管控要求，进一步建立资源利用上线与生态功能保护、环境质量要求相结合的协调联动机制。

实行最严格的环境准入制度。研究建立资源环境承载能力监测预警机制，对水土环境、环境容量和海洋资源超载区域实行限制性措施。实行空间、总量、项目“三位一体”的环境准入制度，把环境容量与区域总量、环境质量、项目环评紧密挂钩，严把环境准入关。全面推行经济社会发展规划、区域发展规划及重大政策措施的战略环评，严格落实专项规划环评制度。建立行业准入负面清单制度，推进环境审批制度改革，探索实行建设项目环评属地管理为主的制度，推进环评备案监督制，严格实行环评承诺与责任追究制度。建立环境保护重大决策听证、重要决议公示和重点工作通报制度。

实行节能减排降碳总量管制。深入实施能源消费总量和能源消耗强度“双控制”，加强公共机构节能降耗，制定推进用能预算化管理制度，逐步建立省市县三级用能预算化管理体系。健全主要污染物总量控制制度，推进行业性和区域性污染物总量控制。完善排污许可证制度，理顺排污许可证与环境影响评估、总量控制、“三同时”、排污收费等污染源管理制度的关系，探索制定污染源“一证式”管理制度。严禁无证排污、超标排污、超总量排污。实行污染物总量控制激励机制，建立省市县三级排污权指标基本账户，加快刷卡排污系统建设。建立碳排放强度、碳排放总量约束机制。

（十三）建立完善“过程严管”的体制机制

推进环境监管制度改革。建立完善严格监管所有污染物排放、独立进行环境监管和行政执法的环境保护管理制度。完善行政综合执法体制，推进环保行政执法与民主监督、公众监督、舆论监督、司法监督结合，加大监管力度，提高监管实效。建立环境执法司法联席会议制度，完善环境执法联动协作机制，切实形成工作合力。

深化资源要素市场化配置改革。注重通过市场机制激发企业自觉治污和节约利用资源的内生动力。健全亩产效益综合评价体系，建立资源要素差别化使用激励约束机制、低效企业退出激励机制和新增项目选优机制，探索构建资源要素高效流动的市场体系。深化土地要素配置体制改革，加快征地制度、工业用地弹性出让制度改革，探索海域、岸线配置体制改革。实行最严格的水资源管理制度，探索中水回用、再生水利用、海水淡化激励机制。建立环境资源市场化配置机制，完善排污权有偿使用和交易制度。积极开展用能量（权）、碳排放权及水权交易，建设和培育全省及区域性的各类资源要素交易平台。培育第三方专业化环保运行组织和机构，推行环境污染第三方治理和污染源在线监测第三方运营。

完善资源有偿使用和生态补偿制度。加快自然资源及其产品价格改革，健全全面反映资源稀缺程度、生态环境治理修复成本的资源环境价格形成机制。按照污染治理实际成本，逐步提高排污费征收标准。加快研究制定生态补偿条例，推进生态环保专项转移支付改革。建立海洋环境监测通报、海洋生态损害赔补偿制度。完善集体林权制度改革，建立生态公益林省级财政补偿标准调整机制，研究湿地生态效益补偿办法。探索建立流域协作治理机制，扩大生态补偿试点。

建立完善协同治理机制。建立地方政府和中央部门海域联防联控机制，推广区域、流域和近岸海域联防联控管理模式，完善环境保护区域协调和跨区域综合治理机制，加强与长三角地区、新安江流域、海西经济区的生态环保合作与交流，不断提升流域水环境综合治理和区域大气污染联防联控能力与水平。创新区域、流域环境管理考核模式，强化跨行政区域河流交接断面考核、环境空气质量管理考核。

（十四）建立完善“恶果严惩”的体制机制

建立环境损害责任终身追究制度。对污染环境、破坏生态行为“零容忍”，强化行政执法和刑罚处置，加大责任追究和违法惩治力度，切实保护公民环境权益，维护社会公平正义。根据各地自然资源禀赋，有重点地将水、土地、森林、矿产、海洋等自然资源资产纳入审计范围，探索编制自然资源资产负债表，建立领导干部自然资源资产离任审计制度。建立健全环境问题约谈制度，对政府决策、执行失误以及不作为导致的环境损害问题建立责任追究机制。

建立环境损害惩治制度。建立以环境损害赔偿为基础的环境污染责任追究体系，对造成生态环境损害的责任者严格实行赔偿制度，加大行政强制及行政处罚力度，构成犯罪的，依法追究刑事责任。探索建立环境污染损害赔偿责任风险基金，鼓励推行环境污染损害责任保险制度，对高风险企业实行环境污染强制责任保险。完善环保公安联动执法、环境公益诉讼和非诉案件强制执行机制，依法打击污染环境、破坏生态、损害社会公共利益的行为。

（十五）建立完善"多元投入"的体制机制

创新基本财力增长机制和财税政策。紧密结合生态文明建设战略重点，合理调整和整合各类生态环保专项资金，开展财政专项资金竞争性分配改革试点。建立环保资金使用绩效评估考核机制和专项审计制度。积极发挥财政资金引导作用，吸引带动社会资本和各类创业投资、股权投资参与美丽浙江建设。贯彻落实有关生态文明建设的各项税收政策，积极发展环保社会公益基金。

探索构建"绿色金融体系"。调整优化信贷结构，加强美丽浙江建设重点领域和薄弱环节的金融支持。加快发展直接融资，充分利用多层次资本市场，做好保险资金投资项目对接，多渠道扩大美丽浙江建设融资规模。创新发展林权、水权、排污权、碳排放权等绿色金融产品，促进各类企业自觉节能减排。加快海洋金融创新，研究支持舟山群岛新区建设和海洋经济发展的金融配套体系。

四、切实强化建设美丽浙江、创造美好生活的组织保障

（十六）完善组织领导

浙江生态省建设工作领导小组调整为省委、省政府美丽浙江建设领导小组，发挥牵头抓总作用，统筹协调和指导监督建设美丽浙江、创造美好生活的重大事项。研究编制建设美丽浙江创造美好生活实施纲要，落实建设美丽浙江、创造美好生活的决策部署。加强人大对生态文明建设的立法和监督工作，强化生态环保预算审查监督和执法检查监督，依法行使好重大事项决定权。各级政府要认真制定实施配套政策，全面推进相关工作，加大财政投入，强化行政执法。支持政协围绕建设美丽浙江、创造美好生活认真履行职能，充分发挥协商机构、监督机构、咨政机构、民意机构、统战机构和群众工作机构功能，团结动员各方面力量积极献计出力。各地各部门要结合实际，加强组织领导，建立高效有力的协调机制和工作机制，合力推进美丽浙江建设。

（十七）加强法治保障

着眼于深入推进法治浙江建设，切实强化法治思维、完善依法治理体系、提高依法治理能力，不断提升生态文明建设的法治化水平。深入贯彻环境保护法和相关法律法规。省人大研究制定建设美丽浙江、创造美好生活的决定，予以立法保障。重点围绕水、大气、土壤、固体废物、辐射等污染防治和资源有偿使用、生态补偿、生态修复以及食品安全等，加强相关法规规章的"立改废"工作，分层次有步骤地推进地方立法工作，制定和完善专项法规规章。严格依法审理，加大执法力度，加强法律法规实施的监督检查和主体功能区规划实施等的有效监测。研究制定跨区域生态环境诉讼管辖、污染鉴定、损失计算、公益诉讼的规范性文件，指导环境执法和司法实践。修编完善浙江省生态环境地方标准规划，研究制定环境质量、污染物排放、环境准入等地方标准，实施绿色认证制度。积极推行行业与企业社会责任标准和企业环境信用等级评价，逐步建立企业环保社会责任认证体系，增强企业保护生态环境的社会责任感。

（十八）严格考核考评

建立健全反映建设美丽浙江、创造美好生活要求的区域发展绩效评价体系，修订完善市、县（市、区）党政领导班子和领导干部综合考核考评实施办法及其指标体系，进一步完善生态文明建设评价体系。根据不同区域主体、功能要求和目标定位，实行发展要求、评价指标和权重不同的差异化考核，引导各地差异化发展。加强实绩综合分析，突出"既看发展成果，又看发展成本与代价"、"既注重考核显绩，更注重考核潜绩"的考核导向，严格考评结果运用，奖优罚劣，形成正确的工作导向和用人导向。

（十九）推进试点先行

积极开展建设美丽浙江体制机制探索试点工作，稳步推进相关综合配套改革。结合国家生态市县、环保模范城市、文明城市、卫生城市、森林城市和园林城市等创建工作，打造一批美丽浙江建设示范市、县（市、区）和乡镇（街道）。结合"五水共治""三改一拆""千村示范、万村整治"和美丽县城、美丽乡村建设等载体，打造一批美丽浙江建设示范机关、示范企业、示范学校、示范社区、示范村庄、示范景区。以点带面，典型引路，推动美丽浙江建设整体向纵深推进。

（二十）引导全社会共同行动

坚持正确舆论导向，充分利用互联网、报刊、电视、广播等多媒体宣传平台，大力营造建设美丽浙江、创造美好生活的良好氛围。充分发挥工会、共青团、妇联等人民团体的作用，动员和支持民主党派、无党派人士、非公有制经济人士、民族宗教界人士以及港澳台同胞、海外侨胞等统一战线成员和全社会力量，积极投身美丽浙江建设。充分发挥公众、新闻媒体和社会组织的监督作用，全方位构建社会监督体系。全面实施环保举报投诉热线畅通工程，认真做好环境侵权信访工作。做好环境信息公开工作、突发环境事件舆情善后处理工作，积极回应公众关心的环境问题。充分发挥民间公益环保组织作用，推进美丽浙江志愿者队伍和监督员队伍建设，更好地发挥其在环保专项行动、环保监督、环保宣传等方面的作用。

省委号召，全省各级党组织和广大党员干部紧密团结在以习近平同志为总书记的党中央周围，团结和依靠全省人民，为建设美丽浙江、创造美好生活而努力奋斗！

浙江省人民政府关于实施"空间换地"深化节约集约用地的意见

各市、县(市、区)人民政府,省政府直属各单位:

为深入贯彻落实《中共浙江省委关于全面实施创新驱动发展战略加快建设创新型省份的决定》(浙委发〔2013〕22号)精神,根据《国土资源部关于浙江省推进节约集约用地实施亩产倍增行动计划的批复》(国土资函〔2013〕372号)要求,现就实施"空间换地"、深化节约集约用地提出如下意见:

一、实施"空间换地"工作的总体要求

(一)指导思想

认真贯彻资源节约优先战略,深化以亩产论英雄、以集约促转型的理念,紧紧围绕节约集约用地、提高土地资源要素保障能力这一核心,从全面加强差别化精细化管理、建立健全节约集约用地长效机制入手,大力实施"空间换地",充分挖掘土地利用潜力,提高土地利用效率和效益,努力为建设物质富裕精神富有的现代化浙江提供更有力的土地资源要素支撑。

(二)主要目标

力争2014—2017年,累计推进城镇低效用地再开发20万亩;累计开发城市地下空间8000万平方米;累计新建(改扩建)多层标准厂房2500万平方米。到2017年,全省新增工业用地容积率比2012年提高8%,单位建设用地GDP比2012年提高38%,全省节约集约用地水平显著提高。

(三)基本原则

实施"空间换地",旨在进一步优化国土空间布局、转变土地利用方式、提升土地利用效率。

1. 优化国土空间布局,要遵循"宜农(林)则农(林)、宜建则建、宜聚则聚"原则,促进产业集聚、人口集中、用地集约,大力实施"台地产业、坡地村镇"的低丘缓坡综合开发模式,合理调整土地利用空间结构,切实保护耕地,实现生产、生活和生态空间均衡协调。

2. 转变土地利用方式,要遵循"宜高则高、宜深则深、宜密则密"原则,大力推进存量用地盘活挖潜,加大地上地下空间开发利用力度,提高土地利用效益,实现建设用地从外延扩张向内涵挖潜转变。

3. 提升土地利用效率,要遵循"市场配置、完善政策、优化扶持"原则,充分发挥市场作用,完善相关政策,大力扶持节约集约用地,促进产业转型升级,提升土地亩产效率。

二、强化政策激励约束,全力推进"空间换地"

(四)强化规划空间管控

科学编制土地利用总体规划、城乡规划、主体功能区规划、产业发展规划以及林业规划等各类规划,强化各类规划的有机融合。强化规划实施管理,严格执行规划确定的功能、规模、布局、空间管制及地下空间利用等规定。按照"台地产业、坡地村镇"的模式,加强建设项目的科学选址,鼓励和引导工业、城镇向未利用地、劣质农用地等区域集聚,充分发挥低丘缓坡、滩涂围填海和废弃矿地等资源优势,减少对平原优质耕地的占用。

(五)推进产业项目集聚

突出区域产业导向,加快推动先进装备制造业、高技术产业、战略性新兴产业、现代服务业等的集聚发展,提高产业用地亩产效益。推进产业用地在产业集聚区、国家级和省级开发区(园区)、高新技术开发区(园区)等区域内集中配置,加大对国家级和省级开发区(园区)的整合提升力度。项目所在县(市、区)有产业集聚区、项目性质符合产业集聚区主导产业定位的产业项目,原则上应进入产业集聚区。建立开发区(园区)建设用地节约集约利用定期评价考核制度,评价考核成果将作为开发区(园区)整合、提升、扩区、升级的重要依据。

(六)规范产业分类指导

建立健全产业分类目录体系,完善战略性新兴产业等优先发展产业指导目录,制订浙江省限制、禁止用地项目目录,并按照细化用地分类标准和产业目录进行项目认定和管理。加强产业用地供应分类管理,严禁向淘汰类产业项目供地,严格控制限制类项目用地。加大鼓励类项目用地支持力度,修订完善省重大产业项目的准入标准和奖励政策,确保重大产业项目顺利落地。对通过"腾笼换鸟"方式利用存量土地安排已列入省重大产业库项目用地的,给予一定比例的年度用地计划指标奖励。对一般性传统产业项目,除需要升级改造外,原则上不再单独安排新增建设用地。对省全额奖励新增建设用地计划指标的重大产业项目,由审计部门会同有关部门对其投入、产出、税收情况进行审计。

(七)加强建设项目准入管理

根据经济发展水平,修订完善《浙江省工业等项目建设用地控制指标》等用地标准。各地在省建设用地控制标准的基础上,结合当地实际和产业导向,制订适用于当地的建设项目用地控制标准。继续探索建立新增项目用地准入评估制度,对没有具体用地标准或因安全生产、特殊工艺等要求需超标准用地的建设项目,应把节约集约用地评价的结果作为供地的依据。

(八)推行工业用地分阶段管理制度

探索工业用地分阶段出让、弹性出让管理办法,对新增工业项目建设用地,根据产业特点和项目情况,在土地

出让合同中约定开发建设、投产运行期限和投入产出达标条件，以及相应的转让限制条件和未达标退出方法，并在土地和房屋权证中注明限制条件。鼓励各地在法定土地使用权出让最高年限内，按照不同产业类型和特点，灵活确定工业用地出让年限。积极推行工业用地按产业类型公开出让。探索工业用地年租制，对企业以租赁方式使用国有建设用地的，各地可按规定给予相关税费等方面的优惠。

（九）实行差别化地价政策

修订完善工业用地最低价政策，提高工业用地最低价标准，严格用地准入门槛，促进产业层次提升。实施差别化的地价政策，对符合产业导向的战略性新兴产业、先进制造业等优先发展且用地集约的项目，可按不低于所在地土地等别对应工业用地出让最低价标准的70%确定土地出让底价；对研发、设计、信息、文化创意、养老设施等生产性服务业和民生项目，符合《划拨用地目录》的，可以采取划拨方式供地；以有偿方式供地的，可以按照成本逼近法等评估结果确定土地出让底价。

（十）加强土地出让合同管理

完善土地出让合同内容，新增项目用地出让合同、招商投资协议应明确约定规划条件、开竣工时间、出让金额、投入产出要求和违约责任等。全面实行土地出让合同履约保证金制度，土地出让公告和合同应明确合同履约保证金缴纳金额；工业用地土地出让合同履约保证金可按土地成交总价的10%～20%收取，其他项目也可按照一定比率或定额收取；对未按时开（竣）工的，应追究其违约责任，并不得享受相关优惠政策。各市、县（市、区）政府应在2014年6月30日前制订具体办法，明确土地出让合同履约保证金收取标准和返还方式等，从2015年1月1日起全省全面实施。

（十一）支持工业企业节地挖潜

鼓励工业企业充分利用现有工业用地，采用多种方式推进旧厂区、旧厂房改造，加大技改投入力度，调整产业结构，提高土地利用效率。在符合城镇控制性详细规划、不改变土地用途的前提下，企业扩大生产性用房，或通过新建、扩建、翻建多层厂房，提高现有工业用地容积率的，不再增收土地价款，并减免相应的城市基础设施配套费；企业利用老厂房翻建多层厂房和利用厂内空间建造三层以上厂房，建成使用后3年内按规定纳税确有困难的，报经地税部门批准，可减免房产税。对新增工业用地，经批准建设厂房面积高于容积率控制指标的部分，不再增收土地价款。对在现有工业用地上新建或将原有厂房改造后容积率超过省工业项目建设用地控制指标40%以上的，各地可给予一定的奖励或补助。

（十二）鼓励建设多层标准厂房

鼓励和引导民间资本参与多层标准厂房投资建设。多层标准厂房用地容积率一般应达到1.4以上，建筑密度一般不低于35%，厂房层级一般应达到4层及以上。多层标准厂房建设期间不得转让国有建设用地使用权，建成后可以通过租赁等形式经营，也可以按土地出让合同约定分割转让，但不得改变功能和土地用途；分割转让限制条件由当地政府根据有关政策制定。对小微企业建设项目，原则上不再单独供地，鼓励和引导其进入标准厂房；对入驻标准厂房的科技型小微企业，当地政府应优先安排，并可给予租金优惠或其他补贴奖励。

（十三）推动城市空间综合开发

建设、人防等部门要抓紧研究建立地上、地表、地下空间有效衔接、综合开发的机制，充分发挥土地空间的综合利用效能。各地要积极开展地下空间资源调查与评估，于2015年底前完成城市地下空间专项规划编制。各地要在符合消防安全、城市防洪安全的前提下，根据地质条件，统筹地下各类设施、管线布设，实现地下空间合理开发利用。鼓励在符合规划、满足建筑物（构筑物）安全和消防安全、城市防洪安全、环保要求等的前提下，开发利用高架桥桥下空间和城市公共设施、公共广场绿地、学校操场等的地下空间，建设停车场（库）和商业服务、物流仓储及人防与避灾等设施。利用地下空间建设非营利性生产、生活设施，符合《划拨用地目录》的可以采取划拨方式供地，并结合当地实际免收或减收城市基础设施配套费。将地下空间用于商业、办公、娱乐、仓储等经营性用途的，地下首层部分土地出让金可按所在地基准地价对应用途楼面地价的20%以下收取，并逐层递减，地下3层以下（含3层）可免收土地出让金。

（十四）加快低效利用建设用地再开发

鼓励社会各方参与城镇低效利用建设用地再开发，对符合条件的城镇低效利用建设用地，可依据法律法规和有关政策规定，由原土地使用权人、市场主体自行开发或收购后集中开发；也可由原集体经济组织实施自主开发。鼓励企业加快“腾笼换鸟”“退二优二”“退二进三”。对因实施低效利用再开发由政府收回、收购的存量建设用地，各市、县（市、区）政府可在依法补偿的基础上，对原土地使用者再给予一定奖励。对城市规划区内，不符合现行规划用途、需要搬迁且符合国家和省产业政策的工业用地，收回原国有建设用地使用权后，可以协议出让或租赁方式为原土地使用权人重新安排工业用地。

（十五）推动城乡用地空间调整

深入开展农村土地综合整治，按照“先复垦，后挂钩”的要求，在农民自愿和补偿到位的情况下，加快“空心村”、小散村集中连片整治，推动农村人口向中心村、中心镇集聚。探索建立农村宅基地退出机制，鼓励农民进城镇居住。进一步规范城乡建设用地增减挂钩指标管理，在满足当地农民和村集体建设需要、充分尊重农民意愿前提下，结余指标挂钩安排城镇建设用地的，要实行有偿使用。同时探索结余指标在省内跨县有偿调剂政策，所得收益专项用于农村土地综合整治，改善农民生产、生活条件，支持新农村建设。

（十六）加强建设项目用地批后监管

建立健全建设用地开发利用全程动态监管制度。各地应把建设用地批后监管工作延伸到乡镇（街道），加强动态巡查，确保项目按照合同约定开发建设。加快探索工业项目投产后评价制度，各地可对项目用地投入产出效率排名前列的企业，给予表彰奖励，并优先考虑安排企业扩大再生产用地。进一步加大建设用地供应和开发利用情况定期通报力度，对供地率低、供而未用和闲置土地问题突出的市、县（市、区）政府负责人进行约谈，督促采取有效整改措施，整改不力的要予以问责。

（十七）推进城镇土地使用税政策调整试点

各地要充分发挥税收调节作用，促进土地资源节约集约利用，促进产业转型升级和经济发展方式转变。继续扩大城镇土地使用税政策调整试点范围，通过税收政策的调整促进企业提高土地使用效率。

三、加大组织保障力度，全面落实“空间换地”

（十八）加强组织协调

实施“空间换地”是深化节约集约用地的重大举措，政策性强，涉及面广，任务繁重。省发改委、省经信委、省科技厅、省监察厅、省财政厅、省国土资源厅、省建设厅、省交通运输厅、省商务厅、省审计厅、省地税局、省统计局、省人防办等省级有关部门要充分发挥职能作用，加强协调配合，形成工作合力，并抓紧研究制订相关具体政策和措施，加快落实各项任务。各市、县（市、区）政府要加大本地区“空间换地”的推进力度，及时制订具体推进方案，确保把各项政策措施落到实处。

（十九）加大评价考核力度

构建覆盖市、县（市、区）和建设项目的多层次建设用地节约集约利用评价考核机制，把建设用地节约集约利用水平纳入市县领导班子实绩考核评价指标体系，并赋予相应权重。省国土资源厅等部门要进一步完善区域建设用地节约集约利用评价体系，并将区域建设用地节约集约利用评价结果作为规划计划指标调整和分配的重要依据。省经信委、省科技厅、省商务厅等部门要将节约集约用地纳入开发区（园区）综合评价考核，促进开发区（园区）土地节约集约利用。

附件：近期重点任务分工及进度安排表（略）

2014 年 2 月 21 日

浙江省人民政府关于建设信息化和工业化深度融合国家示范区的实施意见

各市、县（市、区）人民政府，省政府直属各单位：

为深入贯彻党的十八大、十八届三中全会以及省委十三届三次、四次全会精神，根据国务院、工业和信息化部以及省委、省政府有关工作部署，现就我省建设信息化和工业化（以下简称“两化”）深度融合国家示范区工作提出如下实施意见：

一、总体要求

（一）重要意义

推动“两化”深度融合、实现信息化水平大幅提升是党的十八大作出的重大决策，是走中国特色新型工业化道路的必然选择。当前，以大数据、云计算、物联网、移动互联网为代表的新一代信息技术广泛应用，正加快推动生产方式、生活方式、消费方式的深刻变革，日益成为经济发展方式转变的内在动力。建设全国首个“两化”深度融合国家示范区，对于我省抢抓新一轮科技革命、信息革命、产业变革的重大机遇，充分发挥信息化的支撑和牵引作用、大力发展现代制造方式、促进产业结构优化升级、提升资源环境承载能力、提高经济增长质量和效益、加快创新型省份和工业强省建设，具有十分重要的意义。

（二）指导思想

深入实施“八八战略”，按照干好“一三五”、实现“四翻番”的决策部署，以促进工业转型升级为主攻方向，务实推进“两化”深度融合国家示范区建设，实施十大专项行动；以企业为主体，深化信息技术集成应用，加快“机器换人”，推动产品与装备制造向智能、绿色、服务、安全方向发展，增强企业核心竞争力；以改革创新为动力，创新管理与服务方式，着力优化资源配置，全面开发信息应用市场，形成电子信息、装备制造、软件及信息服务等相关产业集聚发展的新优势。

（三）基本原则

深化改革，市场推动。发挥市场配置资源的决定性作用，充分激发各类市场主体、消费主体、创新主体和社会组织主体的活力。加强政府的政策创新与服务创新，积极向社会力量购买云服务，加快市场开发，以应用促创新、促合作、促引进、促发展。

合理布局，产业带动。以错位布局的现代装备高新区、产业集聚区和经济开发区为依托，加快智能装备产业、电子信息制造业、软件及信息服务业的发展，建立一批工业设计（创新设计）、装备集成和关键零部件制造、专用装备电子及软件、网络产业基地，优化产业生态环境。

发展引领，创新驱动。坚持发展引领创新，创新支撑发展。围绕产业链垂直整合与做强的要求，部署实施产业技术创新，建设重点企业研究院，加强大数据、云计算、业务操作系统软件和各类智能终端的重大技术攻关，突破产业发展瓶颈，抢占产业制高点。

分层示范，各级联动。省、市、县（市、区）建立上下协同、各负其责、统筹协调、完善提升的“两化”深度融合推进机制，分级开展示范试点，积累经验，以点带面，推动整体

工作不断取得新成效。

法规保障，消费拉动。依法加强网络监管，更好地保障信息安全，规范信息消费市场秩序。挖掘和释放信息消费潜力，扩大居民、企业、政府和社会组织的信息消费，拓展“两化”深度融合的市场空间。

（四）总体目标

通过3～5年的努力，“两化”深度融合取得显著成效，企业信息化水平大幅提升，信息技术在产业结构优化升级中的作用明显增强，工业发展质量和效益持续改善。全省信息化发展指数和“两化”融合指数力保位列全国省（区）前三位，2015年分别达到0.90、80以上，2017年分别达到0.94、86以上；各市、县（市、区）实现同比例提高。

二、重点任务

（一）全面推进产品与装备智能化开发专项行动

组织芯片、传感器、软件等信息技术企业与产品、装备的制造商对接，实施新产品与装备开发计划，力争每年开发万种智能新产品、千台智能新机器、百套成台（套）智能新装备。加快省级特色工业设计示范基地建设，鼓励工业强县（市、区）建设试点单位围绕提升当地主导产业和块状经济创建工业设计基地；大力培育和引进工业设计企业，实行按业绩进行扶持的政策，促进其做大做强。推动现代装备高新区或高新技术产业化基地瞄准主攻方向，编制产业技术创新路线图，科学规划布局，建设工业设计、研发创新、科技型创业、协同制造、装备电子及软件产业等基地，在全国形成集聚发展的新优势。到2017年，全省规模以上工业新产品产值达2.7万亿元，现代装备制造业增加值达7500亿元；机电一体化产品的智能化率达60%以上；培育省级工业设计中心300家以上、市级工业设计中心1500家以上，引进和培育一批高级工业设计师和工业设计领军人才。

（二）全面推进“机器换人”专项行动

引导和鼓励企业应用智能装备（工业机器人），培育“机器换人”样板企业，总结经验，形成行业规范，制订行业推广计划，加大实施力度，对劳动强度大、安全风险高、环境污染重、劳动用工多的岗位基本实现机器替代。实施“机联网”示范工程，建设“百个无操作工人车间”，在生产过程控制、生产环境检测、能源和排放监测、制造供应链跟踪、远程诊断管理与服务等环节应用物联网技术，形成连续生产、联网协同、智能管控的制造模式。推动“厂联网”的应用，鼓励企业提高ERP（企业资源计划管理系统）、MES（制造执行系统）和机器设备网络的互联互通集成能力，实现生产过程中人、机、料等要素的全面数字化、网络化和智能化的管理与控制，做到管理控制一体化，形成智能制造能力。力争每年工业技改的装备投入达到3000亿元以上，到2017年全省规模以上工业企业“机器换人”基本覆盖，全社会劳动生产率达14万元/人·年。

（三）着力推进重点行业与区域绿色安全制造专项行动

重点在造纸、印染、医药、化工、皮革、蓄电池等容易产生污染和民用爆炸物品、危险化学品、冶金、采矿、铸造等生产安全风险高的行业，通过推广物联网技术，实现信息化的计量供料、自动化的生产控制、智能化的过程计量定位检测、网络化的环保与安全控制、数字化的产品质量检测保障、物流化的包装配送，确保全过程、各环节的精准生产与管控，防止泄漏，防范事故。以治水为突破口，从少产、少用、少排入手，探索根治污水之道，促进制造业转型升级。以治气为切入点，促进企业制造模式创新。以循环使用为着力点，开展低碳工业园区建设试点，提高重点行业、重点企业大宗固体废弃物综合利用率。力争传统行业绿色安全制造水平明显提升，污水整治、节能降耗、安全生产等环节信息化应用成效明显，安全生产能力明显增强。

（四）深入推进“电商换市”及相关产业发展专项行动

做大做强电子商务产业规模，全面提高电子商务应用范围和水平，完善电子商务支撑和服务体系，加快建设国际电子商务中心。有序推进专业市场发展电子商务，实现网上网下的互动。大力发展现代物流，推进物流信息化顶层设计，全面融入国家交通运输物流公共信息平台，大力提升物流企业信息化应用水平，支持电子商务企业、物流企业、商贸企业及制造企业之间的联动与合作。规范发展互联网金融，支持第三方支付机构创新支付产品和服务模式，规范开展互联网支付业务。鼓励银行、证券、保险等金融机构及小额贷款公司规范发展互联网金融模式，加强移动互联网、大数据、云计算等技术与金融业跨界融合。研究建立互联网金融监管体系与制度。到2017年，全省网络销售额突破1.2万亿元，占社会消费品零售总额的比重达40%，电子商务平台、企业、技术及产业化水平保持全国领先；物流业增加值年均递增10%左右，“智慧物流”广泛应用，物流整体运行效率明显提升。

（五）着力推进中小微企业信息化服务专项行动

推进中小微企业公共网络服务平台建设，建立工业设计供需对接信息化商务平台、互联网融资中介服务平台、科技型中小微企业创业上市信息化服务平台，积极推动工业领域云工程与服务。以每年列入“小升规”计划的小微企业为重点，支持小微企业应用信息产品、技术和服务。围绕实施千家万户科技型小微企业创业培育计划，建设一批小微企业创业基地，提升创业基地信息化水平。各市每年各培育1000家以上、全省培育10000家以上小微创业企业。到2017年，全省中小企业公共服务平台网络基本建成，中小微企业应用信息技术开展研发、生产、管理以及应用电子商务开展采购、销售、服务等的比率分别达60%以上。

（六）着力推进骨干企业信息化提升专项行动

重点在品牌企业、总部型企业、协同制造的龙头企业、绿色与安全制造企业、上市的高新技术企业中抓一批示范企业，以点带面，滚动推广。抓好企业“两化”深度融合管理体系贯标的试点工作。在骨干企业试行首席信息官（CIO）制度。到2017年，70%以上骨干企业实现装备智能化、设计数字化、生产自动化、管理现代化、营销服务网络化的基本覆盖，30%以上的企业初步实现智能制造的生产方式，骨干企业装备数控化率50%以上，ERP应用率80%以上，产品生命周期管理系统（PLM）应用率60%以上，总部型企业“两化”融合水平显著提升。

（七）务实推进智慧城市建设示范试点专项行动

推动智慧城市示范试点责任单位按照“一揽子”解决问题的要求，开发云、管、端一体化的专项业务操作系统，不断提升应用质量和水平。在示范试点业务应用实现一个县（市、区）全覆盖的基础上，不断评估改进、逐步升级，力争2015年底前实现一个设区市的基本覆盖，2017年底前向全省推广。制订和实施智慧城市建设政策法规和标准化建设行动计划，加快形成智慧城市政策法规体系和一批技术、业务与监管流程融合的国家标准、行业标准和地方标准。发挥智慧城市示范业务创造的规模化应用市场的优势，引进国内外知名网络信息企业来浙发展，支持我省网络装备制造、软件及信息服务企业做大做强，形成一批创新能力突出、集聚发展的智慧产业基地；加快宽带、融合、安全、泛在的下一代信息基础设施建设，努力保持全国领先水平。统筹运用法律、体制、制度、监管、技术等手段，保障网络安全与消费者权益。

（八）着力推进云服务产业培育专项行动

在智慧城市示范试点、“机器换人”、企业物联网等领域培育若干管理规范、安全可靠、服务一流、经营守法、机制良好、商业运营成功的专业云服务与工程公司。规范发展云服务，抓紧出台鼓励政府、企业和居民购买云服务的政策措施。研究制订云计算发展规划，制订第三方云服务企业准入规范、云计算数据中心能耗标准和购买云服务的合同规范文本，开展云服务企业能力第三方评估，促进其提高服务水平。加快杭州云计算服务国家创新示范城市建设，支持滨江高新区创建网络信息技术与产业自主创新国家示范区。

（九）重点推进专用电子及软件产业基地建设专项行动

以现代装备高新区、高新技术产业化基地、产业集群示范区、科技城等为依托，按照做强产业链的要求，加快电子及软件领域人才、技术、资本、企业的集聚，形成一批装备专用电子及软件产业基地。培育与引进产品与装备智能化所需的各类传感器、芯片研发制造企业，以及“机器换人”所需的各类机器人与智能化、网络化控制软件开发企业。推动各高新区设立创业资助资金，鼓励科技人员、科技成果与民间资本结合创办工业电子、软件科技型中小企业。鼓励通用电子企业发展各类专用电子研发制造业务。围绕传统行业转型升级的需求，加快汽车电子、船舶电子、家电电子、电力电子、医疗电子等各类专用电子技术的开发和产业化。引导“两化”深度融合第三方咨询服务机构开展企业信息化规划、需求分析、系统设计、项目监理、绩效评估、人员培训等领域的咨询服务。到2017年，工业电子及软件产业快速发展，核心关键技术取得突破，全省信息产业主营业务收入达1.6万亿元，其中工业电子产业规模超过2000亿元，软件和信息服务业规模超过4000亿元；形成有效的“两化”深度融合支撑服务体系，培育“两化”深度融合优秀咨询服务机构100家以上、优秀解决方案300项以上，培育优势明显的电子及软件产业基地10个以上。每年培育一批重点成长性软件企业。

（十）着力推进网络信息产业技术创新专项行动

按照产业链垂直整合、加长“短板”、补齐“缺链”的要求，实施网络信息产业技术创新综合试点，建设一批省级重点企业研究院，组织一批重大瓶颈技术攻关，实施青年科学家及创新团队培养计划。依托高新区的高新技术企业、“两化”深度融合示范企业、专用电子与业务操作系统软件企业、带动性强的高技术服务企业、成长型的科技型中小企业，争取再择优新建100家省级重点企业研究院。

三、保障措施

（一）加强组织领导

成立省“两化”深度融合国家示范区建设工作领导小组，由省政府主要领导任组长、分管领导任副组长，具体工作由省信息化工作领导小组承担。领导小组办公室要明确十大专项行动的责任单位和责任人，做好细化落实工作。各地要建立健全组织领导体系，配备懂信息化的“内行”领导。积极发挥信息化专家在推进“两化”深度融合中的指导服务作用，有条件的市县政府可探索建立首席信息官制度。

（二）分层开展培训

省市县分级负责，组织开展“两化”深度融合专题培训，到2017年累计培训信息化工作人员3000人次以上、企业首席信息官和信息化管理师1000人次以上、“两化”融合实用人才10000人次以上。

（三）分级分类示范

省市县要各抓一批高水平的示范项目或业务，使之成为“两化”深度融合国家示范区的示范业务、示范企业、示范基地、示范区域。集聚资源，聚焦政策，加强对示范工作的支持，发挥示范引领作用，大力推广成功经验。

（四）创新体制机制

创新工业和信息化领域体制机制，深化审批制度改革。创新产业扶持方式，引入市场化的“多中选好、好中选优”的竞争性选择机制，根据实绩对节能、节材、节水、绿色、低碳、安全的信息技术产品与服务进行补贴，鼓励政府、企业采购自主可控的信息技术产品与服务。

（五）加大财政金融支持

2014年至2017年，省财政每年在工业和信息化原相关专项中整合一定资金，并新增预算安排相应资金，主要用于支持推进智能化的“机器换人”、绿色智能制造、企业“两化”融合试点示范、“两化”融合支撑体系建设。省战略性新兴产业专项、节能专项、中小企业专项、商务促进专项等都要支持“两化”深度融合十大专项行动的实施。各地要加大支持“两化”深度融合工作。各金融机构要加大支持力度，鼓励企业采用分期付款、设备租赁、技术服务投资等融资模式，创新商务模式，推进“两化”深度融合重点项目建设。

（六）健全评价机制

省经信委要会同省级有关部门定期对十大专项行动进展情况进行通报，总结经验，加强典型推广工作。要积极探索开发大数据的评价，引入第三方咨询评价机构，对各市、县（市、区）及各开发区（高新区）开展“两化”融合发展的评价，并予排序公布。省经信委、省统计局每年开展各市、县（市、区）信息化发展指数的评估和发布工作。

2014年4月29日

浙江省人民政府关于全面推进城镇低效用地再开发工作的意见

各市、县(市、区)人民政府,省政府直属各单位:

为进一步提高土地资源节约集约利用水平,促进经济转型升级,保障经济社会持续健康发展,根据《国土资源部关于印发开展城镇低效用地再开发试点的指导意见的通知》(国土资发〔2013〕3号)和《国土资源部办公厅关于同意浙江省城镇低效用地再开发工作方案的函》(国土资厅函〔2013〕1205号)要求,现就全面推进城镇低效用地再开发工作提出如下意见:

一、总体要求

(一)指导思想

全面贯彻落实新型城镇化战略,坚持最严格的耕地保护制度和最严格的节约用地制度,实施新增建设用地与内涵挖潜相结合的用地保障方式,结合"三改一拆"三年行动计划以及城乡建设用地增减挂钩等工作,积极创新完善土地管理机制,全面推进城镇低效用地再开发,统筹城乡发展,优化城镇用地布局,改善人居环境,促进经济转型升级,努力以较少的土地资源消耗支撑更大规模的经济增长。

(二)基本原则

1. 政府主导,规划先行。建立健全政府主导、部门协同、公众参与的工作机制。依据土地利用总体规划、城乡规划、主体功能区规划和产业发展规划等,科学编制和实施城镇低效用地再开发专项规划。

2. 规范运作,有序推进。严格限定再开发范围和对象,严格遵循审批程序,严格规范运作,严防出现扩大政策适用范围和违规操作,区分情况,分类处理,确保再开发工作稳步有序开展。

3. 市场取向,因势利导。充分发挥市场在土地资源配置中的决定性作用,允许土地使用权人和集体经济组织等市场主体参与城镇低效用地再开发,形成形式多样的再开发模式,充分调动土地使用权人、集体经济组织等社会各方的积极性。

4. 权属清晰,保护权益。明晰再开发土地产权,充分尊重土地权利人的意愿,保障其知情权和参与权,建立健全平等协商机制和利益激励机制,妥善处理群众利益诉求,让群众共享城镇低效用地再开发成果。

(三)主要目标

1. 调整建设用地保障方式。新增建设用地与存量建设用地内涵挖潜相结合的用地保障方式全面实施,新增建设用地总量得到严格控制,存量建设用地得到有效盘活,城镇建设用地供给得到有效增加,土地资源对经济社会发展的持续保障能力明显提高。

2. 优化国土空间开发格局。健全国土空间规划体系,完善土地利用总体规划、城乡规划、主体功能区规划和产业发展规划的编制、实施和管理,有效发挥规划统筹管控和引导作用,国土空间布局得到明显优化,城乡统筹发展深入推进。

3. 提高节约集约用地水平。"亩产论英雄、集约促转型"的发展理念得到深入贯彻,建设用地节约集约利用水平得到全面提高。到2017年底,全省单位建设用地GDP比2012年底提高37.8%,单位新增工业用地投资强度、亩均产值、亩均税收等得到明显提高。

4. 推进产业结构调整和升级。严格土地使用标准,加强项目准入管理,实施差别化土地管理政策,优先保障战略性新兴产业、重大产业、先进制造业、科技型创业创新以及民生项目用地,产业结构调整和升级加快推进,三次产业得到协调发展。

二、合理确定城镇低效用地再开发范围和类型

城镇低效用地是指不符合现行规划用途、利用粗放、布局散乱、设施落后、闲置废弃以及不符合安全生产和环保要求的存量建设用地;在"三改一拆"中计划实施改造和已拆除建筑物的土地。列入再开发范围的城镇低效用地,应当同时符合全省土地利用总体规划划定的城镇扩展边界范围和城乡规划划定的城镇建设用地范围,产权清晰,权属合法。主要包括:

(一)旧城镇

在城镇建设扩展过程中,逐步形成的布局散乱、用途不合理、基础设施陈旧、房屋质量存在安全隐患的城镇建设用地。

(二)旧厂矿

不符合规划用途、需要实施"退二进三"的厂矿用地,不符合安全生产和环保要求的厂矿用地,属于国家和省规定的禁止类、淘汰类厂矿用地,利用强度、投入产出水平明显低于建设用地控制标准的厂矿用地,产业落后、企业经营困难需要退出的厂矿用地,以及已闭坑的采矿用地。

(三)旧村庄

空置闲置、布局散乱、配套设施落后、不符合规划和消防要求、房屋质量存在安全隐患的城中村和旧村庄用地,城乡规划确定的属于需要实施搬迁的村庄用地。

(四)其他低效用地

其他经认定符合低效用地条件的建设用地,如空闲场地、废弃道路、废弃殡葬用地、废弃宗教用地等。

各地可根据实际，采取协商收回、鼓励流转、协议置换、“退二优二”、“退二进三”、收购储备等方式实施城镇低效用地再开发。

三、规范城镇低效用地再开发工作程序

（一）制订方案

各设区市人民政府要结合当地实际，编制城镇低效用地再开发工作方案，报省政府同意后实施。

（二）调查建库

各市、县（市、区）应根据土地利用现状，结合全国第二次土地调查成果，组织开展城镇低效用地现状及潜力调查或评估工作，按照明晰产权、维护权益的要求，做好土地确权；同时将拟列入再开发范围的城镇低效用地标注在地籍图、遥感影像图、土地利用总体规划图和城镇总体规划（包括县市域总体规划）图上，建立城镇低效用地数据库。城镇低效用地数据库需经设区市国土资源部门审查汇总，报省国土资源厅审核后，再报国土资源部备案。纳入城镇低效用地数据库的地块，方可依照有关政策进行再开发。

（三）编制规划

各市、县（市、区）有关部门应在充分衔接土地利用总体规划、城乡规划、产业发展规划的基础上，组织编制城镇低效用地再开发专项规划，明确目标任务、规模布局、性质用途、时序安排、保障措施等，并制订分年度实施方案，经同级人民政府批准后，报上级有关部门备案。专项规划一般为期4年。

（四）组织实施

由再开发地块改造主体按照城镇低效用地再开发专项规划，编制包含土地利用现状评估、开发利用方向、改造提升目标、修建性详细规划、可行性研究报告等内容的再开发地块改造方案，经有关部门审核后，报同级人民政府审批。

四、扎实推进城镇低效用地再开发工作

（一）列入政府主导再开发项目范围的地块，符合依法收回、收购国有土地使用权条件的，由市、县（市、区）政府依法收回、收购国有土地使用权；涉及集体建设用地需要转为国有建设用地的，应当依法办理土地征收，纳入政府储备，按现行法律法规规定办理供地手续。

（二）允许市场主体以转让方式取得相邻多宗地块（包括有合法手续的空地），申请对地块进行集中开发；允许原土地使用权人进行自行开发，制订项目改造方案，按程序上报批准实施。

（三）涉及存量集体建设用地的，可由原集体经济组织自行或合作开发。

五、妥善处理历史遗留用地问题

（一）用地行为发生在1986年12月31日之前的，由市、县（市、区）国土资源部门出具符合土地利用总体规划的审核意见，由市、县（市、区）政府依照原国家土地管理局发布的《确定土地所有权和使用权的若干规定》办理土地确权登记发证手续。

（二）用地行为发生在1987年1月1日—2009年12月31日之间、没有合法用地手续且已使用的建设用地，符合土地利用总体规划和城乡规划等相关规划的，可按照土地管理和城乡规划相关法律法规及政策规定处理后，按土地利用现状办理用地手续。

1. 违法用地及地上建（构）筑物处理。

（1）对违法用地地上建（构）筑物已拆除到位的，可以认定为违法用地行为已消除。

（2）对违法用地地上建（构）筑物属于改变土地用途、改善建筑功能、改建建筑设施等改变土地利用条件及提高土地利用效率进行再开发的，可由当地国土资源部门按照违法行为查处时确定的地类依法作出行政处理后，报设区市国土资源部门确认，并报省国土资源厅备案。涉及依法行政处罚的，罚款标准按每平方米25元以上30元以下执行。

（3）对违法用地地上建（构）筑物依法作出没收的，由各市、县（市、区）政府负责处置，具体操作办法由各市、县（市、区）政府制订。原使用者需回购的，回购价按照回购时的建（构）筑物现时点市场评估价执行。

2. 完善征收手续。

（1）征地补偿安置。按土地利用现状办理土地征收手续，若与现状前土地用途分类征收补偿安置政策有区别的，要按有利于保护被征地集体经济组织和农民合法权益的要求落实补偿安置政策，按照现行规定从高执行征地补偿标准，并严格落实好被征地农民基本社会保障和留地安置政策。用地行为发生时的征地补偿安置政策与现行政策不符的，按现行政策执行。

（2）土地征收程序。用地行为发生时，当地国土资源部门或者基层政府已按规定履行了征地告知、确认、听证等程序，并经农村集体经济组织同意办理征收的，可以不再重新履行征地程序。用地行为发生时，土地使用者自行与农村集体经济组织或农民签订用地协议，当地国土资源部门或基层政府未按规定履行征地告知、确认、听证等程序的，应当按照现行规定重新履行征地程序。

（3）用地报批规定。对列入再开发的地块，需完善建设用地征收报批手续的，实施单独建库、单列报批、分类汇总；省政府批准改革试点、下放审批权限的市、县（市、区），由当地市、县（市、区）政府单独建库、单列报批、分类汇总。

（三）用地行为发生在2010年1月1日之后的，按现行法律法规政策办理。

各地要严格遵循历史遗留用地问题处理的条件，严格规范办理程序，如涉及建设用地报批的，要制订农用地转用方案、土地征收方案等，切实做好建设用地报批工作。

六、做好再开发项目供地手续办理工作

（一）列入政府主导再开发项目范围的地块或规划用于商品住宅等经营性房地产开发及城市基础设施和公共设施建设的地块，应由政府收回土地使用权后按照现行土地供应政策办理供地手续。其他需要实施再开发的地块，原划拨决定书或土地出让合同有约定的，按照约定办理；没有约定的，经规划部门核定建设规划指标，并经规划、建设、国土资源等有关部门集体讨论同意，报同级人民政府批准后，允许以协议出让方式办理供地手续（包括地下空

间建设用地使用权)。

(二)对收购相邻多宗地块实施再开发的,实施主体应按照相关规定对相邻宗地签订收购协议,落实补偿政策。在按规划用途进行再开发时,符合本意见规定的协议出让条件的,可办理协议出让手续,并补交土地出让金,土地使用年限不得超过法定最高年限。

(三)原集体经济组织自行或合作开发需使用国有土地的,应依法办理土地征收等用地报批手续。

(四)城镇低效用地再开发中涉及的零星新增建设用地(包括边角地、夹心地、插花地等),如符合土地利用总体规划和城乡规划,可以统一纳入改造,并纳入土地利用年度计划,按规定办理农用地转用、土地征收等用地报批手续,或按照城乡建设用地增减挂钩政策执行。零星新增建设用地单宗用地面积不超过3亩且累计不超过再开发项目用地总面积10%的,经批准可以和邻宗土地一并集中再开发,并按照再开发地块的供地方式办理供地手续。

在再开发过程中,对工业企业通过"退二优二"提高容积率的,不增加收缴土地价款;对工业企业通过"退二进三"兴办商务和信息服务、研发设计、文化创意、物品储运、鲜活农产品销售等服务业的,可保留其工业用途不变,经城乡规划、国土资源部门批准后使用,并按规定缴纳国有土地年租金;对工业用地用于商服并分割销售的,应当按幢或层作为最小分割单元销售,分割销售的建筑面积不得超过再开发后总建筑面积的30%,房产证和土地使用权证可按相应分割单元办理,并在土地出让合同中予以约定;用于公共管理与公共服务用地的,可以依据具体用途按划拨或协议出让方式办理土地供应手续。

七、严格规范再开发中的协议出让行为

(一)用地单位可根据批准的地块再开发改造方案向规划部门核定用地范围和规划指标。用地红线范围内依法完成征收补偿安置后,向当地国土资源部门申请办理协议出让手续。

(二)再开发地块协议出让方案经当地规划、建设、国土资源等有关部门集体讨论同意后,在当地土地市场或主要媒体公示不少于5个工作日且无异议的,由当地国土资源部门按照《协议出让国有土地使用权规范》办理协议出让手续。

(三)经批准以协议出让方式办理土地供应手续的地块,允许以重新签订土地出让合同时间为起点,按用途法定最高年限签订土地出让合同,并按照土地使用条件改变前后评估确定地价的差价核定补交土地出让金数额。补交土地出让金数额应委托2家以上有资质的评估单位进行评估。

八、切实加强组织领导

(一)加强组织领导

城镇低效用地再开发工作涉及面广、政策性强、工作量大,关系到百姓的民生福祉,关系到政府的公信力。各市、县(市、区)政府要高度重视,建立城镇低效用地再开发议事协调机制,统筹协调相关部门,及时解决再开发过程中遇到的问题。各相关部门要各司其职、密切配合,形成整体工作合力。

(二)落实优惠政策

各市、县(市、区)政府应认真落实支持城镇低效用地再开发的各项优惠政策。对城镇低效用地再开发涉及城市公共基础设施建设的,应从土地出让金中安排相应的项目资金予以支持。对通过征收农村集体建设用地用于经营性开发的,其土地出让纯收益可按不高于60%的比率,依照有关规定专项支持农村集体经济组织用于新农村建设。对依法收回、收购存量建设用地用于再开发的,在依法补偿的基础上,可给予原土地权利人一定数量的奖励,具体标准由各市、县(市、区)政府结合当地实际制订。

(三)严格规范运作

各地要加强对城镇低效用地再开发项目改造方案的审核报批工作,严格过程监管,防止再开发过程中出现新的低效、闲置用地。要加大信息公开力度,公开再开发项目信息,涉及协议办理用地手续的,必须严格按政策执行、集体决策、结果公示。要加强风险管理,制订严格的工作程序及配套政策,加强社会稳定风险评估和重大项目法律风险评估,有效预防和控制风险。

(四)强化评估考核

各设区市应在每年12月底前组织开展城镇低效用地再开发实施绩效评估,对工作中出现的偏差应及时予以纠正,确保该项工作规范有序推进,并将评估报告报省国土资源厅;同时,各地要加强对城镇低效用地再开发工作的目标管理。

2014年5月5日

浙江省人民政府关于加快发展信息经济的指导意见

各市、县(市、区)人民政府,省政府直属各单位:

当前,以大数据、云计算、物联网、移动互联网为代表的新一代信息技术广泛应用,带来了生产方式、生活方式、消费方式的深刻变革。以发展信息产业、推进信息化应用、扩大信息消费、深化信息化和工业化深度融合为主要内容的信息经济,正成为全球抢占未来发展制高点的战略选择。加快发展信息经济,是我省在已经具备良好的发展条件和先发优势的基础上,进一步抓住新一轮科技革命和产业变革机遇，深入实施创新驱动发展战略的必然要求，也是加快转变经济发展方式，建立现代产业体系，促进经济社会转型升级的重要途径。为加快发展信息经济，现提出如下指导意见：

一、指导思想和主要目标

（一）指导思想

充分发挥市场在资源配置中的决定性作用和更好地发挥政府作用，以全面深化改革为动力，深入实施创新驱动发展战略，加强信息基础设施建设，优先发展信息产业，提升发展电子商务，扩大信息消费，推进信息化和工业化深度融合，促进信息经济加快发展，不断提高信息经济的综合实力和国际竞争力，建设信息经济大省，为打造浙江经济“升级版”，实现经济社会转型发展注入新的动力。

（二）主要目标

通过5年的努力，信息产业成为全省重要的支柱产业，信息经济在全省经济中的主导地位初步确立，实现从制造大省向信息经济大省的跨越；基本建成特色明显、全国领先的电子商务、物联网、云计算、大数据、互联网金融创新、智慧物流、数字内容产业中心，信息化和工业化深度融合国家示范区建设扎实推进，成为长三角地区乃至全国信息经济发展的先行区。

——**国际电子商务中心**。电子商务产业规模和竞争力保持全国领先，国际市场辐射力和商业模式创新不断增强，配套体系健全，成为在全球具有重要影响力的电子商务中心。

——**全国物联网产业中心**。物联网技术创新和集成应用深入推进，基本建成集研发制造、系统集成、示范应用、标准推广于一体的物联网产业体系，物联网产业规模和应用水平全国领先，并在数字安防等领域形成全球产业中心。

——**全国云计算产业中心**。国家云计算服务创新发展试点城市建设扎实推进，建成国内领先的云计算服务平台，智慧城市、信息化和工业化深度融合、数字媒体、电子商务等多个领域云工程与服务创新模式及应用成效全国领先，培育一批国际一流的云工程与服务企业。

——**全国大数据产业中心**。公共事务、社会管理、电子商务、金融服务等领域大数据挖掘分析技术、服务模式和应用成效全国领先，建成国内商用大数据营运中心，成为信息资源开发利用大省。

——**全国互联网金融创新中心**。信息技术在金融领域广泛应用，基于互联网的金融产品、技术、服务和平台持续创新、规范发展，第三方支付等互联网金融服务全球领先，探索建立网络银行。

——**全国智慧物流中心**。智慧物流体系基本形成，智慧物流全国领先，供应链信息系统全面融入国家交通运输物流公共信息平台，建成国内重要的智慧物流枢纽并投入使用。

——**全国数字内容产业中心**。打造全国一流的数字媒体基地、数字阅读基地、数字家庭应用示范基地、新媒体版权内容库和新媒体内容加工制作云平台，实现数字内容、技术、产品、服务和运营全产业链一体化发展。

——**信息化和工业化深度融合国家示范区**。深入实施产品与装备智能化开发、“机器换人”、重点行业与区域绿色安全制造、“电商换市”及相关产业发展、中小微企业信息化服务、骨干企业信息化提升、智慧城市建设示范试点、云服务产业培育、专用电子及软件产业基地建设、网络信息产业技术创新等十大专项行动，企业信息化水平大幅提升，信息技术在产业结构优化升级中的作用显著增强，工业发展质量和效益持续改善，全省信息化发展指数、信息化和工业化融合指数位列全国省区前三位。

二、加强信息基础设施建设

（三）加快宽带网络建设

大力推进骨干网、城域网和接入网升级改造，提升网络容量和智能调度能力。加快下一代互联网的部署和商用。实施城市百兆光纤工程和宽带乡村工程，加快发展第四代移动通信。实现全省宽带无线网络全覆盖，公共服务场所等重点区域无线局域网广泛覆盖。构建全程全网、互联互通、可管可控、基于云平台技术架构的下一代广播电视网络。优化无线电频谱资源利用。

（四）全面推进“三网融合”

统筹新一代移动通信网、下一代互联网和下一代广播电视网络建设，强化信息基础设施标准规范，促进共建共享和互联互通，实现网络的高效利用。加快全省广电网络“一省一网”整合提升和数字化、双向化高速宽带改造。推进电信、广电业务双向进入，鼓励发展交互式网络电视（IPTV）、手机电视、有线电视宽带服务等融合性业务，确保省IPTV集成播控平台和传输系统安全稳定运行。

（五）优化提升云计算中心建设

以杭州、宁波、温州、金华为区域核心节点，增加互联网数据中心（IDC）与国家骨干网的互联带宽，扩大内容分发容量和覆盖范围，提高数据计算、存储、智能处理和安全管控能力。制订数据中心能耗标准，推动传统数据中心优化升级成弹性可扩展、高效节能、分布式的云数据中心。

三、优先发展信息产业

（六）加快发展电子信息制造业

加快发展集成电路产业，大力发展高端通信及网络设备制造业，提升新一代移动通信设备和系统的研发与产业化水平。重点发展智能手机、智能电视、平板电脑、智能家居等新型信息终端产品，促进终端、内容、服务一体化发展。着力培育高端服务器、新型显示、新型电子元器件及材料等新兴产业，加强产品研发和系统集成，推进市场规模应用。

（七）大力发展软件和信息技术服务业

大力开发行业应用软件，优先发展支撑信息化和工业化深度融合的工业软件、智慧城市专项业务操作系统软件。大力发展信息系统集成、信息技术咨询、集成电路设计、网络中介服务等信息技术服务业，积极发展网络支付、位置服务、社交网络服务等基于网络的信息服务，加快培育下一代互联网、移动互联网、物联网等环境下的新兴服务业态。发展基于北斗导航系统的产品与服务。积极推进在岸和离岸信息服务外包，培育和拓展外包服务市场。

（八）着力发展应用电子产业

依托错位布局的装备高新区，建设一批装备电子及软件产业基地。重点促进产品与装备智能化所需的传感器、芯片、在线可视化定位检测器等的研发制造，着力发展“机器换人”所需的机器人与网络控制软件。加快汽车电子、船舶电子、家电电子、电力电子、医疗电子、物流装备电子、环保装备电子等专用电子技术的开发和产业化。

（九）加快发展大数据和云服务产业

出台鼓励政府、企业、居民购买云服务的政策措施，培育发展云工程与服务企业；突破一批大数据等关键核心技术，创新运营和服务模式，实施一批公共事务、社会管理、行业应用等领域的示范项目；重点支持公共云、工业云、政务云、健康云、安居云、教育云、商务云、媒体云等应用服务，形成若干个在全国有示范意义的大数据、云服务的商业模式。支持杭州高新技术产业开发区创建以网络信息技术与产业为主攻方向的国家自主创新示范区，引进和培育一批骨干企业，推进产业集聚，形成在全国有重要影响的大数据、云服务产业集群。

（十）大力发展数字内容产业

支持数字出版关键技术研发，加快传统文化内容的数字化。以大众文化信息消费需求为导向，重点发展数字出版、互动新媒体、文化创意、数字音乐、数字阅读、动漫游戏等数字内容产品及服务，支持电影电视、互动娱乐产业的原创生产，鼓励企业生产和提供健康向上的信息内容。创新视听服务商业模式，建设全国最大新媒体版权内容库和功能强大的新媒体运营服务云平台，面向全国拓展渠道，形成数千万级终端服务。加大应用推广力度，提升移动、电信数字阅读基地和杭州国家数字出版产业基地应用服务水平。

（十一）积极发展网络安全产业

围绕自主的技术、自主的产品、自主的企业，规划建设信息安全产业基地。大力推进网络安全、入侵检测、身份验证、可信计算、数据安全等网络和信息安全产品的自主研发与产业化，重点突破下一代互联网、物联网、云计算、移动互联网等领域的安全核心技术，提升信息安全服务保障能力，促进安全、自主、可控信息技术产业体系的建设。

四、提升发展电子商务

（十二）推进电子商务应用和模式创新

争取开展国家电子商务综合发展试点。全面实施“电商换市”，深化电商兴农、电商拓市、跨境电商、电商便民等工程，促进电子商务在浙货销售、居民消费、文化繁荣、对外贸易、农村发展、政府采购等领域的广泛应用。探索建设符合电子商务特点的产业发展、行业管理、网络信用和政策法规体系，完善电子商务行业管理、统一监测和市场监管方式，创新跨境电子商务管理机制，推进电子口岸等数据平台整合。

（十三）加快发展电子商务产业体系

推进电子商务领域重大项目建设，加大电子商务企业引进和培育力度，支持电子商务龙头企业做大做强。提升第三方电子商务平台发展水平，支持有条件的企业电子商务平台向行业平台转化，推动电商平台国际化，打造一批国际知名电子商务平台。有序推进专业市场发展电子商务，创新发展移动电子商务、线下线上互动、个性化定制等新型电子商务模式。

（十四）加快智慧物流体系建设

大力发展快递、仓储和物流规划咨询、物流信息系统、供应链管理等智慧物流，重视培育领军企业。加快智慧物流和服务平台建设，支持发展国家交通运输物流公共信息平台、跨境电子商务平台等重大现代物流项目，完善中心商务区、居民社区、大专院校、产业园区网购商品投送公共设施和农村网络代购网点，推进宁波“智慧物流”建设，推进舟山大宗商品交易中心的发展。加强物流标准化建设，加快全省物流信息整合，推进物流大数据应用，完善以基础设施和信息平台为重点的物流支撑体系。

（十五）促进互联网金融规范发展

加快信息技术在金融领域的应用，支持互联网企业与金融机构合作，支持基于互联网的金融产品、技术、平台和服务创新。推进商业模式创新，探索建立网络银行，拓展第三方支付、网络支付、网络借贷、小额信贷、网络众筹、网络理财、网络保险等相关业务，探索跨境电商支付和结算业务。建立并完善社会信用体系，利用大数据等技术加强互联网金融的监管与服务，防范互联网金融风险。

五、扩大信息消费

（十六）激发居民信息消费

加强资费监管，实现电信资费合理下降和透明收费，加强网络购物、电子银行、互动媒体、网络阅读、电子政务等信息消费应用示范，改善居民信息消费体验，增强居民信息消费意愿，释放居民信息消费需求。加快关键核心信息技术和产品研发，鼓励业务模式创新，培育发展新型业态，提升信息产品、服务、内容的有效供给水平。营造有利于扩大信息消费的政策环境，加强对信息服务、网络交易行为等的监管，依法打击网络欺诈等违法犯罪行为，规范信息市场秩序，建设安全诚信有序的信息消费环境。

（十七）务实推进智慧城市建设

加强信息技术在社会保障、市场监管、环境监测、信用服务、应急保障、治安防控、公共安全等社会治理领域集成应用，促进社会治理精细化，提高城市科学管理水平。大力推进智慧交通、智慧电网、智慧水务、智慧健康、智慧安居等建设，按照“一揽子”解决问题的要求，开发云、管、端一体化的专项业务操作系统，不断提升应用质量和水平，扩大城市应用的覆盖面，实现城市基础设施智能化和公共服务智慧化。制订和实施智慧城市建设政策制度和标准化建设行动计划，加快形成智慧城市建设政策法规体系和一批技术、业务与监管流程融合的国家标准、行业标准和地方标准。

（十八）加快电子政务建设

加快信息技术在政务领域的应用，顺应行政审批制度改革、加快转变政府职能的总体要求，建设基于云计算的全省统一电子政务公共服务平台，加快建设集行政审批、便民服务、政务公开等功能于一体、省市县三级联动的政务服务网,实现全省政府行政审批等服务事项"一站式"网上办理与"全流程"效能监督。研究制订公共信息资源开放共享管理办法,建立跨部门、跨地区信息共享、业务协同的公共服务体系,创新推进政府信息资源的深度开发和社会化利用。

六、推进信息化和工业化深度融合

(十九)提升企业信息化水平

以"三名"企业特别是协同制造的龙头企业、总部型企业为重点,开展贯彻信息化和工业化深度融合管理体系国家标准试点,形成示范带动效应。实施千家规模以上工业企业"登高计划",推进企业信息化从基础应用、单项应用向集成应用、创新应用、产业链协同应用转变,确保骨干企业基本实现装备智能化、设计数字化、生产自动化、管理现代化、营销服务网络化。针对中小微企业多样化、个性化需求,重点抓好中小微企业公共网络服务平台、工业设计供需对接信息化商务平台、互联网融资中介服务平台、科技型中小微企业创业上市信息化服务平台建设,帮助中小微企业深化研发设计、生产制造、经营管理、市场营销等核心环节的信息化应用。

(二十)突出重点抓好行业信息化

深入推进传统行业"机器换人",支持有条件的企业建设"机联网""厂联网",提高企业自动化、智能化、网络化制造水平。推动装备制造业智能化升级,促进装备电子与装备设计和制造的结合,大力开发智能成套装备。在易污染、高耗能和安全风险高的行业大力推广应用物联网技术,实现信息化的计量供料、自动化的生产控制、智能化的过程计量定位检测、网络化的环保与安全控制、数字化的产品质量检测保障、物流化的包装配送,确保全过程、各环节的精准生产与管控,实现绿色安全制造。

(二十一)分类抓好各类园区信息化工作

支持产业集聚区和经济开发区、工业园区打造信息化公共服务平台,加快产业链关键共性信息技术的推广应用,提升信息的支撑服务能力,建设信息化和工业化深度融合先行区。强化高新区特别是装备高新区信息产业的集聚功能,以产业链为纽带,狠抓招大引强、招才引智,建成与信息技术紧密融合的装备集成制造基地、关键零部件制造基地、核心技术创新基地和高端创新人才集聚基地。

七、优化发展环境

(二十二)强化组织保障

省信息化和工业化深度融合国家示范区建设工作领导小组与省信息化工作领导小组要加强对信息经济发展的组织领导,统筹协调解决有关重大问题。进一步明确各地、各部门工作职责,形成牵头部门抓总落实、相关部门分工协作,共同推进我省信息经济快速发展的工作格局。加强舆论宣传引导,提高公众对信息经济的认知与实践水平,营造全社会共同参与的良好氛围。

(二十三)优化要素保障

鼓励各地优先保障信息经济重点项目的资源要素需求。省级产业集聚区、高新区要把发展信息经济作为重点任务,明确主攻方向和目标,规划发展空间,保障区内企业对资源要素的合理需求。

(二十四)加大财税金融支持

全面落实国家鼓励信息经济发展的有关政策,积极争取国家在产业基地(园区)建设、项目布局、资金安排等方面的政策支持,落实中央财政资助项目明确需地方配套的政策。省工业和信息化、战略性新兴产业、商务促进等专项资金和财政科技经费应重点向支持信息经济倾斜。建立和完善信息经济发展的金融服务体系,引导信贷资金、各类投资基金重点投向国家和省级信息经济重点项目、优势企业、产业基地以及公共服务平台建设。拓宽直接融资渠道,支持符合条件的企业发行债券和上市。设立省信息经济创业投资基金。

(二十五)强化人才创新支撑

加强信息经济高层次人才和团队引进,重点引进国际行业优秀领军人才。大力培养信息技术研发人才、应用人才和营运人才,重点培养高水平复合型人才。强化企业创新主体地位,按照"补短板"要求,支持信息经济龙头骨干和重点优势企业设立省级重点企业研究院;鼓励和支持有条件的企业建立行业共性技术和关键技术研发中心、测试中心、服务中心,积极参与国家标准、行业标准的研究与制(修)订工作。

(二十六)着力引进项目

积极组织国内外信息经济合作交流活动,着力开展以商招商、主题招商、展会招商、委托招商、网络招商以及产业链招商等多种形式的招商,加快引进一批技术水平高、带动性强、市场前景好的重大项目,重点引进信息经济世界五百强、国内行业百强及央企等行业龙头企业。发挥浙江产业优势和市场优势,组织举办国内外有重要影响的电子商务、云计算、智慧城市等领域专业展会,打响我省信息经济品牌。

(二十七)加强信息安全保障

建设电子政务安全云平台,加强党政机关重要信息系统、基础信息网络以及涉及国计民生的重要应用系统的信息安全防护,加强对工业控制系统、信息化和工业化融合、电子商务等经济领域的信息安全监管,强化信息化项目信息安全风险评估和定期检查。积极推进网络信息安全、个人信息保护等方面的地方立法,研究制定标准规范,加强基础信息资源和个人信息保护,强化互联网信息安全管控。

(二十八)健全评价机制

建立全省信息经济统计调查制度,强化统计、监测、分析和预警工作。定期由第三方机构对各市、县(市、区)信息经济发展情况进行综合评价。

各地、各有关部门要根据本意见精神,抓紧制订加快信息经济发展的具体政策措施,并抓好贯彻落实。

2014年5月13日

浙江省人民政府
关于加快建设标准强省的意见

各市、县（市、区）人民政府，省政府直属各单位：

为联动推进标准强省、质量强省、品牌强省战略，充分发挥标准在引领发展、推动创新中的基础性作用，现就加快标准强省建设提出如下意见：

一、重要意义

标准是国民经济和社会发展的重要技术基础，在推动经济转型升级、政府管理和社会治理能力提升、生态文明建设等方面，具有十分重要的保障、支撑和引领功能。随着经济社会的快速发展，标准在国际国内竞争中的作用日益凸显，越来越成为一个国家和地区核心竞争力的重要体现。近年来，我省标准建设工作取得了明显成效，但也存在一些薄弱环节和问题，主要表现在：我省企业参与标准化活动程度与产业发展水平不相适应；不少优势产业的标准话语权不够；科技创新成果转化为标准的比例较低，具有自主知识产权的技术融入标准偏少；人才队伍、技术支持与服务体系建设相对薄弱等。各地、各有关部门要充分认识做好标准工作的艰巨性和紧迫性，切实采取有力措施，加快推进标准强省建设，为促进转型升级、打造浙江经济“升级版”作出积极贡献。

二、总体要求

坚持立足实际和接轨国际相结合、市场导向和政府推动相结合、企业为主和社会参与相结合、统一管理和分工负责相结合，进一步完善标准工作体制机制，着力构建符合发展需求、科学有效先进的标准体系，推动我省标准综合水平迈入国际国内先进行列。力争到2020年，我省龙头骨干企业实质性参与国内外标准化活动能力显著增强，高技术产业、战略性新兴产业创新成果标准转化率大幅提升，重点产业采用国际先进标准比率明显提高，“浙江制造”先进标准体系基本形成，产业竞争的标准话语权不断增强；社会管理和公共服务标准化水平明显提升；标准促进生态文明建设的成效显现，治水治气、节能降耗、防灾减灾及环境综合整治标准水平全国领先。

三、主要任务

（一）实施“浙江制造”标准提升工程

以重大关键及成套设备、数控机床、电气机械、轻工纺织机械、现代仪器仪表、电子专用设备、汽车及关键零部件、船舶制造、环保技术及设备、高端机电产品、机电基础件等先进制造业和机械、电气、纺织、服装、皮革、家具、精细化工等传统优势产业为重点，研究制订一批达到国际先进水平的“浙江制造”标准，构建“浙江制造”先进标准体系，提升“浙江制造”品牌形象。按照“先进标准—技术改造—做强产业”模式，引导产业集聚区和产业集群制订实施先进联盟标准，推动技术改造、“机器换人”与采用国际先进标准互融互促，带动全产业链加快淘汰落后产能、有效提升产品质量水平。

（二）实施重点产业标准创新工程

加强技术标准战略研究，强化科技计划执行与技术标准研制互动，大力开展技术标准综合研究基地、区域技术标准联合创新基地和企业技术标准创新基地建设。按照“技术创新—标准转化—做优产业”模式，鼓励和支持高技术产业、战略性新兴产业、现代农业和现代服务业企业、科研机构和高等院校，积极参与国际和国内标准制（修）订，加快推进科技创新成果转化为现实生产力，形成一批掌握国内外标准话语权的优势产业和企业。

（三）抓好“五水共治”标准建设工作

按照山水林田湖是一个生命共同体的理念，健全污水排放控制标准，提升城市防洪防涝标准，完善供水安全标准，强化饮用水源地污染监控标准，推广实施节水标准，着力构建科学合理、系统配套的“五水共治”标准体系。

（四）推进“三农”领域标准化建设

积极开展农村综合改革标准化试点，推动实施“美丽乡村”地方标准。围绕现代农业园区、粮食生产功能区建设和我省十大农业主导产业需求，加强农业地方标准研制，构建比较完善的种养殖、生产加工和流通农业标准体系。深入推进农业标准化示范区建设，大力推广“现代农业园区＋合作社（龙头企业、家庭农场）＋基地＋农户＋标准”和“农产品公共区域品牌＋标准＋农户＋基地”的现代农业生产方式。

（五）推进公共服务领域标准化建设

围绕加快实现基本公共服务均等化目标，重点加强公共安全、公共教育、公共卫生、社会组织管理、劳动就业服务、社会保险、公共交通、公共文化、社会信用等领域的标准工作。加强基本公共服务标准的制订实施，建立健全具有浙江特色的公共服务标准化体系，促进公共服务领域先进技术和管理成果的转化和推广应用，不断提升我省公共服务能力。

（六）探索政府管理标准化建设

按照转变政府职能、建设阳光高效政府的要求，推进政府权力清单、审批事项、服务流程、资金管理和绩效考核的标准化。按照核准目录外企业投资项目政府不再审批的要求，推进企业项目投资负面清单标准化，构建公开透明的市场竞争秩序。加快省市县三级联动的行政审批和便民服务标准化建设，使“一站式”网上办理有标可依，实现全程效能监督。

（七）推进组织机构代码登记制度建设

完善组织机构代码登记制度，加强物品编码新技术研发，大力推进组织机构代码和物品编码在实体贸易、电子商务、现代物流等领域的应用，实现企业信息、产品信息与交易信息的互联与可追溯，强化标准在市场准入、市场规范、市场监管和信用体系建设中的基础性作用。

（八）加强技术性贸易壁垒应对

积极应对标准国际化挑战，增强我省产业和产品参与国际竞争的能力。加强对国外技术性贸易措施通报信息的采集、跟踪和研究，有效开展与我省出口产业相关通报的评议和特别贸易关注信息提案工作。健全技术性贸易措施预警体系，及时发布预警信息，不断完善应对技术性贸易措施技术援助机制，指导帮助出口企业积极规避技术性贸易壁垒。

（九）加强地方标准体系建设

突出强制性地方标准的技术法规属性，严格立项、起草、审评、批准、发布等程序，强化统一管理，增强标准的约束力。突出推荐性地方标准的公益属性，着重加强对基础通用类标准的制订。进一步完善资源节约、环境保护、社会治理、公共服务、民生保障等领域标准门类，加快形成结构合理、重点突出的地方标准体系。对涉及重大公共利益的地方标准立项，应公开听证。

（十）加强标准的实施及监督

加强标准运用，为社会管理、政策制订、市场准入、行政执法、政府采购、公共服务等提供科学依据。重点围绕产品质量安全、人身财产安全、资源环境保护、消费者权益保护等领域，完善对标准实施的意见反馈和评价机制。加强对标准实施的事中事后监管，严肃查处违反强制性标准的行为。

（十一）推进标准化试点示范工程

突出政府管理、社会治理、公共服务、高新技术和先进制造业、商贸流通业、现代农业和现代服务业等领域，深化综合标准化试点项目建设。系统推进技术标准研制和应用推广试点示范工作，探索建立以科技创新提升技术标准水平、以技术标准促进科技成果转化应用工作模式，促进科技创新、标准研制和产业发展深度融合。

（十二）提升标准社会化服务能力

推进标准藏馆和标准信息公共服务平台建设，研究构建标准云平台，提高标准信息公共服务能力和水平。培育发展标准中介服务机构，加强相关检验检测、认证、咨询机构建设，建立竞争充分、便捷高效的标准技术服务市场。

四、保障措施

（一）加强组织领导

各级政府要把标准工作纳入经济社会发展规划、科技专项规划和产业政策体系；要结合当地实际，研究制订推进标准工作的实施办法和配套措施，及时研究解决相关重点难点问题。各级有关部门要各司其职、密切配合，由标准化行政主管部门履行牵头职责，负责对标准工作的统筹协调和统一管理；有关行业主管部门负责本部门、本行业的标准工作。

（二）加强政策扶持

加大公共财政投入，各级财政要将标准工作所需资金纳入预算，重点支持国际标准、国家标准、地方标准的制（修）订和创新性、公益性标准实施试点示范项目的建设。加强重大招商引资、政府采购、技术引进和技术改造项目标准先进性审查，对采用国际先进标准的予以优先支持。

（三）加强队伍建设

加强高校标准化学科、专业建设，在职业教育和继续教育中增加相关教学内容。加强落户我省的国际、国家专业标准化技术委员会秘书处和省级专业标准化技术委员会建设，鼓励龙头企业依托专业标准化技术委员会组建覆盖产业链上下游的标准创新团队。广泛利用社会资源，多层次、多形式培养标准化人才，推进高素质复合型标准化人才队伍建设。鼓励产业联盟、企事业单位、社会组织、专家学者、消费者，广泛参与国际国内先进标准研究、制订和推广应用。加强国际标准化项目交流与合作，鼓励科技人员担任国际国内标准化组织重要职务。技术标准研制成果作为技术人员职称评定的依据。

（四）加大宣传力度

建立重要标准新闻发布制度，加强对社会关注、公众关心的标准宣传和解读。积极借助“世界标准日”“质量月”“3·15”“科技周”等载体和各类新闻媒体，广泛宣传普及标准化法等法律法规和相关知识，努力营造“学标准、建标准、用标准”的良好氛围，提高全社会标准意识。

2014年8月9日

浙江省人民政府关于加快培育旅游业成为万亿产业的实施意见

各市、县(市、区)人民政府,省政府直属各单位:

为贯彻落实《国务院关于促进旅游业改革发展的若干意见》(国发〔2014〕31号)和《中共浙江省委关于建设美丽浙江创造美好生活的决定》(浙委发〔2014〕14号)精神,加快把旅游业培育成为我省战略性支柱产业和万亿大产业,现提出如下实施意见:

一、总体要求

以党的十八大、十八届三中和四中全会以及省委十三届五次全会精神为指导,认真贯彻《中华人民共和国旅游法》,切实把旅游业发展纳入全省经济社会发展战略全局,牢固树立科学旅游观,坚持依法兴旅、依法治旅,坚持全域化、生态化、人本化和国际化的发展原则,全面深化改革,推动转型升级,促进提质增效,努力实现旅游业发展的经济效益、社会效益和生态效益相统一,力争把旅游业培育成为总收入超万亿元的大产业,使旅游业成为美丽浙江的生态产业、美好生活的民生产业和转型升级的支柱产业,把浙江建设成为更加发达的旅游经济区和国际知名的旅游目的地,率先全面建成旅游经济强省。

二、发展目标

(一)旅游产业实力更强

旅游产业体系更加完善,效益更加明显。到2017年,全省年接待游客总量达到6.5亿人次,年均增长10%,其中接待过夜游客3.1亿人次,力争旅游产业总收入达到1万亿元。

(二)旅游产业结构更优

入境、国内和出境三大旅游市场协调发展,旅游产业布局进一步优化,旅游产品体系进一步健全,休闲度假功能明显增强,商务会展水平明显提升。到2017年,旅游购物在全省旅游业总收入中的比重超过30%,过夜游客人均逗留时间达1.8天,全省城乡居民人均出游4.5次,国内旅游人均消费提高到1400元以上。旅游服务进出口额占国际服务贸易额的比重达到40%。

(三)旅游产业品牌更响

旅游市场秩序进一步规范,旅游产品品质进一步提升,“诗画浙江”品牌更具国际竞争力,旅游产业可持续发展能力进一步增强。旅游产业发展成果为旅游者、旅游从业人员和旅游目的地居民共享。到2017年,游客满意度达到90%以上。

(四)旅游产业贡献更大

到2017年,全省旅游业增加值占地区生产总值的比重提高到6.7%,占服务业增加值的比重提高到14%;旅游业税收收入相当于地方财政收入的7%;旅游直接就业人数占全社会就业人数的比重超过8%。

三、主要任务

(一)深化旅游改革开放

加快政府职能转变,进一步简政放权,发挥市场在资源配置中的决定性作用。支持国家级旅游改革试点,推动舟山市争取落地签证、境外游客购物离境离岛退税、便利邮轮出入境等政策,争取列入赴台个人游试点城市。推动桐乡市在旅游业与新型农业化、新型工业化、新型城镇化和服务业现代化等方面深度融合。推进淳安、洞头、安吉、武义、遂昌、仙居省级旅游综合改革和湖州、桐庐、江山、龙游专项改革试点,在制度创新、政策扶持、资源整合、要素保障、特色培育等方面先行先试。鼓励各市县结合实际、因地制宜、大胆创新,积极探索旅游发展新路径、新模式。支持开化、仙居两县开展国家公园试点。推进淳安、文成、泰顺、开化、景宁、庆元等重点生态功能区示范区试点建设,重点发展生态、休闲、养生、度假等旅游新业态,使旅游业成为统筹当地经济社会发展的引领产业。

创新旅游管理体制。按照“大旅游、大市场、大产业”的要求,整合优势,强化旅游综合协调、产业促进、行业服务等职能。积极探索风景名胜区、旅游度假区等旅游区的管理体制机制创新,探索设立跨区域旅游功能区,鼓励品牌信誉度高的旅行社和旅游车船公司跨地区连锁经营。充分发挥旅游行业协会的作用,鼓励发展中介组织,在强化行业监督自律、推进标准化建设以及质量评定等方面发挥更加重要的作用。

扩大旅游开放。进一步简政放权,政企分开,使市场在资源配置中起决定性作用。推动资源、资本、人才、技术等要素在旅游产业发展中的自由流动,推动旅游市场向社会民营资本全面开放,吸引浙商回归投资旅游重大项目,促进混合所有制旅游经济发展。建立完善公开、平等、规范的旅游市场准入制度,积极引进国(境)外知名旅行商、跨国(境)旅游集团投资浙江旅游业,加强与周边国家和地区、世界旅游组织等交流合作。

(二)优化旅游产业布局

按照“一核两翼五圈多点连线”的布局要求,着力提升杭州旅游的核心带动作用,大力推进“东扩西进”两翼发展,加快建设浙北、浙东、浙东南、浙中和浙西南五大旅游经济圈,加快培育多层次、特色化的优秀旅游目的地,加快打造一批以杭州为龙头、依托浙江独有的自然资源和文化资源的旅游品牌和精品线路，不断提高全省旅游业空间运行的整体效率。

“一核”：强化杭州旅游核心带动作用。大力推进杭州旅游全域化发展和国际化发展，充分发挥杭州作为长三角旅游中心城市对全省旅游业发展的核心带动作用。以西湖、西溪、运河、湘湖、千岛湖等核心景区为龙头，深入推进旅游与休闲、会展、文化、特色潜力行业等融合发展，全面提升休闲度假综合品质，有效带动周边地区发展。

“两翼”：推进“东扩西进”两翼发展。“东扩”海洋旅游，以舟山群岛新区建设国家海洋经济发展示范区为引擎，实施海洋旅游五年行动计划，积极推进邮轮、游艇、休闲度假岛、海洋禅修和海洋探险等高端旅游产品开发，建设一批特色海洋旅游区，培育一批特色休闲旅游岛和特色渔村，形成多元化的浙江海洋旅游精品线路。“西进”生态旅游，以衢州、丽水、湖州、温州西部和台州西南山区为重点，以绿色崛起和生态富民为战略导向，推进景观森林建设，建设一流生态休闲养生福地，探索形成生态旅游业推动环境保护、促进新型城镇化、加快山区经济全面转型升级的科学发展模式，把山区生态优势转化成为旅游产业优势，使生态旅游业成为富民强县的主导产业。

“五圈”：构建五大旅游经济圈。浙北旅游经济圈以杭州、绍兴、嘉兴和湖州为主体，发展都市风情、江南水乡风情、运河古镇文化、吴越文化和太湖文化等特色旅游业态。浙东旅游经济圈以宁波、舟山为主体，积极打造浙江旅游的海上门户。浙东南旅游经济圈以温州、台州为主体，将雁荡山—楠溪江、百岛洞头和仙居国家公园作为核心板块，创新休闲度假业态，提升休闲度假品质。浙中旅游经济圈以金华、义乌等为主体，建设以黄大仙文化、商贸购物、温泉养生和影视文化为特色的国际化旅游区。浙西南旅游经济圈以衢州、丽水为主体，加快发展生态旅游业，探索生态旅游业带动山区发展新路子。

“多点”：培育多层级旅游目的地。以完善目的地旅游服务设施、提升目的地服务质量、提高目的地友好程度为主要内容，以游客满意度和富民贡献度作为评价标准，积极引导各类旅游目的地彰显特色、错位发展，加快培育一批优秀国际旅游目的地、优秀县域旅游目的地和优秀乡村旅游目的地。

“连线”：围绕西湖、江郎山、中国大运河三大世界遗产和高等级旅游景区，打造多主题、分时段、强辐射的浙江旅游连线。

以历史文化为基础，重点打造丝绸之路、江南水乡、古都古镇、宗教朝觐、运河古韵、养生茶艺等一批国际精品旅游线；以便捷高铁为依托，重点打造华东经典、名城名湖、太湖风情、绿水青山等一批区域品牌旅游线；以概念创新为突破，重点打造滨海之旅、邮轮之旅、生态之旅、温泉之旅、康体之旅、养生之旅等一批特色旅游线；以适应消费为前提，重点打造一批休闲自驾、最美村落、商贸购物、骑行漫游等主题旅游线。大力开发钱塘江水系、古运河水系及海岛风情旅游线，串联打造浙东、浙中、浙西为轴的传统旅游线，推进相关景区连点成线、聚点成块，逐步形成全域化、多元化、大众化的旅游路线图。

（三）加快旅游大平台建设

根据全省旅游产业布局，积极探索旅游功能区建设。按照资源优化、统一规划、统一布局、统筹开发的原则，突破行政区划，建立环莫干山、环洞宫山、环括苍山、钱江源等四大旅游功能区。积极争取国家相关部门支持，打造跨省域的旅游功能区。大力推进旅游度假区建设，支持东钱湖、太湖、湘湖、鉴湖—柯岩、平湖九龙山、千岛湖、舟山群岛普陀等创建国家级旅游度假区，支持资源禀赋优良、发展基础扎实、要素保障有力的地方申报省级旅游度假区。全面落实省级及以上旅游度假区享受省级经济开发区的优惠政策。加快推动旅游为主导功能的省级现代服务业集聚示范区建设。加快旅游景区转型升级。按照世界水准、国际一流、国内领先的要求，大力实施景区提升三年行动计划，推进景区环境综合整治，加快建立门票预约制度，加强景区游客最大承载量控制。大力推进环莫干山、环湘湖、环千岛湖、环东钱湖、雁荡山—楠溪江、南浔古镇、环乌镇、环会稽山、普陀国际旅游岛群、神仙居—天台山等十大重点板块建设，力争到2017年十大重点板块的旅游总投资和总收入均超2000亿元。着力培育宁波杭州湾、溪口—雪窦山、三门湾、乐清湾、环飞云湖、环太湖、盐官百里长廊、环台州湾、江郎山—廿八都、千峡湖—凤阳山—云和湖等十大特色板块，力争到2017年十大特色板块的旅游总投资和总收入均超1000亿元。积极推进旅游大项目建设，力争到2017年全省旅游总投资超过1万亿元。实施“新十百千工程”，到2017年全省创建20个左右旅游产业发展示范县（市、区），培育100个左右省级旅游度假区和旅游风情小镇，培育1000家左右乡村旅游景区和特色民宿。

（四）推进乡村旅游转型升级

大力推进旅游业与农业融合发展，加快乡村旅游与新型城镇化有机结合，发挥乡村旅游在增收入、扩就业、惠民生等方面的作用。依托农业自然环境、田园景观、农业设施、农业产业、农耕文化等资源要素，大力培育休闲观光农业，开发乡村休闲度假产品。注重乡村旅游规划编制，加强名村名寨、古村古镇保护与利用，建设一批具有历史记忆、地域特色、民俗文化的旅游风情小镇。推进乡村旅游富民工程，带动贫困地区脱贫致富。创新乡村旅游经营管理模式，强化乡村旅游从业人员培训，稳步推进“送培训下乡”活动，每年免费为乡村旅游从业人员培训人数不低于4000人次。到2017年，全省力争打造10个乡村旅游产业集聚区；30个省级休闲农业与乡村旅游示范县；100个休闲农业与乡村旅游示范点，实现以农促旅、以旅强农，促进我省乡村旅游快速发展。

（五）培育旅游新业态

积极发展文化旅游、海洋旅游、工业旅游、运动休闲旅游、森林旅游、养生养老、研学旅行、购物旅游、康体旅游、红色旅游、商务会展、旅游电商等新型旅游业态，不断丰富多元的旅游产品供给。大力培育美食、茶楼、疗休养、美容化妆、保健、时装、婴童、婚庆、摄影、工艺美术等与旅游密切相关的特色潜力行业。注重旅游纪念品创意设计，加强知识产权保护，培育地方特色的旅游商品品牌。到2017年，重点打造50个文化旅游示范区；50个特色文化主题酒店；100个工业旅游示范基地；100个运动休闲旅游示范基地（含优秀项目、精品线路）；100个中医药养生养老示范基地；100个非物质文化遗产旅游经典景区。

（六）打响“诗画浙江”品牌

积极打造“诗画浙江”省级综合宣传品牌，在省级主流媒体及重大经贸、文化、体育等活动中统一使用该品牌。创新营销方式，改进营销理念，拓展营销渠道，实施政府主导、企业联手、媒体跟进“三位一体”的合力营销策略，构建全媒体时代的立体营销系统和多元化的旅游消费市场。创新办展模式，拓展展会内涵，吸引国际会议会展活动更多地落户浙江。积极打造旅游展会和节庆品牌，加强旅游区域合作，整合资源，精心设计和宣传以浙江传统文化为内涵、以浙江特色旅游资源为内容的旅游线路，积极参与海上丝绸之路等旅游线路建设。积极探索在境外投放“诗画浙江”宣传广告，建立完善多语种网站，开发建设与电子商务一体化的网络营销平台，加快我省旅游国际化进程。

（七）做大做强旅游企业

积极培育一批旅游规划设计企业、旅游创意企业、旅游装备制造企业、旅游电商以及旅游服务外包企业等新型旅游企业。支持旅游企业通过中小企业板、创业板上市或在浙江省股权交易中心挂牌交易。大力引进国内外大型旅游集团，支持企业走出去，参与国际交流与合作，通过资源整合、资产重组、参股、兼并等方式，推动优势旅游企业实施跨地区、跨行业、跨所有制兼并重组，构筑起跨国、跨地区经营体系，打造跨界融合的旅游产业集团和产业联盟。培育一批有特色、有品牌的旅游商品生产和销售企业。到2017年，力争培育10家以上年产值超10亿元的大型旅游企业集团。

（八）发展入境旅游

推进杭州、宁波、温州和义乌国际航空港建设，加快推进外国人72小时过境免签的配套政策。加强与境内外航空公司、旅游批发商、国际友好省州和城市、国家旅游局海外办事处等合作，建立促销联盟，开展整体营销。加快培育一批具有入境客源输送能力的旅游企业，增强海外客源市场的宣传推广力度，组织开展境外宣传推广活动，全面提升浙江旅游在海外市场的影响力。

（九）推进智慧旅游

加快旅游电子政务和电子商务发展，建立覆盖全省的旅游信息服务体系。逐步实现商务、交通运输、公安、农业、工商等部门涉旅数据信息共享。积极推动物联网、云计算、新一代移动互联网等新兴信息技术在旅游产品开发和管理服务中的创新应用。支持旅游景区、酒店、旅行社等旅游企业的电子商务平台建设，发展网上预订、在线支付等电子商务。支持第三方旅游电商平台做强做大，重点培养若干家有潜在优势的旅游电子商务企业。支持杭州、宁波、温州等创建全国智慧旅游示范城市。积极推进智慧景区、智慧旅行社、智慧酒店等试点工作，加快旅游城市、高等级旅游景区、乡村旅游点免费无线网络覆盖。

（十）完善公共服务设施

全力打造便捷的旅游交通网络。探索开展低空旅游。在火车站、机场、客运中心与主要旅游目的地开通或优化完善公交班线。加快旅游交通基础设施建设，交通运输部门在编制交通建设规划时，要充分考虑通景区公路的建设需求，并征求旅游行政主管部门的意见。加快舟山国际邮轮母港等设施建设，形成浙江沿海“一日游”或“多日游”的海上旅游交通网络。到2017年，完成4A级以上旅游景区综合环境整治，新建100个自驾车营地，新建或改造1000座三星级以上的旅游厕所，新建改建10万个旅游景区停车位。加快完善旅游交通引导标识系统，全省4A级以上旅游景区和其他各类国家级旅游区都要在高速公路和国省道设置规范的交通标识。加快完善全省高速公路服务区、加油站点的旅游咨询和配套服务功能。加快整合现有资源，推动全省等级道路客运站发展成为当地的旅游集散中心，大力拓展客运站的旅游服务功能。加强防洪防台应急避灾设施的建设，提升旅游景区应对自然灾害的能力。

（十一）提高综合管理水平

全面实施国家旅游局《旅游服务质量提升纲要（2009—2015年）》，健全游客满意度调查制度，扩大调查范围，注重调查结果的运用，建立以游客评价为导向的旅游服务质量评价体系。依法落实旅游安全管理责任制，加强旅游安全保障体系建设，建立旅游安全职责和旅游突发事件应对机制，构建省、市、县、企联动的旅游应急救援体系。旅行社、景区要对参与高风险旅游项目的旅游者进行风险提示，并开展安全培训，依法投保责任险。景区要加强安全防护和消防设施建设。按照属地管理原则，建立健全旅游景区突发事件、高峰期大客流应对处置机制和旅游安全预警信息发布制度。加强景区门票价格监管，利用公共资源建设的景区门票，以及景区内另行收费的游览场所、交通工具等项目，实行政府定价或者政府指导价，严格控制价格上涨。严格按照规定，对未成年人、在校学生、老人、军人、残疾人等实行门票费用减免。完善旅游统计指标和调查方法，建立科学的旅游发展考核评价体系。

四、保障措施

（一）加强对旅游工作的领导

调整省旅游发展领导小组，由省政府主要领导担任组长，定期研究全省旅游发展重大事项。各市、县（市、区）政府要加强对旅游工作的领导，建立相应的工作机制或机构，将旅游业发展纳入各级政府和部门的年度目标考核体系。探索重点旅游县域差异化考核机制，着重考核生态、旅游等发展指标，健全完善培育旅游万亿产业的激励机制。制订实施全省旅游产业发展示范县评价与考核办法。

（二）全面推进依法治旅

深入宣传贯彻实施《中华人民共和国旅游法》，不断提高依法治旅和依法兴旅水平。健全旅游地方法规体系，加快修订《浙江省旅游管理条例》等地方性法规。加强旅游执法队伍建设，完善省、市、县三级投诉受理联动机制，实行重大案件报备制度。旅游、交通运输、工商、公安等部门要密切合作，加强旅游联合执法，依法严厉打击“黑导游”和诱导、欺骗、强迫游客消费等行为。加强对旅游市场明码标价行为的监管，依法严肃查处串通涨价、哄抬价格和价格欺诈等行为，规范旅游市场秩序。强化旅游诚信体系建设，行业协会要引导企业诚信经营；建立严重违法企业“黑名单”制度，加大曝光力度，完善执法信息共享机制。完善旅游标准化体系，组织制订和推广实施旅游标准，积极培育一批旅游标准化试点单位，鼓励旅游企业制订个性化的标准。倡导文明出行，加强游客文明旅游行为的引导，充分发挥旅游者、社会公众及新闻媒体的监督和引导作用，促进旅游品质提升。

（三）强化旅游规划引导

各级政府在编制旅游发展规划时应当与当地国民经济和社会发展规划、土地利用总体规划、城乡规划相衔接，优先保障相关旅游项目、设施的空间布局和建设用地需求。规划和建设交通、通信、供水、供电、环保等基础设施和公共服务设施，应兼顾旅游业发展的需要。新建、改建、扩建旅游建设项目，应符合本地区旅游发展规划及相衔接的其他规划。强化旅游规划落地，定期对规划执行情况进行评估，并向社会公布，接受社会监督，保证规划执行。

（四）加大财政金融支持

2014—2017年，省旅游发展资金每年增长10%，用于加强旅游规划、形象推广、公共服务建设等。省级财政加大对重点生态功能区的一般性转移支付力度，完善生态补偿机制。市、县（市、区）人民政府应设立旅游发展资金，加大对旅游产业发展的扶持力度。支持符合条件的旅游企业合理对接多层次资本市场，利用各种融资工具做大做强，引导设立旅游产业基金，发展旅游项目资产证券化产品。加大对小微旅游企业和乡村旅游的信贷支持。鼓励担保、再担保机构为旅游企业提供优惠服务。

（五）积极支持旅游消费

积极落实国家规定的带薪年休假制度，将带薪年休假制度落实情况纳入各级政府议事日程，作为劳动监察和职工权益保障的重要内容，推动机关、企事业单位加快落实职工带薪年休假制度。鼓励职工结合个人需要和工作实际分段灵活安排带薪年休假。鼓励开展研学旅行，按照教育为本、安全第一的原则，建立小学阶段以乡土乡情研学为主、初中阶段以县情市情研学为主、高中阶段以省情国情研学为主的研学旅行体系，对研学旅行应给予价格优惠。鼓励旅行社参与政府采购和服务外包，行政机关、企事业单位、社会团体或组织可按规定委托旅行社代理交通、住宿、餐饮、会展、会务以及出国（境）服务。支持符合大工业用电容量规定的餐饮住宿企业申请大工业用电，执行大工业用电分时电价。鼓励宾馆饭店“煤改气”。

（六）保障旅游用地供给

完善旅游产业用地管理措施，推进土地利用差别化管理与引导旅游产业结构调整相结合。研究制订差别化旅游用地政策，编制《全省旅游产业用地专项规划》，优先保障旅游重点项目用地供给。对符合《划拨用地目录》的旅游集散中心、旅游咨询中心、公共停车场、旅游厕所等与旅游配套的公益性城镇基础设施，可以采用划拨方式供地。加大土地供给，支持重点乡村旅游项目建设用地。引导农村土地承包经营权有序流转，鼓励和支持承包土地向家庭农场、农民合作社流转，发展乡村旅游。支持农村集体经济组织利用非耕农用地，在不改变土地农用性质的前提下采取作价入股、土地合作等方式参与旅游开发。以“五水共治”“三改一拆”为契机，利用清理出来的闲置建筑物、废弃矿山、腾退宅基地等存量建设用地开发建设旅游项目。支持企事业单位利用富余房产、土地资源开发旅游。对旅游景区中农用地或未利用地，未改变用途和功能、未固化地面、未破坏耕作层的生态景观用地等，不认定为建设用地。对旅游景区范围内亭台楼阁等小型旅游设施用地，简化审批流程。

（七）加强人才队伍建设

把旅游业人才队伍建设纳入全省干部培训计划和人才队伍建设规划，多形式举办旅游人才专题培训班，有计划地选派相关人员到境外学习旅游业发展先进经验。建立完善旅游人才评价制度，培育职业经理人市场。大力发展旅游职业教育，支持浙江旅游职业学院提高办学质量，深化专业教学改革，加强与国际知名旅游院校、著名旅游集团合作，加强旅游教育培训，大力开展旅游科学基础理论研究，联合综合性大学探索开展合作办学模式。加大导游讲解、景区规划、市场营销、酒店管理和旅游新业态发展等紧缺专业型人才的培养和引进。加强导游队伍管理，建立健全导游评价制度，逐步建立导游职级、服务质量与报酬相一致的激励机制。实施旅游行业全员培训。加强与高等院校、企业合作，建立一批省级旅游人才教育培训基地。

附件：重点任务分工及进度安排表（略）

2014年11月10日

浙江省人民政府办公厅关于印发激励全省高新园区争先创优建立摘牌退出机制实施方案(试行)的通知

各市、县(市、区)人民政府,省政府直属各单位:

《激励全省高新园区争先创优建立摘牌退出机制实施方案(试行)》已经省政府同意,现印发给你们,请认真贯彻执行。

2014年1月13日

激励全省高新园区争先创优建立摘牌退出机制实施方案(试行)

为激励全省高新园区争先创优,建立摘牌退出机制,加快创建与转型升级,更好地发挥在培育发展高新技术产业和战略性新兴产业中的核心载体作用,特制定如下实施方案:

一、建立健全评价考核机制

(一)实施分类评价考核制度

对国家高新区、省级高新园区、创建的省级高新园区(以下称省级创建园区)按照浙江省高新园区评价指标体系进行评价,并根据评价结果从高分到低分进行排序。浙江省高新园区评价指标体系由创新能力、结构优化、科技服务、规模效益和定性评价5个一级指标构成,下设27个二级指标。评价指标总权数100,对应总分100分,5个一级指标创新能力、结构优化、科技服务、规模效益、定性评价的权数分别为20、25、20、25、10。省级高新园区委托国家高新区管委会实行一套班子统一管理的,按上述口径进行统计评价。

对省级创建园区需按照《浙江省人民政府关于开展创建省级高新技术产业园区工作的通知》(浙政发〔2012〕94号)规定的增量指标进行考核。

(二)工作程序

1. 各高新园区管委会按统计制度要求,将统计数据、自评报告和证明材料按时上报省科技厅、省统计局;省级创建园区需增报增量考核指标的相关数据。省科技厅、省统计局要不断完善高新园区统计制度,提高统计数据的真实性和可靠性。

2. 省科技厅、省统计局根据需要邀请省级有关部门对统计数据进行审核,并对定性指标进行评定打分。

3. 省科技厅、省统计局委托第三方评价机构实施高新园区的评价。第三方评价机构必须是非政府部门、具备相应的统计和评价分析能力的机构。凡违反公正、公平原则的,取消其评价资格,造成严重后果的,将追究评价机构和有关人员的责任。

4. 第三方评价机构对审核后的数据,按照评价计算方法产生定量指标分值,加上省级有关部门产生的定性指标分值,分类形成高新园区评价结果和省级创建园区考核结果。

5. 高新园区评价结果和省级创建园区考核结果经省科技厅、省统计局审核后上报省政府,经省政府审定后,由省科技厅和省统计局向各高新园区管委会及其所在的市、县(市、区)政府通报。

二、健全高新园区争先创优激励机制

(一)通报表扬

1. 对杭州国家高新区保持全国前10位,宁波国家高新区保持全国前30位,绍兴、温州国家高新区和今后新批准的国家高新区进入全国1/2排名以内,且位次不下降的,予以通报表扬。

2. 对评价结果排序前5位的省级高新园区,予以通报表扬。

3. 对达到浙政发〔2012〕94号文件规定的增量考核要求的省级创建园区,予以通报表扬。

(二)将高新园区评价考核纳入市县党政领导科技进步目标责任制考核和创新型城市(县、区)评价考核的内容,对获得通报表扬的高新园区所在市、县(市、区),予以加分

(三)加大支持力度

1. 对获得通报表扬的高新园区,各级政府及有关部门在研发项目安排、平台建设、支持企业设立研发机构等方面予以优先支持,并不断加大支持力度。

2. 对达到浙政发〔2012〕94号文件认定条件的省级创建园区,由省政府正式确认为省级高新园区。

3. 对获得通报表扬的省级高新园区,符合国家规定条件的,可以在符合城市总体规划、县(市)域总体规划和土地利用总体规划、所在地政府对扩区所需的土地指标动

态调整出来的前提下，按申报创建的程序和要求，申请扩大区域范围，拓展发展空间。

4. 对区位条件优越、创新资源丰富、发展潜力较大、体制机制良好、辐射带动作用较强，且获得通报表扬的省级高新园区，优先推荐申报国家高新区。

三、建立摘牌退出机制

（一）根据考核评价结果的摘牌退出

1. 对年度评价考核列全国末3位的国家高新区，予以黄牌警告，并由省科技厅约谈该高新区管委会主要负责人；连续三年排序末3位的，经省政府同意后报请国务院取消其国家高新区资格。

2. 省级高新园区升格为国家高新区后，省级高新园区牌子自动取消，进入国家高新区评价考核序列。

3. 对年度评价考核末3位的省级高新园区，予以黄牌警告，并由省科技厅约谈该高新园区管委会主要负责人。连续三年排序末3位的，报省政府同意后进行摘牌警示，进入一年的整改期；整改期满，由省科技厅牵头组织专门工作小组进行整改评估，对仍无明显改观的予以摘牌。

4. 对增量考核达不到要求的省级创建园区，予以黄牌警告，并由省科技厅约谈该省级创建园区管委会主要负责人；连续两年达不到要求的，经省政府同意后取消其创建资格，对外不允许再使用省级高新园区的牌子。

（二）其他情况的摘牌退出

1. 高新园区设在经济开发区内，该经济开发区升格为国家经济技术开发区后，省级高新园区牌子一般予以取消。若高新园区所在地政府要求保留省级高新园区牌子的，按照浙政发〔2012〕94号文件和《浙江省人民政府办公厅关于加快高新技术产业园区转型升级的指导意见》（浙政办发〔2012〕66号）办理。

2. 达不到浙政办发〔2012〕66号文件有关创新管理体制要求，未及时改正的，予以摘牌警示直至取消高新园区资格。

（三）特殊情况的处理

高新园区发生重大以上安全事故、环保事故、严重违反土地和建设规划或对社会造成重大不良影响的，当年评价考核结果为不合格，且排序以末位处理。

浙江省人民政府办公厅关于促进信息消费扩大内需的实施意见

各市、县（市、区）人民政府，省政府直属各单位：

为贯彻落实《国务院关于促进信息消费扩大内需的若干意见》（国发〔2013〕32号），促进信息消费，扩大内需，经省政府同意，现提出如下实施意见：

一、指导思想和主要目标

（一）指导思想

以科学发展观为指导，深入实施“八八战略”，围绕干好“一三五”、实现“四翻番”目标任务，坚持深化改革、创新发展双轮驱动，坚持政府、企业和个人信息消费“三位一体”推进，加快信息基础设施建设，提升信息产业支撑能力，培育信息消费业态，促进公共服务信息化，丰富信息消费内容，优化信息消费环境，促进信息消费持续健康快速增长，推动经济社会转型升级。

（二）主要目标

信息消费规模显著增长。到2015年，信息消费规模超3500亿元，年均增长20%以上，其中基于互联网的新型信息消费规模达到2000亿元，年均增长30%以上，带动相关行业新增产出超过1000亿元；基于电子商务、云计算等信息平台的消费快速增长，网络零售额占全国20%以上，电子商务和第三方支付平台全球领先优势进一步巩固，初步建成国际电子商务中心。

信息基础设施保持领先。到2015年，宽带、融合、安全、泛在的下一代信息基础设施基本形成并保持全国领先水平，信息消费硬环境不断完善。城市住宅光纤全覆盖，商务楼宇光纤通达率、行政村宽带通达率均达100%。城市家庭宽带接入能力达到每秒30兆比特（Mbps）以上，主要城市基本达到每秒100兆比特（Mbps），农村家庭宽带接入能力达到每秒8兆比特（Mbps）。时分双工模式移动通信长期演进技术（TD—LTE）网络覆盖重点城镇以上区域；下一代互联网（IPv6）试点、智慧城市示范试点成效明显；下一代广播电视网建设取得明显进展，有线广播电视网络基本实现数字化。

信息消费市场健康繁荣。信息消费市场日益活跃，信息产品和内容服务更加丰富。信息产业、数字文化产品支撑供给能力大幅提升。物联网、移动互联网、大数据等新一代信息技术应用拉动信息消费的关联效应更加突出。政府购买云服务长足发展，企业信息消费规模不断扩大，以网络公共服务为支撑的居民信息消费选择更加丰富。信息消费相关政策法规、标准规范逐步完善。市场竞争秩序规范透明，消费环境安全可控。

二、实施“宽带浙江”战略，构建下一代信息基础设施

（三）加快固定宽带网络演进升级

1. 开展杭州国家下一代互联网示范城市建设，加快IPv6网络部署和商用步伐。（责任单位：杭州市政府，省

发改委、省经信委、省通信管理局、省科技厅、省新闻出版广电局）

2. 推进下一代广播电视网建设，全面完成“一省一网”整合发展。（责任单位：省新闻出版广电局、省发改委、省经信委、省科技厅、省通信管理局）

3. 统筹云计算基础设施建设，支持云计算服务模式和商业模式创新。（责任单位：省发改委、省经信委、省通信管理局等）

4. 实施宽带普及提速工程、“宽带乡村”工程，各市主城区推广百兆光纤入户；优化农村宽带网络布局，选择部分偏远村部署光纤进村试点。（责任单位：省经信委、省通信管理局、省发改委、省财政厅、省农办，各市政府）

（四）统筹推进无线通信网络建设

1. 推进3G/LTE演进升级，优化网络覆盖，杭州市、宁波市、温州市实现TD—LTE率先规模商用，推动全省大规模商用。（责任单位：省经信委、省通信管理局、省发改委，杭州市、宁波市、温州市政府）

2. 推动无线城市建设，鼓励有条件的城市积极探索第三方建设、政府采购等多种模式，扩大重要公共区域无线局域网覆盖范围，并向公众免费开放，着力构建多层次、广覆盖、多热点、高质量、集约化利用的无线宽带网络。（责任单位：省经信委、省通信管理局、省发改委等）

（五）全面推进三网融合

1. 加快电信、广电业务双向进入，按照国家统一部署，在试点基础上向全省推广。（责任单位：省经信委、省新闻出版广电局、省通信管理局等）

2. 加快有线数字电视整体转换和双向化升级改造、高清交互式电视网络基础设施建设。（责任单位：省新闻出版广电局、省发改委、省经信委、省财政厅）

3. 推动三网融合技术创新体系建设，着力形成三网融合产业链协同发展格局。（责任单位：省经信委、省通信管理局、省新闻出版广电局、省发改委、省科技厅）

4. 进一步探索三网融合条件下分业监管模式，建立公平、规范的市场秩序。（责任单位：省新闻出版广电局、省通信管理局）

5. 发挥三网融合安全技术管控平台作用，实施监管信息共享，确保网络安全和文化安全。（责任单位：省新闻出版广电局、省通信管理局）

三、发展信息技术产业，增强信息产品供给能力

（六）加快智能终端产品研发与生产

1. 支持研发生产基于国产和省产芯片、操作系统的智能手机、智能电视、平板电脑、智能家居等终端产品，促进终端产品与服务一体化发展。（责任单位：省经信委、省发改委、省科技厅、省财政厅、省新闻出版广电局）

2. 推进浙江国家数字家庭应用示范工程和产业基地建设，支持数字家庭智能终端研发和产业化。（责任单位：省经信委、省发改委、省科技厅、省财政厅、省新闻出版广电局）

3. 发挥通信运营商集团采购作用，落实增值税抵扣政策，促进智能终端产品结构调整。（责任单位：省经信委、省通信管理局、省财政厅、省国税局、省地税局）

（七）提升基础信息产业创新能力

1. 依托国家和省科技计划（基金、专项）和重大项目，突破集成电路、智能传感器、新型显示等关键技术，着力提升集成电路设计、制造工艺技术水平。开展装备电子等信息技术产业创新综合试点，建设一批装备电子及软件等重点企业研究院，培育信息技术产业基地。（责任单位：省科技厅、省经信委、省发改委、省财政厅）

2. 实施平板显示提升工程，加快宁波平板显示产业基地建设。（责任单位：省经信委、省发改委、省科技厅、省财政厅，宁波市政府）

（八）增强软件服务支撑能力

1. 支持杭州创建中国软件名城。（责任单位：省经信委，杭州市政府）

2. 突破智能终端操作系统、云计算操作系统、大型数据库、大数据处理、中间件等关键技术，形成核心知识产权。发展嵌入式软件、工业控制软件、企业管理软件等工业软件。（责任单位：省科技厅、省经信委、省发改委、省财政厅）

四、培育信息服务业态，拓展信息消费领域

（九）培育新兴信息服务业态

1. 加快发展移动互联网产业，支持基于移动互联网的应用服务创新。（责任单位：省经信委、省发改委、省科技厅、省财政厅、省通信管理局）

2. 结合温州市金融综合改革试验区、丽水市农村金融改革试验区建设，发展基于网络信用的中小企业和农村融资信贷服务平台。（责任单位：省金融办、省发改委、人行杭州中心支行、省经信委，温州市、丽水市政府）

3. 面向重点行业和民生领域，开展云计算、大数据、物联网等新兴信息消费重大应用示范项目，推动技术进步和产业化。（责任单位：省经信委、省发改委、省科技厅、省财政厅、省通信管理局）

4. 2014年一季度启动制订浙江省卫星导航产业发展专项规划。（责任单位：省发改委、省测绘与地理信息局、省经信委）

5. 发展地理信息产业，推进服务模式和产品创新，加快北斗导航核心技术研发和产业化，发展基于北斗的车载（船载）导航、智能手机等终端。2014年一季度启动实施北斗导航基础设施建设，形成北斗导航综合信息服务支撑体系。（责任单位：省测绘与地理信息局、省发改委、省经信委等）

（十）丰富信息消费内容

1. 建立数字内容生产、转换、加工、投送平台，促进数字文化产业发展，打造全国文化创意产业中心，提升移动、电信手机阅读基地和杭州国家数字出版产业基地的辐射力和影响力。（责任单位：省新闻出版广电局、省文化厅、省经信委、省发改委、省通信管理局，杭州市政府）

2. 实施文化信息资源共享工程、公共电子阅览室建设计划、数字图书馆推广工程。（责任单位：省文化厅、省新闻出版广电局、省经信委、省发改委）

（十一）拓展电子商务和现代物流发展空间

1. 创建国家电子商务示范城市建设，争取开展可信交易、网络电子发票等电子商务政策试点，支持电子商务平台做大做强。（责任单位：省发改委、省商务厅、人行杭州中心支行、杭州海关、宁波海关、省国税局、省工商局、省质监局）

2. 开展跨境电子商务支付业务试点。（责任单位：省外汇管理局）

3. 开展杭州市、宁波市等跨境贸易电子商务服务试点。（责任单位：杭州海关、宁波海关、省商务厅、省国税局、省地税局、省质监局、省外汇管理局、省发改委，杭州市、宁波市政府）

4. 大力实施“电商换市”工程。（责任单位：省商务厅、省经信委、省工商局）

5. 实施中小企业电子商务应用工程，开展宁波“智慧物流”和义乌“智慧商城”建设，发展移动电子商务。（责任单位：省经信委、省交通运输厅、省商务厅、省通信管理局、省工商局，宁波市、义乌市政府）

6. 提升建设国家东北亚物流信息服务平台，构建全省智能物流和仓储体系。（责任单位：省交通运输厅、省发改委、省商务厅、省经信委等）

7. 建设城市社区网购商品投送公共设施和农村网络代购网点，鼓励传统零售企业开展网络零售，构建网上网下相结合的电子商务发展模式。（责任单位：省发改委、省商务厅、省建设厅、省交通运输厅、省公安厅、省教育厅、省农办、省农业厅、省邮政管理局）

8. 结合浙江海洋经济发展示范区和舟山群岛新区建设，推进大宗商品交易中心建设，开展大宗商品网上交易。（责任单位：省商务厅、省金融办、省发改委等）

9. 支持符合条件的企业申请互联网支付业务许可；鼓励有条件的支付机构向境外扩展业务，支持移动支付、互联网支付等业务加快发展，加快建立多元化、多层次的支付体系。（责任单位：人行杭州中心支行、省外汇管理局）

（十二）引导企业加大信息消费

建设一批“两化”深度融合国家示范区的示范点、示范基地、示范企业、示范业务等。（责任单位：省经信委、省发改委、省科技厅、省财政厅）

五、开展智慧城市示范试点，提升公共服务信息化水平

（十三）提升公共服务领域信息消费水平

1. 推进宁波“智慧健康”建设并逐步扩大覆盖面，推广应用电子病历、电子健康档案，实施社会保障“一卡通”全省覆盖，实现省内二级以上医院医保费用即时结算和跨省即时结算，形成全省社会保障信息公共服务体系。（责任单位：省卫生计生委、省人力社保厅、省经信委，宁波市政府）

2. 推进养老机构、社区、家政、医疗护理机构协同信息服务，构建以老年人、残障人士等为重点服务对象的社区生活信息服务平台。（责任单位：省民政厅、省卫生计生委、省发改委、省经信委）

3. 建立公共就业信息服务平台，实现全省就业信息联网。（责任单位：省人力社保厅）

4. 推进绍兴“智慧安居”建设并逐步扩大覆盖面，建立智慧防控体系。（责任单位：省公安厅、省经信委，绍兴市政府）

5. 建设优质教育信息资源公共服务平台，推广远程教育，打造城乡一体化教育资源公共服务体系。（责任单位：省教育厅、省经信委、省发改委、省财政厅、省通信管理局）

6. 推进“智慧高速”和嘉兴“智慧交通”建设并逐步扩大覆盖面，完善智慧交通综合信息平台，扩大高速公路不停车收费系统（ETC）应用，提高综合交通信息服务保障能力。（责任单位：省交通运输厅、省建设厅、省经信委、省交通集团，嘉兴市政府）

7. 推进温州“智慧旅游”和千岛湖“智慧港航”建设并逐步扩大覆盖面，提升休闲旅游业信息化水平。（责任单位：省旅游局、省交通运输厅、省经信委，杭州市、温州市政府）

8. 提升农村信息化综合服务平台服务能力。（责任单位：省委组织部、省农业厅、省经信委、省通信管理局、省邮政管理局）

9. 大力推动社保卡、居民健康卡、金融 IC 卡和市民卡在公共服务领域的一卡多用。（责任单位：省人力社保厅、省卫生计生委、省金融办、人行杭州中心支行）

（十四）挖掘社会管理领域信息消费市场

1. 建立健全基础信息资源和政务信息资源库，以及政务信息资源共享交换与业务协同机制，研究制订公共信息资源开放共享管理办法，推动社会化开发利用。（责任单位：省经信委、省发改委、省法制办等）

2. 建立政府公共服务信息平台和一体化社区信息服务站。（责任单位：各市政府，省民政厅、省公安厅、省发改委、省经信委、省财政厅）

3. 支持企业参与政府公共服务云平台建设和运维服务。（责任单位：省经信委、省发改委、省新闻出版广电局、省通信管理局）

4. 推进杭州“智慧城管”建设并逐步扩大覆盖面，完善城市管理综合运营平台，开展城市综合管廊建设试点，建立城市基础设施电子档案。（责任单位：省建设厅、省经信委，杭州市政府）

5. 推进智慧食品药品安全监管和信息服务平台建设，规范互联网药品交易行为，推进食品药品网上直购。（责任单位：省食品药品监管局、省卫生计生委、省人力社保厅、省商务厅、省工商局、省经信委）

6. 推进杭州“智慧安监”建设并逐步扩大覆盖面，建立电梯安全运行监控平台、城市工程营运车辆联网联控平台和建筑工地安全监督管理平台。（责任单位：省安监局、省质监局、省建设厅、省经信委，杭州市政府）

7. 推进“智慧消防”建设并逐步扩大覆盖面，建设城乡一体化灭火救援指挥服务平台、城市消防云服务平台和

消防公众服务平台，提升消防综合管理服务能力。（责任单位：省公安厅、省经信委）

（十五）激发资源环境领域信息消费活力

1. 推进智慧能源监测并逐步扩大覆盖面，形成跨工业、建筑、交通、公共机构等领域的能源监测综合服务平台。（责任单位：省经信委、省建设厅、省交通运输厅、省机关事务局等）

2. 推进台州"智慧水务"建设并逐步扩大覆盖面，完善水资源管理、水环境、防汛防台等应用系统，实现地区水库、河道、湖泊水质水体情况的实时监控预警。（责任单位：省水利厅、省环保厅、省经信委，台州市政府）

3. 推进衢州"智慧环保"建设并逐步扩大覆盖面，构建全省环境监控服务平台，实现区域污染源和环境质量在线自动检测和可视化监控。（责任单位：省环保厅、省水利厅、省经信委，衢州市政府）

4. 推进电动汽车动力智慧服务网络和嘉兴"智慧电网"建设并逐步扩大覆盖面。（责任单位：省电力公司、省经信委，嘉兴市政府）

5. 推进车联网建设并逐步扩大覆盖面。（责任单位：省交通运输厅、省公安厅、省经信委，金华市政府）

6. 开展嘉兴光伏产业"五位一体"创新综合试点，提高光伏并网发电、电力光纤到户、配网自动化水平。（责任单位：嘉兴市政府，省经信委、省物价局、省能源局等）

六、优化信息消费环境，保障健康有序发展

（十六）提高信息安全保障能力

1. 加快信息消费相关安全标准建设，出台云计算等准入规范。（责任单位：省质监局、省经信委）

2. 依法加强信息产品和服务的检测和认证，加强智能终端应用商店监管，支持建立第三方安全评估与监测机制。（责任单位：省经信委、省质监局、省公安厅）

3. 落实信息安全等级保护制度，加强网络与信息安全监管。（责任单位：省公安厅、省经信委、省安全厅、省保密局、省通信管理局）

（十七）实施个人信息保护制度

研究推进网络信息安全、个人信息保护等法规制度及相关标准规范建设。（责任单位：省经信委、省法制办、省质监局、省通信管理局等）

（十八）规范信息消费市场秩序

1. 推进网上经营主体信息公开披露，探索建立信用管理和信息共享机制。（责任单位：省工商局、省发改委、省经信委）

2. 强化行业自律机制，完善企业争议调解机制，健全消费维权渠道。（责任单位：省经信委、省通信管理局、省工商局）

七、加强组织领导，完善政策措施

（十九）建立工作推进机制

省信息化工作领导小组要分解落实任务，开展年度任务实施情况的考核、评估和监督检查。（责任单位：省信息化工作领导小组办公室）

（二十）简化相关审批制度

1. 抓紧清理或下放现有涉及信息消费的审批、核准、备案等行政审批或变相设定行政审批事项，最大限度减少行政审批事项。（责任单位：省发改委、省编委办、省经信委、省新闻出版广电局、省文化厅等）

2. 推进"一址多照"制度，降低互联网企业设立门槛。（责任单位：省工商局、省通信管理局）

3. 建立信息消费投资导向目录，鼓励引导信息服务投资、建设和经营活动。（责任单位：省发改委、省经信委）

（二十一）加强财政政策支持

1. 省级工业转型升级专项、战略性新兴产业专项、重大科技专项、软件与服务业专项、商务促进专项财政资金要支持信息消费技术、产品、设备和应用平台的开发与应用。（责任单位：省财政厅、省发改委、省经信委、省科技厅、省商务厅）

2. 制订信息消费行业的价格政策和合理收费标准，运用价格杠杆促进信息消费。（责任单位：省物价局、省财政厅）

3. 鼓励建立政府采购信息技术产品及云服务的政策与财政保障机制，鼓励开展"装备＋软件＋工程服务"的采购试点。（责任单位：省经信委、省发改委、省财政厅、省机关事务局）

4. 建立通信普遍服务和补偿机制，促进农村、偏远地区网络建设，促进更广泛的通信普遍服务。（责任单位：省经信委、省财政厅、省发改委、省农办、省通信管理局）

5. 用好无线电频率占用费政策。（责任单位：省经信委、省财政厅）

6. 鼓励有条件的城市发放信息消费券，直接拉动信息消费。（责任单位：各市政府）

（二十二）落实税收优惠政策

1. 进一步落实高新技术企业认定管理办法。落实企业研发费用税前加计扣除政策。（责任单位：省财政厅、省科技厅、省国税局、省地税局）

2. 落实国家鼓励集成电路和软件产业发展的若干政策。（责任单位：省财政厅、省国税局、省地税局、省经信委）

3. 推进邮电通信业营业税改增值税改革试点。（责任单位：省财政厅、省国税局、省地税局、省通信管理局、省邮政管理局）

4. 对个人获得国务院部委、省政府及以上单位科学技术奖所得奖励，免征个人所得税。（责任单位：省财政厅、省国税局、省地税局、省委组织部、省人力社保厅）

（二十三）改善企业融资环境

1. 优先支持创新型、成长型互联网企业在创业板等上市，稳步扩大企业债、公司债、中小企业集合票据和中小企业私募债发行。（责任单位：浙江证监局、人行杭州中心支行、省经信委、省发改委、省科技厅、省金融办）

2. 完善信息服务业创业投资扶持政策。（责任单位：省科技厅、省发改委、省财政厅，各高新区管委会）

3. 鼓励开展软件著作权等知识产权质押融资。（责任单位：人行杭州中心支行、浙江银监局、省新闻出版广电局）

4. 推进与金融机构的合作，支持智慧城市示范试点，统筹安排地方政府债部分资金用于智慧城市建设，鼓励符合条件的企业发行企业债募集资金用于智慧城市项目建设。（责任单位：省财政厅、省经信委、省发改委，各市政府）

5. 出台鼓励市场化投融资、信息技术服务外包、信息资源社会化开发利用等吸引各类市场主体共同参与智慧城市建设的政策。（责任单位：省经信委等，各市政府）

6. 鼓励民间资本以参股方式参与通信基础设施、通信服务及互联网领域投资建设，开展移动通信转售业务试点，支持民营企业开展宽带接入网业务。（责任单位：省发改委、省经信委、省通信管理局）

7. 落实民间资本经营数据中心业务相关政策。（责任单位：省通信管理局、省发改委、省经信委等）

（二十四）加大要素资源保障

1. 将信息消费产业纳入战略性新兴产业、现代服务业等政策扶持范围，协调破解土地、能源、环境等瓶颈制约。（责任单位：省发改委、省经信委、省国土资源厅、省环保厅）

2. 将通信基础设施建设纳入城乡建设和土地利用规划，统筹交通、物流及仓储用地布局，合理配置公共服务设施用地。（责任单位：省国土资源厅、省建设厅，各市、县（市、区）政府）

3. 对大专院校、科研院所来浙自行或联合建设相关研发基地、技术中心，其土地用途符合《划拨用地目录》规定的公益性科研机构用地的，可以行政划拨或协议出让方式供地；对企业来浙建设配套工业研发基地、技术中心的，以招标拍卖挂牌出让方式供地。企业利用存量土地和原厂房兴建相关研发基地、技术中心的，可保留其工业用途不变，经城乡规划、国土资源部门批准后使用，并按规定缴纳国有土地收益金。（责任单位：省国土资源厅，各市、县（市、区）政府）

（二十五）加强政策法规和标准体系建设

1. 研究制订住宅小区信息基础设施、城市综合管廊等建设标准。（责任单位：省建设厅、省通信管理局、省质监局）

2. 加强云计算等新兴信息消费领域产品、服务标准体系建设。（责任单位：省质监局等）

3. 加强数字版权保护立法，完善数字版权监管体系。（责任单位：省法制办、省质监局、省文化厅、省新闻出版广电局）

（二十六）开展信息消费统计监测

1.2014 年一季度启动制订信息消费的统计分类和标准，开展信息消费统计分析和运行监测。（责任单位：省经信委、省统计局、国家统计局浙江调查总队）

2. 创建国家信息消费试点示范市、县（市、区）。（责任单位：省经信委，各有关政府）

2014 年 1 月 22 日

浙江省人民政府办公厅关于印发浙江省扩大有效投资“411”重大项目建设行动计划 2014 年实施计划的通知

各市、县（市、区）人民政府，省政府直属各单位：

《浙江省扩大有效投资“411”重大项目建设行动计划 2014 年实施计划》已经省政府常务会议审议通过，现印发给你们，请结合实际，认真贯彻实施。

2014 年 1 月 24 日

浙江省扩大有效投资“411”重大项目建设行动计划 2014 年实施计划

根据《浙江省人民政府关于印发浙江省扩大有效投资“411”重大项目建设行动计划（2013—2017 年）的通知》（浙政发〔2013〕24 号），特制定浙江省扩大有效投资“411”重大项目建设行动计划 2014 年实施计划。

一、目标要求

深入贯彻党的十八届三中全会和省委十三届四次全会精神，紧紧依靠改革创新，大力实施扩大有效投资“411”重大项目建设行动计划，全力打造浙江扩大有效投资升级版。2014 年全省固定资产投资计划增长 12%以上、力争 15%，完成固定资产投资总额 2.2 万亿元以上，为我省稳增长、促转型、惠民生提供强劲动力。

（一）更加突出投资提质增效

年度项目投资占全省固定资产投资比重比上年提高 1 个百分点，增长 20%；工业技术改造投资增长 15%，占工业投资比重60%以上；战略性新兴产业投资占工业投资比重比上年提高1个百分点；生产性服务业投资占服务业投资比重比上年提高1个百分点，增长15%。

（二）更加突出转型升级投入

围绕“五水共治”“四换三名”“三改一拆”等转型升级系列“组合拳”，年度完成全社会产业转型升级类投资1.1万亿元，全社会基础设施完善类投资3300亿元，全社会统筹城乡建设类投资1800亿元，全社会公共服务提升类投资1800亿元。其中“五水共治”项目投资650亿元以上，“治气”项目投资70亿元。

（三）更加突出重大项目建设

年度推进省重大项目980个左右，计划投资6400亿元左右，占全省固定资产投资近1/3。重点推进重大单体项目765个，其中100亿元以上重大单体项目29个；推进重大单体产业项目560个，其中50亿元以上重大单体产业项目42个，20亿元以上重大单体产业项目151个。力争年度重大项目竣工投产40个以上，新开工项目160个左右，27个“国批”项目前期取得实质性突破。力争沿海每个省级产业集聚区年内引进1—2个50亿元重大产业项目，其他每个省级产业集聚区年内引进1个20亿元产业龙头项目。

（四）更加突出市场主体作用

力争年度民间投资增长15%，占全省固定资产投资比重提高1个百分点，达到62%左右。力争年度“浙商回归”引进到位资金2000亿元，央企项目完成投资745亿元，引进外资153亿美元。

二、主要领域和重大项目安排

（一）加大产业转型升级类投资

1. 投资重点。突出战略性新兴产业、先进制造业和创新驱动投入，力争完成全社会工业技术改造投资5000亿元以上（其中“机器换人”投资700亿元）、创新投资1500亿元。深入推进海洋强省建设，力争海洋经济发展示范区项目投资2200亿元。加快推进省级产业集聚区提升发展，力争省级产业集聚区项目投资3000亿元。突出现代服务业投资，加大100个现代服务业集聚示范区建设和100家左右重点企业培育投入。突出现代生态农业投资，加强农业“两区”建设，新建粮食生产功能区100万亩、现代农业园区20个。

2. 重大项目安排。年度安排省产业转型升级类重大项目590个左右。重点推进福特汽车整车生产等装备制造业项目、宁波时代全芯科技相变存储器等战略性新兴产业项目、桐昆长兴恒腾差别化低碳纤维等传统产业改造项目、台州市金属资源再生产业基地建设等循环经济项目、中国·金义电子商务新城等现代物流和商贸业项目、青田华侨总部经济大楼等总部经济和金融服务业项目、长兴图影高端休闲度假区等旅游休闲和文化创意项目、龙游富硒产业开发等农业项目、宁波智慧园等创新载体项目。

（二）加大基础设施完善类投资

1. 投资重点。加大综合交通网、能源保障网、水利设施网和高速信息网投入，加快提升省级产业集聚区基础设施，全年完成全社会交通投资1000亿元、能源投资700亿元、水利投资400亿元、信息网络投资150亿元。力争完成“防洪水”投资220亿元、“排涝水”投资30亿元、轨道交通投资135亿元。建设高速铁路600公里、城市轨道交通100公里、高速公路700公里，新改建国省道1100公里、内河航道200公里；完成滩涂圈围面积10万亩；建设成品油长输管线300公里，天然气输气干线400公里，110千伏及以上输电线路1600公里，新增发电装机容量400万千瓦；建设4G网络基站5万个。

2. 重大项目安排。年度安排省基础设施完善类重大项目170个左右。重点推进杭黄铁路浙江段等铁路项目、杭州地铁2号线一期等轨道交通项目、甬台温高速公路复线等公路项目、杭平申线航道改造等水运项目、宁波栎社国际机场三期扩建等机场项目、华润苍南电厂及三门核电一期等电源项目、溪洛渡—浙西特高压直流工程等输变电项目、甬台温成品油长输管道等煤油气项目、舟山生物燃料乙醇等新能源项目、钱塘江治理等河流治理项目、鄞东南沿山干河整治等区域骨干排涝项目、温州瓯飞一期等沿海滩涂围垦项目、全省移动C网等信息网络项目、舟山综合保税区等重大发展平台基础设施建设项目。

（三）加大统筹城乡建设类投资

1. 投资重点。突出新型城市化建设投入，重点加大城市交通、城乡供水、污水和生活垃圾处理设施等投资，推动城镇基础设施和公共服务向农村延伸。力争完成城市功能提升设施投资1800亿元、小城市培育试点和中心镇公共设施建设投资700亿元、美丽乡村和新农村建设投资270亿元。突出水环境治理投入，力争完成“治污水”投资300亿元、“保供水”投资25亿元、“抓节水”投资80亿元。全年改善17万农村居民饮水条件，建成农村联网公路1000公里，整治农村河道1000公里，完成欠发达地区群众和偏远海岛群众异地搬迁6万人以上。

2. 重大项目安排。年度安排省统筹城乡建设类重大项目90个左右。重点推进杭州城市快速路及温州市政道路等城市功能提升项目、诸暨店口镇等小城市培育试点和中心镇建设项目、“千村示范、万村整治”工程等美丽乡村和新农村建设项目、浦江县浦阳江水环境综合整治等水环境治理项目。

（四）加大公共服务提升类投资

1. 投资重点。突出城乡一体的基本公共服务供给体系建设投入，加大环境治理和生态建设投资，全年完成全社会文教卫体设施投资900亿元、全省城镇保障性安居工程建设和农村救助困难群众住房投资300亿元、生态环保设施投资400亿元、社会福利设施投资200亿元、防灾减灾设施投资200亿元。全年开工建设城镇保障性安居工程住房15万套，竣工11.5万套，完成农村困难家庭危房改造1.2万户，新增各类养老机构床位数1.8万张，新改建各级医疗卫生机构用房20万平方米，完成主要江河堤防加固100公里、中小河流治理280公里、水库除险加固100座、海塘配套加固10公里。

2. 重大项目安排。年度安排省公共服务提升类重大项目140个左右。重点推进浙江音乐学院(筹)校区建设等社会事业项目、全省城镇保障性安居工程及农村救助困难群众住房等保障性住房项目、全省重点防护林等生态建设项目、浙江特殊教育职业学院等社会福利设施和社会养老项目。

三、工作措施

(一)进一步加大责任落实力度

完善省市县三级重大项目工作责任落实制度,各设区市要抓紧分解落实扩大有效投资年度目标任务,并定期督查、汇总"411"重大项目进展情况,及时分析投资结构优化等情况,实行每季一报。各市、县(市、区)和省级有关部门要结合实际,细化年度"411"重大项目推进计划。省发改委要进一步做好扩大有效投资重大项目进展季度分析,并牵头会同省财政厅、省统计局做好扩大有效投资年度考核工作。各项目责任主体要严格执行工程"四制",切实强化重大项目社会稳定风险评估、安全生产责任等工作。

(二)大力推动新一轮企业投资体制改革

研究制订企业投资项目管理负面清单,开展负面清单以外企业投资项目不再审批试点。省级有关部门要抓紧制订亩均税收、污染排放、用地(海)强度、能耗等市场准入标准及具体监管办法。建立投资服务促进体系和省市县共享的投资项目信息管理平台,提高投资便利化程度,推动管理重心由事前审批转向事中事后监管,营造有利于各类投资者平等进入、公平竞争的投资环境。

(三)大力激发民间投资活力

深化投融资体制改革,切实将我省促进民办教育、民办医院等一批民间投资创新政策落到实处;改革铁路投融资体制,吸引民间资本参与铁路建设;建立省级海洋经济投融资平台。积极开展民间投资招商对接和市场准入试点,推动民间资本更多进入基础设施、基础产业、公用事业等领域。继续面向民间资本开展重大项目招商推介,重点在城建、教育、卫生、交通等领域推出一批代表性项目。

(四)加快推进资源要素市场化配置

坚持差别化的要素配置导向,根据产业性质、投资强度、亩产效益、能耗等情况,采取差别化的资源要素市场化配置措施,推动各类要素向重大项目集中。制订出台培育、集聚和推进50亿元以上重大产业项目的优惠政策措施,推动各部门在用地指标、能源消费总量、环境容量配置、财政税收扶持等方面向重大项目倾斜。落实最严格的耕地保护制度和节约集约用地制度。深入开展政银企对接,组织做好重大项目与央企资金、保险资金等融资对接活动,积极争取扩大企业债券发行和企业上市融资规模。

(五)加强项目全流程协调服务

充分发挥省扩大有效投资协调推进机制的作用,继续做好省领导联系省级产业集聚区、省重点项目工作,统筹协调推进"411"重大项目建设。研究建立"国批"项目及部分"省批"重大前期项目"领办员"制度,实行一门受理、协调各方、全程领办,形成"盯人、盯事、盯项目"的全程服务机制。省发改委和省级有关部门要加强日常协调和对口服务,帮助协调解决项目推进中遇到的困难和问题。各市、县(市、区)要进一步健全重大项目推进机制,加大政策处理、征地拆迁等工作力度。

附件:2014年浙江省扩大有效投资"411"重大项目表(略)

浙江省人民政府办公厅
关于深入实施商标品牌战略的意见

各市、县(市、区)人民政府,省政府直属各单位:

为深入贯彻省委十三届三次、四次全会精神,认真落实《中共浙江省委关于全面实施创新驱动发展战略加快建设创新型省份的决定》(浙委发〔2013〕22号)、《中共浙江省委关于认真学习贯彻党的十八届三中全会精神全面深化改革再创体制机制新优势的决定》(浙委发〔2013〕38号)和《浙江省人民政府关于全面实施"三名"工程的若干意见》(浙政发〔2013〕58号),经省政府同意,现就深入实施商标品牌战略提出如下意见:

一、充分认识深入实施商标品牌战略的重要意义

商标品牌是区别产品或服务来源的标志,更是产品或服务的品质和价值、企业的信誉和形象等多方面的综合体现。商标品牌发展水平一定程度上反映了一个地方的经济综合实力与核心竞争力。多年来特别是自2006年开展"品牌大省"建设以来,我省商标注册、运用、保护和管理工作加快推进,品牌经济建设取得积极成效。但与浙江在全国的经济地位相比、与加快推进经济转型升级的要求相比,目前我省商标品牌发展还存在一些差距和问题。主要表现在:商标注册率、注册商标使用率和自主商标品牌出口率等指标均偏低;平均每个注册商标产出的GDP含量不高;中小品牌多而知名品牌少,尤其缺乏产业带动力强的知名品牌;有些行业和地区长期贴牌生产,缺乏自主商标品牌等。各地、各有关部门要充分认识商标品牌建设任务的艰巨性和紧迫性,把深入实施商标品牌战略作为培育知名企业、知名品牌、知名企业家的“三名”工程的基础工作和重要内容，加大商标品牌培育力度，全面提升“浙江制造”形象，为实施创新驱动发展战略、促进质量和效益提升、打造浙江经济“升级版”作出积极贡献。

二、目标要求

坚持市场导向、企业主体、政府推动和社会参与相结合，积极营造有利于商标品牌发展的市场环境、法治环境、政策环境和社会环境，深入推进商标注册、运用、保护和管理四大体系建设，进一步提升我省品牌经济比重和自主商标品牌核心竞争力、影响力，加快建设商标品牌强省。力争到2020年实现商标境内外注册及地理标志商标注册总数在2010年基础上翻一番，达到国内注册商标总数100万件以上、通过马德里体系国际注册商标总数6000件以上、地理标志商标总数200件以上；驰名商标总量达400件，著名商标总量达4000件，商标品牌基地达150家；商标品牌企业广告宣传经费投入占全省GDP的1%以上；商标品牌企业销售额占全省社会总产出比重达22%，自主商标品牌出口率有较大提高。

三、主要任务

（一）支持和引导开展商标注册

实施“一企一标”“一社一标”工程，力争到2020年实现每家规模以上工业企业、农业龙头企业、农民专业合作社、服务业重点企业及各个产业集群、特色精品农业发达乡村至少拥有1件自主商标，具有一定规模的出口型生产企业在主要出口国至少拥有1件境外注册商标。鼓励和指导行业协会积极挖掘地方历史名品资源，申请注册证明商标、集体商标。规范和引导公共文化资源商标注册，有效保护浙江历史文化遗产。支持具有经济潜力的涉农商标及地理标志产品及时进行商标注册。

（二）加强自主商标品牌培育

加强对拥有自主商标品牌企业在商标规范使用和品牌培育运作方面的指导，着力改变“重注册、轻应用”现象。引导企业走科技创新、商标运用与品牌提升的融合发展之路，加快推动创新成果向自主商标品牌转化，力争到2020年基本实现全省生产型专利示范企业均拥有自主商标品牌。鼓励出口企业把贴牌加工与创立自主商标品牌结合起来，逐步提高自主商标品牌出口比例，重点骨干外向型企业自主商标商品出口率力争每年递增1%。支持企业通过商标品牌境外收并购方式，获得境外商标品牌所有权、销售渠道、专利技术等。

（三）加强商标品牌宣传推广

指导企业根据营销策略和自我定位，建设各具特色的商标品牌文化。鼓励和支持企业多渠道多媒体开展商标品牌形象广告传播活动，充分利用电子商务平台、国内外展销会、洽谈会、商标品牌节等提高商标品牌知名度。开展品牌市场、品牌旅游、品牌会展、品牌产销对接等建设和培育，增强服务品牌影响力。积极组织开展对驰名商标、地理标志商标的集中宣传推介活动，提高浙商商标品牌美誉度。各类媒体要充分发挥自身优势，积极帮助企业做好商标品牌宣传策划，正确引导消费者树立健康的消费理念，为深入实施商标品牌战略营造良好的氛围。

（四）提升商标品牌附加值

支持各类企业特别是优先扶持高新技术企业、农业企业、现代服务业企业和浙商回归企业争创驰名、著名商标。鼓励驰名、著名商标和地理标志商标企业实施以商标品牌为核心的市场经营策略，加强商标品牌的层级化、差异化管理。支持知名企业以商标品牌为纽带，构建统一的生产和销售体系，提高市场占有率。鼓励小微企业、农民专业合作社、农户等加入行业协会或集体组织，加强集体商标、证明商标使用，更好地拓展市场。推广“公司（农民专业合作社）＋商标（地理标志）＋农户”的生产经营模式，引导优势农产品企业加强商标品牌运作，不断延伸农业产业链、提升价值链。加强商标品牌资源开发利用，支持企业以商标品牌为资产进行参股控股、重组合并，通过商标授权、许可、转让、虚拟经营等形式开展经营活动。

（五）推进产业集群商标品牌建设

加强对产业集群的商标品牌基地建设，鼓励设立品牌指导站，重点培育一批驰名、著名商标，增强区域品牌效应。积极引导产业集群内企业开展商标品牌整合联合，促进资源共享、优势互补。坚决打击抄袭、模仿他人商标、不正当竞争等有损区域品牌形象的违法行为。支持以行业协会名义申请注册产业集群集体商标，并以该集体商标为纽带，组织相关企业参展参会、开展对外宣传交流等。

（六）加强商标品牌公共服务

整合有关部门资源，通过建立健全商标品牌服务平台和信息库、组建专家顾问团等，为企业提供商标品牌咨询指导、业务培训、法律援助等。积极发展商标品牌代理、评估、咨询等中介服务机构，加强商标品牌协会建设，完善商标品牌社会化服务体系。鼓励中介服务机构、行业协会、商标品牌协会、消费者权益保护委员会以及质量协会，积极开展商标品牌推广运营、职业技术培训、信息咨询发布、维权投诉协调等服务。

（七）加大商标品牌保护力度

完善省著名商标认定和保护制度。以保护知名企业的商标专用权为重点，加大商标行政执法力度，严厉查处商标侵权行为。加强对商标品牌中介服务机构的监管，坚决打击恶意抢注、夸大宣传、欺骗欺诈等违法行为。建立健全商标投诉渠道，逐步建立行政执法机关之间的信息共享和协作机制，完善涉嫌商标犯罪案件移送制度。支持企业加强商标品牌人才培育和管理队伍建设，建立健全知识产权保护工作制度，提升企业的商标品牌意识和自我维权能力。积极引导驰名、著名商标企业向海关总署备案自主知识产权。加强与世界知识产权组织、欧盟内部市场协调局、非洲知识产权组织等的合作交流，帮助我省企业开展商标境外维权。鼓励企业积极应对海外商标纠纷，对发现重大跨国跨省商标抢注、跨区域商标侵权行为的，各有关部门要积极依法帮助协调处理。

（八）开展商标品牌战略示范创建活动

积极参与国家商标战略示范城市（区）、示范企业创建活动，组织开展省级商标品牌战略示范县（市、区）、示范乡镇（街道）、示范企业创建活动。力争到2020年，全省有一半以上的县（市、区）和一大批乡镇（街道）、企业达到省级以上示范创建要求。

（九）加强基层品牌指导站建设

各品牌指导站要通过建档立库、信息咨询、上门服务、宣传培训等方式，做好对联系企业的商标品牌指导、培育和维权等工作。各地要加强对品牌指导站的经费、人员、场所等保障，各有关部门要加强对口业务指导。在全省组织开展示范品牌指导站创建活动，以点带面提升品牌指导站服务水平。

（十）加强商标品牌建设基础工作

建立对各市、县（市、区）境内外商标申请量、核准注册量年度公告制度，并纳入年度浙江统计年鉴。发布商标品牌年度竞争力报告。积极鼓励和支持我省高等院校开设商标品牌类课程，开展商标品牌战略研究。

四、保障措施

（一）加强组织领导

省工商局要履行牵头部门职责，做好全省实施商标品牌战略工作的组织和督促指导。省发改委、省经信委、省科技厅、省商务厅、省国资委、省质监局、杭州海关等部门要按照各自职责，加强协调配合，共同推进商标品牌建设。各地要结合自身实际，认真抓好本地实施商标品牌战略工作。

（二）加强政策支持

省财政通过工业转型升级、商务促进等专项资金对获得驰名商标、地理标志证明商标单位和自主商标品牌出口名列前茅、自主商标品牌出口增长率高的市县给予扶持，对企业符合相关条件、以自主商标品牌参加国内外重点展博会的费用给予一定补助。各地要根据财力状况，落实相应的扶持措施，积极支持商标品牌基地建设、品牌指导站建设、驰名和著名商标企业创建、境外商标注册、商标境外维权、境外商标收购等。在同等条件下政府采购应优先选择驰名、著名商标企业的商品和服务。对产业集群商标品牌基地内的驰名、著名商标企业在用地、用水、用电和融资贷款等方面予以优先安排。驰名、著名商标企业从事《国家重点支持的高新技术领域目录》和《当前优先发展的高技术产业化重点领域指南》所列项目的研究开发活动，其实际发生的研发费用支出，允许在计算应纳税所得额时，按照规定实行加计扣除。驰名、著名商标企业发生的广告费用和业务宣传费用支出按规定比例税前扣除，超过部分准予在以后纳税年度结转扣除。

（三）加强考核激励

建立商标品牌战略实施绩效年度评估和期终评估制度。认真执行《浙江省发展方式转变评价指标体系方案（试行）》（浙政办发〔2011〕37号），调整完善商标品牌创建水平考核指标设置，将商标品牌经费投入、相关工作制度和服务平台建设、商标数据、商标品牌企业对经济发展的贡献度等纳入考核，评价结果作为市县领导班子和领导干部实绩分析的重要内容，更好地促进商标品牌战略实施工作责任落实。对首次累计商标注册量超过20万件的设区市和超过5万件的县（市、区）、法人主体商标拥有率超过80%的设区市和县（市、区）、自主商标品牌出口率超过80%的外向型驰名商标企业，予以通报表扬。

2014年1月28日

浙江省人民政府办公厅关于在平湖市开展产业结构调整机制创新试点的通知

各市、县（市、区）人民政府，省政府直属各单位：

经省政府同意，在平湖市开展产业结构调整机制创新试点，现将试点方案予以印发。平湖市要认真组织实施试点工作，为全省县域产业结构调整和经济转型升级提供经验和示范。嘉兴市和省级有关部门要加强支持和指导，推动试点工作顺利开展。

附件：平湖市产业结构调整机制创新试点方案

2014年3月16日

附件

平湖市产业结构调整机制创新试点方案

一、总体要求

(一)指导思想

紧紧围绕转变经济发展方式主线,以工业转型升级为突破口,以企业分类评价为基础,以要素价格差别化为手段,全面推进"四换三名"工程,逐步形成资源要素高效利用、生态环境不断改善、产业结构持续优化的体制机制。

(二)基本原则

1. 坚持市场主导与政府推动相结合。既要突出企业的市场主体地位,发挥市场机制的决定性作用,又要建立健全政府引导机制,有序高效推动产业结构调整。

2. 坚持创新集成和简便易行相结合。既要注重各种政策机制的创新集成,又要简化流程、优化程序,提高政策的执行效率。

3. 坚持反向倒逼和正向激励相结合。既要充分运用要素配置形成的倒逼机制,又要加大对优势产业、优势企业的扶持力度,促进产业、企业优胜劣汰。

4. 坚持循序渐进和重点突破相结合。从工业结构调整入手,逐步向农业和服务业拓展。实施中既要充分考虑经济运行趋势和企业可承受能力,又要大胆破解产业转型升级中的深层次矛盾。

(三)主要目标

到2017年,全市"四换三名"工程取得重大进展,形成比较完善的产业结构调整机制,工业经济质量和效益明显提高,成为全省县域经济转型升级先行区。

——产业结构日趋优化。高新技术产业增加值占工业增加值比重提高到35%以上,生产性服务业占比逐步提高,形成若干个具有核心竞争力的标志性产业、现代产业集群。

——龙头骨干企业快速发展。年产值超百亿元、超50亿元的企业分别达到2家、10家,年产值超10亿元的品牌企业达到20家,高新技术企业达到100家,引进世界五百强企业投资项目25个。

——落后产能逐步淘汰。每年淘汰和改造30家高能耗、重污染、低附加值的规模以上工业企业。规模以上工业单位GDP能耗累计下降15%,主要污染物排放量累计下降15%以上。

——劳动生产率大幅提高。每年组织100家规模以上工业企业开展"机器换人",全市工业技术改造投入年均达到80亿元,全员劳动生产率年均提高15%以上。

——亩均产出水平明显提升。每年组织100家企业开展"空间换地",全市规模以上工业企业亩均税收、亩均工业增加值年均增长15%以上,全市腾退低效工业用地6000亩。

——电子商务加快推进。每年组织100家实体企业发展电子商务,全市电子商务销售额突破100亿元。

到2020年,规模以上工业产值突破3000亿元,规模以上工业增加值突破700亿元,年产值超百亿元、超50亿元的企业分别达到5家、20家,品牌企业、高新技术企业分别达到40家、150家,形成以高附加值、低能耗、低排放产业为主体的工业结构。

(四)重点方向

1. 加快产业结构升级。优先发展光机电一体化、化工新材料、生物食品(医药)等高新技术产业,加快服装、箱包、造纸等传统产业技术改造提升,淘汰落后产能。引导制造业向价值链高端环节延伸发展。着力发展港口物流、专业市场、电子商务等生产性服务业。积极发展高效生态特色农业和现代农业园区。

2. 促进空间布局优化。提升平湖经济技术开发区发展水平,加快独山港区和上海张江平湖科技园建设,引导企业向各类产业平台集聚发展,提高产业集约发展水平,形成若干个具有竞争力的产业集群。

3. 提升科技创新水平。加快建立产业技术创新体系,引导企业加大创新投入。完善科技创新平台,发挥清华长三角研究院、中科院平湖新材料中心等作用,引导企业与科研院(所)合作开展技术创新。推进科技成果产业化,加快高新技术在传统产业的推广应用。

4. 推进产业生态化发展。以治水、治气为突破口倒逼产业转型升级,加快循环经济和低碳经济发展,持续开展开发区(园区)生态化改造,推进企业节能减排,提升造纸、洁具、服装、箱包、煤电等固废综合循环利用水平,构建高产出、少排放、可持续的生态产业体系。

二、重点任务

(一)建立健全企业分类评价及差别化政策引导体系

按照产品附加值、能耗、污染排放及亩均产出水平,将企业分为A、B、C、D四个类别。A类为"重点扶持"类,主要为大企业、品牌企业和高新技术企业;B类为"空间换地"类,主要为亩均产出比较低的企业;C类为"机器换人"类,主要为劳动生产率比较低的企业;D类为"改造淘汰"类,主要为高能耗、高污染、低附加值企业。根据企业的类别分别予以政策引导。

(二)建立工业投资项目准入标准动态调整机制

参照A类企业综合绩效评价标准,建立工业投资项目准入标准动态调整机制。对高于工业投资项目准入标准的新建项目,在供地、融资、环境容量、能耗指标、审批服务、财政扶持等方面给予优先保障。

(三)建立工业布局优化机制

加快产业集聚平台发展升级。建立工业项目和新建项目入园(区)发展机制。制订分年度推进计划,引导现有园(区)外企业分类、分期入园(区)发展,对腾退后重新供应的存量建设用地安排省重大产业项目的,省级给予用地指标奖励，对企业搬迁入园的区块不符合土地利用总体规划但符合规划修改条件的，可按照规定进行规划修改。

（四）建立健全优势产业提升和龙头企业扶持政策

制订平湖市产业升级专项扶持政策，以优势企业、优势产业为基础，提高附加值、提升竞争力。对大企业、品牌企业、高新技术企业，给予优先安排项目用地，优先安排用能指标，优先办理审批审核事项。

（五）建立健全以单位能耗等为基础的阶梯式电价制度

根据政策规定和自身实际，可扩大差别电价行业范围、提高实施标准。对单位产出资源占用综合评价落后企业实行阶梯式差别电价，对超限额标准用电企业实行惩罚性电价。建立健全以万元增加值能耗、亩均税收为基础的有序用电管理制度。

（六）建立健全排污收费制度

实行污染物排放总量和浓度"双控"制度，对污染物排放浓度高、排放量大的重污染行业在省定标准的基础上可以提高排污费征收标准。完善排污权交易，按照污染物减排要求，逐年提高污染物排污权交易价格。完善以污水排放总量和污染物浓度为基础的双因素阶梯式污水处理收费办法，对超浓度、超总量排放污水实行加倍收费。

（七）建立健全以万元增加值用水量为基础的阶梯式水价制度

支持平湖市自行制订企业定额用水管理办法和用水价格。对造纸、印染、化工、制革、电镀、制药等高水耗、高污染企业以及超额用水企业，实行自来水水价和水资源费分类分档的累进收费制度。

（八）建立健全落后产能整治淘汰制度

支持平湖市自行制订标准更高、要求更严的行业整治及落后产能淘汰目录，分年度确定整治、关停企业名单。

（九）健全企业自主创新激励机制

设立平湖市产业技术创新专项资金支持重大技术攻关、重点企业研究院等建设，运用多种财政资金支持企业加大研发投入。积极支持平湖市按规定落实企业开发费用加计扣除、固定资产加速折旧等政策。对符合相关产业政策的企业进口关键零部件及原材料用以生产先进技术装备，按规定给予进口税收优惠。

（十）建立产业生态发展倒逼机制

设定行业生态标准门槛，采取能源资源限量供应等措施倒逼企业实行节能减排。支持平湖市加大对铅酸蓄电池、电镀、造纸、印染、制革、化工等六大重点行业的整治力度，地方财政给予退出企业相应资金补助。推进禽畜养殖、水产养殖等污染减排。完善餐厨垃圾回收和处理资源化利用制度，促进餐饮业减排。

（十一）以治水治气为突破口强化区域生态考核制度

强化以生态环保为约束性指标的考核评价办法，探索建立生态文明考核评价机制，建立以治水、治气为核心的产业生态评价体系，建立污染物治理设施建设与运营的长效监督机制，实现降耗、减排、除霾。

（十二）完善产业投融资机制

利用多层次资本市场推动工业经济转型升级。积极推动不同类型企业到主板、中小板、创业板、"新三板"及区域性股权交易中心上市挂牌融资。建立平湖市产业投融资平台，引导设立产业风险投资基金，支持具备条件的民间资本依法发起设立中小型银行、金融租赁等金融机构，引导各类金融机构根据企业绩效评价制订分类信贷扶持政策。支持小额贷款公司、融资性担保公司和新型农村金融机构发展。

三、配套政策

（一）支持平湖市加快建设上海张江平湖科技园。上海张江平湖科技园列入浙沪两省（市）合作项目和省重大项目，可享受高新技术园区有关政策。

（二）支持平湖市加快建设独山港区。独山港区列入省级经济开发区管理序列。

（三）支持平湖市深化土地使用管理制度改革。开展推进盘活存量建设用地改革，工业集聚区外关停企业可纳入复垦开发。对闲置土地，依法可征收土地闲置费的，一律按出让或划拨土地价款的 20% 征收；依法可无偿收回的，坚决无偿收回。

（四）支持平湖市建立健全农业污染物排放监测制度，探索农业污染物减排量可抵扣污染物排放总量的机制。

四、保障措施

（一）加强组织领导

省级有关部门要切实加强对平湖市产业结构调整机制创新试点的综合协调、具体指导和政策支持。平湖市具体组织实施试点工作。

（二）完善工作机制

建立试点工作省市县三级联动协调机制，共同研究解决试点中的重大问题。平湖市要根据试点总体方案，制订阶段性实施计划，明确年度重点推进的改革任务。

（三）营造试点氛围

强化创新意识，善于借鉴一切有益的做法和经验，全面推进试点工作。加强典型案例宣传，引导企业主动开展产业结构调整。加大社会监督力度，鼓励创新、宽容失败，积极营造良好舆论氛围。

浙江省人民政府办公厅关于推进现代农资经营服务体系建设的意见

各市、县(市、区)人民政府,省政府直属各单位:

为转变农资经营服务方式,增强综合服务功能,帮助农民发展现代农业,经省政府同意,现就推进现代农资经营服务体系建设提出如下意见:

一、总体要求

以科学发展观为指导,以服务农民、助推现代农业发展为宗旨,按照市场主导、政府推动、主体多元和经营服务专业、优质、高效的要求,完善农资连锁经营网络,创新服务方式,丰富服务内涵,增强服务能力,推动农资经营企业从单一经销商向综合服务商转型,推进农业现代化建设。到2020年基本建成农资连锁经营、物流配送、农技服务等实体经营服务网络与"智慧农资"服务平台线上线下有机结合、覆盖全程、便捷高效的现代农资经营服务体系,努力保障农资市场供应充足、价格平稳、质量可靠、服务配套。

二、主要任务

(一)提升农资连锁网络经营服务水平

各地要顺应现代农业发展要求,将农资经营服务纳入基层农业公共服务中心建设范畴,新建和改建的基层农业公共服务中心特别是示范性农业公共服务中心应设立专门的农资供应场地;尚未具备条件的基层农业公共服务中心应设立农资供应宣传窗口,并尽可能在附近设立农资供应站(点)作为指定服务点。引导农资经营门店提升规范化经营管理水平,提高连锁配送率。从2014年起,通过改造门店基础设施、引进农技服务专业人才、购置病虫检测专用设备等途径,每年改造提升200家连锁经营门店,使其成为集农资商品供应配送、农民培训咨询、农技服务等功能于一体以及经营高效、服务优质、管理规范的示范店;同时,要引导乡镇农资示范店配设庄稼医院。

(二)推进农资现代物流配送体系建设

按照现代农业发展趋势和城乡商业网点布局,建立健全农资现代物流配送体系。在主要农资商品集散地和铁路沿线建立省级农资配送中心和仓储物流中心、县级建立区域性配送中心、乡镇示范店建设配送点,提高农资商品配送率。加强与现代农业园区、粮食生产功能区内种养大户、家庭农场、农民专业合作社、农业龙头企业等经营服务主体的对接,开展直接配送服务,减少流通环节。

(三)完善"智慧农资"服务平台

支持供销社系统以现有农资经营服务网络和"中农在线"电子商务服务平台为依托,利用物联网、地理信息系统、移动通信终端等现代信息技术,打造集在线庄稼医院、农技培训、市场信息发布、智能化农业生产设施示范推广、优质农资商品展示展销、农资商品质量追溯于一体的"智慧农资"服务平台,为农民提供质优价平的农资商品和快捷高效的服务。智慧农资服务平台要与农业、工商、质监、物价等部门建设的有关信息化平台有效对接、互联互通,实现农产品价格和农资市场供求及价格、病虫测报、农资商品质量等相关信息共享。

(四)培育农资经营服务龙头企业

支持农资经营服务龙头企业以收购、兼并、联合合作等方式实行跨区域发展,做大做强经营服务;通过控股、参股等方式,与上游农资生产企业开展合作,与农业生产经营主体建立紧密型利益联结机制;积极开展与农业生产密切相关的农机具、农药供应以及粮食、蔬菜、水果等农产品购销业务,延伸产业链。有条件的农资龙头企业要积极探索农业金融服务,使其成为农资供应、农业社会化服务、农产品购销、农业金融服务为一体的综合服务商。

(五)创新服务组织和方式

支持农资经营服务企业创办领办农作物病虫害统防统治、测土配方施肥、农机耕作、农村金融服务等专业合作社或公司,为农业生产经营提供便利的全程服务。支持农资经营服务企业与农产品生产基地、种养大户、家庭农场、农民专业合作社、农业龙头企业建立紧密合作关系,组织开展直供配送、新品种试验示范、技术承包、全程托管等服务,促进农资先进适用技术入户到田。支持农资经营服务企业围绕农业主导产业和当地特色优势产业,直接参与建设产品特色鲜明、品牌效应突出、经济效益明显、体制机制创新的现代农业项目,发挥示范引领作用。

三、保障措施

(一)加强队伍建设

鼓励农业科技人员和高校毕业生到县以下农资经营企业工作,解决基层农资科技人员断层问题。对吸纳就业的单位,按相关规定给予社保补贴和税费减免等政策支持。经学校正式录取并属于农业种养范围的农学、植物保护专业的学生免缴学费。进一步加强对基层农资经营服务人员的培训,提高从业者的专业技能和服务水平,属于农村"两创"实用人才培训范围的,享受千万农民素质提升工程补助政策。经由人力资源和社会保障部认可的中华供销合作总社职业技能鉴定的庄稼医生,以及按规定取得职业技能鉴定证书的农业植保工,可申领农药经营许可证。

（二）加强政策扶持

经认定的农资经营服务龙头企业，可享受农业龙头企业的相关扶持政策。采取政府购买服务的方式，支持农资经营服务龙头企业参与农业公益性服务。财政部门要加大对农资经营服务体系建设的投入，在“智慧农资”服务平台建设、农资科技研发和成果转化、基本农药集中配送和废弃农药包装物回收处理、农化车辆配备、科技示范基地建设等方面予以支持。将符合条件的农资检测、装卸等设施配备列入农机具购置补贴范围。金融机构要对农资经营服务企业参与土地流转、现代农业项目建设给予贷款、授信、担保、结算等支持，降低门槛和费用，拓宽农资龙头企业多元化融资渠道。推动有实力的农资龙头企业对接多层次资本市场，争取上市挂牌融资。探索农资龙头企业创新相关农业金融的方式和途径。积极支持农资物流配送中心建设，切实落实建设用地指标，作为经营性商业用地的，土地招拍挂出让前，所在区域有工业交易地价的，可参照市场地价水平、所在区域基准地价和工业用地最低价标准等确定出让底价，土地出让后严禁擅自改变用途；确需改变用途、性质或者进行转让的，应当符合土地利用总体规划并经依法批准。对农资物流配送中心自有的（包括自用和出租）大宗商品仓储设施用地，在2014年12月31日前可减按所属土地等级适用税额标准的50%计征城镇土地使用税。对农业项目区内直接用于农产品生产或直接辅助农产品种养业生产的设施用地，按农用地管理。

（三）简化办证程序

农资连锁经营企业设立非公司企业法人或非法人分支机构，可持总部出具的文件，直接到所在地工商行政管理机关申请登记注册，免办工商登记核转手续。农资连锁经营龙头企业下属连锁分部（含控股及参股的连锁公司、直营门店、加盟门店等），经营与连锁经营龙头企业相同范围、品种的农资商品，可由连锁经营龙头企业统一到相关安监部门办理危险化学品经营许可证，各连锁分部不再重复办理。

（四）加强市场监管

各地要建立健全公安、农业、工商、质监、供销等部门协调联动机制，加强联合执法，避免多头、重复检查。着力推进农资信用体系建设，健全农资商品质量溯源体系，完善农资经营企业诚信档案和进货索证索票制度，实施信用等级分类监管，促进农资经营服务企业依法诚信经营。

（五）加强组织领导

现代农资经营服务体系建设是农业社会化服务体系建设的重要组成部分，也是服务农民、建设现代农业的重要举措。各地要切实加强组织领导，采取有力政策措施，加大支持力度，落实用地等保障。各有关部门要认真履行职责，优化服务，共同推进我省现代农资经营服务体系建设。

《浙江省人民政府办公厅关于促进农资连锁经营网络建设的若干意见》（浙政办发〔2007〕58号）同时废止。

2014年4月10日

浙江省人民政府办公厅
关于加快发展现代生态循环农业的意见

各市、县（市、区）人民政府，省政府直属各单位：

近年来，各地按照高效生态农业建设的总体要求，积极推广农牧结合等新型种养模式，大力推进农业面源污染治理和农业废弃物综合利用，生态循环农业建设取得了积极成效。但是，仍存在农业区域布局不合理，种养结合不紧密；农业废弃物资源化利用水平不高，面源污染依然比较突出；化学投入品使用过多，土壤肥力总体不高等问题。依靠资源消耗、物质投入的粗放型生产经营方式难以为继，必须转变发展方式，加快发展以生态、循环、优质、高效、持续为主要特征的现代生态循环农业，促进农业永续发展。根据《中共浙江省委浙江省人民政府关于加快推进农业现代化的若干意见》（浙委〔2012〕118号）等精神，经省政府同意，现就加快发展现代生态循环农业提出如下意见：

一、总体要求

以党的十八届三中全会精神为指导，按照生态文明和农业现代化建设的总体要求，从我省地形地貌多样、气候多宜、农业结构多元的实际出发，坚持政府引导、市场主体、依法管理、示范带动，结合农业“两区”建设、“五水共治”和美丽乡村建设，以“减量、清洁、循环”和提高农业资源利用率为主线，充分利用农业生物的功能特性，以推广新型种养模式和生态循环农业技术集成应用为重点，推进种养业布局优化、资源利用循环体系构建和农业面源污染防治，形成产业布局生态、资源利用高效、生产清洁安全、环境持续改善的现代生态循环农业体系。通过3年左右时间努力，力争实现以下目标：

——资源利用高效。按照资源节约、经营集约的要求，有效保护和合理开发利用农业资源，资源节约与环境友好型种养模式、节水节地节能技术广泛应用，农业资源利用率和土地产出率明显提高。

——产品安全优质。农业标准化生产和无公害农产品、绿色食品、有机农产品、森林食品稳步发展，全省农业标准化实施率达到60%、农产品质量安全检测合格率稳定在97%以上，主要农产品中“三品”（无公害农产品、绿色食品、有机农产品）认证面积比例达到50%。

——生产全程清洁。农业投入品使用规范，清洁化生产和节能减排技术广泛应用。到2015年，全省测土配方施肥、病虫害统防统治覆盖率分别达80%、50%以上，高效、低毒、低残留农药普及率达85%以上，商品有机肥使用量增加30%以上，集约化的水产养殖尾水排放处理率达60%以上。

——农业废弃物循环利用。农业废弃物、林产品剩余物资源化利用与无害化处理模式广泛应用，农牧结合消纳地全面落实，农作物秸秆、林产品剩余物、规模畜禽养殖排泄物、“三沼”（沼气、沼渣、沼液）综合利用率分别达80%、80%、97%、95%以上，初步构建起主体小循环、区域中循环、县域大循环体系。

二、加强规划引导，优化农业产业布局结构

（一）规划保护一批农业主体功能区

各地要认真贯彻《浙江省人民政府关于印发浙江省主体功能区规划的通知》（浙政发〔2013〕43号）精神，将耕地连片集中、生态优良、农业产业基础和生产条件较好的区域建设成为旱涝保收的高标准基本农田，列入基本农田保护区，划定为农产品主产区，并依法严格保护，禁止大规模、高强度的工业化、城镇化开发。严格保护已建成的农业“两区”，落实管护责任、制度和措施，确保长久不被占用，切实保护和增强农业综合生产能力。

（二）科学布局农业种养业

根据当地资源禀赋、环境承载能力和产业特点，优化调整种植业、养殖业及其内部之间的结构，全面落实畜禽养殖生态消纳地，形成产业相互融合、物质多级循环的产业结构。嘉兴、衢州等生猪主产区要加快生猪产业减量提质，温州、台州、丽水等市要在畜禽养殖量少的适养区域支持建设一批生态牧场。严格执行禁养区和限养区制度，依法科学划定和调整畜禽养殖禁养区、限养区，并向社会公布。立足县域统筹规划，结合农业“两区”建设、垦造耕地项目以及耕地面积和区划布局，合理规划适度规模养殖用地，建设生态养殖场，科学确定养殖种类、规模和总量，将畜禽排泄物就地用于改良土壤，促进种植业与畜牧业科学配套。鼓励利用废弃地和荒山、荒沟、荒丘、荒滩等未利用地开展规模化、标准化养殖。在农牧结合试点范围内，允许农户、种植大户和家庭农场发展种养结合、农牧结合生产。畜禽养殖用地按农用地管理，并按有关规定确定生产设施用地（包括必要的畜禽养殖废弃物处理生产设施用地）和附属设施用地。根据区域渔业生态环境和资源状况，优化水产养殖区域布局。

（三）构建农业生态循环体系

鼓励农业种养大户、家庭农场、农民专业合作社、农业龙头企业等主体，通过种养配套生产、农业废弃物循环利用等途径，实现主体小循环。通过农牧对接、沼液利用、畜禽粪便收集处理中心等节点建设，构建种养平衡、产业融合、物质循环格局，实现区域中循环。以县域为单位，统筹布局农业产业和沼气工程、沼液配送、有机肥加工、农业废弃物收集处理等配套服务设施，整体构建生态循环农业产业体系，实现县域大循环。

三、大力推行清洁生产，防治农业面源污染

（一）科学使用农业投入品

依法规范化肥、农药、兽药、饲料及饲料添加剂等农业投入品市场秩序，严厉打击非法制售和使用违禁药物的行为。指导农民科学使用农业投入品，防止滥用、错用。大力推广应用测土配方施肥、机械施肥技术及使用商品有机肥、生物肥料，减少化肥用量；加快推广高效、低毒、低残留、低风险农（渔）药和病虫害物理防治、生物防治、统防统治技术，努力实现病虫害化学防治向绿色防控转变。

（二）全面推行农业标准化

以农产品质量安全标准为重点，进一步健全符合浙江实际的农业标准体系。继续推进农业标准化生产示范基地建设，加强对农民应用标准化技术的指导，扩大标准化技术应用面，促进农产品“按标生产、按标上市、按标流通”。加快发展无公害农产品、绿色食品、有机农产品、森林食品和地理标志农产品，鼓励创建农产品品牌。

（三）科学处置和利用农业废弃物

推进农业源污染减排工作，培育农村沼气、沼液配送等社会化服务组织和有机肥加工、沼气发电、秸秆和加工剩余物综合利用等生态循环企业。按照成本内部化原则，落实畜禽养殖场污染治理的主体责任；加强畜禽排泄物无害化处理和资源化利用设施建设，加快推广沼液就地配套、养种对接、异地消纳、纳管处理等模式以及畜禽养殖雨污分流、畜禽粪便干湿分离、废弃物综合利用等清洁生产设施和技术，实现就地就近消纳；强化属地管理、联防联控责任，加快病死动物无害化处理设施建设，建立健全病死动物无害化处理长效机制。推进农作物秸秆用作还田肥料、畜牧饲料、生物质能源，充分利用农作物秸秆、桑枝条、果树枝条发展食用菌。探索废弃农药和农药包装物回收处理机制，引导和鼓励农业生产者及时回收废弃农膜。

（四）积极推广农业节能生产技术

深入实施百万亩喷微灌工程，大力推广喷灌滴灌、水肥一体化、山地灌溉、自动喂水喂料、湿帘降温等节水节能设施技术。推进太阳能、沼气能、地热能等清洁能源在农业生产中的应用。加快推进农村沼气集中供气模式，不断提高农村清洁能源利用水平。推广应用低耗高效的新型农机具，优化农机装备结构。引导科研单位、生产企业加强技术攻关，研制生产节能环保农机产品和农业设施。

四、充分利用农业生物功能，促进种养业融合发展

（一）大力推广新型种养模式和资源循环利用模式

根据农业生态学和生态经济学原理，立足当地资源环境、产业基础和种养习惯等实际，充分利用农业生物的特性，对土地、物种、时空进行科学配置，大力推广农牧结合、粮经（水旱）轮作、间作套种、林下生产、稻鱼共生等新型种养模式，着力构建功能互补、能量循环、高效生态的种养模式，切实提高农业资源利用率。通过加强技术培训、实践指导和组织现场观摩等途径，引导农民应用新型种养模式。同时，充分挖掘和利用农业的生产、生活、生态和文化等功能，积极发展休闲观光农业、农家乐、观赏渔业等产业，延伸农业产业链。

（二）大力发展林下经济

各地要以提高林地综合产出率和效益为核心，按照“生态优先、高矮结合、产业融合”的要求，充分利用现有林地资源和森林空间，推广成熟的新型林下经营模式，发展林花、林禽、林苗、林药等复合经营模式，培育发展林下种植业、林下养殖业；科学利用森林景观，发展观光度假、休闲体验、生态养生等森林旅游产业，拓展林下经济产业链，提高森林综合效益。

（三）大力发展现代生态渔业

注重不同水产品种、水产和水生植物的合理搭配，积极推广稻鱼共生的新型种养模式，实现“千斤粮百斤鱼万元钱”；积极支持以滤食性（杂食性）鱼类增殖为主的水库渔业、鱼贝藻间养为主的浅海碳汇渔业，发展优质有机鱼产业，实现增收、洁土、洁水。推广应用渔业生态高效养殖和节能减排技术，加快建设“智慧渔业”，提高渔业生产水平。

五、加强农业生态建设和保护，促进农业可持续发展

（一）加强生态建设

加快推进平原绿化和农田林网建设，加强沿海、沿江以及环太湖流域防护林建设，特别是新围垦区要按规划建设沿海防护林。加强生态公益林管理，完善森林生态效益补偿制度。组织实施森林提质行动，加快推进森林抚育经营、林相改造，优化森林结构，提高森林质量。积极发展碳汇林业，探索碳汇市场机制。深入实施“珍贵树种进万村”行动，大力发展珍贵树种，继续做好赠苗造林工作。严禁乱砍滥伐树木和非法采砂行为，加强水土保持工程建设。

（二）加强农业资源和生态环境保护

依法严格保护耕地特别是高标准基本农田以及林地、湿地、水域、海岛、滩涂等，加大自然保护区保护建设和珍稀濒危野生动植物资源保护力度，严防农业外来生物入侵、生物灾害，保护生物多样性和生态安全。加强耕地质量定位监测点建设和动态管理，逐步扩大监测内容和范围，科学评估农业生产及投入品对土壤、水、大气环境的影响。组织开展土壤重金属污染状况调查，建立农产品产地环境安全数据库，实施污染防治和生态修复技术，改善农业自然生态条件。全面实施浙江渔场修复振兴计划，依法严厉打击涉渔违规生产经营活动，加强伏季休渔管理，有效控制和压减近海捕捞强度。深入开展生态修复“百亿放流”行动，新建一批海洋保护区、产卵场保护区和海洋牧场，全力保护和修复海洋渔业资源。

六、加大政策扶持力度

（一）组织实施现代生态循环农业“双百”工程

到2015年，结合农业“两区”建设，全省重点建设100个左右各具特色、示范带动作用明显的现代生态循环农业示范区，培育100个现代生态循环农业示范主体（以上简称“双百”工程），对现代生态循环农业示范区、示范主体在安排相关项目时给予倾斜支持。“双百”工程的建设内容、标准及认定管理办法等由省农业厅会同有关部门另行制订。

（二）大力支持畜禽养殖废弃物资源化利用

畜禽养殖场、养殖小区的畜禽养殖污染防治设施运行用电执行农业用电政策。沼气发电上网收购价执行省定光伏发电上网收购价格，并探索对自用沼气发电的农业经营主体的补贴机制。电网企业应当依照法律和国家有关规定为沼气发电提供无歧视的电网接入服务，并全额收购其电网覆盖范围内符合并网技术标准的电量。利用畜禽养殖废弃物制取沼气或进而制取天然气的，依法享受新能源优惠政策。探索建立沼气用气补贴制度。

（三）加大财政支持力度

省财政进一步加大对现代生态循环农业的支持力度，重点支持新型种养模式、资源循环利用模式、商品有机肥推广应用，以及农牧对接管网、沼气工程、沼液储运配送、农业废弃物收集加工处理等生态循环农业节点工程建设等，加快建立健全农业生态循环体系。各地在落实中央和省定政策的同时，要出台进一步的扶持政策，切实加大扶持力度。

七、加强组织领导

各地要高度重视发展现代生态循环农业工作，把它作为建设现代农业和美丽浙江的重要内容，纳入生态省和新农村建设考核内容，明确职责分工，制订实施方案，落实政策措施，统筹整合资源，加大推进力度。要把沼液资源化利用作为水环境综合治理的重要内容，同步推进。要落实农业经营业主在农业污染防治、资源循环利用中的主体责任，形成政府扶持、企业主体、市场化运行的长效机制。农口各部门要加强对现代生态循环农业建设的指导和组织实施；发展改革、环保等部门要把现代生态循环农业建设纳入循环经济、资源与环境保护的重要内容，并在项目上予以支持；科技部门要加强对减量化、清洁化、资源化生产技术的集成和攻关，加快推进生态循环农业技术的转化应用；财政部门要强化相关资金整合，加大扶持力度；国土资源部门和农业部门要落实现代生态循环农业建设配套服务设施的设施农用地政策；水利部门要大力推进节水灌溉、肥水同灌设施建设；其他有关部门都要认真履行职责，积极支持现代生态循环农业发展。

本意见发布后，《浙江省人民政府办公厅关于印发浙江省发展生态循环农业行动方案的通知》（浙政办发〔2010〕161号）的规定与本意见不一致的，按照本意见执行。

2014年4月12日

浙江省人民政府办公厅关于印发浙江省跨境电子商务实施方案的通知

各市、县(市、区)人民政府,省政府直属各单位:

《浙江省跨境电子商务实施方案》已经省政府同意,现印发给你们,请认真贯彻实施。

2014 年 4 月 29 日

浙江省跨境电子商务实施方案

为认真贯彻落实《国务院办公厅转发商务部等部门关于实施支持跨境电子商务零售出口有关政策意见的通知》(国办发〔2013〕89 号)等文件精神,按照省委、省政府关于发展跨境电子商务的有关要求,特制定如下实施方案:

一、总体思路和主要目标

(一)总体思路

按照"市场运作、政策推动、机制创新、分步实施"的总体思路,大力发展跨境电子商务平台、企业、服务商、产业基地和境外服务网点,创新报关、检验检疫、结汇和退税管理方式,健全完善跨境电子商务服务体系和管理机制,逐步推进外贸出口营销手段创新,促进我省跨境电子商务发展,全面提升浙货国际市场占有率和品牌影响力,推动外贸转型升级。

(二)主要目标

按照省委、省政府干好"一三五"、实现"四翻番"的决策部署,结合"电商换市"和"国际电子商务中心"建设目标,加快发展跨境电子商务。争取到 2017 年,全省实现跨境电子商务年交易额(指注册地在浙江省行政区域内企业实现的交易额)500 亿美元,总体发展水平居全国前列。

二、重点工作

(一)确定跨境电子商务经营主体

根据国办发〔2013〕89 号文件列出的跨境电商经营主体(以下简称"经营主体")类别,结合我省实际,本方案中的经营主体分为三类:一是自建跨境电子商务销售平台的电子商务出口企业(以下简称"自建平台企业"),二是利用第三方跨境电子商务平台开展电子商务出口的企业(含个体商户,以下简称"电商应用企业"),三是为电商应用企业提供交易服务、物流仓储、报关、检验检疫、退税等专项服务或综合服务的跨境电子商务第三方平台或服务企业(以下简称"电商服务企业")。

为保障电商应用企业和买家合法权益,加强交易信用和安全保障,对跨境电子商务经营主体实行备案登记管理。对经备案的跨境电子商务经营主体,业务主管部门根据其业务需要分别予以办理对外贸易经营、报关、检验检疫、退税和结汇主体资格的相关手续。同时选择一批电商服务企业进行试点,为自建平台企业、电商应用企业统一办理报关、检验检疫、结汇等业务。相关办法由省商务厅会同海关、外汇、国税和检验检疫等部门联合制订。

(二)健全跨境电商业务体系

按照多层次、多方式和全球化的思路,大力发展跨境电子商务业务,积极构建中小网商、专业化跨境电商、传统外贸企业积极参与,第三方跨境电商平台和自建平台同步推进,境内外电商服务企业互动发展,卖出去和买进来有序结合,多种模式并存的浙江跨境电子商务发展格局。

对以行邮、包裹等方式开展的跨境电子商务,积极创造条件,解决其支付、结汇、仓储和售后服务等问题;引导和鼓励有条件的企业进驻海关集中监管区,通过正式报关等环节开展业务;支持有条件的企业建设境外服务网点或依托电商服务企业,通过一般贸易等方式出口后,再根据网上订单销售给境外消费者;推动企业间的跨境电子商务交易(B2B)由信息发布向在线交易发展;稳步发展进口型的跨境电商业务,逐步建立完整的跨境电商业务体系。

(三)建设跨境电商服务体系

根据跨境电子商务业务内容和政策实施要求,加强跨境电商发展配套支撑,推进服务体系建设。

1. 建设跨境电商仓储物流中心(跨境电子商务园区)。根据跨境电子商务发展需要,各地可结合本地实际,在保税物流园区、综合保税区等区域内建设跨境电子商务仓储物流中心(跨境电子商务园区),也可根据实际情况单独设立具备海关特殊监管、检验检疫监管和物流仓储功能的跨境电子商务仓储物流中心,为经营主体提供入区即退税、仓储、配送、分拣、加工和邮递等服务,完善跨境电商的货物监管流程。加强示范创新,由省商务厅牵头,会同财政、海关、检验检疫、国税、外汇等部门,创建若干省级跨境电子商务示范园区。

2. 建设跨境电商的物流服务体系。省商务厅会同交通、海关、外汇等部门择优遴选一批国际物流、快递等企业与跨境电商物流仓储中心(跨境电子商务园区)进行业务对接，为入驻中心（园区）的跨境电商企业提供国际物流服务。加强跨境电商平台与国家交通运输物流公共信息平台对接，为跨境电商企业提供物流信息一体化服务。鼓励传统货代、物流等企业拓展电商服务等业务，为广大中小跨境网商提供统一采购、仓储和配送等服务，逐步形成与跨境电商相适应的物流体系。

3. 发展跨境电商的支付服务体系。鼓励银行机构和支付机构为跨境电子商务提供支付服务；鼓励银行为跨境电商提供跨境人民币结算服务，推动银行、支付机构加快产品创新，改进跨境支付服务，提高跨境支付效率。鼓励符合条件的支付机构和银行机构作为试点，通过进入跨境电商仓储物流中心等方式，为我省跨境电商经营主体提供支付服务。

4. 发展跨境电商境外服务体系。根据跨境电子商务业务发展需要，及早谋划浙江电子商务的全球布局，鼓励跨境电商企业建设境外服务网点。支持有条件的跨境电商企业开展境外浙货公共服务平台建设，为我省其他中小跨境电商企业提供贸易、仓储、配送和售后等服务。鼓励行业协会等中介组织在指导和帮助跨境电商企业建立完善售后服务体系方面发挥积极作用。

5. 建设完善全省跨境电商综合管理服务平台。开通外贸备案、报关、检验检疫、结汇和退税等业务管理接口，为浙江企业开展跨境电商提供一站式的服务。

（四）落实和完善跨境电商管理机制

认真贯彻国办发〔2013〕89 号等有关文件精神，结合我省跨境电商发展需要，建立完善电子商务进出口报关、检验检疫、收结汇、支付服务、税收等相关管理机制。

1. 逐步建立并完善电子商务模式下的报关监管方式。对通过海关集中监管，并以邮寄、快递等形式送达的出口商品，采取清单核放、汇总申报的方式办理通关手续。经营主体可在网上提交相关电子文件，并在货物实际出境后，按照外汇和税务部门要求，向海关申请签发报关单证明联。

2. 不断完善电子商务进出口检验监管模式。切实贯彻对一般出口工业制成品不再实行法检等政策，对电子商务出口产品以检疫监管为主，探索建立基于风险分析的质量安全监督抽查机制。创新和完善电商检验监管机制，可采取包括第三方检验鉴定机构合格评定在内的各种措施，有效控制质量安全风险。具体申报方式、法检商品检验检疫监管和费用减免按国家有关规定执行。

3. 支持跨境电商经营主体正常收结汇。对通过海关集中监管、清单核放、汇总申报的经营主体，凭海关报关信息办理货物出口收结汇业务。对继续采取行邮、包裹直接寄送出口商品的中小经营主体，可通过纳入跨境电子商务外汇支付试点的我省第三方支付机构办理收结汇。同时，积极争取适时扩大试点范围。

4. 加强对银行机构和支付机构跨境支付业务监管，规范其跨境支付服务行为。支付机构办理电子商务外汇资金或人民币资金跨境支付业务，应分别向国家外汇管理局和中国人民银行申请并按照支付机构有关管理政策执行。

5. 实施适应电子商务出口的税收政策。对符合条件的电子商务出口货物实行增值税和消费税免税或退税政策，具体办法按照财政部和国家税务总局有关规定执行。

6. 开展电子商务进口业务流程和管理机制研究。探索开展进口型跨境电子商务园区建设，制订出台相应的政策措施。具体办法由省商务厅会同财政、国税、海关、检验检疫等部门另行制订。

三、组织实施

（一）建立跨境电商工作机制

各地、各有关部门要进一步提高对跨境电子商务重要性的认识，切实加强组织领导。省商务厅要会同发改、财政、交通、工商、质监、统计、国税、人行、外汇、海关、检验检疫等部门，组织实施全省跨境电子商务工作。实施过程中有关业务流程、推进计划和目标考核等由省电子商务工作领导小组办公室协调落实。各市及义乌市政府也要因地制宜建立相应的工作机制，加快推进当地跨境电子商务工作。

（二）统筹部署全省跨境电商工作

按照“全省统一部署、各市分步推进”的思路发展全省跨境电子商务。省电子商务工作领导小组要加强对各地跨境电子商务工作的指导，统筹安排全省各地跨境电子商务推进计划，合理布局跨境电商仓储物流中心（跨境电子商务园区），确保我省跨境电子商务工作取得实效。杭州、宁波市要按照本方案要求，进一步完善跨境电子商务服务试点工作。其他各市及义乌市要根据本方案要求，结合当地实际情况，制订跨境电子商务工作方案。

省商务厅要会同省级有关部门推进全省跨境电商综合管理服务平台建设。各地商务部门要会同财政、国税、海关、检验检疫等部门加强对当地跨境电商仓储物流中心（跨境电子商务园区）建设的指导和支持。

（三）建立跨境电商的统计机制

完善海关统计工作，对通过海关集中监管、清单核放、汇总申报的出口商品的相关指标纳入贸易统计范畴。同时，省商务厅要会同统计、外汇等部门对各类经营主体的各种跨境电商业务方式进行全口径统计，真实反映我省跨境电商发展状况。

（四）落实对跨境电商的财政支持政策

各级财政要加大对跨境电子商务发展的支持力度，重点支持优秀电商服务商培育、跨境电子商务专业人才培训、跨境电子商务园区建设，并对跨境电商企业为出口货物投保出口信用保险支付的保费给予一定补助。将跨境电子商务海外贸易和服务网点建设纳入我省境外投资的重点支持领域，落实相应支持政策。

（五）加强对跨境电商的业务指导

省商务厅要会同相关部门明确跨境电子商务业务操作流程；省级有关部门要根据自身职责制订管理工作流程，并加强对各地的指导。各地要根据省级部门明确的业务流程，由商务部门会同国税、人行、外汇、海关、检验检疫等部门，对跨境电商企业进行相关管理业务流程的培训，确保业务顺利开展。同时，针对跨境电子商务人才严重短缺的现状，尽快落实一批培训机构和实践基地，加快培养综合掌握电子商务、外贸业务和市场营销等知识的专业性人才。

（六）广泛发动企业开展跨境电商业务

针对我省大多数企业对跨境电子商务了解不够的现状，各地要通过举办业务对接会、培训会等形式，积极推动第三方平台、电商服务企业等经营主体与当地企业的业务对接；加大宣传和推广工作力度，积极营造跨境电商发展的良好氛围，推动我省外贸方式转型升级。

（七）积极营造良好的跨境电商市场环境

完善电子商务出口信用体系，严肃查处商业欺诈、侵犯知识产权和制售假冒伪劣产品等行为。加强浙江企业产品质量监管，推进以机构代码和商品编码为基础的产品质量追溯体系建设，努力在境外市场打响浙江制造品牌。

浙江省人民政府办公厅关于印发浙江省化解产能过剩矛盾实施方案的通知

各市、县（市、区）人民政府，省政府直属各单位：

《浙江省化解产能过剩矛盾实施方案》已经省政府同意，现印发给你们，请认真贯彻执行。

2014 年 5 月 16 日

浙江省化解产能过剩矛盾实施方案

为深入贯彻落实《国务院关于化解产能严重过剩矛盾的指导意见》（国发〔2013〕41 号，以下简称《指导意见》）精神，积极有效化解我省钢铁、水泥、电解铝、平板玻璃、船舶等行业产能过剩矛盾，同时指导其他产能过剩行业化解工作，结合我省实际，特制定本实施方案。

一、总体要求和主要目标

（一）总体要求

认真贯彻党的十八大、十八届三中全会精神和国务院部署，把化解产能过剩矛盾作为产业结构调整的重点，按照尊重规律、分业施策、多管齐下、标本兼治的要求，加大产业政策执行和监管力度，坚决遏制产能盲目扩张；发挥市场机制作用，完善配套政策，“消化一批、转移一批、整合一批、淘汰一批”过剩产能；创新体制机制，建立化解产能过剩矛盾长效机制，推进产业转型升级。

（二）主要目标

通过 5 年努力，钢铁、水泥、电解铝、平板玻璃、船舶等现有产能过剩行业的产能规模得到有效控制，产业布局基本合理，产业结构得到优化，产业集中度明显提高，产能利用率达到合理水平。发展质量明显改善，清洁生产和污染治理水平明显提高，资源综合利用水平明显提升，经济效益明显好转，核心竞争力明显增强。初步建立起化解过剩产能长效机制，企业市场主体作用充分发挥，过剩行业产能预警体系和监督机制基本建立。

钢铁行业。全省压缩钢铁产能 300 万吨以上，产能利用率提高到 80% 以上，钢铁冶炼企业数减少到 20 家左右；推动杭钢城市钢厂搬迁，推进温州、丽水等地钢铁产业整合提升，引导向沿海、沿港布局；推动温州、湖州、嘉兴、丽水、衢州等地建设若干技术先进、特色鲜明、错位竞争的钢铁产业基地；钢铁行业化解产能过剩长效机制初步建立，行业竞争力明显增强。

水泥行业。严格执行总量控制目标，熟料产能控制在 7000 万吨以内，水泥粉磨产能控制在 16850 万吨以内；改造提升新型干法水泥熟料生产线节能减排水平，5 年内逐步淘汰能源消耗和污染物排放不达标的日产 2000 吨以下新型干法水泥熟料生产线；不断推进技术创新，支持现有水泥窑无害化协同处置城市生活垃圾和废弃物，发展水泥工业的绿色循环经济；以减量置换为原则，实施粉磨企业兼并重组和升级改造，不断提高水泥粉磨装备水平；鼓励企业加强水泥新产品的技术研究，综合利用废渣生产高标号水泥和开发满足海洋、港口、核电、桥梁、隧道等工程需求的特种水泥新产品。

平板玻璃行业。全省压缩普通平板玻璃产能 150 万重量箱以上，总量控制在 4800 万重量箱。加大整合重组力度，优化产业布局；调整产品结构，压缩普通平板玻璃生产，支持发展在线功能性玻璃，鼓励原片生产深加工一体化；培育发展浙北、浙中和浙东玻璃深加工特色产业基地。

船舶行业。全省压缩船舶产能 300 万载重吨以上；优化区域布局，鼓励舟山、宁波、温州、台州等造船基地内的产能重组，形成以舟山为核心，宁波、台州、温州各具特色的现代船舶产业集群；加快发展高附加值船舶、海洋工程装备以及船用电子、船动装置、船用动力等关键船用设备，提升产业竞争力；推进兼并重组，重点培育 3—5 家销售收入超 100 亿元的龙头企业，进一步提升产业集中度。

电解铝行业。坚决控制新增电解铝产能，现有电解铝企业压缩电解铝产量，引导企业转型发展铝材深加工，延伸产业链，提高附加值。

二、重点任务

（一）严禁建设新增产能项目

严格执行国家投资管理规定和产业政策，对钢铁、水泥、电解铝、平板玻璃、船舶等产能过剩行业，各级投资主管部门不得以任何名义、任何方式核准、备案新增产能项目，各相关部门和机构不得为新增产能项目办理土地（海域）供应、能评、环评审批和新增授信支持等相关业务。

（二）分类妥善处理在建违规项目

对未按土地、环保和投资管理等法律法规履行相关手续或手续不符合规定的违规项目，各市、县（市、区）政府要按照要求进行全面清理。凡是未开工的违规项目，一律不得开工建设；凡是不符合产业政策、准入标准、环保要求的违规项目一律停建；对确有必要建设的项目，在符合布局规划和环境承载力要求以及减量置换原则的基础上，由各市政府提出申请报告，经省政府同意后上报国家相关部委申请认定和补办相关手续。对国家未予认定的在建违规项目一律不得续建，由各市、县（市、区）政府自行妥善处理。对隐瞒不报的在建违规项目，一经查实，立即停建，金融机构停止发放贷款，国土、环保部门依据土地管理法、环境保护法等法律法规予以处理，对涉及失职渎职和权钱交易等问题的予以严肃查处，对监管不力的严肃追究相关人员责任。同时，按照谁违规谁负责的原则，做好债务、人员安置等善后工作。所有在建违规项目的处理结果均应向社会公开。

（三）清理整顿建成违规产能

各市、县（市、区）政府依据行政许可、土地管理、环境保护等法律法规，以及能源消耗总量控制指标、产业结构调整指导目录、行业规范和准入条件、环保标准等要求，对钢铁等过剩产能行业建成违规项目进行全面清理。各市政府要在压缩产能前提下提出整顿方案并上报省发改委、省经信委，省发改委、省经信委要会同省国土资源厅、省环保厅等部门联合审查并向社会公示，经省政府同意后报国家发展改革委、工业和信息化部、国土资源部、环境保护部等部门备案。对国家不予备案的建成违规产能，在国家各有关部委反馈后，由各市、县（市、区）政府自行妥善处理。

（四）推进企业兼并重组

落实促进企业兼并重组的财税、金融、土地等政策措施。鼓励产能过剩行业企业通过市场化手段，以合资、合作、产权流转和股权置换等多种形式实施兼并重组，以增量投入高效整合存量，提升产业集中度。支持兼并重组企业整合内部资源，优化技术、产品结构，完善配套产业链，压缩过剩产能。

（五）淘汰落后产能

分解落实年度目标，在提前一年完成国家下达我省的“十二五”钢铁、水泥、电解铝、平板玻璃、船舶等重点行业淘汰落后产能任务基础上，通过发挥市场在资源配置中的决定性作用，落实减量置换方案等措施，在钢铁、水泥、平板玻璃等行业再排出一批落后产能予以淘汰。鼓励各地提高淘汰落后产能标准，加大过剩产能淘汰力度。

（六）优化产业空间布局

以钢铁、水泥、船舶等行业为重点，科学制订产业布局指导意见，在坚决遏制产能盲目扩张和严控总量的前提下，有序推进产业布局调整和优化。按照区域发展总体战略要求，适应新型城镇化发展需要，结合地方环境承载力、资源能源禀赋、产业基础、市场空间、物流运输等条件，有序推进企业环保搬迁、退城进园和跨地区产能置换，推动形成分工合理、优势互补、各具特色的区域经济和产业发展格局。

（七）增强技术创新能力

利用市场机制和经济杠杆倒逼企业增强技术创新的内在动力，推动企业转型和产业升级，提升以产品质量、标准、技术为核心要素的市场竞争力。落实技术改造各项优惠政策，着力构建以企业为主体、市场为导向、产学研相结合的技术创新体系，集中精力突破、掌握一批关键共性技术。鼓励企业实施技术改造，推广应用更加节能、安全、环保、高效的钢铁、水泥、电解铝、平板玻璃工艺技术，提升高技术船舶、海洋工程装备设计制造能力。

（八）支持企业加快“走出去”步伐

把支持企业“走出去”作为化解产能过剩的重要途径，鼓励企业加强对外交流合作，积极实施资源、技术、市场并购，建立完善适合企业特点的全球市场营销网络和服务体系，培育国际化品牌。加强对企业“走出去”的指导与服务，引导企业抱团行动。积极参与境外经贸合作区建设，建设一批境外资源开发基地、生产基地和研发中心，承揽对外承包工程。鼓励零部件、外包、物流等企业进入国际供应链体系，提升主导产业国际化水平和国际竞争力。

（九）探索建立长效机制

进一步深化行政审批制度改革，完善区域产业布局协调、项目准入和评估论证等决策机制，提高重大项目决策的民主化、科学化水平。建立健全产能动态监测和预警机制。项目建设必须严格执行国家产业政策，符合产业导向目录，严格执行项目环评、能评制度，从源头杜绝资源消耗高、环境污染重的项目落地。清理各地在招商引资中采取土地、资源、税收、电价等损害公平竞争的优惠政策，以及地方保护、市场分割的限制措施，保障各类市场主体依法平等使用生产要素、公平参与市场竞争、同等受到法律保护。理顺资源、要素价格的市场形成机制，提高产业准入的能耗、物耗、水耗和环保标准。

三、落实相关政策

（一）完善行业管理

省发改委、省经信委、省国土资源厅、省环保厅、省质监局、浙江银监局等单位以及有关金融机构根据职责依法做好涉及产能过剩行业企业和项目的监管和调控。充分发挥行业规划、政策、标准的引导和约束作用，对照国家相关行业准入标准，立足我省实际，及时修订、逐步提高部分产能过剩行业准入的环保、资源消耗、技术、安全、质量的门槛。严格执行全省统一的行业准入标准，建立项目信息库和公开制度，公告符合条件的生产线和企业名单，避免落后产能在省内转移。适时发布产能过剩行业产能利用、市场供需等相关信息。定期发布淘汰落后产能企业名单。发挥行业协会在信息服务等方面的作用。

（二）强化环保硬约束监督管理

严格落实国家和省有关过剩产能的各项环保指标，严把新（改、扩）建项目准入关。严格控制区域主要污染物排放总量，推行区域限批措施。开展环境质量、重点污染源排放情况动态监测，对污染物排放超标企业实施限期治理、限产、停产等措施。对产能过剩行业企业强化执法监督检查，曝光环境违法企业名单，加大处罚力度，对经整改整顿仍不符合污染物排放标准和特别排放限值等相关规定的企业，予以关停。对违规建成且未经备案的产能过剩行业企业，存在超排、偷排等环境违法行为的企业，不予审批新（改、扩）建项目环境影响评价文件，不得为其提供各类环保专项资金支持和出具环保合格、达标或守法证明文件。

（三）加强土地和岸线管理

强化项目用地、岸线管理，对产能过剩行业企业使用土地、岸线进行全面检查，对违规建设项目使用土地、岸线进行清理整顿，对发现的土地违法行为依法进行查处。加强对产能过剩行业新增使用土地、岸线的审核，对未经核准、备案的项目，一律不得批准使用土地、岸线。各地要取消产能过剩行业项目用地优惠政策。政府土地储备机构有偿收回企业环保搬迁、兼并重组、淘汰落后等退出的土地，按规定支付给企业的土地补偿费，可以用于支持企业做好善后处理工作和转型发展。

（四）落实有保有控的金融政策

对产能过剩行业实施有针对性的信贷指导政策，加强和改进信贷管理。对未取得合法手续的建设项目，一律不得放贷、发债、上市融资。对于清理整顿后不符合核准或备案要求的项目，要主动稳妥收回存量贷款。把握优势互补、互利共赢的原则，通过积极发展内保外贷、外汇及人民币贷款、贸易融资、国际保理等综合金融服务，支持对外承包工程，扩大对外投资合作，有序向境外转移一批产能。鼓励商业银行按照风险可控和商业可持续原则，加大对产能过剩行业企业通过兼并重组整合过剩产能以及转型转产、产品结构调整、技术改造、向境外转移产能的信贷支持。对整合过剩产能的企业，积极稳妥开展并购贷款业务，合理确定并购贷款利率，贷款期限可延长至7年。

（五）完善和理顺价格政策

继续实施并完善非居民用水超定额加价和环保收费政策。完善差别电价政策，对产能过剩行业优惠电价政策进行清理，取消电价优惠和电费补贴。制订严于国家要求的能耗、污染物排放标准，对高耗能、高污染企业和能耗超限额标准的企业，实施资源、能源要素差别化价格政策。对钢铁、水泥、平板玻璃等高耗能行业，能耗、水耗和污染物排放达不到行业标准的产能，实施差别化电价、水价。收取的差别化电价、水价资金，充实各级政府专项引导资金，用于化解过剩产能工作。

（六）完善财税支持政策

各级财政结合实际安排专项资金支持产业结构调整和转型升级。通过财政适当奖励，引导各地落实减量置换落后产能。落实促进企业兼并重组的税收政策，鼓励企业重组，提高市场竞争力。对向境外转移过剩产能的企业，其出口设备及产品可按现行规定享受出口退税政策。

（七）切实做好职工安置

各市、县（市、区）政府要切实落实责任，将在化解产能过剩矛盾中下岗失业的企业职工纳入就业扶持政策体系。加强化解产能过剩矛盾需安置职工人数统计工作，落实促进自主创业、鼓励企业吸纳就业和帮扶就业困难人员就业等各项政策。切实做好下岗失业人员社会保险关系接续和转移，按规定落实好其社会保障待遇，依法妥善处理职工劳动关系。

四、实施保障

（一）加强组织保障

建立由省发改委、省经信委牵头，省财政厅、省国土资源厅、省环保厅、省地税局、省质监局、省物价局、省国税局、浙江银监局、省电力公司等单位组成的化解产能过剩矛盾厅际联席会议制度。联席会议根据工作需要定期或不定期召开会议，研究和协调化解产能过剩矛盾工作推进过程中遇到的重大问题，加强工作指导、监督，并及时向省政府报告有关工作进展情况和重大事项。各市、县（市、区）政府负责本地区化解产能过剩矛盾工作，组织实施本地区化解产能过剩矛盾和推进产业转型发展工作，切实处理好化解产能过剩矛盾过程中可能出现的问题。

（二）明确工作职责

根据工作职责制订化解产能过剩矛盾重点工作任务分工及进度安排表，各牵头单位对所牵头的重点工作负总责，负责协调落实和监督检查，各参与单位根据职责落实具体工作事项。各有关部门要按照本方案的要求，根据职责分工抓紧制定配套文件，完善配套政策，以高度的责任感、使命感和改革创新精神，合力推进化解产能过剩矛盾的各项工作。加强宣传引导和政策解读，营造化解产能过剩矛盾的良好社会氛围。

（三）强化监督检查

把化解产能过剩矛盾工作列为落实中央和省重大决策部署监督检查的重要内容，加强对《指导意见》和本实施意见贯彻落实情况的监督检查。落实市县政府主体责任，强化执法问责，对工作开展不力的地方和部门，予以通报批评。及时公开化解产能过剩进展情况，发挥新闻媒体和社会公众的监督作用。

附件：化解产能过剩矛盾重点工作任务分工及进度安排表（略）

浙江省人民政府办公厅关于启动云工程与云服务产业培育工作的若干意见

各市、县(市、区)人民政府,省政府直属各单位:

云工程产业是指提供全流程整体设计、装备制造、软件开发、软硬件系统集成、工程安装、网络运维服务等"一揽子"有效解决方案的产业;云服务产业是指提供基于云计算与云存储的平台、软件、数据与业务内容等服务的产业。为深入贯彻党的十八届三中全会和省委十三届三次、四次全会精神,进一步落实《浙江省人民政府关于建设信息化和工业化深度融合国家示范区的实施意见》(浙政发〔2014〕18 号),促进我省云工程与云服务产业的发展,经省政府同意,现提出如下意见:

一、重要意义和发展目标

(一)重要意义

当前,新一轮科技革命和产业变革正在孕育兴起,大数据、云计算、物联网、移动互联网等网络信息关键核心技术不断实现重大突破;我省正处于城乡居民网络信息消费扩大、企业装备投资消费升级、城市公共环保与安全消费扩容、政府公共服务消费转型的新阶段,云工程、云服务市场需求萌发兴起。抓住机遇,启动培育云工程与云服务产业,对于我省建设信息化和工业化深度融合国家示范区,提升智慧城市示范试点水平,全面推进"机器换人",发展现代制造方式,抢占大数据、物联网与移动互联网产业制高点,打造经济"升级版"都具有重要意义。

(二)发展目标

到 2017 年,全省云工程与云服务产业规模显著扩大,初步形成核心技术自主可控、业务服务内容特色明显、龙头企业国际领先、市场环境规范有序、体制机制保障基本适应的产业生态,努力成为全国有较大影响的云工程与云服务产业示范基地。

——技术创新取得突破。在云计算与云存储、大数据、移动互联网、物联网、云业务操作系统、核心软件等方面,突破一批自主可控关键技术,掌握一批核心专利技术,形成一批产业技术标准。

——云服务能力明显提高。云计算与云存储服务能力达到国内一流、国际领先水平;培育安全可靠、特色鲜明、服务高效、技术一流、管理严格、机制先进、市场份额居全国同行业前茅的云工程与服务企业 20 家左右、云服务企业 100 家左右,提供专项业务的云工业工程等小微企业 1000 家以上。

——市场环境持续优化。云工程与云服务市场规范有序,服务质量可靠,依法监管体系相对完善,信息安全和消费者权益得到切实保障,形成放心、便捷、绿色、可信的消费市场环境,购买云服务成为政府、企业、个人信息消费的重要形式,形成具有全国示范意义的云服务商业模式。

二、加快培育云工程与云服务企业

(三)推进产业技术创新

着眼于做强云工程与云服务的产业链,抓住关键环节,加长"短板",补齐"缺链",开展省级重点企业研究院建设、重大瓶颈技术攻关、青年科学家培养"三位一体"的产业技术创新与体制改革综合试点,创新技术、创新体制,形成产学研用相互促进的云生态环境。重点突破虚拟化技术、云数据中心绿色节能技术、云数据库和中间件技术、云应用软件开发技术、云迁移技术、云安全技术等核心技术。重点支持自主研发基于云计算的操作系统、大数据智能信息处理系统、存储系统、服务器、网络装备、智能终端、传感器以及相关核心软件。

(四)培育专业优势突出的云工程与云服务企业

积极创造条件,把智慧城市建设示范试点的市场化运作主体培育成为基于云计算与云存储的提供软件、数据、业务内容等服务的专业云服务企业;结合现代技术改造,培育一批为"机器换人"服务的中小型云工业工程企业;培育一定数量的集创新设计、系统集成、工程与服务总包于一体的工业云工程与服务企业;围绕打造物联网工厂整体解决方案总承包商的目标,加快企业专项业务操作系统软件的研发和产业化,培育云、网、端一体化的物联网专业云工程与服务企业;围绕传统农业和服务业的提升、教育文化消费等服务,培育一批云服务的小微企业。

(五)扶持创办专项业务的云工程小微企业

加强高质量的创业孵化器、创业园等创业载体建设,鼓励高校、科研院所的科技人员自主创业,培育一批在创新设计、软件开发、系统集成、工程服务等方面具有核心竞争力和专项业务优势的云工程小微企业。完善为云工程、云服务企业在始创期、初创期、成长期、上市期等不同阶段提供有效服务的创业服务体系。

(六)促进行业龙头企业集聚发展

以规模化应用市场和产业链整体优势为牵引,吸引国内外著名云工程与云服务企业总部落户我省或在我省设立区域性总部,吸引世界五百强、央企和国内外知名信息技术企业来我省投资设立云工程与云服务企业。引导云工程与云服务产业链各环节龙头企业集聚发展,支持杭州、宁波等地高新区建设成为各具特色的全国云工程与云服务产业示范基地。

(七)支持云计算与云存储服务企业做大做强

支持在全国具有领先优势的云计算与云存储服务企业自主研发大规模分布式(集群)计算系统,不断提高核心技术能力,扩大集群管理规模,打造商业化的开放的云计算服务平台,提升弹性计算、数据存储、大规模计算等专业服务的能力和规模效益,完善相关业务链的协同分包与总包关系,发展成为国内外领先的云计算与云存储服务企业。

三、积极培育云服务市场

(八)各级政府带头购买云服务

认真贯彻落实《国务院办公厅关于政府向社会力量购买服务的指导意见》(国办发〔2013〕96号),在确保数据信息安全可控的前提下,推动政府部门和事业单位逐步改变自办数据中心与相关机构的做法,带头向社会力量购买云服务或服务外包,积极推进政府部门间数据共享和深度挖掘。除法律法规有特定要求外,各级政府原则上不再设立事业化运作的数据存储与云计算的机构,已经设立的要通过改革,逐步过渡到购买云服务上来。各级政府要将购买云服务纳入向社会力量购买服务指导目录,研究采取有效方式推动云服务采购,严格供应商准入与退出机制。对云服务的核心技术产品及服务,根据国家有关规定,实施政府首购、订购、优先采购和强制采购,发挥导向作用。

(九)通过智慧城市示范试点,开展首购云服务的改革探索

支持20个智慧城市建设示范试点的云工程与服务企业,签订承包合同,开展购买云服务或云工程与服务的示范试点,力求为成功开发云服务市场提供样本。

(十)推广行业云技术

支持在造纸、印染、医药、化工、蓄电池制造、制革等污染治理任务较重的行业中应用云技术,推广绿色、安全、节约的现代制造方式,促进能源节约和减少污染排放。

(十一)大力发展电子商务云服务

支持第三方电子商务平台运营企业利用云计算、大数据等技术,为广大中小企业提供电子商务的云服务。支持移动电子商务、农村电子商务、专业市场电子商务和"智慧物流"等云服务平台的建设和应用,形成规模化聚集效应、提高服务质量。鼓励银行机构、支付机构与电子商务企业利用网络信息技术加大合作,规范发展互联网金融模式,探索提供网络支付、移动支付等服务。

四、着力营造网络市场环境

(十二)健全市场监管机制

制订、发布和推广购买云工程与云服务标准合同文本。加强对云服务收费定价与服务质量的指导和监管,研究云服务资源标准化计量方法,建立云服务价格与服务质量监管机制。建立部门联席会议制度,健全联合执法机制,明确依职能依法监管的责任。建立购买云服务的评价反馈、投诉处理与客户保密制度。定期开展服务质量和权益保障专项检查,建立行政机关与司法机关的衔接执法机制,依法规范云服务行为,保障消费者的合法权益。发挥行业协会的作用,形成自我教育、自我管理、自我约束、自我服务的行业运行机制。

(十三)建立第三方评价机制

制订以客户满意度为导向的评价指标体系。支持第三方专业评价机构按照国家和我省有关评价指标体系,开展对云工程与云服务企业的能力资质、服务质量与实绩水平的评价,公布年度评价结果,并根据省里有关规定表彰优秀的云工程与云服务企业,为政府、企事业单位购买云服务提供择优选择的参考。

(十四)建立安全审查与评价制度

鼓励和支持云工程与云服务企业建立云工程与云服务全过程的责任追溯查证制度,落实岗位责任,健全安全保障机制,完善消费者身份管理制度,全面推广实名制。开展电子认证、安全测评、应急防范等信息安全审查与监管工作。发展权威评估机构,依法开展信息安全风险评估、信息安全等级评定和信用评价等工作,实行各类评价的倒查追责制度。

(十五)加快制度和标准化建设

推动云工程与云服务市场立法立规工作,明确相关主体的法律权益、责任和义务,重点加强数据跨境流动、信息安全和信息资源保护、知识产权保护、竞争行为及个人隐私和商业秘密保护等方面的法制建设。科学开展跨区域、跨行业、跨信息系统的,产业链上下游衔接的云工程与云服务领域数据信息基础标准的梳理共融工作。研究制订云工程与云服务产业基础共性标准、关键技术标准、重点应用标准和信息安全标准,鼓励具有自主知识产权的专利技术转化为适应市场需求的技术标准。通过试点应用、科学论证,实施一批企业标准、地方标准。加强对关键标准实施的检查,切实纠正、处理各种违反标准的行为。

五、推动传统数据中心云化发展

(十六)推动传统数据中心优化升级成弹性可扩展、高效节能、分布式的云数据中心

制订计划,加速推进各行业数据的互联互通工作,为各级政府提供准确、及时、完整的基础信息数据。加快"宽带浙江"建设,强化异地分布的云数据中心之间的网络通行能力建设,提升数据存储与计算服务效率,降低能耗。

(十七)推动数据中心应用节能技术

鼓励采用各类绿色节能先进技术降低数据中心综合能耗,推广专业节能型数据中心发展模式。制订数据中心能耗标准,新建数据中心PUE(数据中心总设备能耗/IT设备能耗)值必须达到1.5以下;现有数据中心通过整合、改造和升级,使PUE值下降到2.0以下。对未达标准的数据中心,要实行电价加价政策并限制其低水平扩容发展。

(十八)合理布局云数据中心

坚持"本地自用为主"的配建原则,综合考虑市场需求、能源供给、网络基础设施、自然环境等多方因素,制订云数据中心与业务需求匹配的用能标准准入门槛,择优支持不超过3000个标准机架、具有实际业务内容的中小型云数据中心建设,防止无序发展。鼓励云计算与云存储企业有效利用网络资源跨界跨域的特点,在能源相对富集、气候环境良好、自然灾害较少的省外地区建设云数据中心。

六、完善落实保障措施

（十九）加强组织领导

在省信息化工作领导小组办公室的框架内，由省经信委联合相关部门建立云工程与云服务产业培育发展工作推进机制，组织制订产业规划、产业政策，协调产业发展中的重大问题，发布重点示范应用项目并落实牵头部门。组建云工程与云服务产业专家咨询委员会，为我省云工程与云服务产业健康发展提供决策咨询。

（二十）加大财政扶持

调整省战略性新兴产业专项资金中用于支持智慧城市建设示范试点1亿元资金的使用方向，支持云工程与云服务产业的发展。重点支持云工程与云服务省级重点企业研究院建设、云工业工程示范试点、购买云服务试点、智慧城市示范试点的首购业务贷款贴息等，具体实施方案由省经信委会同省财政厅制订，报省政府批准后实施。智慧城市示范试点地区应落实专项资金用于云工程与云服务产业的发展。

（二十一）落实税收政策

支持云工程与云服务企业争创高新技术企业，并依规定享受相关税收优惠政策。符合条件的要确保企业研发费用税前加计扣除政策和软件产品增值税优惠政策落实到位。符合《国务院关于推进文化创意和设计服务与相关产业融合发展的若干意见》（国发〔2014〕10号）规定的云工程与云服务企业，按规定享受各项优惠政策。对来浙落户的云工程与云服务企业，报经地税部门批准，依规定免征有关税费与基金。

（二十二）开展首购云服务贷款贴息试点

会同国家开发银行为智慧城市建设示范试点首购云服务的对象，提供政策性贷款业务服务。对商定纳入政策性信贷试点的，根据上述第二十条规定给予贴息。

（二十三）强化人才支撑

支持云工程与云服务企业引进与培养高层次创新人才和创新团队，符合条件的可纳入青年科学家培养计划，享受“海外工程师”等资助政策。鼓励企业建立期权、技术入股等激励机制。鼓励高等院校开设云工程与云服务相关专业、课程，支持建立实训基地，培养创新型、应用型的专业技术人才。

2014年5月22日

浙江省人民政府办公厅关于支持外贸稳定增长的实施意见

各市、县（市、区）人民政府，省政府直属各单位：

为认真贯彻落实《国务院办公厅关于支持外贸稳定增长的若干意见》（国办发〔2014〕19号），推动我省外贸经济平稳发展，经省政府同意，现提出如下实施意见：

一、进一步扩大进口

加大对“省级现代服务业集聚示范区”“进口贸易促进创新示范区”“省级进口平台”和“进口龙头企业”的培育力度，发挥好集聚、展示、交易、物流等方面的示范和带动作用。积极支持资源性消费品指定口岸建设，培育有影响力的进口商品展会，扩大一般消费品进口。重视进口与产业发展相结合，鼓励企业开展“机器换人”，促进先进技术、装备、关键零部件和紧缺资源原材料进口。

二、巩固和扩大货物贸易出口

优化全省出口市场布局，巩固深化欧美等传统市场，努力开发新兴国家市场，不断拓展周边国家市场，进一步扩大传统优势产品国际市场份额。调整优化支持展会目录，加大企业参展支持力度。进一步突出机电、轻纺等重点商品的市场开拓，支持拥有知识产权、品牌、营销网络、高技术含量、高附加值、高效益的产品出口，鼓励出口企业开展技术创新和商业模式创新，推动市县建立完善创新驱动拓市场的体制机制。

三、加快推动服务贸易发展

支持搭建线上线下文化服务出口、服务外包等对接交易平台，努力扩大服务贸易进出口规模。结合“营改增”改革范围的扩大，对文化服务出口、离岸服务外包、国际物流、技术和软件出口等服务贸易领域实行零税率或免税。鼓励政策性金融机构在业务范围内加大对服务贸易扶持力度，支持服务贸易重点项目建设。探索建立与服务贸易特点相适应的口岸通关和外汇管理模式，并在有条件地区先行先试。

四、支持“走出去”促进贸易

主动融入国家“一带一路”开放布局战略，鼓励企业积极参与承揽境外基础设施大项目建设。支持我省企业参与境外经贸合作区和商贸物流园区建设，鼓励省内开发区与境外园区开展产业合作。支持省内企业开展境外农、林、渔业合作和资源能源开发，鼓励大宗资源性产品的回运、进口。支持装备制造业和建筑业企业开展国际承包工程业务，鼓励研发设计、加工制造和施工安装等业务的配套协作。支持有实力的企业到境外收购、整合知名品牌、先进技术和营销渠道，增强国际市场开拓能力。

五、进一步加快品牌建设

完善出口品牌认定管理和培育政策，积极培育浙江出口名牌，不断提高自主品牌出口比例。加大自主品牌宣传推广力度，加快推进浙江出口名牌进国际名展、名店和国际机场免税店工作，进一步加强品牌商品境外营销网络建设。

六、支持外贸企业发展

深化外贸企业服务活动，加大外贸政策宣传力度，指导外贸企业用好用足支持外贸稳定发展的各项政策。推进重点外贸企业帮扶工作，对重点培育的外贸企业，有针对性地采取帮扶措施。支持中小微外贸企业发展，对符合条件的小型微利外贸企业，减按20%的税率征收企业所得税。其中，自2014年1月1日至2016年12月31日，对年应纳税所得额低于10万元(含10万元)的小型微利外贸企业，其所得减按50%计入应纳税所得额，按20%的税率征收企业所得税。组织中小微企业参加境内外展会，鼓励块状经济内企业抱团参展，提高参展成效。加快建设各级出口基地、质量安全示范区和农产品出口原料基地，加大农产品、食品国外注册推荐力度，提升外贸公共服务平台服务能力和水平，增强产业核心竞争力。

七、支持外贸综合服务企业发展

鼓励具有一定规模的传统外贸流通企业拓展服务功能，整合通关、收汇、退税、物流、融资、保险等资源，形成辐射地域广、服务企业多的外贸综合服务企业。加大外贸综合服务企业培育力度，对培育或引入外贸综合服务企业成效显著、带动当地企业出口明显的市县给予奖励。创新通关监管模式，在报关、检验检疫、退税等环节为外贸综合服务企业提供便利。

八、积极推广“市场采购”贸易方式

支持义乌健全完善属地综合管理机制、市场采购商品认定体系、外贸企业诚信体系，建立和完善与市场采购贸易方式相适应的海关、检验检疫、税务、外汇、工商等监管措施，加快推动市场采购贸易方式全面落地。支持省内有条件的地区试行市场采购贸易方式，进一步扩大市场采购贸易试点。

九、加快推动跨境电子商务发展

加快杭州、宁波、金华、舟山跨境电子商务试点城市建设，不断扩大跨境电子商务出口试点范围。积极培育跨境电子商务经营主体，推进跨境电商省级产业园建设，鼓励和引导企业建立“海外仓”。推进跨境电商统计系统建设，建立重点电商企业日常联系机制，全面掌握跨境电商出口状况。探索与跨境电子商务相适应的通关、检验检疫、外管等监管模式。

十、提高贸易便利化水平

积极推进省内通关一体化建设，健全杭甬关检协作机制，深化执法统一性建设，全面推进“一次申报、一次查验、一次放行”工作。加快推进口岸信息化建设，充分发挥浙江电子口岸和宁波电子口岸平台功能，探索推行“单一窗口”管理服务。深化通关作业无纸化改革，年内关区通关作业无纸化率达到80%以上，并逐步实现全程无纸化通关。进一步扩大出口商品直通放行、出口通关单和报检无纸化试点范围，推进实施宁波到义乌进口转检制度。进一步降低出口货物查验率，对经营单位为AA类且申报单位为B类以上企业的进出口货物，实施较低比例的随机查验。进一步整顿和规范进出口环节经营性服务和收费，减轻外贸企业负担。

十一、深化外汇管理制度改革

进一步便利经常项目贸易外汇收支，支持符合条件的跨国公司开展外汇资金集中运营管理业务，进一步扩大集团公司外汇集中管理试点企业名单，降低企业财务成本，提高资金运作效率。探索建立与市场采购贸易相配套的外汇管理方式，推进支付机构开展跨境电子商务外汇支付业务试点，扩大试点机构与业务范围。

十二、加大财税支持力度

积极争取国家政策和财政资金的支持，健全省对市县外贸出口考核评价机制，加大对出口业绩显著的市县财政支持力度，减轻部分出口大县出口退税负担。对2014年出口超额完成省政府下达目标任务的市、县(市)给予一定奖励。鼓励各地安排支持外贸发展的配套资金，各地对省级外贸切块资金要做到专款专用。

十三、加大金融支持力度

各银行业金融机构在安排授信时尽量向外贸领域倾斜，大力发展出口信贷业务，积极创新贸易融资产品，探索完善对外贸企业的供应链融资模式，继续开展出口信用保险保单融资，扩大外贸企业抵押担保物范围，拓宽外贸企业融资渠道。创新与市场采购贸易方式相适应的贸易融资产品，拓展跨境电子商务领域的信贷支持。对小微外贸企业实施让利政策，科学设定贷款利率，适当简化授信审批环节，提高授信审批效率。对有订单、有效益、暂时出现困难的外贸企业加大帮扶力度。

十四、加大出口信用保险支持力度

继续采取积极承保政策，扩大出口信用保险承保规模，提高出口信用保险覆盖面。扩大短期出口信用保险业务，增加短期出口信用保险业务经营主体，加大对大型成套设备出口融资保险的支持力度，在风险可控的前提下应保尽保。加强对巴西、印度、俄罗斯、南非等主要新兴市场的承保力度，调整国别承保政策、放宽国别业务受理条件、创新国别承保模式。

十五、加快出口退税进度

扩大外贸企业审批权限下放试点范围，减少退税审批层级，缩短退税周期。推行出口退税疑点前置处理方式，提高出口退税审核效率。扩大出口退税税库银联网试点，完善出口退税无纸化退库。同时，加大打击骗退税力度。

十六、积极推进跨境人民币业务

进一步加大跨境人民币政策和业务宣传，引导企业使用人民币结算，降低交易成本，规避汇率风险。推动开展个人跨境人民币结算和电子商务跨境人民币结算，拓宽外贸企业出口渠道。根据实际及时调整跨境贸易人民币结算重点监管企业名单。

十七、建立和完善外贸运行监测研判体系

省商务厅要会同有关部门建立外贸运行监测研判体系，加强部门之间的监测合作与信息共享，密切关注重点市场、重点企业、重点产品的运行状况，及时跟踪国内外各项因素变化对我省企业的影响，提高政府决策和服务水平。

十八、健全外贸风险防范机制

加强贸易摩擦应对工作总体协调和部门合作，强化贸易摩擦应对工作队伍建设，建立健全经济贸易、国际法律专家为我省企业服务的长效机制，有效应对贸易摩擦案件。加强对我省主要出口市场相关技术法规、标准和合格评定程序情况的收集与研究，积极应对技术性贸易壁垒，免费为企业开展专题培训。加强外贸风险预警，进一步发挥对外贸易预警点在风险预警、防范、应对工作中的作用，提高外贸企业风险防范意识和能力。进一步完善“四位一体”的产业损害预警监测体系，努力维护企业和产业安全。

十九、规范进出口经营秩序

加强部门间外贸管理服务信息交流与合作，建立外贸企业信用记录数据库，推进完善进出口企业诚信体系建设。充分发挥行业协会的预警、组织、协调作用，加强行业自律，规范企业行为，防止恶性竞争，努力营造国际化、法治化的营商环境。

二十、强化组织落实

各地、各部门要充分认识保持外贸稳定增长对我省经济社会发展的重大作用，按照国家部委有关规定和本实施意见，并结合各地实际和部门职责，抓紧制订出台促进外贸稳定增长的具体措施。各地要围绕省政府分解下达的外贸增长年度目标任务，强化工作举措，狠抓工作落实。省商务厅要加强外贸工作统筹协调，加大政策宣传和督促指导力度，确保各项政策措施落实到位。

2014年7月25日

浙江省人民政府办公厅关于印发浙江省产业集聚区提升发展方案的通知

各市、县(市、区)人民政府，省政府直属各单位：

《浙江省产业集聚区提升发展方案》已经省政府同意，现印发给你们，请认真贯彻实施。

2014年11月20日

浙江省产业集聚区提升发展方案

加快建设省级产业集聚区是省委、省政府结合浙江经济转型发展新要求作出的重大决策部署。经过3年多的规划实施，省级产业集聚区总体上已从“打基础、筑平台”的起步建设期，进入到“引项目、聚产业”的加速发展期。为进一步推动省级产业集聚区提升发展，特制定本方案。

一、提升发展总体要求

(一)基本思路

认真贯彻落实省委、省政府干好“一三五”、实现“四翻番”总体部署和各项战略决策，以提高空间集聚度、加快产业集群化、增强科技创新力为重点，进一步深化体制机制改革，加大政策支持力度，优化投资发展环境，把省级产业集聚区打造成“全省有代表性、国内有影响力、国际有竞争力”的产业发展平台。

(二)主要任务

1. 提升定位，强化整合，聚力打造全省战略平台。根据全省主体功能区规划、新型城市化发展战略，坚持走新型工业化道路，深入推进“两化”深度融合，推动产业集聚区创建省级工业强区，进一步强化省级产业集聚区在全省优化产业发展布局中的主平台地位。积极引导大项目、大企业、大产业向产业集聚区布点落户，构筑全省总量规模大、产业层次高、产出效益优、产城融合好的高质量发展平台。有序推进产业集聚区内部各类开发区块整合，实施重点开发和优先开发，集中力量建设产业集聚区核心区块。

2. 明确导向，强化集成，聚焦发展特色主导产业。以国家、省相关产业规划和产业政策为指导，加快调整优化产业结构，进一步强化“优新高特”产业导向，集中力量培育发展新一代信息技术、智能制造装备、先进交通运输设备、节能环保、生物医药、新材料、新能源、现代服务业等主导产业，着力打造一批千亿级的产业集群。按照错位发展的原则，将全省产业发展战略具体落实到有基础、有条件的产业集聚区，形成分工明确、各具特色的发展格局。围绕主导产业发展，加强关联产业培育，加快推进产业集群化步伐。进一步细化集约、环保、节能、安全等方面的控制性指标，高标准设定并严格落实产业项目准入标准。

3. 加大投入，强化创新，加快创建高新技术产业园区。进一步加大科技投入、完善体制机制、优化创新环境，使产业集聚区成为全省乃至全国高端科技资源的重要集聚地、具有较强竞争力的现代创新基地。加快推进已批准高新技术产业园区建设，积极支持其他产业集聚区加快创建高新技术产业园区。优先在产业集聚区开展技术创新试点，大力培育创新型企业和高新技术企业，加快创新人才和团队引进培育。积极鼓励和支持产业集聚区龙头骨干企业联合高校和科研院所，共同创建各类科技服务平台，充分发挥科技创新在产业集聚区发展中的引领和带动作用。

4. 注重品质，强化统筹，着力推进产城融合发展。进一步加强产业集聚区统筹规划，率先开展“多规合一”编制工作。围绕打造高端产业、高端科技、高端人才集聚发展新城区的目标要求，统筹谋划产业、城市、生态功能布局，推动产城融合和一体化发展。进一步加快城市综合基础设施网络建设，培育城市社会性公共服务和生活居住功能，提升核心区块的规划设计和功能品质水平，创建优美舒适的良好创业环境和生活环境。

二、集成发展主导产业

（一）新一代信息技术产业

产业发展方向：以信息化和工业化深度融合、智慧城市建设为依托，加强核心关键技术攻关，不断提升信息技术产业核心竞争力，有力支撑信息经济大省建设。着力培育发展大数据、云计算，创新运营和服务模式，支持开展公共云、工业云、政务云、健康云、北斗导航等应用服务；积极发展以新一代移动通信设备、物联网设备、信息网络安全防护产品、集成电路、电子专用设备仪器等为主的电子信息制造业；做强以移动互联网软件、工业软件、地理信息软件以及信息系统集成等为主的高端软件和新兴信息技术服务业；拓展以数字出版、互动新媒体、数字音乐、数字阅读等为主的数字内容产业。

主要承接平台：杭州城西科创产业集聚区、嘉兴现代服务业集聚区。

（二）智能制造装备产业

产业发展方向：围绕工业转型升级、“机器换人”等重大需求，突破关键智能技术，推进智能测控装置和部件的研发和产业化，实现重大智能成套装备的集成创新。重点针对测控装置、部件和重大智能制造成套装备的开发和应用，突破新型传感原理和工艺、高精度运动控制、高可靠智能控制等一批关键智能技术，加快培育发展工业机器人、感知系统、3D打印设备等智能测控装置和部件，在汽车、石化、冶金、建材、机械加工、食品加工、纺织、造纸印刷、物流等领域开发一批高精密、数字化、柔性化、智能化的标志性重大智能制造成套装备，推动我省工业装备的智能化及制造过程自动化，使产业生产效率、产品技术水平和质量显著提高，能源、资源消耗和污染物排放明显降低。

主要承接平台：杭州大江东产业集聚区、杭州城西科创产业集聚区、湖州南太湖产业集聚区。

（三）先进交通运输装备产业

产业发展方向：加快突破制约发展的关键技术、核心技术和系统集成技术，大幅度提升技术创新能力，壮大节能与新能源汽车、通用航空、高端船舶与海洋工程等制造业规模，提升国际竞争力。以混合动力、纯电动两大系列整车为重点，加快城市公交、乘用车、特种用车等新能源汽车产业化进程，进一步壮大汽车整车规模，有效提高核心零部件的系统化、模块化供货能力。大力发展直升机、勘测航拍机等通用航空整机，以及旋翼系统、发动机、传动系统等机载及通航保障设备，进一步做强核心零部件制造，培育通航服务业等。做强高端船舶制造和船舶专用高端设备制造，提升自升式钻井平台、海上浮式生产储油装置等海洋工程装备技术集成和设备成套化水平。

主要承接平台：宁波杭州湾产业集聚区、杭州大江东产业集聚区、舟山海洋产业集聚区、绍兴滨海产业集聚区、台州湾循环经济产业集聚区、金华新兴产业集聚区、温州浙南沿海先进装备产业集聚区。

（四）节能环保产业

产业发展方向：以提升自主创新能力、增强产业竞争力为核心，选择突破一批基础条件好、技术条件成熟、成长潜力大、产业关联度高的节能环保产业关键领域。重点发展新型高效膜分离设备和海水淡化成套设备、高浓度有机废水处理设备、水环境修复设备等水处理治理装备，土壤重金属污染治理装备、固体废物处置和综合利用装备、危险废物无害化处置装备等固体废物处置装备，大气细颗粒物（PM2.5）污染防控、燃煤工业锅炉烟气脱硫脱硝等大气污染防治装备，环境监测仪器仪表等环保信息化技术装备，节能锅炉装备、余温余压利用设备、高效换热器、蓄能器、冷凝器等节能设备。

主要承接平台：湖州南太湖产业集聚区、杭州城西科创产业集聚区、衢州绿色产业集聚区、温州瓯江口产业集聚区、丽水生态产业集聚区。

（五）生物医药产业

产业发展方向：加快采用现代生产制造模式替代传统生产制造模式，全面推动化学原料药向制剂转型，加快发展创新化学药、具有自主知识产权的疫苗、生化试剂和基因工程药物等生物技术药物和先进医疗器械，提升发展现代中药，积极培育海洋生物医药，做强医药生产性服务业，推动全省医药产业转型升级。

主要承接平台：绍兴滨海产业集聚区、台州湾循环经济产业集聚区、杭州城西科创产业集聚区、湖州南太湖产业集聚区、丽水生态产业集聚区、舟山海洋产业集聚区。

（六）新能源产业

产业发展方向：以“清洁、智能、高端”为导向，着力提升新能源科技装备的设计、制造、系统成套和工程服务能力。重点发展太阳能光伏材料、光伏电池及组件等，大型潮汐发电机组、大中型灯泡贯流式机组、大中型混流式机组等潮汐能洋流能技术装备，2.5兆瓦及以上陆上风电机组、5兆瓦以上海上风电机组等风能利用技术装备，直流与交流输电设备及关键部件、智能变压器、智能化开关设备、智能电表等智能电网技术装备等，加快突破锂离子电池、氢燃料电池以及分布式能源集成、储能等技术瓶颈，做大生物质能利用技术装备产业。

主要承接平台：杭州大江东产业集聚区、温州瓯江口产业集聚区、衢州绿色产业集聚区。

（七）新材料产业

产业发展方向：围绕我省新兴产业发展和传统产业转型升级的材料需求，以加快材料工业升级换代为主攻方向，重点发展高性能金属材料、电子信息材料、先进高分子材料、新型无机非金属材料，打造特色新材料产业链，提升新材料产业技术水平和国际竞争力。高性能金属材料重点发展应用高速列车、汽车、航空航天等领域的轻质高强铝、钛、镁合金，新型铜合金材料及非晶合金材料；电子信息材料重点发展壮大磁性材料、光电晶体材料；先进高分子材料重点发展高端含氟聚合物和含氟中间体及高性能硅橡胶、特种硅树脂等有机硅聚合物产品、生物基高分子材料；新型无机非金属材料重点发展高性能稀土材料、特种玻璃、高性能玻纤复合材料、海洋工程材料。

主要承接平台：衢州绿色产业集聚区、宁波杭州湾产业集聚区、台州湾循环经济产业集聚区。

（八）现代服务业

产业发展方向：坚持先进制造业与现代服务业联动发展，结合国家、省重大战略布局和产业集聚区基础条件，主攻科技服务业、商贸服务业、现代物流产业等现代服务业。科技服务业重点是推动科技服务业组织模式、服务模式、运营模式持续创新，加快形成高校院所、企业与第三方专业服务机构共同驱动的多元化技术转移转化路径，推动重大科技成果转移转化项目落地，不断增强科技服务业辐射带动全省创新发展能力，为我省建设创新型省份提供强大支撑。商贸服务业重点是积极发展电子商务，加快推动专业市场转型，着力提升大宗商品交易平台能级，进一步探索完善贸易便利化条件，有力支撑全省开放型经济发展。现代物流产业重点是以专业市场物流、电商快速物流、港口物流等为发展重点，加快物联网、云计算等新一代信息技术应用步伐，推进国际贸易、现代物流和金融服务相互融合、交叉和创新发展，形成国际国内物流齐头并进、物流增值服务快速发展的智能物流产业体系。

主要承接平台：杭州城西科创产业集聚区、义乌商贸服务业集聚区、舟山海洋产业集聚区、宁波梅山国际物流产业集聚区、嘉兴现代服务业集聚区、金华新兴产业集聚区。

三、聚力打造战略平台

（一）杭州大江东产业集聚区

总体布局：优化调整重点规划区总体布局为“一心三片”，调出空港、浦阳江、传化等区块，调整后重点规划区面积69平方公里，范围包括大江东中心、江东片区、临江片区、前进片区。核心区块面积32平方公里，范围包括大江东城市中心功能区块，以及由江东新能源产业园、前进汽车整车及零部件产业园、前进航空关键设备产业园等组成的产业功能区块。

产业导向：集中发展的主导产业为新能源运输装备产业，重点培育智能制造装备产业、新能源产业等特色产业。新能源运输装备产业重点发展节能和新能源电动汽车及发动机、汽车电子等关键零部件，积极培育高端轨道交通装备；智能制造装备产业重点发展机器人等智能测控装置和数控机床、纺织机械和工程机械等重大智能制造集成装备；新能源产业重点发展锂离子电池、氢燃料电池、新一代薄膜电池、高效低成本晶硅电池及组件、系统集成设备和大型风电设备。加快推进临江新能源运输装备高新技术产业园区建设，不断提高新能源汽车自主创新发展能力，力争建设成为科技创新创业基地、新能源汽车高新技术产业特色基地。

（二）杭州城西科创产业集聚区

总体布局：保持未来科技城（海创园）、青山湖科技城“科技双城”总体格局不变。优化重点规划区范围，调出余杭街道和锦北片区，调入永乐产业区块、绕城西侧部分区块。调整后重点规划区面积69平方公里，包括未来科技城和青山湖科技城的青山湖片区及横畈片区。核心区块面积49.9平方公里，包括未来科技城核心区块和青山湖科技城核心区块，其中未来科技城29平方公里，青山湖科技城20.9平方公里（含已批准创建的青山湖高端装备高新技术产业园区面积19.8平方公里）。

产业导向：依托未来科技城和青山湖科技城平台，建设国内领先、世界一流的科技创新园区。集中发展的主导产业为科技服务业，未来科技城重点培育新一代信息技术产业、生物医药产业等特色产业，青山湖科技城重点培育智能制造装备产业、节能环保产业等特色产业。科技服务业重点发展研究开发、创业孵化、检验检测认证、科技咨询等专业科技服务和综合科技服务；新一代信息技术产业重点发展物联网、云计算、高端软件及新兴信息服务、地理信息服务和信息技术研发孵化；智能制造装备产业重点发展大型空分、数控、电气等重大智能制造成台套装备；生物医药产业重点发展生物技术药物、高端医疗器械；节能环保产业重点发展节能关键技术与设备、污染物治理设备、节能环保技术服务。加快推进青山湖高端装备高新技术产业园区建设，以智能化、台套化、工程一体化高端装备为重点，打造高端装备特色创新中心与产业化基地。

（三）宁波杭州湾产业集聚区

总体布局：保持“一心四区四园”格局基本不变，局部调整重点规划区范围。调整后重点规划区面积72平方公里。核心区块面积24.6平方公里，包括东北部13平方公里产业功能区块、中部11.6平方公里城市产业综合区块。

产业导向：集中发展的主导产业为汽车整车及关键零部件产业，重点培育新材料产业、通用航空产业等特色产业。汽车整车及关键零部件产业重点发展高档乘用车整车及汽车动力系统、车身底盘系统、电控系统等关键零部件；新材料产业重点发展高性能合金材料、高性能稀土环保材料、高端金属基复合材料、生物基高分子材料；通用航空产业重点发展商务飞机和轻型飞机等飞行器的整机及航空配套产品。加快推进高性能新材料高新技术产业园区建设，聚焦重点领域开发特色鲜明、竞争力较强的新材料产品，打造具有国际先进水平的创新型新材料产业集群。

（四）宁波梅山国际物流产业集聚区

总体布局：保持“一轴一心四片”格局基本不变，将穿山港区南部作业区部分沿海区域调入重点规划区，将春晓北侧部分生态区域调出重点规划区。调整后重点规划区面积68.15平方公里，以梅山湾为中心，包括梅山岛、春晓、上阳及郭巨等沿海区域。核心区块面积29.93平方公里，包括梅山保税港区及周边区块、春晓片区部分区块。

产业导向：集中发展的主导产业为国际商贸和金融创新服务业，重点培育港口物流业、高端基础装备产业等特色产业。国际商贸和金融创新服务业依托港口及保税区，重点发展国际大宗商品交易和高端生产资料、高端消费品进口交易，积极推进金融服务创新；港口物流业重点发展适应国际中转、国际采购、国际配送、国际转口贸易业务要求的远洋货运、集装箱联运、中转储运等物流服务；高端基础装备产业重点发展高档数控机床、高性能工业自动化设备。规划创建以高端基础装备产业为特色的高新技术产业园区，强化高端基础装备产业领域的企业、科技人才集聚和科技创新服务体系建设，积极创建我省高端基础装备产业发展示范区。

（五）温州瓯江口产业集聚区

总体布局：结合温州浙南沿海先进装备产业集聚区规划建设，调整原有总体布局框架，调出龙湾新区、温州经济技术开发区、洞头及状元岙港区，调入乐清经济技术开发区滨海片区和柳白新城区块。调整后重点规划区面积59.7平方公里。核心区块面积24平方公里，包括瓯江口新区南片城市功能区和北片产业功能区。

产业导向：集中发展的主导产业为临港产业，重点培育新能源产业、节能环保产业等特色产业。临港产业主要依托状元岙和大小门岛等港口条件，积极发展临港机械装备制造、油气精深加工、LNG以及港口物流产业；新能源产业重点发展智能电网成套设备、高性能风电设备；节能环保产业重点发展生活及工业污水处理设备、垃圾处理设备、通风除尘设备、汽车尾气处理设备等环保设备。规划创建电工电气高新技术产业园区，重点发展智能电网成套设备，建设特色鲜明、设施配套完善、创新能力突出、具有较强带动作用的智能电工电气产业园区。

（六）嘉兴现代服务业集聚区

总体布局：保持“一心三片”格局不变。重点规划区面积60平方公里，包括国际商务核心区、嘉兴科技城、西南片区、嘉兴现代物流园。核心区块面积30平方公里，以嘉兴经济技术开发区核心区块为主体，包括嘉兴科技城、高铁核心区、先进制造业等板块。

产业导向：集中发展的主导产业为科技服务业，重点培育新一代信息技术产业、商贸金融服务业等特色产业。科技服务业重点发展技术转移、创业孵化、检验检测认证、研究开发等专业科技服务；新一代信息技术产业重点发展移动通讯设备、电子专用设备仪器、高端软件和数字内容服务；商贸金融服务业重点发展面向长三角区域的国际商务、科技金融服务、外资银行金融服务和金融后台服务。规划创建以科技研发与产业化为特色的高新技术产业园区，以高技术服务业为主导，提升科技研发、成果转化和产业化能力，建设成为长三角地区高技术服务业示范园区。

（七）湖州南太湖产业集聚区

总体布局：加大平台整合力度，从原来14个片区集中整合为5个片区，将已批准创建的湖州现代物流装备高新技术产业园区调入产业集聚区范围，建立“一主四辅”框架格局。调整后重点规划区面积72.73平方公里。核心区块面积27平方公里，包括城市功能区和以环保装备、生物医药为特色的产业功能区。

产业导向：集中发展的主导产业为节能环保产业，重点培育现代物流装备产业、生物医药产业等特色产业。节能环保产业重点发展新型水处理设备、大气防治设备等环保设备和节能技术装备；现代物流装备产业重点发展智能物流成套装备、智能电梯电机；生物医药产业重点发展生物技术药物、高端医疗器械以及基于生物技术和生命科学技术的相关产品。加快推进湖州现代物流装备高新技术产业园区建设，以技术含量高、经济效益好的管道运输装备、装卸搬运物流装备、智能化集成系统和关键部件配套等为重点，建设成为集物流解决方案、软件开发、设备制造、总程控制、综合服务为一体的国内一流专业现代物流装备技术创新基地。

（八）绍兴滨海产业集聚区

总体布局：保持“两心一轴、两区两片”格局不变，进一步加强各片区统筹规划建设。重点规划区面积82平方公里。核心区块面积23.9平方公里，以绍兴现代医药高新技术产业园区为主体。

产业导向：集中发展的主导产业为生物医药产业，重点培育通用航空产业、智能制造装备产业等特色产业。生物医药产业重点发展高端化学药制剂、生物技术药物和高端医疗器械；通用航空产业重点发展通航服务、通航设备及关键零部件制造业；智能制造装备产业重点发展轻纺智能制造集成装备。加快推进绍兴现代医药高新技术产业园区建设，以高端化学药制剂产业和生物技术药物产业为重点，建设成为创新能力突出、产业竞争力强、生态环境优美的省内规模最大、品质最高，国内一流、国际知名的现代医药高科技新城。

（九）金华新兴产业集聚区

总体布局：保持“一核两区”总体布局框架不变。重点规划区面积80平方公里，范围包括金东、金西及兰溪片区。核心区块面积26平方公里，以金东分区为主体，包括电商物流园、先进制造园、文化创意园组成的产业功能区块和城市功能区。

产业导向：集中发展的主导产业为电子商务产业，重点培育现代物流产业、交通运输装备产业等特色产业。电子商务产业重点发展专业化网络销售平台、跨境电子商务和供应链电子商务；现代物流产业重点发展都市配送型物流、产业基地型物流；交通运输装备产业重点发展油电混合动力汽车、高性能纯电动汽车和特种专业车，积极培育通航设备制造。规划创建以先进交通运输装备为特色的高新技术产业园区，培育壮大优势企业，提升研发和制造水平，着力打造国内知名的特色专用车产业基地。

（十）衢州绿色产业集聚区

总体布局：保持“一核三片”总体框架不变。重点规划区面积67.4平方公里，范围包括核心区、国家高新技术产业开发区以及江山、龙游、常山片区。核心区块面积19平方公里，包括白沙城市功能配套区和节能环保、智能装备、绿色食品与生物健康等产业功能区。

产业导向:集中发展的主导产业为新材料产业,重点培育节能环保产业、新能源产业等特色产业。新材料产业重点开发和发展以氟硅钴为特色的新功能、高性能新材料;节能环保产业重点发展余温余压利用设备、火电行业脱硫脱硝半湿除尘设备;新能源产业重点发展多晶硅电池及组件、生物质能利用设备。加快推进衢州氟硅新材料高新技术产业园区建设,进一步提升技术创新和管理创新能力,建设成为具有国际先进水平、国内最重要的氟硅钴新材料产业基地。

(十一)舟山海洋产业集聚区

总体布局:优化调整“一城诸岛”空间布局,将面积小于5平方公里、不能集中连片建设的小岛区块调出产业集聚区,集中建设本岛及周边主要大岛重点区块。调整后重点规划区面积98平方公里。核心区块面积26.3平方公里,包括舟山港综合保税区、舟山经济开发区产业功能区块及相配套的城市功能区块。

产业导向:集中发展的主导产业为船舶与海洋工程装备制造产业,重点培育现代港口物流产业、海洋生物医药产业等特色产业。船舶与海洋工程装备制造产业重点发展高附加值大型船舶和自升式钻井平台、海上浮式生产储油装置、深水水下采收系统等海洋装备;现代港口物流产业重点发展远洋货运、中转储运、物流增值关联服务;海洋生物医药产业重点发展海洋药物及海洋生物保健品。加快推进舟山船舶装备高新技术产业园区建设,重点发展高端船舶产业链,协同发展海工装备产业链,积极发展港航物流服务业,建设成为船舶装备产业技术创新的核心载体、船舶工业设计基地、先进船舶装备产业制造基地。

(十二)台州湾循环经济产业集聚区

总体布局:建立“一轴一港一核三区”布局框架,调出部分面积较小、布局分散开发区块,适当扩大东部组团核心区块范围。调整后重点规划区面积86.7平方公里,范围包括台州市区东部组团、临海东部组团、台州石化工业基地、温岭东部组团。核心区块面积27.7平方公里,主要包括月湖周边区域的城市功能区块以及周边的产业功能区块。

产业导向:集中发展的主导产业为高端装备制造业,重点培育生物医药产业、新材料产业等特色产业。高端装备制造业重点发展高性能经济型轿车、运动型多用途汽车、货运汽车,积极培育城市轨道交通装备、工程装备制造业;生物医药产业重点发展高端化学原料药和制剂,实现一体化发展;新材料产业重点发展电子信息新材料、生物基高分子材料。规划创建以高端化学药为特色的高新技术产业园区,加快化学新药研发和产业化进程,积极推进化学原料药生产制造模式转型,着力建设全国化学药转型升级的示范区。

(十三)丽水生态产业集聚区

总体布局:保持“一心三片”总体框架不变,将水阁部分区块调入重点规划区,莲都区高溪低丘缓坡开发区块采取与碧湖区块等面积置换方式调入重点规划区。调整后重点规划区面积67平方公里,范围包括丽水市区主体区域、缙云片区、松阳片区、龙泉片区。核心区块面积26平方公里,包括七百秧和富岭城市功能区和节能环保装备制造、现代中医药、生态科创等产业功能区。

产业导向:集中发展的主导产业为节能环保产业,重点培育现代中医药产业,改造提升生态合成革产业。节能环保产业重点发展节能电器、先进固废处理设备、水处理设备;现代中医药产业重点发展特色中药材、中药制剂、中药提取物、食品保健品以及中医药健康服务;生态合成革产业加快推进技术改造提升,重点发展超细纤维、TPU树脂革等高附加值低污染产品。规划创建以节能环保装备为特色的高新技术产业园区,以高效节能电器、环境治理装备等为重点,建设长三角地区有较大影响力的节能环保装备产业基地。

(十四)义乌商贸服务业集聚区

总体布局:保持“一核两片”总体框架基本不变,优化整合佛堂、国际陆港等部分片区空间布局和功能定位。调整后重点规划区面积53.2平方公里,范围包括商贸流通创新区、国际商贸区、先进制造研发区、小商品研发总部区和小商品装备制造研发区。核心区块面积24.8平方公里,主要包括国际陆港片区和国际商贸城片区。

产业导向:集中发展的主导产业为商贸服务业,重点培育现代物流产业、物联网产业等特色产业。商贸服务业进一步拓展线上线下互动的“义乌系”市场网络,加快建设全球多边贸易合作交流平台;现代物流产业重点发展新型“公路港”物流、国际铁路联运物流、快捷空港物流、新型移动云仓储;物联网产业重点发展物联网设备及系统集成、物联网内容服务。规划创建以物联网为特色的高新技术产业园区,引进培育物联网系统集成、应用及内容服务、关键电子元器件等企业,促进物联网产业特色化、规模化发展,建设物联网产业发展和应用示范特色基地。

(十五)温州浙南沿海先进装备产业集聚区

总体布局:以温州经济技术开发区为依托,包括空港产业区块、瑞安塘下和阁巷产业区块、平阳宋埠产业区块。重点规划区面积57.7平方公里。核心区块位于温州经济技术开发区滨海园区和金海园区,面积29.8平方公里。

产业导向:集中发展的主导产业为交通运输装备制造业,重点培育机械装备制造业、高分子新材料产业等特色产业。交通运输装备制造业重点发展动力、传动、承载、转向、电子等先进汽车系统产品,中重型卡车、轿车、商务车等系列整车产品以及摩托车整车产品,积极拓展新能源汽车关键零部件领域和开发专用特色车产品;机械装备制造业重点发展激光智能装备、食品制药机械、电气机械、石化机械等先进装备制造;新材料产业重点发展新型工程塑料和高性能纤维等高分子材料。规划创建以激光智能装备为特色的高新技术产业园区,重点发展激光智能装备研发制造及激光加工服务,力争建设成为我国重要的激光与光电产业集群研发和生产基地。

四、切实强化保障措施

(一)建立强有力的管理体制

加强产业集聚区内部各类开发平台在空间规划、管理体制、干部队伍等方面的有效整合，建立“一个平台、一个主体、多块牌子、一套班子”的高效管理体制，实现“统一规划、统一招商、统一政策、统一保障”。产业集聚区管委会要全面推行实体化运作，在强化统筹协调的同时，集中力量抓好核心区建设。按照“办事不出区”要求，赋予产业集聚区相对独立的经济社会管理权限，全面推进“四张清单一张网”建设，深化审批制度改革，加强“店小二”队伍建设，转作风、提效能、优环境，率先把产业集聚区建设成为审批事项最少、审批速度最快、服务环境最优的发展平台。

（二）落实强有力的支持政策

1. 强化建设用地保障。按照产业集聚区提升发展方案，集聚区建设用地布局及核心区范围应尽可能避让基本农田，确实无法避让的，结合土地利用总体规划调整完善工作进行统筹安排，确保基本农田面积不少、质量不降。进一步强化建设用地保障力度，对经批准纳入省重大产业项目库的固定资产投资50亿元以上及落户内陆省级产业集聚区的固定资产投资20亿元以上制造业项目，实行全额用地指标奖励。

2. 加大财税支持力度。对新投入企业3年内上缴省财政部分予以返还的政策适用期延长至2017年。进一步加大财政专项资金支持力度，重点用于支持重大基础设施、科技创新服务平台以及“优新高特”项目，充分体现专项资金政策扶持导向。深化研究和制订专项资金安排与年度综合考评结果相挂钩的具体办法。

3. 支持重大项目建设。集聚区的重大项目优先列入省重点建设、重大产业、重大服务业等专项计划，集聚区核心区的基础设施项目可打包列入省重点建设计划。对特大产业项目、行业龙头项目、核心技术项目，积极实施“一企一策”“一项一策”，锁定目标，精准发力。对符合条件的集聚区企业优先支持发行企业债券。积极争取中央各类预算内投资对集聚区基础设施、重大产业和生产性服务业、循环经济、重大科技服务平台等项目的专项支持。进一步加强对集聚区充分利用创业基金、BOT、PPP等各类融资方式、有效扩大融资渠道的业务指导和政策支持。

（三）完善强有力的推进机制

1. 强化上下联动。充分发挥省领导联系集聚区制度对集聚区主导特色产业培育、重大项目建设、关键技术攻关以及重点难点问题协调等方面的指导推动作用。加强省和产业集聚区所在市县各级各部门的上下联动，省产业集聚区规划建设工作领导小组强化顶层谋划和协调推进，各集聚区所在市、县（市、区）要切实增强责任主体意识，充分发挥全面推动集聚区提升发展的主动性和积极性，共同形成各方联动、分工协作、合力推进的良好局面。

2. 强化部门协调。省市发展改革部门是产业集聚区建设的业务主管部门，要切实履行职责，牵头做好集聚区发展规划编制、重大项目推进、综合政策协调、评价考核组织工作。省级各有关部门要加强沟通协调，按照部门职责和年度任务分工，强化对集聚区提升发展的综合指导和主动服务。特别是要进一步加强对集聚区转型提升、科技创新、产城融合、基础建设、招商引资、人才引进等方面的指导支持，深入开展扩大有效投资、重大项目建设、产业集群培育、高新技术产业园区创建等专项服务，帮助集聚区解决在用海、能耗、环境容量等方面的难点问题，积极为集聚区内企业排忧解难。

3. 强化考核督查。完善集聚区综合考评办法，进一步突出以业绩论英雄、突出核心区建设发展水平考评、突出奖惩激励导向。综合考评结果要与要素资源配置、专项资金安排、干部考核任用等挂钩。对当年未完成年度任务书目标、综合排名处于末位的集聚区，予以黄牌警告，连续二年不合格的予以摘牌。加强对已批准创建高新技术产业园区的指导督查，综合考评按照省政府相关文件要求执行。

浙江省人民政府办公厅关于“精准对接精准服务”支持医疗器械产业提升发展的若干意见

各市、县（市、区）人民政府，省政府直属各单位：

医疗器械产业是资本技术密集、产业关联度大、发展前景广阔的朝阳产业，也是我省具有一定基础和特色的产业。促进我省医疗器械产业提升发展，对于推动工业强省建设和经济转型升级，具有十分重要的意义。为贯彻落实省委、省政府关于开展“精准对接、精准服务”，支持我省医疗器械产业发展的部署，结合贯彻国家卫生计生委、工业和信息化部推进国产医疗设备发展应用会议精神，经省政府同意，现提出如下意见：

一、总体要求

通过建立健全有关行政主管部门和单位与医疗器械企业常态化的对接机制，加强市场开拓、产品应用示范、行政许可审批、企业技术创新、高新区和产业化基地建设、科技型创业、“两化”深度融合等公共服务和政策支持，探索扶持产业转型升级的新机制、新模式和新路径，促进医疗器械重点企业难题“面对面”会商解决，促进医疗器械产业相关政策措施向更加适应产业和企业提升发展的要求调整完善，促进产学研用围绕做强产业链、补长短板更加紧密结合，促进医疗器械产业加快提升发展。到2017年实现全省医疗器械产业主营业务收入和利润总额均进入全国前五位，一批主导产品市场份额位居全国前三位，有效支撑我省健康服务业发展。

二、加强企业开拓市场方面的精准服务和政策支持

（一）深入推进医疗机构配置使用国产乙类大型医用设备试点工作，放宽国产乙类大型医用设备配置数量限制。（省卫生计生委牵头）

（二）结合县级公立医院综合改革，对尚无医用磁共振成像系统的县级公立医院采购浙产医用磁共振成像系统给予适当补助。（省卫生计生委牵头）

（三）对列入“浙江制造精品”目录的医疗器械产品，在同等条件下实施政府优先采购。（省财政厅、省经信委牵头）

（四）使用符合条件的浙产医疗器械的诊疗项目和浙产一次性耗材纳入基本医疗保险支付范围。（省人力社保厅牵头）

（五）建立对公立医院财政补助与其采购我省医疗器械重点目录内产品份额挂钩的机制。（省财政厅牵头）

（六）为我省医疗器械生产企业参加符合条件的国内外医疗器械博览会等各类展会提供服务和补助。（省商务厅牵头）

（七）定期举办浙江省医疗器械产需对接会。（省经信委、省卫生计生委牵头）

（八）全面加强医疗器械注册、生产、流通、使用和广告等环节的监管，建立健全医疗器械生产经营企业信用管理体系，建立打假快速反应机制，严厉打击违法行为，营造规范有序的市场环境。（省食品药品监管局牵头）

（九）探索建立浙产医疗器械的“联合售后技术服务体系”，提升浙产医疗器械的售后服务能力和水平。（省科技厅、省卫生计生委、省食品药品监管局牵头）

三、加强产品应用示范方面的精准服务和政策支持

（一）实施“创新医疗器械产品应用示范工程”，选择部分医疗机构作为浙产医疗器械产品应用示范基地，并在经费保障等方面给予扶持。（省卫生计生委、省科技厅牵头）

（二）筛选省内重点企业、重点培育产品与浙产医疗器械产品应用示范基地对接，开展应用示范和产品性能评价研究，围绕缩短与国内外同类先进产品的差距进行改进提升，帮助企业拿到“首个订单”。（省经信委、省科技厅、省卫生计生委牵头）

（三）加大对本省首台（套）医疗设备生产企业的保险补偿力度。（省经信委牵头）

（四）对应用示范效果好的医疗设备，组织省内外医疗机构人员参观学习和使用培训，扩大应用范围。（省卫生计生委牵头）

四、加强行政许可审批方面的精准服务和政策支持

（一）进一步落实第二、三类医疗器械生产许可审批权限委托设区市和义乌市的相关工作，建立医疗器械审批及产品信息平台，实施第一类医疗器械产品和生产信息网上备案。对省内创新或首仿的第二类医疗器械产品，创设条件提前安排技术审评、注册工作，实施产品技术要求预评价和注册预审制度，并优先安排审评和审批。（省食品药品监管局牵头）

（二）加强省医疗器械审评中心能力建设，实行“主审人员负责制”，提高审评效率，积极承接国家部分第三类医疗器械注册审评工作。加强省医疗器械检验院能力建设，创新运行机制，业绩激励挂钩，扩展检验项目，缩短检验时限，创建国内领先、接轨国际的医疗器械检验实验室。（省食品药品监管局牵头）

（三）开展为期三年的医疗器械生产、经营、临床试验机构质量管理培训，全面提升相关单位负责人和质量管理人员的素质能力。建立医疗器械生产企业注册专员登记、培训制度，提高注册申报质量和效率。加快规范检查员队伍建设，支持重点市加强认证检查工作，推进医疗器械生产质量管理规范化建设。（省食品药品监管局牵头）

（四）鼓励医疗机构申报医疗器械临床试验机构认定，推动我省医疗器械临床试验机构数量、临床试验规范水平有较大幅度提升。建立医疗机构开展医疗器械临床研究的激励机制，在医院等级评定、考核以及医务人员职称评定、晋职晋级等方面给予政策支持。（省食品药品监管局、省卫生计生委牵头）

（五）省食品药品监管局在余杭生物医药高新区等医疗器械省级高新区设立行政服务窗口，统一受理园区内企业的省、市、县三级医药行政审批事项，做到“省以下审批事项办理不出园区”；支持省医疗器械审评中心整体入驻园区，并根据需要与有关重点市联建审评服务平台；支持省医疗器械检验院在园区设立服务窗口，在基础条件较好的宁波等市设立实验室，在桐庐等产业化基地设立业务受理点，定期发布医疗器械科技和发展前沿信息。（省食品药品监管局牵头）

（六）支持医疗器械省级高新区医疗器械审评服务能力建设，从省战略性新兴产业专项资金中安排一定资金，按审评服务实绩给予支持。（省科技厅牵头）

五、加强企业技术创新方面的精准服务和政策支持

（一）开展医疗器械产业技术创新综合试点，围绕产业链部署创新链，主攻产业链短板，筛选符合条件的企业建立省级重点企业研究院，开展产学研用协同创新。对入选企业按企业研发费用占营业收入3%—5%、5%以上两个档次，分别给予省级重点企业研究院所在地政府500万元、1000万元的建设经费补助；企业所在市或县（市、区）同比例配套。（省科技厅牵头）

（二）将医疗器械科技攻关列入省重大科技攻关专项支持范围，对医疗器械企业省级重点企业研究院牵头组织省内医疗机构、高等院校、科研院所和其他企业开展的技术攻关项目予以优先立项，并由省财政科技经费连续3年每年按企业研发费用占营业收入3%—5%、5%以上两个档次，分别给予省级重点企业研究院所在地政府100万

元、150万元的经费补助，企业所在市或县(市、区)同比例配套。(省科技厅牵头)

(三)按照个人自愿、单位同意、双向选择的原则，在省内高等院校、科研院所组织一批35岁左右、有培养前途的科技人才到医疗器械企业省级重点企业研究院工作，工作时间原则上不少于3年，最多不超过6年。青年科技人才在省级重点企业研究院工作期间，在原单位的待遇保持不变。(省教育厅、省科技厅牵头)

(四)支持医疗器械企业省级重点企业研究院引进海外工程师，符合条件的，给予每人10万元年薪补助。(省人力社保厅牵头)

(五)鼓励使用创新性医疗器械产品和医疗技术，对已列人国家医疗服务价格项目规范、临床检验项目及省以上食品药品监管和卫生计生行政主管部门临床使用许可的新产品、新技术，符合新增医疗服务项目规定的，由医疗机构制订试行价格并收取费用。(省物价局牵头)

(六)开展创新型医院建设试点，把创新投入、参与医疗器械产学研用协同创新、临床研究、科研人才引进、医疗器械新产品应用等作为筛选试点医院的重要条件。对列入创新型医院建设试点的医院，在申报省重大科技攻关项目、省科技进步奖、医院等级评定时可给予支持。(省科技厅、省卫生计生委牵头)

六、加强医疗器械高新区和产业化基地建设方面的精准服务和政策支持

(一)支持余杭生物医药高新区建设成为省级医疗器械产业集聚地，支持绍兴现代医药高新区把做大做强医疗器械产业作为主攻方向。(省科技厅牵头)

(二)根据条件，支持宁波、温州等地的医用磁共振成像系统，桐庐等地的医用硬管内窥镜等医疗器械行业创建高新技术产业化基地，建立与之配套的材料、电子、软件等产业基地，打造完整的产业生态。(省科技厅牵头)

(三)对在医疗器械省级高新区和高新技术产业化基地落户的重点项目，优先列入省重大产业项目库，在土地、电力等要素资源和环保指标配置上给予重点倾斜。(省发改委牵头)

七、加强医疗器械领域科技型创业方面的精准服务和政策支持

(一)鼓励医疗机构、高等院校、科研院所等事业单位人员创办医疗器械科技型企业，经本单位同意，当地人事行政主管部门备案，其人事关系3年内可保留在原单位。(省人力社保厅牵头)

(二)对在医疗器械省级高新区、高新技术产业化基地创办的科技型中小企业，优先列入科技孵化器孵化对象，并由园区创业扶持基金给予创业支持。(省科技厅及各高新区和产业化基地管委会牵头)

(三)省创投引导基金、省创新强省产业基金通过市场化运作，综合运用母基金、战略合作、直接投资等模式，引进优秀团队，引入先进技术，积极支持我省科技型医疗器械企业发展。(省财政厅牵头)

(四)指导企业根据自身实际选择到浙江股权交易中心或全国中小企业股份转让系统挂牌融资。对条件成熟的，培育到A股主板、中小板、创业板或境外证券交易所上市。(省金融办牵头)

(五)鼓励市、县(市、区)在医疗器械产业领域先行开展科技型中小微企业贷款保险试点，财政科技经费可给予一定比例的保费支持。省财政将根据市、县(市、区)财政的支持力度和绩效情况给予一定的奖补。(省科技厅、省财政厅牵头)

八、加强医疗器械产业“两化”深度融合方面的精准服务和政策支持

(一)省工业与信息化专项资金、战略性新兴产业专项资金每年安排5%—10%的额度，重点用于支持医疗器械产业“机器换人”、产品智能化和相关芯片、传感器、应用软件开发，以及医疗物联网、移动医疗、健康云服务等新型业态发展。(省经信委牵头)

(二)支持医疗器械省级高新区和高新技术产业化基地创建“两化”深度融合示范区。(省经信委牵头)

九、加强对“精准对接、精准服务”工作的领导

(一)在省“八倍增、两提高”科技服务专项行动协调小组领导下，建立由省科技厅牵头的浙江省医疗器械产业发展协调机制，省发改委、省经信委、省教育厅、省民政厅、省财政厅、省人力社保厅、省商务厅、省卫生计生委、省食品药品监管局、省物价局、省金融办等相关部门参加。(省科技厅牵头)

(二)结合贯彻落实“五帮一化”企业需求常年征集受理制度，由省科技厅、省发改委、省经信委通过其网站“企业发展难题征集”专栏，常年受理应由省级层面解决的企业难题，并定期分办落实。(省科技厅牵头)

(三)依托省医疗器械产业发展协调机制，按照一定的评价标准和规范程序，并在听取省医疗器械行业协会和有关学会意见的基础上，每年遴选出我省重点医疗器械项目、产品，研究出台“一对一”的精准对接、精准服务措施。(省科技厅牵头)

(四)建立由一个省级医疗器械产业相关部门对口服务一个医疗器械省级高新区或高新技术产业化基地的制度。组织医疗器械产业相关的高等院校和科研院所，开展针对重点企业和园区的技术、人才对接和服务。(省科技厅牵头)

(五)省级有关部门“精准对接、精准服务”工作纳入省政府目标责任制考核。(省政府办公厅牵头)

各地、各有关部门要根据本意见精神，抓紧制订配套政策措施，并抓好贯彻落实。

2014年12月5日

中共杭州市委　杭州市人民政府
关于加快发展信息经济的若干意见

（2014年7月15日中国共产党杭州市第十一届委员会第七次全体会议通过）

为深入贯彻党的十八大、十八届三中全会和省委十三届四次、五次全会精神，认真落实《中共浙江省委关于建设美丽浙江创造美好生活的决定》（浙委发〔2014〕14号）和《浙江省人民政府关于加快发展信息经济的指导意见》（浙政发〔2014〕21号）等决策部署，全面深化重点领域关键环节改革、全力推进美丽中国先行区建设，促进杭州在高起点上的新发展，特就我市加快发展信息经济提出如下意见。

一、重要意义和目标要求

1. 重要意义。当前，以云计算、大数据、物联网、移动互联网等为代表的新一代信息技术的迅速发展和广泛应用，带来了生产方式和生活方式的深刻变革。发展以新一代信息技术为重要支撑、以智慧产业化和产业智慧化为重要内容、以扩大智慧应用和信息消费为重要导向、以信息化与工业化深度融合为主要表现形式的信息经济和智慧经济，成为各地抢占未来发展制高点的战略选择。在新一轮科技革命及产业变革快速推进的背景下，集智慧产业和智慧应用为一体的新经济形态，已成为信息经济、智慧经济发展的主导方向和核心内容。充分发挥杭州的基础条件和先发优势，抢抓机遇、顺势而为，加快发展信息经济、智慧经济，是加快我市经济转型升级、促进社会全面进步的重要途径，也是实现杭州在高起点上的新发展、走在全省全国前列的必然要求。

2. 总体要求。围绕"一基地四中心"战略定位和建设美丽中国先行区目标要求，以全面深化改革为动力，深入实施创新驱动发展战略，以智慧产业化和产业智慧化为重点，坚持基础建设、产业发展、应用服务"三位一体"，加快发展信息经济、智慧经济，着力提升经济增长质效、生态环境质量、群众生活品质和社会治理水平，全面推动生产美、生态美、生活美的"美丽杭州"建设，努力建成美丽中国先行区。

3. 发展目标。到2020年，力争建成国际电子商务中心，基本建成全国云计算和大数据产业中心、物联网产业中心、互联网金融创新中心、智慧物流中心、数字内容产业中心，信息基础设施配套完善，智慧应用和信息服务广泛深入，信息化发展指数、信息化与工业化融合指数位居全国前列，率先成为特色鲜明、全国领先的信息经济强市和智慧经济创新城市。

——核心产业集群发展。突破一批自主研发、安全可靠、支撑发展的核心技术和关键共性技术，培育一批创新能力强、带动作用大、主业突出的国际知名百亿级智慧产业和信息经济龙头企业，打造以万亿级智慧产业规模为核心的信息经济产业群。跨境贸易电子商务试点加快推进，中国（杭州）网上自由贸易试验区建设取得重大突破。

——产业布局结构优化。坚持产业发展、土地利用、城市发展、生态保护"四规合一"，坚持工业化、信息化、城镇化、农业现代化"四化同步"，优化完善空间布局，规划建设信息经济和智慧产业发展核心区、重点特色园区和拓展区，形成布局合理、特色鲜明、功能互动、产业协调、生态良好的信息经济和智慧产业发展结构。

——应用服务广泛深入。加快信息基础设施建设，深入实施社会民生、政务服务、城市公共治理领域的智慧应用，建成一批有较好应用效果的智慧应用系统，培育一批集规划、设计、技术、设备、服务、管理、营运为一体的系统集成供应平台，形成基础设施先进、数据有序开放、创新能力强、覆盖领域广的信息服务和智慧应用体系。

二、加快信息基础设施建设

4. 加快宽带杭州建设。以国家下一代互联网示范城市为抓手，大力推进骨干网、城域网和接入网升级改造，完成基础通信网络向下一代高性能互联网转型，提升网络容量和智能调度能力。推进通信基础设施共建共享，实施百兆光纤工程和宽带乡村工程，加快发展下一代移动通信。提升"三网融合"工程，统筹新一代移动通信网、下一代互联网建设，构建全程全网、互联互通、可管可控的下一代广播电视网络。实现宽带无线网络深度全覆盖，公共服务场所等重点区域无线局域网广泛覆盖。

5. 加快云计算服务平台建设。增加杭州互联网数据中心与国家骨干网的互联带宽，扩大内容分发容量和覆盖范围，提高数据计算、存储、智能处理和安全管控能力，推动传统数据中心优化升级成弹性可扩展、高效节能、分布式的云数据中心。围绕国家云计算服务创新发展试点示范城市建设，依托阿里云计算等技术，推动"下一代互联网＋云计算平台"智慧云基础设施建设，建成国际一流、国内领先的云平台。

6. 加快政府信息服务平台建设。以构建政务大数据平台为重点，整合全市人口、法人单位、城市空间地理信息、社会经济统计指标四大基础数据库和政务信息交换平台的资源，通过云计算技术拓宽政务外网，完善智慧政府业务系统，建立全市跨部门综合数据库，提升政府公共服务平台信息化智慧化水平。

三、抢占信息经济和智慧产业发展制高点

7. 建设国际电子商务中心。鼓励电子商务服务创新、商业模式创新以及多层次的协同创新。加快“电商换市”步伐，大力发展移动电子商务，推动线上线下融合发展。加快电子商务可信交易环境建设，打造中国(杭州)国际电子商务博览会品牌。围绕争创中国(杭州)网上自由贸易试验区，充分发挥杭州电子商务服务业优势，加快跨境贸易电子商务试点工作，实现线上跨境贸易电子商务和线下供应链服务的有机结合，形成跨境贸易高效便利的营商体系，推动网上贸易全球化、便利化、规范化发展。

8. 建设全国云计算和大数据产业中心。积极发展云工程与云服务企业，实施一批公共事务、社会管理、行业应用等领域购买云服务的示范项目，培育若干个在全国有示范意义的大数据、云工程和云服务的商业模式，成为全国的云计算规划设计、云平台提供、运维与服务的输出地，形成全国领先、在大数据技术研发和应用方面具有突出能力、产业推进效果显著的运营服务和协同创新体系。

9. 建设全国物联网产业中心。加强感知、网络传输及智能分析处理、系统集成关键软硬件研发，努力突破一批关键核心技术，构建物联网技术支撑体系，抢占物联网产业发展的制高点。坚持以市场需求为导向，探索新的技术路径和商业模式，积极推行重点行业和领域的试点示范应用，形成一批可复制的示范应用案例，促进物联网技术与城市发展有机融合。加快物联网产业园区和基地建设，搭建公共技术研发和服务平台，建设集研发设计、生产制造、系统集成、示范应用、标准推广于一体的物联网全产业链体系，力争在数字安防领域形成全球产业中心。

10. 建设全国互联网金融创新中心。加快信息技术在金融领域的应用，鼓励企业研发金融行业专用设备、软件和系统解决方案。支持非金融企业与金融机构合作，推进商业模式创新和在线供应链金融业务。支持发展第三方支付、网络支付、小额信贷、网络众筹、网络理财、网络保险等互联网金融服务，探索跨境电商支付和结算业务。建立完善社会信用体系，利用大数据等技术加强互联网金融监管与服务，促进互联网金融规范发展，建设国内领先的互联网金融产业集聚区。

11. 建设全国智慧物流中心。深化中国快递示范城市建设，大力发展快递、仓储和物流规划咨询、信息系统、供应链管理等智慧物流产业，重视培育行业领军企业。加快智慧物流和服务平台建设，支持发展国家交通运输物流公共信息平台、跨境电子商务配送平台等重大现代物流项目。完善中心商务区、居民区、高教园区、产业园区网购商品投送公共设施和农村网络代购网点。

12. 建设全国数字内容产业中心。大力发展数字内容产业，助推全国文化创意中心建设。加强对互联网内容深度开发和利用，做强做优网络游戏、网络媒体、网络音乐、网络视频、网络广告等，开发网络内容衍生产品。打造全国一流的数字媒体基地、数字阅读基地和数字出版产业基地，创新视听服务商业模式，建设全国最大新媒体版权内容库和功能强大的新媒体运营服务云平台，形成数千万级终端服务，实现数字内容、技术、产品、服务和运营全产业链一体化发展。

四、提升产业智慧化水平

13. 促进“两化”深度融合。抢抓我省建设全国首个“两化”深度融合国家示范区的重大机遇，推动全市信息化和工业化深度融合走在全省前列。深入实施“四换三名”工程，以协同制造的龙头企业、总部型企业为重点，开展信息化和工业化深度融合管理体系国家标准试点，形成示范带动效应。实施规上工业企业“登高计划”，推进企业信息化从基础应用、单项应用向集成应用、创新应用、产业链协同应用转变，确保骨干企业基本实现装备智能化、设计数字化、生产自动化、管理现代化、营销服务网络化。在传统产业尤其在易污染、高耗能和安全风险高的行业，大力推广新一代信息技术和大数据辅助决策，确保全过程、各环节的精准生产与管控，实现绿色智慧制造。

14. 促进制造业智能化改造。大力发展3D打印、机器人等新兴产业，深入推进“机器换人”，支持有条件的企业实施信息化改造，建设“机联网”“厂联网”，提高企业自动化、智能化、网络化制造水平。大力推进装备电子与设计、制造的结合，促进高端芯片、嵌入式软件与制造工艺的结合，开发智能化新产品和智能成套设备，推动装备制造业智能化升级，实现产业高端化发展。

15. 促进服务业智慧化。加快信息技术与服务业的创新与融合，积极推进商务、旅游、金融、物流、数字内容等现代服务业领域的智慧应用和信息化提升，加快现代服务业发展模式创新。完善公共平台服务体系，鼓励提供外包式服务和政府购买服务等多种创新模式。促进电子商务应用技能与网络消费理念的普及，加快商业模式创新，引领和带动传统产业跨越发展。

16. 促进农业智慧化。推进信息技术在农业生产、农产品市场流通和安全监管中的广泛应用，提高农业精细化、信息化管理水平。加大农业种养过程的自动化、集成化、网络化推进力度，提高生产过程自动化水平。大力发展农产品电子商务，拓展农产品市场营销渠道，扶持一批农业龙头企业。推动农产品市场的信息化改造，鼓励农产品批发交易市场实行订单农业、期货交易，定向分散配送、集中统一结算。

五、大力推进智慧应用服务

17. 推进城乡公共治理智慧化。依托统一建设的地理空间信息平台及建(构)筑物数据库和位置服务平台，大力开展交通、电网、水务、管网、建筑、城管、环保、应急、安防、食品安全、防灾减灾等智慧应用。按照“一揽子”解决问题的要求，开发“云、管、端”一体化的专项业务操作系统，不断提升应用质量和水平，扩大城乡应用的覆盖面，实现城乡基础设施智能化和公共服务智慧化。重点围绕服务型基层党组织建设，积极探索和大力开展智慧党建工作。

18. 推进社会民生智慧应用。围绕智慧民生建设，以建设信息消费、信息惠民国家试点城市为契机，加大互联网、大数据、云计算、物联网等现代信息技术在民生服务和保障领域的应用力度，推动应用模式、技术模式和商业模式的创新突破。重点开展智慧政务、智慧教育、智慧医疗、智慧养老、智慧文化、智慧就业、智慧旅游等应用，努力建成覆盖城乡、全民共享的智慧民生服务体系。

19. 推进各类智慧应用试点。抓好已有的各类信息化试点，推进"美丽杭州建设智慧示范区"创建，开展一批智慧城镇(社区、园区、家庭)试点，形成可复制、可推广的模式，带动智慧产业发展。围绕国家数字家庭创新基地建设，实施"物联网进家庭"计划，推动各个专项应用，满足市民对高品质智慧生活的需求。

六、优化完善产业空间布局

20. 全面提升核心区建设水平。以杭州高新开发区(滨江)为核心，以大江东产业集聚区、城西科创产业集聚区为两翼，以浙江大学科技园、浙江省大学科技园、中国美院科技园为重要支撑，建设智慧产业核心区，提升省级杭州自主创新示范区建设水平。加快推进杭州物联网产业园(滨江)、国家电子信息(物联网)产业示范基地、国家软件产业基地、国家集成电路设计和产业化基地、互联网产业基地等建设，支持杭州高新开发区(滨江)创建国家新一代网络信息技术与产业自主创新示范区，努力成为信息经济、智慧经济发展重要增长极。

21. 加快培育重点特色园区。以主城区为重点区域、以国家级开发区为重要载体，着力建设一批重点园区和特色园区。以软件和信息服务业为重点，加快主城区各类智慧产业园区建设。以培育电子商务服务业为重点，打造跨境电子商务产业园。以软件和服务外包产业为重点，加快新加坡杭州科技园建设。以智能传感器技术为突破口，建设钱江传感谷。以工业设计、信息技术和文化创意产业为重点，打造富春硅谷。以海外高层次人才创新园为依托，加快建设未来科技城。以产学研相结合的省科创基地建设为重点，加快青山湖科技城建设。以之江新城、西溪谷、杭州云谷为重点，加快智慧产业新兴区建设。

22. 大力推进拓展区建设。依托省级经济开发区、工业功能区、高新产业园、各类特色产业园，结合"六大西进"，合理规划布局智慧产业和信息经济"园中园"，主动承接产业和技术辐射，推动由"点"到"面"发展，全面提升信息化智慧化水平。支持市区重点龙头企业在五县(市)建立研发、生产基地，带动产业向五县(市)拓展，打造信息经济、智慧经济的新增长点。

七、深入实施项目带动

23. 实施一批重点战略合作。围绕产业链项目和重大核心关键技术攻关项目，加强与科研机构、高等院校、知名企业的战略合作，建设一批重大科技创新平台。加强与中国工程院的战略合作。深化与中科院上海微系统所战略合作，建设中科院杭州射频识别技术研发中心。深化与浙江大学、中国美院的战略合作。推进与北京大学战略合作，共同建设大数据协同创新中心。全面推进与阿里巴巴集团在"五区一体系"等领域的战略合作。加大与各大通信运营商战略合作力度，推进产业园区建设及信息技术深度应用。深化与中国电科集团战略合作，加快建设中国电科(杭州)物联网研究院。深化与思科、华三通信、比亚迪等名企强企战略合作。

24. 发展一批智慧产业项目。高起点深化中国软件名城建设，推出一批重点支持的智慧产业项目，合力推进协同创新，加快形成产业集聚，在培育完善智慧产业链中发挥龙头带动作用。制定政府购买智慧服务指导性目录，建立和完善政府向社会力量购买智慧应用服务机制。鼓励支持本地企业积极参与或承担政府主导建设和运营的信息设施、重点应用系统等建设项目。

25. 培育一批行业优势企业。坚持发展存量和扩大增量并重，力争在大数据、云计算、物联网、移动互联网等领域培育一批具有国际竞争力的领军企业。坚持以企业为主体、以市场为导向，鼓励企业通过承担债务、出资购买、参股控股等形式进行跨界企业兼并重组，壮大企业规模。加大招商引智力度，坚持多措并举，着力招引世界五百强和行业知名企业来杭投资发展，深化浙商(杭商)回归工程，重点支持浙商(杭商)设立研发总部、营销总部、产业化基地。在电子制造业、软件信息业和集成电路产业等方面，培育一批专、精、特、新的创新型企业，推动成长型中小企业集群集聚发展。

八、创新发展体制机制

26. 扩大政务和公共信息资源共享与开放。推进政府部门信息系统在政务云上部署，促进政府信息及信息系统的整合、共享、开放和有效管理。理顺政府数据共享与开放管理体制，统一归口管理数据业务，发挥数据资源平台的整合作用，科学合理衔接政府数据与市场数据运作。拓展政府管理与服务社会所需的信息来源，创新运作方式，提高党政机关科学决策和服务民生水平。

27. 加快信用杭州建设。依托大数据应用，推进利用市民卡开展个人信用征信业务及服务，加快政府联合征信平台与阿里巴巴集团网络信用体系对接，扩大信用体系征信范围和应用领域，不断完善社会信用体系。积极探索信息开放市场应用的方式，在确保信息公共安全和个人隐私的情况下，开发信息资源的市场应用，推进信息消费和发展信息产业。

28. 支持推动发展模式创新。充分发挥市场配置资源的决定性作用，坚持市场导向、企业主体、政府引导，完善产学研一体化的区域创新体系。着力推进研发、设计、制造等产业链各环节协同创新，推动以上下游、跨界为重点的产业联盟建设，培育系统集成供应商和解决方案提供商。推进互联网经济与实体经济的渗透融合，积极培育数据挖掘、网络安全等新领域，推动新一代信息技术在传统产业中的应用，支持企业进行技术创新、产品创新、组织创新、商业模式创新和市场创新。

29. 健全信息安全管理体系。把安全保障贯穿于信息经济发展全过程。完善信息经济建设安全标准规范、运营体系，健全安全审查与评估制度。大力推进网络安全、入侵检测、身份验证、可信计算、数据安全等网络和信息安全产品的自主研发和产业化。加强党政机关信息系统、基础信息网络以及涉及国计民生重要应用系统的安全防护。完善电子认证服务体系，发展权威评估机构，依法开展信息安全风险评估、网站监控、信用评价等工作，实行各类评价的倒查追责制度，强化互联网信息安全管控。

30. 加快法规和标准化建设。加快出台政务数据共享开放、规范使用的实施办法，探索制定网络信息安全等方面的地方性法规。切实加大知识产权保护力度，促进创新成果知识产权化、知识产权成果产业化。深入实施标准化战略，开展智慧应用和信息服务领域数据信息基础标准梳理共融工作，鼓励和引导企业主动研究制定基础共性标准、关键技术标准、重点应用标准，力争在若干重点领域领衔制定一批国际标准、国家标准。

九、强化保障措施

31. 强化组织领导。建立杭州市信息经济和智慧经济发展工作领导小组，与杭州市信息化建设领导小组合一，由市委、市政府主要领导担任组长，相关市领导任副组长，分管副市长兼办公室主任，统筹协调全市信息经济、智慧经济重点工作推进和重大项目建设，确保我市信息经济和智慧经济发展健康、有序、协调推进。各区、县(市)要成立相应推进组织，建立领导机制和工作机制。

32. 强化统筹规划。编制和实施《杭州市发展智慧经济总体规划》，将发展信息经济和智慧经济作为"十三五"规划的重要内容。各部门要结合各自职责，制定具体的实施方案或行动计划。各区、县(市)都要根据各自实际制定相应规划或实施意见。

33. 强化政策引导。加大财政政策支持力度，调整全市产业发展专项资金和信息化专项资金的使用方向，重点支持和鼓励智慧经济的基础设施、社会治理、民生服务和产业发展项目。建立完善促进信息经济和智慧经济发展的金融服务体系，探索设立智慧产业创业投资基金，引导信贷资金、各类投资基金重点投向智慧经济重点项目、优势企业、产业基地以及公共平台建设。积极争取国家、省试点和政策支持。

34. 强化人才支撑。加强党政干部的信息经济、智慧经济和智慧城市知识培训，纳入党校培训计划。对现有企业管理者实施大规模的"两化"融合应用培训。完善人才政策，加强智慧经济高层次人才和团队引进，帮助解决人才住房、子女就学等方面的实际问题，重点引进国际行业优秀领军人才。鼓励高等院校开设云计算、大数据、物联网等方面的专业课程，支持建立实训基地，培养创新型、应用型专业技术技能人才。

35. 强化考核评价。科学界定信息经济和智慧经济的产业门类及范围，完善统计指标体系，强化统计、监测、分析和预警工作。强化目标导向、结果评价，建立信息经济和智慧经济发展目标责任制，完善综合考核评价体系，形成强有力的推进落实机制。

中共杭州市萧山区委　杭州市萧山区人民政府
关于发展信息(智慧)经济的实施意见

为深入贯彻市委十一届七次全会和区委十四届七次全会精神，全面落实《中共杭州市委、杭州市人民政府关于加快发展信息经济的若干意见》(市委〔2014〕6号)决策部署，加快发展信息(智慧)经济，推动我区经济转型升级和持续平稳健康发展，制定本实施意见。

一、总体思路

(一)指导思想

围绕发展创新型经济、建设智慧城市的战略目标，从萧山的发展定位、资源禀赋、产业基础出发，突出"智慧产业化，产业智慧化"发展方向，坚持市场主导、统筹协调、重点突破、互相促动的原则，推动产业和技术融合创新发展、信息化与工业化深度融合，大力发展信息(智慧)经济，推动经济转型升级和持续平稳健康发展，加快从制造大区向信息经济、智慧经济大区跨越，实现更高起点上的新一轮发展。

(二)发展目标

通过3～5年的努力，信息(智慧)产业要成为全区的支柱产业和经济转型升级、平稳增长的主要动力，初步建设成为在全省具有重要影响力的信息(智慧)经济大区。区域信息基础设施全省领先，智慧城市建设全省领先，信息化发展指数全省领先，"两化融合"综合示范区建设全省领先。基本实现重点领域网络化、智能化产品全覆盖，规上工业企业"机器换人"全覆盖，规上工业企业电子商务应用全覆盖，高能耗、高污染企业物联网、机联网制造模式全覆盖。

——产业发展。到2016年，信息(智慧)经济产值力争突破200亿元以上，其中信息软件产业(含电子商务信息服务)增加值占服务业增加值的比重力争达到8%以上。

——企业培育。到2016年，力争培育省级以上"两化"融合示范试点企业达到10家以上、市级"两化"融合示范试点企业100家以上、区级"两化"融合示范试点企业150家以上；智慧产业主营业务收入超1亿元的企业达到15家以上。

——信息化应用。到2016年，企业利用信息技术开展研发、生产、管理、营销活动的比例超过60%，区域"两化"融合发展水平指数达到85以上；智慧城市建设达到省内领先水平，社会管理和服务信息化应用普及率达到100%。

(三)实现路径

大力实施"3533"智慧工程，着力培育50家以上重点智慧企业，实施50个以上重点智慧产业项目和50个以上重点智慧应用项目，重点建设安全云存储、3D打印、智慧健康三大智慧产业中心，高端智能装备、汽车电子、智慧物流三大智慧产业基地，化纤、羽绒、医药三大电子商务平台，推动智慧产业集群集聚发展，引领经济提质增效升级。

——建设一流的安全云存储产业中心。依托电信丰富骨干网络优势及庞大接入光纤网络和杭州湾信息港、钱江世纪城信息安全产业园等的建设，以信核数据、华澜微、云巢科技等为龙头，吸引培育一批云存储、云安全企业，打造一条集安全存储控制芯片、虚拟存储管理、云操作系统等于一体的安全云存储产业链，逐步建立起全国领先、具有突出研发能力、应用效果显著的协同创新体系。

——建设一流的3D打印产业中心。大力推广3D打印技术在制造领域和其他领域的应用，加快以先临三维科技为先导的浙江3D产业园和3D打印技术研究院的建设，积极打造集上游的设计、材料和下游的制造、营销等环节垂直供需和产业服务与配套的横向协作的3D打印产业链，力争建设成为全国性3D打印技术输出地和设备服务输出地。

——建设一流的智慧健康产业中心。以“中国智慧健康谷”为资源汇集点和服务平台，激活智慧健康医疗产业链，带动发展一批可穿戴设备、智能医疗器械研发制造企业和相关云服务企业，进一步集聚整合医药、医疗设备、医疗机构、社区养老、慢病治疗等相关资源，建立完善高效的智慧健康医疗生态体系。

——构筑高端智能装备产业基地。深化与中科院、浙江大学、东华大学等科研院所合作，加快相关企业技术研发中心、行业技术研究院建设，重点打造以数字化、柔性化、智能化及系统集成技术为核心，以工业机器人、数控机床、自动输送及仓储装备、环保节能设备、智能纺织印染设备为代表的智能制造装备产业群，提升区域企业在全国的行业地位和核心竞争力。

——构筑汽车电子产业基地。以万向电动汽车为龙头带动，亚太、万达为骨干支撑，海联车载终端、乐荣线束、悍马电动天窗为重要依托，积极引进电子元器件、零配件等配套产品生产企业，鼓励产业链上下游企业建立产业联盟，着力突破汽车电子关键技术，加快汽车专用电子设备开发生产，形成配套完善的汽车电子信息产业生产协作体系，推进信息产业集群化发展，打造成为全国重要的汽车电子产业基地。

——构筑智慧物流产业基地。发挥杭州空港经济区、传化物流基地的优势，加快集聚一批快递、仓储、物流规划咨询、信息系统、供应链管理等智慧物流企业，着力推进顺丰速运、圆通速递等智慧物流项目建设，倾力打造空港国际物流服务平台、传化公路港综合物流服务平台，不断实现物流产业的线上线下融合，抢占智慧物流产业的制高点。

——打造化纤电子商务平台。以“中国化纤交易网”“中国化纤信息网”“中国纱线网”等化纤行业内知名网站为支撑，全面提升面向化纤产业电子商务技术的支撑能力和服务水平，推动化纤传统电子商务平台向大数据、云服务平台转型，努力搭建全国占据主导地位的化纤行业电子商务服务平台。

——打造羽绒电子商务平台。充分发挥“羽绒之都”产业集聚优势，以服务全球羽绒企业为目标，围绕提供羽绒原材料及制品采购销售的电商化、金融化服务两大核心，积极提供面向羽绒产业的专业智慧物流、质量管理、产品金融、信息资讯等多种增值服务，努力打造羽绒行业内最专业、最权威的第三方羽绒交易交收服务平台。

——打造医药电子商务平台。以“珍诚医药在线”等骨干企业为龙头，以九州通医药物流平台为载体，运用先进信息技术和新型商业模式，重点培育若干集在线交易、专业物流、电子供应链金融、网络会展等医药产业供应链增值服务为核心的医药行业商务平台，努力打造国内一流的医药分销渠道服务平台。

二、重点任务

（一）加强信息基础设施建设，构建现代化信息支撑体系

1. 率先打造高品质的WIFI全免费城区。贯彻落实国家宽带普及提速工程的部署和安排，优化第三代移动通信网络，加快建设第四代移动通信网络。引入新型商业模式，推广完善WIFI免费站点建设，在完成全区450个二期网络建设的基础上，重点在人流密集区域和旅游景区实施网络站点建设，逐步构建多层次、广覆盖、多热点的无线宽带泛在网络。鼓励信息消费，全面推进“宽带下乡”“信息惠农”，到2016年实现无线网络区域全覆盖，城区公共服务场所和主要商业圈免费WIFI全覆盖，城域网出口带宽达到450Gbps以上，企业用户接入能力达到1000Mbps，城市用户接入能力达到100Mbps，农村用户接入能力达到20Mbps，全面提升萧山信息化品质。

2. 着力推进“三网融合”。贯彻落实信息基础设施共建共享相关政策法规，加强通信网、互联网、广播电视网络间的统筹建设，促进共建共享和高效利用。大力普及三网融合高清电视业务，鼓励运营企业间开展多种业务的深度合作，推动数字电视、互联网、通信网相互融合创新的全媒体、数字化服务。到2016年下一代广播电视网(NGB)实现100%全覆盖。

3. 加快云计算服务平台建设。围绕打造一流安全云存储中心，积极推动“下一代互联网＋云计算平台”智慧云基础设施建设。鼓励现有传统数据中心优化升级成弹性可扩展、高效节能、分布式的云数据中心，加大对数据的采集、传输、储存、处理和利用，促进数据的共享和开发。率先在政务、能源、交通、教育、医疗卫生等公共管理领域开展云计算和大数据的应用。以应用促发展，推动云计算和大数据产业健康发展。

（二）推进智慧产业化，加快发展信息产业

1. 大力发展软件和信息服务业。加快开发具有自主创新特征的行业应用软件，重点发展支撑“两化”融合的嵌入式软件、工程软件、工业设计软件、自动化应用软件、智慧城市专项业务等系统软件。大力发展信息系统集成、信息技术咨询、集成电路设计、网络中介服务等信息技术服务业，积极发展网络支付、位置服务、社交网络服务等基于网络的信息服务。加快培育下一代互联网、移动互联网、物

联网、云计算等环境下的新兴服务业态，尤其是移动电子商务、大数据、云服务产业。加快 TD－LTE 产业园建设，进一步拉动数字内容、呼叫服务等互联网增值业务发展。

2. 积极发展智能装备产业。依托优势集群产业，全力攻坚新型传感器及系统、智能控制系统、智能仪器仪表、高档数控机床、工业与专用机器人、伺服控制机构等核心技术，实施智能制造装备创新发展工程，强化产业创新能力建设，着力打造以 3D 打印、工业机器人、数控机床、节能环保成套设备、汽车电子、电脑织机为代表的智能制造装备产业群，推动产品向价值链高端跨越。

3. 培育发展电子商务产业。推进电子商务在商贸流通领域的应用，支持规模以上专业市场应用电子商务发展线上市场，促进零售企业商业模式升级。推动区内企业进行电子商务采购和营销，鼓励行业骨干企业率先开展在线供应链金融服务，重点在医药、化纤、羽绒、农产品等领域培育一批集交易、支付、物流等服务于一体的行业电子商务平台。鼓励农村(社区)便利店、物流配送点等开展电子商务服务，提供购物消费、小额支付、快递收发等便民服务。积极发展跨境电子商务，支持有条件的企业建设跨境电子商务园区，完善电商平台、经营主体、仓储物流、快递配送、售后服务等跨境电商业务体系。

4. 加快发展电子信息制造业。提升电机、电缆、磁材料等现有产业研发制造水平，推动产业向高端电子信息制造业迈进，重点支持信息消费智能终端、智能传感器、存储器及系统核心技术，提升嵌入式 IP 核、系统级芯片(SOC)等高端芯片以及面向数字电视、物联网、RFID、4G 通信、云计算、信息安全、汽车电子、工业控制等领域专用集成电路的设计开发和应用水平。

(三)推进产业智慧化，加速助推产业转型升级

1. 大力推进“两化”深度融合。以“‘两化’融合”为突破口，深入实施企业信息化集成应用工程，以行业龙头企业、骨干企业为重点，率先在汽车整车及零部件、装备制造业、纺织化纤等主导产业中，加大“机器换人”“设备联网”“企业联网”推进力度，培育建设数字化车间、智能工厂，推广智能制造生产模式，提高企业装备智能化、设计智能化、生产自动化、管理现代化、商务电子化，营销网络化水平。推进制造资源开放共享，实现制造需求和社会化制造资源的对接，探索基于互联网的按需制造、众包设计等新型制造模式，促进工业大数据集成应用，提升工业全产业链智能决策水平和效率。

2. 大力推进绿色生态制造。加强信息技术在促进节能减排和安全生产等方面的应用，重点推进化纤印染、化工、金属冶炼、建材等易污染、高耗能、高安全风险的行业生产工艺流程的信息化、智能化改造，推广分散控制、低耗能优化作业调度、综合污水处理监测、精细化生产管理等系统普及，支持企业建设安全生产管理、事故监测等信息化系统，将全区万吨千家企业纳入能源资源消耗自动监控系统，创建 20 家绿色安全生产信息化应用标杆企业。

3. 大力推进服务业智慧化。以网络、软件、信息服务等现代信息技术为支撑，着力培育发展数字多媒体、设计创意等新型服务业态。加快推进现代服务业商业模式创新，积极提升商务、旅游、金融、中介等现代服务业领域的信息化服务和智慧应用水平。大力普及和深化电子商务在服务业领域的拓展应用，加深大宗货物和快递物流业信息化应用程度，促进现代服务业朝着信息化、智慧化方向迈进。

4. 大力推进农业智慧化。加强信息技术在农业生产、农产品加工、市场流通和安全监管中的广泛应用，提高农业可视化远程诊断、远程控制、灾变预警等智能管理水平。重点打造全国可溯源农副产品产业服务综合平台，加快可溯源农产品国际采购中心建设，建成全国最具影响力的可追溯安全农产品体系和面向国内外的农产品展示、洽谈、交易采购的全国网络。

(四)推进公共服务智慧化，提升区域治理现代化水平

1. 加快推进智慧城市建设。以智慧城市试点为契机，加强通信网络和感知网络等信息化基础设施建设，积极推进智慧交通、智慧城管、地下管线与空间综合管理项目进程，提升城市建设和管理的规范化、精准化和智能化水平。加快城市公共信息平台建设，及时传递、整合、交流、使用城市经济、文化、公共资源、管理服务、市民生活、生态环境等各类信息，最大限度地整合、利用城市信息资源，全面提升城市居民生活品质。

2. 推进社会民生智慧应用。创新政府行政管理体制机制，积极在城区管理领域中开展智慧办公、智慧服务、智慧监管和智慧决策，努力提高政府服务覆盖面、受惠面和满意度。加快城市公共资源整合，积极推进智慧教育、智慧医疗、智慧养老、城市未来体验馆、智慧社区等惠民项目建设进程。着力推进萧山手机门户和各类民生服务，贴近市民需求，不断推出安全、家居、出行、餐饮、公交、缴费等日常应用，让市民充分享受信息化发展成果。

3. 建设智慧政务服务平台。采用云计算、大数据等先进技术，以集约、共享、协同、便民为原则，再造政务服务流程，着力建设集协同办公、行政审批、便民服务、政务公开、在线互动、绩效评价等功能于一体，上下联动的智慧型公共政务服务平台，实现全区行政审批等服务“一站式”网上办理与权力运行“全流程”效能监督，打造覆盖全域化、建设集约化、资源共享化、业务协同化、平台一体化、体验便捷化、服务高效化的网上“政务服务超市”，努力形成透明、高效、优质的政务服务环境。

4. 建设信息服务公共平台。加快全区信息物理资源的整合，推进包括网络、计算、存储、数据库、操作系统等基础硬件的综合利用，推进全区基础数据库、公共数据库、专题数据库的建设，集聚广泛的信息技术服务资源和技术、人才、成果资源，为企业提供信息技术在各领域应用的典型案例及解决方案。推广智慧经济创新技术，定期总结和展示智慧经济优秀典型案例和应用成果，为推进产业智慧化探索经验和创立示范。

(五)优化提升空间布局，加快产业集群集聚发展

1. 全面提升产业集聚水平。以萧山经济技术开发区为龙头，萧山中心城区为主阵地，环航坞山智慧经济产业集聚区、浦阳江智慧经济产业集聚区为基地，推动全区各

级各类开发区、功能区引进和发展以互联网、大数据、云计算为特征的智慧产业，加快信息技术与服务业的创新与融合，大力推进商务、金融、物流等现代服务业领域的智慧应用，全面提升区域信息（智慧）经济集群集聚水平。大力推动萧山经济技术开发区发展“1＋4X”智慧经济模式，以杭州湾信息港为基础平台，建设X个智慧谷、智慧园、智慧网、智慧厂，努力建设成为全国一流的信息经济发展洼地。中心城区要充分发挥主城区优势，全力发展总部经济、现代服务、智慧商务、智慧金融、信息软件等现代信息产业。以打造东部产业转型升级智慧引擎为目标，在环航坞山智慧经济产业集聚区重点招引电子信息、高端智能制造产业，推动传统行业信息化、智能化改造。依托浦阳江流域生态环境优势，在浦阳江智慧经济产业集聚区重点发展文化创意产业、新型高技术产业、智能制造等现代产业，打造若干科技风情小镇。

2. 加快培育重点特色园区。围绕推动杭州湾信息港做大做强，加快建设智慧健康谷、智慧移动谷、智慧交通谷、智慧设计谷、智慧化纤谷，着力培育阿里云创新创业园、医疗器械产业园及网盛生意宝大宗商品（化纤）在线交易网、口袋购物、挂号网、数联中国等重大项目和优势企业。围绕把萧山科技城打造成为“杭州陆家嘴”，积极推进“陆家嘴产城融合”项目，重点发展生命科学产业，集聚发展新能源、新材料、智能装备、信息软件等新兴产业，着力建设“产城融合”的创新小镇。围绕建设湘湖智慧产业园，加快推进浙江3D产业园、爱维斯科创园建设，重点招引和培育电子信息、3D打印、软件服务和集成电路设计相关企业。围绕把钱江世纪城建设成为“杭州浦东新区”，大力发展智慧楼宇经济、智慧金融等产业，重点加快集网络安全、入侵检测、身份验证、可信计算、数据安全等网络和信息安全产品研发、生产、销售于一体的杭州信息安全产业园建设。围绕东部高端装备产业园建设，大力发展生产自动化、控制智能化、管理信息化的智能装备产业，努力建设成为全省高端智能装备生产高地。

3. 大力推动多点多样发展。结合各级各类开发区、功能区建设，因地制宜发展信息（智慧）经济。以信息安全、健康医疗为重点，建设国际创业中心；以综合电商物流平台为依托，建设空港智能物流科创园；以发展跨境电商为重点，建设萧山经济技术开发区服务外包产业园；以信息软件、电子商务为重点，建设蜀山创客谷、杭州E8科技创新产业园；以智能环保、智能制造、智慧设计为重点，建设汇林科技创意园、富铭环保科技产业园、杭州萧山（中国）五金机械科技创新园；以高分子新材料、软件及信息服务业为重点，建设新街科创园。

三、保障措施

（一）加强组织领导

建立萧山区信息（智慧）经济发展工作领导小组，与“萧山区信息化建设领导小组”合一，由区委主要领导任组长，区政府主要领导任第一副组长，相关区领导任副组长，区级各相关部门为成员单位；领导小组下设办公室，分管工业副区长兼任办公室主任，办公室设在区经信局，负责统筹协调全区信息（智慧）经济重点工作推进和重大项目建设。建立健全党政一把手抓信息（智慧）经济责任制，坚持一把手抓、抓一把手，合力推进信息（智慧）经济发展。各镇街、平台成立相应推进组织，建立领导机制和工作机制，配备专职工作人员。

（二）健全制度及监管体系

建立信息（智慧）经济项目评价制度，强化对项目的立项审核管理以及建设进度、质量、效果的评估考核。完善有关信息安全的政策措施和管理制度，依法开展信息安全风险评估、网站监控、信用评价等工作，提高新型信息安全事件的预防和处理能力。加快界定信息（智慧）经济产业门类及范围，建立完善统计指标体系，强化监测、预测分析工作。建立信息（智慧）经济发展目标责任考核机制，将信息（智慧）经济发展重点内容纳入全区综合绩效评估考核体系，明确考核主体，确保工作落到实处。

（三）强化要素保障

以改革创新精神，大力推进资源要素市场化配置改革和企业亩产效率综合评价，推动资源要素向信息（智慧）经济合理流动。适度提高信息（智慧）经济项目建筑容积率，鼓励传统企业利用现有土地厂房二次创业发展信息经济、智慧经济。创新投融资激励机制，建立完善以政府投入为引导、企业投入为主体、其他投入为补充的投融资体系，为符合条件的信息（智慧）经济项目提供信用融资、抵押融资、金融租赁、融资担保、风险投资等多层次、多元化的金融服务。

（四）加大政府支持力度

充分发挥政府采购的示范引领作用，对列入《萧山区政府投资项目采购在萧名特优产品推荐目录》的产品，在同等条件下优先采购，在综合评分时适当给予加分。大力推进智慧城市建设，引导和培育信息消费市场，鼓励本地信息企业参与智慧城市建设，每年预留40％资金支持小微企业中标，鼓励中标企业增加本地投资、吸纳本地就业。鼓励政府部门开放数据，允许企业和社会资金对政府非涉密、与民生相关数据进行再次开发应用，最大限度地为民众提供优质公共服务和个性化服务。

（五）加大招引培育力度

将信息产业纳入我区产业招商的重点，充分利用全面融入大杭州的优势，招引一批技术水平高、成长性好的信息化项目及企业，重点培育一批具有自身特色、技术先进的信息企业。对纳入区级信息产业重点项目和重点培育企业的，在政策扶持、用地保障、企业服务等方面予以扶持，对特别重大的信息产业项目和企业，可采用“一事一议”的办法予以扶持。

（六）强化人才支撑

制定信息（智慧）经济人才引进目录和引进标准，落实人才优惠政策，在住房保障、子女就学、户籍迁移、社会保障等给予支持，重点引进高层次复合型人才。鼓励企业推行企业首席信息官（CIO）制度，着力培养管理和技术能力兼备的复合型信息官。积极实施“两化”深度融合专项培训计划，推进政府部门工作人员培训，打造高素质的信息

(智慧)经济技术和管理队伍。

(七)加强宣传推广

充分发挥媒体引导作用,加大信息(智慧)经济宣传报道,举办信息(智慧)经济系列巡回演讲和科普宣传活动,增强全社会对信息(智慧)经济工作的认知度、参与度。开展信息(智慧)经济高峰论坛、经验现场交流会,加强与国内信息(智慧)经济先进区域的合作与交流。每年实施一次专门的信息(智慧)经济成果展,总结和推广典型经验,编制优秀案例、方案向行业内企业进行集中推广应用。

2014 年 10 月 23 日

中共临安市委办公室　临安市人民政府办公室 关于进一步加快电子商务发展的实施意见

为深入推进"电商换市"工程,加快我市电子商务发展,根据《浙江省人民政府关于进一步加快电子商务发展若干意见》(浙政发〔2012〕24 号)和《杭州市人民政府关于进一步加快电子商务发展的若干意见》(杭政〔2013〕69 号)文件精神,结合我市实际,提出如下实施意见:

一、指导思想

坚持政府引导、企业主导、市场配置的原则,把电子商务作为战略性新兴产业来发展,成为振兴实体经济、提升区域竞争力的新增长点,深入推进"电商换市"工程,加快经济转型升级步伐,着力构建以农产品电子商务为重点的农村电子商务发展体系,加快推进绿色照明、电线电缆等块状经济和生态旅游等特色产业与电子商务融合发展,促进电子商务在一、二、三产的全面应用,努力将临安打造成为全国农村电子商务示范区和浙江省电子商务集聚地。

二、工作目标

到 2016 年,全市电子商务网络零售额突破 80 亿元,占全市社会消费品零售总额比例达 50%,其中农产品网络零售额突破 30 亿元;建成 2 个以上体量在 3 万平方米左右的电子商务产业园;打造 3～5 个电子商务年销售额在 1 亿元以上的"电子商务示范村";基本建设完成临安坚果炒货垂直类电子商务平台,涌现 10—20 家传统行业转型电子商务的示范企业;农产品网商数量突破 2000 家,创造农村就业岗位约 1 万个,农村居民的网络购物比率大幅度提升。

三、工作举措

(一)培育发展电商企业

引进与培育相结合,积极对接知名电商企业,开展战略合作,实现借梯登高、借力发展。重点培育一批基础扎实、成长性好的电子商务企业,发挥示范带动作用。加强电子商务企业的招引工作,鼓励在外从事电子商务领域的临商回归。各行业主管部门推动各类企业进行产品研发与创新,通过网上促销、网络零售、在线批发、跨境电商等方式,积极开拓国内外市场,完成"十百千"工程,年销售额 1 亿元以上企业 10 家,年销售额 1000 万以上企业 100 家,年销售额 100 万以上经营户 1000 家。支持企业(行业)建设独立电商交易平台,鼓励企业(行业)依托自身品牌,在知名第三方平台开设网络旗舰店、专卖店等零售终端。进一步整合产品资源,形成特色鲜明、品种齐全的营销体系,促进产业与产品、网上与网下的有机融合。

(二)推进电商进农村(社区)

继续加大农产品电商扶持力度,建成一批全国闻名淘宝村、示范村。推动电商企业拓展农村市场流通渠道,提供网络代购等服务,支持合作社、农民通过电商交易平台销售农产品,鼓励市民利用电商服务平台开展在线消费。充分利用便民服务中心、农村连锁商店、农村青年创业基地、村邮站等现有资源,逐步在行政村(社区)建设村级电子商务公共服务点。支持城市社区建设网络购物快递投送场所,新建小区应将快递场所纳入规划。

(三)加快电商集聚发展

成立市级电子商务公共服务中心,吸纳电子商务服务企业入驻中心,提供代运营、策划、摄影、培训、店面装修、快递等各类综合服务,满足电子商务企业和网店经营户不同需求。加快电子商务产业园扩容提质步伐,引导电子商务企业向园区集聚,完善园区物流、仓储、餐饮等服务设施。扶持龙岗中国坚果炒货食品城电子商务发展,建设现代仓储发货体系,打造全国坚果"020"购物体验第一服务平台。支持企业开展电子商务公共仓储配送平台建设,节约电子商务企业成本、空间。积极开展电子商务产业园、电子商务示范镇(街)建设,鼓励镇街、企业利用闲置厂房建设电子商务园(楼)发展电子商务。

(四)扩大电商平台影响

做大做强阿里巴巴临安产业带,引导更多企业入驻产业带,从坚果炒货企业扩大到电线电缆、绿色照明、旅游等企业;加强产业带的运营能力,提高产业带的点击率、销售量和企业参与度。扩大"淘宝特色中国 · 临安馆"的网络影响力,更加彰显临安本土特色,做好农产品、旅游、国石"三大特色"产业的展示、销售和宣传工作。提升"微临安"的功能定位,与"临安发布"网络政务平台进行有效整合。鼓励其他电商平台发展。

(五)加快电商人才培训

建立市级、部门和协会(企业)三级培训体系,每年制定培训计划,分层分类开展培训,每年安排一次电商专题主体班次，加强电商人才培训基地建设。在市级层面与若干知名商贸高等院校建立战略合作关系，作为临安电商人才培训基地和合作院校师生教学实践基地。实施电商人才“万人培训计划”，培训一批企业高级管理人员，增强企业负责人电商应用意识；培训一批电商从业人员，提高业务人员应用水平；培训一批农村、社区网店经营人员、个体创业者、大学生(村官)，传授网店创业技巧和营销技能。政府相关部门加大电商人才引进力度。每年由市电子商务工作领导小组办公室制订下达培训计划，分线组织实施。

(六)营造电商发展氛围

加大电子商务产业发展的宣传引导力度，提升政策知晓度。挖掘一批电子商务创业带头人，树立一批网商典型样本，尤其要发挥青年在电子商务发展中的创业创新和示范引领作用。组织提升发展电子商务协会，搭建政府与行业、行业与企业及企业间的沟通平台，发挥协会自我管理、自我教育、自我服务的优势和功能。

(七)建立电商配套体系

逐步建立健全电子商务统计工作机制，加大对电商企业统计工作的指导力度，加强电子商务企业信息统计和采集，提升对电商产业发展的的分析和预测能力，为我市电商的发展提供决策依据。逐步建立电子商务交易产品质量监督追溯体系，加快推广商品条码应用，从源头防止问题产品进入电子商务交易环节，推动电商诚信体系建设，构建“网上发现、追溯源头、落地查处、净化环境、促进发展”的网上产品质量监管大格局，打造安全、可信的电子商务质量安全生态环境。推进终端可覆盖、质量可追溯、货源可均衡的，以农村为载体，以农产品为对象的电子商务与物流配送协调发展的区域试点和示范。

四、保障措施

(一)加强组织领导

发挥临安市电子商务工作领导小组组织协调作用，全面推进全市电子商务应用及发展工作，领导小组办公室设在市商务局，具体负责统筹规划、组织协调、监督检查等推进工作。建立健全部门联动机制和信息共享机制。各镇(街道)要明确电子商务推进工作分管领导和具体联络人员，落实属地电子商务项目推进、重点企业扶持等工作，增强推进电子商务发展的合力。

(二)强化要素保障

各金融机构要大力扶持电子商务平台、企业和网店的发展，根据实际需求开发有利于电子商务发展的信贷产品，创新担保方式，降低贷款门槛，简化贷款程序，对发展步子快、潜力大、势头好的电商企业、网店优先给予融资服务和信贷支持。鼓励利用符合规划要求的存量土地发展电子商务产业，在不改变用地主体及用地性质、不重新开发建设等前提下，利用工业厂房、仓储用房等存量房产、土地资源发展电子商务企业。积极落实人才引进、培养政策，将电子商务人才作为紧缺急需人才，按照我市相关人才政策优先予以支持。

(三)落实扶持政策

市财政每年统筹安排一定专项资金，用于推动和支持电子商务发展。

2014 年 9 月 22 日

中共宁波市江东区委办公室　宁波市江东区人民政府办公室关于印发《江东区总部经济扩量提质三年行动计划(2014—2016)》的通知

各街道党工委、办事处，区直属各单位：

《江东区总部经济扩量提质三年行动计划(2014—2016)》已经区委、区政府同意，现印发给你们，请认真遵照执行。

2014 年 5 月 7 日

江东区总部经济扩量提质三年行动计划(2014—2016)

为加快推进江东区总部经济发展，提升区域产业核心竞争力，结合我区实际，特制订《江东区总部经济扩量提质三年行动计划(2014—2016)》(以下简称“三年行动计划”)。

一、指导思想

全面贯彻落实党的十八大和十八届三中全会精神，深入实施“两强两品”战略，以扩量提质为目标，以提升综合服务功能为支撑，围绕总部经济“规模、效益、辐射、创新”四大能级指标，扎实推动总部经济“梯队培育、创新发展、载体打造、要素保障”四大工程，促进总部经济高端化、集约化和规模化发展，为加快现代化核心城区建设奠定坚实基础。

二、行动目标

(一)总体目标

到 2016 年，总部经济“发展规模、产出效益、辐射范围、创新能力”实现提档升级，建立比较完善的总部经济发展政策框架和服务体系，努力打造成为全市总部经济发展示范区、总部企业集聚区和总部经济理论先行区。

1. 总部企业规模明显壮大。总部企业数达到160家（本轮三年行动计划中总部企业范围调整为综合型和职能型总部企业，其他总部企业不列入统计范畴），其中，综合型总部达到55家，职能型总部达到105家。实现营业（销售）收入2000亿元，其中，营业（销售）收入超100亿元总部企业6家，超50亿元企业4家，超10亿元企业24家，培育特色总部楼宇达到10幢。

2. 总部经济效益明显提升。总部企业实现纳税33亿元，占全区公共财政预算收入比重达到40%。其中，纳税超亿元总部企业8家，超5000万元企业8家，超1000万元企业50家。

3. 总部辐射范围明显扩大。全区总部企业分支机构数量达到900家，分支机构3家以上总部企业达到80家，汇总缴纳企业达到40家。

4. 总部创新能力明显增强。商业模式创新总部企业达到10家，管理创新数量（含创新团队，工程（技术）中心，博士后、院士工作站等）达到20个，技术创新数量（含标准化建设、市级以上名牌、商标等）达到25个。

（二）分年度目标

1. 2014年：总部企业数量达到130家，总部企业实现营业（销售）收入1500亿元，总部企业实现纳税总额27亿元，总部企业分支机构数量达到600家，商业模式创新企业达到6家。

2. 2015年：总部企业数量达到140家，总部企业实现营业（销售）收入1750亿元，总部企业实现纳税总额30亿元，总部企业分支机构数量达到700家，商业模式创新企业达到8家。

3. 2016年：全面完成“三年行动计划”各项目标任务。

三、主要任务

围绕促进总部经济发展扩量提质目标，结合江东产业基础，大力实施“四大工程”，不断提升总部经济发展能级，进一步增强江东区域经济发展综合实力。

（一）大力实施“总部梯队培育工程”

立足区域经济基础和产业实际，鼓励引导总部企业汇总缴纳税收、创新营销渠道、扩大辐射范围，加快形成具有比较优势和核心竞争力的总部企业集群。强化企业上市、挂牌培育，以新股发行改革和重启、新三板全国扩容为契机，大力培育企业上市、挂牌梯队，积极组织券商、会计、法律等中介机构与总部企业开展专题对接，鼓励企业利用资本市场进一步做大做强。加快培育优势总部企业，鼓励企业通过投资扩张、并购重组等方式扩大规模；组织符合条件的总部企业申报市级优势总部企业，力争每年入选市级优势总部企业数十家以上；鼓励上规模企业整合核心业务组建集团公司，扶持集团公司、控股公司等具备总部形态的企业发展壮大。培育初创型、高成长型企业，依托区创业投资引导基金，提高初创型企业孵化成功率，促进高成长企业快速成长，培育一批具有发展潜力的总部企业梯队。强化总部企业增量培育，进一步整合招商资源，优化利益分配机制，形成总部招商“一盘棋”的良好格局；强化区域资源统筹规划，充分运用区块、项目开发招引大型总部企业。

（二）大力实施“总部创新发展工程”

鼓励总部企业商业模式创新，引导总部企业通过制度创新、经营转型、组建产业联盟和发展电子商务等形式打通产业链上下游，由单一服务提供商逐步向系统供应商、服务集成商转变。加快推进电子商务楼宇（园区）建设，形成电子商务总部企业集聚、集群发展态势。加快总部企业创新团队建设，以高层次人才创业创新项目引进为抓手，以工程（技术）中心、研发中心、博士后工作站等为载体，加快推进技术创新和技术改造，加大科技投入，发挥企业、学校、科研机构等各方优势，打造一批以产权为纽带、项目为依托的企业创新利益共同体。深入实施品牌和标准化战略，支持培育总部企业开展标准化建设，加快打造知名品牌，力争总部企业实施标准化建设、创建市级以上名牌和商标数量取得新突破。

（三）大力实施“总部载体打造工程”

不断拓展总部经济发展空间，强化总部经济集聚辐射功能。加快总部基地建设，积极推动东部新城中央商务区、江东核心滨水区等重点区块功能培育，充分发挥中心城区信息、人才、资金等资源优势，积极引进金融服务、航运物流、会展贸易、文化创意、专业服务等企业总部，力争打造市级以上总部基地数量3个以上。积极打造特色总部楼宇，依托江东高品质楼宇资源，引导新建楼宇招引总部企业，加快总部楼宇策划包装和改造扩容，不断拓展总部经济发展承载空间。推进总部大楼建设，鼓励企业参与10%发展留用地整体开发，自建或合建总部大楼，加快在建总部大楼施工进度，到2016年，全区总部大楼建成数达到10幢。

（四）大力实施“总部要素保障工程”

加大总部企业服务力度，着力优化总部经济发展环境。强化政策扶持，修订完善总部企业政策，突出总部企业商业模式创新、消化楼宇面积等方面的激励和扶持，促进总部经济和楼宇经济联动发展；深入开展总部企业税收政策专项服务，通过政策宣讲和上门服务，鼓励企业新设分支机构并实施汇总缴纳。加大人才保障力度，立足总部企业实际需求，加大企业紧缺人才引进和培养力度，充分发挥人力资源产业园区作用，积极打造总部人才高地；强化总部企业负责人素质提升，力争三年实施总部企业领军人物培训达到60人次。拓宽总部企业融资渠道，开展银企对接、专项推介等活动，着力解决企业融资难、融资贵问题。创新企业服务模式，优化87150000企业服务平台功能，从招商、审批、后续服务等环节为总部企业提供全过程、“一站式”服务，切实营造亲商、安商、留商的良好氛围。

四、保障措施

（一）健全协调机制

加强联系和服务，健全区领导定期联系总部企业机制。完善联席会议制度，实行总部经济工作日常考评通报，统筹指导、协调解决总部企业发展中存在的重大问题。强化工作联动，推进街道、部门信息资源共享共用，着力形成全区上下齐心协力发展总部经济的良好工作格局。

（二）加强分析研究

加大总部经济发展动态评估、预警监测力度，建立健全总部企业统计、分析监测机制，全面掌握总部经济发展状况。加强总部经济发展研究，开展前瞻性课题调研，积极查找问题和不足，进一步增强发展总部经济的主动性。

（三）强化责任落实

加强工作统筹，强化任务落实，注重信息沟通、加大督查力度，深入开展相关竞赛活动，推动总部经济发展。加大考核力度，将三年行动计划纳入街道、部门目标管理考核体系。

（四）营造良好氛围

大力宣传江东总部经济发展的特色优势，总结提炼发展经验成果，组织开展专题系列宣传，进一步扩大江东总部经济的影响力和辐射力。

附件：1.2014—2016年江东区总部经济发展主要目标
2.江东区总部经济扩量提质三年行动计划工作任务分解（2014—2016）
3.江东区总部经济竞赛排行办法
4.2014年度江东区街道总部经济发展目标

附件1

2014—2016年江东区总部经济发展主要目标

一级指标	二级指标		2013年	2016年
规模能级	1. 总部企业	家	122	160
	其中：综合型总部企业	家	40	55
	职能型总部企业	家	82	105
	2. 总部企业营业（销售）收入	亿元	1250	2000
	其中：营业（销售）收入超100亿元企业	家	4	6
	营业（销售）收入超50亿元企业	家	2	4
	营业（销售）收入超10亿元企业	家	18	24
	3. 特色总部楼宇	幢	5	10
效益能级	4. 总部企业纳税	亿元	23.5	33
	其中：纳税超亿元企业	家	5	8
	纳税超5000万元企业	家	5	8
	纳税超1000万元企业	家	36	50
	5. 纳税占全区公共预算收入比重	%	35	40
辐射能级	6. 总部企业分支机构数量	家	492	900
	7. 分支机构3家以上总部企业	家	47	80
	8. 汇总缴纳企业	家	25	40
创新能级	9. 商业模式创新企业	家	5	10
	10. 管理创新数量	个	11	20
	11. 技术创新数量	个	14	25

附件 2

江东区总部经济扩量提质三年行动计划（2014—2016）工作任务

	序号	工作任务	责任单位	配合单位
总部梯队培育工程	1	强化企业上市、挂牌培育，以新股发行改革和重启、新三板全国扩容为契机，大力培育企业上市、挂牌梯队，积极组织券商、会计、法律等中介机构与总部企业开展专题对接，鼓励企业利用资本市场进一步做大做强，到 2016 年，全区新增上市、新三板挂牌总部企业数达到 9 家。	区发改局	各街道
	2	加快培育优势总部企业，鼓励企业通过投资扩张、并购重组等方式扩大规模，力争培育营业收入 10 亿元以上总部企业超 30 家；组织符合条件的总部企业申报市级优势总部企业，力争每年入选市级优势总部企业数 10 家以上。		区经合局 各街道
	3	鼓励上规模企业整合核心业务组建集团公司，扶持集团公司、控股公司等具备总部形态的企业发展壮大。		各街道
	4	培育初创型、高成长企业，通过不断提高初创型企业孵化成功率，辅导高成长企业快速成长，培育一批具有发展潜力的总部企业梯队。	区发改局 区科技局	各街道
	5	进一步整合招商资源，优化利益分配机制，形成总部招商“一盘棋”的良好格局；强化区域资源统筹规划，充分运用区块、项目开发招引大型总部企业。	区经合局	区发改局 各街道
总部创新发展工程	6	鼓励总部企业商业模式创新，引导总部企业制度创新、经营转型、组建产业联盟和发展电子商务。	区商务局 区经信局 区科技局	各街道
	7	加快推进电子商务楼宇（园区）建设，形成电子商务总部企业集聚、集群发展态势。	区商务局 区经合局	各街道
	8	加快总部企业创新团队建设，以高层次人才创业创新项目引进为抓手，以工程（技术）中心、研发中心、博士后工作站等为载体，加快推进技术创新和技术改造，加大科技投入，发挥企业、学校、科研机构等各方优势，打造一批以产权为纽带、项目为依托的企业创新利益共同体。	区人力社保局 区科技局	各街道
	9	支持培育总部企业开展标准化建设及加快打造知名品牌，形成一批在国内外具有较强竞争力的著名品牌、商标。	区市场监管局 区质监局	区发改局 各街道
总部载体打造工程	10	加快总部基地建设，积极推动东部新城中央商务区、核心滨水区等重点区块功能培育，充分发挥中心城区信息、人才、资金等资源优势，积极引进金融服务、航运物流、会展贸易、文化创意、专业服务等企业总部，力争打造市级以上总部经济基地数量 3 个以上。	区发改局 区经合局	区重点办 各街道
	11	打造特色总部楼宇，依托江东高品质楼宇资源，加快优质总部载体建设进度，引导新建楼宇招引总部企业，加快总部楼宇策划包装和改造扩容，不断拓展总部经济发展承载空间。	区商务局 区经合局	区重点办 各街道
	12	推进总部大楼建设，鼓励企业参与 10% 发展留用地整体开发。	江东国土资源分局	各街道
	13	加快在建总部大楼施工进度，到 2016 年，全区总部大楼建成数达到 10 幢。	区重点办	相关街道

续表

	序号	工作任务	责任单位	配合单位
总部要素保障工程	14	加大政策支持力度，修订完善总部企业政策，突出总部企业商业模式创新、消化楼宇面积等方面的激励和扶持，促进总部经济和楼宇经济联动发展。	区发改局 区经合局	各街道
	15	深入开展总部企业税收政策专项服务，通过政策宣讲和上门服务，鼓励企业新设分支机构并实施汇总缴纳。	江东国税局 江东地税局	各街道
	16	加大人才保障力度，立足总部企业实际需求，加大企业紧缺人才引进和培养力度，充分发挥人力资源产业园区作用，积极打造总部人才高地；强化总部企业负责人素质提升，力争三年实施总部企业领军人物培训达到60人次。	区人力 社保局	各街道
	17	拓宽总部企业融资渠道，开展银企对接、专项推介等活动，着力解决企业融资难、融资贵问题。	区发改局	各街道
	18	结合江东总部企业实际，进一步优化现有87150000企业服务平台内容、体系、类别和项目。	区经信局	各街道

附件3

江东区总部经济竞赛排行办法

为进一步调动各街道发展总部经济的积极性，加大工作推进的督查力度，决定每月在《督查与落实》中对各街道总部经济发展进行竞赛排行，具体竞赛办法如下。

一、竞赛对象：各街道

二、竞赛指标：新增企业家数、新增纳税额、新增市级优势总部企业

三、竞赛排名分值：

总部：每新增1家市级优势总部企业加15分，每新增1家综合型总部企业加10分，每新增1家职能型总部企业加5分，总部梯队企业加2分；累计税收每增加100万元加2分。

上市(挂牌)：每增加1家上市(主板、中小板、创业板)企业加20分，每增加1家新三板挂牌企业加10分，每新增1家实质性启动上市、挂牌进程的企业加5分。

综合分＝总部＋上市(挂牌)

四、相关说明：

(一)新增市级优势总部企业，每年以市发改委评审通过为准；

(二)新增综合型总部企业、职能型总部企业认定按《江东区总部企业认定办法》进行认定，认定办法中的营业(销售)收入及纳税额不满一年的，按月产出额折年计算；

(三)对现有区内职能型总部企业被认定为综合型总部企业的，按新增企业分值计入综合得分，纳税额分值不计入综合得分。

附件4

2014年度江东区街道总部经济发展目标

街道	总部指标				
	新增总部企业(家)	总部后备梯队(家)	总部营收增幅(%)	总部纳税增幅(%)	入选市级优势总部企业数
东郊街道	2	3	20	15	4
福明街道	2	3	20	15	1
白鹤街道	2	3	20	15	2
百丈街道	2	3	20	15	2
东胜街道	2	3	20	15	1
明楼街道	2	3	20	15	1
东柳街道	2	3	20	15	1

中共宁波市江北区委　宁波市江北区人民政府关于加快旅游休闲产业发展的实施意见

旅游业是战略性产业，资源消耗低，带动系数大，就业机会多，综合效益好。加快旅游休闲业发展，是适应人民群众消费升级和产业结构调整的必然要求。为深入贯彻落实《中华人民共和国旅游法》《国务院关于促进旅游业改革发展的若干意见》《浙江省关于加快培育旅游业成为万亿产业的实施意见》和《中共江北区委关于加快推进新型城市化的若干意见》，全面推动我区旅游休闲产业更好更快发展，特制订如下实施意见。

一、总体要求

按照区委八届六次全会提出的“将旅游休闲业作为城市经济四大核心功能”的战略定位，把旅游业发展放在更加突出的位置，牢固树立全域旅游发展理念，强化全民参与旅游氛围，全力推进城旅一体化、全域景区化，着力在项目招引、景区打造、产业融合、宣传营销、服务配套等方面取得新进展和新突破，推动转型升级，促进提质增效，提升城市形象品位，努力把旅游休闲业培育成为我区国民经济的战略性支柱产业和人民群众更加满意的现代服务业，打响休闲江北品牌，加快建设宁波都市旅游核心区和长三角知名旅游休闲目的地。

二、发展目标

（一）旅游休闲产业实力更强

旅游休闲产业体系更加完善，效益更加明显。到2017年，力争实现接待游客总量1250万人次，年均增长15%；旅游总收入135亿元，年均增长15%。

（二）旅游休闲产业结构更优

重点培育发展主题酒店、民宿客栈、美食餐饮、酒吧娱乐、商贸购物、文化创意、休闲度假、运动康体、旅游电商、自驾营地十大旅游休闲业态。到2017年，省、市旅游示范点（基地）达到20个，特色文化主题酒店和民宿客栈达到20家，省三星级以上品质旅行社达到10家。全区规模以上旅游企业总量达到50家，其中品牌旅游企业10家。旅游休闲产业布局进一步优化，旅游产品体系进一步健全，休闲度假功能明显增强，商务会展水平明显提升。

（三）旅游休闲产业品牌更响

努力推进“三创建一提升”活动，到2017年，争创一个国家5A级旅游景区，争创一个省级旅游度假区，争创浙江省旅游产业发展示范区（全省共20个），提升一个国家城市中央休闲区。旅游休闲产业发展成果为旅游者、旅游从业人员和旅游目的地居民共享。

（四）旅游休闲产业贡献更大

到2017年，力争旅游休闲业增加值占地区生产总值的比重达到6%，旅游休闲业税收占地方税收的比重达到7%，旅游休闲业直接从业人员超过1万人。

三、主要任务

（五）强化大旅游格局

以改革创新为统领，按照“大旅游、大市场、大产业”的要求，加快政府职能转变，进一步简政放权，发挥市场在资源配置中的决定性作用，激发旅游发展活力。调整完善旅游管理体制，配强配齐旅游职能部门管理力量，强化综合协调、产业促进、行业服务、市场监管等职能。建立保国寺苏湖旅游度假区管委会，重点旅游街道、镇增加旅游管理服务力量，重点旅游区块建立健全旅游综合执法队伍。明确慈城古县城、保国寺—苏湖、老外滩三个区域旅游主体功能定位，加快规划修编、推进开发建设、促进旅游休闲产业发展。

（六）加快大平台建设

按照资源优化、统一规划、统筹开发的原则，优化旅游休闲产业布局，加快旅游大平台建设。修编完善《江北区旅游业发展总体规划》，编制实施《江北区“十三五”旅游业发展规划》《慈城—保国寺国家5A级旅游景区总体规划》《保国寺—苏湖省级旅游度假区总体规划》以及北山游步道提升、民宿客栈发展等专项产品规划。加快重点景区转型升级，统筹整合慈城—保国寺旅游资源，争创国家5A级旅游景区，加快创建保国寺—苏湖省级旅游度假区，提升发展老外滩（含周边）国家城市中央休闲区；加快推进慈城古县城和新城、保苏区块、湾头RBD、北门户区、绿地中心、老外滩北延、奥丽赛新天地等重点区块旅游休闲类、主题酒店类项目的布局和开发建设，打造优质项目集群，构筑“两带三区五基地”（即北部沿山和南部沿江两条休闲轴线，慈城古县城山水人文旅游区、保国寺苏湖旅游度假区和三江都市文化商贸游憩区三大旅游板块，慈城文化观光、保国寺—苏湖旅游度假、都市商贸游憩、三江风情休闲、北山运动休闲五大基地）的旅游开发格局，形成观光、休闲、度假相结合的产品体系，实现全域景区化发展目标。

（七）推进大产业融合

以更大力度、更宽视野推进旅游与相关产业的融合发展，丰富旅游产品供给。在旧城改造和新城开发时充分融入旅游元素，构建突显地方文化特色的城市标志景观和主客共享的城市休闲空间，建成一批生态公园、休闲街区、特色购物场所、商务会议基地。依托我区悠久的历史文化底蕴和良好的文化设施，大力发展特色文化主题酒店、酒吧茶楼和民宿客栈，引导开发影视创作、旅游演艺、文博文创等产业。依托精品农业和都市田园新十景，结合特色产业基地和美丽乡村“三村一线”建设，大力发展景观农业、体验农业，着重打造一批兼具农事体验、养老养生、休闲度假等功能的休闲农庄、乡村民宿和农家乐，推动乡村旅游发展。加强学生户外教育基地建设，建立多层级的研学旅行体系，发展教育旅游。扎实推进荪湖“五棋一牌”基地和奥体中心、李宁体育园等体育设施建设，结合北山游步道和滨江休闲绿道，大力发展步道经济和赛事经济。依托姚江、慈江等丰富的江湖资源，发展游船游艇、水上运动、休闲垂钓等旅游项目。依托来福士广场、江北万达广场、宁波水产城等购物街区，结合慈城年糕、宁波白茶、海产品、户外用品等特色产品，大力发展旅游购物。依托宁波（江北）电子商务城，积极发展旅游电子商务。依托现代都市工业，鼓励品牌企业开发工业旅游项目和特色旅游工艺品，发展旅游装备制造业，推动工业旅游发展。大力发展月光经济，拉长消费产业链。

（八）开展大招引合作

加大旅游项目招商引资力度，努力吸引国内外知名旅游集团公司或涉旅上市公司来我区投资旅游休闲业，努力招引落户一批有利于集聚人气、完善配套、打响品牌的优质旅游项目。对投资量大、带动力强的旅游休闲项目实行一企一策，重点扶持。对完成一定投资额的新建旅游休闲项目，给予一定的财政扶持。鼓励工业企业“优二进三”，发展旅游休闲产业。大力招引品牌酒店和品牌旅行社落户。实施人才兴旅、科教强旅战略，加大对旅游专业人才的引进和培养，积极开展与旅游知名院校和研究机构的合作。

（九）加强大市场营销

突出主题形象推广。积极实施政府主导、企业联手、媒体跟进“三位一体”的合力营销策略，构建全媒体时代的立体营销系统和多元化的旅游消费市场。整合利用旅游、宣传、文广、商务等相关部门宣传平台和资源优势，建立“休闲江北”品牌形象推广联动工作机制。综合运用传统媒体和微博、微信、微电影等新媒介，创新开展多元化、全覆盖、立体式宣传营销。加强上下协同、左右联动，组织开展专题推介、旅游专列、旅游包机、千人旅行团等江北旅游宣传推广活动。

策划开展节事营销。大力推进“节庆促旅”、“赛事兴旅”，办好中华慈孝节、星期六相约老外滩、乡村旅游节、登山大赛、美食节、体育赛事等主题各异的节庆活动，多维度打造节庆和赛事品牌，推销江北旅游产品，开拓旅游市场，塑造“休闲江北”主体形象。鼓励扶持各单位策划举办有市场影响力、能吸引更多游客到江北旅游的节事活动。

努力集聚旅游人气。鼓励旅行社和相关游览、会议机构组织游客游在江北、住在江北、消费在江北，集聚旅游人气，增加旅游收入。

（十）完善大服务体系

完善旅游基础配套设施。谋划推进区游客集散中心建设，加强通景公路交通干线、绿化景观和旅游引导标识系统建设，优化完善机场、火车站、汽车站与主要旅游景区和乡村旅游点公交班线，努力开通辖区主要景区间旅游专线，全力打造快速便捷的旅游交通网络。加强景区内游客服务中心、生态停车场、旅游厕所等旅游配套服务设施建设。

提升旅游信息服务水平。以游客需求为导向，加快智慧旅游信息化建设，增强旅游信息服务的系统性、便捷性和高效性。办好宁波都市旅游网，不断升级江北旅游APP手机在线服务系统。加快提升完善区旅游咨询服务体系，努力为游客提供咨询、预订、票务等多功能综合服务。加快城市中央休闲区、主要旅游景区、乡村旅游点免费无线网络覆盖。积极推动物联网、云计算、新一代移动互联网等新兴信息技术在旅游产品开发和管理服务中的创新应用。积极开展智慧景区、智慧酒店、智慧旅行社试点工作，支持旅游企业的电子商务平台建设，发展网上预订、在线支付等电子商务。

加强旅游安全应急管理。进一步落实安全责任，强化安全意识，加大检查力度，消除安全隐患。推进旅游安全保障体系建设，建立健全景区突发事件、高峰期大客流应对处置和旅游安全预警信息发布机制。严格执行安全事故报告制度和重大责任追究制度，健全应急救援体系，完善应急处置机制，增强应急处置能力。积极开展旅游行业平安创建，打造平安旅游。

四、保障措施

（十一）加强旅游统筹协调

成立由区长任组长的旅游发展领导小组，强化宏观指导职能，及时研究和解决旅游休闲业发展中的重大问题，督促落实旅游休闲业发展工作任务。各级各部门要充分认识加快旅游休闲业发展的重要性和紧迫性，把发展旅游休闲业列入重要议事日程，强化旅游公共服务设施和产业功能建设，全力推动旅游休闲业大发展。加强宣传引导，营造全民参与旅游业发展的良好氛围，形成步调一致，齐抓共管的强大合力。加大旅游休闲工作考核力度，建立并实行对各街道、慈城镇和相关部门的差异化旅游工作绩效目标考核体系，健全完善旅游休闲产业发展的激励机制。

（十二）加大旅游资金投入

自2015年起，全区每年投入不少于5000万元的旅游发展资金，以引导和促进旅游规划、项目开发、基础设施建设、宣传促销、行业管理等工作提质增效。各街道、慈城镇落实足够的资金用于旅游休闲业发展。区相关部门在安排专项资金使用时，应充分考虑旅游业发展需要，每年确定一定的涉旅项目予以支持，共同推进旅游休闲业发展。加强对旅游休闲业的信贷支持，积极引导优质旅游企业进入资本市场，拓宽融资渠道。

（十三）强化旅游规划引导

加强旅游规划与国民经济和社会发展规划、土地利用总体规划、城乡规划和其他产业规划的衔接，优先保障相关旅游项目、设施的空间布局和建设用地需求。规划和建设交通、通信、供水、供电、环保等基础设施和公共服务设施，应兼顾旅游业发展的需要。新建、改建、扩建项目，应符合全区旅游发展规划及相衔接的其他规划。强化旅游规划落地，定期对规划执行情况进行评估，并向社会公布，接受社会监督，保证规划执行。

（十四）保障旅游用地供给

在符合土地利用总体规划、城乡规划的前提下，根据项目建设需要安排旅游业发展用地。重大旅游项目，单独安排用地指标。以“五水共治”、“三改一拆”为契机，合理利用清理出来的闲置建筑物、腾退宅基地和其他原建设用地，对旅游景区中的非耕地，未改变用途和功能，未固化地面的生态景观用地，可暂不认定为建设用地。

（十五）实施消费鼓励政策

积极落实国家规定的带薪休假制度。鼓励开展研学旅行，对中小学生研学旅行给予价格优惠。鼓励旅行社参与政府采购和服务外包，行政机关、企事业单位、社会团体或组织可委托旅行社代理交通、住宿、餐饮、会展、会务以及出国（境）服务。鼓励宾馆饭店“煤改气”。对旅游景区以外的游客集散中心等公益性服务设施建设，在税收征收方面予以政策倾斜。旅游企业宣传促销费用、旅游商品生产企业研发费用和技术改造费用，依法纳入经营成本，按税法规定进行税前扣除。旅行社按营业收入缴纳的各种费用，可将各类代收服务费扣除后确定计征基数。

（十六）全面推进依法治旅

深入贯彻实施《旅游法》，推动形成政府依法监管、企业守法经营、游客文明旅游的发展格局。加强旅游质监执法队伍建设，完善投诉受理联动机制，调处化解旅游投诉纠纷，提高游客满意度。大力开展多部门旅游联合执法，严厉打击诱导、欺骗、强迫游客消费、价格欺诈等行为，规范旅游市场秩序。旅游行业协会要引导企业诚信经营，建立严重违法企业“黑名单”曝光制度。加强景区价格监管，完善旅游统计调查指标和调查方法。倡导文明出行，加强游客文明旅游行为引导，充分发挥旅游者、社会公众及新闻媒体的监督引导作用，促进旅游品质提升。

2014 年 12 月 30 日

中共慈溪市委　慈溪市人民政府
关于印发《慈溪市关于促进产业转型升级的若干政策》的通知

各镇党委、人民政府，各街道党工委、办事处，市级机关各部门、各直属单位：

《慈溪市关于促进产业转型升级的若干政策》已经市委、市政府同意，现印发给你们，认真抓好贯彻落实。

2014 年 5 月 20 日

慈溪市关于促进产业转型升级的若干政策

为全面落实市委创新驱动战略部署，推动产业加快转型升级，全力打造慈溪经济“升级版”，根据《慈溪市优化产业政策促进产业转型升级的实施意见》（慈党〔2013〕18 号）精神，特制定本政策。

一、推动新兴产业跨越发展

设立 3000 万元新兴产业发展专项资金，加快新兴产业培育，推动新兴产业投资，扶持新兴产业发展

1. 重点支持新兴产业投资项目。对列入我市新兴产业专项扶持计划的项目，其设备（技术）投资额在 300 万元（含）以上的，按实际投资额的 5% 给予补助。

2. 大力鼓励本地装备企业发展。对经认定为国内、省内重点领域首台（套）产品的，每项分别给予 100 万元、50 万元的一次性奖励。鼓励投资项目优先采购本市企业生产的整机设备，在原投资（技改）奖励的基础上再提高 2 个百分点奖励。

同一主体享受以上 1、2 的投资奖励（补助）累计不超过 300 万元。

3. 培育重大新兴产业项目。对首次在本市新办的重大新兴产业项目，经认定，从投产销售之月起，销售（营业）收入、利润总额形成的地方财力给予前三年全额奖励后三年减半奖励。

4. 加快发展战略性新兴产业。对列入宁波市战略性新兴产业龙头企业“810 实力工程”企业，在上级奖励期限内按其上年度实现的销售（营业）收入、利润总额形成的地方财力环比增长 50% 以上部分给予奖励。开展市、镇两级新兴产业培育行动，对列入市级新兴产业重点培育企业且当年度销售达到 2000 万元以上，同比增幅高于全市规上工业企业平均增幅 10 个百分点以上的，奖励 10 万元；高于 20 个点以上的，奖励 20 万元（已享受重大新兴产业项目奖励的企业除外）。

5. 实施高成长培育工程。对宁波市高成长企业通过当年度考核的，在上级奖励期限内按其实现的销售（营业）

收入、利润总额形成的地方财力比上一年度环比增长20%以上部分给予奖励。

6. 重点培育医疗器械行业。安排100万元资金，用于对医疗器械行业的政策扶持。

二、改造提升优势传统产业

（一）设立3000万元技术改造专项资金，鼓励传统优势行业技术改造和技术创新，提高自动化水平，推动传统优势行业的转型升级

1. 鼓励传统特色行业实施技术改造。对列入我市优势产业改造提升计划的项目，其设备（技术）投资额在300万元（含）以上的，按实际投资额的4%给予补助。

2. 加大零土地技改扶持力度。对零土地技改项目在原技改奖励基础上再提高1个百分点奖励。

3. 鼓励“机器换人”改造现有产能。对实施“机器换人”现代化技改专项的（以装配自动化、注塑自动化、压铸自动化、焊接自动化、轴承磨超连线自动化、冲压成型自动化“六个自动化”改造为主），在原技改奖励基础上再提高2个百分点奖励；对未达到技改投入起奖点的企业实施“机器换人”技改项目，若项目设备投资100万元（含）以上的，按设备投资额的4%给予奖励。

同一主体享受以上1、2、3的技改奖励累计不超过300万元。

4. 鼓励企业实施减员增效。对年销售收入规模不低于上年且人均产值、人均销售收入较上年同比增长10%以上，就业人员年度平均人数减少50人（含）以上的规上企业，每减1人奖励2000元，最高不超过50万元。

5. 打造“机器换人”示范平台。在装配自动化等“六个自动化”领域中每年各评选1个“机器换人”自动化改造示范车间，每个给予30万元奖励。

（二）设立580万元信息化专项资金，加快信息技术应用，推进信息化与工业化融合，促进信息产业发展

1. 大力推广信息技术集成应用。对经评审列入年度企业信息化应用计划，且软件投入在20万元（含）以上的信息化应用项目，经验收通过后，按软件投入额的20%给予补助，最高不超过30万元。

2. 鼓励软件产业发展。对新认定的宁波市软件企业或获得国家系统集成四级及以上资质的企业，每家给予5万元奖励；对企业当年度获得软件产品登记证书的，每件给予5000元奖励。

（三）设立420万元集约用地专项资金，实施“空间换地”工程，鼓励企业集约利用原有土地，提高建设项目容积率

1. 提高现有土地利用效率。除新兴产业集群区、慈东滨海区外，对工业企业利用原厂房按法定程序审批后加层、重建、改建项目，新增建筑面积1000平方米以上，建设项目容积率达到1.3（含）～1.5、1.5（含）～1.7、1.7（含）以上，分别按新增建筑面积一次性给予每平方米20元、30元、40元分档累进奖励，最高不超过100万元。

（四）设立1000万元节能降耗专项资金，鼓励企业节约用能，降低能耗，提高能源利用效率

1. 鼓励企业实施节能降耗。对年综合能耗1000吨（含）标煤以上重点用能企业，完成当年节能目标以上的部分，按每降低1个百分点，给予5000元奖励，最高不超过5万元。对投资额在20万元以上，年综合节能量超过100吨（含）标煤的项目，按项目的年节能量给予400元/吨的奖励，最高不超过50万元且奖励总额不超过投资额的30%。对列入年度清洁生产审核计划并通过验收的企业，每家给予8万元的奖励。

2. 鼓励提高能源利用效率。对投资额5万元（含）以上、年综合节能量超过10吨（含）标煤、应用新能源的项目，按项目的年节能量给予400元/吨的奖励，最高不超过30万元。（2014、2015年度“十城万盏”LED照明推广应用工程按原政策执行）

3. 大力发展节能中介服务。以政府购买服务的方式，对服务机构帮助政府实施节能监察、固定资产投资项目能源利用后评价、产品能耗限额对标工作、能效提升项目和企业电平衡测试给予一定补助，最高不超过3万元。

4. 对列入宁波市及以上分布式光伏发电上网项目给予主要设备购置额10%一次性补助，最高不超过80万元。

（五）设立1000万元淘汰落后产能专项资金，实施“腾笼换鸟”工程，鼓励企业主动更新低效设备，推进落后产能淘汰提升

1. 鼓励主动淘汰更新落后低效设备。对符合我市“十二五”规划淘汰提升目录，且年度内完成淘汰更新的，按设备投资额的10%给予奖励，最高不超过50万元。其中单独淘汰更新电机的，企业购置投资额不得低于10万元（含）。

2. 建立落后产能退出机制。“腾笼换鸟”专项资金总额内安排400万元资金，对年度内主动关闭劣势产能的，经验收合格，按关闭前二年平均用能量每吨标准煤400元以下给予一定的奖励，最高不超过100万元；对转产的，按照上述标准的50%给予奖励，最高不超过50万元。

（六）设立500万元污染物减排专项资金，鼓励企业改用清洁能源，减少污染物排放，推动清洁生产

1. 鼓励企业开展能源替换。对以原煤、重油等为燃料的设施（锅炉和工业炉窑）改用清洁能源的，按10万元/蒸吨奖励；以轻柴油、煤油等为燃料的设施（锅炉和工业炉窑）改用清洁能源的，按2万元/蒸吨奖励。（以上不足1蒸吨的按1蒸吨计算）

2. 鼓励企业推进污染物减排。对每减排1吨化学需氧量（COD）、氨氮（NH_3-N）、二氧化硫（SO_2）、氮氧化物（NO_x）给予不超过4000元的奖励；对主动改造污染防治设施，且投资额超过50万元（含）的，按设备投资额的20%给予奖励，最高不超过30万元。

（七）设立2000万元高效用地专项资金，实施高产田奖励，鼓励企业加大税费贡献，提高土地产出效益

1. 加大高效使用土地支持力度。对中心城区（建成区）内的高效企业（完全纳税人，不含房地产企业，下同），当年实缴税费100万元以上，且土地亩均税费贡献额25万元（含）以上，按其实缴城镇土地使用税的50%给予奖励；对中心城区（建成区）以外的高效工业企业，当年实缴

税费100万元(含)以上，且土地亩均税费贡献额10万元(含)～15万元、15万元(含)～20万元及20万元(含)以上，分别按其实缴城镇土地使用税的30%、40%、50%给予奖励；对中心城区(建成区)以外的高效商贸和服务业企业，当年实缴税费100万元以上，且土地亩均税费贡献额15万元(含)～20万元、20万元(含)～25万元及25万元(含)以上，分别按其实缴城镇土地使用税的30%、40%、50%给予奖励。(对跨区域经营的企业按其注册地或核算地政策计算奖励)

三、加快发展现代服务业

(一)设立1500万元传统商贸发展专项资金，鼓励企业加大投入，提升品质，推动商贸业发展

1. 鼓励传统商贸企业做大做强。对投资额200万元(含)以上的商贸配送中心新建、续建项目，经认定按其当年投资额的10%给予补助，最高不超过50万元。对当年新增连锁门店(包括加盟店)2家(含)以上的商贸连锁经营企业，每新增1家门店给予1万元的奖励，最高不超过10万元。对经宁波市贸易局审核批准的“万村千乡市场工程”承办企业，给予20万元的奖励。

2. 促进餐饮、住宿企业稳定发展。对经认定的市级重点餐饮、住宿企业，纳税确有困难的，经地税部门审批，对其应纳房产税、城镇土地使用税和水利基金给予减征。

3. 鼓励传统商贸业转型发展。对投资额500万元(含)以上的特色商贸项目，经认定给予50万元的补助。

4. 鼓励引进商业高端品牌。安排500万资金用于国际高端品牌引进。对我市首次引进国际一线品牌并开设旗舰店或专卖店的商业场所实际运营单位，签订三年以上入驻协议的，按实际经营面积(不含配套部分面积)，给予4000元/平方米的补助。服饰、皮具类补助面积最高不超过250平方米，化妆品、珠宝、腕表类补助面积最高不超过120平方米；国际二线品牌或一二线品牌混合的减半补助。补助总额最高不超过实际引进费用的50%。

5. 推动商品市场提升发展。每年安排100万元专项资金用于推动商品市场提升发展。对新认定的二星级、三星级、四星级、五星级文明规范市场分别给予6万元、8万元、20万元、40万元奖励；对新认定的省重点市场、成交额百亿元以上实体市场给予20万元奖励；对成功创建国家级、省级诚信市场分别给予10万元、5万元奖励。

6. 加强市场供应保障能力建设。每年安排100万元专项资金用于补助列入市年度菜篮子商品基地且考核验收合格的企业。每年安排200万元专项资金用于应急储备管理补助。对当年添置食品安全检测设备的商贸企业、市级菜篮子基地，按其当年投资额的30%给予补助，最高不超过10万元。

(二)设立1000万元电商发展专项资金，鼓励企业以信息化带动工业化，转变经济增长方式，促进电子商务发展

1. 嫁接电商渠道推动制造企业转型升级。安排300万元资金，加快制造企业电子商务应用和普及。对宁波市级(含)以上品牌(商标)企业，通过第三方电子商务平台以本企业名义开设官方旗舰店、专卖店、网上商城等网络零售终端并有实际销售的，按每进驻一家电子商务平台给予2万元奖励，最高不超过20万元；对其当年度依托电子商务平台拓市场相关投入给予10%的补助，最高不超过50万元；对当年度企业自建平台上电子商务销售额1000万元(含)以上的，按超出基数部分的2‰给予奖励，最高不超过30万元。以上奖励(补助)累计最高不超过100万元。

2. 支持电子商务企业规模化发展。对新设立一年内且网上销售实绩达到200万元(含)以上的电商企业，给予5万元的奖励；对年网上销售额突破5000万元、1亿元、2亿元的电商企业，分别给予10万元、20万元、30万元的奖励，并分别授予3A、4A、5A级“慈溪市示范电子商务企业”称号；对开设慈溪产品特色馆，打造慈溪品牌，形成一定销售规模的电商企业，参照家电信息服务平台奖励标准实行奖励。以上奖励不重复计算。

3. 扶持电子商务服务企业发展。对新设立且一年内主营业务收入达到30万元(含)以上的电商服务企业，给予5万元的奖励。对承接30家(含)以上企业的电商服务企业，且年主营业务收入50万元(含)以上的，按其当年主营业务收入的5%给予奖励，最高不超过10万元。对以商品市场、商业街区、工业园区等实体为依托，建立电子商务服务中心且服务单位数30家(含)以上的，按其当年投入的30%给予补助，最高不超过10万元。

4. 推进电商企业集聚发展。对经认定的电子商务集聚区，按其当年投资额的30%对集聚区建设单位给予补助；对租赁场地的，按统一租金标准给予房租补助。以上两项补助累计最高不超过150万元。

5. 推进移动电子商务发展。对以核心商圈为依托，整合建设融智能导航、电子排号、信息推送等线上功能和线下实体商业的智慧商圈，经评审通过按其当年投入的30%对智慧商圈建设单位给予补助，最高不超过100万元。对企业开发使用移动电子商务平台软件的，经评审通过按其当年投入的30%给予补助，最高不超过10万元。

(三)设立300万元物流业发展专项资金，鼓励物流企业创新服务模式，延伸服务终端，推进现代物流业发展

1. 鼓励物流企业上规模。对年物流营业收入达到3000万元的国标A级以上物流企业，按其当年实现的销售(营业)收入、利润总额形成的地方财力超过全市年初预算增长率以上部分给予奖励，最高不超过50万元，并授予“慈溪市重点物流企业”称号。

2. 鼓励物流仓储及延伸服务发展。对国标A级以上物流企业投资新建、租赁标准化仓储分别按实际核准面积50元/平方米、2元/平方米的标准给予补助，新建补助最高不超过50万元，租赁补助最高不超过5万元。

3. 推动智慧物流发展。支持国标A级以上物流企业实施RFID技术和设备应用项目，对该类项目按其当年投资额的30%给予补助，最高不超过50万元；RFID电子标签按其当年投入额的50%给予补助，最高不超过20万元。

4. 鼓励供应链物流发展。对供应链物流服务营业收入达到300万元的国标A级以上物流企业，按其当年度该类营业收入的3%给予奖励，最高不超过50万元。

快递企业享受以上1、2、3、4政策，不受国标A级以上条件限制。

（四）设立200万元中介业发展专项资金，外引内联，扶优树强，整体提升中介服务业

1. 加快商务中介服务业主体培育。对新设立一年内且主营业务收入达到100万元（含）以上的，给予5万元的奖励；对新引进的国内外著名商务中介企业经审定给予20万元的奖励。

2. 鼓励商务中介服务企业发展壮大。对年主营业务收入800万元（含）以上的商务中介服务企业，当年度主营业务收入每超上年基数的10%，给予5万元奖励，最高不超过15万元；对有2家（含）以上前一年主营业务收入500万元（含）以上的商务中介服务企业，实行兼并重组，同项业务合并后增长在20%（含）以上的，给予10万元的奖励。以上奖励不重复享受。

（五）设立300万元服务业创新发展专项资金，大力培育健康服务业，保障健康消费，促进服务业发展

1. 促进健康服务业发展。扶持发展医疗服务、健康养老、健康护理、中医药医疗保健服务、健康信息服务等健康服务业，对引进国内外知名品牌健康服务机构的，经认定给予20万元的奖励。对当年投入在50万元以上的新建健康服务业项目，按其当年投入的10%给予补助，最高不超过50万元。

2. 引导服务业创新发展。支持服务业企业、行业协会开展服务业标准化建设、实施创新和示范项目，对经评审通过的项目按其当年投入的30%给予补助，最高不超过40万元。

（六）设立500万元家电服务平台建设专项资金，3年1500万元统筹用于深化家电公共服务平台建设，打造慈溪家电品牌，开拓慈溪家电市场

1. 支持采购服务平台发展。对进驻采购服务平台的企业，当年度在5家（含）以上慈溪家电生产企业采购家电产品，且单家采购额在10万元（含）以上，总采购额达到3000万元（含）以上、6000万元（含）以上、1亿元（含）以上的，分别给予15万元、35万元、70万元的奖励。

2. 支持信息服务平台发展。对电子商务平台企业开设慈溪家电馆（或慈溪家电专栏），汇集20个（含）以上慈溪家电企业生产的产品，且当年度网上代理销售总额（或专栏销售额）达到1000万元（含）、3000万元（含）、6000万元（含）、10000万元（含）以上的，分别给予10万元、25万元、40万元、60万元的奖励。

3. 对当年家电采购规模在8000万元（含）以上（直接采购慈溪家电产品在5000万元以上）的采购服务平台、信息平台进驻企业，凡财务制度健全、核算规范，且总部落户在慈溪的，按其当年实现的销售（营业）收入、利润总额形成的地方财力的50%给予奖励。

享受以上1、2、3政策的企业不再享受其他电子商务相关扶持政策。

4. 推进家电产销企业深度对接。每年安排专项资金用于推进家电产销对接活动。

（七）设立800万元文化产业集聚专项资金，重点打造文化产业园区，推动文化产业集聚发展

1. 支持创办重点文化产业园区。对投资新建并经认定的重点文化产业园区，按其当年投资额的20%给予补助，最高不超过300万元；对新创办5000平方米（含）以上的文化创意产业园区，给予一次性最高不超过100万元的补助；对成功创建国家级、省级文化产业示范基地（园区）的，分别给予50万元、15万元的奖励。

2. 加快文化创意园区集聚发展。经认定的市重点文化创意园区入驻企业，对其租用园区办公用房，按统一租金标准自入园起连续三年给予租金全额补助，最高不超过20万元。同时自入园起连续三年内对其在园区内实现的销售（营业）收入、利润总额形成的地方财力给予全额奖励。

（八）设立800万元文化产业培育专项资金，其中300万元用于工业设计专项，加快发展新兴文化产业，扩大企业规模，促使文化产业成为国民经济发展新的增长点

1. 鼓励新兴文化产业企业做大做强。对当年固定资产投资额在500万元（含）以上的新兴文化产业企业或新兴文化产业类项目，经评审通过后，按其当年固定资产投资额的6%给予补助，最高不超过100万元。

2. 支持重点文化产业企业发展。对文化创意业、影视动漫制作业、艺术品和工艺美术品经营业等新兴文化产业企业，经评审通过后，按其当年实现的销售（营业）收入、利润总额形成的地方财力的60%给予奖励。

3. 鼓励非遗文化资源开发。对扩大慈溪地域文化影响力的、利用慈溪市级以上新兴文化产业类非遗文化资源开发的项目，经评审通过后，按其当年销售额的5%给予奖励，最高不超过15万元。

4. 支持工业设计、文化创意设计企业提升发展。对独立核算的工业设计、文化创意设计企业，按其当年实现的销售（营业）收入、利润总额形成的地方财力给予全额奖励；对入驻中心、新引进的专业设计机构租用办公用房，按统一租金标准连续三年给予租金补助，最高不超过20万元；鼓励引进规模集聚的专业设计管理机构，对引进5家（含）以上专业设计机构，形成特色专业设计中心的给予一定奖励，最高不超过100万元。

（九）设立300万元文化创新专项资金，积极扶持文化原创作品，提高新兴文化产业核心竞争力

1. 扶持原创动漫游戏产品。对版权在我市的原创动画片在中央台、省级电视台、宁波市级电视台、慈溪电视台首播的，分别给予每分钟3000元、2000元、1000元和100元的奖励，最高分别不超过300万元、200万元、100万元、10万元。同一产品在多个电视台播出的，按从高不重复原则给予奖励。

2. 奖励优秀原创作品。对著作权在我市的原创影视产品，在中央台、省级卫视首次播出的电视连续剧，给予每集3万元、1万元的奖励，最高不超过50万元；电影作品在国内影院首播，按每部最高不超过50万元给予奖励；对在省级以上出版机构出版发行的原创影视、文学作品，发

行量在5万册以上的，给予最高不超过10万元奖励。

(十)设立700万元旅游建设专项资金，鼓励企业加大旅游投资和更新改造，发展旅游产业

1. 鼓励旅游投资和更新改造。对投资新建、改造符合我市旅游业发展导向的旅游项目，经认定分别按其当年投资额的5%～30%给予补助，最高不超过100万元。

(十一)设立250万元旅游企业扶持专项资金，鼓励企业扩大规模，创新经营方式，做大旅游企业

1. 鼓励旅游业扩大规模。对营业收入达到2000万元(含)以上的旅行社和营业收入达到3500万元(含)以上的旅游景区和旅游饭店(不含房地产营业收入)，对其当年新增的营业收入、利润总额形成地方财力的50%给予奖励；对其营业收入比上年增长10%(含)以上的，超10%以上部分每增长5%奖励1万元，最高不超过10万元。

2. 鼓励旅游业开展规模化、网络化经营。对拥有门店数量(含加盟店、直营店)达到5家(含)以上的旅游企业，且当年度营业收入超过2000万元的，给予30万元的奖励。旅游企业开展电子商务网上交易，且当年网上销售额达到50万元(含)以上的，给予5万元的奖励。

3. 引导旅游业品牌提升。本市旅游企业引进国外管理公司进行管理或加盟国际著名品牌的，按其当年实际缴纳管理费用的50%给予补助，最高不超过40万元；对当年获评国家3A、4A、5A级景区的，分别给予30万元、50万元、100万元奖励；当年获评四星、五星级饭店的，分别给予50万元、100万元奖励。

(十二)设立250万元旅游市场拓展专项资金，鼓励企业积极开发旅游产品，拓宽旅游渠道

1. 鼓励旅游企业拓展旅游市场。对旅游企业、行业协会参加经认定的市外促销活动，按其展位费、场租费等促销费用的50%给予补助，最高不超过10万元。对市内外旅行社、本市行业协会组织购买本市客房、门票等各类旅游产品用于地接的，单次在15人(含)以上且年购买总额达到10万元(含)以上的，按其当年购买费用的20%给予奖励，最高不超过20万元。对旅游企业、会奖会议专业公司策划引进的市外高端商务会议、会奖项目，单次金额超过5万元的，按照引进金额的5%给予奖励，同一主体奖励最高不超过50万元。

2. 鼓励旅行社整合散客资源。旅行社组建经市旅游局认定的散客联盟，且当年营业收入超过500万元的，按其当年营业收入、利润总额形成的地方财力全额给予奖励。

3. 支持旅游企业创新发展。鼓励旅游企业创新经营模式，开发旅游新产品，开拓旅游新渠道，构建新的营销体系和管理模式。项目经评审通过后，对其当年投资额的30%给予补助，最高不超过30万元。

(十三)设立200万元城市推介专项资金，积极宣传慈溪品牌形象，树立城市人文环境，提高城市地位

1. 打造慈溪品牌，提升慈溪城市形象，每年安排200万元专项资金用于我市城市形象推介。

(十四)设立300万元建筑业扶持专项资金，鼓励建筑企业“走出去”，多方位拓展市场，扶持企业做大做强

1. 鼓励建筑企业做大做强。对年营业收入达到2亿元(含)以上的建筑企业，按其当年实现的营业收入、利润总额形成的地方财力超过全市年初预算增长率以上部分给予60%的奖励；建筑业企业资质主项由一级升为特级给予30万元的奖励；二级升一级的总承包企业、专业承包(园林绿化)企业分别给予20万元、10万元的奖励。

2. 支持建筑企业开拓市外市场。对在市外承接工程项目收入达到5000万元(含)以上的给予10万元奖励，超过基数部分每增加5000万元奖励10万元。

3. 支持企业创优夺杯。对获得“鲁班奖”或“国家优质工程奖”、“钱江杯”或省级优质工程奖、“甬江杯”或地市级优质工程奖的总承包企业，分别奖励30万元、20万元、10万元(专业工程奖按三分之一计)。

四、鼓励企业做大做强做优

(一)推进“实力慈溪”工程，继续实施效益型龙头企业的培育工作

1. 打造重量级领军企业。对当年度实缴税费1000万元(含)以上、发展(技改、研发、营销网络)投入1000万元(含)以上的慈溪市效益型龙头企业，按其当年销售(营业)收入、利润总额形成的地方财力超过全市财政年初预算增长率以上部分给予奖励。

(二)推进“上市培育”工程，继续鼓励企业上市和发展资本市场

1. 鼓励企业多渠道上市。对在计划境内首发上市的企业，股份制改造后完成辅导备案的，奖励50万元；申报材料上报中国证监会并被受理的，奖励100万元；实现首发公开上市的，奖励150万元。境外上市奖励150万元。对买壳上市且注册地迁至本市的奖励300万元；市外上市公司注册地迁至本市的，奖励500万元；在“新三板”挂牌的，奖励50万元；企业进行股份制改造并在区域股权交易中心挂牌的，或企业在区域股权交易中心创新板挂牌并实现外部股权融资500万元(含)以上的，奖励30万元。

2. 扶持上市企业深度发展。企业首发上市当年，按上市前一年销售(营业)收入、利润总额形成的地方财力全额给予奖励，上市后三年内每年地方财力超过全市财政年初预算增长率以上部分的50%给予奖励。

3. 鼓励企业实施产权制度改革和股份制改造。对在完成股份制改造过程中，涉及的有关税收，除个人所得税外，按其实际缴纳形成的地方财力全额给予奖励。

(三)设立400万元树品牌拓市场专项资金，鼓励企业创建自主品牌，推进品牌企业加快市场拓展步伐

1. 鼓励企业创建品牌。对新获行政认定中国驰名商标、出口免验证书的企业，每件给予不超过30万元奖励；对新认定的浙江省著名商标、浙江名牌，每件给予6万元奖励；对新认定的宁波知名商标、宁波名牌，每件给予3万元奖励。

2. 鼓励企业牵头制定标准。对国际标准、国家标准、行业标准的第一起草单位，每完成1个标准，分别给予30万元、25万元、15万元的奖励。

3. 实施品牌拓市场战略。对宁波市级(含)以上品牌

(商标)企业,在国内外知名连锁商超销售自有品牌产品达到一定数量和规模,按所进商超企业数每家2万元给予奖励,最高不超过50万元;其中,对当年在国内外知名连锁商超销售额超过500万元(含)的企业,再给予销售额1%的奖励;以上同一主体奖励最高不超过80万元。对宁波市级(含)以上品牌(商标)的企业,且当年在央视实际广告投放总额达到300万元(含)以上的,按广告播出费用的5%给予补助,最高不超过30万元;对省级卫视实际广告播出费用总额达到100万元(含)以上的,按广告播出费用的3%给予补助,最高不超过10万元。

(四)设立500万元转型升级专项资金,搭建先进示范平台,引领产业转型升级

1. 表彰各类先进典型。对列入市委、市政府统一集体项目奖励范围的慈溪市工业经济年度杰出人物、慈溪市科学技术奖、慈溪市杰出人才奖、慈溪市市长质量奖等给予一定的奖励。

五、支持中小微企业发展

(一)设立250万元管理咨询专项资金,鼓励企业开展管理咨询项目,借助管理咨询机构提升管理水平

1. 鼓励企业管理质量提升。列入年度管理咨询项目计划,且咨询费投入总额在10万元(含)以上的,按项目实际咨询费给予30%的补助,最高不超过20万元。

(二)设立400万元企业提升专项资金,引导企业提升综合实力,推动我市产业业态优化升级

1. 引导企业提档升级。对"个转企""小升规"企业当年销售(营业)收入、利润总额形成的地方财力,以企业转化前一年为基数,连续3年内对超过基数增量部分给予奖励。

(三)设立350万元新产品风险补偿专项资金,鼓励新兴产业重点领域新产品首购首用,拓展新兴产业链

1. 建立首购首用风险补偿机制。在经认定的试点企业扶持期限内,凡注册地在本市的企业采购试点企业新产品用于生产、研发的,对采购企业给予其采购额的5%～20%风险补偿。

(四)设立250万元安全生产专项资金,鼓励企业开展安全生产标准化创建活动。(本条政策实施至2014年年底)

1. 鼓励开展安全生产标准化建设。以政府购买服务的方式,对服务机构帮助政府开展安全生产标准化建设提供服务给予一定的补助;继续安排资金用于安全生产信息网络平台建设。

六、提高开放型经济发展水平

(一)设立700万元参展专项资金,鼓励企业境外参展,扩大国际市场份额

1. 鼓励企业境外参展。对企业参加市有关部门认定并组织的境外展会和境内国际性涉外展会(含广交会场外馆、网上广交会)给予展位费全额或部分补助。

(二)设立1000万元信保专项资金,帮助企业有效防范市场风险,促进贸易安全

1. 支持企业出口信保和贸易维权。对企业出口信用保险投保额超过100万美元(含)的,按投保费的15%给予补贴,投保额超过500万美元(含)的,按投保费的20%给予补贴;安排200万元资金对政府小微企业出口信用保险联保平台参保企业给予一定的保费补助;支持企业开展公平贸易维权,对参加"两反一保"等涉外贸易诉讼的企业,按相关费用的30%给予补贴。

(三)设立1000万元进出口奖励专项资金,优化进出口贸易结构,积极推动外贸转型升级

1. 鼓励企业扩大进出口。对当年度自营进口1000万美元(含)以上,且增幅高于全市自营进口平均增幅的企业,每家给予10万元的奖励;对当年度自营进口5000万美元(含)以上,且增幅高于全市自营进口平均增幅的企业,每家给予20万元的奖励;对进口符合《宁波市鼓励进口技术和产品目录》的先进技术和重要装备,且其进口额达到50万美元(含)的企业,按进口额每美元给予0.02元的奖励。对当年度全市出口前100名重点企业,且出口增幅达到全市出口平均增幅的,对其出口额超过上年基数部分每100万美元给予0.5万元的奖励,最高不超过50万元。年度自营进出口在500万美元(含)以上企业对其当年实缴的水利建设基金,经地税部门审批给予减征。

2. 支持外贸平台建设。支持流通型重点外贸企业开展网上一站式外贸服务平台建设、推进贸易供应链管理,对列入市招商局年度内平台扶持和贸易供应链管理项目计划的企业,按其当年系统建设等相关投入费用的30%给予补助。对各级出口基地建设、外贸公共服务平台建设等给予资金支持。

3. 鼓励开展进出口业务。鼓励市外企业来慈注册落户开展进出口业务,对当年进出口业绩达到500万美元(含)的,给予20万元的奖励。

设立慈溪市出口质量奖,对获奖外贸企业予以表彰;对当年度自营出口、自营进口十强企业予以表彰。

4. 积极推动企业境外并购。对出口企业当年成功收购境外品牌的,同一品牌给予最高不超过20万元的奖励。

(四)设立350万元"走出去"专项资金,积极鼓励企业境外投资,拓宽对外合作渠道

1. 鼓励企业境外投资。对经批准在境外以新设、增资等方式开展生产加工、贸易中心、研发设计、并购、资源开发的企业,中方总投资达到50万美元(含)的,每美元给予0.08元的奖励,最高不超过80万元。

2. 鼓励企业对外承包项目。对企业获得对外承包工程经营权、成套设备输出权、援外项目实施资格的,给予不超过10万元的奖励;对获权企业当年实施完成的境外承包工程(含分包)经营额,每美元给予0.03元的奖励。

七、加大招商引资力度

(一)设立1000万元招商引资专项资金,鼓励全社会积极开展招商引资,搭建社会大招商招大商新格局

1. 加大招商引资力度。对当年引进的外资项目(包括增资项目),每个项目按实到外资的4‰～6‰给予奖励;对当年引进的内资项目(包括增资项目),每个项目按实到资本的2‰～3‰给予奖励;对优质大项目引进再给予5万～10万元的奖励。

2. 大力开展全社会招商。对单位或个人获得第一手招商信息源后到市招商局备案，并经市招商局、项目意向落地方确认为有效信息的，对其按每条信息给予奖励。

八、提升科技创新能力

（一）设立800万元发明专利专项资金，大力支持发明创造，营造科技创新的良好氛围

1. 对当年授权的国内发明专利，专利权人为企业的每件给予1.6万元的奖励，个人的每件给予1万元的奖励；对当年专利授权指数（每件发明专利、实用新型专利、外观专利分别为10、2、1）达到20、30、50及以上，且发明和实用新型专利授权指数比例50%以上的企业，分别给予2万元、3万元和5万元的奖励。

（二）设立1000万元科技型企业培育专项资金，实施创新型企业梯队培育工程，促进科技型中小企业快速发展

1. 实施"雏鹰"培育计划。对成立不足36个月且上年度销售收入1000万元（含）以下的初创科技型小微企业实施"雏鹰"企业培育计划。对当年认定为市"雏鹰"计划培育企业且销售收入达到200万元（含）以上的给予10万元的奖励，第二年销售收入增长300万元（含）以上的，再给予10万元的奖励。上年度销售收入2000万元（含）以上企业，当年认定为市"雏鹰"计划企业的，最高给予20万元奖励。

2. 实施"瞪羚"培育计划。对宁波市科技型企业实施"瞪羚"企业培育计划。对当年认定为宁波市科技型企业并列入市"瞪羚"培育计划的，自认定之年起3年内，按其实现的销售（营业）收入、利润总额形成的地方财力新增部分给予50%的奖励（高新技术企业除外）。

3. 实施"头雁"培育计划。对高新技术企业、宁波级及以上创新型试点（示范）企业实施"头雁"企业培育计划。当年认定为市"头雁"培育计划的企业，自认定之年起3年内，经地税部门批准，对房产税、城镇土地使用税和地方水利建设基金给予减征。

（三）设立600万元科技工程专项资金，鼓励企业建设研发机构，开发新产品，促使企业掌握核心技术

1. 支持企业设立研发机构。对当年认定为市级工程技术中心，给予5万元的奖励；对当年认定为宁波市级、省级和国家级企业工程技术中心（研发中心），分别给予20万元、30万元和100万元的奖励。

（四）设立2300万元科技创新专项资金，支持企业承担科技创新项目，促进高新技术成果转化及产业化发展

1. 加大支持工业经济创新发展。对列入高新技术成果转化及产业化一般项目计划的，每项给予20万元的奖励；对列入科技攻关、协同创新等重点项目计划的，每项给予50万元的奖励；对国家863计划、973计划、支撑计划和宁波市重大科技专项等重大项目，每项给予100万元的奖励。

2. 加大支持农业和社会项目发展。对列入农业和社会发展一般项目计划的，每项给予10万元的奖励；对列入农业和社会发展重点项目计划的，每项给予20万元的奖励。对宁波以上择优委托和重大攻关等重大项目，每项给予30万元的奖励。

3. 加大支持科技孵化企业发展。对入驻市科技孵化中心的企业给予150万元补助。

（五）设立4000万元科技平台专项资金，共建科技公共服务平台，强化科技创新服务，为我市经济转型升级提供智力支撑

1. 加快与中科院的共建平台建设。对市政府与中国科学院上海分院和中国科学院宁波工业技术研究院的共建平台给予一定补助。

2. 加快市技术转移转化中心建设。对国内外著名高校院所单独或联合来慈组建科技创新平台实施"一事一议"；安排市协同创新研究院专项工作经费，并给予入驻高校院所经费补助。

3. 加快市科技创新服务中心建设。对面向行业服务的科技创新服务平台，自认定之年起三年内，按当年研发测试仪器、设备和软件投入的25%给予奖励，每年最高不超过50万元。

九、强化人才引领支撑

（一）设立6000万元人才专项资金，加快引进培育海内外高层次人才，进一步发挥好各类人才在促进产业转型升级中的推动作用

1. 实施"上林英才"计划。领军人才（团队）项目类别分A、B、C三类，分别给予500万元、200万元、50万元的项目资助，特别重大的项目可"一事一议"，给予1000万元及以上的特别资助；由我市自主申报入选国家、省"千人计划"或宁波市"3315个人计划"的领军人才（含外地申报，关系转入我市的领军人才），按不重复原则给予1∶1个人配套奖励；对列入"上林英才"计划的领军人才（团队），提供100～600平方米的创业场所，创业初期给予全额租金补贴，并给予每平方米最高200元的装修补助；对于A类领军人才（团队）创办的在慈企业，在产业化过程中流动资金不足的，自企业创办之日起5年内，可享受银行基准贷款利率50%、累计最高50万元的贷款贴息；领军人才落户后，为其提供免租房1套，时间最长不超过5年，为其团队核心成员提供公共租赁住房1～3套；领军人才在慈工作满两年，可优先申购人才公寓1套。

2. 实施"115"人才培养工程。对列入第一、二层次培养的培养人才分别给予800元、300元的月津贴补助，定期开展专业培训，每两年组织一次赴外地学习考察；完善科研经费资助办法，对于省部级及以上、宁波市级和市级项目，分别给予5万元、2万元和1万元资助，每位培养对象一个培养周期内按就高原则享受一次项目资助。

3. 实施企业人才储备计划。对到企业工作的储备人才给予津贴补助，其中"上林英才"计划A类领军人才每月补助5000元；"上林英才"计划B类领军人才、具有博士研究生学历或正高职称的，每月补助4000元；具有硕士研究生学历或副高职称的，每月补助2000元；国家"211"工程重点高校第一批录取的本科毕业生，每月补助1000元。补助期限最长为2年。

4. 加强各类专业人才培养。每年安排600万元，用

于支持企业经营管理人才、电子商务人才和专业技术人员的教育培训。对企业引进、培养国家级、省级、宁波市级工艺美术大师并落户我市、工作一年以上的，分别给予企业每人10万元、3万元、1万元的奖励；对入选市级技能大师工作室的，给予每家5万元资助；对当年获得旅游及相关专业高级职称的人才给予一次性5000元奖励；对当年获得高级导游资格证、旅游及相关专业中级职称的人才给予一次性3000元奖励；对当年获得国际“金钥匙”服务人员、中级导游资格证的人才给予一次性2000元奖励。

5. 推进院士工作站建设。对被批准为市级院士工作站的，给予补助经费10万元；被批准为宁波市级院士工作站的，给予一次性配套资助经费20万元；被批准为省级院士工作站或被国家级学会(协会)批准为院士工作站的，给予一次性配套资助经费20万元；被批准为国家级院士工作站的，给予一次性配套资助经费20万元。

6. 推进博士后工作站建设。给予新建博士后工作站的企业一次性科研经费资助30万元；给予建站企业每招收1名博士后研究人员、两年进站研究期内20万元经费资助，其中10万元用于进站博士后的生活补贴。

7. 加快“海外工程师”引进。对引进“海外工程师”的企业实行年薪资助，根据宁波市年薪资助额度，给予同比配套资助。

8. 完善人才关爱机制。在慈溪工作满两年，入选国家、省“千人计划”的领军人才(含外地申报，关系转入我市的“千人计划”领军人才)或“上林英才”计划A类领军人才，可享受50万元的一次性安家补助，“上林英才”计划B类、C类领军人才可享受20万元的一次性安家补助；国家级、省级工艺美术大师落户我市且工作满两年的，可分别享受20万元、10万元的一次性安家补助；其他到企业工作取得重大成果或创造良好经济社会效益的高层次人才，可分期享受安家补助，其中博士研究生学历或正高职称的高层次人才补助标准为20万元，硕士研究生学历或副高职称的高层次人才补助标准为10万元。每三年开展一次市人才奖评选，分别给予市杰出人才每人10万元、市突出贡献人才每人5万元、市优秀中青年人才每人1万元的奖励。每3年开展一次市人才工作先进单位评选并给予表彰。

9. 夯实人才基础保障。人才中介服务机构(社团)推荐引进的国家、省“千人计划”和宁波市“3315”团队计划项目，在我市落户并正常运行半年后，每个项目分别奖励50万元、20万元和20万元；人才中介服务机构(社团)推荐高层次人才(团队)参加我市组织的重大人才活动或申报“上林英才”计划，经审核通过，每个项目给予2000元奖励。安排专项资金，用于鼓励大学生创业和在企业就业，形成各产业人才预备梯队。支持和资助企业赴各地招聘各类人才。

十、完善金融服务功能

(一)设立300万元金融机构考核专项资金，鼓励金融机构扩大信贷规模，调整信贷结构，支持实体经济发展

1. 鼓励金融机构支持地方经济发展。为鼓励银行等机构创新金融产品，加大资金投放，优化资金配置，开展信贷服务，根据全年信贷有效投入增长目标、信贷投向、融资创新三方面对金融机构进行考核。

(二)设立1000万元担保风险补偿专项资金，引导企业开展融资担保，规范和扶持担保行业，促进中小微企业成长

1. 对融资性担保机构实施风险补偿。为缓解中小微企业融资困难，支持中小微企业发展，对年日平均担保责任余额在1亿元以上(含)，市农户小额信贷担保公司年日均“三农”担保金额在3000万元(含)以上，收取的保业务费率必须低于2.2‰标准的中小企业担保公司，按年日均有效担保责任余额的2%给予补助，最高不超过300万元。

(三)设立1000万元金融创新专项资金，鼓励企业积极开展金融创新，充分发挥地方金融特色优势，推动中小企业发展

1. 支持地方金融创新发展。为支持村镇银行、小额贷款公司、农村资金互助社等新型金融组织发展，对新成立的地方金融机构按销售(营业)收入、利润总额形成的地方财力3年内全额给予奖励；对经营3年以上，考评优良的小额贷款公司，再给予3年利润总额形成的地方财力全额奖励。

(四)设立400万元科技金融专项资金，扶持发展科技金融机构，用金融创新带动科技成果转化，促进中小型科技企业创新发展

1. 推动金融与科技创新深度融合。引导金融服务机构开展科技金融服务，对为科技型企业提供创业资本等服务的科技银行等科技金融服务机构实施风险补偿。

十一、附则

(一)同一主体、同一事项或参照同一奖励补助依据的项目，不重复享受市级各项优惠政策；上级要求我市配套的，本政策补助奖励视同配套。

(二)本政策中所有评选项目，当年级别提升的，给予补差奖励。实行“一企一策”或“一事一议”等特殊优惠政策的企业，原则上不再享受本政策。

(三)本政策中所提“投资额”或“投入额”，不包括土地征用、相关房屋拆迁、青苗补偿等政策处理费用。

(四)企业如有发生违法违规行为受到有关部门行政处罚的，安全考核未达标的，未完成市政府确定的节能减排目标任务的，不得享受本政策；对弄虚作假骗取财政补助资金的企业，除收回补助资金外，取消3年内申报财政补助资金的资格。

(五)本政策文件规定的奖励、补助资金仅规定幅度范围，未规定明确标准的，由相关职能部门会同市财政局结合实际制定具体的奖励、补助标准。

(六)除另有约定外，本政策条款所涉补助、奖励、资助资金按年初预算安排发放，若超过年初预算，则按同比例下调兑现标准。

(七)本政策实施期限为2014年1月1日至2016年12月31日。在此期间，凡涉及因上级政策调整或社会经济形势发生变化而需调整本政策内容的，另行研究制定。

中共温州市委　温州市人民政府
关于进一步加强温商回归工作的若干意见

各县(市、区)委、人民政府,市直属各单位:

为全面贯彻落实市委十一届四次、五次、六次全会精神,深入实施"十大举措",进一步汇聚海内外温商的智慧和力量,推动海内外温商回乡创业发展,现就进一步加强温商回归工作提出如下意见。

一、总体目标要求

温商是温州赶超发展的第一资源,是温州再创辉煌的不竭动力。要进一步贯彻落实省委省政府支持浙商创业创新促进浙江发展战略决策,充分发挥温商在推进赶超发展中的生力军作用,全面深入分析总结前阶段温商回归工作,不断创新温商回归工作举措,健全温商回归工作机制,构建温商回归新平台,完善温商回归工作网络,强化温商回归工作保障,努力把"温商发展"转化为温州发展,把"温州人经济"转化为温州经济,力争今后3年实现温商回归投资3000亿元,全力助推温州"赶超发展、再创辉煌"。

二、创新工作举措

(一)规范提升商会建设

1. 创建省级温州商会。深入贯彻落实市委、市政府《关于进一步加强异地温州商会建设的实施意见》(温委发〔2012〕81号)精神,不断规范提升异地温州商会建设,充分发挥商会主体作用和在外温商群体优势,有效整合与利用商会及温商资源,创新商会建设发展模式,提升商会价值,促进温商回归创业。以省(直辖市、自治区)为单位组建省级温州商会,与在外温州商会党工委设置同步推进,坚持试点先行,按照成熟一个、组建一个的原则,加快构建"1+31+X"的全国温州商会网络新格局("1+31+X":"1"是指温州市全国温州商会总会;"31"是指31个省(直辖市、自治区)的省级温州商会;"X"是指各省域所属地市级温州商会)。

2. 组建全国温州商会总会。进一步聚集异地温州商会及在外温商力量,坚持联谊、沟通、聚力、服务的原则,以全国省级、市级温州商会为主体成立全国温州商会总会。以商会总会为平台,加强商会之间、温商之间的联谊、合作,增强温商的凝聚力及温商资本的聚合力,促进温商项目、资金、人才、技术的回归,推动温州与温州人经济融合发展。

3. 创建温商博物馆。以全球温商为主体,以温商发展历程、脉络为主线,以弘扬温商精神、传承温州文化为主要目的,建立世界温商博物馆,设在温州商会总部大厦内。向全球温州人收集与温州人创业、创新历史性事件相关的物品和纪念物,以激励更多温商创业创新回报家乡。文化等相关部门负责方案起草、资料征集、文案撰写工作。

4. 加强在外新生代温商联系服务工作。立足新生代温商工作实际,搭建三大平台,推出特色举措,加强新生代温商间联谊交流,增强新生代温商的家乡认同感,切实引导新生代温商回乡创业,开创新生代温商工作新局面。建立在外新生代温商联席会议制度,市温商党工委、市侨办、市工商联、团市委、市妇联、市侨联等为成员单位,市温商党工委统筹协调,各职能部门发挥作用,共同做好在外新生代温商工作。

(二)创新回乡创业载体

5. 实施温商回归"百名领头雁工程"。以企业实力、企业效益及对社会的贡献为主要依据,确定100名温商作为回归创业创新的"温商领头雁"。发挥"温商领头雁"在温商投资创业中的骨干、带头作用,每年开展1次以上回乡投资考察活动,通过带头创业、带动关联产业发展、以商招商、以商招才、以商引资等多种形式助推温商回归工作。落实领导挂钩联系和专门工作小组等制度,协调解决项目推进过程中的问题,确保项目落到实处。

6. 开展温商组团回乡投资考察工作。市商务局、市经合办、市侨办、市台办等部门要牵头负责境(海)外温商、台商、侨商和市外境内温商组团回乡投资考察的组织邀请工作,按照每月组织2～3个批次回乡投资考察活动的要求,细化工作安排,在充分沟通对接的基础上,力争在活动期间签订合作项目或投资框架协议。

(三)打造回乡投资平台

7. 建设温州商会总部大厦。为了适应温商人才回乡、项目回归、资金回流、总部回迁的回归创业需要,满足温商总部留在温州的要求,按照政府协调服务、市场运作的方式,结合城市总体规划,选择在城市商业中心具有较好区位优势的地段建设温州商会总部大厦,作为异地温州商会在温的办公场所、温商企业的总部、温商的金融中心、营销中心、名品展示中心以及在外温商的休闲交流场所。

8. 建设世界温州人家园。根据温商回归工作需要及广大在外温商落叶归根、反哺家乡的意愿,结合城市总体规划,在区位优势好、周边环境优、开发空间大的区域建设世界温州人家园,为广大温商提供定居养老、安居乐业、创业创新、集群发展的高档社区。项目选址由市规划局负责,项目建设按市场化运作。

9. 规划建设温州世界时尚新天地。以发展本土时尚产业,引领全球时尚潮流为目标,以温州现有时尚产业为基础,集聚海内外温商的资源,汇集国际时尚产业高端要素,结合城市总体规划,选择在区位条件好、发展空间大的区域,规划建设以打造汇集时尚产业会展、设计、生产、销售、旅游为一体的国际性时尚产业发展新天地。

10. 打造时尚商圈。结合时尚之都规划,以鹿城五马街等传统核心商业区为基础,打造时尚商圈。发挥全球温商网络、时尚消费文化等独特优势,积极开发高级时尚定制、国际名品、温州(温商)名品等板块。按照规划先行、政策引领、要素集聚、属地为主的要求,拓展商业街区,提升品牌档次,辐射周边商圈,成为海内外温商和本地温商企业创业的重要平台。

(四)提升回乡投资服务质量

11. 建立健全温商回归激励机制。以温商回归功勋(先进)人物为引领,建立健全温商回归激励机制,进一步激发温商回乡创业创新积极性,促进温商大回归、企业大回迁、资金大回流、人才大集聚。

12. 建立温商回归重点项目服务员制度。明确工作责任,优化服务流程,注重问题化解,推进项目落地。通过建立情况收集、推进落实、报告考评、服务员联系卡等机制,对温商回归重点项目进行全程跟踪服务,推进温商回归重点项目早落地、早投产、早见效。

13. 搭建温商信息服务平台。以温商信息库为基础,建设温商信息服务平台,加强信息互动与资源共享,实现温州信息的即时传递、招商项目的时时发布以及温商之间沟通无障碍。不断优化结构,充实信息服务平台内容,提高信息服务平台功能,扩大信息服务覆盖面。

三、强化保障措施

14. 加强组织领导。成立温商回归工作领导小组,充分发挥市、县支持温商创业创新支持温州发展工作领导小组统筹协调、指导服务和监督评估的作用,在深入开展调查研究的基础上,创新工作思路,科学制定工作计划,力求工作实效。树立全市工作一盘棋的理念,整合一切温商资源,形成全市上下共同推进的强大合力。

15. 加强队伍建设。进一步加强招商队伍建设,不断充实招商力量。各地根据温商回归工作实际情况,切实加强温商回归招商服务中心建设,明确归口管理,配强专职人员。通过选调、学习培训等方式提升素质,特别是要选调一批擅长项目包装、熟悉项目前期工作、招商推介和对接洽谈的专业人才充实招商队伍。

16. 选派优秀干部到异地温州商会指导工作。从市直机关中选派熟悉经济工作的优秀干部担任省级温州商会建设顾问,并任该省在外温商党工委专职副书记,负责协助筹建省级温州商会,指导商会工作和党的建设,重点开展温商回归工作。

17. 加强经费保障。加大对温商回归工作的财政保障力度,确保全国温州商会总会、世界温商博物馆、"温商领头雁"工程、温商信息服务平台等项温商回归工作的必需经费。

18. 加强考核考绩。健全温商回归任务落实的责任制和考核评价机制,定期对各项温商回归工作进展情况进行考核、评价、通报。建立有利于推动温商回归工作的干部考核导向,将温商回归工作成效情况作为评先评优的重要内容和干部培养使用的重要依据,对态度消极、造成负面影响的,予以通报批评,并追究相应责任。

19. 加强效能督查。建立健全温商回归工作督查机制,联合市考绩、监察部门开展定期督查和专项督查,及时了解、掌握、分析温商回归工作情况,深入调查项目推进过程中存在的问题,及时查处影响项目进度的效能问题和作风问题。切实发挥好招商效能监测点的作用,畅通投诉渠道,强化查处力度。

20. 加强宣传工作。由宣传部门制定温商回归宣传工作计划,塑造温商良好形象,提升温州美誉度,增强温商回归发展和温州赶超发展正能量。创新宣传模式,联合国内重点研究机构,通过公布课题报告等不同形式,在各级各类媒体做好宣传工作,为温商回归和温州赶超发展营造良好的外部环境。

2014 年 5 月 15 日

中共温州市鹿城区委
关于发展时尚产业建设时尚城区的决定

(2014 年 7 月 30 日中国共产党温州市鹿城区第八届委员会第七次全体会议通过)

按照中央和省、市委的系列重大决策部署,深入贯彻市委十一届七次全会作出的《中共温州市委关于发展时尚产业建设时尚之都的决定》精神,全面振兴实体经济,加快产业结构调整,推动城区转型发展,现就我区发展时尚产业、建设时尚城区作出如下决定。

一、重大意义

市委十一届七次全会作出的关于发展时尚产业、建设时尚之都的决定,对温州城市的定位、特色、路径、举措作出了一系列重大战略部署,为鹿城的产业转型升级和城市转型发展提供了千载难逢的历史机遇。鹿城作为温州的主城区，区位优势特别明显、轻工产业特色突出、现代商贸配套成熟、温商网络健全发达、时尚传承底蕴深厚，发展时尚产业、建设时尚城区具备得天独厚的比较优势和资源禀赋。发展时尚产业、建设时尚城区，对于顺应消费升级、推进产业转型、发挥独特优势、彰显城区特色、提升区域实力、扩大区域影响力和竞争力都具有重要的战略意义和现实意义。全区上下要抓住机遇，乘势而上，顺势而为，努力开创赶超发展的新局面。

二、目标要求

（一）指导思想

深入贯彻中央和省、市委重大决策部署，全面落实《中共温州市委关于发展时尚产业建设时尚之都的决定》精神，以建设“宜商宜居、时尚活力”城区为定位，深入实施“创首善之区、建幸福鹿城”总目标和“三四五”总战略，扎实推进时尚智造、时尚消费、时尚品牌、时尚文化重点工程，着力打造温州时尚之都的示范区。

（二）工作目标

把发展时尚产业、建设时尚城区作为产业转型升级和大都市核心区建设的战略方向，明确主攻方向，强化战略抓手，突出项目带动，力争到2020年，形成以滨江商务区、城市中央绿轴为引领的城市时尚标志性窗口，以环五马街区为核心的千亿级时尚商圈，以中国鞋都时尚智造为内核的产业升级引领区，以传统文化和现代文化融合发展的富有时尚气息的文化强区，培育壮大一批成规模、有影响、具竞争力的时尚商圈、时尚产业、龙头企业、时尚品牌，加快建成富有时尚特色的大都市核心区。

（三）实施原则

1. 政府引导，市场主导。发挥政府和市场的“两只手”作用，强化政策的导向扶持作用和手段的综合倒逼运用，充分激发各类市场主体在时尚城区建设中的创新活力和创造激情。

2. 超前谋划，科学规划。坚持高起点高标准，科学做好时尚城区建设的顶层设计、系统规划，合理布局，构筑错位互补、有机协调的时尚功能规划建设体系。

3. 创新驱动，项目带动。以思想解放为先导，以重大平台为支撑，以具体项目为抓手，以创新驱动发展为动力，率先在项目和产业转型关键领域上取得突破。

4. 优势发展，突出特色。充分发挥鹿城资源禀赋和比较优势，加快轻工产业向时尚产业、传统商贸向时尚消费转型，提升传统文化和现代都市文化，构筑以时尚为特色的现代产业体系。

5. 远近兼顾，重点突破。统筹考虑阶段任务和远期目标，提高建设发展的协调性、系统性、整体性，集中精力突破重点、难点、亮点，以关键突破牵引和推动时尚城区建设。

三、主要任务

（一）优化时尚功能布局

1. 加快环五马时尚商圈建设。优化调整环五马商圈的功能定位、空间布局和产业业态，推进商圈的扩容提质升级，推进城市商业主中心的业态升级。突出国际时尚品牌特色，加大区域内资源联合整合融合力度，推进商圈形态和时尚业态的更新改造，加快打造以五马街区为核心的千亿级时尚商圈。

2. 优化亮点区块功能布局。按照温州大都市区建设的功能布局，加快滨江商务区和城市中央绿轴建设，编制实施时尚区块建设方案，加快打造城市时尚标志性窗口。抓住双屿列入全省“减员增效”综合整治试点和省级“腾笼换鸟”试点区、低端落后块状行业整治试点区的契机，统筹推进瓯江沿线连片改造、工业园区有机更新、传统产业时尚化改造，加快将中国鞋都打造成时尚智造的引领区。加强亮点区块之间的功能互动，提升时尚城区的整体承载力和竞争力。

3. 打造特色时尚产业板块。优化都市型功能区功能布局，充分结合区块优势和资源禀赋条件，加快建设时尚特色明显、功能协调的组团板块。挖掘整合瓯江沿线、塘河两岸、特色街区等优势资源，抓紧编制实施项目方案，着力打造特色时尚轴块。抓住藤桥、七都两大新区建设和仰义林里山坡地开发契机，同步谋划时尚产业的功能布局，尽快形成时尚产业区块建设的亮点。

（二）建设时尚产业集群

1. 加快推进时尚智造。推进传统工业园区的拓容提质升级，加快中国鞋都、轻工产业园区、炬光园、沿江工业区产城融合发展，优化时尚资源要素的配置，争取将中国鞋都建成区域性的研发设计、时尚展示、信息发布、品牌交易中心。优先启动一批传统产业时尚化改造项目，加快鹿城工业区A378地块、吴桥工业区等城市有机更新，加大时尚连片改造和整体招商力度，优化基础设施和配套服务，先行创成一批时尚园。加快传统产业的转型升级，支持企业加大时尚创新研发，增强轻工产品的时尚设计和服务销售能力，促进流行时尚元素与传统轻工产业的融合。顺应市场终端网络升级趋势，鼓励康奈等企业升级终端门店形象，打造品牌化、智能化、体验化的新型零售终端，拓展时尚链条。

2. 全力提升时尚业态。依托八大都市型功能区各具特色的资源优势和区块功能分工，制订实施时尚产业扶持发展政策，加快各类时尚要素的整合集聚，加快打造特色明显、功能互补的时尚产业发展平台。加快推进传统商贸转型，突出环五马商圈和滨江商务区两大城市级主中心建设，整合提升传统商圈、街区和基础配套，推进横渎河西、鹿城广场、滨江西等综合体建设，不断丰富城市业态，培育商业发展特色，健全商业信息网络，加快建成区域性的现代商贸服务中心、时尚购物中心等，全力打造现代化商业核心区。加快培育发展现代商务，以亮点区块建设为引领，统筹推进七都等现代商务平台建设，加快知识、智力、资本、人才集聚，加快金融业集聚区、楼宇集聚群和温商总部园建设。大力发展时尚创意设计，加快浙江创意园、“黎明·92”文创园等拓容提质升级，加快新邦等一批在建文化创意园建设，推动一批特色园区创建国家和省、市级的工业设计、时尚生活设计、文化创意特色基地。培育壮大时尚休闲产业，加快瓯江沿岸旅游开发、极地海洋世界等招商和建设，加快江心屿、五马街、印象南塘旅游景区的评定升级，争创一批国家和省、市级服务业标准化项目，大力发展都市休闲旅游业；挖掘整合体育场馆、闲置地块、零星厂房等资源潜力，因地制宜建设体育设施，加快学校、企事业单位体育设施向社会公众开放，加快西洲岛等项目前期，大力发展养老健康、体育健身、运动健美等健身休闲产业；依托城区西部后花园的资源优势，加快土地规模流转，推进幸福农庄、观光农园、休闲农场、假日花市等项目建设，发展现代都市休闲观光农业。繁荣发展特色文化产业，提升温州人的创业创新文化，加强温州人重商思想文化和崇尚时尚文化的研究，挖掘温商网络的文化资源，整合打造国际品牌代理等产业；注重历史传承和乡土特色，提升鹿城的江心屿诗之岛、历史文化街区、名人故居文化和百年老店品牌，传承发展民俗文化，丰富地域文化内涵；保护和发展"两瓯两塑"等传统工艺美术，推动特色节庆文化、特色美食文化产业发展；加快现代时尚文化业态发展，培育数字文化产业，鼓励发展文学、艺术、影视、音乐等精神文化产品，创成省级文化产业十强县（市、区），2015 年创成省级文化先进区。鼓励发展生活服务产业，整合咖啡、酒吧、购物等特色街区和历史文化街区资源，提升基础设施配套建设，加快都市慢生活配套产业发展；满足城市时尚消费需求，发展壮大黄金珠宝交易、名品名购等高档消费品市场，培育壮大婚纱婚庆、时尚摄影等时尚产业；大力发展社区服务业，培育发展居家养老、家政服务、育儿托管等产业，协同推进科、教、文、卫、体等其他社会事业各领域的时尚产业发展。

3. 培育壮大龙头企业。加大市场、技术、资金等资源方面的扶持力度，鼓励企业通过资本运作、资产重组等方式做大做强，鼓励龙头企业建立研发平台，设立网上服装设计、鞋样设计等研发中心，加快培育一批鞋服等传统轻工制造产业的龙头企业和时尚产业领域的领军企业。鼓励时尚优势企业开展合作，打造跨界融合的产业集团和产业联盟。在时尚产业集聚区组建园区管理服务中心，实行个性化服务。加强"政银协企园"协作，实施行业企业分类评价服务机制，努力造就一批各具特色的中小时尚企业之星。实施龙头带动工程，加快产业链整合和延伸，开展时尚智造企业、创意设计企业、时尚消费等龙头企业评选，带动中小时尚企业共同发展。

4. 加快时尚品牌集聚。积极培育自主时尚品牌，建立品牌建设培育库，加大对采用国际标准或国外先进标准的奖励扶持力度，鼓励和引导企业参与国家标准、行业标准的制修订，实现资源要素和政策服务向优势企业倾斜。发挥温州人品牌代理的资源优势，加大温商回归和招商引资力度，实施温商连带品牌招商，加快建设国际品牌区域总部。搭建时尚展会平台，协同推进国际会展中心建设，积极争取各类专业展览落户鹿城，支持举办各种时尚展览展会活动；深化金秋文化节，积极举办文化产业交易博览会、创意市集、江心屿音乐节、欢乐金秋购物节、鹿城人文景观特色游等与时尚主题相关的活动，鼓励协会和企业举办设计赛、文化节、艺术节、动漫节、时装周等与时尚相关的节事活动，加快培育和扩大行业品牌、区域品牌。

（三）全力扩大时尚消费

1. 拓展时尚消费空间。规划建设名品直销中心，着力打造特色行业企业直销区块。挖掘时尚消费潜力，加快闲置楼宇的综合利用和在建楼宇的建设招商。合理布局建设城市综合体，增强区域消费辐射能力。引导树立健康消费理念，落实刺激消费的各类政策，健全社会保障体系，吸引市民就地时尚消费。

2. 扩大时尚消费领域。引导培育时尚消费热点，积极发展新的消费热点，推动时尚消费结构升级。做强做大进口商品交易市场，扩大时尚产品的进口和消费。引导金融机构加强消费金融服务，鼓励银行和商家整合资源，发展消费信贷和信用消费。创新夜市发展模式，优化夜间公共服务，促进夜市经济繁荣发展。全力拓展信息消费。

3. 创新商业发展模式。以城市综合体、特色商业街为主要载体，推进传统市场改造和新兴市场的培育，推动业态多元化和时尚化。注重线上和线下的联动服务，推进网络经济强区建设，实施重点产业基地、网络交易平台等系统工程，加速跨境电子商务发展，努力打造与时尚城区相配套的电子商务服务体系。

四、保障措施

（一）加强组织领导

把时尚城区建设摆到全局工作的突出位置，成立时尚城区建设领导小组，统筹协调和解决时尚城区建设中遇到的重大问题。建立区政府联席会议制度，对重大项目招商和审批实行"一事一议"。实行时尚产业重大项目区领导挂钩联系负责制，形成齐抓共管的强大合力。

（二）加强政策支持

用足用活和争取更多上级改革试点政策，完善财政扶持、金融支持、土地保障、配套建设等政策激励支持体系。充分发挥民间的特色和优势，吸引社会资本加大投入，推动设立时尚产业发展投资基金，鼓励行业协会和龙头企业牵头建立时尚产业风险基金，发挥社会各界力量参与建设发展。

（三）加强配套建设

加强重点行业公共创新服务平台建设，为行业和企业发展提供技术支撑。完善公共服务，加强时尚产品和时尚要素的流通供给。加强相关行业组织规范化建设，强化质量监管，成立知识产权维权行业协会，鼓励行业建立知识产权保护联盟或维权中心，严厉打击扰乱市场正常秩序的行为。

（四）加强人才建设

确立人才优先发展布局，深入实施科教人才强区战略，搭建人才创业投资服务平台，完善人才引进和使用机制。鼓励和支持社会力量举办各类科技研究型平台，支持行业协会、龙头企业利用行业企业资源优势，培育本地时尚专业人才。完善具有比较优势的地方人才政策体系，完善人才分类评价体系、人才贡献积分制、人才"绿卡"等制度，对绩优者在住房、子女就学等公共资源供给方面予以政策倾斜，打造中心城区人才集聚洼地。建立专业人才信息系统，探索构建各类时尚人才资质认证体系，加快培育一批时尚领军人物。

（五）加强环境营造

推进城市环境综合整治，着力优化城区人居环境。深化行政体制改革，加快“三单一网”制度建设，加快提升政府服务水平，着力优化城市创业环境。加大新闻宣传力度，及时培育树立一批先进典型，切实营造时尚产业发展和时尚城区建设的浓厚舆论环境，引领鹿城加快赶超发展。

中共乐清市委　乐清市人民政府
关于千亿级电气产业集群提升发展的决定

（2014年8月5日中国共产党乐清市第十三届委员会第六次全体会议通过）

为全面振兴实体经济，加快打造温州首个超千亿现代电气产业集群，进一步提高产业链各环节的协作能力和整体服务水平，促进电气产业向高端化发展，加快工业强市和新型工业化建设，现就千亿级电气产业集群提升发展做如下决定。

一、指导思想

以科学发展观为指导，围绕工业强市建设目标，按照“优化集聚、提质扩量”总要求，依托镇、街道和功能区产业优势，高度整合提升电气产业链和价值链，深入实施十项工作举措，强化四项保障，创新产业政策，全面推进千亿级电气产业集群提升发展，基本建成“产品高新化、经营集约化、品牌高端化、产出高效化、配套国际化”的现代电气产业集群，把乐清打造成为省内先进、国内领先、具有较强国际影响力的世界电气之都。

二、主要目标

2014年，力争提前实现电气产业总产值达1000亿元，培育产值超100亿元企业1家，超50亿元企业2家，超10亿元企业10家，规上R&D支出占主营业务收入的比重达1.5%，规上新产品产值率达23%以上，新增申请发明专利60项以上。

2016年，力争实现电气产业总产值1200亿元以上，培育产值超100亿元企业2家，超50亿元企业3家，超10亿元企业12家，规上R&D支出占主营业务收入的比重达2%，规上新产品产值率达35%以上，新增申请发明专利100项以上，创建省级以上电气行业公共服务平台3家以上。

2020年，力争实现电气产业总产值2000亿元以上，培育产值超100亿元企业3家，超50亿元企业6家，超10亿元企业20家，规上R&D支出占主营业务收入的比重达3%，规上新产品产值率达40%以上，新增申请发明专利150项以上，创建省级以上电气行业公共服务平台5家以上。

三、主要措施

（一）强化产业规划引领

1. 优化产业空间布局。坚持以“一城两镇三基地”的总体框架推进电气产业集聚发展，即以柳白新城“一城六中心”为核心区，加快推进柳市镇、北白象镇两大重点传统电气产业强镇建设和区块改造，加快乐清经济开发区申报升级为国家级经济技术开发区和绿色生态示范区，大力推进省级产业集聚区建设，增强产业集聚效应，向上争取更多的政策支持。大力推进乐海围垦和翁垟围垦工程建设，加快拓展发展空间。

责任单位：市发改局、市经信局、乐清经济开发区管委会、市柳白新城协调办，柳市镇、北白象镇。

2. 优化调整产业结构。优化和提升高新技术产业、战略新兴产业、装备制造业在产业结构中的比例，推进产业间融合发展。着力推进电气产品结构从低端制造向高端制造转变，从低附加值产品向高附加值产品领域延伸，加快从单一的低压元器件领域向成套设备、智能电气、高压、特高压等高新领域拓展，重点推进绿色电气产业链和智能电气产业链两条主导产业链建设。

责任单位：市经信局、市科技局。

3. 巩固提升产业优势。巩固提升电气产业零部件专业化生产的配套优势和物流优势；千方百计补齐产业“核心技术研发”和“区域品牌创建”两大短板。

责任单位：市经信局、市科技局、市交通运输局、市市场监管局、市质监局。

4. 积极实施行业规划。集中力量推行特色产品行业市场竞争战略研究，科学合理编制行业提升发展计划，明确行业近期发展目标、中长期发展战略和重点工作举措，实行“一产一策”，分行业促进发展模式转变。

责任单位：市发改局、市经信局、市质监局，有关行业协会。

（二）规范行业竞争秩序

5. 集中打击各类违法经营行为。加强执法检查，加大对无证照和假冒伪劣产品生产经营行为的查处打击力度；重点整治规范柳市电器城交易市场，严厉打击市场内假冒伪劣产品，净化市场经营秩序；进一步加强侵犯知识产权和不正当竞争的查处打击。通过加大专项执法整治，营造公平公正的良好电气行业竞争秩序，使原本游离在统计和纳税之外的市场订单和生产产能实现向上梯次转移，成为产业发展的潜在增长点。

责任单位：市市场监管局、市质监局，柳市镇。

6. 全面遏制低质低价竞争。重视和发挥各行业协会作用，强化行业自律，指导行业协会探索建立行业自律规范公约、价格等级分类和监督协调等工作机制，深入开展低质低价经营行为排查，指定专人及时掌握相关信息，切实加强行业内企业间合作和自律，避免相互低质低价恶性竞争。有关职能部门要加强指导和帮扶，并重点针对生产低质低价产品的企业，加大监督检查力度和频次，依法从严从快查处其各类违法经营行为，确保行业产品质量得到有效提升，使行业在传统的产品销售领域、参与国家电网投标和产品出口销售中，有效遏制过度的低质低价竞争，提高企业、行业发展效益。

责任单位：市经信局、市市场监管局、市质监局，有关行业协会。

（三）加强龙头骨干企业培育

7. 大力实施"三名"战略。集中资源要素，继续加大对电气龙头企业的支持力度，充分发挥其产业辐射和示范引领作用，通过现代企业制度建设、整合重组、"五型"企业创建等途径，扶持培育其做大做强，打造一批电气"名企"。鼓励引导重点优势电气企业依靠先进技术和过硬质量争创驰名商标和名牌产品，并依托品牌优势，规范整合众多贴牌加工企业的生产能力，扩大品牌经营规模，加快形成一批拥有自主知识产权和国际竞争力的知名品牌，打造一批乐清电气"名品"。加快实施企业家素质提升工程，加强对电气行业企业家领衔的管理和技术团队培训，注重对新生代企业家的培养，着力培育一批有社会责任感和社会服务意识的"名家"。

责任单位：市经信局、市商务局、市市场监管局、市质监局。

8. 扶持培育行业标杆企业。重点扶持培育一批电气产业中在特定领域拥有技术独特性、较强市场竞争力、能带动产业关联性和示范性的行业标杆企业，强化生产要素优先配给，帮助和引导其向"专、精、特、新"方向发展，在块状小行业中打造一批"隐形冠军"企业。大力支持外贸型标杆企业做大做强，调整促进出口优惠政策，加大落实出口退税、出国参展展位费补贴和出口创汇奖励等措施，鼓励企业积极参与国际市场竞争，确保外贸经济保持较快增长。

责任单位：市经信局、市商务局。

9. 探索发展联盟经济。支持、鼓励以行业标杆企业为核心，实施制造企业总集成、总承包协同发展，以探索组建联合集团或提供产业链式整体方案等方式，参与市场招投标，提高市场竞争力和中标率。加快在标杆企业中建立技术标准、技术开发、产业链和市场等联盟体系，在管理、设施平台、招投标信息等方面实现共享和资源整合，促进企业轻资产运行。

责任单位：市经信局、市市场监管局、市质监局。

10. 扶持培育优秀零部件配套企业。全面扶持区域内零部件配套企业成长发展，推进广大中小企业与大企业、行业龙头企业开展专业化协作配套，建立稳定的供应、生产、销售等协作关系，在块状小行业中打造一批零部件配套加工的"隐形冠军"企业。

责任单位：市经信局、市质监局。

（四）狠抓行业优化升级

11. 深入推进"三转一市"工作。加大宣传引导力度，全面落实"三转一市"各项政策措施，综合运用税收、用电量等指标，强化重点电气小微企业运行监测和培育，着力完成一批电气企业"个转企""小上规""规转股"和上市，形成电气产业大中小企业协同发展的梯队效应。

责任单位：市经信局、市统计局、市市场监管局、市国税局、市金融办。

12. 大力实施"四换四减"工作。以"机器换人"为核心，鼓励电气企业进行现代技术改造，着力提升工业品质；加快推进"腾笼换鸟"，加快整治淘汰重点行业落后产能，腾出土地资源优先满足电气成长型企业用地需求；大力推行"空间换地"，通过新增空间规划、放宽容积率、低效用地再开发、老工业园区改造提升等措施，全力保障电气企业用地用房需求；加快"电商换市"步伐，出台相应电商补贴政策，支持电气企业转变营销模式。通过"四换"，促进产业实现"减员增效、减能增效、减耗增效、减污增效"，提高劳动生产率和优质产品率，倒逼电气企业改造升级。

责任单位：市经信局、市国土资源局、市住建局、市商务局。

13. 实施行业（区域）品牌建设。加强对乐清电气产业区域品牌的保护和宣传，积极发挥政府、协会、企业合力推进作用，建立健全良好的品牌培育扶持机制、激励机制和保护机制，规范行业标准，加大质量认证和质量检查，切实维护好区域品牌形象。支持和鼓励行业协会申报创建国字号和省、温州市级行业（区域）品牌，创新筹办好中国电器文化节暨国际电工产品博览会，积极组织企业外出参加国际性展览、经贸交流、论坛等活动，着力提升乐清电气品牌的国内、国际影响力。

责任单位：市经信局、市科技局、市商务局、市市场监管局、市质监局，市电气行业协会。

14. 积极实施"行业滚动提升计划"。深入开展行业主导产品价值链高端提升，引导企业通过技术创新、开发高端产品、品牌创建、营销创新等方式，提高产业附加值，提升市场竞争力。积极实施优质零部件供应商培育专项活动，集中开展零部件供应商评定、认可和备案登记，统一制定规范零部件生产单位的自律公约，提高产品质量水平，进一步提升产业链配套发展能力。全面加强行业"提旧控新"，通过政策引导和倒逼升级，化解相对过剩的低附加值产能，实现低附加值环节的产能和订单梯次提升和转移；对准备进入的市场新主体依法严格准入门槛。

责任单位：市经信局、市市场监管局、市质监局。

15. 大力推动企业提质增效。深化"亩产论英雄"，建立企业分类管理档案，以企业资源（用地、用电、用水、排污）占用产出（增加值率、税收、利润）的综合指标评价，实施定期评级，建立示范、先进、达标、待提高等四类，督促企业实现滚动提升。

责任单位：市经信局、市国土资源局、市水利局、市环保局、市供电局。

（五）推进创新驱动发展

16. 深入实施科技创新。鼓励电气企业加大科研经费投入，加大核心技术和关键技术攻关力度，形成具有自主知识产权的核心技术和专利技术，参与或主导国际、国家和行业标准的制修订，增强技术领域控制权。实施知识产权优势企业培育工程，加大知识产权保护和维权援助力度。积极实施科技项目，帮助电气企业向上争取列入各类科技项目，并给予政策支持。鼓励支持有条件的企业积极创建科技型企业、省级以上企业技术（研发）中心、工程技术（研究）中心及重点企业研究院和实验室，对符合条件的电气企业申请高新技术企业认定，优先予以支持。

责任单位：市经信局、市科技局、市市场监管局、市质监局。

17. 加强产业科技创新联盟建设。鼓励和支持企业与高等院校、科研院所开展创新战略联盟、校企联盟、技术转移联盟等多形式的产学研交流合作。加强科技和金融结合，兴办、组建各类科技金融中介服务机构，加大对科技型电气企业信贷支持。

责任单位：市科技局、市金融办。

18. 加强管理制度和商业模式创新。引导电气企业创新管理制度，推进现代企业制度建设、研发体系建设和精细化管理，鼓励企业创新营销模式，在做优传统销售模式基础上，积极应用电子商务平台发布信息、开拓市场，加快向网上网下市场融合创新转变。进一步加强政府管理创新，创新扶持政策，优化政府服务水平，创新谋划产业发展举措，加大培育服务电气企业发展。

责任单位：相关职能部门。

（六）优化服务发展环境

19. 全力破解要素制约。加强土地要素保障，大力推进省级产业集聚区建设，向上争取更多的土地指标，加快经济开发区、乐清湾港区围垦及配套设施建设，增加新增用地，并确保每年新增建设用地40%用于工业，70%以上工业用地指标用于电气行业，重点对龙头骨干企业采取一事一议方式，优先保障。加强用能要素保障。加快电网基础设施建设，科学制订有序用电方案，重点优先保障电气产业重点企业用能。加强资金要素保障，加强企业与各类金融机构的对接与合作，优先保障电气行业、成长型企业信贷需求。加强人才要素保障，深入实施"雁荡英才计划"，重点实施高层次人才、产业项目紧缺人才、科技型人才引进培养，加大对产业转型升级带头人、创新团队的科研经费资助和专项奖励力度。

责任单位：市委组织部（人才办）、市经信局、市人力社保局、市国土资源局、市金融办、市供电局。

20. 提升驻企服务水平。深入开展"驻企服务"，进一步发挥驻企服务员作用，有效落实三级会办和"四到三办"等驻企服务制度，加大电气企业服务。建立形成镇、街道和有关行业协会排摸梳理，驻企服务员跟踪代办，责任部门快捷办理的服务机制，集中资源要素支持电气企业发展。重点梳理锁定一批优势成长电气企业在用地、用房、融资、审批等方面存在的困难和问题，帮助其在同等条件下优先予以解决；加大在建重点项目全程跟踪服务。重点推进一批重大电气产业项目建设，实行"一事一议"，推行全程无偿代办、模拟审批、开通"绿色通道"等措施，确保项目无障碍落地。全面加大企业帮扶力度，做好企业应急转贷专项资金使用和企业风险应急处置工作，及时帮助电气企业防范和化解生产经营风险。

责任单位：相关职能部门。

（七）加大引导扶持力度

21. 继续加大落实扶企强工各项政策措施。在原有诸多扶企强工政策措施的基础上，重点围绕电气产业集群集聚发展，整合优化使用工业转型升级财政专项资金及其他涉工财政专项资金，完善优化管理办法，在同等条件下，优先对电气产业集群建设政策倾斜。

责任单位：相关职能部门。

22. 配套出台产业培育专项扶持政策。设立电气产业发展共性问题扶持资金500万元，用于对产业技术联盟建设、产业共性技术项目攻关、鼓励全链式配套协作等方面的补助奖励。设立产业（行业）培育提升专项工作经费500万元，用于行业协会进行产业战略研究、编制发展规划、实施行业自律、开展行业优化提升、区域（行业）品牌申报创建、特色行业标杆企业示范评选等方面的补助奖励。

责任单位：市财政局、市经信局。

（八）强化发展平台支撑

23. 推进科技创新类平台建设。加快建设和完善市科技孵化创业中心、市科技创新园、浙江省温州低压电器技术创新服务平台、国家工业电器质量监督检验中心、产业标准信息服务平台和电气工业设计基地等科技创新平台。积极整合本地检测、试验等科研资源，启动引进上海电科所等外部优势科研资源团队，打造产业共性技术研发平台。

责任单位：市经信局、市科技局、市质监局。

24. 推进产业培育类平台建设。加快推进柳白新城国家级电工电器城及会展中心、销售中心等配套的六大中心项目建设。加快总部经济园一期招商入驻，注重发展总部经济和总部型企业。加速推进小微企业创业园及标准厂房建设。支持区域内电气专业门户网站建设，打造网络展示展销平台。整合本地物流资源，加快物流园区建设，大力引进和培育第三方物流企业，打造现代物流服务平台。

责任单位：市经信局、市住建局、市交通运输局、市商务局、市招商局、市柳白新城协调办。

25. 推进人才服务类平台建设。加快职业技术学院筹建和新世纪人才大厦建设，加快一批高级人才安居工程建设。依托重点龙头骨干企业、重点职业院校和高水平培训机构，建设一批省级高技能人才培训基地。针对电气产业举办各类人才交流会，组织电气企业赴外地和高校举办专场人才招聘会。

责任单位：市委组织部（人才办）、市教育局、市人力社保局。

（九）坚持投资项目带动

26. 狠抓项目投资建设。进一步加大工业性投资，做好工业项目梳理和项目扶持，推进一批在建、新建、续建等项目建设，确保完成年度工业性投资任务。重点推进正泰、德力西、人民集团等省级重大产业化项目建设，并争取更多的项目列入省级重大产业化项目。大力招引大项目、好项目，创新招商引资方式，全力实施乐商回归创业工程，促进一批与电气产业链关键技术配套、规模大、科技水平高、示范带动强的好项目及“乐商总部”落户。着力推进企业技改项目，加快技改项目备案、立项，实施一批重点技改项目，确保技改投资占比达60%以上。通过召开现场会、编印案例集等方式进一步扩大“机器换人”覆盖面，提高企业技术改造主动性。

责任单位：市发改局、市经信局、市招商局，各镇、街道、功能区。

（十）推进企业兼并重组

27. 加大电气企业整合重组。鼓励引导龙头企业通过联合、并购、控股、品牌经营和虚拟经营等方式对产业链上下游关联配套企业进行整合重组，推动企业组织结构优化调整，提高产业集中度。加大风险企业整合重组，落实相关优惠政策，积极引导行业协会、龙头企业、资产管理公司、银行和债权人通过入股、债转股、资产平移等方式对风险企业进行整合重组，鼓励风险企业实行承债式并购和将品牌、设备、营销网络等相关资产进行整合重组，着力化解电气企业经营风险。

责任单位：市经信局、市财政局、市市场监管局、市国税局、市金融办、市处置民间非法金融活动办。

28. 优化整合重组环境。着力优化企业重组程序，对企业整合重组或融资性股权质押过程中发生的股权结构变化，由市市场监管局先予办理股权变更登记手续，同时函告税务部门。进一步做好企业甄别、信息动态跟踪掌握工作，加大对重组企业税收补助等方面的政策扶持。引导金融机构加大对企业整合重组后的金融支持，简化信贷程序，进一步优化结算服务。规范企业兼并重组行为，采取有效措施防止企业通过兼并重组进行内幕交易、偷逃税款、恶意逃废债务等行为，切实维护市场公平秩序。

责任单位：市经信局、市公安局、市财政局、市市场监管局、市金融办、市处置民间非法金融活动办。

四、保障措施

（一）加强组织领导

成立市千亿级电气产业集群提升发展领导小组，由市委、市政府主要领导担任组长，市政府分管领导担任副组长，有关部门和镇、街道、功能区主要负责人为成员。领导小组下设办公室，设在市经信局，与市工业强市办合署办公。各镇、街道和有关部门单位也要建立相应的专项工作组，合力推进，确保各项工作落到实处。

（二）狠抓工作落实

各职能部门要发挥主力军作用，按照职责分工，进一步细化分解方案，制订年度推进目标计划和工作措施，确保工作落实。有关镇、街道和功能区要牵头做好本辖区电气产业规划，明确本辖区电气产业发展目标和任务，推进工业园区和小微企业园建设，加强对电气企业资源要素保障。有关行业协会要积极发挥作用，引导企业贯彻落实产业政策，做好行业信息数据收集统计、行业指导、行业预警、产品认证、标准制定、区域品牌培育维护等工作，促进行业自律和产业集群有序发展。

（三）加大督查考核

将电气产业集群提升发展工作推进情况纳入有关部门、镇、街道和功能区年度目标考核，市领导小组办公室要结合省、温州市有关考核要求和实际工作任务，每年制定电气产业培育重点工作目标，报市考绩办列入年度考核。同时，要加强对电气产业集群建设重要工作推进情况的督促检查，发现问题，及时预警，分析对策，确保圆满完成电气产业集群提升发展目标任务。

（四）营造良好氛围

要加大对工业强市建设、千亿级电气产业集群提升发展、“四换三名”、“三转一市”等典型案例和先进做法的宣传力度，自觉遵守执行政府有所为有所不为市场准则，提振企业发展信心。有关行业协会要及时推广交流行业自律先进经验和创新做法，着力营造全市上下合力推进电气产业集群提升发展的良好氛围。

附件：1. 乐清市千亿级电气产业集群提升发展2014年重点工作任务（略）
2. 乐清市电气产业集群重点服务平台建设任务分解表（略）
3. 乐清市电气产业集群培育专项扶持政策（略）

中共苍南县委　苍南县人民政府
关于修复振兴浙南鱼仓的若干意见

各乡镇党委、人民政府，县直属各单位：

苍南是全省海洋与渔业重点县，全市第一大渔业县，海洋捕捞业是我县沿海渔民、渔区群众赖以生存的重要产业。当前，我县海洋捕捞产能严重过剩，涉渔“三无”（无船名号、无渔业船舶证书、无船籍港）船舶量大面广，违法违规捕捞屡禁不止，海洋环境污染不断加剧，致使海洋渔业资源日益衰退。“东海无鱼”苍南首当其冲，修复振兴浙南鱼仓，是保障渔民群众长久生计、保护海洋生态环境、促进海洋渔业可持续发展和“双海双区”战略建设、建设美丽“浙江南大门”、创造美好生活的必然选择。根据《国务院关于促进海洋渔业持续健康发展的若干意见》（国发〔2013〕11号）、《中共浙江省委　浙江省人民政府关于修复振兴浙江渔场的若干意见》（浙委发〔2014〕19号）和省委十三届四次、五次全会精神，现就修复振兴浙南鱼仓提出如下意见。

一、总体思路和主要目标

（一）总体思路

围绕我县“双海双区”战略建设、建设美丽“浙江南大门”、创造美好生活的总体部署，以推进海洋经济强县、生态文明建设为统领，以振兴浙南鱼仓为目标，以“打非减船”、修复资源、强化管理为重点，开展清港、清市、清违、控油、控冰、打非护渔六大专项执法行动，建立联合执法、责任捆绑、协调推进三项机制，每艘涉渔“三无”渔船全面落实“一名领导、一个团队、一个责任人、一套方案、一抓到底”的“五个一”要求，坚持统一行动、属地负责，统筹兼顾、堵疏结合，使海洋捕捞强度与渔业资源再生能力相适应，促进海洋渔业可持续发展和渔民持续增收。

（二）主要目标

到2015年，打击取缔涉渔“三无”船舶取得阶段性成果，“船证不符”捕捞渔船、渔运船基本整治到位，非法捕捞行为、捕捞能力无序增长和渔业资源恶化态势得到有效遏制。

到2017年，涉渔“三无”船舶全面取缔，非法捕捞基本杜绝，国内海洋捕捞渔船转产退出机制初步建立，海洋捕捞产能有效减少。持续开展水生生物苗种增殖放流，我县海域渔业资源水平力争恢复到20世纪90年代末的水平。

到2020年，防控涉渔“三无”船舶和“船证不符”捕捞渔船长效机制基本建立，海洋捕捞产能进一步压减。基本建立渔业资源科学利用、依法管控的长效机制，全面建成资源与环境动态监测体系，渔船、渔民服务管理信息化、智能化，直排海污染源稳定达标排放。建成1个海洋保护区、1个海洋牧场，1个海洋公园，2014年增殖放流各类水生生物苗种4000万尾（粒），至2017年累计增殖放流1亿6000万尾（粒），浙南鱼仓渔业资源水平力争恢复到20世纪80年代末的水平，海洋捕捞与资源保护步入良性发展轨道。

二、重点行动

（一）开展“一打三整治”专项执法行动

从2014年开始，用3年左右时间，组织开展以严厉打击涉渔“三无”船舶及其他各类非法行为、整治“船证不符”捕捞渔船和渔运船、整治禁用渔网具、整治海洋环境污染等为主要内容的“一打三整治”专项执法行动。

（二）开展减船转产专项行动

1. 压减海洋捕捞能力。严格渔业捕捞许可，加强渔业船员管理。2017年12月31日前，除拖网、帆张网、单船大型有囊围网等渔船转为钓具渔船和淘汰存在较大安全隐患渔船及海损沉没渔船等特殊情况需新建渔船外，无渔业船网工具指标的一律不得新建国内各类捕捞渔船和渔运船。继续严格限制从省外购入各类渔船、转入船网工具指标。多方筹措资金，积极回购海洋捕捞渔船用作人工鱼礁或将其拆解，收回功率指标。

2. 调整完善渔业规费和补助政策。加快调整海洋捕捞作业方式，引导捕捞渔民从资源杀伤力强的作业方式向生态友好型作业方式转变。对于各类非法捕捞行为，严格按有关规定扣减渔业油价补贴。

3. 拓宽捕捞渔民就业渠道。落实优惠政策，引导渔民转产从事远洋渔业、水产养殖业、水产加工营销、休闲渔业、“渔家乐”及其他非渔产业，鼓励渔民“弃船上岸、弃渔转行”，引导支持有职业技能的渔民从事航海运输、机具修造、渔政协管等工作，促进转产渔民稳定就业。加快渔业结构调整，大力支持现代农业（渔业）园区、水产品加工流通园区、渔港经济区以及渔区新农村等建设。

（三）开展“生态修复千万放流”行动

1. 加强休渔禁渔管理。严格实施海洋伏季休渔禁渔有关规定，确保休渔禁渔时期船进港、人上岸、网入库、证集中。

2. 加强海洋生态环境保护。加强海洋资源与环境监测，建立海洋环境监测通报制度，加强对江河入海口的环境监测和海洋环境的执法检查，加大对入海污染物偷排、超排行为的查处力度。

3. 加强海洋生态修复。加强海域、海岛、海岸线的生态修复，新建七星岛海洋特别保护区、沿浦湾红树林海洋公园和海洋牧场，为保护浙江渔场“三场一通道”(产卵场、索饵场、越冬场和洄游通道)做贡献。大规模开展水生生物增殖放流活动。

三、加强基础保障能力建设

(一)加强渔业执法队伍建设

加大整合力度，进一步充实渔政执法、渔船检验、渔港监督等力量，推动执法机构建设与承担任务相协调。探索构建专群结合的监管模式，健全部门协同、陆海联动、交叉执法、县际互动的海上联合执法机制。加大执法装备投入，积极增配执法船艇，增加6名船员，建设渔政码头、扣船所，切实解决力量不足、队伍老化、装备落后等问题，提升执法能力和水平。

(二)完善和创新管理手段

加强海洋渔业信息化建设，提高渔船信息化、智能化管理水平。完善渔船进出港签证制度，二级以上渔港要设立渔船签证检查站，配备签证协管员，加强对渔船安全生产及禁用渔具的检查。加快网上政务大厅(政务服务网)建设，推进网上审批。规范渔船船员准入制度，加强对入渔劳力管理，加大对转借或假冒职务船员证书等违规行为的查处力度。建立渔获物进场交易查验制度，加强幼鱼比例控制，从严查处违规行为。探索建立向渔船供油、供冰记录制度及渔获物代冻、收购、销售记录制度，严厉打击向涉渔“三无”船舶等违禁渔船供油、供冰、代冻、收购、销售渔获物等经营活动。探索建立渔船到期报废制度。建立渔船交易公共服务平台，规范渔船流转，实现所有渔船进场交易。建立违法行为责任倒查制度，凡发现违法行为，除严肃追究“船老大”、船东或排污企业的责任外，应严格倒查辖区所在乡镇、村渔业或环境污染监管等责任人的责任；建立全县相关执法机构联合检查、举报奖励等制度，支持海洋环保志愿者组织、捕鱼人护鱼队伍等建设，形成行政部门执法、捕捞渔民协管、社会公众参与的常态化资源养护管理机制。

(三)建立渔业资源调查机制

组织开展渔民、渔船情况普查工作，系统掌握涉渔从业人员结构、渔船股东构成及外来劳力雇佣等情况，为渔业管理科学决策提供参考。

四、加强组织领导和支撑保障

(一)加强组织领导

修复振兴浙南鱼仓是一项涉及面广、政策性强的重要工作。县委、县政府成立浙南鱼仓修复振兴暨“一打三整治”行动领导小组，加强组织协调、监督考核等工作。有关乡镇有关部门要从战略和全局的高度，充分认识修复振兴浙南鱼仓的重要意义，加强组织领导，加大工作力度和支持力度。沿海乡镇要建立工作组，确保任务到乡镇、落地到村船。积极组织开展“无违规捕捞乡镇、社区、村居”创建工作，推进基层主体强化监管责任。县委、县政府将修复振兴浙南鱼仓工作目标任务列入平安考核和目标责任制考核，与干部任用挂钩，开展督导检查。有关乡镇和部门要制订工作方案，做好应急处置，确保行动平稳有序推进和社会和谐稳定。对工作不力的乡镇和部门，要采取约谈、通报批评、公开曝光及组织处理等措施。

(二)加强法制保障

要加强依法行政，规范处理违法行为的行政裁量权，细化分类处理的办法和程序，制订“一打三整治”行动实施方案。有关乡镇与部门要以“一打三整治”为重点，加强沟通和协调配合，集中开展联合执法行动，为修复振兴浙南鱼仓提供强有力的保障。

(三)完善政策支撑

统筹考虑资源保护、产业发展、民生保障、社会稳定等因素，研究完善政府赎买、转产补贴、产业扶持等一揽子政策，加大财政资金整合和投入力度，积极鼓励和引导社会资金参与，保障专项执法、违规治理、减船转产、增殖放流等工作有序推进，加大对高效生态水产养殖业的扶持力度。鼓励转产转业捕捞渔民参加相应的养老保险制度，解决渔民社会养老保障问题。创新和完善金融、税收等政策，对存在违法违规行为的企业和个人，根据相关法规将其纳入人民银行征信系统，并与渔业油价补贴等有关扶持政策挂钩。各类保险机构不得受理涉渔“三无”船舶投保(包括船、人)，因违反休渔区、禁渔期规定作业等发生事故的各类涉渔船舶一律不予理赔。按规定落实职业培训补贴、职业技能鉴定补贴、创业补助、小额担保贷款及贴息等各项优惠政策，鼓励转产转业渔民就近就地稳定就业和自主创业。鼓励经济发达镇、社区与渔业乡镇、社区建立对口支援机制，多渠道帮助捕捞渔民转产转业。探索建立海洋污染溯源追究和生态损害赔补偿制度，专项用于渔业资源养护。完善海陆一体化的海洋环境保护机制，开展海洋环保联合执法。

(四)加强宣传引导

充分发挥新闻媒体作用，加大对守法捕鱼、诚信经营渔民的宣传力度，曝光违法违规行为，切实加大舆论引导力度。加强海洋捕捞从业人员法律法规宣传教育，提高渔民主动参与支持渔场修复振兴、保护渔业资源、守法捕捞的自觉性。加强海洋与渔业科普知识教育，充分发挥资源环境保护志愿者作用，组织行业协会、渔业企业和捕捞渔民共同发起渔业生产自律规范倡议，在全社会形成爱护海洋、保护资源的浓厚氛围，努力为修复振兴浙南鱼仓营造良好的舆论环境。

2014年8月26日

中共嘉兴市委　嘉兴市人民政府
关于印发《嘉兴市深化接轨上海三年行动计划（2014—2016年）》的通知

各县（市、区）委、县（市、区）人民政府，市级机关各部门，市直属各单位：

《嘉兴市深化接轨上海三年行动计划（2014—2016年）》已经市委、市政府同意，现印发给你们，请认真贯彻执行。

2014年5月5日

嘉兴市深化接轨上海三年行动计划（2014—2016年）

为深入实施"与沪杭同城"战略，更好地发挥嘉兴接轨上海桥头堡作用，抢抓中国（上海）自由贸易试验区建设等重大发展机遇，全面深化与上海全方位、多层次、宽领域的合作交流，特制定本行动计划。

一、指导思想和工作要求

（一）指导思想

认真贯彻党的十八大和十八届三中全会精神，落实省委、省政府"主动接轨上海、积极参与长三角合作与交流"的战略部署，深入实施"与沪杭同城"战略，按照"接轨发展、借势发展、集聚发展"的总体要求，全面推进与上海在基础设施、要素市场、产业平台、社会事业、生态环境等领域的互联互融，加快与上海在市场监管、政府服务、社会管理等方面的无缝对接，着力打造上海自贸区建设的先行延伸地、上海高端产业的首选配套地、上海公共服务的重点扩散地，努力把嘉兴建设成为浙江省全面接轨上海的示范区、高科技成果转化的重要基地和高层次人才的创业乐园。

（二）工作原则

——市场主导、政府推动。遵循经济发展规律，坚持以企业为主体，充分发挥市场在资源配置中的决定性作用，进一步加强政府引导和服务，营造与上海市场规则、办事规则无差别，以及产业配套更好、政府服务更优、人居环境更美的创业创新环境，努力形成各类市场主体积极参与、各级政府全力推进的良好工作格局。

——优势互补、互惠互利。充分发挥我市区位条件优越、民营经济发达、科技创新活跃的优势，着力找准在长三角区域发展中的定位，正确处理竞争与合作的关系，全面实现与上海资源共享、优势互补、互动共赢。

——改革创新、大胆实践。进一步解放思想、创新思维，坚持把改革贯穿于接轨上海工作全过程，引导各地探索实践各具特色的接轨上海新路，健全接轨上海的体制机制，推动接轨上海工作由局部性接轨向整体性接轨、由分散性接轨向集中性接轨、由初级性接轨向高级性接轨转型。

——整体谋划，有序推进。加强接轨上海工作的统筹谋划和工作协调，加快制订接轨上海各项规划，编制路线图和计划书，推动重点领域、重点项目接轨取得率先突破，带动接轨上海各项工作稳步推进。

（三）目标任务

到2016年，力争实现以下六大工作目标：

1. 构建内外一体的大开放格局。进一步发挥区位优势，借助上海作为面向全球的"桥梁"和"窗口"的作用，更好地利用国际国内两种资源和两个市场，积极参与国际贸易的合作竞争，加快"走出去""引进来"步伐，全面形成全方位对内对外开放局面。

2. 构建衔接顺畅的大交通格局。进一步集成交通资源，推进公路、铁路、水路、港口、航空等市域基础设施与上海的全面对接，形成通达连接的综合交通运输网络，努力缩短与上海的时空距离。

3. 构建产业互补的大分工格局。进一步构筑高端产业平台，积极培育、引进和发展新兴产业，主动承接高科技成果转化，大力引进优质产业项目，着力构建与上海高端产业配套互补的产业体系。

4. 构建要素互通的大配置格局。进一步优化资源要素配置，全面对接上海要素市场，大力引进科技、人才、金融、信息等优质资源，推动有条件企业在上海自贸区设立窗口，初步形成与上海高端要素资源互融互通的新机制。

5. 构建监管联动的大市场格局。进一步创优发展环境，建立健全与上海在市场监管、商品流通、检验检疫等领域的协调联动机制，初步形成与上海一体化、高效率、无障碍的现代市场体系。

6. 构建资源共享的大服务格局。进一步创新体制机制，加强与上海社会管理和民生领域的对接，全面对接上海的市场规则、服务规则和办事规则，大力引进优质教育资源、医疗机构、高端文化设施等，逐步实现与上海公共服务资源的互联共享。

二、重点工作

（一）加快推进基础设施互联互通

1. 建设快速高效的公路交通网络。加快推进杭州湾跨海大桥北岸连接线二期工程建设，建设平湖乍浦至上海兴塔公路，做好320国道部分路段改建、东西大道部分路段拓宽等工程的规划研究工作。加强与上海相关区域合作，共同提升跨区域道路、桥梁等级水平，进一步打通断头路，消除相邻区域道路交通瓶颈，实现与上海道路交通设施的无缝对接。

2. 推动与上海轨道交通对接。加快编制市域轨道交通规划，谋划与上海轨道交通的对接，积极争取上海地铁22号线延伸至我市。继续做好平湖至上海地铁22号线金山站的“平金快线”直达公交工作。

3. 加强铁路及航空合作。积极构筑以沪昆铁路、沪杭客运专线、沪乍杭铁路、上海—嘉兴—宁波城际等为重点的市域快速轨道交通线网，加快嘉兴铁路物流中心规划建设，开通上海至嘉兴的通勤列车，逐步形成公交化的城际铁路出行模式。根据嘉兴军民合用机场建设运营需要，加强与上海机场（集团）的深度合作，积极发展航空客货运输、航空配套等产业。

4. 提高港航接轨上海水平。加快构建以嘉兴港为枢纽的杭州都市圈综合集疏运网络，完成湖嘉申线航道（嘉兴段）一期工程，加快推进杭平申线（浙江段）航道改造工程，启动建设连接上海及长三角区域的湖嘉申线（嘉兴段）二期及京杭运河三级航道整治工程“四改三”嘉兴段等重大海河联运项目建设，构筑“三横三纵一联网”的高等级内河航道网络体系。加快嘉兴港建设步伐，在管理制度、运行模式上与上海保持协同一致，进一步深化与上港集团合作，启动与上港集团独山港区后续项目的开发建设。

（二）加快对接上海自贸区

1. 全力建设上海自贸区保税物流配套区。依托嘉兴滨海港产城统筹发展试验区建设，积极承接上海保税物流配套功能，大力推进物流业与制造业、商贸业联动，争取上海自贸区外贸进出口集装箱在国内沿海港口和上海港之间的捎带业务、扩大启运港退税试点范围等政策延伸到嘉兴港。推进与洋山港保税港区的“飞地”保税物流合作，打造上海自贸区配套服务的大宗商品仓储、交割中心。着眼服务自贸区进口货物的分拨运输，积极引进培育国际化的物流供应商、运输商，鼓励兼并重组中小物流企业，提升我市物流配套服务能力。

2. 加快推进口岸开放。全力做好嘉兴出口加工区申报国家综合保税区工作，积极争取尽快实现嘉兴港全域开放。建立沪嘉口岸联动机制，推行“属地申报、口岸验放”通关模式及无纸化通关模式，进一步完善跨关区“大通关”协作机制，推进嘉兴与上海通关服务一体化。加快嘉兴港通关服务中心建设，完善口岸查验配套设施和嘉兴港综合管理信息系统，加强嘉兴港EDI系统、电子口岸系统建设，提升口岸通关效率。到2016年，力争嘉兴港年货物吞吐量达到8000万吨，年集装箱吞吐量达到150万标箱。

3. 积极开展公司注册资本登记制度改革。借鉴推广上海自贸区建设经验，深化行政审批层级一体化改革，建立政府“权力清单”和企业投资“负面清单”制度，实行注册资本认缴登记制，放宽注册资本登记条件；除法律、行政法规以及国务院明确对特定行业注册资本最低限额另有规定的外，取消有限责任公司最低注册资本的限制；公司登记时，无须提交验资报告；将企业年度检验制度改为企业年度报告公示制度，建立市场主体登记信用信息公示平台，向社会公示市场主体登记备案信息和其他信息。

（三）加大高端要素引进力度

1. 大力引进高层次人才。深入实施“创新嘉兴·精英引领计划”，建立健全项目制、候鸟制、兼职制、组合式等人才柔性流动机制，进一步完善人才引进激励机制，增强对上海高层次人才的吸引力。坚持招商引资与招才引智、刚性引进与柔性引进相结合，建立重点产业高端人才资源库，加强与上海在科技、教育、文化、医疗等方面的人才交流与合作，吸引更多高层次人才到我市创业创新，着力打造高层次人才的创业乐园。力争到2016年，引育国家“千人计划”人才100人左右、上海市和浙江省“千人计划”人才200人左右，引进市创业创新领军人才600人左右。

2. 着力推进高科技成果转化。依托嘉兴科技城、浙江科技孵化城（嘉兴）、嘉兴科创中心、嘉善“归谷”等科技研发和产业化平台，主动对接上海科技园和上海高校、科研机构，大力引进上海等地大院名校，积极吸纳高端科技创新人才和团队，联合实施高科技成果转化，努力把嘉兴建设成为高科技成果转化的重要基地。

3. 加快引进先进适用技术。鼓励企业与上海高等院校和科研机构合作，联合开展技术攻关，大力引进先进技术。每年举办一次以上创新驱动院地合作交流活动，推动我市龙头骨干企业、行业组织与在沪科研院所建立产业创新技术联盟，每年达成科技合作项目5项以上。开展“百场科技对接”活动，组织企业到上海开展科技合作对接，力争引进3～5家具有较强成果转化能力的科技中介服务机构，构筑集展示、交易、共享、服务、交流“五位一体”的科技市场服务体系。

4. 努力提升金融业接轨上海水平。充分发挥南湖区、嘉善县省级金融创新示范区（县）和嘉兴国际金融广场的产业平台优势，对接上海国际金融中心，引进外资银行、保险、证券、基金等金融机构及新型金融业态。深化各县（市、区）与上海金融业的全面合作，大力引进金融服务外包、互联网金融、金融专业服务等机构。完善与上海金融机构业务合作、跨区域设立分支机构的体制机制，推进金融资源跨区域流动。

5. 积极赴上海开展招商活动。充分发挥行业协会、商会作用，按照招大引强选优的工作目标，瞄准在沪世界五百强、国际行业领先企业和具有较强成长潜力的科技型企业，以高端制造、总部经济、专业市场、现代物流、软件研发、科技金融等为重点，开展小规模、多批次、主题化、专业化的招商，提升全市利用内外资综合效益。抓住上海国资改革机遇，主动对接上海国企，争取引进一批投资规模大、技术含量高、产出效率好的重大产业项目。抢抓浙商回归的机遇，主动对接在沪浙商，力争引进一批“实、大、新、高”的优质浙商项目。

（四）推进重点产业对接与融合发展

1. 大力发展先进制造业。以配套互补、关联发展为方向，进一步加强与上海电子信息、光伏应用、汽车制造、航空航天、装备制造等行业的对接，提高产业链配套能力。依托滨海新区，与上海联合发展石化、冶金等基础工业，配套发展上海石化产业的延伸产品，打造滨海化工新材料产业带。

2. 积极发展现代服务业。充分利用嘉兴区位和交通等优势，借助上海力量，重点发展总部经济、大力发展工业设计、科技研发、服务外包、商务会展等生产性服务业。优化市域物流园区布局，壮大产业物流业，打造2～3个服务上海及长三角区域、具有产业特色和全国影响力的物流平台，引进2～3家具有国际竞争力的知名物流企业总部或区域总部，培育15～20家服务水平高、竞争力强的大型综合物流企业及专业性物流服务企业。

3. 着力提升与上海旅游合作水平。加强嘉兴旅游目的地城市营销、商务会展旅游等策划推广，加大长三角自驾游、自助游、商务会展旅游客源市场营销。赴上海开展旅游市场奖励营销，做大地接市场、增加商务会展旅游客源、拓展定向旅游市场。以休闲旅游、文化旅游为特色，培育旅游新项目，推进假日旅游常态化，提升旅游国际化品质，努力把嘉兴建设成为国内一流的旅游目的地、长三角区域旅游的集聚地和商旅会展的新兴集聚地。

4. 不断加大农产品市场开拓力度。加强农产品技术开发和精深加工，支持相关企业定期拜访上海重点机构和重点客商，扩大客户群体。发挥上海国际西郊馆作用，推动企业在上海设立直销店、专卖店、办事处等营销平台。推进农产品销售网络与上海接轨，提高嘉兴农产品在上海的占有率和知名度。大力发展农产品电子商务，打造生鲜水果、蔬菜等供沪网络平台。

（五）推动沪嘉平台共建共享

1. 全面深化平台合作。进一步深化与上海重点产业平台的合作，大力推进嘉兴经济技术开发区（国际商务区）、嘉善经济技术开发区、平湖经济技术开发区三个国家级开发区建设，加快嘉善临沪新区、平湖临沪产业园建设，着力推进省级以上开发区、高新区、服务业集聚区等产业园区建设，努力打造高端产业集聚发展高地，力争实现12个省级以上开发区及滨海新区与上海签约合作全覆盖。

2. 有序扩大园区合作共建。按照“区区联动、品牌合作”的思路，推动两地产业园区之间战略合作，重点引进上海市国家级、市级平台的品牌、管理、招商资源等，积极与上海重点园区合作建设嘉兴分区，实施重点产业接轨，大力引进、培育各类新兴产业。各县（市、区）至少形成1家以上具有一定资源优势园区的主要接轨平台，以及若干个“区中园、园中园”接轨载体平台，全面推进与上海重点产业园区的紧密型合作。

3. 进一步提升园区合作水平。推动我市产业园区与上海产业平台开展交流活动，认真学习和借鉴上海产业平台在规划建设、体制机制、招商引资、管理服务、品牌塑造等方面的先进经验和做法，着力推进全市产业园区的转型升级。开展产业园区管理人员的双向挂职锻炼，成立一批招商小分队，建立信息收集网络，提升全市产业园区的产业层次和管理服务水平。

（六）建立健全跨区域环境治理与保护机制

1. 建立健全跨界环境应急机制。强化区域间环境管理措施协调与统一，整合力量联合开展环境污染隐患排查，探索建立越界转移污染物的联合监管机制。进一步完善跨界应急预案，联合开展应急演练，积极妥善处理解决跨界污染纠纷。

2. 积极参与区域环境监测网络建设。组建跨界联合监测小组，加强对重点区域的重点项目和重点企业进行监测，定期对交界区域重点污染排放企业和环境敏感区域进行共同采样监测，及时向相关各方通报情况。加强大气污染联防联控，推进落实长三角区域大气环境信息共享、预报预警、应急联动、联合执法和科技合作，全面完成大气污染防治目标。

3. 积极开展联合执法检查。协商建立跨区域边界环境联合执法小组，共同制订联合执法监督方案，开展跨区域环境联合执法检查，联合整治违法排污企业。加强重点污染源环保措施落实情况后督查，对存在的问题，制订整改方案，严格落实整改措施，相互通报、监督整改落实情况。

（七）推动一体化市场体系建设

1. 推动形成统一、开放、竞争、有序的大市场体系。加快建立涵盖商品、产权、金融、技术、人力资源等要素的统一市场。加快推动市场准入一体化，实施统一的市场准入政策，强化市场监管联动和对跨地区经济违法行为的查处。以建立健全农产品质量检测相互认证体系为重点，推动建立统一的市场执法标准和市场交易规则，加强联合执法，促进市场竞争公平有序。加快推动质量互认、资格互认制度，促进商品、资本、技术等要素无障碍流动。

2. 建立跨区域社会信用体系。加强知识产权、企业征信、反不正当竞争、反垄断等方面的政府合作。构建包括政府、企业、中介组织和个人在内的全社会信用信息系统。建设公共信息交换平台，实现CA交叉认证和社会信用数据库的资源共享。与长三角城市共构商品检测网络，共建诚信企业推荐制度，共筑市场监管体系，联合开展重点领域打假工作，共同整治和维护市场经济秩序。

（八）推进优质社会服务跨区域发展

1. 加强与上海教育合作。加强与上海各级各类学校的合作交流，鼓励更多的学校与上海院校建立多种形式的合作，力争三年联合办学或校校合作项目达到30项以上，选派不少于500名教师赴上海学习培训，邀请上海等地专家来我市讲学活动不少于20次。继续加强与同济大学、上海交大、上海外国语大学等高校的合作，推进各类教育合作项目建设。

2. 加强与上海卫生合作。积极引导上海各类资本到嘉兴举办或合作举办1～2家有规模、有特色的高端医疗服务机构。在积极深化嘉兴第一医院与上海交大附属第一人民医院深层次合作,海宁市人民医院由上海长海医院全面托管,浙江新安国际医院、嘉兴市妇幼保健院等与上海名院多学科合作的基础上,选择1～2家医院与上海有关医院深度合作或全面托管。进一步将与上海医疗机构双向转诊范围扩展到各县(市、区)二级以上所有医疗机构。积极与上海名校名院开展医疗科研项目的合作,组织各类医务人员赴上海培训,定期邀请上海等地专家来我市坐诊或参加疑难病例的讨论及会诊,提升我市医疗服务水平。

3. 加强与上海文化合作。学习借鉴上海文化事业和文化产业发展的先进经验,在文化产品市场化运作和发展动漫、创意设计等文化产业方面,加强与上海的合作交流。在上海媒体开辟嘉兴专题(或专栏),经常性宣传推介嘉兴,进一步推进两地广播电视等媒体合作。用好两地人脉资源,持续开展沪嘉两地民间交流和人文交流。

4. 加强与上海公共领域合作。主动与上海医保机构衔接沟通,稳步推进医疗保险代办服务。根据全国异地就医发展趋势和浙江省的统一部署,加强与上海医保合作,推动两地医保卡刷卡结算。推动两地市民卡在公共交通领域的互通使用。探索建立适时适度补贴制度,积极推动上海公交线路部分班次向嘉兴延伸,为两地市民提供公交化出行服务。加强交通电子网络建设,努力实现与长三角城市交通一卡通服务。推动上海市固定电话、移动通信等设施在嘉兴部分区域覆盖及取消漫游费。

三、保障措施

(一)加强领导,强化协调

加强接轨上海工作的组织领导,加强驻沪工作人员力量,建立高效运作机制,在实施"与沪杭同城"战略工作委员会的基础上,完善深化接轨上海工作领导小组及其办公室。建立完善的干部挂职锻炼机制,组织选派相关部门(单位)和各县(市、区)党政机关干部、公共服务机构业务骨干到上海挂职锻炼、进修培训,提高各级各部门接轨上海工作的能力和水平。

(二)明确任务,落实责任

各级各部门要按照本行动计划的工作任务与要求,早谋划快行动,制订分年度、分层次的实施方案,明确责任单位,强化工作责任,落实主要项目,跟踪责任事项,健全高效的对接机制和对接网络,切实增强接轨上海工作的计划性、整体性、有效性,确保各项工作的高效、有序推进。

(三)完善机制,形成合力

进一步完善考核机制,充实考核内容,强化对市级部门和各县(市、区)接轨上海工作的目标责任制考核。各级各部门要完善接轨上海工作机制,加强工作研究,创新工作方式,狠抓项目实施,做到不推诿、不扯皮,相互支持,合力克难,全力做好接轨上海各项工作。

(四)加大宣传,营造氛围

全市各级媒体要研究、制订宣传方案,积极开展各类主题宣传活动,大力宣传我市接轨上海工作的政策举措和好做法、好经验,及时报道进展动态和工作成效。同时,要加强与上海等地媒体的联系,宣传推介我市在科技创新、产业特色、创业环境等方面的优势,进一步扩大我市在上海的影响力。

中共嘉兴秀州区委办公室　嘉兴市秀州区人民政府办公室
关于建立招商选资与招才引智融合互动机制的若干意见

各镇、街道党委(党工委)、政府(办事处),区级机关各部门:

为深入实施创新驱动发展战略,实现人才与项目良性互动和高效融合,使招商选资工作和招才引智工作更好地推动我区经济发展,现就建立招商选资与招才引智融合互动机制提出如下意见:

一、重要性和紧迫性

招商选资是我区经济发展的重要途径,招才引智是我区经济发展的动力保障,两者密不可分,相互促进。招商选资的同时积极开展招才引智工作,有利于提升软环境实力,促进资本的净流入,在招才引智的同时注重招商选资,有利于提升项目的质态。从单纯的招商选资和招才引智到注重选资、引才和引智的组合,实现二者协同推进,是我区经济转型发展的必然选择,也是提升我区经济发展动力的迫切要求。

二、工作举措

加强招商选资与招才引智的融合,就是要从单纯引才、单纯招商,向"人、财、项目"打包引进的模式转变,形成"团队+技术+资本"的招商新模式,在引进资金、项目的同时,引进人才、技术、品牌,实现人才和项目的最佳组合,达到引资与引智的"双赢"。

1. 整合资源优势。结合产业发展的需要,在现有"招商地图”的基础上，编制“招才”手册，明确招才的主攻区域，重点围绕光伏新能源、装备制造、现代物流、现代服务业等主导产业，使引进人才和项目更加契合产业发展的需要。编制“招商＋招才”政策汇编，集成现有人才政策和招商政策，实现人才政策和招商政策共同推介。整合招商和招才两支队伍，招商人员同时做好招才工作，招才人员同时做好招商工作，实现招才和招商共同推进。

2. 建立信息共享机制。建立完善招商(招才)资源信息库，切实加强“资”与“智”信息资源的共用机制，实现招商与招才资源在全区范围内最大限度的流转共享。区委组织部、区侨办(区侨联)、区发展和改革局、区经济商务局、区科技局、区人力资源和社会保障局等部门以及各镇、街道、秀洲新区、秀洲工业园区成立联席会议制度，定期召开“招商招才”工作例会，及时沟通情况，互通信息。

3. 建立“四同步”工作机制。一是任务同步分解。制订年度招才选资和招才引智目标任务时，在招商选资和浙商回归工作中纳入人才项目的考核指标，同时把引才任务分解到各招商主体单位，区侨办(区侨联)、区发展和改革局、区经济商务局、区科技局、区人力资源和社会保障局等部门牵头落实各自的人才指标，使招商选资和招才引智借助部门合力实现同步推进。

二是活动同步参与。突出对高新技术产业的招商和海内外高层次领军人才为引进重点，招商和招才领域境外面向欧美和中国台湾、香港地区，内地重点针对北京、上海、杭州、深圳四大城市，密切关注北京中关村和上海自贸区动态。在专项招商、重点招商和大型经贸或人才项目对接活动时，招商与招才人员同时参与。

三是考核同步实施。在招商选资和浙商回归目标责任制考核办法中，对引进项目为已入选创业类“国千”“省千”产业化项目的，在实际运作后的第二年，分别以国千项目1.5倍、省千项目1.25倍的比值折算为招商引资考核额度。对我区培育入选的国千、省千人才项目，分别以国千项目2倍、省千项目1.5倍的比值折算。对评到“浙江省领军型创业或创新团队”的，按招商引资考核额度的2.5倍折算。对提供信息，但在本区异地落户的引资或引智项目，对引荐方同步进行奖励，按项目指标数80%纳人落户地指标考核，20%纳入项目引荐方指标考核。

四是服务同步推进。突出以用为本，做好海内外高层次人才项目与各创业创新平台和各投资主体、民营企业的对接，加快人才项目本土化进程，推动企业自主创新能力的提升。对招商选资和招才引智过程中的服务工作，各部门同步跟进。人才项目落地后，由各落户地以及领军人才服务联盟成员单位做好项目链式服务，帮扶人才项目落地生根，尽快成长。

三、工作要求

1. 加强整体推进。在区委、区政府的统一领导下，充分发挥人才工作领导小组的作用，明确由区委组织部、区委人才办牵头抓总、综合协调，区侨办(区侨联)、区发展和改革局、区经济商务局、区科技局、区人力资源和社会保障局密切配合，相关单位广泛参与。

2. 落实工作责任。区委人才办负责制定年度招才引智目标责任制考核；区侨办(区侨联)做好区内侨情的信息汇总、联系沟通工作，扩大招商选资与招才引智的信息来源渠道；区发展和改革局和区经济商务局分别负责制定年度浙商回归引进考核和招商选资考核，对引进带人才的项目作出考核要求；区科技局负责对全区重点企业技术需求信息的收集，帮助企业联系高校及科研院所实现产学研合作，大力开展柔性引才工作；区人力资源和社会保障局在实施“聚智秀洲·精英引领计划”时注意听取区发展和改革局、区经济商务局、区科技局的意见，确保引进的人才项目更切合产业发展的需要。各招商(招才)主体分管招商的同志同时负责做好人才工作，并根据本地实际，做好人力财力等资源统筹。

3. 加强组织领导。建立招商选资与招才引智融合互动机制是协同推进招商、招才工作的有效载体。区级机关各相关部门要高度重视、加强沟通、密切配合，在区委统一领导下形成合力，抓实抓好招商和引才工作，确保招商工作和招才工作高度融合、整体推进。

本意见自印发之日起执行。

2014年7月24日

中共金华市委　金华市人民政府
关于加快推进旅游业转型发展的实施意见

为进一步推进我市旅游业转型发展，根据《中华人民共和国旅游法》、《国务院关于加快发展旅游业的意见》(国发〔2009〕41号)和《浙江省人民政府关于进一步加快旅游业发展的实施意见》(浙政发〔2010〕56号)等精神，结合我市实际，提出如下意见：

一、总体要求

1. 指导思想。认真贯彻落实党的十八大和十八届三中全会精神，紧紧围绕“百姓富裕、浙中崛起”总目标，坚持“政府主导和市场主体、重点突破和协调发展、产业联动和融合发展、主客共享和服务民生”原则，把旅游业作为加快经济转型升级、推进赶超发展的战略性支柱产业加以重点培育，通过深化改革，整合优势资源，科学规划定位，突出差异特色，实施大项目、拓展大市场、培育大产业、发展大旅游，加快推进旅游一体化发展，合力打造金华旅游品牌新形象，努力把我市打造成为全国重要、华东地区一流的旅游目的地。

2. 工作目标。到2016年，全市旅游总收入超过700亿元，旅游就业人数年增长10%以上；至2020年，全市旅游总收入超过1200亿元，旅游就业人数年增长12%以上；全市旅游经济年均增长率高于全市GDP年均增长率5个百分点以上。

二、主要任务

（一）推进旅游目的地产品体系建设，发展旅游精品

3. 加快特色旅游产品培育。按照“四城（金华历史文化名城、东阳影视城、义乌国际商贸城、武义温泉城）共进、八婺联动”的总体布局，发挥各地资源特色，实现错位发展，重点打造“影视文化、特色购物、温泉养生、古婺文化、宗教朝觐、乡村生态、运动休闲、商务会展”八大主题精品旅游产品，提升都市休闲旅游、历史文化旅游、健康养生旅游、山水生态旅游、商贸影视旅游和商务会展旅游等品牌，积极培育旅游消费新热点。

4. 加快旅游重点区块建设。按照“精品城市”建设要求，将旅游发展理念融入城市建设整体规划布局，在实施城市重点区块开发、城市景观建设、历史文化街区和“城中村”改造、文体设施建设等重大项目过程中，统筹考虑旅游功能，完善旅游公共服务，打造一批特色休闲街区、购物街区、运动休闲板块、文化体验板块，拓展城市休闲旅游发展空间。加快推进金华都市旅游资源整合和开发，重点加快尖峰山高尚生活区、古子城历史文化保护区、多湖中央商务休闲区、五百滩商务休闲区、三江六岸景观休闲区、湖海塘运动休闲区等都市精品区块建设。

5. 加快旅游产业集聚区发展。发挥旅游产业集聚区的集聚辐射效应，加快推进金华山旅游休闲区、金华仙源湖度假区、兰溪赤山湖度假区、武义温泉度假区、磐安云山度假区以及东阳影视文化产业实验区开发建设，鼓励有条件的县（市、区）申报、创建省级、国家级旅游度假区。建立重大旅游项目建设推进协调机制，按照“资源产品化、主体市场化”的要求，以项目建设为抓手，加快建设一批精品景区。

6. 加快乡村旅游精品区建设。结合新型城镇化和美丽乡村建设，发展建设一批乡村风情小镇、特色文化村落，打造乡村旅游精品区。引导规范农家乐休闲旅游特色村发展，培育一批以民俗体验、文化赏鉴、运动健身、美食养生、摄影采风等为主题的乡村旅游特色村，满足群众个性化消费需求。加快推进浙中城市群生态绿道建设，完善绿道休闲服务功能设施，将生态绿道建设成为浙中城市群休闲旅游的精品项目。

（二）推进产业融合发展，培育旅游新业态

7. 推进旅游业与农业融合发展。利用金华山水风光自然资源和农业综合园区、特色精品园等农业特色资源，将旅游元素融入现代农业发展，大力发展农业旅游、森林旅游、水利旅游等产品。推进农业园区服务设施建设，培育一批以田园观光、果蔬采摘、农业科普等为特色的农业休闲示范区；打造一批森林旅游景区、水利工程景区、休闲渔业基地。

8. 推动旅游业与工业融合发展。落实“退二进三”政策，积极引导纺织、医药、食品生产、装备制造等工业企业，利用现有厂房、厂区，发展工业旅游项目。加快推进废弃矿山、矿区的覆绿景观改造利用工作，引导建设一批运动休闲营地、汽车营地等自助旅游项目，带动房车、自行车、营地设施设备生产租赁等行业的发展。大力发展金华特色旅游装备制造业和旅游工艺品、纪念品制造业。

9. 推进旅游与其他服务业融合发展。鼓励发展会展旅游业，支持办好义乌国际小商品博览会和旅游商品博览会、永康五金博览会、东阳木雕文化博览会、武义温泉养生博览会等特色会展，推动商务会展与旅游融合发展。挖掘黄大仙文化、古婺文化、名人文化、非遗文化等文化资源内涵，发展一批文化古村、名人故居、传统街区等特色文化旅游产品，发展一批特色文化演艺旅游项目。加大对风味餐饮、茶楼酒吧、康体养生、运动健身等特色新兴行业的培育力度，推动特色休闲康体养生产业发展。

（三）完善配套体系建设，提高旅游满意率

10. 优化旅游交通网络。加大主要通景公路改造提升，构建“便捷通达、有效串联、标识完备”的旅游交通网络；加强旅游信息提示，将高速公路、一级公路和通向A级旅游区、市级（含市级）以上风景名胜区及省级农家乐特色村、特色点的旅游道路的旅游交通导示牌，统一纳入道路建设规划并组织维护。支持各地开通旅游专线，并逐步发展旅游观光巴士、观光公交，推动区域旅游交通公交化。加强旅游交通工具的特色化、多样化建设，提高旅途中的舒适度和趣味性。

11. 完善公共服务体系。编制实施《金华市区旅游服务设施与城市建设一体化规划》。加快构建市、县两级旅游信息咨询、医疗救助、景区动态监测等旅游公共服务体系。加快城市旅游综合服务中心及旅游咨询网点建设，在机场、车站、高速公路服务区及城市商业区、景区景点、宾馆等逐步设立旅游咨询服务网点。推进城市道路、广场、交通、景区、宾馆、特色街区等公共场所和营业场所国家标准公共信息标识系统建设。

12. 丰富旅游商品供给。加强旅游商品的研发和生产，建设全国性旅游商品制造基地。举办旅游商品、纪念品创意设计大赛，鼓励婺州窑、剪纸、书画、木雕、竹编、木板年画、麦秆贴画等各类地方传统工艺品创新发展。鼓励传统地方食品等各类旅游商品生产企业申报名特新优知名品牌（“老字号”），支持旅游商品生产企业扩大销售网点，提升生产能力。

13. 完善接待服务设施。加快住宿、餐饮等旅游接待服务设施建设，鼓励现有宾馆、酒店进行特色化改造，加快硬件配套设施建设，提升服务品质和档次，提高旅游接待服务水平。

(四)加强宣传促销,拓展客源市场

14. 塑造品牌形象。成立市旅游推广委员会,运用市场化机制设立旅游推广中心,加强全市旅游形象推广和旅游产品营销。建立全市旅游宣传专项资金联合筹措机制,实施“区域联动、部门联合、企业联手”的大旅游营销战略,建立金华旅游形象宣传与企业产品促销统分结合的旅游宣传促销体系,围绕重点旅游目的地、旅游线路做好整体形象策划和包装,通过旅游精品线路推介和旅游产品整体营销,提升金华旅游的影响力和知名度。

15. 拓宽营销渠道。加强与各大旅行商的合作,整合重点市场营销资源,实施市场化阶梯式客源引进奖励政策。利用金华电子商务产业优势资源,创新旅游营销方式,加强网络、手机短信、微博微信等新媒体营销。加强跨区域旅游合作,整合旅游营销资源,积极运用节会营销、媒体营销、微电影营销等方式,构建面向国内外市场的旅游电子商务和目的地网络营销系统。

16. 拓展客源市场。根据游客需求多元化的趋势,针对休闲度假、文化体验、商务会展、康体养老等不同需求包装产品推向市场,巩固扩大省内、长三角等主要客源市场,重点开发高铁沿线客源市场,积极发展港澳台、东南亚市场,探索开拓欧美市场。加强与周边城市、友好城市、重要客源地城市合作,实现互相宣传、互送客源,共同开拓市场。

(五)加强服务和管理,提升旅游品质

17. 提升智慧旅游水平。鼓励各地创建全国智慧旅游试点城市,积极推进旅游信息、电子商务、智能管理、智能服务体系等平台建设,发展旅游电子商务系统和服务管理系统。推动旅游企业信息化改造,推广在线服务、网络营销、网络预订和网上支付等智能技术应用,探索经营模式转型升级。优化淘宝金华旅游馆、金华旅游网电子商务功能,积极推进12301旅游热线应用。建设手机WAP与APP平台、导航平台和实时信息发布平台,提供多元化的即时旅游信息服务,全面提升智能化旅游服务水平。

18. 提升管理服务水平。积极推进旅游行业标准化建设,鼓励旅游企业创A、创星,提升行业标准化、规范化经营管理水平。支持景区景点、宾馆酒店、乡村旅游经营户利用新能源新材料新技术,推进旅游节能节水减排。加强旅游质量监督管理体系建设,完善旅游质量监督机构,强化旅游部门联合执法,规范旅游市场秩序。加强旅游行业协会建设,完善行业自律功能。加强旅游诚信体系建设,不断提高游客满意度。

19. 提升从业人员素质。加强旅游人才队伍建设,加大中高级旅游管理人才的引进和培养力度,加强国内知名旅游院校培训合作,加强对导游、饭店、旅游营销等从业人员职业技能培训,每年组织旅游行业技能大赛,努力提升旅游从业人员整体素质。

20. 强化旅游安全管理。建立健全以安全预防、安全检查、应急处置、救援服务和保险赔偿为主的旅游安全管理体系,落实安全管理责任制,形成部门联动的安全管理机制。重点加强旅游交通、旅游饭店、景区游乐设施安全和旅游食品卫生安全。加大旅游安全设施投入,完善旅游景区消防、安全防护、安全警示、紧急救援等设施,做好灾害性天气预报和地质灾害预警服务。实施各旅游景区最大承载量测算、核定和公布工作,探索建立景点环境容量、安全容量测定和信息发布机制,适时采取疏导分流措施,合理控制游客流量。

三、保障措施

21. 推动改革创新。按照省现代服务业发展综合配套改革试点工作要求,积极探索各类旅游专项改革试点工作,大力支持义乌国际贸易综合改革和东阳国家影视文化产业实验区、武义省级旅游综合改革试点,鼓励磐安县创建中药养生乡村休闲度假试验区。尊重企业市场主体地位,推进旅游业投融资体制改革,鼓励社会资本参与旅游建设,实现旅游投资主体的多元化。充分发挥各类国有投融资开发建设平台作用,加快旅游公共服务设施和市场急需但暂时缺乏民间投资的项目建设,加大市域内旅游资源整合和产品开发力度。建设第三方国家旅游服务质量标准专业考评人才队伍,承担饭店星级评定、旅行社品质评定、景区A级评定等各类评定工作。充分发挥旅游行业协会作用,支持成立自驾游、旅游商品、休闲业等各类社会团体,着力建立行业覆盖合理、组织管理规范、服务功能到位、发挥作用明显的行业协会体系。

22. 完善管理体制。按照“统筹协调、形成合力”的要求,稳步推进旅游管理体制改革。进一步理顺市、区旅游管理体制,强化区级旅游管理机构职能;进一步完善双龙风景名胜区、仙源湖度假区管理体制。市旅游主管部门主要履行规划指导、统筹协调、宣传推广、市场监管和标准引导等方面的职能。各地和金华经济技术开发区、金义都市新区要充实完善旅游管理机构人员,鼓励有条件的地方设立旅游委员会,协调旅游资源统筹管理,进一步拓展提升旅游综合职能。

23. 加强要素保障。加强财政支持。加大财政对旅游业发展的资金支持力度,重点支持重大旅游项目、旅游宣传促销、旅游教育培训、旅游规划及重大课题研究、旅游扶贫、旅游发展工作目标责任制考核奖励等方面。各地和金华经济技术开发区、金义都市新区要根据旅游业发展的需要,切实加大财政支持力度。

加强用地支持。优先落实旅游重点项目建设用地,每年安排一定比例的用地用于旅游业发展;对重特大旅游项目用地实行“一事一议”政策。市有关部门要优先保障乡村旅游特色乡镇(街道)、村以及休闲基地的服务设施配套项目用地。鼓励各类投资主体在符合城市(镇)总体规划和产业发展规划的前提下,利用存量房产等土地资源兴办旅游业,依法合理利用荒山、荒地、荒滩等发展旅游项目。

加强金融支持。按照《中国人民银行等国家七部委关于金融支持旅游业加快发展的若干意见》(银行发〔2012〕32号)精神,加强和改进对旅游业的信贷管理和服务,支持旅游企业发展多元化融资渠道和方式,规范发展旅游业保险市场,提升旅游保险服务,改进旅游业支付结算服务,支持发展旅游消费信贷。

24. 加强组织领导。各级党委、政府要切实加强领导，把加快旅游业转型发展摆在更加重要位置。成立以主要领导为组长的市旅游发展领导小组，统筹协调重大旅游项目建设，及时解决旅游业发展中的重大问题。健全旅游工作目标责任制，加强旅游工作目标管理考核和督查落实，从2014年起，将县(市、区)政府和市级各相关部门旅游推进工作纳入年度考核。旅游部门要主动与有关职能部门对接，统筹协调相关行业、部门的旅游业务管理工作。宣传、发改、公安、财政、社保、建设、规划、交通、国土、水利、农业、林业、商务、文化、文物、体育、工商等涉旅部门和单位要各司其职，密切配合，制定相关具体措施，积极支持旅游业发展。

本意见自印发之日起施行。支持市区旅游业发展的财政扶持政策实施细则由市旅游局、财政(地税)局根据本意见另行制定。各地和金华经济技术开发区、金义都市新区要结合实际，参照本意见抓紧制定完善相关扶持政策。

附件：金华市旅游发展领导小组成员名单(略)

2014年4月22日

中共永康市委
关于开展“二次出发”解放思想
大讨论活动的实施意见

各镇党委，各街道党工委，经济开发区党委，现代农业装备高新区(城西新区)党工委，方岩风景名胜区党工委，市机关各部门党组(党委)，市直各企事业单位党委：

为深入贯彻落实党的十八届三中全会和省委、金华市委全会以及市委十三届五次全会精神，进一步凝聚全市上下“二次出发”的共识，激发改革创新活力。市委决定，结合党的群众路线教育实践活动，在全市范围内开展“二次出发，我们准备好了吗?”解放思想大讨论活动。

一、指导思想

高举中国特色社会主义伟大旗帜，以马克思列宁主义、毛泽东思想、邓小平理论、“三个代表”重要思想、科学发展观为指导，全面贯彻落实党的十八大、十八届三中全会和省委、金华市委全会以及市委十三届五次全会精神，结合开展党的群众路线教育实践活动，通过全面审视当前我市经济社会发展面临的困难与挑战，着力剖析各级党员干部存在的思想问题，推动新一轮思想大解放、作风大转变，为“二次出发，改革创新，全力打造永康经济社会发展升级版”提供坚强的思想保证。

二、目标要求

重点围绕“二次出发，改革创新，全面打造永康经济社会发展升级版”这条主线，紧密结合党的群众路线教育实践活动和市委提出的“十问永康”的思考，认真开展“二次出发，我们准备好了吗?”解放思想大讨论活动。通过“九破九立”解放思想，创新发展理念，努力形成符合科学发展观要求的思想观念、思维方式和价值取向；创新发展思路，不断拓展经济社会发展的科学路径和发展模式；创新发展举措，积极探索推动发展的新载体和新措施；创新工作方法，不断提高工作水平和执行力。鼓足干劲，奋力冲关，推进转型升级，促进环境改善，提高百姓福祉，推动经济社会协调发展。

1. 破除消极懈怠思想，树立敢于担当意识。有些党员干部遇事怕担责任，好事争着干，难事绕着走，碰到矛盾往上交，遇到责任就推卸。有的甘做“太平官”，不求有功，但求无过，只要不出事，宁可不干事。有的眼看提拔无望，滋生消极心态，做一天和尚撞一天钟。“二次出发”，必须要树立敢于担当的意识。要对原则有担当，不回避矛盾，不怕得罪人。要对组织有担当，对待工作要有强烈的使命感和责任感，特别要保持政令畅通，不能“上有政策、下有对策”，不能有令不行、有禁不止。

2. 破除墨守成规思想，树立开拓创新意识。有的党员干部习惯于按部就班，对新形势、新问题，习惯用老的方式、方法去处理，办事效率不高，墨守成规，不愿看远一步、想深一步。“二次出发”，必须要弘扬永康第一代创业者敢为人先、与时俱进的改革创新精神，着力解决畏首畏尾、亦步亦趋的思维定势；大胆突破思想观念的障碍，切实跳出条规藩篱，勇于改革，不断创新发展理念，创新发展思路，创新发展举措。

3. 破除急功近利思想，树立科学发展意识。目前在有些党员干部中存在急功近利的思想，急于求成，只顾眼前的成效和利益，不顾长远的发展，缺乏长远眼光，不符合科学发展的要求。要树立绿水青山就是金山银山的理念，注重环境保护，争做“五水共治”的战士，打造永康的青山绿水蓝天。要树立转型升级、科学发展意识，追求高质量、高效益、生态好、惠民生的绿色GDP，全面协调推进经济、政治、文化、社会、生态文明建设。

4. 破除夜郎自大思想，树立强烈忧患意识。永康过去一直走在经济发展的前列，但近年来，经济下行压力增大，企业效益不高，民生问题突出，社会矛盾凸显。一些党员干部却仍然躺在过去的功劳簿上，以过去的成绩居功自傲，存在小富即安、夜郎自大的思想，没有意识到标兵渐远、追兵超越，缺乏赶超、创新的激情，缺乏积极进取意识。要牢固树立强烈的忧患意识，要有坐不住、慢不得、等不起的精神，爬坡过坎，顽强拼搏，奋力开创永康发展的新局面。

5. 破除形式主义作风，树立求真务实意识。有些党员干部作风不实，工作不细，汇报工作一套一套，落实不见成效，表态声如洪钟，落实无影无踪。崇尚“酒桌文化”，崇尚作秀，崇尚花样文章，崇尚排场，工作华而不实。“二次出发”，必须要破除这些形式主义作风，牢固树立求真务实意识。要戒虚、戒伪、戒空，以踏石留印、抓铁有痕的精神投入工作。要坚决改变片面追求形式而忽视内容的习惯作风、习惯思维、习惯作派，营造干事创业的浓厚氛围。

6. 破除本位主义思想，树立服务大局意识。有些党员干部缺乏大局观和全局意识，考虑问题时往往以自我或小团体为中心，部门利益至上。“二次出发”，靠的是团结协作，真抓实干，凝聚各方力量，全力推进各项事业发展。要树立“一盘棋”的整体思想和精诚团结的工作作风，着力解决职能部门“自扫门前雪”、相互踢皮球的扯皮行为，各吹各的号、各唱各的调，推过揽功等本位主义问题。要胸怀全局，突破一隅之见，主动融入全市发展大局，为打造大气永康、包容永康谋发展，尽责任，做贡献。

7. 破除官僚主义作风，树立人民公仆意识。有些党员干部高高在上，疏远群众，摆架子、摆资格、搞特殊化。在服务群众办事时效率不高，办事不公，对群众办事态度冷淡，时间不到不开门，期限不到不盖章。群众利益无小事，要清醒认识到群众利益高于一切，要树立公仆意识，沉下身子、放下架子，深入基层，深入群众，深入实际。要密切党群干群关系，真正为人民掌好权、用好权，关心百姓冷暖，倾听群众呼声，千方百计解决好群众的困难和关注的问题，为群众办实事、办好事。

8. 破除传统体制机制，树立市场主导意识。要破除创业氛围不浓、市场机制不活、行政审批和干预过多等传统的体制机制问题，树立市场主导意识，以市场思维和市场机制促进科学发展，让市场在资源配置中发挥决定性作用。要加快推进政府职能改变，进一步简政放权，简化审批程序，优化市场环境，放活市场主体，降低准入门槛，提高市场活力，将该管的管好，将不该管的放下。企业作为市场主体，不能过于依赖政府。要推进政企分开，正确处理政府“有形之手”和市场“无形之手”的关系。

9. 破除利益固化藩篱，树立改革攻坚意识。当前，有些部门、行业存在特权现象，利益固化现象严重，如果不加以遏制和消除，必然会助长权力腐败，危害社会正义，破坏社会诚信，腐蚀人们思想，恶化党群关系，败坏社会风气。“二次出发”，必须要冲破各种观念束缚，突破利益固化藩篱。要树立改革攻坚的意识，不能忌惮于少数既得利益者的压力，对遇到的困难、碰到的硬骨头要敢于碰硬，敢于突破。要树立科学的利益分配观念，使不同利益群体的收益趋向公平、合理，促进发展效率和分配公平的协调。

三、方法步骤

“二次出发，我们准备好了吗？”解放思想大讨论活动从 2014 年 2 月开始至 2014 年 6 月结束，分三阶段进行。

第一阶段：宣传发动，学习调研（2014 年 2 月—2014 年 3 月）。结合本单位实际，制订实施方案，进行宣传发动，动员广大干部群众积极参与到大讨论活动中来。通过多种形式深入宣传，教育引导干部群众深刻把握大讨论活动的主题和实质。

1. 开展大调研。由主要领导带头，深入基层，开展“走亲连心”党的群众路线教育实践活动大调研。

2. 召开动员会。召开“二次出发，我们准备好了吗？”解放思想大讨论活动动员大会，全面部署大讨论活动的各项工作。

3. 开展理论学习。各单位要紧密围绕党的群众路线教育实践活动，采取多种形式，组织党员干部认真学习党的十八届三中全会、习近平总书记系列重要讲话和省委、金华、永康市委全会精神，组织开展党的十八届三中全会和党的群众路线教育实践活动主题宣讲。

4. 开展意见征集。以党的群众路线教育实践活动、市委提出的“十问永康”的思考和“五水共治”为主题，开展“二次出发，问计于民”我为永康发展献一计意见征集活动，广泛征求社会各界的意见和建议。对征集的问题、意见和建议，结合本单位实际，进行对照、梳理、查改、提高。

第二阶段：开展讨论，明确方向（2014 年 3—4 月）。对照“九破九立”深刻剖析单位和个人存在的问题。通过挖掘典型，树立标杆，用更高的标准来激励自我、要求自我、超越自我，明确解放思想的突破口，推进各项工作上水平。

1. 开展大讨论。组织党员干部对照“九破九立”，重点围绕党的群众路线教育实践活动提出的“三思四问”和市委提出的“十问永康”，认真开展“二次出发，我们准备好了吗？”解放思想大讨论。深刻剖析单位和个人存在的问题，对本单位和本岗位工作面临的挑战和机遇，对干部自身的思想状况、精神风貌做一次深入审视。

2. 寻找身边的标杆。广泛开展“发现身边典型、学习闪光言行”活动。要从本部门单位寻找“最美党员”和“开拓型领导干部”，树立身边的标杆，对先进典型进行学习宣传，营造学先进找差距改作风的浓厚氛围。

3. 开展电视专访。开展“二次出发，我们准备好了”电视专访活动。对照“十问永康”，结合在“二次出发，问计于民”中征集到的意见和建议，以各镇（街、区）和市政府职能部门主要领导为对象，就人民群众最为关注的热点问题的整改措施，开展电视专访。

第三阶段：创新举措，以虚促实（2014 年 4—6 月）。针对解放思想大讨论活动中查找出的突出问题，提出解决方案，推出各项创新举措，力求广大干部职工在精神状态上有新改变，思想观念上有新突破，单位重点工程有新进展，促进各项工作走在前列，真正体现“二次出发见行动，实干为民走在前”。

1. 推出创新举措。各单位要对解放思想大讨论活动进行总结，厘清本单位工作思路，推出各项创新举措。创新举措要突出针对性，切实找准产生问题的思想根源；要突出实效性，提出解决问题的办法和措施；要突出前瞻性，思路科学、决策超前。

2. 扎实推进工作。各单位要通过大讨论，激发广大干部职工的工作热情和创新活力，在精神状态上有新改变，在思想观念上有新突破，在“五水共治”“三改一拆”“四换三名”“四边三化”等重点工程中有新进展，部门各项指标力争走在金华前列。

四、工作要求

1. 加强领导。解放思想大讨论活动在市委统一领导下进行，市委宣传部负责实施。各镇(街、区)和市机关各部门要高度重视，要把解放思想大讨论活动摆上重要位置，主要负责人要切实负起大讨论活动中第一责任人的责任。

2. 精心组织。要细化活动方案，明确责任分工，落实整改措施，扎扎实实开展好各项活动。要精心组织、周密部署，设计创新活动载体，丰富活动内容，扩大活动覆盖面，广泛征求群众的意见和建议，切实增强活动的影响力，形成解放思想、开拓创新的生动局面。

3. 注重实效。解放思想大讨论活动要与党的群众路线教育实践活动紧密结合，要与“五水共治”“三改一拆”“四换三名”“四边三化”等重点工作紧密结合。要突出解决思想问题这个关键，深挖思想根源，拓宽工作思路，转变工作作风。要突出问题导向，有针对性地开展讨论，防止空对空。要联系部门单位的具体情况，因地、因事、因人而异，实事求是设定不同的活动工作目标，以实践为检验活动是否有效的最高标准。

4. 营造氛围。要营造人人参与、声势浩大的的舆论氛围。新闻单位要精心策划，开辟专题、专栏，全面参与、全程推动。要及时、准确地报道活动进展情况，宣传先进做法、经验和典型。要借助标语、宣传窗、广告牌、重要路口LED、灯箱广告、公交站牌广告、永康视频窗等各种宣传手段广泛开展宣传，使解放思想大讨论活动具有广泛的开放性，动员全市人民踊跃参与。

5. 强化督查。市委党的群众路线教育实践活动领导小组办公室督导组要对大讨论活动开展情况进行督查，及时掌握进展情况，确保大讨论活动取得实实在在的效果。对活动开展走过场、应付了事的单位要进行通报批评。第一阶段中征集到的意见和建议要在3月25日前、第三阶段的创新举措要在5月25日前以书面形式上报市委宣传部，并将电子稿发送至邮箱：ykllldj@163.com。

2014年2月28日

常山县人民政府办公室关于印发常山县小微企业助保贷管理办法(试行)的通知

各乡(镇)人民政府、街道办事处，县政府各部门、直属各单位：

《常山县小微企业“助保贷”管理办法(试行)》已经县政府研究同意，现予印发，请遵照执行。

2014年1月29日

常山县小微企业“助保贷”管理办法(试行)

第一章　总则

第一条　为切实解决小微企业贷款抵押物不足、担保难、融资难问题，帮助企业拓宽融资渠道、降低融资成本，减少企业非理性互保、联保对区域金融环境带来的安全隐患，按照国家法律法规和有关政策规定，设立常山县小微企业“助保贷”(以下简称“助保贷”)。

第二条　“助保贷”是指用于中国建设银行股份有限公司常山支行(以下简称“建设银行常山支行”)对我县小微企业新增授信或新增额度贷款实施担保和风险代偿的助保金，助保金由基本助保金和补充助保金组成。

第三条　助保金的实施主体为常山县中小企业贷款担保有限公司(以下简称“担保公司”)，由县金融办、财政局、经信局、商务局、人行、银监、建设银行常山支行负责监管。

第二章　基本助保金的出资金额和补充助保金的来源

第四条　基本助保金由县财政局出资人民币500万元，首期出资额为100万元，以后视运作情况而定。

第五条　补充助保金由以下四部分构成：

(一)对纳入基本“助保金”提供担保的贷款企业，根据实际贷款额度按每年不低于2%的比例计算缴纳补充助保金，由管理机构依据贷款期限在承保时一次性收取，直接缴入助保金专户。

（二）助保金账户产生的利息；

（三）上级部门给予的政策扶持资金；

（四）其他资金来源。

第三章 “助保贷”业务试点单位

第六条 建设银行常山支行。

第四章 “助保贷”业务客户准入条件

第七条 “助保贷”业务客户准入条件为：

（一）符合《贷款通则》和建设银行授信管理的基本要求；

（二）符合国家产业导向，且符合常山县产业发展战略和扶持政策；

（三）在常山县行政区域范围内工商注册登记并依法纳税的小微企业，主要是电子商务等轻资产企业、新办企业、高新技术设备投资大的企业；

（四）单个独立核算企业“助保贷”担保贷款最高限额不超过100万元，担保期限不超过一年；

（五）除企业缴纳补充助保金和政府基本助保金担保外，贷款企业能提供不低于贷款额度40%且符合建设银行要求的抵（质）押或保证；贷款企业法定代表人、实际控制人或主要股东须同时承担连带保证责任；

（六）企业无工商、税务、征信等不良信用记录，成长性良好；

（七）具体客户准入细则由助保贷管理机构另行制订。

第五章 “助保贷”的运作流程

第八条 县政府成立常山县“助保贷”工作领导小组，由分管副县长任组长，政府办副主任、金融办主任、建设银行常山支行主要负责人任副组长，相关部门分管领导任成员，领导小组办公室设在县金融办（具体名单附后）。具体程序为：

（一）由领导小组办公室会同县经信局、县商务局、县财政局筛选“助保贷”客户对象，提交县领导小组审定，建立“助保贷”名单库。名单库实行季度更新，动态管理。

（二）建设银行常山支行对提出申请的且属于“助保贷”名单库内小微企业授信条件进行核实，提出贷款意向。

（三）县领导小组对建设银行常山支行提出贷款意向等进行审核确定。

（四）发生助保金代偿时，由建设银行常山支行提出申请，经领导小组办公室核实后，报经县领导小组审批。

（五）助保贷的具体运作流程由助保贷管理机构另行制订。

第六章 风险的控制及处置

第九条 建设银行常山支行按实际到位基本助保金担保放大倍数为10倍。根据县领导小组审批意见负责贷款操作手续，确定授信企业的贷款额度、期限、利率（上浮不得超过30%），向担保公司出具《风险补偿备案通知书》。

第十条 担保公司在建设银行常山支行开设“助保金”账户，专户存储助保金，根据建设银行常山支行出具《风险补偿备案通知书》通知企业按规定缴纳补充助保金。每季度末将运作情况定期向县领导小组汇报。每半年根据助保贷运行情况调整基本助保金额度。

第十一条 建设银行常山支行和担保公司共同负责对授信企业的日常贷（保）后管理，加强信贷资金流向、使用的跟踪和监督，确保信贷资金用于企业的正常生产经营。建设银行常山支行于每月15日前向担保公司报送由基本风险基金担保的贷款月报表。建设银行常山支行和担保公司互通信息，一旦授信企业经营情况发生变化，由双方及时商量对策，确保信贷资金安全。

第十二条 “助保贷”业务逾期30天或逾期未满30天但将跨年度时，建设银行常山支行可启动代偿程序，通知担保公司，经审批后由补充助保金先行代偿。

第十三条 “助保贷”发生逾期后，建设银行常山支行要及时启动债务追偿程序。扣除企业补充助保金余额、抵（质）押或保证额度后，差额部分，经审批，由基本助保金预先代偿50%。债务追偿后实际造成损失（扣除补充助保金、抵押资产处置等收入后），由县建设银行、助保金各承担50%

第十四条 补充助保金除规定用途外，在合作期间不得随意动用，到期清算。

第七章 “助保贷”的后续管理退出

第十五条 基本助保金存续期限暂定3年，如基本助保金未达到预期效果，可提前终止退出。

第十六条 当代偿实际损失金额达到基本助保金的80%（含）时，任何一方均可提出终止本项合作。

第十七条 实施设立基本助保金政策到期或合作到期不再延续时，对基本助保金、补充助保金进行清算，企业所缴纳助保金可扣减代偿损失后一次性退还贷款企业。若补充助保金清算时有盈余，将根据建设银行常山支行支持小微企业（经济主体）的力度，给予盈余部分50%的奖励。

第八章 附则

第十八条 本办法自发布之日起实施，由常山县“助保贷”工作领导小组负责解释。

附件：常山县“助保贷”工作领导小组成员名单（略）

中共舟山市委
关于建设美丽群岛创造美好生活的若干意见

为积极推进“建设美丽浙江、创造美好生活”在舟山的具体实践，现就建设美丽群岛、创造美好生活，提出如下意见：

一、把握总体要求，明确建设目标

（一）重大意义

建设美丽群岛、创造美好生活，是贯彻落实中央决策部署、习近平总书记系列重要讲话精神和省委十三届五次全会要求的具体举措；是转变经济发展方式，推动海洋产业转型升级，加快新区发展的客观要求；是推进海洋生态文明建设，打造海上花园城，提升城市形象品位的实际行动；是提高舟山人民生活品质，造福子孙后代的民心工程。全市上下要从战略和全局出发，充分认识建设美丽群岛、创造美好生活的重要意义，切实抓好这项工作。

（二）总体要求

以党的十八届三中全会精神和习近平总书记系列重要讲话精神为指导，深入贯彻落实省委十三届五次全会精神，按照新区发展规划的总体要求，坚持“开发开放、先行先试”，把海洋生态文明建设贯穿于“四岛一城”建设的各个方面和全过程，推进生态生活生产有机融合、乐居乐业乐游联为一体，建设跨越发展、秀美和谐、幸福安康的美丽舟山群岛，打造海洋文明先行区、美丽中国体验区。

建设美丽群岛、创造美好生活，要在“三生融合”“三乐一体”上走在前列、创出特色：

——生态秀丽优美。巩固和提升海洋海岛生态优势，着力推进生态建设各项工作，保护和利用好珍贵的自然与文化遗产，打造海上花园城，促进人海和谐、永续发展。

——生产集约高效。强化创新驱动战略，推动海洋产业集聚集群发展，突破海洋战略性新兴产业发展，建设现代海洋产业基地，成为浙江经济新的增长点和助推器。

——生活富裕和谐。以优良生态提升人居环境质量，以加快发展增加群众收入，以统筹协调推进社会进步，努力做到住有宜居、劳有多得、老有颐养、病有良医、学有优教，实现物质富裕精神富有。

——乐居美好家园。坚持以人为本，创造舒适宜人的居住环境、周到方便的公共服务环境、安定和谐的社会环境，成为群众有自豪感的幸福家园。

——乐业发展平台。充分发挥新区开发开放、先行先试优势，以优良的生态、优质的服务、优越的环境，打造创业创新乐园，让一切劳动、知识、技术、管理、资本的活力竞相迸发，让一切创造财富的源泉充分涌流。

——乐游海上胜境。保护和发挥生态资源优势，彰显山海揽胜美景，完善文化、游艺、健康、商贸等产业发展和设施，提升软硬件服务水平，营造欢畅、舒心、自在的旅游环境，打造国际生态休闲岛。

（三）基本原则

1. 生态优先，科学发展。坚持“绿水青山就是金山银山”，转变发展方式，着力保护海洋生态，合理利用海洋资源，推进海洋产业发展，善于打生态牌、走生态路，探索出符合“两美”浙江要求、适合新区建设规律的发展新路子。

2. 发挥优势，彰显特色。把舟山丰富的海洋生态资源作为新区开发开放的核心竞争力，依托新区的国家战略优势、海洋资源禀赋和先行先试特色，努力打造港口特色市、海上花园城，在海洋生态文明建设上走在全省乃至全国前列，彰显“美丽群岛”独特魅力。

3. 统筹兼顾，有序推进。科学处理经济与生态、开发与保护、当前和长远、尽力而为与量力而行的关系，立足实际、因地制宜，区分轻重缓急，把握建设时序，明确主攻方向，积极攻坚克难，积小胜为大胜。

4. 共建共享，形成合力。坚持以人为本，引导和激励广大人民群众增强主体意识，以主人翁精神全力建设美丽群岛，用辛勤的双手创造属于自己的美好生活，共享新区的优良生态和发展成果。

（四）主要目标

到 2015 年，“建设美丽群岛、创造美好生活”各项工作扎实开展，初见成效。新区三年行动计划确定的主要发展目标全面完成，经济综合实力迈上新台阶。生态环境质量保持全国领先，城市空气质量在全国城市中继续位居前列，创建国家环保模范城市成效明显；“五水共治”取得新进展，县级以上集中式饮用水源地水质达标率 100%。“三改一拆”深入推进，无违建乡镇（街道）创建率达到 70%以上。全面完成“十二五”规划确定的单位生产总值能耗和主要污染物排放等主要指标。改善和保障民生不断加强，城乡居民人均收入分别达到 4.8 万元和 2.75 万元。

到 2017 年，“建设美丽群岛、创造美好生活”取得明显进展。新区开发建设快速推进，海洋产业结构调整取得新进展，海洋新兴产业初具规模，综合经济实力明显增强。生态环境质量进一步提升，空气质量继续位居全国领先位置，市区及县城污水处理率分别达到95%和90%，建制镇污水处理率达到60%。农村生活污水和垃圾集中处理实现全覆盖，全市河道环境面貌明显改善，水质基本达到各环境功能区要求，主要污染物排放量和单位产出能耗不断下降。就业、教育、医疗、养老、住房等方面社会保障和基本公共服务进一步加强和改善。

到2020年，"建设美丽群岛、创造美好生活"建设取得显著成效。新区开发开放取得重大突破，海洋经济竞争能力和辐射功能显著增强，海洋科技与产业化发展水平全面提升。生态文明建设主要指标和各项工作继续走在全国前列，市民综合素质和生态环保理念明显提升，创建全国生态文明示范市取得实效，城乡统筹发展、城乡居民收入、居民健康、文化发展、社会发展等各类指数位居全省前列。

在此基础上，再经过较长时间努力，建成跨越发展、秀美和谐、幸福安康的美丽舟山群岛，成为海洋文明先行区、美丽中国体验区。

二、建设生态新区，打造美丽群岛

（五）优化空间布局

完善规划体系。以新区发展规划和新区（城市）总体规划为引领，根据"一体一圈五岛群"和舟山本岛"南生活、中生态、北生产"的要求，完善国土利用、综合交通、绿地系统、防洪排涝、电力设施、综合地下管线等专业规划，促进多规融合、一体发展，形成定位清晰、管控严格的空间规划体系。进一步提高控制性详细规划覆盖率，强化规划刚性执行力度。

明晰开发格局。优化开发舟山本岛，打造南部"花园城市带"、中部"生态保育带"和北部"产城融合带"。集约开发港航物流核心圈、六横临港产业岛群、金塘港航物流岛群，提升规模集聚效益，强化开发建设过程中的环境保护。提升普陀国际旅游岛群、嵊泗渔业和旅游岛群，重点发展有利于生态环境保护、生态优势发挥的旅游新业态和新项目。以中街山列岛、浪岗山列岛、五峙山列岛、马鞍列岛等为重点，严格保护海洋生态岛群。

推进城乡发展一体化。率先推进舟山本岛城乡一体化，加强本岛北部中心镇和邻里中心建设，统筹布局建设基础设施和公用事业，科学规划和加快建设新型渔农民集聚小区，推进城中村综合改造。加快大岛建、小岛迁步伐，有序引导人口向县城和中心镇集聚。积极推进渔农村集体资产股份合作制、宅基地使用与退出机制、城乡要素市场化配置、户籍制度等改革，加快完善有利于城乡发展一体化的体制机制。深化生态文明村镇和特色社区创建，保护特色渔村，打造一批集生态景观和人文内涵于一体的海岛风情小镇（区）。

（六）加快建设海上花园城

加快新型城市化建设。坚持全域一体化，分类推进舟山本岛和各岛群的新型城市化建设，把舟山群岛打造成山海兼胜、人海和谐的海上花园城。加快打造本岛城市核心区，规划建设新城湾、定海湾、普陀湾等生态城市湾区，打造南部滨海城市景观带，重点建设新城滨海景观、定海古城要塞、沈家门国际渔港、朱家尖度假休闲岛、长峙岛生态风情小镇、鲁家峙文化创意园区，推进甬东区域有机更新，发挥城中海、海中城的优势，融合海、港、岛、桥、湾等元素，串珠成链，打造魅力独具的海上花园城景观。把岱山建成海洋产业集聚地和生态宜居海岛城，把嵊泗打造成以"离岛微城"为特色的旅游岛城。积极推进六横、金塘等海岛的现代化小城市建设。

优化提升人居环境。加强城市基础设施建设。深化"三改一拆""四边三化"工作，创建"无违建县区"。实施旧城改造"万户百亿"工程，加快地下排水管网建设。深化交通治堵，提升交通组织管理能力，实施公交优先战略，2020年居民出行公交分担率达到25%。大力推行低碳交通，完善公共自行车系统，着力打造绿色交通示范区。推进建筑节能改造，提高绿色建筑比例。推进"智慧城市"建设，提升城市综合管理水平和公共服务能力。

推进城市绿化美化。推进生态廊道工程，重点把329国道、北向疏港公路、南部滨海大道和朱家尖环岛公路等打造成生态景观道。积极创建国家园林城市，推进城市绿地建设和庭院美化绿化项目，新建一批城市公园和城中绿岛。进一步推动沿海防护林、生态公益林扩面提升，改善林相结构，提高森林资源质量。

（七）切实加强环境综合治理

推进"清河净水"工程。实施本岛和主要大岛河道的拓宽挖深、清淤疏浚、生态修复、开发利用等工程，着力提高河道的蓄水防涝能力和生态涵养、环境美化功能。大力整治黑河、臭河和垃圾河。加强源头防控，关停并转电镀、铅蓄电池、印染、造纸等重污染高耗能行业，整治宾馆餐饮、洗车洗涤等行业污染，减少畜禽养殖和化肥农药等农业面源污染。完善本岛污水一体化收集处理系统，到2017年全面完成县以上污水处理厂提标改造和污泥处置设施建设改造任务，实现城镇截污纳管和农村污水处理、生活垃圾集中处理基本覆盖。加强水资源综合利用，实行生活生产分质供水。强化水源地保护，提升饮用水水质，到2016年，本岛水厂全部实施自来水深度处理。

保持优良大气环境质量。推进高污染燃料禁燃区建设，加快电厂等重点工业企业脱硫脱硝除尘工程，2015年底前全市燃煤锅炉和工业窑炉基本完成脱硫除尘设施改造。加大对挥发性有机化合物排放源头控制力度。推广清洁能源汽车，强化机动车尾气治理，2015年底前全面淘汰黄标车。推进船用柴油低硫化，减少船舶排放污染。加强鱼腥异味、餐饮油烟、建筑扬尘等治理。

推进固废资源化安全处置和土壤治理。全面推进生活垃圾分类收集与无害化处理，扩建生活垃圾焚烧发电项目。新建餐厨垃圾处置、固废处置、病死动物无害化处置设施，推进废旧商品回收及再生资源循环利用，提升改造医废处置设施，加强工业危废收集监管处理，确保全市危废规范处置全覆盖。实施土壤污染防治和修复行动，切实保障农产品质量安全和良好人居环境。

（八）加强海洋海岛自然生态保护建设

建设海洋蓝色生态屏障。扎实推进近岸海域污染整治，严格海洋工程环境全过程管理，切实把好涉海环评关，加强对海上采砂、滩涂围垦等涉海项目工程监管，有效保护海洋环境。推进嵊泗马鞍列岛和普陀中街山列岛海洋保护区建设，建设嵊泗和东极海洋公园。加强沿海海洋灾害预警预报远程监视系统建设，提高沿海风暴潮、赤潮、溢油污染的预警预报和减灾能力。

保护和恢复海洋渔业资源。实施舟山渔场振兴工程，持续推进海洋增殖放流、海洋牧场建设、人工鱼礁投放，推进国家级水产种质资源保护区、资源增殖放流保护区建设，大规模实施特色优势鱼类品种的人工增殖放流。严格伏休期制度，加强渔业资源管理，加大对岛礁资源的保护力度，杜绝滥捕滥采行为。

保护和修复海岛自然生态。实施海岛陆域生态系统修复，治理水土流失，保护水土资源，推行生态型海岛开发利用模式。

（九）建立完善生态保护体制机制

完善生态环境保护机制。划定生态功能保障基线、环境质量安全底线和自然资源利用线三条红线，实行空间、总量、项目“三位一体”环境准入制度，严格落实专项规划环评制度，健全主要污染物总量控制制度。完善环境执法联动协作机制。

建立环境资源市场化配置机制。健全亩产效益综合评价体系，建立资源要素差别化使用激励与约束机制、低效项目退出机制和新增项目选优机制。建立环境资源市场化配置机制，完善排污权有偿使用和交易制度。建立生态补偿机制，制定生态补偿条例，推进生态环保专项转移支付改革。

建立完善责任追究制度。探索建立领导干部自然资源资产离任审计制度，建立健全环境问题约谈制度。强化责任追究，对造成生态环境损害的责任者严格实行赔偿制度。鼓励推行环境污染损害责任保险制度。完善环保公安联动执法、环境公益诉讼和非诉案件强制执行机制。

三、转变发展方式，加快新区建设

（十）优化海洋产业结构

加快发展先进制造业。进一步推进船舶产业整合重组，打造集海工装备、高新船舶、高端船配制造于一体的国家新型工业化产业示范基地。加快水产品加工产业集聚发展，打造“一城一区”水产品加工交易基地。择优发展粮油等大宗商品深度加工产业，积极谋划争取绿色石化项目落地。

大力突破新兴产业。培育发展低排放、低能耗、高科技和高附加值的新兴产业。着力建设集制造、维护、交付、运营、展示、培训于一体的航空产业基地，积极争取大飞机装备交付、水上飞机运营和制造、公务机和直升机制造等项目落地。大力发展健康管理、禅修养生、医学美容、健康养老等健康产业。培育发展海洋生物药品、保健品、功能性食品等海洋生物医药产业。努力发展船舶电子、北斗导航等具有舟山海洋特色的信息产业，创建国家海洋电子信息产业基地。

积极发展海洋服务业。加快打造港航物流核心圈，推进港工贸航产业联动发展，大力发展大宗商品贸易产业。加快集装箱物流业发展，积极推进金塘国际集装箱物流岛建设。建设保税燃料油供应中心和海事服务基地，推进综保区向自由贸易港区发展。做大做精旅游产业，开发游艇邮轮、精品购物、滨海体育等新业态，优化旅游环境，提升旅游产业综合效益。建设观音文化园，加快形成世界级佛教圣地。扶持船代、货代、报关、报检等航运中介服务业，发展金融保险、商事服务、信息咨询、教育服务等现代涉海服务业。

提升发展生态渔农业。建设国家远洋渔业基地，打造现代化远洋渔业母港和远洋水产品集散地。推进近海渔业结构调整，促进海水养殖业持续健康发展。发展具有海岛特色的生态农业，建设一批现代蔬菜基地和精品农业园。

（十一）推进重大基础设施建设

谋划推进战略性项目。推进六横大桥、官山至秀山大桥、本岛南部滨海大道等工程建设，加快甬舟铁路前期工作，力争“十三五”期间启动建设宁波至金塘段铁路项目。实施普陀山机场改造工程，推动航空口岸开放，构建空中交通网络。构建主要大岛快速交通体系，加大航道、锚地、公共码头建设力度。积极谋划舟山至上海北向大通道等一批重大项目的前期工作。

加快建设资源性项目。坚持舟山发展水为先，推进大陆引水三期工程，兴建定海大沙调蓄水库，加强河网整治改造提升，加快水资源开发利用、实施海水淡化项目。加快推进小洋北侧、六横小郭巨、金塘北部等围垦工程，启动实施岱山北部、钓梁三期、大小鱼山等围垦项目。择优发展近零排放电厂项目，加快建设500千伏舟山与大陆第二联网通道等工程，开发利用风能、潮汐能等清洁能源。

积极实施民生性项目。推进舟山技师学院、旅游与健康职业学院、国际海运学院（航海学校）、公办民工子弟学校（新民学校二期）、育华国际学校等建设。建设媒体创意中心、舟山市青少年体校、舟山体育场和海洋运动基地，打造舟山本岛休闲自行车道和绿色健身步道。推进市中心血站、市急救指挥中心、市传染病医院和市精神病医院工程建设。推进市社会福利中心二期、社区居家养老服务站建设。规划建设职工、青少年、妇女儿童和科技等活动综合场馆。

（十二）强化创新驱动发展

加快海洋科学城建设。按照“一核两带多点”的空间布局，着力打造国际知名的海洋科技创新资源集聚区、国内领先的海洋新兴产业孵化区、国内重要的海洋科教研发示范区、国家海洋科技综合改革试验区和国家海洋高技术产业基地。重点推进科创园区块和大甬东区块“一核”建设，成为引进国内外大院名校的主要承接载体，打造新区海洋科技创新和新兴产业培育的策源地、产城融合发展的新兴城市功能区。

推进产学研一体化。加快构建高能级的创新平台，与浙江海洋学院、浙大海洋学院、浙江大学开展更深层次合作，筹建北京大学舟山海洋研究院，推进与上海交大的科技合作、与国家海洋二所合作共建舟山海洋科技研发基地。重点培育海工装备与船舶设计、海洋科技研发、海洋文化创意、海洋科技服务等生产性服务业，构建创新型海洋高科技产业集群。

提高科技成果产业化水平。有效实施重大海洋科技专项，加快突破船舶修造、海工装备、港航物流等产业关键共性技术瓶颈。充分发挥企业主体作用，鼓励企业加大研发投入，建立高水平研发机构，推进重点产业技术创新联盟建设，加快科技成果转化。

四、弘扬海洋文化，提升生活品质

（十三）提升城乡居民精神生活品质

积极践行社会主义核心价值观。大力弘扬“富强、民主、文明、和谐，自由、平等、公正、法治，爱国、敬业、诚信、友善”的社会主义核心价值观和“务实、守信、崇学、向善”的当代浙江人共同价值观，把弘扬“勇立潮头、海纳百川、同舟共济、求真务实”的舟山精神与增强“勇担使命、四干兴舟”的新区意识有机结合起来，积极培育和弘扬正能量，增强人民群众投身新区建设的思想共识和行动自觉。推进全国文明城市创建工作，深入实施市民素质提升工程，加强社会公德、家庭美德和职业道德建设。强化诚信体系建设，以政务诚信带动商务诚信和社会诚信。

推进海洋文化名城建设。实施文化产业三年推进计划，加快一批海洋历史文化、佛教文化重大产业项目建设，开发禅修体验游等文化休闲产品和具有舟山特色的高端旅游文化纪念品，着力打造一批观音文化、渔俗文化、海防文化等海洋文化品牌，创作一批具有浓郁舟山“海味”的文艺精品。积极促进文化和旅游、科技的融合发展，提升舟山海洋文化的美誉度和产业竞争力。

构建现代公共文化服务体系。完善公共文化服务体系建设协调机制，推动基层文化资源共建共享和融合发展，加快舟山公共服务标准化、均等化建设，实施重大文化惠民工程，创新公共文化服务模式，深化“淘文化”平台和机制创新，加快渔农村文化礼堂建设，深化农村电影发行放映体制改革，广泛开展市民系列文化活动，丰富城乡居民精神文化生活，增强公民文化道德修养和科学人文素养。

（十四）改善人民群众物质生活条件

拓展市民就业门路。把新区开发开放和市民创业就业充分结合，深化“三张清单一张网”、商事登记、零审批零收费等改革，营造便捷高效、亲商利民、充满活力的创业环境。加强对“4050”人员、零就业家庭、残疾人、困难家庭和高校毕业生等群体的“一对一”就业帮扶，强化岗位技能培训和就业服务，着力稳定和扩大就业，为提高城乡居民收入创造条件。

完善社会保障体系。建立健全社会保险全民登记制度，扩大社会保险覆盖面。健全城乡居民养老保险制度，完善职工最低工资标准和城乡居民养老保险标准增长机制。深化城乡一体社会救助体系建设，加大重特大病救助力度。以老年人、残疾人、孤残儿童为重点，加强服务设施建设，健全社会福利体系。大力实施惠民安居工程，抓好拆迁安置房、保障房建设和农房、危房改造。

满足市民生活需求。加快推进“菜篮子”工程的产销对接，合理规划布局农贸市场，积极拓展蔬菜和水产品直供网络，保障“菜篮子”市场供应。深入推进商贸业现代流通试点，科学布局各类特色专卖店和综合性城市休闲生活广场，积极拓展电子商务、家政服务等各类便民商贸网点。

优化发展教育事业。推进义务教育标准化学校建设和学前教育公益普惠化发展，到2020年乡镇中心幼儿园等级覆盖率达到95%，义务教育学校标准化率达到90%以上；优化以师资为重点的城乡义务教育资源均衡配置，实施义务教育学校校长、教师区域交流，促进义务教育均衡化。深化普通高中课程改革，完善德育工作机制，落实立德树人根本任务。积极发展主要面向新区产业需求的职业教育，构建现代职业教育体系，服务海洋经济发展。大力发展提升市民素质的社区教育，构建终身教育体系。

提升群众健康水平。深化医疗卫生改革，建设海洋健康城市，打造舟山群岛新区医学中心，实施“人才强卫”和优质医疗资源下沉工程，不断提高医疗水平。有力防控重点和新发传染病，遏制慢性病过快上升。构建基层医疗卫生机构运行新机制，深化拓展基本公共卫生服务，到2020年基本实现每万名城乡居民拥有3～4名全科医生，使群众就医更加便捷。深入实施“单独两孩”生育政策。

（十五）营造安定和谐的社会生活环境

加强基层社会治理。加强以党组织为核心的基层组织体系建设，优化城乡社区治理结构和运行机制。深化“网格化管理、组团式服务”工作，落实“民情走访、民情恳谈、民情工单”制度。积极推行渔农村村民委员会改造成新区居民委员会，加大撤村建居力度。切实减轻社区过度负担，完善社区工作保障激励机制，全面推动便民服务事项进社区，增强社区服务能力和自治活力。加强社会工作者队伍建设，积极培育社会组织，培养壮大“群工能手”“乡土人才”队伍，深化志愿服务工作。

深化平安舟山建设。抓好重大矛盾排查化解，强化群体性事件的预防和处置，进一步抓好信访工作。加强网络与信息安全管理。完善社会治安立体化防控体系，依法打击各类违法犯罪活动，深化基层平安创建活动，提高群众安全感。加大重点领域安全生产整治力度，健全防灾减灾救灾和应急管理机制，坚决防范重特大事故发生。加强食品药品质量安全管理，完善基层监管网络和应急响应机制，健全从田头、市场到餐桌的食品安全全程管控体系，保障“餐桌安全”。进一步推进双拥模范城建设，促进军民融合式发展。

加强法治舟山建设。进一步发挥各级人大的依法监督职能和各级政协的民主监督职能。深化行政执法体制改革，推进综合行政执法向功能区和乡镇（街道）延伸。深入推进普法教育，推动形成良好法治环境。

五、强化组织保障，确保落到实处

（十六）完善组织领导

舟山生态市建设工作领导小组调整为市委、市政府建设美丽群岛创造美好生活工作领导小组，发挥牵头抓总作用，统筹协调和指导监督重大事项。加强人大对生态文明建设的监督，强化生态环保预算审查监督和执法检查监督。支持政协认真履行民主监督职能，充分动员各方面力量积极献计出力。新区（市）属部门及各县（区）、功能区要结合实际，建立高效有力的组织协调机制，抓好工作落实。

（十七）加强要素保障

紧密结合建设美丽群岛、创造美好生活的工作重点，合理调整和整合各类专项资金，加大政府财政性投入。探索建立生态建设投融资平台，创新发展绿色金融产品，鼓励社会资金投入生态项目建设。加强对生态建设的用地用海保障。强化人才保障，在新区高端紧缺人才引进计划中要注重安排生态类高端人才。

（十八）严格考核督查

市建设美丽群岛创造美好生活工作领导小组及其办公室要加强督促检查，明确责任分工和考核细则。加大环境信息公开力度，积极回应公众关心的环境问题。严格问责制度，对造成重大生态环境事故的，要依法追究相关地方、单位和人员的责任。

（十九）发挥主体作用

要充分发挥人民群众在建设美丽群岛、创造美好生活中的主体作用，坚持党的群众路线，虚心听取群众意见，建立社会参与机制，广泛动员群众参加建设美丽群岛、创造美好生活的各项活动，调动他们的积极性、主动性、创造性。要发挥民间公益环保组织作用，推进美丽群岛志愿者队伍和监督员队伍建设。要引导企业履行社会责任，自觉控制污染、追求绿色效益。

（二十）营造良好氛围

要挖掘传统海洋文化内涵，创新现代生态文化，把生态文明理念融入每个社会成员，增强建设美丽群岛的软实力。要加强舆论宣传工作，充分利用互联网、报刊、电视、广播等多媒体宣传平台，形成全社会参与建设美丽群岛、创造美好生活的良好社会氛围。

市委号召，全市各级党组织和广大党员干部要按照中央、省委的决策部署，团结依靠全市人民，为建设美丽群岛、创造美好生活而努力奋斗。

2014 年 8 月 7 日

岱山县人民政府关于金融支持实体经济发展的实施意见

各乡镇人民政府，县政府直属各单位：

为有效防范和化解实体经济风险，改善经济金融生态环境，促进金融更好地支持实体经济，确保我县经济持续健康发展，现就金融支持实体经济发展提出如下意见。

一、改善金融服务方式

（一）积极向上争取权限

各金融机构要积极向上争取政策权限，尽可能增加县级金融机构信贷管理自主权，创新适合小微型民营企业需求特点的信贷模式和服务流程，进一步简化贷款手续，减少审批环节，缩短审批时间。要加强与上级行的沟通，力争在新增信贷规模、存贷比例、不良贷款核销等方面给予支持，保持信贷总量合理适度增长，进一步盘活存量资金，加大对县重点项目和有市场、有技术、有发展前景企业的保障力度。

（二）完善授信管理方式

要改进授权授信管理，落实“有保有控，区别对待”的差别化授信政策，实行企业授信总额联合管理，避免出现多头授信、过度授信、期限错配，促进信贷资金回归实体经济主业。

（三）科学合理评估抵押物价值

要提高抵押率，降低担保率，合理评估并适当提高土地、厂房等抵押物的价值，积极推行“二次抵押”登记，允许抵押物余额部分再次办理抵押登记。

（四）创新还款方式

大力推广年审制循环贷款，创新“一次授信，循环使用”等还款方式，解决续贷难问题。对项目前景好，暂时出现困难的企业，适当调整项目贷款的还款计划和付息方式，促进企业平稳发展。

（五）大力支持个体户转企业及小微企业提升发展

按照“支持一批、培育一批、壮大一批、升级一批”的工作要求，确保资金供给，积极引导个体工商户转型升级为企业，积极支持规模以下企业发展为规模以上企业，进一步拓宽民营经济生存发展空间。

二、创新金融支持产品

（六）积极拓宽融资渠道

各金融机构要积极通过发展投行业务推动直接融资发展，扩大直接融资规模。主动加强与市外金融机构合作，充分发挥县内金融机构信息优势，为全县引入更多可用资金。规范发展表外融资业务，通过合理放大银行信用弥补企业信用不足问题。

（七）创新贷款抵（质）押方式

要结合各自实际，积极开办商标专用权质押贷款、专利权质押贷款、股权质押贷款、应收账款质押贷款、出口预退税保函等业务，增加抵（质）押品种，扩大抵（质）押范围，缓解企业融资抵押物缺乏难题。

（八）充分利用好海域使用权价值

要扩大海域使用权抵押范围，增加海域使用权抵押对象，逐步将海域使用权抵押范围从码头、岸线及边缘海域向近海海域推进，抵押对象从仅限于船舶修造、港口物流企业向水产养殖等用海企业推广。

（九）创新发展海洋绿色金融产品

要围绕岱山已经开发利用的海洋生物、海洋风能、潮流能等清洁能源产业，大力支持新兴产业和项目建设。积极开展排污权抵押贷款、能效贷款、合同能源融资、绿色消费信贷等低碳金融创新业务，促进海洋资源开发、低碳经济和生态环境保护协同发展。

三、支持企业转型升级

（十）积极争取符合区域经济发展特点的信贷管理政策

对虽已列入产能过剩行业，但符合舟山海洋特色和优势的船舶修造业和海运业，要积极要求省级分行区别对待。

（十一）落实好县政府关于支持两大产业发展的政策

积极贯彻落实县政府出台的关于进一步加快工业发展、促进船舶工业平稳健康发展、帮扶海运业平稳发展等政策意见，促进县域经济平稳转型发展。

（十二）帮扶暂时出现困难的企业

加大对市场前景和企业信用好，资金周转暂时出现困难的中小企业，要继续满足其生产经营合理的资金需求，做到不抽贷、不压贷、不缓贷，贷款到期后继续予以续贷。

（十三）支持企业转型转产

按照风险可控和商业可持续原则，积极做好船舶行业结构优化、调整振兴的配套金融服务工作，加大对产能过剩行业企业兼并重组、转型转产、结构调整和技术改造的支持力度。

四、切实减轻企业负担

（十四）建立合理定价机制

各金融机构要及时梳理相关内部制度，清理影响和制约小微民营企业发展的不合理制度，切实降低小微民营企业融资成本。对符合产业政策的小微企业，按照风险定价原则，适度把握贷款利率上浮幅度，切实减轻小微民营企业负担。

（十五）自觉履行“七不准”要求

各金融机构不准以贷转存，强制设定条款或协商约定将部分贷款转为存款；不得存款挂钩，以存款作为审批和发放贷款的前提条件；不准以贷收费，要求客户不合理中间业务或其他金融服务而收取费用；不准浮利分费，将利息分解为费用收取变相提高利率；不准借贷搭售，强制捆绑搭售理财、基金、保险等产品；不准一浮到顶，笼统地将贷款利率上浮至最高限额；不准转借成本，将经营成本以费用形式转嫁给客户。

五、严密防控金融风险

（十六）加强企业风险排查和预警

各金融机构要认真执行好上级行的政策，妥善处理好支持“新区建设”和“防范风险”的关系，处理好支持新兴产业发展和促进传统产业转型升级的关系，建立健全内控管理和风险预警机制，切实贯彻执行好重大事项报告制度，守住不发生系统性风险和区域性风险的底线，维护区域金融稳定。

（十七）建立风险分类处置机制

政府有关部门要会同银行机构摸清企业担保关系链条，建立分类帮扶名单，按照“切割处理、因圈施策”原则，加强与相关债权银行商定一企一策的帮扶处置方案，前移帮扶关口，分类灵活快速处置，阻断风险扩散蔓延。对于业主经营良好、出现暂时资金链紧张，或由于涉及担保、个别银行抽贷，资金周转困难的企业，要协调银行统一行动，不抽贷、不压贷、不缓贷，灵活办理企业转贷。对于过度融资、杠杆率高引发风险，但产品有市场、有品牌、影响大的企业，要及早介入，采取行政协调、司法集中管辖、“企业瘦身”、市场重组等手段，加大帮扶力度，强化纪律约束，确保帮扶措施有效落实。对于产能过剩、救助无价值的企业，要推行司法破产。

（十八）加强多头贷款企业退出管理

要推行主办行制度强化会商帮扶，对涉及多家金融机构贷款的风险企业，实行集体会商管理制度，相关金融机构要及时沟通协调，不单独退出，实行同进同退，妥善处置风险。对地方政府确定的帮扶企业，原则上可由贷款最多的银行牵头建立主办行制度，与各债权银行达成共进退帮扶协议。

（十九）妥善处置担保链风险

在处置过程中，对担保关系复杂、易引发连锁反应的企业，各有关单位要协调银行机构摸清担保关系链条，明确帮扶措施。各债权银行要尽力支持优质担保企业的正常经营，坚持“以时间换空间”的思路，通过运用适当的救助方式化解担保链风险。不简单向担保企业平移贷款，不简单以涉担保圈为由提高担保企业授信标准、附加抵押担保条件或压减贷款规模，阻断风险扩散蔓延。

（二十）加强信贷资金使用管理

各金融机构要强化信贷资金流向及用途的合规性管理，通过密切关注企业账户、经营情况及财务状况等，掌握企业资金真实用途，严格防止企业将信贷资金移用虚拟投资或民间借贷等，确保信贷资金用于实体经济。

（二十一）加快不良贷款处置

各金融机构要摸清重点领域、重点行业和重点客户的风险情况，切实加强贷款全流程管理和内部控制，防止“一刀切”式的抽贷、停贷、压贷，造成企业资金链断裂，形成新的不良贷款。各金融机构要完善不良贷款处置程序和流程，灵活采取自主处置与市场转让等方式，主动参与资产管理公司银行不良资产收购业务，采取兼并重组、清收追偿等手段处置银行不良资产。要加大贷款清收和核销力度。在不良贷款清收过程中，政府各部门要积极配合，保护银行合法权益。金融机构要对符合要求的呆账损失及时进行确认，按照财政部《金融企业呆账核销管理办法（2013 年修订版）》（财金〔2013〕146 号）有关规定，积极争取上级行支持，加大不良贷款核销力度，稳步解决不良贷款和拨备余额"双高"问题。

六、加强信用体系建设

（二十二）严厉打击逃废债行为

加强企业主诚信管理，本着实事求是、平等守信的原则处理好企业的债权债务关系，防止企业逃废银行债务的现象，切实维护在破产重组过程中银行债权人的合法权益。对逃废债行为要零容忍，公检法银要联动，建立逃废债企业黑名单制度，实施联合信贷制裁，限制出国（境），特别是对典型案件要坚决打击，公开曝光，强化法律威慑。

（二十三）加大司法保障力度

要简化金融债权案件审理程序，推行企业破产案件简易审理机制，加快审执进程，畅通企业风险处置化解通道，依法制裁各类规避执行、对抗执行行为，提高金融债权受偿率，加强对企业破产清算涉及的劳资、民间借贷纠纷等问题的协调化解，为企业破产清算创造有利条件，为金融机构不良贷款核销争取时间创造条件，努力营造良好的金融生态环境。

（二十四）推进信用评级管理和应用

积极鼓励企业参与第三方信用等级评定，要将企业第三方信用评级的资信情况作为发放贷款、增加授信的重要参考指标。

（二十五）加大舆论宣传引导力度

充分利用广播、电视、网络、报刊等新闻媒介，做好信用记录关爱日、征信业管理条例等宣传活动，充分发挥企业信用信息基础数据库的作用，大力开展诚信教育，按照"信用岱山"建设总要求，营造"守信受益、失信惩戒"的良好社会氛围。

2014 年 7 月 29 日

台州市人民政府
关于加快循环经济发展的若干意见

各县（市、区）人民政府，市政府直属各单位：

为加快转变经济发展方式，建设资源节约型、环境友好型社会，全面推动循环经济示范城市建设，根据《浙江省人民政府关于加快循环经济发展的若干意见》（浙政发〔2010〕63 号），结合我市实际，特提出如下意见。

一、发展循环经济的总体要求和主要目标

（一）指导思想

认真贯彻落实党的十八届三中全会精神，以循环经济示范城市创建为契机，以推动经济社会转型升级为目标，以优化资源利用方式和提高资源利用效率为核心，以科技创新和制度创新为动力，以国家"城市矿产"示范基地建设及园区循环化改造为支点，加快形成循环利用资源和保护生态环境的产业结构、增长模式和生活方式，大力发展海洋循环经济，着力探索具有台州特色的循环经济发展模式，努力实现经济社会可持续发展和人与自然和谐发展。

（二）基本原则

坚持"减量化、再利用、资源化"要求，提高资源利用效率和生态效益。

坚持科技创新与制度创新并举，为循环经济发展提供技术支持和制度保障。

坚持政府主导、企业主体与公众参与相结合，合力推动循环经济快速有序发展。

坚持全面部署、示范带动，推动循环经济点、线、面互动发展。

（三）主要目标

近期目标：到 2015 年，资源产出率比 2010 年提高 15%。万元生产总值二氧化碳排放强度比 2010 年下降 13.5%。万元生产总值综合能耗降到 0.397 吨标煤，工业固体废弃物综合利用率达到 95%，城镇生活垃圾无害化处理率达到 100%，完成各项循环经济示范城市创建任务，通过省级循环经济示范城市验收。

远期目标：海洋循环经济实力显著增强，循环型产业形成较大规模，资源利用效率和再生资源回收率显著提高，主要污染物排放得到有效控制，绿色消费理念深入人心，发展环境进一步优化，实现经济社会可持续发展和人与自然和谐发展。

二、循环经济发展重点领域和主要任务

（一）大力推进三次产业循环发展，深化重点行业整治

推进工业循环经济发展。加快发展海洋循环经济，着力推动海洋开发方式向循环利用型转变，构建循环型产业链。以再生资源利用为依托，构建循环型现代涉海装备产业链。以台州湾循环经济产业集聚区为主平台，以再生金属利用为依托构建装备制造产业链。引导和鼓励再生资源利用企业提升技术和装备水平，拓展产品应用领域，推动再生资源利用产业向下游精深加工领域延伸。以再生塑料高值利用为依托，构建塑料模具产品制造产业链。以海洋能和海水利用为核心，构建海洋清洁能源产业链。以海洋渔业和海洋生物医药为重点，构建海洋生物产业链。全面推行清洁生产。

加快发展循环型服务业。积极引进节能减排、清洁生产、资源综合利用等领域中介服务机构，推动能源合同管理服务业、生态物流业、环境服务业、循环经济科技服务业

发展。推进旅游及餐饮住宿业绿色服务，注重旅游资源保护性开发。鼓励餐饮住宿业实施节能、节水、节材等方面改造，减少提供一次性用品。

扶持发展循环型农业。推进农林牧渔业生态循环发展，大力推广资源节约型农业技术和农业废弃物资源化利用技术，积极推进农业标准化、清洁化生产，大力推广设施栽培、生态养殖、立体种养、种养加一体化、休闲观光农业等高效生态农业发展模式。促进海洋生态渔业发展，建设贝藻养殖、增殖区，探索推广海洋贝藻复合、多营养层次的生态增养殖技术和模式，促进水体中二氧化碳和陆源性有机物的吸收利用。

深化重点行业整治。完成医化等行业整治，巩固椒江区医化行业"退转升"工作，加快推进黄岩江口、临海川南、仙居城南等医化行业整治提升。深化电镀、熔炼等涉重行业污染整治，加快路桥等地电镀园区建设。推进浙江台州化学原料药产业园区、台州金属资源再生产业基地循环化改造和"圈区管理"。

(二)推动资源能源节约，强化再生资源回收利用

加强水资源节约。实施最严格的水资源管理制度，利用价格杠杆措施，推进节水型社会建设。大力推广农业节水技术和设备，提高农作物水生产效率和农业水资源利用效率。在工业和建筑领域推广节水新技术、新工艺和新设备，加快污水处理、中水回用设施建设，提倡高耗水行业污水净化再利用，绿化养护、建筑环卫行业使用再生水。有序推进海水利用，鼓励建设海水直接利用工程和海水淡化工程。

强化土地资源集约利用。着力优化市域空间规划布局，推进低效厂房改造、旧城改造和农村住房改造，着力提高生产、商贸、居住等领域用地集约利用水平。健全并严格落实要素市场化配置综合配套改革工作机制，完善工业用地准入制度，提高工业用地的产出率。

强化再生资源回收利用。推进再生资源交易市场建设，加强货源管理，建立集收集、存储、运输和交易为一体的再生资源回收管理平台。完善市区及周边回收网络，建立数据库和网络市场，依托台商人脉资源，将再生资源回收体系向国内外终端延伸，争取成为我国再生资源回收体系建设的示范工程。

推动海洋资源循环利用。加强海岸带资源开发管理，严格滩涂围垦项目的海域使用论证和审批，合理利用滩涂资源。集约利用岸线资源，有序开发港口资源，大力发展临港工业。以大陈岛为中心建设一批海上风电示范工程，推进海洋能源利用循环化。加快大陈、黄琅等海岛开发利用，推进滨海旅游资源开发生态化。

(三)建设绿色城市，倡导绿色消费

创建新能源示范城市。建立以太阳能、风能为重点，生物质能和地源热泵应用共同发展的新能源城市体系。把新能源应用纳入建筑规划设计审查内容。

建设绿色政府。发挥政府的导向与示范作用，开展创建节约型机关活动，积极倡导干部职工将节能、节水、节材等理念运用到日常工作和生活中。倡导绿色采购，编制年度政府采购目录及标准，将资源综合利用、节能环保认证产品优先列入政府采购目录，在政府招投标中享受优惠政策。

倡导绿色生活。推进城市"限粘禁实"工作，引导消费者购买绿色建筑材料。推广低碳出行方式，推进市区"一绕三环三纵三横"路网建设，构建台州中心城市核心区二十分钟生活工作圈，大力发展城市公共交通，深入推进城乡公交一体化，完善公共自行车网点建设。鼓励使用生物全降解塑料制品。抵制过度包装，减少一次性产品使用。完善生活垃圾的分类、收运和处理系统，开展餐厨废弃物回收再利用。

三、落实循环经济发展四大实施载体

(一)抓好园区(基地)生态化、循环化改造建设

集聚区东部新区重点推进湿地公园、体育公园和农业观光园等生态建设，在基础设施、产业布局和产业配套中落实循环理念；椒江着重推进浙江台州化学原料药产业园区椒江分区循环化改造工作；黄岩着重推进台州(黄岩)再生塑料高值利用基地申报"双百工程"工作；路桥着重推进台州金属资源再生产业基地创建国家级"城市矿产"和开展园区循环化改造工作。

(二)推广实施循环经济示范单位创建

以我市主导行业为重点，培育一批清洁生产示范企业。以化工、金属加工、大型(较大)商超等主要耗能行业为重点，培育一批节能示范企业。以建筑垃圾、餐厨垃圾、废旧金属等再生资源回收利用行业为重点，培育一批资源回收利用示范企业；以农业主导产业发展、农产品精深加工、农业废弃物资源化利用为重点，培育一批生态循环农业示范企业。以省级、市级"绿色企业""绿色医院""绿色学校"等创建为重点，争创一批循环经济教育示范基地。

(三)加快再生资源回收利用体系建设

强化规划引领，构建金属再生资源回收网络，鼓励利废企业提高再生资源利用水平。积极推进建筑垃圾、餐厨垃圾、生活垃圾和污(淤)泥资源化利用，建设一批垃圾综合利用项目。积极引进一批补链企业，重点推进生活废弃物分类利用体系建设。

(四)推进循环经济重点项目落实

强化项目对循环经济的支撑作用，以再生资源回收利用、再制造、节能环保、园区循环化改造、余热利用、农业废弃物资源化利用等领域为重点，挖掘、引进对全市循环经济发展具有支撑性作用的重点项目。

四、加大政策扶持和保障

(一)强化科技服务保障

加强循环经济产业共性、关键技术研发和新产品开发，加快新工艺、新技术的推广应用。根据台州循环经济产业发展目标，有效集聚创新资源，搭建好技术研发、工业设计、产业孵化等公共科技创新平台。加强企业研发机构建设，依托循环经济产业链创新各环节的企业，设立企业研究院、工程技术研发中心、高新技术企业研发中心和企业技术中心，不断增强企业自主创新能力。

（二）强化资源要素保障

1. 增强金融资本要素支撑。引导金融机构加大对循环经济产业的信贷支持力度，提高贷款比重；拓宽投融资渠道，积极争取国家开发银行低息贷款，支持符合条件的省级循环经济示范企业发行各类债券和上市直接融资。推进股权（创业）投资和民间融资管理等机构的培育和发展，切实引导民间资金支持循环经济项目建设和发展。

2. 增强用地、用海要素支撑。加强循环经济建设项目用地、用海需求保障，每年新增土地指标要安排一定的比例用于循环经济项目。完善集约用地评估制度，积极向上争取和科学合理配置用地指标，争取将重大循环经济项目申报纳入省级重点产业和重大基础设施类项目，带帽解决项目用地指标。

3. 增强人才支撑。支持在台州学院等高等院校设立循环经济研究机构，积极培养循环经济建设所需的各类人才。依托我市重大科研和建设项目、重点学科和科研基地，加大学科带头人的培养力度，积极推进与循环经济相关的创新团队建设。加强引进国内外发展循环经济急需的科技创新人才和高层次管理人才力度，研究落户政策、收入分配、住房等支持政策，建立高素质人才引进机制。

（三）强化财税扶持保障

1. 加大财政支持力度。全面贯彻落实国家和省相关扶持政策，积极争取上级资金和政策支持。加大政府扶持引导力度，形成稳定的财政投入增长机制，整合现有涉企财政专项资金，加大对循环经济发展工作的支持力度，着力支持配套国家、省级循环经济示范试点、产业园区循环化改造补链项目、再制造产业化示范、资源循环化利用技术装备产业化等项目。

2. 落实税收优惠政策。税务部门要进一步加大政策宣传力度，强化业务登记辅导，对取得资源综合利用认定的企业，按照国家、省相关规定，落实税收优惠政策。

3. 健全价格调节机制。合理调整水、电、燃气等资源价格政策，逐步建立反映资源稀缺程度和市场供求关系的价格机制。合理确定再生水价格，实行居民生活用水阶梯式水价制度，推行非居民用水超计划累进加价制度。完善城乡生活垃圾处理收费和污水处理收费机制，逐步推行按污染程度分档分类计费。建立健全新能源汽车、节能环保标志产品的价格调节机制，引导消费者使用节能、节水、节材和资源循环利用产品。

（四）强化环境监管保障

1. 严格执行产业政策。认真贯彻落实国家产业政策，形成符合“减量化、再利用、资源化”要求的产业结构及增长方式。限制、淘汰高耗能、高污染、高耗水产业项目，对限制类现有生产项目，限期采取措施提升改造，对淘汰类现有生产项目，限期淘汰。

2. 健全污染物减排机制。开展排污权有偿使用和交易，建立健全排污许可证制度，完善排污权交易信息网络。按照全省统一部署，做好化学需氧量、氨氮、二氧化碳、氮氧化合物的排污权有偿使用和交易工作。重点企业实行刷卡排污。

3. 严格环保监管和能效标准控制。制定和完善发展循环经济的量化指标和合格评定制度，实施清洁生产、资源节约利用、废旧物资资源化利用和限制有害物质使用等系列技术标准，促进循环经济标准化、规范化发展。认真落实环保目标责任制，严格执行环境影响评价和“三同时”制度。鼓励有条件的企业开展环境管理体系认证。认真执行国家能效标准，严禁生产、销售和使用国家明令淘汰和达不到能效标准的产品。

4. 强化海洋生态环境保护和污染治理。实施入海陆源污染综合整治，开展台州湾陆源入海排污口调查，加大对直排入海污染源、入海河流污染物和沿海垃圾的监控力度。加强港口和船舶污染控制。推进海上工程项目的风险评估和环境影响评价。加快大陈省级海洋特别保护区建设，保护和修复海岛生态环境。

（五）强化组织领导保障

1. 完善工作机制。各级政府要把发展循环经济摆在突出位置。为顺利推进台州市创建省级循环经济示范城市工作，成立台州市创建省级循环经济示范城市领导小组、创建工作协调小组和工作联络人制度，强化重大决策、重大项目及配套措施落实。椒江区、黄岩区、路桥区及台州湾循环经济产业集聚区、台州经济开发区应分别成立相应组织机构，明确责任分工，形成工作合力，确保创建工作落到实处。

2. 建立循环经济统计评价体系。建立循环经济统计监测制度，加强资源消耗、综合利用和废弃物产生的统计监测，并适时向社会公布。建立以资源产出率为核心、反映循环经济发展水平的指标统计体系、评价体系和考核制度。

3. 加强舆论引导。各地各部门应各司其职，发挥发展循环经济舆论引导作用，组织好全国低碳宣传日、全国节能宣传周、全国城市节水宣传周及世界环境日、世界地球日、中国水周等宣传活动。将循环经济理念宣传纳入科普主要工作，将循环经济教育纳入各级党政干部培训教学内容，将循环经济知识纳入全市基础教育内容。台州湾循环经济产业集聚区要在规划展示馆中开辟宣传循环经济发展的专栏，集中展示循环经济企业发展状况，将规划展示馆打造成宣传我市创建循环经济示范城市的主平台。

本意见自发布之日起实施。

2014 年 12 月 8 日

三门县人民政府 关于印发三门县工业企业亩产效益综合评价加快转型发展实施意见(试行)的通知

各乡镇人民政府、街道办事处,县政府直属各单位:

《三门县工业企业亩产效益综合评价加快转型发展实施意见(试行)》已经十五届县政府第二十三次常务会议研究同意,现印发给你们,请认真组织实施。

2014 年 11 月 6 日

三门县工业企业亩产效益综合评价加快转型发展实施意见(试行)

为进一步引导企业树立"亩产论英雄"的发展理念,优化资源要素配置,加快工业企业转型升级,根据我县实际,特制订工业企业亩产效益综合评价加快转型发展的实施意见。

一、总体要求

以科学发展观为指导,坚持效率优化、优胜劣汰、转型升级原则,全面开展工业企业亩产效益综合评价,建立"高进低退"机制,优化资源要素配置,扶优扶强,形成良好的投资发展环境和发展导向。推动倒逼式改造,推进工业转型升级,提高经济发展质量和效益,促进我县经济持续健康发展。

二、评价方法

(一)评价范围

全县范围内实际用地面积 3 亩(含)以上工业(制造业)企业。

(二)评价指标与权重基本分

规模以上工业企业:亩均税收 50 分,亩均工业增加值 15 分、亩均销售收入 15 分、单位能耗工业增加值 10 分、排放每吨 COD 工业增加值 10 分。

规模以下工业企业:亩均税收 60 分、亩均销售收入 25 分、单位电耗税收 15 分。

新进规上企业,新进当年可自由选择采用规上指标还是规下指标进行计分评价。

(三)计算方法

企业得分为各单项指标得分之和。单项指标得分为企业该指标年度的数据除以该项全县平均值乘以权重基本分,不设上下限。

三、分类评价

根据企业上年度各项考核指标数据,分别计算出各个企业的亩产效益综合评价得分,不分行业进行排序,分成 A、B、C 三类:

(一)A 类为发展提升类

综合评价得分排名前 80%(含)的规上企业和前 70%(含)的规下企业,以及高新技术企业和市"116"工程企业。

(二)B 类为整治提升类

综合评价得分排名后 3%~20%之间的规上企业和后 3%—30%的规下企业。

(三)C 类为落后淘汰类

综合评价得分排名末 3%(含)的规上企业和规下企业;属于《浙江省淘汰落后生产能力指导目录(2012 年本)》中落后产能,需实施整厂关停淘汰落后产能的企业;重污染高耗能行业,需实施整厂关停的企业;不符合我县产业发展实际和结构调整需要,按照市、县淘汰落后产能、行业整治和资源占用产出等相关标准,计划通过专项整治实施整厂关停淘汰的低、小、散落后企业。

(四)例外事项

对成长型科技型企业,符合市、县产业发展导向的重点培育企业和新建供地项目处于建设周期的企业暂不列入 B、C 类。具体企业名单由发改、经信、科技、国土资源、环保等相关部门认定,并提交领导小组审定。

重污染高耗能企业;列入安全生产黑名单的企业;当年工商信用评价、安全生产诚信等级评定为 C 类(含)以下的企业;经国土部门认定存在闲置土地的企业;发生重大安全生产、环保违法行为等受行政或刑事处罚的企业不得列入 A 类。具体名单由发改、经信、科技、国土资源、环保、安监和工商等相关部门认定,并提交领导小组审定。

在五大支柱行业中各行业排名前 80%的企业暂不列入 C 类。

四、结果应用

对综合评价出来的 A、B、C 类企业在用地、用电、用能、用水、排污、信贷等资源要素配置上实施差别化措施，具体措施由各职能部门制定并实施。

（一）A类企业（分重点扶持类、鼓励提升类）

1. 重点扶持类（当年产值为1亿元以上的高新技术或市“116”工程企业；当年产值为1亿元以上且得分排名前30%的规上企业；当年产值2000万～1亿元且得分排名前10%的规上企业。）

每年对A类重点扶持类企业中排名前10位的企业进行表彰奖励；

减征城镇土地使用税、房产税（具体标准按省市正式文件另行制定）；

优先进行项目核准备案，保障用地需要；

支持对淘汰落后企业实施兼并重组；

优先保障用电、用水和新增用能需求；

优先保障建设项目新增排污总量指标；享受环境检测收费优惠；

重点保障信贷需求，金融机构在企业信用评级、贷款授信和利率优惠中给予优先支持，在出口信用保险政策享受方面给予倾斜；

优先申报国家、省项目、市长质量奖、县政府质量奖和各级各类名牌产品和商标。

2. 鼓励提升类（A类中除重点扶持类以外企业）：

鼓励企业进行土地“二次开发”，充分利用现有土地、厂房、设备资源实施“零增地”技改，对内涵提升类技术改造项目予以优先立项；

减征城镇土地使用税、房产税（具体标准按省市正式文件另行制定）；

在用地、用水、用能、融资等方面给予支持；

实施有序用电管理时给予适当支持；

优先参与用能指标和污染物排污权交易。

（二）B类企业

支持开展节能减排、清洁生产等技术改造。严格控制低效落后产能扩张，除技术改造以外，原则上不予核准和备案与原产能相同（近）的新建项目；

除技改项目外原则上不得增加用能和污染物排放总量指标；

实施有序用电管理时，作为限电对象；

从严控制信用评级、贷款投放。

（三）C类企业

不予核准和审批新的投资项目（技改项目除外），禁止参与工业用地招拍挂竞买活动；

报省、市批准实施差别电价、水价政策，在现有电价、水价基础上加价；

实施有序用电和节能管理时，作为首要限电对象；

按节能减排年度计划，提高用能和污染物削减指标，并报省、市批准提高用能和排污交易指标的价格；

除兼并重组优惠政策按100%享受，科技、人才、提升改造中的技改投入奖励按60%享受外，不得享受其他优惠奖励政策；

取消城镇土地使用税优惠政策资格；

从严控制信用评级、贷款投放；

鼓励C类企业与A类企业兼并重组或主动关停退出。对于主动关停退出的企业，按有关政策意见，给予奖励。

五、动态管理

根据企业每年综合评价结果，对A、B、C三类企业的分类实行动态管理，原则上在每年第一季度按照企业上一年度数据进行评价，并按评价得分调整分类，但在一段时间内企业用地效益明显提升，各项指标达到相对应类别的，经企业提出申请，有关部门予以确认后，可及时调整各企业对应类别及差别化政策。

六、工作要求

（一）加强组织领导

开展工业企业“亩产效益”综合评价是加快我县经济转型发展一项重要工作，县政府成立以县长为组长，分管副县长为副组长，县府办、县委县政府督查室、县委宣传部、县发改局、县经信局、县科技局、县财政局（县地税局）、县人力社保局、县国土资源局、县环保局、县建设规划局、县安监局、县统计局、县工商局、县质监局、县金融办、县国税局、县供电局、县水务公司等部门（单位）和各乡镇（街道）行政主要负责人为成员的三门县亩产效益综合评价领导小组，下设办公室，办公室设在县经信局，办公室成员由相关部门（单位）人员组成。各乡镇（街道）和各有关部门要高度重视工业企业“亩产效益”综合评价与应用工作，加强组织领导，加大工作力量，增强工作主动性，确保工作落实到位。

（二）明确工作职责

根据“亩产效益”综合评价指标内容与应用，进一步明确工作职责。县经信局负责确定五大支柱行业企业名单，负责对相关部门提供的各项指标数据进行汇总；县国土资源局负责提供企业用地数据；县环保局负责提供企业排污数据；县统计局提供企业工业产值、电耗、增加值的数据；县国税局、县地税局负责提供企业国税、地税和销售收入数据；县供电局负责提供企业用电量数据；县水务公司负责提供企业用水量数据。各责任部门按照“谁主管、谁统计、谁负责”的原则加强数据统计和上报等工作，建立健全并严格执行好有关制度，确保数据准确，为综合评价企业提供依据；同时结合部门职能，做好相关执法工作。各乡镇（街道）负责对企业的数据和初步分类进行核准和初审，形成审核意见上报。建立起工业企业“亩产效益”综合评价公告制度，将综合评价得出的企业分类名单予以公布，确保评价工作做到公正、公平、公开。

（三）加强协调配合

各责任部门要分工协作，服务指导，共同推进，形成合力。成立监督检查小组，加大对C类企业的执法检查力度，严格各类违法违规行为的处罚，对未批先建等非法产能，超核定污染排放量企业中超环评外的设备，假冒伪劣产品和无证无照生产企业坚决实施关停淘汰。同时，在乡镇（街道）告之企业分类情况的基础上，指导帮助乡镇（街道）对B、C类企业负责人进行约谈，并按照“一企一方案”原则对企业提出整治提升意见，督促企业进行自查问题，自我整改，自我提高，引导企业开展“零增地”技改等方式进行提升，对提升无望的企业采取措施加快淘汰退出。

（四）强化督查评价

县委县政府将对工业企业“亩产效益”综合评价及应用工作开展评价。县委、县政府督查室、评价领导小组要把企业“亩产效益”综合评价与应用工作作为重点督查、监管内容，对乡镇（街道）及相关职能部门工作开展情况加强跟踪和及时通报。

（五）加强宣传力度

各乡镇（街道）、各有关部门要加大对工业企业“亩产效益”综合评价及应用工作的宣传力度。做好有关评价指标、政策措施的解读说明，及时报道“亩产效益”综合评价应用工作中涌现出来的先进经验和典型做法，充分发挥舆论导向和监督作用，营造更好的投资环境，促进我县经济加快转型升级。

七、其他

（一）综合评价指标及计算方法说明详见附件。

（二）本办法自 2015 年 1 月 1 日起实施，试行一年。

附件：综合评价指标及计算方法说明（略）

丽水市人民政府关于深入贯彻“绿水青山就是金山银山”指导思想全面实施生态产业强市的意见

各县（市、区）人民政府，市政府直属各单位：

为深入贯彻落实市委三届六次全会《关于坚定不移走“绿水青山就是金山银山”绿色生态发展之路，全面深化改革，建设美丽幸福新丽水的决定》，结合我市实际，提出全面实施生态产业强市的意见。

一、重大意义

生态产业是以生态环境良性循环发展为约束条件，追求经济发展与生态环境保护并重、双赢的社会再生产过程。丽水良好的生态环境、得天独厚的资源优势，是经济社会发展的巨大潜力和美好未来之所在。依托自身独特优势和战略资源，大力推进生态产业发展，探求丽水更高品位、更高水准、更高境界发展的科学路径，是坚定不移走“绿水青山就是金山银山”绿色生态发展之路，建设美丽幸福新丽水的内在要求；是创建国家级生态文明先行示范区和生态经济示范区，在转型发展道路上迈出新步伐，创造新经验的重要抓手；是推动生态经济化和经济生态化，以最小的资源环境代价谋求最大限度的经济社会发展，实现“绿色崛起、科学跨越”的必然选择。

二、总体要求

以邓小平理论、“三个代表”重要思想、科学发展观为指导，牢固树立“绿水青山就是金山银山”的指导思想，以“生态产业化、产业生态化”为主线，以创建国家级生态文明示范区和生态经济示范区为核心目标，以体制创新和科技进步为强大动力，坚持把绿色发展、循环发展、低碳发展作为基本途径，优化生态产业空间布局，突出生态产业集聚区平台建设和提升，着力构建“3＋3”生态产业体系，加快推进生态农业、生态工业、生态服务业“三次产业”协调发展，生态旅游业、养生（养老）业、文化产业“三大重点产业”特色发展，坚定不移走“绿水青山就是金山银山”的绿色生态发展之路，实现生态资源优势转换为生态产业优势，把丽水建设成为环境优美、经济发达的生态产业强市。

三、基本原则

——坚持生态优先、绿色发展原则。把绿色、生态低碳作为生态产业发展的重要前提来抓，积极探索生态与经济融合发展模式，大力发展生态农业、生态工业和生态服务业，构建生态系统和生态产业体系，推进生态经济化和经济生态化，实现经济社会发展与生态环境保护的有机统一。

——坚持深化改革、创新发展原则。把体制创新作为生态产业发展的强大动力来抓，进一步提升发展理念，着眼建立健全区域统筹发展、人口和生产力优化布局、生态补偿等机制，率先在重要领域和关键环节先行先试，加快形成有利于高效生态产业发展的体制机制。

——坚持集聚集约、内涵发展原则。按照区域主体功能定位和发展生态产业的要求，大力推进人口集中、产业集聚、资源集约、功能集成，严格执行产业政策和投资强度、能耗评估等准入门槛，着力提高资源要素利用效率和产出效益，增强生态产业可持续发展能力。

——坚持扩大合作、联动发展原则。把加强区域合作作为生态产业发展的重要途径，更加注重与长江三角洲经济圈、海峡西岸经济区的联动发展，进一步加强对台经济合作与交流，推动四省九市区域协作和山海协作工程实施，进一步提升生态经济开放合作水平。

——坚持民生为本、和谐发展原则。把保障和改善民生作为发展生态产业的根本出发点和落脚点，完善统筹城乡的就业和社会保障体系，加快发展社会事业，推进基本公共服务均等化，更加注重提高人民生活质量，让人民群众共享生态产业发展成果。

四、主要目标

——到2015年，经济社会发展与资源环境承载力相匹配的生态产业初步形成。生态环境不断改善，产业结构进一步优化，节能减排成效初显，人民生活质量不断提高。全市实现地区生产总值1100亿元，其中农业总产值150亿元，工业增加值550亿元，服务业增加值450亿元。

——到2017年，经济社会发展与资源环境承载力相适应的生态产业基本形成。生态环境明显改善，产业结构渐趋优化，节能减排成效明显，人民生活质量明显提升。全市地区生产总值比2010年“翻一番”，其中农业总产值170亿元，工业增加值700亿元，服务业增加值550亿元。

——到2020年，经济社会发展与资源环境承载力相协调的高效生态产业基本成型。生态环境十分优良，产业结构合理，节能减排成效显著，人民生活质量大幅提升。全市地区生产总值比2010年“翻一番半”，其中农业总产值200亿元，工业增加值900亿元，战略性新兴产业增加值125亿元，服务业增加值830亿元。

五、重点任务

生态产业不是一个孤立的概念，而是一个内涵丰富、逻辑严密的有机整体。生态农业、生态工业、生态服务业三者相互依存、相互联系、相互促进。生态农业是生态工业、生态旅游业的基础；生态工业的发展为生态农业和生态旅游业提供强大的支撑；生态服务业是生态农业、生态工业的延伸。全面实施生态产业强市，重中之重要抓好生态农业、生态工业和生态服务业的发展，重点组织实施三大生态产业“六大行动计划”，加快推进生态产业化、产业生态化。

(一)把生态农业作为发展生态产业的基本点来抓，着力推进六大提升行动

按照“生态、安全、优质、高产、高效”要求，以发展生态精品农业为方向，以农业“三区”(现代农业园区、粮食生产功能区、农产品加工园区)为平台，以生态精品农业“361”工程为抓手，重点实施“六大提升行动”：

1. 精益产业，推进产业提升。以规模化、标准化、精品化、电商化为目标，大力发展食用菌、茶叶、水果、蔬菜、中药材等八大主导产业，做好接二连三文章，推进农产品精深加工，延伸农业产业链。加快建设生态精品现代农业种养区、特色优势农产品加工区、农业休闲养生游憩发展区和农业生态功能保障区，培育一批标准化、基地化、产业化的生态精品现代农业产业带、产业群，推进特色精品农业产业强县、强镇建设。到2016年，累计建成标准化生态精品农业种养基地500个、粮食生产功能区36万亩、现代农业园区60个、农产品加工园区9个以上，生态精品现代农业产值占农业总产值50%以上。到2020年，农业标准化达到70%，农业主导产业产值、农产品商品化比重达到90%。

2. 精致产品，推进品牌提升。强化生态精品农产品品牌建设，积极打响绿色品牌、生态品牌、精品品牌，实现质量与品牌良性互动。着力培育各县(市、区)主导优势产业优势品牌，做强庆元香菇、处州白莲、遂昌菊米、云和雪梨、缙云麻鸭、龙泉灵芝、景宁惠明茶、青田田鱼、松阳银猴等传统品牌。鼓励家庭农场、专业合作社、专业大户、龙头企业等新型农业经营主体，打造个性品牌和参与公共品牌创建。到2016年，新培育中国驰名商标1个、浙江名牌农产品20个、省市著名商标40个，新增“三品一标”认证农产品300个以上，农业主导产业“三品一标”认证比例达到50%以上。

3. 精湛技术，推进科技提升。以新品种、新技术、新装备“三新”技术和模式创新为抓手，完善产业首席专家制度，利用浙江大学、省农科院丽水农技推广中心等平台，加强产学研协作，加强创新与引进示范，培养一批本土农业科技专业人才队伍。以农业技术推广、动植物疫病防控、农产品质量安全监管“三位一体”基层农业公共服务中心建设为载体，建立完善生态精品农业技术支撑体系。到2016年，建成基层农业公共服务中心100个，创建省级循环农业示范县3个、示范区10个、示范企业10家、示范项目50个以上，农业标准化覆盖率达60%以上。

4. 精准营销，推进市场提升。提升骨干农产品批发市场设施和功能，鼓励发展期货交易、连锁经营、直供配送、电子商务等新型农产品流通业态，利用“一网”(丽水生态精品农产品网)、“一馆”(淘宝丽水特色馆)、“一平台”(农产品电子现货交易平台)、“一村一店”(农村农产品电子商务网店)建设，强化与淘宝网、菜鸟物流、淘宝大学战略合作，扶持讯唯、遂网、山山商城等龙头企业壮大，借用农产品现货交易平台，推进更多农产品上市交易，扩大市场影响力。到2016年，每年建立市外丽水生态农产品营销中心2～3家，组织对外推介展示展销10场次以上；建成销售额超10亿元的产地生态精品农产品交易市场5个以上，新培育300个以上农产品电子商务主体上淘宝。

5. 精心培育，推进主体提升。大力培育新型农业经营主体，鼓励浙商、丽商、华侨、台商和大学生等投资开发农业，创办农业企业、合作社、家庭农场和生产基地。开展实用技术培训，提升新型农业经营主体对先进农业科技成果吸纳、承接和转化应用能力，提高农民生产水平和生态精品现代农业发展能力。到2016年，新培育农业产业化国家重点农业龙头企业2～3家、省级骨干农业龙头企业12家和省级示范性专业合作社80家以上、市级示范性以及休闲性(综合)家庭农场100家，培训新型骨干职业农民10万人以上。

6. 精髓农耕，推进文化提升。秉承农业的悠久历史，把传统农业文化精髓与现代社会理念结合起来，大力挖掘和弘扬农耕文化，积极开发农业文化产品，提升农业品位，做好农耕文化传承与创新，做好全球农业重要文化遗产保护地稻鱼共生文化、香菇文化、云和梯田文化等富有文化内涵的生态精品农产品开发，举办各类农事节庆活动，鼓励建设与产业一体的农博园、博物馆、养生园和农业综合体。到2016年，新增休闲观光农业区(点)80个，浙江绿谷“开心农场”10个，举办有较大影响力的农业节庆活动10个以上。

（二）把生态工业作为发展生态产业的启动点来抓，着力推进六大专项行动

以发展“绿色环保、高效低耗、高端低碳”的生态工业为方向，注重生态产业集聚区和工业园区平台建设及提升，着力改造提升传统产业，大力培育发展战略性新兴产业，加快构建“一大、一精、一优”的生态工业体系，重点实施“六大专项行动”：

1. 实施装备智能化改造专项，突出“机器换人”。深入贯彻落实《关于促进企业技术改造的实施意见》，加快培育丽水市机器人产业基地，积极支持信息技术在企业生产工艺、装备智能化和工业产品上的嵌入式应用。实施典型示范、龙头带动，大力开展人工换机械、机械换自动、单台换成套、数字换智能行动，不断提升装备技术水平，改善劳动条件和环境，努力消除安全事故隐患。以促进企业技术改造为重点，每年组织实施100项以上、投资100亿以上“机器换人”技术改造重点计划项目“双百工程”，力争今后5年全市工业技术改造投资占工业投资的比重达到60％以上，力争机器装备投入占工业投资的比重达到40％以上。

2. 实施重点行业绿色制造专项，突出“腾笼换鸟”。按照“淘汰一批、转移一批、提升一批”的要求，全面实施《丽水市淘汰落后产能规划（2011－2015）》。以开展“五水共治”为契机，根据各地能耗、排污、安全、综合效益等实际情况，分期分批开展重点行业整治示范和试点，重点开展合成革、不锈钢行业治水、治气、治污工作，推进合成革产业生态化改造，对超标排污企业实行限期整治，实施“油改水”生产线改造，逐年提高水性合成革生产线的比重。鼓励企业实施兼并重组和易地重组改造，引导企业退低进高，从旧的“三高一低”（高投入、高消耗、高排放、低效益）向新的“三高一低”（高技术含量、高附加值、高端产品、低碳化）转型发展。全面实施燃煤锅炉淘汰工程，大力推进“集中供热”和“煤改气”等清洁能源工程。进一步完善资源环境的市场配置机制，加快推行排污权有偿使用和交易制度。

3. 实施信息技术应用提升专项，突出“电商换市”。一是加快绿谷信息产业园建设。以智慧城市示范试点和大数据、云服务、流媒体服务、软件服务外包和工业设计等为特色，加快创建省级特色信息产业园。二是加快制造业企业营销环节的互联网化，推进“电商换市”。鼓励企业加快构建以云服务为核心的商务模式创新，重点推进鞋革羽绒、木制玩具、竹木制品等传统优势产业开展网上贸易，做大线上市场规模。三是实施两化融合行业示范试点工程。重点推动化工、机械、医药等行业的信息技术应用与升级改造。深化信息技术在企业研发设计、工艺流程、营销管理、回收再利用等各环节的应用，促进“两化”深度融合。未来5年，力争全市信息化指数达到0.90。

4. 深化土地要素节约集约专项，突出“空间换地”。一是深化供地机制改革。以“亩产论英雄”，完善“能上能下、能进能出”的企业用地激励约束机制。二是把好生态工业用地出让关。严格项目准入条件、联审联评机制、用地履约管理、履约保证金制度等，确保项目招商引资和建成投产取得成效。三是盘活存量土地资源。加大闲置土地处置力度，依法收回企业圈占长期不用的土地；重点开展低产、低效工业用地项目清理，建立完善市场化退出机制；鼓励企业通过加层或翻建、改建、扩建扩大生产用房，提高土地利用率。四是按照“筑巢引凤、凤栖巢起”的理念，加快科创基地、孵化器、加速器等科创服务平台建设，谋划建设一批都市工业园。

5. 实施管理与技术创新引领专项，推进“三名工程”。以创建“名企、名牌、名家”为载体，大力实施名企战略，力争今后5年全市共培育50家以上总部型企业，160家以上国家和省、市级高新技术企业，100件省级以上名牌和著名商标，实现股份制改造15家、新增资本市场挂牌和上市企业50家，形成一批产业联盟主导型企业；力争每年新增主营业务收入5亿元以上工业企业10家，每年新增100家以上企业上规模；实施企业家素质提升工程，每年培训各类企业经营管理人员5000人次以上；5年培育引进“千人计划”专家超过12人，绿谷精英和创业创新团队超过50个。

6. 实施新兴产业示范工程专项，推进“培育优新”。大力实施《关于大力培育发展战略性新兴产业的实施意见》，充分发挥战略性新兴产业扶持专项资金作用，组织实施一批战略性新兴产业重点项目，启动培育认定一批示范基地和示范企业。着力围绕高端装备、生物医药、电子信息、文化创意、节能环保、新材料等6个新兴产业，每年组织实施100个以上战略性新兴产业投资项目计划，以增量优化促进产业结构的战略性调整。重点开展市区信息产业园和生物技术产业园、龙泉高端装备和新能源、青田特种钢和新材料、松阳新型金属材料和中药产业、遂昌特种纸，以及莲都碧湖产业区块、丽缙五金产业园苍山区块、丽景民族工业园区块等12个市级以上战略性新兴产业示范区（基地）的创建工作。

（三）把生态服务业作为发展生态产业的增长点来抓，着力实施六大培育行动

生态服务业是未来区域经济发展最具活力的增长点，要坚持生产性服务业和生活性服务业协调发展相结合、总量拓展和结构调整相结合、平台构建与机制创新相结合的原则，推动服务业扩规模、提质量、上水平，不断提高生态服务业占GDP的比重，将生态服务业打造成为生态产业发展的新引擎，重点实施“六大培育行动”：

1. 培育生态旅游业，促进全域化发展。以“生态、养生、休闲”为主题，坚持整合资源、合理开发、完善设施、提升品牌，着力构建以绿色山水为主线、古文化为底蕴、原生态为卖点的大旅游格局，推进生态旅游全域化综合改革试验区建设工作，着力将生态旅游休闲产业培育成丽水第一战略支柱产业。大力开发精品线路，着力打造精品旅游小镇。重点实施旅游“1311”行动计划，积极推进遂昌金矿、青田石门洞和缙云仙都景区5A创建，适时启动市区瓯江生态旅游景区5A创建工作；推进现有4A旅游景区、省级旅游度假区和重大旅游综合体建设，提升30个高等级旅游景区；谋划森林避暑、文化体验、民俗风情、养生养老等10类旅游招商项目，积极推出招商；以农家乐综合体创建

为核心，培育一批文化村、民族村、特色村、农耕村、养生村等乡村旅游示范村，打响“秀山丽水·休闲乡村”品牌。到2015年，生态旅游业旅游总收入达到400亿元；旅游业增加值占GDP比重2017年力争达到12%，2020年力争达到15%。到2020年，全市提升改造和新建农家乐综合体不少于100个，农家乐营业总收入50亿元。

2. 培育生态养生（养老）业，促进品牌化发展。组织实施《丽水市生态休闲养生（养老）经济发展规划》，充分发挥“国际休闲养生城市”和“中国长寿之乡”金字招牌，围绕养生（养老）八大行业发展和“五养”特色品牌培育，加快构建养生（养老）产业体系。着力推进“112”养生（养老）项目建设，即加快首批10大养生（养老）基地建设，梯次推进第二批10大养生（养老）基地项目，推进20个以上养生产业培育项目。加快养生乡村的扩面提质，重点改造提升100个养生乡村。做好养生（养老）基地建设与运营服务规范国家标准报批和“五养”行业规范市级地方标准研制工作，助推生态休闲养生（养老）产业加快发展。

3. 培育文化产业，促进特色化发展。立足底蕴深厚的人文优势，强化丽水特色文化产业打造，把文化资源优势转化为经济优势，把特色文化优势转化为品牌优势。围绕把我市发展成为全国特色工艺品名品地、全国生态休闲示范地和全国文化用品制造聚集地的目标，重点发展工艺美术品制造、文化用品制造、文化休闲服务、文化创意和设计服务、文化艺术服务、文化会展服务等六大产业；着力推进一批文化产业园区、文化大师园、文化产业基地（龙头企业）、文化风情小镇、文化特色商业街、民间文化博物馆建设；全面实施文化产业“三名”工程和龙泉剑瓷、青田石雕的“百亿”工程，到2016年全市文化产业增加值占GDP比重达7%，2020年达10%。

4. 培育现代商贸业，促进电商化发展。加快电子技术应用，促进商贸流通业改变传统经营模式，积极引导连锁经营、物流配送、电子商务等现代流通业态发展。以连锁经营促进传统商贸业经营方式和组织形式转型，推动连锁经营范围拓展，重点培育一批不同行业的连锁龙头企业，推动全市商贸流通业逐步实现服务标准化、经营专业化、管理规范化。大力发展电子商务，促进特色专业市场“电子化”改造，加快推进农村电商公共平台、农产品“线上线下”互动平台、工艺产品和旅游垂直电商平台3大平台打造，重点打造市区电子商务集聚区和八大县级电子商务园区，以及若干电子商务特色镇村。到2017年，社会消费品零售总额年均增长13%；连锁经营销售额占社会消费品零售总额比重达到15%；电子商务零售额年均增幅在50%以上，占全市社会消费品零售总额的比重达到25%以上。培育省重点电子商务企业2～3家、省重点行业电子商务平台2～3家、省重点农产品电子商务交易平台1～2家。

5. 培育现代物流业，促进信息化发展。以产业集群物流、城乡配送物流、港口物流为重点，以现代信息技术与供应链管理为手段，依托第三方物流服务，加快物流中心和物流站点建设，构建区域大物流，全面推进物流信息化、专业化和社会化。重点推进丽水无水港、浙南茶叶市场和庆元香菇市场物流中心以及各县（市）一批物流基地建设；加快建成丽水至温州122公里高等级航道，重点推进丽水港、青田港公铁水联运物流中心建设；加快富岭国际物流中心、水东公铁联运物流中心项目前期。到2017年，初步建成8个物流中心和20个物流站，3A以上物流企业达到5家，第三方物流市场占有率达到25%左右。

6. 培育现代金融业，促进创新化发展。确立生态经济发展中金融先导的价值观，注重发挥金融配置资源、调节经济、服务发展的功能，增强全市金融业的综合实力、竞争力和抗风险能力，科学合理引进各类商业银行，积极培育金融业做大做强。强化金融体制创新，深化农村金融改革试点，积极引导村镇银行、小额信贷组织、农村资金互助社等各类金融组织发展，大力推进农村“三权”抵押贷款。不断创新金融产品，探索开展股权、商标权、专利权和小额贷款保证保险等多种金融创新业务。加强金融服务创新，加快个人银行业务、中间业务和电子银行业务发展，拓展外汇交易、结算、兑换等国际业务，深入开展金融创新示范县和金融创新示范乡镇建设。到2017年，金融业增加值占全市生产总值比重达到10%，占服务业增加值比重达22%左右。

六、保障措施

（一）强化组织领导

各地各部门要充分认识加快发展生态产业的重要性和紧迫性，切实加强组织领导，完善生态产业发展的工作机制。市级成立生态产业发展领导小组及其办公室，研究解决生态产业发展中的重大问题，设立专门的服务业工作机构，各县（市、区）和丽水开发区要成立相应的工作领导小组，明确责任，确保生态产业各项工作有序推进。各级政府和市直有关部门要按照发展生态产业的各项工作部署和要求，研究落实具体实施办法，分解年度工作目标，确保做到工作到位、支持到位、保障到位。各级督查部门要加强对生态产业各项重点任务的落实情况督促和检查。

（二）完善规划体系

按照全市“一盘棋”理念，强化生态产业总体导向和布局研究。加快实施主体功能区战略，调整优化空间结构，严格按照主体功能定位发展，发布实施《丽水市主体功能区实施方案》，深化生态功能区调整，完善生态环境功能区规划修编工作，科学划定生态红线。进一步明确生态产业发展方向和重点，完善“3+3”生态产业发展规划体系，在原有生态农业、生态工业、生态服务业、生态旅游产业、生态休闲养生产业和生态文化产业规划的基础上，发布实施《丽水市生态精品农业发展规划》、《丽水市生态工业发展规划》、《丽水市生态战略性支柱服务业发展规划》。

（三）优化发展政策

加大对生态产业发展的政策扶持，尽快完善促进生态产业发展的政策体系，优化整合相配套的产业政策、土地政策、财政政策、投资政策、环境政策等各项政策措施，着力推进扶持政策从“普惠制”向有差别、有目标、有重点的扶持方向转变。生态农业方面，创新完善激励机制和建设标准，培育生态农业生产经营主体，促进生态农业经营组织向多元化经营模式转变，加大生态精品现代农业资金投入。生态工业方面，全面推行生态工业企业在政策扶持中的名单制管理，加大对生态产业改造提升、战略性新兴产业培育、节能环保技术推广应用的补助。生态服务业方面，建立健全生态服务业统计指标体系，参照生态工业项目推进机制，加快建立生态服务业项目要素供给保障机制，提高生态服务业供地比例。整合全市生态产业发展的各类资金，重点扶持生态产业、发展平台、科技研发等领域。积极争取中央和上级部门的政策支持和财政投入，充分利用好中央预算内项目参照执行中部地区优惠政策。

（四）创新考核机制

根据生态产业发展定位和目标，研究制定分级分类的生态产业绩效评价考核办法，出台实施《丽水市生态工业绩效评价考核奖励办法》。强化结构调整、质量效益、工作评价和绿色发展评价指标，将生态产业发展的考核列入市委市政府综合考核内容，探索建立考核结果与资源要素配置相挂钩机制。创新企业绩效考评体系，出台《丽水市工业企业绩效综合评价和要素差别化管理的实施意见》，列出生态工业发展负面清单，全面推进以"亩产论英雄""单位能耗产出论英雄""单位排放产出论英雄"为核心的企业绩效评价制度和差别化的要素保障制度，倒逼企业转型升级，构建生态产业科学发展体系。

（五）加快项目建设

重点围绕生态产业集群培育，以生态农业园区、生态工业园区、生态服务业集聚区、生态旅游休闲景区"四区"建设为载体，推进一批投资规模大、技术含量高、产业效益好、带动作用强的生态产业重大项目建设，促进生态产业投资较快增长。强化招商引资，大力发展总部经济，力争在引进世界五百强、央企国企、浙商侨商回归和20亿元以上项目上有新突破。强化生态产业项目储备，围绕生态产业发展目标任务，结合中央预算内投资分配结构调整方向，重点梳理全局性、基础性、战略性的重大项目，力争有更多的生态产业项目进入国家和省重点项目盘子。

（六）激发市场活力

有效激活和扩大民间投资，进一步放宽准入领域，构建发展平台、创新服务方式，提升民间投资在全社会投资中的主体地位。深化中小企业社会化公共服务，加快形成以转贷资金、担保基金、创新引导基金、风险投资基金等为主体的融资平台和体系。特别关心支持民营企业、中小企业发展，深化"千名干部结对千家企业"制度、探索建立"企情档案""企情地图"等长效服务机制，深入开展涉企收费专项检查，切实减轻企业负担，着力帮扶涉危涉困企业。深化行政审批制度改革，推进审批权力清单制度和负面清单制度，完善重大投资项目代理审批制度，打造"最佳投资环境之市"。

本意见自发布之日起执行。

2014年5月27日

中共青田县委　青田县人民政府关于鼓励民间资本参与社会事业发展的若干意见（试行）

为深入贯彻落实党的十八届三中全会精神，建立健全社会事业多元化投入机制，促进我县教育、卫生、文化体育、养老等社会事业加快发展，根据《关于鼓励和引导民间投资健康发展的若干意见》（国发〔2010〕13号）要求，结合我县实际，现就鼓励民间资本参与社会事业发展提出如下意见。

一、明确目的要求

鼓励民间资本参与社会事业发展，是我县贯彻落实党的十八届三中全会精神的具体实践，是加快推进公共服务供给的必要之举，也是促进社会事业机构改善服务条件、提高服务质量的重要举措。要按照"先行先试、效率优先，平等竞争、市场运作"的原则，围绕"政府主导、社会参与，保障基本、全面提高"的基本思路，发挥市场配置资源的决定性作用，探索建立多主体、多元化的社会事业投入体系，促进我县社会事业持续健康发展。

二、深化改革创新

（一）坚持政府主导地位，提高财政投入在社会事业领域的配置效益

巩固政府在社会事业投入体系中的主导地位，继续加大公共财政在社会事业领域的投入，注重选择财政投入的方向和领域，重点投向龙头公立社会事业机构示范性建设、基本公共服务保障性建设和社会事业服务人才队伍建设，充分发挥财政投入的示范引领和保障基本作用。

（二）鼓励社会参与，拓宽民间资本进入社会事业领域的有效渠道

按照"非禁即入"原则，鼓励社会力量进入教育、卫生、文化体育、养老等社会事业的投资、生产和供给等领域。支持各类民办主体通过独资、合资、合作、股份等多种方式参与社会事业发展。加快国有营利性社会事业单位股份制改革，引入战略投资者，实现产权主体多元化。鼓励优质公立社会事业机构通过资金投入或知识产权、固定资产等要素投入方式，引入民间资本投资，建立混合所有制经

济，国有资本不直接参与经营管理，只负责国有资本保值增值的监管。坚持“谁投资，谁受益”的原则，支持各类民间主体以资金、固定资产、知识产权等要素投入国有营利性社会事业机构的具体发展项目，按照投资比例，参与利润分成，或通过收益权转让的方式，全部由私人投资者经营。积极探索委托管理、承包经营、采购服务等政府购买公共服务方式。

（三）加快体制机制改革，健全促进民间资本参与社会事业发展的制度体系

1. 实施民办社会事业机构分类管理制度。按照营利性、非营利性对民办社会事业机构进行分类登记、分类管理。原则上，民办非营利性机构作为民办非企业单位法人，由民政部门登记管理；民办营利性机构作为企业法人，由市场监督管理（工商）部门登记管理，由质监部门发给组织机构代码证件。登记为民办非企业单位法人的民办社会事业机构，不需要领取税务登记证，若发生纳税义务，应当按照相关规定申请办理税务登记。登记为企业法人的民办社会事业机构，由税务部门发给税务登记证。法人属性一经确定，无特殊理由，一般不予变更。

2. 探索有利于民办社会事业发展的投融资体制。建立社会事业投融资平台，健全对民办教育、医疗、文化体育、养老等机构的担保体系，为各类民办社会事业机构提供贷款担保等金融服务。鼓励金融机构为民办社会事业机构提供用于扩大和改善生产经营条件为目的的信贷支持。在风险可控的前提下，对于运营规范、信誉度高、效益良好的民办社会事业机构建立贷款贴息机制，切实加强对民办社会事业机构的融资支持。探索各类民办社会事业机构设施抵押，或收费权、知识产权质押贷款机制。鼓励产业投资基金和股权投资基金参与社会事业发展，充分发挥这些基金在支持社会事业发展扩张、促进产业优化组合方面的功能。发展地方债券市场，引导、组织符合债券发行条件的民办社会事业组织独立或联合公开发行债券，满足中长期发展资金需求。鼓励、引导民间资金以委托贷款的方式参与民办社会事业的发展。

3. 积极完善民办社会事业机构的现代管理制度。督促民办社会事业机构完善现代企业法人治理结构，落实民主管理规定。

4. 健全民办社会事业机构资金风险应对机制。建立风险基金，督促各类民办社会事业机构提取并维持一定比例的经营收入作为风险基金。有公共财政资金投入的民办社会事业机构，有关部门要加强监督，保障公共财政资金的安全与效益。

5. 落实合理的回报制度。登记为非企业单位法人的民办社会事业机构，在扣除营运成本，预留发展基金以及提取其他有关费用后，报主管行政部门批准，可从营运结余中提取一定比例的经费，用于奖励出资人。登记为企业法人的民办社会事业机构，按市场机制经营，按企业机制获取利润。

（四）完善扶持政策，加大民办社会事业扶持力度

1. 加大财政奖补力度。从 2014 年起，县财政每年安排一定的资金作为民办社会事业专项奖补资金，用于对民办社会事业机构的专项财政扶持。其中教育方面主要用于民办学校各类创先、年检优秀奖励、贷款贴息等项目补助；卫生方面主要用于民办医疗机构重点学科、重点专科建设等项目补助，年检优秀奖励、非营利性医疗卫技工队伍保障补助、贷款贴息等；文化体育方面主要用于对民办文体设施、文艺团队的扶持，对于社会力量新建的文化设施，根据建设投资或建筑面积，给予一定的资金补助，同时根据服务数量和质量情况给予一定的运行补助；养老方面主要用于民办养老服务机构的财政补助。教育、卫生、文化体育、民政等部门要偕同财政部门结合实际制定奖补资金具体管理分配办法。

加大政府购买服务力度，教育、卫生、文化体育、养老等有关行政主管部门要偕同财政部门制定各类民办社会事业机构的基本公共服务项目指南、基本公共服务项目补助和奖励标准、基本公共服务项目运营绩效年度考核办法，考核结果作为民办社会事业机构享受基本公共服务项目财政补助的参考依据。对开展基本公共服务项目未达到年度最低标准的，取消当年基本公共服务项目的财政补助，并取消下一年度在行政事业性收费、政府采购、申请各级财政专项补助资金、享受政府公共服务等方面的政策享受资格。

2. 切实保障项目用地。在符合规划的基础上，年度新增建设用地计划中安排相应的用地指标，保障用于本县民办社会事业机构建设用地。村集体经济组织的民办社会事业机构建设用地经依法批准可使用村集体建设用地；对福利性和非营利性民办社会事业机构，可采取行政划拨方式供地；对营利性民办社会事业机构，采取公开招拍挂出让方式供地。以出让方式供地的，由县财政将土地出让金扣除土地成本、相关规费和税费后净收益部分按一定比例奖励给项目作为基础设施建设费用并按项目建设进度分期予以拨付，原则上民办教育事业按照 100％的比例拨付，民办医疗事业按照 90％的比例拨付，民办文化体育事业按照 80％的比例拨付，民办养老事业按照 100％的比例拨付。具体拨付办法在国有建设用地出让文件中向社会公布。以“资源搭项目”形式出让的、配套商住房开发的、以及实施过程中涉及规划用途调整等情形的民办社会事业项目，视实际情况调整出让金奖励比例。在符合产业规划和用地规划的前提下，要因地制宜，可以盘活闲置、低效用地用于发展民办社会事业，保障民办社会事业的顺利开展。

用于民办社会事业的用地未经批准不得擅自改变土地用途。政府有权将擅自更改用地功能或做其他用途，或项目建成后连续两年服务质量达不到申办要求、资不抵债无法继续运营、举办者要求终止的划拨性质社会事业用地收回。对以出让方式取得用地后，擅自更改用地功能或做其他用途，或项目建成后连续两年服务质量达不到申办要求的，或自取得用地后三年内自行要求终止的，政府有权追缴奖励给项目的基础设施建设费用。

3. 落实税费优惠政策。税务机关应认真落实国家引导民间投资健康发展的税收优惠政策，对符合减免条件的，经税务机关批准，依法享受优惠。

登记为非企业单位法人的民办社会事业机构，各项建设规费享有公办社会事业机构同等待遇；登记为企业法人的民办社会事业机构，各项建设规费按标准减半收取。

登记为企业法人的民办社会事业机构前3年按照企业所得税、增值税、营业税自核准执业登记之日起地方所得部分全额标准予以奖励，第四至五年按照地方所得部分50%的标准给予奖励。

个人通过非营利性的公益性社会团体、基金会，或者县人民政府及其部门向公益性社会事业的捐赠支出，可以按规定在个人所得税税前扣除。

举办者将不动产、无形资产投入到民办社会事业机构，参与接受投资方利润分配、共同承担风险的，不征收营业税、暂免征收土地增值税，并由县财政按照企业所得税、契税地方所得部分全额标准奖励给民办社会事业机构，全额用于办社会事业。

登记为企业法人的民办社会事业机构以税后利润在本县投资到其他登记为企业法人民办社会事业机构的，前3年由县财政按照其投资额对应的企业所得税地方所得部分全额标准予以奖励，第四至五年按照其投资额对应的企业所得税地方所得部分50%的标准予以奖励，全额用于办社会事业。

民办社会事业机构用电、用水、用气、通信、有线电视等价格与公办社会事业机构同价。

4. 落实自主收费权。根据法人属性不同，执行优质优价、分类定价的收费政策。登记为企业法人的民办社会事业机构，收费标准由其按照有关规定自主定价。登记为非企业单位法人的民办社会事业机构，由有关部门按照“效益优先、兼顾公益”的原则制定引导价格标准。

5. 加强民办社会事业机构工作人员社会保障。各类民办社会事业机构应当参照公办社会事业机构的参保项目和参保标准落实专业技术人员、管理人员社会保险。各类民办社会事业机构工作人员要按照国家规定参加社会保险，对不按国家规定办理社会保险的民办社会事业机构，取消其享受政府购买服务资格。

6. 破除公办人员流向民办社会事业机构障碍。公办事业编制教师、医生等人员经委派到登记为非企业单位法人的民办社会事业机构支援工作的，其原有的事业编制身份、档案关系、工资和社会保险等均保持不变，同时享受民办社会事业机构的应有待遇，支援工作期满，回原单位任职；经组织委派到登记为企业法人的民办社会事业机构支援工作的，其原有的事业编制身份、档案关系和社会保险保持不变，工资由民办社会事业机构负责，支援工作期满，回原单位任职。允许各类民办社会事业机构聘用公办社会事业机构工作人员，鼓励公办社会事业机构工作人员应聘到民办社会事业机构，聘用关系人员的数量一般不得超过民办社会事业机构工作人员总数的三分之一。公办社会事业机构工作人员应聘到民办社会事业机构工作的，经签订聘用合同，工资由聘用单位发放，社会保险按有关规定执行，人事关系转入县人才中心实行人事代理，原档案工资作为调资、晋级、职称评审、计发退休生活待遇的依据，退休时参照原公办社会事业机构同等工作人员的退休政策执行。对合同期满未续聘、本人愿意重新回到公办社会事业机构工作的原公办社会事业机构工作人员，经县行政主管部门、人力社保部门批准，可通过直接考核的方式选聘。上述有关公办社会事业机构工作人员流转到民办社会事业机构的具体人事政策和实行办法，由人力社保局会同有关行政主管部门制定。

7. 加大引才和育才扶持力度。将民办社会事业机构的人才引进扶持纳入全县人才引进工作重要内容，民办社会事业机构引进的高层次人才在住房安置补助、子女就学、研究经费等方面，享受与公办社会事业机构人才管理同等优惠政策，同时政府对引进人才成效突出的民办社会事业机构给予奖励，具体奖励办法由县人才办、县人力社保局会同有关部门制定。将民办社会事业机构工作人员纳入与公办社会事业机构人员同系列、同要求、同待遇的培训计划中，并指导和监督各类民办社会事业机构每年提取一定的经费用于人员培训。民办社会事业机构工作人员参加职务评审、业务竞赛、评优评先等，指标计划实行单列。建立社会事业服务人才储备库，多渠道提前储备和培养社会事业服务人才，并优先向民办社会事业机构输送。

三、强化组织保障

1. 成立领导小组。县政府成立以县长为组长，相关分管副县长任副组长，各有关部门主要负责人为成员的领导小组，加强对促进民间资本参与社会事业建设工作的组织领导。

2. 优化规划布局。统筹民办社会事业布局，按照“优先布局社会事业、优先布局民办社会事业”的原则，将民办社会事业机构布点纳入各类社会事业布局规划，并与城乡总体规划和土地利用规划做好衔接，以保障民办社会事业可持续发展。结合城市空间拓展、城镇配套设施完善和城乡公共服务一体化建设，积极规划布局民办社会事业机构的设点，充分发挥大型民办社会事业机构对拉大城市框架、促进城镇功能区建设和满足城乡公共服务需求的推动作用。

3. 加强招商引资。结合我县教育、卫生、文化、养老等社会事业的“十二五”规划、专项规划和“五年计划、三年重点”项目储备库，积极谋划一批成熟的项目，形成适合民间资本投资的社会事业项目库，并进行招商。切实加强招商绩效考核，加大社会事业项目招商考核比重。

4. 不断完善政策。国家、省、市已经出台的优惠政策，本意见政策未涉及的，执行国家、省、市有关规定。各有关部门要根据本意见及时制定具体的执行办法和有关制度，指导和监督相应的民办社会事业机构落实。今后，根据推进过程中的实际需要或县政府出台的政策规定，相应调整有关政策，使我县民办社会事业发展政策体系更加完备。

5. 强化监督管理。有关部门要依照有关法律法规要求，加强各类民办社会事业机构的行业监管，确保规范经营、有序竞争。同时，民间投资主体要树立诚信意识和责任意识，主动承担、履行相应的社会责任。

2014年5月26日

深化改革篇

浙江省人民政府关于严格控制新设行政许可的通知

各市、县（市、区）人民政府，省政府直属各单位：

为贯彻落实党的十八大、十八届三中全会和省委十三届四次全会精神，深化行政审批制度改革，进一步简政放权，推进政府职能转变，切实防止行政许可事项边减边增、明减暗增，根据《国务院关于严格控制新设行政许可的通知》（国发〔2013〕39 号，以下简称《通知》）要求，现就有关问题通知如下：

一、严格行政许可设定标准

从严控制设定行政许可。今后，起草地方性法规草案、制定省政府规章一般不新设行政许可，确需新设的，必须遵守行政许可法和《通知》的规定，严格执行设定标准。

除地方性法规和省政府规章外，其他政府规章和行政规范性文件一律不得设定行政许可，不得以备案、登记、年检、监制、认定、认证、审定等形式变相设定行政许可，不得以非行政许可审批为名变相设定行政许可。对面向公民、法人或其他组织的非行政许可审批事项原则上予以取消，确需保留的要通过法定程序调整为行政许可，其余一律废止。

除法律、行政法规外，对行政机关实施行政许可以及监督检查被许可人从事行政许可事项的活动，一律不得设定收费；不得借实施行政许可变相收费。

二、规范和落实行政许可设定审查程序

地方性法规草案、省政府规章草案拟设定行政许可的，起草单位和审查机关都要深入调查研究，加强合法性、必要性和合理性审查论证。

（一）起草单位对拟设定的行政许可，应当采取座谈会、论证会、听证会等多种形式，广泛听取有关组织、企业和公民的意见，同时征求省级相关部门的意见。

（二）起草单位向省政府报送地方性法规草案、省政府规章草案送审稿及其说明时，应当附拟设定行政许可的论证材料、各方面对拟设定行政许可的意见和意见采纳情况以及其他省（区、市）的相关立法资料。

论证材料应当包括：一是合法性论证，重点说明草案拟设定的行政许可符合行政许可法和《通知》规定的理由；二是必要性论证，重点说明拟设定行政许可的事项属于直接涉及国家安全、公共安全、生态环境安全和生命财产安全，通过市场机制、行业自律、企业和个人自主决定以及其他管理方式不能有效解决问题，以及拟设定的行政许可是解决现有问题或实现行政管理目的有效手段的理由；三是合理性论证，重点评估实施该行政许可对经济社会可能产生的影响，说明实施该行政许可的预期效果。

（三）省法制办应当对地方性法规草案、省政府规章草案拟设定的行政许可进行严格审查论证，征求省审改办、省编委办等省级有关单位以及市、县（市、区）政府的意见，并向社会公开征求意见。经研究论证，认为拟设定的行政许可不符合行政许可法和《通知》的规定或设定理由不充分的，不得设定行政许可。有关情况在地方性法规草案、省政府规章草案报请省政府审议时一并予以说明。

杭州市、宁波市政府对本级地方性法规草案拟设定行政许可的审查，参照以上要求执行。

三、加强对行政许可设定的监督

对已设定的行政许可，要加强跟踪评估、监督管理。

（一）县级以上政府部门（包括法律、法规授权组织）、乡镇政府（街道办事处）要制定和公布本单位负责实施的行政许可目录，列明行政许可项目、依据、实施机关、程序、条件、期限、收费等情况；行政许可项目发生增加、取消、调整、变更等变化的，要及时更新目录。

（二）省政府部门要定期对其负责实施的地方性法规、省政府规章设定的行政许可实施情况进行评价，评价情况报送省政府。对没有达到预期效果或不适应经济社会发展要求的行政许可，应当及时提出修改或废止建议。

（三）省法制办要加强对杭州市、宁波市政府规章以及省政府部门、设区的市行政规范性文件的备案审查，对违法设定行政许可、增设行政许可条件，以备案、登记、年检、监制、认定、认证、审定等形式变相设定行政许可，以非行政许可审批名义变相设定行政许可或违法设定行政许可收费的，要按照规定的程序严格处理、坚决纠正。

（四）对违法设定行政许可、增设行政许可条件，违法实施行政许可，以及不依法履行监督职责或监督不力、造成严重后果的，有关机关要依照行政监察法、行政机关公务员处分条例等法律、行政法规的规定严格追究责任。

2014 年 2 月 21 日

浙江省人民政府关于赋予舟山群岛新区部分省级行政审批(管理)权限的通知

各市、县(市、区)人民政府,省政府直属各单位:

根据国务院批复的《浙江舟山群岛新区发展规划》《中共浙江省委浙江省人民政府关于推进舟山群岛新区建设的若干意见》(浙委发〔2013〕13号)和深化行政审批制度改革的要求,经研究,省政府决定赋予舟山群岛新区部分省级行政审批(管理)权限,现将新下放舟山群岛新区执行的行政审批(管理)事项目录予以公布。

舟山群岛新区要抓紧制订扩权实施方案和管理制度,认真做好省级下放事项的承接和落实,明确工作责任,完善工作机制,优化审批流程,提高行政效能,建立集中、高效、便捷的审批管理制度。省级有关部门与舟山群岛新区要加强联系沟通,明确放权方式,制订实施办法,加强对放权事项的业务指导、服务和监管,协调解决实施中出现的困难和问题,重大问题及时向省政府报告。

附件:新下放舟山群岛新区执行的省级行政审批(管理)事项目录(116项)

2014年4月9日

附件

新下放舟山群岛新区执行的省级行政审批(管理)事项目录

(116项)

一、行政审批事项(79项)

序号	事项名称	省级放权单位
1	固定资产投资项目节能审查	省经信委、省发改委
2	外商投资项目核准(省级执行内容部分委托)	省发改委
3	政府投资项目审批(省级执行内容部分委托)	省发改委
4	国外贷款项目审批	省发改委
5	高等学校副教授评审权审批	省教育厅
6	高校教师资格认定	省教育厅
7	中小学地方课程教材审定	省教育厅
8	试点高校或公共服务体系校外学习中心(点)审批	省教育厅
9	高等学校招收港澳台本科生、进修生、插班生、试读生、预科生审批和在校港澳台学生转学审批	省教育厅
10	高等学校接受外国留学生审批	省教育厅、省外办
11	宗教团体和寺观教堂举办宗教教职人员和义工培训班的许可	省民宗委
12	举办非通常宗教活动的许可	省民宗委
13	宗教团体、宗教活动场所接受国(境)外捐款、捐赠宗教书刊、音像制品审批	省民宗委

续表

序号	事项名称	省级放权单位
14	出版、印刷、出口、发行《圣经》审批	省民宗委
15	在宗教活动场所内改建、新建建筑物的许可	省民宗委
16	因私出入境中介服务机构资格认定(境外就业、留学除外)	省公安厅
17	随船工作许可	省公安边防总队
18	退出现役残疾军人集中供养批准	省民政厅
19	大中型水库移民后期扶持规划审批	省移民办
20	会计从业资格证审批	省财政厅
21	资产评估机构设立审批	省财政厅
22	因公出国(境)培训项目计划审核	省人力社保厅
23	引进外国专家项目计划、专项资金审核	省人力社保厅
24	设立技工学校审批	省人力社保厅
25	矿产资源规划审查和批准	省国土资源厅
26	建设用地项目压覆矿产资源审核(审核转报除外)	省国土资源厅
27	规划环境影响报告书审查	省环保厅
28	水环境功能区和近岸海域环境功能区调整审核	省环保厅
29	排污费免缴、缓缴核准	省环保厅
30	城市和国有工矿棚户区改造规划、年度工作计划和项目实施方案审查	省建设厅
31	城市总体规划、县(市)域总体规划审查	省建设厅
32	省级风景名胜区详细规划审批	省建设厅
33	历史文化名城、名镇、名村、街区保护规划审查	省建设厅
34	国内外经济组织投资建设公路项目许可	省交通运输厅
35	客运经营许可(限于浙江省区域范围内)	省道路运输管理局
36	机动车驾驶员培训教练员资格认定	省道路运输管理局
37	营运车辆维修质量检验经营条件审查	省道路运输管理局
38	过船建筑物运行方案认可	省港航管理局
39	水文、水资源调查评价机构资质认定	省水利厅
40	水利工程质量检测单位资格认定	省水利厅
41	建设项目水资源论证机构资质认定	省水利厅
42	水利风景区审批	省水利厅
43	省级畜禽遗传资源保种场认定的初审	省农业厅
44	省定点国有农场迁移、撤销建制及改变隶属关系审批	省农业厅
45	国有森林资源资产评估、产权变动核准	省林业厅
46	国有林场的设立、变更、撤销或者改变隶属关系	省林业厅

续表

序号	事项名称	省级放权单位
47	经营性互联网文化单位设立和变更的审批	省文化厅
48	港、澳、台地区投资者在内地投资设立合资、合作、独资经营的演出场所经营单位审批	省文化厅
49	美术品进出口经营活动审批	省文化厅
50	馆藏二、三级文物修复、复制、拓印许可	省文物局
51	馆藏文物修复、复制、拓印的从业资质许可	省文物局
52	博物馆馆藏二级以下(含二级)藏品取样许可	省文物局
53	国有馆藏文物调拨	省文物局
54	文博单位二、三级风险等级审定、技防工程设计方案的核准	省文物局
55	国有博物馆设立及重要事项变更许可	省文物局
56	国有文物保护单位改变其管理部门审批	省文物局
57	医疗美容主诊医师资格认定	省卫生计生委
58	互联网医疗卫生信息服务审核	省卫生计生委
59	城镇土地使用税困难优惠审批(减免税额 20 万元以上)	省地税局
60	地方水利建设基金困难优惠审批(减免金额 30 万元以上)	省地税局
61	外国企业常驻代表机构登记(设立、延期、变更、注销)	省工商局
62	计量标准器具核准	省质监局
63	特种设备作业人员考核	省质监局
64	承担国家法定计量检定机构任务的授权	省质监局
65	出版单位变更部分登记事项审批	省新闻出版广电局
66	电子出版物非卖品复制审批	省新闻出版广电局
67	图书、音像制品、电子出版物出版计划审核	省新闻出版广电局
68	从事射击竞技体育运动单位(即体育射击场)的设立审批	省体育局
69	批准授予一级社会体育指导员技术等级称号	省体育局
70	浙江省等级运动员审批	省体育局
71	浙江省等级裁判员审批	省体育局
72	举办全省性体育竞赛以及本省承办全国性和国际性体育竞赛审批	省体育局
73	涉海工程建设项目用海预审	省海洋与渔业局
74	地方渔业航标规划批准	省海洋与渔业局
75	重要渔业水域围填或者将其改作其他功能审批	省海洋与渔业局
76	渔业船舶检验许可(设计图纸审定、渔业船舶及重要船用产品检验)	省渔业船舶检验局
77	地震安全性评价单位资质认定	省地震局
78	气象设施建设项目审批	省气象局
79	人工影响天气作业组织资格认定	省气象局

二、管理事项(37 项)

序号	事项名称	省级放权单位
1	政务和公益中文域名注册管理	省编委办
2	国家鼓励发展的内资项目确认	省发改委、经信委
3	国家鼓励发展的外资项目确认	省发改委、经信委
4	符合国家产业政策的项目确认	省发改委
5	创业投资企业备案管理	省发改委
6	创业投资企业年检工作	省发改委
7	固定资产投资项目节能评估机构备案	省经信委
8	民用爆炸物品销售许可证年检	省经信委
9	民用爆炸物品生产许可证年检	省经信委
10	公证机构负责人备案	省司法厅
11	律师事务所住所、合伙人变更备案	省司法厅
12	无居民海岛使用金免缴审核	省财政厅、 省海洋与渔业局
13	组建高评委执行评审委员会	省人力社保厅
14	高评委评审对象资格审查	省人力社保厅
15	土地确权登记发证	省国土资源厅
16	基准地价审核	省国土资源厅
17	矿产资源储量登记(与采矿权许可审批权限一致)	省国土资源厅
18	矿产资源储量评审备案(与采矿权许可审批权限一致)	省国土资源厅
19	矿业权价款评估备案(与采矿权许可审批权限一致)	省国土资源厅
20	矿山开发利用方案审查意见审定	省国土资源厅
21	矿山治理恢复方案审查意见审定	省国土资源厅
22	土地复垦方案审查意见审定	省国土资源厅
23	地质灾害危险性评估审核	省国土资源厅
24	设区的市城市控制性详细规划备案	省建设厅
25	工程建设企业标准备案	省建设厅
26	房屋建筑和市政基础设施工程施工图审查机构确定	省建设厅
27	省外勘察设计企业备案	省建设厅
28	省外建设工程质量检测机构备案	省建设厅
29	住房和城乡建设领域现场专业人员岗位培训考核合格证书核发	省建设厅
30	标准农田补充划入方案审核	省农业厅
31	拖拉机教练员证核发	省农业厅
32	艺术考级活动相关情况的备案	省文化厅
33	省级网吧连锁企业认定	省文化厅
34	食品安全企业标准备案	省卫生计生委

续表

序号	事项名称	省级放权单位
35	医疗器械生产企业质量体系考核	省食品药品监管局
36	接受境外制药厂商委托加工药品备案	省食品药品监管局
37	药品生产企业需要使用第二类精神药品原料药备案	省食品药品监管局

浙江省人民政府关于清理非行政许可审批事项的通知

各市、县(市、区)人民政府,省政府直属各单位:

根据《国务院关于清理国务院部门非行政许可审批事项的通知》(国发〔2014〕16号)要求,省政府决定对全省非行政许可审批事项进行清理。现就有关工作通知如下:

一、清理范围和任务

此次清理的范围是省政府公告的行政许可事项以外,由省、设区市、县(市、区)政府及其部门执行的非行政许可审批事项,包括面向公民、法人或其他组织的审批事项和面向基层政府等方面的审批事项。

清理工作要结合推行权力清单制度,在政府职权全面清理的基础上,按照"统一标准,分类处理,分步实施"的原则,对行政许可以外的审批事项进行全面梳理和审查,该取消的一律取消,该调整的坚决调整,最终将面向公民、法人或其他组织的非行政许可审批事项取消或依法调整为行政许可,将面向基层政府等方面的非行政许可审批事项取消或调整为政府内部审批事项,进一步推进政府职能转变,促进依法行政。清理工作结束后,不再保留"非行政许可审批"这一审批类别。

属于行政确认、行政征收等权力范畴,日常管理中具有审批性质的事项,参照非行政许可审批事项清理要求进行清理,切实解决变相设定行政许可、审批事项"明减暗增""边减边增"等突出问题。

二、取消和调整面向公民、法人或其他组织的非行政许可审批事项

各地、各部门实施的面向公民、法人或其他组织的非行政许可审批事项(含面向基层政府等方面,直接涉及公民、法人或其他组织权利义务的事项),按照下列要求予以取消或调整:

(一)对于没有法律、法规、国务院决定和省政府规章依据的非行政许可审批事项,要在2014年底前予以取消;确需保留的,要严格按照《中华人民共和国行政许可法》和国务院、省政府关于新设行政许可的规定,依法调整为行政许可。

(二)对于有法律、法规、国务院决定和省政府规章依据,且属于行政许可性质的非行政许可审批事项,依程序纳入行政许可事项目录。

(三)对于国务院明确的非行政许可审批事项,以及国务院部门审批事项的审核转报或委托地方执行的,要根据国务院部门非行政许可审批事项清理结果作相应取消或调整。

三、取消和调整面向基层政府等方面的非行政许可审批事项

上级行政机关面向基层政府等方面的非行政许可审批事项,凡与基层政府之间能够协商处理,或由基层政府管理更方便有效的,要在2015年6月底前予以取消或下放;不适应经济社会发展要求的,要在2015年6月底前予以取消;确需保留的,统一调整为政府内部审批事项。

对于国务院明确的非行政许可审批事项,以及国务院部门审批事项的审核转报或委托地方执行的,要根据国务院部门非行政许可审批事项清理结果作相应取消或调整。

从严控制新设政府内部审批事项,确需新设的,省一级要经省法制办审核并报省政府批准,设区市、县(市、区)也要建立相应审核和批准机制。对新设、保留和下放的政府内部审批事项,要建立健全管理制度,明确审批权限、范围、条件、程序、时限和流程,严格规范自由裁量权,提高审批效率。

四、工作要求

各地、各部门要充分认识做好非行政许可审批事项清理工作的重要性和紧迫性,切实加强领导,认真组织实施。

省法制办负责指导和督促全省非行政许可审批事项清理工作,牵头组织省级非行政许可审批事项的清理工作。省级有关部门要按照职责,在规定时限内提出清理意见,并充分说明理由。《浙江省人民政府办公厅关于公布浙江省省级非行政许可审批保留、下放事项目录的通知》(浙政办发〔2013〕101号)、《浙江省人民政府办公厅关于公布取消和调整行政许可事项目录的通知》(浙政办发〔2013〕154号)下放由设区市、县(市、区)一级执行的事项,省级有关部门要一并提出清理意见。省法制办负责对省级非行政许可审批事项的清理建议进行统一汇总、审核后，按程序报省政府决定。涉及调整省级行政权力清单的，要按程序及时进行。

设区市、县(市、区)政府要根据本通知的要求，结合推行权力清单制度，统筹组织开展本级政府部门非行政许可审批事项清理工作。清理结果由设区市人民政府统一汇总后报省法制办；涉及确需保留的审批事项，需制订地方性法规、规章或省政府文件的，要一并提出相应建议。

2014 年 7 月 22 日

浙江省人民政府关于全面开展政府职权清理推行权力清单制度的通知

各市、县(市、区)人民政府，省政府直属各单位：

为贯彻落实党的十八届三中全会和省委十三届四次全会精神，深入推进简政放权，加快转变政府职能，强化权力运行制约监督，省政府决定在全省全面开展政府职权清理、推行权力清单制度。现就有关事项通知如下：

一、总体要求

(一)指导思想

以邓小平理论、“三个代表”重要思想、科学发展观为指导，贯彻落实习近平总书记系列重要讲话精神，按照使市场在资源配置中起决定性作用和更好发挥政府作用的要求，围绕理顺政府与市场、政府与社会以及政府层级、部门之间关系，以转变政府职能、提升治理能力为核心，开展政府职权清理和履职分析，科学配置行政权力，依法公开权力清单和权力运行流程，推进行政权力公开规范运行，构建“权界清晰、分工合理、权责一致、运转高效、法治保障”的政府职能体系。

(二)基本原则

开展政府职权清理、推行权力清单制度，要以法律法规规章为依据，按照全面深化改革、加快转变政府职能的要求积极有序推进。要坚持以下基本原则：

——职权法定原则。政府的行政权力来源于法律法规规章的规定。没有法律法规规章依据、现实中却在行使的行政权力，要纳入重点清理范围。

——简政放权原则。坚持使市场在资源配置中起决定性作用，充分发挥社会力量在管理社会事务中的作用，更好发挥基层政府贴近群众、就近管理的优势，加大向市场、社会和下级政府放权力度，激发经济社会发展活力。

——便民高效原则。优化权力运行流程，减少办事环节，简化办事程序，提高办事效能，提供优质服务，方便公民、法人和其他组织。

——权责一致原则。政府履行行政管理职责，依法具有相应管理权限。违法或者不当行使权力，依法承担法律责任。行政权力依法调整，其责任须作相应调整。

——公开透明原则。政府行使行政权力(除涉及国家秘密及其他依法不予公开外)，应当完整、准确地向社会公开权力的基本内容、运行流程等信息，接受社会监督。

二、范围内容

(一)开展政府职权清理、推行权力清单制度的范围

1.政府工作部门及部门管理机构；

2.具有行政主体资格并依法承担行政职能的事业单位。

列入党委工作机构序列但依法承担行政职能的部门或单位参照实施。

乡(镇)人民政府、街道办事处要适时开展政府职权清理、推行权力清单制度，具体由各地根据实际情况确定。

(二)开展政府职权清理的事项

法定行政机关或组织依法实施的对公民、法人和其他组织权利义务产生直接影响的具体行政行为，包括行政许可、非行政许可审批、行政处罚、行政强制、行政征收、行政给付、行政裁决、行政确认、行政奖励及其他行政权力等。

三、工作任务

通过梳理政府部门职责，分析履职情况，研究提出职权清理意见，编制部门权力清单和权力运行流程图，建立健全事中事后监管制度，并依法向社会公布权力清单和权力运行流程，接受社会监督。主要包括：

(一)梳理工作职责

根据法律法规规章和“三定”方案，结合工作实际和行政审批制度改革情况，对各部门主要职责和内设机构职责进行认真梳理，逐条逐项进行分类登记，编制行政权力清单。权力清单须规范列明职权名称、实施主体、实施依据、承办机构(包括内设机构、受委托的事业单位或其他组织)等，力求使部门工作可考量、可评估。

(二)分析履职情况

重点分析规定的职责是否全面正确高效履行，是否存在“越位”“缺位”和职责脱节，履职方式是否适应经济社会发展需要，是否存在政事不分、擅自将行政职能交给事业单位承担等问题；围绕全面正确履行职责采取了哪些具体措施，取得了哪些成效，下一步如何深化完善等。对与其他部门存在交叉的职能，逐项分析涉及部门、交叉情况及原因，并提出理顺职能的意见建议。

(三)开展职权清理

各级、各部门在梳理权力、履职分析的基础上，按照职

权法定、转变政府职能和简政放权的要求，对现有权力研究提出取消、转移、下放、整合、严管、加强等调整意见。

1.职权取消。没有法律法规规章依据的职权，予以取消。部门自行发布的文件，不得作为职权设定和行使的依据。部门内部管理职权，不列入权力清单。对面向公民、法人和其他组织的非行政许可审批事项原则上予以取消，确需保留的要通过法定程序调整为行政许可。虽有法规规章依据，但不符合全面深化改革要求和经济社会发展需要的行政权力，提请修改相关法规规章后予以取消。

2.职权转移。行规行约制定、行业技术标准规范制定、行业统计分析和信息预警、行业学术和科技成果评审推广、行业纠纷调解等行业管理和协调事项，原则上转移给行业组织承担。对公民、法人和其他组织水平能力的评价、认定，以及相关从业、执业资格、资质类管理，原则上交由社会组织自律管理。

3.职权下放。直接面向基层、量大面广、由基层管理更方便有效的经济社会管理事项，下放基层管理。对于行政许可、行政处罚、行政征收、行政给付、行政确认以及备案、年检等行政权力，除法律法规规章规定应由省级部门行使外，按照方便公民、法人和其他组织办事、提高管理服务效率、便于监管的原则，一般下放市县政府主管部门管理。

4.职权整合。确需保留的职权，工作内容相同或相似，具有前后环节反复核准、审查、确认等情况的，要按照简化办事环节、优化办事流程、提高管理效率的要求进行整合。

5.职权严管。有法律法规规章依据，但不符合全面深化改革要求和经济社会发展需要、一时难以通过修改相关法律法规规章调整或取消的行政权力，以及日常管理中很少行使的行政权力，应当建立严格管理措施，未经同级政府同意不得行使。

6.职权加强。围绕全面正确履行政府职能，重点在保持宏观经济稳定、加强和优化公共服务、保障公平竞争、加强市场监管、维护市场秩序、推动可持续发展、促进共同富裕等方面提出职权加强的意见建议。

（四）优化并公开权力运行流程

各部门对保留的权力事项，按照规范行政权力运行和便民高效的要求，着力减少内部运转环节，优化权力运行流程，明确和强化工作责任，规范自由裁量空间，研究确定履职程序、办理期限和具体承办机构等，编制并公开权力运行流程图。公开的内容应包括权力名称编号、实施依据、办事流程、责任单位、监督电话等，确保每项权力按照规定的权限和程序行使。

（五）加强事中事后监管

对于保留、取消、转移、下放的行政许可、非行政许可审批等权力事项，按照转变管理理念、改进工作方式的要求，健全完善事中事后监管制度，加快实现政府管理方式从注重事前审批向注重事中、事后监管转变。按照理顺政府与社会关系的要求，创新社会组织管理制度，加强社会组织培育和监管，提升社会组织承接政府职能转移的能力。

（六）建立健全相关制度

建立权力清单和运行流程动态调整机制，根据执法依据和机构职能调整等变化，以及转变政府职能的要求，定期修改完善，按程序确认公布，确保职权管理科学化、规范化、法制化。结合全省网上政务服务平台建设，打造集行政审批、便民服务、政务公开、效能监察等为一体的公开平台，对权力运行进行全程、实时监控。健全违法行政责任追究制度，强化对行政不作为、乱作为的问责。建立机构编制绩效评估制度，优化编制资源配置。

四、时间安排

（一）省级部门要在2013年底先行开展职责清理的基础上，按照简政放权的要求，进一步加快工作进度，加大改革力度，于2014年6月份向社会公布部门权力清单。

（二）市、县（市、区）政府根据本通知要求，抓紧制订实施方案，在本辖区部署开展政府职权清理、推行权力清单制度工作。为配合全省网上政务服务平台建设，市、县（市、区）政府及其工作部门应于2014年4月底前完成本单位权力事项的梳理工作。在此基础上，按照简政放权、转变职能的要求，认真开展职权清理、分析履职情况、编制权力运行流程图、建立健全事中事后监管制度、审核确认等工作。市、县（市、区）政府应于2014年10月份向社会公布权力清单，并报上一级机构编制部门备案。

五、工作要求

（一）加强组织领导

市、县（市、区）政府和省级部门是开展政府职权清理、推行权力清单制度的责任主体，主要领导作为第一责任人要亲自抓，分管领导直接抓，切实加强对这项工作的组织领导。省级建立由省编委办牵头，省发改委（审改办）、省监察厅、省财政厅、省法制办、省政府研究室等部门组成的推行权力清单制度部门会商机制，研究解决工作推进过程中的重要问题。市、县（市、区）政府也应建立相应的工作机制，明确责任，落实人员，确保这项工作协调有序推进。

（二）强化协调配合

机构编制部门要发挥牵头协调作用，认真组织实施，指导督促各部门报送职权清理材料，组织开展审核工作，并做好权力清单公布后的后续工作。监察机关要发挥监督监察职能，查找权力清单中的廉政风险点，实施重点监控，并加强推行权力清单制度情况的行政问责；财政部门要做好财政专项资金分配等权力事项的清理工作；审批制度改革牵头单位要加强与推行权力清单制度工作的衔接，按照深化行政审批制度改革的要求，做好行政审批事项清理工作；法制部门要按照职权法定原则，加强职权设立合法性审查，做好权力事项调整涉及法规规章修改的相关工作。省级各部门要加强对市县工作的指导，明确本系统权力事项的名称、归类、实施依据、实施主体等口径和标准，形成上下对应、相互衔接的职权体系。市级部门要做好所属县（市、区）部门权力事项的比对和规范工作。省市县三级要加强上下联动，认真研究职责下放事项的衔接工作，及时交流情况。各相关部门要完善工作机制，明确任务书和时间表，强化协调联动，形成工作合力。

（三）加大放权力度

各级政府、省级有关部门要切实提高对职权清理工作重要性的认识，自觉树立改革的主体责任意识，自找差距，自我加压，积极主动提出简政放权的意见建议。各地研究提出简政放权意见时，对需先行修改法律法规规章、由国家或省级层面解决的事项，也应一并提出，并汇总报送省编委办。

（四）认真审核把关

省编委办和市、县（市、区）政府要加强对审核工作的组织，制订审核流程，明确审核标准，统一审核口径，尤其要统筹兼顾好依法清理与循序渐进的关系，统筹处理好上下左右等各方面关系，确保积极稳妥，提高审核质量。在组织相关职能部门开展审核的基础上，可邀请人大代表、政协委员、专家学者等参与审核。同时，要建立社会参与机制，拓宽公众参与渠道，对于群众和企业反映强烈的权力事项，应通过座谈会、论证会等方式充分征求意见，进一步凝聚各方共识，形成改革合力。

2014 年 3 月 27 日

浙江省人民政府办公厅关于在富阳市推行权力清单制度试点的通知

各市、县（市、区）人民政府，省政府直属各单位：

经省政府同意，在富阳市推行权力清单制度试点，现将试点方案予以印发。富阳市要认真组织实施试点工作，为全省各地建立权力清单制度提供经验和示范。杭州市和省级有关部门要加强支持指导，推动富阳市试点工作顺利开展。

附件：富阳市推行权力清单制度试点方案

2014 年 1 月 8 日

附件

富阳市推行权力清单制度试点方案

2008 年以来，富阳市积极开展以清权、减权、制权为核心内容的行政权力规范运行改革，市政府及工作部门的行政权力从 2008 年的 7800 多项精简到 2012 年的 2500 多项，有效促进了行政权力公开、透明、高效运行。为扎实推进富阳市权力清单制度试点工作，根据中央和省委、省政府关于深化改革的重要决策部署和要求，结合富阳实际，制订本方案。

一、总体要求

（一）指导思想

以邓小平理论、“三个代表”重要思想、科学发展观为指导，认真贯彻落实党的十八大、十八届三中全会和省委十三届四次全会精神，强化“以人为本、执政为民”的理念，正确处理政府与市场、政府与社会的关系，按照“全面清权、简政放权、科学确权、规范用权、严格控权”的思路，开展权力清单制度试点，为全省各地加快推进政府职能转变、建设法治政府和服务型政府提供经验和示范。

（二）基本原则

1. 法治原则。充分尊重宪法和法律的权威，科学确定政府及其部门行政职权，依法规范行政权力运行，切实保障行政相对人救济权利等各项合法权益。

2. 精简原则。按照“能减则减、该放尽放、应管善管”的原则，把该放的权力放开放到位，把该管的事务管住管好，促进政府职能加快转变。

3. 效能原则。深化行政审批制度改革，创新行政执法体制机制，简化行政程序、工作流程和办事环节，促进行政权力高效运行。

4. 严控原则。坚持用制度管权，积极推进行政权力阳光运行、规范运行，强化全过程、全方位监督，形成科学有效的行政权力监督制约机制。

（三）工作目标

继续深化清权、减权、制权等各项工作，形成县（市）一级政府行政权力清单；依法全面公开权力运行流程，形成可检查、可追溯、可监督的权力运行体系；积极推进政府机构设置和职能配置优化，形成分工合理、责任清晰、运转高效的政府治理结构，加快建设人民满意政府。

二、主要任务

（一）清权厘权

按照国家法律法规和十八届三中全会确定的全面深

化改革要求，对市级各部门的行政权力再次进行全面清理，厘清权力名称、法律依据、行使部门等。

（二）减权简权

对无法律法规依据或原法律法规依据被废止的行政权力，一律取消；对有法律法规依据、但不符合全面深化改革要求的行政权力，予以严管；对基层行使更方便、更有效的行政权力，以委托授权等方式下放基层行使；对内容相近的行政权力，予以合并；对多部门共同行使的同一行政权力，明确一个行使主体。

（三）确权制权

对确定的各项行政权力，明确行使部门，统一编码，形成部门权力清单；科学编制每项行政权力的运行流程，制订行政程序规范性文件，公开权力运行过程和结果；建立权力运行监督制度，对行政权力运行进行全程、实时、多方监控；明确责任主体，健全问责制度。

三、实施步骤

（一）部署阶段

本方案报经省政府同意后，进一步细化分解改革试点主要工作任务，明确牵头部门，建立工作小组，落实工作职责。

（二）推进阶段

由各工作小组牵头，依照职责分工对行政权力事项进行清理，并对部门职责进行调整、优化。根据各组提供的清理结果，对各部门的行政权力进行确权，形成市政府及其工作部门的权力清单。

（三）评估阶段

2014年6月底，对试点进展情况进行阶段性总结评估，总结试点经验，查找存在问题，深化改革举措，并上报省政府。

四、支持政策

（一）省级有关部门加强对富阳市权力清单制度试点工作指导

富阳市改革试点工作涉及面广、任务重、难度大、法律法规和政策要求高，为确保改革试点工作顺利进行，由省编委办会同省法制办、省监察厅等部门全程给予督促指导。

（二）支持富阳市深化行政审批制度改革

富阳市可根据本地区实际，提出暂停实施省、杭州市设定的行政审批事项（地方性法规设定的除外）目录，报经省政府、杭州市政府同意后实施；探索负面清单外企业投资项目政府不再审批改革；条件成熟的行业可探索先照后证、住所和经营场所分离等为主要内容的商事登记制度改革。

（三）支持富阳市推进行政执法体制改革

整合执法主体，相对集中执法权，切实解决权责交叉、多头执法问题。

五、保障措施

（一）加强领导，建立工作机构

成立富阳市推行权力清单制度试点工作领导小组，市政府主要领导担任组长，分管领导担任副组长，政府各部门一把手担任成员。领导小组下设办公室，负责日常工作。办公室下设综合协调组、清理部门职责组、规范权力运行组、审改工作组和权力监督组5个工作小组，抽调专门人员力量具体落实改革试点各项工作任务。

（二）密切配合，形成工作合力

富阳市政府各部门一把手思想上要高度重视，亲自抓、重点抓，调动本部门本系统各方面人员力量的积极性，确保任务落实、责任到人、保障到位。各工作小组既要各司其职、各负其责，又要密切配合、通力协作，共同推进行政权力规范运行试点工作顺利开展。要紧紧围绕工作重点，严格按照工作要求，倒排时间节点，按时保质保量完成各项任务。

（三）督查考评，完善长效机制

建立信息通报制度和工作督查制度。及时向省级有关部门报告改革试点进展情况和遇到的困难问题。严格按照时间节点推进各项试点工作。同时强化制度建设，逐步完善权力规范运行的长效机制。

浙江省人民政府办公厅
关于公布全省行政许可事项目录的通知

各市、县（市、区）人民政府，省政府直属各单位：

经省政府同意，现将我省现行执行的行政许可事项目录予以公布，并实行动态管理。各地、各部门要严格按照公布的目录实施行政许可，并按照浙政发〔2014〕7号文件要求严格控制新设行政许可。各市、县（市、区）公布的本行政区域内执行的行政许可事项目录，要按规定报送备案。

2014年3月6日

全省行政许可事项目录(579 项)

序号	项目名称	实施机关	备注
1	固定资产投资项目节能审查	省发改委、省经信委,设区市、县(市、区)节能主管部门	依法需经国家批准或者核准的固定资产投资项目,由节能主管部门会同发展改革部门提出节能审查意见。经信部门省级执行内容部分委托各设区市、义乌市及绍兴市柯桥区,省级固定资产投资项目(民用建筑除外)节能审查权限授权舟山市
2	企业投资项目核准	省、设区市、县(市、区)发展改革、经信部门	发展改革部门省级执行内容部分委托各设区市、县(市、区);经信部门省级执行内容部分委托各设区市、义乌市及其他部分县(市、区)
3	外商投资项目核准	省、设区市、县(市、区)发展改革、经信部门	经信部门省级执行内容委托各设区市、义乌市及其他部分县(市、区);发展改革部门省级执行内容部分委托舟山市及其下辖各县(区)
4	工程初步设计审批	省、设区市、县(市、区)发展改革部门,设区市、县(市、区)建设部门	发展改革部门省级执行内容部分委托各设区市、县(市、区)
5	工程建设项目招标范围、招标方式、招标组织形式核准	省、设区市、县(市、区)发展改革、经信部门	
6	限额(规模)以下或不涉及国家有特殊规定的高技术产业发展项目审批	省发改委	委托各设区市、县(市、区)
7	供电营业区审批	省经信委	委托各设区市、县(市、区)
8	民用爆炸物品销售许可证核发	省经信委	
9	民用爆炸物品安全生产许可	省经信委	
10	使用第二类监控化学品审批	省经信委	委托舟山市
11	鲜茧收购资格认定	省经信委	委托各设区市、义乌市及嘉兴市下辖各县(市、区)
12	集中供热区内新建供热锅炉审批	省经信委,设区市、县(市、区)节能主管部门	省级执行内容委托各设区市、义乌市
13	无线电台(站)的设置及变更审批	省经信委	省经信委机构延伸至各设区市的无线电管理部门,渔业船舶电台执照审批委托沿海各设区市海洋与渔业部门
14	无线电频率指配	省经信委	省经信委机构延伸至各设区市的无线电管理部门
15	无线电台(站)呼号审批	省经信委	省经信委机构延伸至各设区市的无线电管理部门
16	无线电发射设备进关核准	省经信委	省经信委机构延伸至各设区市的无线电管理部门
17	修缮古建筑、文物保护单位等特殊建筑物生产和使用实心黏土砖许可	省经信委	委托各设区市、义乌市
18	融资性担保公司的设立与变更审批	省、设区市经信部门	省级执行内容部分授权舟山市
19	实施专科教育的高等职业学校设立、分立、合并、变更、终止审批 *	省教育厅	
20	民办教育机构审批	省、设区市、县(市、区)教育部门	省级执行内容委托各设区市、县(市、区)
21	教师资格认定	省、设区市、县(市、区)教育部门	

续表

序号	项目名称	实施机关	备注
22	实施高等专科教育和非学历高等教育的中外合作办学机构及办学项目审批＊	省教育厅	委托舟山市
23	实施中等学历教育、自学考试助学、文化补习、学前教育等的中外合作办学机构及办学项目审批	省教育厅	委托舟山市
24	从事经营性教育类互联网信息服务的前置审查	省、设区市、县（市、区）教育部门	省级执行内容授权舟山市
25	外籍人员子女学校审批	省教育厅	委托舟山市
26	自费出国留学服务中介机构审批	省教育厅	委托舟山市
27	高等学校副教授评审权审批	省教育厅	
28	实验动物的生产和使用许可	省科技厅	部分委托各设区市（省属企事业单位申请办理除外）
29	实验动物出口审批	省科技厅	部分委托各设区市（省属企事业单位申请办理除外）
30	实验动物工作单位从国外进口实验动物原种登记单位指定	省科技厅	部分委托各设区市（省属企事业单位申请办理除外）
31	专利代理机构的设立前置审批	省科技厅	
32	宗教团体、寺观教堂编印宗教内部资料性出版物或其他宗教用品许可	省民宗委	委托舟山市、义乌市
33	设立宗教活动场所许可	省、设区市民宗部门	省级执行内容委托舟山市、义乌市
34	大型宗教活动许可	省民宗委	委托舟山市及其下辖各县(区)
35	宗教活动场所扩建迁建及内部改建新建建筑物许可	省、设区市、县（市、区）民宗部门	省级执行内容中的寺观教堂扩建迁建委托舟山市、义乌市
36	在华外国人集体宗教活动临时地点许可	省民宗委	委托舟山市及其下辖各县(区)
37	邀请以其他身份入境的外国宗教教职人员讲经讲道许可	省民宗委	委托舟山市
38	外国人携带超出自用数量的宗教用品入境许可	省民宗委	委托舟山市及其下辖各县(区)
39	宗教团体和寺观教堂举办宗教教职人员和义工培训班许可	省、设区市、县（市、区）民宗部门	
40	举办非通常宗教活动许可	省、设区市、县(市、区)民宗部门	
41	可以进行集体宗教活动的场合认可	省、设区市、县（市、区）民宗部门	
42	宗教活动场所外修建、制作大型露天宗教景观许可（除大型露天宗教造像外）	省民宗委	委托舟山市、义乌市
43	中华人民共和国公务用枪持枪许可	省公安厅	
44	枪支（弹药）运输（携运）许可	省、设区市公安机关，省公安边防总队各边防检查站	省级执行内容（射击运动枪支）委托各县(市、区)
45	营业性射击场设立许可	省公安厅	委托各设区市、县(市、区)
46	民用枪支（弹药）配售许可证	省公安厅	

续表

序号	项目名称	实施机关	备注
47	民用枪支持枪证	省、设区市公安机关	省级执行内容委托各设区市、县(市、区)
48	民用枪支配购(置)证	省、设区市公安机关	省级执行内容委托各设区市、县(市、区)
49	因私出入境中介服务机构资格认定(境外就业、留学除外)	省公安厅	
50	爆破作业单位许可证	省、设区市公安机关	省级执行内容委托舟山市
51	爆破作业人员许可证	设区市公安机关	
52	弩的制造、销售、进口、运输、使用审批	省公安厅	委托各设区市、县(市、区)
53	军工产品储存库风险等级认定和技术防范工程方案审核及工程验收	省公安厅	委托各设区市、县(市、区)
54	金融机构营业场所、金库安全防范设施建设方案审批及工程验收	省、设区市、县(市、区)公安机关	省级执行内容部分委托各设区市、县(市、区)
55	安全技术防范产品生产审批	省公安厅	委托各设区市、县(市、区)
56	集会游行示威审批	省、设区市、县(市、区)公安机关	省级执行内容部分委托各设区市
57	设立保安服务公司审批	省公安厅	
58	设立保安培训单位审批	省公安厅	委托各设区市
59	保安员证核发	设区市公安机关	
60	台湾居民回大陆定居	省公安厅	
61	在城市、风景名胜区和重要工程设施附近实施爆破作业许可	设区市公安机关	
62	焰火燃放许可证	设区市、县(市、区)公安机关	
63	《中华人民共和国前往港澳通行证》签发	设区市公安机关	公安部委托事项
64	《中华人民共和国往来港澳通行证》及签注	设区市、部分县(市、区)公安机关	公安部委托事项
65	大陆居民往来台湾通行证及签注	设区市、部分县(市、区)公安机关	公安部委托事项
66	台湾居民来往大陆通行证及签注	设区市、部分县(市、区)公安机关	公安部委托事项
67	大型群众性活动安全许可	设区市、县(市、区)公安机关	
68	特种行业许可证	设区市、县(市、区)公安机关	
69	边境管理区通行证	设区市、县(市、区)公安机关	
70	危险类物品购买许可证	省、县(市、区)公安机关	省级执行内容部分委托各设区市、义乌市
71	危险类物品运输审批	省、设区市、县(市、区)公安机关	省级执行内容部分委托各设区市、县(市、区),设区市执行内容部分委托各县(市、区)
72	中华人民共和国护照	设区市、部分县(市、区)公安机关出入境管理部门	公安部委托事项
73	中华人民共和国出入境通行证	设区市、部分县(市、区)公安机关出入境管理部门	公安部委托事项
74	建设工程消防设计审核	设区市、县(市、区)公安机关消防机构	

续表

序号	项目名称	实施机关	备注
75	建设工程消防验收	设区市、县(市、区)公安机关消防机构	
76	公众聚集场所投入使用、营业前消防安全检查	设区市、县(市、区)公安机关消防机构	
77	机动车登记	设区市公安机关交通管理部门	
78	机动车驾驶证申领、审验	设区市公安机关交通管理部门	
79	非机动车注册登记	设区市公安机关交通管理部门	
80	随船工作许可	省公安边防总队及其各边防检查站	
81	出海船舶户口簿	沿海设区市、县(市、区)公安边防部门	
82	出海船民证	沿海设区市、县(市、区)公安边防部门	
83	合资船船员登轮证	沿海县(市、区)公安边防部门	
84	对台劳务人员登轮作业证	沿海县(市、区)公安边防部门	
85	停留许可	省公安边防总队各边防检查站	
86	搭靠外轮许可	省公安边防总队各边防检查站	
87	登轮许可	省公安边防总队各边防检查站	
88	船员登陆住宿许可	省公安边防总队各边防检查站	
89	临时入境许可	省公安边防总队各边防检查站	
90	台湾居民口岸签注	杭州、宁波、温州三地机场签注点	
91	台湾居民登陆证	沿海当地边防工作站、沿海县(市、区)公安边防部门	
92	涉及国家安全事项的建设项目审批	省、设区市国家安全部门	
93	社会团体登记(成立、变更、注销)	省、设区市、县(市、区)民政部门	
94	民办非企业单位登记(成立、变更、注销)	省、设区市、县(市、区)民政部门	
95	基金会登记(设立、变更、注销)	省民政厅	除全省性基金会设立以外的其他省级权限委托各设区市、县(市、区)
96	公墓建设审批	省民政厅	委托各设区市、义乌市
97	建设殡仪服务设施、公益性骨灰安葬(放)设施审批	设区市、县(市、区)民政部门	区仅指保留县(市)政府行政管理职能的区
98	假肢和矫形器(辅助器具)生产装配企业资格认定	省民政厅	委托各设区市、义乌市
99	养老机构设立许可	省、设区市、县(市、区)民政部门	除省级养老机构设立外的其他省级执行内容委托各设区市、义乌市
100	公证员执业审批	省司法厅	
101	律师事务所及分所设立审核登记	省司法厅	委托舟山市
102	律师执业审核	省司法厅	委托舟山市

续表

序号	项目名称	实施机关	备注
103	司法鉴定机构设立登记	省司法厅	
104	司法鉴定人执业登记	省司法厅	
105	香港、澳门永久性居民中的中国居民申请在内地从事律师执业核准	省司法厅	
106	香港、澳门律师担任内地律师事务所法律顾问核准	省司法厅	
107	香港、澳门律师事务所与内地律师事务所联营核准	省司法厅	
108	基层法律服务工作者执业核准	设区市司法部门	
109	会计从业资格证审批	省、设区市、县(市、区)财政部门	
110	会计中介机构审批	省、设区市、县(市、区)财政部门	会计师事务所及其分所设立审批、境外会计师事务所来内地临时办理审计业务审批由省财政厅执行,会计代理记账机构执业资格审批由设区市、县(市、区)财政部门执行
111	政府采购代理机构乙级资格认定	省财政厅	
112	资产评估机构设立审批	省财政厅	
113	注册会计师执业注册	省注册会计师协会	
114	设立人才中介服务机构审批	设区市、县(市、区)人力社保部门	
115	特殊工时制度审批	省、设区市、县(市、区)人力社保部门	省级执行内容部分授权企业所在地人力社保部门执行
116	职业技能鉴定机构设立审批 *	省、设区市、县(市、区)人力社保部门	
117	职业培训机构设立审批	省、设区市、县(市、区)人力社保部门	省级执行的中外合作职业培训机构设立审批委托各设区市、县(市、区)
118	设立技工学校审批	省人力社保厅	委托舟山市
119	职业介绍机构审批	省、设区市、县(市、区)人力社保部门	省级执行内容委托各设区市、县(市、区)
120	外国专家来华工作许可	省外国专家局	委托各设区市、县(市、区)
121	外国人入境就业许可	省人力社保厅	委托各设区市、县(市、区)
122	台港澳人员在内地就业许可	设区市人力社保部门	
123	劳务派遣经营许可	设区市、县(市、区)人力社保部门	
124	国务院履行出资人职责企业以外的企业聘请外国专家资格认可	省外国专家局	委托各设区市、县(市、区)
125	中等以下教育机构聘请外国专家资格认可	省外国专家局	委托各设区市、县(市、区)
126	事业单位法人登记(设立、变更、注销)	省、设区市、县(市、区)事业单位登记管理部门	省级执行内容部分授权舟山市
127	采矿权许可	省、设区市、县(市、区)国土资源部门	省级执行内容部分授权各县(市、区)

续表

序号	项目名称	实施机关	备注
128	采矿权转让许可	省、设区市、县(市、区)国土资源部门	按照“谁发证,谁审批”的原则,分级许可
129	探矿权转让许可	省国土资源厅	
130	探矿权许可	省国土资源厅	
131	地质勘查资质审批	省国土资源厅	
132	地质灾害危险性评估单位资质审批	省国土资源厅	
133	地质灾害治理工程勘查设计施工监理单位资质审批	省国土资源厅	
134	土地开垦审核	设区市、县(市、区)国土资源部门	
135	建设项目国有土地使用权审核*	省、设区市、县(市、区)国土资源部门	省级执行内容委托舟山市、嘉善县、海宁市、绍兴市柯桥区
136	古生物化石收藏单位与交易场所审批	省国土资源厅	授权舟山市
137	古生物化石进出境审批	省国土资源厅	
138	发掘古生物化石审批	省国土资源厅	
139	乡(镇)村公共设施、公益事业建设用地审核*	设区市、县(市、区)国土资源部门	
140	农村集体经济组织兴办企业用地审核	设区市、县(市、区)国土资源部门	
141	临时用地审批	设区市、县(市、区)国土资源部门	
142	改变土地用途审批*	设区市、县(市、区)国土资源部门	
143	国有划拨土地使用权转让、出租审批	设区市、县(市、区)国土资源部门	
144	农村村民住宅用地审核	县(市、区)国土资源部门	
145	环境影响评价文件审批	省、设区市、县(市、区)环保部门	列入《建设项目环境影响评价分类管理名录》的省级执行的生产、销售、使用放射性同位素和加速器、中子发生器以及含放射源的射线装置的环境影响评价文件审批,按照《中华人民共和国环境影响评价法》及省有关规定确定的权限,部分授权各设区市、县(市、区)
146	建设项目环境保护设施竣工验收	省、设区市、县(市、区)环保部门	
147	污染防治设施的拆除或闲置许可(含关闭、闲置或拆除工业固体废物污染环境防治及生活垃圾处置的设施、场所核准)	设区市、县(市、区)环保部门	
148	危险废物经营许可证核发	省、设区市、县(市、区)环保部门	省级执行内容委托舟山市
149	固体废物、危险废物转移许可和年度计划审批(含水路运输医疗废物许可)	省、设区市环保部门	省级执行内容委托舟山市

续表

序号	项目名称	实施机关	备注
150	排污许可证核发	省、设区市、县(市、区)环保部门	
151	辐射安全许可证核发	省环保厅	销售、使用Ⅳ、Ⅴ类放射源,生产、销售、使用Ⅱ、Ⅲ类射线装置单位,丙级非密封放射性物质工作使用场所的单位许可证核发委托各设区市
152	放射性同位素转让许可	省环保厅	
153	在自然保护区开展相关活动许可	省环保厅,省林业厅,省海洋与渔业局,宁波市、象山县海洋与渔业部门,自然保护区管理机构	省海洋与渔业局执行内容中的浙江省青田鼋省级自然保护区开展相关活动许可委托丽水市,省海洋与渔业局执行内容中除国家管辖部分外的其他权限委托舟山市;宁波市海洋与渔业部门执行内容由韭山列岛自然保护区管理局执行
154	加工利用国家限制进口、可用作原料的废五金电器、废电线电缆、废电机等企业认定	省环保厅	委托舟山市
155	建筑施工夜间作业许可证核发	设区市、县(市、区)环保部门	
156	废弃电器电子产品处理资格许可	设区市环保部门	
157	入海排污口设置许可	沿海设区市环保部门	
158	海岸工程建设项目试生产或试运行许可	沿海设区市、县(市、区)环保部门	
159	拆船排放未经处理的洗舱水、压舱水和舱底水许可	拆船项目所在地设区市、县(市、区)环保部门	
160	建设项目试生产或者试运行许可	宁波市环保系统	
161	建设项目选址审批	省建设厅,设区市、县(市)城乡规划部门	省级执行内容部分授权设区市、县(市)
162	城乡规划编制单位资质认定	省建设厅	委托舟山市及其下辖各县
163	建设用地(含临时建设用地)规划许可	设区市、县(市)城乡规划部门	
164	建设工程(含临时建设工程)规划许可	设区市、县(市)城乡规划部门	
165	乡村建设规划许可	设区市、县(市)城乡规划部门	
166	临时改变房屋用途审批	设区市、县(市)城乡规划部门	
167	历史建筑迁移异地保护或者拆除审批	省建设厅	委托舟山市及其下辖各县
168	历史文化名城、名镇、名村核心保护范围内进行影响传统格局、历史风貌或者历史建筑活动的保护方案审批	设区市、县(市)城乡规划部门	
169	历史文化街区、名镇、名村核心保护范围内拆除历史建筑以外的建筑物、构筑物或者其他设施审批	设区市、县(市)城乡规划部门	
170	历史建筑实施原址保护的保护措施审批	设区市、县(市)城乡规划部门	

续表

序号	项目名称	实施机关	备注
171	历史建筑外部修缮装饰、添加设施以及改变历史建筑的结构或者使用性质审批	设区市、县(市)城乡规划部门	
172	房地产开发企业资质核准	省建设厅,设区市、扩权县(市、区)房地产部门	省级执行内容委托舟山市、义乌市,部分委托其他各设区市;舟山市执行内容部分委托下辖各县(区)
173	商品房预售许可	设区市、县(市、区)房地产部门	
174	风景名胜区内进行影视拍摄或者大型实景演艺活动审批	省建设厅	委托舟山市及其下辖各县(区)
175	房地产估价机构资质核准	省建设厅	委托舟山市、义乌市,部分委托舟山市下辖各县(区)
176	城市园林绿化企业资质核准	省、设区市、义乌市建设部门	省级执行内容委托舟山市、义乌市,舟山市执行内容委托下辖各县(区)
177	超限高层建筑工程抗震设防审批	省建设厅	委托舟山市
178	建设工程勘察、设计单位资质核准	省建设厅	委托舟山市、义乌市
179	监理企业资质核准	省建设厅	委托舟山市、义乌市,部分委托其他各设区市
180	建筑业企业资质核准	省、设区市建设部门	省级执行内容委托舟山市、义乌市,部分委托其他各设区市;舟山市执行内容部分委托下辖各县(区)
181	工程建设项目招标代理机构资格核准	省建设厅	委托舟山市、义乌市,部分委托其他各设区市
182	工程造价咨询单位资质认定	省建设厅	委托舟山市、义乌市,部分委托其他各设区市
183	建设工程质量检测单位资质核准	省建设厅	委托舟山市、义乌市
184	建筑施工企业安全生产许可证核发	省建设厅	委托舟山市、义乌市
185	勘察设计工程师执业资格注册	省建设厅	委托各设区市、义乌市
186	建筑师执业资格注册	省建设厅	委托各设区市、义乌市
187	建造师执业资格注册	省建设厅	委托舟山市、义乌市
188	建筑工程施工许可	设区市、县(市、区)建设部门	
189	文物保护单位的建设控制地带内建设工程设计方案审批	设区市、县(市)城乡规划部门	
190	施工单位的主要负责人、项目负责人、专职安全生产管理人员安全任职资格审批	省建设厅	委托舟山市、义乌市
191	划拨土地使用权和地上建筑物、其他附着物转让、出租审批	设区市、县(市、区)房地产部门和国土资源部门共同执行	
192	关闭、闲置或者拆除环境卫生设施审批	设区市、县(市、区)建设部门	
193	城市大型户外广告设置及建筑物、设施上张挂、张贴宣传品等审批	设区市、县(市、区)建设部门	
194	临时堆放物料、搭建非永久性建筑物、构筑物或其他设施审批	设区市、县(市、区)建设部门	

续表

序号	项目名称	实施机关	备注
195	城市市区内饲养家畜家禽审批	设区市、县(市、区)建设部门	
196	城市建筑垃圾处置核准	设区市、县(市、区)建设部门	
197	从事城市生活垃圾经营性清扫、收集、运输、处理服务审批	设区市、县(市、区)建设部门	
198	特殊车辆在城市道路上行驶审批	设区市、县(市、区)建设部门	包括特殊车辆经过城市桥梁
199	依附于城市道路建设管线、干线等设施审批	设区市、县(市、区)建设部门	
200	临时占用或者挖掘城市道路审批	设区市、县(市、区)建设部门,杭州市公安机关交通管理部门,宁波市及其下辖各县(市)公安机关交通管理部门	占用人行道、非机动车道设置停车泊位许可限杭州市市区;宁波市执行的人行道临时行驶、停放机动车审批限宁波市及其下辖县(市)的城市建成区
201	临时占用城市绿地核准	设区市、县(市、区)建设部门	
202	占用城市绿地审批 *	杭州市建设部门和城乡规划部门共同执行	杭州市市区
203	砍伐城市树木审批	设区市、县(市、区)建设部门	
204	古树名木迁移审批	设区市、县(市、区)建设部门	
205	改变绿化规划、绿化用地的使用性质审批	设区市、县(市、区)建设部门	
206	因工程建设确需改装、拆除或者迁移城市公共供水设施审批	设区市、县(市)城乡规划部门和设区市、县(市、区)建设部门	
207	燃气经营许可	设区市、县(市、区)建设部门	
208	在燃气设施安全保护范围内从事特定行为审批	设区市、县(市、区)建设部门	
209	新增燃气供应站点核准	设区市、县(市、区)建设部门	
210	新建、改建、扩建燃气工程或者改动市政燃气设施审批	设区市、县(市、区)建设部门	
211	建筑施工特种作业人员资格核准	设区市建设部门	
212	物业服务企业资质核准	省建设厅,设区市房地产部门	省级执行内容委托舟山市、义乌市,舟山市执行内容部分委托下辖各县(区)
213	建设单位采用协议方式选聘物业服务企业审批	县(市、区)房地产部门	
214	在城市桥涵安全保护区域内从事河道疏浚、挖掘、打桩等影响桥涵设施安全的作业许可	杭州市建设部门	杭州市市区
215	迁移、改建排水设施或者因工程建设影响排水设施使用许可	杭州市建设部门	杭州市市区
216	临时占用、挖掘河道设施许可	杭州市建设部门	杭州市市区
217	污水排入排水管网许可证核发(含临时排水许可)	设区市、县(市、区)建设部门	临时排水许可限杭州市市区
218	临时占用桥孔许可	杭州市建设部门	杭州市市区
219	改变市政设施的使用功能及超过原设计标准使用许可	杭州市建设部门	杭州市市区
220	工程渣土准运证核准	杭州市及其下辖各县(市、区)建设部门	

续表

序号	项目名称	实施机关	备注
221	利用广场等公共场所举办文化、商业等活动许可	杭州市及其下辖各县(市、区)建设部门	
222	养犬许可	杭州市建设部门	杭州市市区
223	西湖水面开展文体娱乐活动许可	杭州市西湖风景名胜区管委会	
224	船舶在西湖内行驶许可	杭州市西湖风景名胜区管委会	
225	机动船驾驶员、经营性机动船舶从业人员在西湖水域从业许可	杭州市西湖风景名胜区管委会	
226	公园举办一般性公众活动许可	杭州市建设部门	杭州市市区
227	公园建设项目设计方案许可	杭州市建设部门	杭州市市区
228	公园商业服务网点设计方案许可	杭州市建设部门	杭州市市区
229	西湖风景名胜区特殊建设和设施设置许可	杭州市西湖风景名胜区管委会	
230	西湖风景名胜区大型群众性活动举办许可	杭州市西湖风景名胜区管委会	
231	西湖风景名胜区特殊类坟墓改建、翻修许可	杭州市西湖风景名胜区管委会	
232	改动排水设施位置、改变排水流向审批	宁波市及其下辖各县(市、区)建设部门	
233	迁移、拆除城市道路照明设施审批	宁波市及其下辖各县(市、区)建设部门	
234	道路新增出入口(含内部专用道路与城市道路相接)审核	宁波市及其下辖各县(市、区)建设部门和公安机关交通管理部门共同执行	
235	规划条件审定	杭州市及其下辖各县(市)城乡规划部门	改建或者翻建现有建筑物、构筑物
236	西湖风景名胜区改变地形地貌许可	杭州市西湖风景名胜区管委会	
237	西湖风景名胜区砍伐、移植、修剪树木许可	杭州市西湖风景名胜区管委会	
238	西湖文化景观遗产区建设项目审核	杭州市西湖风景名胜区管委会	
239	迁移树木(非古树名木)审批	杭州市建设部门	杭州市市区
240	交通建设工程施工许可	省、设区市、县(市、区)交通运输部门	
241	建设项目使用港口岸线许可	省交通运输厅,港口所在地港口管理部门	
242	在公路特定范围内修筑堤坝、压缩或拓宽河床许可	省交通运输厅	
243	国内外经济组织投资建设公路项目许可	省交通运输厅	
244	经营国际船舶管理业务登记(内资)	省交通运输厅	舟山航区下放舟山市港航局实施
245	交通建设工程监理单位资质认定	省交通运输厅	

续表

序号	项目名称	实施机关	备注
246	交通建设工程设计文件审批(初步设计、施工图设计)	省、设区市、县(市、区)、港口所在地交通运输部门	省级执行内容委托舟山市,具体委托权限与省投资主管部门建设项目审批或核准的权限同步
247	国道以外其他公路收费权转让许可 *	省交通运输厅	
248	公路收费及收费站设置许可 *	省交通运输厅	
249	涉路施工活动许可	省、设区市、县(市、区)公路管理机构	
250	公路用地范围内设置非公路标志许可	省、设区市、县(市、区)公路管理机构	
251	超限运输车辆行驶公路许可	省、设区市、县(市、区)公路管理机构	
252	公路用地林木更新、砍伐许可	省、设区市、县(市、区)公路管理机构	
253	铁轮车、履带车和其他可能损害公路路面的机具行驶公路许可	设区市、县(市、区)公路管理机构	
254	水路运输业务经营许可	省、设区市港航管理机构	
255	船舶管理业务经营许可	省、设区市港航管理机构	
256	涉航建筑物许可	省、设区市、县(市、区)港航管理机构	省级执行内容部分授权舟山市
257	断航施工许可	设区市、县(市、区)港航管理机构	
258	内河专用航标许可	县(市、区)港航管理机构	
259	水上水下活动许可	省、设区市、县(市、区)地方海事管理机构	
260	船员任职证书签发	省、设区市、县(市、区)地方海事管理机构	
261	引航员任职证书签发	省、设区市地方海事管理机构	
262	船舶国籍证书签发	设区市地方海事管理机构	
263	船舶进入或穿越禁航区许可	县(市、区)地方海事管理机构	
264	防治船舶污染港区水域作业许可	县(市、区)地方海事管理机构	
265	船舶散装液体危险货物、污染危害性货物水上过驳作业许可	县(市、区)地方海事管理机构	
266	船舶载运危险货物适装许可	县(市、区)地方海事管理机构	
267	外商投资道路运输业立项审批	省交通运输厅	
268	客运经营许可	省、设区市、县(市、区)道路运输管理机构	
269	道路运输从业人员资格认定	设区市交通运输部门,设区市、县(市、区)道路运输管理机构	
270	货运经营许可	设区市、县(市、区)道路运输管理机构	
271	道路运输站(场)经营许可(货运站场经营许可含货物集散服务、货运配载服务、货运代理服务和仓储理货服务)	设区市、县(市、区)道路运输管理机构	

续表

序号	项目名称	实施机关	备注
272	机动车驾驶员培训经营许可	设区市、县(市、区)道路运输管理机构	
273	机动车维修经营许可	设区市、县(市、区)道路运输管理机构	
274	机动车驾驶员培训教练员资格认定	省道路运输管理局	
275	船舶和海上设施法定检验证书核发	省船舶检验局所属各设区市检验处	
276	港口经营许可	港口所在地港口管理部门	
277	在港口内进行采掘、爆破等活动许可	港口所在地港口管理部门	
278	在港口建设危险货物作业场所、实施卫生除害处理的专用场所许可	港口所在地港口管理部门	
279	开发建设项目水土保持方案审批	省、设区市、县(市、区)水利部门	
280	取水许可(水资源论证)	省、设区市、县(市、区)水利部门	
281	入河排污口设置同意	省、设区市、县(市、区)水利部门	
282	围垦河道审核 *	省、设区市、县(市、区)水利部门	省级执行内容部分授权舟山市及其下辖各县(区)
283	水工程建设规划同意书审查	省、设区市、县(市、区)水利部门	
284	涉河涉堤建设项目审批(含占用水域审批)	省、设区市、县(市、区)水利部门,省钱塘江管理局	省钱塘江管理局执行授权管理范围内钱塘江河道的涉河涉堤建设项目审批(含占用水域审批)
285	水文、水资源调查评价机构资质认定	省水利厅	
286	水利工程质量检测单位资格认定	省水利厅	
287	建设项目水资源论证机构资质认定	省水利厅	
288	水利基建项目初步设计文件审批	省、设区市、县(市、区)水利部门	
289	海塘工程建设项目审批	省、设区市、县(市、区)水利部门	
290	临时占用、拆除水利工程(含水库、水电站、水闸、堤防等)审批	省、设区市、县(市、区)水利部门	省级执行内容部分授权舟山市及其下辖各县(区)
291	水利工程管理范围内新建建筑物、构筑物和其他设施审批	省、设区市、县(市、区)水利部门	省级执行内容部分授权舟山市及其下辖各县(区)
292	滩涂围垦项目审批	省围垦局,设区市、县(市、区)水利部门	省级执行内容部分授权舟山市
293	滩涂围垦规划范围内其他工程设施建设审查	省围垦局,设区市、县(市、区)水利部门	
294	农村集体经济组织修建水库审批	设区市、县(市、区)水利部门	
295	河道管理范围内有关活动许可	省钱塘江管理局,设区市、县(市、区)水利部门	省钱塘江管理局执行授权管理范围内钱塘江河道的采砂、取土许可
296	城市建设围堵水域、废除围堤审查 *	设区市、县(市、区)水利部门	

续表

序号	项目名称	实施机关	备注
297	大坝管理和保护范围内修建建筑物审批	设区市、县(市、区)水利部门	
298	占用农业灌溉水源、灌排工程设施审批	设区市、县(市、区)水利部门	
299	蓄滞洪区避洪设施建设审批	设区市、县(市、区)水利部门	
300	海塘开缺或新建闸门审核	设区市、县(市、区)水利部门	
301	种子生产许可	省、设区市、县(市、区)农业、林业部门	农业部门省级执行内容委托各设区市、义乌市及嘉兴市下辖各县(市、区);林业部门省级执行内容委托各设区市、县(市、区)
302	种子经营许可	省、设区市、县(市、区)农业、林业部门	农业部门省级执行内容委托各设区市、义乌市及嘉兴市下辖各县(市、区);林业部门省级执行内容委托各设区市、县(市、区)
303	引种许可	省、县(市、区)农业部门,省林业厅,省动物卫生监督局	省农业厅执行的主要农作物品种省外引种许可委托舟山市
304	向国外申请农业植物新品种权审批	省农业厅	
305	进出口草种、食用菌菌种审批	省农业厅	
306	农作物种子、草种、食用菌菌种质量检验机构及检验员资格认定	省农业厅	部分委托舟山市;部分草种质量检验机构及检验员资格认定委托其他各设区市、义乌市及嘉兴市下辖各县(市、区),内容为除农业部下放权限外
307	采集或采伐国家重点保护的天然种质资源和食用菌种质资源许可	省农业厅,省林业厅	省农业厅执行内容委托各设区市、义乌市;省林业厅执行内容委托各设区市、县(市、区)
308	种畜禽生产经营许可	省、县(市、区)农业部门	省级执行内容委托各设区市、义乌市
309	培育新的畜禽品种、配套系进行中间试验许可	省农业厅	委托各设区市、义乌市
310	蚕种生产经营许可	省农业厅	委托各设区市、义乌市及嘉兴市下辖各县(市、区)
311	蚕一代杂交种出口许可	省农业厅	委托各设区市、义乌市及嘉兴市下辖各县(市、区)
312	饲料生产企业设立许可	省农业厅	委托各设区市、义乌市
313	饲料添加剂、添加剂预混合饲料生产企业设立及产品批准文号许可	省农业厅	产品批准文号审批委托舟山市
314	省内运输高致病性病原微生物菌(毒)种或者样本许可	省农业厅	委托舟山市
315	从事高致病性病原微生物或者疑似高致病性病原微生物实验活动许可	省农业厅	
316	重大动物疫病病料采集审批	省农业厅	部分委托舟山市,内容为除农业部下放权限外
317	农药广告许可	省农业厅	部分委托各设区市、义乌市及嘉兴市下辖各县(市、区),内容为除农业部下放权限外
318	农业转基因生物生产加工许可	省农业厅	
319	采集、出售、收购国家重点保护野生植物许可	省农业厅	部分委托各设区市、义乌市,内容为除农业部下放权限外

续表

序号	项目名称	实施机关	备注
320	外国人在中国境内野外考察国家重点保护野生植物审批	省农业厅、省林业厅	
321	动物防疫条件合格证核发	省、县(市、区)农业部门	省级执行内容委托各设区市、义乌市
322	兽医资格认定及其从业注册登记	省、县(市、区)农业部门	
323	动物诊疗许可	设区市、县(市、区)农业部门	
324	动物及动物产品检疫证明核发	设区市、县(市、区)动物卫生监督机构	授权事项
325	农药经营许可	设区市、县(市、区)农业部门	
326	拖拉机驾驶培训资格许可	省农业厅	委托各设区市、义乌市及嘉兴市下辖各县(市、区)
327	肉品品质检验人员资格认定	省农业厅	委托各设区市、义乌市及嘉兴市下辖各县(市、区)
328	生猪定点屠宰场设立(含新建、扩建、改建、迁建)审批＊	设区市农业部门	
329	拖拉机、联合收割机及其驾驶操作人员牌证核发	县(市、区)农业部门	
330	农业机械维修技术合格证书核发	县(市、区)农业部门	
331	草原征占用及经营性旅游或者采土、采矿、采石等活动许可	省、设区市、县(市、区)农业部门	省农业厅仅执行农业部下放权限
332	新兽药临床试验许可	省农业厅	委托各设区市、义乌市
333	兽药经营许可	省、设区市、县(市、区)农业部门	省级执行内容委托各设区市、义乌市
334	兽药广告批准文号核发	省农业厅	委托各设区市、义乌市及嘉兴市下辖各县(市、区)
335	生鲜乳收购运输许可	县(市、区)农业部门	
336	国外引种检疫审批	省植物保护检疫局	授权事项
337	植物检疫证明核发	设区市、县(市、区)植物保护检疫机构	授权事项
338	在非疫区对植物检疫对象进行研究许可	省林业厅	委托各设区市、县(市、区)
339	植物检疫证和产地检疫合格证核发	省、设区市、县(市、区)林业有害生物防治检疫机构	省级执行内容委托各设区市、县(市、区)
340	境外引进林木种子、苗木和其他繁殖材料检疫	省林业有害生物防治检疫局	委托各设区市、县(市、区)
341	调入省同意省际调运植物和植物产品	省林业有害生物防治检疫局	
342	陆生野生动物狩猎、驯养繁殖、经营利用、运输许可	省、设区市、县(市、区)林业部门	国家二级保护陆生野生动物或产品经营利用许可委托各设区市、义乌市，国家重点保护陆生野生动物或产品运输证核发委托各设区市
343	野生动物固定狩猎场所、旅游观赏景点设立及展览、表演许可	省林业厅	建立固定狩猎场所许可委托舟山市、义乌市，旅游观赏景点设立及展览、表演许可委托各设区市、县(市、区)

续表

序号	项目名称	实施机关	备注
344	林木采伐许可	省、设区市、县(市、区)林业部门	省级执行内容授权舟山市;除采伐珍贵树木和沿海国家特殊保护林带外的其他权限委托其他各设区市、县(市、区)
345	木材运输、经营加工许可	设区市、县(市、区)林业部门	
346	林区野外用火许可证核发	县(市、区)林业部门	
347	征收、占用林地许可	省、设区市、县(市、区)林业部门	征收占用2公顷以下林地许可,委托舟山市;征收占用1公顷以下林地许可,委托其他各设区市、义乌市及绍兴市柯桥区
348	野生植物采集、出售、收购许可	省林业厅	委托各设区市
349	松材线虫病疫木调运、造纸、制作人造板许可	省林业厅、省林业有害生物防治检疫局	部分委托舟山市
350	收购特殊种子许可	省林业厅	委托各设区市、县(市、区)
351	生态公益林树种更替和林木更新许可	宁波市林业系统	
352	外商投资企业设立、变更审批*	省商务厅	省级执行内容中除专项法律法规明确规定由省级人民政府审批外,《外商投资产业指导目录》鼓励类、允许类总投资(包括增资)1亿美元以上3亿美元以下的外商投资企业的设立、变更由各设区市、义乌市审批;1亿美元及以下外商投资企业的设立、变更由各县(市、区)审批;杭州市、宁波市、舟山市、国家级经济技术开发区享受省级外资审批权限;省级经济开发区享受3000万美元以下的外资审批权限
353	限制进出口技术许可	省商务厅、宁波市商务部门	省级执行内容由各设区市(宁波市除外)、义乌市审核
354	进出口配额、许可证核发	省商务厅、宁波市商务部门	出口许可证、自动进口许可证(部分非机电类商品和机电类商品)、纺织品产地证由舟山市、义乌市打印和发放
355	设立对台小额贸易公司审批	省商务厅、宁波市商务部门	
356	加工贸易合同审批	省商务厅、宁波市商务部门	省级执行内容除商务部确定的省级审批目录内商品的加工贸易合同外,由各设区市(宁波市除外)、义乌市审批
357	拍卖企业及分支机构设立、变更审批	省商务厅	舟山市审核拍卖企业及分支机构设立、变更,义乌市审核拍卖企业分支机构设立、变更
358	设立旧机动车鉴定评估机构审批	设区市商务部门	
359	成品油零售经营资格审批	省商务厅、宁波市商务部门	省级执行的成品油零售经营资格权限由舟山市、义乌市审批
360	外国非企业经济组织在华设立常驻代表机构审批	省商务厅、宁波市商务部门	
361	举办对外经济技术展览会办展项目审批	省商务厅	委托舟山市、义乌市审批除冠以中国、中华、浙江省字样外的办展项目
362	对外承包工程经营资格审批	省商务厅	省级执行内容由各设区市、义乌市审核
363	对外劳务合作经营资格核准	省、设区市商务部门	

续表

序号	项目名称	实施机关	备注
364	典当行及分支机构设立、变更审批	省商务厅、宁波市商务部门	典当行变更机构名称、注册资本(变更后注册资本在5000万元以上的除外)、法定代表人、在本市范围内变更住所、转让股份(对外转让股份累计达50%以上的除外)的事项由舟山市、义乌市审核，典当行变更机构名称、注册资本(变更后注册资本在3000万元以上的除外)、法定代表人、在本市范围内变更住所、转让股份(对外转让股份累计达50%及以上的除外)的事项由其他各设区市(宁波市除外)审核
365	直销企业产品说明重大变更审批	省商务厅	由舟山市、义乌市审批
366	两用物项及相关技术进出口许可	省商务厅、宁波市商务部门	国家委托事项
367	企业境外投资核准	省商务厅、宁波市商务部门	国家委托事项
368	建设工程现场搅拌混凝土、砂浆许可	省、设区市、县(市、区)散装水泥管理机构	
369	文艺表演团体和演出经纪机构设立、变更审批	省、县(市、区)文化部门	省级执行内容委托舟山市及其下辖各县(区)
370	举办营业性演出审批	省、县(市、区)文化部门	省级执行内容委托舟山市
371	娱乐场所设立和变更审批	省、县(市、区)文化部门	省级执行内容委托各设区市、县(市、区)
372	社会艺术水平考级机构设立审批	省文化厅	委托舟山市及其下辖各县(区)
373	经营性互联网文化单位设立和变更审批	省文化厅	委托舟山市、义乌市
374	港、澳、台湾地区投资者在内地投资设立合资、合作、独资经营的演出场所经营单位审批	省文化厅	
375	美术品进出口经营活动审批	省文化厅	
376	互联网上网服务营业场所设立和变更审批	设区市、县(市、区)公安机关，设区市、县(市、区)文化部门	
377	职业健康检查和职业病诊断机构及医师资质认定	省卫生计生委	委托各设区市、义乌市及嘉兴市下辖各县(市、区)
378	放射卫生技术服务机构资质认定	省卫生计生委	委托各设区市、义乌市及嘉兴市下辖各县(市、区)
379	放射诊疗建设项目卫生审查	设区市、县(市、区)卫生部门	
380	医护人员执业许可	省卫生计生委，设区市、县(市、区)卫生部门	省级执行内容部分委托各设区市、义乌市及嘉兴市下辖各县(市、区)
381	传染病菌毒种采集、保藏、携带、运输和使用审批	省卫生计生委	部分委托各设区市、义乌市及嘉兴市下辖各县(市、区)
382	消毒产品生产企业卫生许可	省卫生计生委	委托各设区市、义乌市及嘉兴市下辖各县(市、区)
383	母婴保健专项技术服务许可	省卫生计生委，设区市、县(市、区)卫生部门	省级执行内容委托各设区市、义乌市及嘉善县
384	医疗卫生机构设置执业许可	省卫生计生委，设区市、县(市、区)卫生部门	省级执行内容委托舟山市、义乌市，省级执行内容中的医疗机构执业许可委托其他各设区市及嘉善县

续表

序号	项目名称	实施机关	备注
385	公共场所卫生行政许可	设区市、县(市、区)卫生部门	
386	放射诊疗许可	省卫生计生委,设区市、县(市、区)卫生部门	省级执行内容委托各设区市、义乌市及嘉善县
387	中医医疗广告审查	省卫生计生委	委托各设区市、义乌市及嘉兴市下辖各县(市、区)
388	集中式供水单位卫生许可	设区市、县(市、区)卫生部门	
389	涉及饮用水卫生安全的产品卫生许可	省卫生计生委	委托各设区市、义乌市及嘉兴市下辖各县(市、区)
390	医疗机构开展人类辅助生殖技术许可	省卫生计生委	其中的丈夫精液人工授精技术许可委托各设区市、义乌市
391	医疗机构使用麻醉药品、第一类精神药品许可	设区市卫生部门	
392	外籍医师在华短期执业许可	设区市卫生部门	
393	乡村医生执业注册	县(市、区)卫生部门	
394	计划生育技术服务机构设立许可	省卫生计生委,设区市、县(市、区)人口计生部门	省级执行内容部分授权舟山市
395	计划生育技术服务人员执业证书核发	省卫生计生委,设区市人口计生部门	
396	再生育审批	县(市、区)人口计生部门	
397	企业印制发票审批	省地税局	
398	印花税票代售许可	省地税局直属一分局、二分局,设区市、县(市、区)地税部门	
399	企业及分支机构登记(设立、变更、注销)	省、设区市、县(市、区)工商部门	省级执行内容部分授权舟山市及其下辖各县(区)
400	广告经营许可	省、设区市、县(市、区)工商部门	
401	外国企业常驻代表机构登记(设立、延期、变更、注销)	省工商局	
402	外国(地区)企业在中国境内从事生产经营活动核准	省、设区市、县(市、区)工商部门	授权事项
403	户外广告登记	设区市、县(市、区)工商部门	
404	固定形式印刷品广告登记	省工商局、宁波市工商部门	
405	农民专业合作社及分支机构登记(设立、变更、注销)	县(市、区)工商部门	
406	个体工商户登记(开业、变更、注销)	县(市、区)工商部门	
407	检验机构的计量认证	省质监局	委托各设区市、义乌市及嘉兴市下辖各县(市、区)
408	计量标准器具核准	省、设区市、县(市、区)质监部门	
409	制造、修理计量器具许可证签发	省、设区市、县(市、区)质监部门	省级执行内容委托各设区市、义乌市及嘉兴市下辖各县(市、区)
410	计量器具型式批准	省质监局	委托各设区市、义乌市及嘉兴市下辖各县(市、区)

续表

序号	项目名称	实施机关	备注
411	计量检定人员资格核准	省、设区市、县(市、区)质监部门	省级执行内容委托各设区市、义乌市及嘉兴市下辖各县(市、区)
412	计量器具检定	省、设区市、县(市、区)质监部门	计量器具强制检定,省级由省计量科学研究院具体实施,设区市由设区市法定计量检定机构具体实施,县(市、区)由县(市、区)法定计量检定机构具体实施;省级执行的进口计量器具检定委托各设区市、义乌市及嘉兴市下辖各县(市、区)
413	移动式压力容器、气瓶充装单位资格许可	省质监局	委托各设区市、义乌市及嘉兴市下辖各县(市、区)
414	特种设备作业人员考核	省、设区市、县(市、区)质监部门	
415	特种设备生产(设计、制造、安装、改造、修理)单位资格许可	省质监局	委托各设区市、义乌市
416	特种设备(气瓶)检验检测机构资格核准	省质监局	委托各设区市、义乌市
417	特种设备制造安装改造维修监督检验及定期检验	省、设区市特种设备检验检测机构	
418	重要工业产品生产许可	省质监局	委托各县(市、区)质监部门负责受理申请,委托各设区市质监部门负责组织省级发证产品的实地核查、审核发证
419	建立社会计量公正行(站)审批	省质监局	委托各设区市、义乌市及嘉兴市下辖各县(市、区)
420	设备监理单位乙级资格证书核发	省质监局	委托各设区市
421	设立广播电视节目制作经营单位批准	省新闻出版广电局	委托各设区市、县(市、区)
422	设置境外卫星电视广播地面接收设施审批	省新闻出版广电局	委托各设区市、县(市、区)
423	本省行政区域内经营广播电视节目传送业务审批	省新闻出版广电局	设区市行政区域内广播电视节目传送业务审批委托各设区市;县行政区域内广播电视节目传送业务审批委托各县(市、区)
424	国产电视剧片发行审查	省新闻出版广电局	
425	广播电视使用方言播音批准	省新闻出版广电局	委托各设区市、县(市、区)
426	外商投资电影放映单位《电影放映经营许可证》核发	省新闻出版广电局	委托各设区市、县(市、区)
427	设立、变更电影发行单位批准	省新闻出版广电局	委托各设区市、县(市、区)
428	电视剧制作许可(乙种)	省新闻出版广电局	
429	地市级、县级广播电台、电视台变更台标审批	省新闻出版广电局	委托各设区市、县(市、区)
430	部分影片终审	省新闻出版广电局	国家委托事项
431	电影放映单位设立、变更业务范围或者兼并、合并、分立审批	县(市、区)广电部门	
432	出版单位变更部分登记事项审批	省新闻出版广电局	含改变连续性电子出版物刊期审批
433	电子出版物非卖品复制审批	省新闻出版广电局	

续表

序号	项目名称	实施机关	备注
434	内部资料性出版物、宗教用品准印证核发	省新闻出版广电局	其中部分图书型、企业报型内部资料性出版物准印证核发委托各设区市、义乌市
435	印刷或者复制境外出版物审批	省新闻出版广电局	
436	设立报刊记者站审批	省新闻出版广电局	
437	报刊变更刊期审批	省新闻出版广电局	国家委托事项
438	设立印刷企业（含中外合资、中外合作印刷企业、外资独资包装装潢印刷品印刷企业）及其变更审批	省新闻出版广电局	中外合资、中外合作印刷企业（不含出版物印刷企业）、外资独资包装装潢印刷品印刷企业设立审批委托各设区市、义乌市
439	设立从事包装装潢印刷品和其他印刷品印刷经营活动的企业审批	设区市新闻出版部门	
440	设立可录光盘生产企业及其变更审批	省新闻出版广电局	委托各设区市、义乌市及嘉兴市下辖各县（市、区）
441	可录光盘生产设备引进审核	省新闻出版广电局	委托各设区市、义乌市
442	被关闭光盘厂生产线处理审批	省新闻出版广电局	
443	音像复制单位、电子出版物复制单位设立、变更审批	省新闻出版广电局	
444	设立音像制品（含电子出版物）制作单位及其变更审批	省新闻出版广电局	委托各设区市、义乌市及嘉兴市下辖各县（市、区）
445	设立出版物发行单位或者从事出版物发行业务审批	省新闻出版广电局，县（市、区）新闻出版部门	设立出版物批发企业或者从事出版物批发业务审批由省新闻出版广电局执行，设立出版物零售单位或者从事出版物零售业务审批由县（市、区）新闻出版部门执行
446	个人从事其他印刷品印刷经营活动审批	设区市新闻出版部门	
447	加工贸易项下光盘进出口审核	省新闻出版广电局	委托各设区市、义乌市
448	印刷业经营者兼营包装装潢和其他印刷品印刷经营活动审批	设区市新闻出版部门	
449	从事包装装潢印刷品和其他印刷品印刷经营活动的企业变更印刷经营活动审批（不含出版物印刷）	设区市新闻出版部门	
450	印刷业经营者兼并其他印刷业经营者（不含出版物印刷企业）审批	设区市新闻出版部门	
451	印刷业经营者因合并、分立而设立新的印刷业经营者（不含出版物印刷企业）审批	设区市新闻出版部门	
452	从事射击竞技体育运动单位（即体育射击场）的设立审批	省体育局	
453	举办健身气功活动及设立站点审批	省、设区市、县（市、区）体育部门	省级执行内容授权舟山市及其下辖各县（区）
454	临时占用公共体育设施审批	省、设区市、县（市、区）体育部门	省级执行内容授权舟山市及其下辖各县（区）
455	经营高危险性体育项目许可	设区市、县（市、区）体育部门	

续表

序号	项目名称	实施机关	备注
456	生产、储存危险化学品的建设项目安全设施设计审批及竣工验收审批	省、设区市、县（市、区）安监部门	省级执行内容部分委托舟山市
457	非煤矿山建设项目安全设施设计审批及竣工验收审批	省、设区市、县（市、区）安监部门	省级执行内容部分委托舟山市
458	特种作业人员操作资格认定	省安监局	委托舟山市
459	危险物品的生产、经营、储存单位以及矿山单位主要负责人和安全生产管理人员安全资格认定	省、设区市安监部门	
460	《烟花爆竹安全生产许可证》核发	省安监局	部分委托舟山市
461	《烟花爆竹经营许可证》核发	设区市、县(市、区)安监部门	
462	危险化学品建设项目安全条件审查	省、设区市安监部门，省港航管理局，港口所在地港口管理部门	安监部门省级执行内容部分委托舟山市
463	《危险化学品安全生产许可证》核发	省安监局	部分委托舟山市
464	《非煤矿山安全生产许可证》核发	省安监局	部分委托各设区市及嘉兴市下辖各县（市、区）
465	第一类非药品类易制毒化学品生产审批	省安监局	部分委托舟山市
466	第一类非药品类易制毒化学品经营审批	省安监局	部分委托舟山市
467	矿山救护队资质认定	省安监局	部分委托舟山市
468	烟花爆竹建设项目安全设施设计审批及竣工验收审批	省、设区市、县（市、区）安监部门	
469	危险化学品经营许可	设区市、县(市、区)安监部门	
470	危险化学品使用许可	设区市安监部门	
471	医疗机构制剂配制注册、调剂许可	省食品药品监管局	部分委托各设区市、义乌市，医疗机构间制剂调剂许可(本行政区域内)委托嘉兴市下辖各县(市、区)
472	药品生产许可	省食品药品监管局	部分委托各设区市、义乌市
473	医疗机构制剂许可	省食品药品监管局	部分委托各设区市、义乌市
474	药品(含疫苗、特殊药品)经营许可	省、设区市食品药品监管部门	省级执行内容部分委托各设区市、县(市、区)
475	药品、医疗器械、保健食品广告许可	省食品药品监管局	委托舟山市
476	精神药品、麻醉药品(含标准品、对照品)购用许可	省食品药品监管局	委托各设区市、义乌市
477	科研和教学单位毒性药品购用许可	设区市、县(市、区)食品药品监管部门	
478	互联网药品(医疗器械)信息服务审核	省食品药品监管局	
479	蛋白同化制剂、肽类激素出口许可证审批	省食品药品监管局	
480	放射性药品使用许可证核发	省食品药品监管局	委托舟山市

续表

序号	项目名称	实施机关	备注
481	第二、三类医疗器械生产企业许可证核发	省食品药品监管局	委托各设区市、义乌市
482	医疗器械产品注册许可	省、设区市食品药品监管部门	
483	药品类易制毒化学品购用证明核发	省食品药品监管局	
484	药用辅料注册	省食品药品监管局	
485	互联网药品(医疗器械)交易服务资格许可	省食品药品监管局	
486	执业药师注册	省食品药品监管局	委托各县(市、区)
487	保健食品生产企业许可证核发	省食品药品监管局	委托各设区市、义乌市
488	化妆品生产企业卫生许可证核发	省食品药品监管局	委托各设区市、义乌市
489	食品(含食品添加剂)生产许可	省、设区市、县(市、区)食品药品监管部门	
490	食品生产加工小作坊生产许可	县(市、区)食品药品监管部门	
491	食品流通许可	设区市、县(市、区)食品药品监管部门	
492	餐饮服务许可	设区市、县(市、区)食品药品监管部门	
493	麻醉药品和精神药品运输、邮寄证明核发	设区市食品药品监管部门	
494	第二、三类医疗器械经营许可	设区市食品药品监管部门	
495	涉外调查机构资格认定和涉外社会调查项目审批	省统计局	
496	统计从业资格认定	省统计局	委托各设区市及嘉兴市下辖各县(市、区)
497	水产苗种生产许可(含水产苗种进出口许可)	省、设区市、县(市、区)海洋与渔业部门	省级执行内容委托各设区市、义乌市及嘉兴市下辖各县(市、区)
498	渔业捕捞许可(含渔业捕捞船舶制造、更新改造与进口、渔业船舶登记、渔业辅助船舶新建与改造)	省、设区市、县(市、区)海洋与渔业部门,省渔政局	
499	水生野生生物利用特许	省海洋与渔业局	部分委托各设区市、义乌市,内容为除国务院下放权限外
500	废弃物海洋倾倒许可	省海洋与渔业局	国家委托事项
501	海洋工程建设项目环境影响评价核准(含环保设施验收、拆除或者闲置)及海洋工程拆除或改作他用许可	省、设区市、县(市、区)海洋与渔业部门	仅沿海地区。省级执行内容委托沿海各设区市
502	海域使用许可 *	省、设区市、县(市、区)海洋与渔业部门	仅沿海地区
503	水生动植物防疫、检疫	省、设区市、县(市、区)海洋与渔业部门	省级执行内容部分授权各设区市、义乌市及舟山市下辖各县(区)
504	海底电缆、管道路由许可(含调查、勘测许可)	省、设区市、县(市、区)海洋与渔业部门	仅沿海地区

续表

序号	项目名称	实施机关	备注
505	无居民海岛开发利用审批 *	省海洋与渔业局	
506	设立、调整海洋观测站（点）审批	省、设区市、县（市、区）海洋与渔业部门	仅沿海地区
507	向国际组织、外国组织或者个人提供属于国家秘密的海洋观测资料和成果审批	省海洋与渔业局	
508	水产养殖证核发 *	设区市、县（市、区）海洋与渔业部门	
509	渔业船员证书核发	省渔政局，设区市、县（市、区）海洋与渔业部门	省级执行内容部分委托各设区市
510	渔业船舶检验许可（设计图纸审定、渔业船舶及重要船用产品检验）	省渔业船舶检验局，设区市、县（市、区）海洋与渔业部门	
511	兴建可能导致重点保护的野生动植物生存环境污染和破坏的海岸工程建设项目审批	设区市海洋与渔业部门	仅沿海地区
512	渔港区域（或水域内）相关活动许可	县（市、区）海洋与渔业部门	仅沿海地区
513	船舶进出渔港签证	设区市、县（市、区）海洋与渔业部门	仅沿海地区
514	因教学、科研需要在无居民海岛采集生物和非生物标本许可	县（市、区）海洋与渔业部门	仅沿海地区
515	旅行社设立许可	省旅游局	委托各设区市、义乌市
516	领队证核发	省旅游局	委托各设区市、义乌市
517	导游证（含临时导游证）核发	省旅游局	委托各设区市、义乌市
518	粮食收购资格许可	省、设区市、县（市、区）粮食部门	
519	人防工程拆除、改造许可	设区市、县（市、区）人防部门	
520	人防工程设计审批	省、设区市、县（市、区）人防部门	省级执行内容授权舟山市
521	地下空间开发兼顾人防要求审批	省、设区市、县（市、区）人防部门	省级执行内容授权各设区市、县（市、区）
522	人防工程平时利用许可	设区市、县（市、区）人防部门	
523	人防通信、警报设施拆除、迁移许可	设区市、县（市、区）人防部门	
524	人防工程报废许可	省人防办	委托舟山市、义乌市
525	人防工程监理乙级以下资质认定	省人防办	人防工程监理乙级以下资质认定委托舟山市；人防工程监理丙级资质认定委托其他各设区市、义乌市及嘉兴市下辖各县（市、区）
526	人防工程设计乙级以下资质认定	省人防办	委托舟山市
527	价格评估机构资质认定	省物价局	委托舟山市
528	文物保护单位保护范围内其他建设工程或者爆破、钻探、挖掘等作业许可 *	省、设区市、县（市、区）文物部门	省级执行内容委托舟山市

续表

序号	项目名称	实施机关	备注
529	文物收藏单位借用和交换文物许可	省、设区市、县(市、区)文物部门	省级执行内容委托舟山市
530	省级、市级、县级文物保护单位迁移、拆除、重建许可 *	省文物局	委托舟山市
531	文物保护单位迁移方案许可	省、设区市、县(市、区)文物部门	省级执行内容委托舟山市
532	文物保护单位原址保护措施许可	省、设区市、县(市、区)文物部门	省级执行内容委托各设区市、义乌市及嘉兴市下辖各县(市、区)
533	文物商店销售的文物审核	省文物局	委托舟山市
534	馆藏二、三级文物修复、复制、拓印许可	省文物局	
535	文物保护工程乙、二级以下(含乙、二级)资质许可	省文物局	委托舟山市
536	为制作出版物、音像制品拍摄馆藏一、二、三级文物审批	省、设区市文物部门	省级执行内容部分委托舟山市
537	馆藏文物修复、复制、拓印的从业资质许可	省文物局	
538	博物馆馆藏二级以下(含二级)藏品取样许可	省文物局	
539	博物馆不够入藏标准、无保存价值的文物或者标本处置许可	省文物局	
540	文物保护单位拍摄审批	省、设区市、县(市、区)文物部门	省级执行内容委托各设区市、义乌市及嘉兴市下辖各县(市、区)
541	文物保护单位修缮许可	省、设区市、县(市、区)文物部门	省级执行内容委托舟山市
542	制作考古发掘现场专题类、直播类节目审批	省文物局	委托各设区市、义乌市及嘉兴市下辖各县(市、区)
543	文物商店设立审批	省文物局	委托舟山市
544	拍卖企业拍卖的文物审核	省文物局	
545	境外机构和团体拍摄二、三级文物审批	省文物局	委托舟山市
546	文物保护单位建设控制地带内建设工程设计方案许可	省、设区市、县(市、区)文物部门	省级执行内容授权舟山市
547	文物出境许可证核发	省文物局	国家文物出境鉴定浙江站执行事项
548	地下文物重点保护区和丰富区域内建设项目许可	杭州市文物系统	
549	集体所有的和个人所有的对国家和社会具有保存价值的或者应当保密的档案向国家档案馆以外的单位或者个人出卖审批	设区市、县(市、区)档案部门	
550	赠送、交换、出卖国家所有档案的复制件审批	省档案局	委托各设区市、县(市、区)
551	携带、运输或者邮寄档案出境审批	省档案局	委托各设区市、县(市、区)
552	乙、丙、丁级测绘资质认定	省测绘与地理信息局	丁级测绘资质认定委托各设区市

续表

序号	项目名称	实施机关	备注
553	永久性测量标志拆迁审批	省、设区市、县(市、区)测绘与地理信息部门	
554	地图审批	省、设区市、县(市、区)测绘与地理信息部门	展示、登载本行政区域的地图受理和审核委托各设区市、县(市、区)
555	测绘航空摄影及遥感审批	省测绘与地理信息局	
556	对外提供测绘成果审批	省测绘与地理信息局	
557	本省行政区域内的重要地理信息数据审批	省测绘与地理信息局	
558	使用基础测绘成果审批	省、设区市、县(市、区)测绘与地理信息部门	
559	永久性测量标志保护范围内大功率无线电发射源建设选址审批	省、设区市、县(市、区)测绘与地理信息部门	
560	食盐及其他用盐经营许可	省、设区市、县(市、区)盐务部门	省级执行内容部分委托舟山市
561	盐田的废弃、转产许可 *	省盐务局	
562	异地就近购进盐产品许可	设区市、县(市、区)盐务部门	区盐务部门仅指萧山、余杭、北仑、鄞州、普陀、椒江、黄岩、路桥、上虞区盐务部门
563	食盐生产、运输许可	省、设区市盐务部门	省级执行内容部分授权舟山市
564	气象台站迁建审批	省气象局	
565	新建、扩建、改建建设工程避免危害气象台站探测环境审批	省气象局	委托舟山市
566	防雷装置检测、防雷工程专业设计、施工单位资质认定	省气象局	部分委托舟山市
567	防雷装置设计审核和竣工验收	设区市、县(市、区)气象部门	
568	大气环境影响评价使用非气象主管部门提供的气象资料审查	设区市、县(市、区)气象部门	
569	升放无人驾驶自由气球或者系留气球活动审批	设区市、县(市、区)气象部门	
570	升放无人驾驶自由气球、系留气球单位资质认定	设区市气象部门	委托各县(市、区)
571	建设工程地震安全性评价结果审定及抗震设防要求确定	省地震局	委托舟山市
572	地震安全性评价单位资质认定	省地震局	
573	省内烟草专卖批发企业许可证审批	省烟草专卖局	
574	特种烟草专卖经营企业许可证审批	省烟草专卖局	
575	烟草专卖品准运证签发	省、设区市烟草专卖部门	
576	烟草专卖零售许可证审批	设区市、县(市、区)烟草专卖部门	
577	台湾记者来大陆采访审批	省台办	
578	互联网站从事登载新闻业务许可	省新闻办	

注：* 为部门审核、政府审批项目。

浙江省人民政府办公厅关于在德清县开展城乡体制改革试点的通知

各市、县(市、区)人民政府,省政府直属各单位:

经省政府同意,在德清县开展城乡体制改革试点,现将试点方案予以印发。德清县要认真组织实施试点工作,为全省深化城乡体制改革提供经验和示范。湖州市和省级有关部门要加强支持和指导,推动德清县试点工作顺利开展。

附件:德清县城乡体制改革试点方案

2014 年 3 月 13 日

附件

德清县城乡体制改革试点方案

一、总体要求

(一)指导思想

认真贯彻落实党的十八届三中全会和省委十三届四次全会精神,按照新型工业化、信息化、城镇化、农业现代化“四化同步”的要求,全面推进城乡体制改革,建立现代农村产权制度,重点突破城乡二元结构,加快推进新型城市化,形成以城带乡、以乡促城、城乡融合的一体化发展新格局,为全省推进城乡体制改革积累经验、提供示范。

(二)基本原则

1. 坚持以人为本。充分发挥人民群众的积极性、创造性,尊重群众意愿,保障合法权益,积极推进以人为核心的城市化,让城乡居民平等参与城市化进程、共享城市化成果。

2. 坚持市场导向。积极推进要素优化配置,充分发挥市场在资源配置中的决定性作用和更好发挥政府作用,促进城乡生产要素自由流动和平等交换。

3. 坚持城乡统筹。创新城镇建设、管理体制机制,增强城镇集聚与辐射功能,积极推进城乡基础设施和公共服务一体化,促进城乡公共资源均衡配置。

(三)主要目标

农民对承包地的占有、使用、收益、流转及承包经营权抵押、担保权能得到切实保障,农户宅基地用益物权得到切实保障,农民对集体资产股份占有、收益、有偿退出及抵押、担保、继承权得到切实保障,农民可自由选择到城镇落户。供水供气、污水处理、垃圾处理、公共交通等基础设施城乡一体化建设机制基本建立,教育、医疗、文化、社会保障等城乡一体化发展机制基本形成,基层综合服务管理城乡一体化运行机制更加完善。到 2017 年,农业从业人员比 2012 年减少 50%;农业适度规模经营比重超过 60%;户籍人口城市化率达到 50%;全县人均地区生产总值达到 12 万元以上,城镇居民人均可支配收入达到 55000 元以上,农村居民人均纯收入达到 30000 元以上。

二、重点任务

(一)建立城乡规划建设一体化机制

1.健全“四规融合”的城乡规划体制。通过完善县域总体规划、调整产业发展规划、修改土地利用总体规划、出台生态环境保护规划,形成城乡建设、生产力布局、生态保护等有机衔接、相互统一的规划体制。

2.建立县城、小城市和中心镇协调发展机制。加快构建“一主一副三组团”的城市空间格局,着力打造杭州都市区创业新城、休闲胜地。积极推进武康城区、场站新区、临杭工业区、下渚湖“三区一湖”一体化发展,大力推进美丽县城建设,加快建设现代化中等城市。加快新市小城市建设,推进钟管——洛舍、禹越——新安、莫干——筏头组团发展。

3.建立城乡基础设施共建共享机制。按照标准化和共建共享的要求,建立城乡基础设施一体化建设管理机制,全面提升城乡供水供气、污水垃圾处理、公共交通等基础设施一体化水平。加快推进电信网、广播电视网、互联网“三网融合”,建立高度整合、联动发展的“智慧德清”运行机制。

(二)全面推进农村产权制度改革

4.建立农村宅基地用益物权保障机制。全面实施宅基地确权颁证,保障农户宅基地用益物权,严格实行“一户一宅、拆旧建新、法定面积、按规确权”的宅基地制度,对农民建房所需规划空间允许优先调整安排,对农民建房用地指标按照省管总量、计划单列、专项管理,先使用后核销的办法进行管理,积极推进宅基地跨村、跨镇置换,探索建立宅基地有偿退出、“留权不留地”等机制,稳妥推进农民住房财产权抵押、担保、转让。

5.深化农村集体经济股份制改革。在深入推进集体经营性资产确权颁证的基础上，制订股权交易办法，探索推进农村集体资源性资产股份制改革。支持村级股份经济合作社、农村土地股份合作社改制后予以工商登记，明确其法人地位，建立法人治理机制，保障集体经济收益权。

6.建立农村产权流转交易服务机制。搭建县级农村产权交易平台，建立县镇(乡)联动的农村产权市场交易运行机制，引导确权后的农村土地承包经营权、林权、农房和宅基地用益物权、集体资产股权、农村建设用地使用权进行交易流转。制订完善农村股权抵押融资和交易办法，促进农村产权有序流转、规范交易。

(三)推进城乡要素市场化配置改革

7.建立城乡统一的建设用地市场。在符合规划和用途管制前提下，稳妥推进农村集体经营性建设用地出让、租赁、入股，实行与国有土地同等入市、同权同价。建立城乡统一的经营性建设用地出让、租赁、转让、抵押、入股等公开交易平台，实行"统一登记管理、统一项目准入、统一批后监管、统一收益分配"的管理制度。

8.推进农村金融体制改革。积极推进浙江省长三角金融后台基地建设，引进和发展金融中后台及配套服务产业，培育新兴金融业态。引进和创设各类金融机构和新型金融组织。全面推进农村信用体系建设。健全农村资金互助社，深化完善"三农"信贷担保机制。

9.深化户籍制度改革。剥离宅基地用益物权、集体资产股权、土地承包经营权等与户籍的依附关系，建立按居住地登记并享受当地城镇居民公共服务的制度。建立以技术职称、社会贡献、个人诚信等为主要内容的新居民积分落户制度，促进劳动力自由流动、优化配置。

(四)建立县域经济向都市区经济转型发展机制

10.建立工业转型升级体制机制。大力发展生物医药、先进装备制造等战略性新兴产业，促进产城融合、转型发展。建立有利于转型升级的项目准入和退出机制，完善城镇土地使用税差别化征收使用制度，提升发展德清经济开发区、临杭工业区、德清工业园和科技新城等平台园区，推动资源要素集聚。

11.建立现代农业和服务业特色发展机制。完善新型供销合作、信用合作、专业合作等"多位一体"合作经营机制，建立健全农业社会化服务组织体系，着力发展现代都市农业。加快发展总部经济、现代物流、信息、金融、休闲旅游等高端服务业。

12. 建立德清县与杭州市都市区协同发展机制。支持德清县建立与杭州市重大基础设施、重大产业园区、重大民生项目规划共绘共建共享机制，加快建设杭州绕城高速西复线和改造提升104国道彭公至德清段，规划建设304省道德清段，支持德清县利用宣杭铁路复线开通德清至杭州城际列车，支持德清临杭工业区成为杭州钱江经济开发区的功能区块。

(五)完善基本公共服务均等化体制机制

13.创新教育医疗发展机制。建立健全城乡教育设施标准、人员编制、工资福利三统一机制，建立城乡义务教育资源统筹配置机制，加快优质教育资源向农村流动。全面推进医药卫生体制改革，深化完善县级公立医院综合改革，建立健全县级和省级医疗机构合作机制，积极推进县乡村卫生一体化管理。探索开展跨区域合作办学办医体制，引进省内外名校名院到德清县办学办医。放开市场准入，建立新建学校医院主要由民资投入机制。

14.建立健全城乡社会保障制度。开展城乡居民养老保险、医疗保险、救助和低保等相关制度并轨和机构整合的改革，完善社会保险关系转移接续政策。建立健全合理兼顾各类人员的社会保障待遇确定和正常调整机制。建立承包土地长期流转的农村居民可选择按个体劳动者办法参加职工社会保险的制度。

(六)创新完善生态建设保护机制

15.建立健全生态补偿机制。健全自然资源资产产权制度和用途管理制度，健全林业、湿地、河流等资源的科学开发和保护管理机制。加快实施主体功能区战略和环境功能区划，构建科学合理的生产、生活和生态空间。健全生态补偿机制和资源环境有偿使用制度，构建区域污染联防联控机制。

16.创新"五水共治"体制机制。统筹编制治理规划，以治污水、抓节水为突破口，建立健全推进机制。完善"河长"制和吸引社会资金参与治水等机制，实施跨乡镇交接断面水质考核制度，完善截污纳管和农业面源污染治理长效机制，全面实施城乡居民阶梯式水价和工业用水定额机制，建立治水长效机制。

17.建立绿色循环低碳发展机制。健全促进生态产业发展政策体系，建立健全清洁生产长效机制，建立节能低碳产业和新能源、可再生能源发展政策激励机制。探索建立碳排放交易制度，完善节能减排机制，健全园区循环化改造推进机制。健全环保信用等级评价制度，探索建立绿色企业信贷倾斜、优先上市等机制。

(七)创新社会治理机制

18.创新政府管理体制。全面推行政府权力清单制度，建立健全政府购买公共服务制度，推进强镇扩权和综合行政执法改革，建立重心下移、服务便捷、管理高效的政府权力运行机制。

19.创新社区治理机制。完善村庄规划，优化农村社区布点，引导跨村集聚型农村新社区建设。加强城乡社区服务中心规范化建设，完善农村社区综合服务管理平台，建立健全城乡一体的基层社会服务管理机制。建立社会组织参与社会管理和公共服务机制。创新社会矛盾有效预防和化解机制，完善公共安全监管机制，提高社会治理水平。

三、配套支持的政策

(一)支持加快行政审批制度改革

减少审批事项和流程，构建县镇(乡)村审批服务三级联动工作新机制。支持开展"先照后证"、注册资本认缴等为主要内容的商事登记制度改革试点。建立宽进严管的投资便利化制度。支持加快国土资源行政审批制度改革，将省政府审批的建设用地项目(包括城市分批次建设用地、单独选址建设用地和撤销调整原建设用地批文盘活指标)农用地转用、土地征收省级审批权限，以委托方式下放给德清县政府行使;支持将德清县列为土地规划用途修改省市县三级联网审批和实时更新试点,在完成县级规划监管系统和备案系统建设后,将德清县中心城区土地利用总体规划有条件建设区规划用途调整修改方案和县镇(乡)级新增建设用地规划预留指标落实方案审批权限委托给湖州市政府行使;德清县中心城区以外镇(乡)级土地利用总体规划有条件建设区土地规划用途调整修改方案和县镇(乡)级新增建设用地规划预留指标落实方案审批权限经湖州市政府同意后,以委托方式下放给德清县政府行使;对湖州市政府审批的建设用地项目农用地转用审批权限经湖州市政府同意后,以委托方式下放给德清县政府行使;将农村土地综合整治项目(城乡建设用地增减挂钩项目)审查审批权限,以委托方式下放给德清县政府行使。

(二)加大土地要素保障支持力度

在同步享受海宁市要素市场化配置改革试点政策基础上,加大对德清县省重点项目用地的支持力度,在规划空间、用地指标、耕地占补平衡等方面予以优先保障。支持德清县开展城镇低效用地再开发。支持德清县深化废弃矿地综合开发利用试点工作,对2009年第二次土地调查、新一轮土地利用总体规划底图均显示为建设用地的,林业部门认定为非林地或在1999年以前已办理征(占)用林地手续,依法取得并确实无法恢复农用地种植的闭坑矿地,允许在妥善处理好群众利益关系,没有权属纠纷和群众信访的基础上,按存量建设用地使用,对以上闭坑矿地开发利用过程中确实无法回避的少量农用地,涉及建设规模和空间问题的,允许结合土地利用总体规划中期评估和修改工作,在县域范围内统筹解决。

(三)加大财政和金融支持力度

支持德清县创新城乡建设投融资体制,鼓励和引导社会资本投向城镇建设和社会事业领域;省财政按因素法分配的地方政府债券重点用于支持德清县开展城乡体制改革试点。支持德清县加快发展地方金融机构,开展小额贷款公司资产证券化试点,开展无形资产抵押贷款;支持德清县加快省科技成果转化实验区建设,开展省级科技金融结合示范区建设。

四、保障措施

(一)加强领导

德清县要成立试点工作领导小组,统筹协调、组织实施试点工作。湖州市和省级有关部门切实加强对德清县城乡体制改革试点工作的指导。

(二)健全机制

德清县要根据试点总体方案,制订阶段性实施计划,明确年度重点推进的改革任务。对改革试点中遇到的难点问题,省级有关部门要积极协调解决。

(三)营造氛围

切实加强舆论宣传,凝聚改革创新共识,形成党委政府高度重视、部门相互配合协作、广大群众共同参与改革、支持改革的浓厚氛围。

浙江省人民政府办公厅关于开展分级诊疗推进合理有序就医的试点意见

各市、县(市、区)人民政府,省政府直属各单位:

党的十八届三中全会提出,要完善合理分级诊疗模式。建立分级诊疗制度,有利于形成科学有序的就医格局,有利于提高医疗资源的配置效率,有利于缓解“看病难、看病贵”问题。为加快建立分级诊疗制度,推进合理有序就医,经省政府同意,现提出如下试点意见:

一、目标任务

以党的十八大和十八届三中全会精神为指导,坚持“政策引导,锐意改革,试点先行,稳步推进”的原则,逐步建立完善基层首诊、分级诊疗、双向转诊的就医诊疗制度;规范就医流程,制定不同等级医疗机构医保支付比例和服务价格标准;充分利用有限的医疗资源,构建城市医院与基层医疗机构分工合理的医疗服务体系,基层医疗机构主要为居民提供常见病、多发病的诊疗和大病的康复服务,城市医院主要承担疑难重症患者诊治、临床和转化医学研究、临床医学教学、医师培训、医疗救援等任务,努力实现“小病在社区,大病进医院,康复回社区”的就医格局,有效缓解群众“看病难、看病贵”问题。

二、试点选择

当地医院已经与省级医院开展联合办医的24个县(市、区),两年之内分批启动分级诊疗试点。鼓励有条件、有积极性的设区市或县(市、区)先行试点。具体试点安排由省医改办商相关设区市、县(市、区)确定。

三、试点内容

(一)实行当地医疗机构首诊制

参加城镇职工基本医疗保险、城镇居民基本医疗保险和新型农村合作医疗保险的参保人员,原则上应在当地医疗机构首诊,由首诊医疗机构根据病情确定是否需要转诊。除危急患者需要采取紧急措施以及手术病人复诊、急诊和特殊情况(包括在外地工作等)外,试点地区参保人员未经转诊,自行到区域外医疗机构就诊的,其医疗费用报销比例要在原有基础上明显下降。具体报销比例由试点地区确定。

(二)健全差别化支付制度

调整门诊、住院和重大疾病报销政策,差别化设置不同等级医疗机构和跨统筹区域医疗机构就诊的报销比例,提高经转诊患者的报销比例,引导城乡居民基层首诊、分级转诊。同时,执行不同等级医疗机构不同起付标准的住院起付线政策,起付标准阶梯式提高。对于转诊病人,采用累计起付线政策。

(三)合理设定不同等级医疗机构的医疗服务价格

规范基层医疗机构一般诊疗费,合理确定各级医疗机构的服务价格,使不同等级医疗机构的医疗服务价格保持适当差距,引导患者分流就诊。

(四)强化转诊服务

对于需要转诊的患者,实行转出医疗机构负责制,由转出医疗机构负责预约联系转诊事宜;转诊患者优先获得转入医疗机构的门诊与住院服务,减少转诊病人的排队等候时间。

(五)推行责任医生签约服务

积极推动基层医疗机构责任医生签约服务,研究制订责任医生按服务人口、服务质量获取报酬的相关制度,收入分配向基层责任医生倾斜。加快建立责任医生与城乡居民之间相对稳定的契约服务关系,让有需要的患者得到方便快捷的医疗服务。

(六)完善预约诊疗服务机制

加大预约诊疗进社区工作力度,逐步实现城市医院门诊预约进入社区,方便基层首诊病人预约挂号。扩大预约诊疗服务的范围和内涵,推广分时段预约,逐步开展检验检查等相关诊疗预约服务,让群众看病就医更快捷方便。城市医院专家门诊号和住院床位优先向试点地区首诊医疗机构开放。

(七)提升基层医疗机构医疗服务能力

积极推进城市优质医疗资源下沉,实现城市医院的管理、人才、资源、技术和信息向下延伸,提升基层医疗机构的服务能力。强化乡镇卫生院(社区卫生服务中心)的"基本医疗服务"职能,支持有条件的乡镇卫生院(社区卫生服务中心)设置床位。鼓励发展中医药、康复、慢性病、老年病等临床特色专科,加强急救能力建设,为群众提供较好的医疗服务。打破制度障碍,支持城市医院医生到基层医疗机构开展多点执业。

(八)利用信息化手段推进区域医疗协同服务

统筹规划建设区域医疗卫生信息平台,建立覆盖各级医院和基层医疗机构的远程医疗服务网络,实现优质医疗资源共享。逐步推广医疗资源区域协同服务,推动建立县域医学影像诊断、检验、心电、病理等中心,实现检验检测资源共享与检查结果互认。

四、组织实施

(一)加强组织领导,强化部门协作

各级政府务必高度重视,把解决"看病难、看病贵"问题作为深化医改的一项紧迫任务,把研究推进完善分级诊疗模式提上重要议事日程,切实加强组织领导。卫生计生、财政、人力社保、物价等各有关部门要各司其职,密切配合,加强统筹,形成合力。

(二)周密制订方案,稳妥开展改革试点

改革试点地区要深入开展调研工作,摸清基本情况,分析工作中的难点和重点问题;根据当地的工作基础和条件,认真研究制订改革试点方案;妥善处理好改革、发展和稳定的关系,加强风险研判和评估,建立健全应急处置机制,确保改革试点工作顺利平稳进行。

(三)加强宣传引导,营造良好的改革氛围

采取多种方式,加强健康知识和科学就医的宣传,扩大社会知晓率,提高患者基层首诊、分级诊疗的自觉性。试点地区的医务人员要切实提高诊治疾病的能力,增强责任意识,既不推诿病人,也不耽误患者病情。

(四)不断总结完善,适时在全省推广实施

建立完善分级诊疗制度是进一步深化医改的一项重要内容。各试点地区要坚持边试点边总结,边试点边完善,及时研究解决改革试点中发现的问题,不断完善试点办法。没有列入试点的地区,也要认真谋划推进分级诊疗模式。省级相关部门要加强督促与指导,认真总结试点经验,不断扩大试点范围;待条件成熟后,适时在全省推广实施。

2014 年 4 月 28 日

浙江省人民政府办公厅印发关于推广海宁试点经验加快推进资源要素市场化配置改革指导意见的通知

各市、县(市、区)人民政府,省政府直属各单位:

《关于推广海宁试点经验加快推进资源要素市场化配置改革的指导意见》已经省政府同意,现印发给你们,请结合实际,认真贯彻落实。

2014 年 5 月 15 日

关于推广海宁试点经验加快推进资源要素市场化配置改革的指导意见

为全面贯彻落实党的十八届三中全会和省委十三届四次全会精神，总结推广海宁试点经验，加快推进资源要素市场化配置改革，特制定本指导意见。

一、总体要求

（一）指导思想

以党的十八届三中全会和省委十三届四次全会精神为指导，充分发挥市场在资源配置中的决定性作用和更好地发挥政府作用，深入推进资源要素市场化配置改革，着力破除要素配置中的体制性障碍，提高要素配置效能和节约集约利用水平，为“干好一三五，实现四翻番”，建设“两富”现代化浙江提供动力和保障。

（二）基本原则

——立足于资源配置向充分发挥市场决定性作用和更好地发挥政府作用转变，正确处理好政府和市场的关系，不断提高要素配置效能。

——立足于企业发展向创新驱动转变，强化内生动力，提升产业层次，增强市场竞争力。

——立足于政府管理方式向公共服务型政府转变，完善政策制度，提高服务效率，优化发展环境。

二、改革主要内容

（一）建立公开公正的亩产效益综合评价排序机制

结合区域产业结构和企业规模特点，综合考虑亩均产出、亩均税收、单位能耗、单位排放等指标，建立分类分档、公开排序、动态管理的综合评价机制，配套实施差别化的政策措施，促进结构调整和产业转型，实现要素高效利用。

（二）建立差别化的资源要素价格机制

——实施差别化电价制度。按照我省差别化电价加价实施意见和企业认定管理办法的有关规定，结合实际制订具体实施办法，扩大差别化电价实施范围，限制高耗能行业发展。

——建立非居民用水超计划累进加价制度。制订出台分行业的非居民用水定额管理办法，超限额部分在基准水价基础上实行超计划累进加价收费，进一步完善多用水、多付费的水资源有偿使用机制，促进节约用水。

——推行污水处理复合计价收费制度。改革污水处理费仅按化学需氧量排放浓度计征的办法，建立按入网污水中有害污染物浓度多因子复合计收、差别加价的污水处理收费制度，引导企业加强污水预处理和达标排放，增加排污成本，减少排放数量。

——建立用能总量核定和指标交易制度。制订区域用能总量控制管理办法，科学核定企业用能总量，实行核定配额内少量收费或不收费、新增用能量有偿申购、超限额差别加价收费制度，促进企业节能降耗。

——开展城镇土地使用税政策调整试点。调整城镇土地使用税土地等级划分范围和适用税额标准，实行分类分档的差别化税收减免制度，增加低效用地持有成本，提高土地资源利用效率。

——推行差别化排污总量控制和排污权交易制度。制订主要污染物排放总量控制管理办法，根据年度减排任务，差别化核定企业的排污总量和交易价格，促进高污染企业转型升级。

在执行差别化价格机制的同时，要着力推进清费减负改革，加大涉企行政事业性收费清理力度，减轻企业经营负担。

（三）建立“腾笼换鸟”激励倒逼机制

——建立低效企业淘汰退出机制。严格执行国家和省有关产业政策和产业结构调整指导目录，完善低效企业关停并转退的配套政策。针对企业兼并重组、淘汰关停、退低进高、腾退土地等不同形式，建立相应的补偿激励机制，盘活存量资源要素。

——建立严格的新增项目准入机制。根据国家和我省产业导向，制订符合转型升级要求的产业发展导向目录。建立以投入产出、节能减排、用工绩效等为主要内容的项目承诺准入制度，实施严格的履诺问责机制。

——建立新增用地弹性出让制度。建立“建设期＋投产期＋剩余年限使用期”的用地弹性出让制度，实行分阶段考核验收，验收未达标即按照合同约定退出，提高土地节约集约利用水平。

——健全“空间换地”体制机制。建立多规融合机制，合理布局、有效整合空间资源。健全“亩产倍增行动计划”实施机制，完善城镇低效用地开发、地下空间利用、高标准厂房建设等政策，促进土地资源节约集约利用，释放土地要素最大效益。

（四）健全金融、人才要素支撑保障机制

——创新地方金融体制。促进金融机构发展、金融产品创新、金融服务高效，形成金融服务实体经济的良好环境。鼓励民间资本投资入股金融机构和参与金融机构重组改造，支持各类以民资为主体发起设立的金融组织。扩大债券融资、股权融资比重，探索资产证券化、市政债、PPP(公共私营合作制)等融资方式。鼓励发展股权投资、风险投资，推动各类企业上市和挂牌。

——完善创新驱动体制机制。建立健全市场导向、企业主体、产学研协同的技术创新体制机制。建立由市场决定技术创新项目和经费分配、成果评价机制。完善科技奖励评价办法，健全以创新实绩和产业化业绩为导向的薪酬分配制度。完善科技和技能人才评价机制，支持有条件的企业自主开展技能人才考核评价。

（五）建立便捷高效的要素交易机制

整合提升要素交易平台功能，完善运行规则和交易流程，推动土地、排污权、用能等资源要素自由交易、市场化配置。鼓励社会资本参与要素交易平台建设。

三、赋予改革的相关政策

（一）将我省城镇土地使用税政策调整试点范围扩大到资源要素市场化配置扩面改革县（市、区）。

（二）在确保基本农田总量不减少、质量不下降、年度用地规模不突破和耕地占补平衡的前提下，城市分批次建设用地农专用征收、单独选址建设用地、调整（撤销）建设用地批文盘活批而未供土地转用指标、农村土地综合整治项目省级审核审批权限，省政府以委托方式下放给扩面改革县（市、区）。在完成土地利用规划管理信息系统三级联网、实时备案的前提下，中心城区以外乡级土地利用总体规划有条件建设区土地规划用途调整修改方案和县、乡级规划新增建设用地预留指标落实方案审批权限，经设区市人民政府同意后，以委托方式下放给扩面改革县（市、区）。如出现重大问题，收回相关委托下放的审批权限。

（三）在污水处理费平均标准不低于省定最低标准的前提下，非居民生活污水处理收费价格机制（含多因子复合收费）由扩面改革县（市、区）政府自行确定。

（四）在严格执行国家和省规定八大高耗能行业差别电价政策基础上，由扩面改革县（市、区）根据实际扩大差别电价实施范围、确定加价标准，报省差别化电价工作联席会议办公室备案，商电力部门配合实施。

（五）初始排污权有偿使用费征收标准，由扩面改革县（市、区）自行制定，报上级价格、环保主管部门备案。

（六）初始用能权有偿使用费征收标准，由扩面改革县（市、区）自行制定，报上级价格、节能主管部门备案。

四、扩面改革申请办法

按照自愿申报与引导申报相结合的原则，有序推进、逐步扩大资源要素市场化配置改革。选择改革意愿强烈、资源要素瓶颈制约突出的经济强县（市、区）率先扩面改革。申请开展改革的县（市、区），要有强烈的改革创新意识、责任担当意识，按照本指导意见精神，结合实际研究制订具有较强针对性、操作性的改革总体方案，于 2014 年 7 月底前报省政府统一审核批复。未列入首批扩面改革的县（市、区），条件成熟时，由省政府授权省经济体制改革工作领导小组办公室在征求省级相关部门意见基础上审核批复。

各级政府要切实加强对资源要素市场化配置改革的统筹指导和综合协调，扩面改革县（市、区）要切实加强组织领导，制订具体实施方案，明确分工，落实责任，完善工作推进机制。省级相关部门要加强对改革的工作指导和政策支持，省经济体制改革工作领导小组办公室要加强改革实施情况的督促检查，重大问题及时向省政府报告。

浙江省人民政府办公厅关于印发
浙江省强镇扩权改革指导意见的通知

各市、县（市、区）人民政府，省政府直属各单位：

《浙江省强镇扩权改革的指导意见》已经省政府同意，现印发给你们，请结合实际，认真贯彻落实。

2014 年 6 月 5 日

浙江省强镇扩权改革的指导意见

为贯彻落实党的十八届三中全会精神，深入推进强镇扩权改革，制定本指导意见。

一、总体要求

（一）指导思想

以党的十八届三中全会和省委十三届四次全会精神为指导，按照加强基层政府公共服务、市场监管、社会管理、环境保护等职责的改革要求，理顺强镇管理体制，赋予与强镇人口和经济规模相适应的县级管理权限，提高强镇集聚人口、经济发展、公共服务、社会治理的能力，建立适应强镇发展需求的"小政府、大服务"行政管理体制和运行机制，推进小城镇和大中小城市协调发展，加快新型城市化进程。

（二）扩权原则

坚持权责统一、依法下放、能放则放的原则。对于涉及行政许可、行政处罚等事项，没有法律、法规或规章依据明确由镇行使的，按照程序依法采取委托方式下放；其他行政管理事项，除法律、法规或规章有明确规定外，采取直接下放方式，赋予强镇相关管理权限。

二、扩权对象

省级中心镇，重点是小城市培育试点镇。

三、主要内容

（一）扩大管理权限

围绕激发发展活力、方便群众办事、源头执法治理等三大重点，赋予强镇相应的经济发展、便民服务、综合执法等方面的管理权限，增强强镇经济社会发展能力，推进管理和服务重心下移。

1. 扩大激发发展活力的经济管理权。赋予强镇有关企业（贸易）主体、个体工商户和社区社会组织备案登记权、鼓励和允许类企业投资项目备案权、镇域范围内民资进入基础设施和社会公益类项目审批权、建设工程管理权、村庄和建设项目规划管理权、城市绿化管理权、涉路施工活动许可权等经济管理权限（详见附件1）。具体放权事项、内容以及形式由各县（市、区）政府根据强镇实际需求和承接能力予以明确。

2. 下放方便群众办事的社会管理权。下放居民身份证、居住证、居民户口簿、计划生育证明、房产证、土地证、老年人优待证、残疾证、就业失业登记证、房屋他项权证、社保卡、驾驶证等证照的办理权，以及社会救助、民政优抚、农民个人建房审批等权限（详见附件2）。对已经下放的权限，有关县（市、区）要完善运行机制，提高办理效率；对尚未下放的权限，有关县（市、区）要积极创造条件予以下放，切实方便群众办事。

3. 赋予违法行为查处的综合执法权。在总结嘉兴市、舟山市全面开展综合行政执法试点工作的基础上，率先在强镇探索推进综合行政执法工作，设立综合行政执法部门的派出机构，集中行使与人民群众生产生活关系密切、多头重复交叉执法和多层执法问题比较突出领域的法律、法规、规章规定的全部或部分行政处罚（限制人身自由的除外）及相关行政监督检查、行政强制职权。

（二）创新户籍管理制度

围绕优化人口结构，着力推进本地农民就地城镇化、外来人口按积分市民化，加快新型城市化进程。

1. 放开本地农民落户。全面放开强镇落户的限制，允许在强镇有合法稳定职业或住所的本省进城农民落户，继续保留土（林）地承包权、宅基地用益物权、农村集体资产股权等权益，享受城镇居民同等的就业、养老、医疗、教育等公共服务，加快本地农民市民化。鼓励进城落户农民宅基地自愿有偿退出。

2. 优化流动人口结构。建立以流动人口的年龄、文化程度、职称、技术等级、居住年限、社会保险缴费年限、遵纪守法、投资纳税、社会服务、表彰奖励等为主要内容的积分落户制度，根据积分高低差别化享受当地城镇居民公共服务，进一步优化人口结构。

（三）完善行政管理体制

围绕转变政府职能、激发内生活力、提升服务管理水平，完善强镇的行政管理体制。

1. 优化机构设置。构建精简统一高效的基层政府架构，完善基层公共服务体系。要根据强镇的人口、经济规模及建设管理任务，加大县级机构延伸力度。支持整合职能相近的县级派驻机构及强镇相关职能机构，统筹设置综合性办公室，并以权力清单制度的形式明确管理职能。

2. 理顺条块关系。加强强镇对派驻机构和干部的管理，县（市、区）有关部门派驻强镇站所干部的日常管理原则上以镇为主，派驻强镇站所负责人的调动、任免，应事先征求强镇党委意见，其年度考核由县（市、区）有关部门会同强镇进行。探索建立小城市培育试点镇公安、综合行政执法派驻机构主要负责人由县（市、区）相应部门负责人或试点镇党政领导兼任的交叉任职制度。

3. 建立事权与支出责任相适应的财政体制。要根据省对市、县（市）财政体制，进一步完善强镇财政体制，在划分收入的基础上，明确事权及相应的支出责任，调动强镇发展积极性。对承担超镇域范围提供服务的重大基础设施、社会事业项目，建立县镇两级财政共担机制。

4. 合理配置人员编制。县（市、区）要根据强镇实际，在本区域乡镇编制总额不突破的前提下，通过统筹调剂适当增加强镇的编制数量。县（市、区）可根据强镇发展需要，制订统一的优惠政策引进特殊专业技术人员，促进强镇优化干部队伍结构，提高管理服务水平。

四、保障举措

（一）加强组织领导

省中心镇发展改革和小城市培育试点领导小组负责对强镇扩权改革的组织协调，领导小组办公室做好具体指导和综合推进。省级有关部门和各地政府要把强镇扩权改革放到重要议事日程，完善工作机制，认真组织实施，加强督促检查，确保改革顺利推进。

（二）明确工作职责

县（市、区）政府是强镇扩权改革的主体，要切实承担起主体责任。省市有关部门要加强对强镇扩权改革的协调推进和具体指导，提出下放权限、延伸机构、理顺体制的政策措施，并做好权限下放后的监管工作，及时解决改革中出现的问题。强镇要针对扩权改革的新情况，做好承接扩权的各项准备工作。

（三）加快改革进程

县（市、区）政府要根据本指导意见，于2014年底前制订出台切实可行的实施方案，研究提出扩权目录，扎实推进改革。强镇要进一步完善行政审批服务平台功能，加强规范化建设，有条件的市县要将政务服务网延伸到强镇，实现数据交换和信息共享。各地要制订便捷高效的运作机制、规范严格的管理机制、有责可查的责任机制，形成分工明确、责任落实的扩权改革推进机制，确保扩权事项规范高效运行。

附件：1. 经济管理事项扩权指导目录（77项）
　　2. 社会管理事项扩权指导目录（60项）

附件 1

经济管理事项扩权指导目录(77 项)

序号	扩 权 事 项
1	个体工商户、企业名称预先核准登记
2	有限责任公司及其分公司登记(设立、变更、注销)
3	合伙企业及其分支机构登记(设立、变更、注销)
4	个人独资企业及其分支机构登记(设立、变更、注销)
5	非公司企业法人(营业单位)登记(设立、变更、注销)
6	农民专业合作社及其分支机构登记(设立、变更、注销)
7	个体工商户登记(设立、变更、注销)
8	组织机构代码登记
9	组织机构代码证年检、换证
10	参保单位名称变更
11	社区社会组织备案登记
12	内资企业投资项目备案
13	总投资 1 亿美元以下的外商投资项目核准
14	鼓励类企业技术改造投资项目核准
15	鼓励类企业技术改造投资项目备案
16	年能耗 1000 吨以下且不属于六大高耗能行业的固定资产投资项目合理用能登记
17	举办学前教育设立、分立、合并、变更、终止审批
18	举办医疗机构审批
19	养老机构设立许可
20	体育馆建设审批
21	文化中心建设审批
22	举办福利院审批
23	公共民用设施建设审批
24	对增值税防伪税控系统最高开票限额的审批
25	新型墙体材料专项基金收缴(预收)及返还
26	散装水泥专项资金收缴(预收)及返退
27	国家农作物良种补贴受理和发放
28	农机购置小额补贴申请受理
29	一次性创业补贴审核发放
30	城市道路占用费征收
31	城市道路挖掘修复费征收
32	绿化补偿费征收

续表

序号	扩 权 事 项
33	总投资3000万元以下项目的招投标
34	建设工程开工安全生产条件审查
35	建设工程竣工验收备案
36	房屋建筑和市政基础设施工程合同备案
37	县级以下涉河涉堤建设项目审批(含占水域审批)
38	建设项目(划拨用地)选址审批
39	开发建设项目水土保持方案(登记表)审批(备案)
40	河道管理范围内活动审批
41	建设工程验线
42	工业项目人防工程易地建设审批
43	临时用地审核
44	建设项目环境影响报告书、报告表、登记表许可(按照法律法规规定由国家、省、市环保部门审批的除外)
45	建设项目环境影响评价文件重新审批(按照法律法规规定由国家、省、市环保部门审批的除外)
46	建设项目竣工环境保护验收
47	建设项目污染物排放许可证核发
48	建筑施工夜间作业许可证核发
49	建筑工程施工许可核准
50	新建房屋白蚁预防审查
51	城建工程档案确认
52	规划建成区外村庄房屋原拆原建规划审批
53	规划建成区外村庄建设定点放样审批权
54	建设项目规划设计方案审查
55	建设用地规划许可证(含临时)
56	建设工程规划许可证核发(含临时)
57	建设工程竣工规划验收
58	公共场所卫生许可证核发
59	餐饮服务许可证核发
60	食品流通许可(国有企业、股份有限公司、外商投资企业除外)
61	报纸、期刊、图书零售业务的单位和个人出版物零售业务许可
62	电影放映许可
63	娱乐经营许可(设立娱乐场所)
64	演出场所经营单位备案
65	印刷业经营者项目变更许可
66	核发专门从事名片印刷经营者的印刷许可
67	临时占用城市绿地核准
68	修剪、砍伐城市树木审批

续表

序号	扩 权 事 项
69	公共绿地内开设商业、服务摊点审批
70	改变绿地规划、绿化用地的使用性质审批
71	公路用地林木更新、砍伐许可(乡道、村道)
72	临时占用城市道路审批
73	挖掘城市道路审批
74	公路用地范围内设置非公路标志许可(乡道、村道)
75	涉路施工活动许可
76	铁轮车、履带车和其他可能损害公路路面的机具行使公路许可(乡道、村道)
77	强镇建设用地单列指标的配置权

附件 2

社会管理事项扩权指导目录(60 项)

序号	扩 权 事 项
1	居民身份证受理、发放
2	临时身份证受理、发放
3	居民户口簿的签发、换发、补发
4	立户分户登记
5	出生登记
6	死亡登记
7	迁移登记
8	户口登记项目变更更正登记
9	临时居住证、居住证的受理、发放
10	再生育审批(包括特殊情况生育审批)
11	《再生育证》有效期满换证
12	批准实施绝育复通手术
13	非医学需要的终止妊娠手术
14	作出社会抚养费征收决定
15	机动车驾驶证年审、换证、补证
16	土地使用权初始、变更、注销登记
17	土地使用权抵押登记
18	土地使用证遗失补办登记
19	土地使用证换证
20	镇村公共设施、公益事业建设用地审核
21	农村集体经济组织兴办企业用地审核
22	房屋所有权初始登记
23	房屋所有权变更登记

续表

序号	扩 权 事 项
24	房屋所有权转移登记
25	房屋所有权注销登记
26	房屋权属证书补证、换证
27	商品房预售许可
28	职工养老、医疗、工伤、生育、失业保险办理
29	自谋职业者的养老险、医疗险办理
30	城乡居民社会养老保险办理
31	被征地农民基本生活保障办理
32	城乡居民医疗保险办理
33	社保变更、转移手续办理
34	转外就医备案办理
35	自由职业者退休受理
36	就业失业登记
37	失业保险待遇审核
38	就业困难人员认定
39	社会保险补贴办理
40	老年人优待证办理
41	残疾证核发
42	房屋抵押登记(初始、变更、转移、注销)
43	重度残疾人基本生活保障受理
44	残疾人经济补助受理
45	残疾人康复救助受理和代办
46	残疾人康复工程受理和代办
47	残疾人辅助器具配发申请受理
48	残疾学生、残疾人家庭子女助学补助、奖励受理和代办
49	残疾人托(安)养工程补助受理和代办
50	残疾人大病补助受理
51	残疾人就业创业补助受理
52	农村“五保”和城镇“三无”供养对象的确认
53	农村“五保”和城镇“三无”对象的核销
54	城乡居民最低生活保障对象确定
55	部分烈士子女定期生活补助认定
56	受理困难群众临时救助
57	城镇低收入家庭廉租住房核实
58	农村居民住宅用地审批
59	乡村建设(个人)规划许可
60	农村居民个人建房竣工证明

浙江省人民政府办公厅关于政府向社会力量购买服务的实施意见

各市、县(市、区)人民政府,省政府直属各单位:

政府向社会力量购买服务(以下简称政府购买服务),就是通过发挥市场机制作用,把政府直接向社会公众提供的一部分公共服务事项,按照一定的方式和程序,交由具备条件的社会力量承担,并由政府根据服务数量和质量向其支付费用。为规范和推进政府购买服务,进一步加快政府职能转变,提高公共服务供给水平和效率,根据《国务院办公厅关于政府向社会力量购买服务的指导意见》(国办发〔2013〕96号)和省委十三届四次全会精神,经省政府同意,制定本实施意见。

一、总体要求和目标任务

(一)总体要求

以邓小平理论、"三个代表"重要思想、科学发展观为指导,深入贯彻落实党的十八大和十八届三中全会、省委十三届四次全会精神,牢牢把握加快转变政府职能、推进政事分开和政社分开、在改善民生和创新管理中加强社会建设的要求,进一步放开公共服务市场准入,改革创新公共服务提供机制和方式,构建多层次、多方式的公共服务供给体系,努力为人民群众提供优质高效的公共服务。政府购买服务要坚持积极稳妥、有序实施,科学安排、注重实效,公开择优、以事定费,改革创新、完善机制的基本原则。

(二)目标任务

"十二五"时期,政府购买服务工作在全省各地、各部门逐步推开,在完成制订制度、搭建平台和开展试点工作的基础上,初步形成统一有效的机制和平台,相关法规制度建设取得明显进展。2017年在全省基本建立比较完善的政府购买服务制度,形成与经济社会发展相适应的公共服务资源配置体系和供给体系,公共服务水平和质量显著提高。

二、政府购买服务的购买主体和承接主体

(三)购买主体

政府购买服务的主体是经费由财政承担的各级行政机关和参照公务员法管理、具有行政管理职能的事业单位。纳入行政编制管理且经费由财政负担的群团组织,也可以根据实际需要,通过购买服务方式提供公共服务。

(四)承接主体

承接政府购买服务的主体包括依法在民政部门登记成立或经国务院批准免予登记的社会组织,以及依法在工商行政管理或行业主管部门登记成立的企业、其他经济组织、机构等社会力量。承接主体应具有独立承担民事责任的能力,具备提供服务所必需的设施、人员和专业技术的能力,具有健全的内部治理结构、财务会计和资产管理制度,具有良好的社会和商业信誉,具有依法缴纳税收和社会保险的良好记录,并符合登记管理部门依法认定的其他条件。承接主体的具体条件由购买主体会同财政部门根据服务项目的性质和质量要求确定。鼓励提供特定公共服务的事业单位作为政府购买服务的承接主体,与具备条件的社会力量公开、公平参与政府购买服务的竞争。

三、政府购买服务的内容和目录

(五)购买内容

政府购买服务的内容为适合采取市场化方式提供、社会力量能够承担的公共服务及政府履职中所需的辅助性服务,突出公共性、公益性和辅助性。教育、就业、农业、社会保障、医疗卫生、住房保障、计划生育、文化、体育、残疾人服务、公益性岗位等基本公共服务领域,要逐步加大政府购买服务的力度。非基本公共服务领域,要更多更好地发挥社会力量的作用,凡适合社会力量承担的,都可通过委托、承包、采购等方式交给社会力量承担。应当由政府直接提供、不适合社会力量承担的公共服务,以及不属于政府职责范围的服务项目,政府不得向社会力量购买。

(六)购买目录

按照有利于转变政府职能、有利于降低服务成本、有利于提升服务质量水平和资金效益的原则,在充分听取社会各界意见的基础上,由省财政厅牵头研究制订并及时动态调整全省政府购买服务的指导目录。各地、各部门要根据指导目录,坚持"先易后难、积极稳妥"的原则,制订具体实施目录,明确购买服务的种类、性质和具体项目,并根据实际情况变化及时进行动态调整。

四、政府购买服务的流程和方式

(七)购买流程

建立健全以程序规范、合同约束、全程监管、信息公开为主要内容,相互衔接、有机统一的政府购买服务机制,规范项目申报、项目评审、组织采购、资质审查、合同签订、项目监管、绩效评估、经费兑付一体化流程。

(八)购买方式

政府购买服务应纳入政府采购管理,按照公开择优、以事定费的原则,采用公开招标、邀请招标、竞争性谈判、单一来源、询价等方式确定承接主体,严禁转包行为。针对不同特点的服务项目,要探索与之相适应的采购方式、评审机制和合同类型,按照方式灵活、程序简便的原则组

织开展政府购买服务工作。购买主体要按照合同管理要求，与承接主体签订购买服务合同、支付资金。承接主体要严格履行合同义务，保证服务数量、质量和效果。

五、政府购买服务的资金管理和信息公开

（九）资金来源

政府购买服务所需资金，从购买主体部门预算安排的公用经费或经批准使用的专项经费既有预算中统筹安排。随着政府提供公共服务的发展所需增加的资金，按照预算管理要求列入财政预算。

（十）资金支付

政府购买服务资金实行国库集中支付。各部门依据购买服务合同或协议，按现行的部门预算政府采购资金支付程序支付，或根据政府购买服务的不同形式，经财政部门审核同意后，通过其他国库集中支付程序支付。

（十一）绩效评价

建立健全由购买主体、服务对象及第三方专业机构组成的综合性评审机制，强化综合评价，确保购买服务效果。绩效评价结果应当作为编制政府购买服务年度预算、社会组织资质管理、承接主体选择等方面的重要依据。

（十二）信息公开

充分利用和整合现有政府网络平台资源，建立集政策咨询、申报审批、日常监管、信息服务于一体，内容全面、方便快捷的政府购买服务平台。及时发布政府购买服务有关政策制度、购买目录、承接主体条件、采购结果、绩效评价结果等信息，广泛接受社会监督。

六、组织保障

（十三）加强组织领导

按照政府主导、部门负责、社会参与、共同监督的要求，建立由政府分管领导担任总召集人的政府购买服务工作联席会议制度。各级政府和各有关部门要广泛宣传政府购买服务工作的目的、意义、目标任务和相关要求，做好政策解读，加强舆论引导，主动回应群众关切，充分调动社会参与的积极性。

（十四）健全工作机制

各地要加强统筹协调，建立“政府统一领导，财政部门牵头，机构编制、民政、工商管理、审计以及行业主管部门协同，职能部门履职，监督部门保障”的工作机制，做到各负其责又互相衔接，共同推进政府购买服务工作。各级政府要立足当地实际认真制订政府购买服务的政策措施和实施办法，并抄送上一级政府财政部门。各级财政部门负责建立健全政府购买服务制度，会同各购买主体研究制订政府购买服务目录，监督、指导各类购买主体依法开展购买服务工作，牵头做好政府购买服务的资金管理、采购管理、监督检查和绩效评价等工作；牵头建立政府购买服务统一信息发布平台及购买服务项目管理系统。各级机构编制部门负责推进政府职能梳理，推动公办事业单位与主管部门理顺关系和去行政化，按照事业单位改革的要求推进有条件的事业单位转为企业或社会组织，探索研究提出通过购买服务方式促进事业单位分类改革的意见和措施，逐步实现事业单位由“养人”向“办事”的转变。各级民政、工商管理以及行业主管部门要按照职责分工，培养和壮大社会力量，支持社会组织、企业、其他经济组织等社会力量参与政府购买服务工作；要深化社会组织管理制度改革，清理和废除妨碍公平竞争的各项规定和做法。

（十五）严格监督管理

各地、各部门要严格遵守财政财务管理规定，确保政府购买服务资金规范管理和使用，不得截留、挪用和滞留资金。购买主体要对承接主体提供的服务进行跟踪监督，在项目完成后组织开展验收和考核评估，并建立健全内部监督管理制度，按规定公开购买服务相关信息，自觉接受社会监督。承接主体应当健全财务报告制度，并由具有合法资质的注册会计师对财务报告进行审计。各级财政部门要加强对政府购买服务实施工作的组织指导，严格预算资金管理和采购活动监管；各级监察部门要加强行政监察；各级审计部门要加强对政府购买服务中财政资金的真实性、合法性及效益的监督；各级民政、工商管理以及行业主管部门要按照职能分工，加强对承接主体的资质审查，将承接政府购买服务行为纳入年度报告、评估、执法等监管体系。

附件：浙江省政府购买服务工作联席会议制度

2014 年 6 月 5 日

附件

浙江省政府购买服务工作联席会议制度

为加快推进我省政府购买服务工作，加强工作指导、协调和服务，增进部门之间的协调配合，经省政府同意，建立浙江省政府购买服务工作联席会议（以下简称联席会议）制度。

一、主要职责

（一）在省政府领导下，研究拟订浙江省推进政府购买服务工作的重大政策措施和目标任务，向省政府提出建议；

（二）督促检查各地、各部门相关政策落实情况和目标任务完成情况；

（三）协调解决政策落实中的难点问题；

（四）研究确定年度工作要点和阶段性工作计划；

（五）定期向省政府汇报政府购买服务工作情况，并及时通报各地、各部门。

二、成员单位

联席会议由省委、省人大常委会、省政府、省政协办公厅，省委组织部、省委宣传部、省编委办、省发改委、省教育厅、省科技厅、省民政厅、省财政厅、省人力社保厅、省国土资源厅、省农业厅、省文化厅、省卫生计生委、省审计厅、省地税局、省工商局、省体育局、省法制办、省国税局等 23 个部门和单位组成，省财政厅为牵头单位。联席会议总召集人由常务副省长担任，省政府办公厅主任和省财政厅厅长担任联席会议召集人，其他成员单位有关负责人为联席会议成员。联席会议成员因工作变动需要调整的，由所在单位提出、联席会议确定。

联席会议办公室设在省财政厅，承担日常工作。联席会议办公室设主任 1 名，副主任若干名。办公室主任由省财政厅 1 名厅级领导兼任，副主任由省财政厅、省编委办、省民政厅、省工商局、省法制办、省人力社保厅等单位相关处室主要负责人兼任。各成员单位相关处室负责人为联络员。

三、工作规则

联席会议原则上每年召开一次全体会议，学习贯彻中央、省委、省政府关于政府购买服务工作的指示及有关会议、文件精神；议定年度工作计划、任务指标和阶段性工作安排；通报工作进展情况，分析存在的问题，提出完善政策措施的建议；研究其他事项。经省政府同意，可邀请有关单位列席全体会议。定期召开汇报会，汇报有关政策落实和工作任务完成情况，总结推广各地、各部门政府购买服务工作的经验做法，分析存在的突出问题，为省政府决策提供参考。会议由召集人代表联席会议汇报，联席会议有关组成人员及办公室相关人员参加。联席会议办公室根据年度工作计划和阶段性工作安排，报请联席会议召集人同意，可以不定期组织各成员单位或部分成员单位召开专门会议，开展联合调研，并及时向联席会议各成员单位通报工作情况。

对政府购买服务工作中的重大问题及对策建议，应经联席会议讨论通过，并征得有关成员单位同意后报省政府。遇有意见分歧的，由召集人或联席会议办公室主任负责协调；协调后仍不能形成一致意见的，将有关意见和理由报省政府决定。联席会议以会议纪要形式确认会议议定事项，经与会单位同意后印发各成员单位并报省政府。

四、工作要求

各成员单位要按照职责分工，指导和督促本系统开展调查研究，主动研究政府购买服务有关问题，认真落实联席会议议定事项，扎实开展工作。要加强协作、互通信息，合力发挥联席会议作用，形成反应灵敏、配合密切的长效工作机制。联席会议办公室根据工作进展情况，负责有关信息收集，并按各成员单位要求及时提供资料信息。

附件：浙江省政府购买服务工作联席会议成员名单（略）

浙江省人民政府办公厅关于调整资源税征收政策有关问题的通知

各市、县（市、区）人民政府，省政府直属各单位：

为更好地发挥资源税政策调节作用，进一步提高我省资源节约集约利用水平，根据《中华人民共和国资源税暂行条例》（国务院令第 605 号）及其实施细则的有关规定，结合各类资源产品市场价格和我省生产经营情况，经省政府同意，现对我省资源税征收政策作如下调整，请遵照执行。

一、建筑用石、石灰石、大理石、花岗石的资源税适用税率标准为每吨 3 元。

二、在全省范围统一对建筑用砂征收资源税，适用税率标准为每吨 3 元。

三、对在我省境内开采方解石、叶蜡石的单位和个人征收资源税，适用税率标准为：方解石 4 元/吨、叶蜡石 3 元/吨。

四、对《中华人民共和国资源税暂行条例实施细则》（财政部、国家税务总局令第 66 号）所附的《几个主要品种的矿山资源等级表》中未列举名称的我省纳税人开采划分资源等级的应税产品，其适用税率标准为：

1.铁矿石 10 元/吨；

2.铜矿石 5 元/吨；

3.铅锌矿石 10 元/吨；

4.钨矿石 7 元/吨；

5.锡矿石 12 元/吨；

6.钼矿石 8 元/吨；

7.黄金矿石 3 元/吨。

五、对国家和省政府未列举名称的其他非金属矿原矿和有色金属矿原矿，继续暂缓征收资源税。

六、本通知自 2014 年 9 月 10 日起执行。

2014 年 8 月 1 日

浙江省人民政府办公厅印发关于推广柯桥试点经验加快建立企业投资项目高效审批服务机制指导意见的通知

各市、县(市、区)人民政府,省政府直属各单位:

《关于推广柯桥试点经验加快建立企业投资项目高效审批服务机制的指导意见》已经省政府同意,现印发给你们,请结合实际,认真贯彻落实。

2014 年 11 月 20 日

关于推广柯桥试点经验加快建立企业投资项目高效审批服务机制的指导意见

为进一步深化我省投资体制改革和行政审批制度改革,切实确立企业投资主体地位,总结推广柯桥试点经验,加快建立企业投资项目高效审批服务机制,特制定本指导意见。

一、总体要求

以党的十八届三中、四中全会和省委第十三届四次、五次全会精神为指导,认真贯彻落实中央和省委、省政府全面深化改革的各项决策部署,充分发挥市场在资源配置中的决定性作用和更好地发挥政府作用,加快转变政府职能,建立市场引导投资、企业自主决策、中介规范服务、政府高效监管的企业投资审批服务机制,进一步激发市场主体活力,扩大有效投资,加快推进经济转型升级和科学发展。

二、主要内容

(一)编制核准目录,实施企业投资项目分类管理

各地要根据国家和省企业投资项目核准目录,结合本地实际编制企业投资项目核准目录,并明确核准的范围、内容、申报程序和时限。政府及其部门仅从维护经济安全、合理开发资源、保护生态环境、优化重大布局、保障社会公共利益、防止出现垄断等方面对项目进行核准,项目市场前景、效益、资金来源和产品技术方案等内容由企业自主决策。核准目录以外的企业投资项目实行备案管理。

核准(备案)机关和节能评估、环境影响评价、水土保持方案、安全预评价等审批主管部门要根据行业不同特点制订企业投资项目分类审批(管理)办法,相应确定登记表、报告表、报告书等形式,优化企业投资项目审批(管理)流程。

(二)整合审批环节,优化项目审批全流程

1.简化整合前置审批。对于法律、法规没有明确作为项目核准前置条件的审批手续,一律不再进行前置审批。对产业集聚区、开发区(园区)、高新技术园区内项目的水土保持方案、矿产压覆证明、文物保护、地质灾害危险性评估等前置审批实行一次性统一办理。条件许可的地方可将上述前置事项调整至土地出让前,由政府统一完成。

2.实施联合测绘。加快改革多个部门牵头、多家测绘单位多次测绘的体制,鼓励发展具备规划测量、地籍测绘、房产测绘等多种测绘资质的测绘单位,建立企业自主委托一家、分阶段完成测绘任务、测绘数据部门共享的体制。条件尚不具备的地区,要建立由审批协调机构牵头、测绘单位集中服务、基础数据相关部门共享的机制,各部门对具备相应资质的测绘单位的测绘成果予以认可。

3.完善项目并联审批制度。全面建立“一门受理,抄告相关,同步办理,限时办结”的并联审批制度。核准项目具备前置条件和行业意见的,投资综合管理部门要在收到项目申请报告后限时作出是否核准决定或向上级机关提出审核意见。项目核准所需的规划选址、环境影响评价、节能评估及土地预审等前置审批手续同步办理。对备案项目,投资综合管理部门在收到备案材料后,限时出具备案通知书。

4.实施开工前联合审查制度。由建设行政主管部门或审批协调机构牵头组织规划、国土资源、环保、气象、消防、人防等单位进行施工图联合审查,审查后限时分别出具审查或批复意见。

5. 建立工程建设过程协同监管机制。规划、建设、国土资源、安全监管、环保、气象、消防、人防等单位要制订工程建设全过程协同监管制度,依法采取定时和不定时检查方式,强化对工程建设现场监管,确保工程建设符合规定要求。

6.实施竣工后联合验收制度。企业提出竣工验收申请的,由项目投资综合管理部门或审批协调机构牵头组织

建设、规划、环保、国土资源、气象、消防、人防等单位进行联合验收。相关职能部门负责对建设项目各个环节执行法律、法规和工程建设强制性标准情况进行查验,限时出具验收或整改意见。法律、法规规定建设项目竣工验收前需要进行监理、监测的,企业在提出竣工验收申请前应完成监理、监测工作。

(三)规范审批行为,提升审批和服务效率

投资综合管理部门或审批协调机构负责牵头编制企业投资项目审批全流程图,一般企业投资项目全流程审批时间(从土地审批到开工建设)原则上不超过100天。项目核准、环境影响评价、土地审核及报批、节能评估、水土保持及水域占用、林地转建设用地、建设用地规划许可、建设工程规划许可、施工许可、防雷装置设计、消防设计、人防设计等审批事项,要严格限定行政审批时间。各部门总的行政审批时间原则上控制在1个月左右。施工图联合审查由牵头部门负责征求各相关部门意见,部门内部审核与征求其他部门意见同步办理。同一部门承担的多个审批事项实行合并办理,原则上出具一个审批文件。

(四)创新服务方式,提高审批过程透明度

1.完善网上并联审批制度。依托浙江政务服务网,加快完善企业投资项目网上并联审批方式,推进行政流程再造,实现部门协同办公、信息资源共享、企业实时查询和全过程效能监察。项目核准(备案)、建设用地规划许可、环境影响评价、节能评估、土地审核及报批和施工许可等事项和环节要统一编码、公开流程、设定时限,切实提高网上审批透明度。

2.建立全程代理服务制度。建立投资项目全程代理服务机构,明确代理机构责任和工作机制,充实代理力量,为企业提供全程专业化审批服务。

3.实施证照联办。企业新建项目涉及申请办理营业执照、组织机构代码证、税务登记证、统计登记、社会保险登记、公章备案等事项的,由市场监管部门审批窗口牵头,实行一家受理、联合办理。具备条件的,可将企业申请办理土地使用证、房产证等事项一并受理、集中审验、限时办结。

(五)规范中介行为,逐步建立公平竞争中介服务市场

建立企业投资项目行政审批中介服务项目目录,并向社会公布,清理中介不合理收费,推行中介机构服务承诺制、信息公开制,规范行政审批前置中介服务行为。加快中介机构脱钩改制,各地、各有关部门不得出台中介机构条块分割业务垄断有关规定,干预正常市场竞争行为。行政机关委托开展的中介服务,要通过竞争方式选择中介机构。放开市场准入,建立相对集中的“中介超市”和网上中介市场。加快建立中介服务信用评价体系,完善企业、中介机构违规惩戒机制。参照柯桥经验,一般企业投资项目的中介服务项目文件编制和审查时间原则上控制在2个月左右。

三、保障措施

(一)积极推进企业投资项目管理权限下放

与高效审批试点相配套的省级部门下放柯桥区的13项审批权先行推广到绍兴市所辖各县(市、区)。在此基础上,省级部门要积极创造条件,适时向省政府确定的资源要素市场化配置改革县(市、区)下放高效审批试点相配套的审批权限。同时做好全省放权推广工作,条件成熟的一步下放到位,条件不具备的,制订详细方案,简化审批手续。市级政府要同步下放相关审批权限,县级政府要有效承接、落实责任,省市有关部门要加强业务培训和指导,提高基层承接水平。对下放审批事项实行动态调整,承接不力的予以收回。

(二)完善“两集中、两到位”审批制度

各地要加强行政服务中心(办事大厅)建设,审批部门和审批事项进驻服务中心的比例、中心既受理又能办理的事项比例均需达到90%以上。

(三)健全考核和事中事后监管制度

各级政府要建立企业投资核准项目行政审批考核制度,建立针对中介机构规范服务情况的年度评价制度。要把高效审批与事中事后监管相结合,做到“高效审批,严格监管”。要充实一线监管力量,鼓励部门间联合执法、综合执法,加强对企业投资项目的日常监管,确保企业投资项目建设合法合规。

(四)强化严格的责任追究制度

行政机关违反法律法规规章、产业政策或不按规定和时限办理审批手续的,上级行政主管部门、纪检监察机关应责令限期整改,加强责任追究。项目设计、施工单位和中介机构违反建设规范、行业标准等规定的,要追究相关单位的法律责任。

附件:企业投资项目高效审批下放相关审批(管理)事项全省推广方案

附件

企业投资项目高效审批下放相关审批(管理)事项全省推广方案

序号	主管单位	事项名称	放权方案	放权方式
1	省发改委	外商投资项目核准	对符合《外商投资产业指导目录》鼓励类、允许类的项目,总投资1亿美元以上3亿美元以下外商投资项目申请报告省级不再核准,由市县审查后报省级备案。	权限调整

续表

<table>
<tr><th>序号</th><th>主管单位</th><th>事项名称</th><th>放权方案</th><th>放权方式</th></tr>
<tr><td>2</td><td>省经信委</td><td>固定资产投资项目节能审查</td><td>暂不下放。</td><td></td></tr>
<tr><td>3</td><td>省经信委</td><td>企业技术改造投资项目备案</td><td>在地方制定相关行业投资发展规划，并经省经信委审核同意的基础上，将相关技改项目备案权下放到全省县（市、区）。</td><td>权限调整</td></tr>
<tr><td>4</td><td>省政府（省国土资源厅）</td><td>土地利用总体规划审核</td><td>在完成土地利用总体规划信息系统三级联网、实时更新工作的前提下，中心城区以外乡级土地利用总体规划、有条件建设区土地规划用途调整修改方案和县乡级新增建设用地规划预留指标落实方案审批权限由设区市政府决定委托下放给扩面县（市、区）政府。</td><td>委托，分步放权</td></tr>
<tr><td>5</td><td>省政府（省国土资源厅、省农业厅、省水利厅）</td><td>农用地转为建设用地及土地征收审批</td><td>在确保县域基本农田总量不减少、质量不下降、年度用地规模不突破、耕地占补平衡落实以及维护好群众合法权益的前提下，将农用地转用、土地征收省级审批权限，以委托方式下放给扩面县（市、区）政府行使。农用地转用、土地征收审批对应的前置核准项目中的标准农田占补（置换）方案审核、补建验收等事项，由设区市国土资源局决定下放。</td><td>委托，分步放权</td></tr>
<tr><td>6</td><td>省环保厅</td><td>环境影响评价文件审批</td><td>在确保完成年度主要污染物削减任务的前提下，省政府及其投资主管部门审批、核准、备案的建设项目，其环境影响评价审批权限跟随项目审批、核准、备案的权限下放同步下放至全省各县（市、区）（国家和省确定的重污染、高环境风险或严重影响生态的建设项目除外）。</td><td>权限调整</td></tr>
<tr><td>7</td><td>省水利厅</td><td>涉河涉堤建设项目审批（含占用水域审批）</td><td>暂不下放。</td><td></td></tr>
<tr><td>8</td><td>省林业厅</td><td>征收、占用林地许可</td><td>除防护林和特种用途林以外，其他林地1公顷以下的审核权限下放到全省各县（市、区）。</td><td>权限调整</td></tr>
<tr><td>9</td><td>省商务厅</td><td>外商投资企业设立、变更审批</td><td>除专项法律法规明确规定由省级人民政府审批外，将《外商投资产业指导目录》鼓励类、允许类总投资（包括增资）1亿美元以上3亿美元以下的外商投资企业的设立、变更审批权限分类分步下放至全省县（市、区）。</td><td>权限调整</td></tr>
<tr><td>10</td><td>省安监局</td><td>危险化学品建设项目安全条件审查</td><td rowspan="4">将下放绍兴市柯桥区的审批项目依法委托至绍兴市所辖县（市、区）、省政府确定的资源要素改革县（市、区）、5个国家级危险化学品安全生产重点县（市、区、有审批权限的开发区）。其他暂不具备审批能力的地区，在人员力量配备到位、条件成熟后，视情适时进行推广。</td><td rowspan="4">按照分级、分地区、分类别逐步到位的原则，采取委托方式</td></tr>
<tr><td>11</td><td>省安监局</td><td>生产、储存危险化学品的建设项目安全设施设计审批</td></tr>
<tr><td>12</td><td>省安监局</td><td>生产、储存危险化学品的建设项目安全设施竣工验收审批</td></tr>
<tr><td>13</td><td>省安监局</td><td>《危险化学品安全生产许可证》核发</td></tr>
</table>

浙江省人民政府办公厅关于
公布取消和调整行政审批事项目录的通知

各市、县(市、区)人民政府,省政府直属各单位:

按照《国务院关于清理国务院部门非行政许可审批事项的通知》(国发〔2014〕16号)和《浙江省人民政府关于清理非行政许可审批事项的通知》(浙政发〔2014〕29号)要求,我省组织对全省非行政许可审批事项进行了清理,目前省级非行政许可审批事项清理工作已完成。同时,根据《国务院关于取消和下放一批行政审批项目的决定》(国发〔2014〕5号)、《国务院关于取消和调整一批行政审批项目等事项的决定》(国发〔2014〕27号)对行政审批事项的取消、调整以及相关法律、法规修改情况,对全省行政许可项目作了进一步清理。根据以上清理情况,经省政府同意,现将取消的35项和调整(含不再作为行政审批事项、直接或委托下放事项、前置审批调整为后置审批事项)的144项行政审批事项予以公布。

各地、各部门要认真做好取消和调整的行政审批事项衔接落实工作,继续深化行政审批制度改革,切实加强事中事后监管。自公布之日起,我省全面取消设定的省级非行政许可审批事项,不再保留这一权力类别。尚未完成非行政许可审批事项清理工作的市、县(市、区),要按照省政府要求加快工作进度,在规定时限内完成清理工作任务,并及时上报清理结果。

2014年12月3日

取消和调整的行政审批事项目录

一、取消的行政审批事项目录(35项)

序号	项目名称	实施机关	备注
1	工程建设不招标核准	省、设区市、县(市、区)发展改革部门	
2	集中供热区内新建供热锅炉审批	省经信委,设区市、县(市、区)节能主管部门	
3	“三高”地点接纳设置无线寻呼发射基站的“三高”产权单位备案	省经信委	
4	利用互联网实施远程高等学历教育的教育网校审批	省教育厅	
5	试点高校或公共服务体系校外学习中心(点)审批	省教育厅	
6	高等学校招收港澳台本科生、进修生、插班生、试读生、预科生审批和在校港澳台学生转学审批	省教育厅	由高校自主实施
7	高等学校接受外国留学生审批	省教育厅、省外事侨务办	仅取消省教育厅审批权,改由高校直接向省外事侨务办申报
8	停留许可	省边防总队各边防检查站	
9	政府采购代理机构乙级资格认定	省财政厅	
10	介绍外国文教专家来华工作的境外组织资格认可	省外国专家局	
11	环境污染治理设施运营资质(乙级、临时)认定	省环保厅	
12	进入环保部门管理的国家级自然保护区实验区参观、旅游方案的审核	省环保厅	

续表

序号	项目名称	实施机关	备注
13	重污染行业上市企业环保核查	省环保厅	
14	新建、改建、扩建燃气工程项目核准	设区市、县(市、区)建设部门	
15	在燃气设施安全保护范围内从事特定行为审批	设区市、县(市、区)建设部门	
16	新增燃气供应站点核准	设区市、县(市、区)建设部门	
17	城市和国有工矿棚户区改造规划、年度工作计划和项目实施方案审查 *	省建设厅	
18	因城市建设、燃气设施施工和检修等原因需要调整供气量、降低供气压力或暂停供气审批	杭州市建设部门	
19	水上通航净空尺度审核	省交通运输厅	
20	建设项目水资源论证机构资质认定	省水利厅	
21	江河故道、旧堤、原有工程设施等填堵、占用、拆毁审批	设区市、县(市、区)水利部门	
22	外省蚕品种引进许可	县(市、区)农业部门	
23	松材线虫病疫木调运许可	省林业厅、省林业有害生物防治检疫局	
24	质量专业技术人员职业资格注册	省质监局	
25	安全生产咨询服务机构资质许可	省安监局	
26	矿山救护队资质认定	省安监局	
27	使用有毒物品作业场所职业卫生安全许可	省、设区市、县(市、区)安监部门	
28	渔业船员二级、三级培训机构资格认定	省海洋与渔业局	
29	海岸工程建设项目环境影响报告书审核	省、设区市、县(市、区)海洋与渔业部门	
30	船员服务机构资格认定	县(市、区)海洋与渔业部门	
31	人防工程平时利用许可	设区市、县(市、区)人防部门	
32	人防通信设施拆除、迁移许可	设区市、县(市、区)人防部门	
33	人防警报设施拆除、迁移许可	设区市、县(市、区)人防部门	
34	文物保护工程从业人员(乙、二级及以下)上岗资格认定	省文物局	
35	同意地图载体发布广告证明	省测绘与地理信息局	

二、调整的行政审批事项目录(144 项)

(一)调整为政府内部审批的事项(65 项)

序号	项目名称	实施机关	备注
1	经济适用房建设投资计划审批	省发改委	
2	涉及两个设区市以上的自然地理实体的命名、更名审批	省民政厅	
3	大中型水库移民后期扶持规划审批	省移民办	由设区市移民管理机构执行
4	大中型水利水电工程移民安置规划大纲审查、移民安置规划审核	省移民办	
5	公证机构设立、变更	省司法厅	
6	农业综合开发项目审批	省财政厅	

续表

序号	项目名称	实施机关	备注
7	政府集中采购项目变更为非集中采购项目审批	省财政厅	
8	政府采购公开招标限额标准以上项目调整为非公开招标采购方式审批 *	省财政厅	
9	政府采购进口产品审核	省财政厅	
10	全省公务用车配备审批	省财政厅	
11	省级预算单位银行账户审批	省财政厅	
12	全省行政事业性收费项目立项审批	省财政厅	
13	省部属国有企业年度工资计划核准	省人力社保厅	
14	省级文艺、体育和特殊工艺单位招用未成年人审批	省人力社保厅	
15	土地利用总体规划审核 *	省国土资源厅	其中修改方案委托富阳市、瑞安市、德清县、嘉兴市南湖区、嘉兴市秀洲区、嘉善县、平湖市、海盐县、海宁市、桐乡市、绍兴市柯桥区、诸暨市、东阳市、义乌市、江山市、开化县、舟山市、临海市国土资源部门执行
16	矿产资源规划审查和批准	省国土资源厅	其中县级矿产资源规划审批由设区市人民政府执行;县级矿产资源专项规划由设区市国土资源部门执行
17	使用省财政资金的土地整理项目立项审批	省国土资源厅	
18	采矿权协议出让审批	省国土资源厅	
19	规划环境影响报告书审查	省环保厅	
20	省级自然保护区申报审核 *	省环保厅	
21	水环境功能区和近岸海域环境功能区调整审核 *	省环保厅	
22	城市总体规划、县(市)域总体规划审查 *	省建设厅	省级执行内容中涉及舟山群岛新区的由舟山群岛新区建设部门执行
23	省级风景名胜区设立审查 *	省建设厅	
24	省级风景名胜区总体规划审查 *	省建设厅	
25	省级风景名胜区详细规划审批	省建设厅	省级执行内容中涉及舟山群岛新区的由舟山群岛新区建设部门执行
26	历史文化名镇、名村、街区和省历史文化名城设立审查 *	省建设厅	
27	历史文化名城、名镇、名村、街区保护规划审查 *	省建设厅	省级执行内容中涉及舟山群岛新区的由舟山群岛新区建设部门执行
28	设立特殊保护水域审查	省地方海事局	由设区市、县(市、区)交通运输部门执行
29	主要流域或区域综合规划和专业规划(包括防洪规划、水土保持规划等)审核	省水利厅	

续表

序号	项目名称	实施机关	备注
30	海塘、堤坝、坝顶兼作公路审批	设区市、县(市、区)水利部门	
31	省定点国有农场迁移、撤销建制及改变隶属关系审批	省农业厅	由设区市农场主管部门执行
32	国有森林资源资产评估、产权变动核准	省林业厅	
33	国有林场的设立、变更、撤销或者改变隶属关系	省林业厅	
34	公益林变更调整	省林业厅	
35	浙江省地方标准发布审批	省质监局	
36	区域性有线广播电视传输覆盖网的具体规划、工程建设、竣工验收及频道分配使用批准	省新闻出版广电局	由设区市、县(市、区)广电部门执行
37	举办区域性广播电视节目交流、交易活动批准	省新闻出版广电局	
38	迁建广播电视设施审批	省新闻出版广电局	
39	广播影视基本建设工程可研报告、项目建议书、初步设计审核	省新闻出版广电局	
40	举办全省性体育竞赛以及本省承办全国性和国际性体育竞赛审批	省体育局	
41	地方统计调查项目审批	省统计局	
42	县域海岛保护规划审批	省海洋与渔业局	
43	海洋与渔业部门主管的地方级自然保护区的设立批准 *	省海洋与渔业局	
44	海域使用权招标、拍卖、挂牌出让方案批准 *	省海洋与渔业局	
45	无居民海岛使用权招标、拍卖、挂牌出让方案批准 *	省海洋与渔业局	
46	禁渔区、禁渔期设立的批准	省海洋与渔业局	
47	地方渔业航标规划批准	省海洋与渔业局	
48	沿海市、县海洋功能区划批准 *	省海洋与渔业局	
49	涉海工程建设项目用海预审	省海洋与渔业局	
50	渔用航标审批	省海洋与渔业局	由设区市海洋与渔业部门执行
51	省级旅游度假区的设立审批 *	省旅游局	
52	省级旅游度假区规划审批 *	省旅游局	
53	核定为文物保护单位的属于国家所有的纪念建筑物或者古建筑作其他用途审批 *	省文物局	
54	文物系统博物馆安全防范系统方案的审核批准	省文物局	
55	博物馆设立及重要事项变更登记前置审查(社会力量举办的博物馆除外)	省文物局	
56	国有文物保护单位改变其管理部门审批 *	省文物局	
57	博物馆终止及藏品处置方案审核(社会力量举办的博物馆除外)	省文物局	
58	国有馆藏文物调拨	省文物局	
59	专业档案馆收集档案范围的审批	省档案局	

续表

序号	项目名称	实施机关	备注
60	全省测绘航空摄影与遥感、卫星影像采购计划的审核	省测绘与地理信息局	
61	本省行政区域内的重要地理信息数据的审批	省测绘与地理信息局	
62	赴台商务考察组团审批	省台办	
63	因公出国、赴港澳任务审批、确认	省外事侨务办	
64	邀请外国人来华、签发被授权单位邀请函和确认函	省外事侨务办	
65	审核、会签与国外、港澳文化交流项目	省外事侨务办	

（二）调整管理方式、不再作为行政审批的事项（32项）

序号	项目名称	实施机关	调整情况
1	节能评估机构备案	省经信委、省建设厅	调整为日常管理工作。其中省建设厅执行的“民用建筑节能评估机构备案”委托设区市建设部门执行
2	不满14周岁少年收容教养审核	省公安厅	调整为日常管理工作
3	退出现役残疾军人集中供养确认	省民政厅	调整为行政确认
4	省级储备物资资金管理	省财政厅	调整为日常管理工作
5	减免海域使用金	省财政厅、省海洋与渔业局	调整为行政征收
6	省本级基本养老保险参保单位职工提前退休（退职）确认	省人力社保厅	调整为行政确认
7	省本级基本养老保险参保单位职工正常退休确认	省人力社保厅	调整为行政确认
8	古生物化石收藏单位等级评定	省国土资源厅	调整为行政确认
9	矿产资源补偿费征收减免	省国土资源厅	调整为行政征收，作为“矿产资源补偿费征收”的子项
10	省级地质公园命名	省国土资源厅	调整为行政确认
11	机动车排气污染检测机构委托认定	省环保厅	调整为行政确认。由设区市环保部门执行
12	排污费征收减免（缓）	省环保厅	调整为行政征收，作为“排污费征收”的子项。除30万千瓦以上火电厂外，其他由设区市、县（市、区）环保部门执行。省级执行内容中涉及舟山群岛新区的由舟山群岛新区环保部门执行
13	标准农田占补（置换）质量评定和验收认定	省农业厅	调整为行政确认。由设区市、绍兴市柯桥区、义乌市农业部门执行
14	省级农业新型主体资格（农业龙头企业、农民专业合作社）及名牌农产品认定	省农业厅	调整为行政确认
15	畜禽遗传资源保种场认定	省农业厅	调整为行政确认
16	浙江省农业机械推广鉴定证书核发	省农业厅	调整为行政确认
17	肥料登记	省农业厅	调整为行政确认
18	与国外签署涉及林业系统地方级自然保护区的协议认可	省林业厅	调整为行政确认
19	省级森林公园的命名（含总体规划）	省林业厅	调整为行政确认
20	省级湿地公园的命名	省林业厅	调整为行政确认

续表

序号	项目名称	实施机关	调整情况
21	船舶海事签证	省地方海事局	调整为行政确认。由设区市、县(市、区)交通运输部门执行
22	投资估算、设计概算和施工图预算审查	省交通运输厅	调整为行政确认
23	地方水利建设基金优惠管理	省地税局	调整为行政征收
24	城镇土地使用税困难优惠管理	省地税局	调整为行政征收。由省地税局直属一分局,设区市、县(市、区)地税部门执行
25	社会体育指导员技术等级称号认定	省体育局	调整为行政确认
26	浙江省等级运动员认定	省体育局	调整为行政确认
27	浙江省等级裁判员认定	省体育局	调整为行政确认
28	重点建设项目的档案验收	省档案局	调整为行政确认
29	文物保护单位的撤销 *	省文物局	调整为行政确认
30	国产药品备案的补充申请	省食品药品监管局	调整为备案事项
31	测绘作业证件核发	省测绘与地理信息局	调整为行政确认。委托设区市、县(市、区)测绘与地理信息部门执行
32	民间资金管理企业组建方案备案与监管	省金融办	调整为监督管理

(三)省级部门下放给设区市、县(市、区)或部分地域实施的行政许可事项(22 项)

序号	项目名称	实施机关	下放后实施机关	下放方式
1	外国和港澳台律师事务所驻内地或大陆代表机构设立许可	省司法厅	设区市司法行政部门	由设区市司法行政部门负责受理和审核
2	外国和港澳台律师事务所驻内地或大陆代表机构派驻代表执业许可	省司法厅	设区市司法行政部门	由设区市司法行政部门负责受理和审核
3	外国人入境就业许可	省人力社保厅	设区市、县(市、区)人力社保部门	委托
4	设立人才中介服务机构审批	省人力社保厅	设区市、县(市、区)人力社保部门	下放管理层级
5	职业介绍机构资格认定	省人力社保厅	设区市、县(市、区)人力社保部门	下放管理层级
6	举办民办职业技能培训机构许可	省人力社保厅	设区市、县(市、区)人力社保部门	下放管理层级
7	劳务派遣经营许可	省人力社保厅	设区市、县(市、区)人力社保部门	下放管理层级
8	特殊工时制度审批(对省级机关事业单位、省部属国有企业的特殊工时制度审批除外)	省人力社保厅	设区市、县(市、区)人力社保部门	下放管理层级
9	古生物化石交易场所审批	省国土资源厅	县(市、区)国土资源部门	下放管理层级
10	建设项目用地预审(省级)	省国土资源厅	设区市国土资源部门	委托。内容为除国土资源部委托审批预审项目及建设用地跨设区市项目外的其他省级审批权限

续表

序号	项目名称	实施机关	下放后实施机关	下放方式
11	农村土地综合整治与城乡建设用地增减挂钩审核 *	省国土资源厅	富阳市、瑞安市、德清县、嘉兴市南湖区、嘉兴市秀洲区、嘉善县、平湖市、海盐县、海宁市、桐乡市、绍兴市柯桥区、诸暨市、东阳市、义乌市、江山市、开化县、舟山市、临海市国土资源部门	委托
			县（市、区）国土资源部门	委托。内容为农民建房单独组件审批
12	农转用审核 *	省国土资源厅	富阳市、瑞安市、德清县、嘉兴市南湖区、嘉兴市秀洲区、嘉善县、平湖市、海盐县、海宁市、桐乡市、绍兴市柯桥区、诸暨市、东阳市、义乌市、江山市、开化县、舟山市、临海市国土资源部门	委托
			县（市、区）国土资源部门	委托。内容为农民建房单独组件审批
13	土地征收审核 *	省国土资源厅	富阳市、瑞安市、德清县、嘉兴市南湖区、嘉兴市秀洲区、嘉善县、平湖市、海盐县、海宁市、桐乡市、绍兴市柯桥区、诸暨市、东阳市、义乌市、江山市、开化县、舟山市、临海市国土资源部门	委托
14	单独选址建设项目国有土地使用权审核 *	省国土资源厅	富阳市、瑞安市、德清县、嘉兴市南湖区、嘉兴市秀洲区、嘉善县、平湖市、海盐县、海宁市、桐乡市、绍兴市柯桥区、诸暨市、东阳市、义乌市、江山市、开化县、舟山市、临海市国土资源部门	委托
15	通航水域拖放竹、木等物体审批	省地方海事局	设区市、县（市、区）交通运输部门	下放管理层级
16	蚕种生产经营许可	省农业厅	县（市、区）农业部门	下放管理层级
17	企业及分支机构登记（设立、变更、注销）	省工商局	设区市、县（市、区）工商部门	部分授权
18	机动车安全技术检验机构检验资格核准	省质监局	设区市、义乌市和嘉兴市所辖各县（市、区）质监部门	委托
19	产品质量检验机构资格认定	省质监局	设区市、义乌市和嘉兴市所辖各县（市、区）质监部门	委托
20	改建、拆除电影院和放映设施批准	省新闻出版广电局	县（市、区）广电部门	下放管理层级

续表

序号	项目名称	实施机关	下放后实施机关	下放方式
21	人防工程报废许可	省人防办	设区市、县(市、区)人防部门	下放管理层级
22	丙级测绘资质认定	省测绘与地理信息局	设区市测绘与地理信息部门	委托

(四)调整为后置审批的工商登记前置审批事项(25项)

序号	项目名称	实施机关
1	自费出国留学服务中介机构审批	省教育厅
2	废弃电器电子产品处理许可	设区市环保部门
3	经营国际船舶管理业务登记(内资)	省交通运输厅
4	水路运输业务经营许可	省、设区市港航管理机构
5	港口经营许可	港口所在地港口管理部门
6	拖拉机驾驶培训资格许可	省农业厅
7	兽药经营许可证核发	省、设区市、县(市、区)农业部门
8	农业机械维修技术合格证书核发	县(市、区)农业部门
9	蚕种生产、经营许可	县(市、区)农业部门
10	港、澳投资者在内地投资设立合资、合作、独资经营的演出经纪机构审批	省文化厅
11	港、澳投资者在内地投资设立合资、合作、独资经营的演出场所经营单位审批	省文化厅
12	台湾地区投资者在内地投资设立合资、合作经营的演出经纪机构审批	省文化厅
13	台湾地区投资者在内地投资设立合资、合作经营的演出场所经营单位审批	省文化厅
14	设立内资演出经纪机构审批	省文化厅
15	设立中外合资、合作经营的娱乐场所审批	省文化厅
16	设立内资文艺表演团体审批	县(市、区)文化部门
17	设立内资娱乐场所审批	县(市、区)文化部门
18	设立互联网上网服务营业场所经营单位审批	设区市、县(市、区)文化部门
19	公共场所卫生许可(不含公园、体育场馆、公共交通工具卫生许可)	设区市、县(市、区)卫生部门
20	外商投资广告企业设立分支机构审批	省、设区市、县(市、区)工商部门
21	电影发行单位设立、变更业务范围或者兼并、合并、分立审批	省新闻出版广电局
22	电影放映单位设立、变更业务范围或者兼并、合并、分立审批	县(市、区)广电部门
23	旅行社经营出境旅游业务资格审批	省旅游局
24	外商投资旅行社业务许可	省旅游局
25	旅行社业务经营许可证核发	省旅游局

注:*为部门审核、政府审批项目。

浙江省人民政府办公厅关于在新昌县开展科技体制改革试点的通知

各市、县(市、区)人民政府,省政府直属各单位:

经省政府同意,在新昌县开展科技体制改革试点,现将试点方案予以印发。新昌县要认真组织实施试点工作,为全省深化科技体制改革、实施创新驱动发展战略、建设工业强省提供经验和示范。省级有关部门和绍兴市要加强支持和指导,推动试点工作顺利开展。

附件:新昌县科技体制改革试点方案

2014 年 12 月 21 日

附件

新昌县科技体制改革试点方案

为认真贯彻落实《中共浙江省委关于认真学习贯彻党的十八届三中全会精神全面深化改革再创体制机制新优势的决定》精神,推进科技体制改革,结合新昌县实际,制定本试点方案。

一、指导思想

把握信息化背景下新一轮科技革命和产业变革的机遇,充分发挥网络技术优势,全面建设创新驱动发展的体制机制,打通科技与经济社会发展的通道,让一切劳动、知识、技术、管理和资本的活力竞相迸发,让一切创造社会财富的源泉充分涌流,加快创建工业强县,打造县域经济升级版。

二、基本原则

坚持改革推动

着力科技体制机制改革,突破创新障碍,激发创新活力,破解科技投入产出不匹配、产学研用结合不紧密、科技评价机制不合理、人才发展机制不完善的问题。

坚持市场导向。发挥市场配置资源的决定性作用,加快推进技术成果商品化、市场化、产业化,提升创新实效。

坚持企业主体。充分发挥企业的创新主体作用,充分发挥企业在产学研协同创新中的主导作用,提升产业技术的自主创新能力。

三、总体目标

通过科技体制改革,有效突破制约产业技术创新的体制障碍,激发企业自主创新的活力,力争到 2017 年基本建立与主导产业、支柱产业相匹配的开放合作、充满活力的科技体制与区域技术创新体系,成为全省企业自主创新先行区、信息化与工业化深度融合试验区、科技体制改革示范区、产业转型升级示范区。

工业强县基本建成。高新技术产业产值、战略性新兴产业产值、新产品产值实现“三个翻一番”,工业经济质量效益显著提升,信息化与工业化深度融合全面推进,单位资源产出更加有效,工业强县综合评价排名列全省县(市、区)前 10 位。

产业自主创新能力大幅提升。以科技体制改革促产业技术创新,形成 10 家拥有核心技术和国际竞争力的创新型企业,培育 30 家行业领先的创新型企业,形成智能纺织印染装备、高端数控机床、生物医药等具有核心竞争力的优势产业。主要创新指标继续走在全省前列,技术创新综合评价排名位列全省县(市、区)前 5 位。

技术创新机制更富活力。以企业自主创新与建立政府对技术创新的精准服务体制为重点,突破企业自主创新、产学研协同创新、成果转化、人才集聚等方面体制性的制约,建立起以企业为主体的产业技术创新生态体系、驱动产业升级的科技支撑体系、新型科技型创业服务体系、良好的科技政务服务体系,形成“小县大科技”格局。

四、主要任务

(一)完善企业主导的技术创新体制

1.实施企业“当家作主”的产学研协同创新制度。突出企业需求导向,开展科技对接,实施“一对一”精准服务,通过技术入股、合作开发等形式,形成有利于技术创新的利益共同体,基本实现规模以上企业产学研合作全覆盖。建立由企业出题的科技立项机制,加大对重大科技项目的支持力度。

2.全面实施在企业建设重点企业研究院的制度。改变单纯依赖高校设立产业技术研究院的做法,建立省市县三级智能纺织印染装备、高端数控机床、生物医药的实验室全部建在符合条件的企业的制度;并针对上述产业链薄弱环节,组织开展瓶颈技术攻关。试行重点企业研究院现代法人治理制度,创新关键技术攻关、高端人才引进培养、内部激励分配等机制。

3.建立鼓励技术创新人才参与企业研究院工作的制度。出台鼓励高等院校研究生团队到重点企业研究院参与技术开发的生活费补助政策、根据创新绩效的奖励政策，促进产学研人才参与一线的技术创新，形成柔性引进国内外工程师的政策体系。积极探索符合企业发展实际、能有效激发企业创新活力的高新技术企业研发人员职称评聘制度。

4.建立促进科技型小微企业创立与发展的协同服务机制。完善创业服务促进机制，推进科技人员创业、民间资本投资科技领域创业、创业资本与科技成果相结合创业，激发全民创新创业热情。

(二)推进“四个全覆盖”的信息化与工业化深度融合机制

推进“产品换代”，培育与引进国际国内先进的工业设计公司、电子信息和软件企业，加强与纺织印染装备、数控机床等企业的对接，每年开发100项以上升级换代新产品。推进“机器与机器人换人”，在汽车部件、制冷装备、轴承等行业的劳动密集型环节加快工业机器人、物联网等应用，每年实施100个“机器换人”重点项目。推进“制造换法”，培育引进工业信息工程公司、智慧医药化工工厂工程公司，在装备制造、医药化工等行业建成一批数字化工厂、无人车间，形成连续生产、联网协同、智能管控的制造模式。推进“商务换型”，加快电子商务应用，鼓励生产企业开展网络在线销售。推进“管理换脑”，支持大中型企业运用大数据与云计算，全面推行专有“云”服务，设立企业数据信息共享平台，在中小企业推行各类信息管理系统，构建快速反应、协调整合的管理体系，推进有条件的企业从生产制造型转向制造服务型。到2017年，基本实现智能化、网络化技术对机电、机械类产品的全覆盖，“机器与机器人换人”对规模以上工业企业的全覆盖，网络在线销售对规模以上工业企业的全覆盖，绿色安全网络制造方式对医药化工等行业的全覆盖。

(三)推行技术成果市场化配置机制

1.对技术市场平台进行企业化改革。组建新昌网上技术市场公司，实行按技术交易实绩给予补贴的政策。推进技术交易中介机构的企业化运作，提高技术成果交易的成功率与实效。

2.推进检测服务的市场化运作机制创新。推动国家级轴承质量检测中心建立市场化运作机制，支持新昌发展企业化运作的制冷设备、智能纺织印染装备、汽车零部件等检测服务业，推行“创新券”，建立政府资助购买检测等技术服务的机制。

3.建立知识产权联动保护机制。探索县级知识产权委托执法模式，加强行政保护与司法保护的衔接，实行联动执法。加强企业研发中心、实验室等技术研发重点领域商业秘密保护，建立公安机关与重点企业的联系平台，在规模以上企业全面建立知识产权内控体系，实现从打击保护向企业内控保护转变。

(四)深化技术创新开放合作机制

建立政企双层对外对接的协同合作平台。以企业技术需求为导向，编制技术难题需求清单、企业项目合作清单、专用电子及软件对接清单、人才团队合作清单、技术研发合作清单。政府有关部门依据上述五张清单组织与杭州国家高新区等的高技术企业开展产业精准对接合作，与中科院宁波材料所等高校、科研机构开展先进装备制造、新材料技术精准对接合作，创建以企业为基础的县与区、县与所、县与校新型双层长期合作机制。在杭州国家高新区等智力资源富集地区设立新昌企业联合的研发大楼、孵化器等创新载体，在新昌高新园区设立科创区转化落地研发成果。

(五)完善企业高层次人才的引进集聚机制

1.完善支持企业引进高端人才团队的政策。实施“天姥英才计划”，大力引进资深专家、海外工程师与高层次海外留学人员。完善企业柔性引进人才机制，探索“户口关系在外地、平时工作在新昌”模式。

2.建立高技能人才培训的机制。组织开展专业性科技培训、企业职工学历教育等“再培训”，促进高技能和紧缺型人才培养，根据行业优势赋予新昌企业自主评价职业技能的权限。

3.完善人才激励保障机制。完善企业引进高端人才的住房补贴、家属子女落户等政策，加快人才公租房、专用房建设。加快新昌山水品质之城建设，完善人才服务机制，使高层次人才愿意来、留得住。

(六)优化科技投入产出相匹配的科技管理体制

1.建立科技创新有效投入持续增长的机制。坚持“增加增量、调整存量”，整合利用科技创新经费，力争科技、人才、信息化、高新产业等财政科技投入占本级财政支出的比例达到10%。提高财政科研经费使用绩效，按重点支持攻短板、做强产业链的要求，实行科技资金择优分配，提高科研经费配置绩效。建立第三方独立评价机制，定期发布科技创新指数。

2.加强对科技型创业的资金支持。采用社会资本和财政引导资金相结合的方式，设立和引进天使基金等风险投资基金，加强科技型中小企业担保体系建设。积极推动科技企业股改，鼓励和支持符合条件的科技企业在国内外多层次资本市场挂牌、上市。推动上市公司开展并购重组，在国内外集聚整合优质资源，引领带动区域经济转型升级。支持新昌开展企业知识产权质押贷款、专利保险等科技金融产品创新，保障科技型企业融资需求。

(七)建立企业家领导科技能力提升机制

开设科技大讲堂、企业创新论坛，定期举办科技创新专题培训班，鼓励企业家、经营管理团队参加高级管理研修班，提高领导和运用信息化等前沿科技的能力。建立科技企业家激励机制，对具有科技领导能力的优秀企业家和高端创新人才，给予政治待遇和荣誉，提高其社会地位，形成尊重科技、尊重人才的氛围。

(八)建立领导干部抓创新的导向机制

建立领导干部定期学习科技知识制度，提高其科技服务能力。实行领导干部联系科技企业、项目、人才等制度，在规模以上企业全面派驻科技指导员。精准制订科技等政策，并加强对接和落实，提高政策的实效性。坚持和完善科技进步目标责任制考核制度，加大科技工作在领导干部绩效考核中的权重，对重视创新并取得实绩的基层好领导、好干部，优先任用，形成科技导向的用人机制。

五、保障措施

（一）加强组织领导

建立"县为主、市参与、省指导"的科技体制改革试点推进机制。新昌县成立科技体制改革试点工作领导小组，强化"一把手"抓改革、抓创新的责任，统筹协调、组织实施试点工作。

（二）制订实施计划和配套政策

根据本试点方案，进一步制订阶段性实施计划，明确年度重点推进的改革任务。组织力量开展调研，出台配套政策，形成一个试点方案和多个实施细则的"1＋X"试点行动框架。

（三）加强省级对改革的服务指导

省级有关部门要改变单纯依靠政策培育典型的做法，认真落实中央和省委、省政府关于深化改革、转变作风、"八项规定"等各项部署要求，加强对新昌县科技体制改革试点的服务指导，激发新昌县内生发展动力和活力。由省科技厅牵头，省经信、发展改革、教育、人力社保、财政、国土资源等部门成立定人定工作要求的改革指导组，抓好各项改革任务的落实，真正形成抓改革、促创新、促升级的格局。

中共富阳市委　富阳市人民政府
关于印发《富阳市推行权力清单制度试点方案》的通知

各乡镇党委、政府，各街道党工委、办事处，市级机关各单位：

《富阳市推行权力清单制度试点方案》已经省政府批复同意，现下发给你们，请各有关部门认真抓好权力清单制度的试点工作，为全省各地加快推进政府职能转变、建设法治政府和服务型政府提供经验和示范。

2014 年 1 月 17 日

富阳市推行权力清单制度试点方案

2008 年以来，富阳市积极开展以清权、减权、制权为核心内容的行政权力规范运行改革，市政府及工作部门的行政权力从 2008 年的 7800 多项精简到 2012 年的 2500 多项，有效促进了行政权力公开、透明、高效运行。为扎实推进富阳市权力清单制度试点工作，根据中央和省委、省政府关于深化改革的重要决策部署和要求，结合富阳实际，制订本方案。

一、总体要求

（一）指导思想

以邓小平理论、"三个代表"重要思想、科学发展观为指导，认真贯彻落实党的十八大、十八届三中全会和省委十三届四次全会精神，强化"以人为本、执政为民"的理念，正确处理政府与市场、政府与社会的关系，按照"全面清权、简政放权、科学确权、规范用权、严格控权"的思路，开展权力清单制度试点，为全省各地加快推进政府职能转变、建设法治政府和服务型政府提供经验和示范。

（二）基本原则

1. 法治原则。充分尊重宪法和法律的权威，科学确定政府及其部门行政职权，依法规范行政权力运行，切实保障行政相对人救济权利等各项合法权益。

2. 精简原则。按照"能减则减、该放尽放、应管善管"的原则，把该放的权力放开放到位，把该管的事务管住管好，促进政府职能加快转变。

3. 效能原则。深化行政审批制度改革，创新行政执法体制机制，简化行政程序、工作流程和办事环节，促进行政权力高效运行。

4. 严控原则。坚持用制度管权，积极推进行政权力阳光运行、规范运行，强化全过程、全方位监督，形成科学有效的行政权力监督制约机制。

（三）工作目标

继续深化清权、减权、制权等各项工作，形成县（市）一级政府行政权力清单；依法全面公开权力运行流程，形成可检查、可追溯、可监督的权力运行体系；积极推进政府机构设置和职能配置优化，形成分工合理、责任清晰、运转高效的政府治理结构，加快建设人民满意政府。

二、主要任务

（一）清权厘权

按照国家法律法规和十八届三中全会确定的全面深化改革要求，对市级各部门的行政权力再次进行全面清理，厘清权力名称、法律依据、行使部门等。

（二）减权简权

对无法律法规依据或原法律法规依据被废止的行政

权力，一律取消；对有法律法规依据、但不符合全面深化改革要求的行政权力，予以严管；对基层行使更方便、更有效的行政权力，以委托授权等方式下放基层行使；对内容相近的行政权力，予以合并；对多部门共同行使的同一行政权力，明确一个行使主体。

（三）确权制权

对确定的各项行政权力，明确行使部门，统一编码，形成部门权力清单；科学编制每项行政权力的运行流程，制定行政程序规范性文件，公开权力运行过程和结果；建立权力运行监督制度，对行政权力运行进行全程、实时、多方监控；明确责任主体，健全问责制度。

三、实施步骤

（一）部署阶段

本方案报经省政府同意后，进一步细化分解主要工作任务，明确牵头部门，建立工作小组，落实工作职责。

（二）推进阶段

由各工作小组牵头，依照职责分工对行政权力事项进行清理，并对部门职责进行调整、优化。根据各组提供的清理结果，对各部门的行政权力进行确权，形成市政府及其工作部门的权力清单。

（三）评估阶段

2014 年 6 月底，对试点进展情况进行阶段性总结评估，总结试点经验，查找存在问题，深化改革举措，并上报省政府。

四、支持政策

（一）省级有关部门加强对富阳市权力清单制度试点工作指导

富阳市改革试点工作涉及面广、任务重、难度大、法律法规和政策要求高，为确保改革试点工作顺利进行，由省编委办会同省法制办、省监察厅等部门全程给予督促指导。

（二）支持富阳市深化行政审批制度改革

富阳市可根据本地区实际，提出暂停实施省、杭州市设定的行政审批事项（地方性法规设定的除外）目录，报经省政府、杭州市政府同意后实施；探索负面清单外企业投资项目政府不再审批改革；条件成熟的行业可探索先照后证、住所地和经营场所分离等为主要内容的商事登记制度改革。

（三）支持富阳市推进行政执法体制改革

整合执法主体，相对集中执法，切实解决权责交叉、多头执法问题。

五、保障措施

（一）加强领导，建立工作机构

成立富阳市推行权力清单制度试点工作领导小组，市委主要领导担任组长，市政府主要领导担任常务副组长，市有关领导担任副组长，市级有关单位主要负责人担任成员。领导小组下设办公室，负责日常工作。办公室下设综合协调组、清理部门职责组、规范权力运行组、审改工作组和权力监督组五个工作小组，抽调专门人员力量具体落实试点各项工作任务。

（二）密切配合，形成工作合力

各部门思想上要高度重视，亲自抓、重点抓，调动本部门本系统各方面人员力量的积极性，确保任务落实、责任到人、保障到位。各工作小组既要各司其职、各负其责，又要密切配合、通力协作，共同推进权力清单制度试点工作顺利开展。要紧紧围绕工作重点，严格按照工作要求，倒排时间节点，按时保质保量完成各项任务。

（三）督查考评，完善长效机制

建立信息通报制度和工作督查制度。及时向省级有关部门报告改革试点进展情况和遇到的困难问题。严格按照时间节点推进各项试点工作。同时强化制度建设，逐步完善权力规范运行的长效机制。

附件：富阳市推行权力清单制度试点工作各阶段任务分解表（略）

中共象山县委　象山县人民政府
关于全面深化农村改革发展持续推进
幸福美丽新农村建设的若干意见

为认真贯彻落实党的十八届三中全会和中央农村工作会议精神，根据宁波市《进一步深化城乡一体化改革发展的若干意见》和县委《关于认真学习贯彻党的十八届三中全会精神深化改革创新驱动推进转型发展的决定》要求，结合我县实际，就 2014 年全面深化农村改革发展，持续推进幸福美丽新农村建设，提出如下意见。

一、总体要求和工作目标

1. 总体要求。以科学发展观为指导，以城乡一体化为导向，坚持“四化”同步，全面深化农村改革发展，加快推进农业现代化、农村城镇化、农民市民化、要素市场化，继续推进省美丽乡村先进县创建工作，有效提升全县新农村建设水平，着力打造具有滨海特色的幸福美丽新家园。

2. 主要目标。2014 年，实现农业总产值 110 亿元，增长 3.8%；农渔民人均纯收入达到 2 万元，增长 10.5%。培育创建全面小康村 6 个以上、中心村 3 个以上、特色村 10 个以上，完成欠发达地区村庄提升改造 13 个，梳理改造行政村 100 个，基本完成全县第一轮村庄梳理改造工作，建设农民集中居住区 19 个，安置农户 2100 户。创建县级以上森林村庄 40 个，完成 108 个村的生活污水治理，建成文化礼堂 55 个。

二、突出"四村一线"，着力深化美丽乡村建设

3. 修编完善城乡规划体系。按照城乡一体化发展要求，以新型城镇化为引领，根据"城镇高度集聚，农村多样保留"的发展方向，调整完善城乡规划体系，优化县域城镇发展、村庄分布、产业平台、基础设施、农田保护、生态功能等空间布局，实现经济社会发展规划、城乡体系规划、土地利用规划等各项规划的有机衔接融合。2014 年全面完成村庄布局规划修编工作，对人口规模在 100 户以下的行政村和 50 户以下的零星分散的自然村逐步引导搬迁。搞好全面小康村、中心村、特色村、精品线(区块)、整乡整镇、景观带等点面线相结合的区域美丽乡村规划编制，构建多样化美丽乡村特色形态，建设一批城镇城郊型新村、田园宜居型靓村、生态文化型美村。

4. 提高镇村联动集聚化水平。积极稳妥推进新型城镇化，突出增强小城镇的承载能力和辐射带动功能，加大卫星城、中心镇的培育力度，进一步发挥集聚辐射作用。继续实施农民集中居住区建设，创新投融资机制，规范工程质量管理，加快人口集聚。加强中心村培育，重点推进设施网络和公共服务配套，辐射带动周边村人口转移集中，加快建设成为区域集聚中心，启动创建中心村 3 个。深入推进山区海岛移民、弱小村撤并安置与小城镇、中心村培育有机对接。对规划搬迁村在维持其基本生产生活条件下，原则上不再进行新的项目投入与设施配套。深化户籍制度配套改革，促进有能力在城镇合法稳定就业和生活的常住人口有序实现市民化。探索贤庠镇城乡一体化改革发展试点，规划实施"三农"优化示范项目，加强政策支持和工作指导，先行示范带动区域一体化发展。

5. 推进各类示范创建。研究建立村庄整治建设规划体系和信息化管理平台，创新申报竞争、项目管理、标准化建设等工作机制，深入开展示范村和精品线创建，进一步发挥示范典型作用。深化全面小康村创建，推行择优申报、竞争淘汰机制，综合推进村庄环境"洁、齐、清、绿、美"，打造村庄建设样板。围绕历史文化、产业集聚、主题开发等不同类型，加快特色村创建，营造"一村一品""一村一韵""一村一景"，全年新启动培育特色村 5 个、达标 7 个。继续实施相对欠发达地区村庄整治建设提升行动，促进区域协调发展。开展串点、连线、成片打造和区域环境景区化建设，以"三村"为支点，综合实施沿线绿化、卫生整治、景观塑造、立面改造为主要内容的景观线(区块)建设，提升区域整体建设档次，新增精品线 1 条、创建美丽乡村先进镇乡 1～2 个。

6. 深化"三改一拆"行动。有序推进城中村、旧住宅、旧厂区改造，以"无违建"村庄、小区、道路、河道创建为载体，深入实施各项整治行动。扎实开展海域港口岸线整治，规范海域和港口岸线使用秩序。强力推进"一户多宅"清理，深化村庄梳理改造，提升农村人居环境。大力开展城镇核心区块专项"清爽"行动和户外广告整治行动，优化城镇发展环境。2014 年全县创建"无违建乡镇(街道)"4 个。落实防违控违措施，建立健全长效管控机制。

三、发展现代农业，着力增强农村经济实力

7. 稳定粮食生产能力。把确保粮食安全作为发展现代农业的首要目标，稳定粮食播种面积，优化品种结构，提高单产和品质。扎实推进粮食生产功能区标准化建设，继续实施超级稻"3816"产能提升工程，推广超级稻 10 万亩。落实粮食扶持政策，积极培育种粮大户，发展家庭农场，促进粮食适度规模经营。

8. 加快现代农业发展。以"让农业成为有奔头的产业"为目标，优化农业产业布局，提高农业经营效益。加快推进"一核一带两区多园"建设，实现组团式发展。以环大塘港十万亩现代农业先导区为核心，提升建设水平，创建省级生态循环农业示范县；以南韭山—渔山区域为重点，建设海洋经济生态产业带；推进农业"两区"建设，促进农业转型升级；加快农业各类精品园建设，新实施精品园区项目 7 个。按照"强主产、调低产、育新产"的思路，优化农业产业结构，做强做大龙型产业，鼓励发展循环农业、设施农业、观光农业、海洋牧场等新型业态。加大农业招商引资力度，加快农业重大项目建设。强化农业科技支撑，深化院校合作，加快新品种、新工艺和新设备应用和"千斤粮万元地"新农作制度推广，提高农业机械化水平，增强农业增产增效能力。加强动植物疫病防控，健全农产品质量安全监管体系。推进农业标准化体系，新增绿色食品 3 个、无公害农产品 10 个、无公害农产品产地 1 万亩。鼓励创建农产品品牌，争取新增名牌名标 5 个以上。深化智慧农业项目建设，提高农业信息化水平；大力发展电子商务，鼓励开设商务网站和网上直销店，拓宽农产品销售渠道。

9. 深化对台交流合作。以宁波象保合作区落户动建和"两区"建设深入推进为契机，深化对台农渔业合作交流。组织农业经营主体和科技人员赴台培训学习，提高经营管理和技术应用水平。巩固发展"三联农庄"、石斑鱼中转精养等现有合作基地，发挥示范带动效应。进一步加大推介力度，拓宽合作渠道，力争引进更多的龙头型、战略型农业项目。

10. 大力发展乡村旅游。经营美丽乡村建设成果，把乡村旅游作为农民致富的主要手段来抓。充分依托旅游景区、农渔产业、山海资源、民俗文化和乡村环境，大力发展以农家客栈为重点的乡村旅游业。制定实施新一轮农家客栈发展三年行动计划，加强引导管理，规范行业标准，加大扶持力度，开展宣传促销，促进提档升级、集群发展，到 2016 年，力争全县发展农家客栈为重点的乡村休闲旅游村 30 个，农家客栈经营户 800 户，床位突破 10000 张。其中 2014 年新增农家客栈休闲旅游村 5 个、经营户 100

户、床位2000张；年乡村旅游消费收入达到3亿元以上。

11. 壮大村级集体经济。充分利用各种资源，积极探索多种发展路子。优先支持发展物业经济，引导村合理利用集体发展留用地和建设用地，通过自主开发、合资合作等形式，开发街面商铺、民工公寓楼、专业市场等项目，重点培育一批镇(乡)统一实施的集体经济物业项目。积极盘活村集体经营性建设用地、闲置办公用房等存量资产，以入股、租赁等形式，因地制宜发展二、三产业。着力搭建服务平台，加快农村来料加工业发展。加大农业资源的开发力度，支持村集体加快基地改造、开展综合利用，发展集体所有的特色产业园区、生态观光园区，提高开发效益。围绕现代农业、乡村旅游等产业发展，培育相关服务业，实现服务增收。力争全年村级集体经营性收入增长10%以上。

四、构筑"五张网"，着力优化公共资源配置

12. 加快构建城乡一体的水环境网。全面实施"治水强基"三年行动计划，全力打好防洪水、排涝水、治污水、保供水、抓节水的"五水共治"攻坚战，全年建成434个水利项目。推进除险加固和防洪排涝工程建设，加大农田水利重点县建设力度，加快市级小农水项目进度，努力提高抗灾减灾和水利保障能力。加快民生水利建设，实施农村饮用水提升工程，提高农村饮用水安全标准，建设农民饮水安全提升工程39个项目。大力开展水环境综合整治，加强水源地保护，推进生态河道建设，完成贤庠等7个镇乡河道治理56公里，清淤土方113万方。加快农村生活污水治理工程，全年完成集中式处理68个村、分散式处理40个村。增强全社会节水意识，大力实施节水工程，推广节水技术。

13. 加快构建城乡一体的绿化生态网。编制《象山县森林城市建设总体规划(2013－2020)》，科学指导"森林象山"建设，大力开展绿化美化工作。深入推进"四边三化"，全县平原绿化完成2500亩，新增城镇绿地面积32万平方米，创建市级以上森林城镇1个、县级以上森林村庄40个，完成"四边"区域山体"森林提升"5300亩以上。深入开展全民义务植树活动，推动开展"洁美庭院"活动，树立植绿、爱绿、护绿的良好社会氛围。构建生态补偿机制，扩大补偿范围，稳步提高生态公益林生态补偿标准，切实加强森林消防安全建设。计划建设林区道路20公里。

14. 加快构建城乡一体的卫生保洁网。注重与"三改一拆"、"两城创建"、"三整治一提高"等专项工作相结合，巩固国家卫生县城创建成果，完善农村环境保洁制度，融合环卫、管理、机制"三个接轨"，逐步构建"一把扫帚扫城乡"的环境保洁长效格局。以网格化管理为载体，落实责任区制度，主要道路门前三包责任制签订率100%，落实率95%以上。完善农村环卫设施，加强农村生活垃圾太阳能生态处理站运行管理，推进农村垃圾资源化、无害化、减量化处理。提升农业面源污染治理水平，建设病死畜禽无害化处理设施。探索建立财政奖补农村环境保洁办法，实现农村环境保洁常态化。

15. 加快构建城乡一体的交通客运网。围绕方便和改善农村出行条件，构建城乡一体化交通规划体系，同步编制县乡公路网调整规划。启动实施象山现代物流园区公共服务中心项目，组建国有城乡客运公司，逐步对县境内客运班车进行城乡客运一体化改造。优化农村客运网络布局，完善保留村庄内部道路结构。加快农村公路网络化建设，完成建设四级以上公路40公里。适应乡村旅游开发需要，组织编制全县休闲绿道建设规划。

16. 加快构建城乡一体的保障服务网。推进城市基本公共服务向农村覆盖，逐步实现城乡教育、医疗、文化、体育等基本公共服务均等化。不断完善覆盖城乡居民的社会保障体系，推进各类养老制度有序衔接，积极落实新一轮社保扩面工作，力争五大基本保险新增参保人数3.3万人次以上，本地户籍人口各类养老保险参保率达到80%。落实对低收入农户的帮扶措施，逐步提高收入水平。有序推行计划生育调整政策，加快人口计生信息化建设步伐；积极实施社区卫生服务站(村卫生室)一体化建设计划，全县规范化率达到70%以上。深化教育综合改革，科学配置教育资源，推进城乡教师流动，进一步提升农村教育质量。全面构建多层次养老服务体系，重点建设农村集中式居家养老服务站点35个，新增养老床位1600张，实现50%以上行政村建有居家养老服务站点。规范村邮站和农村综合信息服务站管理，提升服务功能。深入实施农村生态文化建设工程，加快"文化礼堂"建设；加大文明村创建力度，开展庙宇整治，深化殡葬改革，促进移风移俗，倡导乡风文明。

五、突出重点领域，着力推进农村各项改革

17. 加快农村土地制度改革。加快农村集体土地所有权、宅基地使用权、承包土地使用权确权、登记、颁证，维护村集体和农民土地用益物权。研究构建城乡统一的建设用地市场，制定农村集体经营性建设用地出让、租赁、入股办法。以土地利用总体规划中期评估为契机，充分发挥城乡建设用地增减挂钩政策效应，盘活农村土地存量资源。土地综合整治项目区内，按照建新拆旧、先占后补、占补平衡的要求，配套安排农村发展必需的土地周转指标。探索农村宅基地有偿使用、有偿退出机制，推进农民住房财产权抵押、担保工作，慎重稳妥开展转让试点。完善农村土地承包经营政策，赋予农民对承包地占有、使用、收益、流转及承包经营权抵押、担保权能。完善被征地农民保障机制，合理提高土地增值个人收益。加强农户建房管理，严格执行"一户一宅"政策，坚决打击小产权房。

18. 创新农业经营体制。以解决好地怎么种为导向加快构建新型农业经营体系。培育和发展家庭农场、合作农场、农业企业等新型农业生产经营主体。以生产合作、供销合作、信用合作为核心，引导发展农村新型合作经济。探索组建合作社联合社，支持合作社开展资金和保险互助。积极培育运作规范的土地股份合作社，鼓励农民以土地承包经营权入股发展农业产业化经营。加大招商引资力度，鼓励和引导工商资本到农村投资发展适合企业化经营的现代种养业。健全农业基本公共服务组织体系，鼓励各类农业服务主体开展生产经营服务，培育推广农业专业服务新模式，加快推进现代农业发展。深入实施农村劳动力素质提升工程，以培育农场主和乡土专家为重点，研究生产型、技能型、经营型与市场农业相适应的农村实用人才培养机制，培养一批新型职业农民和现代农业生产经营者。全年培训农民1.5万人次，实现转移就业2000人以上。

19. 深化农村产权制度改革。赋予农民更多财产权利，逐步推行土地证、房产证、林权证、海域使用权证统一办理，建立城乡统一的不动产产权登记制度。健全农村产权流转交易市场体系，加强县、镇乡（街道）农村产权交易平台建设，促进农村土地承包经营权、集体养殖水域承包经营权、森林资源资产、农村房屋产权等规范流转。适时增加流转交易品种，优化农村资源配置，让农民享受到更好更多的改革红利。创新海洋管理体制机制，探索海域海岛使用权储备出让、海域海岛产权分割和变更登记办法，建立海域海岛资产评估机构，加快海域海岛流转交易。选择一批条件成熟的村，稳步实施村经济合作社股份制改革。

20. 优化农村金融服务。全面发展普惠金融，深入开展金融诚信竞赛活动，实现扩面增量，全县年末农业贷款余额突破100亿元。创新信贷品种，扩大农村有效抵押物范围，开展"文明诚信家庭"、"阳光普惠宝"等信用贷款；优化金融服务，简化办贷手续，新增村级金融便民服务点300个，全县行政村及规模较大的自然村实现全覆盖。积极打造信用镇乡（街道）、村、户"三信"工程，改善农村金融生态环境。完善政策性农业保险制度，拓展农业农村保险服务领域，提高高效生态农业保险比重，全县水产养殖政策性互助保险面积达到1万亩。

六、加强组织领导，着力夯实农村改革发展基础

21. 健全工作促进机制。健全党委统一领导、党政齐抓共管、综合部门组织协调、有关部门各司其职的领导体制和工作机制。强化督促检查，联动开展专项工作联合督查、重点工作定期督办，形成多形式、高频率、严态势的督查局面。完善考核办法，强化个性化定量考核，突出重点工作的考核份量，增强考核的"指挥棒"作用。探索农村工作指导员积极性激励机制，进一步发挥农指员服务农业发展、农村建设作用。强化各类先进典型宣传引导，营造良好的新农村建设氛围。

22. 构建政策激励机制。县级相关职能部门，要根据全面深化农村改革发展，持续推进幸福美丽新农村建设的总体要求，针对薄弱环节和瓶颈制约，强化统筹协调，完善财政保障机制，形成整体合力，分期分批研究出台专项配套政策，形成"1＋X"政策组合拳。研究发挥财政资金引导作用机制，探索工作进度、工作量、工作成效与补助额度挂钩的区别化奖励补助办法。实行当年项目立项与上年工作绩效挂钩机制，对工作主动、成效明显的地区进行政策、项目倾斜支持，形成良性竞争态势。各相关职能部门要各司其职、密切配合、加强指导，确保强农惠农富农政策措施落实到位。

23. 强化农村基层基础。以开展党的群众路线教育实践活动为契机，转变作风、重心下移、固本强基。加强农村党风廉政建设和"三资"管理，深化"双达标、双示范"活动，新建成镇乡（街道）标准化"三资"管理服务中心8个，示范村比例达到40%以上。严格落实《浙江省村级组织运行规则》，深化村民说事、村务会商和民事村办制度。强化对村组织和村班子主要负责人的管理，出台村党支部书记管理办法。抓好新一届村主要干部的培训，积极建设服务型党组织，全面推广"微党建、云服务"模式，整体提升村干部队伍的工作水平。结合撤村建居，完善城镇社区行政管理、自治结构和物业管理体制机制。树立系统治理、依法治理、综合治理、源头治理理念，探索农村基层社会治理新模式，积极创建平安村、法治村、无邪教村，确保广大农民安居乐业、农村社会安定有序。

2014年1月24日

中共温州市委　温州市人民政府
关于进一步深化国有企业改革的若干意见

各县（市、区）委、人民政府，市直属各单位：

为深入贯彻落实党的十八大、十八届三中、四中全会和《中共浙江省委　浙江省人民政府关于进一步深化国有企业改革的意见》（浙委发〔2014〕24号）精神，进一步增强温州国有经济活力，理顺国资管理体制，促进国有企业可持续经营，不断提升国有经济服务温州经济社会发展的能力，现就进一步深化我市国有企业改革提出如下意见：

一、深化国有企业改革的主要目标

（一）力争2020年前在国有企业改革的若干重要领域取得积极突破，国有企业的活力和竞争力进一步增强，国有经济的引领、支撑、带动作用进一步发挥

1. 形成主业突出、混合所有制取得进展的国资布局结构。国有资产逐步集中到事关地区经济社会发展和民生保障的基础设施、公益事业以及具有引领带动作用的战略性新兴产业上来。以资产证券化和积极利用资本市场为主要渠道，探索发展混合所有制经济，力争到2020年底市属竞争类国有资产证券化率达到20%以上。

2. 完善有效制衡、运作高效的现代企业制度。各级国有企业的公司制改造全面完成，以董事会为核心的公司法人治理结构作用充分发挥，企业选人用人及劳动用工机制依法规范完善，企业经营激励约束机制有效激活。

3. 确保企业债务风险可控、可持续经营能力不断提升。国资投融资机制进一步健全,政府项目资金平衡机制得以落实,企业投资项目梳理全面完成。企业可持续经营发展能力全面提升,债务风险预警和应对机制全面建立健全。

4. 建立职责清晰、监督有力的国资监管体系。分类管理机制全面建立,管资本探索试点取得进展,国资监管体系进一步理顺,出资人职责权利依法得到保障,全市各级经营性国有资产监管全面加强。

二、立足功能定位,增强国有经济的实力和竞争力

(二)清晰界定国有企业功能定位

按照资产属性和业务类型,分类明确企业改革方向,实现差异化管理。国有企业按三类进行划分:功能类企业在规定区域或行业内代政府履行基础设施建设与行业营运;公共服务类企业重点履行公共民生服务或自然垄断行业营运;竞争类企业重点履行保值增值和市场化经营职责。根据企业发展阶段,企业分类可适当调整。对涉及跨区域类别的企业,可按企业实际实施分层分类管理。

(三)突出主业提升国有企业经营能力

积极引导企业切实关注与重视主业经营和发展,推动资金、技术、人才、管理等各类资源向主业集中,打造优质产品、品牌和服务,不断提升企业主业的竞争能力和可持续经营发展能力。各企业要把握互联网新业态的趋势,推进电子商务向国有经济各领域拓展,创造更加高效的国有经济新业态和新商业模式。

(四)深化国有企业内部整合重组

各企业要加大力度落实所属企业整合重组方案,2015年底前基本完成退出企业的清理注销和不良资产处置,理顺资产关系,构建完善的集团治理结构。做大所属企业资产规模与实力,把所属企业打造成为国资经营运作的主力,把集团本级从烦琐的日常经营事务中摆脱出来,专注于发展战略研究和资本运作。改革二、三级企业的设立和调整机制,允许国有企业在主业和发展规划范围内,按"一事一议"的原则报国资监管机构审核、市政府审批,新设必要的二级、三级企业。企业内设机构的设置和调整由国资监管机构核定。要严格控制企业管理幅度,压缩管理层级,确保企业数量的适度可控,提高各集团管理效率。

(五)探索发展混合所有制经济

积极发挥现有上市公司平台资源的优势,充分利用资本市场,推动更多优质资产上市。高度重视并积极培育国有企业上市,鼓励已具备上市条件的企业聘请专业辅导机构,尽快启动上市准备工作。加大国有企业招商引资力度,做好国资项目整合包装,吸引有实力有品牌的民资、外资和央企、省企等战略投资者,多渠道探索混合所有制经济。

(六)谋划国有经济结构布局优化调整

近期保持现有14家市属以及社会类国有企业格局不变。远期以谋划市级国有经济"十三五"发展规划为契机,立足服务于市委市政府战略目标,探索组建国有资本投资运营平台,择机推动城建类、交通类、社会类以及竞争类市属国有资产和企业进一步整合重组,促进国有资本向重大基础设施、重要公共服务领域集中,更好发挥国有经济促进有效投资和服务民生事业的作用。加快一般竞争性领域国资的退出,一般不再新批新设;资不抵债、不具竞争优势、没有发展前景或实质业务的企业,要通过吸收兼并、解散破产等方式加快退出。

三、强化市场导向,加强现代企业制度建设

(七)优化法人治理结构模式

功能类和公共服务类企业要适当控制董事会人数规模,外派董事不必多于内部董事,董事长可兼任总经理。竞争类企业要强化企业董事会作用,董事长兼任党委书记,与总经理分设,董事会由内部执行董事和外部董事组成,外部董事要占多数,从国资监管机构、社会专业人士和专家学者中选聘。建立外派监事会制度,市属国有企业的监事会主席由市委市政府选派专人专职出任。专职监事由国资监管机构从"温州市国有企业监事管理中心"向企业派出。每组外派监事会可同时监管若干家企业。非公职人员身份的外部董事薪酬执行市场化标准。监事会主席薪酬比照企业正职确定。市属国有企业外部董事和监事会主席薪酬经费由市级财政保障。

(八)完善国有企业选人用人机制

坚持党管干部原则,保持现有国有企业领导人员管理体制和职数确定机制不变,市委在调配国有企业领导人员时,市国资委党委配合市委组织部开展考察。结合我市国有企业实际情况,积极探索符合企业发展需要的领导人员培养选拔、管理监督、考核奖惩等有效方式方法,选好配强国有企业领导人员。探索实行国有企业领导人员任期制,开展领导人员任期考核评价和经济责任审计制度,建立健全企业领导人员流动和退出机制。逐步落实竞争类企业董事会选人用人、考核奖惩、薪酬分配机制。积极推进建立职业经理人制度,开展竞争类国有企业经营管理者市场化选聘试点,力争2020年竞争类市属国有企业二级及以下企业经营管理人员有一定比例实行职业经理人制度。

(九)改进国有企业人员编制管理

由国资监管机构负责并建立健全企业用工编制总额管理机制。国资监管机构负责核定集团中层和二级企业领导职数。国有企业集团本级实行编制总额及实名制管理;功能类、公共服务类企业二级及以下企业实行编制总额和备案管理;竞争类企业二级及以下企业用工以市场配置为主,其编制总额结合薪酬倒逼、成本控制等机制确定和实行备案管理。国资监管机构研究制定打通国有企业人员"工"转"员"渠道的机制,择机取消国有企业人员"员"与"工"的区分。

(十)依法规范国有企业劳动用工管理

国有企业要树立依法用工理念,严格履行法律规定的相关责任和义务,进一步规范国有企业劳动用工管理,积极构建与市场接轨的国有企业用工机制,优化企业人才结构,控制从业人员增长过快。加快推进历史遗留冗员消化,从严控制临聘人员或劳务派遣用工。企业招录员工原则上需履行公开招聘程序,由国资监管机构牵头制定相关制度并组织监督检查。

（十一）完善工资薪酬管理机制

改进工资总额预算管理办法，功能类企业工资总额预算编制以政府指派建设任务的轻重为主要参考依据；公共服务类企业以提供公共服务质量、履行社会责任情况为主要参考依据；竞争类企业以利润指标为主要参考依据，同时实施薪酬倒逼人力资源管理的机制，其工资总额主要根据工作量及效益水平等指标确定。国有企业二级及以下企业薪酬水平可以超过集团本级。积极探索特殊岗位工资制度，因特定工作需要面向社会选聘引进的特殊人才、职业经理人等，其薪酬可参考市场水平设定。

四、进一步理顺关系，优化国资监管体系

（十二）理顺资产监管与归口指导的关系

涉及国有企业合并、分立，增加或减少注册资本，发行债券，分配利润，业绩考核，以及解散、申请破产等事项的，由出资人（国资监管机构）统一履行监管职责。企业经营业务等非出资人监管事项，继续由归口管理的市政府联系领导进行指导。

（十三）优化国资监管方式方法

积极探索国资监管方式向管资本转变，国资监管机构重点按照规范的公司治理规则行使股东权利，建立出资人权力清单，既发挥国资监管机构的专业监管优势，又保障国有企业的经营自主权。进一步理顺国资监管机构与企业的关系，国资监管机构不介入企业的非出资人监管事项，减少审批事项，增强监管能力，强化审计外部监督，提高监管效率，切实落实企业自主经营权。

（十四）完善分类业绩考核机制

功能类企业考核指标以完成政府性任务为主，兼顾经济效益；公共服务类企业以完成政府性任务和社会评价指标为主，同时注重成本控制和经济效益；竞争类企业主要考核经济效益，原则上不设政府性任务考核指标。积极探索企业任期制考核、精细化考核，积极尝试人均指标、风险指标、成本指标考核，进一步拉开企业领导人薪酬差距。国资监管机构会同相关行业主管部门实施企业分类业绩考核。

五、完善国资投融资体制机制，防范国有企业债务风险

（十五）改进企业投资任务确定方式

以保证市委市政府重要任务完成和企业可持续发展相统一为原则，改进企业投资任务确定方式。功能类企业投资项目由市政府指定，年度投资任务由发改部门根据企业承载能力研究提出。公共服务类企业的投资项目以市政府指定和企业自行提出相结合，投资任务由发改部门与企业协商研究提出。竞争类企业的投资项目由企业围绕主业与提升生产经营需要自行确定并实施，市政府不下达刚性投资任务。

（十六）规范投资项目前期决策机制

发改和有关行业管理部门要牵头编制项目投资规划、布局及建设时序，更加注重有效投资，引导国有企业合理投资，对不属于各企业主业范围内或项目投入产出财务测算难以平衡的新项目、新业务，原则上不得上马。各国有企业要严格按照相关规定，建立健全投资项目科学论证机制，严格按规定履行决策程序，发改、国资监管机构等部门加强对国有企业投资决策程序的监督检查。建立国有企业投资项目后评价机制，已交付使用的投资项目原则上都要按照制度规定对其实际效益开展后评价。

（十七）有效防范国有企业债务风险

组织开展国有企业可持续经营能力评估，对企业当前和未来5年负债能力和流动性风险做出客观真实的评价，提出有效应对措施。建立债务风险预警和应对机制，定期动态反映债务风险情况。进一步提升融资能力，加强资金统筹管理，提高使用效率。建立政府性项目资金平衡机制，由国有企业投资的公益性项目和其他投入产出不能平衡的项目，应建立政府委托代建或补偿机制，或及时落实土地、资本金等平衡措施。开展企业现有投资项目梳理，市场类项目可采用各种公开方式，引进民资开发建设。

六、加强组织保障，形成国有企业改革合力

（十八）加强组织领导，营造改革良好氛围

深化国有企业改革工作在市委全面深化改革领导小组的领导下全面展开，改革任务的总体设计、统筹协调、整体推进和督促落实由市委经济体制改革专项小组负责，市国资委做好日常工作，确保改革工作顺利推进。加强对国有企业改革的宣传引导，有效运用传统媒体和新媒体，进一步营造国有经济和民营经济相得益彰、共同发展的社会氛围，积极引导各类所有制企业为推动温州"赶超发展，再创辉煌"作贡献。

（十九）充分发挥国有企业党组织政治核心作用

探索国有企业党组织参与决策、带头执行、有效监督的新途径新方法，把党组织的机构设置、职责分工、工作任务纳入企业管理体制和工作机制。大力实施"人才强企"战略，加强企业人才队伍建设。加强企业基层党组织建设，建立完善党员（代表）大会制度，积极践行社会主义核心价值观，深入推进和谐企业建设。加强国有企业反腐败体制机制创新，推进国有企业"阳光工程"建设，完善惩治和预防腐败体系。

（二十）抓好配套制度的制定

国资监管部门要会同有关部门，完善改革配套制度。组织、国资监管等部门负责制定国有企业领导人员分类管理、董监事会分类改革、建立职业经理人制度等。财政、发改等部门负责制定国有企业政府性项目资金平衡机制的相关制度和支持政策。国资监管部门负责制定企业人员机构编制管理和劳动用工制度，及时组织对国资监管配套制度进行修改完善，确保改革落到实处。

原有规定与本意见不符的，按本意见执行。市属以及社会类企业要结合实际，大胆探索创新，抓紧制订贯彻本意见的工作方案，各县（市、区）可参照本意见，提出本地深化国有企业改革的具体意见。

2014年11月9日

瑞安市人民政府办公室印发关于进一步深化公共资源交易规范创新若干规定的通知

各功能区管委会，各镇人民政府，各街道办事处，市政府直属各单位：

《关于进一步深化公共资源交易规范创新的若干规定》已经2014年4月21日市政府第二十八次常务会议审议通过，现印发给你们，请认真贯彻执行。

2014年5月6日

关于进一步深化公共资源交易规范创新的若干规定

为全面贯彻落实《中共浙江省委关于认真学习贯彻党的十八届三中全会精神全面深化改革再创体制机制新优势的决定》等文件精神，进一步深化公共资源交易规范创新，提高政府投资工程建设项目的招标效率，遏制挂靠投标、串标、围标等违法违规行为，依据《中华人民共和国招标投标法》《中华人民共和国政府采购法》等法律、法规，结合我市实际，特制定本规定。

一、明确政府投资项目招标投标监管职责分工

机关、事业单位和社会团体使用财政性资金，单项合同估算价在50万元以上的工程建设项目(以立项或政府有关部门批复等文件为准)，采用招标投标方式的，适用《中华人民共和国招标投标法》，其招标投标活动由市公共资源交易管委办负责监管。建设单位必须填报《政府投资工程建设项目招标投标预算(资金)落实情况表》，经财政部门核准落实预算资金后，方可进入市公共资源交易平台进行招投标。使用财政性资金的其他工程建设项目，适用《中华人民共和国政府采购法》，其政府采购活动由市财政局负责监管。

二、放宽社会投资项目进场招标要求

为了降低交易成本，提高招投标效率，加快推进项目建设，将逐步放宽社会投资项目进场招标要求。社会投资的建筑类项目(不含村级工程项目)，可以由投资人依法自主选择发包方式，报市公共资源交易管委办备案。

三、推进预选承包商制度

建立政府投资项目预选承包商资格审查委员会，分管副市长担任主任，公共资源交易管理、监察、财政、审计、各行业主管等部门分管负责人为成员，负责政府投资项目的预选承包商名录的审定。市公共资源交易管委办牵头，会同各行业主管部门负责预选承包商名录的初审和管理工作。

预选承包商名录一年审查一次，符合条件者列入名录，并实行动态管理。政府投资工程招标人应当从名录中选择投标人或承包人，未列入名录不得承接我市政府投资工程项目。进入名录的承包商经认定后有挂靠投标、围标、串标、违法转包分包等不良行为的，将直接清出名录。被清出名录的承包商，两年内不接受其加入名录申请。加强对预选承包商的考核管理，市公共资源交易管委办负责对预选承包商的投标行为进行评价，行业主管部门负责对预选承包商的行业监督进行评价，建设单位负责对合同履约进行评价，并将其评价结果运用到工程建设项目招标投标中。

预选承包商制度先在政府投资的房屋建筑类工程施工项目中试行，视试行情况逐步推广。政府投资小型工程项目结合实际情况可另行建立年度小型工程预选承包商名录。

四、完善政府投资项目服务供应商库建设管理

完善政府投资项目配套服务定点招标制度，扩大配套服务定点招标范围与类别，加强对定点服务供应商的标后监管，优化考核评定办法，将考评结果运用到下一年度的招标采购中。探索建立无规定收费标准的课题研究类项目的定点服务供应商，建设单位从定点服务供应商中综合考虑投标报价、技术方案等情况择优选定服务单位。建立预选招标代理(包括造价咨询，下同)机构名录，建设单位在名录中择优选取招标代理机构。实行招标代理机构及人员进场登记制度，引入市场竞争机制，畅通中介进出渠道，完善清退淘汰制度。加强招标代理工作质量考评管理，每月统计考评情况，考评结果在市公共资源交易网站公开发布，年度考评结果及检查情况将作为招标代理机构质量管理的重要依据。

五、完善小型工程简易招标制度

市公共资源交易中心每年定期按照工程类型特点，通过公开征集、综合评审方式确定每个小型工程类型的年度小型工程预选承包商名录及最高限价(最低下浮率)。对单项合同估算价在200万元(不含)以下的政府投资项目,在年度预选承包商名录中采用随机抽取法确定中标人;对单项合同估算价在200万元(含)以上、1000万元(不含)以下的政府投资项目,采取简易招标程序,通过合理竞价在年度预选承包商名录中确定中标人。招标文件发布前,建设单位会同市财政或相关职能部门组建由工程造价专家参与的审核小组对小型工程招标控制价进行审核确定。承接小型工程的建造师与监理工程师,可酌情考虑由在我市当地承建项目的建造师与监理工程师兼带。

六、强化投标单位负责人责任

为了防范招投标活动中的挂靠、围标、串标等违法行为,增强投标单位的诚信意识与责任意识。对工程额度较大的政府投资工程施工项目的招投标活动中,按照单项合同估算价划分类别,试行投标单位企业负责人(项目负责人)、项目预算编制人员参加开标现场会的制度。招标单位应当在招标文件(资格预审文件)中约定,将投标单位企业负责人(项目负责人)、项目预算编制人员参加资格审查和开标活动,作为信誉加分或投标资格的必要条件。这一制度先在政府投资市政公用类工程施工项目招投标中试行,视试行情况逐步推广。

七、完善招投标标后监管

成立由监察、财政、审计、公共资源交易管理、行业主管等有关部门组成的标后管理领导小组。领导小组下设办公室,办公室设在市公共资源交易管委办。领导小组各成员单位要明确具体联络人,负责日常管理信息的处理和交流。办公室要做好信息汇总和反馈,使信息综合应用到公共资源交易市场招投标中,形成招投标现场和施工现场"两场互动"机制;做好标后联合检查工作,加强对建设单位、施工单位和监理单位履约行为的监管。

强化标后管理建设单位第一责任人制度。政府投资项目建设单位为项目标后履约管理的第一责任人,在开始招标时要明确标后管理联络员,负责日常信息的收集和上报。建设单位要加强对项目管理人员和施工现场的管理,重大项目试行人脸识别视频监控。市公共资源交易管委办会同行业主管等有关部门对实施人脸识别视频监控的投放成本、数据运用、责任追究等操作技术层面进行评估,并视情逐步推行。建设单位应切实履行项目标后管理职责,每季度向标后管理领导小组办公室上报工程进度、关键岗位人员到位等标后履约情况。建设单位标后管理情况将纳入年度考核考绩内容。

推行项目约谈制度。市公共资源交易管委办会同建设单位在签订合同前对中标单位的法人代表或项目负责人进行约谈,视工程实施情况,市公共资源交易管委办会同行业主管部门、建设单位就项目履约情况对法人代表或项目负责人进行约谈。

建立工程建设领域责任追究制度。明确建设工程中建设、勘察、设计、监理、施工、监管等各方责任主体职责,并加强责任追究。

八、规范镇级公共资源交易平台操作

进入镇(功能区)级公共资源平台交易的建设工程项目,应当是有关文件核准的单项合同估算价在200万元(不含)以下的镇(功能区)本级及其管辖区域内的街道、社区、村集体的房屋建筑、道路交通、农田水利、园林绿化、土石方、装修装饰等施工类建设工程项目,不包括市政府有关部门及其基层站所或下属单位的工程建设项目。使用镇级公共财政资金采购相关货物或服务的,按政府采购有关规定执行。标的额在5万元以上的村集体资产资源处置项目必须进入镇(功能区)级及以上公共资源交易平台交易,标的额在5万元以上的镇(街道、功能区)及所属单位的国有资产处置必须进入市级公共资源交易平台交易。塘下镇按推进事权下放试点镇街的实施意见执行。

镇(功能区)级公共资源交易平台交易的工程建设项目以公开招标方式为主。对单项合同估算价在50万元以上的政府投资工程建设项目,有特殊情况需采用邀请招标的,由建设单位提出申请,报镇(功能区)级公共资源交易工作领导小组同意后,按《瑞安市加强邀请招标和不招标审批管理办法》(瑞政办〔2012〕264号文件)规定办理审批手续。

九、规范政府投资项目填方工程发包

对政府投资项目填方工程,若项目所在村在征地时有优先实施填方工程约定的,可以采用邀请招标。单项合同估算价在20万元(含)以上、100万元(不含)以下的填方工程,由项目所在村"两委"确定符合条件的邀请单位名单,向建设单位提出邀请招标书面申请,由建设单位报镇级公共资源交易工作领导小组同意后,报市公共资源交易管委办备案。单项合同估算价在100万元(含)以上的填方工程采用邀请招标方式的,报市公共资源交易管委办审核后,报市政府批准。填方工程原则上进入镇级公共资源交易平台操作。

填方工程的招标最高限价应科学合理确定,建设单位(招标代理单位)、村"两委"、镇(街道)三方要共同参与市场调查,参考近两年该村及周边同类项目价格标准,确定最高限价。

类似的政府投资项目的围墙工程可参照执行。

十、规范政府投资电力用户工程发包

规范政府投资电力用户工程招投标,达到招标限额标准的电力用户工程必须进场交易。单项合同估算价在限额标准以上的新建、扩建、改建的电力用户工程,采用公开招标方式;施工技术复杂或有特殊要求的公用输变电等工程,经市政府同意后,可采用邀请招标方式。政府投资建设工程在施工过程中涉及电力杆线、电力设备等进行迁移的设计与施工,可以由市供电局自行负责发包,资金纳入前期政策处理经费中,预算由市供电局审核后报建设单位确认,并经市财政或审计部门审核后支出。光缆等其他类似管线迁移项目可参照执行。

十一、其他事项

本规定自发布之日起施行。

中共洞头县委
关于贯彻党的十八届三中全会精神
深化若干重点领域改革的实施意见

（2013 年 12 月 31 日中国共产党洞头县第十届委员会第六次全体会议审议通过）

为深入贯彻党的十八届三中全会、省委十三届四次全会和市委十一届五次全会精神，立足瓯洞一体化发展实际，围绕“一港四岛 · 生态智城”战略目标，坚持改革创新，冲破观念束缚，最大限度地汇集干部群众的智慧，最大限度地调动一切积极因素，全力破除若干重点领域存在的体制机制弊端，实现洞头跨越发展。现制定如下实施意见。

一、深化若干重点领域改革的总体要求和原则

党的十八届三中全会、省委十三届四次全会和市委十一届五次全会，专题研究部署了国家和省市改革工作，提出了全面深化改革的目标任务，我们必须不折不扣地坚决执行，贯彻落实，严格按照中央和省市委提出的路线图时间表，全力实施和全面完成各项改革工作任务。同时，要紧密结合洞头实际，突出破解重大发展问题，深化若干重点领域改革，为实现“一港四岛 · 生态智城”提供制度保障和力量源泉。

整个改革分为启动、突破、完善三个阶段，2013 年至 2014 年是启动阶段，关键环节改革创新工作取得初步成效；2015 年到 2016 年是突破阶段，大部分重要领域和关键环节改革取得实质性突破；2017 年是完善阶段，全面完成若干重点领域改革任务，形成系统完备、科学规范、运行有效的制度体系。

深化若干重点领域改革需要把握的原则是：

（一）党委统揽，凝聚共识

要切实发挥党委统揽全局作用，统筹谋划，凝聚共识，推进若干重点领域改革，积极探索治县之策、理顺治县体系、提高治县能力。

（二）注重创新，科学设计

要坚持问题切入，强化顶层设计的科学性，通过顶层设计和底层创新的有效结合，确保改革符合洞头发展要求。创新改革举措，坚持改革项目菜单化、项目落实责任化、时限要求有序化，力促改革取得突破。

（三）政群联动，普惠共享

要在全面深化改革的大框架中，创新发展模式，注重基层实践探索，不断激发社会活力。要顺应群众所想所盼，敢于破难攻坚，让改革红利更好地惠及全县人民。

二、深化若干重点领域改革的主要内容

重点围绕国家级海洋公园、国家级海洋生态文明示范区、省海岛综合开发与保护试验区和省级旅游综合改革试点县等领域进行探索。

（一）推进省级海岛综合开发与保护试验

1. 深化重大项目推进机制。围绕项目早落地、早开工，深化以项目、工作人员、部门主要负责人、县四套班子领导为一体的“领衔挂钩、捆绑联动”机制，实现由单一作战到小分队破难的转变，有效助推海岛重大项目建设。

2. 构建开放型海洋经济格局。抓好水域开放申报工作，尽快争取将状元岙港区列为国家对外开放一类口岸。发展港航物流服务体系，进一步推动对台等直航贸易，积极争取设立状元岙港综合保税区。稳步建立与内陆经济腹地合作开展异地“无水港”项目对接联动机制。

3. 创新无居民海岛开发及海洋生态保护机制。收储一批可开发利用的无居民海岛，实施并规范海岛使用权“招拍挂”等交易活动。积极向国家海洋局申报无居民海岛及海域使用金返还项目，深入实施生态保护和海域海岸带修复项目。

4. 改革海洋渔业体制机制。大力发展现代渔业，积极而稳妥地推进渔业经营体制和运行机制改革，完善渔业劳务市场、渔船产权交易、财务和法律服务体系，健全渔船马力等资源市场化配置机制。健全完善油补、捕捞渔民保险、侵权保护等制度，切实维护渔老大、小股东和渔业雇工的合法利益。

（二）推进省级旅游综合改革试点

5. 创新旅游管理体制机制。加快旅委挂牌运作，调整完善旅游发展领导小组，建立旅游发展联席会议制度，研究解决全县风景旅游发展重大事项。有效运营旅游文化发展有限公司，做大旅游融资平台，加快项目建设与市场开发。创新旅游项目审批制度，简化旅游景观类项目审批环节与程序。优化健全旅游市场秩序常态化监管机制。制订渔业、文化等与旅游多业融合发展实施方案。加快游艇、休闲海钓等业态培育发展，开发建设特色化、精品化、高端化的海洋休闲度假旅游产品。

（三）稳妥推进行政管理改革

6. 加快瓯洞一体化体制改革。贯彻落实市委有关精神，以“两块牌子、一套班子”的模式，整合行政资源，加快部门管理职能向灵昆延伸，加快一体化进程。深化洞头县、瓯江口新区与温州港集团三方联席会议制度，协调解决一体化新区范围内的重点区块开发、重大项目建设和投融资问题。

7. 实施新一轮政府机构改革。调整完善食品药品监管、工商、质监行政管理体制。完善城市管理和综合执法机制，理顺城管、工商、卫生、环保、公安、旅游、食品药品监管等执法职能交叉重叠问题。

(四)创新平台建设和空间拓展机制

8. 完善平台建设机制。实施杨文、南塘两大工业园区改造提升工程，坚持盘活存量，扩大增量，推动园区经济转型升级。完善小微企业创业园建设推进机制，实施电子商务发展一揽子推进计划，打造民营中小企业“升级版”。加快大门临港产业基地、霓屿临港产业基地等新的工业园区平台规划建设，牵引海洋经济结构调整优化。

9. 创新海岛空间拓展机制。探索适应海岛发展的土地利用与耕地保护新模式，争取陆海统筹(渔耕平衡)试点，编制陆海统筹专项规划，建立用海与用地管理衔接机制。争取海域(岛)储备省级试点，争取增加围填海计划指标，推进海域资源市场化配置。推进工业用地弹性管理制度改革，建立低效利用土地市场化退出机制。探索农村宅基地在同乡镇(街道)内自由流转机制。

(五)优化城市建设管理体制机制

10. 创新城市建设管理理念，提高城区集聚辐射能力。建立“七规融合”协调机制，进一步优化城市空间和功能布局。强化城市建设各部门的分工合作，突出街道、社区的基础性作用，完善城市建设管理投入保障机制。加大城管信息化投入力度，推动数字平台系统共享，着力实现城市智能化管理。

(六)创新政府投资项目管理和投融资体制机制

11. 改革政府投资管理体制，进一步规范政府投资项目管理，建立政府投资管理领导小组，统一管理全县政府性投资工作。做大国有投融资平台，成立洞头县投融资集团公司，根据建设和融资需要，下设或新增若干子公司，通过适当增资、股权调整、资产划转、土地收益分成等方式，做大平台公司资产规模，提高投融资能力。

(七)规范招商选资工作机制

12. 建立招商工作联席会议制度和县领导挂钩联系负责制，严格执行《招商引资工作流程》。规范招商项目配套设施(三通一平)建设工作方案，明确配套设施建设的主体、进度要求和资金来源，提高项目地块开发成熟度。

(八)完善环境治理和保护体制机制

13. 全面实施美丽海岛水乡建设三年行动计划，坚持“五水共治”，建立城区河道河面、河岸一体化保洁管理体系。完善美丽乡村建设机制，健全整村推进工作长效机制，建立健全城乡垃圾清理、卫生保洁一体化机制和农村生活污水治理、建管机制。

(九)探索民生事业发展机制

14. 创新城乡养老模式，研究社会养老机构建设扶持政策，积极鼓励社会资本进入养老产业，加快建设中高档社会养老机构。积极联动金融保险机构，探索建立“以房养老”新模式。深化城乡居民医保一体化制度改革。规范完善被征地农民(退渔退养渔民)多元保障机制。

(十)健全基层社会治理机制

15. 转型发展农村新社区。规范和明确农村新社区功能定位和发展方向，按照因时因地制宜原则，对现有农村社区的规模、区域范围、人员配置、资金保障、运转机制等方面给予调整，实现农村社区分类发展，使农村社区建设更符合我县实际，有效推动海岛城镇化发展步伐。

16. 完善平安建设推进机制。健全完善“网格化管理、组团式服务”长效机制，实行“八网合一”管理模式。健全完善大调解体系，构建综合调处机制。健全重大决策社会稳定风险评估评价机制，实施决策有效性验证，探索专业中介机构介入评估。加大对非正常上访人员的处置力度，健全完善处置非正常上访应急预案和指挥体系。提升以“闸门工程”建设和“智慧治安”管理为主的社会治安防控体系，全面推进警务机制创新。

17. 创新基层组织建设机制。创新实施“红色细胞工程”和“五星争创”活动，强化基层治理体系和治理能力建设。做好发展党员规划，探索发展党员竞争择优机制。全面推行党员退出机制，畅通党员“出口”，纯洁党员队伍。强化党员教育工作，提高党员素质和服务能力。全面推进党内帮扶，深化党员关爱机制。

18. 健全党风廉政与反腐败工作体系。健全作风建设常态化制度，推行四位一体“动态巡察”、多方协同“联动督察”、纪委常委“分片联系”、纪委书记“廉效约谈”等四项督查机制。改革纪检监察监督体制，开展纪检组派驻部门试点工作，助推行政审批提速提效和重点工程建设。深化农村基层党风廉政建设，创建“12345”农廉工作体系。

(十一)深化行政审批制度改革

19. 以优化软环境为目标，推进审批事项标准化建设，建立投资项目高效全流程审批。争取省市部分审批权限下放，推动市县两级政府同等权利扁平化审批制度建设。着力突破用海(岛)审批现状，提速建设用海(岛)审批。推进“两集中、两到位”改革，加强职能归并，进一步提升审批服务能力。按照“应进尽进、不进例外”的原则建立集行政审批、为民服务事项办理、公共资源交易、涉批中介服务于一体的新行政服务中心。

(十二)推进干部人事制度改革

20. 实施“墩墩苗”工程，深化“一线培养法”、“实战练兵法”，分层抓好各级干部的实践锻炼。试行县管干部任前考察财产公示办法，出台调整不适宜担任现职领导干部实施办法，畅通干部“下”的渠道。坚持行政事业编制向业务部门倾斜，工作力量向基层倾斜；打破干部部门化，加强相近专业干部跨部门交流。

(十三)调整优化绩效考核机制

21. 加强对新形势下绩效考核工作的研究，打破区域界限，按照全覆盖要求，制定符合瓯洞一体化新区实际的考绩法；改进干部考核评价机制，切实把民生改善、社会进步、生态效益等指标和实绩作为重要考核内容；出台领导班子和领导干部年度考核办法，加强全员考核、专项考察和日常督查。

三、全面加强对深化若干重点领域改革的领导

（一）加强领导，落实机构

成立由县委书记任组长、县长任第一副组长，相关常委、副县长担任副组长，重点部门领导为成员的深化重点领域改革工作领导小组（领导小组办公室设在县委办公室），负责改革的总体设计、统筹协调、整体推进、督促落实。建立县领导牵头负责机制，对照年度改革任务逐项分工，由领导分别牵头负责落实重大改革事项，抓好组织实施。

（二）分工协作，明确责任

改革具体项目涉及到的主要责任单位要配合牵头领导，组织相关成员单位共同研究制定条块改革工作推进计划，对《实施意见》中事关本单位的改革事项进行深化、细化、具体化，全力实施和全面完成各项改革工作任务。人大、政协要积极为全面深化改革建言献策，加强对各单位改革措施落实情况的检查和监督。宣传、新闻单位要注重对改革政策和舆论的正面引导，加强对成功经验和先进典型的宣传，积极营造推进改革的舆论氛围和社会环境，有效调动干部群众参与改革的积极性、主动性、创造性。

（三）健全考核，严肃纪律

健全工作落实责任制和考核评价机制，将改革工作纳入年度考绩法内容，并定期对重大改革事项的进展情况进行考核评价。健全问责追究机制，既要宽容改革失误，也要对态度消极、阻扰和抵制改革而造成严重后果的，依法追究相关单位和领导的责任。

2014 年 1 月 14 日

中共平阳县委办公室　平阳县人民政府办公室关于印发平阳县户籍管理制度改革试点工作方案的通知

各镇（乡）党委、人民政府，县机关各单位：

《平阳县户籍管理制度改革试点工作方案》已经县委、县政府研究同意，现印发给你们，请认真遵照执行。

2014 年 7 月 22 日

平阳县户籍管理制度改革试点工作方案

为积极稳妥推进我县户籍管理制度改革，根据《浙江省人民政府办公厅关于积极稳妥推进户籍管理制度改革试点的实施意见》（浙政办函〔2011〕117 号）、《中共浙江省委办公厅　浙江省人民政府办公厅关于同意杭州市萧山区等 12 个农村改革试验区与试验主题的批复》（浙委办〔2012〕124 号）和《浙江省农村改革试验区工作联席会议关于平阳县户籍管理制度改革试验方案的批复》（浙农试〔2012〕8 号）精神，结合我县实际，特制订本工作方案。

一、指导思想

深入贯彻落实党的十八大和十八届三中全会精神，推进以人为核心的城镇化，促进在城镇稳定就业和生活的常住人口有序市民化。取消农业户口和非农业户口的性质划分，调整完善户口迁移政策，建立以具有合法稳定住所或合法稳定职业为基本条件，实际居住地登记形式的城乡统一的户籍管理制度。消除农村人口进城落户的体制障碍，促进城乡资源合理配置、要素平等交换、人口优化布局，加快形成城乡一体化新格局。

二、基本原则

（一）坚持确保权益、尊重自愿的原则

户籍管理制度改革要充分尊重城乡居民自主定居意愿，合理引导农业转移人口落户城镇，对进城落户农民依法保障其合法权益。

（二）坚持积极稳妥、有序推进的原则

户籍管理制度改革是一项系统工程，关系到广大人民群众的切身利益，必须坚持积极稳妥、规范有序，充分考虑能力和可能，优先解决存量，有序引导增量，确保改革有序推进。

（三）坚持配套改革、同步推进的原则

户籍管理制度改革既要解决农业转移人口市民化的问题，又要提高公共服务水平。必须建立健全社会保障体系，按照“成熟一项、启动一项、到位一项”的原则，推动基本公共服务均等化，稳步推进城镇基本公共服务常住人口全覆盖。

三、主要内容

（一）建立城乡统一的户口登记制度

取消农业户口、非农业户口的性质划分以及由此派生的自理口粮户口等各种户口类型，统一登记为“居民户口”，建立城乡统一的户口登记制度。

（二）实行按居住地登记的户口迁移制度

以合法稳定职业或合法稳定住所为户口迁移基本条

件，以经常居住地登记户口为基本形式，调整完善购房落户、新居民积分制落户、引进人才落户、投资纳税落户、特殊贡献人员落户、亲属投靠落户等户口迁移政策，适当放宽本县范围内人员落户的范围、条件。

（三）推行流动人口居住证制度和户籍人口实际居住登记制度

进一步加强实有人口管理，健全实际居住人口登记制度，为科学有序推进实有人口基本公共服务均等化提供决策依据。居住在本县的流动人口依据《浙江省流动人口居住登记条例》，申领《浙江省临时居住证》或《浙江省居住证》。本县户籍人口因户籍所在地与本县实际居住地不一致的，推行实际居住登记管理。

（四）推进农民权益确权固化

充分尊重农民意愿，全力保障农民利益。在户籍管理制度改革试点工作后，对农民的集体经济利益收益权、农民土地权、计划生育政策、农民专业合作社登记政策、政策性农村住房保险等政策进行确权固化。对进城落户农民，不改变村集体经济组织成员身份，不改变其原有的权利、义务，其拥有的股权可依法继承和在本社社员中转让；保留原有的土地、山林承包经营权，鼓励和引导其依法自愿有偿流转；保留原有的宅基地使用权、房屋所有权，鼓励其自愿有偿退出；继续享受农村房屋拆迁安置政策；继续执行其本人的计划生育政策以及农村计划生育家庭利益导向政策；继续执行农民专业合作社登记政策；对特定群体享有的政策或权益保持不变，包括大中型水库移民后期扶持政策、新建或续建的大中型水库移民安置政策、征兵文化程度政策、政策性农村住房保险、农村孕产妇住院分娩补助政策。

（五）推进基本公共服务逐步均等化

根据我县经济社会发展状况，按照“成熟一项，启动一项，到位一项”的原则，稳步推进户籍制度改革配套政策调整，逐步实现社会管理、社会保障和公共服务的城乡一体化。其中“率先并轨，一步到位”的有参战参核军队退役人员定期补助、养老保险遗属生活困难补助、退役士兵一次性经济补助金等政策，“逐步并轨、逐步到位”的有教育、最低生活保障、重度残疾人生活保障、农村“五保”供养等政策，“维持现状、暂时保留不调整”的有住房保障等政策。

四、工作步骤

（一）2014 年 7 月上旬，发布推进全县户籍管理制度改革试点工作公告，出台相关配套政策实施细则。

（二）2014 年 8 月 11 日，在全县全面铺开户籍制度改革试点工作，取消农业户口、非农业户口的性质划分，统一转换为“居民户口”。公民从事有关活动和政府部门因履行职责确需查询公民原户口性质的，公安机关将提供有关方便。

（三）2014 年 9 月底前，对全县户籍制度改革试点工作进行总体评估。

五、工作要求

（一）加强领导，精心组织

户籍管理制度改革是十八届三中全会提出的重大举措之一，涉及领域广、政策性强、利益性大，需要解决一些深层次的矛盾和问题，需要各部门配套改革、协力攻坚。各镇（乡）、各有关部门要统一思想认识，加强组织领导，精心部署实施。各镇（乡）、各有关部门要成立户籍管理制度改革试点工作领导小组，负责落实推进户籍管理制度改革试点工作。

（二）把握政策，确保稳定

各镇（乡）、各有关部门要积极稳妥推进户籍管理制度改革试点工作，坚持改革与稳定并重，深入调查研究，全方位地听取民情民意，化解矛盾，保障民生；要及时了解和掌握改革运行进度、群众反应情况、社会舆情动态，制订相关应急预案，确保户籍管理制度改革试点工作顺利推进。

（三）明确责任，形成合力

各镇（乡）、各有关部门要相互合作，形成合力，各司其职，切实履责，将户籍管理制度改革作为重点工作。县有关部门要加强与上级对口部门的沟通衔接，出台配套政策实施细则。对因政策梳理、政策制定、政策处理、政策咨询等问题造成群众利益受损、引发社会不稳定因素的，将严肃追究相关单位和人员的责任。

（四）加强宣传，营造氛围

户籍管理制度改革试点工作涉及群众切身利益，关系千家万户，各镇（乡）、各有关部门和新闻媒体要采取多种形式，广泛宣传户籍管理制度改革试点工作的意义、目的和内容，积极争取广大干部群众的理解和支持、参与和配合，为户籍管理制度改革的顺利推进创造良好的社会环境。

附件：1. 平阳县户籍管理制度改革户口迁移实施细则（试行）
2. 平阳县户籍管理制度改革户籍人口实际居住登记管理实施细则
3. 平阳县户籍管理制度改革义务教育阶段适龄儿童少年入学管理实施细则
4. 平阳县户籍制度改革人口与计划生育政策实施细则
5. 平阳县户籍管理制度改革社会救助实施细则
6. 平阳县户籍管理制度改革养老保险配套政策调整实施细则

附件1

平阳县户籍管理制度改革户口迁移实施细则(试行)

第一条 根据省、市有关户籍制度改革精神和《平阳县户籍管理制度改革试点工作方案》,为扎实推进户籍管理制度改革,进一步规范和调整本县户口迁移政策,特制定实施细则。

第二条 有合法稳定住所人员落户

(一)申报条件

在本县有合法稳定住所(通过购买、赠与、继承、自建等合法途径获得房屋所有权的房屋或通过合法途径取得使用权的公租房、廉租房)的人员可申请落户;其中申请购房落户的,购房建筑面积需达60平方米以上。

(二)基本材料

1. 迁移人的申请报告;
2. 迁移人的居民户口簿、居民身份证;
3. 房屋所有权证、公有房屋租赁使用证明。

第三条 亲属投靠落户

(一)申报条件

与被投靠人共同居住生活的配偶、未成年子女、无生活来源的未婚成年子女、老年父母(男性年满60周岁、女性年满55周岁),可申请投靠落户。

(二)基本材料

1. 迁移人的申请报告;
2. 迁移人的居民户口簿、居民身份证;
3. 迁移人与被投靠人的关系证明;
4. 被投靠人的住房证明(配偶、未成年子女投靠无须提供);
5. 未婚成年子女投靠须提供无生活来源证明。

第四条 引进人才落户

(一)申报条件

在本县企事业(机关、团体)单位就业,具有大专以上学历、初级以上专业技术职称或中级工以上职业资格且年龄在35周岁以下的人员,或具有本科以上学历、副高级以上专业技术职称或技师以上职业资格且年龄在45周岁以下的人员,可申请落户。

(二)基本材料

1. 迁移人和所在单位的申请报告;
2. 学历或资格认定证明材料;
3. 企业工商营业执照;
4. 迁移人的居民户口簿、居民身份证;
5. 企事业单位与迁移人签订的《劳动合同》、社保缴纳证明。

第五条 投资纳税落户

(一)申报条件

在本县投资兴办的企业,一年内缴纳地税税款3万元以上的,其法定代表人可申请落户。

(二)基本材料

1. 迁移人和所在单位的申请报告;
2. 迁移人的居民户口簿、居民身份证;
3. 税务部门出具的企业年纳税证明;
4. 工商营业执照及工商登记信息。

第六条 特殊贡献人员落户

(一)申报条件

被评为县级以上劳动模范、道德模范,获得县级以上见义勇为荣誉称号、"十佳新平阳人"、"优秀新平阳人"称号的新平阳人,可在获得荣誉后一年内申请办理落户。

(二)基本材料

1. 迁移人的申请报告;
2. 迁移人的居民户口簿、居民身份证;
3. 所在单位证明;
4. 荣誉证书及表彰文件;
5. 无违法犯罪前科证明。

第七条 新居民积分制落户

(一)申报条件

已纳入新居民积分制管理的新居民,根据《平阳县新居民积分制管理实施细则》,积满60分可申请办理落户手续,按照县政府下达的落户指标,按积分从高到低择优办理落户。

(二)基本材料

1. 迁移人的申请报告;
2. 迁移人的居民户口簿、居民身份证;
3. 新居民服务管理局出具积分和同意落户的证明;
4. 无违法犯罪前科证明。

第八条 适当放宽本县范围内人员落户

本县范围内人员户口迁移的,可以进一步放宽合法稳定住所或合法稳定职业的范围、条件。购房落户的,不受购房建筑面积限制;与父母共同居住生活的已婚成年子女,且无合法稳定住所的,可投靠父母落户。

第九条 办理程序

申请人持相关证明材料向拟落户地派出所提出申请,经民警调查、符合落户条件的,由所领导审核后办理准迁手续;其中引进人才落户、投资纳税落户、特殊贡献人员落户、新居民积分制落户及市外购房、投靠迁移等须报县公安局审批后办理准迁手续。

第十条 本细则实施之日起,公安机关不再受理有关户口性质变更的业务申请;对符合本县未就业大中专院校毕业生户口"非转农"条件,但未申请办理"非转农"的人员,依本人申请,公安机关可根据《平阳县人民政府关于解决未就业大中专院校毕业生户口"非转农"问题的通知》,认定其原户口性质为农业户口。

第十一条 原户口迁移管理规定与本细则不一致的,以本细则为准;本细则未作规定的其他户口迁移按原规定办理。

第十二条 本实施细则由平阳县公安局负责解释,自发文之日起施行。

附件 2

平阳县户籍管理制度改革
户籍人口实际居住登记管理实施细则

第一条 为了进一步加强本县户籍人口实际居住登记管理，有序推进实有人口基本公共服务均等化，充分保障实际居住地居民的相应权益。根据《平阳县户籍管理制度改革试点工作方案》，现结合本县实际，特制定实施细则。

第二条 本县户籍人口因户籍所在地与本县实际居住地不一致的，办理实际居住登记，适用本实施细则。

第三条 本县户籍人口因户籍所在地与本县实际居住地不一致的，应当及时向实际居住地派出所办理居住登记；有多个居住地的，应当在其中一个经常居住地办理居住登记；在不同地址办理实际居住登记的，以最后一次登记来认定实际居住地。

第四条 本实施细则所称实际居住地，是指本县户籍人口实际日常生活起居的固定、合法住所地址。

第五条 县公安部门是本县户籍人口实际居住登记的主管部门，县人力资源和社会保障部门、县住房和城乡规划建设部门、社区居民委员会、村民委员会以及其他组织，应当协助做好本县户籍人口实际居住登记相关服务工作。

第六条 申请人到实际居住地派出所提出申请，填写《平阳县户籍人口实际居住登记申请表》，提交相关证明材料，派出所受理、调查、审核后予以登记，按需出具实际居住登记查询记录信息。

第七条 实际居住登记需提供以下证明材料：

（一）申请人居民身份证、户口簿；

（二）申请配偶、子女、父母等共同居住登记的，须提供亲属关系证明材料；

（三）房屋产权属申请人所有的，须提供房屋产权证（或其他合法证明）；

（四）房屋属租赁居住的，须提供房屋产权证（或其他合法证明）、出租房登记备案证明、租赁协议；

（五）投靠亲属的，须提供被投靠人房屋产权证（或其他合法证明）、房屋所有人出具的同意登记材料。

办理实际居住登记时，提供的材料应当真实有效，严禁弄虚作假。

第八条 本县户籍人口在实际居住地办理居住登记满一年的，应当在期满一个月内到派出所进行续登，逾期未办理续登的，将注销居住登记信息；实际居住地发生变化的，应当及时到实际居住地派出所办理变更登记。

第九条 在同一派出所进行实际居住登记变更或续登的，居住期限予以累加计算。

第十条 县人力和社会保障、卫生、人口和计划生育、教育、民政、住房和城乡规划建设等有关部门，按照各自职责，研究制定居住登记基本公共服务政策，充分保障实际居住地居民享有相应的基本公共服务。

第十一条 本实施细则由平阳县公安局负责解释，自发文之日起施行。

附件 3

平阳县户籍管理制度改革
义务教育阶段适龄儿童少年入学管理实施细则

第一条 为保障本县适龄儿童少年依法接受规定年限的义务教育，顺利推进户籍制度改革，根据《中华人民共和国义务教育法》《浙江省义务教育条例》等法律法规，结合本县实际，特制定实施细则。

第二条 本规定适用于本县户籍依法应当接受义务教育的适龄儿童少年入学。

第三条 本县各级政府及相应职能部门应当在各自职责范围内依法保障本县户籍适龄儿童少年在户籍地就近、免费、免试入学。

第四条 本县户籍适龄儿童少年申请在户籍所在地施教区学校就读的，应当在规定时间内凭户籍证明到相应学校报名注册，取得相应学籍。

每年 6 月 1 日及以后迁移的户籍，原则上不作为当年度相应施教区学校入学依据。

第五条 本县户籍适龄儿童少年离开户籍所在地到实际居住地实际居住且按有关规定办理居住登记的，可在规定时间内凭户籍证明和当地派出所出具的实际居住登记查询记录，向实际居住地所在教育部门提出入学申请，由居住地教育部门在所辖公办学校范围内统筹安排入学。

教育部门统筹安排居住地适龄儿童少年入学时，应当坚持免费、免试、相对就近原则，主要按照其在实际居住地址连续居住年限，结合其监护人是否拥有住宅产权或自有住房等因素，分类分批给予安排。

第六条 本县户籍适龄儿童少年在规定时间内申请到本县民办学校接受义务教育的，民办学校要坚持免试原则，不得额外设置附加条件予以拒报；当申请报名人数超出学校当年度相应招生计划数时，民办学校可以采用电脑派位、面谈等办法确定招收对象，不得举行或者变相举行与入学相关的书面考试或面试。

第七条 本县户籍适龄儿童小学起始年级到县外省内接受义务教育的，无须办理外出就读手续；到省外接受义务教育的，其监护人应当在规定时间内向户籍所在地施教区学校及其教育行政主管部门报备。

本县户籍适龄儿童在本县小学毕业后申请到外县初中接受义务教育，或者在外县小学毕业后申请回本县初中接收义务教育，均要按有关规定办理电子学籍迁移手续。

第八条 本县户籍适龄儿童因身体状况等原因需要延缓入学的，其监护人应当在规定时间内提出申请，附相关证明材料，报户籍所在地施教区学校及其教育行政主管部门核准。

第九条 各镇(乡)、各有关部门要根据《平阳县义务教育设施布局专项规划(2013－2020年)》，切实加快校网布局调整力度，合理配置教育资源，引导农村人口有序向城镇集聚，充分保障实际居住地居民分类分批享有相应的基本公共教育服务。

县公安、住房和城乡规划建设、人力资源和社会保障等部门要在相关法律法规许可范围内为教育行政部门因招生工作需要申请调取、查阅相关信息提供便利，教育行政部门应当严格遵守有关保密规定，不得将信息用于招生以外的用途。

第十条 县教育行政主管部门每年要根据适龄儿童少年入学需求，结合学校实际学额供给情况，在依法优先保障施教区适龄儿童少年入学的基础上，科学合理制订具体招生方案。

第十一条 本实施细则由平阳县教育局负责解释，自发文之日起施行。

附件 4

平阳县户籍制度改革
人口与计划生育政策实施细则

第一条 为推进本县户籍制度改革，促进城乡经济社会协调发展，进一步推进人口和计划生育工作健康发展，根据《平阳县户籍制度改革试验方案》精神，特制定实施细则。

第二条 本实施细则适用于本县行政区域内的户籍制度改革中原农业户口居民。

第三条 本实施细则所称的原农业户口居民，是指原为本县农村集体经济组织成员，现登记为居民户口的人员。

第四条 原农业户口居民继续执行农村居民的生育政策。

继续执行农村居民生育政策的夫妻，符合再生育条件的，其再生育审批按照《浙江省人口与计划生育条例》的规定办理。

申请再生育的原农业户口居民应当提供身份证、公安部门出具的原农业户口的证明材料、婚姻登记证明材料及其复印件、夫妻双方合影近照以及必需的其他证明材料。

第五条 原农业户口居民继续执行农村居民的计划生育奖励扶助、特别扶助政策及其他相关计划生育利益导向政策。

申请奖扶、特扶及其他相关计划生育优惠政策的农村户改人员应当提供身份证、公安部门出具的原农业户口的证明材料、婚姻登记证明材料及其复印件、近期免冠一寸照片、本人申请报告以及必需的其他证明材料。

第六条 原农业户口居民违法生育的，对其本人按照农村居民违法生育的有关规定征收社会抚养费。

第七条 原农业户口居民的计划生育管理的规定：婚嫁双方户籍均为本县内的对象一律由男方户籍地统计管理。一方为我县内户籍，另一方为非我县户籍的，按省市相关统计口径执行。

第八条 建立健全相关部门之间以及人口和计划生育系统内部人口信息共享机制。

各级人口和计划生育部门要主动核查户改人员的户籍变更等信息，与公安、人力社保等部门密切配合，建立居民落户、户口变更等信息定期通报制度，畅通转户居民迁出、迁入等信息交换渠道，实现人口信息资源共享。人口计生部门在对原农业户口人员进行再生育审批及行政执法案件办理过程中需要原农业户口认定证明的，公安部门应当出具。

建立健全户口迁出地与迁入地人口和计划生育部门之间户口迁移信息的通报制度，保证有关信息得到及时准确地传输和交流。及时查验新落户人员计划生育证明，核实其婚育、节育、奖惩等情况，将其纳入人口和计划生育管理与服务范围。

第九条 各级人口和计划生育部门及其工作人员在原农业户口人员再生育审批、社会抚养费征收、计划生育奖励扶助、特别扶助及利益导向落实等工作中，必须严格遵守《浙江省人口与计划生育条例》以及国家和省有关政策规定。对在工作中不坚持原则，拒绝受理、互相推诿、滥用职权、徇私舞弊、玩忽职守，造成不良后果的，由其所在单位或者上级主管机关追究直接责任人和单位负责人的责任。

第十条 对提供虚假材料或以不正当手段取得《再生育证》的，由人口和计划生育部门撤销其《再生育证》。已生育的，依法征收社会抚养费，并追究有关人员责任。

对提供虚假材料或以不正当手段取得计划生育奖励扶助对象资格的，由人口和计划生育部门取消其奖励扶助对象资格。已领取计划生育奖励扶助金的，由人口和计划生育部门追回。

第十一条 本实施细则由平阳县人口和计划生育局负责解释，自发文之日起施行。

附件 5

平阳县户籍管理制度改革社会救助实施细则

第一条 为推进本县户籍制度改革，依据相关法律、法规和政策，制定本实施细则。

第二条 实行城乡救助对象一体化。

（一）完善城乡低保标准自然增长机制。根据经济发展和基本生活必需品价格的变动，适时调整城乡低保标准，逐步缩小城乡低保标准差距，户改政策实施后，2014 年农村低保标准要达到城镇低保标准的 85%，2015 年起实现城乡低保标准一体化。准确核定低保对象家庭收入，严格按照低保对象家庭结构、成员身体状况、致贫原因、实际收入等情况，按其申请前 12 个月内的家庭收入总和计算家庭收入，实行差额救助。

（二）完善农村五保供养标准自然增长机制。逐步提高农村五保供养整体水平，使农村"五保"供养对象与城镇"三无"对象保障标准逐步趋与一致，户改政策实施后，2014 年农村"五保"供养标准要达到城镇"三无"标准的 85%，2015 年起实现城乡标准一体化。

（三）完善重度残疾人困难补助机制。对持有《中华人民共和国残疾人证》残疾等级为二级（含二级）以上；家庭人均年收入低于低保标准 150% 的重度残疾人，给予全额（低保标准）补助。

第三条 统一规范操作。城乡救助对象实行并轨管理，实行申请救助对象和救助经办机构的"双向"诚信承诺；统一按照《平阳县城乡低保申请审批流程》，通过平阳县救助系统信息平台办埋。

第四条 统一建立城乡居民家庭经济状况核对机制。由县民政局牵头，县有关部门协同，逐步建立家庭经济收入状况核对信息系统，利用跨部门信息资源交换共享平台，实现部门间数据交换信息共享，为低收入家庭救助资源共享提供支持和保障。

第五条 对本县农村的和城镇无工作单位且生活困难的参战、参加核试验军队退役人员的生活补助，均按照城镇无工作单位参战、参核退役人员标准执行。

第六条 对本县自主就业的农村退役士兵、城镇退役士兵由县人民政府给予一次性经济补助，一次性经济补助标准均按照城镇退役士兵经济补助标准执行。

第七条 本实施细则由平阳县民政局负责解释，自发文之日起施行。

附件 6

平阳县户籍管理制度改革
养老保险配套政策调整实施细则

第一条 为推进户籍管理制度改革，结合本县养老保险工作实际，对相关政策进行调整，特制定实施细则。

第二条 调整机关事业单位工作人员、国有集体企业职工死亡后遗属生活困难补助。

（一）机关事业单位工作人员、国有集体企业职工（含离退休、退职人员）死亡后，具有本县户籍、符合遗属生活补助发放条件的遗属，其生活困难补助统一按非农业人口标准执行。

（二）非本县户籍的遗属生活补助对象，仍根据省市有关文件规定，按其户籍类别执行。

（三）所需经费，按原渠道解决。

第三条 今后省、市出台社会保险政策时，根据本县社保基金承受能力，需对户改前户籍类别进行分别对待的，可从我县实际出发，制定相应政策。

第四条 本实施细则由平阳县人力资源和社会保障局负责解释，自发文之日起施行。

中共嘉兴市南湖区委　嘉兴市南湖区人民政府
关于开展园区管理体制改革的实施意见

各镇、街道、园区党委（党工委）、政府（办事处、管委会），区级机关各部门：

为进一步完善部分园区和镇（街道）的管理体制，有效整合资源、形成合力、加快发展，结合南湖区实际，现就做好园区管理体制改革，完善"区镇（街道）合一"体制（以下简称"区镇合一"）提出如下意见：

一、充分认识开展园区管理体制改革、完善“区镇合一”体制的重要意义

（一）完善“区镇合一”是深化改革创新，创造机制体制新优势的具体举措

党的十八大、十八届三中全会明确提出要进一步完善城镇化健康发展机制体制。省、市委关于全面深化改革的意见对新型城镇化、城市化发展机制创新做了明确部署。推进“区镇合一”，能有效减少管理层次、提高工作和服务效率，促进经济发展与社会发展的统筹推进，进一步加快新型城市化、城镇化、城乡一体化的建设进程。

（二）完善“区镇合一”是顺应发展趋势、破解发展难题的有效途径

近年来，南湖区各主要平台与所在镇、街道先后通过合署办公、两边任职等形式，加强区镇（街道）融合。在实际运行中，一些体制上的问题仍然存在，产生园区经济增长动力不强、发展主平台作用不突出等问题。完善“区镇合一”，形成高度融合的管理体制是破解上述难题、推动园区跨越发展的有效途径。

（三）完善“区镇合一”是统筹经济社会事务，实现发展惠民的重要保证

经济发展的最终目的是为了保障和改善民生，民生的改善也需要经济发展作为支撑。推进园区和镇（街道）管理体制的高度融合，能有效改善经济发展与社会管理之间的不协调、不平衡的现象，提高社会事业公共产品的质量和水平，推动园区经济、社会、环境和人的全面发展协调并进。

二、开展园区管理体制改革、完善“区镇合一”体制的主要任务

（一）发展目标

在南湖区实施园区管理体制改革工作，通过一年的时间（2014 年底），进一步完善主要园区和镇（街道）的管理体制，形成精简、统一、高效的新型园区管理体制；通过 3 年左右的时间（2016 年底），形成管理职责清晰、功能定位明确、空间布局合理、体制机制灵活的现代化城市功能区，为市本级东南区域发展提供新的活力，为基层管理体制改革提供新的思路，为全面深化改革再创体制机制新优势提供新的支撑。

（二）主要内容

1. 管理体制。园区党工委、管委会为中共南湖区委、南湖区人民政府的派出机构，另按有关规定设置园区纪工委，为中共南湖区纪委的派出机构。园区党工委、管委会与镇（街道）的党委（党工委）、政府（办事处）实行“区镇合一”的管理体制，以园区管理体制为主，按照“四个统一”的原则对辖区实施领导和管理，即统一财政体制、统一规划建设、统一经济发展、统一社会公共事务管理。

2. 机构设置。按照精简、统一、高效原则，园区党工委、管委会下设党政办公室、社会治理办公室、规划建设局、招商局、经济发展局、社会发展局等内设机构，原镇（街道）内设机构、事业单位与园区相关内设机构进行综合设置，其人员根据工作需要安排到党工委、管委会内设机构，日常运作统一以党工委、管委会的各内设机构为主。

3. 相关事项。在现有园区和镇（街道）领导职数基础上，坚持精简、高效，合理配备园区党工委、管委会领导班子，在管理体制调整过程中，人员编制总数、性质保持不变。镇人大、政协、人武部和工会、团委、妇联等组织机构按有关规定设置，并进一步加强相关职能的履行，任期届满时，需按有关法律规定进行换届选举。

三、进一步增强开展园区管理体制改革、完善“区镇合一”体制的工作保障

（一）加强工作领导

成立南湖区园区管理体制改革工作小组，监督检查工作推进和落实情况，协调解决相关矛盾和问题；区编委办负责核定园区主要职责、内设机构和人员编制；区委组织部负责园区领导班子的配备和调整工作；区发改局负责牵头各区级主管部门权限的下放工作；区财政局负责做好财政体制的调整工作。

（二）扩大管理权限

按照权责一致、应放尽放的原则，在服从区级统一规划和政策的前提下，赋予园区在经济社会发展等方面的区级审批权限，对下放、委托的事项原则上进入园区审批服务中心，实行一站式服务。园区内部的事项原则上由园区自主决定，重要事项报区委、区政府研究决定。区级有关部门要采取定期派驻等形式，加强业务指导。

（三）增强财力保障

坚持财力和事权相统一，建立与“区镇合一”相配套的新型财政体制，充分调动园区发展的积极性。发挥各级专项资金的作用，加大对园区基础设施建设、主导产业发展、社会民生项目等方面的支持，切实加大财政转移支付力度。

（四）强化考核引导

进一步突出园区招商引资、经济发展、城乡建设中的主平台作用，降低年度目标责任制考核中共性工作考核比重，更加突出经济发展指标。控制区级部门在园区中开展的考核评比和各类创建活动，引导园区突出工作重点。

2014 年 7 月 18 日

中共嘉善县委办公室　嘉善县人民政府办公室 关于印发《嘉善县创新“三权三抵押”机制深化农村产权制度改革总体方案》的通知

各镇、开发区（街道）党委、人民政府（办事处），县级机关各部门和直属各单位：

《嘉善县创新“三权三抵押”机制深化农村产权制度改革总体方案》已经县委、县政府同意，现印发给你们，请认真组织执行。

2014 年 12 月 29 日

嘉善县创新“三权三抵押”机制深化农村产权制度改革总体方案

按照中央和省、市深化统筹城乡综合配套改革总体部署和深化农村产权制度改革省级示范试点县的要求，结合我县深化统筹城乡综合配套改革重点突破项目的安排，现就创新农村集体经济股权、农民住房财产权、农村土地承包经营权抵押（以下简称“三权三抵押”）机制推进农村产权制度改革形成如下方案：

一、指导思想

以十八届三中全会和中共中央、国务院《关于全面深化农村改革加快推进农业现代化的若干意见》文件精神为指导，顺应城乡融合发展新趋势，遵循农村实际和农民需求，以破除农村产权在城乡合理自由流动的体制障碍为改革方向，以创新农村“三权三抵押”制度为改革核心和有效手段，以促进农民和村级集体经济持续增收为出发点和落脚点，推动农村金融产品和信贷方式有效创新，建立和完善权属清晰、权责明确、监管严格、分配规范、流转顺畅的更具活力的现代农村产权制度。

二、改革内容

（一）推进农村产权“三权三抵押”制度改革

——开展农村集体经济股权抵押。允许农村股份经济合作社股东以所持有的农村集体经济股权为抵押物，在明确合法用途的前提下申请办理抵押贷款。

——探索农民住房财产权抵押。允许农民以依法取得的住房财产权作为抵押物，在明确合法用途的前提下申请办理抵押贷款。

——深化农村土地承包经营权抵押。拓展农村土地承包经营权抵押工作辐射面，完善管理办法和操作流程，加大业务监管和规范运作力度。

——创新农村综合产权抵押产品。以农村“三权三抵押”为基础，在条件成熟情况下，充分挖掘农村产权权能，适时推出农村综合产权抵押产品。

——建立“三权三抵押”风险防范体系。建立农村“三权三抵押”风险防控制度，依托农村信用体系建设，强化信贷风险全流程管理机制，制定缜密可行的风险处置办法和流程。

（二）完善农村“三权”确权赋能机制

——深化农村集体经济股权确权。深化完善农村集体经济股份合作制改革，明晰股权并折股量化到人，推进股权登记颁证，推行“增人不增股，减人不减股”模式，实行静态固化管理。

——推进农村宅基地使用权和农民住房财产权的确权。全面实施农村宅基地确权登记，对宅基地确权登记按照“是否依法取得”情况进行界定，明晰农村宅基地使用权，并同步推进农民住房财产权确权登记。

——完善农村土地承包经营权确权。开展农村土地承包经营权确权登记与颁证，实施农村承包地、面积、合同、证书“四到户”，证、账、簿、地“四相符”工作。推进农村土地承包“地图化”管理模式，健全农村土地承包信息管理系统。

（三）深化农村“三权”活权运转机制

——深化农村集体经济股份合作制度改革。赋予农民对集体资产股份的占有、收益、有偿退出及继承权。支持村级股份经济合作社改制后予以工商登记，明确其法人地位，建立法人治理机制，保障集体经济收益权。完善集体资产经营机制，鼓励村股份经济合作社与社员、企业等主体发展混合所有制经济。

——探索农村宅基地用益物权保障制度改革。完善宅基地管理，在依法、自愿、有偿和保障农民权益的前提下，探索农村宅基地在县行政区域范围内有条件置换、有偿使用、有偿退出机制，稳妥推进农民住房财产权转让试点。

——完善农村土地承包经营权流转制度改革。开展农村土地承包所有权、承包权和经营权相分离的改革，在依法、自愿、有偿和保障农民权益的前提下，支持采取转让、互换等形式流转土地承包经营权，鼓励组建农村土地股份合作社，探索开展农村土地承包权置换试点。

（四）建立农村产权交易服务平台

——构建农村产权交易网络。建立农村产权交易县镇村三级网络，建立县农村产权交易中心，设立各镇（街道）农村产权交易所，设置各村（社区）农村产权交易服务站，建立集农村物权、股权、知识产权于一体的综合性产权交易服务体系，促进农村各类产权在平台上以转让、租赁、入股、抵押等方式交易和流转。

——确定农村产权交易权种。在完善农村土地承包经营权流转的基础上，稳妥有序推进农村集体资产经营权、生产资料使用权、农村知识产权等权种交易流转服务；在条件成熟情况下，依法探索并扩大其他农村产权交易权种。

——构建农村产权交易机制。制定农村产权交易管理办法，明确交易范围、程序等内容，构建农村产权交易信息系统，建立三级联动、部门协作工作推进机制。

三、保障措施

（一）统一思想，加强领导

成立县农村产权制度改革工作领导小组（见附件），领导小组下设办公室，负责日常工作。各镇（街道）相应成立领导小组，配强工作力量，落实专人负责。

（二）加强宣传，营造氛围

各镇（街道）和相关部门（单位）要高度重视宣传引导工作，宣传改革的目的意义和有关政策，切实做好群众的思想工作，引导群众积极参与和支持改革工作，确保改革工作健康有序推进。

（三）分工明确，务求实效

县级各职能部门要充分发挥部门职责，研究制定相关配套政策意见，形成工作合力；相关金融机构要加强业务指导，提升服务质量。各镇（街道）要把改革工作列入重点议事日程，明确日常推进机构和专职人员；村级组织要加强组织引导，全力推进。

（四）规范程序，确保稳定

切实维护群众权益，做到公开、公平、公正；严肃工作纪律，坚持依法依规开展工作。各镇（街道）、村（社区）要依法处理好历史遗留问题，把矛盾化解在基层、解决在萌芽状态，确保城乡社会和谐稳定。

附件：1. 嘉善县创新“三权三抵押”机制深化农村产权制度改革项目进度安排（略）
2. 嘉善县农村产权制度改革工作领导小组（略）

平湖市人民政府办公室
关于印发平湖市排污权交易办法的通知

各镇人民政府、街道办事处，平湖经济技术开发区管委会、独山港区管委会，市政府各部门，市属各单位：

《平湖市排污权交易办法》已经市政府同意，现印发给你们，请认真贯彻执行。

2014 年 7 月 2 日

平湖市排污权交易办法

第一章 总则

第一条 为完善排污权交易制度，提升环境资源价值，促进产业结构调整，根据《浙江省人民政府关于开展排污权有偿使用和交易试点工作的指导意见》（浙政办发〔2009〕47 号）、《浙江省排污权有偿使用和交易试点工作暂行办法》（浙政办发〔2010〕132 号）和《浙江省人民政府办公厅关于在平湖市开展产业结构调整机制创新试点的通知》（浙政办发〔2014〕39 号）等规定，结合我市实际，制定本办法。

第二条 本办法所称的排污权，是指排污单位按排污许可证许可的污染物排放总量指标（以下简称排污指标），向环境直接或间接排放污染物的权利。

排污权交易是指在区域排污总量控制的前提下，排污单位在指定交易平台进行排污指标交易的行为。排污权交易事项，登载在排污权证上。

第三条 纳入排污权交易的污染物，为化学需氧量、氨氮、二氧化硫、氮氧化物、重金属（含铅、汞、铬、镉、砷）共五种七项。建设项目环评审批中未纳入总量平衡范围的排污指标，不纳入交易。

第四条 环保局负责本市范围内排污权交易的指导、监督与管理工作，并办理排污权证的登记、变更等有关手续。

市排污权储备交易中心有限公司（以下简称市交易中心）具体办理排污权交易业务，并提供排污权交易信息、咨询等服务。

第五条 排污权有效期为 5 年，原已实施排污权交易的排污权期限不变。

第六条 现有企业的排污权交易，经环保局核定排污总量后实施。建设项目的排污权交易，在建设项目环评审批前实施。

第七条 实施排污权交易的企业，不免除环境保护的其他法定责任。

第二章 交易方式

第八条 排污权交易分为排污权申购、拍卖、回购、转让、租赁等五种方式。

第九条 排污权申购是指企业以政府指导价向政府购买排污指标的交易行为。

第十条 排污权拍卖是指企业以竞拍价向政府购买排污指标的交易行为。

第十一条 排污权回购是指企业以政府指导价向政府出让排污指标的交易行为。

第十二条 排污权转让是指企业之间通过协商议价的方式进行排污指标流转的交易行为。

第十三条 现有企业的排污权通过申购方式取得。现有企业经减排后富余的排污权，在有效期内，经环保局核定，可以转让给其他排污单位，也可以向政府申请回购。

第十四条 列入市重大建设项目的排污权通过申购方式取得。未列入市重大建设项目的排污权通过拍卖或转让方式取得。

第十五条 排污权租赁是指年度内需要增加排污指标的企业，向有富余排污指标的企业临时借用排污指标的交易行为。租赁的排污权限于本年度使用。

第十六条 排污权申购、拍卖、回购、转让、租赁实施细则，由环保局制定。

第三章 交易价格

第十七条 建立排污权基准价制度。“十二五”期间的排污权基准价为：化学需氧量 2 万元/吨、氨氮 2 万元/吨、二氧化硫 0.5 万元/吨、氮氧化物 0.5 万元/吨、重金属每项 0.5 万元/千克。

第十八条 建立排污权基准价逐年递增机制。

从 2016 年起，排污权基准价每年按“十二五”期间基准价的 5%逐年递增。

第十九条 建立排污权政府指导价差别化机制。

（一）位于环境功能区划中重点准入区的企业：政府指导价为基准价。

（二）位于环境功能区划中优化准入区的企业：政府指导价为基准价的 1.2 倍。

（三）位于环境功能区划中其他环境功能区的企业：政府指导价为基准价的 1.5 倍。

第二十条 通过申购方式取得的排污权，有效期满后，在规定期限内延续申购的，按交易年度政府指导价与原申购成交价的差价进行购买。

第二十一条 通过拍卖或转让方式取得的排污权，有效期满后，在规定期限内延续申购的，按交易年度政府指导价与上一次交易年度政府指导价的差价进行购买。

第二十二条 排污权有效期满后，未在规定期限内申购的，由政府无偿收回。排污权被政府无偿收回的企业，如需重新申购的，执行交易年度的政府指导价，申购期限从排污权超期之日起计算。

第二十三条 原未实施排污权交易的企业，在申报建设项目环评前，补充申购原使用的排污指标，执行交易年度的政府指导价，申购期限从 2011 年 1 月 1 日或企业实际投产之日起计算。

第四章 监督管理

第二十四条 实施排污权交易的企业，更名、分立、合并的，经环保局审查核定后，可变更排污权证。变更后的排污权证期限与变更前排污权证一致。

第二十五条 未实施排污权交易的企业关闭后，其排污权由政府无偿收回。

第二十六条 排污权出让金实行市财政专户管理，用于污染防治、排污权回购、排污权交易平台建设和排污权交易技术的研发应用。排污权出让金使用管理办法另行制定。

第二十七条 环保局和市交易中心及时公开排污权政策信息和排污权供求、价格等交易信息，接受社会监督。

第二十八条 排污权交易出现争议的，相关单位可以向市交易中心申请调解；争议涉及市交易中心的，相关单位可以向环保局申请调解，也可以向人民法院提起诉讼。

第二十九条 环保、财政、审计、价格行政主管部门应当及时掌握本市排污权交易情况，加强对排污权交易和排污权交易机构运作的监管，查处各种违法违规行为；涉嫌犯罪的，移交司法机关依法处理。

第五章 附则

第三十条 本办法自发布之日起施行。《平湖市主要污染物排污权交易办法（试行）》（平政发〔2008〕109 号）、《平湖市主要污染物初始排污权有偿使用实施办法》（平政发〔2010〕180 号）同时废止。上级对排污权交易有新规定的，从其规定。

中共海盐县委办公室　海盐县人民政府办公室
关于印发《海盐县村(社区)股份经济合作社
深化改革试点方案》的通知

各镇(街道)党(工)委、政府(办事处),县级机关各部门,县属各单位:

《海盐县村(社区)股份经济合作社深化改革试点方案》已经县委、县政府同意,现印发给你们,请结合实际,认真贯彻执行。

2014年8月15日

海盐县村(社区)股份经济合作社
深化改革试点方案

为深入推进我县全国农村集体产权股份合作制改革试验区工作,全面深化农村集体产权制度改革,加快城乡一体化发展步伐,特制订本试点方案。

一、主要目标和基本原则

(一)主要目标

经过3年努力,全面深化农村集体产权股份合作制改革,理顺村股份经济合作社的各类产权关系,建立起一套完整、清晰的农村集体产权关系框架,实现村级集体经济组织成员的社员身份与股东身份相分离,促进村级集体经济从相对封闭运行格局向开放运行格局转变,更好地激发村级组织发展活力。通过确权、赋权、活权、保权,赋予农民更多财产权利,为其顺利融入海盐就地城镇化发展提供经济保障和制度保障。积极引导农村产权交易,探索建立农村集体资产企业化经营管理新机制,推进资源要素的自由流动、开发利用和保值增值。进一步促进村级集体经济发展壮大、促进农民增收致富。

(二)基本原则

1. 坚持农村基本经营制度不变。坚持土地集体所有不变,坚持家庭承包经营为基础、统分结合的双层经营体制不变,积极创新农村集体经济经营管理体制机制,加快推进农村改革发展。

2. 坚持公开、公平、公正。充分尊重农民的知情权、参与权、监督权和决策权,改革全程邀请社员共同参与,各环节全程向社员公开,接受社员监督,确保改革过程公开、公平、公正。

3. 坚持依法有序。严格按照有关法律、法规和文件规定,试点先行,依法有序、稳步推进农村集体产权制度改革,妥善处理改革中出现的矛盾和问题,维护农村社会稳定,正确处理好改革、发展、稳定三者关系。

4. 坚持维护农民合法权益。以保障农民权益、增进农民利益为核心,着力解决农民最关心最直接最现实的利益问题,通过改革举措,不断释放改革红利,在加快农村集体经济持续健康发展的同时,切实保障集体经济组织成员的合法权益。

二、主要改革任务

按照完善社会主义市场经济体制和健全城乡发展一体化体制机制的要求,以促进"活权、保权"、增加农民社员的财产性收入、发展壮大村级集体经济为重点,改革完善村级集体经济组织的组织结构和产权体系。

(一)完善村级集体经济组织的组织结构和运作机制

在"确权、赋权"基础上,按照"社员相对稳定,股东允许流动,政经有效分开,议行合理分设"的原则,进一步完善村级集体经济组织的组织架构,健全内部运作治理机制,与统分结合的双层经营体制相对应,确立统分结合的产权体系,为"活权、保权"提供制度机制保障。

1. 村股份经济合作社是村级集体经济组织,依法代表全体社员行使集体财产所有权,股份合作制改造后继续按合作制原则运作,具体仍按照《浙江省村经济合作社组织条例》规范。村股份经济合作社可登记为非公司企业法人。尚未实行股份合作制改造的村可保持村经济合作社名称不变。

2. 村股份经济合作社下设资产合作社、土地合作社,分别对村股份经济合作社的货币化资产和未货币化的土地等资源性资产承担经营管理职能。

资产合作社由获得量化资产的全体社员股东和村股份经济合作社参照股份制原则发起设立,具体可设社员个人股和村公益股。村公益股由村股份经济合作社作为出资人,其比例一般不小于注册资本的51%。除永久性公益资产以外,上次股改时未量化的货币化公益性资产可根据实际需求纳入资产合作社资产范围(可通过调整每股净资产等方式)，由资产合作社负责经营管理。集体经营性建设用地使用权可按评估价或参照区片工业出让土地基准价纳入资产合作社资产范围。因对外开展经营业务需要，也可根据实际情况设立资产经营公司。

土地合作社由村股份经济合作社发起设立，对已确权到社员的土地承包经营权、宅基地使用权等资源性资产负责经营和管理。

资产合作社和土地合作社参照村股份经济合作社的登记办法，登记为非公司企业法人。设立资产经营公司的，登记为公司法人。土地合作社目前经营业务较少的地方，可暂不办理工商登记。

3. 为增加农民的财产性收入，要创造条件允许有关产权的流转、转让，实现农民社员对有关资产的所有权或用益物权。一是按照农民社员身份与股东身份相分离的原则，允许社员转让其拥有的量化股权，同时变更资产合作社的股东；二是按照承包土地所有权、承包权、经营权相分离的原则，加快土地经营权的流转；三是按照宅基地所有权与使用权相分离的原则，允许宅基地使用权在一定范围、一定年限内随着农房的转让发生转移；四是按照集体建设用地所有权与使用权相分离的原则，集体建设用地的使用权人可以变动。但所有的变动限定在资产合作社或土地合作社层面，不影响村股份经济合作社的社员构成，以保障社员作为村集体经济组织成员应有的基本权利。

(二)完善农村产权体系

在坚持土地集体所有的前提下，按照共同共有、按份享有或按股所有的特点，明晰村股份经济合作社各类财产的产权关系，规范各类财产的所有权、承包权、使用权(经营权)的归属和权能，构建“权属明晰、权能充分、权责一致、流转便捷”的农村产权体系。

1. 明确集体所有权与农民财产权的权能

(1)全体社员对所有集体土地享有所有权，由村股份经济合作社依法行使所有者权利。

(2)社员对承包到户的土地享有承包权、经营权(合称承包经营权)，实行“生不增、死不减”的静态管理。社员的承包权可以自愿有偿退出，可由同属本集体经济组织成员的直系亲属继承，不得转让；经营权在承包期内可入股、抵押担保，自愿流转。

(3)社员对量化到人的集体资产股份享有个人财产权，实行“生不增、死不减”的静态管理，并可抵押担保、继承、赠与；从量化之日起可在本县农村居民之间自由转让，3年后转让范围不受区域和户籍限制。

(4)社员对确权后的宅基地享有使用权，可抵押担保、自愿有偿退出，可随同农房财产权在本县农村居民之间转让；社员对宅基地转让或处置的，应具备居住条件，转让或处置后不得再申请宅基地。抵押担保时，应与有关金融机构就抵押标的物的处置作出保证；转让时，应就转让年限及今后土地征收、房屋拆迁等事项发生时的有关利益归属做出约定。

(5)村股份经济合作社对集体建设用地行使所有权，集体经营性建设用地使用权可入股、抵押担保、入市交易。

2. 建立统一的产权交易体系

(1)进一步完善县、镇(街道)、村(社区)三级农村土地流转和产权交易平台，并统一纳入县公共资源交易中心进行管理。

(2)扩大产权交易品种，促进土地经营权、林权、集体经济股权、农房财产权(宅基地使用权)、集体经营性建设用地使用权和集体物业、农业设施租赁权、承包权等各类农村产权在交易平台上实行公开平等交易。

(3)在农村产权交易平台上完成的各类产权过户交易具有法律效力。

(三)强化经营管理制度建设

完善工作机制，着力构建“决策程序民主、监督监管有利、经营风险可控、收入分配合理”的村股份经济合作社内部管理制度，促进其规范运作、可持续发展。

1. 在深化改革过程中，各村应重新拟订村股份经济合作社章程，章程草案必须广泛征求意见，报镇(街道)农经部门审核后，提交社员(代表)大会讨论通过。

2. 资产合作社参照现代企业制度设立法人治理机构，主要包括股东(代表)大会、董事会、监事会。股东(代表)大会是资产合作社的最高权力机构，投资决策、经营方针、年度计划及执行情况，须经股东(代表)大会讨论决定。

3. 加强村集体“三资”规范化管理，建立股份合作风险防控机制，完善和落实村级各项财务管理和审计制度，全面实行财务“双代理”制度，每年对资产进行清产核资。

4. 完善收益分配。按照按份分配和按股分红两个层次的分配方式建立合理的收入分配制度。村股份经济合作社的收益分配按照集体经济组织的有关财务制度或规定执行；资产合作社的收益在依法缴纳国家税金和有关规费后，可以按规定提取一定的公积公益金用于自身发展，再按同股同利的原则进行股份分红，村公益股的收益应专门用于公益事业建设和村级组织的正常开支。登记为独立法人的土地合作社的收益分配按照企业法人的有关法规执行。

(四)优化农村金融服务

进一步发挥金融资本在赋权、活权中的积极作用，努力做到农村产权“价格市场发现、价值评估合理、抵押融资高效、金融处置有效”。

1. 夯实农村产权抵押贷款基础。推动城乡金融服务均等化，培育服务农村产权交易的社会中介评估机构，完善农户的信用建档工作。

2. 扩大农户可抵押担保范围。深化农村金融产品创新，完善“新家园”农房改造集聚贷款、“农钻通”农村流转土地经营权抵押贷款等业务，探索开展针对村集体经济股权、农房产权抵押专项贷款。

3. 畅通农村产权金融处置渠道。探索建立土地承包权和宅基地的退出机制，社员主动退出承包地和宅基地的，由村经济合作社给予一定的补偿，县级层面通过成立收储公司收储建设用地指标，在县域范围内统筹调剂。

（五）发展壮大村级集体经济

按照“融入市场轨道、参与市场竞争、优化发展模式、政策倾斜激励”的要求，进一步创新工作机制、加大扶持力度，发展壮大村级集体经济，促进农村经济社会的持续健康稳定发展。

1. 完善“第一书记”工作制度。继续选调基层工作经验丰富的科局级领导干部，兼任重点扶持村“第一书记”，聚合全县机关部门服务力、基层干部创造力、党员群众支持力，引领村干部发展壮大村级集体经济。推动村级社会组织建设，探索村干部社工化管理，通过政府购买服务的方式，进一步加大对村级公益事业发展扶持力度。

2. 按照现代企业管理制度要求，积极融入市场轨道参与市场竞争。继续实施税费减免和财政奖励，利用财政政策的调控作用，按照对地方财政贡献大小，给予不同程度的财政奖励。同时，进一步减轻村级经济的负担。

3. 因地制宜发展资产经营型、休闲旅游型、配套服务型、股份合作型、资源开发型等“五型”村级集体经济。探索推行“强村联合体”制度，推动建立强村与弱村结对、企业与弱村结对、机关事业单位与弱村结对、弱村抱团发展等多种形式的联合发展模式。

三、实施步骤

（一）准备启动阶段（2014 年 7－8 月）

组建领导小组和工作班子，明确各部门的工作职责；深入开展调研，明确改革重点，制订全县深化改革试点方案；选择确定元通街道新兴社区和百步镇得胜村作为试点村，制订试点村深化改革的工作方案。

（二）试点推进阶段（2014 年 8－9 月）

召开 2 个试点村动员会议和工作推进会议，按照试点改革实施方案，稳步推进各项深化改革工作，建立新的村股份经济合作社组织架构和运行机制。

（三）试点评估总结阶段（2014 年 10－12 月）

对 2 个试点村深化改革完成情况进行认真分析评估，研究分析试点中出现的问题，制定相关配套政策。

（四）全面实施阶段（2015 年）

在总结经验的基础上，制定完善相关配套政策，逐步在全县面上推开。

（五）总结完善阶段（2016 年）

查漏补缺，总结完善。

四、保障措施

（一）建立领导小组

建立试点领导小组，负责对改革试点中的政策和制度建设等进行决策，重大政策问题和制度问题提交县委常委会、县政府常务会议研究决定，并报省农村改革主管部门审核。领导小组下设办公室，负责改革试点的日常工作，指导协调各改革试点专题小组编制改革试点方案，制定政策，指导试点村开展工作。建立成员工作制度和联络员工作制度，及时汇总并通报改革试点有关情况。

（二）建立专题推进小组

专题推进小组负责试点方案编制和实施，做好实施过程中的工作协调、政策制定和执行，对试点成果进行阶段性总结和试点效果评估。

（三）建立专家委员会

聘请各级有关专家、领导组成专家委员会。专家委员会负责对试点方案的评议提出修改意见和建议，对试点过程进行评议，提出意见和建议，对试点效果进行评审。

（四）建立工作考核责任制

根据试点任务、进度和试点效果制定具体的考核指标体系，实施年中与年终考核，并将考核结果作为对各级党政领导干部政绩考核的重要内容。建立试点工作的日常督查机制，确保全县试点工作任务顺利完成。

中共湖州市委办公室　湖州市人民政府办公室关于推进湖州南太湖产业集聚区、湖州经济技术开发区体制机制创新的实施意见

根据省委省政府关于加快产业集聚区高质量发展的要求和市委七届五次全会提出“深入推进市级向南太湖产业集聚区（开发区）放权授权，进一步完善管理体制和运行机制”的意见，结合湖州南太湖产业集聚区、湖州经济技术开发区（以下简称开发区）实际，现就推进开发区体制机制创新，促进开发区持续健康发展提出如下实施意见。

一、完善行政审批运行机制

进一步简政放权，以审批提速、服务提质、效率提升为核心，减少审批事项，优化审批流程，打造优质的投资发展环境。

1. 加大简政放权力度。市级有关部门依照法律、法

规、规章的规定，通过委托等方式，将权力下放给开发区管委会，做到能放尽放。本轮放权涉及12个市级部门、共89项事权(详见附件)。相关事宜由开发区管委会与市级放权部门依法签订协议，并由开发区管委会承担最终责任。

2. 优化项目审批流程。坚持审批和监管分离，探索推行“模拟审批”、“并联审批”、全程代理等模式，深化流程再造，完善审批服务，真正做到一站式服务和一个窗口对外，全面提高审批效能。

二、完善机构编制管理体制

以精简效能为原则，以“小政府、大服务”为方向，以职能归并、整合、强化为重点，全面推进“大部门制”改革，建立与开发区建设发展相匹配的管理体制。

3. 完善开发区机构设置。坚持政事分开，通过机构撤并、职能增减，调整相关内设机构、事业单位的职能配置和机构设置，在开发区管委会内实行“大部门制”运作。

4. 加强对派出机构的管理。根据放权情况和开发区职能需要，新设或调整有关派驻机构管理体制：调整市环保局开发区分局管理体制，市环保局开发区分局整体移交开发区管委会管理，作为开发区内设机构，市环保监察支队开发区大队体制按现状不变；调整市财政局直属分局职能配置，市财政局直属分局将开发区财政管理职能划入开发区内设机构财政局，相关职能权限和人员编制另行规定；调整充实市国土资源局开发区分局工作力量，待条件成熟时设立国土资源管理综合服务中心，统一行使土地储备、征地拆迁、土地开发整理、地灾防治等职责；设立市建设工程质量监督站开发区分站，人员编制从市建设工程质量安全监督站内部调剂；设立市公共资源交易中心开发区分中心，与开发区行政审批服务中心合署办公。其他派驻机构的管理体制暂保持现状。

三、完善财税管理体制

进一步理顺开发区财政管理体制和运行机制，形成完善的财政体系。

5. 完善转移支付。主要是增加一般性转移支付，建立专项性一般转移支付体系，规范专项性转移支付。通过整合项目、提高因素法分配比例等方式，相应调增一般性转移支付规模。同时，合理界定支出责任，应由区级承担支出责任的原则上由开发区自行承担。

6. 调增收入统计范围。为客观反映开发区招商引资、发展经济的成果，在延续原开发区纳税户划分办法的基础上，将开发区范围内除石油(石化)、邮电、电信、电力、金融业(包括银行、保险、证券等)等行业以外涉及的市级纳税户全部下放，纳入开发区收入统计范围。同时根据行政区划调整的实际，将原属吴兴区收入统计范围的杨家埠纳税户调整到开发区收入统计范围。

7. 突出导向和激励。为鼓励开发区发展工业经济积极性，市区共享分成方面，增值税(不含营改增)按2012年度收入实绩为基数，固定不递增；其余共享收入，按2012年度收入实绩每年递增7%为基数。市区共享分成收入扣除省分成后，超基数部分市与区1∶9分成。同时，对由开发区为主引进的市外非银行金融机构，当年缴纳营业税环比增收市得部分，市与开发区5∶5分成，用于支持开发区发展现代服务业。

四、完善考核激励机制

打破身份界限，建立双向选择、能上能下、能进能出的用人机制，加强绩效考核，全面激发活力，调动工作积极性。

8. 推行全员竞争竞聘制度。除开发区管委会领导班子成员由市委任命外，其他干部实行全员聘用、竞争上岗，建立干部能上能下、人员能进能出的机制。

9. 推行绩效考核管理。完善绩效考核方案，在执行公务员规范津贴补贴和事业单位绩效工资的前提下，突出项目考核导向，招商部门、各指挥部等一线部门按“锁定标杆、挂图作战、擂台比拼、奖惩担责”的考核办法执行，管委会内设机构和下属事业单位实施以服务项目为重点的绩效考核。

五、建立重大项目政策支持机制

为支持开发区(含集聚区市本级三个分区)争取重大产业项目和重大基础设施项目，建立市、区联动机制，在优惠政策上实行一企一策、一事一议。

10. 建立部门联合洽谈机制。在大项目招商洽谈期间，由项目所在区(含开发区、集聚区)主谈，市财政局、市国土资源局等有关部门积极参与，提前介入，共同确定大项目优惠政策。

11. 建立部门快速响应机制。在大项目签约之后，市发改委、市经信委、市国土资源局、市环保局和市级金融部门要强化服务，在行政审批、土地供应、用能安排、排污、融资等方面给予专项安排、重点倾斜。

12. 建立组织协调机构。结合市大好高项目引进，市政府办公室、市财政局、市发改委等有关部门研究制订“一企一策”市区联动运行方案，建立协调机构，明确部门责任，推动工作落实。

本意见自发布之日起实施。

附件：市级部门向开发区简政放权事项表

2014年5月6日

附件

市级部门向开发区简政放权事项表

序号	涉及部门	事项名称	事项性质	备注
1	市国土资源局	具体建设项目国有土地使用权审核	行政许可	经营性用地须向市政府报备
2		乡(镇)村公共设施、公益事业建设用地审核	行政许可	
3		农村集体经济组织兴办企业用地审核	行政许可	
4		国有划拨土地转让、出租审批	行政许可	
5		改变土地用途审批	行政许可	
6		土地开垦审核	行政许可	
7		土地整理项目立项审核	行政许可	
8		土地登记发证及土地权属争议调处	行政许可	
9		建设项目用地复核验收和开竣工申报与审核	行政许可	
10		收回土地使用权审核	行政许可	
11		中心城区规划范围外的乡(镇)土地利用总体规划审核	非行政许可审批	
12		农用地转用、征收审核	行政许可	
13		年度土地利用现状变更调查	非行政许可审批	
14		农村集体建设用地流转审核	非行政许可审批	
15		建设用地批后监管及闲置土地处置	非行政许可审批	
16		农村土地综合整治项目立项初审(城乡建设用地增减挂钩项目)	非行政许可审批	
17		实际管辖区内国土资源违法案件立案查处,国土资源行政诉讼、行政复议、信访、投诉和其他行政争议案件的办理	非行政许可审批	
18		实际管辖区内国土资源系统股级及以下干部管理权	非行政许可审批	
19		国土资源资金部分收支管理权〔实际管辖区内国土资源管理部门年度预算编制和执行,工业用地土地出让金、区立案查处的违法用地(矿)罚没款、区登记发证的土地调查登记费的执收,征地预交款的执收和征地补偿款的支付〕	服务	
20		政府投资项目的土地预审	非行政许可审批	
21		压覆矿资源审核	非行政许可审批	
22		地质灾害危险性二级以下评估备案	非行政许可审批	
23		矿山闭坑审批	行政许可	
24		采矿权许可	行政许可	
25		临时用地审批	行政许可	
26		农村村民住宅用地审批	行政许可	
27		地质遗迹保护区(地质公园)审批	非行政许可审批	
28		国有土地资产授权经营的审核	非行政许可审批	

续表

序号	涉及部门	事项名称	事项性质	备　注
29	市国土资源局	国有企业改制土地资产处置方案审批	非行政许可审批	
30		矿产资源开发利用方案审批	非行政许可审批	
31		矿山闭坑地质报告审批	非行政许可审批	
32	市建设局	建筑工程施工许可	行政许可	
33		民用建筑项目节能审查	行政许可	
34		关闭、闲置或拆除存放生活垃圾的设施核准	行政许可	
35		特殊车辆在城市道路上行驶审批	行政许可	
36		临时占用城市道路审批	行政许可	
37		挖掘城市道路审批	行政许可	
38		从事城市生活垃圾经营性清扫、收集、运输、管理服务审批	行政许可	
39		建设工程质量监督	非行政许可审批	
40		建筑工程安全生产监督	非行政许可审批	
41	市发改委	内资企业投资项目核准	行政许可	
42		外商投资项目核准	行政许可	
43		境外投资项目核准	行政许可	
44		基本建设工程初步设计审批	行政许可	
45		工程建设不招标、招标范围和招标方式核准	行政许可	
46		政府投资基本建设项目建议书审批	非行政许可审批	
47		政府投资基本建设项目可行性研究报告审批	非行政许可审批	
48		政府投资基本建设项目初步设计审批	非行政许可审批	
49		政府投资项目的竣工验收	非行政许可审批	
50		企业投资项目备案	非行政许可审批	
51	市经信委	企业技术改造投资项目核准	行政许可	
52		外商投资技术改造项目核准	行政许可	
53		固定资产投资项目节能审查	行政许可	
54		企业投资项目备案	非行政许可审批	
55		散装水泥专项资金征收	非行政许可审批	
56		建设项目墙改专项基金征收	非行政许可审批	
57	市财政局	政府投资项目的财政审核（含资金来源证明和概算审核）	非行政许可审批	开发区财政局设立后同步下放
58	市外经贸局	新设外商投资企业批准证书的批准文号	服务	
59	市安全监管局	危险化学品事故应急预案备案	非行政许可审批	
60	市质量技监局	企业组织机构代码证发证、换证、补证、变更登记、注销、年度验证	行政许可	
61		企业产品标准备案	行政许可	

续表

序号	涉及部门	事项名称	事项性质	备　注
62	市市场监管局	企业集团登记(组建、变更、注销)	行政许可	
63		企业名称预先核准(冠“湖州经济技术开发区”名)	行政许可	
64	市环保局	建设项目环境影响评价文件审批(除以下五项之外的建设项目) 一、浙政办发(2012)132 号文件中明确的省政府及其投资主管部门审批、核准和备案,由设区市环境保护行政主管部门审批的建设项目; 二、浙政办发(2012)132 号文件明确的必须由设区市环境保护行政主管部门审批的重点行业建设项目; 三、市政府文件中明确必须由市环保行政主管部门审批的建设项目; 四、四项指标中有一项及多项年排放总量指标符合以下要求的建设项目(COD≥5 吨、氨氮≥0.5 吨、二氧化硫≥20 吨、氮氧化物≥30 吨); 五、选址或环境影响跨区行政区域以及由区环保部门提交的对环境问题有争议的建设项目。 行政许可		
65		建设项目环境保护设施竣工验收(对应审批权限)	行政许可	
66		污染防治设施的拆除或闲置许可(含关闭、闲置或拆除工业固体废物污染环境防治及生活垃圾处置的设施、场所核准)	行政许可	
67		建筑施工夜间作业许可证核发	行政许可	
68		排污许可证核发	行政许可	
69		危险废物转移年度计划审批	行政许可	
70		环境影响评价批准文件明确需要进行试生产的建设项目试生产备案	服务	
71		主要污染物排放总量核准(对应审批权限),其中:四项主要污染物中有一项及多项排放总量指标符合以下标准的(COD≥5 吨、氨氮≥0.5 吨、二氧化硫≥20 吨、氮氧化物≥30 吨)由市环保局负责核准。	非行政许可审批	
72		环境污染限期治理项目竣工验收	非行政许可审批	
73		环境污染治理设施委托运营备案	服务	
74		机动车排气污染物定期检测核准	服务	
75		排污申报核准	服务	
76		国家、省审批的建设项目环境影响评价文件初审	服务	
77		国家、省建设项目竣工环境保护验收初审	服务	
78		国家、省核发的辐射安全许可证初审	服务	
79		放射性同位素购买许可初审	服务	
80		省核发的危险废物经营许可证初审	服务	
81		危险废物转移年度计划(跨省)初审	服务	
82		固体废物、危险废物跨省转移许可初审	服务	
83		进口废物预审	服务	

续表

序号	涉及部门	事项名称	事项性质	备　注
84	市环保局	强制清洁生产审核预审	服务	
85		上市公司环保情况核查初审	服务	
86	市林业局	采伐许可证的核发	行政许可	
87		临时占用林地许可	行政许可	
88	市水利局	开发建设项目水土保持方案审批	行政许可	
89		涉河涉堤建设项目审批(含占用水域审批)	行政许可	

中共湖州市吴兴区委　湖州市吴兴区人民政府关于深化农村改革创新加快推进国家现代农业示范区改革与建设试点的若干政策意见

高新区、各乡镇街道,区级各部门:

为深入贯彻落实党的十八大和十八届三中全会、中央和省市农村工作会议、区委三届五次全体(扩大)会议等精神,按照在全省率先基本实现农业现代化的总体目标,以开展国家现代农业示范区农业改革与建设等试点为契机,着力发展现代农业,加快建设美丽乡村,深化农村改革创新,推动我区“三农”工作再上新台阶,特制定如下政策意见。

一、着力推进产业转型升级

1. 积极发展粮食生产。围绕“保面积、调结构、优品种、增单产”,扎实推进粮食生产功能区建设。区财政安排资金340万元(含中央奖励资金200万元),对当年新建成的粮食生产功能区按相关标准进行补助;对规模种植甬优系列、浙优系列等优质高产水稻品种的,在国家补助基础上,每亩给予良种补贴35元;对规模种植小麦、玉米、蚕(豌)豆等春粮作物,在国家补助基础上,每亩再给予补助15元。

2. 加快建设现代园区。围绕农业改革与建设试点目标,大力创建一批现代科技集聚、生态循环生产、品牌效应突出、带动能力较强的主导产业示范区和特色农业精品园。区财政安排20万元,用于农业招商引资工作;区财政安排80万元,对当年实施、成效明显的农业“大好高”项目及新创建的省市级主导产业示范区、特色农业精品园给予补助。

3. 做大做强精深加工。大力培育提升加工型农业龙头企业,积极探索龙头企业与农户紧密型利益联结机制,让农户更多分享加工环节的利益。区财政安排50万元,对新认定的国家重点、省骨干农业龙头企业分别给予20万元、10万元的一次性奖励;对新认定的国家级、省级林业和渔业龙头企业分别给予10万元、5万元的一次性奖励;对当年上市的农业龙头企业给予一次性奖励10万元。

4. 着力强化营销服务。大力培育农产品营销服务组织,拓宽农产品销售渠道。区财政安排30万元,鼓励农业经营主体参加多形式、多层次的农产品展示展销活动,承担由农业行政主管部门组织、农业经营主体参展的展位费。大力实施农业品牌战略,区财政安排30万元,对新认定的国家级、省级、市级名牌或著名商标,分别给予10万元、3万元和1万元的一次性奖励;对新确认省级名牌农产品的,给予一次性奖励1万元;对通过原产地域认证和获得证明商标的,给予一次性奖励5万元;对获得国家地理标志产品保护的企业,给予一次性奖励5万元。

5. 大力发展旅游农业。大力发展集产业发展、农事体验、科技教育、文化传承等多功能为一体的休闲观光农业和农家乐休闲旅游业。区财政安排资金20万元,对创建的市级休闲观光农业示范园区和区级农家乐示范点、示范户项目给予补助。

二、着力提高综合生产能力

6. 提升基础设施水平。围绕农业两区“四通二平”的建设要求,着力完善农田水利等基础设施建设,实施标准农田质量提升工程,区财政安排20万元,用于基本农田管理与标准农田质量提升工程。区财政安排水利专项建设资金80万元,用于水利基础设施建设。

7. 提升设施装备水平。大力发展设施农业,加大粮食生产机械化推广力度,区财政安排40万元,对购置符合省农业购机目录农业机械的实行“购机补助”,对粮油生产机械化作业环节给予配套补贴。

8. 提升农业信息化水平。大力开展“智慧农业”建设，区财政安排50万元，在八里店、南太湖等农业综合区中开展“智慧农业”信息化公共服务平台建设，对创建的区级农业物联网应用示范基地给予5万元的一次性补助。

三、着力培育新型经营主体

9. 大力发展现代家庭农场。积极鼓励各类种养专业大户向现代家庭农场发展，区财政安排30万元，继续开展“十佳科技示范家庭农场”创建，培育一批经营规模适度、生态循环种养、示范带动明显的科技型、示范性家庭农场。

10. 规范提升专业合作组织。加快培育农民专业合作社等专业服务组织，促进提升规范。区财政安排50万元，对农业部门新认定的国家级、省级、市级、区级示范性专业合作社的，分别给予5万元、3万元、1万元和0.5万元的奖励，由林业、渔业部门新认定的国家级、省级、市级示范性专业合作社的，分别给予3万元、1万元、0.5万元一次性奖励。

11. 积极培育现代职业农民。深入实施“农民素质提升工程”，区财政安排80万元，用于“农民素质提升工程”建设，其中按照省、市财政对农民技能培训的补助标准，对验收合格的培训项目给予补助。

四、着力发展生态循环农业

12. 发展现代林业。加强生态公益林保护与建设，加快绿化造林步伐，促进林业产业转型升级。区财政安排125万元，按照省定补偿标准对重点生态公益林进行补偿，大力推进“以水灭火”工程建设，分级实施乡镇森林消防队员人身意外伤害保险工作；区财政安排30万元，用于重点防护林建设资金配套；区财政安排35万元，对创建市级及以上森林城镇、森林村庄的按上级补助标准实行1∶1配套补助，对“四边绿化”示范工程给予补助；区财政安排40万元，用于毛竹“春笋冬出”覆盖等适用技术推广和林业病虫监测、松线虫病除治以及“一村一品”建设补助。

13. 创新农作制度。大力推广间作套作、水旱轮作、粮经轮作等新型种养模式，促进稳粮增收。实施湖羊产业振兴三年行动，鼓励发展湖羊养殖，区财政安排资金50万元，对新建存栏500头以上湖羊规模养殖场给予项目补助。

14. 加强污染治理。以治水治违攻坚行动为抓手，加大以东林镇为重点的温室龟鳖养殖治理力度，区财政安排专项资金，用于东林等乡镇温室龟鳖养殖场的拆迁补助。全面开展存栏50头以上规模养猪场的污染治理，扩大水产养殖尾水处理面，努力实现达标排放。加快病死动物无害化处理设施建设，实现乡镇全覆盖。

15. 强化综合利用。加快推进农作物秸秆综合利用，区财政安排资金5万元，对回收利用农作物秸秆的农业经营主体给予补助，并培育一个稻、麦秸秆资源化利用示范点。加快畜禽粪便收集处理中心和沼气设施建设。

五、着力推进农业科技进步

16. 抓好种业工程建设。加快建立产学研相结合、育繁推一体化的现代种业发展体系，区财政安排60万元，对引进国内外水产、粮食、蔬菜等良种、建立15亩以上良种、良苗繁育推广基地的，经验收确认给予一次性补助3万元。

17. 完善农推联盟体系。深入推进“1+1+N”现代农业产学研联盟建设，区财政安排20万元，保障农推联盟特聘专家和农技推广经费落实，发挥科技对现代农业发展的支撑作用。

六、着力强化农产品质量安全

18. 健全质量监管体系。加大农产品质量安全监管机构建设投入，区财政安排55万元，用于区水产品质量安全检测中心建设、区级农产品（水生动物、畜产品）质量检测实验室运行、乡镇农产品初检实验室运行经费补助，全面提升监管能力和水平。

19. 推行标准化生产。加快标准化技术推广示范，区财政安排15万元，对当年通过GAP（良好农业操作规范）、ISO9001（质量管理体系）、QS（食品质量安全）认证的企业，分别给予一次性奖励1万元；对承担市（区）级农业标准规划制（修）订并通过审查的第一起草单位，给予一次性补助1万元。加大无公害农产品、绿色食品、有机食品“三品”认证力度，区财政安排40万元，对新通过无公害农产品和绿色食品认证的，给予一次性补助1万元；对新通过有机食品认证的，给予一次性补助5万元。

20. 加大监管执法力度。大力开展农产品质量安全专项整治、农业投入品“绿剑”执法行动，加强重大动植物疫病防控，区财政安排70万元，用于重大动植物疫病防控所需物资保障。

七、着力优化农村人居环境

21. 深入开展美丽乡村创建。突出“美丽乡村”创建这一抓手，推进美丽乡村示范带、示范村和精品村创建，区财政安排资金950万元，对列入年度美丽乡村创建计划的村，经市级验收达到市美丽乡村标准，在市财政每村奖补160万元，和乡镇按配套补助每村50万元的同时，区财政按每村100万元给予补助。创建精品村并通过市、区验收的，区财政给予每村30万元补助，乡镇按每村20万元配套补助。区财政安排150万元用于历史文化古村落保护。加强农村“一事一议”公益项目建设，市、区、乡镇财政合计按省补标准1∶1比例配套。

22. 扎实推进生活污水治理。扎实开展农村生活污水治理，制订全区治理规划和分二年实施方案，确保2014年完成66个行政村13338户农户治理任务。区财政安排不少于1000万元资金用于农村生活污水治理。

23. 健全完善环境长效管理。进一步健全完善“四边三化”长效管理机制，修改完善《关于建立健全吴兴区农村环境卫生长效机制的实施意见》，对行政村环境长效管理支出总体按市、区、乡镇1∶1∶0.5标准进行配套补助，其中区财政安排专项经费580万元。行政村必须通过“一事一议”的方式向村民、村内企业、商户收取保洁费，各村年度补助金额与村民缴费率、考核情况等挂钩。

八、着力深化体制机制创新

24. 推进新型农业经营体系建设。围绕构建产加销一体化的农业经营新体系，加大农民专业合作社联合社的组建力度，建立“六统一”服务的产业联合体，实现抱团发展。区财政安排30万元，对新成立的合作社联合社给予补助。

25. 推进土地股份合作制改革。深化完善“先股后转”机制，推进农村土地股份合作制改革，区财政安排10万元，对新组建的土地股份制合作社给予一次性0.5万元奖励。加强土地承包经营权、林权流转平台建设，区财政安排10万元，用于土地流转管理服务中心、林权流转交易中心和林权信息系统管护运行。

26. 推进集体资产股份制改革。强化农村集体“三资”阳光管理，区财政安排15万元，用于村级财务网络、信息化平台补助及培训经费。大力推进集体资产股份合作制改革，区财政安排30万元，对经考评通过的集体资产股份制改革村给予一次性1万元奖励。

27. 推进村级集体经济发展壮大。大力扶持集体经济欠发达村发展物业经济，区财政安排400万元，主要用于20个左右集体经济欠发达村物业项目补助，每个村补助25万元左右。启动实施7个村462户渔民上岸安居工程，区财政安排600万元，对渔民上岸安居给予补助。

28. 推进农业金融保险改革创新。紧紧抓住农业改革与建设试点契机，推进农村金融服务创新，区财政安排100万元建立区级农业融资风险补偿基金。探索建立区农业融资服务中心，在部分乡镇开展土地承包经营权他项权益、农业地面设施、林权等抵押质押贷款试点。深化农业政策性保险保障，区财政安排农林政策性保险100万元，扩大水稻、小麦、油菜等参保面积，拓宽设施蔬菜、特种水产等优势主导产业保险覆盖面。

本意见自2014年1月1日起施行，具体由区农林发展局、区财政局负责解释。

2014年3月1日

中共德清县委　德清县人民政府
关于德清县城乡体制改革试点工作实施意见

按照《浙江省人民政府办公厅关于在德清县开展城乡体制改革试点的通知》(浙政办发〔2014〕37号)要求，为全面实施《德清县城乡体制改革试点方案》(以下简称《试点方案》)，现结合我县实际，提出如下实施意见：

一、总体要求

（一）指导思想

认真贯彻落实党的十八届三中全会和省委十三届四次全会精神，按照新型工业化、信息化、城镇化、农业现代化“四化同步”的要求，全面推进城乡体制改革，建立现代农村产权制度，重点突破城乡二元结构，加快推进新型城市化，形成以城带乡、以乡促城、城乡融合的一体化发展新格局，为全省推进城乡体制改革积累经验、提供示范。

（二）基本原则

1. 坚持以人为本。充分发挥人民群众的积极性、创造性，尊重群众意愿，保障合法权益，积极推进以人为核心的城市化，让城乡居民平等参与城市化进程、共享城市化成果。

2. 坚持市场导向。积极推进要素优化配置，充分发挥市场在资源配置中的决定性作用和更好发挥政府作用，促进城乡生产要素自由流动和平等交换。

3. 坚持城乡统筹。创新城镇建设、管理体制机制，增强城镇集聚与辐射功能，积极推进城乡基础设施和公共服务一体化，促进城乡公共资源均衡配置。

（三）主要目标

农村居民对承包地的占有、使用、收益、流转及承包经营权抵押、担保权能得到切实保障，农户宅基地用益物权得到切实保障，农村居民对集体资产股份占有、收益、有偿退出及抵押、担保、继承权得到切实保障，农村居民可自由选择到城镇落户。供水供气、污水处理、垃圾处理、公共交通等基础设施城乡一体化建设机制基本建立，教育、医疗、文化、社会保障等城乡一体化发展机制基本形成，基层综合服务管理城乡一体化运行机制更加完善。到2017年，农业从业人员比2012年减少50%；农业适度规模经营比重超过60%；户籍人口城市化率达到50%；全县人均地区生产总值达到12万元以上，城镇常住居民人均可支配收入达到55000元以上，农村常住居民人均可支配收入达到30000元以上。

二、重点任务

（一）建立城乡规划建设一体化机制

1. 健全“四规融合”的城乡规划体制。通过完善县域总体规划、调整产业发展规划、修改土地利用总体规划、出台生态环境保护规划，建立城乡建设、生产力布局、土地利用、生态保护等有机衔接、相互融合的规划管理体制。

2. 建立县城、小城市和中心镇协调发展机制。完善“一主一副三组团”空间布局，推进协调发展。完善“三区一湖”中心城市空间布局，推进一体化发展。完善新市小城市和中心镇培育发展机制。完善钟管—洛舍、禹越—新安、莫干—筏头空间布局，推进组团发展。

3. 建立城乡基础设施共建共享机制。按照标准化和共建共享的要求，建立城乡基础设施一体化建设管理机制，全面提升城乡供水、污水处理和公共交通一体化水平，进一步提高管道燃气城镇覆盖率，建立城乡环卫一体化管理机制。加快推进电信网、广播电视网、互联网“三网融合”，建立高度整合、联动发展的“智慧德清”运行机制。

（二）全面推进农村产权制度改革

4. 建立农村宅基地用益物权保障机制。全面实施宅基地确权颁证，实施农村居民住房所有权初始登记颁证，稳妥推进农村居民住房财产权抵押、担保贷款、转让。严格实行“一户一宅、拆旧建新、法定面积、按规确权”的宅基地管理制度。推进宅基地跨村、跨镇置换，探索建立宅基地有偿退出、“留权不留地”等机制。建立农村居民建房用地指标“省管总量、计划单列、专项管理，先使用后核销”的管理机制。

5. 深化农村集体经济股份制改革。在深入推进集体经营性资产确权颁证的基础上，制订股权交易办法。探索推进农村集体资源性资产股份制改革，成立农村土地股份合作社，实行土地家庭承包“定量不定位”机制。建立法人治理机制，推进农村土地股份合作社、农村集体经济股份合作社工商登记管理制度改革，保障集体经济收益权。

6. 建立农村产权流转交易服务机制。实施农村土地所有权、承包经营权、流转经营权确权登记颁证，建立农村土地承包经营权流转交易机制。实施农村林地所有权、使用权、流转经营权确权登记颁证，建立农村林木和林地承包经营权流转机制。推进农村土地承包经营权抵押、担保贷款。搭建县农村综合产权交易平台，建立县镇（乡）联动的农村产权市场交易运行机制。推进农村股权抵押融资和担保贷款，制订完善交易办法。

7. 建立城乡统一的建设用地市场。在符合规划和用途管制前提下，稳妥推进农村集体经营性建设用地出让、租赁、入股，实行与国有土地同等入市、同权同价。建立“统一登记管理、统一项目准入、统一批后监管、统一收益分配”的管理制度，建立出台农村集体经营性建设用地实施意见及流转管理办法。

（三）推进城乡要素市场化配置改革

8. 加快土地要素市场化配置改革。建立工业企业“亩产效益”评价机制。深入推进工业用地弹性管理制度改革。建立城镇低效用地再开发机制。深化闭坑矿地综合开发利用试点工作。完善城镇土地使用税差别化征收使用制度。

9. 推进农村金融体制改革。全面推进城乡金融体制改革。建立差别化信贷服务激励机制。健全农村普惠金融服务机制。深化金融产品创新机制。完善企业参与多层次资本资产的激励机制，开展小额贷款公司资产证券化试点。鼓励和引导社会资本投向城镇建设和社会事业领域。积极争取省财政按因素分配法分配的地方政府债券。培育新兴金融业态。创新发展金融中后台及配套服务产业。建立新兴金融业态发展激励机制。建立各类金融机构和新型金融组织激励机制。

10. 推进能源要素市场化配置改革。探索建立用能指标交易机制，实施新增用能有偿使用制度。严格落实差别化电价和惩罚性电价政策。建立城乡居民用水阶梯式水价机制。

（四）推进行政审批制度改革

11. 深化行政审批制度改革。以“四零”为突破口，建立“三张清单一张网”。全面推行政府权力清单制度，制定“企业投资项目负面清单”和“政府部门专项资金管理清单”，减少审批事项和流程，构建县镇（乡）村审批服务三级联动工作新机制，建立投资项目“快速审批”机制。开展“先照后证”、注册资本认缴等为主要内容的商事登记制度改革，建立宽进严管的投资便利化制度。加快国土资源行政审批制度改革，开展德清土地规划用途修改省市县三级联网审批和实时更新试点改革。承接省、市委托下放的审查审批权限，建立土地使用、整治、开发高效审批制度。

12. 创新政府管理体制。建立健全政府购买公共服务制度，制定出台政府向社会购买公共服务的政策。推进强镇扩权和综合行政执法改革，建立重心下移、服务便捷、管理高效的政府权力运行机制。

（五）建立县域经济向都市区经济转型发展机制

13. 建立工业转型升级体制机制。建立战略性新兴产业培育发展机制，大力发展生物医药、先进装备制造、地理信息、通用航空等战略性新兴产业。创新平台园区建设管理体制，提升发展德清经济开发区、临杭工业区、德清工业园和科技新城等平台园区，推动资源要素集聚。

14. 建立现代农业和服务业特色发展机制。完善新型供销合作、信用合作、专业合作等“多位一体”合作经营机制，建立健全农业社会化服务组织体系，着力发展现代都市农业。建立高端服务业发展激励机制，加快发展总部经济、现代物流、信息、金融、休闲旅游等高端服务业。

15. 建立“政产学研金介用”协同创新机制。建立创新资源要素配置机制。加快省科技成果转化实验区建设。开展省级科技金融结合示范区建设。

16. 建立德清县与杭州都市区协同发展机制。建立与杭州市重大基础设施、重大产业园区、重大民生项目规划共绘共建共享机制，加快建设杭州绕城高速西复线德清段，改造提升104国道德清段，规划建设304省道德清段，争取宣杭铁路开通德清至杭州城际列车，争取临杭工业区成为杭州钱江经济开发区的功能区块。

（六）完善基本公共服务均等化体制机制

17. 创新教育医疗文化发展机制。建立健全城乡教育设施标准、人员编制、工资福利三统一机制，建立城乡义务教育资源统筹配置机制，加快优质教育资源向农村流动。全面推进医药卫生体制改革，深化完善县级公立医院综合改革，建立健全县级和省级医疗机构合作机制，积极推进县乡村卫生一体化管理。探索开展跨区域合作办学办医体制，引进省内外名校名院到德清县办学办医。放开市场准入，建立民资投资办学办医机制。完善公共文化基础设施投入机制。强化公共文化服务供给机制。探索社会资本参与公共文化建设机制。

18. 建立健全城乡社会保障制度。开展城乡居民养老保险、医疗保险、救助和低保制度并轨改革，完善社会保险关系转移接续政策。建立健全合理兼顾各类人员的社会保障待遇确定和正常调整机制。建立承包土地长期流转的农村居民可选择按个体劳动者办法参加职工社会保险的制度。

（七）创新完善生态建设保护机制

19. 建立健全生态补偿机制。健全矿产资源合理配置和科学管理制度，健全林业、湿地、河流等资源的科学开发和保护管理机制。加快实施环境功能区划，构建科学合理的生产、生活和生态空间。健全生态补偿机制和资源环境有偿使用制度，构建区域污染联防联控机制。

20. 创新“五水共治”体制机制。建立治水推进机制，统筹编制“五水共治”规划，完善“河长”制和吸引社会资金参与治水等机制。建立治水长效机制，实施跨乡镇交接断面水质考核制度，全面实施工业用水定额机制，完善截污纳管和农业面源污染治理长效机制。

21. 建立绿色循环低碳发展机制。健全循环发展机制，建立新能源、可再生能源发展政策激励机制，健全园区循环化改造推进机制。建立绿色低碳发展机制，建立健全生态产业、节能低碳产业政策激励机制，建立健全清洁生产长效机制。探索建立碳排放交易机制，完善减排机制。健全环保信用等级评价制度，探索建立绿色企业信贷倾斜、优先上市等机制。

（八）创新社会治理机制

22. 深化户籍制度改革。完善户籍管理制度改革配套政策，建立按居住地登记并享受当地城镇居民公共服务的制度。建立以技术职称、社会贡献、个人诚信等为主要内容的新居民积分管理制度，促进劳动力自由流动、优化配置。

23. 创新社区治理机制。完善村庄规划，优化农村社区布点，引导跨村集聚型农村新社区建设。加强城乡社区服务中心规范化建设，完善农村社区综合服务管理平台，建立健全城乡一体的基层社会服务管理机制。健全社会组织培育、参与社会管理、提供公共服务的机制。完善社会矛盾有效预防和化解机制，制定社会矛盾排查化解办法，完善行政调解、司法调解、人民调解和专业调解、行业调解等相互协调的矛盾纠纷大调解机制。健全公共安全监管机制，提高社会治理水平。

三、实施步骤

根据《试点方案》提出的目标和要求，德清县城乡体制改革试点工作分三个阶段实施：

（一）宣传动员阶段（2014 年 3 月至 2014 年 4 月）

根据《试点方案》要求，明确改革任务，细化责任分工，加大宣传力度，建立试点工作推进机制，全面启动城乡体制改革试点工作。

（二）整体推进阶段（2014 年 4 月至 2017 年 6 月）

制定改革具体项目实施方案，出台或完善政策意见，建立健全试点工作评价体系，全面推进各项改革任务。2014 年全面启动城乡体制改革，在农村产权制度改革等重点领域内取得阶段性成效；到 2015 年，在若干重要领域和关键环节改革上取得突破性进展；到 2017 年，统筹城乡体制机制基本完善，城乡一体化发展格局基本形成。

（三）总结提高阶段（2017 年 6 月至 2017 年 12 月）

加强对县城乡体制改革试点工作的评估，深化规律性认识，总结和提炼有利于破除城乡二元结构、能在全省乃至全国面上推广的理论和制度成果，努力形成城乡体制改革“德清样本”。

四、保障措施

（一）加强组织领导

成立由县委书记、县长担任组长，常务副县长担任常务副组长，县委、县人大、县政府、县政协有关县领导担任副组长的德清县城乡体制改革领导小组。领导小组下设办公室和 8 个专项改革组，办公室设在发改委，办公室主任由常务副县长兼任，各专项改革组组长均由县级领导担任。县城乡体制改革领导小组及办公室负责改革总体设计、统筹协调、整体推进、督促落实，各专项改革组牵头负责各自领域改革项目的推进工作，各职能部门负责改革具体项目方案的制订、实施和深化。

（二）建立责任机制

按照工作项目化、项目责任化、责任具体化的要求，层层分解落实改革任务。建立鼓励创新、宽容失败、允许试错的责任豁免机制和对改革不思进取、无所作为、贻误改革的责任追究机制，对在推进城乡体制改革试点工作中作出突出贡献的单位和个人要给予嘉奖。各责任单位要做好各自改革具体项目的统筹协调、上下对接和整体推进工作，配合单位要各司其职，积极做好负责的相关工作，各乡镇、开发区（高新区）要全力做好改革具体项目的实施工作。县城乡体制改革领导小组要定期听取专题汇报，研究部署重大改革工作。各专项改革组要定期听取责任单位改革进展情况汇报，及时协调推进改革具体项目。

（三）强化评估督查

各专项改革组负责对各自改革领域的具体项目实行跟踪评估，及时调整和完善相关政策，提高决策的科学性。领导小组办公室要在分项评估的基础上，对全县城乡体制改革实施情况进行阶段性总结和总体评估，并出台实施县城乡体制改革试点工作考核办法。督查局要强化对改革项目推进情况的督查。县人大、县政协要及时组织人大代表、政协委员对改革项目进行定期视察和评议。要将县城乡体制改革试点工作作为一项重要内容列入年度各乡镇、开发区（高新区）综合考核，对县级机关部门的考核由领导小组办公室组织实施。

（四）强化舆论宣传

建立改革工作进展情况定期报送制度，将信息报送工作纳入县城乡体制改革试点工作考核内容，定期对各单位信息的报送、录用情况进行通报。各新闻单位要围绕中心，服务大局，充分发挥舆论导向作用，通过报刊、电视、网络等媒体广泛宣传城乡体制改革试点工作进展情况，及时总结提升改革中涌现的好经验、好做法、好典型，充分发挥对面上改革工作的指导、交流、推进作用，努力营造全县上下齐心协力、社会各界积极参与的改革氛围。

附件：德清县城乡体制改革试点工作任务分解表（2014—2017 年）（略）

2014 年 4 月 28 日

中共绍兴市委办公室　绍兴市人民政府办公室印发《关于全面推进农村集体资产股份合作制改革的实施意见》的通知

各区、县(市)党委和人民政府，市级有关部门、单位：

《关于全面推进农村集体资产股份合作制改革的实施意见》已经市委、市政府同意，现印发给你们，请结合实际，认真贯彻落实。

2014年8月11日

关于全面推进农村集体资产股份合作制改革的实施意见

农村集体资产股份合作制改革是深化农村改革、健全城乡发展一体化体制机制的重要内容。根据省、市农业农村工作会议关于全面深化农村改革的部署要求，现就加快推进农村集体资产股份合作制改革提出如下实施意见。

一、充分认识推进农村集体资产股份合作制改革的重要意义

农民对集体资产股份占有、收益、有偿退出及抵押、担保、继承权，是党的十八届三中全会明确赋予每个农民的完整财产权利。21世纪初以来，随着城市化、工业化的发展，我市一些地方积极开展对城中村、城郊村、撤村建居村的集体资产股份合作制改革，完善了集体经济实现形式和分配方式，维护了成员的合法权益，促进了城乡统筹发展。但从总体上说，完成股份合作制改革的面还不够广，进展尚不平衡，与当前全面深化农村改革、加快推进新型城镇化建设的要求不相适应。推进农村集体资产股份合作制改革，是赋予农民更多财产权利，保障农民集体经济组织成员权利的需要；是创新农村集体经济产权实现形式，建立起社员按股权参与决策和管理的现代集体资产运作模式的需要；是深化农村集体资金、资产、资源管理，提高集体资产运营管理水平，发展壮大农村集体经济的需要；也是推进新型城镇化和新农村建设协调发展的需要。各级各部门要充分认识全面推进农村集体资产股份合作制改革工作的重要意义，切实增强使命感和紧迫感，加大力度，加快推进。

二、目标任务和基本原则

(一)目标任务

全面推进农村集体资产股份合作制改革，2014年完成60%以上的村(社)改制，有条件的镇(乡、街道)全面完成；到2015年底，完成所有村(社)改革任务并做好完善提高工作。通过对集体资产折股量化改革，设立股份经济合作社，建立"权利到人(户)、权跟人(户)走"的现代农村集体经济产权制度，实现集体产权股份化、收益分配股红化、运行管理规范化、股权交易市场化。

(二)基本原则

在推进农村集体资产股份合作制改革中，要遵循以下原则：一是先易后难、有序推进原则。对于基础较好的镇(乡、街道)、村(社)，要先行先试，加快推进。重点村、难点村，要加强调查摸底，做细做实工作，积极稳步推进。二是于法周全、于事简便原则。改制工作要遵循有关法律、法规和政策的规定，在实施操作中，要务实管用，简便易行，便于群众接受。三是民主决策、民主管理原则。资产量化的对象、标准和方式等，要充分尊重农民群众意愿，实行民主决策。四是因地制宜、分类指导原则。要根据不同区域、不同类型集体经济发展情况，因村制宜，分类指导，有序推进农村集体资产股份合作制改革工作。

三、分类推进农村集体资产股份合作制改革工作

开展股份合作制改革，要根据村(社)集体经济基础和发展情况，采用相应的改制方法和管理模式。

(一)对于村级集体经营性资产较少、集体收入用于日常运转后基本无收益或少量收益仅用于提取公共积累和福利费的行政村(社)，重点是确定社员在集体资产中所占的股份，可以对经营性净资产量化到人(户)，也可以先将股权份额测算到人(户)，暂不确定每股股值和股份分红，待村级集体经济发展后再进行股值确定、拟订分红方案。

(二)对于有较多集体经营性资产和收益的行政村(社)，要对集体经营性资产量化到人(户)，由村股份经济合作社经营管理，经营性收益在提取公积公益金和福利费用后，实行按股分红。

(三)对于集体土地大部分被征用、已撤村建居的村(社)，经营性资产较多的，要按照社区居委会管理与集体资产管理相分离的原则，对集体公益性资产可纳入社区管理，用于社区公共服务；经营性净资产，可在提取一定比例的社区工作经费或改制风险金(用于处理改制中非量化人员等有关问题)等相关费用后,量化到人(户),由村股份经济合作社独立运作经营,收益按股分红。

(四)对于撤村建居后集体土地全部被征用、经营性资产总量较少、收益不能满足分红需求的村(社),要将村(社)公益性管理服务职能移交给居委会,其集体资产在提取一定的社区工作经费或物业基金后,剩余经营性净资产可通过集体实物资产转让等方式变现后与货币资产同步按股量化到人(户),用于村民变居民后的养老及医疗保险、自谋职业等费用补充。

四、严格把握农村集体资产股份合作制改革的主要环节

工作中要着重把握好以下七个环节:

(一)制订方案

村(社)建立集体资产股份合作制改革工作领导小组,具体成员由社员(代表)大会决定,并建立工作班子,拟订具体政策和实施方案,组织实施改制工作。

(二)清产核资

核实集体各类资产家底,包括集体所有的经营性资产、公益性资产和资源性资产,妥善处理债权债务,明确集体资产的权属关系。清产核资结果须经社员(代表)大会审议通过,并报上级农村集体资产主管部门审核、鉴证。

(三)界定成员

享受集体资产股份量化的基本对象为村经济合作社社员。改革中要充分考虑户籍不在村的符合相关法规、政策和章程规定的有关人员利益。享有对象分类别清理界定后,应张榜公布。

(四)资产量化

集体资产量化范围是集体经营性净资产,公益性和资源性资产不作量化。股权设置原则上不设集体股,股权直接计算到人(户)。量化依据原则上可按人口福利股(人口股)和劳动贡献股(农龄股)等两种形式计算,其中"人口股"占比原则上不少于50%,各自所占的比重、截止时间划分等,由区、县(市)根据当地实际,提出指导性意见,具体量化方案经社员(代表)大会民主讨论决定。

(五)股权管理

量化股权原则上实行静态管理,确保权跟人(户)走。对于集体土地大部分被征用、已撤村建居的村(社),实行股权固化管理,不随人口增减变动,但可继承和转让;对于一般农业行政村或土地征用较少、农业人口为主的村(社),股权量化后不得随意变动,如遇集体土地大部分被征用、集体资产或农业人口大幅变动等特殊情形需要适当调整股权的,必须经社员(代表)大会讨论通过,经镇(乡)人民政府(街道办事处)审核批准,并报县级农村集体资产管理部门备案。

(六)组织实施

村股改方案经镇(乡)人民政府(街道办事处)审核同意后实施,同时报区、县(市)农村集体资产管理部门备案。开展股权设置、股份量化等工作,选举产生股东代表,召开股东(代表)大会,讨论通过《股份经济合作社章程》,选举产生董事会、监事会,设立股份经济合作社。

(七)运营管理

股份经济合作社主要从事集体资产租赁、发包、招标、拍卖等经营活动,运营收益按其成员拥有股份进行分配,其财务决算和收益分配方案由董事会提出,提交股东(代表)大会讨论决定。建立股份经济合作社财务和资产管理、收益分配、股权管理、经济责任等制度。

五、积极推进农村集体产权交易改革

(一)加强农村集体产权交易平台建设

各区、县(市)建立农村产权交易指导中心,出台管理办法,规范股份经济合作社集体产权交易管理,促进资产保值增值。各镇(乡、街道)要整合现有农村集体"三资"管理服务中心、招投标中心和土地流转服务中心的资源和功能,建立镇(乡、街道)农村产权交易中心,对股份经济合作社集体资产、资源发包、租赁、转让等产权事项统一纳入中心交易管理。

(二)有序推进集体量化股权交易

量化股权由股份经济合作社发给股权证,并建立登记制度。对已量化的股权允许同一股份经济合作社内部的成员转让交易,积极探索本镇(乡、街道)区域内的跨村(社)集体资产量化股权交易。

(三)规范农村集体股权交易行为

制定出台《农村产权交易管理办法》,量化股权转让交易一般按下列程序操作:(1)由股权持有人和股权受让人双方书面提出股权转让申请,经公示后,由股份经济合作社董事会出具审核意见;(2)经镇(乡)人民政府(街道办事处)审批同意后,由股权转让双方签订书面转让协议,有条件的地方由公证处进行公证;(3)镇(乡、街道)农村产权交易中心依据转让双方的身份证明、转让申请、转让协议,办理股权转让交易手续,并受股份经济合作社的委托,办理股权证的变更,并做好股权转让的登记备案。

六、加强组织领导

各区、县(市)党委、政府要切实加强对农村集体资产股份合作制改革工作的组织领导,明确责任部门,建立专门工作班子,精心组织实施。成立由市委、市政府分管领导任组长,组织、农办、公安、民政、财政、农业、人口计生、审计、市场监管、公管办、市直开发区管委会等部门领导为成员的农村集体资产股份合作制改革工作领导小组,下设办公室,设在市农业局,负责对股改日常工作的指导、协调、监督和检查。

各级农村集体资产管理部门要切实履行职责,深入开展调查研究,及时做好指导、协调、管理和监督工作。在具体工作中要加强对清产核资、成员及产权界定、股份量化等重要环节的指导和监管,加强业务培训,严肃财务纪律,防止任何单位或个人利用改革之机低价变卖、转移财产、挥霍浪费等造成集体资产的流失。各级财政要安排工作经费,为推进农村集体资产股份合作制改革提供有力的保障。其他各有关部门(单位)要按照各自职责,积极配合、支持农村集体资产股份合作制改革,促进城乡统筹发展。

附件:绍兴市推进农村集体资产股份合作制改革工作领导小组组成人员名单(略)

衢州市人民政府办公室关于进一步深化农村宅基地管理制度改革的实施意见

各县(市、区)人民政府,市政府各部门、直属各单位:

为加强农村宅基地管理,切实破解农民建房难问题,维护农民合法居住权益,根据《浙江省人民政府办公厅关于规范农村宅基地管理切实破解农民建房难的意见》(浙政办发〔2014〕46号)精神,经市政府同意,结合我市实际,现就进一步深化农村宅基地管理制度改革提出如下实施意见。

一、工作目标

坚持破解农民建房难工作与推进城乡统筹发展、新农村建设、共建生态家园相结合,严格落实农村宅基地管理"一户一宅、拆旧建新、法定面积"的要求,深化农村宅基地审批制度改革,强化用地保障,积极构建农村宅基地分配管理与耕地保护、节约集约用地、违法用地管控等相挂钩的奖惩机制,力争通过3～5年时间,全市农村无房户、危房户建房用地问题得到基本解决,农民合法居住权得到有效保障。

二、工作举措

(一)合理确定农民建房用地规划布局

各县(市、区)政府和衢州绿色产业聚集区、市西区管委会要按照土地利用总体规划和城乡建设规划的要求,结合城镇化建设需要和区域实际,科学合理设置农村居民点,认真制订农民建房分区控制管理办法,科学设定农民建房禁止建设区、限制建设区、允许建设区。其中衢州市城市总体规划用地范围内的村庄布点规划,由市规划局会同各区块主体、市国土局等负责编制,报市政府批准后实施。农民建房禁止建设区内禁止农民新建、拆建、扩建、改建住房,农民建房要纳入城市建设,结合城中村改造和城镇低效土地再开发利用等工作,实施城市社区化改造,原则上实行公寓式安置。农民建房限制建设区是指根据村庄布点规划,对规划确定的迁并自然村停止新建、扩建住房,在符合规划的前提下,可进行农民原址拆建和改建住房,但不得新增建设用地。农民建房允许建设区是指在村庄建设规划和土地利用规划确定的村庄居住建设用地范围内,依据规划实施,进行农民新建、拆建、扩建、改建住房。农民建房限制建设区、允许建设区的农民建房要纳入新农村建设,结合美丽乡村建设和农房改造等工作,充分利用农村土地综合整治,按照城镇建设规划和村庄建设规划的要求进行控制,引导农民建房向中心镇、中心村集聚。

对农民建房涉及土地利用规划用途调整的,以及确需调整村(镇)土地利用规划的,按照有关规定做好规划局部调整。农民建房地块确需安排在土地利用总体规划限制建设区的,允许使用本县(市、区)、乡镇(街道)土地利用总体规划预留指标进行安排,将建房地块纳入允许建设区;建房地块位于土地利用总体规划有条件建设区的,可使用规划预留指标,或在本乡镇(街道)范围内的允许建设区等面积置换,进行规划修改;土地利用总体规划允许建设区范围外400平方米以下使用集体土地的零星农民建房用地,使用规划预留指标,在建设用地报批时,同步上报备案规划修改内容,实行台账管理,在年度规划数据库执行更新时予以落实。优先调整安排农民建房所需的规划空间,一般不得低于当地新增建设用地规模的10%。

农民建房涉及中心城区以外的乡级土地利用总体规划有条件建设区土地规划用途调整修改方案和县、乡级规划预留指标落实方案审批权限,市政府以委托方式下放给县(市、区)政府。乡镇(街道)年度农民建房涉及需要调整相关规划的,应于每年12月底前完成规划修改(落实)方案报批。

(二)认真编制农民建房用地实施方案

各县(市、区)要以乡镇(街道)政府(办事处)为责任主体,组织开展以行政村为单元的农村宅基地利用情况专项调查,全面摸清农民建房特别是无房户、危房户的现状和实际需求。农民建房用地实施方案编制要与村庄建设规划相衔接,按照"一户一宅、拆旧建新、法定面积"的要求,在尊重农民意愿和符合村庄建设规划的基础上,制订分期分批农民建房用地实施方案,明确建房名单、规划选址、用地规模、时序安排及规划实施保障措施。

农民建房用地实施方案提交全体村民大会或村民代表大会讨论表决并公示无异议后,由乡镇(街道)政府(办事处)于每年3月和9月底前汇总上报至县(市、区)国土部门。

(三)改革农村宅基地审批制度

按照"农户申请、村级审查、乡镇审批、县管转用、市管核销"的模式,进一步深化农村宅基地审批制度改革,简化审批程序,下移管理重心,保障农民建房及时落地。按照属地管理原则,农民建房供地审核由县(市、区)国土部门委托乡镇(街道)政府(办事处)所在的国土所审核,农民建房供地审批由县(市、区)政府委托乡镇(街道)政府(办事处)审批,批准结果由村集体经济组织或村民委员会予以公布。各县(市、区)国土部门要建立农民建房用地网上审批、网上监管系统,并对乡镇(街道)政府(办事处)审批实行全程监管、抽查并对审批结果备案。农民建设用地审批,可按"定量不定位"方式先行批准,待竣工验收后再报备宅基地用地信息。对历史遗留未经批准但符合"一户一宅"和规定使用面积的农村宅基地,在符合土地利用总体规划等相关规划和政策处理到位的前提下,可补办用地审批手续。

农民建房申请使用土地涉及占用农用地、未利用地的，由县(市、区)政府单独组件办理农用地转用等审批手续，其中使用城乡建设用地增减挂钩指标安排农民建房的，按照农村土地综合整治项目管理模式组件报批。农民建房单独组件涉及农用地转用的市政府审批权限，市政府以委托方式下放给县(市、区)政府。涉及农村土地综合整治项目组件报批农民建房的按省政府有关文件执行。

(四)强化农民建房用地计划管理

各县(市、区)政府及国土部门要按照年度农民建房用地实施方案和省国土资源厅下达的农民建房用地专项指标，合理安排各乡镇(街道)政府(办事处)的年度农民建房用地计划。乡镇(街道)政府(办事处)要严格执行年度农民建房用地计划。乡镇(街道)政府(办事处)在上年末向县(市、区)国土部门提出下年度农民建房用地需求。年度农民建房用地计划一经下达必须严格执行，不得突破。对县(市、区)在规定期限内未使用的专项指标，在全市范围内进行调剂。要充分利用低丘缓坡等资源，探索"坡地村镇"土地利用方式，推进农村土地节约集约利用。农民建房用地审批时要优先安排现有宅基地、村内空闲地、未利用地、低丘缓坡等非耕地，尽量不占、少占耕地，禁止占用基本农田。

(五)整合资源，进一步推进农民建房

各县(市、区)要加大以城乡建设用地增减挂钩试点为平台的农村土地综合整治工作力度，依据土地利用总体规划和村庄建设规划，结合实施下山脱贫工程、地质灾害搬迁避险工程和新农村建设，撤并自然村、整治空心村、建设中心村，科学设置农村土地综合整治项目建新区和拆旧区，推动村集体经济组织充分盘活村庄现有建设用地空间，优化土地利用结构和布局，促进农村宅基地的节约集约利用和新农村建设。要积极探索农村宅基地有偿使用和退出机制。

(六)切实加强农民建房用地监管

各乡镇(街道)政府(办事处)、基层国土所和村级组织要建立和落实农村宅基地管理共同责任机制，加强农民建房用地管理。对土地违法行为制止、组织查处不力，隐瞒不报、压案不查，辖区内发生土地违法违规案件造成严重后果的，根据《市委办公室、市政府办公室关于建立完善耕地保护共同责任机制切实加强耕地保护工作的通知》(衢委办〔2012〕108号)的要求，严格责任追究，同时收回该乡镇(街道)农民建房供地委托审批。对新发生违法用地且未按规定时限拆除的行政村，下年度不予受理该行政村农民建房供地审批。积极探索并推行拆旧建新的宅基地审批机制，对未拆除旧房归还原宅基地的建房户，新建住房的集体建设用地使用证不予核发。

三、工作要求

(一)加强组织领导

各县(市、区)政府要将农村宅基地管理纳入新农村建设和耕地保护工作的重要内容，进一步落实耕地保护共同责任机制、节约集约用地共同责任机制和执法监察共同责任机制，进一步规范农村宅基地管理，努力破解农民建房难问题。

(二)落实工作责任

各县(市、区)政府对农村宅基地管理和农民建房工作负总责。各乡镇(街道)政府(办事处)负责具体实施和管理，牵头组织有关部门按照各自职责，开展土地联合执法和综合整治，有效遏制违法用地。各县(市、区)国土、城乡规划建设管理部门要密切配合，切实履职，做好相关工作。

(三)完善工作机制

行政审批事项下放调整后，各县(市、区)政府要进一步研究制订农村宅基地管理实施办法，统一、规范审批流程，切实加强对下放审批权限事项的监督和考核检查，发现问题，及时予以纠正。各级国土部门要制定统一的业务操作标准，规范放权事项的办理规则、办理流程，确保放权事项有序承接，进一步提升服务水平。各乡镇(街道)政府(办事处)要制订农村宅基地管理规定，切实加强农民建房用地审批管理，建立批前资格审查预公示、集体会审、审批结果公示、批后监管等制度。

(四)强化民主管理

要引导广大农村建立健全农村土地民主管理制度、农民建房村级协商议事和村规民约，增强村民自治组织民主管理宅基地的主体意识和责任意识。进一步引导和鼓励农户参与宅基地分配、使用、管理和监督，提高宅基地管理工作的透明度，切实保障农户的知情权、参与权和监督权。

本实施意见自公布之日起30日后实施。

2014年6月31日

台州市人民政府办公室关于印发台州市商事登记制度改革实施细则(试行)的通知

各县(市、区)人民政府，市政府直属各单位：

《台州市商事登记制度改革实施细则(试行)》已经市政府同意，现印发给你们，请认真贯彻实施。

2014年1月6日

台州市商事登记制度改革实施细则(试行)

第一章 总则

第一条 根据《台州市实施商事登记改革推动民营经济发展的若干意见》,制定本实施细则。

第二条 本细则所称商事登记,是指申请人向商事登记机关提出申请,由商事登记机关将商事主体的设立、变更或者注销事项进行登记并予以公示的行为。

本细则所称商事主体,是指经依法登记,以营利为目的从事经营活动的自然人、法人和其他经济组织。

本细则的调整范围为企业法人、非法人企业、企业分支机构和个体工商户。

第三条 本市各级工商行政管理部门是商事登记机关,依照本细则负责商事登记以及商事登记事项的监督管理工作。

有关行政许可审批部门在各自职责范围内,依法负责商事主体相关经营项目的行政审批许可工作,对从事须经审批许可方可从事的经营活动进行监督管理。

第四条 商事登记机关建设商事主体信息信用公示平台,将商事主体登记、备案、年度报告等信息予以公示。

第二章 登记事项和备案事项

第五条 商事登记主要事项一般包括:

(一)名称;

(二)住所或者经营场所;

(三)法定代表人(负责人、执行事务合伙人、经营者等)姓名;

(四)注册资本(注册资金、资金数额等);

(五)经营范围;

(六)营业期限;

(七)投资人姓名(名称)、出资额、出资期限、出资方式;

法律、法规对特定商事主体登记事项另有规定的从其规定。

登记事项发生变化时,商事主体应在规定时间内向商事登记机关申请变更登记。

第六条 商事主体备案事项包括:

(一)章程;

(二)董事、监事、高级管理人员姓名;

(三)公司清算组成员及负责人;

备案事项发生变化时,商事主体应当在法律规定的时间内向商事登记机关申请变动备案。

第七条 设立商事主体应当依法申请名称预先核准登记。个体工商户经营范围涉及登记前置许可的,应当申请名称预先核准。商事主体名称应当符合法律法规规定,允许在名称中使用符合国际惯例、行业标准的用语来体现其行业或经营特征。

第八条 申请人申请商事登记应当按规定提交材料,并对材料的真实性负责。材料齐全、符合法定形式的,商事登记机关予以登记。

第三章 注册资本

第九条 自本细则发布起对注册资本500万元以下(含500万元)的有限责任公司实行注册资本认缴制,不再限制有限责任公司设立时股东的首次出资比例和缴足出资的期限。金融、担保、拍卖、典当、小额贷款、房地产开发、建筑业等行业除外。

自2014年3月1日起有限公司、股份有限公司实行注册资本认缴制,法律、行政法规以及国务院决定对注册资本实缴、注册资本最低限额另有规定的,从其规定。

第十条 实行注册资本认缴制的有限责任公司在申请设立登记时不再提交有关实收资本的验资证明文件。有限责任公司股东应当对出资额、出资方式、出资认缴期限、出资责任进行约定,并记载于公司章程。出资认缴期限不得超过公司章程记载的营业期限。

第十一条 商事登记机关将有限责任公司实收资本缴付情况录入商事主体信息公示平台进行网上公示。

第四章 住所和经营场所

第十二条 商事主体应申报住所或经营场所信息材料。

商事主体的住所是其主要办事机构所在地的地址,其功能是公示送达法律文件和确定商事主体司法及行政管辖的地址。

第十三条 对法律、法规规定商事主体住所(经营场所)应当经过规划、环保、消防等有关部门批准的,当事人应当取得相关部门的审批文件后方可在其注册登记的地址开展相关经营活动。

第十四条 商事主体住所(经营场所)应当是固定场所,有特别规定的除外。以下产权证明,可以作为商事主体申请登记时的住所或经营场所证明:

(一)房产证;

(二)不动产登记管理部门的证明;

(三)购房合同及房屋销售(预售)许可证(以上适用于筹建)及房屋建筑工程竣工验收备案表;

(四)出租方为宾馆、饭店、市场的,提交宾馆、饭店的营业执照副本或《市场名称登记证》;

(五)属军队房产的提交《军队房地产租赁许可证》;

(六)属国家机关、事业单位的房产,由该所属机关单位证明。

第十五条 无法提交前条所规定的产权证明,按照属地原则,由乡、镇人民政府(街道办事处)、各类经济功能区管委会、村(居)委会出具住所(经营场所)使用证明。村(居)委会应当出具而不出具住所(经营场所)使用证明的,由乡、镇人民政府（街道办事处）出具。

住所（经营场所）使用证明内容应包括：

（一）场所的具体地址；

（二）场所的权属主体；

（三）申请人、产权人做出的该场所不属违法建筑的承诺；

（四）出具场所证明的机构明确同意该场所用于经营用途意见。

申请人提交商事登记机关办理商事登记的场所证明文件不作为房屋拆迁补偿依据。如该场所涉及政府依法征用或拆迁，商事主体应依法办理住所（经营场所）的变更或注销登记。

第十六条 商事登记机关在办理涉及前置许可的营业执照时，以相关许可证件记载的住所（经营场所）为准，免于提交住所（经营场所）使用证明。有多个许可证件且记载的住所（经营场所）地址表述不一致的，以行业主管部门的许可证件上记载的住所（经营场所）的地址为准。没有行业主管部门或行业主管部门不清的，由申请人提供其中一个许可证件记载的住所（经营场所）地址为准。

第十七条 经营场所地址与住所地址不一致的，企业应向商事登记机关申请备案或者按分支机构的有关规定申请登记。

经营场所与企业住所不一致且跨不同登记机关辖区的，企业应当办理分支机构登记；经营场所与企业住所不一致但在同一登记机关辖区的，企业可以选择办理分支机构登记，也可以备案方式增设经营场所或变更经营场所。以备案方式增设经营场所或变更经营场所的，商事登记机关应换发营业执照，将增设或变更的经营场所记载于营业执照上。

第十八条 有投资关联关系的商事主体，可将同一地址作为多家商事主体的住所。

在县（市、区）以上人民政府批准设立的工业园、科技园等专业园区，同一地址可登记为多家商事主体的住所。

对从事股权投资企业、电子商务、文化创意、软件设计、动漫游戏等现代服务产业的商事主体，放宽经营面积的限制，同一地址可登记为多户商事主体的住所。

同一地址有多幢建筑物或多个楼层或建筑面积较大的，允许作为多户商事主体的住所（经营场所），申请人除提交住所（经营场所）的产权证明、使用证明等申请材料外，还应当由房屋所有权人出具明确房屋分割使用证明。

第十九条 商事主体进行住所登记时，商事登记机关不审查住所（经营场所）的法定用途、使用功能、合法性。但对于认定属于违法建筑的，在接到有关执法部门对违法建筑的抄告通知后，应当停止办理违法建筑内的商事登记手续。已登记的商事主体应当办理变更登记或注销登记。

将住宅改变用途的，经乡、镇人民政府（街道办事处）或村（居）委会或业主委员会同意的，还应提交载有经营者已征求有利害关系的业主同意的承诺及业主对该住宅不属于违法建筑的承诺。

试行对从事股权投资、文化创意、软件设计、动漫游戏等无污染、无噪音行业的商事主体，其住所（经营场所）登记在封闭式管理小区住宅的，应经村（居）委会或业主委员会同意，商事主体还应作出已征得利害关系人同意的承诺。

第二十条 商务秘书企业可从事日常办公托管业务，电子商务（交易平台服务提供商除外）、软件开发、文化创意产业等企业，可以使用商务秘书企业的住所（经营场所）办理商事登记。商务秘书企业住所（经营场所）信息应当经乡、镇人民政府（街道办事处）或园区管委会证明属实。

第五章 经营范围

第二十一条 商事主体的经营范围分为许可经营项目和一般经营项目。前置审批许可项目按照各级政府清理后保留的审批许可项目执行。

第二十二条 商事主体从事保留的前置审批许可项目的，凭取得的许可证或批准文件经营，商事主体向商事登记机关申请具体经营范围的登记。商事登记机关在经营范围后面加注“凭有效许可证经营”，不再标注许可证有效期限。

商事主体从事后置审批许可项目的，商事登记机关参照《国民经济行业分类》规范用语或有关许可规定表述，并在经营范围后面加注“应向许可部门申报并在取得许可证或批准文件后经营”字样。企业也可申请筹建登记。商事主体取得许可证或批准文件后应当向商事登记机关申请具体经营范围的登记。

商事主体从事一般性经营项目的，可自主选择《国民经济行业分类》规范中的“大类”、“中类”或“小类”表述。

第二十三条 企业可以先办理筹建执照后办许可证或批准文件。

第二十四条 商事主体从事商务秘书、合同能源管理、金融服务外包、节能环保服务、生命科学、股权投资、第三方物流建设和服务等未编录在《国民经济行业分类》中的新兴行业，可以在经营范围中使用符合国际惯例、行业标准的用语来体现其行业和经营特点。

第六章 年度报告

第二十五条 实行商事主体年度报告制度。商事主体年度报告由年度申报表、年度资产负债表、损益表组成。个体工商户提交年度申报表，其他商事主体提交年度申报表、年度资产负债表、损益表。

商事主体对年度报告内容的真实性、合法性负责，并承担相应的法律责任。

商事主体的年度报告适用本章规定。

第二十六条 每年3月1日至6月30日，商事主体应当向商事登记机关提交年度报告。

第二十七条 商事登记机关应当自收到商事主体的年度报告之日起15个工作日内，向社会公众公示商事主体年度报告内容。商事登记机关对商事主体提交的年度报告应当开展抽查工作。

第二十八条 商事主体有下列情形之一的，由商事登记机关将其载入经营异常名录库：

（一）未按照规定提交上年度报告的或连续两年不按时提交年度报告的；

（二）商事登记机关连续两次无法将法律文书送达至商事主体登记的住所或主要经营场所的；

（三）商事登记机关查实商事主体未在核准住所或主要经营场所从事经营活动的；

（四）商事主体名称被撤销，未变更名称的；

（五）商事主体被撤销设立登记的；

（六）法律、法规、规章、政策规定应载入经营异常名录的其他情形。

第二十九条 载入经营异常名录的商事主体及其法定代表人（负责人）、投资人，纳入信用评价系统，并依法采取相应措施。

第七章 信息公示

第三十条 商事登记机关、行政许可审批部门应通过台州商事主体信息信用公示平台上传、接收、反馈商事主体登记、备案、许可审批、年度报告、行政处罚信息，实现信息共享。

第三十一条 商事登记机关核准登记备案后，应在7个工作日内，将登记备案信息上传至台州商事主体信息信用公示平台。

行政许可审批部门应在3个工作日内，通过台州商事主体信息信用公示平台接收信息。

第三十二条 行政许可审批部门做出许可审批后，应在5个工作日内，将许可审批信息上传至台州商事主体信息信用公示平台平台。

第三十三条 属于国家、省级行政许可审批部门做出许可审批的，依照商事主体的申请，由市级对应管理部门将许可审批信息录入上传至台州商事主体信息信用公示平台；市级没有对应管理部门的，由商事登记机关依申请录入上传。

第三十四条 商事登记机关应当通过商事主体信息公示平台公示下列信息：

（一）办理商事登记的依据、程序和期限；

（二）申请商事登记备案提交的材料规范、表格；

（三）商事主体的具体登记和备案信息；

（四）商事主体提交年度报告信息；

（五）商事主体被载入经营异常名录信息；

（六）其他应当公示的信息。

第三十五条 行政许可审批部门应当通过商事主体信息公示平台公示下列信息：

（一）办理行政许可审批事项的依据、程序和期限；

（二）办理行政许可审批事项提交的材料规范、表格；

（三）行政许可审批事项信息；

（四）其他应当公示的信息。

第八章 监督管理

第三十六条 商事登记机关、行政许可审批部门应根据本细则规定，制定本部门与本细则相配套的实施办法。

第三十七条 营业执照是商事主体的主体资格凭证，商事主体未取得营业执照不得从事经营活动。

应当取得而未取得营业执照，擅自以商事主体名义从事一般经营项目的，由商事登记机关依法予以查处。城市道路、广场等室外公共场所经营行为由有关职能部门依各自职责进行日常监管。

有下列情形之一的，由有关行政许可审批部门依法查处，商事登记机关在法定职责范围内予以配合：

（一）依法应当取得而未取得行政许可，擅自从事经营活动的；

（二）依法无须办理商事登记，但应当取得行政许可而未取得，擅自从事许可范围内的经营活动的；

（三）行政许可被依法吊销、撤销、注销以及有效期届满后，未按规定重新办理行政许可手续，擅自继续从事许可范围内的经营活动的。

商事主体有下列违法行为的，纳入信用监管体系：

（一）商事主体备案事项发生变化，未按规定办理备案；

（二）实行注册资本认缴登记制的商事主体未按章程约定缴付出资的；

（三）商事主体提交年度报告隐瞒真实情况，弄虚作假。

第三十八条 商事登记机关和有关许可审批部门应当采取建议、辅导、提醒、规劝、示范、公示等行政指导行为，加强对商事主体的监管，引导其合法守信经营。

第三十九条 商事主体因违法行为受到一个部门行政处罚的，其他部门可视其违法行为的关联性依法对其办理相关许可审批业务进行限制。

第四十条 商事主体提交虚假材料或者采取欺诈手段隐瞒事实的，由商事登记机关根据《行政许可法》《公司法》《合伙企业法》《个人独资企业法》《公司登记管理条例》《企业法人登记管理条例》《个体工商户条例》等法律法规处理。

第四十一条 商事主体的登记事项发生变更时，未按规定办理登记的，商事登记机关根据有关法律、法规处理。

第四十二条 有限责任公司办理注销登记时尚未缴足注册资本的，清算时出现资不抵债时，股东应先缴足注册资本。

股东未依公司章程规定实际缴付注册资本的，应依法律法规和公司章程的规定承担民事法律责任。

第九章 附则

第四十三条 本细则实施后，商事登记机关沿用国家工商行政管理总局制定的营业执照样式，但按照本细则规定进行登记。

第四十四条 本细则实施以前核发的营业执照，商事登记机关不作强制变换，商事主体可自主选择申请换发营业执照。

根据商事主体的申请，商事登记机关可按照本细则实施前的规定予以登记。

第四十五条 积极推进电子执照的发放，电子执照和纸质执照具有同等法律效力。

第四十六条 台州市各级人民政府负责全面推行商事登记制度改革，对商事登记制度改革过程中具有创新性的履职行为予以保护支持。

第四十七条 本细则实施后，法律、法规、国务院的决定对商事登记有新的规定的按新的规定执行。

第四十八条 本实施细则自发布之日起施行。

台州市椒江区人民政府办公室关于印发台州市椒江区推进工业企业资源要素市场化配置改革实施方案(试行)的通知

各街道办事处、大陈镇人民政府，区政府直属各单位：

经区政府同意，现将《台州市椒江区推进工业企业资源要素市场化配置改革实施方案（试行）》印发给你们，请结合实际，认真贯彻实施。

2014 年 9 月 22 日

台州市椒江区推进工业企业资源要素市场化配置改革实施方案(试行)

为全面深化改革创新，进一步推进创新驱动和经济转型升级，加快淘汰落后产能，优化社会资源配置，促进我区经济又好又快发展，现就推进全区工业企业资源要素市场化配置改革，提出如下实施方案。

一、指导思想

以改革创新统领全局，坚持走新型工业化和可持续发展道路，实施创新驱动发展战略，按照“效率优先、优胜劣汰”的原则，全面开展企业用地、用能(用电)等资源占用和污染排放与产出效益评价工作，实行分类管理指导，通过执行差别化政策，推动“倒逼式”改造，推进产业转型升级，实现资源要素使用的合理高效配置，提高经济发展质量和效益，努力打造椒江经济升级版。

二、评价方法

(一)评价对象

全区范围内规上工业企业及实际使用土地面积在 5 亩(含)以上或年用电量在 50 万度(含)以上的规下工业企业(含个体经营户)。

(二)评价指标

1. 规模以上工业企业评价指标：①每亩用地实际入库税收；②每亩用地应税销售收入；③单位工业增加值能耗；④单位工业增加值 COD 或 SO_2 排放量。

2. 规模以下工业企业评价指标：①每万度用电应税销售收入；②每亩用地实际入库税收。

(三)计算方法

1. 评价指标权重设置

评价指标权重总分为 100 分。

(1)规模以上工业企业：

①每亩用地实际入库税收 40 分；

②每亩用地应税销售收入 20 分；

③单位工业增加值能耗 20 分；

④单位工业增加值 COD 或 SO_2 排放量 20 分。

(2)规模以下工业企业：

①每万度用电应税销售收入 60 分；

②每亩用地实际入库税收 40 分。

2. 评价指标基准值

按评价对象企业总数，相关部门提供的规上和规下企业上一年度有关数据，测算出各指标平均数为基准值。

(1)每亩用地实际入库税收 25 万元；

(2)每亩用地应税销售收入 450 万元；

(3)单位工业增加值能耗 0.654 吨标煤；(规上企业)

(4)单位工业增加值 COD 排放量 0.663 公斤；(规上企业)

(5)每万度用电应税销售收入 5.6 万元。(规下企业)

3. 附加分设置

(1)国家级高新技术企业 2 分；省级高新技术企业 1 分；

(2)已上市企业 2 分；拟上市企业 1 分；

(3)国字头单项命名(质量、品牌、商标等)2 分，省字头单项命名(质量、品牌、商标等)1 分；

(4)上年度新进入规上工业企业 2 分。

4. 企业得分计算

企业得分为每项评价指标得分之和，加上附加分得分。单项评价指标计分，以基准数为中位数，设置若干个分档数值，将企业实际指标值对档计分。

三、排名分类

根据企业上年度各项评价指标数据，分别计算出各企业的综合绩效评价得分(最高为100分,最低为0分),按得分高低,进行排名,分成A、B、C三类。

(一)A类为发展提升类(分重点扶持类、鼓励提升类)

资源环境与效益贡献等相对较好的企业。占评价企业总量的80%。

(二)B类为整治提升类

效益与贡献均一般,但发展水平有待整治提升的企业。占评价企业总量的15%。

(三)C类为落后淘汰类

发展水平落后,综合绩效较差,不符合国家和当地产业政策的,需重点关停或淘汰的企业。占评价企业总量的5%。

四、动态评价管理

根据企业每年综合绩效评级结果,对A、B、C三类企业实行动态管理;原则上在每年第一季度按照企业上一年度数据进行评价,并按评价得分调整分类;但在一段时间内(不少于半年)企业用地效益明显提升,其他指标基本稳定的,经企业提出申请,有关部门确认后,可及时调整企业对应类别及差别化政策。规下企业用电产出评价可根据区政府工作要求,不定期组织开展,并实施相应用电调整计划,以利于促进"小升规"工作的推进和有序用电工作的实施。

五、评价结果应用

对综合绩效评价后的A、B、C类企业,在用地、用电、用能、排污等资源要素配置上实施差别化政策,具体措施由相关职能部门制定实施细则,经区政府同意后组织实施。

(一)A类企业

1. 重点扶持类(排名前10%以内企业)

优先进行项目核准备案,保障用地需要;

支持对落后淘汰企业实施兼并重组;

优先保障用电、用水和新增用能需求;

优先保障建设项目新增排污总量指标,降低企业减排任务;

减征(返还)一定比例(额度)的城镇土地使用税;

重点保障信贷需求,金融机构在企业信用评级、贷款授信和利率优惠中给予优先支持,在出口信用保险政策享受方面给予倾斜;

优先申报国家、省、市项目,各级各类名牌产品和商标;

每年对A类企业中排名前10位的企业,由区委、区政府予以表彰鼓励。

2. 鼓励提升类(A类中除重点扶持类以外企业)

鼓励企业进行土地"二次开发",充分利用现有土地、厂房、设备资源实施"零增地"技改,对内涵提升类技术改造项目予以优先立项;

在用地、用水、用能、融资等方面给予支持;

建设项目新增排污总量指标方面给予保障;

减征(返还)一定比例(额度)的城镇土地使用税。

(二)B类企业

支持开展节能减排、清洁生产等技术改造。严格控制低效落后产能扩张,除技术改造以外,原则上不予核准和备案与原产能相同(近)的新建项目;

不得增加用能和污染物排放总量指标,并提高企业减排任务;

实施有序用电管理时,作为限电对象;

不得参评年度各项先进。

(三)C类企业

不予核准和审批与原产能相同或其它落后产能的投资项目,严格限制C类与C类企业、C类与B类企业之间转让土地使用权;

实施差别电价政策,在现有电价基础上加价;

取消城镇土地使用税优惠政策资格;

实施有序用电和节能管理时,作为重点限电对象;

按节能减排年度计划,提高用能和减排任务,并不予新增排污总量指标;

不得享受除技改投入外其他各项优惠奖励政策;

鼓励C类企业与A类企业兼并重组或主动关停退出。对于主动关停退出的企业,按退低进高有关政策意见,给予企业土地、房屋适当补偿和腾出用能、排污及用能指标一定奖励。

六、工作要求

(一)加强组织领导

各有关部门、街道要充分认识开展企业综合绩效评价,优化社会资源配置的重要意义,切实把改革工作作为创新驱动、推动我区工业转型升级的有效途径,进一步明确工作任务,认真履行职责,把资源要素市场化配置改革工作列入有关部门和街道的考核范围。区经信局负责全区工业企业资源要素市场化配置改革的牵头和管理工作,各有关部门、街道要高度重视综合评价与应用工作,加强组织领导,配强工作力量,落实专人负责,增强工作主动性,确保工作落实到位。

(二)做好基础工作

各指标数据提供部门要把建好台账作为履行职能的一项重要基础性工作。区国土资源、环保、统计、国税、地税和供电等部门分别建好企业用地、用能、用电、排污、销售、税收等台账,由经信部门汇总并形成工业企业综合绩效评价总台账;按照"谁主管、谁统计、谁负责"的原则加强数据统计和上报工作,建立健全并严格执行好有关制度,确保数据准确,为综合评价企业提供依据。

(三)加强协调和政策引导

各有关部门要强化协作联系,加强信息资源共享,形成合力,共同推进。要根据评价排序对企业采取精细化分类管理,实行"有保有压"差别化政策,切实把评价排序作为要素供给分配的重要依据。

(四)加强宣传力度

各有关部门、街道要加大对工业企业资源要素市场化配置改革工作的宣传力度,做好有关评价指标、政策措施的解读说明,及时报道综合评价应用工作中涌现出来的先进经验和典型,充分发挥舆论导向和监督作用,营造良好的工作氛围，努力促进我区经济转型升级。

七、其他

（一）本实施意见由区经信局及相关部门负责解释。

（二）本实施意见自发文之日起执行。

附件：1. 台州市椒江区推进工业企业资源要素市场化配置改革能源管理优化配置实施办法（试行）

2. 台州市椒江区推进工业企业资源要素市场化配置改革土地要素管理办法（试行）

3. 台州市椒江区推进工业企业资源要素市场化配置改革差别化电价实施办法（试行）

4. 台州市椒江区推进工业企业资源要素市场化配置改革国税税收管理办法（试行）

5. 台州市椒江区推进工业企业资源要素市场化配置改革地税税收管理办法（试行）

6. 台州市椒江区推进工业企业资源要素市场化配置改革排污权指标优化配置管理办法（试行）

附件1

台州市椒江区推进工业企业资源要素市场化配置改革能源管理优化配置实施办法（试行）

为进一步深化改革，创新发展，充分发挥能源资源配置在产业转型升级中的作用，引导企业树立低碳绿色的发展理念，根据椒江区人民政府《台州市椒江区推进工业企业资源要素市场化配置改革实施方案（试行）》精神，现就工业企业能源优化配置，特制定本实施办法：

一、工作目标

以改革创新统领全局，以加快转变经济发展方式为主线，以要素市场配置改革为重点，按照建设资源节约型、环境友好型社会的要求，以控制用能总量、差别化电价等促进产业结构调整的原则，引导高耗能、低效用电企业加大节能节电改造，提高用能效率；通过差别化管理措施，强化倒逼机制，加快淘汰高耗能落后企业和产能，推进我区产业结构的转型升级，实现资源优化配置。

二、实施内容

（一）实施对象

《台州市椒江区推进工业企业资源要素市场化配置改革实施方案（试行）》文件中所涉及的全部企业，按评价公布结果进行分类管理。

（二）主要管理措施

1. 用能用电总量指标量化管理。

用能总量指标是指企业在一定时间周期内（通常为一年），直接或间接使用各类能源（包括电力、原煤、蒸汽、天然气等主要能源）的额度；总量指标量化管理的具体做法是：核定基数、分配指标、控制总量、超标限供。

（1）核定基数：规上企业以前两年较高年份的用能用电总量分别确定基准数；规下企业以前两年较高年份的用电总量为基准数。

（2）指标分配：按绩效评价结果公布的类别，各企业年度用能用电具体分配原则如下：

A类企业，单位工业增加值能耗低于本区“十二五”期末预测值的，总量指标可按企业基准数的110％核定。单位工业增加值能耗高于本区“十二五”期末预测值的，总量指标可按企业基准数的100％核定，重点扶持类企业原则上优先保障用电、新增用能需求。

B类企业，原则上总量指标按企业基准数的95％核定，如单位工业增加值能耗低于本区“十二五”期末预测值的或每万度电应税销售收入大于25万元的，可按企业基准数的100％核定。

C类企业，原则上总量指标按企业基准数的90％以下核定；对关停淘汰的企业，按工作要求核减用能用电总量指标。

总量指标每一年度调整一次，下一年度总量指标，以上一年度企业核定指标内的实际数为基准数，按上述分配原则调整核定。

（3）总量控制：各企业必须在核定的总量指标内使用能源和电力；不得突破核定的指标；如有符合国家产业政策导向鼓励类、允许类的建设项目，经区能源主管部门节能评估审查同意后，可增加该项目的用能量，调整企业用能总量。

（4）超标限供：企业在年内用能用电若有可能超过核定指标的，相关部门根据工作要求，实施差别电价和惩罚性电价，并采取限制用电管理措施。

2. 有序用电和节能限电的差别化管理。

根据全区有序用电工作要求和节能降耗目标完成预测情况，分别对A、B、C三类企业实施不同的限电措施，即A类企业，给予适当支持，力争保障用电；B类企业，作为一般的限电对象，控制或限制用电；C类企业，重点限电对象，必要时停止一定时间生产用电。

三、工作要求

（一）加强组织领导

加强能源资源配置优化管理是促进我区工业结构调整、推动产业转型升级的重要手段，是实现全区经济社会快速发展、可持续发展的重要举措。区经信局具体负责本实施办法落实执行，各街道及区级有关部门要高度重视，切实加强组织领导和协调配合，倒逼我区高耗能企业加快转型升级步伐。

（二）严格执法监管

区经信部门要建立用能总量动态档案，按照规定的程序调整、核定企业用能用电总量指标；对用能用电总量超规定指标的，以及不执行差别化、惩罚性电价管理的，应责令企业限期整改，逾期不整改或整改不到位，报请区政府批准后及时停电整顿或关闭。

能源监察机构要对企业用能情况进行动态监督检查，企业应配合开展，如实提供有关文件和资料，不得拒绝、阻碍和隐瞒，并对所报数据和信息的真实性、完整性负责。

（三）加强舆论宣传

通过各种途径和方式，广泛宣传能源资源优化配置管理的重要意义，提高全社会的认识，充分调动各企业参与的积极性、主动性和创造性，宣传企业好的做法和经验，曝光典型违法案件，努力营造良好的舆论环境。

四、其他

本方法由区经信局负责解释，自发文之日起实施。

附件 2

台州市椒江区推进工业企业资源要素市场化配置改革土地要素管理办法（试行）

根据《台州市椒江区推进工业企业资源要素市场化配置改革实施方案（试行）》精神，结合国土工作实际，现就资源要素市场化配置改革规定中国土部门的具体内容，提出如下操作细则。

一、企业用地面积统计口径

企业用地面积以企业实际用地面积为准。

二、各类企业具体管理办法

（一）A 类企业：对该类企业中属于战略性新兴产业、高新技术产业，或是产业关联度大、能带动产业优化升级和集群发展的传统优势工业项目的，优先满足其新增建设用地指标。

（二）B 类企业：鼓励该类企业在不改变土地用途并符合规划部门要求前提下，在批准用地范围内进行新建、改建、扩建，增加建筑面积、提高项目容积率。

（三）C 类企业：该类企业不得参与工业用地招拍挂竞买活动，严格控制其相互间转让土地使用权，可由政府收储土地使用权。鼓励该类企业被 A 类企业兼并重组、转型升级或主动关停退出。

三、其他

本办法由区国土资源分局负责解释，自发文之日起实施。

附件 3

台州市椒江区推进工业企业资源要素市场化配置改革差别化电价实施办法（试行）

根据《浙江省差别化电价加价实施意见》精神，按照《台州市椒江区推进工业企业资源要素市场化配置改革实施方案（试行）》的文件要求，结合我区实际情况，特制定差别化电价的实施意见。

一、工作目标

以改革创新统领全局，坚持走新型工业化和可持续发展道路，实施创新驱动发展战略，按照“效率优先、优胜劣汰”的原则，通过实行差别化电价加价政策，推动“倒逼式”改造，引导高耗能、低效用地企业加大节能降耗改造、提高用能效率，推进产业转型升级，实现资源能源使用的合理高效配置，提高经济发展质量和效益，努力打造椒江经济升级版。

二、实施范围

在国家规定的电解铝、铁合金、电石等 8 个高耗能行业的基础上，根椐我区产业结构调整要求，结合相关行业执行差别化电价对我区民生、经济产生影响的轻重程度，适当扩大差别化电价实施范围。

近期实施主体确定为：按《台州市椒江区推进工业企业资源要素市场化配置改革实施方案（试行）》进行综合考评，工业企业综合评价结果评为 C 类企业和 B 类中能源消耗在限额标准以上的企业。

远期，将根椐我区每年公布的工业企业综合评价结果和产业结构调整情况，逐步调整差别化电价实施行业范围，加强对高耗能企业的动态甄别工作，及时公布、更新执行差别化电价加价的企业名单，确保差别化电价加价政策全面落实到位。

三、差别电价执行标准

对工业企业综合评价结果为 A 类企业原则上按正常电价执行。B类的企业实行差别电价政策：即能源消耗或用电量在核定指标以内的执行正常电价水平，对能源消耗或用电量在核定指标超一倍以内和一倍以上的部分，分别比照限制类和淘汰类电价加价标准执行，具体按《浙江省电网销售电价表》中相应电价每千瓦时分别提高 0.10 元和 0.30 元。

对工业企业综合评价结果为 C 类的企业实施惩罚性电价政策：即对能源消耗或用电量在核定指标以内和核定

指标以上的企业(包括每万度用电销售收入在3万元以下的企业),分别比照限制类和淘汰类电价加价标准执行。具体按《浙江省电网销售电价表》中相应电价每千瓦时分别提高0.10元和0.30元。

对国家规定的8个高耗能行业限制类和淘汰类企业继续实行差别电价加价政策,但不得适用双重标准重复加价。

四、组织实施

(一)强化组织领导

差别化电价改革是要素市场化配套改革的一项重要内容,为加快推进差别化电价改革,区政府成立由分管区领导任组长,区发改局(物价局)、区经信局、区财政局、地税局、国网椒江区供电公司等部门主要负责人为成员的领导小组。下设由各相关部门成员组成的联合工作组,开展对部分高耗能行业和低效用能企业情况的调查摸底,组织做好我区企业的认定和执行工作,并根据我区产业结构实际情况,适时调整差别化电价执行范围。

(二)强化部门联动

各相关部门要认真履行各自职责,区发改局(物价局)要加强差别化电价加价标准执行情况的监督和检查。区经信局对企业绩效评价发生变化后,不再属于或新列入执行差别化电价政策范围的,要及时核实调整,对调整情况每年公示、报备一次。区财政局要设立差别化电价加价收入专户,同时切实监督差别化电价加价资金的使用情况,确保资金专项用于企业节能技术改造项目和重点用能企业节能奖励。电力部门要强化差别化电价加价收缴工作,确保差别化电价加价电费足额征收,并按时划入区财政局专户,不得擅自对名单企业进行减免,也不得对名单以外的未经认定的企业擅自加价。

(三)强化宣传引导

各街道和相关部门要将差别化电价改革作为推进产业结构调整、经济转型升级的重要举措,切实加强社会舆论引导,整合现有宣传资源,创新宣传方式,加大宣传力度,切实营造良好的差别化电价改革工作氛围。

五、其他

本办法由区物价、供电部门负责解释,自发文之日起实施。

附件4

台州市椒江区推进工业企业资源要素市场化配置改革国税税收管理办法(试行)

根据《台州市椒江区推进工业企业资源要素市场化配置改革实施方案(试行)》精神,结合国税工作实际,现就工业企业资源要素市场化配置改革规定中国税部门的具体内容,提出如下操作细则。

一、实际入库税收统计口径

(一)实际入库税收包括纳税人当年已经缴纳的增值税、企业所得税(企业所得税在国税部门缴纳的纳税人)。

(二)有自营出口权的纳税人,实际入库税收还应包括当年实际调库数。

(三)享受税收优惠政策的纳税人,其当年减征免征、即征即退的税款应计算到实际入库税收中。

二、综合绩效评价各类纳税人具体管理要求

(一)A类企业:建立税企联系制度,了解纳税人的生产经营情况,掌握其他各种涉税事项,做好纳税服务工作。

(二)B类企业:加强申报资料审核分析,建立预警机制,推进与强化行业管理,积极开展行业纳税辅导。

(三)C类企业:加强计税依据的管理,分析申报内容的准确性,防止纳税申报的随意性;加强日常监管,及时发现和纠正申报差错。同时可以采取以下措施。

1. 加强发票管理与核查工作;

2. 属于出口企业的纳入出口货物劳务退(免)税D类管理、企业所得税在国税管理且属于查账征收的纳税人,纳入企业所得税查账征收C类管理;

3. 优先考虑纳入当年度纳税评估程序;

4. 移交税务稽查。

三、其他

本办法由区国税局负责解释,自发文之日起实施。

附件5

台州市椒江区推进工业企业资源要素市场化配置改革地税税收管理办法(试行)

为充分发挥税收调节经济的杠杆作用,进一步提高土地资源的使用效率,加快"腾笼换鸟",促进产业转型升级和经济发展方式转变,根据《浙江省人民政府办公厅关于推广海宁试点经验加快推进资源要素市场化配置改革指导意见的通知》(浙政办发〔2014〕65号)精神,结合我区实际,特别制订本方案。

一、指导思想

根据《台州市椒江区推进工业企业资源要素市场化配置

改革实施方案(试行)》,建立以“综合考核企业亩产效益”为导向的评价机制,合理调整城镇土地使用税政策,积极发挥税收调节经济的杠杆作用,加大对税收贡献大、发展前景好、转型升级步伐快的企业的扶持力度,引导企业合理、集约节约利用土地,促进产业转型升级和经济发展方式的转变。

二、实施内容

(一)确定试点对象

根据国民经济行业分类标准,结合我区产业结构特点和用地及能耗现状,确定在全区范围内规上工业企业及实际使用土地面积5亩(含)以上或年用电量50万度以上的规下工业企业(含个体户)为试点对象。其他非试点的纳税人,待积累试点经验后适时推广。

(二)调整城镇土地使用税税额标准

依据我区的区位条件、公用设施建设状况等综合因素,适时调整土地等级划分范围和适用税额标准。

利用调整城镇土地使用税税额标准后增加的财政收入,建立专项基金,以适当方式对综合绩效考核A、B类纳税人给予扶持。

(三)评价方法

根据《台州市椒江区推进工业企业资源要素市场化配置改革实施方案(试行)》所列指标进行考评与排序,依次划分为A、B、C三类,按亩产效益实行差别化激励机制。

(四)实行差异化税收管理措施

从开始试点年度起,城镇土地使用税税额标准提高后,对试点行业纳税人按综合绩效考核类别实行分类分档差别化减免政策及管理方式。同时试点对象停止土地使用税、房产税的困难减免,国家税务总局规定的政策性减免(含福利企业安置残疾人的减免)除外。

根据《台州市椒江区推进工业企业资源要素市场化配置改革实施方案(试行)》,分档分类差别化税收管理:

1. 综合绩效考核达A类的企业,减征(返还)一定比例(额度)的城镇土地使用税;得分排名前10%的企业在一定幅度的基础上适当上浮减免(返还)幅度(额度);建立税企联系制度,做好纳税服务工作。

2. 综合绩效考核达B类的企业,在一定幅度的基础上适当下浮减征减免(返还)幅度(额度);并加强日常管理,开展纳税辅导。

3. 综合绩效考核达C类的企业,不予减免土地使用税;并进行跟踪管理,可以采取适当的管理措施,如纳税评估等。

三、实际入库税收统计口径

指纳税人上一年度自1月1日至12月31日止在我区地税部门实际缴纳入库的且与持续经营有关的营业税、企业所得税、个人所得税、城市维护建设税、房产税、城镇土地使用税、土地增值税、印花税、资源税、车船税、教育费附加、地方教育费附加、地方水利建设基金、残疾人保障金、文化事业建设费和社会保险费(企业缴纳部分)、税务机关稽查查补税费;享受税收优惠政策的纳税人,其当年减征、免征、抵免、加计扣除等税款应计算到实际入库税款中。

四、做好部门之间的协调与衔接

每年的综合绩效评价于一季度按上一年数据进行评价,并按评价得分调整分类,经信局于一季度末将评价结果及相关数据传递给各部门。

五、其他

本办法由区地税局负责解释、自发文之日起实施。

附件6

台州市椒江区推进工业企业资源要素市场化配置改革排污权指标优化配置管理办法(试行)

为进一步深化环保领域改革,创新总量管理制度,充分发挥环境资源配置在产业转型升级中的作用,根据《浙江省人民政府办公厅关于加强环境资源配置量化管理推动产业转型升级的意见》和《台州市椒江区推进工业企业资源要素市场化配置改革实施方案(试行)》,特制定本实施办法。

一、工业企业排污权指标优化配置办法

(一)减排任务激励政策

A类重点扶持类企业,减排任务为全区平均减排任务的50%。A类鼓励提升类企业,减排任务为全区平均减排任务。B类企业,减排任务较平均减排任务提高5个百分点。C类企业,减排任务较平均减排任务提高10个百分点。

(二)排污权指标激励政策

在确保完成全区“十二五”及年度减排任务的基础上:A类重点扶持类企业,优先保障建设项目新增排污权指标;优先支持企业排污权指标进行质押贷款;优先从政府储备库或企业富余指标或二级市场中租赁排污权。A类鼓励提升类企业,可保障其建设项目新增排污权指标;可按不低于总量削减替代比例的要求从政府储备库或企业富余指标或二级市场中租赁排污权。B、C类企业,不予新增污染物排放总量指标。

(三)评先评优激励政策

A类重点扶持类企业,为减排先进单位和个人参评对象;在绿色企业和环境友好企业评选、绿色信贷等方面给予支持;项目审批程序走绿色通道。A类鼓励提升类企业,确实有突出贡献的,可参评减排先进单位和个人。B、C类企业不得参加各类先进评选。

二、规上工业企业COD排放量计算方法

规上工业企业COD排放量,按实际废水排放量乘以排放浓度进行计算。

实际废水排放量以污水厂入网水量计算,若无统计或无生产废水的，则按用水量的80%作为实际废水排放量。COD排放浓度计算：排环境的，以环评审批的排放浓度计算，排入污水管网的，按污水处理厂排放浓度计算。

达标排放企业COD排放量最高不超过排污许可证允许排放量；超标排放企业，全年一次超标排放则COD排放量乘以1.2倍，全年二次超标排放则COD排放量乘以1.5倍。企业当年发生重大环境污染事故和全年3次以上(含3次)超标排放，则单位工业增加值COD排放项得分为零。

三、其他

本办法由区环保分局负责解释，自发文之日起实施。

中共玉环县委办公室　玉环县人民政府办公室
关于印发《玉环县户籍制度改革实施方案》
和《玉环县户籍制度改革户口迁移实施办法(试行)》的通知

各乡镇党委和政府，各街道党工委和办事处，县级机关各单位：

《玉环县户籍制度改革实施方案》和《玉环县户籍制度改革户口迁移实施办法(试行)》已经县委、县政府同意，现印发给你们，请认真组织实施。

2014年11月7日

玉环县户籍制度改革实施方案

为积极稳妥推进我县户籍制度改革，根据国务院《关于进一步推进户籍制度改革的意见》(国发〔2014〕25号)和浙江省人民政府办公厅《关于台州市户籍管理制度改革试点工作的复函》(浙政办函〔2014〕6号)精神及相关要求，结合我县实际，制订本实施方案。

一、总体目标和基本原则

(一)总体目标

根据国家和省、市有关户籍制度改革的要求和部署，按照中等城市规模的定位，取消农业户口和非农业户口性质划分，进一步调整我县城乡落户政策，建立以合法稳定住所或合法稳定职业为基本条件、按经常居住地登记户口为基本形式的城乡统一的户籍制度，消除农村人口向城镇转移的政策性、体制性障碍，使户籍制度及相关配套政策更加有效地适应我县社会经济发展需要，在推进新型城市化、保护公民合法权益和维护社会和谐稳定方面更好地发挥作用。

(二)基本原则

1. 坚持解放思想、尊重自愿原则。充分尊重城乡居民自主定居意愿，由农民自主选择是否进城镇落户，依法保障农业转移人口及其他常住人口合法权益。

2. 坚持积极稳妥、规范有序原则。充分考虑当地经济社会发展水平和城镇综合承载能力，优先解决存量，有序引导增量，合理引导农业转移人口落户城镇的预期和选择。

3. 坚持统筹配套、同步推进原则。及时制定完善与户籍制度相关的配套政策，同步推进相关领域改革，推动基本公共服务均等化，稳步推进城镇基本公共服务常住人口全覆盖。

4. 坚持因地制宜、大胆探索原则。从实际出发，科学引导农民进城镇去向，大胆探索农民进城镇落户的制度通道，把引导农民就近进城镇落户作为工作重点。

二、主要内容

(一)统一城乡户口登记制度

取消农业、非农业户口以及由此派生的自理口粮户口、蓝印户口等各种户口性质划分，统一登记为"浙江居民户口"。农业、非农业户口性质取消后，公安机关不再受理"农转非""非转农"等有关户口性质变更申请业务，在换发居民户口簿、制作常住人口登记表、开具户口准迁证、户口迁移证等户口证件时，不再标注农业户口、非农业户口性质。今后出台的政策措施，不再与户口性质挂钩。

(二)调整完善户口迁移政策

根据我县城市化进程、产业发展和城镇人口集聚需要，以经常居住地登记、一房一户、人户一致为基本原则，以具有合法稳定住所或合法稳定职业为基本条件，对户口迁移政策进行适当的调整和完善。

1. 在城镇有合法稳定住所(指居民通过购买、赠与、继承、自建等合法途径获得所有权的房屋或者通过租赁等合法途径获得使用权的公有住房、商品房)的人员，本人及其共同居住生活的配偶、未成年子女、无合法稳定住所的未婚成年子女、父母，可以在房屋所在地按规定申请登记常住户口。非住宅用房和违法建造的房屋不得落户。

2. 有合法稳定职业但无合法稳定住所，因经济社会发展需要，经确认引进的人才，受到县(市、区)以上政府认定有突出贡献的人员，以及其他有合法稳定职业且按照国家规定参加社会保险达到一定年限的人员，可以在就业地按规定申请登记常住户口，与其共同居住生活的配偶、未成年子女可以按规定申请随同登记常住户口。

(三)保障进城镇落户农民权益

1. 全面开展农村土地、山林、海涂承包经营权确权登记工作，保留进城镇农民合法拥有的土地、山林、海涂承包经营权，鼓励和引导其依法自愿有偿流转。

2. 进一步推进农村宅基地确权登记工作，保留进城镇落户农民合法拥有的宅基地使用权和房屋所有权，鼓励其自愿有偿退出，但不再享有新的宅基地分配权等权利。

3. 健全村经济合作社组织，明确农民在经济合作社中的社员身份，其在村经济合作社(股份经济合作社)中的集体资产收益分配等权益保持不变；推进农民在村经济合作社经济权益的股份化改革，其拥有的股权可依法继承和在本社社员中转让。

4. 户籍制度改革后，农民可根据自身意愿，选择进城或留乡。农民进城镇落户，其本人继续执行农村居民的计划生育政策。

5. 户籍制度改革后，农民进城镇落户，享有下列与当地城镇居民同等的权益：符合条件的人员可申请失业登记，按规定享受失业保险待遇；在法定劳动年龄内，有劳动能力、有就业愿望的，享受城镇失业人员就业扶持政策。

(四)落实和完善土地等相关政策

1. 协调推进新型城市化和新农村建设，尊重农民进城和留乡的自主选择权，加快推进城乡公共资源均衡配置和基本公共服务均等化，切实保障和改善民生。

2. 坚持土地用途管制，不得借户籍制度改革突破土地利用总体规划、土地整治规划和土地利用年度计划。完善城乡建设用地增减挂钩试点，保障农村建设和中心镇、小城市培育的用地需要。

3. 禁止借户籍制度改革名义、非经法定征收程序将农民集体所有土地转为国有土地。严格执行禁止城镇居民在农村购置宅基地的政策。

(五)建立完善推进城乡一体的政策机制

1. 完善社会救助和社会福利制度，逐步推进城乡统一。

2. 完善就业和社会保险相关制度，实行城乡统一的社会养老保险制度和医疗保险制度。

3. 对符合住房保障条件的家庭，统一纳入城镇住房保障体系，以廉租住房、公共租赁房等方式分批逐步解决其住房困难。

4. 其他相应配套政策按照城乡居民平等的原则逐步推进完善。

(六)加强流动人口服务管理

建立健全流动人口服务管理机构和工作体系，加强基础信息采集，加快综合信息平台建设，夯实流动人口服务管理基础。把流动人口服务管理工作纳入国民经济和社会发展规划，逐步实现基本公共服务由户籍人员向常住人口扩展。强化居住证功能，把持有居住证作为流动人口享受社会保障、公共服务等具体政策的基本条件，进一步解决暂不具备落户条件的流动人口在劳动就业、社会保障、预防保健、社会救助、子女就学、居住环境、职业安全等方面的实际困难，提高人才吸引力度。

三、实施步骤

根据省、市有关文件精神，确定2014年12月1日0时作为取消农业、非农业户口区别，统一登记为“浙江居民户口”的时间节点，全面实施户籍制度改革。

(一)准备阶段(2014年8月底前)

县政府成立户籍管理制度改革工作领导小组，设立专门办公室，结合实际初步制订实施方案，明确部门职责，并召开动员会。

(二)配套政策制定和完善阶段(2014年9月至10月)

各有关单位加强与上级部门的沟通对接，争取政策支持，研究本单位职能范围内的相关政策及详细实施细则，并制定政策实施推进计划，上报县户改领导小组审核。

(三)政策宣传阶段(2014年11月)

加强舆论引导，加大宣传力度。各乡镇(街道)和县级机关各有关单位要通过电视、广播、报刊等多种渠道，开展户籍制度改革的政策解释和宣传工作，积极争取广大干部群众的支持、参与和配合，为户籍制度改革创造良好的社会环境。并在楚门镇率先启动户籍制度改革工作。

(四)组织实施阶段(2014年12月1日起)

组织实施全县户籍制度改革，取消农业、非农业户口性质划分，统一登记为“浙江居民户口”，全面落实户籍制度改革各项相关配套政策。

(五)总结完善阶段(2014年12月底前)

全面总结实施经验，充分研究实际实施过程中存在的问题与困难，进一步研究完善各项政策，为全省、全市全面实施户籍制度改革，创造经验，打下基础。

四、工作要求

(一)加强组织领导

各单位要高度重视户籍制度改革的重要性，加强领导、密切配合，确保户籍制度改革的稳步推进。为加强对该工作的组织领导，县政府成立县户籍管理制度改革工作领导小组，在县公安局下设办公室。县公安局要会同县发改局、县维稳办、县法制办、县农办、县农业局、县国土局、县住建规划局、县人力社保局、县教育局、县卫生局、县民政局、县人口计生局、县财政局等有关单位，各司其职，同心协力，积极稳妥推进全县户籍制度改革。

(二)明确职责分工

根据省政府文件精神，结合我县实际，明确各有关单位职责。县发改局：负责牵头户籍制度改革相关配套政策措施的统筹完善；县公安局：负责牵头协调全县户籍制度改革工作，负责制定全县“一元化”户籍管理登记制度，并就具体组织实施提出建设性意见，调整完善城乡落户政策;县维稳办:负责户籍制度改革的风险评估工作,及时掌握和有效处置改革过程中出现的不稳定因素,确保社会大局稳定和改革工作顺利进行;县法制办:负责户籍制度改革的相关政策的合法性审查;县农办、县农业局:负责牵头落实和完善土地、山林等相关政策制定和修改,指导户籍制度改革后有地居民的确认工作,指导妥善处置农村集体资产产权改革工作中的相关工作;县住建规划局:负责制订城乡一体化建设规划,做好农村居民转户后的规划政策宣传工作。制定住房保障机制,完善居民适用公共租赁房、廉租房等保障的范围,改善稳定就业居民、新毕业农村籍大中专生、新退役农村籍士兵等无房或住房困难人员居住条件等工作;县国土局:负责制定农村居民转户后的土地征用政策,积极推行有地居民土地承包经营权、宅基地等流转、置换政策。做好农村居民转户后的土地政策宣传工作;县人力社保局:负责农村居民转为城镇居民后的相关社会保障工作。建立健全城乡统筹的社会保障制度。组织实施对转户居民的集中就业培训等工作;县教育局:负责做好学校布局规划。逐步建立以居住地登记为标准的城乡一体化入学教育新体制,满足城乡学生享受公平教育的需求;县卫生局:负责做好城乡医疗机构规划建设工作;县民政局:负责推进农村五保对象、新增农村籍义务兵和服役期未满10周年的士官转户进城的相关工作。推进"城中村"改造和"村改居"工作进程,做好社区管理、社会救助和福利服务设施规划建设。制定统筹城乡一体化发展地名管理实施细则等;县人口计生局:负责转户居民的计划生育政策衔接。做好农村居民转户后的计划生育工作;县财政局:负责做好户籍制度改革工作所需资金的统筹、指导、协调、管理工作。县级机关各有关单位按照各自职责负责做好与户籍管理制定改革相关的工作。

(三)营造良好氛围

户籍制度改革推进过程中,要加强舆论引导,加大宣传力度。各新闻媒体和有关单位要采取多种形式,广泛宣传户籍制度改革工作,积极争取广大干部群众的支持、参与和配合,为户籍制度改革创造良好的社会环境。

(四)确保大局稳定

各乡镇(街道)和县级机关各有关单位在推进户籍制度改革时,要坚持改革与稳定并重,深入调查研究,全方位地听取民情民意,化解矛盾,保障民生。要及时了解和掌握改革运行进度、群众反应情况、社会舆情动态,制订相关应急预案,确保户籍制度改革顺利推进。

玉环县户籍制度改革户口迁移实施办法(试行)

第一条 为加强人口管理,优化人口结构,合理引导农村人口有序向城镇转移,促进人口与经济、社会、资源、环境的可持续协调发展,加快推进城乡统筹的全岛新型城市化,根据国家和省、市有关户籍制度改革文件精神,按照中等城市规模的定位,结合本县实际,制定本实施办法。

第二条 因购建房屋、合法租赁、稳定就业、新居民落户、人才引进、投资纳税、贡献突出以及亲属投靠等原因迁入本县城镇落户的,均适用本实施办法。

第三条 户口迁移遵循以经常居住地登记、一房一户、人户一致为基本原则,以具有合法稳定住所和合法稳定职业为基本条件,实行条件准入制。

第四条 在城镇通过购买等合法途径获得房屋所有权的人员,可申请登记为常住户口。

第五条 在城镇拥有合法稳定职业且按国家规定缴纳社会保险满3年、通过租赁获得合法稳定住所使用权的本县户籍人员,在现居住地居住满3年后可申请登记为常住户口。

第六条 持有《浙江省居住证》且符合本县流动人口落户相关规定要求的非本县户籍人员,可申请登记为常住户口。

第七条 被行政机关、人民团体、事业单位、国有企业(含国有控股企业)录用、调动的正式编制人员,可申请登记为常住户口。

第八条 经确认引进的具有大专及以上学历、中级及以上专业技术职称、中级技工以上职业资格及企业紧缺的各类人才,可申请登记为常住户口。

第九条 经确认在本县从事体育、文艺、民间传统工艺等行业的特殊技能和特殊专业人才,从事环卫、养老、残疾人照料等工作的特殊艰苦岗位一线从业人员,可申请登记为常住户口。

第十条 在本县投资兴办实业,实收资本500万元以上或者年缴纳地方税收5万元以上的单位法定代表人,可申请登记为常住户口。

第十一条 外商和港、澳、台商在本县投资兴办实业,实收资本50万美元以上的单位法定代表人,其大陆亲属可申请登记为常住户口。

第十二条 在年缴纳地方税收50万元以上的企业连续缴纳社会保险满3年的业务骨干人员和熟练工作人员,可申请登记为常住户口。

第十三条 在本县获得县级以上人民政府表彰的劳动模范、道德模范、见义勇为先进个人、"十佳新玉环人"等具有突出贡献的人员,可申请登记为常住户口。

第十四条 允许共同居住生活的夫妻间投靠落户、未成年子女或无合法稳定住所的未婚子女投靠父母落户、父母投靠城镇成年子女落户。

第十五条 县公安局负责户口迁移审核、办理落户手续;县住建规划局、县人力社保局、县财政局、县民政局、县人口计生局和县流动人口服务管理局等部门按照各自职能做好相关工作。

第十六条 本《办法》实施后,涉及户口相关政策的公安、教育、住房保障、社会保险、社会救助等公共服务政策,由各相关部门另行研究制定配套实施细则。

第十七条 本《办法》实施后，城镇户口申请迁往农村的一般不予办理。

第十八条 本《办法》与以前有关户口迁移政策方面的规定不一致的，以本《办法》为准。未尽事项按现行国家和省、市户籍政策规定办理。

第十九条 本《办法》自2014年12月1日起施行，由县公安局负责解释并组织实施。

中共云和县委办公室 云和县人民政府办公室 关于全面推进农村住房抵押贷款工作的实施意见

为深化农村金融改革试点，进一步拓宽农民贷款抵押物范围，破解农民融资难，不断促进农民增收致富，加快我县城镇化和新农村建设，根据《云和县农村金融改革试点推进行动方案》(云政办发〔2013〕45号)、《中共云和县委 云和县人民政府关于全面推进扶贫改革试验工作的实施意见》(云委发〔2013〕28号)等文件精神，现就全面推进我县农村住房抵押贷款工作提出如下意见：

一、指导思想

全面贯彻落实党的十八大精神，以邓小平理论、"三个代表"重要思想和科学发展观为指导，进一步深化农村金融产品和服务创新，以拓宽农村抵押物范围、破解农户融资难为着力点，努力满足日益增长的"三农"金融服务需求，促进农业增效、农民增收和农村经济发展，大力支持和促进城镇化及社会主义新农村建设。

二、目标原则

(一)总体目标

采取先试点、后推广的方式，扎实推进农村住房抵押贷款工作，2014年内启动农村住房抵押贷款工作试点，争取2014年末，农村住房抵押贷款余额达1亿元以上。至2015年末，全县农村住房抵押贷款余额达到2亿元以上。

(二)基本原则

1. 因地制宜，务实创新。坚持从拓宽农民融资渠道、满足农民融资需求实际出发，立足县情、村情，积极探索创新可操作性强的农村住房抵押贷款方式，努力形成高效、便捷、实惠、可持续的金融服务模式。

2. 协同配合，合力推进。要按照为农村和农民干实事、办好事的要求，加强各相关部门之间的协作配合，注重财政政策、货币信贷政策、监督管理政策等之间的协同配套，调动和激发金融机构和相关部门参与农村金融改革创新的积极性和创造性，引导更多的经济金融资源投向"三农"。

3. 市场运作，风险可控。坚持市场化运行和政策性扶持相结合，以市场为导向，以政策扶持为支撑，健全和完善正向激励机制，在积极推进农村住房抵押贷款创新的同时，落实合理分散风险的措施，科学防范金融风险。

三、工作措施

(一)加快推进农村住房确权登记发证工作

国土、住建部门和各乡镇(街道)要密切配合，切实加快农村集体土地使用权和房屋所有权确权登记发证工作，争取到2015年末，城中村、中心村符合登记条件的农村住房发证率达到70%以上。对符合规划条件的新建农房，国土和住建部门要按规定颁发集体(国有)土地使用证和房屋所有权证，为推进农村住房抵押贷款业务夯实基础。

(二)实行农村住房抵押登记制度

云和县范围内农村集体土地以及国有划拨土地上所建的农村住房，凡权属清晰，且依法取得房屋所有权证和土地使用权证，农户能保证其抵押房屋处置后仍有住所的，向金融机构申请贷款的均可办理抵押登记。集体土地农村住房的抵押及流转，须经房屋所在村集体经济组织同意，按照"地随房走"的原则，农村住房办理抵押登记之后，其占用范围内的土地使用权视同一并抵押。各乡镇(街道)和住建、国土等部门要从深化农村金融改革，促进城乡统筹发展全局出发，在充分保障农村集体经济组织和农民利益的前提下，积极推进农村住房抵押登记工作。设定农村住房抵押时，抵押物的价值可由抵押双方当事人协商确定，也可由中介机构评估确认。农村住房抵押登记工作参照《丽水市住房和城乡建设局关于印发〈丽水市区集体土地范围内农村住房抵押权登记规定〉(试行)的通知》(丽建发〔2014〕29号)执行。

(三)促进农村住房抵押贷款业务规范发展

各金融机构要根据农村住房特点和抵押贷款的相关规定，以及《丽水市农村住房抵押贷款管理暂行办法》的要求，认真制定农村住房抵押贷款业务办法、操作流程，积极创新农村住房抵押贷款产品模式，简化贷款手续，实行优惠利率。各金融机构要建立完善农村住房抵押贷款风险防范机制，在风险总量可控的前提下，适当提高对农房抵押贷款不良率的容忍度，通过合理控制房屋抵押率和贷款期限、评定农户信用等级等手段，有效防范农村住房抵押贷款风险。县人民银行要加强对农房抵押贷款业务的指导。

（四）建立完善抵押农村住房处置流转机制

各乡镇（街道）、相关部门要积极探索创新农村住房抵押处置流转方式，通过经济、法律或行政等多种方式确保抵押权实现。对借款人无法偿还到期贷款的抵押农村住房，允许在本县范围内流转变现，集体土地上的房屋受让对象为本县的农村集体经济组织及其成员。抵押物处置时，本村集体经济组织及其成员在同等条件下有优先购买权。具备征收条件的抵押农村住房，可将其征收为国有进行处置或在人民法院处置后办理征收手续。国土和房管部门依照生效的法律文书和协助执行通知书给予办理土地使用权证和房屋所有权证过户登记手续。

（五）加大金融债权保护力度

进一步加强协调配合，加大农村住房抵押的金融债权保护力度，依法打击恶意逃废银行债务行为，积极做好农村住房抵押不良贷款处置，切实降低金融风险。司法部门在审理和调解农村住房抵押贷款诉讼案件时，对抵押债权要予以积极支持和保护。相关部门要积极协助法院处置抵押物权，切实维护抵押权人合法权益。积极探索农村住房抵押贷款债权保障方式，通过仲裁、公证等多种途径，有效降低相关法律风险。

（六）建立完善配套服务体系

组建涉农融资性担保机构，为农村住房等农村产权抵押融资提供担保服务。建立云和县农村产权流转交易服务中心，及时收集和发布农村住房等各类产权流转交易信息，组织产权招挂拍等交易服务活动，促进农村产权流转，为贷款抵押物处置、抵押权利的实现提供便利。加快农村集体担保组织建设，大力推进农户以自有住房做反担保的社区互助型融资模式发展。

四、政策扶持

（一）建立农村住房抵押贷款财政贴息和风险补偿等激励制度

建立农村住房抵押贷款的财政贴息、风险补偿和工作奖励等制度，提高金融机构和农户办理农村住房抵押贷款的积极性。县政府每年安排专项资金用于贴息、奖励及风险补偿。具体方案另行制定。

（二）进一步扩大农村住房保险覆盖面

继续按照政府补贴与商业运作相结合的模式推进政策性农村住房保险工作，适当提高政府保费补贴比例，应保尽保，不断扩大农房保险覆盖面，充分发挥保险的风险保障作用，分散农村住房抵押贷款风险压力。

（三）实施税费减免政策

对农村住房抵押贷款涉及权属登记、发证、评估以及抵押登记等环节的税收和费用，国土、房管、税务部门要按规定进行减免或按最低标准收取，以减轻农民融资成本。各金融机构不得额外增加手续费、顾问费、评估费等费用。

五、工作要求

（一）提高思想认识

农村住房既是农民手中最重要的财产，也是农村产权资本化潜力最大的领域之一，盘活农村住房资产，大力推进农村住房抵押贷款业务，对进一步解决农户贷款抵押难问题，拓宽农村融资渠道，实现城乡金融服务均等化具有十分重要的意义。同时，推进农村住房抵押贷款工作，也是加大金融支持农村危旧房改造、中心镇（村）、“美丽乡村”等建设，改善村容镇貌，提升农村消费水平，加快社会主义新农村建设和城镇化的有效手段。各相关部门要从深化农村金融改革，促进城乡统筹发展全局高度，充分认识推进农村住房抵押贷款工作的重要性，立足实际、勇于创新，努力破解制约农村住房抵押贷款业务发展的各种障碍。

（二）加强组织领导

各相关部门要把加快推进农村住房抵押贷款工作作为深化农村金融改革，支持新农村建设的一项重点工作来抓，切实加强对农村住房抵押贷款工作的组织领导和政策协调，确保年内试点工作全面铺开。各相关部门要按照本实施意见要求，明确分工职责，采取有力措施抓好落实。

（三）积极有序推进

要按照先中心、后边远，先试点、后推广的方式，先在城中村、城郊结合部、建制镇以及农村住房房源较好的中心村进行。各相关部门、金融机构要加大农村住房抵押贷款的业务宣传和政策引导力度，及时协调解决工作中遇到的各种问题和困难，发挥各方面工作合力，加快推进农村住房抵押贷款扩面增量工作。

（四）加强宣传引导

加强推进农村住房抵押贷款政策的宣传，及时总结先进经验，加大典型引导示范，积极引导金融机构、农民主动参与，为农村住房抵押贷款业务发展创造良好的舆论环境。

（五）加强督查考核

将农房抵押贷款工作列入有关部门和乡镇（街道）年度工作考核。县金融办、县人行要加强对农村住房抵押贷款工作的督促指导，不定期地开展督查。各乡镇（街道）要积极推动宣传农村住房抵押贷款工作，增加农民财产性收入，有效化解各种风险矛盾，维护农村社会稳定。

2014 年 5 月 13 日

改善民生篇

浙江省人民政府关于启动实施一方是独生子女夫妇可生育两个孩子政策的通知

各市、县(市、区)人民政府,省政府直属各单位:

为贯彻落实《中共中央关于全面深化改革若干重大问题的决定》(中发〔2013〕12号)、《中共中央国务院关于调整完善生育政策的意见》(中发〔2013〕15号)精神,根据《浙江省人民代表大会常务委员会关于修改〈浙江省人口与计划生育条例〉第十九条的决定》(浙江省人民代表大会常务委员会公告第12号),自2014年1月17日起,在全省实施一方是独生子女的夫妇可生育两个孩子的政策(以下简称单独两孩政策)。

各地、各有关部门要进一步统一思想,坚持计划生育的基本国策不变,按照"稳妥、扎实、有序"的要求,加强政策宣传和舆论引导,切实做好与其他计划生育政策的衔接,及时研判和解决实施中出现的新情况、新问题,确保单独两孩政策平稳实施,稳定适度低生育水平,促进我省人口长期均衡发展,为建设物质富裕精神富有的现代化浙江创造良好的人口环境。

2014年1月17日

浙江省人民政府关于加快发展养老服务业的实施意见

各市、县(市、区)人民政府,省政府直属各单位:

为积极应对人口老龄化,加快推进全省养老服务业发展,根据《国务院关于加快发展养老服务业的若干意见》(国发〔2013〕35号)精神,结合我省实际,提出如下实施意见:

一、总体要求

(一)指导思想

以邓小平理论、"三个代表"重要思想和科学发展观为指导,全面贯彻落实党的十八届三中全会精神,把不断满足老年人日益增长的养老服务需求作为出发点和落脚点,进一步强化政府责任,激发市场活力,确保托底型养老、扩大普惠型养老、支持社会化养老,努力使养老服务业成为积极应对人口老龄化、保障和改善民生的重要举措,成为扩大内需、增加就业、促进服务业发展、推动经济转型升级的重要力量。

(二)基本原则

1. 深化体制改革。加快转变政府职能,加大政策支持和引导力度,推进政府购买服务。充分发挥市场在资源配置中的决定性作用,激发各类服务主体活力,创新服务供给方式,提供多样化、多层次的养老服务。

2. 坚持保障基本。着力保障困难老年人的养老服务需求,确保人人享有基本养老服务。加大对基层和农村养老服务的投入,充分发挥社区基层组织和服务机构在居家养老服务中的重要作用。支持家庭、个人承担应尽责任。

3. 注重统筹发展。统筹发展居家养老、机构养老和其他多种形式的养老,实行普遍性服务和个性化服务相结合。统筹城市和农村养老,促进基本养老服务均衡发展。统筹利用各种资源,促进养老服务与医疗、家政、保险、教育、健身、旅游等相关领域互动发展。

4. 强化规范管理。加强行业监管和行业自律,构建养老服务质量监控体系,健全养老服务评估制度,完善养老服务准入、退出机制,推进养老服务标准化、规范化。

(三)发展目标

到2020年,全面建成以居家为基础、社区为依托、机构为支撑,功能完善、布局合理、规模适度、覆盖城乡的养老服务体系;基本形成"9643"的养老服务总体格局,即96%的老年人居家接受服务,4%的老年人在养老机构接受服务;不少于3%的老年人享有养老服务补贴。

1. 服务能力大幅增强。全省城乡社区形成20分钟左右的居家养老服务圈,各类养老服务覆盖所有居家老年人。全面确立以护理型为重点、助养型为辅助、居养型为补充的养老机构发展模式,每千名老年人拥有社会养老床位达到50张，其中机构床位数不少于40张，护理型床位占机构床位比例不低于50%，民办（民营）机构床位占机构床位比例力争达到70%。省、市、县（市、区）养老服务指导中心、乡镇（街道）养老服务中心、城乡社区居家养老服务照料中心三级管理服务网络进一步健全。高龄津贴制度和护理补贴制度进一步完善。

2. 产业规模显著扩大。以老年生活照料、老年产品用品、老年健康服务、老年体育健身、老年文化娱乐、老年金融服务、老年旅游等为主的养老服务业全面发展，养老服务业增加值在服务业中的比重显著提升。培育若干规模较大的养老服务集团和连锁服务机构，形成一批富有活力的中小型养老服务机构。全省机构养老、居家养老生活照料和护理等服务提供50万个以上就业岗位。

3. 发展环境更加优化。政策法规建立健全，行业标准科学规范，监管机制更加完善，信息技术有效应用，服务质量明显提高。全社会积极应对人口老龄化意识显著增强，支持和参与养老服务的氛围更加浓厚，养老志愿服务广泛开展，敬老、养老、助老的优良传统得到进一步弘扬。

二、主要任务

（一）大力发展居家养老服务

1. 加强居家养老服务设施建设和运营管理。按照资源整合、就近就便、功能配套、方便实用的要求，加快建设城乡社区居家养老服务设施。到2015年，城市社区实现居家养老服务照料中心全覆盖，三分之二的农村社区建有居家养老服务照料中心，其余农村社区建有居家养老服务站。到2017年，基本实现农村社区居家养老服务照料中心全覆盖。照料中心要为有需求的老年人，特别是高龄、空巢、独居、生活困难的老年人，提供集中就餐、托养、健康、休闲和上门照护等服务，并协助做好老年人信息登记、身体状况评估等工作。符合民办非企业单位登记条件的照料中心，应当办理法人登记，其他照料中心可以通过社区服务组织备案方式进行登记管理。

2. 发挥各类服务设施的作用。加强社区养老服务设施与社区服务中心（服务站）及社区文化、体育等设施的功能衔接，切实提高社区公共服务设施的使用效益。支持社区利用社区公共服务设施和社会场所组织开展适合老年人的群众性文化体育娱乐活动。各类具有为老年人服务功能的公共设施都要向老年人免费开放。

3. 实施社区无障碍环境改造。按照无障碍设施工程建设相关标准和规范，推动和扶持老年人家庭无障碍设施改造，加快推进坡道、电梯、公厕等与老年人日常生活密切相关的公共设施改造。

4. 大力发展居家养老服务组织。通过政府补助、购买服务、协调指导、评估认证等方式，鼓励社会力量举办居家养老服务专业机构和企业，上门为居家老年人提供助餐、助浴、助洁、助急、助医等定制服务。积极引导有条件的居家养老服务企业实行规模化、网络化、品牌化经营。支持社区居家养老服务网点引入社会组织和家政、物业等企业，兴办或运营形式多样的养老服务项目。鼓励专业居家养老机构对社区养老服务组织进行业务指导和人员培训。

（二）进一步抓好养老机构建设

1. 办好公办保障性养老机构。公办养老机构要充分发挥托底作用，重点为农村“五保”、城镇“三无”老人及低收入、经济困难的失能、半失能老人提供无偿或低收费的供养、护理服务。现有社会福利机构和乡镇（街道）敬老院，要完善设施、增强功能、提高服务质量，加快发展为护理型养老机构。尚未建有敬老院的乡镇（街道）原则上都要建设1所以上以护理为主的养老机构。福利院、敬老院在满足特困人员集中供养的同时，要积极为有需求的其他老年人、残疾人提供服务，并向周边社区提供居家养老服务项目。政府举办的养老机构要实用适用，避免铺张豪华。

2. 支持社会力量举办养老机构。在资本金、场地、人员等方面，进一步降低社会力量举办养老机构的门槛。要简化手续、规范程序、公开信息，为社会力量举办养老机构提供便捷服务。鼓励境外资本投资养老服务业。鼓励个人举办家庭化、小型化的养老机构，社会力量举办规模化、连锁化的养老机构。鼓励民间资本对企业厂房、商业设施及其他可利用的社会资源进行整合和改造，用于养老服务。

3. 推进公办养老机构改制工作。积极推进公办民营，原则上今后新建的公办养老机构都要通过公开招投标，以承包、委托运营、合资合作等方式，实行市场化运行。稳妥开展公办机构转制为企业的试点工作。

（三）切实加强农村养老服务

1. 加快服务设施建设。通过改造设施、提升功能，推进已建的农村居家养老服务站、“星光老年之家”转型升级为社区居家养老服务照料中心，农村敬老院转型升级为养老服务中心。鼓励引导有条件的农村，在坚持自愿原则下开展“以宅基地换养老”等探索，通过兴建村老年公寓、幸福院及配套服务设施，实行集中居住式居家养老。

2. 建立长效运营机制。加强养老服务设施的规范化管理和运作，健全规章制度，落实运营资金。充分发挥村民自治功能，在督促家庭成员承担赡养责任的基础上，组织开展邻里互助、志愿服务。鼓励农村基层老年人协会参与照料中心的服务与管理。

3. 拓宽资金渠道。进一步贯彻落实《中华人民共和国老年人权益保障法》有关规定，可将未承包的集体所有的部分土地、山林、水面、滩涂等作为养老基地，收益供老年人养老。鼓励城市资金、资产和资源投向农村养老服务。各级政府用于养老服务的财政性资金应重点向农村倾斜。鼓励引导民间资本参与农村居家养老服务照料中心的建设和运营。

4. 建立协作机制。鼓励发达地区支援欠发达地区养老机构建设。城市公办养老机构要与农村敬老院建立长期稳定的对口支援和合作机制，采取人员培训、技术指导、设备支援等方式，帮助其提高服务能力。

（四）促进医疗卫生与养老服务相结合

1. 推动医养融合发展。医疗机构要积极支持和发展养老服务，有条件的二级以上综合医院应当开设老年病科，增加老年病床数量，做好老年慢病防治和康复护理。鼓励部分二级医院转型为养老护理院，引导乡镇（街道）卫生院等基层医疗卫生机构开设养老护理床位。鼓励兴建老年康复医院，提高老年医疗康复水平。卫生管理部门要支持有条件的养老机构设置医疗机构。100张床位及以上的护理型养老机构应单独设置卫生所（医务室），条件具备的可申请设立医院；100张床位以下的护理型养老机构和助养型养老机构可单独设置卫生所（医务室），也可与周边医院、社区医疗卫生服务机构合作，促进养医结合。加快推进面向养老机构的远程医疗服务试点。医疗机构应当为老年人就医提供优先优惠服务。推进养医结合服务社区化，加强社区居家养老服务照料中心与社区医疗卫生服务中心（站）的合作。社区卫生服务机构应当为老年人建立健康档案，与老年人家庭建立医疗契约服务关系，开展上门诊视、健康查体、保健咨询等服务，使老年人不出社区、不出家门就能够享受到专业的照料、护理、保健等服务。积极探索通过购买服务方式满足老年人的其他特需医疗服务。

2. 健全医疗保险机制。对于养老机构内设的医疗机构，符合城镇职工（居民）基本医疗保险和新型农村合作医疗定点条件的，可申请纳入定点范围。医保部门要按照省有关规定简化手续，缩短审批时限，同时完善医保报销制度，切实解决老年人异地就医结算问题。鼓励老年人投保健康保险、长期护理保险、意外伤害保险等人身保险产品，鼓励和引导商业保险公司开展相关业务。

（五）推进养老服务标准化信息化

1. 制订服务标准。加快制订和完善机构养老服务、居家养老服务等相关标准，建立健全养老服务标准体系，不断提升养老服务的规范化和标准化水平。

2. 完善收费和定价机制。研究养老机构收费管理和老年产品用品定价机制，建立科学合理的定价方式，确保养老服务和产品质量，营造安全、便利、诚信的消费环境。

3. 加强信息管理。建立养老服务信息管理系统，逐步实现对老年人信息的动态管理。以县（市、区）为单位，依托社会公共服务信息平台，建设居家养老服务信息系统，对接老年人服务需求和各类社会主体服务供给，为老年人提供紧急呼叫、家政预约、健康咨询、物品代购、服务缴费等适合老年人的服务项目。有条件的地方要为高龄老人、低收入失能老人免费配置“一键通”等电子呼叫设备。推进养老机构数字化建设。

（六）繁荣养老服务消费市场

1. 拓展养老服务内容。积极引导养老服务企业和机构优先满足老年人基本服务需求，鼓励和引导相关行业积极拓展适合老年人特点的文化娱乐、体育健身、休闲旅游、健康服务、精神慰藉、法律维权等服务。加强对残障老年人专业化服务。

2. 开发老年产品用品。围绕适合老年人的衣、食、住、行、医、文化娱乐等需要，支持企业积极开发安全有效的康复辅具、食品药品、服装服饰等老年用品用具和服务产品，引导商场、超市、批发市场设立老年用品专区专柜，鼓励有条件的地区建立老年用品一条街或专业交易市场。支持建立老年用品网络交易平台，发展老年电子商务。鼓励开发老年住宅、老年公寓等老年生活设施。引导和规范商业银行、保险公司、证券公司等金融机构开发适合老年人的理财、信贷、保险等产品。

3. 培育养老产业集群。加强规划引导，实施品牌战略，提高创新能力，积极扶持发展龙头企业，特别要发展居家养老服务企业，培育一批带动力强的龙头企业和知名度高的养老服务业品牌，形成一批产业链长、覆盖领域广、经济社会效益显著的产业集群。

三、政策措施

（一）完善投融资政策

加大信贷支持力度。金融机构要加大对养老服务机构信贷支持力度，拓宽信贷抵押担保物范围，合理利率定价，满足养老服务业的信贷需求。积极利用财政贴息、小额贷款等方式，加大对养老服务业的有效信贷投入。同时，完善配套制约机制和风险防控机制，切实保障养老服务对象的合法权益。

创新金融产品。完善抵押政策，鼓励银行等金融机构开发适合民办养老机构发展需求的金融产品和担保方式。逐步放宽限制，鼓励和支持保险资金投资养老服务领域。根据国家试点方案，开展老年人住房反向抵押养老保险试点。实施养老机构政策性保险制度，降低养老机构运营风险。鼓励商业保险机构参与社会养老经办服务。各地政府发行债券应统筹考虑养老服务需求，积极支持养老服务设施建设及无障碍设施改造。

探索建立老年产业引导基金，培育和扶持社会急需、项目发展前景好的老年产业项目。

（二）完善土地供应政策

养老服务设施建设用地纳入经济社会发展规划、城乡规划、土地利用总体规划和年度用地计划。以市、县（市、区）为单位，在充分考虑当地老年人口增长速度和机构建设周期性特点的基础上，按照到2020年养老床位占老年人口总数5%以上的要求和养老机构床位年增长10%的基数，规划养老机构设置，预留和落实年度建设用地指标。各市、县（市、区）要单列养老机构（含老年活动设施）用地指标，纳入年度用地计划。对省政府确定的以划拨方式供地的非营利性养老服务设施示范项目，确需新增用地的，省在年度用地计划中重点予以保障。对民间资本参与投资并列入省重大产业项目库的示范项目，按规定给予计划指标奖励。

公办福利性机构和社会力量举办的非营利性养老机构，可以依法使用国有划拨土地或者农民集体所有的土地。对营利性养老机构建设用地，参照成本逼近法或收益还原法进行地价评估后，采取招标拍卖挂牌出让方式供地。闲置的公益性用地可调整为养老服务用地。

（三）完善社区居家养老服务用房政策

城镇新建住宅项目应按套内建筑面积不低于项目总建筑面积的2‰且最低不少于20平方米的标准配建居家

养老服务设施，并与住宅同步规划、同步建设、同步验收、同步交付使用。县(市、区)有关部门、街道办事处要充分考虑方便老年人活动、为老服务的便利性和服务半径等因素设置养老服务用房，按照社区设置进行统筹规划和调配。老城区和已建成居住(小)区无养老服务设施或现有设施没有达到规划和建设指标要求的，要限期通过购置、置换、租赁等方式开辟养老服务设施。

(四)完善税费优惠政策

落实好国家现行支持养老服务业的税收优惠政策，对养老机构提供的养护服务免征营业税，对各类非营利性养老机构自用房产、土地免征房产税、城镇土地使用税。经批准设立的养老机构内专门为老年人提供生活照顾的场所免征耕地占用税。对认定为非营利组织的养老机构，其取得符合条件的收入作为企业所得税免税收入。对企事业单位、社会团体和个人向非营利性养老机构的捐赠，符合相关规定的，准予在计算其应纳税所得额时按税法规定比例扣除。

对非营利性养老机构建设免征有关行政事业性收费，对营利性养老机构建设减半征收有关行政事业性收费。对养老机构免征水利建设基金，接纳残疾老年人达到一定比例的免征残疾人就业保障金。对养老机构提供养老服务适当减免行政事业性收费。各类养老机构免缴城市基础设施配套费、有线(数字)电视建设费(入网费)，减半缴纳有线(数字)电视终端用户收视维护费，用电、用水、燃气按居民生活类价格执行，使用固定电话、宽带互联网费用执行家庭住宅价格；向城市污水集中处理设施排放达标污水、按规定缴纳污水处理费的，不再征收污水排污费。新建养老机构，适当降低车位配置标准。

对经依法成立的养老服务组织和机构，按规定享受国家对中小企业、小型微利企业和家庭服务业等相应的税费优惠政策。凡我省登记失业人员、残疾人、退役士兵以及毕业两年以内的普通高校毕业生创办养老服务机构的，自其在工商部门首次注册登记之日起3年内免收管理类、登记类和证照类等有关行政事业性收费。

中小型居家养老服务企业缴纳城镇土地使用税确有困难的，可按有关规定报经当地地税行政主管部门批准，给予定期减免城镇土地使用税的照顾；因有特殊困难，不能按期缴纳税款的，可依法申请在3个月内延期缴纳；对符合条件的员工制居家养老服务企业在政策有效期内按规定给予免征营业税的支持政策。

对养老服务机构和居家养老服务企业的其他税费支持政策，按照《浙江省人民政府关于深化完善社会养老服务体系建设的意见》(浙政发〔2011〕101号)、《浙江省人民政府办公厅关于加快发展家庭服务业的实施意见》(浙政办发〔2011〕132号)执行。

境内外资本举办养老机构享有同等的税费等优惠政策。

(五)完善财政支持政策

各地要加大财政性资金支持社会养老服务体系建设的力度。省级社会养老服务体系建设专项资金增加总量。省本级福利彩票公益金和各级政府用于社会福利事业的彩票公益金，要将50%以上用于支持发展养老服务业，并随老年人口的增加逐步提高投入比例。

完善养老服务补贴制度，省政府对城乡最低生活保障家庭中的失能、失智等生活不能自理的老年人给予养老服务补贴。各地要根据补贴对象的实际状况，在省定最低标准基础上适当提高补贴标准，并将经济困难的高龄、失能等老年人纳入补贴范围。

完善居家养老服务照料中心建设补贴制度，省级财政对新建的社区居家养老服务照料中心给予补助。通过落实建设补助、贷款贴息、运营补贴、购买服务等方式，支持民办养老机构建设。建立政府向登记为民办非企业法人的养老机构、社区居家养老服务照料中心、居家养老服务组织购买服务制度，并对其他居家养老服务照料中心运行给予支持。充分利用服务业发展专项资金和引导资金，支持发展居家养老服务业。中小企业发展专项资金要对符合条件的养老服务企业给予积极扶持。

实施入职奖补制度。从2013年起，进入本省福利性、非营利性养老服务机构，从事养老服务、康复护理等工作的高校和中职学校老年服务与管理、家政服务与管理、护理、康复治疗、中医护理、中医康复保健、康复技术等老年服务与管理类专业和方向的毕业生，就业满5年后按相关规定给予一次性奖补。

同时，各地要进一步加大对养老服务信息系统建设的投入。

(六)完善投资权益政策

依法登记的民办非营利性养老服务机构，明确出资财产属于出资人所有。经营管理较好的，可以从收支结余中提取一定比例用于奖励举办人。投入满5年后，可以转让、继承、赠与。民办非营利性养老服务机构经依法清算后，有资产增值的，经养老服务机构决策机构同意并经审计符合规定的，可对举办人给予一次性奖励，奖励总额不超过资产增值部分的10%。

(七)完善人才培养和就业政策

支持高校和中职学校、技工院校开设老年服务与管理类专业及相关课程，扩大人才培养规模，加快培养老年医学、康复、护理、营养、心理和社会工作等方面的专门人才。拓展人才培养渠道，创新人才培养模式，推进"3+2"、五年一贯制等中高职一体化人才培养。充分发挥开放大学作用，开展继续教育和远程学历教育。

加强养老护理人员培训。依托大专院校和养老服务机构等，设立养老护理人员培训基地。对符合条件的参加养老护理职业培训和职业技能鉴定的从业人员，按规定给予补贴。进一步加大在职轮训，到2015年，全省养老机构护理人员培训率达到90%以上。到2020年实现所有养老护理人员持证上岗，持有初级及以上职业资格证书人员占比达到50%以上。

引导、鼓励高校和中职学校老年服务与管理类专业毕业生从事养老服务工作。在非营利性养老机构和社区居家养老服务照料中心开发公益性岗位，吸纳农村转移劳动力、城镇就业困难人员从事养老服务。养老机构应当科学设置专业技术岗位,重点培养和引进医生、护士、康复医师、康复治疗师、社会工作者等具有执业或职业资格的专业技术人员。对在养老机构就业的专业技术人员,执行与医疗机构相同的执业资格、注册考核政策。

定期发布养老护理员工资指导价位,建立养老服务岗位就业补贴和养老护理员特殊岗位津贴制度,提高养老护理员工资福利待遇。对养老服务机构和组织中取得职业资格证书并从事养老护理岗位工作的护理人员给予技术等级津贴。养老服务机构和组织应当依法缴纳社会保险,对单位缴纳的部分可给予社保补贴。就业困难人员以灵活就业方式从事居家养老服务的,可按规定享受灵活就业社保补贴。积极改善养老护理员工作条件,加强劳动保护和职业防护。

鼓励公益慈善组织支持养老服务。引导公益慈善组织重点参与养老机构建设、养老产品开发、养老服务提供,使公益慈善组织成为发展养老服务业的重要力量。积极培育发展为老服务公益慈善组织。积极扶持发展各类为老服务志愿组织,开展志愿服务活动。倡导机关干部和企事业单位职工、大中小学学生参加养老服务志愿活动。支持老年社会团体和老年群众组织开展自我管理、自我服务和服务社会活动。建立健康老人参与志愿互助服务的工作机制和为老志愿服务登记制度,积极推广"银龄互助"等行动。弘扬敬老、养老、助老的优良传统,支持涉老工作部门、为老服务组织、公共服务窗口开展"敬老文明号"创建活动。

四、组织领导

(一)健全工作机制

各地要将养老服务业发展作为重要内容,纳入国民经济和社会发展及城市(镇)总体规划,制订养老服务设施建设专项规划和养老服务产业发展规划,引导养老服务业科学发展。要建立完善工作协调机制,充分发挥已经建立的社会养老服务体系建设工作领导小组或联席会议制度的作用,加强政策协调,定期分析问题,研究推进措施。要加强养老服务指导中心建设,确保机构、职责、编制、人员、场地、经费"六到位"。要积极开展养老服务业综合改革试点,在要素保障和服务模式等方面进行探索创新。

(二)明确部门职责

民政部门要切实履行监督管理、行业规范、业务指导职责。发展改革部门要将养老服务业纳入经济社会发展总体规划、专项规划和区域规划,支持养老服务设施建设。商务部门要将居家养老服务纳入家庭服务业发展专项规划,扶持培育龙头企业,支持信息服务平台建设。财政部门要对养老服务业发展给予财力保障。建设部门要制订城镇居家养老服务设施配建标准,组织编制养老服务设施专项规划,指导养老服务设施有序建设。价格主管部门要建立科学合理的养老服务定价机制,依法确定适用政府定价和政府指导价的范围。统计部门要建立完善养老服务业统计制度。老龄工作机构要发挥综合协调作用,加强督促指导工作。残联等组织要充分发挥自身优势,促进养老服务业的发展。机构编制、教育、公安消防、卫生计生、国土资源、人力社保、税务、金融、质监、工商、安监、食品药品监管等部门要各司其职,按照职责分工做好促进养老服务业发展工作。同时,要积极培育和发展养老服务行业协会,发挥行业自律作用。

(三)加强督促检查

各地要加强工作绩效考核,确保责任到位、任务落实。各市、县(市、区)政府要根据本实施意见精神,结合实际抓紧制订具体实施办法。省级相关部门要根据本部门职责,制订具体政策措施。省发改委、省民政厅和省老龄办要加强对本意见执行情况的监督检查,及时向省政府报告。省政府将适时组织专项督察。

附件:重点任务分工(略)

2014 年 4 月 23 日

浙江省人民政府
关于发展民办养老产业的若干意见

各市、县(市、区)人民政府,省政府直属各单位:

根据《国务院关于加快发展养老服务业的若干意见》(国发〔2013〕35 号),结合我省实际,现就发展民办养老产业提出如下意见:

一、发挥社会力量的主体作用

(一)发挥市场在养老服务领域资源配置中的决定性作用,积极鼓励引导社会力量发展养老产业,为老年人提供方便可及、价格合理的各类养老服务和产品。

(二)建立公开、透明、平等、规范的养老服务业准入制度,营造平等参与、公平竞争的市场环境。凡是法律法规没有明令禁入的养老服务领域,都要向民间资本开放。

(三)进一步规范养老机构设立许可程序,简化审批手续,及时发布机构设置和规划布局调整等信息,为社会力量兴办养老机构做好指导和服务工作。有条件的地方应将养老机构设立许可纳入当地行政审批服务中心实行窗口统一受理。

简化对养老机构内设医疗机构以及康复医院、老年病医院、护理院等老龄型医疗机构的立项、开办、执业资格、医保定点等审批手续。

(四)以县(市、区)为单位,编制社会力量兴办养老机构指南,推出一批带动性强、示范性好的优质项目。有条件的地方应采取招标等方式确定举办或运行主体。

二、切实保障民办养老机构用地

(五)优先优惠供应民办养老机构建设用地。按国家有关规定,落实社会力量举办养老机构建设用地优惠政策。对省政府确定的以划拨方式供地的非营利性养老服务设施示范项目,确需新增用地的,省在年度用地计划中重点予以保障。对民间资本参与投资并列入省重大产业项目库的示范项目,按规定给予计划指标奖励。

民间资本举办的非营利性养老机构与政府举办的养老机构享有相同的土地使用政策,可以依法使用国有划拨土地或者农民集体所有的土地。对营利性养老机构建设用地,参照成本逼近法或收益还原法进行地价评估后,采取租赁、招标拍卖挂牌出让方式供地。通过招拍挂出让有偿方式取得的民办养老机构用地,可确定为商服用地——其他商服用地(养老机构用地)。原以行政划拨方式供地的,可依法办理土地出让手续,经评估确定后,以补缴土地出让金或以租赁、作价出资(入股)等方式处置。核发划拨决定书、签订租赁合同或出让合同时,应当规定或者约定建设用地使用权不得分割转让(转租),不得改变土地用途。对擅自改变养老设施用地用途、容积率等土地使用条件搞房地产开发的,由市县国土资源部门依法依约收回建设用地使用权。

鼓励社会力量对闲置的医院、学校、企业厂房、商业设施、农村集体房屋及其他可利用的社会资源,进行整合改造后用于养老服务。在符合土地利用总体规划和相关城乡规划前提下,允许利用村集体建设用地建设农村养老机构。对利用集体所有的山坡荒地或其他不影响城乡规划的建设用地建设并用于民办非营利性养老机构的,应当优先办理土地审批手续。

民办非营利性养老机构停办后,其通过行政划拨方式取得的土地使用权由政府收回或经批准后转由其他民办非营利性养老机构使用。

三、加大资金扶持力度

(六)加大财政投入和扶持力度。省财政对用房自建、床位数达到20张及以上、符合相关文件规定资质条件的民办非营利性养老机构,按核定床位一次性给予每张床位6000元补助;对租用用房且租用期3年以上、床位数达到20张及以上的民办非营利性养老机构,按核定床位给予每张床位每年1000元补助,连续补助3年。属于护理型民办养老服务机构,待其护理老人入住率达到60%及以上,在一次性床位建设补贴的基础上,按核定床位每张额外增加2000元补助;租用用房床位每张额外增加1000元补助。各地要建立财政资金扶持制度,加大社会筹资力度,配套安排相应的建设和购买服务资金,支持民办养老服务发展。

要充分利用服务业发展专项资金和引导资金,支持发展居家养老服务业。中小企业发展专项资金要对符合条件的养老服务企业给予积极扶持。

(七)建立向非营利性养老服务机构购买服务制度,省财政对服务失能、失智老年人的非营利性养老机构、居家养老服务组织,从2015年开始按一定标准购买服务。

(八)对民办养老机构接收政府购买养老服务对象、农村五保或城镇“三无”对象入住的,老年人原享受的养老服务补贴及各类补助经费应予转入。

(九)加快培育连锁化、规模化、集团化的养老服务机构。对其中的示范性机构,地方政府根据财力,可给予一次性奖励。

四、积极支持融资信贷需求

(十)进一步加大财政贴息、风险补偿等政策扶持力度,支持和鼓励银行业金融机构加大对养老服务业的信贷投入。充分利用中小企业、科技创新、创业投资等方面的扶持资金,发挥福彩公益金、医疗卫生资金投入合力,引导民间资本加速进入养老服务领域。

鼓励银行业金融机构加大对养老服务机构及其建设项目信贷支持力度,合理利率定价,满足养老服务业信贷需求。对招用毕业两年以内高校毕业生、登记失业人员、就业困难人员、城镇复退军人等符合小额担保贷款条件的人员达到机构现有在职职工总数20%(超过100人的机构达到10%)以上,并签订1年以上期限劳动合同的民办养老服务机构,根据招用人数,可给予最高不超过200万元的贴息贷款,贷款期限不超过2年,并可享受50%贷款利息的贴息,贴息所需经费从促进就业资金中列支。

拓展市场化融资渠道,支持养老服务企业上市融资。支持采取股份制、股份合作制等形式发展养老机构,探索政府和社会资本合作(PPP)建设养老机构模式。

(十一)银行业金融机构应不断创新金融服务品质与方式,积极改进信贷担保方式,支持养老服务业的可持续发展。允许养老机构利用有偿取得的土地使用权、产权明晰的房产等固定资产办理抵押贷款,国土资源、房产管理部门应予办理抵押登记手续。支持养老机构以包括股权融资在内的各种方式筹集建设发展资金,各级财政出资的融资性担保机构应优先为符合条件的营利性养老机构提供担保。对产权明晰、管理规范、诚信度高、偿债能力强的民办养老机构及其建设项目,银行业金融机构应通过多种方式给予信贷支持。

五、落实税费优惠政策

(十二)鼓励有条件的养老服务机构兼并重组、做大做强,对其在合并、分立、兼并等过程中发生实物资产以及与其相关联的债权、债务和劳动力一并转让涉及的不动产、土地使用权转移行为,不征收营业税。进一步落实国家扶持小微企业相关税收优惠政策,对符合条件的小型微利养老服务企业,按照《财政部、国家税务总局关于小型微利企业所得税优惠政策有关问题的通知》(财税〔2011〕117号)、《财政部、国家税务总局关于暂免征收部分小微企业增值税和营业税的通知》(财税〔2013〕52号)和《国家税务总局关于暂免征收部分小微企业增值税和营业税有关问题的公告》(国家税务总局 2013 年第 49 号)规定,给予相应扶持。

中小型居家养老服务企业缴纳城镇土地使用税确有困难的,可按有关规定报经当地地税行政主管部门批准,给予定期减免城镇土地使用税的照顾;因有特殊困难,不能按期缴纳税款的,可依法申请在 3 个月内延期缴纳;对符合条件的员工制居家养老服务企业在政策有效期内按规定给予免征营业税的支持政策。

(十三)民办非营利性养老机构依法享有与公办养老机构同等的税费优惠政策。营利性养老机构提供养护服务取得的收入免征营业税。营利性养老机构取得的养老服务收入直接用于改善养老条件的,其后 5 年缴纳的税收地方留成部分由同级财政给予减半补助。

(十四)企事业单位、社会团体以及个人通过具有公益性捐赠税前扣除资格的公益性社会团体或县级以上人民政府及其部门向民办非营利性养老机构的捐赠,在计算所得税应纳税所得额时按规定扣除。民办营利性养老机构通过具备公益性捐赠税前扣除资格的公益性社会团体或县级以上人民政府及其部门用于公益事业的捐赠支出,计算应纳税所得额时按规定扣除。

(十五)民办养老机构免缴城市基础设施配套费。对非营利性养老机构建设免征有关行政事业性收费,对营利性养老机构建设减半征收有关行政事业性收费。对民办养老机构免征水利建设基金,接纳残疾老年人达到一定比例的免征残疾人就业保障金。民办养老机构和居家养老服务组织用电、用水、用气(燃气)等与居民用户实行同价,并免收相应的配套费;向城市污水集中处理设施排放达标污水、按规定缴纳污水处理费的,不再征收污水排污费。

除法律法规明确的收费项目外,不得对民办养老机构另行收费。凡收费标准设置上、下限的,按有利于民办养老机构发展收取。

(十六)实行积极的价格政策。在统一收费项目基础上,民办非营利性养老服务机构的收费标准实行政府指导价管理,民办营利性养老服务机构的收费标准由其自主确定。

(十七)对集中研发、生产养老服务用品的养老服务产业园区,经有关部门审核批准,享受相关优惠政策。

(十八)居家养老服务企业、进行社区服务业登记或到社区备案的居家养老服务组织和机构,享受家庭服务业相关扶持优惠政策。

(十九)境内外资本举办养老机构享有同等的税费等优惠政策。

六、确保投资者权益

(二十)凡捐资举办的非营利性养老机构,所有净资产归社会所有,机构停办后,由行政许可部门负责统筹,继续用于养老服务事业;其余民办非营利性养老机构、居家养老服务组织,出资者拥有实际出资额(含存续期间追加投资额)的财产所有权。

(二十一)对民办非营利性养老机构、居家养老服务组织,在扣除举办成本、预留单位发展基金以及提取其他有关费用后,如当年仍有收支结余,经养老服务机构决策机构同意并经审计符合规定的,可以从收支结余中提取一定比例用于奖励举办人,年奖励总额不超过以举办人累积出资额为基数的同期银行一年期贷款基准利率 2 倍利息额;投入满 5 年后,在保证不撤资、不影响法人财产稳定的前提下,经单位决策机构同意,出资人产(股)权份额可以转让、继承、赠与。

(二十二)民办非营利性养老机构、居家养老服务组织经依法清算后,其资产增值部分主要以捐赠形式纳入当地政府养老发展专项基金,经养老服务机构决策机构同意并经审计符合规定的,可对举办人给予一次性奖励,奖励总额不超过资产增值部分的 10%。

七、扶持老年社区和老年地产建设

(二十三)鼓励社会力量参与老年住宅、老年公寓等老年生活设施建设。对按老年人居住建筑设计标准建设、有相应的护理服务团队、配有一定规模的养老护理机构的新开发老年住宅和老年公寓项目,各地要积极保障合理用地需求,并在收取城市基础设施配套费等方面给予适当优惠,其配套的养老护理机构独立登记后享受相应的扶持政策。对老年地产涉及的物业开发、持续运营、护理服务、市场培育、资本运作等方面,给予鼓励引导。

八、加强人才队伍建设和保障

(二十四)鼓励引导高校和中职学校老年服务与管理、老年护理等专业或专业方向的毕业生到民办养老服务机构就业。从 2013 年起,上述专业方向的毕业生进入非营利养老服务机构就业满 5 年,省财政按相关规定给予一次性入职奖补。各地财政要建立相应的入职奖补制度。

(二十五)将民办养老服务机构负责人、养老护理员及其他各类提供养老服务的组织从业人员纳入政府培训教育规划,在培训名额、培训经费等方面给予保障。符合条件的民办机构可认定为培训基地。

(二十六)探索在民办非营利性养老服务机构中设立公益性岗位,吸引有就业意愿的城乡就业困难人员从事养老服务工作。

(二十七)鼓励公办养老机构从业人员到民办养老机构中任职。公办养老机构正式在编在岗的从业人员经组织批准,选派到民办养老机构工作的,应签订劳动合同,人事关系及个人档案转入当地的人才服务中心。合同期满,在编制许可、岗位空缺情况下,经民政、人力社保部门批准后可重新聘用为公办养老机构正式在编人员,任职工龄予以连续计算。

(二十八)建立多领域的养老服务人才联动机制。鼓励专业医师到民办养老机构规范开展多点执业。将民办养老机构纳入护理类专业实习基地范围,鼓励高校和中职学校学生到民办养老机构实习实训,并按照所在地有关政策给予实习实训补贴。鼓励民办养老机构引入社会工作人才。对在民办养老机构就业的专业技术人员执行与公办机构相同的执业资格、注册考核政策。

(二十九)对各类民办居家养老服务机构,按现有政策给予社保补贴。各类创业孵化基地要优先吸纳居家养老服务机构，提供创业营业用房和相关政策扶持，并根据其吸纳就业情况，给予一定数额的种子资金和一定期限的房租补贴。

（三十）提高养老服务从业人员的薪酬待遇。人力社保、民政部门在每年6月底前向社会公布当地护理人员职位工资指导价位，督促指导民办养老服务机构落实护理人员待遇。建立护理员特殊岗位津贴制度，对取得《养老护理员职业资格证书》并从事养老护理岗位工作的人员，按照初级、中级、高级、技师不同等级，由当地财政给予一次性奖励或相应补贴。

2014年4月25日

浙江省人民政府关于调整完善征地补偿安置政策的通知

各市、县（市、区）人民政府，省政府直属各单位：

为深化征地制度改革，完善被征地农民保障机制，建立健全兼顾国家、集体、个人的土地增值收益分配机制，根据《国务院办公厅关于进一步严格征地拆迁管理工作切实维护群众合法权益的紧急通知》（国办发明电〔2010〕15号）、《浙江省征地补偿和被征地农民基本生活保障办法》（省政府第264号令）等规定，现将调整完善征地补偿安置政策有关事项通知如下：

一、调整征地补偿标准

自2014年7月1日起，全省征收农村集体土地全面实行区片综合价补偿，征地区片综合价由土地补偿费和安置补助费组成，青苗和地上附着物补偿费另行计算。全省征地补偿最低区片综合价按以下标准执行：征收耕地、其他农用地（除林地以外）和建设用地，一类地区不低于5.4万元/亩、二类地区不低于4.5万元/亩、三类地区不低于3.7万元/亩；征收林地、未利用地，一类地区不低于2.8万元/亩、二类地区不低于2.3万元/亩、三类地区不低于1.9万元/亩。全省征地补偿最低区片综合价标准和地区划分见附件。

各市、县（市、区）政府要按照适度提高、与当地经济社会发展水平相适应的原则，依据有关规定，全面开展征地补偿标准调整、公布和实施工作。调整后的征地补偿标准不得低于省政府规定的征地补偿最低区片综合价标准和当地现行的征地补偿标准，并明确土地补偿费和安置补助费的构成比例。2012年以来已对征地补偿标准进行调整的市、县（市、区），如征地补偿标准符合本通知要求的，可不作调整，但需重新进行公布。2014年7月1日起实施的国务院或省政府批准的土地征收方案，按照新的征地补偿标准执行。

各市、县（市、区）政府要建立动态调整机制，根据经济发展水平、当地居民人均收入增长幅度等情况，适时调整征地补偿标准。

二、完善被征地农民养老保障制度

各市、县（市、区）政府要严格落实《浙江省征地补偿和被征地农民基本生活保障办法》（省政府令第264号），完善被征地农民基本生活保障政策，按照“即征即保、先保后征、人地对应”的要求，根据征收耕地及其他农用地的数量合理确定参保人数，足额计提社会保障风险准备金，逐步提高政府补贴标准和社会保障水平。要合情合理、公开民主、公平公正确定参保对象，维护好被征地农民知情、参与等民主权利。被征地农户承包地被征收后，农村集体经济组织从土地整治新增耕地或预留机动地中调剂安排质量和数量相当的土地给被征地农户承包经营的，参保对象可以在集体经济组织内部推选产生；未调剂安排的，要安排被征地农户家庭成员参保。

完善被征地农民基本生活保障与相关养老保险制度的衔接政策。从2014年7月1日起，经核定属于被征地农民基本生活保障范围的新增被征地农民和已参加被征地农民基本生活保障的被征地农民，可按照相关养老保险制度规定选择参加职工基本养老保险或城乡居民基本养老保险，具体衔接办法由各地制定。以划拨方式供地的建设项目，政府补贴资金由用地单位承担。

三、促进被征地农民就业

各市、县（市、区）政府要制订促进被征地农民就业政策，免费为被征地农民提供职业培训、职业介绍，促进被征地农民就业。对吸纳劳动年龄段内就业困难的被征地农民就业的企事业单位，按规定给予社会保险补贴或岗位补贴，鼓励企事业单位吸纳被征地农民就业；劳动年龄段内的被征地农民，自谋职业创办企业、从事个体经营的，依法在工商登记、税费减免、银行贷款等方面给予优惠和政策支持；被征地农民经就业培训后仍未能就业，生活确有困难的，市、县（市、区）政府应按规定给予一定的生活补助费。促进被征地农民就业所需的职业培训、职业介绍资金，以及按规定安排的社会保险补贴、岗位补贴、生活补助所需费用纳入同级政府年度财政预算。

四、支持发展农村集体经济

农村集体经济组织土地被征收后，各地可从当地实际出发，按照征地面积或集体经济组织规模，安排一定比例的村级留用地、二三产物业或集体经济发展资金，支持发展农村集体经济。农村集体经济组织不得将政府安排的村级留用地、二三产物业、集体经济发展资金直接分配给农民个人，要专项用于发展壮大农村集体经济，通过收益分红的形式分配给集体经济组织成员，增加农民收入。

当地政府为集体经济组织安排村级留用地的，在符合城乡规划和用途管制前提下，可以由农村集体经济组织自主开发、委托政府开发或与其他经济组织合作开发；政府为集体经济组织安排二三产物业的，可以由农村集体经济组织自主经营；政府为集体经济组织安排集体经济发展资金的，农村集体经济组织应当优先用于购买二三产物业，发展物业经济，确有需要的，可以用于新农村建设或被征地农民社会保障资金。

支持发展农村集体经济的具体政策由各市、县（市、区）政府制订。

五、加强征地补偿费分配和管理

各市、县（市、区）政府要制订征地补偿费分配、使用和管理的指导原则和政策，加强征地补偿费分配和管理，并建立资金专户，加强资金监管。被征地农户的承包地被征收后，农村集体经济组织未调剂质量和数量相当的土地给被征地农户承包经营的，征地补偿费中的安置补助费应当分配给被征地农户，土地补偿费主要用于被征地农户缴纳社会保障资金。有条件的地方，可通过发放记名银行卡或者存折方式直接发放给被征地农民，减少中间环节，防止被截留、挤占和挪用，切实保障被征地农民利益。

六、加强调整完善征地补偿安置政策工作的指导和监督

省级有关部门要按照各自职责，做好调整完善征地补偿安置政策的相关工作。省国土资源厅负责指导、监督各地调整完善征地补偿标准具体政策制订工作；省财政厅负责征地补偿资金和被征地农民基本生活保障资金收支管理的指导和监督；省人力社保厅负责研究完善被征地农民社会保障制度，指导、监督各地被征地农民社会保障和就业促进政策的调整完善工作；省农业厅负责指导、监督各地征地补偿费分配、使用和管理办法的制订以及集体经济发展等工作。

各市、县（市、区）政府要切实加强对调整完善征地补偿安置政策工作的领导，明确责任部门，加强统筹协调，在2014年7月1日前完成调整完善工作，制订出台新的政策规定，并报省国土资源厅、省人力社保厅、省农业厅备案。对未按照要求完成征地补偿安置政策调整完善工作的市、县（市、区），暂停土地农转用、征收审批。

各市、县（市、区）政府要做好新、老征地补偿安置政策的衔接工作，加强政策宣传解释，妥善解决实施过程中出现的有关问题，确保新的征地补偿安置政策顺利实施，平稳过渡，切实维护人民群众合法权益和社会和谐稳定。

附件：全省征地补偿最低区片综合价标准和地区划分

2014年4月29日

附件

全省征地补偿最低区片综合价标准和地区划分

地区类别	县（市、区）	征地补偿最低区片综合价标准（万元/亩）	
		耕地、除林地外的其他农用地、建设用地	林地、未利用地
一类地区	上城区 下城区 江干区 拱墅区 西湖区 滨江区 萧山区 余杭区 海曙区 江东区 江北区 镇海区 北仑区 鄞州区 余姚市 慈溪市 鹿城区 龙湾区 瓯海区 南湖区 秀洲区 越城区 柯桥区 义乌市 椒江区 黄岩区 路桥区（27个）	5.4	2.8
二类地区	桐庐县 建德市 富阳市 临安市 奉化市 宁海县 象山县 乐清市 瑞安市 吴兴区 南浔区 德清县 长兴县 安吉县 嘉善县 平湖市 海盐县 海宁市 桐乡市 诸暨市 上虞区 嵊州市 新昌县 婺城区 金东区 兰溪市 东阳市 永康市 浦江县 柯城区 衢江区 定海区 普陀区 临海市 温岭市 玉环县 莲都区（37个）	4.5	2.3
三类地区	淳安县 永嘉县 洞头县 文成县 平阳县 泰顺县 苍南县 武义县 磐安县 龙游县 江山市 常山县 开化县 岱山县 嵊泗县 天台县 仙居县 三门县 缙云县 遂昌县 松阳县 景宁县 龙泉市 青田县 云和县 庆元县（26个）	3.7	1.9

浙江省人民政府关于促进健康服务业发展的实施意见

各市、县（市、区）人民政府，省政府直属各单位：

健康服务业是实施“健康浙江”战略的创新举措，是深化医改、改善民生、提升全民健康素质的必然要求，是稳增长、调结构、促改革、惠民生的重要手段，对建设物质富裕精神富有现代化浙江具有重大现实意义。为推动我省健康服务业加快发展，根据国家促进健康服务业发展的有关文件精神，结合我省实际，提出如下实施意见：

一、总体要求

（一）指导思想

深入贯彻党的十八届三中全会和省委十三届四次全会精神，在切实保障人民群众基本医疗卫生服务需求的基础上，充分调动社会力量的积极性和创造性，鼓励社会资本发展多种形式的健康服务，着力增加供给、优化服务、扩大消费，不断满足人民群众多层次、多样化的健康服务需求，形成新的经济增长点，为经济社会转型发展注入新的动力，推动我省健康服务业发展走在全国前列。

（二）基本原则

政府引导、市场驱动。强化政府保障和维护人民群众健康权益的责任，完善国民健康政策，支持、引导和规范健康服务业发展。发挥市场在资源配置中的决定性作用，完善健康服务市场体系，区分基本和非基本健康服务，不断增加健康服务供给，提高服务质量和效率。

改革引领、创新发展。强化改革对健康服务业发展的推动作用，充分激发社会资本热情，有效释放人才资源活力。着力强化科技创新，促进信息技术、生物技术等新兴技术应用，培育新型健康业态，创新健康服务模式。

健康为本、产业融合。强化全人全程健康管理的理念，着力推动健康服务向前端预防管理与后端护理康复拓展。加快医疗服务和养生养老、体育健身、休闲旅游、信息服务以及药械研发、流通等产业融合，实现全产业链发展。

（三）发展目标

到2020年，基本建立覆盖全生命周期、内涵丰富、形式多样、结构合理的健康服务业体系，形成一批重点项目、一批骨干企业、一批知名品牌和一批产业集群，全省健康服务业总产出达到6000亿元，全产业链达到10000亿元，成为推动经济社会转型发展的重要力量。

——关键领域改革取得突破。公立医院综合改革、社会资本办医、多元化医疗保险制度建设等方面取得显著进展，医疗卫生机构和卫生技术人员的活力充分激发，医疗卫生服务能力全面提升。

——多元健康服务全面发展。运用现代科技与服务，促进健康保险、护理康复、健康养老、中医医疗保健、体育康复、健康管理、健康信息、健康旅游等多样化健康服务全面发展，满足全社会多元化健康需求。

——空间布局逐步完善。依据省域城镇体系规划布局和城镇总体规划，依托优质医疗集聚区、医药产业集聚区、重点生态功能区及中医药、体育健身、休闲旅游资源等，因地制宜发展各类健康服务业，形成点线面结合、城乡区域协调的多层次空间布局架构。

——发展环境不断优化。健康服务业政策支持体系建立健全，行业规范与标准体系不断完善，政府监管和行业自律机制更加有效，人民群众健康意识和素养明显提高，逐步形成全社会参与、支持健康服务业发展的良好环境。

——产业规模显著扩大。民办医疗、健康管理、健康保险、健康信息等服务业优化发展，药品、医疗器械、康复器具、保健食品、健身产品等研发、制造与流通规模不断壮大，形成一批具有国际竞争力的健康产业领军企业与知名品牌。按照“干好‘一三五’、实现‘四翻番’”的总体要求，全产业链总产出到2015年、2017年、2020年分别达到5000亿元、6500亿元和10000亿元。

二、主要任务

（一）加快形成多元办医格局

深化公立医院综合改革。切实履行政府办医责任，科学制订区域卫生规划和医疗机构设置规划，严格控制中心城区公立医院单体扩张规模，各级政府原则上不再新设置城市公立综合性医院。按照管办分离的要求，加快建立医院发展中心，代表政府履行出资人职责，推动建立产权清晰、权责明确、管理科学的现代医院制度。在确保国有资产保值增值的前提下，支持社会资本通过合作、兼并、收购等多种形式，参与公立医院改制重组。充分利用公立医院在品牌、人才、技术、管理等方面的资源优势，探索公立医院带动和支持社会资本办医的有效形式。

大力推进社会资本办医。鼓励企业、慈善机构、基金会、商业保险机构和自然人等举办各类医疗机构。加大招商引资力度，支持中外合资、合作办医，鼓励具备条件的境外资本设立独资医疗机构。积极发展混合所有制医疗机构，选择部分公立医院进行股份制改造，推进公立医院非基本医疗服务向社会资本开放，推动不同所有制医疗机构集团化、连锁化运营，实现国有资本与社会资本交叉持股、相互融合。开展公建民营、民办公助、公私合作等形式的改革。通过政府引导、社会融资的方式,引进国际医院管理经验,打造国际一流的平台式医疗服务综合体,探索建立浙江国际医学中心。努力破除卫生技术人员在不同所有制医疗机构间流动的身份障碍,在非营利性健康服务机构产权、信贷、保险、分红以及用地政策等方面实现一定的突破。鼓励各地在社会办医方面先行先试,全力支持社会办医(国家)联系点。

(二)大力发展商业健康保险

丰富商业健康保险产品。2014年全省全面推开城乡居民大病保险,逐步提高大病保险统筹层次,争取早日实现大病保险全省统筹。推动政策性养老机构综合责任保险扩大覆盖面。鼓励开发重大疾病保险、特定疾病保险等与基本医保相衔接的商业健康保险产品。鼓励开发长期护理保险、失能收入损失保险等与健康管理、运动健身、养老服务相关的保险产品。推行医疗责任保险、医疗意外保险等多种形式的医疗执业保险。探索参保人利用职工医保个人账户余额购买商业保险。积极推进医疗卫生、基本医疗保险和商业健康保险信息共享与融合发展,以协同完善的多元医保体系支持多样化健康服务和产品的供给。争取引进国际医疗保险机构落户浙江,推动商业健康险公司专业化发展,为医疗保健服务提供更好的商业医疗保险支撑。

充分发挥健康保险服务功能。鼓励以政府购买服务的方式委托具有资质的商业保险机构开展各类医疗保险经办服务。推动商业保险深度介入医疗服务市场,发挥其在医疗行为监督、医疗费用控制、参保人健康管理等方面的积极作用。建立商业保险公司与基本医疗保险、各类健康服务机构的合作和谈判机制。鼓励发展以商业保险机制为支撑、以健康风险管理为核心的健康管理组织等新型组织,支持预防保健服务类的消费。开展商业保险公司参与基本医疗保险的第三方评价、调查和咨询服务。鼓励有条件的地区将基本医疗以商业再保险的方式由保险公司进行承保。

(三)加快发展健康养老服务

加强养老机构与医疗机构合作。建立健全全省老年医疗服务体系,鼓励发展老年康复医院、老年保健院、临终关怀医院等机构。加强养老服务和医疗服务资源布局规划衔接。研究制订养老机构医疗卫生服务设置标准,强化养老机构的医疗、康复、护理、保健功能建设。推进养老机构与医疗机构之间的合作,鼓励开通养老机构与医疗机构的预约就诊绿色通道,建立健全养医结合机制。支持在有条件的养老机构内设置医疗机构,凡符合医保定点条件的均可纳入定点范围。

拓展社区健康养老服务。提高社区为老年人提供日常护理、慢性病管理、康复、健康教育和咨询、中医保健等服务的能力。鼓励医疗机构将医疗护理和康复等服务延伸至家庭,探索为失能、半失能老人设立"家庭病床",优先对60岁以上老年人提供责任医生签约服务。支持市场主体开发和提供专业化、多形式的家庭健康服务。

(四)支持发展中医药医疗保健服务

提升中医药健康服务能力。充分发挥中医治未病、保健康复及"简、便、验、廉"的特色优势,鼓励发展以体质辨识为基础的中医预防保健服务,强化中医药在常见病、慢性病防治中的优势作用,促进中医药适宜技术的广泛应用。鼓励社会资本举办中医医疗机构,支持连锁化运营,培育壮大浙江传统中医药品牌。规范发展中医药养生保健服务,鼓励有资质的中医师在养生保健机构提供保健咨询和调理等服务,制订社会化中医药养生保健服务机构和人员的准入条件、服务规范。

强化浙江中医药地方特色优势。以"浙八味"(白术、白芍、浙贝母、杭白菊、延胡索、玄参、笕麦冬、温郁金)等地道药材深度开发、传统名优中成药开发等为重点,加强药食同用中药材的种植及产品研发与应用,开发适合当地环境和居民生活习惯的民间中草药等保健养生产品,推进产、供、销、用一体化发展。支持中医药健康服务技术和产品的研发及推广运用。鼓励和扶持优秀的中医药机构到境外开办中医医院、连锁诊所等,培育国际知名的中医药品牌和服务机构。依托中医药资源,建设一批中医药养生基地。

(五)积极发展健康管理服务

推进责任医生签约服务。建立社区医生和居民契约服务关系,建立健全"健康守门人"体系,完善基层首诊、分级诊疗、双向转诊的就医诊疗制度。鼓励民办医院和各类健康服务机构开展签约服务。价格主管部门制订责任医生签约服务、家庭病床等社区卫生服务收费项目和收费标准,明确基本医保支付范围,研究制订相关费用分担与分配机制。

发展多样化健康服务。鼓励和支持社会资本发展健康体检、专业护理、康复、心理健康、母婴照料以及环境消毒与病媒控制等专业健康服务机构;鼓励和支持专业健康体检机构向全面的健康管理机构发展。壮大各类专业护理队伍,进一步提升护理服务价值,调动护理人员积极性,推动多样化护理服务发展。加快发展康复医院、康复机构、托(安)养机构、庇护机构、工疗站等,发展社区康复组织,部分城市二级医院逐步转型为专业康复机构。推进民政、残联与卫生计生部门的广泛深入合作,通过公建民营、民办公助等形式推进康复服务专业化。加强心理健康管理,鼓励举办各类心理咨询机构和心理治疗诊所、门诊部以及精神康复机构等心理健康服务机构。

发展体育健身服务。深入推进公共体育设施向社会开放。鼓励发展多种形式的体育健身俱乐部和体育健身组织,积极开展国民体质监测。支持和引导社会力量参与体育场馆的建设和运营管理,开展形式多样的运动健身培训、健身指导咨询等服务。推进政府购买体育健康服务,开展医保卡年度结余部分用于特定场所体育健康消费的试点。依托专业体育医疗机构和省级以上运动休闲基地,培育体育康复产业,探索设立体育康复产业园区。培育、打造一批省级运动休闲旅游示范基地、运动休闲旅游优秀项目和运动休闲旅游精品线路。

（六）创新发展健康信息服务

搭建健康信息服务基础框架。率先推进“政府统筹、社会参与”的健康信息服务发展新模式，运用大数据、云计算、物联网三大技术，强化制度、标准和安全三大体系，健全人口、电子健康档案和电子病历三大基础数据库，实现公共卫生、计划生育、医疗服务、医疗保障、药品管理、综合管理等六大业务应用，建成省市县三级健康信息平台，形成医疗保障、医疗服务、健康管理等互联互通、交换共享、有效协同的健康信息服务网络。

开发健康信息服务普惠项目。允许社会资本参与建设省市县乡镇四级远程影像、心电、病理、检验等网络和中心，整合远程医疗服务资源，提供会诊、影像诊断、心电诊断、病理诊断、监护、手术指导、教育等远程医学服务，探索发展网络医院。普及应用社会保障卡（居民健康卡）。推进预约诊疗、诊间结算、在线咨询、交流互动等健康服务。逐步建立公开透明、规范运作、平等竞争的药品和医疗器械电子商务平台。

拓展健康信息服务新型业态。支持医疗卫生服务系统、健康管理机构与IT企业、网络运营商等通过合作开发、联合建设、运营托管和政府购买服务等多种形式，发展“智慧健康服务”“远程健康服务”“个性化健康服务”等新型健康服务业态。支持在依法合规、保证信息安全的前提下，合理开发系统和数据增值服务，开发和推广面向广大城乡居民的健康服务信息系统，实现养老机构、社区、家政、医疗护理机构协同信息服务。支持开发移动终端、穿戴式植入式智能终端设备等增值服务产品，实现健康数据采集设备与物联网、移动互联网的融合。培育一批创新型健康信息化企业，实现医疗服务与健康管理信息软件规模化研发，形成产业集群。

（七）全面发展健康旅游和文化服务

发展健康旅游。鼓励优质医疗机构与旅游服务机构合作开发健康旅游产品和服务，不断开拓国内外健康旅游市场。推动医疗、中医养生保健、体育健身等与旅游的联动发展，打造国家健康旅游高地。依托优质医疗资源，推进建设都市养生养老区。依托海洋旅游资源等地方特色优势，推进建设舟山健康旅游先行区。依托重点生态功能区，推进建设淳安—开化、磐安—天台—仙居、庆元—景宁—文成—泰顺等区域性健康旅游区，鼓励各地休闲旅游与健康服务资源整合提升。

培育健康文化产业。推动健康知识传播机构发展，加强健康文化传播与交流，支持创作健康文化精品、举办健康促进论坛等学术性和群众性健康文化活动。加强中医药文化遗产的保护和利用，鼓励开发特色医药文化资源。建立健全健康教育体系，充分发挥媒体健康教育功能，加强各类社会公益性健康教育平台建设。鼓励社会资本建设健康博物馆、中医药博物馆、中草药博览园等。

（八）培育健康服务业相关支撑产业

发展医药产品研发、制造和流通服务。推进产学研相结合的医药创新体系和公共服务平台建设，以生物医药、特色化学原料药、药物制剂、中药现代化、辅助器具、特色医疗器械及关键制药装备为重点，开发具有自主知识产权的产品和技术，全面实现产业化。突出高端引领，以智能化、网络化、移动化为方向，发展现代医疗器械、康复装备和健康智能终端装备等产业。积极发展电子医药商务，重点培育大型药品流通经营企业，着力构建现代医药物流网络。创新发展老字号药店、知名商标、知名商号。推动医疗器械设备展览业发展，打造在全国具有较大影响力的医药展览交易平台。

发展第三方服务。鼓励社会资本进入医疗康复服务领域，引导专业医学检验中心、卫生检测中心、影像中心和病理中心等发展。鼓励医疗机构、科研院所开展药学研究、临床试验等生物医药研发服务外包。支持第三方医疗服务评价、健康管理服务评价，以及健康市场调查和咨询服务，实现专业化、市场化的医药科技成果转化服务和专利信息服务。鼓励并公平对待社会力量提供食品药品检测服务。

发展健康食品产业。加强我省传统保健食品品牌建设，做大做强铁皮石斛类、蜂产品类、珍珠粉类、灵芝类、保健酒类和维生素类等六大区域特色优势产业。重点扶持无公害农产品、绿色食品和保健品基地建设，推广家禽、畜牧生态养殖和健康养殖模式，加快改造传统活禽屠宰为生鲜冷冻直供模式，切实做好绿色、有机农产品和食品认证。推动以海洋生物、中医药、特色动植物为基础的新型保健食品和功能食品的开发，促进保健食品与养老服务、美容美体、医疗康复等行业的融合。

三、支持政策

（一）放宽市场准入

实施“负面清单”管理，建立公开、透明、平等、规范的健康服务业准入制度。凡是法律法规没有明令禁入的领域，都要向社会资本开放；凡是对本地资本开放的领域，都要向外地资本开放，民办非营利性机构享受与同行业公办机构同等待遇。建立健全各类健康服务机构的设置标准和准入制度。加快清理取消不合理规定，落实对非公立医疗机构和公立医疗机构在市场准入、社会保险定点、重点专科建设、职称评定、学术地位、等级评审、技术准入、运行监管等方面同等对待的政策。放宽对营利性医院的数量、规模、布局以及大型医用设备配置的限制。鼓励医疗机构通过技术、管理、品牌和资金等多种形式合作合资，投向预防、保健、护理、康复等领域，延伸健康服务产业链。

（二）健全人力资源保障机制

支持高等院校和中等职业学校开设健康服务相关专业，鼓励社会资本举办职业技能培训学校，规范并加快培养护理员、家庭服务员、养老护理员、药剂员、心理咨询师、公共营养师、育婴师、按摩师、康复治疗师、健康管理师、健身教练、社会体育指导员、健康旅游引导员等从业人员，培养壮大卫生职业经理人队伍。深化医疗卫生人事制度改革，推动卫生技术人员保障社会化管理，逐步建立卫生技术人才市场，变身份管理为岗位管理，将不同所有制医疗机构卫生技术人员纳入统一社保管理。加快建立科学的医疗评价机制和符合行业特点的人才培养、人事薪酬制度。落实医师多点执业政策，推进副高以上职称、重点或紧缺专业医技人员的自由执业试点。

（三）加强规划布局和用地保障

加强与土地利用总体规划、城乡规划的有效衔接，统筹保障医疗等健康服务业发展用地需求。新建居住区和社区等要按规定在公共服务设施中保障医疗等健康服务业相关设施配套。支持在符合城乡规划的前提下，利用城镇现有空闲的厂房、学校、社区用房等兴办医疗机构。加大对民营医疗机构的扶持，支持符合条件的营利性医疗机构重大项目优先纳入省重大产业项目库，在项目落地后，省按规定给予新增建设用地计划指标奖励。鼓励医疗机构以作价入股、租赁等方式取得土地使用权，降低建设成本。对非营利性医疗机构用地，符合《划拨用地目录》的可以划拨方式供地，其土地使用权不得抵押，未经批准不得转让、出租。

（四）优化投融资引导政策

鼓励金融机构按照风险可控、商业可持续原则加大对健康服务业的支持力度。积极开展政银企合作，创新符合健康服务业特点的金融产品和服务，通过供应链融资、订单融资及融资租赁服务、帮助发行债务融资工具、提供上市融资安排等方式，多渠道满足健康服务业资金需求。营利性医疗机构有偿取得的土地、房产等固定资产符合法律规定的抵押资产条件的，可为其申请贷款或者通过其他方式融资提供担保，土地、房产登记部门应予办理抵押登记手续，不得改变用地性质和分割出让，融资必须用于本医疗机构建设。政府引导、推动设立由金融和产业资本共同筹资的健康产业投资基金。创新健康服务业利用外资方式，有效利用境外直接投资、国际组织和外国政府优惠贷款、国际商业贷款。探索建立健康服务资源产权交易平台，促进机构兼并、重组和行业优化发展。

（五）完善财税价格政策

将健康服务业纳入全省服务业发展引导资金支持范围。建立健全政府购买社会服务机制，研究制订政府购买健康服务类公共产品指导目录，细化政府采购品目，逐步扩大政府采购服务范围。符合条件、提供基本医疗卫生服务的非公立医疗机构，其专科建设、人才队伍建设纳入财政专项资金支持范围，符合条件的非公立医疗机构纳入全省区域专病中心建设范围。营利性医疗机构提供医疗服务取得的收入免征营业税。对营利性医疗机构取得的收入，直接用于改善医疗卫生条件的，自其取得执业登记之日起，对其自用的房产、土地3年内免征房产税、城镇土地使用税。对非营利性医疗机构建设免予征收有关行政事业性收费，对营利性医疗机构建设减半征收有关行政事业性收费。清理和取消对健康服务机构不合法、不合理的行政事业性收费项目。非公立医疗机构的服务收费实行市场调节价，在基本医保范围和标准内可由医保予以支付。

四、推进机制

（一）完善组织管理

建立健全工作推进机制。建立由省政府牵头，发改、卫生计生、宣传、编委办、经信、教育、民政、财政、人力社保、国土资源、建设、商务、工商、体育、食品药品监管、统计、旅游、物价、金融及保险监管等部门参与的联席会议制度，及时协调解决健康服务业发展中的重大问题。组织举办全省健康服务业项目推介会，推动政企沟通、银企合作。加强统计监测工作，加快建立健康服务业统计调查方法和指标体系，健全相关信息发布制度。各市政府要结合实际制订具体方案或专项行动计划，促进本地区健康服务业有序快速发展。省发改委、省卫生计生委要加强对本意见落实情况的监督检查和跟踪分析，适时组织开展健康服务政策实施绩效评估。

建立健全行业发展自律机制。积极推动健康服务业协会建设，充分发挥行业协会在业内协调、行业发展、监测研究，以及标准制订、从业人员执业行为规范、行业信誉维护等方面的作用。

（二）构建产业发展载体

打造一批健康服务业基地。因势利导推进健康服务业基地建设，推进健康服务业集聚发展。依托现有一定基础、符合区域定位且发展前景看好的产业发展平台，在全省培育一批健康服务业基地。重点支持依托省级产业集聚区和服务业集聚区加快发展健康服务业，支持各地利用原有各类园区集聚发展健康服务业。

开展一批健康服务业试点示范。推进重点领域的试点示范工作，在混合所有制医疗机构、责任医生签约服务、社会办医（国家）联系点、智慧健康和网络医院、医师多点执业、养医结合、中医药健康服务基地、健康旅游先行区以及健康服务业示范县（市、区）等方面，在地方自愿申报的基础上，滚动实施一批健康服务业试点示范，推广应用试点示范经验。

建设一批健康服务业重点项目。建立省级健康服务业重大项目库，推进实施一批健康服务业重大项目，优先纳入省重大产业项目，在项目审批、要素保障等方面给予重点支持。对重大项目库实施动态管理，项目所在地政府相关部门定期对项目实施情况进行检查考核，省级管理部门根据考核结果，对健康服务业重大项目库进行动态调整。

培育一批健康服务业骨干企业（机构）。充分依托现有发展优势，重点在健康养老、健康信息、支撑产业等优势领域壮大一批骨干企业，在多元办医、护理康复、健康旅游等关键领域培育一批骨干企业，形成在国内、乃至国际上具有竞争力的百强健康服务业企业（机构），并实行动态调整。政府通过购买服务、贷款贴息、公建民营、民办公助等多种形式予以支持。

（三）营造良好社会环境

营造良好发展氛围。充分利用广播电视、报刊杂志及互联网等各类媒体深入广泛宣传健康知识，引导居民形成正确的健康消费观念，形成健康的生活方式。举办年度健康服务业发展论坛等活动，打造行业性活动品牌。严格规范药品、保健食品、医疗机构等宣传和报道行为，严厉打击虚假宣传和不实报道，努力营造良好的健康消费环境。

加强诚信体系建设。加强行业自律和社会监督，引导健康服务机构及其从业人员自觉开展诚信服务。全面建立市场诚信记录，其诚信经营和执业情况纳入统一信用信息平台，实行健康服务企业诚信"黑名单"制度，定期向社会发布。

完善相关法律规范和监管。建立健全促进健康服务业发展的地方法规。完善服务标准体系，强化标准实施，提高健康服务业标准化水平。完善监督管理机制，加强工商、食品药品监管、卫生计生等行政主管部门的联合监管和执法，强化服务质量监管和日常监管。

附件：重点任务分工及进度安排表（略）

2014 年 5 月 16 日

浙江省人民政府　浙江省军区 关于批转省人力社保厅、省军区政治部 浙江省军人随军家属就业安置实施办法的通知

各市、县（市、区）人民政府，各军分区（警备区、预备役师）、县（市、区）人武部（预备役团），省政府直属各单位：

省人力社保厅、省军区政治部制定的《浙江省军人随军家属就业安置实施办法》已经省政府、省军区同意，现转发给你们，请认真贯彻执行。

2014 年 6 月 16 日

浙江省军人随军家属就业安置实施办法

省人力社保厅　省军区政治部

第一条　为保障对军人随军家属就业安置的优待，实现随军家属充分就业、稳定就业，促进军队战斗力建设和社会和谐发展，根据《国务院中央军委关于批转人力资源社会保障部总参谋部总政治部军人随军家属就业安置办法的通知》（国发〔2013〕42 号）精神，结合我省实际，制定本实施办法。

第二条　本办法所称随军家属，是指经军队师（旅）级以上单位政治机关批准，并办理了随军手续的驻浙部队现役军人配偶。

第三条　随军家属为国防和军队建设作出了奉献，其就业安置享受国家和社会的优待。各级机关、人民团体和企事业单位等都有接收安置随军家属的义务。

第四条　随军家属就业安置工作应当贯彻国家和省就业安置政策，坚持社会就业为主、内部安置为辅，鼓励扶持自主就业创业，不断提高随军家属就业安置质量和水平。

第五条　各级人民政府负有做好随军家属就业安置工作的重要责任，应当根据国家和省有关政策法规，指导、督促有关部门和单位落实随军家属就业安置工作。

第六条　驻浙部队应当积极配合当地人民政府及有关部门做好随军家属就业安置工作，主动提供随军家属相关情况，教育引导随军家属树立正确的就业观，组织随军家属参加职业技能培训，并积极做好内部安置工作。

省军区系统是部队随军家属就业安置工作的牵头组织单位，应当充分发挥桥梁纽带作用，协调同级人民政府制订具体措施和办法，并协同抓好工作落实。

第七条　随军家属就业安置工作由省军区系统收集汇总各驻军单位随军家属安置需求，送同级人民政府核准，并由同级人民政府根据用人单位编制职数、用工需求等情况，制订安置计划，下达安置任务，办理安置手续。每年 3 月底前集中办理一次。

第八条　随军前是在编在岗公务员的随军家属，按照属地管理、专业对口、单位职级相近原则，在编制职数范围内，按照公务员转任相关规定，实行计划安置。符合上述原则的单位应当积极接收。接收单位收到安置计划后应当在 6 个月内办理转任手续。

第九条　随军前是事业单位在编人员的随军家属，按照属地管理、专业对口、单位岗位相近原则，根据具备相应条件随军家属的年龄、学历、专业和数量等相关情况，由当地人民政府督导各事业单位，在编制内拿出一定数量的岗位进行直接考核聘用或定向招聘。接收单位明确人员后，应当在 6 个月内办理聘用手续。

随军家属符合事业单位招聘条件的，同等条件下优先聘用。

第十条　随军前在中央和省实行垂直管理单位工作的随军家属，是公务员的参照本办法第八条、是事业单位在编人员的参照本办法第九条进行安置。垂直管理单位应当支持和落实当地人民政府安置随军家属的任务，具体由省军区系统协调当地人民政府根据相关单位的编制情

况、用人需求，商量相关单位安置。

第十一条 烈士遗属、因公牺牲军人遗属，因公（战）致残（一至六级）、荣立二等功（三等战功）以上奖励、在边远艰苦地区或从事飞行、舰艇工作10年以上军人的随军家属作为重点安置对象，可在随军所在地设区市范围内选择安置地，由当地人民政府优先安置。

第十二条 随军前具有国有企业职工身份的随军家属，或有意愿到国有企业工作的随军家属，按照属地管理、国防义务均衡负担原则，由当地人民政府督导用人单位按不低于新招录职工1.5%的比率，明确安置计划。国有及国有控股和国有资本占主导地位企业，应当根据安置计划，在符合条件的随军家属中公开择优聘用。接收单位明确人员后应当在6个月内按规定办理接收手续，并依法签订劳动合同、参加社会保险。

随军家属符合国有企业招聘条件的，同等条件下优先聘用。

第十三条 各级人民政府应当将就业困难的随军家属纳入国家鼓励就业、政府扶持就业范围。通过完善就业服务、鼓励企业吸纳、公益性岗位援助、发放生活补贴等方式有针对性地帮助就业。

第十四条 完善随军家属就业服务。各级人力社保部门要设立"随军家属服务窗口"，及时提供就业指导、发布就业和培训信息、社会保险转移接续、免费保管档案等服务。每年集中举办1～2次随军家属就业专场招聘会，积极推荐就业岗位。

各级公共就业服务机构要为随军家属就业提供全程服务，对其中特别困难的实行"一对一"跟踪服务。对免费成功介绍登记失业随军家属与用人单位签订1年以上劳动合同、办理就业登记并依法参加社会保险的职业中介机构，按每人不低于100元的标准给予职业介绍补贴。

第十五条 强化企业的社会责任。鼓励和倡导企业特别是大型民营企业积极吸纳随军家属，对吸纳符合就业困难人员条件随军家属的企业，按规定享受社保补贴。

对为安置随军家属就业而新办的企业，凡安置随军家属人数占企业人数60%以上，自领取税务登记证之日起3年内免征营业税。

第十六条 积极开展公益性岗位援助就业，各级人民政府开发的公益性岗位同等条件下优先安排随军家属，保证有就业意愿的随军家属实现就业。财政支付工资的各类工勤岗位遇有空缺确需补充人员的，应当优先安排符合岗位条件的随军家属。

第十七条 实行促进就业的过渡性措施，对随军6个月未就业、且无固定收入的随军家属，由当地人民政府按城镇居民最低生活保障金的标准发放生活补贴费。政府生活补贴由当地财政列支，不能与失业保险金同时享受，补贴期限不超过24个月。

第十八条 各级人民政府及有关部门应当鼓励和扶持随军家属自主就业创业，对从事个体经营和创业的随军家属，在市场准入、金融扶持、税费减免、创业服务、就业援助等方面，按照国家和各地有关优惠政策给予支持。

有条件的地区，可对自谋职业的随军家属发放一次性自谋职业补助，具体办法由各地人民政府制订。

第十九条 随军家属自主创业的，可在创业地按规定申请小额担保贷款，贷款期限不超过2年。对从事微利项目的，据实给予全额贴息；对从事其他项目的就业困难随军家属给予100%贷款贴息、其他随军家属给予50%贷款贴息，贴息期不超过2年。对2名以上随军家属设立合伙企业的，可适当扩大贷款规模，具体额度由各地自行确定。

支持随军家属开展网络创业，从事电子商务经营并通过网上交易平台实名注册认证的，经人力社保、财政部门认定，参照享受高校毕业生网络就业扶持政策。

第二十条 随军家属从事个体经营的，自领取税务登记证之日起3年内免征营业税和个人所得税。随军家属创办的符合税法规定条件的小型微利企业，可按有关规定享受企业所得税减免政策。

第二十一条 驻地偏远、缺乏社会就业依托的部队，应当充分挖掘内部安置潜力，通过开办营区服务网点、开发后勤服务性岗位等形式，最大限度安置随军家属，缓解社会就业压力。驻浙部队和各级人民政府及有关部门应当给予必要的帮助和支持。

第二十二条 各级人民政府应当将随军家属培训纳入职业技能培训总体计划，鼓励随军家属积极参加职业技能培训。各地应当依托高校、职业院校和技工院校等教育培训机构，建立技能培训基地。

对参加职业培训的随军家属，按规定给予职业培训补贴；通过初次职业技能鉴定并取得职业资格证书的随军家属，按规定给予职业技能鉴定补贴。

第二十三条 加强对随军家属就业安置工作的组织领导，成立省随军家属就业安置工作协调领导小组，与省军队转业干部安置工作小组合署，下设办公室，设在省人力社保厅。各市、县（市、区）也要相应成立随军家属就业安置工作协调领导小组。

第二十四条 各级人民政府要加强工作统筹和协调，细化明确相关部门的职责分工，形成工作合力。

机构编制部门负责机关事业单位接收随军家属编制使用的相关协调工作。

民政部门负责从事社区工作的随军家属相关协调工作。

财政部门负责随军家属促进就业所需经费保障工作。

人力社保部门负责随军家属安置的计划核准、推荐就业、技能培训和相关协调工作。

国资部门负责所监管国有企业的随军家属协调安置工作。

工商、税务部门负责随军家属享受就业创业相关税费的减免审核工作。

第二十五条 各级人民政府应当把随军家属就业安置工作纳入双拥模范城（县）命名的考核内容。

强化社会荣誉褒奖力度，大力宣传随军家属就业安置先进事迹，对接收安置力度大且成效好的单位给予鼓励。

第二十六条 随军家属就业安置工作协调领导小组

应当于每年年初召开会议，部署年度安置工作，下达年度安置计划；年中进行一次检查督导，查找整改问题；年底进行总结通报，促进工作落实。

随军家属就业安置工作协调领导小组各成员单位要建立信息互通和联合督导机制，及时准确掌握用人单位岗位空缺情况和随军家属就业安置需求，对落实随军家属就业安置工作情况进行检查指导。

第二十七条 驻浙人民武装警察部队随军家属就业安置工作，按照本办法执行。

第二十八条 各设区市依据本实施办法，结合本地区实际制订实施细则。

第二十九条 本办法自2014年7月16日起施行。

浙江省人民政府关于进一步完善城乡居民基本养老保险制度的意见

各市、县（市、区）人民政府，省政府直属各单位：

根据《国务院关于建立统一的城乡居民基本养老保险制度的意见》（国发〔2014〕8号）精神，现将我省"城乡居民社会养老保险"更名为"城乡居民基本养老保险"，并就进一步完善城乡居民基本养老保险制度提出如下意见：

一、总体要求

（一）指导思想

以邓小平理论、"三个代表"重要思想、科学发展观为指导，按照全覆盖、保基本、有弹性、可持续的基本原则，以增强公平性、适应流动性、保证可持续性为重点，进一步完善我省城乡居民基本养老保险制度，充分发挥城乡居民基本养老保险在保障人民生活、调节收入分配、促进经济社会协调发展中的重要作用。

（二）基本原则

坚持覆盖城乡、惠及全民，实现人人享有基本养老保障；坚持政府主导和城乡居民个人参保相结合、社会统筹与个人账户相结合，引导城乡居民积极参保；坚持积极稳妥推进，筹资标准和待遇标准与经济社会发展水平及各方面承受能力相适应，健全基础养老金正常调整机制；坚持权利与义务相对应，个人（家庭）、集体、政府合理分担责任，完善长缴多得、多缴多得激励机制。

（三）主要目标

到2017年，全面建成公平、统一、规范的城乡居民基本养老保险制度，实现与职工基本养老保险相衔接，与社会救助、社会福利、社会优抚等其他社会保障政策相配套，社会养老和家庭养老的作用得到充分发挥，参保城乡居民的老年基本生活得到更好保障。

二、参保范围

具有本省户籍，年满16周岁（不含在校学生），非国家机关、事业单位、社会团体工作人员及不属于职工基本养老保险制度覆盖范围的城乡居民，可以在户籍地参加城乡居民基本养老保险。

三、基金筹集

城乡居民基本养老保险基金由个人缴费、集体补助和政府补贴构成。

（一）个人缴费

参加城乡居民基本养老保险的人员应按规定缴纳养老保险费。缴费标准目前设定为每年100元、200元、300元、400元、500元、600元、700元、800元、900元、1000元、1500元、2000元12个档次，各地可根据当地实际适当调整缴费档次，最高缴费档次标准原则上不超过当地个体劳动者参加职工基本养老保险的年缴费额。省政府依据城乡居民收入增长等情况适时调整缴费档次。参保人自主选择档次缴费，多缴多得。

（二）集体补助

有条件的村集体经济组织应当对参保人缴费给予补助，补助标准由村民委员会召开村民会议民主确定，鼓励有条件的社区将集体补助纳入社区公益事业资金筹集范围。鼓励其他社会经济组织、公益慈善组织、个人为参保人缴费提供资助。补助、资助金额不超过当地设定的最高缴费档次标准。

（三）政府补贴

社会统筹基金由财政提供，主要用于支付基础养老金、参保人个人缴费补贴、缴费年限养老金和丧葬补助费等。省财政按照省定基础养老金标准，对两类一至六档地区分别给予100%、90%、80%、60%、40%、20%的补助。国家补助标准超过省财政补助标准的地区，省财政按国家补助标准给予补助。

参保人所在市、县（市、区）财政对参保人缴费给予补贴，补贴标准不低于每人每年30元，对选择较高档次标准缴费的，适当增加补贴金额，其中，对选择500元以上档次标准缴费的，补贴标准不低于每人每年80元。对重度残疾人、低保对象等困难群体缴费，按当地最低档次缴费标准给予部分或全部补贴。缴费补贴的具体办法及标准由市、县（市、区）政府确定。

四、个人账户

国家为每个城乡居民基本养老保险参保人建立终身记录的养老保险个人账户。个人缴费，集体补助及其他社会经济组织、公益慈善组织、个人对参保人的缴费资助，市、县(市、区)政府对参保人的缴费补贴，全部记入个人账户。个人账户储存额按国家和省有关规定计息。参保人死亡，个人账户中个人缴费、集体补助和实际缴费年限财政缴费补贴资金余额及其利息可依法继承。

五、待遇标准和领取条件

(一)待遇标准

城乡居民基本养老保险待遇由基础养老金、个人账户养老金和缴费年限养老金三部分组成，支付终身。

全省基础养老金标准目前定为每人每月100元，省政府根据经济社会发展等情况适时作出调整。市、县(市、区)基础养老金标准可在全省标准基础上适当提高。

个人账户养老金月计发标准为个人账户全部储存额除以139(与现行企业职工基本养老保险个人账户养老金计发系数相同)。

缴费年限养老金月计发标准根据长缴多得的原则，按缴费年限分段累加计发：缴费年限为15年的，其月缴费年限养老金为30元；缴费年限为16年以上的，其月缴费年限养老金在30元的基础上，从第16年起，缴费年限每增加1年，增发5元。

城乡居民基本养老保险参保人员，死亡时可享受一次性丧葬补助费。一次性丧葬补助费标准为参保人死亡当月当地基础养老金标准的20个月金额。

参加城乡居民基本养老保险的复员退伍军人养老金计发办法和高龄老人补贴等按原规定执行。

(二)领取条件

具有本省户籍，年满60周岁、累计缴费满15年，未享受国家机关、事业单位、社会团体离休、退休、退职待遇和职工基本养老保险待遇的城乡居民基本养老保险参保人员，可以按月领取养老待遇。

我省城乡居民社会养老保险制度实施时，已年满60周岁、未享受国家机关、事业单位、社会团体离休、退休、退职待遇和职工基本养老保险待遇的本省户籍城乡居民，不用缴费，可以继续按月领取城乡居民基本养老保险基础养老金；距领取年龄不足15年的，应逐年缴费，也允许补缴，累计缴费年限不超过15年；距领取年龄15年以上的，应按年缴费，累计缴费不少于15年。补缴部分政府不给予缴费补贴。本意见下发前，已参加城乡居民社会养老保险的人员，其待遇领取可按原规定执行。

城乡居民基本养老保险待遇领取人员死亡，从次月起停止支付其养老金。社会保险经办机构应每年对城乡居民基本养老保险待遇领取人员进行核对；村(居)民委员会要协助社会保险经办机构开展工作，在行政村(社区)范围内对参保人待遇领取资格进行公示，并与职工基本养老保险待遇等领取记录进行比对，确保不重、不漏、不错。

六、转移接续与制度衔接

(一)转移接续

城乡居民基本养老保险的参保人，在参保缴费期间因户籍迁移需要跨统筹地区转移养老保险关系的，可在迁入地申请转移养老保险关系，一次性转移个人账户全部储存额，并按迁入地规定继续参保缴费，缴费年限累计计算；已按规定领取养老待遇的，无论户籍是否迁移，其养老保险关系不转移。

(二)与职工基本养老保险制度的衔接

城乡居民基本养老保险与职工基本养老保险的衔接按国家和省相关规定执行。

(三)与原农村社会养老保险制度的衔接

我省城乡居民社会养老保险制度实施时，凡已参加了原农村社会养老保险(以下简称老农保)、年满60周岁且已领取老农保养老金的城乡居民基本养老保险参保人，其老农保养老金和城乡居民基本养老保险基础养老金合并享受，老农保个人账户余额并入城乡居民基本养老保险个人账户，待遇不再重新计算；对已参加老农保、未满60周岁且未领取养老金的城乡居民基本养老保险参保人，应将老农保个人账户储存额按我省城乡居民社会养老保险制度实施当年当地的平均缴费额折算缴费年限(折算的最长缴费年限不超过15年)并继续参保缴费，其老农保个人账户全部储存额并入城乡居民基本养老保险个人账户，并按城乡居民基本养老保险规定计发待遇。

未参加城乡居民基本养老保险和职工基本养老保险的老农保参保人，其老农保个人账户储存额退还给本人，并终止老农保参保关系。已参加职工基本养老保险的老农保参保人可按职工基本养老保险的相关规定将老农保参保关系转入职工基本养老保险。

各地要加快推进老农保和城乡居民基本养老保险的衔接并轨，认真做好资料整理、基金合并、管理服务等工作。

(四)与其他保障待遇的衔接

符合享受城乡居民基本养老保险待遇条件的人员，如符合被征地农民基本生活保障、水库移民后期扶持政策和精减职工、计划外长期临时工、遗属生活补助等待遇条件，可同时叠加享受；与最低生活保障、计划生育家庭奖励扶助、社会优抚、农村五保和城镇“三无”人员供养的待遇衔接按相关规定执行。城乡居民基本养老保险参保人员如同时符合享受其他丧葬待遇条件的，其丧葬待遇按就高不就低的原则确定，不重复享受。

有条件的地方要积极探索城乡居民基本养老保险与被征地农民基本生活保障的衔接并轨办法。

七、基金管理和监督

城乡居民基本养老保险费由当地社会保险经办机构负责征收，也可以由当地政府委托有关机构征收。城乡居民基本养老保险待遇发放，由当地社会保险经办机构负责。进一步完善城乡居民基本养老保险基金财务会计制度。城乡居民基本养老保险基金以市、县(市、区)为单位，纳入同级社会保障基金财政专户，实行收支两条线管理，单独记账、核算，专款专用，任何单位和个人均不得挤占挪用、虚报冒领。加强城乡居民基本养老保险基金保值增值工作，优化银行存款结构，提高基金收益水平。

各级人力社保部门要会同有关部门认真履行监管职责，进一步健全内控制度和基金稽核监督制度，对基金的筹集、上解、划拨、发放、存储、管理等进行监控和检查，并按规定披露相关信息，自觉接受社会监督。各级财政、监察、审计部门按各自职责，对基金的收支、管理和投资运营情况实施监督。对虚报冒领、挤占挪用、贪污浪费等违法违纪行为，有关部门按国家有关法律法规予以严肃处理。要积极探索有村（居）民代表参加的社会监督的有效方式，做到基金公开透明，制度在阳光下运行。

八、经办管理服务与信息化建设

各级政府要切实加强城乡居民基本养老保险经办能力建设，进一步整合现有公共服务资源和社会保险经办管理资源，充实基层经办力量，强化精确管理，便捷服务。要注重运用现代管理方式和政府购买服务方式，降低行政成本，提高工作效率。要加强城乡居民基本养老保险工作人员专业培训，不断提高公共服务水平。社会保险经办机构要认真记录参保人缴费和领取待遇情况，建立参保档案，按规定长期妥善保存。各级政府要为经办机构提供必要的工作场所、设施设备、经费保障。乡镇、街道劳动保障所（站）要配备专职人员，村、社区要落实代办员。城乡居民基本养老保险工作经费纳入同级财政预算，不得从城乡居民基本养老保险基金中开支。基层财政确有困难的地区，省市级财政可给予适当补助。

各地要进一步完善城乡居民基本养老保险信息系统，纳入“金保工程”建设，并与其他公民信息管理系统实现信息资源共享；要将信息网络向基层延伸，实现省、市、县、乡镇（街道）、行政村（社区）实时联网；要大力推行全国统一的社会保障卡，方便参保人缴费、领取待遇和查询本人参保信息。

九、组织领导

各级政府要充分认识进一步完善城乡居民基本养老保险制度的重要性，将其列入当地经济社会发展规划和年度目标管理考核体系，切实加强组织领导；要优化财政支出结构，加大财政投入，为城乡居民基本养老保险制度建设提供必要的财力保障。各级人力社保部门要切实履行主管部门职责，会同有关部门做好城乡居民基本养老保险工作的统筹规划和政策制订、统一管理、综合协调、监督检查工作。

各地、各有关部门要认真做好城乡居民基本养老保险政策宣传工作，全面准确地宣传解读政策，正确把握舆论导向，深入基层开展宣传活动，引导城乡居民踊跃参保、持续缴费、增加积累。

各市、县（市、区）政府要根据本意见，结合本地实际情况，修订完善当地的具体实施办法，并报省人力社保厅备案。

本意见自公布之日起实施，已有规定与本意见不一致的，按本意见执行。

2014 年 7 月 11 日

浙江省人民政府
关于调整全省最低工资标准的通知

各市、县（市、区）人民政府，省政府直属各单位：

为保障劳动者的基本生活和合法权益，根据《中华人民共和国劳动法》规定，结合我省实际，省政府决定：从2014年8月1日起，将我省最低月工资标准调整为1650元、1470元、1350元、1220元四档，非全日制工作的最低小时工资标准调整为13.5元、12元、10.9元、9.8元四档。

请各市根据所辖县（市、区）经济社会发展水平、居民生活水平和用人单位承受能力等实际情况，选择确定当地最低工资标准予以公布，并报省人力社保厅备案。

2014 年 7 月 28 日

浙江省人民政府关于
实施省重点高校建设计划的意见

各市、县（市、区）人民政府，省政府直属各单位：

为深入贯彻落实国家及省中长期教育改革和发展规划纲要，加快提升我省高等教育办学水平和综合竞争力，增强服务经济社会建设的能力，更好地满足人民群众对优质高等教育的需求，根据省委十三届四次全会精神，决定实施“省重点高校建设计划”。现提出如下实施意见：

一、指导思想和总体目标

（一）指导思想

全面贯彻党的教育方针，围绕到2020年基本建成高等教育强省的总目标，根据我省高等教育发展实际，本着“育强、扶特”的精神，深化改革，推进创新，整合资源，重点建设一批高水平大学，充分发挥其示范引领作用，加快提升全省高等教育综合实力和发展水平。

（二）总体目标

到2020年，全省高等教育竞争力和综合实力列全国省（区、市）前6位，若干所高校在全国同层次、同类型高校中处于领先地位。省、市属高校有20个以上的一级学科进入全国前10%、100个以上的一级学科进入全国前30%；高层次人才增量列全国前5位，若干教学科研团队在国内有一定的知名度。高等教育体制机制优势进一步发挥，科技创新能力进一步增强，与区域发展的契合度进一步提高；高校错位发展、特色发展的格局基本形成，国际化水平进一步提升。

二、基本原则

（一）政府主导、高校为主

加强对全省高等教育发展的顶层设计，统筹要素和资源，科学布局，优化结构，突出重点，强化特色。

列入“省重点高校建设计划”的高校，根据社会需求，结合自身发展水平和建设目标，制订学校建设规划，确定需重点改革的体制机制、重点突破的领域、重点建设的任务、重点支持和发展的学科、重点投入的项目与平台。

（二）分类发展、重点突破

充分发掘各类高校的发展潜力和办学特色，加强分类指导与重点支持，引导不同办学类型的高校科学定位、错位发展、办出特色、办出水平。

高校按照优质发展、特色发展的要求，找准制约自身发展的关键问题，集中资源和力量，以重点领域的有效突破促进内涵建设，提升办学水平。

（三）注重实效、动态调整

以提升办学质量和水平为根本，强化目标导向、过程管理和实绩考核。创新资源配置方法，整合财政资金、重点学科、科研项目、省级协同创新平台等相关资源，集中向目标任务完成良好、建设成效突出、引领示范效应明显的高校倾斜。高校获得财政专项支持额度与建设绩效考核直接挂钩，通过合理竞争，拉开差距。

列入重点建设的高校按照优胜劣汰原则实行动态调整，打破终身制。根据建设考核评估结果，对财政支持资金和各类倾斜政策及时作出相应的调整，增强实施省重点高校建设计划的实效性。

三、建设内容

（一）推进体制机制创新

深化高等教育办学体制改革，扩大高校办学自主权，强化行政监管和社会监督。加快高校内部管理和运行机制改革创新，在治理结构、资源配置方式、人才培养模式、学科专业发展机制、人事管理制度、协同创新以及教育国际化等方面，取得实质性突破。

（二）推动优势特色学科发展

继续以学科建设为龙头，推动学科、人才、科研三位一体发展。建立和完善学科评价体系，健全学科建设评估标准，实施对标管理，建成一批高水平、有特色、具有较大国内外影响力的学科。

（三）建设高素质教师队伍

把好教师入口关，优化结构，加强培养，着力提升教师队伍的整体素质。积极利用国家和省各类高层次人才引进与培养平台，集聚一批高水平学科带头人。培育形成一批具有较大影响力、较强创新能力的教学科研团队。完善教师岗位分类管理和评价办法，建立竞争择优、能上能下的用人机制，进一步调动教师的积极性和创造性。

（四）深化教育教学改革

突出人才培养在高校工作中的中心地位，全面深化教育教学和人才培养模式改革，完善质量保障体系，提高人才培养质量。建立寓教于研的基础学科拔尖创新人才培养模式和复合型、应用型、技能型人才协同培养模式；建立符合研究生教育发展规律、以提高创新能力为核心的研究生招生选拔和培养机制。人才培养的数量、质量与结构更加适合经济社会发展的需要。

（五）提升自主创新能力

以服务地方经济社会发展为着力点，汇聚、整合资源，打造一批优势明显、特色鲜明的高水平科技创新平台和哲学社会科学研究平台，提高承担国家和省重大科研项目以及解决重大实际问题的能力。

（六）提升国际合作与交流水平

实施高等教育国际化战略，学习借鉴世界先进高等教育理念和经验，全面推进国际化人才培养、中外合作办学、优质教育资源引进、留学生教育、国际科研合作交流等工作，以国际化助推高等教育现代化。

四、遴选办法

（一）申报条件和遴选数量

“省重点高校建设计划”面向省、市属普通高校，按综合发展型和特色发展型两类申报。一般需具有博士学位授予权，个别特色鲜明、基础较好、发展强劲的高校可放宽至硕士学位授予权。第一批重点建设高校不超过5所。

（二）遴选标准

既要考核学校综合办学实力，也要注重特色发展和错位发展，优先选择发展势头强劲、办学水平与竞争力在省内或者国内同类高校中处于领先地位的学校。

综合发展型高校主要考察其综合办学实力和发展潜力，要求经过5年左右的建设，至少有5个一级学科能进入国内同类一级学科的前10%或前5位；特色发展型高校侧重考察其主要学科发展水平和发展潜力，要求经过5年左右的建设，至少有2个主要学科能进入国内同类一级学科前5%或前3位。

具体遴选标准和程序另行制订。

五、实施方式

（一）加大财政投入

“省重点高校建设计划”资金由省财政和高校共同筹措，省财政设立专项资金。省内相关资源配置优先支持“省重点高校建设计划”，省级科技创新项目及平台建设资金向重点建设高校倾斜。鼓励社会力量资助省重点高校建设。扩大重点建设高校在资金使用上的自主权。专项资金管理办法另行制订。

（二）加强统筹规划

列入“省重点高校建设计划”的高校，要认真制订省重点高校建设规划（2014—2020年），明确建设目标、建设内容、年度实施计划、保障措施、资金需求和预算安排。省级有关部门从建设基础、建设目标与任务、发展前景、体制机制创新、经济社会发展贡献度等方面，对高校的建设规划进行论证，确定投入资金数额。

（三）强化绩效考核

“省重点高校建设计划”实行总量控制、动态调整、滚动建设，每3年为1个周期。按照高校建设规划确定的目标、任务和年度实施计划，由省政府组织省教育厅等有关部门，每3年开展一次考核和评价。对于实施有力、进展良好、成效明显的高校，加大支持力度；对于实施不力、进展缓慢、缺乏实效的高校，从重点建设高校中予以剔除，同时择优确定递补建设高校。

2014年10月26日

浙江省人民政府办公厅关于加强职业卫生监管工作的意见

各市、县（市、区）人民政府，省政府直属各单位：

为认真贯彻落实新修订的《中华人民共和国职业病防治法》，有效预防、控制和消除职业病危害，保障劳动者职业健康和安全，经省政府同意，现就加强全省职业卫生监管工作提出如下意见：

一、充分认识加强职业卫生监管工作的重要意义

职业卫生监管工作，关系广大劳动者生命健康和安全，直接影响地方经济发展和产业转型升级，是维护社会和谐稳定的重要民生工程。近年来，省政府采取了一系列重要举措，不断加大监管力度，全省职业病危害得到了有效控制。但是，我省接触职业病危害人群数量大、危害种类多、涉及行业广，粉尘、化学毒物等职业病危害因素仍然比较严重，职业病危害防治形势严峻。各地、各有关部门要高度重视，充分认识我省职业卫生监管工作面临的长期性和艰巨性，按照“预防为主、防治结合”的方针，进一步加强对职业卫生监管工作的组织领导，理顺职业卫生监管体制，明确监管责任，完善工作机制，加大监管力度，形成政府统一领导、部门依法监管、企业全面负责、群众参与监督、全社会广泛支持的职业卫生监管工作新格局，有效维护和保障广大劳动者生命安全和健康权益。

二、理顺职业卫生监管体制

调整理顺职业卫生监管部门的职责分工，加强监管机构建设，建立和完善协调机制，合力推进职业卫生监管工作。

（一）明确职责分工，依法落实监管责任

安监部门负责用人单位职业卫生监督检查工作，加强对建设项目职业病危害预评价审查、职业病防护设施设计审核、建设项目职业病防护设施竣工验收的监督管理，实施对职业卫生技术服务机构资质认可的管理，监督管理用人单位职业危害项目申报工作，组织查处职业危害事故和违法违规行为。卫生计生部门负责职业健康检查机构及职业病诊断机构的认定、职业病危害事故的医疗救治和职业病诊断鉴定工作，组织对医疗机构放射性职业病危害控制进行监督管理。人力社保部门负责落实劳动合同、工伤保险的监督管理和职业病人保障等工作。民政部门负责用人单位已经不存在或者无法确认劳动关系的职业病病人的医疗救助和生活等方面的救助保障工作。工会组织负责依法代表劳动者督促检查与用人单位签订劳动安全卫生专项集体合同情况，对用人单位侵犯劳动者合法权益的行为，有权要求其纠正并采取防护措施，发生职业病危害事故时，有权参与事故调查处理。各级安监部门和卫生计生部门要及时做好职责交接，确保职业病防治工作不断档、不缺位；其他有关部门在各自职责范围内履行职业病防治的监管工作。

（二）优化力量配置，切实增强监管能力

职业卫生监管部门职责明确后，各地要结合本行政区域内职业病防治工作实际，按照“精简、统一、效能”的原则，建立健全监管工作机构，加强监管工作力量。涉及职能和机构调整的，市、县（市、区）政府要按照“人随事走”的原则，相应划转人员编制，具体由各地根据实际研究确定，确保有效履行监管职责需要。同时，各级安监部门要整合执法职能，将职业卫生监督执法一并纳入安全生产监管执法体系统一实施，不再另设专门的职业卫生监管执法队伍。

（三）密切协调配合，完善监管工作机制

职业卫生监管工作涉及多个部门，市、县（市、区）政

府要加强统筹协调，构建协作机制，将职业卫生监管工作列入本级人民政府安委会议事日程，统一规划，分类指导。各级安监部门要认真履行安委会办公室职能，牵头抓总，积极谋划，加强协调，主动作为，协同相关部门建立健全突发事件联合行动、职业病危害事故预警预测及信息发布等工作协调机制。安监、卫生计生、人力社保、民政等部门和工会组织要加强沟通联系，及时通报职业卫生监管信息、工作动态和重大案件线索，形成工作合力。

三、加大执法力度，落实用人单位主体责任

存在职业病危害的用人单位是职业病防治的责任主体。各地、各有关部门要加大对用人单位职业卫生监督执法力度，强化其主体责任意识，最大限度地消除职业病危害因素。对新建、扩建、改建项目和技术改造、技术引进可能产生职业病危害的项目，要严格实行建设项目“三同时”的审查制度。建立完善辖区内用人单位职业病危害基本档案，落实发生职业病危害事故用人单位主要负责人问责制。加强监督执法和专项检查，督促用人单位依法落实职业病防治服务和各项职业卫生工作措施，改善劳动生产条件，消除职业安全生产隐患。对作业方式落后、职业病危害隐患严重，不能保障劳动者身体健康和生命安全，又拒不整改的用人单位，要依法坚决予以关闭，切实保护广大劳动者的合法权益。

四、加强职业卫生技术服务和保障工作

（一）努力健全基础工作体系

各级政府要全面统筹，加快推进职业卫生技术服务、职业健康检查等基础工作体系建设。安监部门要加快职业病危害检测检验、评价评审、宣传培训、应急救援、专家库等支撑体系建设。卫生计生部门要继续加强职业健康检查、职业病诊断、化学品毒性鉴定、放射卫生技术服务体系建设，每个县（市、区）至少要有1家以上取得资质的职业健康检查机构。人力社保部门要加快工伤认定、劳动能力鉴定、工伤赔付等工伤保险保障体系建设。民政部门要加强医疗救助和生活救助工作体系建设。

（二）全面规范技术服务行为

各地、各有关部门要重视加强职业卫生技术服务机构的培育和管理，不断完善行业管理制度和质量管理体系，强化队伍能力建设，提高专业人员业务素质，规范技术工作行为，确保职业病危害检测、评价等工作及其结果实现客观、科学、公正，有效提高技术服务质量，为预防和控制职业病危害提供可靠依据。

2014年1月16日

浙江省人民政府办公厅关于印发低收入农户收入倍增计划（2013—2017年）的通知

各市、县（市、区）人民政府，省政府直属各单位：

《低收入农户收入倍增计划（2013—2017年）》已经省政府同意，现印发给你们，请认真贯彻实施。

各地、各有关部门要高度重视低收入农户收入倍增工作，加强组织领导，健全工作机制，加大投入力度，落实具体举措，确保低收入农户收入倍增计划顺利实施。各牵头部门和各设区市要制订具体的实施办法，并于每年11月底前将贯彻落实情况报送省扶贫办，省扶贫办汇总后报省政府。

2014年2月28日

低收入农户收入倍增计划（2013—2017年）

为深入贯彻落实《中共中央国务院关于印发〈中国农村扶贫开发纲要（2011—2020年）〉的通知》（中发〔2011〕10号）、《中共中央办公厅国务院办公厅关于印发〈关于创新机制扎实推进农村扶贫开发工作的意见〉的通知》（中办发〔2013〕25号）和《中共浙江省委浙江省人民政府关于促进农民收入持续普遍较快增长的若干意见》（浙委〔2013〕8号）精神，进一步加大扶贫开发力度，大力推进低收入农户加速增收、改善生活，加快建设物质富裕精神富有的现代化浙江，特制定本计划。

一、总体要求

（一）指导思想

以邓小平理论、“三个代表”重要思想、科学发展观为指导，围绕建设物质富裕精神富有现代化浙江的总体目标和干好“一三五”、实现“四翻番”的工作要求，以缩小收入差距、优化社会结构为导向，以提高低收入农户发展能力和收入水平为核心，以提高发展技能、改善发展条件、优化发展服务为手段，以深化扶贫体制改革为动力，加大扶持力度，壮大扶持力量，创新扶持方式，提高扶贫开发的精准性、有效性、持续性，努力实现低收入农户收入水平和生活质量持续普遍较快提升。

（二）实施时间、范围、对象和主体

实施时间为2013年至2017年。实施范围为全省农村人口在2万人以上的县（市、区）。实施对象为2010年家庭人均收入低于4600元（相当于2012年5500元）的低收入农户和低收入农户比重较高或数量较多的扶贫重点村。发达地区按照“2012年农民人均收入45%左右和不低于农村户籍人口10%”的要求，以设区市为单位确定地方扶贫标准，由县（市、区）认定低收入农户。实施责任主体为县（市、区）政府，省里重点对26个欠发达县和台州市黄岩区、金华市婺城区、兰溪市部分乡镇（以下称“29县”）进行扶持。

（三）主要目标

到2017年，29县低收入农户人均纯收入比2012年翻一番、达到10000元以上（现价），70%以上低收入农户（“低保”户除外）家庭人均纯收入超过8000元，低收入农户人均纯收入与全省农村居民人均纯收入相对差距呈缩小趋势；所有县（市、区）农村“低保”标准达到5000元以上，低收入农户的人均教育、医疗消费实际支出（家庭教育、医疗消费支出减去政府和社会提供的教育、医疗救助金）占生活消费支出的比重与当地农村居民平均水平的差距明显缩小，困难群众住房救助全面覆盖；低收入农户劳动力实现充分就业。其他地区要参照上述目标要求，根据当地扶贫标准，自行确定工作目标。

二、主要任务

（一）实施“产业开发帮扶工程”

1. 大力提升特色种养业水平。深入推进科技扶贫，充分发挥高等院校、科研机构、农业公共服务体系、科技特派员、农民专业合作社、农业龙头企业的作用，培育一批农业主导产业和区域特色产业的科技示范基地、科技示范户、乡土科技人才，带动县域提升农业产业层次；培育一批具有扶贫功能的新型农业经营主体，鼓励农业龙头企业和农民专业合作社到扶贫重点村建立农产品基地，鼓励农民专业合作社发展农产品加工，引导农业龙头企业吸纳低收入农户就业、农民专业合作社吸收低收入农户入股；加强机耕路、排灌等农业基础设施建设。到2017年，29县每县至少有5类产业建立科技示范基地，相关扶贫重点村科技推广覆盖率达到50%以上。（省农业厅、省科技厅、省财政厅、省林业厅、省海洋与渔业局、省扶贫办负责。列在首位的为牵头单位，其他单位按职责分工负责，下同）

2. 大力推进来料加工业扩面提质。进一步扩大欠发达地区来料加工覆盖面，推动来料加工向发达地区扩散。鼓励来料加工经纪人培育加工专业村、举办加工车间、兴办加工企业，支持来料加工经纪人自行设计、自行营销、发展电子商务。加强来料加工经纪人经营业务培训，开展来料加工经纪人信用等级评定工作，鼓励来料加工经纪人承担农民培训项目。继续举办两年一次的来料加工业务对接洽谈会。提高县级来料加工经纪人协会服务水平，开展县级来料加工经纪人协会信用担保互助会试点。到2017年，发达地区来料加工发展取得显著突破，基本覆盖低收入农户较多的村、土地流转较多的村和闲置人员较多的村；29县来料加工全面覆盖扶贫重点村、异地搬迁安置小区和乡镇（街道）政府所在地，从业人员达到130万人，发放加工费达到130亿元。（省扶贫办、省财政厅、省妇联负责）

3. 积极推进家庭工业发展。支持低收入农户依托工业园区（功能区）、山海协作园区、异地搬迁安置小区、集体物业等，因地制宜创办家庭工业，引导企业将劳动密集型生产环节扩散至家庭。构建信息、技术、质量检测和产品展示等服务平台。加强对家庭工业从业人员的技能培训。鼓励农村信用社等金融机构为家庭工业提供信贷支持。（省经信委、省经合办、省农信联社负责）

4. 积极支持农家乐休闲旅游业发展。加强旅游扶贫工作，支持低收入农户和扶贫重点村依托山水资源、乡土文化和特色产品，发展和提升农家乐休闲旅游业。优先将农家乐休闲旅游村列入美丽乡村建设项目，支持农家乐休闲旅游村创立品牌。加强对农家乐经营者的经营管理业务和从业人员的服务技能培训。加强对农家乐休闲旅游村（点）的宣传推介，构建网上营销和业务对接平台。到2017年，29县有条件的扶贫重点村农家乐休闲旅游业得到普遍发展和提升，经营户户均年营业收入达到5万元以上。省财政安排的农家乐休闲旅游补助资金向欠发达地区倾斜。（省农办、省旅游局负责）

5. 着力发展村级集体经济。深入贯彻《中共浙江省委办公厅、浙江省人民政府办公厅关于扶持经济薄弱村发展村级集体经济的意见》（浙委办〔2012〕79号），支持经济薄弱村和扶贫重点村发展集体物业经济、资源经济、服务经济，增加村级集体经济收入。鼓励扶贫重点村通过集体闲置房屋租赁和城镇、异地搬迁安置小区等异地物业建设，发展集体物业经济；通过山林、茶园、果园等集体农业资源发包和水、矿产、“四荒”地等资源入股，发展集体资源经济；通过发展来料加工业、农家乐休闲旅游业等产业中介服务，发展集体服务经济。到2017年，所有经济薄弱村和扶贫重点村集体经济年经营性收入均达到5万元以上。省财政扶持经济薄弱村发展集体经济的资金优先支持扶贫重点村。各地要保障集体物业建设的用地需要。（省农业厅、省委组织部、省国土资源厅负责）

（二）实施“就业创业促进工程”

1. 切实加强对低收入农户劳动力技能培训和农村预备劳动力的职业培训。加强对低收入农户劳动力的技能培训、证书培训（国家职业资格证书、农业专业技能证书、农产品购销加工经纪人、来料加工经纪人、农家乐从业人员培训证书等）。加强对农村预备劳动力职业教育，实行低收入农户未继续升学的应届初、高中毕业生职业技能免费培训制度。继续实施“扶千名人才、促千村发展”计划，每年面向29县招收一批青年农民到浙江农林大学等院校免费接受高等农业职业教育，符合条件的残疾青年可优先录用。提高职业教育发展水平，推行工学结合、校企合作、“订单培训”等培养模式，落实符合条件的中等职业学校学生免学费政策和省内高等学校涉农专业免学费政策。到2017年，有意愿的低收入农户劳动力普遍接受一次以上技能培训，按照“应培尽培”的原则，使有意愿的初高中毕业而未升学的低收入农户子女普遍接受一次免费职业技能培训。加强扫盲教育工作力度，完成年度扫盲工作目标任务。有关部门的培训资金向低收入农户倾斜。（省教育厅、省农办、省人力社保厅、省农业厅、省扶贫办负责）

2. 大力促进低收入农户充分就业。加强对低收入农户劳动力的就业服务，支持兴办劳务合作社，公共就业服务机构和劳务合作社要为登记求职的低收入农户劳动力免费提供岗位信息和职业介绍服务，鼓励各类企业和农业经营主体吸纳当地低收入农户劳动力就业，引导低收入农户人员参与来料加工、农家乐、社区服务等就地就近就业，鼓励企业和城郊村、工业功能区周边村兴建廉租民工公寓，为低收入农户就业者提供廉价住房。加强对低收入农户的就业服务和援助，开发乡村公益性岗位，并采取政府购买办法，将这些岗位优先安排给低收入农户就业困难人员，就业困难的残疾人（户）优先考虑。切实保障低收入农户就业人员在工资、福利、养老、医疗、子女就学等方面的合法权益，适时调整企业职工最低工资标准，促进低收入农户劳动者提高工资水平。各地要对招用低收入农户数量较多的企业予以奖励，落实对农村就业援助人员的社会保险补贴。（省人力社保厅、省农办、省经信委、省农业厅、省扶贫办负责）

3. 大力支持低收入农户创业。打造一批有利于低收入农户创业就业的工业集聚区、家庭工业创业园、来料加工业基地、商贸流通业场所、社区服务业用房等，开展信息、技术、资金、场所、土地流转、人才引进、人员培训和行政审批等服务，支持农民就地创业和外出务工经商农民返乡创业，带动更多的低收入农户就业。鼓励更多的低收入农户外出开办小型连锁超市、产品经销等流通业和服务业，开展信息服务、典型介绍，促进有意愿、有能力的低收入农户外出经商。倡导能人带动下的合作创业方式，引导更多低收入农户入股参与创业。（省经信委、省农办、省农业厅、省商务厅负责）

（三）实施“农民异地搬迁工程”

1. 编制和完善农民异地搬迁五年规划。以高山远山区域、地质灾害隐患区域、重点水库库区、连家渔船等群众为主要搬迁对象，以公共服务好、就业机会多的县城、中心镇、小城镇为主要入迁地，编制和完善以县为单位的农民异地搬迁五年规划和年度计划。坚持自愿原则，实施农民异地搬迁工程。2013—2017年，29县每年搬迁6万人以上。（省扶贫办负责）

2. 完善搬迁安置方式和补助方式。推广自然村整体搬迁、宅基地同步复垦、公寓式集中安置、公司化运行管理、差异化补助补偿的搬迁安置方式和补助方式。各地可根据搬迁人员的性质和搬迁、安置方式，实行差异化补助补偿，对有利于困难农户同步搬迁、宅基地同步复垦、建设用地节约利用的，可提高补助补偿标准。安置小区要配套建设一批廉租住房、经营用房、公共用房，用于自然村整体搬迁中困难农户的同步搬迁、来料加工和社区服务等产业的发展、小区物业管理。探索宅基地置换城镇住房、标准厂房、商业用房的办法。完善城乡建设用地增减挂钩指标优先用于异地搬迁安置小区建设、相关收益主要用于异地搬迁安置小区建设的机制。2013年起，省财政对29县农民异地搬迁的补助标准提高到人均8400元，其中5600元直接补助到户，2800元由县级统筹用于安置小区基础设施建设；省国土资源厅对29县地质灾害隐患点群众搬迁和下山搬迁分别安排人均80平方米、40平方米的住房建设用地指标。各地要优先保证安置小区建设的用地需要，按有关规定减免土地使用规费。（省扶贫办、省财政厅、省国土资源厅、省建设厅、省海洋与渔业局、省移民办负责）

3. 加强部门资源整合和配套服务。有关部门要对安置小区的基础设施建设给予重点支持，实行共建共享，降低搬迁小区建设成本。安置小区建设涉及的行政事业性收费，按有关规定予以减免。积极开展搬迁农民后续管理的配套改革，推行按常住地登记户口、按合法稳定住所或合法稳定职业迁移户口的城乡统一户籍管理制度，将搬迁农民户口迁入安置地，并保障他们享受与当地居民同等的公共服务，保留他们在农村的土地（山林）承包经营权、宅基地使用权、集体收益分配权，鼓励他们全部流转土地（山林）承包经营权、有偿退出宅基地使用权。公安、教育、卫生计生、民政等有关部门要及时为搬迁农民办理相关手续。（省建设厅、省公安厅、省国土资源厅、省人防办负责）

（四）实施“社会救助保障工程”

加强最低生活保障工作，不断提高农村社会救助水平。将符合条件的因病低收入农户、因学低收入农户分别纳入医疗救助、教育救助。实施农村住房救助制度，加快低收入农户危房改造。完善灾害救助制度，对遭受自然灾害，造成或可能造成自身无力克服衣、食、住、医等临时性生活困难的农户，给予自然灾害救助。完善临时救助制度，对因特殊原因造成基本生活出现暂时困难的农户给予非定期、非定量生活救助。落实困难群众参加基本医疗保险制度的规定。探索建立低收入农户参加养老保险的补助制度。到2017年，所有县（市、区）农村最低生活保障标准达到每人每年5000元以上，最低补差标准不低于每人每月80元；有条件的地方要建立健全低收入农户参加养老保险、新型农村合作医疗补助制度，逐步提高农村基础养老金和低收入老人高龄补贴。（省民政厅、省教育厅、省人力社保厅、省建设厅、省卫生计生委负责）

（五）实施“公共服务提升工程”

1. 继续开展教育扶贫。深入推进义务教育均衡发展，规范农村义务教育学校布局调整，加快义务教育学校标准化建设，均衡合理配置教师、设备、图书、校舍等资源。全面推进县域内义务教育学校教师校长交流制度。实施好农村义务教育学生营养改善计划。（省教育厅负责）

2. 大力加强卫生扶贫。结合完善和实施基本公共卫生服务项目和重大公共卫生服务项目，推进农民重大疾病医疗保障工作，对因病低收入农户进行全面医治，着力提高低收入农户健康水平，努力减少因病致贫。健全县乡村三级医疗卫生服务体系，加强基层医疗卫生人才培养，健全社区责任医生制度，完善以疾病控制网络为主体的公共卫生信息系统、以居民健康档案为核心的城乡社区卫生服务平台，保证农民享有基本卫生服务、基本卫生安全保障和重点人群享有重点服务，保证重大疾病、主要健康危险因素、突发公共卫生事件得到有效控制和处置。（省卫生计生委负责）

3. 积极实施文化扶贫。以文化礼堂建设为载体，深入实施“文化信息资源共享工程”，继续开展送电影送戏送书活动，充分利用农村党员干部现代远程教育网络，每年赠阅一些适合农民阅读的报刊，倡导农民读书用书、学文化、学技能。着力发展农村特色文化，加强对农村优秀文化资源的系统发掘、整理和保护。深入推进“广电全覆盖”工作和广播电视村村通数字化提升工程，尽快实现20户以下自然村广电全覆盖，对“低保”户家庭免收初装费、收视费。尽快实现宽带网络全覆盖。（省文化厅、省委宣传部、省新闻出版广电局负责）

4. 不断完善基础设施。深入开展农村人居环境建设，继续推进垃圾收集、污水治理和环境整治连线成片，继续实施农房改造，深入推进农村土地综合整治，加快建设美丽乡村。继续推进农村联网公路建设，不断完善农村公路养护机制，加快发展农村公共交通，到2017年，全省新建和改建农村联网公路8000公里以上，行政村客运通达率提高到95%以上，城乡客运一体化率达到60%以上。深入实施农村饮水安全工程，加强饮水水质检测能力建设，到2017年，全省改善提高200万人饮水安全条件。（省农办、省建设厅、省交通运输厅、省水利厅负责）

三、主要举措

（一）实施“金融服务支持行动”

1. 全面建立扶贫小额信贷制度。在全省范围全面实行扶贫小额信贷制度，向低收入农户发放具有身份识别和金融服务功能的“爱心卡”，为低收入农户提供小额贴息贷款。由政府提供一定的扶贫小额信贷抵押资金，由农村信用社（农村合作银行、农村商业银行）按不低于1∶5的比例和不高于同期基准利率140%的利率放大放贷。对按期还贷的低收入农户，给予财政贴息。（省扶贫办、省财政厅、省农信联社负责）

2. 积极组建扶贫资金互助会。继续选择具备条件的扶贫重点村组建扶贫资金互助会，开展在具备条件的农民专业合作社及联合社组建扶贫资金互助会试点。开展组建县一级或乡镇一级扶贫资金互助会联合会的试点。到2017年，发达地区每个县（市、区）至少组建5个以上扶贫资金互助会，29县新增500个以上扶贫资金互助会。（省扶贫办、省民政厅、省财政厅、省金融办、浙江银监局负责）

3. 着力优化农村金融服务。加快农村信用体系建设，全面开展农户、村、乡镇、合作社、龙头企业的信用评定，引导金融机构为信用良好单位提供信用贷款和授信贷款。继续开展土地承包经营权、林权、农房、海域使用权、集体经济组织股权等抵（质）押贷款产品创新。扩大“丰收小额贷款卡”、“金穗惠农卡”等金融产品的人群覆盖面。完善农业贷款风险补偿机制，对农村合作金融机构涉农贷款新增量给予一定的风险补偿。完善政策性农业保险、农房保险制度。（省金融办、省发改委、人行杭州中心支行、省农信联社负责）

（二）实施“区域特别扶持行动”

2014—2016年继续实施对文成、泰顺、开化、松阳、庆元、景宁和磐安、衢江、常山、龙泉、遂昌、云和等12个重点欠发达县的特别扶持计划，围绕增加农民收入、提升民生水平、增强内生功能的中心任务，加大统筹城乡发展力度，建立健全农民收入水平和生活质量不断提升的长效机制，加快缩小城乡差距和区域差距。到2016年，12县农民人均纯收入每县均达到11000元以上，50%以上低收入农户（“低保”户除外）家庭人均纯收入达到8000元以上，低收入农户收入与农民收入、城乡居民人均纯收入与全省平均水平相对差距呈缩小趋势，教育、卫生等社会事业发展水平明显提高，生态环境状况继续保持全省前列。省财政每年安排特别扶持专项资金，省国土资源厅根据年度实施计划安排建设用地指标，支持特别扶持项目建设。建立绩效评价结果与资金分配挂钩机制。具体实施计划另行制定。（省扶贫办、省财政厅、省国土资源厅负责）

（三）实施“山海协作助推行动”

继续深入实施山海协作工程，充分发挥发达地区产业转型升级和海洋经济加快发展的带动作用，充分利用欠发达地区低丘缓坡资源，以培育现代产业体系、提升欠发达地区内生发展动力为中心，重点推进9家省级山海协作产业园建设。积极鼓励浙商参与山海协作，引导浙商到欠发达地区投资兴业，重点在特色优势产业、生态产业等领域开展合作。拓展山海协作领域，引导发达县（市、区）与欠发达县（市、区）在人力资源、社会事业等方面开展合作。办好山海协作农业龙头企业与欠发达地区农产品基地对接活动。到2017年，全面建成9个省级山海协作产业园，实现到位资金1800亿元；组织培训农村劳动力10万人次。（省经合办、省农业厅负责）

（四）实施“社会帮扶关爱行动”

1. 深入开展结对帮扶。按照“一村一计一单位”、“一户一策一干部”的要求，建立健全省市县三级与29县5000个扶贫重点村的结对帮扶体系，完善省市县三级单位结对帮扶扶贫重点村的机制和帮扶单位干部职工结对帮扶低收入农户的机制。帮扶单位要按照“力度不减、资金不降”的要求，每年为每个结对村提供不少于5万元的帮扶资金，并帮助结对村理清发展思路、联络帮扶资源、实施帮扶项目，促进低收入农户加快增收和村级集体经济加快发展。帮扶单位公用经费、经常性业务费结余部分和按规定取得的工作奖励经费，经同级财政同意，可以用于结对帮扶。省级29个结对帮扶团组由省级机关、事业单位（包括高等院校、科研机构、城市医院）、国有企业、发达市县等组成，负责与29县内2000个扶贫重点村的结对帮扶。完善农村工作指导员派出单位与指导员所驻村的结对帮扶关系，派出单位重点帮扶指导员所驻村发展村级集体经济，派出单位干部职工重点帮扶指导员所驻村增加低收入农户收入。（省扶贫办负责）

2. 大力开展科技、卫生专业帮扶。组建科技、卫生专业帮扶团队。科技专业帮扶团队由省科技厅牵头组织，围绕提升29县特色农业发展水平，分县分业分工落实“建设一批科技示范基地、培育一批乡土科技人才、带动一批扶贫重点村基地和低收入农户生产”的任务，确保5年内为29县每县提升5类产业，实现12个重点欠发达县个人科技特派员乡镇全覆盖、团队科技特派员主要产业全覆盖。卫生专业帮扶团队由省卫生厅牵头组织，纳入“城市医院支援农村卫生工程”，围绕提高29县医务人员医疗水平和低收入农户健康水平，分县分院分工落实“提升县域医疗卫生服务水平、提高医务人员服务能力、医治因病低收入农户”的任务，并每年组织开展巡回义诊。（省科技厅、省卫生计生委、省扶贫办负责）

3. 继续动员社会力量帮扶。广泛动员社会各方面力量参与扶贫开发，建立信息交流共享平台，形成有效协调、协作和监管机制。积极倡导民营企业与扶贫重点村开展“村企结对”，提供必要的帮扶资金，用于村级集体经济发展项目和低收入农户增收项目建设，开展技能培训、定向招工、来料加工、农产品收购、就学资助等帮扶。继续实施“低收入农户青少年关爱行动”，发挥共青团组织的优势，整合社会资源，完善帮扶机制，开展对低收入农户青少年“助困、助学、助医、助业”活动。充分发挥省慈善基金会、省扶贫基金会、省青少年发展基金会的扶贫帮困功能，鼓励企业设立专项基金，引导各类社会力量捐资捐赠扶贫。普遍建立扶贫志愿者制度，引导高等院校大学生和社会各界爱心人士为低收入农户增收服务。（省扶贫办、省经信委、省民政厅、团省委负责）

（五）实施“改革创新促进行动”

1. 加快构建城乡一体化制度体系。进一步加大统筹城乡区域发展力度，深化改革促扶贫，让低收入农户平等参与现代化进程、共同分享现代化成果。构建新型农业经营体系，推进家庭经营、集体经营、合作经营、企业经营等共同发展的农业经营方式创新。创新农村产权制度，赋予农民更多的财产权利。创新农村宅基地使用制度，探索建立宅基地跨社置换、有偿退出、有偿使用的机制。改革户籍制度，将进城镇落户农民纳入城镇住房和社会保障体系。深化公共服务制度改革，加快提高欠发达地区公共服务水平。创新生态保护利用机制，建立健全生态效益补偿基金制度，对限制开发区域和生态脆弱的重点欠发达县取消地区生产总值考核。（省农办、省委组织部、省公安厅、省财政厅、省人力社保厅、省国土资源厅、省农业厅负责）

2. 发挥丽水市国家级扶贫改革试验区先行先试作用。创新产业扶贫体制，围绕促进农民持续普遍较快增收，联动开展创业就业方式、合作扶贫机制、科技扶贫机制、金融扶贫机制创新，建立健全普通农民平等参与工业化城市化农业现代化进程、公平分享工业化城市化农业现代化成果的体制机制。创新搬迁扶贫体制，围绕农村人口向县城、中心镇、中心村搬迁和集聚，配套开展农民异地搬迁方式、宅基地使用制度、农村集体产权制度、户籍管理制度、社区管理方式改革，建立健全完整的促进农村人口集聚体制。创新社会扶贫体制，围绕壮大社会扶贫力量，完善社会力量参与扶贫的引导机制，健全结对帮扶体制、区域协作机制和全社会参与扶贫机制。（省扶贫办、丽水市政府负责）

四、组织保障

（一）强化组织领导

建立健全党委领导、政府主抓、扶贫开发领导小组组织协调、扶贫工作部门牵头实施、各相关部门共同参与的扶贫工作领导体制和工作机制，实行党政一把手负总责的扶贫开发工作责任制。完善省委常委和副省长联系欠发达县制度。完善省负总责抓统筹、省市联动抓指导、县为主体抓落实的管理机制，省级主要抓好总体部署、组织协调、指导服务、检查督促、评估考核等，并对29县进行扶持；市级主要抓好工作部署、指导协调、检查督促等，并创造条件对所属县（市、区）给予扶持；县级负责抓好规划制定、项目建设、政策落实等具体实施工作。进一步健全市、县（市、区）扶贫开发领导小组，完善工作机制，明确职责分工，落实人员力量。加强扶贫干部培训，把县级领导干部和县以上扶贫部门干部培训纳入各级党政干部培训计划。（省委组织部、省编委办、省扶贫办负责）

（二）落实工作责任

强化行业扶贫，进一步明确各级各部门的工作职责，分解落实工作任务，形成行行参与扶贫的工作机制。省级有关部门要根据本计划和自身职能，制订本部门的五年实施方案、年度工作计划和配套政策措施，抓好项目落实、指导服务、督促检查工作，并在制定和实施行业发展规划中实行向低收入农户和欠发达地区的倾斜支持。（省扶贫办负责）

（三）加大要素投入

建立健全各级财政扶贫投入增长机制，不断加大对低收入农户增收项目和集体经济发展项目的扶持力度，不断加大省级财政对欠发达地区的转移支付力度，推动公共投资向欠发达地区倾斜。围绕扶贫开发项目，整合使用财政扶贫资金、信贷扶贫资金、社会扶贫资金，提高资金使用效率。加强扶贫开发的土地保障，优先满足农民异地搬迁小区、低收入农户就业创业项目、集体经济发展项目建设的用地指标需求。（省财政厅、省国土资源厅负责）

（四）完善工作管理

完善扶贫信息管理系统，全面建立低收入农户、扶贫重点村基础数据库和异地搬迁、来料加工、资金互助、特别扶持等专项数据库，提高精准扶贫水平。加强对扶贫资金分配、使用的监督管理，积极发挥审计、纪检、监察等部门作用，加大对违纪违法行为惩处力度。强化扶贫“阳光监管”，完善资金项目公告公示制度，公开项目安排、资金分配等信息，创新社会参与机制，发挥社会监督作用，确保资金运行安全。完善扶贫统计监测制度，加强对扶贫工作绩

效的分析评估。（省扶贫办、省监察厅、省审计厅、省统计局负责）

（五）加强工作考核

实行扶贫工作目标责任制和分类考核评价制度，完善对市县政府扶贫工作、省级部门行业扶贫工作的考核评价机制。各部门、各行业和各系统要将扶贫工作任务列入年度工作目标。省对扶贫工作先进市县进行以奖代补奖励。（省扶贫办、省财政厅负责）

浙江省人民政府办公厅关于加强食品安全基层责任网络建设的意见

各市、县（市、区）人民政府，省政府直属各单位：

根据《国务院关于加强食品安全工作的决定》（国发〔2012〕20号）、《国务院关于地方改革完善食品药品监督管理体制的指导意见》（国发〔2013〕18号）和《浙江省人民政府关于加强食品安全工作的实施意见》（浙政发〔2013〕28号）、《浙江省人民政府关于改革完善市县食品药品监管体制的意见》（浙政发〔2013〕54号）精神，为进一步加强基层食品安全工作，经省政府同意，现就加强全省食品安全基层责任网络建设提出如下意见：

一、指导思想

按照食品安全"地方政府负总责"的要求，进一步强化基层食品安全综合协调、监管执法体系建设，推进食品安全工作重心下移、力量配置下移，加强属地网格化管理，努力将各类风险隐患消除在萌芽状态，将问题解决在基层，逐步建立起市、县级政府负总责、职能监管部门履职尽责、相关部门和乡镇政府（街道办事处）联防联控、全社会广泛参与的基层食品安全工作机制，确保人民群众吃得放心、吃得安全，为建设平安浙江、维护社会和谐稳定作出积极贡献。

二、工作目标

按照"健全机构、配备人员、明确职责、下放权力、严格考核、强化保障"的总体要求，争取到2014年6月，全省所有乡镇（街道）全部组建食品安全委员会（以下简称食安委）及其办公室（以下简称食安办），有专（兼）职人员负责食品安全工作，结合社会治安综合治理网格划分，初步构建以乡镇（街道）为大网格单元、行政村（社区）为中网格单元、一定数量行政村村民小组（居民小组）为小网格单元的网格化管理体系；至2016年，食品安全基层责任网络的运行机制、工作机制、保障机制等各项长效制度初步建立，食品安全属地管理责任得到有效落实，基层食品安全突出问题得到有效解决，广大群众食品安全得到有效保障，食品安全社会共治、部门联治、基层防治的良好局面有效形成。

三、重点内容

（一）加强乡镇（街道）食品安全监管机制建设

——完善工作机构。在各乡镇政府（街道办事处）设立食安委，由乡镇政府（街道办事处）主要负责人担任主任；乡镇（街道）食安办设在乡镇政府（街道办事处）有关内设机构，主任由乡镇政府（街道办事处）分管负责人兼任。乡镇（街道）食安办统筹辖区内食品安全监管工作，业务上接受上级食安办指导。有条件的乡镇（街道），市场监督管理所可与食安办合署办公。市场监督管理所和乡镇政府（街道办事处）农产品质量安全监管机构主要负责人兼任乡镇（街道）食安办副主任。

——配备专（兼）职人员。按照乡镇（街道）常住人口规模和食品安全监管任务大小，合理确定乡镇（街道）食安办工作人员数量，做好食品安全监管相关工作。监管任务特别繁重的可适当加强，具体由乡镇（街道）研究确定，确保有足够力量有效承担职责。所需人员由乡镇（街道）按照政府职能转变的要求，予以内部调剂。

——明确工作职责。按照属地管理原则，乡镇（街道）将食品安全工作列为重要职责，切实做好食品安全隐患排查、信息报告、协助执法、宣传教育和统筹协调等工作，主要职责是：负责本辖区食品安全综合协调，组织贯彻落实上级决策部署，分析形势，研究部署本区域食品安全工作；建立健全食品安全工作机制，组织力量协助监管部门开展食品生产经营各环节安全巡查和隐患排查；制订本辖区食品安全网格化管理方案并组织实施；统筹规划本地食品摊贩经营场所，协助开展日常管理；建立责任网格内食品生产经营者数据库，并上报相关信息；针对存在问题和上级部署，及时开展专项整治，组织或配合县级食品安全监管部门查处辖区内无证生产经营、制假售假食品违法行为，建立健全各项长效监管机制；负责推荐、管理、培训辖区内各行政村（社区）协管员、信息员，明确其工作职责、考核办法等事项；做好民间厨师登记备案、农村家宴申报备案和管理工作，预防群体性食品安全事件发生，及时上报并协助处理食品安全事故；协助开展食品安全风险监测样品采集和食源性疾病调查；受理群众食品安全举报投诉，并按照职责权限及时处理；开展食品安全宣传教育工作。

公安派出所要强化与市场监督管理所等机构的衔接、配合、联动，及时发现食品安全违法犯罪线索，对涉及食品安全刑事案件的报警、举报、控告、线索等，应做好接警、前期处置及移送工作。县级公安机关要加大对食品犯罪案件的侦办力度，加强行政执法和刑事司法工作衔接，严厉打击食品安全违法犯罪活动。乡镇卫生院要承担起食源性疾病监测、报告义务，强化相关能力建设，配合做好区域食品安全工作。

——加强执法协调。乡镇（街道）食安办可协调组织市场监督管理所及县级农业、质监、卫生、综合执法等部门在乡镇（街道）的派出机构开展食品安全联合执法行动，重点加大对乡镇食品生产企业、农村市场食品安全监管力度，依法对辖区内食品安全问题进行调查处理。食品安全重大案件，由乡镇（街道）食安办协助上级食品安全监管部门组织查处。

——提供工作保障。乡镇（街道）要保障食品安全工作所需经费，为开展食品安全监管工作提供必要的工作条件。县级人民政府要加大对食品安全工作的投入，并向经济困难乡镇（街道）、欠发达地区和监管任务繁重的地区倾斜。县级食品安全监管部门、乡镇（街道）食安办要定期组织食品安全知识培训，提高从事食品安全监管工作相关人员的业务素质。结合各地食品安全举报投诉奖励办法和行政村级公益性岗位设置等，建立行政村（社区）市场监管协管员工作报酬保障机制。

（二）加强行政村（社区）网格化管理

乡镇政府（街道办事处）要在行政村（社区）中网格单元之下，根据食品生产经营者数量的实际情况，将辖区划分成若干个小网格，建立相关管理制度，充分发挥网格作用，将食品安全工作落实到位。

行政村（社区）网格化管理的重点是：建立定期巡查、检查制度，协助乡镇（街道）食安办及上级食品安全监管部门做好责任网格内食品生产加工经营单位的日常管理；建立健全食品安全网格化管理信息上报程序，及时上报、反馈食品安全管理信息；参加乡镇（街道）及各级食品安全监管部门组织的食品安全知识等培训，熟悉食品安全监管的有关政策、法律、法规和相关知识；开展食品安全法律法规及科普知识宣传；协助开展食品安全风险监测样品采集和食源性疾病调查；协助做好食品安全突发事件应急处置工作，网格内发生食品安全事故或突发事件，按照规定程序和时限及时上报，不擅自对外发布信息。

（三）加强协管员、信息员队伍建设

在农村行政村和城镇社区设立市场监管协管员，原则上每个行政村和城镇社区配备不少于1名协管员，具体数量由各地根据实际需要研究确定。协管员在乡镇（街道）食安办指导下开展工作。协管员一般应具有初中以上文化程度。

各地可根据监管任务大小及工作需要，在行政村（社区）食品安全中网格下的小网格设置市场监管信息员，配合协管员负责信息收集、上报和宣传教育等工作。信息员在乡镇（街道）食安办的指导下开展工作。

协管员、信息员可与行政村（社区）其他公共服务岗位交叉兼职，通过政府购买服务等方式解决，其工作纳入行政村（社区）公共服务的重要内容。

四、工作要求

（一）加强组织领导

食品安全基层责任网络建设由市、县（市、区）政府负责统筹推进。各地、各部门要充分认识加强食品安全基层责任网络建设的重要性和必要性，成立以市、县（市、区）食安委主任为组长的食品安全基层责任网络建设工作领导小组，统筹协调谋划，积极主动推进，确保取得实效。

（二）落实工作责任

要按照本意见提出的目标任务，结合各地实际，抓紧出台方案，细化工作任务，狠抓工作落实。各级食安办要加强指导和督查，及时总结推广典型经验，确保基层责任网络建设与本轮食品药品监管体制改革协调推进。各类经济开发区应根据实际情况建立食品安全基层责任网络，确保辖区内食品安全。

（三）密切协作配合

乡镇政府（街道办事处）要加强与食品安全监管部门及派出机构的沟通协调，建立定期联合研究食品安全工作机制，齐心协力抓好辖区内食品安全工作。食品安全监管部门要在当地政府统一领导下，加大食品生产经营违法行为查处力度，切实加强日常监管，不断提升食品安全监管科学化、规范化水平。要发挥食品行业协会、民间组织、农民专业合作社、志愿者队伍作用，构建食品安全社会共治格局。

（四）创新体制机制

各地要结合实际，积极探索创新，建立健全食品安全隐患排查、信息交流、风险防控、学习培训、督查考评等制度，健全基层责任网络建设"网格化管理、组团式服务"的各项长效机制，增强基层食品安全保障能力。要创新监管手段、方法和载体，积极运用信息化手段，发挥市场监管协管员、信息员的作用，提升监管效率。

（五）严格考核评估

省政府将食品安全基层责任网络建设工作纳入各市政府年度食品安全目标管理责任书重点内容，年底对完成情况开展考核评估。市、县级人民政府要相应将食品安全工作纳入县（市、区）政府、乡镇政府（街道办事处）目标管理考核内容，明确考核办法，对取得显著成绩的单位和个人，要给予通报表扬。要完善食品安全监管责任制和责任追究制，加大行政问责力度，对因基层责任网络不健全、监管措施不到位、失职渎职而发生食品安全事故（事件）的，要依法依纪追究相关责任人责任。

2014年2月27日

浙江省人民政府关于促进城乡居民收入持续普遍较快增长的若干意见

各市、县(市、区)人民政府,省政府直属各单位:

为确保完成党的十八大和省委十三届二次全会作出的城乡居民收入翻番目标任务,促进我省城乡居民收入持续普遍较快增长,现提出如下意见:

一、总体要求

(一)指导思想

深入贯彻落实党的十八大、十八届三中全会精神,围绕干好"一三五"、实现"四翻番"目标,把富民放在更加突出的位置,坚持教育优先、就业为基、创业带动、政策兜底,全面提高城乡居民的工资性收入、经营性收入、财产性收入和转移性收入,努力实现居民收入增长和经济发展同步、劳动报酬增长和劳动生产率提高同步,促进城乡居民收入持续普遍较快增长。

(二)目标任务

到2017年,全省居民人均可支配收入按可比价计达到40000元左右。其中,城镇居民人均可支配收入达到50000元左右,农村居民人均纯收入达到22000元左右。

(三)基本思路

——坚持教育优先。把发展教育放在促进城乡居民收入持续普遍较快增长的优先位置,加大教育投入,统筹发展各类教育,着力提高全社会劳动者素质和就业创业致富能力。到2017年,高中段教育毛入学率达到95%以上,高等教育毛入学率达到56%以上,全省主要劳动年龄人口平均受教育年限达到10.5年以上。

——坚持就业为基。提升工业化,加快城市化,积极推进农业人口转移就业,努力创造数量更多、收入更高的就业岗位,实现更高质量的就业,促进企业职工工资持续较快增长。到2017年,全省全社会单位在岗职工年平均工资达到60000元左右。

——坚持创业带动。在全省各地普遍建立创业服务体系,鼓励更多的城乡居民特别是科技人员和大学生自主创业,吸引更多的海内外人才到浙江创业,努力把浙江建设成为创业环境最优、政策最好的创业高地。到2017年,全省各级各类孵化器在孵企业达到10000家以上。

——坚持政策兜底。全面推进基本公共服务均等化,加大财政对教育、医疗、社会保障等民生领域的投入,提高最低生活保障标准。加大对欠发达地区农民增收政策扶持力度,加大对困难群众的帮扶救助。到2017年,欠发达地区农村最低生活保障标准达到每人每年5000元以上。

二、着力提高工资性收入

(四)努力创造收入更高的就业岗位

大力发展高新技术产业、装备制造业和现代服务业,做大做强信息、环保、健康、旅游、时尚、金融、高端装备等产业,不断提高就业比重。加快传统产业改造,全面推进"机器换人",提高劳动生产率、减少低端用工。加强高等院校、中等职业学校专业设置与高新技术等新兴产业的对接,加强高校毕业生和中职毕业生与龙头企业、品牌企业、科技型企业等优势企业的对接,加强农村富余劳动力转移就业培训和失业人员再就业培训,努力实现更高质量的就业再就业。

(五)逐年提高最低工资标准

建立健全最低工资标准与经济增长联动机制,按照最低工资增长高于经济增长原则,每年调整最低工资标准。到2017年,四档最低工资标准平均达到每月2000元左右。

(六)健全企业职工工资正常增长机制

每年定期发布上年度全省全社会单位在岗职工年平均工资及增长率等有关信息。按照平均工资增长不低于经济增长的要求,每年定期发布企业工资指导线。完善企业工资集体协商制度,力争覆盖面达到80%以上。

(七)逐步提高机关事业单位人员收入

严格贯彻执行国家关于机关事业单位工资福利的政策规定。健全机关单位工作人员津贴补贴奖金制度。深化事业单位绩效工资制度改革,强化按劳分配、优绩优酬的政策导向。完善机关事业单位住房公积金、住房补贴制度,建立正常增长机制。

三、稳步提高经营性收入

(八)加快提高农村家庭经营水平

大力推广高效、生态循环的新型种养模式,加强农产品质量建设,加快发展绿色农业。积极培育家庭农场等现代农业主体,大力发展农村电子商务,推动农业生产经营规模化、网络化、品牌化。加快发展休闲观光农业,鼓励和支持农民利用特色资源发展农家乐、乡村民宿、休闲农庄等乡村旅游,鼓励有条件的地方加快推进乡村旅游景区化。积极发展新型农村家庭工业,重点支持以来料加工为主体、以手工制作为特色的零排放、低能耗家庭工业发展。

(九)大力发展个体经济新业态

抓住互联网快速发展的机遇,大力发展电商网店、软件编程等适宜个体经营的互联网经济新业态。适应市场需求个性化、多样化、高端化发展新趋势，进一步放宽政策，鼓励和支持专业技术人员创办创意设计、管理咨询、家庭理财等个人工作室或者从事健康顾问、依法提供法律顾问等服务。积极利用互联网技术改造提升传统个体服务业，推动个体经济业态创新。

四、努力提高财产性收入

（十）拓宽农民增加财产性收入渠道

加快“三权到人（户）、权跟人（户）走”改革，切实保障农民对承包地行使占有、使用、收益、流转及承包经营权抵押、担保、入股等权利，对集体资产股份行使占有、收益、有偿退出及抵押、担保、继承权，对宅基地行使用益物权，慎重稳妥推进农民住房财产权抵押、担保、转让，着力增加农村居民财产性收入。

（十一）拓展城乡居民投资渠道

鼓励支持金融机构和第三方支付企业不断开发收益稳定、风险适度的理财产品，鼓励支持企业发行短期融资券、中期票据、企业债券、中小企业集合票据等直接融资工具。规范民间金融运行，探索发展民间融资服务中心、民间资金管理企业。积极发展地方资本市场，支持和鼓励更多的企业到浙江股权交易中心挂牌和进行股权、债券融资，实现民间小资本与大企业、大项目的对接。

（十二）鼓励投资创业

降低创业门槛，对新办企业实行注册资本认缴登记、取消最低限额、筹建登记等新政。放宽住所（经营场所）登记条件，允许“一址多照”“一照多址”，鼓励商务秘书企业提供住所托管服务。完善创业服务体系，支持创办创业服务企业，建立健全政府购买创业培训、创业指导、创业咨询等创业服务的机制。加强税收扶持，全面落实国家有关小微企业税收减免政策。

五、持续提高转移性收入

（十三）完善农业补贴制度

加大农业补贴资金整合力度，调整优化涉农专项资金支出结构，建立农业补贴标准动态调整机制，研究完善耕地保护、土地承包经营权和林权流转、粮油生产等直补办法。完善生态公益林补偿制度。逐步扩大农业保险保费补贴范围，适当提高保费补贴比例。

（十四）积极推进社会保险扩面提标

加强社会保险制度整合衔接，逐步提升统筹层次。进一步完善城乡基本养老保险制度，整合城乡居民基本医疗保险制度，构建城乡统一的失业保险制度，加快建立大病保险制度，努力实现应保尽保，不断扩大各类社会保险覆盖面。按照国家统一部署，结合我省经济社会发展实际，稳步提高企业退休人员基本养老金水平和城乡居民基础养老金标准，适时调整城乡居民基本养老保险缴费档次，适时提高城乡居民医保补助标准。鼓励和支持企业建立企业年金和住房公积金制度。

（十五）加大扶贫帮困力度

创新扶贫办法，整合扶贫资金，建立健全扶贫工作与最低生活保障工作联动机制。健全特困人员供养制度，完善医疗、教育、就业、住房救助制度及临时救助制度，完善残疾人、困境儿童、孤儿基本生活保障制度，健全优抚对象抚恤补助标准调整机制。

六、保障措施

（十六）加强组织领导

各级、各部门要高度重视城乡居民增收工作，围绕重点任务，明确工作责任，落实政策措施，加大推进力度。各市、县（市、区）要结合本地实际抓紧制订具体实施办法。

（十七）健全工作机制

建立由省政府常务副省长牵头的联席会议制度，定期分析问题，统筹协调重大事项。加强对各地居民增收工作的督查考核，切实把最低工资制度、工资指导线、企业工资集体协商制度、社保扩面提标、财政民生投入等工作落到实处。加大对欠发达地区农民增收的财力支持，重点支持欠发达地区完善农村最低生活保障制度。完善统计制度，改进统计方法，确保数据统计的准确性。

（十八）加强舆论宣传

大力宣传各级政府促进居民增收的政策举措，宣传企业构建和谐劳动关系、落实增收政策的好做法好经验，宣传勤劳致富、创业致富的先进典型。定期发布全省及各地城乡居民收入增长情况，营造全社会共同关注居民增收工作的良好氛围。

2014 年 11 月 8 日

浙江省人民政府办公厅关于规范农村宅基地管理切实破解农民建房难的意见

各市、县（市、区）人民政府，省政府直属各单位：

为进一步加强和规范农村宅基地管理，切实破解当前农民建房难问题，优化农村人居环境，推进美丽乡村建设，经省政府同意，现就规范农村宅基地管理切实破解农民建房难提出如下意见：

一、目标要求

坚持破解农民建房难工作与推进城乡统筹发展、优化城乡空间布局相衔接，严格落实农村宅基地管理“一户一宅、拆旧建新、法定面积”的要求，深化农村宅基地审批制度改革，积极构建农民建房用地分配管理与耕地保护、集约用地、违法用地制约相挂钩的奖惩机制，强化农民建房用地规划计划保障和监督。力争通过3～5年时间，全省农村无房户、危房户建房用地问题得到基本解决，农民合法居住权得到有效保障。

二、主要任务

（一）认真编制农民建房实施方案

各地要以乡（镇）政府、街道办事处为责任主体，开展农村宅基地利用情况专项调查，全面摸清农民建房特别是无房户、危房户的现状和实际需求。根据土地利用总体规划、村庄规划以及“一户一宅”、宅基地法定面积要求，在尊重农民意愿基础上，每年制订农民建房实施方案，明确建房名单、规划选址、用地规模、时序安排以及规划实施保障措施。农民建房实施方案提交全体村民大会或村民代表大会讨论表决，并公示无异议后，由乡（镇）政府、街道办事处审核后报送县（市、区）国土资源管理部门汇总。

（二）合理确定农民建房用地规划布局

各地要按照土地利用总体规划和城乡建设规划，以乡镇为单位科学设置农村居民点，引导农民按规划要求集中建房，为完善农村基础设施和公共服务设施配套创造条件。对城镇规划区内的农民建房要纳入城市建设，结合“三改一拆”和城镇低效土地再开发利用，实施城市社区化改造，引导和鼓励公寓式安置；对城镇规划区以外的农民建房要纳入新农村建设，与美丽乡村建设和农房改造工作有机结合，充分利用农村土地综合整治平台，引导农民建房向中心镇、中心村集聚。积极盘活存量建设用地，充分利用低丘缓坡等非耕地资源，探索“坡地村镇”土地利用方式，推进农村土地节约集约利用。

（三）切实简化农民建房用地管理程序

农民建房申请使用原宅基地等存量建设用地的，经村集体经济组织集体会审、公示后，报乡（镇）政府、街道办事处审批。农民建房申请使用土地涉及占用农用地、未利用地的，由县（市、区）政府单独组件办理农用地转用等审批手续，其中使用城乡建设用地增减挂钩指标安排农民建房的，按照农村土地综合整治项目管理模式组件报批。宅基地供地审批由乡（镇）政府、街道办事处会同基层国土资源所负责办理，报县（市、区）国土资源管理部门备案。农民建房竣工后，由县（市、区）国土资源管理部门根据用地批准文件及验收资料依法办理集体建设用地使用权登记手续。

（四）切实加强农民建房用地监管

各乡（镇）政府、街道办事处、基层国土资源所和村级组织要建立和落实农村宅基地管理共同责任机制。严格落实农村宅基地审批“四公开”制度，做到审批程序公开、申请条件公开、建房名单公开、审批结果公开；严格落实农民建房“四到场”制度，做到建筑放样到场、基槽验线到场、施工过程到场、竣工验收到场，有关责任人员须到场签字；严格落实农村宅基地管理动态巡查制度，依法查处宅基地使用中的违法违规行为。建立农民建房与违法用地查处相挂钩的奖惩机制，对新发生违法用地且未按规定时限拆除的行政村，下年度不予受理农民建房用地申请。

三、政策支持

（一）优化农民建房用地规划空间

对农民建房涉及土地利用规划用途调整的，以及确需调整村（镇）规划的，按照有关规定做好规划局部调整。农民建房地块确需安排在限制建设区的，允许使用本县（市、区）、乡镇（街道）土地利用总体规划预留指标进行安排，将建房地块纳入允许建设区；建房地块位于有条件建设区的，可使用规划预留指标，或在本乡镇（街道）范围内的允许建设区等面积置换，进行规划修改；允许建设区范围外400平方米以下使用集体土地的零星农民建房用地，使用规划预留指标，在建设用地报批时，同步上报备案规划修改内容，实行台账管理，在年度规划数据库执行更新时予以落实。经土地利用总体规划中期评估，县级规划空间确实已用完的，可即启动土地利用总体规划修编工作，并完成规划修编的法定确认工作。优先调整安排农民建房所需的规划空间，一般不得低于当地新增建设用地规模的10%。

（二）实行农民建房用地指标专项管理

农民建房用地指标实行“省管总量、计划单列、专项管理”，由省国土资源厅单列下达给各设区市，由设区市国土资源管理部门专项管理，根据农民建房实施情况予以核销。各地要优先安排使用城乡建设用地增减挂钩指标，将异地搬迁农民建房纳入农村土地综合整治工程；对实施旧村改造涉及农民住房新建扩建的，可配套使用新增建设用地计划指标。同时，统筹用好地质灾害搬迁、下山脱贫异地搬迁、历史文化村落保护利用搬迁等新增建设用地专项指标，对县（市、区）在规定期限内未使用的专项指标，可在全市范围内进行调剂；对各市在规定期限内未使用的专项指标，由省国土资源厅在全省范围内进行调剂。

（三）改革农村宅基地审批制度

按照“农户申请、村级审查、乡镇审批、县管转用”的模式，改革农村宅基地审批制度，优化宅基地审批管理流程，保障农民建房及时落地。农民建房单独组件涉及农用地转用、农村土地综合整治项目的省政府审批权限，省政府以委托方式下放给县（市、区）政府。农民建房供地的审批权限由县（市、区）政府以委托方式下放给乡（镇）政府、街道办事处。农民建房用地审批，可按“定量不定位”方式先行批准，待竣工验收后，再报备宅基地用地信息。对历史遗留未经批准但符合“一户一宅”和规定使用面积的农村宅基地，在符合土地利用总体规划等相关规划和政策处理到位的前提下，可补办用地审批手续。对未拆除旧房归还原有宅基地的，新建住房的集体建设用地使用权证不予核发。

（四）加强对农民建房的财政支持

进一步加大资金投入，加强现有“千村示范、万村整治”、下山脱贫、地质灾害避险、农房改造等财政专项资金的整合，视财力可能逐步提高农村宅基地复垦新增耕地省级资金补助标准。探索农村土地综合整治项目节余指标市场化配置机制，所获收益全额用于农房改造建设和农村基础设施建设。农民建房涉及耕地占补平衡及所需资金由县（市、区）、乡镇（街道）统筹落实。鼓励有条件地方免收集体建设用地使用权登记证书工本费等行政事业性收费。新增建设用地土地有偿使用费授权县（市、区）政府负责在发放建设用地批准文件前征收。农村土地整治项目区，在国土资源部批准下达的本市县挂钩周转指标规模内，不缴纳新增建设用地土地有偿使用费、耕地开垦费。

（五）探索农村宅基地有偿使用与退出机制

在坚持“一户一宅、拆旧建新、法定面积”的前提下，鼓励村集体经济组织结合本地实际，探索级差排基、选位等宅基地有偿使用分配方式，完善宅基地分配管理机制。积极探索宅基地有偿退出机制，以农民自愿为前提，经村集体经济组织同意，通过有偿转让、有偿调剂、有偿收回等方式，引导宅基地有序规范退出。宅基地有偿使用所得收益全部归村集体经济组织所有，由村集体经济组织通过成员民主协商、民主自治方式决定资金用途。

四、工作要求

（一）加强组织领导，落实工作责任

各县（市、区）政府对农村宅基地管理和农民建房工作负总责，各乡（镇）政府、街道办事处负责具体实施和管理，各县（市、区）国土资源、城乡规划建设管理部门要切实履职，密切配合，做好相关工作。各地要将农村宅基地管理纳入新农村建设和耕地保护工作的重要内容，进一步落实耕地保护共同责任机制、节约集约用地共同责任机制和执法监察共同责任机制，合力推进规范农村宅基地管理、破解农民建房难工作。

（二）强化民主管理，夯实基层基础

各地要引导广大农村建立健全农村土地民主管理制度、农民建房村级协商议事机制和村规民约，增强村民自治组织管理农民建房的主体意识和责任意识。进一步提高宅基地管理工作的透明度，在土地利用总体规划修编，宅基地分配、使用和管理等过程中，引导和鼓励农户全程参与、全程监督，切实保障农户的知情权、参与权和监督权。

2014 年 3 月 27 日

浙江省人民政府办公厅关于推进全省农村应急广播体系建设的实施意见

各市、县（市、区）人民政府，省政府直属各单位：

按照国家推进应急广播体系建设工作的部署和省政府 2014 年十件民生实事项目实施的要求，结合我省实际，经省政府同意，现就推进农村应急广播体系建设提出如下实施意见：

一、农村应急广播体系建设的总体要求和目标任务

（一）总体要求

根据国家应急广播体系建设总体思路，以满足各级政府和基层组织日常宣传、应急信息快速发布为主要目标，坚持预防与处置并重、常态与非常态结合，针对自然灾害、事故灾难、公共卫生和社会安全等突发事件的不同特点，依托现有的广电有线网络和中波无线网络，构建省市县三级统一联动、安全可靠的农村应急广播体系，有效提升政府应急管理能力，最大限度减少社会公共资源和人民群众生命财产损失，为加快建设物质富裕精神富有现代化浙江提供有力保障。

（二）目标任务

分 2 年建成以有线为主、中波为辅的两大应急信息覆盖网络，具备多路应急广播并发能力。年内力争实现农村应急广播体系覆盖 50%以上的行政村；2015 年确保实现全覆盖。建成后系统与省市县三级应急部门实现联动，重点满足乡镇、行政村两级应急信息发布需求，确保实现全省行政村应急信息发布全天候响应并迅速送达目标地区。

二、农村应急广播体系的总体架构

按照国家应急广播体系建设标准，我省农村应急广播体系包括三级农村应急广播中心、两大传输覆盖网络和两类应急接收终端。

（一）农村应急广播中心

按行政级别分为省级、市级和县级农村应急广播中心。每级中心分别由信息制播平台和调度控制平台组成。其中，信息制播平台承担应急信息发布需求接入和内容制作等工作，调度控制平台承担应急信息覆盖网络调度和应急广播效果评估反馈等工作。

1. 省级中心。承担省级应急部门的信息发布任务和市级中心上报的信息发布申请，调度全省有线和中波传输覆盖网络进行信息发布，或将信息转发至市级、县级中心发布，并负责制订全省应急广播运维管理、发布演练、效果评估等管理制度及相关预案。

2. 市级中心。承担市级应急部门的信息发布任务，以及省级中心转发的应急广播任务和县级中心上报的信息发布申请，负责全市农村应急广播体系的统一管理和市本级接收终端的运行维护。

3. 县级中心。承担县级应急部门的信息发布任务和省级、市级中心转发的应急广播任务，负责全县(市、区)农村应急广播体系的统一管理和接收终端的运行维护。

(二)农村应急广播传输覆盖网络

按突发事件应急信息发布需要，分为有线应急广播和无线应急广播。

1. 有线应急广播。农村应急广播体系的主要覆盖网络，依托“村村响”工程进行优化提升建设，主要满足日常宣传普及和应急信息发布工作。其主要功能要求实现省、市、县、乡镇、行政村五级联网，确保全省联动、可管可控。各地在确保达到上述功能要求的前提下，可自主选择技术模式，主要推荐以下三种：

(1)基于有线数字电视机顶盒模式。在有线数字电视TS流中加入应急广播内容信号和控制信号，机顶盒在检测到控制信号并与本机地址匹配后，播出应急广播内容。

(2)基于广电IP数字传输模式。将应急广播内容信号和控制信号按照IP协议打包后融入广电有线网络传输，并通过专用设备转换成射频信号后播出。

(3)基于调频可寻址准数字模式(或基于调频副载波RDS控制模式)。利用调频调制技术将应急广播内容信号和控制信号，调制到某一高频载波或RDS副载波上，并通过广电有线网络传输播出。

2. 无线应急广播。农村应急广播体系的补充覆盖网络，依托全省35个中波转播台进行改造提升建设，主要满足如停电、停网、通信中断等极端条件下的应急信息发布工作。其主要功能要求覆盖有效、接收方便、应急快捷，确保当有线覆盖网络中断时，应急信息能够快速激活相关接收终端实现播出。

(三)农村应急广播接收终端

按部署的位置和覆盖的人群，分为公共接收终端、个人接收终端。

1. 公共接收终端。主要部署在行政村广播室和农村人口密集区、救灾避难场所等公共区域，必须具备独立扬声器，支持有线、中波两种方式强制唤醒，并预留唤醒接口与我省应急广播其他传输覆盖手段对接。

2. 个人接收终端。主要部署在农户家中。有线接收终端要确保处于开机状态就能接收应急信息，如室内独立喇叭、电视机或机顶盒内置喇叭等。无线接收终端主要指安装有干电池的中波收音机。

三、农村应急广播体系建设的组织实施

各地、各部门要充分认识推进农村应急广播体系建设的重要意义，牢固树立政治意识、大局意识和责任意识，务必保证建设任务按时全面完成。

(一)明确责任主体

各级政府是当地农村应急广播体系建设的责任主体，要把这项工作摆上重要议事日程，纳入当地经济社会发展总体规划和农村公共文化服务体系建设范畴，制订项目计划，落实工作职责，列入年度目标责任，全力推进当地农村应急广播体系建设。

(二)形成合力推进

各级应急管理部门要抓好面上的指导督促和协调推动工作。各级新闻出版广电行政主管部门和广播电视播出机构(或广电有线网络运营机构)要认真履职，确保建设任务如期高质量完成。各级财政部门要统筹安排，保障农村应急广播体系建设的必要投入，加强公共财政资金的绩效考核。鼓励各地引导和支持民营企业、社会团体等社会力量，通过投资、捐助、认建等形式，积极参与当地农村应急广播体系建设和运维。

(三)强化考核监督

各地要加强对农村应急广播体系建设的管理，建立监督考核制度、信息通报机制，对工程进展和工作绩效等情况开展不定期检查，严格执行项目计划，确因客观原因需要变动的，应按有关程序报批。

(四)推动有效使用

由各级应急管理部门牵头会同相关部门研究应急响应工作责任机制，建立健全农村应急广播体系在应急知识宣传和处置工作中的使用规范，指导推动相关部门积极使用农村应急广播体系开展社会管理和应急处置工作。

(五)加大宣传力度

各地要通过培训、专题讲座等形式，提高广大干部对农村应急广播的认识；利用报刊、广播、电视、新闻网站等媒体，正确引导社会各界和人民群众支持这项工作，为推进农村应急广播体系建设营造良好氛围。

2014年5月22日

浙江省人民政府办公厅关于推行设区市主城区家禽“杀白”上市工作的通知

各市、县(市、区)人民政府，省政府直属各单位：

为保障公共卫生安全，加快转变家禽交易和消费方式，促进畜牧业转型升级，根据《浙江省活禽交易管理办法》(省政府令第322号)等精神，经省政府同意，现就推行设区市主城区家禽“杀白”上市工作通知如下：

一、总体要求

以保障公共卫生安全为前提，以转变家禽交易方式、满足居民消费需求为主线，坚持政府引导、企业主体、市场导向、堵疏结合、方便群众的原则，加强政策引导，科学规划布局，积极转变家禽生产、加工、流通方式，统筹推进家禽定点屠宰、“杀白”上市和全产业链建设，加快构建新型家禽产业体系，确保设区市主城区关闭活禽交易市场后家禽产品有效供给和质量安全，促进家禽业持续健康发展和农民增收。

二、工作重点

（一）科学规划布局家禽定点屠宰厂

各地要根据土地利用总体规划和城乡建设规划以及居民家禽消费量、家禽产业、交通条件、生态环境等因素，科学确定家禽定点屠宰厂（点，下同）的数量、选址和规模，保持适宜的家禽屠宰能力，满足主城区居民家禽产品消费需求。统筹考虑现有家禽屠宰场点的改造提升和新建定点屠宰厂的规划布局、建设规范，避免重复建设。对长期与餐饮和食品加工企业挂钩的家禽养殖场（合作社），其屠宰设备设施和质量安全管理等符合相关要求的，经县级人民政府批准后可设立屠宰点，允许其“杀白”家禽产品以设立品牌专卖店的途径进入主城区，具体规定由各设区市人民政府制订。对没有条件建立集中屠宰厂的大中型规模养殖场（合作社），允许委托屠宰，以其自有品牌“杀白”上市。

（二）加强对家禽定点屠宰厂的监管

家禽定点屠宰厂的设立由设区市畜禽屠宰行业主管部门会同有关部门进行审核，设区市人民政府认定，报省农业行政主管部门备案。家禽定点屠宰厂的选址要求、设置条件和建设标准，由省农业行政主管部门会同省建设规划主管部门负责制订；国家标准和技术规范另有规定的，从其规定。家禽定点屠宰厂设置必须符合动物防疫条件、环评要求，其工艺流程、屠宰设备、检验设备、消毒和无害化处理设施等须符合国家或行业相关要求。家禽定点屠宰厂的选址要征求公众意见，设区市人民政府应当将其确定的家禽定点屠宰厂名单及时向社会公布。畜禽屠宰行业主管部门要加强对家禽定点屠宰厂屠宰活动的监管。

（三）加强“杀白”家禽产品质量管控

动物卫生监督机构要加强屠宰检疫监管，督促家禽定点屠宰厂严把活禽进货关，引导企业落实严格的检疫检验措施，建立质量安全追溯体系；对调入外省活禽，执行风险评估制度，做到源头可追溯、质量可监控。对病害家禽以及检疫不合格家禽，严格按规定落实无害化处理措施；对检疫检验合格的“杀白”家禽产品，加挂相关标识，有效规范家禽屠宰配送行为。市场监管部门要加强对家禽产品流通环节的监管，督促业主配备冷柜、冷库等冷链设备，依法禁止无标识的“杀白”家禽产品上市销售，加大对违规经营家禽产品行为的查处力度，确保家禽产品质量安全。坚决制止在设区市主城区继续从事活禽交易行为。

（四）加快推进家禽产业转型升级

引导中小规模养殖场户组建或加入合作社，推进家禽养殖规模化、生态化。支持家禽屠宰企业吸收规模家禽养殖企业和合作社参股改造提升，支持规模家禽养殖企业往上下游延伸产业链，推进家禽养殖、屠宰、加工、销售一体化经营，加快构建家禽全产业链。充分发挥家禽定点屠宰厂的辐射功能，通过农产品批发市场、农贸市场专柜、大中型超市和品牌专卖连锁门店等销售网络，向居民提供放心、优质、安全的“杀白”家禽产品。鼓励家禽企业创建自主品牌，发展连锁经营、冷链配送、电子商务等新型流通业态，促进家禽流通方式转变。

（五）加强宣传引导

各地、各有关部门要通过多种途径宣传“杀白”家禽产品安全消费知识，开展形式多样的推介活动，引导居民形成科学健康的禽类产品消费习惯。积极发挥家禽行业协会的作用，加强行业自律，强化产业预警，建立诚信体系，促进家禽产业健康发展。

三、加强组织领导和政策支持

（一）加大财政和税收支持力度

财政、金融等部门要加大对骨干家禽养殖企业、大型合作社投资建设家禽定点屠宰厂的支持，合理安排财政扶持项目、贴息贷款。对进入家禽定点屠宰厂死亡或检疫不合格的家禽及其产品进行无害化处理的，市、县（市、区）财政按每只 2 元的标准给予无害化处理补助。将符合条件的“杀白”家禽产品冷藏、运输等冷链设施设备列入农机购置补贴范围。市、县（市、区）财政要加大对家禽养殖龙头企业“杀白”禽类自营品牌专卖店和农贸市场禽类冰鲜产品专区（专柜）建设的扶持力度。对家禽定点屠宰厂从事禽类初加工的所得免征企业所得税。

（二）加强用地保障

各设区市要加快落实家禽定点屠宰厂建设用地，选址应符合土地利用总体规划和城乡建设规划，尽量利用存量土地，对涉及新增用地的，要优先安排建设用地指标。国土资源、建设规划等部门在审批建设项目选址意见书、建设用地规划许可证、建设工程规划许可证、乡村建设规划许可证时，要按照特事特办的原则，简化手续，优化服务，及时办理。

（三）加强环保等政策支持

环保部门要开通“绿色通道”，对家禽定点屠宰厂建设简化环评与审批环节，加快环评审批速度。环评机构对家禽定点屠宰厂环评咨询收费按不高于我省价格部门规定标准的 70% 执行。合法装载的“杀白”家禽产品冷鲜配送车享受鲜活农产品“绿色通道”政策，免收车辆通行费。

（四）加强组织领导

各地要将家禽“杀白”上市列入“菜篮子”工程建设的重要内容，切实加强组织领导，采取有力政策措施，加快推进建设家禽定点屠宰厂所需的项目环评、动物防疫条件审查、资金筹措等工作，确保家禽定点屠宰厂建设项目尽快落地、早日建成。切实加强动物卫生监督体系建设，根据家禽定点屠宰厂数量、屠宰规模，配备与动物检疫监管工作相适应的官方兽医。切实做好农贸市场活禽销售人员转产转业工作，确保设区市主城区关闭活禽交易市场工作平稳有序推进。农业、卫生计生、商务、食品药品监管、财政、国土资源、环保、工商、金融、城市管理等部门要各司其职，密切配合，共同推进家禽“杀白”上市工作。

2014 年 6 月 3 日

浙江省人民政府办公厅关于加快推进全省农村宅基地确权登记发证工作的意见

各市、县(市、区)人民政府,省政府直属各单位:

为落实农民财产权利,保障宅基地用益物权,根据《国土资源部农业部财政部关于加快推进农村集体土地确权登记发证工作的通知》(国土资发〔2011〕60 号)、《国土资源部中央农村工作领导小组办公室财政部农业部关于农村集体土地确权登记发证的若干意见》(国土资发〔2011〕178 号)等文件精神,经省政府同意,现就加快推进全省农村宅基地确权登记发证工作提出如下意见:

一、充分认识宅基地确权登记发证的重要意义

宅基地关系到农民住房保障和财产权利。加快推进宅基地确权登记发证工作,依法确认和保障农民的宅基地使用权,是推进农村土地制度改革,促进农民增收、农村发展的重要手段;是解决农村土地权属纠纷,维护农村社会和谐稳定的重要基础。近年来,各地积极做好村庄地籍调查、地籍信息化建设,开展宅基地确权登记发证工作,取得了一些成效。但由于一些地方宅基地历史遗留问题比较多、土地权源资料不全、土地权属争议调处难,以及农民产权保护意识不强,全省宅基地确权登记发证率仍然不高。各地要高度重视,加强组织领导,周密制订工作计划,切实做好村庄地籍调查、地籍信息化建设,全力推进宅基地确权登记发证工作,并将各项工作经费列入地方财政预算;同时,要大力宣传发动,强化农民产权保护意识,引导农民主动申请登记,努力提高宅基地确权登记发证率,为真正实现农民住房财产权的抵押、担保、转让等权能创造条件。

二、妥善处理宅基地管理的历史遗留问题

各地要以尊重历史的态度,在坚持"一户一宅、拆旧建新、法定面积"的前提下,妥善处理宅基地管理中存在的历史遗留问题,切实维护农民的合法权益。

(一)1982 年 2 月 13 日《村镇建房用地管理条例》实施前,农民占用宅基地建房且至今未扩建或翻建的,可按现有实际使用面积确定宅基地使用权。

(二)1982 年 2 月 13 日《村镇建房用地管理条例》实施起至 1987 年 1 月 1 日《中华人民共和国土地管理法》实施前,农民建房未经批准或超过批准面积占用宅基地的,若已按《中共中央国务院关于加强土地管理制止乱占耕地的通知》(中发〔1986〕7 号)及当地政府有关规定处理的,可按实际使用面积确定宅基地使用权;若至今未处理的,可由本农村集体经济组织出具证明,参照当时的处理政策进行处理后,按实际使用面积确定宅基地使用权。

(三)1987 年 1 月 1 日《中华人民共和国土地管理法》实施起至 2009 年 12 月 31 日,农民建房未经批准或超过批准面积占用宅基地,但建房者符合建房条件,且所占宅基地符合土地利用总体规划和村镇规划的,经本农村集体经济组织同意并公示无异议,在对规定面积标准内的未批部分进行处理(处罚)后,按土地利用现状补办用地审批手续,并按批准面积确定宅基地使用权。

(四)2010 年 1 月 1 日起至 2014 年 3 月 27 日《浙江省人民政府办公厅关于规范农村宅基地管理切实破解农村建房难的意见》(浙政办发〔2014〕46 号)下发之日前,农民建房未经批准或超过批准面积占用宅基地,但建房者符合建房条件、所占宅基地符合土地利用总体规划和村镇规划,且县(市、区)政府决定可以确定宅基地的,应经本农村集体经济组织同意并公示无异议,对当地规定面积标准内的未批部分进行处理(处罚)后,按违法占用前的地类补办用地审批手续,按批准面积确定宅基地使用权。

(五)2014 年 3 月 27 日《浙江省人民政府办公厅关于规范农村宅基地管理切实破解农村建房难的意见》(浙政办发〔2014〕46 号)下发后的违法占地建房,一律按现行政策处理。

三、严格规范宅基地确权登记发证

各地要按照"权属合法、界址清楚、面积准确"的原则,规范填写土地登记簿、土地权利证书,妥善保存土地登记档案资料,严格规范宅基地确权登记发证工作。

(一)对不符合补办用地审批手续违法超占宅基地,且确因违法超占不足一间房屋等原因暂时无法拆除的,可对批准面积进行确权登记发证,对违法超占部分应在土地登记簿、土地权利证书记事栏内注明超占面积,超占部分待今后拆建、翻建时予以拆除。宗地图按实际使用范围绘制,能区分违法超占位置的应当用虚线标注;如确实无法区分违法超占位置的,应当注明批准面积和超占面积,但违法超占面积不确认宅基地使用权。

(二)对非本农村集体经济组织的农民,因新农村建设、地质灾害防治、下山脱贫、小岛迁移等原因,经依法批准异地建房的,在落实原宅基地处置政策后,可凭相关权属证明文件办理宅基地使用权确权登记。城市居民非法购买农村宅基地的,一律不予确权登记。

(三)对拆旧建新的,当地国土资源部门在审批新建宅基地时,应当同时办理原宅基地使用权收回手续,收回原宅基地土地权利证书;当事人在申请办理新宅基地登记手续时,应当同步办理原宅基地注销登记手续。对当事人未按规定申请办理原宅基地注销登记的，当地国土资源部门应当责令当事人限期办理注销登记手续；如逾期不办理的，应经公告后直接办理注销登记。对依法继承房屋或在1999年1月1日《中华人民共和国土地管理法》修订实施前经依法批准合法取得的宅基地，不受宅基地"一户一宅"政策的限制，应当予以确权登记。

四、强化宅基地确权登记发证的服务工作

各地要继续加大对宅基地权属争议的排查力度，建立健全权属争议排查信息库，及时掌握土地权属争议的状况，有效调处化解权属争议矛盾。要规范土地登记行为，继续深化"窗口办证"服务，加快土地登记速度，方便群众办证。要减轻农民负担，各级国土资源部门办理宅基地确权登记发证的相关工作经费由本级地方财政保障，不得向农民收取；各地公证机构、登记代理机构办理农民住房继承公证、宅基地登记代理等服务时，应按件减半收取费用，不得按财产额比例计费，具体计费标准由省物价局另行制订。

五、强化宅基地确权登记发证工作的组织领导

各县（市、区）政府对宅基地确权登记发证工作负总责，要结合本地实际，抓紧制订操作细则，组织相关部门和乡镇（街道）开展调查摸底，力争在2015年底前完成宅基地历史遗留问题的处理，并及时办理确权登记发证。同时，要继续加大土地执法力度，严肃查处新发生的宅基地违法占用行为，有效维护农村土地管理秩序。在宅基地确权登记发证工作中，各地、各有关部门应当维护好农村妇女的合法权益。省级有关部门、各设区市政府要加强对县（市、区）宅基地确权登记发证工作的指导和监督，对各地反映的问题及时进行研究处理；对不依法依规进行宅基地确权登记发证或登记发证不规范造成严重后果的，严肃追究有关人员责任，确保宅基地确权登记发证工作顺利推进。

2014年6月5日

浙江省人民政府办公厅关于进一步推进村级(社区)便民服务中心建设完善政务服务体系的通知

各市、县（市、区）人民政府，省政府直属各单位：

村级（社区）便民服务中心是我省延伸政务服务体系，在行政村（社区）设立的为基层群众集中提供公共服务的综合性窗口，是省市县乡村五级公共服务体系中最基层的公共服务平台。近年来，在省委、省政府的领导下，在纪检监察机关的牵头推动下，我省村级（社区）便民服务中心建设成绩显著，并在2011年实现了全省全覆盖，有力地提升了我省政务服务水平。根据党的十八届三中全会精神以及中央纪委有关纪检监察机关聚焦主业、履行主责等工作要求，省委、省政府决定我省各级纪检监察机关不再牵头负责村级（社区）便民服务中心建设。为进一步推进村级（社区）便民服务中心建设，完善我省政务服务体系，经省政府同意，现将有关事项通知如下：

一、妥善做好村级(社区)便民服务中心建设工作承接

村级（社区）便民服务中心的建立，使政务服务网络延伸到了最基层，打通了联系服务群众的"最后一公里"。加强村级（社区）便民服务中心建设，不仅有利于密切党群干群关系，强化基层社会治理，维护社会和谐稳定，而且对于创新政务服务工作，推进政府职能转变，建设服务型政府，具有重要的现实意义。多年实践证明，我省村级（社区）便民服务中心建设是一项广受群众欢迎的民心工程，是五级政务服务体系不可或缺的重要组成部分。各级政府要进一步增强推进村级（社区）便民服务中心建设的责任感和使命感，切实加强组织领导，理顺行政管理体系，妥善做好工作承接。省一级明确由省政府办公厅牵头，省审改办具体承担包括村级（社区）便民服务中心在内的全省政务服务中心建设的组织协调和指导推进职责。各市、县（市、区）政府也要加强组织协调，相应确定牵头部门和责任部门，统筹推进政务服务体系建设。

二、巩固提升村级(社区)便民服务中心各项工作水平

目前，我省村级（社区）便民服务中心建设已构建了基本工作框架和工作体系，并取得了较好成效。要在巩固现有成果基础上，深入贯彻《中共浙江省委办公厅浙江省人民政府办公厅印发〈浙江省村级（社区）便民服务中心管理暂行办法〉的通知》（浙委办发〔2013〕7号）等精神，结合我省全面推行政府权力清单制度改革，着力推动村级（社区）便民服务中心由数量全面覆盖向质量明显提升转变，由代办服务向综合服务转变，逐步形成规范、透明、便捷的"一站式"服务工作机制，更好地满足人民群众的公共服务需求。

（一）充实服务内容

坚持以群众需求为导向，从为群众提供一些急需的服务事项做起，逐步把与基层群众生产生活密切相关的事项尽量纳入服务范围，实现从单一的咨询、办证服务向全方位的综合服务转变。加大村级各类便民服务资源的整合力度，引导各村（社区）将信访调解中心、文化俱乐部、远程教育点、村邮站、基层站所办事点等各类服务管理平台和服务资源纳入村级(社区)便民服务中心统一管理,实现资源共享、集中服务。

(二)优化服务行为

充分发挥“百乡千村”示范便民服务中心典型引导作用,按照“一门受理,全程服务”的要求,公开服务项目、办事流程、办理时限及投诉渠道,完善便民服务内容、流程和方法。研究制订村级(社区)便民服务中心规范化管理标准,逐步实现中心规范化、标准化运作。建立健全村党组织、村民委员会干部等轮流值班制度,确保每个工作日都有人为民办事。积极推行“上门服务”“电话预约服务”等服务形式,积极运用微博、微信、QQ群等服务载体,做到方便群众、提升效率。

(三)强化支持保障

各地要因地制宜,制订不同规模类型的村级(社区)便民服务中心软硬件建设标准,逐步实现场所设施的规范化。加强以村干部、乡镇驻村干部、大学生村官和相关职能部门联络员为主体的代办员队伍建设,注重教育培训,完善奖惩机制,提升服务能力。坚持把村级(社区)便民服务中心专项补助经费列入同级财政预算,健全财政补助与村集体经济投入、涉农帮扶、社会捐助等相结合的多元化经费筹措机制,重点加强对经济欠发达地区村级(社区)便民服务中心的资金扶持。加强村级(社区)便民服务中心财务管理,确保运行经费使用规范。

三、进一步完善我省政务服务的管理体制及运行机制

各级政府要以这次村级(社区)便民服务中心建设职责调整为契机,按照省里有关深化政务公开加强政务服务文件要求,坚持问题导向,深入推进公共服务体系建设。

(一)完善政务服务管理体制

省、市、县、乡镇、村(社区)的政务服务实行上下级统筹协调、指导服务、监督考核的管理体制。省审改办以及市县政府相应部门要切实承担起全省各级政务服务中心建设的组织协调和指导推进职责,进一步加强上下工作衔接和业务指导,协调推进村级(社区)便民服务中心建设,增强全省政务服务体系整体合力。重视健全乡镇(街道)行政服务中心、基层站所与村级(社区)便民服务中心的服务对接机制,为村级(社区)便民服务工作顺利开展创造条件。

(二)完善政务服务运行机制

紧密结合我省深化行政审批制度改革和浙江政务服务网的建设运行,加大涉及民生服务审批事项等放权力度,凡与企业和人民群众密切相关的行政审批和公共服务事项一律纳入行政服务中心办理,增强市县行政服务中心的综合服务功能,发挥好乡镇(街道)行政服务中心联系城乡的纽带作用。大力拓展网上办事功能,做到网上申报、上下联办、网上监督、统一反馈、全程透明。推进政务服务标准化建设,健全办事制度、服务方式、场地设施等方面标准,落实首问负责制、限时办结制、考核评议制等制度。

(三)完善工作协调推进机制

各级政府要切实把完善政务服务体系工作摆上重要议事日程;各相关职能部门要积极支持政务服务中心工作;各级监察机关要积极配合,加强效能监察和监督检查,共同推动这项工作。“三务(党务、村务、财务)”公开信息平台建设是我省农村基层党风廉政建设的一项重点工作,各级纪检监察机关要继续负责,其中涉及村级(社区)便民服务信息的,要加强与相关部门衔接,确保信息平台顺畅运转。

2014年8月7日

浙江省人民政府办公厅关于进一步完善医疗救助制度有关问题的通知

各市、县(市、区)人民政府,省政府直属各单位:

为切实提高困难群众基本医疗保障水平,根据《社会救助暂行办法》(国务院令第649号)和《浙江省社会救助条例》精神,经省政府同意,现就进一步完善医疗救助制度有关问题通知如下:

一、完善医疗救助政策

(一)明确救助对象范围

下列人员可以申请医疗救助:1. 特困供养人员;2. 最低生活保障家庭成员;3. 最低生活保障边缘家庭成员;4. 因患大病规定范围内的医疗费用自负部分超出家庭承受能力,导致家庭实际生活水平低于当地最低生活保障边缘家庭标准的人员(以下简称因病致贫人员);5. 县级以上人民政府规定的其他特殊困难人员。

(二)改进救助方式

实行按费用救助,原则上不分病种。救助对象在定点医疗机构发生的规定范围内的医疗费用,扣除各项保险补偿后的个人负担部分,纳入救助范围。各地要综合考虑其家庭负担能力、个人自负金额、当地医疗救助资金筹集等因素合理制订救助方案。

(三)明确救助比例

根据救助对象的困难程度确定救助比例:1. 特困供养人员基本医疗费用全额解决;2. 最低生活保障家庭成

员住院自负合规医疗费用救助比例不低于70%；3. 最低生活保障边缘家庭成员住院自负合规医疗费用救助比例不低于60%；4. 因病致贫人员和当地政府规定的其他救助对象住院自负合规医疗费用救助比例不低于50%。以上各类救助情形，年度救助封顶线均不低于8万元。各地可以根据医疗费用，分段确定救助比例，个人负担费用数额越大，救助比例应当越高。贫困重度残疾人和其他符合条件的贫困残疾人，各地可根据实际，酌情提高救助水平。

（四）降低救助门槛

最低生活保障家庭成员不设医疗救助起付线；最低生活保障边缘家庭成员的医疗救助起付线要逐步取消；因病致贫人员医疗救助起付线由各地根据实际设定，一般不高于当地上年度城乡居民人均收入水平。各地还可以通过垫付住院押金、发放助医卡（券）等方式，进一步减轻困难群众医疗费用负担。

（五）开展医疗应急救助

根据国家有关规定，加快建立疾病应急救助制度，对需要急救但身份不明或者无力支付急救费用的急重危伤病患者给予及时救助。各医疗机构要积极救治急重危伤病患者，不得以任何理由拒绝、推诿或拖延救治。

（六）加强制度衔接

继续做好资助参保工作，确保特困供养人员、最低生活保障家庭成员、最低生活保障边缘家庭成员等救助对象及时参加基本医疗保险和大病保险。医疗救助的定点医疗机构及用药范围、诊疗项目等，原则上参照基本医疗保险和大病保险的相关规定。积极做好医疗救助与大病保险在政策设计、费用结算和工作机制等方面的衔接，确保各项医疗保障政策落实到位。

二、强化保障措施

积极筹措医疗救助资金，进一步健全以财政资金为主渠道的保障机制，切实保障医疗救助所需。2015年各地财政安排医疗救助资金不低于人均15元，并根据当地工作实际和经济发展状况每年有所增加。省财政按照各地财政困难程度给予转移支付。

加强医疗救助对象管理，加快推进对申请救助家庭的经济状况核对工作，提高医疗救助对象认定准确性。进一步完善医疗费用即时结报制度，尽快实现基本医疗保险、大病保险、医疗救助"一站式"结算。

加快建立医疗救助与慈善事业的有效衔接机制，畅通社会力量参与医疗救助的渠道，支持慈善组织、专业社会工作机构等为医疗救助对象提供医疗补助及心理疏导、亲情陪护等服务。

三、加强组织领导

各地要切实加强对医疗救助工作的组织领导，进一步明确责任分工，细化工作举措，抓好工作落实。民政部门承担救助的综合管理职能，牵头制订医疗救助政策，抓好组织实施。财政部门按时足额安排医疗救助专项资金，加强对资金管理和使用情况的监督检查。人力社保部门配合做好医疗保障制度衔接工作，推进"一站式"即时结算平台建设和数据信息互联互通，指导医疗保险经办机构协助做好医疗救助费用的审核工作。卫生计生部门加快建立疾病应急救助制度，加强对医疗机构疾病应急救助工作的监督管理，规范定点医疗机构的医疗服务行为，控制医疗费用不合理支出。审计部门加强审计监督，确保医疗救助资金规范合理使用。

2014年10月24日

浙江省人民政府办公厅关于加快建立和完善大病保险制度有关问题的通知

各市、县（市、区）人民政府，省政府直属各单位：

为深入贯彻省委十三届四次全会关于进一步完善医疗保险制度的要求，切实提高人民群众的基本医疗保障水平，在前期开展城乡居民大病保险试点工作的基础上，进一步完善大病保险制度建设，加快实现制度全覆盖。经省政府同意，现就加快建立和完善大病保险制度有关问题通知如下：

一、参保范围

将参加城镇职工基本医疗保险、城镇（城乡）居民基本医疗保险和新型农村合作医疗制度的参保人员统一纳入大病保险制度范围。

二、统筹层次

大病保险实行市级统筹，以设区市为单位统一组织实施，实行统一政策体系、统一筹资标准、统一待遇水平，基金实行统收统支。目前暂不具备条件的地区，可以县（市、区）为单位进行过渡，到2017年底前全面实现市级统筹。

三、筹资机制

按照公平、可持续的原则，建立政府、单位、个人合理分担的多渠道筹资机制，所需资金暂按政府或单位70%、个人30%的比例，年初一次性从职工基本医疗保险、城镇（城乡）居民基本医疗保险和新型农村合作医疗基金中整体划拨，其中职工个人缴费部分从个人账户中划转，没有建立个人账户的由参保人员个人缴纳。政府、单位、个人的总筹资标准原则上为人均25元，具体由各设区市人民政府确定。大病保险基金实行专账管理、独立核算。

四、待遇水平

大病保险按照自然年度进行结算，参保人员在一个结算年度内发生的、经基本医疗保险报销后超过起付标准的合规医疗费用，纳入大病保险支付范围。大病保险的起付标准参照各设区市上一年度城乡居民人均收入水平确定，最高补偿限额按起付标准的10～15倍设定，支付比例不低于50%，费用越高支付比例越高。

大病保险统一执行浙江省基本医疗保险药品、医疗服务项目和医疗服务设施目录。对部分大病治疗必需且疗效明确的高值药品，通过谈判逐步纳入大病保险支付范围，具体方案和目录由省人力社保厅会同有关部门制订。

五、经办管理

鼓励委托商业保险公司承办大病保险，委托商业保险公司承办的地区要以设区市为单位进行统一招标。进一步加强大病保险招标管理，规范大病保险招标行为，具体招标管理指引由省人力社保厅会同有关部门制订。加大对承办大病保险商业保险公司的日常监督，建立完善以绩效和参保人员满意度为主要内容的考核制度。进一步完善医疗费用即时结报制度，尽快实现基本医疗保险、大病保险、医疗救助"一站式"结算。

六、政策衔接

按照构建基本医保为主体、大病保险为延伸、医疗救助为托底、社会慈善和商业保险为补充的医疗保障体系的要求，加强制度整合衔接，尤其要做好大病保险制度与职工重大疾病医疗补助、新农合重特大疾病救助制度的整合，实现制度的平稳衔接。鼓励有条件的参保人员参加各类商业健康保险。

七、组织领导

各地要切实加强对大病保险工作的组织领导，按照收支平衡的原则，科学测算，合理确定具体筹资标准、起付线和封顶线，并于2014年底前制订出台具体的实施方案，报省人力社保厅备案。各级人力社保部门要切实履行牵头部门职责，会同有关部门认真做好政策制订、组织协调、指导监督等工作；财政部门要做好财政专户资金拨付和对大病保险开展财政监督等工作；卫生计生部门要加强对医疗机构、医疗服务行为的监管；保险监管部门要加强对商业保险公司承办行为和服务质量的监管；社会保险经办机构要做好大病保险会计记账、财务核算和协议执行情况监督等工作。

2014年10月28日

浙江省人民政府办公厅关于印发浙江政务服务网信息资源共享管理暂行办法的通知

各市、县(市、区)人民政府，省政府直属各单位：

《浙江政务服务网信息资源共享管理暂行办法》已经省政府同意，现印发给你们，请遵照执行。

2014年11月28日

浙江政务服务网信息资源共享管理暂行办法

第一章　总则

第一条　为促进政务信息资源的优化配置和有效利用，充分发挥浙江政务服务网(以下简称政务服务网)的平台作用，推动政府部门数据共享和业务协同，切实提高行政效能、服务质量和管理水平，根据有关法律、法规、政策和技术标准，结合本省实际，制定本办法。

第二条　本省县级以上行政机关或其他依法经授权、受委托行使行政职能的组织(以下统称行政机关)在政务服务网提供和共享信息资源的行为，适用本办法。

第三条　本办法所称的信息资源共享，是指行政机关向政务服务网及其他行政机关提供信息资源，以及在一定条件下对信息资源共同利用的行为。

第四条　政务服务网信息资源共享应当遵循以下原则：

(一)义务提供，无偿共享。行政机关在履行职责过程中获取、产生的信息资源，是政务信息资源的组成部分。行政机关应当履行无偿为政务服务网及其他行政机关提供信息资源共享的义务，法律、法规、规章另有规定的除外。

(二)需求导向，及时响应。行政机关应当依照其履职需要提出共享信息需求。对其他行政机关提出的信息共享需求，应及时响应，并配合向政务服务网提供行政权力事项办件、批文、证照、数据报表、决策分析等共享信息。

(三)规范建设,合理使用。行政机关按照一数一源、多元校核、动态更新的要求和统一的标准规范,采集和处理信息资源。行政机关所获取的共享信息,应根据本机关履行职责需要,按授权范围依法合理使用,不得用于任何其他目的。

(四)平台汇聚,安全可控。共享信息通过市、县(市、区)信息共享平台、行业垂直应用系统汇聚到省政务服务网信息资源共享平台(以下简称信息共享平台),在此基础上建立健全行政机关基础数据库和专业数据库,切实做好信息安全保障工作。

第五条 省政府负责政务服务网信息共享工作的组织领导,协调解决和信息共享有关的重大问题。

省政府办公厅组织建设信息共享平台,负责信息资源的共享管理,定期对信息资源共享工作进行检查评估,并会同省质监部门制订相关标准规范。

各市、县(市、区)政府按照统一规划,负责建设和维护本级信息共享平台,并与省信息共享平台互联互通,充分利用全省统一信息共享平台开展信息资源共享和交换工作。

其他行政机关应负责信息采集、更新和共享工作,并按照有关法律、法规和政策要求,使用所获取的共享信息。

第二章 信息目录

第六条 根据共享程度,政务服务网信息类别分三类:可供行政机关无条件共享的为非受限共享类信息;只能按照特定方式或提供给指定对象共享的为受限共享类信息;依照法律、法规、规章规定不能共享的为非共享类信息。

与跨部门并联审批、协同办公、综合管理相关的政务信息资源,行政机关应当提供共享。

第七条 非受限或受限共享类信息,其原始数据库或副本物理集中部署托管在信息共享平台,通过统一的数据访问接口向其他行政机关提供服务。暂时无法集中部署的数据库,必须以电子化形式,按照统一标准,向信息共享平台提供数据访问接口。

第八条 省政府根据行政机关的法定职责,编制省级《政务信息资源目录》(以下简称《资源目录》)、《政务信息资源共享与开放目录》。包括信息名称、数据格式、共享类别、共享范围、更新频度、时效要求、提供方式、提供单位、可否向社会开放等内容,并在信息共享平台上公布实施。

第九条 行政机关在信息共享平台上开通、维护本单位的目录系统,按照相关标准及时逐条登记、审核信息资源,确保目录内容的完整性、逻辑的一致性、命名的规范性。

第十条 行政机关可供共享的信息或共享需求发生变化时,要及时更新《资源目录》,经省政府办公厅审核通过后予以发布。行政机关每年对本单位《资源目录》内容进行一次维护和整合。

第十一条 行政机关要建立本单位《资源目录》管理制度,指定专人负责对本单位《资源目录》的登记、审核、发布、更新等具体工作。

第十二条 行政机关应当依据《资源目录》,加强信息资产管理,制订数据标准,规划信息化项目,开展政务服务协同应用。

第三章 信息采集

第十三条 行政机关应当根据《资源目录》和本单位工作要求,在职能范围内采集信息,明确信息收集、发布、维护的规范和程序,确保信息真实、可靠、完整、及时。

第十四条 省级行政机关应当将依职能获取、产生的共享信息发布到省信息共享平台,通过交换系统交换到市、县(市、区)信息共享平台上,为当地行政机关履行公共管理和服务职能提供支持。

第十五条 行政机关应当依职能采集信息,并坚持谁采集谁更新,保障数据来源的唯一性。可以通过共享方式从信息共享平台获取的信息,不得另行重复采集,不得擅自超范围采集信息。法律、法规、规章另有规定的从其规定。

第十六条 行政机关采集信息,应当优先从信息共享平台提取;需要下级单位采集或提供的,要与下级对口部门衔接,不得直接部署下级对口部门重复采集可以从其他部门共享的、依《资源目录》采集的信息。

第十七条 行政机关应当完整、准确、及时地采集相关信息;采集过程应主动通过信息共享平台与其他单位的相关信息进行比对,发现数据不一致时应及时修改,部门间有分歧的,可由省政府办公厅协调核实。

第十八条 行政机关应当建立健全信息更新机制,及时维护相关信息,确保信息的完整性、准确性、时效性,并同步共享信息。

第十九条 行政机关应当利用信息技术,以数字化方式采集、记录和存储信息,同时将具备条件的信息进行结构化处理,并通过数据库进行管理。非数字化信息应按照相关技术标准开展数字化改造。

第四章 共享应用

第二十条 行政机关应当通过信息共享平台的前置交换系统发布共享信息,并标注受限或非受限共享信息。

未经信息提供单位同意,行政机关不得擅自向社会发布和公开所获取的共享信息,属于政府信息公开范围内的信息除外。

第二十一条 行政机关向信息共享平台提供的信息,事先应当经过保密审查,不得涉及国家秘密。其中,自然人信息应当以法定身份证件作为标识提供,法人及其他机构信息应当以组织机构代码作为标识提供,没有组织机构代码的市场经营主体应当以营业执照作为标识提供。

第二十二条 人口、法人单位、自然资源和空间地理、宏观经济等基础数据库和专业数据库的建设部门应当通过全省统一的信息共享平台为行政机关提供信息资源共享服务。

第二十三条 行政机关应当将共享的文书类、证照类等政府信息加盖可靠的电子印章，以保证信息的不可更改性。

第二十四条 行政机关通过信息共享平台获得的加盖可靠电子印章的文书类、证照类等电子材料，与纸质文书具有同等法律效力。法律、法规另有规定的从其规定。

行政机关可以将通过共享方式获得的文书类、证照类等电子材料作为办事和执法依据。法律、法规规定不适用电子文书的除外。

行政机关通过电子方式能够确认的事项或获取的材料，可以不再要求行政管理相对人自行确认或提交。法律、法规另有规定的从其规定。

行政机关采集、办理并提供共享的网上审批类、文书类及证照类电子材料，应当依照有关规定及时归档。具有永久保存价值的电子材料，归档时应同时保存电子版本和纸质版本。

第二十五条 行政机关应当对所提供的共享信息实行动态管理，其中网上办件、电子证照、文书类信息应当进行实时更新，其他业务信息应当在产生后两个工作日内进行更新。

情况特殊的，行政机关应当在向省政府办公厅备案后，每季度首月的上旬进行更新。

第二十六条 行政机关通过信息共享平台检索、发现、定位和选取履行职能所需要的信息，申请共享信息的使用；受理其他行政机关使用本单位受限共享类信息的申请。

申请使用非受限共享类信息的，由信息共享平台管理部门开放相应的访问权限给申请单位，即时完成共享实施。

申请使用受限共享类信息的，由信息提供单位审核申请。审核要以履行职责需要为主要依据，核定业务需求、使用对象、所需信息、共享模式等要素，确保按需、安全共享。信息提供单位应在5个工作日内完成审核，审核通过的，在信息共享平台开放相应的访问权限给申请单位；审核不通过的，信息提供单位应说明理由；信息提供单位和申请单位不能取得一致意见的，由省政府办公厅进行协调。

第二十七条 信息共享采取对比验证、查询引用、批量复制三种服务模式。

（一）比对验证。信息提供方通过交换系统将共享信息发布为比对验证服务模式的，获得信息提供方授权的政务用户和应用系统通过信息共享平台配置的访问权限，调用验证服务接口进行比对，获取验证结果。

（二）查询引用。信息提供方通过交换系统将共享信息发布为查询引用服务模式的，获得信息提供方授权的政务用户和应用系统通过信息共享平台配置的访问权限，调用查询服务接口，获取或引用查询对象的相关数据。

（三）批量复制。信息提供方通过交换系统将共享信息发布为批量复制服务模式的，获得信息提供方授权的政务用户或应用系统通过信息共享平台配置的访问权限，直接下载或通过交换系统获取批量数据。

第二十八条 行政机关应当利用共享的基础数据库或其他部门相关数据库，清洗、比对本部门业务数据库。对不一致的数据或错误的数据，进行核查或纠错，并在5个工作日内向对方反馈信息。

第二十九条 行政机关应当主动通过信息共享平台，以联机方式实现与其他行政机关的信息共享与业务协同，实现精细化服务和管理，提升公共服务、社会治理和联合监管能力。

第五章 安全管理

第三十条 行政机关应当加强政务信息资源安全管理，不得滥用、非授权使用、未经许可扩散所获取的共享信息资源。因使用不当所造成信息安全问题的，依法追究信息使用单位相关责任人的责任。

第三十一条 行政机关要建立健全信息资源安全管理规章制度，指定专人负责共享信息的保密审查和风险防范工作，切实完善安全技术保障体系，确保共享信息的安全。出现安全问题应及时向信息安全行政主管部门报告，并配合相关职能部门处置。

第三十二条 信息共享平台应当严格执行信息网络安全和保密等有关法律、法规和政策规定，并按照国家技术规范和标准定期开展信息安全风险评估，查找并排除信息安全风险和隐患，建立身份认证、存取访问控制、审计跟踪等机制，确保信息可用、完整、安全、保密。

第三十三条 信息共享平台应当具备完善的运行管理维护制度、备份灾难恢复机制和应急处置预案，并定期开展预案应急演练，确保平台安全、稳定、可靠运行。

第六章 监督考核

第三十四条 行政机关应当制订本单位政府信息资源共享内部工作程序、管理制度以及相应的行政责任追究制度，并指定专人负责信息资源共享工作。

第三十五条 信息资源共享工作列入政府年度工作考核项目。省政府办公厅会同省监察厅定期开展信息资源共享工作检查，对行政机关提供信息的数量、更新时效和使用情况进行评估，并公布评估结果、提出改进意见。

第三十六条 信息资源共享工作考核结果作为规划和安排行政机关信息化建设项目和财政预算经费的重要依据；对于不响应信息共享的行政机关，酌情暂停安排其相关新建项目和运维费用。

第七章 附则

第三十七条 本办法所称的信息共享平台是指为行

政机关之间信息共享提供支撑的信息技术平台。包括信息资源共享与开放目录体系和信息资源共享交换体系，由省市县三级组成，通过省电子政务外网互联互通。

信息资源共享与开放目录体系是行政机关之间信息共享的依据，信息资源共享交换体系是行政机关之间信息交换的枢纽。

第三十八条 各市、县(市、区)政府应当根据本办法结合实际制订当地的政务信息资源共享管理办法。

中共杭州市上城区委办公室 杭州市上城区人民政府办公室 关于印发《深化“平安365”社会服务管理平台建设实施方案》的通知

区直各党(工)委、党组、党支部，区级机关各单位：

经区委、区政府同意，现将《深化“平安365”社会服务管理平台建设实施方案》印发给你们，望结合实际认真贯彻执行。

2014年8月8日

深化“平安365”社会服务管理平台建设实施方案

自2011年6月开发建设并试运行以来，“平安365”社会服务管理平台在收集社情民意、调解矛盾纠纷、解决民生诉求、提升作风效能等方面发挥了较好作用，逐渐成为我区创新社会治理的特色和亮点。特别是在去年10月11日纪念毛泽东同志批示“枫桥经验”50周年纪念大会上成为现场参观点以后，“平安365”社会服务管理工作得到了中央和省市领导的肯定，在全国都产生了一定的影响。但是，从3年来的运行效果看，平台还存在着功能定位不清晰、管理机制不完善、联动效率不高、整合能力不强、群众知晓度低等突出问题，各街道、社区、职能部门及广大群众对此反响强烈。为了有针对性地解决上述问题，全面提高平台运行效果，彰显我区社会治理工作的特色，经区委研究，决定把深化“平安365”社会服务管理平台建设作为2014年我区深化改革的重点实施项目，具体实施方案如下。

一、总体要求

(一)指导思想

坚持以邓小平理论、“三个代表”重要思想、科学发展观为指导，认真贯彻落实党的十八大和十八届三中全会精神，坚持科学决策，依法治理，以推进信息化建设为前提，以实施精细化管理为着力点，以体制机制创新为核心，以组织保障建设为关键，按照以人为本和构建“和谐上城”“智慧上城”的要求，创新社会治理体制机制，理顺社会治理职责，运用现代信息技术，整合社会治理资源，建立高效、敏捷、联动的社会治理机制，充分发挥党委政府的社会治理和公共服务职能，建立党委政府与人民群众的良性互动，全面提升我区治理能力的科学化和现代化水平。

(二)基本原则

贯彻“党委领导，政府负责，社会协同，公众参与，法治保障”和“网格化管理，社会化服务”的总体要求，按照“高效能管理、高效率运行、高质量服务”和“整体规划、分步实施、分级负责”的原则，针对当前“平安365”社会服务管理工作中存在的体制机制不顺、管理各自为阵、程序烦琐复杂、重复投资建设、诉求渠道不畅、责任意识不强、联动配合不够等问题，通过完善体制机制，简化办事程序，规范服务行为，减少重复建设、提高工作效率；通过整合各类公共服务资源，实现集社情民意收集、民生诉求处置、公共数据共享、应急指挥联动、动态分析研判为一体的“平安365”智慧治理体系。

(三)目标任务

根据区委全面深化改革的总体部署和社会治理体系建设的进度安排，从2014年7月到年底，通过开展下述建设任务，尽快建立指挥有力、协调顺畅、运行高效的“平安365”智慧治理体系，形成全天候、全覆盖、全响应的社会服务管理网络，建立健全民主民生、维护稳定、推动发展的制度机制，巩固完善党建引领、服务到位、管理有序的工作格局，实现社会治理水平、公共服务能力、群众幸福感明显提升。

二、建设方向

(一)进一步整合全区的信息化平台，为加快“智慧城市”先导区建设奠定基础

充分整合“平安365”社会服务管理平台与区内其他

相关的公共智能化服务系统，建立互联互通、信息共享、协同一体的“智慧上城”社会治理公共平台和信息资源共享服务体系。

（二）扩大平台的受益面和覆盖范围，提高信息报送的效率和群众知晓度

及时总结经验，推广“查转办”一体化智能网格联动工作法，积极开发“平安365”平台的APP终端，为下一阶段向更多居民群众开放奠定基础。

（三）拓展信息收集渠道，更好地实现民主民生互动功能

充分整合我区已有的“17654”民主民生互动平台、“民情半月谈”及“湖滨晴雨”工作室等各类协商民主平台，使其成为“平安365”平台信息采集的重要渠道。同时，充分发挥社会组织作为承担“信息报送”和“联动处置”双重职能的主体，积极探索在“平安365”平台下增加“社会组织服务管理”功能模块，实现社会组织在平台上报送各类信息和参与联动处置的功能，从而建立起社会协同治理机制和公共问题协商机制。

（四）用大数据思维建立平台的动态分析研判机制

充分利用平台收集到的各类信息，借助大数据管理的各种手段和工具，建立“平安365”社会服务管理动态分析研判机制，对各类信息进行综合分析利用，形成区委区政府科学决策的依据。

（五）积极探索GIS系统的应用

紧紧围绕“智慧城市”先导区建设的整体布局，结合GIS地图技术、GPS定位技术、电子表单技术、可配置流程技术等信息化手段，实现精细化管理，提高社会服务管理效率。同时通过整合全区各部门的人、地、事、物、组织数据，更好地促进各部门间的信息共享，为社会治理创新、公共突发事件应急响应、城市管理网格化提供有力技术支撑，为地区街面动态、流动人口、综合治理、矛盾纠纷等工作提供可视资源，进一步建立决策支持体系，为科学决策提供强大数据资源和有效信息，切实提高党委政府的决策能力。

（六）积极整合其他创新项目，探索社会治理创新体系

把我区已有的“居家服务系列平台”“城管智能管控平台”“政府管理和公共服务标准化”“湖滨晴雨工作室”等创新项目融合起来，充分发挥管理创新项目在社会治理体系建设中的作用，整体形成集成化平台、信息化处理、网格化参与、标准化保障的“平安365”智慧治理体系。

三、具体任务

（一）管理机制建设方面

1. 进一步完善考核办法。根据前期调研中各街道、社区和职能部门反映的意见建议，进一步细化考核办法，淡化对街道、社区的考核，在年底前逐步取消不科学、不适用的考核指标（如对街道、社区考核的“三率”的考核指标尤其是信息录用率的考核指标），使考核办法更为科学、公正和可操作。同时，进一步完善并细化联动处置优秀案例的评比办法，根据平台的实际运行情况，研究以信息报送的激励约束机制取代优秀案例评比的可行性。（责任单位：区委办）

2. 完善动态分析研判机制。进一步完善平台的动态分析研判制度，优化分析研判内容，充分运用各种科学工具和信息化手段对信息数据进行分类汇总、动态演示和分析处理，使之成为科学决策的依据。尤其是对群众反映比较集中，可能引发不稳定因素和具有倾向性、苗头性的事件及时进行预测预判，完善信息报告、共享、发布和舆论引导工作制度，健全应急处置协调联动机制。进一步提高工作人员的分析研判能力，不断完善《动态分析研判报告》的内容和结构。（责任单位：区公安分局）

3. 建立信息报送的激励约束机制。为加强基础网格和社区采集和上报信息的积极性和责任心，以社区为单位，研究制订信息报送与社区工作成效的联系机制，即：社区因及时采集和报送居民反映的诉求信息，使居民通过各种公开形式对此表示满意的（如媒体报道等），在工作考核中对社区和所在街道进行表彰；与此同时，社区因未及时采集和报送居民反映的诉求信息，使居民通过各种公开形式对此表示不满意的（如居民信访投诉12345、效能投诉96666以及媒体负面曝光、和谐社区群众不满意评价等），则在工作考核中对社区和所在街道进行批评，情节严重的，可取消各类先进评比资格等。（责任单位：区委办、区公安分局、区纪委、区信访局、区民政局等）

4. 制定“首办责任制”实施办法。对涉及多个部门的联动处置的事项，由联动指挥中心通过派单形式指定一家单位为“首办责任单位”，先行处置并牵头协调其他配合单位的工作。首办责任单位在牵头协调上有困难的，由联动指挥中心提交区委区政府督办联席会议研究协调解决。（责任单位：区公安分局）

5. 制定落实“兜底机制”的具体操作办法。对于非我区职能部门职权范围，涉及市、省相关单位的事项，由区级相应职能部门负责与上级部门对接；对接上有困难的，可通过信访办理渠道处置。对属于历史遗留问题、无明确责任主体的事项，由联动指挥中心提交区委区政府督办联席会议研究协调解决。对目前法律法规和政策制度无明确规定的事项，由联动指挥中心提交区委区政府督办联席会议研究处置办法，并结合政府管理和公共服务标准化，在执行中逐步形成标准化工作流程，使“平安365”平台逐渐成为一个弥补现有政策制度和法律法规“缝隙”的有力武器。同时，建立发挥“两代表一委员”在平台疑难事件办理中作用的机制，对目前法律法规及政策制度无明确规定的事项，也可以由“两代表一委员”通过党代会及“两会”议案提案等形式向上级提交研究解决。（责任单位：区委办、区政府办、区公安分局）

6. 完善督办联席会议制度。以现有的一级、二级督办联席会议制度为基础，在完善督办联席会议参与主体、会议形式、会议内容等不断推进，尤其是在进一步发挥好督查督办的作用，切实改进平台联动处置的效率。（责任单位：区委办、区政府办、区纪委、区委政法委、区公安分局）

7. 建立平台运行各环节的操作规范。结合平台运行

中“七步流程”的主要环节，建立相应的操作规范。如：对上报信息的范围、内容、形式等予以规范，对事件派单的操作过程进行规范，对分派处置事件的反馈内容和形式进行规范，对事件处置满意度评价的标准进行规范，并通过社区干部（网格长）对参与满意度评价的居民群众进行解释说明。（责任单位：区公安分局）

（二）系统功能优化方面

1. 增加系统功能模块，提高操作的便利性。根据街道、社区和各职能部门的意见建议，增加系统运行的功能模块。具体有：增加信息员上报信息的内容修改权限；增加派单、回访的“即时提醒”功能；增加工作咨询类息版块和“内部交流反馈”版块，促进平台内部联动中心与部门、街道和社区的即时互动，等等。进一步开发“民情分析研判”“专项情报搜集反馈”“行政效能监督”等功能模块，提高人机对话界面的合理性和平台操作的便利性。（责任单位：区公安分局）

2. 根据平台新的运行机制和考核办法等对平台操作系统进行提升。尤其是对平台的操作系统进行提升，实现信息的后台自动分类汇总，并运用各种数据处理工具进行信息化处理，为区委区政府进行科学地分析研判服务。（责任单位：区公安分局）

3. 有效整合相关平台，发挥整体功能。开展区内现有的“平安 365”平台、城管智能管控平台以及其他与民生有关的平台进行功能整合，通过资源整合、信息汇总，构建起“智慧治理体系”的大平台，并积极与“民情 e 点通”等平台进行有效对接。另外，积极鼓励街道层面构建起融合党建、民政、社区服务等功能为一体的综合化为民服务平台。（责任单位：区电子政务办公室、区发改经信局、各街道）

4. 增加“社会组织服务管理”功能模块，实现社会组织在平台上报送各类信息和参与联动处置的功能。在现有平台上增加全区社会组织作为承担“信息报送”和“联动处置”双重职能的主体，即：社会组织可以把涉及居民群众利益的公共服务问题及时发现及时上报；而联动指挥中心对于一些个性化的服务事项（非政府部门责任范围的事项，如为老年居民提供一些居家服务），可以通过向社会组织“派单”的形式，由社会组织承担。（责任单位：区公安分局、区民政局）

（三）效能建设方面

1. 建立街道层面的操作平台。切实发挥街道的作用，在“平安 365”平台的整体格局下，统筹开发街道层面的子平台，对社区（网格）上报的一些能由街道自行处置的事件，在街道层面进行快速流转。同时在街道层面延伸开发多种为民服务功能 APP 软件，使之成为街道开展工作的多功能网上互动平台。（责任单位：区委办、区公安分局、各街道）

2. 完善人员培训制度。为提高平台运行的效能，在建立平台流转各环节的规范的基础上，分类分批次对联动指挥中心、各街道、各社区及各职能部门的工作人员进行有针对性的培训。（责任单位：区公安分局）

3. 强化效能督查机制。结合平台运行的工作实际，逐步完善平台效能督查机制，如制订按期办结制度、首办责任制度、跟踪督办制度、督办专报制度、责任追究制度和年终考核制度等系列制度，用制度落实效能建设工作，规范督查督办工作全程，保证督查督办工作效果。（责任单位：区纪委、监察局）

（四）宣传推广方面

1. 及时总结平台运行成效，为申报创新项目奠定基础。借助高校和研究机构的力量，及时总结平台运行成效和创新社会治理的特色、亮点。积极参加“全国创新社会治理典型案例”“浙江省政府公共管理创新案例”等各种创新项目的评选，不断扩大“平安 365”在区外的影响力。（责任单位：区委办、区直机关工委、区公安分局）

2. 积极向居民群众宣传推广，不断提高平台的社会知晓度。借助各种形式多样、群众喜闻乐见的方式，尤其是通过“平安 365 进数字电视”项目及微博、微信等载体，在群众中推广“平安 365”平台，让广大居民群众更多地参与到平台的信息采集和处置效果满意度评价等环节中来，使平台真正成为“访民情，聚民智，解民忧”的有效载体。（责任单位：区直机关工委、区公安分局、区民政局）

3. 加大对外宣传，提高“平安 365”的品牌知名度。积极对接国家和省市的各类媒体，适时组织集体采访活动，引导媒体从不同侧面和角度宣传报道“平安 365”社会服务管理工作的特色和亮点，使之成为我区创新社会治理和实践群众路线的强势品牌。（责任单位：区委宣传部）

根据区委全面深化改革的总体部署，“平安 365”社会服务管理平台建设要把握重点，有序推进。平台管理体制机制建设的内容，要在 2014 年底基本完成；系统功能优化的内容要在 2014 年底基本完成并试运行；效能建设的内容要在 2014 年底完成基本体系，并结合今后的实际运行情况不断加强；宣传推广工作应在 2014 年底前形成一定效果，并围绕平台建设的进展和成效持续跟进。

四、组织保障

（一）统一思想认识

全区各街道、各部门要牢固树立大局观念，把思想认识统一到区委区政府的总体部署上来，深刻认识新形势下深化“平安 365”社会服务管理平台建设的意义和内涵，切实增强责任感和使命感，把推进“平安 365”平台建设作为我区践行党的群众路线教育实践活动的重要内容和社会治理体制改革的主要抓手，拉高标杆、寻找差距、明确方向、破解难题，提出科学的有针对性的举措，为全区经济社会发展营造和谐稳定的社会环境。

（二）加强组织领导

成立“平安 365”社会服务管理平台提升工作领导小组，由区委、区政府分管领导分别担任组长、副组长，区纪委、区委办、区政府办、区委政法委、区直机关工委、区发改经信局、区民政局、区公安分局、区法制办等部门负责人为成员，全面指导和协调“平安 365”社会服务管理平台提升工作。

（三）加强队伍建设

不断充实和加强“平安365”社会服务管理平台联动指挥中心的工作力量，配齐配强专职工作人员和社会聘用人员队伍。全区各部门、街道也要选优配强工作队伍，充实加强工作力量。加强教育培训，定期开展业务培训，提高工作人员的工作水平和服务能力。要把加强综治信息员、矛盾调解员、治安巡防队、应急分队等群防群治队伍建设与“平安365”社会服务管理平台建设结合起来，充分发挥广大群众和服务性、公益性、互助性社会组织的协同作用，广泛调动社会各方力量参与社会服务管理。

（四）加强考核激励

区委办、区政府办、区纪委、区委政法委等部门充分发挥组织、协调、指导作用，确保各项管理制度的落实。对工作成绩突出、工作创新的街道、社区和部门，大力表彰奖励；对工作不作为、推诿扯皮，导致工作延误甚至产生严重后果的部门和单位，及时通报、处理，并追究有关人员的责任。

中共杭州市下城区委　杭州市下城区人民政府
关于加快推进社区治理和服务创新的意见

各街道党工委、办事处，区级机关各单位：

为深入贯彻落实党的十八届三中、四中全会精神，进一步创新社区治理体制、改进社区治理方式、完善社区服务制度、优化社区服务手段，实现我区和谐社区建设不断向纵深拓展，现结合工作实际，就加快推进我区社区治理和服务创新工作提出以下意见：

一、总体目标

通过完善社区治理结构，进一步厘清政府与社区的职能边界和工作关系，切实减轻社区工作负担，形成“两轮多元、协商治理、强化自治、智慧服务”的社区治理格局，促使社区居委会自治更有力，职能部门管理更规范，社会工作服务更专业，社会力量参与更广泛，把社区建设成为服务完善、管理民主、充满活力、和谐幸福的社会生活共同体。

二、主要任务

（一）构建“两轮多元”体制，增强社区治理能力

社区治理是行政管理服务和群众性自治的有机结合。实现社区多元主体参与共治，是社区治理创新的重要目标。要建立在社区党组织领导，社区居委会主导和社区居务监督委员会监督下，社区公共服务站、社会组织、业主组织、各类服务机构、辖区单位和社区居民等多元参与、协商治理的社区治理体制。社区党组织要发挥其在社区各类组织中的领导核心作用，探索建立社区“大党委制”，鼓励在职党员、辖区单位及新经济组织、社会组织负责人兼任社区党委成员。社区居委会、社区居务监督委员会要发挥“居民公约”在社区治理中的积极作用，实现社区居民自我管理、自我教育、自我服务、自我监督。社区公共服务站负责承接政府面向社区的行政服务事项；社会组织发挥其社区服务补充作用，逐步承接政府面向社区的事务性、服务性工作，并为社区提供个性化服务；业主组织、各类服务机构、辖区单位、社区居民各司其职、密切配合，形成广泛参与社区治理的合力。

（二）完善“协商治理”机制，激发社会参与活力

建立健全民主协商平台和议事制度，调动、整合辖区资源共同承担社区治理责任，协商处理社区管理、矛盾调处和公益服务等社区公共事务，切实回应居民关切。整合优化街道行政服务中心，梳理收回原社区承担的行政管理服务事项，并根据街道实际，下设若干个社区公共服务站，增强街道管理和服务居民的能力。通过加大政府购买服务力度、开展公益创投等方式，重点培育公益性、服务性、互助性社会组织；成立社区基金会，广泛动员辖区企业反哺社区居民，扩大社会力量参与社区治理的广度。加快社区专业社会工作站（室）建设，鼓励更多的社区工作者转型为社会工作者，运用专业社会工作方法为社区居民提供个性化服务。健全完善社区居委会与业委会、物业服务企业的工作协调机制，社会组织内部治理机制，辖区单位的共驻共建机制，不断激发社会参与活力。

（三）树立“强化自治”理念，丰富基层民主形式

社区居委会和社区居务监督委员会作为自治组织，要以扩大居民有序参与为前提，不断健全社区党组织领导下的社区居民自治制度，通过完善社区居委会选举机制，逐步提高本社区居民在社区居委会班子成员中的比例，在2015年实现其比例不低于50%。要切实增强社区居民自治功能，大力发展楼宇自治、业主自治、社团自治等民主形式；积极创造农村进城务工人员融入社区、参与社区管理的条件；积极拓宽民意收集、反馈平台，引导社区居民理性表达多元化需求，有效维护社区居民的合法权益和共同利益。2015年起，按照社区常住人口每人每年10元的标准安排社区居委会自治经费，社区居务监督委员会应加强日常监督，保障社区居民自治工作的有序开展，社区居委会应当依法协助街道办事处开展物业管理的相关工作，积极开展对物业管理企业的监督和指导。

（四）推进“智慧服务”创新，优化社区服务能级

加快推进“智慧社区”建设，整合市、区、街道信息化平

台和“66810”为民服务网络，建立与网格化服务管理相配套的综合式、集成式、共享式的服务管理数据模块，努力实现区域政务、便民服务“联接联办”，为社区居民提供更便捷的智慧化生活服务。积极打造组团式社区服务平台，在街道行政服务中心和社区公共服务工作站全面推行“一口受理、组团服务、全能社工”服务工作机制，由全能型社工“一口式”责任受理，其他社工以网格化管理、组团式服务的方式为居民群众提供个性化、多样化服务，提高社区为民服务效率。大力发展社区社会化服务，探索社区公共服务事项外包，以项目化运作形式向企业、社会组织购买服务。完善社区志愿服务，健全社区志愿服务队伍建设、项目运作、激励回馈、政策保障等长效发展机制，推动社区志愿服务的常态化与可持续发展。

三、工作要求

（一）加强组织领导

建立由区委、区政府主要领导挂帅，各相关职能部门、街道负责人组成的领导小组，围绕转变职能、强化社区自治，不断加强对推进社区治理和服务创新工作的统筹协调。

（二）强化推进落实

按照试点先行、分步推进的原则，2014 年底前选择若干街道和不同类型的社区进行试行，2015 年底前在全区推广实施。各单位要细化实施方案，加强分类指导，及时研究解决工作中出现的矛盾和问题，确保各项工作有序推进。

（三）营造推进氛围

各单位要加强对推进社区治理和服务创新工作的宣传，不断学习借鉴先进地区的经验和做法，鼓励支持基层探索创新和深化改革，确保工作取得实效。

附件：下城区推进社区治理和服务创新工作领导小组成员名单（略）

2014 年 12 月 31 日

中共杭州市江干区委办公室　杭州市江干区人民政府办公室关于进一步加强教育人才队伍建设的意见

为深入贯彻落实《国家中长期教育改革和发展规划纲要（2010—2020 年）》，深化教育领域综合改革，深入实施人才强区战略，构筑江干教育人才新高地，根据国务院《关于加强教师队伍建设的意见》（国发〔2012〕41 号）、浙江省人民政府《关于加强教师队伍建设的意见》（浙政发〔2013〕26 号）等文件精神，结合我区实际，提出如下意见。

一、指导思想

全面贯彻落实科学发展观，紧紧围绕打造“国内一流现代化中心区”战略目标，以满足教育需求、促进教育公平、提高教育质量为根本要求，创新教育人才管理体制机制，全面加强教育人才队伍建设。

二、总体目标

到 2020 年，实现教育人才队伍“31511”目标，即全区特级教师达到 30 名、拥有博士学位教师 10 名、有海外教育经历的硕士研究生学历教师 50 名、名师名校长 100 名、骨干教师 1000 名。教师队伍校际整体素质和结构实现高水平的均衡发展。

三、工作举措

（一）实施“立德树人”工程

营造师德为先环境。以师德师风宣讲和优秀教师寻访等形式，寻找和发现“最美教师”，学习和表彰“师德楷模”，用身边的最美教师、师德楷模激发教师爱岗敬业、创先争优的工作热情。大力弘扬江干教师精神，营造尊师重教的良好风尚。

创新师德提升载体。加强师德教育课程建设，完善教师全员师德专题教育和班主任上岗师德教育制度，落实新教师岗前师德师风培训制度和入职上岗宣誓制度，积极开展“进家庭、进社区、进企业”的“三进”师德教育实践活动。新教师在三年培训期间每年参加不少于 20 学时的志愿服务和社区服务等公益活动。

完善师德考评机制。健全学校、学生、家长“三位一体”的教师职业道德评价体系，组织开展第三方师德评议活动。把师德考核作为教师考核的核心内容，每年对教师师德进行专项考核，考核结果作为教师聘用聘任和评优评先的先决条件。将师德建设情况作为学校发展性评价的重要内容，纳入对学校的综合考核。

（二）实施“培优育能”工程

完善全员成才培养模式。建设高质量的教师研训课程体系，优化教师培训项目“理论、实践、互动”的课程结构和实施过程，提高人才培养的针对性和实效性。设立“教育教学实践创新奖”，激发教师积极投身教育改革实践，促进教师自我更新、主动发展。完善教师高层次学历进修奖励补助办法，鼓励教师自主进修硕士、博士学位。推进教育国际化人才培养，将外语纳入教师通识培训课程，建立海外教师培养基地，实施中外教师中短期互相交流机制，每年选送 2% 的教师参与境外交流学习，培养双语型教师。

搭建后备人才成长平台。通过沙龙论坛、轮岗交流、拜师结对、异地挂职等多种平台，促进青年教师、管理干部全面发展。深入实施"三名(名校长、名教师、名班主任)工程"、"骨干培养计划"，启动"精锐教师培养计划"，加强高层次人才后备人选的个性化培养。建立"教育系统三级后备干部人才库"，每年安排不少于30名管理干部异地挂职培训。

提升名优骨干发展空间。以"名师名校长工作站"为载体，制定个人与团队发展规划，帮助名优教育人才提升创新意识和能力，积极推进高端名师访学机制。构筑教育人才价值实现平台，总结、宣传、推广名优教育人才的教育实践成果和教育思想。实施"走向幸福"实践创新成果助力计划，每年资助出版论著3～5部，推出一批在省、市乃至全国有知名度、影响力的名师名校长。

(三)实施"引智聚才"工程

跨区域引进高层次教育人才。用好人才引进、公开招聘、公开选调等机制，招聘一批"211""985"重点大学或具有海外教育经历的硕士和博士，引进一批特级教师、名优校长和省级优秀教师等高层次教育人才。探索外教进校机制，吸引海外教育专家、品牌教育团队到我区讲学、办学，提高教育人才队伍的国际化水平。

跨系统拓展教育人才资源。鼓励社会人才深入学校发挥才智，提倡学校聘请企事业单位、高校院所、社会团体等机构的专业人才，建立区校两级志愿教师库，协助承担或指导中小学校本课程、综合实践活动课程和学生社团活动，丰富课程师资来源，优化课程结构内容，满足学生多样化发展需要，形成社会各界人才积极参与学校教育的大教育格局。

跨学校盘活教育人才资源。采取多种措施完善干部教师交流轮岗制度，引导编制满员、中高级教师满岗和名优骨干教师相对集中学校向空缺学校流动，老学校向新学校流动，老城区向新城区流动，时限不低于3年，每年参与交流的教师比例不少于教师总数的4%。

(四)实施"创新提效"工程

改革人才管理机制。根据各类人才的不同特点和成长规律，实施以"竞聘上岗，职责明晰，任期考核，能上能下"为特点的教育人才动态管理机制。着力健全教师全员聘用制度和岗位设置管理制度。在定编定岗的前提下，实行按需设岗，以岗定酬，合同管理，绩效考核，形成与工作业绩紧密联系，有利于优秀人才脱颖而出的用人机制。做好教师定期注册工作，打破教师职务、职称终身制，建立教师转岗、离岗培训和解聘退出机制，积极探索由"学校人"向"系统人"转变的教师管理新模式。

完善人才配置机制。统筹教师资源配置，按编制标准配齐配足教师。优化编制管理，核定小班化教师编制，在编制总量内，按照班额、生源变化统筹使用教职工编制。加强中小学音体美、信息技术、心理健康等学科专职教师的配备，加大公办幼儿园与民办幼儿园轮岗支教力度。设立特设岗位指标，用于引进高层次人才或区内优秀教育人才流动。建立教辅岗位社会化用人机制，提高相关岗位的专业水平和服务效率。

创新人才评价机制。引入第三方监测评估机制，对全区教师专业发展水平进行全面科学的评估，为我区教育政策的制定提供科学依据。建立以师德为核心，以绩效贡献、专业发展和实践创新为导向的教师评价机制，充分调动广大教师的积极性。科学建立各层级名师骨干、管理干部的培养考核机制、评价激励机制和晋升退出机制。

四、组织保障

(一)加强组织领导

成立由分管副区长为组长，区教育局、人才办、编委办、人社局、财政局等部门和各街道、镇为成员的教育人才队伍建设工作领导小组，协调解决教育人才队伍建设中的重大问题。各部门将教育人才队伍建设工作列入重要议事日程，确保各项政策措施落到实处。区教育局要加强对教育人才队伍建设的统筹管理、规划和指导，制订相关政策和措施；人才办、编委办、人社局、财政局等部门要在各自职责范围内，积极推进教育人才队伍建设。

(二)加强经费保障

落实教师绩效工资，进一步改善教师福利待遇，保证教师平均工资水平不低于或高于公务员平均工资水平。加大教师奖励经费的投入力度，逐年提高教育科学和谐发展业绩考核奖励经费。优化师训经费使用结构，设立专项经费用于培养名师、学科带头人、名校长、后备干部。设立教师创新成果和高端人才引进专项经费，用于奖励、资助教师实践创新成果和引进高层次教育人才。加强经费监管，提高经费使用效益。

(三)加强考核督导

把教育人才队伍建设情况作为各有关部门工作考核，各类学校办学水平评估的重要内容，作为教育现代化水平评估考核、教育科学和谐发展业绩考核的重要标准，作为评优评先、表彰奖励的重要依据。建立区教育人才工作定期督导检查制度，并公告督导结果，努力形成全社会关心教育人才工作，全力建设教育人才高地的良好氛围。

2014年9月9日

中共杭州市拱墅区委办公室　杭州市拱墅区人民政府办公室关于印发《拱墅区加快推进社会组织培育发展工作实施意见》的通知

各街道、区直属各单位：

《拱墅区加快推进社会组织培育发展工作实施意见》已经区委、区政府同意，现印发给你们，请遵照执行。

2014 年 12 月 23 日

拱墅区加快推进社会组织培育发展工作实施意见

为促进我区社会组织健康有序发展，充分发挥社会组织在加强和创新社会治理中的积极作用，根据省、市有关文件精神，结合我区实际，特制定本意见。

一、把握总体要求，明确发展目标

1. 总体要求。坚持以邓小平理论、“三个代表”重要思想、科学发展观为指导，认真贯彻落实党的十八大精神，以适应经济社会发展和满足人民群众多样化需求为导向，加大社会组织的培育发展和规范管理力度，不断强化社会组织的服务功能和协同作用，促进社会组织健康有序发展，使之成为推动我区经济发展和社会文明进步的重要力量。

2. 发展目标。围绕建立现代社会组织体制的目标，力争用 3 年时间，建立一套适应社会组织发展的服务管理制度，创建一个合作共享、协调高效的“三级”社会组织孵化（服务）平台；培育发展一批专业能力强、公信度高、影响力大的公益服务类社会组织，实施推进一批展示我区社会组织综合实力的社会服务项目，健全完善社会治理和三社联动工作机制，培育一批“三社”联动示范点；力争 2017 年底全区平均每万人拥有注册社会组织 4 家以上、每个社区备案社会组织数不少于 20 个，形成结构合理、功能完善、作用明显的社会组织发展格局。

二、突出发展重点，推进分类指导

3. 优先发展公益慈善类社会组织。鼓励发展基金会、志愿服务等公益性组织，发挥其扶助弱势群体、建设生态文明、维护公平正义、传播慈善理念等方面的积极作用。按照加强和创新社会治理的需要，支持协同管理类社会组织发展，发挥其在调解矛盾、促进社会和谐中的重要作用。

4. 大力发展综合服务类社会组织。引导和鼓励社会力量在科技、教育、生态、环保、文化、体育、卫生、社会福利、社会服务、法律援助等领域兴办各类服务组织，发挥其在扩大就业、提供智力支持、拓展公共服务等方面的积极作用，满足人民群众多样化、多层次的服务需求。

5. 积极发展社区社会组织。发展社区社会组织，重点要培育社区枢纽型社会组织，开展社区生活服务、文化娱乐、邻里互助、矛盾调解、心理疏导等活动，满足社区居民的不同需求，不断提高社区社会组织发展活力，适应新型社区建设的发展，推动“三社”联动。

6. 努力发展行业协会。根据我区产业发展导向，重点培育和发展一批依托我区支柱产业、优势产业、新兴产业的工业协会，一批优势明显、带动力强、面向社会、保障民生类的服务业协会，充分发挥行业协会在发展经济、行业自律、利益协调等方面的积极作用。

三、完善监管体系，加强规范管理

7. 构建综合监管体系。建立统一登记、各司其职、协调配合、分级负责、依法监管的社会组织管理体制。民政部门的职责是：依法履行统筹协调、政策制定、宏观指导以及登记备案、年检评估、执法查处等职能。各相关部门的职责是：在各自业务职能范围内，依法加强对社会组织的日常监管、行业指导与服务提供，协助民政和有关职能部门查处社会组织的违法违规行为。民政、公安等部门要密切配合，进一步健全社会组织管理预警网络和快速反应的联合执法机制，加大对社会组织违法行为的查处力度，提高执法监督效能。

8. 完善日常管理制度。实施社会组织登记备案双轨制，公益慈善、社会福利、社会服务等类型社会组织，可由区民政局作为业务指导单位，直接向区民政局申请登记；其他业务指导单位可简化服务流程，为社会组织申请登记提供绿色通道。修订完善社区社会组织备案管理的暂行办法，规范社区社会组织备案管理；对初创期缺乏办公场所的社区社会组织，在不影响业务正常开展的情况下，可实行多个社区社会组织合署办公。

9. 推进等级评估工作。建立社会组织评估制度，规范社会组织运作，提高社会组织服务管理能力。建立社会组织绩效评估激励机制，将社会组织评估等级作为其承接政府职能转移、参与政府购买服务项目、享受政策优惠、获评先进示范社会组织等相挂钩的资质条件。社会组织评估工作纳入政府购买服务范围，到2015年底，完成对全区注册社会组织的全面评估。到2016年底，备案类社会组织评估率达50%以上。

四、加大扶持力度，促进有序发展

10. 建立社会组织培育发展扶持资金。设立拱墅区社会组织发展基金会。区财政安排100万元扶持资金，用于社会组织公共服务平台建设、公益项目招投标、社会组织培育孵化、专业人才引进培养以及对优秀社会组织的奖励等。对建成社会组织孵化服务中心的街道、社区，基金会给予一定资金扶持，各街道原则上每年安排一定资金用于规划和指导本街道及各社区培育发展社区社会组织工作；同时，加大区级福彩公益金资助社会组织的力度。

11. 扶持社会组织公共服务平台建设。在全区构建区、街道、社区三级社会组织公共服务平台。完善区社会组织管理中心功能，鼓励街道(社区)建立社会组织服务中心(站)，打造集培育扶持、公益创投、信息服务、培训交流等多功能于一体的社会组织公共服务平台。按照“试点先行、逐步推广”的要求，2014年底，完成米市巷、湖墅、小河、大关街道和夏意、映月社区的社会组织公共服务平台建设工作，到2015年逐步推广。

12. 开展社会组织公益创投。建立以项目为导向的购买社会组织公共服务机制，按照《拱墅区社会组织公益创投项目管理办法》规范项目征集、评审、实施、监管以及经费划拨等流程。充分发挥社会组织在承接政府事务、促进政府职能转移等方面的功能作用，提高社会组织自我发展的能力。

13. 鼓励社会组织创优争先。鼓励社会组织积极参加各项评比活动，对社会组织参加社会组织等级评估，首次获得3A、4A、5A等级的；对社会组织专职从业人员因本职工作成绩获得市级、省级、国家级荣誉的；对社会组织参加杭州市社会组织品牌认定，荣获示范型、成长型社会组织称号的予以一定奖励，奖励办法另行制定。

14. 加强社会组织人才队伍建设。积极鼓励和吸收素质高、能力强、热心公益事业的各类社会人才加入社会组织，充分发挥社会工作专业人才在改进和创新社会治理方式的作用。每年至少开展1次社会组织法人代表、负责人培训，对已取得社会工作职业水平证书的社会工作专业人才开展继续教育培训，不断提高社会组织服务社会、服务群众的能力和水平。

五、加强组织领导，强化保障落实

15. 加强组织领导。全区各级各部门要充分认识社会组织培育发展工作的重要性和紧迫性，加强领导，形成合力。区委、区政府成立推进社会组织培育发展领导小组，负责统筹协调解决社会组织培育发展工作中遇到的困难和问题。各成员单位要结合各自职能为社会组织提供服务、指导和保障。各街道也要相应成立领导小组，按工作任务、社会组织数量配备相应工作人员负责基层社会组织备案管理等工作。提高登记管理队伍的素质能力，改进服务工作，提升管理效能。

16. 强化工作考核。领导小组要建立健全联系协调、目标考核等制度，明确考核办法，将培育发展社会组织工作列入区工作考核范围，加强对区相关部门、街道年度绩效考核。区民政局在实施年度民政工作考核时，根据实际情况，适当增加对街道培育发展社区社会组织工作的考核比重，强化跟踪考查，确保社会组织培育发展工作落到实处。街道要将培育发展社会组织纳入年度工作重点，设立培育发展社会组织专项资金，认真制定具体工作方案，精心组织，确保各项工作及时有序进行。

17. 加强党的建设。对社会组织开展党建工作的指导，推进党的组织和工作在社会组织中实现全覆盖。发挥党组织在社会组织中的政治引领、战斗堡垒作用和党员的先锋模范作用，加强对社会组织工青妇工作的组织领导，推进社会组织党建工作深入开展。

18. 营造良好氛围。加强对社会组织的宣传，不断扩大其社会影响力。各街道、各有关部门要理清职责，积极将事务性工作交给社会组织开展；鼓励支持社会组织开展居民有实际需求的服务活动，引导和扩大居民参与，营造全社会沟通关注、共同支持社会组织发展的良好氛围，开创我区社会建设新局面。

附件：拱墅区社会组织扶持培育工作领导小组成员名单(略)

宁波市海曙区人民政府
关于加强社会化助残服务体系建设的意见

各街道办事处，区政府各部门、各直属单位：

为满足广大残疾人日益增长的服务需求，有效整合各方助残资源，全面提升为残疾人服务的能力和水平，根据宁波市人民政府《关于加快推进残疾人社会保障体系和服务体系建设的通知》(甬政发〔2010〕109号)文件精神,结合我区残疾人工作实际,现就全区加强社会化助残服务体系建设提出如下意见:

一、指导思想

贯彻落实党的十八大、十八届三中全会精神,以邓小平理论、“三个代表”重要思想和科学发展观为指导,深入开展群众路线教育实践活动,紧紧围绕区委“四个领跑”的奋斗目标,积极创新社会治理,切实加强社会化助残服务体系建设,营造残疾人平等参与的社会环境,实现残疾人事业与经济社会协调发展,努力使广大残疾人同全区人民一道向着现代化中心城区积极迈进。

二、基本原则

(一)坚持科学推动的原则

强化政府在残疾人工作中的统筹规划、政策扶持、资金投入、资源整合、示范培育和监督管理等方面的职能。同时,充分发挥市场和社会的作用,鼓励和引导各方面力量参与社会化助残服务体系建设。

(二)坚持统筹兼顾的原则

紧紧围绕“四个领跑”战略,统筹政府、企业、社会组织和残疾人自身的各类服务资源,兼顾残疾人基本公共服务和特殊服务需求。坚持把助残资源优化配置作为社会化助残服务体系建设的重点,努力为残疾人提供丰富的服务项目。

(三)坚持互动互促的原则

做好社会责任、家庭义务和残疾人自强不息的有机结合。既要汇集社会力量,为残疾人开展全方位的专业化服务,也要引导广大残疾人自尊、自信、自强、自立,积极开展互助服务,主动参与回馈社会,共享发展成果。

三、主要目标

(一)打造多元联动的工作格局

通过政府出台导向性的政策措施和搭建社会专业助残服务平台,切实解决残疾人最关心、最直接、最现实的问题,努力提高残疾人生活质量和幸福指数,形成“政府主导、残联组织、平台运作、社会参与、残健互动”的助残服务新格局。

(二)构建现代高效的运作机制

采用社会化的运作理念,以残疾人服务需求为导向,以信息化为主要手段,实现残疾人“基本服务均等化、个性服务多样化、品牌服务特色化”,努力构建与现代化中心城区相适应的社会化助残服务体制机制。

(三)创新按需施助的服务模式

整合各级各部门、社会各界和残疾人群体自身的服务资源,与残疾人需求进行有效对接,开发残疾人自身潜能,提高残疾人综合素质,帮助残疾人更好地融入社会。

四、主要任务

(一)全面落实政府层面的助残服务项目

一是政府为残疾人提供基本公共服务。要以残疾人全面享受基本公共服务为目标,切实抓好残疾人各项优惠政策的贯彻落实,确保残疾人社会保障、生活照料、医疗康复、教育就业、文化体育、权益维护等公共服务产品的有效供给。二是政府优先购买助残服务项目。对重度贫困残疾人的特殊服务需求,政府优先采购相应服务项目,发挥政府在社会助残服务体系建设中的带头示范作用。三是加强各级残疾人服务机构建设。切实发挥区残疾人综合服务中心和各街道、社区助残服务点作用,为残疾人提供康复服务和指导、托养照料、文化娱乐、体育健身等公益服务,使残疾人得到即时、便利、优质服务。

(二)科学引导社会助残服务资源多元发展

一是引导各类社会组织、企业、个人参与社会助残活动。动员社会力量、民间资本投入助残服务体系建设,鼓励各类组织和个人以公办民营、民办公助、民间公益等多种方式开展专业助残服务,进一步充实、丰富社会化助残服务体系。二是大力整合、孵化、培育社会助残组织,拓展助残服务载体,做大做强助残服务团队。加强行业监管,推进残疾人服务行业多样化、标准化、规范化建设。三是搭建社会助残服务平台,及时发现和收集残疾人的真实需求,加强与社会资源的有效对接。以残疾人的服务需求为导向,为不同残疾类别和残疾程度的残疾人提供个性化、差异化服务。

(三)积极推动残疾人自助、互助活动的有序开展

尊重残疾人对社会助残服务体系的知情权、参与权、表达权和监督权,建立残疾人诉求与回应的互动机制。发挥各级残联组织和社会助残服务平台的桥梁作用,形成“高效、便捷、透明”的服务网络,确保残疾人对社会助残服务内容、服务项目、服务方式的有效参与。发挥残疾人在服务体系建设中的作用,广泛开展残疾人自助服务和互助服务。加大宣传和引导,逐步形成残疾人服务社会的良好氛围和局面。

五、保障措施

(一)加强组织领导

区政府残疾人工作委员会要做好社会化助残服务体系建设的组织指导、统筹协调和检查督办等工作。各街道、机关各部门要从加强和创新社会管理的高度,充分认识发展助残服务事业的重要意义,在各自职责范围内给予有力支持。

(二)加强资金保障

要通过财政安排、社会捐助及残疾人个人负担等多渠道筹集社会化助残服务体系建设资金。其中财政投入应随全区国民经济发展和财政收入增长逐步增加;要加大彩票公益金对社会助残服务项目的支持力度,比例不低于省政府有关规定。要强化措施,采取经费补助和政府购买服务的形式,为残疾人服务业发展提供必要的资金支持;在条件成熟时,探索建立社会助残基金会。

(三)加强宣传引导

围绕社会主义核心价值观,在全社会大力弘扬人道主义精神和中华民族传统美德,倡导“平等、互助、参与、共享”的现代文明社会残疾人观。广泛宣传社会化助残服务政策、理念和典型事迹,积极营造全社会参与支持的环境氛围,形成全社会理解、尊重、关心、帮助残疾人的良好风尚。

2014年3月27日

中共余姚市委　余姚市人民政府
关于加快构建新型社区治理体系进一步
提升城市社区建设水平的意见

各乡镇、街道党(工)委，政府、办事处，市直各部门：

社区是群众生活的共同家园、城市管理的基本单元和社会治理的前沿基础。随着经济社会深刻转型和城市化进程加快，城市社区承担的服务管理任务越来越重，社区群众的公共服务需求不断升级，社区组织服务群众、促进和谐的功能日益突出。为切实解决城市社区治理难题和群众工作存在的突出问题，根据中央、省、宁波市加强新形势下城市社区建设和党的群众路线教育实践活动的部署，现就构建新型社区治理体系，进一步提升城市社区建设水平，提出如下意见。

一、总体要求

1. 指导思想。深入贯彻党的十八大、十八届三中全会精神，紧紧围绕建设美丽富裕幸福新余姚的总目标，按照“强党建、实根基，善治理、增活力，优服务、促和谐”的要求，以“定责、还权，减负、增能”为核心，着力完善社区治理结构，强化党建引领功能，推进社区合作共治，创新服务管理机制，不断提高社区居民的归属感、荣誉感和社区建设的参与度、满意度，全面提高社区建设科学化水平。

2. 主要目标。通过三年时间的努力，全市基本形成党政主导、政社互动、多方参与、合作共治的新型城市社区治理格局，全面建立社区服务管理“一委一居一中心”体制和“党建引领、多元协同，网格管理、社会服务，分众动员、共建共享”的运行机制，确保到2016年，群众满意的宁波市级及以上和谐社区保持在90%以上。

二、着力构建新型社区治理体系

3. 完善社区党建工作体系。创新社区党组织设置模式。按照把党组织建在楼栋(楼道)上的建党思路，建制性和非建制性组织设置相结合，全面推进住宅小区和楼栋(楼道、院落)党组织建设；积极创造条件，大力推进商务楼宇、市场商圈等两新组织建党工作；多种路径，专兼结合，选优配强社区内各级各类党组织负责人和党务工作者，推动社区党建工作实现区间、对象和环节的全覆盖。健全区域化党建工作体系。完善社区党组织班子成员直选和党员代表议事制度，全面推行社区“大党委”工作体制，落实驻区单位(拆迁安置村)党组织负责人担任社区党组织兼职委员制度；健全社区党建联席会议制度，探索构建网络社区党建群，切实强化社区与驻区单位党组织的党建共建联建，着力打造各具特色的区域党建共同体。全面推进服务型社区党组织建设。以服务居民群众、做好群众工作为主题，大力推进党员志愿者队伍建设，健全党组织和党员联系服务群众机制，深入开展党员志愿服务和结对帮扶等活动。

4. 构筑社区居民立体自治格局。强化社区层面自治功能。突出社区居委会在居民自治中的主体作用，完善社区居委会直选制度，选好配强居委会班子及成员，加强社区居务监督委员会和居委会下属各类专业委员会的建设；充分发挥社区居民(代表)会议的职能作用，积极发展社区协商民主，按照《社区重大事务民主议事协商基本规程(试行)》的要求，全面建立由社区党群组织、驻区单位、物业服务企业、社会组织负责人和党员(居民)骨干等参与的社区共建参议会(理事会)，不断健全社区层面议事、决策、执行、协助、监督的自治体系。大力推广业主自治等居民自治新形式。保障依法成立住宅小区业主大会和业委会，积极推动老居民区建立住户理事会，规范业主大会运行机制，完善业委会换届办法，健全业委会成员常任制和自治服务常态制，注重提高业委会(住户理事会)成员中党员干部、“两代表一委员”和党外代表人士等的比例；根据民主自治的需要，各地可在加强业委会(住户理事会)建设的同时，建立由社区干部、党员(居民)骨干、业委会成员、物业服务企业代表共同参与的小区共建参议会(理事会)，切实引导小区业主和居民通过多种方式协商化解自我管理中的矛盾；积极探索小区楼栋(院落)自治和社会组织自治机制，推动形成社区居民自治、业主自治、楼栋(院落)和社会组织自治的立体自治新格局。

5. 规范社区公共服务中心建设。立足规模适度、功能多样、服务优质和覆盖全体居民，充分整合市、街道、社区三级管理服务职能和公共服务资源，建立健全上下联动机制，大力推进基本公共服务事项集约进入社区服务大厅，切实做到形象标识统一、办事流程简化、服务高效规范；新建社区应配置不少于50平方米的敞开式服务大厅，老社区一般应不少于30平方米，难以单独配置的，要探索“居站分设、多社一站”或多社区共建等办法，创造条件予以解决。学习借鉴新加坡“邻里中心”建设理念，以新建社区为突破口，着眼满足不同群体需求，试点先行，逐步推广，积极建设一批集公共服务、社区商贸、文化教育、健体休闲、医疗卫生、计划生育、防灾减灾等功能于一体的社区邻里中心。

6. 加强社区社会组织培育。推行建立街道、社区二级社会组织联合会和社会组织服务中心，承担社会组织枢纽式管理服务职能，为社会组织创设、运行、发展提供多方面的优质服务；发挥各人民团体、统战性社团等的作用，构建枢纽式社区社会组织工作体系；深入推进社会组织登记管理体制改革，大力培育公益慈善类、科技推广类、文体健身类、志愿服务类、居民互助类和行业商会协会类社会组织，鼓励社会资本投资设立非营利性公益服务机构或基金会，力争到2016年每个社区社会组织达到10个以上；加大党组织导航、典型引路和政策综合扶持的力度，采取项目合作、公益创投、购买公共服务等方式，引导推动社会组织参与社区建设，充分发挥其服务居民需求、完善社区自治的功能。

7. 理顺社区各类组织关系。社区党组织要加强对社区各类组织的领导和指导，支持保障社区各类组织依法充分行使职权，组织其共商共议社区重大公共事务，研究解决重点难点问题。社区居委会要自觉接受社区党组织的领导，指导、监督、支持社区（小区）议事协商组织、业委会、物业服务企业和社会组织等开展工作，及时协调解决矛盾纠纷，维护各方合法权益；社区（小区）议事协商组织、业委会、物业服务企业、社会组织等要主动接受社区党组织、居委会的管理监督，驻区单位要积极配合支持社区党组织和居委会开展工作，合力推进和谐社区建设。社区公共服务中心要在社区党组织、居委会统一领导管理和市直部门、街道的指导帮助下，依法协助政府做好与居民群众利益有关的综合治理、社会保障、社会救助、劳动就业、公共安全、公共卫生、计划生育、文体科教、住房保障、物业关系协调和弱势群体、特殊群体权益保障等工作。

8. 强化社区共驻共建责任。建立健全社区与驻区单位共驻共建、资源共享机制。驻区单位要积极参与社区各项建设，加大人力智力、物力财力的支持力度，主动向社区居民开放教育、文化、体育等服务性、公益性设施；将配合社区党建、文明创建和平安建设等工作情况纳入驻区单位领导班子考核内容，赋予社区党组织评价权和评优评先建议权。深入推进在职党员向居住地社区报到工作。健全在职党员“双重管理、认岗定责、志愿服务、双向考评、跟踪问效”等机制，为居民群众提供“志愿式、组团式、快递式、菜单式”服务；支持、引导优秀在职党员依法依规参选（兼任）社区各级党组织（党员活动小组）和社区居民、业主自治组织成员，进入社会组织和网络组织，在居民自治、社区共治中发挥好示范表率、引领群众的作用。

9. 探索综合执法向社区延伸机制。按照服务、管理、执法“三位一体”的要求，整合市直部门和街道执法资源，下移执法重心，明确权责关系和部门、属地责任，完善执法监管协同运行机制，积极探索构建“条块结合、以块为主，重心下移、上下联动，属地责任、高效便民”的城市综合执法机制，建立街道与公安、市场监管、住建、城管、安监、环保等行政执法部门的协调联动机制，提高综合执法的科学化、精细化、常态化水平，切实解决居民群众反映强烈的社区公共秩序、市场市容秩序等违章违规行为执法监管难题。

10. 全面推行社区工作准入制度。按照依法依规准入、分级规范准入和“权随责转、费随事转”“能减则减、能并则并”的原则，全面梳理社区依法履行职责和协助政府工作事项，建立社区工作准入制度，市直部门、街道有关组织机构、工作任务和创建考评等工作事项需延伸进社区的，须报经市城乡社区建设领导小组审核批准，未经批准的，一律不得延伸转嫁给社区。经准入的社区协助政府工作事项，由社区公共服务中心承接，相关市直职能部门、街道要赋予社区相应职权，提供必要工作经费和条件。经准入的面向社区创建考评项目，相关市直职能部门应简化考评内容和方式程序，大力推行电子台账，不得以台账、奖牌或挂牌等作为评估指标；除上级党委政府明文规定的项目外，其他经市批准保留、内容类同的创建考评项目，要探索施行指标统筹设置、考评综合实施、结果分头运用机制，切实减轻社区工作负担。

三、积极创新社区管理服务机制

11. 科学规划布局城市社区。按照聚居人口适度、管理幅度适当、服务半径合理、资源有效配置、居民群众认同的原则，修编制订全市社区发展布局规划，科学合理布局和规划建设社区，促进社区建设与经济社会发展相适应，社区规划建设与城乡开发建设同步。社区规模大体按2500户左右设置，对目前已建规模超大的社区，要在深入调研和广泛协商论证的基础上，进行适度调整，不搞一刀切；对调整时机尚未成熟的超规模社区，要切实强化小区业主自治和社区服务功能，探索“居站分设、一社多站”“居政分离、一社多居”等体制机制；对目前已建规模明显偏小的社区，可根据实际情况进行适度合并，也可探索“一站多居”的管理服务模式，提高管理服务资源配置的效率。

12. 扎实推进社区网格化管理、组团式服务。按照“尊重传统、居民认同、规模适度、便于管理、全面覆盖”的原则和要求，以现有居民小组建制为基础，以住宅小区（自然村）、楼栋（院落）为基本单元，将社区科学划分为若干服务管理责任网格，社区辖内人、事、物、组织等归入网格进行服务管理，网格规模一般为250户左右，网格设置数量由各地根据实际确定，一般不超过10个；坚持党组织推荐和居民民主推荐相结合，选优配强网格长、楼栋（院落）居民小组长和楼道（楼群）邻里长，网格长一般由社区工作者或居民小组长担任，根据实际需要各地并可配备相应副职或AB岗，引导、鼓励和提倡居住社区党员干部、“两代表一委员”及业委会成员等担任网格内相应职位；整合街道干部、社区工作者、在职党员干部、驻区民警、各类协管人员和社会志愿者等资源，统筹组建网格管理服务团队，为社区居民提供公共管理服务、公益志愿服务和居民自治服务；严格落实网格的服务管理责任，建立健全网格包片联户、团队成员亮牌、民情分析研判和服务定责考评等工作机制，多种途径保障网格内党组织、自治组织和管理服务团队的场所阵地及必要经费，推动网格化管理、组团式服务取得实实在在的效果。

13. 拓展增强社区综合服务功能。立足政府提供基本公共服务，市场提供商业便民服务，社群提供志愿互助服务，确立“花钱买服务、养事不养人、养项目不养机构”的理念，建立完善政府购买公共服务制度，积极推进向社会力量购买公共服务，不断提高社区公共服务的供给水平。按照“便利消费进社区、便民服务进家庭”的要求，扎实推进社区经营性服务业连锁化、产业化、网络化、市场化发展，大力发展家政、居家养老、家庭教育和用品配送等特色家庭服务。着力推进社区志愿互助服务，大力发展以党员干部、团员青年、各类代表委员、专业技术人员和社会组织骨干为主力的社区志愿服务组织(团队)，建立完善社区志愿者公开招募、登记注册、激励保障机制；以互助互爱、邻里和睦、我为人人、人人为我为导向，充分发挥志愿服务队伍作用，积极开展社区服务、社区治安、文体教育、科普宣传、应急救援、环境卫生、扶贫帮困等社区志愿服务活动。力争到2016年，全市基本实现社区志愿服务的普及化、常态化和制度化，社区注册志愿者达到常住人口总数的10%以上。

14. 完善健全社区应急动员和平安建设机制。围绕提高预知、预防能力，建立完善社区对自然灾害、安全事故以及社会稳定情报信息的监测预警机制，加强突发事件苗头隐患排查和信息报送工作，着力构建反应灵敏的社区预警体系。以快速高效为导向，制定完善各项应急处置预案，建立完善社区应急动员统一指挥平台，健全社区、网格、楼栋、楼道应急动员工作网络，强化救灾物资、人员等统筹调配能力建设，加强日常应急模拟演练和减灾防灾宣传教育，切实提升社区组织应急处置能力和居民群众自救能力。健全点线面结合、人防物防技防结合、网上网下结合、打防管控结合的社区治安立体防控体系，分批分期提升改造社会治安动态视频系统，深化社区警务制度建设，强化和拓展社区综治警务室服务功能，壮大群防群治队伍力量，倡导“我为社区值一夜，社区为我值一年”的理念，引导居民群众深入开展社区治安“红袖标”工程。进一步健全社区矛盾纠纷排查和信访调处机制，继续推进法律服务进社区工作，深入推进流动人口和各类特殊人群的日常动态服务管理。

15. 提升规范城市小区物业管理。理顺市级部门、街道、社区的物业管理职能，建立市级住宅小区物业管理工作联席会议制度、全市物业服务企业协会和街道物业管理工作协调委员会，健全完善居委会、业委会、物业服务企业“三位一体”的服务机制，完善业主和物业服务企业双向选择机制，建立健全社区管理和物业管理联动机制、业主自治组织和物业服务企业协作机制，提升物业管理服务的工作合力。全面推进住宅小区物业管理专业化，积极探索老旧小区(居民区)物业自我服务管理，加快形成社会化管理与业主自助式服务管理相结合的物业管理新格局，力争到2016年，小区物业管理覆盖率达到90%以上。加强行业自律他律，规范物业管理服务，以小区治安发案、业主有效投诉、建筑装修管理、业主满意程度、配合社区建设情况和实地考评成绩等为主要内容，健全物业服务企业服务质量星级评价体系和准入退出机制，积极探索向物业服务企业购买流动人员、出租房、计划生育管理和社区爱国卫生等公共服务，着力打造物业服务品牌企业，鼓励发展综合性物业服务。加强老旧小区(居民区)的改造工作，积极探索企业“专业型”、准物业管理式、业主“自治式”等多种物业管理服务机制，切实破解拆迁安置、移民安置、老旧小区(居民区)物业管理以及住宅小区物业管理收费难等难题。

16. 加快推进社区信息化平台建设。整合各类面向居民群众的公共服务信息资源，全面推行社区工作台账电子化，加快电子政务信息平台与社区对接，建立融事务办理、工作展示、信息发布、诉求反映、社群互动等功能的社区综合服务管理信息平台。建立多元筹资机制，加快推进现代信息技术的融合应用，发展虚拟养老院、智慧家居系统、智慧楼宇管理和智慧社区服务，使居民生活向“智能化”发展。全方位采集社区常住人口、流动人口信息数据，加快建立社区实有人口信息数据库，积极探索健全市、街道、社区三级信息联网共享机制。积极创新社区信息发布方式，建立社区居民QQ群、微信群、微博群和社区广播、公共邮箱、手机短信群发平台等信息共享平台，及时发布社区居民重点关注信息。

四、高度重视社区建设支撑保障

17. 加强组织领导。调整充实市城乡社区建设工作领导小组组成成员，由奚明同志任组长，诸晓蓓、韩永丰、沈海东、叶枝利、李森苗、陈长锋、郑桂春、范焕平等同志任副组长，市直有关部门负责人为成员；领导小组下设办公室，由李森苗同志兼任办公室主任。市城乡社区建设工作领导小组要进一步加强对社区建设的组织领导、统筹协调和指导监督，健全工作例会制度，定期研究社区建设体制机制等重大问题。社区建设相关职能部门要加强相互沟通协调和日常业务指导，及时研究解决社区建设中出现的新情况、新问题。街道作为城市社区建设的责任主体，要切实把社区建设作为执政治理、群众工作的基础工程和龙头工程，进一步理顺社区工作领导体系，致力改革创新，敢于破难攻坚，不断提高社区建设的居民群众满意度。

18. 加强专职社工队伍建设。积极创新社区选人用人机制，完善面向社会公开考录办法，配足配强配好工作人员，各社区原则上按实际管辖户数每250户配置1名专职工作者，1500户以下和工作任务特别繁重的社区可适当增配人员；提倡社区“两委”成员交叉任职，多种途径提高社区工作者中青年、男性和户籍属地比例，力争到2016年社区专职工作者属地化率达到30%左右；积极吸纳社会工作专业人才从事社区工作，鼓励高校毕业生、复转军人等优秀人才到社区任职。全面梳理市直部门、街道下派或聘用到社区工作的协管人员，按照“一岗多能、一员多责、多网多岗合一、条块左右协同”原则，整合社区社会管理和公共服务协管岗位及人员，纳入社工管理体系，由社区统筹综管。完善社区工作者工作绩效考核和薪酬激励机制，推行工作实绩和群众满意度双重考核，确保担任社区“两委”正职的社区专职工作者年收入不低于本市上一年在岗职工社平工资的1.5倍，其他社区专职工作者年收入不低于本市上一年在岗职工社平工资水平；建立网格包片联户专职社工专项绩效奖励制度和其他网格服务管理人员误工补贴、绩效奖励制度。加大社区工作者岗位培训力度，建立“两委”成员和社工的年度例训制度，鼓励社区专职工作者参加社会工作师职业资格证书统一考试，建立职称奖励津贴制度，确保到2016年全市持证社区专职工作者比例达到35%以上。着力打通优秀社工人才的成长通道，通过定向招考、优先录用等办法，加大从社区优秀“两委”成员和专职工作者中，选任机关事业单位、街道（乡镇）领导干部的力度，不断提高社区工作岗位的吸引力。

19. 加强经费投入。社区工作经费、人员报酬以及基础设施、公益项目建设等经费统一纳入财政预算。从2014年起，城市社区事业保障经费的标准调整为按社区实际管辖户数每年每百户2.8万元，并按每年5%递增。市财政、审计和民政等部门要规范社区经费使用监督管理办法，确保社区经费专款专用、落实到位。着力引导社会力量参与社区服务体系建设，积极探索建立财政资金、公益创投、社会捐赠资助、辖内单位共建等多元投入机制。着力加大老小区整治改造力度，规范住宅小区维修基金管理，积极破解老旧小区住宅物业共有部位、共有设施维修难问题。

20. 加强社区公共设施建设。将社区公共设施建设纳入城市规划、土地利用规划和社区发展相关专项规划，研究制定社区办公服务用房和居民公益性服务设施配置实施办法，明确街道、规划、住建和市社区办等部门的职能责任，规范规划设计、方案会审、建设审批、工程验收和签章销售等操作流程。新建社区应根据集中建设、集约配套的原则，按每百户居民不少于40平方米、每社区200平方米以上文体活动阵地的标准配置综合办公服务用房及设施；社区办公服务用房与其他建筑物合建的，应当设置在一二层，具有独立出入口；零星开发住宅区应采取由开发商用资金抵等值用房办法，由市规划局牵头协调，进行易地集中建设。老社区中办公服务用房未达标的，应通过新建、购置、改造、调剂、共享等办法予以逐步解决。社区配套用房所有权归属市政府，由街道负责管理，社区无偿使用，任何单位和个人不得擅自出售、出租或用于其他经营活动。社区公共设施的水电、煤气、电信等费用按照社区居民使用价格标准收取。各地要根据社区网格化服务管理工作的需要，按每个网格不少于20平方米的标准，配置好新建住宅小区的网格工作活动用房；对老小区的网格工作活动用房，各地要立足资源整合、共建共享，采取多种途径办法予以协调解决。

附件：1. 构建新型社区治理体系工作任务分解表（略）
2. 构建新型社区治理体系配套办法调研拟订责任分解表（略）

2014年5月15日

中共永嘉县委　永嘉县人民政府关于印发《永嘉县民宿管理办法（试行）》的通知

各功能区党委、管委会，各镇（街道）党（工）委、人民政府（办事处），县直属各单位：

《永嘉县民宿管理办法（试行）》已经县委、县政府同意，现印发给你们，请认真做好贯彻落实。

2014年10月11日

永嘉县民宿管理办法（试行）

第一章　总则

第一条　为进一步规范民宿经营行为，提升管理和服务水平，促进民宿健康持续发展，根据《中共永嘉县委　永嘉县人民政府关于印发〈永嘉县旅游业发展扶持办法（试行）〉的通知》（永委发〔2012〕34号）精神和有关规定，结合我县实际，特制定本办法。

第二条　本办法所称的民宿是指通过专业设计，具有鲜明的文化主题特色和互动体验感受特征，以提供住宿服务为主、兼供简餐的有较好的可进入性的小型旅游接待服务设施。民宿村是指开办民宿的住户达到全村住户60%以上的村庄。

第三条　民宿发展要坚持统一规划、科学有序、注重品质、体现特色、保护环境、永续利用等原则，实现经济效益、社会效益、生态效益和旅游惠民的统一。

第四条　凡在楠溪江风景名胜区及桥下镇茗岙社区

区域开展民宿经营管理的，适用本办法。

第二章　申办审批

第五条　申办民宿必须具备下列条件：

（一）选址应符合本辖区内的土地利用总体、城乡建设规划和风景旅游、历史文化村落、民宿发展等规划；

（二）房屋建筑风貌应与当地的人文民俗、村庄环境景观相协调，且具有鲜明的文化主题特色，结构安全牢固；

（三）有合法有效的土地和房屋使用证明或者所在镇政府出具经营用房的安全和合法意见证明，应有至少5间（套）且不超过15间（套）可供出租的客房，客房净面积（不含洗手间）原则上不少于10平方米；

（四）功能布局基本合理，具有必要的停车场所、服务总台、公共交流和餐饮等区间。

（五）具有必要的污染治理和安全防护等基础配套设施，按要求设置符合标准的污水处理池，有条件区域统一纳入污水管网；

（六）道路通达条件较好，建筑无地质灾害和其他影响公共安全的隐患；

（七）符合消防、公安、卫生、市场监管等部门基本要求（消防、治安有关标准和要求详见附件2）；

（八）邻里关系和谐，自觉遵守法律法规和乡规民约，无影响社会稳定因素存在。

第六条　坚持“惠民、便民”原则，及时为业主办理相关手续。

（一）业主提出申请，签署村委会意见后连同民宿建设设计施工图提交当地镇政府；

（二）当地镇政府实地踏勘，对经营用房的合法性、选址安全性、布局合理性和其他申办条件进行审核，对符合条件的，签署意见后提交县旅游部门；

（三）县旅游部门对申报单位进行初查，将符合民宿基本条件要求的申报单位函告县消防、公安、卫生、市场监管等部门。

（四）县消防、公安、卫生、市场监管等部门对申报单位进行核查并签署审批意见。

（五）经审批同意的申报单位凭联审联签单及其他证明材料办理相关许可手续。县公安机关在审批《特种行业许可证》时，前置条件以联审联签单上签署的消防意见为准，经营用房的安全和合法证明以当地镇政府的认定意见为依据，县公安机关不再审核。

（六）县民宿发展协调领导小组授予“业主民宿”经营牌子。

第三章　政策扶持

第七条　取得民宿经营相关证件并开业后，业主向县旅游部门申请民宿资金补助；县财政、旅游部门按照《中共永嘉县委　永嘉县人民政府　关于印发〈永嘉县旅游业发展扶持办法（试行）〉的通知》（永委发〔2012〕34号）和《永嘉县财政局　永嘉楠溪江风景旅游区管委会关于印发〈永嘉县旅游发展专项资金使用管理办法〉的通知》（永财行〔2012〕484号）等有关规定标准给予资金补助。

（一）民宿补助。根据《永嘉县民宿认定细则评分表》（详见附件4）评分，总分值为200分，达标分为100分。补助金额分3档，评分达到100～140分、141～180分、181分及以上的，分别给予每个客房6000元、8000元和10000元的补助。补助资金原则上不高于实际投资额的50%。

（二）民宿村补助。对民宿村资金补助实行“一事一议”。

第八条　县旅游部门应将民宿统一纳入旅游宣传营销体系。

第四章　监督管理

第九条　成立永嘉县民宿发展协调领导小组，县政府分管领导为组长，县府办联系工作副主任和县旅游部门主要负责人为副组长，县委农办（农业局）、发改、公安、财政、国土资源、住建、卫生、环保、安监、市场监管、旅游、公安消防部门分管领导组成，下设办公室，办公室设在楠溪江风景旅游区。县民宿发展协调领导小组负责民宿发展过程中重大事项的决策及管理过程中涉及全局性、政策性问题的协调和处置，负责牵头民宿的联合审批、联合执法和日常管理的指导督查。各成员单位应按照各自职责（见附件1），制定相关监督管理和服务政策措施。

第十条　加强行业自律。民宿发展规模较大的村或镇要推动成立民宿协会等行业组织，发挥行业自律作用。民宿行业组织的设立应报当地镇政府同意，经县旅游部门审核后报县民政部门依法登记。

第五章　法律责任

第十一条　建立民宿违法经营查处联动机制。当地镇政府负责日常巡查监管，发现违法经营行为及时处置并报县民宿发展协调领导小组，由县民宿发展领导小组督促相关部门依法查处；涉及多部门的，由县民宿发展协调领导小组牵头实施联合执法。对监管缺失或履职不到位的，由县民宿发展协调领导小组移交县监察部门按照有关规定进行问责处理。

第十二条　民宿经营者对游客活动中可能出现危险的情况负有提醒告知义务，安全隐患区域必须设置警示标志，并采取必要的防护措施。发生突发公共事件时，民宿经营者须迅速采取有效措施，实施应急处置，并按国家有关规定立即如实报告当地镇政府和县相关部门。县相关部门和当地镇政府要不断完善民宿集聚区的应急保障机制，配备通讯、医疗、供电等应急设施。

第十三条　发生洪涝台等重大自然灾害，政府发出紧急避险或人员转移指令后，民宿经营者应协助政府有关部门做好游客的劝返或转移工作。对不服从政府和有关部门发布的决定、命令（指令）和其他紧急措施要求的，依据《中华人民共和国治安处罚法》和《浙江省防御洪涝台灾害人员避险转移办法》，由公安机关依法予以处罚，构成犯罪的依法追究刑事责任。

第十四条　民宿经营者不得有下列行为，违者由相关部门按有关法律规定处理：

（一）不按规定对入住游客进行登记；

（二）以纠缠等方式强行拉客或强行向消费者销售商品、提供服务；

（三）销售掺杂、掺假产品，或者产品销售和服务不实行明码标价，违反价格相关规定的；

（四）经营不符合食品安全标准等有害人体健康的食品；

（五）经营国家保护的野生动物或者其制品；

（六）经营国家明令禁止个人经营的物品；

（七）污染环境、乱搭乱建、乱占乱用土地；

（八）不履行消防安全职责；

（九）不服从当地政府及行业主管部门管理的；

（十）从事其他违反法律法规的经营活动。

第十五条 出现以下情形之一的，由相关单位依法调查处理，构成犯罪的依法追究刑事责任。相关单位将处理结果通报给县民宿发展协调领导小组。

（一）发生游客重大责任投诉事件的；

（二）发生重大安全责任事故的；

（三）存在火灾隐患责令限期整改逾期不整改或整改不到位的；

（四）发生重大食品安全事故的。

第六章 附则

第十六条 本办法自印发之日起施行。

附件：1. 永嘉县民宿发展协调领导小组成员单位职责（略）

2. 永嘉县开设民宿的消防、治安有关标准和要求（略）

3. 永嘉县民宿联审联签表（略）

4. 永嘉县民宿认定细则评分表（略）

中共文成县委 文成县人民政府
关于实施促进农民收入持续普遍较快增长
十大行动的意见

各功能区党委、管委会，各乡镇党委、政府，县机关各单位：

为贯彻落实党的十八大、十八届三中全会和省委省政府《关于促进农民收入持续普遍较快增长的若干意见》（浙委发〔2013〕8号）以及市委市政府《关于实施促进农民收入持续普遍较快增长十大行动的意见》（温委发〔2013〕60号）精神，加快农民收入增长步伐，现就实施促进农民收入持续普遍较快增长十大行动提出如下意见：

一、总体要求和工作目标

当前和今后一段时期我县促进农民收入持续普遍较快增长工作的总体要求是：认真贯彻落实党的十八大及中央、省、市有关精神，全面落实“多予、少取、放活”的方针，以城乡发展一体化为目标，以城乡统筹综合改革为主线，以实施农民增收“十大行动”为载体，拓展农民创业增收空间，增强农民就业增收能力，提高农民在国民收入分配中的比重，实现农民增收方式的根本性转变，确保农民收入持续普遍较快增长，农民生活质量得到明显改善。主要目标是：到2017年，实现农民收入增幅高于城镇居民收入增幅，低收入农户收入增幅高于全县农民收入增幅，农村居民人均纯收入达1.5万元（2012年价）。

二、主要任务

（一）农业转型促增收行动

1. 调整农业结构，培育精品农业。坚持产业布局和规模集聚、产业体系和功能融合，深化农业结构战略性调整，科学规划现代农业布局，稳定发展粮食生产，大力培育以杨梅、茶叶、高山蔬菜为主的三大支柱产业，同时兼顾其他特色产业发展，积极开发新兴产业，加速推进现代农业发展，提升现代产业层次。积极打造一条精品农业示范带，建设一批精品农业示范区，培育一批精品农业企业，形成一批农业精品拳头产品。（县委农办〈县农业局〉牵头，县林业局、县水利局配合）

2. 创新经营机制，强化科技驱动。加快农业科技创新步伐，创新农科教产学研一体化的农技推广机制和完善生产、购销、信用“三位一体”新型合作模式，加快推进基层农业公共服务中心建设，实施农业科技人才素质提升行动，加快推进土地承包经营权流转，建立家庭农场注册登记制度，加大先进适用技术推广补贴力度，落实农业科技研发和推广专项经费，围绕现代农业发展，研究转化应用一批具有自主知识产权的核心技术和关键技术，全面实施科技富民强县（镇）专项行动计划。组织实施一批科技计划项目、丰收计划项目和农推基金资助项目，鼓励涉农专业高校毕业生到农业公共服务机构就业，加大对农业类专业大学生从事农业就业的补助与扶持。规范提升农民专业合作社，加快组建合作社联合社，积极培育并鼓励农业龙头企业兼并重组、强强联合和包装上市。鼓励引导龙头企业和专业合作社采取保底收购、股份分红、利润返还等方式，完善利益联结机制，带动农户增加收入。鼓励支持工商企业投资发展适合企业化经营的种养业，探索一条农业生产力快速发展与农民权益充分保障相统一的以工促农新路子。（县委农办〈县农业局〉牵头，县财政局、县科技局、县林业局、县水利局配合）

3. 加大政策倾斜力度，提升“两区”建设档次。整合农业各类资金，加大农业基础设施、农田水利等投入，新增农业专项资金要向粮食生产功能区和现代农业园区倾斜。严格按照省市规定持续推进“两区”建设，既要保证数量完成，更要确保园区建设质量，使“两区”真正成为精品农业的示范区。到2015年，全县要建成粮食功能区4.7万亩、现代农业园区44个。到2017年，全县农业科技贡献率要提高10%，发展家庭农场、合作农场30家以上。（县委农办〈县农业局〉牵头，县林业局、县水利局配合）

4. 加快农产品加工业发展，提升农产品品质。加快推进农业主导产业品质提升工程，加强对农产品加工企业的金融支持，确定农产品加工业发展专项扶持政策和资金，加大财政支持力度，进一步扩大农产品加工业重点领域、重点环节的投融资范围，依照相关政策适度放低贷款门槛和贷款利率，切实解决农产品加工企业的资金困难问题并加快推动农产品精深加工，不断提高农业产业附加值和核心竞争力。促进规模化种养、标准化生产、品牌化销售和产业化经营。着力推进“商标富民”工程，大力培育和推广农产品区域公共品牌，支持农产品品牌做大做强。到2017年，全县要创建省级以上名牌农产品5个，力争市级以上知名农产品商标、品牌占有率达8%，发展无公害农产品38个、绿色食品12个，累计建成无公害农产品和绿色食品认证产地10万亩。（县委农办〈县农业局〉牵头，县财政局、县质监局、县工商局、县金融办、县林业局、县水利局配合）

（二）搬迁集聚促增收行动

5. 加快下山异地搬迁步伐，全力推进农房集聚改造建设。按照人口向城镇集中的要求，以旧村改造和农房改造集聚建设为主要内容，重点在有二三产业支撑的县城和中心镇布局城镇保障性安居工程建设项目。认真贯彻实施“四策合一”等政策和差异化搬迁补助机制，落实用地供应、财政投入、项目融资和税费减免等方面的优惠政策，并安排一定的专项资金用于推进高山远山区域、重点水库库区、地质灾害隐患区域等农民异地搬迁，探索建立宅基地有偿使用、有偿退出和跨社置换的机制，鼓励自然村整体搬迁、节地式集中安置、宅基地同步复垦。稳步推进农房改造集聚建设，重视和引导农民跨区域集聚，积极探索农民到县城、中心镇和中心村集聚办法。到2017年，全县要完成搬迁集聚1万人以上。（县住建局牵头，县委农办〈县农业局〉、县国土资源局、县财政局、县珊管办配合）

（三）扩大持股促增收行动

6. 扩大持股农民队伍，深化农村股改、地改。深化农村产权制度改革步伐，规范村股份经济合作社和土地合作社规范化运行。鼓励支持专业合作社吸纳更多农民参股入社，优先照顾低收入农户入社，提高区域内同业农民的入社率。鼓励农民依法以货币、实物、知识产权、土地（林地、渔塘等）承包经营权等作价入股、合作兴办产业开发项目，参股发展集体物业经济。建立健全适应市场经济要求的资产经营管理制度。安排专项经费用于土地“确权登记、入册上图”工作补助和土地承包经营权规模流转奖励。村民委员会或村经济合作社名下的集体资产变更登记到村股份经济合作社名下，税收收入地方存留部分全额返还。对村经济合作社社员转化为村股份经济合作社股东过程中个人取得的股份，暂缓征收个人所得税。到2014年，土地合作社“确权登记、入册上图”率达到100%，到2017年，确保村股份经济合作社清产核资率、证明书发放率、股权证书发放率达到100%。（县委农办〈县农业局〉牵头，县财政局、县工商局、县林业局、县水利局、县农合联配合）

7. 完善规章制度，公平分配收益。坚持“效益决定分配”的原则，引导示范性专业合作社完善收益分配办法，收入分配向低收入农户倾斜。村股份经济合作社和土地合作社要依据当年的各项收入扣除生产经营和管理服务成本、弥补亏损后，按章程规定提取公积公益金，剩余部分可按股份对成员进行分配。各类股份经济合作社都要在年终实行收益分配时，收益分配方案须提交股东（代表）大会审议通过，确保持股农民获得分红收入并实行上限控制，分配比例原则上不高于净收益的70%。（县委农办〈县农业局〉牵头，县林业局、县水利局配合）

（四）乡村旅游促增收行动

8. 深化美丽乡村创建，推进美丽田园建设。把全面推进美丽乡村建设作为促进农民增收的重要载体，健全长效机制，强化规划引领，突出城乡互动，注重连线成片，彰显地方特色。深度发掘农业生产、生态、生活功能和文化创意元素，大力发展观光农业、生态农庄、森林旅游、乡村民宿、教育农园等，培育农民收入新的增长点。在成功创建省级美丽乡村工作先进县的基础上，全面推进四条美丽乡村精品带建设。到2017年前，要达到全省美丽乡村创建示范县标准，60%以上乡镇达到整乡整镇美丽乡村建设要求，创建40个精品村和80个重点村以及五星级幸福社区创建，5%以上农村居民成为美丽乡村样板户。（县委农办〈县农业局〉牵头，县创建办、县水利局、县林业局、县民政局、县旅游局配合）

9. 以森林旅游为切入点，大力发展乡村旅游。积极推进森林旅游试验示范区建设，探索森林旅游发展新体制和新机制。充分发挥政府对森林旅游业的引导作用，加大对森林旅游基础设施建设、生态和资源保护等项目的支持力度，大力开发森林旅游产业。按照“谁投资，谁受益”的原则，积极引进大型旅游企业集团和民营资本投资森林旅游。加快林权制度改革，鼓励森林旅游资源合理流转，吸引农民和社会民间资本通过合作、入股、承包、租赁等形式，参与森林旅游业开发。加强古建筑村落、自然生态村落、民俗风情村落等的保护利用，要以南田九都创建省级重点历史文化村落为契机，充分挖掘历史文化村落的资源。依托乡村森林资源、乡土产品和畲乡特色，鼓励农民利用自己的特色民居、庭院开展民宿、民间工艺作坊、民间茶房、私房菜馆等农家乐特色经营。大力发展休闲观光旅游项目,为旅游者提供餐饮住宿、休闲娱乐、乡村体验等民俗旅游服务。(县旅游局、林业局牵头,县委农办〈县农业局〉、县水利局配合)

(五)引导创业促增收行动

10. 拓展农民创业领域,优化农民创业服务。把中心镇、中心村作为农民创业的主要平台,依托农房改造集聚建设,规划建设标准厂房、店面商铺、营业用房等农民创业基地,规划创建一批农民创业园,支持农民创办中小企业、小微企业和个体工商户,引导农民在精品农业、来料加工业、农家乐休闲旅游业、农村电子商务业、社区服务业、商品流通业、再生资源利用业等领域创业。制定健全农民创业用地、用电、用水等扶持政策体系,农村土地综合整治节余的建设用地指标优先用于农民创业园建设。并结合政府产业引导基金,帮助建立农民创业基金。制定促进农民创业贷款政策,在贷款额度、期限、利率等方面向创业农民倾斜。逐步扩大小额担保贷款总量和贷款业务覆盖面,引导金融机构增加对创业的信贷支持。加大对农民创业培训、创业贷款贴息等支持力度。着力培育一批农民创业的示范样板。实施"电子商务进万村"工程,对农村电子商务服务店的宽带费用、配送车辆的物流费用给予优惠。(县委农办〈县农业局〉牵头,县国土资源局、县住建局、县财政局、国网浙江文成供电公司、县经信局、县林业局、县水利局、县银监办、县金融办、县人行配合)

(六)转移就业促增收行动

11. 强化农民就业培训,健全就业信息平台。全面实施"百万农民素质提升工程",全力创新农民素质提升机制和农村实用人才培养机制,加大"乡土专家"培育支持力度,鼓励农民参加各类素质培训、技能培训和学历教育,对通过职业技能鉴定并取得资格证书的,按规定享受职业培训补贴和职业技能鉴定补贴,探索建立职业农民的注册登记制度。建立来料加工、农家乐休闲旅游业、社区服务等农民就近就业的岗位信息库和就业信息网,打造城乡一体化的劳动力就业市场和就业信息平台,加快推进城乡统筹就业,完善城乡平等的就业制度,开展互联网就业信息服务,将就业信息网络覆盖到社区服务中心,提高用人单位招聘的质量和效率。(县人力社保局牵头、县委农办〈县农业局〉,县民政局、县科技局配合)

(七)金融助农促增收行动

12. 扩大有效抵(质)押物范围,发展农村资金互助会。要加快形成县、乡两级联动的农村产权交易市场体系,促进各类农村产权在流动中优化组合、保值增值。凡农民财产权益清晰、风险能够有效控制的各类动产和不动产,原则上都可试点用于"三农"贷款担保。积极创造条件,重点推动农房、土地(林地)承包经营权、大型农机具、牲畜等抵押贷款。按"组织封闭、对象封锁、上限封顶"的要求,支持有条件的农民专业合作社、村股份经济合作社发展。2013 年,增加农村新型担保物两项以上,按市里要求完成农村资金互助会任务。到 2017 年,全县要建成农村资金互助会 30 家。(县农合联、县银监办牵头,县委农办〈县农业局〉、县金融办、民政局、县人行、县林业局、县水利局配合)

13. 探索农业保险基金,健全农业保险体系。积极开发政策性农业保险险种,扩大政策性农业保险覆盖面和品种,提高保费补助标准。探索农业保险基金,完善政府补助保险和商业保险相结合的农业灾害救助体系。(中国人寿保险股份有限公司文成支公司牵头,县委农办〈县农业局〉、县财政局配合)

(八)改革流通促增收行动

14. 培育农产品流通主体,创新农产品流通模式。完善农产品市场流通体系,推行农超对接、农社对接、农校对接、农餐对接、农厂对接、集团消费对接、社区直销菜店等产销对接模式,强化农民合作社与大型连锁超市的产销合作关系,积极举办采购会、洽谈会、供需见面会等产销对接活动,为产销双方搭建对接平台。创新农产品交易方式,建立农产品电子商务平台,引导农村电子商务应用。鼓励利用互联网、物联网等现代信息技术,发展线上线下相结合的鲜活农产品网上批发和网上零售。支持农产品流通企业建设销地生鲜配送中心、产地集配中心、仓储中心、农产品销售终端等流通基础设施,并按规模档次采取以奖代补的形式给予一次性奖励,提升连锁经营和信息化管理水平。支持农产品流通龙头企业、农民经纪人、专业流通大户、农民合作组织和行业协会发展。每年培训农村经纪人员 500 人次以上,发展农村中介组织 50 户以上。(县委农办〈县农业局〉牵头,县发改局、县工商局、县经信局配合)

15. 完善农产品市场监测,确保农产品价格稳定。加强重要农产品的监测分析,及时发布农产品供求、质量、价格等信息。利用"农民信箱"等网络信息资源,统一搭建农产品产销信息化平台,建立农产品信息采集网络。完善市场监测、预警和信息发布机制,建立重要农产品储备制度,完善储备调运机制,提高应急调控能力,确保农产品价格稳定。(县委农办〈县农业局〉牵头,县发改局、县统计局配合)

(九)扶贫开发促增收行动

16. 加大扶贫力度,实施"低收入农户收入倍增计划"。加大产业扶贫力度,大力培育扶贫基地、扶贫龙头企业和扶贫专业合作社,大力发展来料加工业和物业经济,扩大低收入农户增收渠道。加大金融扶贫力度,扩大和创新扶贫资金互助会覆盖面和组建方式,县财政对新建扶贫资金互助会予以扶持,切实缓解低收入农户发展资金短缺的困难。加大社会扶贫力度,完善结对帮扶体系,深入推进"山海协作",动员更多工商企业等社会力量以多种方式参与扶贫开发,加大帮扶力度,改进帮扶方式,提高帮扶成效。(县委农办〈县农业局〉牵头,县发改局、县财政局、县经信局、县金融办配合)

17. 重新确定低收入农户标准,转化经济薄弱村。按 5500 元(2012 年农民人均纯收入)的扶贫新标准,认定低收入农户和扶贫重点村。建立新一轮低收入农户、扶贫重点村、农民异地搬迁等数据库,完善扶贫信息管理系统。完善扶贫统计监测体系,加强扶贫绩效评估和监管。深入贯彻省委、省政府《关于扶持经济薄弱村发展村级集体经济的意见》，以项目扶持为抓手，多层次多元化推进经济薄弱村转化。严格执行村集体工程项目和集体资产出租（承包）招投标制度，切实提高物业项目建设管理水平。鼓励村股份经济合作社举办社会化服务实体，通过服务拓展集体经济发展领域。（县委农办〈县农业局〉牵头，县委组织部、县统计局配合）

（十）公共服务促增收行动

18. 加强公共服务体系建设，提高公共服务水平。进一步扩大城乡居民社会养老保险的人群覆盖，落实被征地农民基本生活保障标准不低于城镇居民最低生活保障标准的政策。对长期全部流转土地承包经营权的农户，根据规定选择参加城乡居民社会养老保险的，其财政补贴标准在原有的基础上再提高 50%，对今后参加基本养老保险的，按规定给予衔接折算基本养老保险缴费年限。全面实行城乡基本医疗教育保障制度，建立完善城乡医疗体系，减轻农民医疗负担。提高教育均衡发展水平，加快推广城乡学校共同体模式。减免低收入农户子女学前教育保教费、普通高中学费。（县人力社保局、县卫生局、县教育局牵头，县委农办〈县农业局〉配合）

三、保障措施

19. 强化组织领导，精心组织实施。各乡镇、各部门要把促进农民收入持续普遍较快增长摆在重中之重的位置，紧密结合实际，科学制定实施方案，明确目标任务和要求，确保按时、保质、保量完成。强化责任落实，把增加农民收入作为衡量工作成效的重要指标，作为新农村建设评优的一票否决指标，把农民增收作为衡量干部工作实绩的重要内容，坚持每半年进行督查指导，年终评比考核，实行重奖重罚，确保“十大行动”取得明显成效，农民增收目标如期实现。（县考绩办牵头，县委农办〈县农业局〉配合）

20. 整合各项资金，加大财政投入。全面加大财政对农业农村基础建设的投入力度，确保对“三农”的政策投入不低于财政一般预算的增长速度，积极争取并认真落实中央和地方的强农惠农政策，增加农民转移性收入。整合“三农”专项经费建立现代农业引导资金，力争 2015 年前县级筹资规模达到 3000 万元以上。合力安排引导资金，进一步放大扶持资金规模。严格管好用好各项资金，采取以奖代补的办法，引导农民和社会力量增加投入，逐步建立起以农民投入为主体，政府投入为引导，金融、信贷、企业及其他社会成员积极参与的投入机制。（县财政局牵头，县委农办〈县农业局〉、县金融办配合）

21. 明确工作职责，强化责任考核。各乡镇、各有关部门要明确在促进农民增收中的职责和任务，搞好协作配合，强化服务意识，积极主动地支持产业发展、帮助农民增收。各有关单位都要制定切实可行的实施办法，帮助农民办实事办好事，努力形成领导抓点示范、部门齐抓共管、社会共同参与的工作机制。进一步完善责任到人、督查到位、严格考核、一抓到底的工作运行机制和综合考核评价体系，确保各项增收行动卓有成效，实现农民增收翻番目标。（县考绩办牵头，县委农办〈县农业局〉配合）

2014 年 1 月 17 日

绍兴市人民政府办公室关于鼓励和引导民间资本进入养老服务业的实施意见

各区、县（市）人民政府，市政府各部门、各单位：

根据国务院、省政府关于加快发展养老服务业的一系列文件精神和市政府《关于进一步加快养老服务业发展的意见》要求，结合我市实际，现就鼓励和引导民间资本进入养老服务业提出如下实施意见：

一、鼓励和引导民间资本参与养老服务业发展

1. 鼓励和引导民间资本以独资、合资、合作、参股等方式兴办养老服务机构。大力发展非营利性养老服务机构，满足一般性养老服务需求；鼓励合理建设营利性养老服务机构，满足高端个性化的养老服务需求。

2. 鼓励和引导民间资本参与居家养老服务。鼓励居家养老服务机构通过信息平台和专业服务队伍为老年人提供服务。依托社区（村）公共服务资源和基础设施，通过公建民营或合资合作的方式举办日间照料中心、托老所等养老服务设施，拓展养老服务内容和区域。

3. 鼓励和引进民间资本参与养老服务中介组织建设。投资设立专业化养老服务中介组织，承接政府或社会委托，提供养老服务需求评估、养老服务质量评估、入院老年人护理等级评估、咨询和第三方认证等服务。

4. 鼓励和引导民间资本开发老年保健、老年照护、老年康复辅具、老年宜居社区等产品和服务市场。

二、营造良好发展环境

5. 把推动民办养老服务业发展作为发展现代服务业的重要举措，科学制订养老服务业发展规划，充分发挥舆论宣传导向作用，发挥市场在资源配置中的决定性作用，鼓励和引导民间资本进入养老服务业，营造平等参与、公平竞争的市场环境。凡法律法规未明令禁入的养老服务领域，都应向民间资本开放。

6. 民间资本设立养老服务机构，由举办人按《养老机构许可办法》的设立条件，向所在地民政部门办理审批手续。非营利性养老服务机构具备民办非企业申请条件的，向所在地民政部门办理登记手续；营利性养老服务机构具备企业登记条件的，向所在地市场监管部门办理登记手续。民间资本参与社区居家养老服务照料中心、老年食堂、居家养老服务中介组织且符合条件的，可申请民办非企业或社区服务业登记（社区备案）。

7. 进一步规范养老服务机构设立许可程序，简化审批手续，及时发布机构设置和规划布局调整等信息，为民间资本兴办养老服务机构做好指导和服务工作。市级将养老服务机构设立许可纳入市行政审批中心实行窗口统一受理。

三、加强用地用房保障

8. 各地要充分考虑各类养老服务设施建设用地需求，将养老服务设施建设用地纳入土地利用总体规划和城乡规划，在市政基础设施和公共服务设施规划建设以及旧城改造中优先考虑满足养老服务机构建设用地需求。对确定以划拨方式供地的非营利性养老服务设施示范项目，确需新增用地的，由各地在年度用地计划中予以重点保障。对民间资本参与投资并列入省重大产业项目（越商回归重大项目）库的示范项目，按规定向省争取计划指标奖励。

9. 由民间资本举办且经民政部门认定的非营利性养老服务机构，与政府举办的养老服务机构享有相同的土地使用政策，可依法使用国有划拨土地或集体建设用地。对营利性养老服务机构建设用地，参照成本逼近法或收益还原法进行地价评估后，采取公开出让等有偿使用方式供地。通过公开出让有偿方式取得的民办养老服务机构用地，可确定为医卫慈善用地（社会福利设施用地）。原以行政划拨方式供地的，可依法办理土地出让手续，经评估确定后，以补缴土地出让金或租赁等方式处置。核发划拨决定书、签订租赁合同或出让合同时，应规定或约定建设用地使用权不得分割转让（转租），不得改变土地用途。依法查处擅自改变养老设施使用功能、容积率等行为。

10. 在符合城乡规划的前提下，鼓励企业就地转型发展为养老服务机构。经市发改委认定，规划、消防等部门审批同意，执行下列政策：对转型企业原合法用地，企业提出申请，可依法补交土地出让金后改变为医卫慈善用地（不含已征用、未建的闲置工业用地）；或可按土地租赁的方式与国土部门签订租赁合同，缴纳医卫慈善用地土地使用权租金。利用现有厂房整体或部分就地发展养老服务业的，可保持用地性质不变。土地用地性质需变更的，按《绍兴市人民政府关于绍兴市区二环线内工业企业提升转型搬迁工作的实施意见》（绍政发〔2008〕33号）相关规定执行。

11. 鼓励民间资本对闲置的医院、学校、企业厂房、商业设施、农村集体房屋及其他可利用的社会资源进行整合改造后用于养老服务。国有土地使用权人可向规划部门提出申请，规划部门在征求建设、建管、国土、环保、消防等部门以及利害相关人意见后，经审查符合相关规定的，出具同意临时改变功能的规划意见，并明确临时改变功能的用途和期限。土地性质不变，不另行收取有偿使用费。在符合土地利用总体规划和城乡规划前提下，允许利用村集体建设用地建设农村养老服务机构。对利用集体所有的山坡荒地或其他不影响城乡规划的建设用地建设并用于民办非营利性养老服务机构的，应优先办理土地审批手续。

12. 对民间资本举办非营利性养老服务机构项目用地，在土地登记时免收土地权属调查费和工本费，其他费用按最低标准收取。民办非营利性养老服务机构停办后，其通过行政划拨方式取得的土地使用权，由政府收回或经批准后转由其他民办非营利性养老服务机构使用。

四、确保投资者权益

13. 凡捐资举办的非营利性养老服务机构，所有净资产归社会所有，机构停办后，由相关行政许可部门负责统筹，继续用于养老服务事业；其余民办非营利性养老服务机构，出资者拥有实际出资额（含存续期间追加投资额）的财产所有权。

14. 对民办非营利性养老服务机构，在扣除举办成本、预留单位发展基金以及提取其他有关费用后，如当年仍有收支结余，经养老服务机构决策层同意，经审计后符合规定的，可从收支结余中提取一定比例奖励举办人，年奖励总额不得超过以举办人累积出资额为基数的同期银行一年期贷款基准利率2倍的利息额；投入满5年后，在保证不撤资、不影响法人财产稳定的前提下，经养老服务机构决策层同意，出资人产（股）权份额可以转让、继承、赠与。

15. 民办非营利性养老服务机构经依法清算后，其资产增值部分主要以捐赠形式纳入当地政府养老发展专项资金，经养老服务机构决策层同意并经审计符合规定的，可给予举办人一次性奖励，奖励总额不得超过资产增值部分的10%。

五、加大政府公助力度

16. 越城区行政区域范围内取得《养老机构设立许可证》，并依法登记的新建民办非营利性养老服务机构，床位数达到50张（含）以上的，在省财政补助的基础上，自建用房按核定床位数一次性给予每张床位不低于4000元的补助；租用用房且租期3年以上的，按核定床位数给予每张床位不低于800元的补助，连补3年。护理型民办非营利性养老服务机构在省财政床位补助和市财政床位补助基础上，自建用房的额外再给予每张床位1400元的一次性补助，租用用房的额外再给予每张床位800元的一次性补助。对依法登记的新建民办营利性养老服务机构，按前述民办非营利性养老服务机构床位补助标准的60%进行补助。

17. 建立完善养老服务评估补贴制度。越城区行政区域继续为经评估的城乡低保及低保边缘家庭中的失能、失智老年人和重性精神病患者提供养老服务补贴，养老服务补贴标准参照当年度重度残疾人托（安）养费用补贴标准执行；为90周岁以上（含）高龄老年人购买养老服务，每人每月补贴不低于150元；80～90周岁高龄老年人、80周岁以下生活不能自理或部分不能自理且空巢独居（子女不在同一社区）的老年人，经评估后个人购买养老服务的，政府给予20%补贴，每月最高不超过200元；低保孤寡老年人入住各类养老服务机构的，按现行城镇“三无”对象补贴标准予以补贴，不重复享受养老服务补贴。符合条件的老年人经评估后，根据自主意愿，入住养老服务机构或接受居家养老服务，其养老服务补贴由民政部门支付给相应的养老服务机构。

18. 越城区行政区域符合床位补助条件的民办养老服务机构运营1年后，按入住6个月以上且为越城区行政区域户籍的老年人实有数，根据自理、半失能、失能三种情况，分别给予民办养老服务机构每人每月40元、80元、160元的补贴，经评估、审核后发放。越城区行政区域范围内符合条件的民办养老服务机构，按固定服务（连续服务6个月以上）70周岁以上老年人每人每年不低于100元的标准给予补贴，经评估、审核后发放。

19. 鼓励民办养老服务机构建设或租用社区居家养老服务照料中心。越城区行政区域范围内符合条件的民办社区居家养老服务照料中心运营1年以上的，根据《绍兴市城乡社区居家养老服务照料中心规范化建设实施意见》的等级评定标准，按一星级0.5万元、二星级1万元、三星级2万元的标准每年给予日常运行补贴。

20. 民办养老服务机构须按规定参加全省统一的政策性商业保险，按保费的50%给予财政补贴。

21. 鼓励民办养老服务机构规模化、品牌化、连锁化、网络化发展，支持跨区域联合、资源共享，形成一批拥有知名品牌、具备较强竞争力的养老服务机构。充分利用服务业发展专项资金和引导资金，支持发展居家养老服务业。中小企业发展专项资金要对符合条件的养老服务机构给予积极扶持。

六、落实税费优惠政策

22. 民办非营利性养老服务机构依法享有与公办养老服务机构同等的税费优惠政策。营利性养老服务机构取得的养老服务收入直接用于改善养老条件的，其后5年缴纳的税收地方留成部分由同级财政给予减半补助。

23. 民办营利性养老服务机构提供养老服务取得的收入免征营业税；按规定缴纳城镇土地使用税确有困难的，报经地税部门批准，可减免城镇土地使用税；当期货币资金在扣除应付职工工资、社会保险费后，不足以缴纳税款或在规定的期限内不能按期缴纳税款的，经税务机关批准可延期缴纳，延期最长不得超过3个月；对符合小型微利企业所得税优惠政策的养老服务企业，可按财政部、国家税务总局《关于小型微利企业所得税优惠政策有关问题的通知》（财税〔2014〕34号）和国家税务总局《关于扩大小型微利企业减半征收企业所得税范围有关问题的公告》（国家税务总局公告2014年第23号）的规定，2014年1月1日至2016年12月31日期间，其所得减按50%计入应纳税所得额，按20%的税率缴纳企业所得税。养老服务企业当年新招用符合条件的重点群体人员（指在人力社保部门公共就业服务机构登记失业1年以上且持《就业失业登记证》〈注明“企业吸纳税收政策”〉的人员），签订1年以上劳动合同且依法缴纳社会保险费的，3年内按实际招用人数予以定额依次扣减营业税、城市维护建设税、教育费附加、地方教育附加和企业所得税优惠，定额标准为每人每年5200元；符合条件的重点群体人员（指持《就业失业登记证》〈注明“自主创业税收政策”或附着《高校毕业生自主创业证》〉的人员）从事个体经营养老服务业的，可按规定3年内以每户每年9600元为限额依次扣减其当年实际应缴纳的营业税、城市维护建设税、教育费附加、地方教育附加和个人所得税；登记失业人员、残疾人、退役士兵以及毕业2年内的普通高校毕业生创办养老服务机构的，自其在市场监管部门首次注册登记之日起3年内，免缴管理类、登记类、证照类等行政事业性收费，实行收费和小额担保贷款优惠，并在登记服务、准入条件、经营范围、注册资本等方面比照失业人员自主创业的优惠政策执行。

24. 对符合《绍兴市区员工制家政服务企业社会保险补贴实施办法》（绍市人社发〔2013〕53号）条件的员工制居家养老服务企业，可享受相应的社会保险补贴政策，该政策执行期限延长至2017年底。对养老服务企业由员工制居家服务员提供的居家服务取得的收入，符合条件的可按财政部、国家税务总局《关于员工制家政服务免征营业税的通知》（财税〔2011〕51号）规定免征营业税。对符合条件的居家养老服务企业，可按财政部、国家税务总局《关于暂免征收部分小微企业增值税和营业税的通知》（财税〔2013〕52号）和国家税务总局《关于暂免征收部分小微企业增值税和营业税有关问题的公告》（国家税务总局公告2013年第49号）的规定暂免征收营业税。居家养老服务机构享受家庭服务业相关扶持政策。

25. 企事业单位、社会团体以及个人通过具有公益性捐赠税前扣除资格的公益性社会团体或县级以上人民政府及其部门，向民办非营利性养老服务机构提供的捐赠，计算所得税应纳税所得额时按规定扣除。民办营利性养老服务机构通过具备公益性捐赠税前扣除资格的公益性社会团体或县级以上人民政府及其部门，用于公益事业的捐赠支出，计算所得税应纳税所得额时按规定扣除。

26. 实行积极的价格政策。民办养老服务机构为老年人提供养老服务，收费实行市场化运作。民办养老服务机构在获得设立许可并依法登记前不得收取任何费用。

27. 坚决纠正各种乱收费行为。除法律法规明确的收费项目外，不得对民办养老服务机构另行收费。凡收费标准设置上、下限的，按有利于民办养老服务机构发展收取。

七、积极支持融资信贷需求

28. 进一步加大财政贴息、风险补偿等政策扶持力度，支持和鼓励银行业金融机构加大对养老服务业的信贷投入。充分利用中小企业、创业投资、产业投资等方面的扶持资金，发挥福彩公益金、医疗卫生资金示范作用，引导民间资本加速进入养老服务领域。拓展市场化融资渠道，支持养老服务企业上市融资。支持采取股份制、股份合作制等形式发展养老服务机构，探索政府和社会资本合作建设养老服务机构模式。

29. 鼓励银行业金融机构加大对养老服务机构及其建设项目的信贷支持力度，合理确定利率水平，满足养老服务业信贷需求。对招用毕业两年以内高校毕业生、越城区行政区域城镇户籍持《就业失业证》的失业人员(包括下岗失业人员、复退军人和进城创业的被征地农民)和持证残疾人等符合小额担保贷款条件的人数达到在职职工总数20%(超过100人的机构达到10%)以上,并签订1年以上劳动合同的民办养老服务机构,根据招用人数可给予最高不超过200万元的贴息贷款,贷款期限不超过2年,并可享受50%贷款利息贴息,贴息所需经费从促进就业资金中列支。

30. 银行业金融机构要不断创新金融服务品质,改进信贷担保方式,支持养老服务业可持续发展。允许养老服务机构利用有偿取得的土地使用权、产权明晰的房产等固定资产办理抵押贷款,国土、房产管理等部门应予办理抵押登记手续。支持养老服务机构以包括股权融资在内的各种方式筹集建设发展资金,各级财政出资的融资性担保机构应优先为符合条件的营利性养老服务机构提供担保。产权明晰、管理规范、诚信度高、偿债能力强的民办养老服务机构及其建设项目,银行业金融机构应通过多种方式给予信贷支持。

八、支持老年服务产品开发

31. 鼓励社会力量参与老年公寓等老年生活设施建设。对按老年人居住建筑设计标准建设、有相应的护理服务团队、配有一定规模的养老护理机构的新开发老年住宅和老年公寓项目,其配套的养老护理机构独立登记后可享受相应的扶持政策。

32. 鼓励和扶持开发老年产品,引导企业生产满足老年人各种需求、门类齐全、品种多样、经济适用的老年用品,发展老年文化产业。培育一批养老服务产品龙头企业,打造一批养老服务产业知名品牌,将养老服务产业纳入现代服务业加以培育扶持,享受市委、市政府《关于进一步促进经济转型升级的若干政策意见(试行)》(绍市委发〔2013〕53号)相关扶持政策。

九、加强人才队伍建设

33. 鼓励引导高校和中等职业学校老年服务与管理、老年护理等专业或专业方向的毕业生到民办养老服务机构就业。上述专业方向的高校毕业生到依法设立的民办养老服务机构就业,符合市政府《关于进一步促进以创业带动就业的实施意见》(绍政发〔2011〕74号)相关条件的,可享受相应就业补贴。

34. 开设养老护理(管理)专业或专业方向的民办职业院校和取得养老护理员培训资质的民办职业培训机构,符合条件的可认定为培训基地。全面开展养老服务从业人员培训,将民办养老服务机构负责人、养老护理员及其他各类提供养老服务的组织从业人员统一纳入政府培训教育规划,在培训经费、参加对象和方式等方面与公办养老服务机构同等保障。

35. 鼓励公办养老服务机构从业人员到民办养老服务机构挂职。公办养老服务机构正式在编在岗的从业人员经组织批准,可选派到民办养老服务机构工作,明确工作年限,助推民办养老服务机构管理规范化、专业化。

36. 建立多领域的养老服务人才联动机制。鼓励专业医师到民办养老服务机构规范开展多点执业。建立健全中专毕业生养老服务见习基地,为大中专毕业生提供见习岗位,享受现行的大中专毕业生见习补贴政策。鼓励民办养老服务机构引入社会工作人才。对在民办养老服务机构就业的专业技术人员执行与公办机构相同的执业资格、注册考核政策。

37. 提高养老服务从业人员薪酬待遇。探索在民办非营利性养老服务机构中设立公益性岗位,吸引有就业意愿的城乡就业困难人员从事养老服务工作。人力社保、民政等部门在每年6月底前向社会公布当地护理人员职位工资指导价位,督促指导民办养老服务机构落实护理人员待遇。建立护理员特殊岗位津贴制度,对取得《养老护理员职业资格证书》并在越城区行政区域范围符合条件的民办养老服务机构从事养老护理工作的养老护理员,签订1年以上劳动合同的,按当地企业最低工资标准的50%给予补助。

十、强化养老服务机构监管

38. 加强对养老服务机构建设、服务、运营的监督检查。建立和实施养老服务机构认证、评级、检查制度,监督养老服务机构落实设置标准、服务规范、技术规范等行业标准,实现有序发展。民政、规划、建设、建管、消防等部门要强化日常监督检查,养老服务机构出现安全等问题后要责令其限期整改,对违反规定的要依法予以处罚。整改期间各类政策性补助暂停,情节严重的停发各类政策补助,相关部门依照有关规定进行处理,负责收回各类补助资金,并向社会公布。

39. 加强用房用地监管。对养老服务机构建设未按有关规定编制设计方案的,规划、建设、建管等部门不得核发用地规划许可证、工程规划许可证和施工许可证,违规建设的应依法严肃查处。养老服务机构因注销登记、终止、迁移等原因停止使用土地,或因债务纠纷须处置土地资产的,如土地通过行政划拨取得,由相关部门收回土地使用权,按土地取得成本予以补偿,收回的土地优先用于发展养老服务业;如土地通过公开出让取得,按照公开出让文件或合同的规定处理。严禁养老设施改变使用功能、容积率等。

40. 民办养老服务机构须在取得《养老机构设立许可证》并依法登记后才能享受相关政策补贴。

41. 本意见除有明确时间规定外,其他各类政策补贴执行期限为2014年10月1日—2016年12月31日。2014年10月1日前的各类补贴仍按原政策规定执行。

42. 本意见中涉及的相关政策,适用范围为越城区行政区域。柯桥区、上虞区、滨海新城可参照执行,所涉资金由当地财政自行负责。其他各县(市)政府要根据本意见精神,结合当地实际,制定相应政策意见。

43. 本意见由市民政局会同市财政局等相关部门负责解释。

本意见自发布之日起施行,此前发布的政策与本意见不一致的,以本意见为准。

2014年11月4日

新昌县人民政府办公室关于印发
新昌县水价综合改革实施方案的通知

各乡镇人民政府、街道办事处，县府各部门：

《新昌县水价综合改革实施方案》已经县政府同意，现予印发，请认真贯彻执行。

2014 年 12 月 25 日

新昌县水价综合改革实施方案

为优化、高效、统筹配置水资源，提升水资源利用效率，减少水污染、改善生态环境，促进产业转型升级和经济发展方式转变，充分发挥价格杠杆促进“五水共治”的作用，根据省委、省政府《关于全面实施“河长制”进一步加强水环境治理工作的意见》(浙委发〔2013〕36 号)和省、市、县“五水共治”一系列重要部署，决定对县水务集团有限公司供排水区域的供水价格、污水处理费实行综合改革。

一、供水价格

简化供水价格分类，建立居民阶梯式水价制度。改革后的自来水销售价格分“三类六档”。三类为：居民生活用水、非居民生活用水、特种用水；六档为：居民生活用水四档，非居民生活用水一档，特种用水一档。

(一)一类：居民生活用水价格

1. 安装“一户一表”的居民用户，实行阶梯式计量水价。阶梯水价按年(指公历年度，即从每年 1 月 1 日至 12 月 31 日)用水量划分三档阶梯式累进加价。

第一档　阶梯一级：每户每年 264 立方米及以下的用水量，价格不变，仍为每立方米 1.35 元。

第二档　阶梯二级：每户每年 264 立方米以上至 384 立方米的用水量，价格每立方米 2.00 元。

第三档　阶梯三级：每户每年 384 立方米以上的用水量，价格每立方米 2.70 元。

“一户一表”居民用户，当期水费根据当期抄见水量按全年各分档水量标准和对应的水价从一档至三档依次结算。

新装或变更用水的“一户一表”居民用户，实际用水时间不足一年的，分档水量标准按全年分档水量标准和实际用水月份数折算，实际用水时间不满一个月的按一个月算。

家庭人口以一户三人为标准，3 人以上户，每增加 1 人，户阶梯用水量每档增加 60 立方米/年。家庭人口及水量等具体事项由城市供水企业核实认定。

上述分档阶梯用水量以公历年度确定。

2. 第四档　非“一户一表”的合表居民用户用水价格为每立方米 1.40 元。

3. 减免政策：对低保户家庭每户每月减免 10 立方米(含自来水费和污水处理费)。

(二)二类：非居民生活用水价格

第一档　每立方米由 2.20 元调整为 2.60 元。

(三)三类：特种用水价格

第一档　每立方米由 2.80 元调整为 4.00 元。

二、污水处理费

简化污水处理费分类，建立污水排放处理复合计价收费制度。经改革后的污水处理费分为居民生活污水处理费、工业污水处理费和非工业污水处理费三类。

(一)一类：居民生活污水处理费

居民生活污水处理费收费标准不变，仍为每立方米 0.50 元。

(二)二类：工业污水处理费

符合国家和省规定的污染物排放标准的工业污水处理费标准为：医药企业纳管污水处理费由每立方米 2.30 元调整为 2.60 元，化工、皮革、印染、电镀、造纸等工业企业纳管污水处理费由每立方米 2.30 元调整为 3.00 元，暂未纳管污水处理费由每立方米 1.60 元调整为 1.80 元；其他企业的污水处理费由每立方米 1.60 元调整为 1.80 元。

建立污水排放处理复合计价收费制度，实行工业污水按污染物浓度多因子复合计收污水处理费，具体按《新昌县关于实行工业污水按污染物浓度多因子复合计收污水处理费的实施意见(试行)》(详见附件 1)执行。

(三)三类：非工业污水处理费

非工业污水处理费统一调整为每立方米 1.60 元。

上述污水处理费按其用水量(包括自备水量)征收，其中纳管污水安装有污水排放计量装置的按污水排放量征收。

三、规范城市供水价格和污水处理费执行范围

居民生活用水价格与居民生活污水处理费的执行范围是：城乡居民住宅及其附属设施（指物业服务、门卫、消防、车库）等生活用水；普通高等学校（包括大学、独立设置的学院和高等专科学校）、高中（普通高中、成人高中）、中等职业学校（包括普通中专、成人中专、职业高中、技工学校）、初中（普通初中、职业初中、成人初中）、小学（普通小学、成人小学）、幼儿园（托儿所）、特殊教育学校（对残疾儿童、少年实施义务教育的机构）的学校教学用水和学生生活用水；敬老院、孤儿院、救助管理站等提供住宿的收养、收容服务场所用水；生产经营企业内可以单独计量的职工集体宿舍、食堂用水；城市社区居民委员会公益性服务设施、农村非营利性公共活动场所用水。宗教场所（指经县级及以上人民政府宗教事务部门登记的寺院、宫观、清真寺、教堂等宗教活动场所）的生活用水。城市绿化、环境卫生等两类公用事业单位用水。

特种用水价格的执行范围是：高尔夫球场、桑拿、水疗等用水。

非居民生活用水价格的执行范围是：除居民生活用水和特种用水以外的全部用水。

工业污水处理费的执行范围是：从事生产、加工以及维修企业的污水。

非工业污水处理费的执行范围是：居民生活污水和工业污水以外的污水。

除居民住宅外属于居民生活用水价格执行范围的用水单位可按"非'一户一表'用户价格"执行。

居民出租住宅居民生活用水价格暂可按"非'一户一表'用户价格"执行，具体由城市供水企业核实认定。

四、水价改革出台时间

2015 年 1 月 1 日用水时间起。

上述水价综合改革具体相关事项按《关于新昌县水务集团有限公司供排水区域内供水价格和污水处理费收缴工作的实施细则（试行）》（详见附件 2）规定执行。

五、保障措施

（一）县发展和改革局要做好水价改革后的价格管理工作，加强对供水价格、污水处理费收费标准执行情况的监督检查，督促供排水企业严格按规定的标准执行。

（二）县水务集团作为国有公用事业单位具有行业特殊性，为了促使水务企业严格控制成本，强化内部挖潜，县审计部门对其每年实施常规性审计。

（三）县水务集团要强化自来水费、污水处理费的收缴工作，确保自来水费、污水处理费足额征收。同时要加快居民生活用水"一户一表"的改造工作，为全面实施居民生活用水阶梯式水价创造条件。

（四）水价改革涉及千家万户、方方面面，相关部门单位要做好宣传解释工作，确保此次水价综合改革顺利实施。

附件：1. 新昌县关于实行工业污水按污染物浓度多因子复合计收污水处理费的实施意见（试行）
2. 关于新昌县水务集团有限公司供排水区域内供水价格和污水处理费收缴工作的实施细则（试行）

附件 1

新昌县关于实行工业污水按污染物浓度多因子复合计收污水处理费的实施意见（试行）

为进一步优化配置水资源，提高水环境质量，促进工业企业转型升级，根据省委、省政府《关于全面实施"河长制"进一步加强水环境治理工作的意见》（浙委发〔2013〕36 号）和"五水共治"一系列重要部署，结合新昌实际，特制定本实施意见。

一、指导思想

以科学发展观为指导，以加快转变经济发展方式为主线，以要素市场化配置综合配套改革为要求，通过价格杠杆加快建立推动落后产能淘汰、企业转型升级、绿色经济发展的倒逼机制，促进我县加快经济发展方式转变和产业转型发展。

二、总体目标

改革我县工业污水处理费收费制度，实行工业污水按污染物浓度多因子［即化学需氧量（COD_{Cr}）、酸碱度（pH 值）、悬浮物（SS）、总磷、氨氮（$NH_3—N$）等 5 种］复合计收污水处理费的制度，引导工业企业污水预处理和达标排放。

三、实施方案

（一）收费范围

入网工业污水实测污染物多因子浓度的工业企业。

（二）收费标准

污染物名称	标准内入网			超标准入网			
	入网标准值			每档值	加收的收费标准		
	印染企业	其他企业	收费标准		印染企业	医药、化工、电镀等重污染企业	一般污染企业
COD≤100					−0.26		
100<COD≤200	≤200						
200<COD≤300					0.26		
300<COD≤400					0.52		
400<COD≤500					0.78		
COD≤250						−0.26	−0.18
250<COD≤500		≤500					
500<COD≤600					1.17	0.26	0.18
600<COD≤700					1.56	0.52	0.36
700<COD≤800					1.95	0.78	0.54
800<COD				100	详说明	详说明	详说明
氨氮	≤20	≤35		20	0.26	0.26	0.18
总磷	≤1.5	≤8		1.5	0.26	0.26	0.18
悬浮物(SS)	≤100	≤400		50	0.26	0.26	0.18
pH 值	6—9	6—9		1	详说明	详说明	详说明

说明：

1. 符合国家和省规定的污染物排放标准的工业污水处理费标准，按工业污水处理费标准收取；超标准入网的工业污水在按工业污水处理费收取的基础上，按上表规定加收或减收相应的的污水处理费。

(1)化学需氧量(COD_{Cr})：以入网标准值(mg/L)为基准。当印染企业、医药化工电镀等重污染企业、一般污染企业的 COD_{Cr}>800 时，COD_{Cr} 值以 100mg/L 为一档，在 700<COD_{Cr}≤800 的加收收费标准基础上，每档加收的收费标准比上一档分别提高 0.52 元、0.39 元、0.27 元。

(2)氨氮：以入网标准(mg/L)为基准，当印染企业、医药化工电镀等重污染企业、一般污染企业的氨氮值超过入网标准时，每增加 20mg/L 为一档，每档加收的收费标准比上一档分别提高 0.26 元、0.26 元、0.18 元。

(3)总磷：以入网标准(mg/L)为基准，当印染企业、医药化工电镀等重污染企业、一般污染企业的总磷值超过入网标准时，每增加 1.5mg/L 为一档，每档加收的收费标准比上一档分别提高 0.26 元、0.26 元、0.18 元。

(4)悬浮物(SS)：以入网标准(mg/L)为基准，当印染企业、医药化工电镀等重污染企业、一般污染企业的悬浮物(SS)值超过入网标准时，每增加 50mg/L 为一档，每档加收的收费标准比上一档分别提高 0.26 元、0.26 元、0.18 元。

(5)pH 值：以入网标准为基准，每增加或减少 1 为一档，<6 时，每档加收 0.4 元；>9 时，每档加收 0.2 元。

2. 上述五种污染物浓度各按月度实测最高值计收。

3. 计量单位为元/立方米、mg/L。

4. 生猪屠宰、豆制品加工、蔬菜加工等重要民生行业按 50%优惠政策执行。

(三)收费办法

1. 计量方式：

截至 2014 年 12 月 31 日，对已安装污水排放计量装置的用户和自备水源用户，按排放量计收，若有偷排行为，环保部门从严查处，当年度污水处理费按取用水量(即售水量和取水量，下同)计收。

对未安装污水排放计量装置的用户和自备水源用户，按取用水量计收。

未入网企业污水处理费按《浙江省财政厅　浙江省物价局　浙江省住房和城乡建设厅关于印发浙江省城镇污水处理费征收使用管理暂行办法的通知》(浙财建〔2012〕220 号)规定执行，其污水处理费收费标准为工业污水处理费标准。

纳管企业缴纳污水处理费后，不再缴纳排污费。

2. 计费方式：工业污水按实测污染物浓度多因子(5 种)复合计收污水处理费。

(四)收支管理

工业污水按化学需氧量(COD_{Cr})浓度计收的污水处理费用于公共污水处理事业。

工业污水按酸碱度(pH 值)、悬浮物(SS)、总磷、氨氮(NH_3—N)等 4 种污染物浓度多因子复合计收的污水处理费，50%用于公共污水处理事业，50%上缴县财政，充实财政扶持资金，专项用于补助工业企业污水预处理设施设备的更新改造。

（五）试行时间

2015年1月1日用水时间起试行。

四、工作要求

（一）加强组织领导

实行工业污水按污染物浓度多因子复合计收污水处理费政策是加快我县经济转型升级的重要举措，对引导企业进行污水预处理和达标排放，提高水环境质量有重要作用。各镇乡人民政府、街道办事处及县级有关部门（单位）要高度重视此项工作，切实加强组织领导，突出工作重点，充分履职，将其作为"五水共治"的重点工作予以推进。

（二）部门密切配合

县级有关部门（单位）要拓宽思路、创新手段，合力做好工业污水按污染物浓度多因子复合计收污水处理费的各项工作。县发展和改革局要加强收费执行情况的监督检查，督促污水收集（处理）企业严格按规定的标准执行；县环保局会同县经信局要按规定确定印染、制革、化工等入网工业污水实测污染物多因子浓度的工业企业名单，加大环保执法力度，依法严格查处污水排放企业偷排、超标排放等违法行为，查实的数据可作为水务集团污水处理费的收费依据；县环保局要加大工业企业污水污染物在线监测系统建设，逐步扩面；强化检测工作，污染物浓度检测相关部门负责对工业企业污染物多因子浓度的检测工作，每月抽检不少于3次，每次抽检设2个样本，采样时由排污企业签字确认，确保检测数据的正确性；检测数据在次月3日前提供给水务集团。在规定时间内，排污企业对出具的检测数据有异议的，可申请将留样进行复检，复检费用由责任方承担；县水利水电局要加强企业自备水取水管理，建立完善自备水取水在线监控系统，强化水资源管理，并将企业自备水源取水量相关数据按月（次月3日前）提供给水务集团作为工业企业污染物排放计量依据；县质监局要加强对检测机构和污水流量计检定及使用等环节的监管；县财政局要加强监督污水处理费的收支管理；县水务集团要做好污水处理费收缴工作，确保足额征收，加大污水管网建设力度，加快污水纳管进程。

（三）加强舆论宣传

通过各种途径和方式，广泛宣传实行工业污水按污染物浓度多因子复合计收污水处理费政策的重要意义，有效调动工业企业的积极性、主动性，充分认识实行工业污水按污染物浓度多因子复合计收污水处理费政策对提高资源配置效率、加快"腾笼换鸟"、促进节约用水、减少水污染、保护生态环境所起的重要作用，切实保障人民群众的知情权、参与权和监督权，努力形成全社会关心、支持和参与的良好氛围。

附件2

关于新昌县水务集团有限公司供排水区域内供水价格和污水处理费收缴工作的实施细则（试行）

为规范、理顺供水价格和污水处理费的收缴管理，维护供排水设施正常的建设和运行秩序，保障供排水价格调整工作的顺利实施，根据《浙江省城市供水管理办法》《浙江省城镇污水处理费征收使用管理暂行办法》等相关法律法规精神，结合新昌实际，特制定本实施细则。

一、我县城市供水价格遵循补偿成本、合理收益、节约用水、公平负担的原则核定。污水处理费标准根据污水处理设施投资运营成本、国民经济与社会发展要求以及社会承受能力制定。

二、新昌县沃洲自来水有限公司（以下称供水公司）负责城区及拔茅片供水费用的收缴和管理，新昌县城西自来水公司（以下称供水公司）负责梅澄区块（梅渚镇、澄潭镇与城区联网供水区域）供水费用的收缴和管理。新昌县沃洲排水有限公司（以下称县排水公司）负责污水处理费的收缴和管理。新昌县水务集团有限公司（以下称县水务集团）作为主管部门做好费用收缴的指导和管理工作。财政、环保、价格等行政部门应按照各自职责，共同做好管理、监督和服务工作。

三、供水费用的收取

1. 凡使用供水公司所供自来水的单位和个人，均应缴纳供水水费，水费标准根据县政府或政府价格主管部门文件，按用户性质分类实行不同的缴费标准。

2. 为增强居民节水意识，促进节约用水和水污染防治，居民用户实行阶梯式水价计费，阶梯水价分为三级，级差为1∶1.5∶2.0。

3. 级数差额和水量基数。家庭人口为3人及以下的每户每年水量基数分别为：第一级264立方米及以下，按核定的基本水价收取水费；第二级264～384立方米，按基本水价的1.5倍收取水费；第三级384立方米及以上，按基本水价的2.0倍收取水费。家庭用水人口超过3人的，每增加1人，每级水量基数相应增加60立方米（每月5立方米）。

4. 人口核实。家庭用户用水人口以户籍人口为核定基础。家庭户用水人口超过3人，用户可要求增加水量基数，凭公安部门核发的户口簿到水务营业窗口办理用水人口申报手续，未办理申报手续的，按用户人口为3人及以下标准实施阶梯式计量水价。申报手续完成后下一个抄表日期起以最新申报的用水人口数计量阶梯水费。

5. 执行居民用水价格的学校、敬老院、孤儿院、救助管理站、城市社区居民委员会公益性服务设施、农村非营利性公共活动场所、生产企业内可以单独计量的职工集体宿舍等用水，不实行阶梯水价，均按非一户一表用户类标准执行。城乡居民出租住宅用户凭公安部门相关证明，向供水公司提出申请，可按非“一户一表”用户类标准执行，具体由供水公司核实认定。

四、污水处理费的收取

1. 为加快清水治污工作步伐，进一步改善城乡水环境质量，凡使用供水公司自来水的用户，均应缴纳污水处理费。

2. 用户污水处理费由县排水公司委托县供水公司随水费一并收取，污水处理费由县供水公司代收后上缴给县财政，并由县财政划转县排水公司用于污水处理事业。

3. 污水处理费标准根据县政府或政府价格主管部门文件，按用户性质分类实行不同的缴费标准。工业污水处理费按排放污水成分的污染物浓度实行分档加收或减收，污染物浓度由相关检测部门进行统一检测。

4. 对工业企业用户污水处理费按月计收。对已安装污水排放计量装置的用户和自备水源用户，按排放量计收；对未安装污水排放计量装置的用户和自备水源用户按取用水量计收。

5. 进一步规范污水纳管工作，县各街道、相关镇（乡）园区等纳污区域必须严格落实雨水、污水分流。

五、为减轻因供水价格调整对低保家庭的影响，将继续对供水区域的低保家庭用户实行用水减免优惠政策，具体标准按有关政策执行。低保家庭用户对象以县民政部门提供的具体名单为准，用水减免事项由县水务集团根据相关规定以货币形式按年度一次性划转县民政部门，并由县民政部门负责统一发放到低保家庭用户。

六、县水务集团要提高对水厂、污水厂、管网等设施的运行管理水平，降低运行成本，提升服务质量，确保优质供水和安全排水。要加强对供排水市场的监管，对偷盗水、偷排水和超质超量排水等违规行为，要依据有关法规和合同予以相应处罚。

七、要加强对供水费用和污水处理费使用的管理，收取资金要专款用于供排水设施的建设、维护和运行。县水务集团要加快自来水“一户一表”改造步伐，尽早实现计量到户，各街道、相关镇（乡）要加强与县水务集团的业务对接，落实政策，加快未改造村的一户一表改造的申报和施工进度。县建设局要加快城区雨污分流改造，园区要加快企业废水纳管和雨污分流工程，各街道、相关镇（乡）要加快村生活污水改造纳管工作，使区域内生产、生活污水应纳尽纳。

八、本实施细则自2015年1月1日起执行。

金华市人民政府关于加快发展养老服务业的实施意见

各县（市、区）人民政府，市政府有关部门：

为积极应对人口老龄化，加快推进养老服务业发展，根据《浙江省人民政府关于加快发展养老服务业的实施意见》（浙政发〔2014〕13号）、《浙江省人民政府关于发展民办养老产业的若干意见》（浙政发〔2014〕16号）精神，结合我市实际，提出如下实施意见：

一、工作目标

到2020年，全面建成以居家为基础、社区为依托、机构为支撑，功能完善、布局合理、规模适度、覆盖城乡的养老服务体系；基本形成“9643”的养老服务总体格局，即96%的老年人居家接受服务，4%的老年人在养老机构接受服务；不少于3%的老年人享有养老服务补贴。

全市城乡社区形成20分钟左右的居家养老服务圈，生活照料、医疗护理、精神慰藉和紧急救援等养老服务基本覆盖所有居家老年人。全面确立以护理型为重点、助养型为辅助、居养型为补充的养老机构发展模式，每千名老年人拥有社会养老床位达到50张，其中机构床位数不少于40张，护理型床位占机构床位比例不低于50%，民办（民营）机构床位占机构床位比例力争达到70%。市、县（市、区）养老服务指导中心、乡镇（街道）养老服务中心、城乡社区居家养老服务照料中心三级养老管理服务网络进一步健全。高龄津贴制度和护理补贴制度进一步完善。推进养老服务产业发展，促进养老服务标准化、规范化、信息化。

二、主要任务

（一）加快发展城乡社区居家养老服务

加快建设城乡社区居家养老服务设施。大力推广统分结合的金华新型农村养老模式，争创全国示范。通过改造设施、提升功能，推进已建的农村居家养老服务站、“星光老年之家”转型升级为社区居家养老服务照料中心，乡镇（街道）敬老院转型升级为养老服务中心。到2015年，城乡社区实现居家养老服务照料中心（服务站）全覆盖。到2017年，实现城乡社区居家养老服务标准化、规范化。符合民办非企业单位登记条件的照料中心，办理法人登记，其他照料中心可以通过社区服务组织备案方式进行登记管理。

充分发挥社区公共服务设施的养老服务功能。支持社区利用社区公共服务设施和社会场所组织开展适合老年人的群众性文化体育娱乐活动。各类具有为老年人服务功能的公共设施应向老年人免费开放。要按照无障碍设施工程建设相关标准和规划，加快推进坡道、电梯、公厕等公共设施改造。

鼓励发展居家养老服务组织。通过政府补助、购买服务、协调指导、评估认证等方式，鼓励社会力量在城乡社区举办居家养老服务专业机构和企业，上门为居家老年人提供助餐、助浴、助洁、助急、助医、社区日间照料等形式多样的养老服务。

建设居家养老服务信息系统。进一步发挥“8890”“96345”的作用，依托社区公共服务信息网络，打造一个宣传养老服务政策、老年人沟通和为老服务的综合平台。有条件的，要免费为低收入失能老人配置“一键通”等电子呼叫设备。

（二）加快养老机构建设

大力支持社会力量举办养老机构。根据城乡规划布局，统筹建设养老机构，在资本金、场地、人员等方面，进一步降低社会力量举办养老机构的门槛。鼓励社会力量举办规模化、连锁化的养老机构；鼓励境外资本投资养老服务业。各地要以浙中城市群规划建设为引领，建设一批具有生态养生、休闲养老、康复保健特色的养老机构，推动养老服务市场化、产业化。

充分发挥公办养老机构托底作用。要重点为农村五保、城镇“三无”老人及低收入、经济困难的失能、半失能老人提供无偿或低收费的供养、护理服务。现有社会福利机构和乡镇（街道）敬老院，要完善设施、增强功能，转型提升为护理型养老机构。尚未建有敬老院的乡镇（街道）原则上都要建设1所以上以护理为主的养老机构。鼓励引导有条件的农村，自愿探索开展“以宅基地换养老”，通过兴建村老年公寓、幸福院及配套服务设施，实行集中居住式居家养老。

推进公办养老机构改制。在明晰产权的基础上，积极推进公办养老机构转制为公办民营，以承包、委托运营、合资合作等方式，通过公开招投标，转制给社会组织和企业运营。

（三）促进医疗卫生与养老服务相结合

推动医养融合发展。医疗机构要积极支持和发展养老服务，有条件的二级以上综合医院应当开设老年病科，增加老年病床数量，做好老年慢性病防治和康复护理。鼓励部分二级医院转型为养老护理院，引导乡镇（街道）卫生院等基层医疗卫生机构开设养老护理床位。鼓励兴建老年康复医院，提高老年医疗康复水平。卫生行政主管部门要支持在有条件的养老机构内设置医疗机构，简化相关审批手续。100张床位及以上的护理型养老机构应单独设置卫生所（医务室），条件具备的可申请设立医院；100张床位以下的护理型养老机构和助养型养老机构可单独设置卫生所（医务室），也可与周边医院、社区医疗卫生服务机构合作，促进医养融合。加快实施面向养老机构的远程医疗服务试点。医疗机构应当为老年人就医提供优先优惠服务。推进医养融合服务社区化，加强社区居家养老服务照料中心与社区医疗卫生服务中心（站）的合作，开展上门诊视、健康查体、保健咨询等服务。到2016年每个县（市、区）都要建成1所以上医养融合的养老机构。

健全医疗保险机制。对于养老机构内设的医疗机构，符合职工基本医疗保险和城乡居民基本医疗定点条件的，可申请纳入定点范围。医保部门要按照省市有关规定简化手续，缩短审批时限，同时完善医保报销制度，切实解决老年人异地就医结算问题。

三、政策措施

（一）完善投融资政策

加大信贷支持力度。金融机构要加大对养老服务机构信贷支持力度，拓宽信贷抵押担保物范围，合理利率定价，满足养老服务业的信贷需求，加大对养老服务业的有效信贷投入。完善抵押政策，鼓励银行等金融机构开发适合民办养老机构发展需求的金融产品和担保方式。民办养老机构以有偿出让方式取得土地、产权明晰的房产等固定资产，不动产抵押登记部门应当予以办理抵押登记手续。

（二）完善土地供应政策

养老服务设施建设用地保障应纳入经济社会发展规划、城乡规划、土地利用总体规划和年度用地计划。以县（市、区）为单位，在充分考虑当地老年人口增长速度和机构建设周期性特点的基础上，按照到2020年养老床位占老年人口总数5%以上的要求和养老机构床位年增长10%的基数，规划养老机构设置，预留和落实年度建设用地指标。各县（市、区）要单列养老机构（含老年活动设施）用地指标，纳入年度用地计划。对省政府确定的以划拨方式供地的非营利性养老服务设施示范项目，确需新增用地的要及时申报省政府。对民间资本参与投资并列入省重大产业项目库的示范项目，可按规定给予土地计划指标奖励。

社会力量举办的非营利性养老机构和公办养老机构享有相同的土地使用政策，可以依法使用行政划拨土地或农民集体所有土地。对营利性养老机构建设用地，采取成本逼近法或收益还原法进行地价评估后，采取租赁或招标拍卖挂牌出让方式。通过招拍挂方式取得的民办养老机构用地，可确定为商服用地—其他商服用地（养老机构用地）。原以行政划拨方式供地的，可依法办理土地出让手续，经评估后，以补缴土地出让金或以租赁、作价出资（入股）等方式处置。核发划拨土地决定书、签订租赁合同或出让合同时，应当规定或者约定建设用地使用权不得分割转让（转租），不得改变土地用途，对擅自改变养老设施用地用途、容积率等搞房地产开发的，由国土资源行政主管部门依法依规收回土地使用权。

鼓励社会力量对闲置并符合安全条件的医院、学校、企业厂房、商业设施、农村集体房屋及其他可利用社会资源，进行整合改造后用于养老服务。在符合土地利用总体规划和相关城乡规划前提下，允许利用集体建设用地建设农村养老机构。对利用集体所有的山坡荒地或其他不影响城乡规划的建设用地建设并用于民办非营利性养老机构的，应当优先办理土地审批手续。

民办非营利性养老机构停办后，其通过行政划拨方式取得的土地使用权由政府收回或经批准后转由其他民办非营利性养老机构使用。

（三）完善城乡社区居家养老服务用房政策

配建居家养老服务用房（老年活动用房）应作为城镇新建商品住宅项目规划和土地出让条件，套内建筑面积不低于项目住宅总建筑面积的2‰且不低于20平方米，与住宅同步规划、同步建设、同步验收、同步交付使用。要充分考虑方便老年人活动、为老服务的便利性和服务半径等因素设置养老服务用房，按照社区设置进行统筹规划和调配。老城区和已建成居住（小）区无养老服务设施或现有设施未达到规划和建设指标要求的，要限期通过购置、置换、租赁等方式添置养老服务设施。

（四）落实税费优惠政策

税收优惠和规费减免等支持政策，按照《浙江省人民政府关于加快发展养老服务业的实施意见》（浙政发〔2014〕13号）、《浙江省人民政府关于发展民办养老产业的若干意见》（浙政发〔2014〕16号）执行。境内外资本举办养老机构享有同等的税费等优惠政策。

（五）完善财政支持政策

各县（市、区）要加大投入，建立完善公共财政养老服务投入稳定增长机制，逐步增加养老服务体系建设专项资金总量。各县（市、区）用于社会福利事业的彩票公益金，50%以上要用于支持发展养老服务业，并随老年人口的增加逐步提高投入比例。

支持民办养老机构建设。在省补助的基础上，对金华市区范围内自建用房、床位数达到20张（含）以上、符合规定资质条件的非营利性民办养老服务机构，按核定床位一次性给予每张床位3000元的配套补助；对租赁用房且租用期3年以上、床位数达到20张（含）以上的非营利性民办养老服务机构，按核定床位给予每张床位每年600元补助，连续补助3年；属于护理型民办养老服务机构，其护理老人入住率达到60%及以上，按核定床位每张增加1000元补助，租赁用房床位每张增加500元补助。

完善养老服务补贴制度。在评估基础上，对城乡最低生活保障家庭中60周岁以上的失能、失智等生活不能自理的重度依赖老年人，给予养老服务补贴，养老服务补贴标准参照当年度重度残疾人托（安）养费用补助标准执行。

建立政府购买服务制度。对市区居家养老政府购买服务对象，给予政府购买服务补贴，所需资金由市级彩票公益金承担。城市居家养老政府购买服务，由城市社区居家养老服务机构、社会组织提供，补贴资金经社区审核后拨付给提供服务的机构、组织。农村居家养老政府购买服务，由农村社区居家养老服务机构提供，补贴资金拨付给农村社区居家养老服务机构。对民办养老机构接收政府购买养老服务对象、农村五保或城镇"三无"对象入住的，老年人原享受的养老服务补贴及各类补助经费应予转入。对符合社会救助条件的失独家庭、计划生育困难家庭优先享受相应养老服务政策。

支持城乡社区居家养老服务照料中心（服务站）建设和运营。对金华市区新建的城乡社区居家养老服务照料中心（服务站），市财政给予2万～5万元的一次性建设经费补助；运营良好的城乡社区居家养老服务照料中心（服务站），视实际运营情况市财政给予每年0.5万～3万元的运营补助。区财政对上述补助给予相应配套。

（六）落实投资权益政策

依法登记的民办非营利性养老服务机构，出资财产归出资人所有。经营管理较好的，可以从收支结余中提取一定比例用于奖励举办人。投入满5年后，可以转让、继承、赠与。民办非营利性养老服务机构经依法清算后，有资产增值的，经养老服务机构决策机构同意并经审计符合规定的，可对举办人给予一次性奖励，奖励总额不超过资产增值部分的10%。

（七）完善人才培养和就业政策

加强养老护理人员培训。依托大中专院校和养老服务机构等，设立养老护理人员培训基地。对符合条件的参加养老护理职业培训和职业技能鉴定的从业人员，按规定给予补贴。进一步加大在职轮训，到2015年，全市养老机构护理人员培训率达90%以上，到2020年实现所有养老护理人员持证上岗，持有初级及以上职业资格证书人员占比达50%以上。

加强人才培养。支持高校和中职学校、技工院校开设老年服务与管理类专业及相关课程，扩大人才培养规模，加快培养老年医学、康复、护理、营养、心理和社会工作等方面的专门人才。拓展养老服务人才培养渠道，创新人才培养模式，推进"3+2"、五年一贯制等中高职一体化人才培养。

建立就业扶持政策。建立养老护理员特殊岗位津贴制度，对取得《养老护理员职业资格证书》并从事养老护理岗位工作的人员，按照初级、中级、高级、技师不同等级，给予一次性奖励或相应补贴。实施入职奖补制度，引导、鼓励高校和中职学校老年服务与管理类专业毕业生从事养老服务工作。2013年起，对进入本市非营利性养老服务机构，从事养老服务、康复护理等工作的高校、高职、中职院校老年服务与管理类专业对口毕业生，依法签订劳动合同并正常缴纳社会养老保险的，就业满5年后可按相关规定给予一次性入职奖补。对到金华市区范围内非营利性养老服务机构入职的上述对象，分别按本科10000元、专科（高职）6000元、中专5000元标准给予配套奖补。

对在养老机构内设的医疗机构中执业的医生、护士、康复医师、康复治疗师等专业技术人员，执行与医疗机构相同的执业资格、注册考核政策。鼓励在非营利性养老机构和社区居家养老服务照料中心开发公益性岗位，吸纳农村转移劳动力、城镇就业困难人员从事养老服务。城镇就业困难人员以灵活就业方式从事居家养老服务的，可按规定享受灵活就业社保补贴。

鼓励公益慈善组织支持养老服务。引导公益慈善组织重点参与养老机构建设、养老产品开发、养老服务提供，使公益慈善组织成为发展养老服务业的重要力量。鼓励设立老年(养老服务事业发展)基金，培育发展为老服务社会公益慈善组织。建立健康老人参与志愿互助服务的工作机制和为老志愿服务登记制度，积极推广"银龄互助"等行动。弘扬敬老、养老、助老的优良传统，支持涉老工作部门、为老服务组织、公共服务窗口开展"敬老文明号"创建活动。培育发展养老服务业行业协会，发挥行业协会在行业自律、监督评估和沟通协调等方面的作用。

四、组织领导

(一)健全工作机制

各县(市、区)要将养老服务业发展作为重要内容，纳入国民经济和社会发展及城市(镇)总体规划，制订养老服务设施建设专项规划和养老服务产业发展规划，引导养老服务业科学发展。要建立完善工作协调机制，加强政策协调，定期分析问题，研究推进措施。要积极开展养老服务业综合改革试点，在要素保障和服务模式等方面进行探索创新。

(二)明确部门职责

民政部门要切实履行监督管理、行业规范、业务指导职责。发展改革部门要将养老服务业纳入经济社会发展总体规划和区域规划，支持养老服务设施建设。商务部门要将居家养老服务纳入家庭服务业发展专项规划，扶持培育龙头企业，支持信息服务平台建设。财政部门要对养老服务业发展给予财力支持。建设规划部门要制订城镇居家养老服务设施配建标准，组织编制养老服务设施专项规划，指导养老服务设施有序建设。价格主管部门要建立科学合理的养老服务定价机制，依法确定适用政府定价和政府指导价的范围。统计部门要建立完善养老服务业统计制度。老龄工作机构要发挥综合协调作用，加强督促指导工作。残联等组织要充分发挥自身优势，促进养老服务业的发展。机构编制、教育、卫生计生、国土资源、人力社保、税务、金融、质监、安全监管、市场监管等部门要各司其职，按照职责分工做好促进养老服务业发展工作。

(三)加强督促检查

各县(市、区)要加强工作绩效考核，确保责任到位、任务落实。要结合实际抓紧制订具体实施办法。市级相关部门要根据本部门职责，制订具体政策措施。市发改委、市民政局和市老龄办要加强对本意见执行情况的监督检查，及时向市政府报告。

本意见自2014年12月11日起施行。

2014年11月11日

中共金华市金东区委办公室　金华市金东区人民政府办公室关于开展金东区美丽家庭创建活动的实施意见

为深入贯彻落实党的十八届三中全会、省委十三届五次全会精神，进一步提升全区群众的生态意识和文明意识，助推建设美丽金东，创造美好生活，经研究，决定在全区开展美丽家庭创建活动。现提出如下实施意见。

一、创建目标

从2014年起，围绕美丽金东"城乡环境优美、山水生态秀美、群众生活和美、乡风文明淳美、产业发展富美"的基本内涵，紧扣"五水共治""无违建区"创建和环境卫生整治等中心工作，在全区开展"美丽家庭"创建活动，努力营造全民参与美丽金东建设的浓厚氛围。美丽家庭年度创建数原则上今年为全区农户数的10%～15%，以后每年评选总数占全区农户数的20%～25%左右。

二、创建标准

1. 庭院环境美：落实门前三包，房前屋后环境整洁，绿化有管护；无违章建筑、乱搭乱建，无赤膊墙；有卫生厕所，生活污水入管网。

2. 家居人文美：屋内整洁清爽；家庭成员遵纪守法；积极参加体育锻炼和文化娱乐活动，不参与非法宗教、赌博、迷信等活动；无上访行为、无违反计划生育政策。

3. 勤劳致富美：家庭成员勤劳肯干，有正当谋生手段，积极创收致富，家庭人均年收入超过上年度全区农民人均收入。

4. 邻里和睦美：家庭成员之间夫妻和睦，婆媳、兄弟等关系融洽；邻里间友好相处，互谅互让，无矛盾纠纷。

5. 爱心奉献美：家庭成员集体观念强，关心支持村集体和重点工程建设；积极参与支持"五水共治"、环境卫生整治等工作；乐于助人，村民公认度较高。

三、创建程序

美丽家庭创建按照民主推荐、审核公示、考核命名三个步骤进行。

1. 民主推荐(每年10月)。各家庭户对照创建标准向所在村(社区)提出创建申请，经由所在村(社区)以村民代表党员会议、户主会或上门推荐等形式进行民主推荐，确定考核对象，并上报至各镇乡(街道)。

2. 审核公示(每年11月)。乡镇(街道)会同村(社区)组成考核组，对美丽家庭考核对象进行审核。其中，美丽家庭示范户考核对象确保100%实地考核，美丽家庭考核对象按15%以上比例抽查。拟命名农户名单经乡镇信访、综治、计生、农办等所办审核后在村(社区)的公开栏公示一周后报区创建办。

3. 考核命名(每年3月)。区创建办对乡镇(街道)上报名单进行复审,经报区创建工作领导小组同意,由区创建工作领导小组发文命名,并在《今日金东》上对示范户创建成果和经验进行宣传交流。区创建活动领导小组将根据实际情况,制定必要的政策激励引导措施。

四、工作要求

1. 加强组织领导。为进一步加强美丽家庭创建工作领导,成立金东区美丽家庭创建工作领导小组,由区委副书记担任组长,区委常委、宣传部长和区政府分管领导担任副组长,宣传部、政法委、区农办、妇联、教育局(文体局)、卫生局、财政局、住建局、农林局、人口计生局、国土分局、环保分局、电信金东分公司、成泰银行金东分行等部门负责人为成员。下设办公室(设在区妇联),负责做好全区美丽家庭创建活动协调、指导。各镇乡(街道)要成立相应的领导小组和办事机构,明确专人负责落实,要结合自身实际抓紧研究制定具体措施,编制本级创建实施方案。各成员单位要各尽其责、形成齐抓共管的良好工作局面。

2. 强化舆论宣传。各镇乡(街道)和相关部门要充分利用《今日金东》和网络、微博等各类媒体,加大美丽家庭创建活动的宣传力度,扩大知名度。要注重树立先进典型,发挥美丽家庭的示范带动作用,提升参与率。

3. 加强动态管理。区创建工作领导小组每3年对过去年度命名的美丽家庭示范户复评一次。复评按一定比例抽查,对复评中发现不符合创建标准的家庭,予以降级直至撤销荣誉称号。

附件:1. 金东区年度美丽家庭申报表(略)
　　　2. 金东区年度美丽家庭汇总表(略)

2014年6月16日

中共磐安县委　磐安县人民政府
关于加快推进农村危房改造的意见

各乡镇党委、政府,县机关各部门:

农村危房改造是事关群众生活条件改善、生命财产安全和农村社会和谐稳定的重要民生工程。为切实解决农村群众住房困难,提升秀美乡村建设水平,县委县政府决定,从今年起全面实施“农村危房改造三年行动计划”,并提出如下实施意见。

一、加快推进农村危房改造的重要意义

近年来,我县根据省委、省政府“千村示范·万村整治”和农村住房改造建设部署,坚持将农村住房改造作为推进秀美乡村建设和解决民生问题的重要突破口,采取“全拆全建、局部拆建、特色保护和搬迁合并”等模式,统筹推进空心村改造、下山移民、环境整治工作,有效改善了农民居住条件。但由于地理条件、经济基础等原因,我县农村还存在大量的危房,不仅威胁群众的生命安全,而且影响秀美乡村建设的整体水平。因此,加快农村危房改造,既是改善农民居住条件的内在要求,维护群众生命安全的保障举措,更是深化秀美乡村建设、加快“两富”磐安建设步伐的重要抓手。各乡镇、部门要结合当前开展党的群众路线教育实践活动,本着“以人为本,民生为先”的执政理念,把农村危房改造作为“最紧迫的民生工程”来抓,强化责任落实,创新工作举措,加大统筹力度,切实抓紧抓实抓好。

二、目标任务、基本原则和工作步骤

(一)总体目标

坚持以科学发展观为统领,紧紧围绕“解决住房困难、改善民生条件、维护社会稳定”目标,以住人危房、集体公共用房及影响公共安全的闲置危房为重点改造对象,采取政府引导、政策扶持、社会参与等有效举措,争取两年时间基本解决危房住户的住房问题,3年时间全面消除农村危房,并通过完善制度,健全农村危房动态管理长效机制。

(二)基本原则

——政府引导,农民自主。充分发挥政府主导职能,通过资金补助、政策支持和工作指导,激发群众自觉参与改造的积极性,引导农民依法、科学、有序改造危房;坚持走群众路线,尊重群众意愿,发挥群众主体作用,集中民智,依靠民力,全面推动农村危房改造。

——因村制宜,分类实施。根据各村立地条件、地理区位、人口规模、经济基础等实际情况,在符合规划前提下,因村制宜,分类实施,采取旧村改造、开辟新区、下山移民、修缮加固、原拆原建等方式,统筹推进农村危房改造。

——统筹谋划,稳步推进。将农村危房改造与“三改一拆”、“五水共治”、中心村建设、历史文化村保护利用等紧密结合起来,统筹谋划,合理确定农村危房改造布局和规模,科学制订改造计划,分步有序推进。

(三)工作步骤

——2014年,启动实施危房改造。在完成农村危房普查和人员转移安置、农村集体公共用房安全鉴定基础上,按照“应拆先拆、能修则修”原则,以“三改一拆”行动和非法“一户多宅”清理为契机,完成影响公共安全危房的拆除工作。同时通过加固、修缮、新建等形式，启动60%以上住人危房的改造工作，争取解决1/3以上危房住户的住房问题。

——2015年，基本完成危房改造任务。根据村庄布局规划和功能定位，全面完成急需实施危房改造村的规划编制工作。继续实施拆迁或危房修缮工作，加快推进空心村改造和异地搬迁工程，基本解决危房住户的住房问题，消除全县农村2/3以上危房。

——2016年，完成危房改造扫尾工作。全面消除现有农村危房，加快推进新农村建设，切实加强农村新增危房的动态管理工作。

三、改造途径和方法

1. 加大空心村改造力度。以集镇村、中心村及600人口以上的村为重点，统筹谋划，整体推进，加快实施空心村改造，每个乡镇每年启动1～2个空心村改造项目。通过空心村改造，从根本上解决农民住房困难问题。

2. 加快综合性居住小区建设。顺应人口集聚、城镇化发展趋势，加快综合性小区建设，集约节约建设用地，提升城镇建设品位。加快新城区和尖山县级移民小区建设，鼓励乡镇、中心村建设定位科学、规划先进的综合性住宅小区，规划设计一定比例的多层、小高层或高层农民公寓，满足下山移民、危旧房改造、古村落保护、住房困难、经济困难等不同类型农户的需求。

3. 积极推进历史文化村落保护利用工作。对全县列入保护的20多个古村落，严格按照有关规定进行保护，对因保护需要而不能原拆原建但又确需改善住房条件的农户，鼓励采取开辟新区、异地建房等方式进行安置。

4. 放宽小型村农房改造限制。村庄布局规划保留的小型村、没有发展空间的用地紧缺村，在符合质量安全、消防通道等基本要求前提下，适当放宽政策限制，允许编制简易规划，实施原拆原建、原址改造或加固修缮，并将该类村庄列入异地搬迁政策扶持范围，促进异地建房、购房或宅基地换房。对列入萎缩性管理的村庄，鼓励农户向乡镇、中心村综合性住宅小区或县级移民小区转移。

5. 拆除或改造危险集体公共用房。按照“谁所有，谁负责”原则，加强农村集体公共用房安全使用管理。对无修缮价值，不符合村庄建设规划的危险集体公共用房，一律予以拆除。对暂时无法拆除，且无利用价值的祠堂等公共用房予以封存，并设立警示标志，严禁人员出入。对具有修缮价值，经修缮仍可继续使用的公共用房，经维修加固、鉴定合格后方可投入使用。

四、政策扶持

进一步完善推进秀美乡村建设的扶持政策，把农村危房改造作为今后3年秀美乡村建设扶持重点，增加必要的扶持项目，适当提高补助标准，要加大特别扶持、山区经济、异地搬迁等涉农资金整合力度，优先保障农村危房改造资金。

（一）转移安置

对登记在册的住人危房户中，通过投亲靠友、投住党员干部和租住农户闲置用房得到转移安置的，按500元/户补助（补贴）到村，再由村发放到相关农户；村集体统一建造或租用活动板房的，补助3000元/套（上下2层）。

（二）危旧房拆迁

连片拆迁旧房占地面积1000平方米以上的，补助80元/平方米；登记在册的危房，零星拆除或集体收购的，参照执行；拆除违法建筑和非法“一户多宅”房屋的不予补助。对拆除连片危旧房占地面积3000平方米以上的，给予村集体奖励5万元。

（三）贷款贴息

对集中连片、较大规模危旧房改造的重点村，给予村集体专项贷款70%的贴息；对危房改造农户按扶贫限额给予贴息贷款。

（四）消除赤膊墙

对高速公路和秀美乡村精品线路沿线，按时完成消除赤膊墙任务的，给予乡镇一定的工作经费奖励。

（五）集体用房修缮

对用于文化礼堂、居家养老中心、避灾中心（点）等用途的集体公共用房进行修缮改造，按照有关政策给予补助。

（六）集约节约用地奖励

空心村改造旧宅基地复垦的，抵还安置区周转用地后的溢余指标，可由政府收购，按市场价结算，净收益用于空心村改造建设；不复垦的，溢余土地拍卖所得除应上缴省级税费外，全额返还用于项目建设；符合土地利用规划，溢余土地开发的，允许村集体通过自主开发、合资合作、产权租赁、使用权入股等方式，建设村级物业项目。在满足村民“一户一宅”需求后，安置区项目总建筑面积的一定比例作为结余房源，允许经法定程序后，公开拍卖对外销售。

（七）对实施空心村改造、农民公寓建设、下山移民的，按有关政策予以补助。

五、保障措施

（一）加强组织领导

为切实加强对农房改造工作的领导，调整县秀美乡村建设领导小组，增加农村危房改造职能，具体抓好政策制订、协调管理等工作，并通过层层组建机构，签订工作责任书，努力形成“县级统筹抓、乡镇直接抓、村级具体抓”的领导体系和责任体系。各乡镇要按照“明对象、明途径、明时间、明责任”要求，统筹抓好农房改造工作，具体包括村庄规划编制、农村宅基地审批管理、危房巡查监控、违法建筑查处、组织危房拆除等工作。村级组织负责抓好宣传发动群众、村庄规划编制、改造方案制订、资金筹措、土地征收、地基安置、改造建设和长效动态管理等工作。农户是危房改造、危房修缮和申请危房鉴定的主体，镇村两级组织要加强教育宣传，引导农户积极主动地做好转移安置、改造修缮等工作。

（二）明确工作职责

县农办为农村危房改造的牵头部门，负责危房普查、政策制订、规划编制、项目立项、检查验收、资金管理、建立信息档案等工作；县财政局负责农村危房改造扶持资金的整合保障工作；县规划局负责指导村庄规划修编、农民建房规划审批、规划管理，做好历史文化村落保护利用、农房改造示范村创建、档案管理的技术服务指导，配合做好危房鉴定工作；县建设局负责村镇建设技术指导、危房监测鉴定、困难群众住房救助、村镇建设档案管理等工作；县国土资源局负责村镇土地利用规划调整、空心村整治用地管理，农村土地综合整治项目的申报、管理和规划范围外违法用地的查处工作。发改、民政、农业等部门要各司其职，密切配合，加强沟通协调，优化服务指导，合力推进农村危旧房改造建设。

（三）强化督查考核

建立联考机制，要分年制订农村危房改造工作目标，层层分解任务，签订责任书，实行县、乡（镇）、村三级联考制度。建立督查通报制，每季对各乡镇危房改造情况进行通报，督查结果与新农村建设年度考核相挂钩。建立激励机制，对危房改造、古村落保护利用、综合性住宅小区工作成效明显的乡镇，给予工作经费奖励和考核加分，对相关村庄给予一定的资金奖励。

2014 年 5 月 20 日

衢州市人民政府关于促进民办教育发展的若干意见（试行）

各县（市、区）人民政府，市政府各部门、直属各单位：

为深化民办教育综合改革，促进民办教育健康发展，根据《中华人民共和国教育法》《中华人民共和国民办教育促进法》《中华人民共和国民办教育促进法实施条例》和《浙江省人民政府关于促进民办教育健康发展的意见》（浙政发〔2013〕47 号）精神，结合实际，现就进一步促进我市民办教育健康发展提出如下意见。

一、统一思想，充分认识发展民办教育的重要意义

民办教育与公办教育同属于公益性事业。民办教育是教育事业发展的重要组成部分和推动教育改革的重要力量。发展民办教育是推进富民强市的现实需要，是深化教育体制改革、拓宽教育投资渠道、增加优质教育资源、促进全市教育事业快速健康发展的重大举措。

促进民办教育发展是各级政府的重要职责。各级政府要从战略和全局的高度，充分认识加快民办教育发展的重要性，全面贯彻“积极鼓励、大力支持、正确引导、依法管理”的方针，只要符合国家有关法律、法规，有利于吸纳社会资金、增加教育投入，有利于扩大教育规模、提高教育质量，有利于推进教育改革、增强教育活力的各种办学形式，都应积极探索，大胆实践。要不断完善民办教育相关政策和制度，进一步加大公共财政对民办教育的扶持力度，积极发挥民办教育在提供优质教育资源中的作用，营造更有利于民办教育稳定协调、可持续发展的良好环境，引导支持民办学校合理定位，办出特色，提升水平，努力满足人民群众多层次多样化的教育需求。

二、科学规划，积极鼓励社会力量参与办学

将民办教育纳入经济社会发展规划和教育事业发展规划，统筹民办教育和公办教育的协调发展。积极开放教育投资、生产、供给领域，鼓励和引导民间资本进入教育领域，拓宽民间资金参与教育事业发展的渠道。认真规划民办教育发展空间和布局，综合考虑“单独二孩政策”影响、新型城市化带来城镇人口和进城务工人员随迁子女变化，在盘活现有资源的基础上，有计划地设计和推出一批适合民办的重大教育项目，积极引导和吸引有先进理念、有经济实力、讲诚信的学校、企业和个人来建设兴办。支持各类办学主体通过独资、合资、合作、股份、委托管理等多种方式办学，进一步激发教育活力，形成政府主导、社会参与、公办教育和民办教育共同发展、和谐发展的格局。

三、分类管理，完善登记管理机制

进一步完善适应民办教育改革发展要求的民办学校登记管理机制。对民办学校按照营利性和非营利性进行分类登记管理。捐资举办的、出资人不要求取得合理回报的和出资人要求取得合理回报的学校划定为非营利性学校，经营性学校划定为营利性学校。全日制的非营利性民办学校按照民办事业单位法人进行登记管理，全日制的营利性民办学校按照企业法人进行登记管理；非全日制的民办学校（各类文化教育培训机构）按照企业法人进行登记管理，如确属非营利性的，也可以登记为民办事业单位法人。民办事业单位法人由民政部门登记管理，企业法人由工商部门登记管理。法人属性一经确定，没有特殊理由的，一般不予更改。

按照属地管理原则，学前教育、义务教育阶段学校及文化教育培训机构由县（市、区）相关职能部门审批登记和管理；高中段（含）以上学校及文化教育培训机构由市相关职能部门审批登记，市、县（市、区）两级相关职能部门共同负责管理。

四、加大扶持，健全教育公共政策

（一）加大财政奖补力度

从 2014 年起，市财政每年安排 1000 万元作为民办教育发展专项奖补资金，使用办法由市财政、教育等有关部门另行制定。

各县（市、区）也要结合本地实际，设立民办教育发展专项奖补资金。

（二）建立政府购买教育服务机制

建立政府向义务教育阶段民办学校购买服务的经费投入制度。对义务教育阶段民办学校，参照同类公办学校生均公用经费标准给予一定经费补助；对承担政府安排免费入学任务的义务教育阶段民办学校，按实际免费入学学生数，参照同类公办学校生均办学成本给予经费补助。

（三）落实税费优惠政策

根据民办学校法人属性，依法建立相应的税费优惠政策。登记为民办事业法人的民办教育机构享有与公办学校同等的税费优惠政策。登记为企业法人的民办教育机构，从登记之日起5年内所交所得税地方留成部分给予全额补助。

（四）调整收费办法

实行积极的价格政策，支持和促进民办学校的发展。各级价格行政主管部门在核定非营利性民办学校的学费、住宿费时，应充分考虑学校发展来制订基准价格和浮动幅度。放开营利性民办学校的收费标准，由民办学校根据实际自行确定，报同级价格行政主管部门备案后执行。

（五）保障合理用地需求

各级政府要在依法落实义务教育阶段学生就近入学的同时，统筹民办学校布局，并与城乡规划调整和乡镇土地利用总体规划做好衔接。国土资源部门在安排用地指标时，要优先确保民办学校建设用地。对符合教育发展布局规划，新建、扩建的民办学校，经有关部门批准，可根据办学主体的意愿采用行政划拨或有偿使用的方式供地。

（六）完善社会保险体系

民办学校要依法为教师办理养老、医疗、失业、工伤和生育保险，按时足额缴纳各项社会保险费。按规定缴纳住房公积金。

登记为民办事业法人单位的民办学校中的教师，符合相关条件的，可以参照《衢州市人民政府关于印发衢州市本级民办教师参加基本养老保险办法的通知》（衢政发〔2006〕65号）规定按中档或高档标准参保缴费，不受衢州市户籍限制。对按高档标准参保缴费的，其基本养老保险单位缴费比例由原来的55%调整至35%；对按中档标准参保缴费的，其养老保险单位缴费比例由原来33%调整至23%。按高档标准参保且缴费达到规定年限的民办学校教师，退休时待遇不低于公办学校同类同档教师。

鼓励其他民办学校在依法参加社会保险的基础上，建立企业年金，提高民办学校教师待遇。

（七）加大师资扶持力度

创新服务管理模式。积极做好民办学校教师的人事代理工作，为所属民办学校教师提供职称评聘、户口迁移、劳动关系衔接、社保关系转移等服务，方便教师合理流动。

鼓励公办教师到登记为民办事业法人的优质民办学校任教，保留其事业身份，继续执行事业单位工资制度，参加事业单位社会保险，各项工资福利待遇由所工作的民办学校承担，退休时享受事业单位同类人员相关待遇。

鼓励公办教师到登记为民办事业法人的优质民办学校支教，支教期间，其原有的公办教师身份、档案关系、工资和社会保险等均保持不变，与赴农村或薄弱公办学校支教经历、待遇相同，支教期满回原单位任教。

享受人才引进政策。民办学校引进的高层次优秀教育人才，在户籍迁移、住房安置补助、子女就学、研究经费等方面，享受与当地人才管理办法所规定的同等优惠政策。

（八）落实学生扶持政策

在民办学校接受学历教育的学生享受与公办学校学生同等的国家助学政策。

五、突出重点，大力发展优质高端民办学校

积极鼓励名校、名企、名人来衢投资兴办优质高端的民办学校。对投资兴办优质高端民办学校的，在土地供给、师资配备、资金扶持等方面实行“一校一策”“一事一议”的优惠政策。

积极鼓励各县（市、区）引进建设优质高端民办学校。从2014年起，对柯城区、衢江区新建成符合教育规划的优质高端民办学校，由市财政对学校所属区政府给予每校1000万元的奖励。对引进建设优质高端民办学校取得显著成果的各县（市）政府，经年度考核认定后也将给予一定的奖励。具体奖励办法由市财政、教育等有关部门另行制定。

六、优化治理，营造良好发展环境

（一）完善民办教育管理体制

政府各有关部门要按照职责分工，积极做好民办教育服务、管理和监督工作。审批机关要按照各级各类学校设置标准，严格把好审批关，加强对民办学校的日常监管，定期组织或者委托社会中介组织评估办学水平和教育质量。登记机关要严格执行民办教育机构的年检制度。

（二）健全民办学校内部管理机制

加强依法办学、自主管理、民主监督、社会参与的现代学校制度建设。民办学校须按法律规定设立学校理事会（董事会）和监事会，健全民办学校决策机构、监督机构和执行结构。建立教职工代表大会制度，实现学校内部科学、民主管理。加强学校的质量监测和评估，不断提高办学效益。完善法人治理结构，以办学章程为抓手，规范决策程序，保障校长依法行使职权，推进专业治理、专家治校。

健全民办学校退出机制。民办学校要求变更举办者或终止办学，由审批机关负责对学校资产进行评估，并进行财务清算后由原审批机关核准。终止办学的民办学校，必须妥善安置在校学生，并承担维稳责任。同时，由审批机关和登记机关收回办学许可证，销毁印章，注销登记。

（三）规范民办学校财务管理

依法加强财产管理。民办学校要依法建立学校财务、会计和资产管理制度，并按照国家规定的会计制度进行会计核算。明确出资财产属于民办学校出资人所有，出资人产（股）权份额可以转让、继承、赠与，但民办学校存续期间，举办者不得抽逃出资，不得挪用办学经费。

建立民办学校风险保证金提取制度。民办学校按不低于学费收入的5%提取风险保证金，由学校专户储存，日常不得使用，并接受教育部门检查。

依法落实“合理回报”制度。凡出资人“要求取得合理回报”的非营利性民办学校，在扣除办学成本，预留发展基金，以及按规定提取其他有关费用后，在办学有结余的前提下，经学校决策机构决定并报教育、财政部门核准，可按一定比例计提，用于奖励出资人。年奖励金额按不超过出资人累积出资额为基数的银行一年期贷款基准利率的2倍计算。登记为企业法人的民办学校依法享有相应产权与经济效益。

（四）保障民办学校教师合法权益

民办学校教师，在资格认定、职称评审、进修培训、课题申请、评先评优、国际交流等方面与公办学校教师享受同等待遇。

民办学校要保障教师薪酬待遇所需经费，坚持多劳多得、责重多得、优绩优酬、倾斜一线、倾斜骨干的分配原则，不断提高教师薪酬待遇。

人力社保部门应指导民办学校贯彻好《劳动法》等相关法律法规，全力维护民办学校教职工的合法权益。

（五）统筹民办学校招生管理

民办学校享有与同级公办学校同等的招生权。高中教育阶段的民办学校招生纳入全市统一招生计划，并与同类型、同层次公办学校安排在同一批次招生。义务教育阶段民办学校的招生在教育部门下达的招生计划内自主招生。非学历教育的民办教育机构在国家教育法律法规、政策允许范围内自主招生。

（六）营造民办教育良好发展环境

监管职能部门要齐抓共管，共同促进民办教育健康发展，进一步优化民办教育办学环境。教育部门要牵头定期研究分析、解决民办教育改革发展的重大问题，加强制度设计，积极探索，为民办教育改革发展创造良好的政策环境。卫生、食品药品监督部门要加强对民办学校的卫生、食品安全的监督管理，公安、消防、安监、综合执法、文化等部门要加强对民办学校及其周边环境的安全监督与管理，严厉打击干扰和破坏学校教育教学秩序的违法行为，从严从快查处涉校案件。严禁对民办学校乱收费、乱摊派、乱罚款，严禁侵占民办学校合法的财产和教学场所。动员、鼓励全社会共同关心和支持民办教育发展，全力营造有利于民办教育发展的良好社会氛围。

七、附则

本意见从2014年2月8日起试行。

各县（市、区）政府按照本意见精神制定实施意见。

2014年1月8日

中共舟山市定海区委　舟山市定海区人民政府关于进一步减轻社区负担规范社区工作的意见

为进一步减轻社区负担，规范社区工作，提升基层服务能力，根据党的群众路线教育实践活动关于即知即改的工作要求，结合定海实际，现就减轻社区负担、规范社区工作提出如下意见。

一、进一步规范社区工作的重要意义

1. 充分认识规范社区工作的目的意义。社区是社会管理的基础。做好社区工作对于巩固党的执政基础、增强党的执政能力、提高基层服务水平具有重要意义。进一步规范社区工作、清理解决以“机构牌子多、创建考核多、台账材料多”为主要表现形式的社区过度负担问题，旨在适应新形势要求，增强社区工作的针对性和有效性，丰富工作内容和形式；旨在理顺部门与基层关系，明确社区职责，解决职能归位问题；旨在增强社区队伍活力，提升服务群众能力，为改善社会治理奠定更加扎实的基础。

二、进一步明确社区工作职责和主要内容

2. 依法开展自治活动。宣传宪法、法律、法规和国家的政策，开展多种形式的社会主义精神文明建设活动；组织城乡居民积极参与社会治安综合治理，开展群防群治，调解民间纠纷化解矛盾；及时向上级反映群众的意见、要求和提出建议，维护群众合法权益。

3. 依法推进社区建设。兴办和管理本社区公共事务和公益事业；组织开展敬老爱幼、文化惠民、全民健身、就业培训等便民利民的社区服务活动；管理本社区资产；统筹实施社区建设项目、规划水利、道路等基础设施和村民住宅新居建设；组织开展绿化、美化社区活动，保护和改善生态环境。

4. 依法协助政府开展工作。协助和配合上级政府有关部门做好公共安全、公共卫生、计划生育、优抚救济、文化体育、社区教育、社区矫正、劳动就业、社会保障、社会救助、住房保障、征地拆迁、文化体育、消费维权以及老年人、残疾人、未成年人、流动人口权益保障等工作，推动政府社会管理和公共服务全覆盖。

5. 依章开展党建及群团工作。按照区委工作部署，以党建为龙头，领导社区开展各项工作，深化社区党建共建，夯实基层党建基础，强化工作协调，做好党员教育、管理和服务，加强宣传引导，凝聚社会力量，维护社会稳定，领导社区内各类群团组织按照各自章程开展工作。

三、进一步规范社区工作机制

6. 严格执行社区工作准入制。凡党委政府部门、群团组织将组织机构、工作任务、考核检查、创建评比、网络平台、普查调查等延伸到社区的，一律实行准入制度，按照规定严格报批。经批准后，以目录(另行发文)形式向社区(村)公开，接受社区(村)监督评议。未经审批的部门工作一律不能延伸到社区(村)，镇(街道)要主动承担工作职责，不能随意摊派到社区(村)。

7. 规范社区机构挂牌。对相关职能部门因工作需要必须在社区(村)挂牌的，须经过审批，统一标准格式，集中挂在指定位置。清理规范上墙内容，除核准保留的以外，统一录入指定电脑以供查询，或通过便民服务中心的电视、LED等电子显示屏滚动播放。

8. 统筹各项考核检查。完善区级目标考核机制，凡涉及镇(街道)的考核，按照分类要求，采取集中人员、集中时间、集中考核的方式进行，要延伸到社区(村)的必须与社区工作指导目录内容相一致。各个部门不得单独对社区(村)工作进行考核。

9. 精简创建活动开展。精简社区创建活动的种类、数量和内容，根据基层实际、紧贴群众需求开展创建活动。上级党委政府文件明确要求必须开展的，按规定认真落实。部门的创建活动严格按照准入制度要求，经审批论证后确定。

10. 统一档案台账管理。探索制定社区工作标准化档案，简化内容、统一模版、规范管理。加强基础性、日常性工作台账，鼓励使用电子档案。区级各部门对社区(村)的延伸考核考评，一般不得要求社区(村)提供除总结材料和档案资料目录以外的专项考核纸质材料，具体材料以档案中的原件为准。上级规定必须单独制作台账的，按照有关要求执行。

11. 明确证明用印范围。社区(村)为居民出具证明用印的范围，包括居民在辖区内居住、参加社区活动情况；居民申请低保、困难救助、助学补助等事项的家庭基本情况；其他法律法规明确由社区(村)提供，且根据职责确属社区(村)应掌握情况的事项。各部门不得要求社区(村)出具超越其职能范围的证明。

12. 规范普查调查活动。规范各类普查调查活动，凡业务性较强的一律以部门为主开展，社区(村)提供协助。上级党委政府文件要求必须由社区(村)开展的，按照“权随责走、费随事转”的原则操作，部门要加强业务指导。鼓励委托第三方机构开展普查调查工作。

13. 整合网络信息平台。有效整合区级网络信息平台，逐步实现统一输入，对不涉密的信息资源实现共享。各部门开发使用涉社区(村)网络信息平台，要向区经信科技局报备，经论证同意后方可实施。区级以上平台不能整合的，探索一次性输入、多平台共享的技术手段，减少数据重复输入。

四、进一步加强对社区工作的领导

14. 切实加强组织领导。成立区规范社区工作领导小组，由区委副书记任组长。领导小组下设办公室，负责总体协调、开展日常工作和审批临时性项目。

15. 完善日常协调机制。建立区规范社区工作领导小组以及办公室定期商议制度，审定准入社区工作指导目录，研究制定相关重要事项。各成员单位按照工作制度和流程，加强沟通协调，确保工作顺畅。

16. 建立工作评议制度。各镇(街道)、各部门必须高度重视社区减负工作，严格执行相关规定。建立镇(街道)、社区评议部门制度。部门执行准入制度、服务指导基层以及工作作风情况，作为区委区政府对部门考核的重要内容，同时纳入大众评机关的评判范围。推行辖区村(居)民评议社区工作制度，评议结果作为衡量社区工作业绩的重要依据。

17. 强化社区队伍建设。大力加强社区干部和社区工作者队伍建设，足额配备社区工作人员，不得挤占社区编制，不得随意长期借调社区工作人员。加大培训力度，不断提高他们做好新时期群众工作和发展社区事业的能力水平。

附件：定海区规范社区工作领导小组名单(略)

2014年6月30日

中共舟山市普陀区委办公室　舟山市普陀区人民政府办公室印发舟山市普陀区关于构建和完善大社保工作体系的实施意见(试行)的通知

各镇、街道党(工)委，镇人民政府、街道办事处，区属各单位：

《舟山市普陀区关于构建和完善大社保工作体系的实施意见(试行)》已经区政府同意，现印发给你们，请认真贯彻执行。

2014年10月13日

舟山市普陀区关于构建和完善大社保工作体系的实施意见(试行)

为认真贯彻落实党的十八大精神,深入开展党的群众路线教育实践活动,加快构建和完善覆盖城乡的社会保障体系,充分整合资源,优化职能配置,经区委区政府研究,现就构建和完善我区大社保工作体系,提出如下实施意见。

一、指导思想

以科学发展观为指导,紧紧围绕建设浙江舟山群岛新区和美丽新普陀的目标,整合政府资源,健全工作机制,理顺职能关系,积极推进劳动就业、社会保险、社会救助、社会福利、慈善和红十字等大社保工作体系建设,完善社保基金(资金)征缴(归集)、管理、使用和监督工作机制,建立起以社会保险为支撑,以社会救助为辅助,以慈善事业为补充,覆盖城乡、功能完善、运行高效的社会保障体系,为经济发展、社会稳定和民生改善提供更为有力的支撑。

二、工作目标

通过建立组织网络,落实工作措施,做到大社保工作职能整合、资源统筹、基础夯实、运行规范,构建起区、镇(街道)、社区(村)三级网络,“广覆盖、保基本、多层次、多渠道、可衔接、可持续”的大社保工作体系,确保各项惠民政策得到更好更快地落实。

三、工作措施

(一)构建区、镇(街道)、社区(村)三级网络

1. 构建组织网络。区级设立社会保障管理委员会,全区各社会保障相关部门各司其职,统筹协调就业、社保、救助、福利、慈善等社会保障业务,并把部分业务经办整合为一个部门经办,统一集中管理,将五大社会保障服务集中到“区大社保服务中心”,作为区行政服务中心的分中心,设在区就业社保大楼。区人力社保局负责日常工作。

镇(街道)设立大社保工作中心,组建后的大社保工作中心进行职能整合,集中行使劳动就业、社会保险、社会救助、社会福利、慈善事业、残疾人保障、红十字会工作等职能。为避免工作交叉、职能重叠,镇(街道)大社保工作中心设主任一名,由一名分管领导兼任。大社保工作中心与劳动保障站、劳动监察中队、社发科(社事办)、慈善分会、残联、红十字会等合署办公。

社区(村)具体承办大社保工作,由社区(村)书记或主任负总责,主要承办辖区内劳动就业、社会保险、社会救助、社会福利、慈善事业、残疾人保障等工作。

2. 规范工作机构。镇(街道)大社保工作中心名称为“××镇(街道)大社保工作中心”,各镇(街道)要根据机构职责和本地实际,及时对工作人员进行职责分工。

3. 建立工作制度。镇(街道)大社保工作中心要根据工作职责,及时制定各项工作制度,明确和公示工作流程,规范工作程序,同时制订工作例会、首问责任等制度,确保工作协调,服务提速提质。

4. 加强工作保障。镇(街道)大社保工作中心应及时调整和落实好集中办公场所,积极创建大社保敞开式服务窗口。镇(街道)大社保工作中心要有效整合劳动保障站、社发科(社事办)、工会、慈善分会、残联等机构人员。所需人员在所在镇(街道)内部调剂解决,确保工作正常运转。

(二)明确成员单位职责

1. 区发改局:负责把大社保体系建设纳入国民经济和社会发展规划,加强对社会保障事业发展项目的规划指导。

2. 区教育局:做好困难学生的救助保障工作。

3. 区公安分局:及时提供人口户籍信息资料,协助做好社会保障基础数据调查,及时核销死亡人员户籍信息。

4. 区民政局:综合管理全区社会救济工作,指导、监督全区实施城乡居民最低生活保障制度、医疗救助制度;做好复退军人参加社会保险的身份和军龄审核,及时提供死亡火化人员信息,协助做好参保人员生存调查。

5. 区财政局:加强社会保险基金的监督和管理,做好资金安排,为大社保工作体系建设、社会保险征缴、信息系统安全运行和政策法规宣传提供必要的经费保障,审核社会保障基金预决算草案。

6. 区人力社保局:履行社会保险综合管理职能,加强对社会保险工作的组织协调,拟定相应的政策及实施办法,并组织实施和监督检查。社保经办机构要规范业务流程,提高服务效率,完善部门业务衔接,做好社会保险登记、职工个人缴费基数申报核定、待遇审核发放等经办服务工作,编制社会保险基金预决算草案。

7. 区卫生和计生局:做好医疗保险定点医疗机构的执业监督管理,提高服务水平和服务质量。

8. 区红十字会:做好自然灾害和突发事件等救助工作,做好救护培训指导工作,做好志愿服务和社区服务工作。

9. 区审计局:做好社会保障基金的征缴、管理、使用情况的审计监督。

10. 普陀地税局:负责完成职工基本养老保险、职工基本医疗保险、工伤保险、生育保险、失业保险的征缴任务;负责提供年度征缴基础数据反馈;负责征缴信息共享平台的搭建和完善。

11. 区总工会:积极宣传社会保险法律法规和政策,发动和组织各类企业职工依法参加社会保险,做好困难职工的救助保障工作。

12. 团区委:做好困难大学生的救助保障工作。

13. 区妇联:做好贫困妇女家庭的救助保障工作。

14. 区残联:做好残疾人的救助保障工作。

15. 区慈善总会:做好慈善救助工作。

(三)建立工作机制

1. 建立区社会保障管理委员会工作例会制度。区社会保障管理委员会工作例会每半年召开一次,分析解决在大社保工作体系建设推进中出现的问题。

2. 建立区属部门联合下乡培训指导制度。镇(街道)大社保工作中心要根据大社保工作体系建设推进进度,提出联合下乡培训指导要求,由区人力社保局牵头,针对具体情况,及时组织区属有关部门到相关镇(街道)进行上门培训指导。

3. 建立大社保信息网络平台。运用现代化的信息网络手段,实行上联下达和"一站式"服务机制,逐步实现城乡社会保障公共服务网络建设的一体化。大社保工作体系信息化平台建设所需经费列入区信息化建设专项经费,由区财政统一解决。

四、工作要求

(一)统一思想,提高认识

构建大社保工作体系是加强和创新社会管理工作在社会保障领域的具体体现。各镇(街道)和区属有关部门要树立大社保观念,充分认识大社保工作体系建设的重要性、紧迫性,从造福民生、促进和谐的高度,把思想和行动真正统一到区委区政府的决策和部署上来,根据工作任务,制定实施方案,切实抓好落实,确保大社保工作体系建设更加扎实有效。

(二)明确要求,抓好落实

各镇(街道)和区属有关部门要切实加强组织领导,严格按照区委区政府的工作要求,切实做到机构、人员、经费、场地、制度和工作"六到位"。区大社保服务中心和各镇(街道)大社保工作中心要在今年10月底以前组建完成并开始运行,社区(村)大社保工作要在今年11月底以前完成整合并开始运行。

(三)强化宣传,营造氛围

各镇(街道)和区属有关部门要有针对性地制订宣传计划,落实宣传措施,切实做好大社保工作体系建设的宣传和发动工作。要运用各种宣传工具,丰富宣传内容,进一步增进社会各界对大社保工作体系建设的了解,营造全社会关心大社保、支持大社保、参与大社保的良好氛围。

中共台州市路桥区委办公室　台州市路桥区人民政府办公室
关于加强全区农村文化礼堂建设的意见

农村文化礼堂是实现农村"物质富裕、精神富有"的重要载体,是实现文化强区建设的重要基石,是巩固农村思想文化建设的重要抓手,是党密切联系群众和贯彻落实农村各项工作的总平台。按照省委、省政府决策部署,为加快推进我区农村文化礼堂建设进程,建立健全农村文化礼堂"建、管、用"一体化长效工作机制,进一步发挥农村文化礼堂的积极作用,现提出如下意见:

一、进一步健全建设机制,加快推进农村文化礼堂建设进程

农村文化礼堂并不是一个简单的单体建筑,而是一个集学教型、礼仪型、娱乐型、长效型于一体的,注重内涵挖掘、思想教育和精神引领的农村文化综合体。建设农村文化礼堂,要围绕"打造农民群众精神家园"这一根本要求,不断提升文化礼堂建设水平。

(一)完善农村文化礼堂建设规划

根据省委、省政府关于"人口数量在1000人以上的行政村都要建设文化礼堂,总数占行政村数量50%以上"的总体要求,我区将用5年时间完成150家以上农村文化礼堂建设任务。每年建设数量在30家(约占行政村总量的10%)左右。

(二)明确农村文化礼堂建设要求

建设农村文化礼堂,要按照"两堂五廊"的总体要求,结合我区实际,建设"十个一"。即:一个文化礼堂、一个文化讲堂、一个文化长廊、一个文化广场、一个文化舞台、一个农家书屋、一个电子平台以及一套管理制度、一批活动队伍、一个活动计划。

(三)坚持农村文化礼堂建设原则

坚持"严格标准、综合利用、灵活多样、彰显特色"的原则,规范有序、因地制宜地推进农村文化礼堂建设。建设类型主要分为礼堂新建型、村部改建型、俱乐部提升型、古村落保护型、庙宇改造型和环境整治型等。建设中要重视整合文化俱乐部等原有文化场所和"路桥区村级文化基础设施建设三年行动计划"中新建的文化资源。要充分挖掘特色,做好主流文化与乡土文化、现代文明和传统文化相融合的文章,增强农村文化礼堂的吸引力,着力打造"一村一色""一堂一品"。要加强建设的规范化,严格建设审批程序,确保农村文化礼堂符合土地利用总体规划和建筑规制。

(四)加强农村文化礼堂建设保障

行政村为农村文化礼堂建设的主体,区财政、镇(街道)和村共同落实农村文化礼堂建设资金。区财政每年投入1000万元用于奖补农村文化礼堂建设,按新建型、扩建型、改建型分别给予最高50万、30万、20万元的补助。参照《路桥区社会力量兴办公共文化事业补助办法(试行)》(路政办发〔2013〕137号),鼓励民间资金捐助农村文化礼堂建设。

二、进一步健全管理机制，切实提升农村文化礼堂管理水平

农村文化礼堂的建设者是群众，受益者是群众，管理者也是群众。要始终坚持农民群众在农村文化礼堂管理运行中的主体地位，发挥主动性，调动积极性，确保农村文化礼堂有人管事、有章理事、有钱办事、激发活力。

（一）实行农村文化礼堂理事会制度

理事会由相关村班子成员、专兼职管理员和村级文化带头人组成，主要负责重大活动策划、组织协调、资金筹措、资源分配等工作，确保农村文化礼堂自主运转、有序使用、管理高效。明确1名村班子成员担任理事会理事长，牵头负责农村文化礼堂的管理工作。

（二）建立农村文化礼堂专兼职管理员制度

选好管理员是保障农村文化礼堂有序高效开展的关键。按照热心基层文化事业、有较高学历和文艺专长的标准，配强农村文化礼堂专职管理员，具体负责场地管理、器具租用、展陈更新、台账记录、设备维护、信息上报和活动协调等日常工作。农村文化礼堂专职管理员可由大学生“村官”担任，也可由村级文化带头人担任。有条件的村应配备农村文化礼堂兼职管理员。

（三）完善农村文化礼堂日常管理制度

建立健全农村文化礼堂各项运行管理制度，纳入村级管理的重要内容，加强对农村文化礼堂各方面的投入保障。主要包括农村文化礼堂管理制度、资金使用制度、场地使用制度、器具和书籍借阅制度等，确保农村文化礼堂每天按时开放，做到活动有组织、台账有记录、展陈有更新、场地有管理，各项管理服务工作正常、有序、长效。

三、进一步健全各项机制，用足用好农村文化礼堂

农村文化礼堂基础在建，重点在管，关键在用。各镇（街道）和区级机关各单位要充分认识农村意识形态工作的重要性，在抓好经济发展的同时，认真抓好农村基层的思想文化建设，把自身的工作职责与农村文化礼堂挂起钩来，落到实处，使农村文化礼堂月月有计划、周周有安排、天天有活动，成为农民群众向往的精神家园。

（一）实施农村文化礼堂文化礼仪活动部门牵头负责制

区文广新局要切实加强对农村文化礼堂各项文体活动的策划和指导工作，推动群众性文化活动在农村文化礼堂广泛开展。大力开展各种文明礼仪活动，使其成为农村文化礼堂固化的活动载体。一是迎新礼，时间安排在春节期间，由区民政局牵头组织。二是开蒙礼，时间安排在清明节前后，由区教育局牵头组织。三是成人礼，时间安排在端午节前后，由团区委牵头组织。四是敬老礼，时间安排在重阳节前后，由区老龄委办牵头组织。五是新任村两班子就职典礼，由区委组织部牵头组织。六是国庆升旗典礼，由区委宣传部牵头组织。七是新兵入伍壮行礼，由区人武部牵头组织。八是传统婚庆典礼，由区妇联牵头组织。此外，区级机关各单位要结合自身工作实际，通过文艺演出、图片展览、政策咨询、主题宣讲等各种形式，把工作的触角伸向基层，利用农村文化礼堂平台履行部门职责。

（二）深化农村文化礼堂指导培训制度

改革群众文化服务形式，组织全区文化系统专业干部、文联各协会成员、区委理论讲师团成员以及驻村指导员、驻村干部等担任农村文化礼堂指导员，下基层开展文化指导服务工作。原则上要求每人每月下农村文化礼堂指导服务不少于2次。要加强对文化礼堂管理员、指导员和村级文化带头人的培训工作，提升指导服务基层文化活动的能力和水平。

（三）完善农村文化礼堂志愿服务制度

设立区农村文化礼堂志愿服务招募点，常年招收农村文化礼堂志愿者。区文广新局要充分发挥文化志愿者队伍在农村文化礼堂中的积极作用。共青团、妇联等群众团体和社会组织要积极组织力量开展农村文化礼堂志愿服务活动。全区市级以上文明单位要成立农村文化礼堂志愿服务队，有计划地开展志愿服务活动。鼓励在校大、中学生利用寒暑假和双休日到农村文化礼堂开展志愿服务活动。

（四）建立农村文化礼堂结对共建制度

组织全区机关企事业单位与农村文化礼堂开展文化结对共建活动，发挥部门职能优势，经常性开展文化下乡、科技下乡、法律下乡、卫生下乡等各种文化传播、信息咨询和便民服务活动，做到“送文化”和“种文化”并举。鼓励各农村文化礼堂互动共建，通过合办农民文化艺术节、文化走亲、乡村大擂台等多种形式，经常性开展文化交流活动。农村文化礼堂应积极向新路桥人开放，使其成为外地人和本地人沟通交流的主要场所，促进新老路桥人合力共建文化礼堂，进一步推动社会和谐。

四、进一步健全考核机制，努力形成农村文化礼堂建设合力

农村文化礼堂建设是一项长期的综合性工程。各镇（街道）和区级机关各单位要切实担负起各自的工作职责，积极参与到这项工作中来，协调配合，形成合力，努力把农村文化礼堂建设成为区委、区政府在农村开展工作的重要基地和农民群众的精神家园。

（一）完善农村文化礼堂建设联席会议制度

联席会议由区委、区政府分管领导担任组长，宣传、农办、规划、财政、民政、公安、国土、建设、农林、水利、教育、文化、旅游以及团委、妇联、老龄委办等部门为成员，主要负责全区农村文化礼堂建设计划制定、规划审核、组织协调、考核验收等工作，并研究解决农村文化礼堂建设过程中的各种问题。联席会议原则上每季度召开一次。

（二）完善农村文化礼堂年度考核机制

严格按照省市农村文化礼堂工作考核验收标准进行考核验收。在此基础上，区里组织评选星级农村文化礼堂，给予表彰鼓励。镇（街道）应对管理规范、使用有效的农村文化礼堂进行奖励。建设农村文化礼堂网上考核评价系统，及时反映农村文化礼堂的管理使用情况，提升考核的时效性、量化性、科学性水平。同时，区委、区政府将把各部门利用农村文化礼堂平台履职情况纳入工作考核。

2014年2月13日

中共天台县委办公室　天台县人民政府办公室
关于进一步加强社区矫正工作的实施意见

为深入贯彻落实省委办公厅、省政府办公厅《关于进一步加强社区矫正工作的意见》(浙委办发〔2013〕84 号)、市委办公室、市政府办公室《关于进一步加强社区矫正工作的实施意见》(台市委办〔2014〕32 号)文件精神,进一步创新完善社区矫正监管、教育、帮扶体系,形成具有天台特色的社区矫正模式,经县委、县政府同意,结合我县实际,现就进一步加强社区矫正工作提出如下实施意见。

一、社区矫正工作的重要意义和指导思想

加强社区矫正工作,做好社区服刑人员的监管、教育和帮扶等工作,对于促使矫正对象成为守法公民,建设"平安天台",落实宽严相济刑事政策,具有十分重要的意义。我县自开展社区矫正工作以来,在加强社区矫正制度化、规范化、信息化建设等方面进行了积极的探索,取得了明显成效。但是,我县社区服刑人员数量呈逐年增长趋势,教育监管任务十分繁重,监管安全压力日益增大。面对"平安天台"建设的新形势,各乡镇(街道)和有关部门要深刻认识加强社区矫正工作的重要意义,切实增强做好社区矫正工作的责任感、紧迫感和使命感,不断改革创新,密切部门协作,提高监管水平,努力为"小县大城"建设创造和谐稳定的社会环境。

在新形势下加强社区矫正工作,必须坚持以党的十八届三中全会精神为指导,按照创新社会治理体系的要求,坚持"党政领导、综治牵头、司法为主、部门联动、社会参与"的领导体制和工作机制,着力构建社区矫正"四化"模式,即矫正网络立体化、矫正监管规范化、部门衔接无缝化、帮扶教育亲情化,努力实现无脱管、无漏管、无重新犯罪特别是重大刑事案件的"三无"目标。

二、构建社区矫正"四化"模式,确保社区服刑人员监管、教育、帮扶到位

(一)矫正网络立体化

建立纵向到底、横向到边、上下联动的立体化社区矫正工作体系,全方位、全天候、全过程掌握社区服刑人员的动态。

1. 完善矫正四级联动体系。加强以社区矫正监管大队为矫正监管指挥中心,以乡镇司法所为矫正日常监管主体,以执法中队为监管执法和应急处置骨干力量,以村(居)社区矫正工作站为矫正监管前哨,以矫正小组(含监管责任人)为亲情帮扶主要力量的上下联动网络。在县级层面,成立社区矫正执法大队,承担全县面上的社区矫正工作管理、应急指挥处置及县社矫委办公室职能,对全县社区服刑人员进行监督管理、教育矫正和社会适应性帮扶,督促指导乡镇司法所、执法中队、村(居)社区矫正工作站履行日常监管职责。成立直属中队,负责对在城区就业生活的户籍地和居住地分离的社区服刑人员的监管,确保不脱管、漏管。在乡镇(街道)层面,由执法中队、乡镇司法所承担社区矫正日常监管工作,履行对社区服刑人员的调查评估、日常监管、教育、考核、奖惩等工作职责。在村(居)社区层面,由村(居)社区矫正工作站承担本村(社区)矫正人员的监督、管理、教育和帮扶,对矫正人员的日常生活、工作情况、思想动态和行动去向进行"日报告",配合做好社区服刑人员考核奖惩等工作。在矫正小组层面,由矫正小组成员和监管责任人承担社区服刑人员"一对一"监管帮扶义务,亲情化帮教。

2. 建立矫助一体网络。加强矫正工作与法制教育、法律援助、法制监督工作的有机融合,借助法制教育中心、法律援助中心、法制监督中心的力量,提高矫正工作效果。法制教育中心要聘请法官、检察官、公安干警和律师、心理咨询师等专业人员为教员,开展每月一期社区服刑人员专题讲座,加强对社区服刑人员的法制宣传教育,提高社区服刑人员的法律意识。法律援助中心为社区服刑人员提供及时的法律援助,维护社区服刑人员的合法权益。法制监督中心由县人民检察院组建并进驻县社区矫正中心,对社区矫正各个执法环节加强监督,对发现的问题及时下发检察建议书,确保社区矫正工作依法、规范开展。

3. 建立矫正信息情报网络。加强对社区服刑人员思想、行为的全方位、全过程掌握。突出"人防",建立矫正工作信息员制度。对每 1 名特管、严管对象落实 1 名信息员,及时上报社区服刑人员异常动态,确保矫正对象信息及时、准确。突出"技防",建立社区服刑人员监测电子围墙。突出科技信息化管控,运用 GPS 手机定位系统和报到指纹识别,对严管对象佩戴使用电子腕表,实行"实时定位、轨迹查询、动态监管"。将矫正信息化手段向乡镇(街道)延伸,对全县司法所统一配备二代身份证识别仪、执法仪,延伸社区矫正视频指挥系统,全面提升社区矫正信息化水平和指挥效率。突出信息研判,进行矫正对象动态分类。成立矫正人员信息研判小组,由公、检、法、司等单位人员组成,定期对矫正对象进行信息研判,对矫正对象进行动态分类。

4. 建立流动人口社区服刑人员监管网络。加强对流动人口社区服刑人员的监管,做到无脱管、漏管。对县内其他乡镇流入城区三个街道的社区服刑人员、被天台法院判决的外籍社区服刑人员，由直属中队负责监管。对被外地法院判决执行的天台籍社区服刑人员由户籍地执法中队、司法所负责监管。对在外地执行的社区服刑人员因工作等原因流入天台的，由县公安局和县流动人口管理局负责掌握情况，并及时通报县司法局，县司法局及时与执行地司法行政机关衔接，落实有效监管。

（二）矫正监管规范化

牢固树立社区矫正工作是刑罚执行的理念，出台《天台县矫正工作操作规程》，强化法律意识、程序意识、证据意识，从入矫、在矫、解矫等各个环节建立强制性、操作性、规范性的管理制度。

1. 在入矫环节上，重点突出“认罪服法、悔过自新”。把好审前调查关，做到调查细、把关严、评估准，确保调查评估结果严谨、详实、准确。把好监地对接关，使在监服刑人员做到“早预警、早准备、早适应”，确保互通和无缝衔接。把好入矫接收关，对拟接收矫正人员要做到程序明、材料齐、责任清、教育严，确保接收环节严谨、细致、威严，使社区服刑人员树立“身份意识”和“改造目标”。把好入矫宣告关，做到程序完善、训诫严厉、告知全面，公、检、法、司各家一起参与开展入矫训诫，对矫正期间所有规定实行“一次性”告知制度，确保社区服刑人员知身份、明规章，树立矫正工作的严肃性。

2. 在矫正环节上，重点突出“服从管理、自觉改造”。建立矫正动态管理数据库，根据罪名、性别、是否成年等信息对社区服刑人员实施分类管理、分级施教、月考核评估等制度，全面细化社区服刑人员日常动态管理。实行分类矫正，根据矫正对象的犯罪类型和现实表现，由矫正官对矫正对象的重新犯罪风险每月进行考核评估，根据考核评估结果，分为特管、严管、普管三个管理类别。特管指的是对精神病人、未成年人、保外就医人员等进行特殊管理。严管指的是新入矫 3 个月内、被警告处理过的、有重新犯罪风险的矫正人员进行重点监管。普管指的是矫正表现较好、无违反监督管理行为的、重新犯罪风险比较低的矫正人员进行日常管理。加强对重点人员、重点时期、重点时段的管理，降低矫正对象重新违法犯罪的风险。实行动态管理，对社区服刑人员日常动态全程掌控、全程监督、全面细化，建立社区服刑人员月汇报、月走访制度。建立健全矫正人员外出请假销假、居住地变更、信息化核查、学习教育、社区服务等制度，确保每月不少于 8 小时的劳动和学习，做到对社区服刑人员“底数清、情况明、控得住、管得牢”。对不服从社区矫正管理规定的，视其情节给予警告、治安管理处罚、撤销缓刑假释裁定、收监执行等处理。

3. 在解矫环节上，重点突出“遵纪守法、自强自立”。建立全面、客观、准确的解矫评估体系，成立由公、检、法、司与村居干部等组成的解矫评估小组，对矫正对象作出全面、准确的评估，并由公、检、法、司各家一起参与解矫宣告。对表现良好、符合解矫条件的，将解矫人员纳入安置帮教工作范畴，促使解矫对象顺利回归社会。对有重新犯罪情况、不符合解矫条件的社区服刑人员，由县司法局向原裁判人民法院提出撤销缓刑、假释建议书，按照相关程序，收监执行原判刑期。

（三）部门衔接无缝化

建立职责清晰、任务明确、协调有力、对接无缝的部门协作机制。县公安局、县人民法院、县人民检察院、县司法局等部门和各乡镇（街道）要加强协调配合，凝聚工作合力。

县社区矫正委员会要把社区矫正工作纳入社会治安综合治理考核内容，做到同部署、同落实、同检查，要定期召开会议，及时解决社区矫正工作中碰到的困难和问题。

县综治办要协调公检法机关和各级基层综治组织积极配合县司法局开展社区矫正工作。要协调建立矫正网上交流平台，实现公安、检察、法院、司法、流动人口管理等单位与乡镇（街道）网上实时对接，确保信息共享、无缝衔接。

县公安局要积极配合司法行政机关对社区服刑人员的监督和管理，在县社区矫正监管中心设立派驻联络室，对违反监督管理规定、不服从监管的社区服刑人员及时采取治安管理处罚；对未按规定时间报到、脱离监管的社区服刑人员，协助司法行政机关进行追查；对裁定或决定收监执行的社区服刑人员在逃的，及时追捕；对人民法院裁定撤销缓刑、假释或者对暂予监外执行罪犯决定收监执行的，及时在罪犯抓捕、关押和押送等方面协助司法行政机关将罪犯送交监狱或者看守所；发现社区服刑人员涉嫌违法犯罪等情形的，在予以治安管理处罚或采取刑事拘留、逮捕等强制措施后，及时通报司法行政机关。建立派出所与司法所工作对接、信息核查和情况互通机制，对辖区内社区服刑人员和刑释人员做到底数清、情况明，共同做好审前社会调查、监管教育等工作。

县人民法院要依法对符合社区矫正适用条件的被告人、罪犯作出判决、裁定或者决定，严格执行社区矫正审前社会调查办法，落实回访制度，完善交付执行机制。对县司法局提请的撤销缓刑、假释、收监执行的建议及时依法作出裁定或决定，并将裁定或决定结果及时通报县司法局和县人民检察院。在县社区矫正监管中心设立派驻联络室，进一步加强审判工作与社区矫正工作的有效衔接。

县人民检察院要依托派驻县社区矫正监管中心的法律督督办公室，依法加强对社区矫正各执法环节的法律监督，依法维护社区服刑人员的合法权益，健全完善社区矫正基层法律监督机制，全面落实社区矫正法律监督职责。

县司法局要切实履行社区矫正指导管理、组织实施等职责，配齐配强专业力量，全面细化社区服刑人员调查评估、接收报到、宣告、定期报告、走访、会客管理、外出管理、居住地变更管理、学习教育、社区服务、信息化核查、分类管理、考核奖惩等教育管理工作，确保职责清晰、任务明确、工作规范、管理到位。切实加强对村（居）社区矫正工作站、矫正小组的指导管理，发挥基层帮教组织作用。

县流动人口管理局要加强对流动人口中社区服刑人员的排查掌握，并及时通报县司法局，确保流动人口中的社区服刑人员不脱管、漏管。

各乡镇（街道）要充分依托和发挥村（居）民委员会、村（居）便民服务中心、治保调解组织以及“网络化管理、组团式服务”等载体，在1名以上社区服刑人员的村（居）全部建立社区矫正工作站。工作站负责人一般由村（居）党支部书记、村（居）委主任或治保调解主任兼任，同时落实1～2名社会志愿者协助开展日常帮教帮扶活动，做到“日闻其声，日见其人”，协助司法所开展社区矫正日常工作。各乡镇（街道）要大力支持司法所开展“星级规范化司法所”创建工作，积极为司法所开展社区矫正工作创造良好条件。

（四）帮扶教育亲情化

坚持“帮扶教育是为了更好地监管、促进刑罚执行”的理念，依托县社区服刑人员教育和劳动基地，动员全社会力量参与社区矫正工作，为社区服刑人员顺利回归社会创造良好环境。

1. 进行个性化帮扶。县安置帮教协会对每一位矫正对象制定“一对一”帮教方案，提高安置帮教的针对性、有效性。对妇女矫正人员由优秀妇联干部进行帮扶教育；未成年矫正人员由优秀教师、团干部进行帮扶教育；对有一技之长的帮助其联系对口企业就业；对经济相对贫困的安置到“六城联创”“清洁家园”“淘宝基地”“建筑工地”等岗位就业。

2. 进行心理干预。抽调卫生部门、台州二院、司法调解组织、心理咨询师等专业人员组成联合“心理干预帮扶团”，对矫正对象有目的、有措施地分类干预，对症下药。

3. 形成部门合力。县司法局社区矫正执法大队、直属中队、执法中队和司法所应当定期组织社区服刑人员参加法律常识、公民道德等内容的教育活动，定期组织参加社区服务。同时对每个行政村下派1名律师、1名平安指导员，共同做好矫正工作。县人力社保局要依托公共就业服务机构、就业培训机构，加强社区服刑人员的职业技能培训与就业指导，鼓励和扶持社区服刑人员自谋职业、自主创业，制定政策鼓励企业吸纳社区服刑人员就业。县教育局要依法保障未成年人社区服刑人员在复学、升学方面与其他未成年人享有同等权利，妥善做好在监服刑人员未成年子女的入学工作。县民政局要将社区矫正工作纳入社区建设和社区管理范围，指导村（居）民委员会和社区组织协助、参与社区矫正工作。社区服刑人员家庭符合最低生活保障条件或者临时生活救助条件的，按照规定纳入最低生活保障范围或者给予临时生活救助。县总工会要指导和推动企业建立社区矫正教育培训和社区服务等基地，协助县司法局做好社区服刑人员的教育学习、社区服务、就业指导、过渡性安置等工作。团县委、县妇联、县关工委要广泛动员社会志愿者，充分发挥“阳光驿站”的作用，定期组织开展青少年、女性和未成年人社区服刑人员帮教帮扶等活动，帮助其顺利融入社会。

三、加强社区矫正工作的领导

（一）加强社区矫正工作队伍建设

配齐配强社区矫正执法大队、直属中队、执法中队和司法所社区矫正工作力量，明确有执法资格的工作人员担任社区矫正官，推进社区矫正工作队伍专业化建设。加强社区矫正社会工作者队伍建设，通过“政府购买服务”的方式，按照社区矫正社区工作者与社区服刑人员1∶20的比例，统一建立社区矫正社会工作者队伍，参照社区工作者管理，并随着社区服刑人员的增减而增减。加强社区矫正社会志愿者队伍建设，广泛动员和组织社会力量参与、支持社区矫正工作，深化“社区矫正阳光志愿者”行动，按照与社区服刑人员不低于1∶1的配备标准发展社区矫正社会志愿者队伍，为每名社区服刑人员建立矫正小组。健全完善社区矫正队伍管理、教育培训、考核奖惩等制度，不断提高社区矫正工作队伍的政治素质和业务能力。

（二）加强社区矫正信息化建设

完善监地对接视频帮教系统，扩大亲情帮教、警示教育的覆盖面和实效性。充分发挥社区矫正信息化监管平台和视频指挥系统功能，运用信息技术完善社区矫正动态监管机制，构筑一道严密的电子“围墙”。建好社区矫正信息交换平台，实现资源共享、高效对接。

（三）加强社区矫正经费保障

进一步落实《浙江省社区矫正经费使用管理办法》，按照必需、节俭的原则，按照社区服刑人员人均每年不低于2000元（含省补部分）标准，核定社区矫正经费，纳入县财政预算，实行专款专用，并优先保障社区矫正必需的装备配备，保障社区矫正工作顺利开展。

（四）加强社区矫正应急处置和责任追究

建立天台县社区矫正工作突发事件应急预案，加强对矫正对象思想动态的常态分析，及时发现矫正对象危险苗头和迹象，将各种突发事件消灭在萌芽状态。建立完善社区矫正执法过错责任追究制度，建立权责明确、行为规范、监督有效、保障有力的社区矫正执法监督体制，提高执法监督效能。

2014年7月20日

中共缙云县委　缙云县人民政府
关于促进农民增收的实施意见

农民增收是“三农”工作的重中之重，促进农民增收事关城乡统筹发展、农民生活改善以及农村社会和谐稳定。为全面促进农民收入普遍持续快速增长，根据《丽水市促进农民增收主题活动方案》要求，结合我县实际，特制定本实施意见。

一、指导思想

认真贯彻落实党的十八大、十八届三中全会精神和中央、省、市关于促进农民增收的重大部署，紧紧围绕“富民强县，幸福家园”总目标，坚持把农民增收作为“三农”工作的核心任务，以加快农业现代化进程夯实农民增收基础，以加快工业化进程提升农民增收速度，以加快城镇化进程拓宽农民增收渠道，以深化农村综合改革激发农民增收活力，全面实施“四大行动”，全力落实“十项举措”，加快形成以家庭经营收入为基础、工资性收入为重点、财产性收入和转移性收入比重稳步提高的农民增收长效机制。

二、总体目标

到2020年，我县农村居民人均纯收入比2010年“翻一番半”，达到22000元。具体分三步走：①到2015年，全县农村居民人均纯收入达到12200元，与全省差距明显缩小；②到2017年，全县农村居民人均纯收入达到16000元左右，为实现“翻一番半”目标奠定基础；③到2020年，全县农村居民人均纯收入达到22000元，圆满实现“翻一番半”目标。

三、实施内容

我县围绕2020年农民收入“翻一番半”总体目标，全面实施“四大行动”，全力促进农民增收。

（一）实施“产业富农”行动，增加经营性收入

按照“生态、安全、高效”的要求，大力推进现代农业发展，充分挖掘农业内部增收潜能。积极培育发展农家乐、来料加工、农村电子商务、家庭农（林、渔）场等农村新型产业，发展提升农村传统产业，拓宽农民产业增收渠道。2014年全县农民家庭经营性收入增长13%以上；到2020年，保持年均13%以上的增速。

（二）实施“素质强农”行动，增加工资性收入

把推动农民创业就业摆在更加突出的位置，继续加大农民素质培训力度，提高农民创新创业和务工就业能力，推动农村劳动力向二三产业和城镇转移就业。2014年全县农民工资性收入增长13%以上；到2020年，保持年均13%以上的增速。

（三）实施“政策惠农”行动，增加转移性收入

认真贯彻落实中央、省、市支农惠农政策，加大地方财政投入，实施新一轮扶贫开发工程，完善农村社会保障体系建设，改善农民生产生活条件。2014年全县农民转移性收入增长13%以上；到2020年，保持年均13%以上的增速。

（四）实施“改革助农”行动，增加财产性收入

以盘活土地、农房、山林等资产为突破口，加快推进农村土地流转，持续推进扶贫改革试验、农村金融改革、山区经济发展以及林权改革等农村体制机制改革，增加农民财产性收入。2014年全县农民财产性收入增长13%以上；到2020年，保持年均13%以上的增速。

四、工作举措

我县全力落实“十项举措”，努力营造“党政引导、部门帮扶、人人参与、合力增收”的良好氛围。“十项举措”由县直相关部门牵头制定政策，以各乡镇街道为实施主体，具体工作安排如下：

（一）产业富农促增收

1. 农业产业促增收。

（1）主要目标：2014年，全县农业总产值达到16亿元。到2020年，全县农业总产值达到35亿元。

（2）重要举措：县财政每年安排2100万元，支持农业产业发展促进农民增收。①县财政每年安排农业两区建设专项资金500万元，完成现代农业园区和粮食生产功能区建设任务，支持现代农业园区和粮食生产功能区内公共基础设施建设、农业项目设施建设、科技提升等，以及主导产业示范区、特色农业精品园以奖代补项目。②县财政每年安排主导产业发展专项资金1300万元（其中茶叶产业发展专项资金800万元和水果、蔬菜、中药材产业发展资金500万元），重点发展黄茶为主的茶叶产业、水果（水蜜桃、杨梅）产业、茭白为主的蔬菜产业、米仁为主的中药材产业，主要支持重点产业规模化基地建设、设施农业建设、标准化生产建设、产业链延伸建设、良种繁育和优新技术推广、生态循环农业等。③县财政每年安排农产品质量安全建设与专项配套资金300万元，加强农产品质量安全监管，完善农业公共服务体系建设，配套农业机械化补贴，奖励粮食高产创建、农产品质量安全认证等。

（3）牵头部门：县农业局。

（4）配合部门：县农办（扶贫办）、县财政局、县水利局、县国土局、县科技局。

2. 林业产业促增收。

(1)主要目标:2014年,全县林业总产值达到35亿元。到2020年,全县林业总产值达到50亿元。

(2)重要举措:县财政每年安排1700万元,支持林业产业发展促进农民增收。①县财政每年安排毛竹专项资金800万元,支持毛竹低产林改造、竹林道路建设、林业经营主体培育、品牌建设、示范乡镇村建设。②县财政每年安排油茶、香榧等木本油料专项资金400万元,支持油茶低产林改造和新造油茶、香榧基地、发展生态与复合经营(林下经济)、良种繁育基地建设、林区道路建设、林业经营主体培育、品牌建设、示范乡镇村建设。③县财政每年安排绿化专项资金500万元,支持名优树种和景观林发展,支持农村绿化、"六边三化三美"绿化。

(3)牵头部门:县林业局。

(4)配合部门:县农办(扶贫办)、县财政局、县国土局、县科技局。

(二)休闲旅游促增收

1. 农家乐产业促增收。

(1)主要目标:2014年,新建农家乐综合体创建1个,农家乐游客接待人次增长25%以上,营业收入增长30%以上。到2020年,全县创建农家乐综合体达到8个以上,农家乐营业收入达到6亿元。

(2)重要举措:县财政每年安排农家乐发展及农家乐综合体创建专项资金500万元,支持农家乐综合体创建,支持"家家乐"专业村培育、农家乐特色村和精品村培育、精品项目培育、村级公共基础设施建设、新创建与改造提升,支持农家乐星级评定补助、宣传营销培训、农家乐自律和服务建设等。以农家乐综合体创建为龙头,重点发展"家家乐"专业村,结合我县当地自然条件、文化优势和产业特色,带动全县农家乐向特色化、差异化、生态化多元发展,开展形式多样的节庆活动,大力推进农家乐乡村休闲旅游业发展。

(3)牵头部门:县农办(扶贫办)。

(4)配合部门:县农家乐乡村休闲旅游工作领导小组成员单位。

2. 缙云烧饼产业促增收。

(1)主要目标:2014年,全县计划培训缙云烧饼师傅800人,从业人数达到3000多人,营业收入达到4亿元,力争在本县县城、仙都、壶镇、新建、新碧开设缙云烧饼标准店5家。到2017年,全县培训缙云烧饼师傅达到3500人,从业人数达到10000多人,营业收入达到12亿元,力争缙云烧饼标准店在本省县级城镇覆盖率达到80%以上。到2020年,从业人数达到20000多人,营业收入达到20亿元,力争缙云烧饼标准店在全国各省市全面铺开。

(2)重要举措:县财政每年安排缙云烧饼专项资金500万元,重点支持缙云烧饼产业"六统一"和"两集中",即统一注册商标、统一门店标准、统一制作工艺、统一原料标准、统一经营标准、统一培训内容、集中宣传营销、集中挖掘文化。把缙云烧饼师傅作为一种实用技能来抓,强化培训人才支撑,努力打造成我县农民创业就业的"新平台";把缙云烧饼产业作为一个富民工程来抓,推进区域品牌建设,努力打造成我县促进农民增收的"新引擎";把缙云烧饼品牌建设作为一个宣传载体来抓,传承传统小吃文化,努力打造成我县对外交流的"新名片"。

(3)牵头部门:县烧饼办。

(4)配合部门:县缙云烧饼品牌建设领导小组成员单位。

(三)妇女创业促增收

1. 主要目标:2014年,全县实现来料加工年加工费2.5亿元,培育经纪人370名,加工者人数达到4万多人。到2020年,全县实现来料加工年加工费6亿元以上,培育一级经纪人累计达到260名。

2. 重要举措:县财政每年安排来料加工专项资金300万元,支持"家家做"专业村培育、经纪人培育、新产品研发、市场拓展、合作平台建设、孵化基地建设等。加大新产品研发力度,提高产品附加值,大力培育经纪人做大做强来料加工,增强发放加工费和带动农户数的能力,大力培育孵化基地,提升带动产业升级,打造"家家做"专业村、来料加工企业化基地和产业带。

3. 牵头部门:县妇联。

4. 配合部门:县农办(扶贫办)、县商务局、县财政局、县人力社保局、县经信局、县经合办(招商局)。

(四)青年创业促增收

1. 主要目标:到2014年,实施"电子商务进百村工程",推进"家家店"网创模式,农村电子商务培训300人,实现农村电子商务销售总额5.5亿元。到2020年,全县实现农村电子商务销售总额15亿元,农村电子商务网店数量达到3000个以上,农村电子商务企业数量达到500家。

2. 重要举措:县财政每年安排农村电子商务引导资金800万元,支持"家家店"专业村培育、农村电子商务产业引领、扶持奖励、贷款贴息以及相关服务支撑体系建设。支持专业服务平台建设,加大农村电子商务技能培训力度,同时,推进名特优农产品、工业特色产品和休闲养老养生产品网销产业,加强就业创业战术辅导,加强数据库建设,推进集聚区建设,帮助更多农村青年实现自主创业,推动农村电子商务向"家家店"发展。

3. 牵头部门:团县委。

4. 配合部门:县财政局、县经信局、县市场监管局、县商务局、县农业局。

(五)龙头带动促增收

1. 主要目标:2014年,新培育生态精品农产品30个,新培育生态精品农业示范家庭农场(专业大户)30家,新培育生态精品农业示范企业3家,新培育生态精品农业示范合作社3个,新培育大学生生态精品农业创业典型2个。到2020年,培育生态精品农产品达到100个以上,生态精品农业示范家庭农场(专业大户)达到200家以上,生态精品农业示范企业达到20家以上,生态精品农业示范合作社20个以上,培育大学生生态精品农业创业典型20个以上。

2. 重要举措：县财政每年安排专项资金200万元，主要用于加强农产品品牌建设，举办和参加农事节庆、各类农业展会，鼓励创新农产品营销方式，奖励著名商标与名牌农产品等；鼓励创建示范性家庭农场，加强农业龙头企业和农民专业合作社规范化建设，培育发展带动农户能力。加快推进舒洪农产品加工功能区建设，对新培育的农产品加工企业在标准化厂房建设、基础设施配套、企业标准化生产体系建设方面给予支持，提高农产品附加值。

3. 牵头部门：县农业局。

4. 配合部门：县财政局、县林业局、县水利局、人行缙云县支行、县供销合作社、县市场监管局。

（六）转移转业促增收

1. 主要目标：2014年，全县培训农民6500人，实现农民转移就业1700人，完成农民异地转移搬迁2000人。到2020年，每年完成农民异地转移搬迁1500人以上，每年新增转移农村劳动力1200人以上，全县农村劳动力转移比重达到75%以上，全县农村实用人才达到1.2万人以上。

2. 重要举措：①县财政每年安排农民异地转移配套资金800万元，支持农民异地转移搬迁促进农民增收。对异地转移农民在自行拆除农村原住宅的前提下，整村搬迁农户给予每人1.2万元补助，分散搬迁农户给予每人0.6万元补助。大力实施新一轮农民异地转移工程，重点推进整村搬迁，加快推进新碧、壶镇等安置小区建设，引导和帮助偏远山区农民继续向县城、中心镇、中心村集聚，实施转移就业，确保“搬得下，稳得住，富得起”。②县财政每年安排农民培训专项资金300万元，支持农村实用人才培训、新型职业农民培训、转移就业培训、务工农民岗位技能培训和农村后备劳动力培训。全面实施“千万农民素质提升工程”，办好缙云农民学校，培育更多的专业技术农民向二、三产业转移就业，推动农民就业创业。③切实加强创业服务，建立农民创业服务体系，在信息咨询、技术辅导、信贷供给、场所租赁、人员培训和行政审批等方面提供优质高效服务。着力搭建创业平台，结合集体物业经济发展、各类产业园区建设等，建设一批农民创业园。④不断改进就业服务，健全城乡统一、功能完备、服务优良的劳动力市场和就业服务网络，支持发展劳务合作社，加强信息对接、政策咨询、劳动力交流、权益保护等服务。

3. 牵头部门：县农办（扶贫办）、县人力社保局。

4. 配合部门：县农业局、县财政局、县经信局、县教育局。

（七）结对帮扶促增收

1. 主要目标：2014年，爱心企业为结对村提供就业岗位1000个以上，每家爱心企业完成结对村帮扶项目1个以上。到2020年，爱心企业为结对村提供就业岗位8000个以上，每家爱心企业完成结对村帮扶项目5个以上，使结对村村容村貌得到明显改善，村集体经济得到明显壮大，村农民人均纯收入得到持续增加。

2. 重要举措：①全县筛选50家爱心企业和50个扶贫重点村进行结对帮扶，按照全面参与、就地就近原则，以帮助结对村美丽乡村建设、发展经济、增加农民收入为重点，鼓励和引导企业通过村庄基础设施建设、产业帮扶、农产品营销、提供就业等结对活动，以工哺农和以企带村，促进低收入农户增收致富。同时，县委、县政府将对完成结对帮扶成效显著的爱心企业进行表彰，推动更多企业参与美丽乡村建设。②县财政每年安排结对帮扶专项资金150万元，支持县领导结对扶贫重点村帮扶工作，每个部门每年出资2万元扶持结对扶贫重点村，形成“一村一领导一部门一项目”机制。建立县乡机关单位结对帮扶扶贫重点村、县乡村三级干部结对帮扶低收入农户的新格局，进一步形成政府主导、全社会参与的结对帮扶新机制，广泛动员社会各界力量参与扶贫重点村、低收入农户结对帮扶，助推村域经济发展，帮助低收入农户增收致富。

3. 牵头部门：县经信局、县农办（扶贫办）。

4. 配合部门：县属各有关单位。

（八）保障民生促增收

1. 主要目标：2014年，城乡居民医疗保险参保率达到95%以上，城乡居民医疗保险（县域内）政策范围内住院费用报销比例达到75%以上。到2020年，全县农村低保、五保、新农保、城乡居民医疗保险和被征地农民生活保障标准财政支持部分实现翻番，农村低保标准达到630元/月以上，农村五保供养的标准达到1万元/年以上，基本消除家庭人均纯收入在4600元以下的低收入农户或纳入农村低保范围。

2. 重要举措：①按照“生有所靠，老有所养，病有所医”的基本要求，重点建设最低生活保障制度、城乡居民医疗保险和养老保险制度，建立健全农村社会保障体系（包括社会救助、社会保险、社会福利、社会服务、社会优抚五个方面）。②继续加大“三农”财政投入，不断提高政策性支农惠农水平，提高农民生态补偿、困难救助、低保养老等转移性收入。③帮扶低收入农户收入较快增长是促进农民收入普遍增长的重点，县财政每年安排产业扶贫专项资金350万元（每年递增15%），深入实施低收入农户收入倍增计划，出台新一轮扶持政策。

3. 牵头部门：县财政局、县农办（扶贫办）。

4. 配合部门：县人力社保局、县林业局、县民政局、县卫生局、县残联、县民宗局。

（九）金融支农促增收

1. 主要目标：2014年，全县林权抵押贷款余额达到4.8亿元。到2020年，全县林权抵押贷款余额达到6亿元。

2. 重要举措：①按照“巩固、完善、创新、提高”的要求，加强金融服务，创新金融扶贫机制，深入推进农村金融改革试点工作，深化具有“缙云特色”的信贷支农、信用惠农、支付便农、创新利农等金融支农工程，加快健全农村金融服务体系。②进一步深化农村信用体系建设，实行“整体批发、集中授信”，发展农村资金互助社、担保公司等农村金融组织，开展扶贫小额贷款，满足农民创业资金需求。③加快农村金融产品和服务方式创新，全面推进财政出资、行业协会组建、商业性运作、村级担保基金等四级担保组织体系建设，拓展农村有效抵押物范围，实现林权抵押贷款“保量提质”目标，稳步推广农村住房、土地流转经营权抵押贷款业务。支持农村合作金融机构改制组建农村商业银行，完善银政企合作交流平台，加大金融“支农支小”力度，加强农村金融服务网点建设。

3. 牵头部门：人行缙云县支行、县农办（扶贫办）、县林业局。

4. 配合部门：县财政局、县农业局、县水利局、县国土局、县建设局、县银监办。

（十）深化改革促增收

1. 主要目标：2014年，全县耕地流转率达40%，经济薄弱村经营性收入低于5万元的村数减少30%。到2017年，全县耕地流转率力争达到55%以上，全部经济薄弱村经营性收入达到5万元以上。

2. 重要举措：县财政每年安排专项资金400万元，统筹用于农村综合改革。①推进农村土地股份制改革。县财政根据土地流转相关政策，对土地股份制改革村给予扶持和奖励，提高农民土地流转积极性。引导农民把依法获取的土地承包权转化为长期股权，建立“土地作资本、经营权变股权，农户成股东”土地经营新机制。②加快农村土地承包经营权流转。加快推进土地流转，县财政每年安排一定资金，用于土地流转村、镇、户和经营主体的补助及奖励。③扶持经济薄弱村发展。大力发展村级集体物业，把发展物业经济作为扶持经济薄弱村发展集体经济的主攻方向。整合省、市、县扶持经济薄弱村发展物业经济专项资金，在工业园区建设标准厂房作为经济薄弱村集中经营项目，增加村集体经营性收入，推动村集体经济发展。④开展农村集体建设用地使用权确权登记发证工作，并在尊重历史、符合规划、用地限额的基础上，探索建立集体建设用地使用、调换、互换等体制机制。开展农村房屋产权制度改革，建立健全房屋登记管理制度，核发房屋所有权证，逐步实现城乡房屋同证、同权。在符合规划和用途管制前提下，允许农村集体经营性建设用地出让、租赁、入股，实行与国有土地同等入市、同权同价。

3. 牵头部门：县农业局、县国土局。

4. 配合部门：县农办（扶贫办）、县建设局、县财政局。

五、组织保障

（一）加强组织领导

各乡镇、街道和部门要高度重视，把农民收入增收工作作为统筹城乡发展和构建和谐社会的首要任务，摆在更加突出的位置，加强组织领导，精心组织实施。各乡镇街道、部门要建立相应的领导机构，层层抓好落实，党政主要负责同志要亲自抓，分管领导具体抓，制定政策措施，明确工作责任，分解目标任务，确保农民增收工作有序推进。各相关部门要根据职责分工，加强协调配合，形成工作合力。

（二）加大财政投入

坚持工业反哺农业、城市支持农村和多予少取放活的方针，建立健全财政支农稳定增长机制，使财政支出重点向农业农村倾斜，确保用于农业农村的总量、增量、增幅和比重均有大的提高，做到资金保障到位。认真落实强农惠农补贴政策，增加补贴种类，扩大补贴范围，提高补贴标准。在积极争取上级财政支持的基础上，通过调整和优化支出结构，整合相关涉农专项资金，重点加大对涉农产业的扶持力度，以财政投入为杠杆，撬动社会多元化支农投入，做到资金整合到位。

（三）强化目标考核

建立农民增收的统计考核评价体系，把农民增收工作落实情况纳入全县综合考核体系，作为考核乡镇街道领导班子绩效的重要内容。各相关部门牵头制定5年行动计划，坚持让农民真正得到实惠的支持导向，尽快出台各产业的具体支持政策（原有具体支持政策一律作废）。建立检查督查机制，定期组织开展农民增收工作推进落实情况检查，并对阶段性目标任务的完成情况、工作措施的落实情况进行通报。

（四）营造良好氛围

由宣传部门牵头制订促进农民增收工作宣传方案，制作缙云县促进农民增收政策宣传册，充分发挥各类媒体的宣传主阵地作用，通过报纸、电视、广播、网络等多种形式，并开设相应专栏，及时宣传报道各地促进农民增收的新思路、新举措、新成效，强化典型示范引导，营造全社会关心支持农民增收的良好氛围。

2014年4月28日

统筹发展篇

中共浙江省委关于全面深化法治浙江建设的决定

（2014年12月4日中国共产党浙江省第十三届委员会第六次全体会议通过）

中国共产党浙江省第十三届委员会第六次全体会议深入学习贯彻党的十八届四中全会精神，按照《中共中央关于全面推进依法治国若干重大问题的决定》的部署，结合浙江实际，研究了全面深化法治浙江建设问题，作出如下决定。

一、全面深化法治浙江建设的总体要求

1. 深入学习贯彻党的十八届四中全会精神和习近平总书记系列重要讲话精神。党的十八届四中全会审议通过的决定，是加快建设社会主义法治国家的纲领性文件，开启了迈向法治中国新里程，为全面深化法治浙江建设指明了方向，提供了根本遵循。全省各级党组织和广大党员干部要把学习贯彻党的十八届四中全会精神和习近平总书记系列重要讲话精神作为重大政治任务，深刻认识全面推进依法治国的重大意义，深刻领会全面推进依法治国的指导思想、总目标、基本原则和重大部署、重要举措，切实增强使命意识和责任担当，认真落实依法治国各项任务。

2. 坚持和发展法治浙江建设的主要经验。改革开放以来，省委高度重视法治建设，先后作出依法治省和建设法治浙江的决定。几届省委沿着习近平同志开创的法治浙江建设道路砥砺前行，坚持把法治浙江建设作为深入实施“八八战略”的重要内容和重要保障，作为我省社会主义民主政治建设的总抓手，把法治浙江建设放到建设物质富裕精神富有现代化浙江和建设美丽浙江、创造美好生活战略布局中谋划和推动，坚持不懈、循序渐进，开拓进取、干在实处，取得了丰富的理论成果、制度成果和实践成果。2006年以来法治浙江建设的生动实践，进一步加深了对为什么建设法治浙江、建设什么样的法治浙江、怎样建设法治浙江等重大问题的认识和把握，为全面深化法治浙江建设积累了经验。

——坚持党的领导，建立“一把手”负总责的法治浙江建设领导体制机制。按照党委总揽全局、协调各方的原则，大力推进依法执政，健全党内民主制度，完善依法决策机制，加强和改进人大和政协工作，支持各级政府依法行政，加强对政法工作的领导，把党的领导贯彻到法治浙江建设的全过程和各方面。建立以省委书记为组长的省委建设法治浙江工作领导小组，形成党委统一领导，人大、政府、政协各负其责，部门协同推进，人民群众广泛参与的法治建设工作格局。坚持“一把手抓、抓一把手”，明确工作重点，落实工作责任，开展法治创建活动，统筹推进法治浙江建设各项工作。

——坚持法治为民，切实维护社会公平正义。把维护公平正义、保障人民根本权益作为制度安排、法规制定和各项工作的出发点和落脚点。围绕推进基本公共服务均等化，大力实施公民权益依法保障行动计划，强化法治便民利民惠民措施，健全覆盖城乡居民的公共服务体系。推进司法体制机制改革，实施“阳光司法”工程，强化法律监督，坚决纠正冤假错案，建立健全防止错案制度机制，以司法公正促进社会公正。妥善协调各方面的利益关系，拓宽利益诉求表达渠道，建立健全领导干部下访接访制度，加强法律服务、法律援助和司法救助，切实维护群众合法权益。

——坚持服务中心，为市场取向改革和经济转型升级提供法治保障。围绕深入实施“八八战略”，围绕实施“四大国家战略举措”和打好“三改一拆”“五水共治”等转型升级“组合拳”，把法治建设与深化改革、推动发展紧密结合起来，统筹推进立法、执法、司法、普法工作，充分发挥法治的调节、促进、规范作用。坚持市场取向改革，转变政府职能，深化行政审批制度改革，推进行政执法规范化，率先开展“四张清单一张网”建设，更多地运用法律手段调节经济关系、规范经济行为，依法维护各类市场主体的合法权益，为多种所有制经济共同发展营造良好法治环境。

——坚持发挥法治引领和保障作用，不断提升平安浙江建设水平。法治是平安建设的重要保障，平安是法治建设的重要目标。自觉运用法治思维和法治方式破解各类早发先发的矛盾和问题，强化法治在化解社会矛盾、维护和谐稳定中的重要作用，以法治引领和保障平安浙江建设。全面推行重大决策社会稳定风险评估及责任追究制度，落实安全生产责任制，依法防范和处置公共安全重大突发事件。构建立体化社会治安防控体系，加强社会治安重点地区和突出问题排查整治，深化社会治安综合治理。落实平安建设主体责任，强化考核督查，统筹推进经济、政治、文化、社会、生态等领域“大平安”，持续提高群众安全感和满意度。

——坚持法治和德治相结合，发挥法律的规范作用和道德的教化作用。一手抓法治，一手抓德治，倡导社会主义核心价值观，弘扬与时俱进的浙江精神，践行当代浙江人共同价值观。开展精神文明创建活动，开展“最美”现象系列活动，树立道德模范，继承优秀传统文化，增强法治建设的道德底蕴。深入开展“法律六进”等法治宣传教育活动，推进领导干部学法用法，弘扬法治精神，建设法治文

化，培育公民的法治意识和法治信仰，促进法治和德治相得益彰。

——坚持创新发展“枫桥经验”，夯实法治建设的基层基础。把新时期“枫桥经验”作为法治浙江建设的重要载体，以法治精神丰富和发展“枫桥经验”，不断放大“枫桥经验”效应。加强基层社会治理创新，深化基层组织和部门、行业依法治理，推广村（居）务监督委员会制度、“网格化管理、组团式服务”、和谐劳动关系构建、民主恳谈等基层治理形式。健全“大调解”工作体系，构建基层多元化纠纷解决机制，把矛盾化解在基层、在当地。积极探索基层法治建设载体，深入开展民主法治村（社区）、诚信守法企业等创建活动，发挥群众在法治建设中的主体作用。

——坚持一张蓝图绘到底，一以贯之抓落实。几届省委秉承习近平同志提出的法治浙江建设理念、思路和方法，按照省委十一届十次全会决定的部署，坚持把建设法治浙江作为一项重大战略任务，咬定青山不放松，一任接着一任干。坚持问题导向，从解决群众反映强烈的突出问题入手，明确法治建设主攻方向，拓展法治实践平台，丰富法治建设抓手，蹄疾步稳，善作善成。把长远目标与阶段性目标、重点任务与年度工作结合起来，从具体工作抓起，从群众关心的实事做起，积小胜为大胜，不断取得法治建设新进展。

在全面深化法治浙江建设进程中，必须坚决贯彻中央提出的坚持中国共产党的领导、坚持人民主体地位、坚持法律面前人人平等、坚持依法治国和以德治国相结合、坚持从中国实际出发五条原则，在实践中继续坚持、不断深化和发展8年来法治浙江建设的主要经验。

3. 准确把握全面深化法治浙江建设面临的形势。法治浙江建设起步早、起点高、基础好。当前，浙江面临的建设物质富裕精神富有现代化浙江和建设美丽浙江、创造美好生活任务十分繁重，各种矛盾多发，机遇与挑战并存，全面深化法治浙江建设的地位更加突出、作用更加重大。面对全面建成小康社会、全面深化改革、全面推进依法治国的新形势新要求，要充分认识全面深化法治浙江建设的重大意义，切实增强政治自觉、思想自觉、行动自觉，不断开创法治浙江建设新局面。

必须清醒看到，法治浙江建设还存在许多与新形势新要求不适应、不符合的问题。主要表现为：有的法规规章针对性、操作性不强，立法机制不够健全，群众参与立法不够，立法科学性有待提高；有的地方和领域有法不依、执法不严、违法不究现象还比较严重；少数执法司法人员作风不正，执法司法不规范、不文明，甚至办金钱案、关系案、人情案；有的领导干部法治意识不强，依法办事能力不足，知法犯法、以言代法、以权压法、徇私枉法行为仍有发生；部分社会成员遵法信法守法用法意识淡薄，依法维权意识和能力不强；有的地方和单位对法治建设不够重视，工作抓得不够紧、不够实，法治建设发展不平衡、不协调。对这些问题，必须高度重视，切实加以解决。

4. 全面深化法治浙江建设的指导思想。认真贯彻落实党的十八大和十八届三中、四中全会精神，高举中国特色社会主义伟大旗帜，以马克思列宁主义、毛泽东思想、邓小平理论、“三个代表”重要思想、科学发展观为指导，深入贯彻习近平总书记系列重要讲话精神，坚持党的领导、人民当家作主、依法治国有机统一，坚定不移走中国特色社会主义法治道路，坚持依法治国、依法执政、依法行政共同推进，坚持法治国家、法治政府、法治社会一体建设，实现科学立法、严格执法、公正司法、全民守法，促进治理体系和治理能力现代化，为深入实施“八八战略”，干好“一三五”、实现“四翻番”，建设物质富裕精神富有现代化浙江和建设美丽浙江、创造美好生活提供有力法治保障。

5. 全面深化法治浙江建设的目标。总目标是在全面推进依法治国、建设中国特色社会主义法治体系、建设社会主义法治国家进程中继续走在前列。要认真落实形成完备的法律规范体系、高效的法治实施体系、严密的法治监督体系、有力的法治保障体系和形成完善的党内法规体系的要求，全面提升全省经济建设、政治建设、文化建设、社会建设、生态文明建设以及党的建设的法治化水平，到2020年，力争在六个方面走在前列。

——紧紧围绕依宪执政、依法执政，在社会主义民主政治建设方面走在前列。人民代表大会制度、中国共产党领导的多党合作和政治协商制度、民族区域自治制度、基层群众自治制度进一步巩固和完善。各级党组织和党员干部带头遵守宪法法律，以法治思维和法治方式推动改革发展的能力明显增强。基本形成省委党内法规制度体系。

——紧紧围绕科学立法，在健全地方法规规章方面走在前列。遵循法定程序，完善立法体制机制，推进科学立法、民主立法，统筹推进法规规章制定、评估、清理、修改、废止、解释等各项工作，形成更加完备的与法律、行政法规相配套，与经济社会发展要求相适应，具有浙江特色的地方法规规章体系。

——紧紧围绕严格执法，在建设法治政府方面走在前列。各级政府依法全面履行职能，严格规范公正文明执法效果得到社会公认，依法行政水平明显提高，率先基本建成职能科学、权责法定、执法严明、公开公正、廉洁高效、守法诚信的法治政府。

——紧紧围绕公正司法，在推进司法体制机制改革方面走在前列。加快完成司法体制机制改革的各项任务，基本形成科学合理的司法管理体制和规范高效的司法权力运行机制。司法机关依法独立公正行使职权，司法公信力显著提升。

——紧紧围绕全民守法，在提升全民法治意识和法律素养方面走在前列。社会主义法治精神深入人心，社会主义核心价值观和当代浙江人共同价值观得到普遍认同，全社会尊崇宪法、遵守法律、信仰法治的氛围基本形成。

——紧紧围绕法治人才保障，在打造一支政治强、业务精、作风正、敢担当的社会主义法治工作队伍方面走在前列。思想政治建设不断加强，优势互补、结构合理的法治专门队伍和法律服务队伍、法学专家队伍等不断壮大，法治人才培养交流机制不断完善。

二、全面提高依法执政能力和水平

6. 严格遵守和维护宪法法律。坚持依法治国首先要坚持依宪治国,坚持依法执政首先要坚持依宪执政。全省各级党政机关、基层组织和社会团体、企事业单位都必须以宪法为根本活动准则,维护宪法法律权威,捍卫宪法法律尊严,追究和纠正一切违反宪法法律的行为,保证宪法法律实施。依法撤销和纠正违宪违法的规范性文件。落实宪法宣誓制度。开展宪法日活动。

7. 完善党的领导方式和执政方式。坚持党的领导,是社会主义法治的根本要求,是全面深化法治浙江建设最根本的保证。必须坚持党领导立法、保证执法、支持司法、带头守法,统筹推进法治建设各领域工作。要善于使省委的重大决策经过法定程序成为全省人民的意志,善于使党组织推荐的人选经过法定程序成为地方各级国家政权机关的领导人员,善于通过地方各级国家政权机关实施党委对经济社会发展各项事业的领导,善于运用民主集中制原则维护中央权威、推动中央和省委决策部署贯彻落实、维护全省安定团结的良好局面。

坚持党委总揽全局、协调各方。把加强党的领导同人大、政府、政协、审判机关、检察机关依法依章程履行职能、开展工作统一起来,充分发挥这些组织中党组的领导核心作用。领导和支持工会、团委、妇联等人民团体和社会组织在全面深化法治浙江建设中发挥作用。

深化党的建设制度改革。完善民主集中制各项制度,加快推进党内民主制度建设,完善党员民主权利保障制度。健全党委依法决策程序和机制,强化全委会决策和监督作用。科学配置党委部门及内设机构权力职能,继续开展地方党委权力公开透明运行试点。规范各级党委主要领导干部职责权限。全面实行党代表任期制,继续深化地方党代会常任制试点。围绕推进好班长好班子好梯队建设,深化干部人事制度改革。

加强和改进党对政法工作的领导。政法委员会是党委领导政法工作的组织形式,必须长期坚持。进一步健全党委定期听取政法机关工作汇报制度。各级党委政法委员会要把工作着力点放在把握政治方向、协调各方职能、统筹政法工作、建设政法队伍、督促依法履职、创造公正司法环境上。建立健全政法机关党组织重大事项向党委报告制度、党组(党委)成员依照工作程序参与重要决策和重要业务制度。加强政法机关党的建设,在法治建设中充分发挥党组织政治保障作用和党员先锋模范作用。

落实依法治军要求,支持和加强国防、军队和后备力量建设,推动军民融合深度发展。贯彻落实保障"一国两制"实践和推进祖国统一的法律法规。

8. 支持和推动人民代表大会制度与时俱进。坚持和完善人民代表大会制度,推动人大工作理论与实践创新。健全党委领导人大工作制度,支持和保障人大及其常委会依法行使立法、监督、决定、任免等职权。加强党委对人大选举工作的领导。推进全省各级人大"两个联系、一个发挥"工作,深化代表联络站和代表履职平台建设。加强议案和建议处理工作。加强各级人大及其常委会自身建设,优化代表、常委会组成人员和专门委员会组成人员结构,提高专职委员比例。加强对乡镇人大工作的指导。

9. 支持和推动协商民主广泛多层制度化发展。坚持和完善中国共产党领导的多党合作和政治协商制度,构建程序合理、环节完整的协商民主体系。加强政党协商,依法开展人大立法协商,深入推进政府协商,认真做好人民团体协商,扎实开展基层组织协商和社会组织协商,探索创新协商途径渠道,丰富协商方式方法,增强协商实效。发挥人民政协在发展协商民主中的重要渠道作用,开展专题协商、对口协商、界别协商、提案办理协商。建立健全协商议题提出、活动组织、成果采纳落实和反馈机制。完善民主党派直接向党委提出建议制度。

10. 提高党员干部法治思维和依法办事能力。党员干部是全面深化法治浙江建设的重要组织者、推动者、实践者,必须对宪法法律怀有敬畏之心,牢记法律红线不可逾越、法律底线不可触碰,带头遵守宪法法律、带头依法办事,切实提高运用法治思维和法治方式深化改革、推动发展、化解矛盾、维护稳定能力。把宪法法律列入党委(党组)中心组学习内容,列为党校、行政学院、社会主义学院必修课。健全领导干部任前法律知识考试、领导干部下访律师随同等制度。把法治建设成效作为衡量领导班子和领导干部工作实绩重要内容,纳入政绩考核指标体系。把能不能遵守法律、依法办事作为考察干部的重要内容,在相同条件下,优先提拔使用法治素养好、依法办事能力强的干部。对特权思想严重、法治观念淡薄的干部要批评教育,不改正的要调离领导岗位。

11. 加强党内法规制度和工作体系建设。党章是最根本的党内法规,必须严格遵行。落实省委党内法规制定工作五年规划纲要,加快构建内容科学、程序严密、配套完备、运行有效、富有浙江特点的党内法规制度体系。完善党内法规制定体制机制。加大党内法规和规范性文件备案审查和解释力度。探索建立党内规范性文件备案审查与地方性法规、政府规章和行政规范性文件备案审查衔接联动机制。探索开展党内法规执行情况和实施效果评估。建立健全党内法规和规范性文件定期集中清理制度和即时清理机制。

党规党纪严于国家法律。各级党组织和广大党员干部不仅要模范遵守国家法律,而且要按照党规党纪以更高标准严格要求自己,坚定理想信念,践行党的宗旨。坚持抓早抓小,着力解决苗头性倾向性问题,严肃查处违反党规党纪行为。

三、健全具有浙江特色的法规规章

12. 完善地方立法体制机制。加强党对立法工作的领导,完善党委对地方立法工作中重大问题决策的程序。有立法权的地方人大制定5年立法规划,报同级党委批准。地方立法涉及本行政区域内重大体制和重大政策调整的,必须报同级党委讨论决定。地方性法规制定和修改的重大问题,人大常委会党组应向同级党委报告。坚持党委研究重要法规、规章草案制度。

健全有立法权的人大主导立法工作的体制机制。建立健全专门委员会、工作委员会立法专家顾问制度。逐步增加提请人民代表大会审议通过法规数量。加强和改进政府立法制度建设,重要规章由政府法制机构组织起草。对于争议较大但实践迫切需要的重要立法事项,引入第三方评估,及时加以研究并作出决策。加强对法规规章的解释和说明,加强法规规章配套规范性文件制定工作,提高法规规章的可操作性。开展立法后评估。完善地方性法规、规章、行政规范性文件备案审查制度。落实除杭州、宁波以外的设区的市地方立法权,加强设区的市地方立法能力建设。

13. 推进科学立法、民主立法。加强人大对地方立法工作的组织协调,健全立法项目立项、起草、论证、协调、审议机制,健全向下级人大征询立法意见制度,推进实施基层立法联系点制度。全面实行法规草案起草小组制度,落实人大专门委员会、常委会工作机构和政府部门、社会力量共同参与立法调研起草工作机制。推进实施人大代表分专业有重点参与常委会立法制度,增加人大代表列席人大常委会会议人数,更多发挥人大代表参与起草和修改法规作用。健全立法机关主导、社会各方有序参与立法机制,探索委托第三方起草法规规章草案。健全立法机关和社会公众沟通机制,开展立法协商,探索建立有关国家机关、社会组织、专家学者等对立法中涉及的重大利益调整论证咨询机制。深化立法项目公开征求意见和逐项论证评估机制,健全法规规章草案公开征求意见和公众意见采纳情况反馈机制。建立重要条款单独表决机制。加强地方立法研究。

14. 加强重点领域地方立法。围绕中心、服务大局,及时出台相关法规规章,提高立法质量,切实发挥立法的引领和推动作用。按照完善社会主义市场经济法律制度的要求,以保护产权、维护契约、统一市场、平等交换、公平竞争、有效监管为基本导向,加强经济领域立法。按照推进社会主义民主政治制度化、规范化、程序化的要求,加强民主政治领域立法。按照坚持社会主义先进文化前进方向,遵循文化发展规律、有利于激发文化创造活力、保障人民基本文化权益的要求,加强文化领域立法。按照加快保障和改善民生、推进社会治理体制创新的要求,加强社会民生领域立法。按照有效约束开发行为和促进绿色发展、循环发展、低碳发展的生态文明的要求,加强生态环境保护立法。

四、加快建设法治政府

15. 推进政府职能转变。推进机构、职能、权限、程序、责任法定化,坚持法定职责必须为、法无授权不可为。以深化"四张清单一张网"建设为抓手,大力推进政府自身改革,加大简政放权力度,建立权力清单、责任清单、财政专项资金管理清单动态调整机制,探索推进企业投资负面清单管理方式,完善浙江政务服务网,促进政府治理现代化。深化行政审批制度改革,全面清理行政审批前置环节,全面取消非行政许可审批事项,加强行政许可事项动态管理,加强事中事后监管。完善集阳光政务、行政审批、便民服务等功能于一体、省市县联动的网上政务服务体系,推动各级政府权力事项集中进驻、网上服务集中提供、数据资源集中共享,加强政府精细化、标准化管理,提高行政效能。推进各级政府事权规范化、法律化,强化省政府统筹推进全省基本公共服务均等化职责,强化市县政府执行职责,推动各级政府依法全面履行职能。

16. 完善行政决策机制。把公众参与、专家论证、风险评估、合法性审查、集体讨论决定确定为重大行政决策法定程序。制定重大行政决策出台前向人大报告制度。建立行政机关内部重大决策合法性审查机制。全面推行政府法律顾问制度,发挥法律顾问在制定重大行政决策、推进依法行政中的积极作用。对涉及民生的重大决策事项,在作出决策前实施社会稳定风险评估。建立决策后评估和纠错制度。健全行政规范性文件合法性审查制度。

17. 改革和完善行政执法体制。合理配置执法力量,相对集中执法权,推进综合执法。理顺城市管理、市场监管、安全生产、海洋和资源环境等执法监管体制,整合执法主体,大幅减少市县两级政府执法队伍种类,加强综合执法队伍建设。完善执法协作配合机制,推动跨部门、跨领域基层综合行政执法,探索多种形式的部门联合执法。完善市县两级行政执法管理。理顺行政强制执行体制。实行行政执法案件主办人制度和案件审核制度,建立案件质量跟踪评判机制。严格执行罚缴分离和收支两条线管理制度。健全行政执法和刑事司法衔接机制,建立信息共享、案情通报、案件移送制度。

18. 规范行政执法行为。依法惩处各类违法行为,加大关系群众切身利益的重点领域执法力度。严格执行重大执法决定法制审核制度。健全行政执法裁量权基准制度,建立执法依据定期梳理和公布制度。全面落实行政执法责任制,加强执法监督,防止和克服地方和部门保护主义,惩治执法腐败现象。建立执法全过程记录制度,加强日常执法监督检查,规范辅助执法人员管理。加强行政执法信息化建设。探索开展行政复议体制改革试点,加强行政复议能力建设。切实保护行政相对人的知情权、参与权、监督权和寻求救济的权利。支持法院受理行政案件,落实行政机关出庭应诉制度,健全尊重并执行法院生效裁判的制度。健全行政机关对司法建议的反馈制度。

19. 创新和完善政府管理服务方式。推动公共资源市场化配置,建立统一规范、上下衔接的公共资源交易平台。创新公共服务模式,探索公共服务供给主体多元化,积极推进政府向社会力量购买服务,建立健全政府购买服务标准、招标投标和监督评估等制度。进一步规范行政给付、行政奖励等授益性政府行为。全面规范各级政府和部门行政机关合同管理工作。

五、全面提升司法公信力

20. 确保依法独立公正行使审判权和检察权。各级党政机关和领导干部要支持法院、检察院依法独立公正行使职权。建立健全领导干部干预司法活动、插手具体案件处理的记录、通报和责任追究制度。优化司法资源配置,实行地方法院、检察院人财物省级统一管理,探索实行法院、检察院司法行政事务管理权和审判权、检察权相分离。

建立健全司法人员履行法定职责保护机制。非因法定事由，非经法定程序，不得将法官、检察官调离、辞退或者作出免职、降级等处分。探索建立与行政区划适当分离的司法管辖制度。

21. 优化司法职权配置。健全公安机关、检察机关、审判机关、司法行政机关各司其职，侦查权、检察权、审判权、执行权互相配合、互相制约的体制机制。推动实行审判权和执行权相分离的体制改革试点。统一刑罚执行体制。完善审判委员会、检察委员会制度，完善检察长列席审委会制度。改革法院案件受理制度，变立案审查制为立案登记制。加大对虚假诉讼、恶意诉讼、无理缠诉的惩治力度。完善刑事诉讼中认罪认罚从宽制度。完善审级制度。完善对涉及公民人身、财产权益的行政强制措施实行司法监督制度。推行检察机关提起公益诉讼制度，建立检察机关与行政执法部门的监督与协同合作机制。明确司法机关内部各层级权限，建立司法机关内部人员过问案件的记录制度和责任追究制度。完善主审法官、合议庭、主任检察官、主办侦查员办案责任制。加强职务犯罪线索管理，健全受理、分流、查办、信息反馈机制，明确纪检监察和刑事司法办案标准和程序衔接，正确履行分工职责。

22. 规范司法行为。推进以审判为中心的诉讼制度改革，全面贯彻证据裁判规则，严格依法收集、固定、保存、审查、运用证据，完善落实证人、鉴定人出庭制度。规范司法机关自由裁量权行使，全面推行量刑规范化改革、案例指导制度。围绕提高办案质量，完善司法机关内部管理机制，明确各类司法人员工作职责、工作流程、工作标准，建立健全办案质量终身负责制和错案责任倒查问责制度。严格规范减刑、假释、保外就医、暂予监外执行程序和要求。严格案件办理期限，推行繁简分流和速裁机制，完善案件流程监控、质量评查、考核评价体系。加快政法系统信息化共享平台建设，推动实现跨部门网上执法办案业务协同。

23. 保障人民群众参与司法。完善人民陪审员制度，提高人民陪审员履职意识和能力，逐步实行人民陪审员不再审理法律适用问题、只参与审理事实认定问题。探索建立专家陪审机制。推进法院“一站式”诉讼服务、检察院综合性受理接待中心等窗口建设。完善当事人权利义务告知、群众旁听庭审、司法听证、网络司法拍卖等制度。落实实名举报答复和举报人保护机制。

24. 加强人权司法保障。坚决防止和纠正冤假错案，健全冤假错案及时纠正机制。保障诉讼过程中当事人和其他诉讼参与人的知情权、陈述权、辩护辩论权、申请权、申诉权。健全落实罪刑法定、疑罪从无、非法证据排除等法律原则的工作制度。严格落实我省防止冤假错案各项制度，严禁违反司法程序办案，严禁刑讯逼供、体罚虐待和非法取证。深入推进刑事案件侦查讯问同步录音录像制度，完善对限制人身自由司法措施和侦查手段的司法监督。完善国家赔偿制度。完善社区矫正工作机制。

严格查封、扣押、冻结、处理涉案财物的司法程序，探索建立司法涉案财物集中管理平台，完善涉案财物处理信息公开机制。加快建立失信被执行人信用监督、威慑和惩戒机制，依法保障胜诉当事人及时实现权益。落实终审和诉讼终结制度，实行诉访分离。严格落实涉法涉诉信访执法错误纠正和瑕疵补正机制。对不服司法机关生效裁判、决定的申诉，逐步实行由律师代理申诉制度。对聘不起律师的申诉人，纳入法律援助范围。

六、健全权力运行制约和监督体系

25. 加强对权力行使的监督。加强党内监督。严格执行民主集中制，完善集体领导与个人分工负责相结合制度，规范各级党政主要领导干部职责权限。完善党内监督十项制度，严格执行领导干部廉洁自律规定，加强巡视监督，健全领导干部报告个人有关事项、任职回避、述职述廉等制度规定，推行新提任领导干部个人有关事项公开制度试点。

加强人大及其常委会监督。加强对法律法规实施情况的监督，建立健全法规规章实施情况报告制度，确保法律法规得到有效实施。加强对“一府两院”的监督，保障行政和司法权力规范行使。加强对政府全口径预决算审查监督和国有资产监督，探索开展对各类开发园区预算监督。改进监督方式，健全专题询问、质询、特定问题调查等制度。

加强行政监督。加强对政府内部权力的制约，对财政资金分配使用、国有资产监督、政府投资、政府采购、公共资源转让、公共工程建设等权力集中的部门和岗位实行分事行权、分岗设权、分级授权，定期轮岗，强化流程防控，防止权力滥用。加强政府内部层级监督和专门监督，发挥行政监察作用，强化执法监察、廉政监察、效能监察。完善审计制度，抓好省以下审计机关人财物统一管理试点，推进审计职业化建设。探索建立审计监督与法律监督相衔接工作机制。

加强对司法活动的监督。完善党委政法委执法监督机制。强化检察机关法律监督职能，健全检察建议、专项监督等制度。完善人民监督员制度，重点监督检察机关查办职务犯罪的立案、羁押、扣押冻结财物、起诉等环节的执法活动。依法规范司法人员与当事人、律师、特殊关系人、中介组织的接触、交往行为，坚决惩治司法掮客，防止利益输送。对因违法违纪被开除公职的司法人员、吊销执业证书的律师和公证员，终身禁止从事法律职业，构成犯罪的要依法追究刑事责任。坚决破除各种潜规则，坚决反对和惩治粗暴执法、野蛮执法行为，坚决清除贪赃枉法、假公济私、侵犯人权、挟嫌报复等的害群之马。

加强民主监督和社会舆论监督。加强人民政协民主监督，完善民主监督的组织领导、权益保障、知情反馈、沟通协调机制，充分发挥好民主党派、无党派人士民主监督职能。健全工会、团委、妇联等人民团体的监督机制。建立完善舆论监督制度，支持媒体依法履行舆论监督职能，规范媒体对案件的报道，防止舆论影响司法公正。健全公众参与监督的激励机制，整合优化各级职能部门投诉举报平台，建立健全对群众和媒体反映问题的处理和通报机制。

加大问责力度。认真执行党政领导干部问责规定，全面推行工作责任制和责任追究制。建立重大行政决策终身责任追究及责任倒查机制。坚决纠正和惩处违法行政、滥用职权、久拖不决、失职渎职等“乱作为”、“慢作为”和“不作为”，对造成重大损失、恶劣影响的，严格追究有关领导和工作人员的法律责任。健全责令公开道歉、停职检查、引咎辞职、责令辞职、罢免等问责方式和程序。建立问责跟踪监督制度，规范问责后免职人员重新任职的条件和程序。

26. 健全作风建设常态化制度。依纪依法反对和克服形式主义、官僚主义、享乐主义和奢靡之风，持之以恒抓好中央八项规定精神落实，严格执行我省“28 条办法”。健全作风建设长效机制，巩固和拓展党的群众路线教育实践活动成果，加大正风肃纪力度，形成作风建设新常态。健全厉行节约反对浪费制度体系，完善配套措施。健全财务预算、核准和审计制度，严格控制“三公”经费支出。进一步精简文件简报和会议活动。积极稳妥推进公务用车制度改革，完善领导干部工作生活待遇规定，着力整治特权行为。

27. 推进反腐败体制机制创新和制度保障。严格执行党风廉政建设责任制，落实党委主体责任和纪委监督责任，强化党委(党组)主要负责人的“第一责任人”责任和党委(党组)成员的“一岗双责”。健全党风廉政建设责任制监督检查机制和责任追究制度，健全防控廉政风险、防止利益冲突等制度规定，深化具有浙江特点的惩治和预防腐败体系建设。深化党的纪律检查体制改革。改进巡视工作制度。加强对执纪办案工作的监督，确保依法依纪安全文明办案。

28. 推进党务、政务、司法公开。不断探索完善党务公开的途径和形式，建立健全党内情况通报、党内事务听证咨询等制度。深化政务公开，重点推进财政预算、公共资源配置、重大建设项目批准和实施、社会公益事业建设、行政执法等领域的信息公开。健全人民群众申请公开政府信息限期答复制度。健全政府信息公示公告及保密审查机制。

构建开放、动态、透明、便民的阳光司法机制，推进审判、检务、警务、狱务公开，录制并保留全程庭审资料，依法及时公开执法司法依据、程序、流程、结果和生效法律文书，完善办案信息查询系统。加强法律文书释法说理，建立重大案件信息发布、生效法律文书统一上网和公开查询制度。

七、推进法治社会建设

29. 围绕中心工作拓展法治实践平台。始终围绕中心工作全面深化法治浙江建设，做到中心工作推进到哪里，法治建设的实践平台就建在哪里。坚持把“三改一拆”“五水共治”等转型升级“组合拳”，作为全面深化法治浙江建设的大平台、试验田、试金石和活教材。坚持立法先行，加强相关领域法规规章的制定、修改、解释，使立法更具有针对性，更好地服务中心、解决问题。强化执法司法保障，严格依法办事，保护合法、打击非法，推动法律有效实施。利用正反典型，善于以案释法，推动形成全民守法良好氛围，发挥法治对中心工作的保障和推动作用。

30. 促进全社会学法遵法守法用法。广泛宣传以宪法为核心的中国特色社会主义法律体系，弘扬社会主义法治精神，建设社会主义法治文化，增强全民法治观念，使全体人民都成为社会主义法治的忠实崇尚者、自觉遵守者、坚定捍卫者。健全普法宣传教育机制，充分发挥宣传、文化、教育部门和人民团体在普法教育中的职能作用，推动落实“谁执法谁普法”的普法责任制，加强普法讲师团、普法志愿者队伍建设，建立社会“大普法”工作格局。重点加强国家工作人员、企业经营管理人员、青少年和外来务工人员的法治教育。把法治教育纳入国民教育体系，全面落实学校法治教育计划、教材、课时、师资。把法治教育纳入精神文明创建内容，开展群众性法治文化活动，健全媒体公益普法制度，加强新媒体新技术在普法中的运用，提高法治宣传教育的针对性和实效性。

加强社会诚信建设。发挥政府诚信在社会诚信建设中的导向作用。强化社会公众诚信教育，完善守法诚信褒奖机制和违法失信行为惩戒机制，营造诚信光荣、失信可耻的社会氛围。依法建立自然人、法人和其他组织共同参与的社会信用体系。建立以公民身份号码为基础的公民统一社会信用代码制度。建立社会信用评价体系，构建全省统一的“失信名单”制度。规范信用服务行业发展。

围绕践行社会主义核心价值观和当代浙江人共同价值观，加强公民道德建设，弘扬中华传统美德。加强社会公德、职业道德、家庭美德、个人品德教育，组织道德论坛、道德讲堂、道德修身等活动，争做“最美浙江人”。强化法律对道德建设的促进作用，发挥法治在解决道德领域突出问题中的作用。

31. 推进基层依法治理。坚持系统治理、依法治理、综合治理、源头治理，提高社会治理法治化水平。深化基层服务型党组织建设，发挥基层党组织和党员在全面深化法治浙江建设中的战斗堡垒作用和先锋模范作用。增强基层干部的法治观念和法治为民的意识，提高基层干部依法治理能力。乡镇(街道)要把依法加强社会治理作为重要职责，明确责任，落实措施，增强能力，发挥推动、指导基层依法治理的重要作用。积极探索村(社区)实现依法自治的有效途径，完善村(社区)民主选举、民主决策、民主管理、民主监督制度。完善村(居)务监督委员会制度，探索村(居)务公开、厂务公开的新途径新方法。创新基层民主建设载体，深化民主法治村(社区)、和谐劳动关系企业(园区)建设。推动市民公约、村规民约、行业规章、团体章程等社会规范的广泛运用，发挥其在社会治理中的积极作用。

加大对社会组织的政策扶持和分类指导力度，建立健全社会组织参与社会事务、维护公共利益、救助困难群众、帮教特殊人群、预防违法犯罪的机制和制度化渠道。发挥社会组织对其成员的行为导引、规则约束、权益维护作用。探索建立城乡社区公共服务事项清单制度，规范“小微权力”运行，整治村(社区)机构牌子多、考核评比多、创建达标多等“三多”问题。

32. 维护人民群众合法权益。构建党政主导的维护群众权益体系，建立健全矛盾预警、利益表达、协商沟通、救济救助等机制。认真处理人民来信，完善领导干部定期接访、约访、下访制度，推广联合接访、网上信访等做法，严格落实信访事项终结制，把信访纳入法治轨道。创新流动人口管理服务，健全特殊人群管理服务机制。完善就业和社会保障制度。依法维护残疾人权益。

健全社会矛盾纠纷预防化解机制。完善调解、仲裁、行政裁决、行政复议、诉讼等有机衔接、相互协调的多元化纠纷解决机制，健全人民调解、行政调解、司法调解联动的“大调解”工作体系。建立健全重大矛盾纠纷领导包案、挂牌督办、项目化监管和责任追究制度，积极发挥社会力量调解矛盾纠纷的作用。健全乡镇（街道）、村（社区）调解组织，发展企事业单位、新型功能区域调解组织，规范行业性、专业性人民调解组织，推动人民调解工作向矛盾纠纷多发易发的行业和领域延伸。推进仲裁工作标准化建设，提升仲裁公信力。

33. 深化平安创建活动。发挥法治对平安建设的引领和保障作用，创新发展“枫桥经验”，善于运用法治思维和法治方式破解平安建设中的难题，着力提升平安建设的法治化水平。深入推进社会治安综合治理，健全领导责任制，健全社会稳定“三色预警”和应急联动机制，努力使影响社会安定的问题得到有效防范化解管控，群众安全感和满意度进一步提升。深化“网格化管理、组团式服务”，建立集整治、管理、建设、服务于一体的综合治理长效机制。完善立体化社会治安防控体系，依法整治“黄赌毒”“盗抢骗”和“黑拐枪”等突出治安问题。依法严厉打击暴力恐怖活动、邪教违法犯罪活动，坚决维护国家安全。依法强化危害食品药品安全、影响安全生产、损害生态环境、破坏网络安全等重点问题治理。依法妥善处置涉及民族、宗教等因素的社会问题，促进民族关系、宗教关系和谐。

34. 加强法律服务。完善法律服务供给机制，构建覆盖城乡、惠及全民的公共法律服务体系。完善法律援助制度，扩大援助范围，健全司法救助体系。普遍建立法律顾问制度。加强律师事务所管理，推进律师行业党的建设，发挥律师协会自律作用，扶持一批规模较大、实力较强的法律服务机构。加强公证行业内部管理，完善公证执业活动监管机制。健全司法鉴定管理体制，加强鉴定执业活动日常监管。推进基层法律服务业规范发展。加强涉外法律服务，优化外商投资环境，依法维护本省居民、浙商在海外的正当权益和海外侨胞权益。

八、加强和改进党对全面深化法治浙江建设的组织领导

35. 完善法治浙江建设的组织领导体制和工作机制。加强党委对法治建设的统一领导、统一部署、统筹协调，党政主要负责人要履行法治建设第一责任人职责。健全党委领导法治建设的制度和工作机制，完善保证党委确定法治建设决策部署的工作机制和程序。完善党委领导，人大、政府、政协分别负责，各部门分工实施的法治建设工作机制。完善党委法治建设工作领导小组例会制度，定期听取工作汇报，研究部署重要工作，协调解决重大问题。健全领导小组办公室工作制度，完善协调机制。落实成员单位工作责任，完善联动机制，增强工作合力。不断深化法治创建活动。建立健全法治建设指标体系和考核评估标准，完善考核评估方式方法，加强结果运用。

36. 加强法治工作队伍建设。加强理想信念教育，加强立法队伍、行政执法队伍、司法队伍建设。严格法律职业准入，建立法律职业人员统一职前培训制度，推进法治专门队伍正规化、专业化、职业化。建立从符合条件的律师、法学专家中招录立法工作者、法官、检察官制度。加强立法工作队伍建设，增加有法治实践经验的人大常委会专职委员比例。建立法官、检察官逐级遴选制度。初任法官、检察官由省高级人民法院、省人民检察院统一招录，一律在基层法院、检察院任职。畅通立法、执法、司法部门干部和人才相互之间以及与其他部门具备条件的干部和人才交流渠道。建立符合职业特点的法治工作人员管理制度，建立法官、检察官、人民警察专业职务序列及工资制度，加快完善职业保障体系。加强基层法治建设工作机构和人员队伍建设，推动执法、司法力量向基层倾斜。推广建立基层法治促进员制度，推进法治干部下基层活动。关心关爱法治工作者，保持队伍稳定。

加强法律服务队伍建设。加强律师队伍思想政治建设，完善律师执业权利保障机制和违法违规执业惩戒制度，加强律师执业操守和道德建设。各级党政机关和人民团体普遍设立公职律师，企业可设立公司律师，理顺公职律师、公司律师管理体制机制。加强公证员、基层法律服务工作者、人民调解员队伍建设。推动法律服务志愿者队伍建设。建立激励法律服务人才跨区域流动机制。

重视法治人才培养。坚持用马克思主义法学思想和中国特色社会主义法治理论全方位占领党校、高校、科研机构、法学教育和法学研究阵地。加强法学教育和研究，强化法学学科和专业建设，发挥法学研究机构和法学人才在全面深化法治浙江建设中的作用。重视法治人才和后备力量的教育培养。健全政法部门和法学院校、法学研究机构人员双向交流机制，推动高校和法治工作部门人员互聘。建设高素质法治领域学术带头人、骨干教师、专兼职教师队伍。

37. 围绕全面深化改革推动法治建设。正确处理全面深化改革与全面深化法治浙江建设的关系，坚持重大改革于法有据，坚持用法治方式推进改革，确保改革沿着法治轨道前进。健全改革牵头部门与立法机构衔接机制，在研究改革方案和改革措施时，同步考虑改革涉及的立法问题，及时提出立法需求和立法建议，实现立法和改革决策相衔接。依法保障重点突破和先行先试的改革项目顺利实施，对立改废条件不成熟而改革实践迫切需要的，特别是民生领域和促进经济转型升级的改革项目，按照法定程序作出特别授权，允许先行先试。发挥法治在平衡社会利益、调节社会关系中的作用，使改革中各种利益关系的调整获得法治保障。坚持立改废释并举，定期开展法规规章清理,及时修改和废止不适应改革发展要求的法规规章。

38. 抓好全面深化法治浙江建设各项任务的落实。一分部署,九分落实。贯彻省委全面深化法治浙江建设的各项决策部署,关键是狠抓落实。省委建设法治浙江工作领导小组要切实加强对全面深化法治浙江建设的领导,定期研究解决重大问题,加强工作指导、统筹协调和督促检查。省人大常委会要加强对法律法规实施的监督,推进重点领域地方立法,发挥国家权力机关在法治建设中的重要作用。省政府要以深化"四张清单一张网"建设为抓手,推进政府职能转变,建立权责统一、权威高效的依法行政体制,加快法治政府建设。省政协要创新协商民主的途径渠道和方式方法,围绕全面深化法治浙江建设积极建言献策、加强民主监督。省高级人民法院和省人民检察院要深入推进司法体制机制改革,规范司法行为,促进司法公正,努力让人民群众在每一个司法案件中感受到公平正义。

各地各部门要严守政治纪律和组织纪律,全面准确贯彻本决定精神,结合实际制定具体的实施方案和配套文件。要运用好省委在学习习近平总书记系列重要讲话精神过程中提炼的"工作十法",精准发力、精细施策,确保全面深化法治浙江建设的各项部署落到实处。抓住影响全面深化法治浙江建设全局的重大问题、重点工作和关键环节,集中力量、逐个破解,以重点突破带动整体工作提升。坚持抓具体、具体抓,细化任务分解,制定落实路线,明确进度要求,做到每一件工作都有具体的时间表、路线图和责任人。健全督查考核机制,加强督促检查,强化绩效考核,以法治建设的实际成果检验落实成效。

省委号召,全省共产党员和人民群众紧密团结在以习近平同志为总书记的党中央周围,高举中国特色社会主义伟大旗帜,认真贯彻落实党的十八大和十八届三中、四中全会精神,干在实处、走在前列,全面深化法治浙江建设,把习近平同志开创的法治浙江建设事业不断推向前进!

浙江省人民政府关于加强计量工作的意见

各市、县(市、区)人民政府,省政府直属各单位:

根据《国务院关于印发计量发展规划(2013—2020年)的通知》(国发〔2013〕10号)精神,结合我省实际,现就加强计量工作提出如下意见:

一、重要意义

计量是实现单位统一、保证量值准确可靠的活动,对经济社会发展具有十分重要的基础性和公共性作用。我省高度重视并大力推进计量事业发展,近年来在计量标准和量传溯源体系建设、计量监督管理和服务、民生和能源资源计量等方面,取得了较大成效。但总体来看,我省计量工作基础仍较薄弱,存在计量检测技术水平不高、少数领域量传溯源能力缺乏、计量监管力量和经费投入不足等问题。当前,我省正处于转型升级的重要关口,推动科技创新和科技成果转化,特别是企业在实施产品设计研发、工艺控制、质量监测、成本核算中,离不开计量检测技术的支撑;保障人民群众健康安全和消费权益,需要不断增强计量检测能力;促进节能减排和能源资源合理利用,必须强化能源资源计量监管。各地、各有关部门要充分认识加强计量工作的重要性和紧迫性,加大计量工作力度,全面提升我省计量整体能力和水平,加快推进计量事业发展,为实施创新驱动发展战略、促进提质增效升级作出积极贡献。

二、工作目标

到2020年,计量标准和量传溯源体系更加完善,计量科技基础更加坚实,计量法制建设更加健全,产业计量、民生计量、生态计量等领域工作深入推进,计量服务保障能力基本适应我省经济社会发展需求。具体目标如下:

——全省计量标准和量传溯源体系覆盖率达到95%以上,全省各级建立社会公用计量标准2800项左右,形成校准测量能力3500项左右。

——建设一批国家和省级计量质检平台、型式评价实验室和产业计量测试平台,初步形成适应我省产业集聚发展和转型升级需要的产业计量测试服务支撑体系。

——重点管理计量器具受检率达96%以上;培育创建一批诚信计量示范单位,加快建设诚信计量体系,基本形成诚信经营、公平竞争的市场计量环境。

——全省重点用能单位能源资源计量器具配备达标率达98%以上,重点用能单位能源资源计量数据实时、在线采集水平明显提高,为"智慧能源"建设提供有效支撑。

三、主要任务

(一)提升企业计量检测和管理能力

鼓励企业加强对计量基础设施和计量检测设备的投入。支持企业建立各类计量实验室,对做精做专做强的,可优先列入国家和省级企业技术中心认定扶持范围。向企业积极推广计量精准化管理方法,指导帮助企业在生产加工、产品检验等关键过程合理配置计量器具,提高计量检测数据分析和运用水平,实现对生产全过程的精准控制,进一步提高产品质量、降低能耗物耗。加强分类指导,鼓励企业建立完善测量管理体系，积极推进国际互认。

（二）构建产业计量测试服务平台

加快建设开放共享、水准较高的产业计量基标准基地。围绕海洋装备制造、大宗物流、磁性材料、光伏发电、生物医药、通信信息、纺织、低压电器等领域，建立一批国家和省级的产业计量测试平台，更好地服务我省战略性新兴产业发展和产业集聚区建设。争取新建流量计、压力表、互感器等国家级计量器具型式评价实验室；进一步建好电能表、液体流量、水表等国家级计量器具产品质检平台和型式评价实验室，争取达到国家中心 A 级标准。根据各地产业发展特色，建好一批能源环保、测力称重等重点实验室。

（三）加强能源资源计量器具配备和应用管理

加快推进全省用能单位能源资源计量器具配备，凡年耗能 1000 吨以上标煤或年用电 300 万千瓦时的用能企业在实施技改时，须配备相应的能源资源计量器具。对重点用能单位，要依法开展能源资源计量审查。继续实施能源资源计量数据应用行业推进项目，力争到 2015 年全省重点耗能块状行业能源资源计量应用管理实现全覆盖，进一步提高块状行业节能管理水平，促进行业性节能降耗。积极推进企业能源资源计量数据的在线采集和实时监测应用，并将相关数据纳入节能主管部门实施的重点用能单位能耗在线监测系统。

（四）培育发展计量校准服务业

鼓励部门和事业单位计量技术机构、企业计量实验室以及其他各类计量校准服务机构，通过依法建标，面向社会开展灵活多样的计量校准服务。积极培育一批诚实守信、服务优良的计量校准服务品牌企业，鼓励计量校准服务领域发展混合所有制企业。支持建设一批跨单位整合、市场化运作、企业化管理的区域创新校准服务平台。培育一批计量科技孵化器，助推科技成果转化及高新技术企业孵化。

（五）完善计量政策法规体系

加快研究制订与《中华人民共和国计量法》和《浙江省计量监督管理条例》相配套的政府规章和行政规范性文件。根据我省经济和社会发展需要，在重点民生领域及生态文明建设、战略性产业发展等方面，制修订一批地方计量检定规程和校准规范，每年不少于 20 个。积极参与国家计量技术法规制修订及国际标准、国际建议的制修订工作。

（六）加强计量重点监管

加强对重点计量器具产品生产监管，特别是对国家重点管理和有区域性质量隐患的计量器具产品，要加大质量跟踪监督抽查力度。加强对校准活动的依法监管，严格规范校准服务行为。加强对涉及民生的重点计量器具检定管理，特别是对在用电话计时计费装置、网络流量计费系统、房屋面积测量计量器具，质监、通信和建设等部门要进一步理顺工作关系，落实检定管理责任，确保依法监管到位。在服务业领域推行计量器具强制检定合格公示制度，依法接受社会监督。加强对环境质量与污染源排放自动监测仪器等环境监测类计量器具的检定管理，督促相关企业配备管理好各类环境监测计量器具，落实其计量管理主体责任。加强对用能产品的能源效率计量监管，重点开展洗衣机、电冰箱、电视机以及中小型三相异步电动机等一批用能产品能效标准和标识执行情况的监督检查。加强对商品包装的计量监管，重点建立对食品、化妆品等商品包装的计量监督抽查制度，切实防范商品过度包装。

（七）严厉打击计量违法行为

重点打击计量器具作弊违法行为，严厉查处利用高科技手段从事计量违法行为，对违法事实严重、社会影响恶劣的案件，依法从重处理并予以公开曝光。加快建立查处重大计量违法案件快速反应和执法联动机制。质监部门要会同相关部门，每年确定若干投诉反映集中、问题比较突出、群众和社会关注的计量执法重点，开展专项执法联合行动。建立健全计量违法举报奖励制度，保护举报人的合法权益。

（八）加快计量诚信建设

加强对生产经营者诚信计量宣传教育，提高其诚信守法经营意识。通过开展诚信计量示范单位创建、把在用衡器"统一配备、统一管理、统一检定、统一轮换"纳入全省农贸市场改造提升内容、推动企业开展测量管理体系建设和定量包装商品 C 标志确认等，促进生产经营者加强计量自我管理。组织开展商品交易市场、医疗卫生机构等公共服务经营单位诚信计量自我承诺活动，自觉接受社会监督。充分发挥相关行业协会的自律作用，积极引导生产经营者遵守诚信计量准则，自觉规范计量行为。建立计量信用信息发布和计量失信"黑名单"制度，形成激励守信、惩戒失信机制。逐步将诚信计量情况纳入企业征信范围，推动诚信计量体系对接全省社会信用体系。

（九）创新计量监管工作方式方法

建立对强检计量器具的动态检定管理制度，质监部门要会同有关部门定期分析评估新型计量器具的发展和使用情况，及时依法将涉及群众切身利益和健康安全的在用新型计量器具纳入监管。建立计量风险分析和预警防范机制，制订计量突发事件应急预案，提高计量风险防控能力。推进计量信息化建设，提高计量监管的有效性和科学化水平。

（十）推进计量标准体系建设

加快全省社会公用计量标准建设，改造更新一批长度、力学、热工、电学、化学领域的最高社会公用计量标准，进一步提高准确度和自动化程度。在现代通信、无线电、时间频率、光学、声学、电离辐射等领域新建一批社会公用计量标准。重点围绕生物、新能源、新材料、现代通信、物联网、高端装备制造、核电、节能环保等领域，建设一批战略性新兴产业发展亟须的计量标准。

（十一）加强计量科研工作

重点围绕现代通讯计量、节能环保产业计量、化学和生物计量、声学计量、医学计量、嵌入式软件测评、高端装备制造测量、几何量精密测量等领域，开展一批重大应用型检测技术研究攻关和成果应用。加强应用型环境监测技术研究，重点攻关PM 2.5监测计量体系关键技术、土壤重金属污染物监测技术和烟气排放监测技术等，加快研制一批水质、大气、土壤监测等环境标准物质。积极构建"产学研检"相结合的计量技术创新机制，鼓励计量科研院所与其他科研院所及高校开展以科研项目为载体的合作研究；大力支持计量科研院所与高校、企业开展多种方式合作，形成以产权为纽带、项目为依托，各方优势互补、利益共享、风险共担的计量科技创新利益共同体。

四、保障措施

（一）加强组织领导

各级政府要加强对计量工作的领导，把计量发展目标任务纳入当地国民经济发展规划，切实抓紧抓好计量这一重要的基础性工作。要建立健全相应的协调机制，及时研究解决相关问题，促进本地区计量工作顺利开展。要建立相应的考核机制，切实加强督促检查，确保计量工作任务落到实处。

（二）落实部门责任

质监部门要依法履行计量行政主管部门职责，加强对计量工作的统筹协调、组织实施和督促指导。发展改革部门要把计量工作纳入国民经济和社会发展年度计划，在项目立项、资金和政策等方面予以支持。经信部门要协同做好对能源资源计量活动的监督管理，将企业开展能源资源计量工作情况纳入相关考核与评优体系。科技部门要加强对计量科研项目立项支持及项目实施的监督管理。财政部门要将开展计量工作所需经费纳入财政预算，对经费使用情况和绩效实施监督管理。公安部门要协同做好对机动车安全技术检验等领域及执法中有关计量活动的监督管理。建设部门要协同做好对建筑工程等领域有关计量活动的监督管理。交通运输部门要协同做好对机动车检测维修、出租汽车行业及公路计重收费、公路桥梁工程检测设备标定等领域计量活动的监督管理。农业部门要协同做好对农业产业计量活动的监督管理。商务部门要协同做好对商贸业计量活动的监督管理。教育、文化和新闻出版广电部门要协同做好对教育文化事业领域使用法定计量单位的督促落实。卫生计生部门要协同做好对医疗卫生机构相关计量活动的监督管理。环保部门要协同做好环境监测领域计量活动的监督管理。工商部门要协同做好对市场流通领域计量活动的监督管理。安监部门要协同做好对安全防护方面计量活动的监督管理。通信部门要协同做好对通信领域计量活动的监督管理。

（三）强化政策支持

各级要依法加强对强制检定经费的财政保障，根据财力可能和轻重缓急，逐年分批将医疗卫生单位"医用三源"、集贸市场在用衡器和乡镇医疗卫生机构在用医疗计量器具等强制检定项目检测经费纳入财政预算。对各地实施的符合条件的能源资源计量数据应用行业推进项目，在节能专项资金安排中予以支持。对符合条件的"产学研检"重点计量科技项目，优先立项、优先支持，并享受我省支持企业技术创新的相关优惠政策。计量校准服务业享受国家和省扶持高技术服务业的各项优惠政策，计量校准企业（机构）列入高新技术企业、技术先进性服务业企业和高技术服务企业技术中心认定范围。鼓励支持产业计量测试平台、实验室和计量校准服务品牌企业向园区集聚，凡入驻未来科技城、青山湖科技城、高新技术产业园区、产业集聚区和现代服务业集聚示范区等的，享受相关园区优惠政策。

（四）加强队伍建设

强化各级质监部门的计量管理工作责任，落实基层计量工作力量，进一步完善计量工作网络。充分发挥社会技术机构的作用，逐步扩大计量检定授权的部门和行业范围，进一步壮大我省计量检定技术力量。加大计量学科带头人、优秀科技人才、高层次领军人才以及青年科技人才的培养和引进力度，不断完善计量人才培育和使用机制。加强对计量检定人员、各类考评员、注册计量师的业务培训和规范管理，加强企业计量管理人员队伍建设，不断提高他们的从业素质和工作水平。

2014年4月25日

浙江省人民政府关于印发
浙江省2014年主要污染物总量减排计划的通知

各市、县（市、区）人民政府，省政府直属各单位：

现将《浙江省2014年主要污染物总量减排计划》印发给你们，请各地、各有关部门认真组织实施。

2014年6月4日

浙江省2014年主要污染物总量减排计划

为确保实现2014年主要污染物总量减排目标，结合我省经济社会发展和环境保护要求，制定本计划。

一、总体要求和目标

（一）总体要求

全面贯彻落实党的十八届三中全会和省委十三届五次全会精神，大力推进“五水共治”和“大气污染防治行动”，强化污染物减排刚性约束，创新污染物总量控制制度，确保完成年度主要污染物总量减排任务，加快建设美丽浙江。

（二）减排目标

2014年全省化学需氧量（COD）、氨氮（NH_3—N）、二氧化硫（SO_2）和氮氧化物（NO_X）排放量比2013年分别下降2.5%、2.5%、2.5%和4.0%。各设区市污染源自动监控数据传输有效率、自行监测结果公布率和监督性监测结果公布率分别达到85%、90%和98%。

二、主要任务

（一）推进减排工程建设

1. 加快污水处理及污泥处置设施建设。继续推进污水处理设施提标改造、中水回用和配套管网工程建设，全省新增污水管网2000公里以上，新增污水日处理量50万吨以上，开工建设69个建制镇污水处理设施，完成污水处理厂提标改造23家，全省城镇污水中水回用率提高2个百分点，预计投入资金110亿元以上。结合农村环境综合整治，加快推进农村截污管网和污水终端处理设施建设，有条件的地区要积极将农村生活污水纳入城镇污水处理厂。加快污泥无害化处置设施建设，污泥无害化处置率达80%以上，新开工建设15个污泥无害化处置设施，新增污泥日处置能力1000吨以上。

2. 完成重点行业脱硫脱硝工程建设。取消19台省统调火电机组的脱硫设施烟气旁路；基本完成全省热电企业脱硫工程建设，完善热电脱硫DCS和CEMS系统；所有钢铁烧结机和球团生产设备、石油炼制催化裂化装置、有色金属冶炼企业完成脱硫设施建设并投运。全面完成12.5万千瓦以上火电机组脱硝工程建设；积极推动热电机组脱硝改造，完成脱硝改造的热电机组40个，创建20个热电脱硝建设和运行示范工程；所有2000吨/日以上水泥回转窑完成低氮燃烧或烟气脱硝改造。制订60万千瓦以上火电机组清洁化改造计划，烟气达到天然气机组排放标准，启动浙能嘉华7#、8#机组等16台机组清洁化排放改造。

3. 加强农业源污染减排。继续实行畜禽养殖区域和污染物排放总量双控制度，落实288家规模化养殖场（小区）减排工程建设。完善污染治理设施，配套消纳土地，促进畜禽排泄物资源化利用。依法调整划定禁养区、限养区，严格执行禁限养区制度，关停或搬迁生猪存栏114万头。鼓励和引导养殖专业户采用集中污染治理设施，处理畜禽排泄物。建立健全减排资料台账，指导督促相关企业，按照农业源核查核算要求，做好减排支撑材料。

4. 抓好机动车污染减排。县级以上城市应划定黄标车限行区，严格实行黄标车区域限行，2014年淘汰黄标车及老旧车30万辆。加快油品升级，年底前供应国Ⅳ标准车用柴油。进一步健全机动车环保监管体系，新注册汽车环保标志发放率高于90%。

（二）加大结构减排力度

1. 深入推进重污染高耗能行业整治。完成造纸、印染行业整治提升，就地整治提升造纸企业328家、印染企业910家，完成搬迁入园造纸企业37家、印染企业382家。基本建成富阳、萧山、秀洲、柯桥、义乌等5个造纸、印染行业整治示范区。加快推进化工企业998家就地整治提升和114家搬迁入园工作。推动城市建成区内钢铁、石化、化工、有色金属冶炼、水泥、平板玻璃等重污染高耗能企业搬迁改造。杭州、宁波、湖州、嘉兴、绍兴等市淘汰50%以上的10蒸吨/小时以下燃煤锅炉，其他地区淘汰50%以上的6蒸吨/小时以下燃煤锅炉。热电行业继续淘汰中温中压及以下机组，加快拆除链条炉、抛煤炉和已实施集中供热区域内的分散小锅炉。

2. 调整优化能源结构。控制煤炭消费总量，推进煤炭的清洁高效利用。全省县级以上城市建成区全面开展高污染燃料禁燃区创建工作，天然气覆盖到的设区市主城区和县级以上城市建成区基本建成高污染燃料禁燃区。建设和完善热网工程，全面推进工业园区（产业集聚区）集中供热，省级以上工业园区（产业集聚区）基本完成集中供热工程建设。积极利用大电厂进行集中供热，取代周边供热锅炉和中小型公用热电联产机组。加快推进煤改气等清洁能源替代工程，建成天然气供气管线1200公里，设区城市、一半以上县级城市基本实现供气管网全覆盖，天然气年供应量达到88亿方。在天然气管网覆盖区域内，加快推动燃煤锅炉、窑炉、10万千瓦以下自备燃煤电站的清洁能源改造。“外电入浙”达到1800万千瓦左右，外购电比率提高到25%左右。

3. 严格实行总量准入制度。完善“空间、总量、项目”三位一体环境准入制度，严把项目总量准入关，全面执行建设项目总量削减替代制度，新（扩、改）建工业项目新增的主要污染物排放总量，应通过市场交易的方式有偿取得。以区域排污总量控制及激励措施促进结构调整，减少污染物排放。

（三）严格监管减排措施

1. 全面实施排污许可证制度。纳入环境统计的所有企业都要发放排污许可证。强化排污许可证管理，建立和完善企业刷卡排污总量控制系统和运行管理平台，全面落实污染源“一企一证一卡”排污总量控制制度。

2. 加强环境资源配置量化管理。加快落实排污权基本账户制度，按照以减量定增量的原则，加快实施省市县三级排污权指标基本账户制度，实施环境资源配置量化管理，控制主要污染物新增排放量。建立主要污染物总量激励制度，以县(市、区)为单位，按吨排污权税收贡献大小，在行业内实施"三三"制评价排序，支持优势企业发展，加快落后产能淘汰，促进转型升级。

3. 严格环保执法监管。各地要继续推进网格化精细化管理，将辖区内列入2014年省减排计划的项目作为执法重点，实行最严格的环境监管制度，全面加强污染治理设施运行情况的执法检查，对环境违法行为实行"零容忍"。强化环保公安联动，严厉打击环境犯罪行为，严肃查处环境违法大案要案。健全完善环境执法与环境信访、刑事司法、舆论监督、信息公开、指导服务等相结合的执法机制，全面提升执法监管水平。

三、重点项目

(一)国家减排责任书项目

根据国家与我省签订的"十二五"主要污染物总量减排目标责任书，2014年我省共有68个责任书项目，各有关设区市要认真组织落实，明确责任单位、减排措施、完成时间，做好对责任书项目进展情况的月报工作，确保按期保质完成。

(二)省减排计划项目

1. 化学需氧量(COD)减排项目1308个，预计削减化学需氧量6.66万吨。

2. 氨氮(NH_3—N)减排项目1157个，预计削减氨氮8124吨。

3. 二氧化硫(SO_2)减排项目487个，预计削减二氧化硫7.79万吨。

4. 氮氧化物(NOx)减排项目549个，预计削减氮氧化物12.05万吨。

国家减排责任书的具体项目和浙江省2014年主要污染物总量减排计划的具体项目由省环保厅另行印发。

四、保障措施

(一)明确目标责任

各级政府要把污染减排作为推进生态文明、建设美丽浙江的重要任务，进一步加强组织领导，将2014年度减排目标任务进行细化分解，明确责任单位、完成时间、减排措施等具体要求，切实抓好各项工作落实。

(二)强化监管服务

各级政府要加大对辖区内列入减排计划的污水处理、印染、造纸、电力、钢铁、水泥、畜禽养殖、机动车减排等"七厂(场)一车"减排项目的监督检查力度，严格现场监管，抓好项目落实。加强服务指导，组织开展对减排重点项目的现场检查，加快污染减排技术的开发和应用，加大对先进适用的污染减排技术、工艺和设备等的推广力度，加大对减排项目政策、资金和信贷等方面的支持。

(三)完善政策措施

运用价格杠杆，通过价格激励、约束和补偿机制，促进污染减排。建立健全污水处理厂考核与收费政策，严格火电脱硫脱硝电价考核，落实火电除尘电价和热电脱硫电价政策，规范水泥脱硝和钢铁烧结脱硫设施运行，进一步完善排污权有偿使用和交易政策，落实主要污染物总量控制制度。推进减排统计、监测、考核体系建设，做好减排调度、形势分析等基础性工作。

(四)严格督查考核

各级政府要适时组织专项督查，对辖区内减排项目的重点和难点问题实行跟踪督办，确保按时完成减排项目。各级环保部门要加强减排日常督查，完善环保长效监管机制。将减排结果纳入生态省建设年度目标考核，作为领导班子和领导干部综合考核评价的重要内容，纳入政府绩效管理，实行问责制和"一票否决"制。采取通报、预警、对接、约谈、限批等措施，强化减排刚性约束，不断提高监管减排成效。

(五)加强舆论宣传

各地要充分发挥舆论导向和监督作用，通过报纸、电视、广播、网络等各种载体，结合世界环境日、浙江生态日等主题活动，广泛宣传污染减排知识、政策、措施和成效，进一步提高全社会对污染减排重要性、紧迫性的认识，形成全社会关心、支持、参与污染减排的良好氛围。

附件：各设区市2014年度减排目标

附件

各设区市2014年度减排目标

地　区	2014年度减排目标			
	COD	NH_3—N	SO_2	NO_X
杭州市	2.0%	2.5%	2.0%	3.0%
宁波市	3.0%	3.0%	5.0%	10.0%
温州市	2.2%	2.2%	1.0%	4.0%
湖州市	2.5%	2.5%	1.0%	4.0%

续表

地　区	2014年度减排目标			
	COD	NH_3—N	SO_2	NO_X
嘉兴市	2.0%	2.0%	2.5%	3.0%
绍兴市	2.5%	2.5%	2.5%	4.0%
金华市	2.5%	2.8%	1.0%	4.0%
衢州市	2.5%	3.0%	2.5%	3.5%
舟山市	2.0%	2.0%	0	0
台州市	2.5%	3.0%	1.0%	1.0%
丽水市	2.0%	2.5%	1.0%	0
全省	2.5%	2.5%	2.5%	4.0%

浙江省人民政府关于印发浙江省行政奖励暂行办法的通知

各市、县(市、区)人民政府,省政府直属各单位:

现将《浙江省行政奖励暂行办法》印发给你们,请认真贯彻执行。

2014年7月2日

浙江省行政奖励暂行办法

第一章　总则

第一条　为规范行政奖励工作,更好地发挥行政奖励的激励和引导作用,充分调动全社会的积极性、创造性,根据国家有关规定,结合我省实际,制定本办法。

第二条　本办法适用于县级以上人民政府和设区市以上人民政府工作部门对有关个人、集体实施的行政奖励。

第三条　行政奖励坚持公开、公平、公正的原则;坚持注重实绩、从严掌握的原则;坚持精神奖励与物质奖励相结合、以精神奖励为主的原则。

第四条　县级以上人力社保部门负责行政奖励的综合管理工作,县级以上人民政府其他工作部门按照职责和本办法规定做好相关工作。

第二章　行政奖励的条件和种类

第五条　有下列情形之一的,给予行政奖励:

(一)在加快转变经济发展方式,促进浙江经济平稳健康发展方面作出突出成绩的;

(二)在维护社会公平正义,促进法治浙江建设方面作出突出成绩的;

(三)在弘扬、践行社会主义核心价值体系和“务实、守信、崇学、向善”当代浙江人共同价值观,建设文化强省方面作出突出成绩的;

(四)在加强和创新社会管理,保障和改善民生,建设平安浙江方面作出突出成绩的;

(五)在推进生态文明和绿色发展,加快建设美丽浙江方面作出突出成绩的;

(六)在加强浙江国防建设,促进浙江对外交流与合作方面作出突出成绩的;

(七)在抢险救灾、维护社会稳定等方面作出突出成绩的;

(八)在其他领域作出突出成绩的。

奖励机关可以根据实际情况,对上述条件作出具体规定。

第六条　行政奖励分为嘉奖、记三等功、记二等功、记一等功和授予荣誉称号。

(一)对表现突出的,给予嘉奖;

(二)对作出较大贡献的,记三等功;

(三)对作出重大贡献的,记二等功;

(四)对作出杰出贡献的,记一等功;

(五)对功绩卓著的,授予"浙江省劳动模范""浙江省模范集体""全省人民满意的公务员""全省人民满意的公务员集体""浙江省杰出教师"等荣誉称号。

对功绩卓著,社会影响大、公认度高的个人,由省政府授予浙江省最高荣誉——"之江功勋"荣誉称号。"之江功勋"荣誉称号授予办法另行制订。

第三章 行政奖励审批的权限和程序

第七条 行政奖励审批的权限:

嘉奖、记三等功,由县级以上人民政府或设区市以上人民政府工作部门批准;

记二等功,由设区市以上人民政府或省人民政府工作部门批准;

记一等功、授予荣誉称号,由省人民政府批准。

第八条 行政奖励审批的程序:

(一)行政奖励申报单位(部门)拟制行政奖励实施方案,并报同级人力社保部门审核。

(二)申报单位(部门)在征求群众意见的基础上,形成申报行政奖励的意见。

(三)申报对象为机关事业单位的,申报单位(部门)应按管理权限,征求组织人事、纪检监察、社会管理综合治理、卫生计生等部门意见;申报对象为企业的,申报单位应征求工商、税务、审计、纪检监察、社会管理综合治理、环境保护、卫生计生、安全生产和行业主管等部门意见。

(四)申报单位(部门)将行政奖励对象基本情况、主要事迹,在本单位(部门)或本地区范围内公示7个工作日。如涉及国家秘密不宜公开的,经审批机关同意可不进行公示。

(五)申报单位(部门)向审批机关报送行政奖励申报材料。申报材料主要包括申报对象的事迹、征求相关部门意见和公示情况、奖励审批表。

申请本级人民政府给予行政奖励的,应由政府相关工作部门会同人力社保部门提出;申请上一级人民政府给予行政奖励的,应由本级人民政府提出。

(六)审批机关作出是否给予行政奖励的决定,并予以公布。

由各级人民政府审批的行政奖励,原则上应提交政府常务会议研究决定。

(七)授予"浙江省劳动模范""浙江省模范集体"荣誉称号的审批,由省劳动模范评选委员会办公室按有关规定程序办理。

第四章 行政奖励的实施

第九条 对符合行政奖励条件的个人、集体,应及时给予奖励。授予荣誉称号的行政奖励,一般每五年开展一次。

第十条 行政奖励对象重点面向基层和工作一线。对厅(局)级以上个人和单位、县级以上人民政府,一般不进行行政奖励,对县处级干部的行政奖励从严控制。

对符合行政奖励条件的已故人员,可以追授奖励。

第十一条 设区市以上人民政府工作部门在作出行政奖励决定的同时,应将行政奖励决定报送同级人力社保部门备案;县级以上人民政府在作出行政奖励决定时,应将行政奖励决定抄送本级人力社保部门。

第十二条 对获得行政奖励的个人、集体,由审批机关颁发奖励证书。对获得记三等功以上奖励的,同时颁发奖章或奖牌。《个人奖励审批表》应存入本人档案;《集体奖励审批表》应存入获奖单位文书档案。

奖励证书、奖章和奖牌由省人力社保厅按照国家有关规定统一监制。

第十三条 对获得行政奖励的个人,参照《公务员奖励规定(试行)》(中组发〔2008〕2号)发给一次性奖金。省政府另有规定的,从其规定。获得荣誉称号的个人,按照有关规定享受省级劳动模范和先进工作者待遇。

对获得行政奖励的集体,可酌情发给一次性奖金,作为工作经费由集体使用,原则上不得发放给个人。

第十四条 对已获得上级机关行政奖励的,下级机关不再以同一事由进行重复奖励。

第十五条 对获得奖励的个人、集体,可以采取适当形式予以表彰。表彰形式应当庄重、节俭。

第五章 行政奖励的监督

第十六条 任何单位和个人如认为有关行政奖励行为不符合相关规定的,可以向审批机关反映,也可以向审批机关的同级人力社保部门、纪检监察机关或者审批机关的上级行政机关反映。接到反映的机关(部门)要及时进行调查核实,如情况属实,审批机关应当及时纠正。

第十七条 有下列情形之一的,撤销行政奖励。撤销行政奖励,由原申报单位按程序报审批机关批准,并予以公布。如涉及国家秘密不宜公开的,可不予公布。

(一)弄虚作假或者隐瞒严重错误,骗取行政奖励的;

(二)违反本办法规定奖励程序的;

(三)获得荣誉称号后,个人受到开除处分、刑事处罚的,集体严重违法违纪、影响恶劣的;

(四)法律、法规规定应当予以撤销行政奖励的其他情形。

必要时,审批机关可以直接撤销行政奖励。

第十八条 对个人的行政奖励撤销后,审批机关应当及时收回并公开注销其奖励证书、奖章,停止其享受的有关待遇,撤销奖励的决定要及时存入本人档案;对集体的行政奖励撤销后,审批机关应当及时收回并公开注销其奖励证书和奖牌,撤销奖励决定存入原获奖单位文书档案。

第十九条 对在行政奖励工作中有徇私舞弊、弄虚作假、不按规定条件和程序进行奖励等违法违纪行为的人员,以及负有领导责任的人员和直接责任人员,根据情节轻重,给予批评教育或者处分；构成犯罪的，依法追究刑事责任。

第六章　附则

第二十条　国家对行政奖励已有明确规定的，从其规定。

第二十一条　本办法自2014年8月1日起施行。

附件：1. 个人奖励审批表（略）
2. 集体奖励审批表（略）

浙江省人民政府关于开展“无违建县（市、区）”创建活动的实施意见（试行）

各市、县（市、区）人民政府，省政府直属各单位：

为进一步贯彻落实省委、省政府关于开展“三改一拆”行动的总体部署，全面防控和治理违法建筑，扎实有效地推进长效管理，从今年起，在全省开展“无违建县（市、区）”创建活动。现提出如下实施意见：

一、指导思想

以党的十八届三中全会精神为指导，紧紧围绕深入实施“八八战略”和干好“一三五”、实现“四翻番”，建设美丽浙江、创造美好生活的决策部署，认真落实省委、省政府关于开展“三改一拆”行动的工作要求，充分发挥“三改一拆”行动在转型升级中的重要作用，坚持依法行政、源头治理、为民惠民，全面动员干部群众积极参与“无违建县（市、区）”创建，形成违法建筑防控和治理长效机制，促进经济社会转型发展，不断提升人民群众生活品质。

二、总体目标

通过开展“无违建县（市、区）”创建活动，全社会防控和治理违法建筑的意识进一步增强，违法建筑防控和治理的长效机制全面形成，违法建设行为得到全面遏制，“三改一拆”行动成果得到有效巩固。

三、创建标准

（一）全面推进创建

各县（市、区）应积极组织推进“无违建乡镇（街道）”创建工作。“无违建县（市、区）”，其所辖80%以上的乡镇（街道）及县（市、区）政府驻地乡镇（街道）须达到“无违建乡镇（街道）”标准。“无违建乡镇（街道）”（包括辖区内所有村、社区）应达到以下基本要求：

1. 无存量违法建筑。存量违法建筑得到依法、有效、公开处置。

2. 无新增违法建筑。新增违法建筑得到第一时间发现，做到即查即拆。

3. 无非法“一户多宅”。农村非法“一户多宅”得到清理整治。

4. 做到即拆即清，宜耕则耕，宜绿则绿，宜建则建，拆后土地得到及时有效利用。

5. 社会平安稳定。无因违法建筑防控和治理工作不到位引发的重大群体性事件，拆除违法建筑和旧住宅区、旧厂区、城中村改造中无重大安全事故发生。

（二）建立长效机制

“无违建县（市、区）”应全面建立健全违法建筑的防控治理体系，做到“四有”：

1. 有完善的制度体系。按照《浙江省违法建筑处置规定》和有关法规、政策要求，制定和完善违法建筑认定、分类处置和综合治理、防控的配套规定。

2. 有健全的规划体系。各级土地利用总体规划和城乡规划编制有序衔接，实现县、乡级土地利用总体规划和城市总体规划、县（市）域总体规划、镇总体规划、乡规划、村庄规划（不含规划撤并的村庄）的全覆盖，依法开展和管理城乡建设活动。

3. 有完备的防控体系。建立实施“块抓条保、分级负责，综合执法、合力推进”的工作机制、动态巡查机制、信息共享机制，构建全覆盖、网格化的违法建筑防控和治理体系。

4. 有规范的农民建房保障体系。全面建立村级组织土地民主管理制度，贯彻落实农民住房“一户一宅”规定，优先保障无房户、危房户建房用地指标。

四、申报验收

（一）申报

“无违建县（市、区）”实行申报制。年初，由各设区市人民政府提出“无违建县（市、区）”创建计划，报省“无违建县（市、区）”创建工作领导小组办公室备案。第四季度，纳入验收计划的县（市、区）对“无违建县（市、区）”创建工作进行自查，经所在设区市人民政府组织初评后，报省“无违建县（市、区）”创建工作领导小组办公室。

（二）验收

验收工作由省“无违建县（市、区）”创建工作领导小组办公室组织，履行材料审核、暗访、现场核查、综合评审等程序。在此基础上，提出“无违建县（市、区）”建议名单，报省“无违建县（市、区）”创建工作领导小组。

（三）公示

“无违建县（市、区）”建议名单经省“无违建县（市、区)”创建工作领导小组审核后,在省级新闻媒体上公示。

(四)公布

公示无异议后,报经省政府审定,予以公布。

(五)动态管理

“无违建县(市、区)”实行动态管理,每2年复评一次(复评标准应高于首次评定标准)。复评合格的,保留命名;复评不合格的,限期3个月整改;整改后仍不合格的,报请省政府批准后予以撤销命名。省“无违建县(市、区)”创建工作领导小组办公室和各设区市人民政府要不定期组织抽查,并将结果予以通报。

“无违建县(市、区)”评定验收办法由省“无违建县(市、区)”创建工作领导小组办公室研究制订。

“无违建乡镇(街道)”的创建和验收认定工作,由各设区市人民政府根据本实施意见和“无违建县(市、区)”创建标准组织实施,省“无违建县(市、区)”创建工作领导小组办公室按不低于30%比例进行抽查。

五、组织保障

(一)加强组织领导

各地要充分认识“无违建县(市、区)”创建工作的重要性,进一步统一思想,加强领导,制定实施方案,提出创建目标和工作计划,精心组织,有序推进。要落实创建工作经费,纳入同级财政预算,做好相关保障工作。

(二)加强宣传发动

各地要加大相关法规、政策的宣传力度,提高广大群众的法律意识和法治观念,引导群众积极参与“无违建县(市、区)”创建活动。要充分发挥新闻舆论的导向作用,总结先进经验,曝光典型案例,自觉接受社会各界的监督,形成良好的舆论氛围和监督氛围。

(三)加强示范引导

各地要从无违建道路、河道、小区、社区(村)、乡镇(街道)等创建抓起,稳步推进“无违建县(市、区)”创建工作。

2014年7月21日

浙江省人民政府关于公布第二批浙江省珍贵古籍名录和第二批浙江省古籍重点保护单位的通知

各市、县(市、区)人民政府,省政府直属各单位:

经省政府同意,现予公布第二批浙江省珍贵古籍名录和第二批浙江省古籍重点保护单位。

各地、各部门要充分认识保护古籍的重要性,认真贯彻“保护为主、抢救第一、合理利用、加强管理”的指导方针,切实做好珍贵古籍的保护、管理和合理利用工作。

2014年11月13日

第二批浙江省珍贵古籍名录

(197部)

00229 **周易象述不分卷** (清)黄璋撰 稿本 余姚市文物保护管理所

00230 **周易古义三卷附一卷** (清)姜丹书撰 清王棻玩芳草堂抄本 清王棻批校并题记 佚名题签 台州市黄岩区图书馆

00231 **周礼补亡六卷** (元)丘葵撰 明抄本 杭州市余杭区图书馆
存三卷(一、三、六)

00232 **井田图解不分卷** (清)徐兴霖撰 清道光乃赓书屋活字印本 浙江图书馆

00233 **礼记集解六十一卷** (清)孙希旦撰 稿本 清孙锵鸣批校 温州市图书馆
存三十八卷(一至十四、十八、十九、二十一至二十三、二十五至四十二、四十九)

00234 **孙氏礼记集解校注一卷** (清)王棻注 稿本 台州市黄岩区图书馆

00235 **礼堂集义十六卷** (清)王绍兰撰 稿本 杭州图书馆

00236 **张太史手辑左传词坛六卷** (明)张溥撰 明崇祯刻本 佚名批 中国美术学院图书馆

00237 **春秋师说三卷附录二卷** (元)赵汸撰 元至正二十四年(1364)休宁商山义塾刻明弘治六年(1493)高忠重修本 杭州图书馆
存三卷(一至三)

00238 **经籍籑诂不分卷** (清)阮元撰 稿本 宁波市天一阁博物馆

00239 **字学类辨四卷** (明)徐与稽撰 明天启元年(1621)刻本 海宁市图书馆

00240 **隶辨八卷** (清)顾蔼吉撰 清康熙五十七年(1718)项氏玉渊堂刻本 周祖琛跋 浙江师范大学图书馆

00241 **埤雅二十卷** (宋)陆佃撰 清康熙刻本 清陈其荣批校并跋 海宁市图书馆

00242 **三国志六十五卷** (晋)陈寿撰 (南朝宋)裴松之注 清乾隆四年(1739)武英殿刻二十四史本 清孙尔准校 沈衍纯题记 嘉兴市图书馆

00243 **资治通鉴纲目荦观四十卷首一卷** (明)吴震元撰 明崇祯邮云堂刻本 海宁市图书馆

00244 **金陵野抄一卷附南都死难纪略一卷** (清)顾苓撰 清抄本 嘉兴市图书馆

00245 **历代帝王统系二卷** (明)夏洪基撰 明崇祯尚友斋刻本 海宁市图书馆

00246 **憨士列传不分卷** (明)屠本畯纂辑 明万历四十年(1612)人伦堂刻本 宁波市天一阁博物馆

00247 **永嘉学案不分卷** (清)孙衣言撰 稿本 温州市图书馆

00248 **[浙江嘉善]曹氏族谱八卷首一卷末一卷** (清)曹鉴咸纂修 清乾隆三十年(1765)刻本 嘉善县图书馆

00249 **[浙江平湖]张氏家乘十卷附录一卷** (清)张诰纂修 清乾隆五十九年(1794)栖洲山庄刻本 清张元善题签 平湖市图书馆

00250 **[浙江杭州]朱氏族谱不分卷** (清)朱世荣纂修 清同治十年(1871)抄本 朱湣跋并过录清朱学勤跋 杭州市余杭区图书馆

00251 **[浙江平湖]沈氏家乘十二卷** (清)沈问青等纂修 清雍正五年(1727)刻本 平湖市图书馆

00252 **自号录一卷** (宋)徐光溥撰 别号录九卷(清)葛万里撰 清抄本 嘉兴市图书馆

00253 **明遗民族祖楚屿先生家传不分卷** (清)朱衍绪撰 清同治稿本 余姚市文物保护管理所

00254 **先府君述略一卷例赠太孺人显继妣林太孺人行状一卷例赠太孺人亡母朱太孺人述一卷** (清)项傅霖撰 稿本 温州市图书馆

00255 **朱子年谱四卷考异四卷** (清)王懋竑撰 **附朱子论学切要语二卷** (清)王懋竑辑 清乾隆十六年(1751)王氏白田草堂刻本 清莫棠跋 杭州图书馆

00256 **陈文节公年谱一卷** (清)孙锵鸣编 稿本 温州市图书馆

00257 **杜清献公年谱一卷** (清)王棻撰 清同治十三年(1874)稿本 佚名题签并记 台州市黄岩区图书馆

00258 **舜水先生年谱稿不分卷** (清)朱兰撰 清光绪手稿本 余姚市文物保护管理所

00259 **黄梨洲先生年谱三卷** (清)黄炳垕撰 稿本 余姚市文物保护管理所

00260 **补读室自订年谱不分卷** (清)朱兰撰 清咸丰稿本 余姚市文物保护管理所

00261 **补读斋日记不分卷** (清)屠仲芬撰 稿本 绍兴图书馆
存清咸丰八年五月至同治十二年五月

00262 **客杭日记不分卷附续记不分卷** (清)朱衍绪撰 清同治稿本 余姚市文物保护管理所
存清同治十二年七月十二日至十月初四日

00263 **朱镇夫先生日记不分卷** (清)朱衍绪撰 稿本 余姚市文物保护管理所

00264 **研精覃思室日钞不分卷** (清)王蜕撰 清光绪三年(1877)稿本 台州市黄岩区图书馆
存清光绪三年八月一日至十二月三十日

00265 **大统平议一卷首一卷附一卷附录一卷大礼平议四卷明大礼驳议二卷** (清)王棻撰 清光绪稿本 佚名批点 佚名批 佚名题签并记 台州市黄岩区图书馆

00266 **庙制考义一卷图一卷** (明)季本撰 明嘉靖二十五年(1546)刻本 宁波市天一阁博物馆

00267 **中外和战议十六卷** (清)王棻撰 清光绪十五年(1889)稿本 佚名题签并记 台州市黄岩区图书馆

00268 **季汉官爵考二卷** (清)周广业撰 稿本 宁波市天一阁博物馆

00269 **移鄞蕘略不分卷** (明)王章辑 明崇祯刻本 宁波市天一阁博物馆

00270 **谏垣奏议不分卷** (明)李维樾撰 清瑞安项氏水仙庵抄本 佚名题签、校并跋 温州市图书馆

00271 **[乾隆]余姚志四十卷** (清)唐若瀛修 (清)邵晋涵纂 清乾隆四十六年(1781)刻本 杭州市余杭区图书馆

00272 **东瓯郡县建置沿革考一卷附方国珍乱郡始末一卷** (清)叶嘉棆撰 清孙锵鸣抄本 温州市图书馆

00273 **幽溪别志十六卷** (明)释传灯撰 明刻本 清杨晨题记 临海市博物馆

00274 **蜀有闻八卷** (清)金之翰撰 清抄本 清李如棂跋 温州市图书馆

00275 **校录四明志征□□卷** 明抄本 杭州市余杭区图书馆
存二卷(二十六、二十七)

00276 **云台山志八卷首一卷末一卷** (清)崔应阶辑 清乾隆三十七年(1772)研露楼刻本 清郁洲山人题记 平湖市图书馆

00277 **校补金石例四种** (清)李瑶编 清道光十二至十三年(1832—1833)李瑶泥活字印本 温州市图书馆

00278 **集古印谱一卷** (明)顾从德辑 明隆庆刻钤印本 清巢胜题签并跋 浙江图书馆

00279 **顾氏集古印谱四卷** (明)罗王常辑 明隆庆六年

(1572)刻钤印本　清语冰、清崖师、褚德彝、张鲁盦、叶丰题跋　西泠印社社务委员会

00280 **汉铜印丛十二卷**　(清)汪启淑辑　清乾隆十七年(1752)刻钤印本　西泠印社社务委员会

00281 **古铜印丛四卷**　(清)汪启淑辑　清乾隆三十一年(1766)刻钤印本　西泠印社社务委员会

00282 **汉铜印原十六卷**　(清)汪启淑辑　清乾隆三十四年(1769)刻钤印本　西泠印社社务委员会

00283 **仙居金石补一卷**　(清)王棻编　清光绪稿本　佚名题签并记　台州市黄岩区图书馆

00284 **题跋二卷**　(明)毛晋撰　清道光二十一年(1841)鸣野山房抄本　清沈复粲校并跋　周大辅跋　浙江图书馆

00285 **新纂门目五臣音注扬子法言十卷**　(汉)扬雄撰　(晋)李轨、(唐)柳宗元、(宋)宋咸、(宋)吴秘、(宋)司马光注　明嘉靖十二年(1533)顾春世德堂刻六子全书本　杨绍廉批　杨宰纲题记　温州市图书馆

00286 **老老恒言五卷**　(清)曹庭栋撰　清乾隆三十八年(1773)曹氏刻本　嘉善县图书馆

00287 **信摭一卷**　(清)章学诚撰　清道光八年(1828)山阴沈复粲抄本　清沈复粲题签并跋　绍兴图书馆

00288 **辨章三卷**　(清)王棻撰　稿本　清孙诒让、清王棻批　清王彦威、丁立诚观款　徐元钊校并题记　台州市黄岩区图书馆

00289 **补修宋金六家术六卷四十六家日法朔馀疆弱考一卷**　(清)李锐撰　清抄本　清孙诒让跋　温州市图书馆

00290 **新编九章金鉴十三卷首一卷**　清抄本　何章陆跋　浙江师范大学图书馆

00291 **扬子太玄经十卷**　(汉)扬雄撰　(明)赵如源辑注　**说玄一卷**　(宋)司马光撰　明天启六年(1626)武林书坊赵世楷刻本　清陈撰批校　浙江图书馆

00292 **地理启玄订误粹裘编二卷**　(明)范有学撰　明万历十七年(1589)山阴陈汝元得一斋刻本　浙江图书馆

00293 **广艺舟双楫六卷**　康有为撰　清光绪十九年(1893)　南海康氏万木草堂刻本　清黄绍箕批　梅冷生题记并题签　温州市图书馆

存三卷(一至三)

00294 **圣朝名画评三卷**　(宋)刘道醇撰　明万历十八至十九年(1590—1591)王元贞刻王氏书画苑本　杨绍廉跋　温州市图书馆

00295 **丛珠馆印谱二卷**　(明)曹一鲲篆刻　明万历刻钤印本　浙江图书馆

00296 **学山堂印谱八卷附学山记一卷学山纪游一卷学山题咏一卷**　(明)张灏辑　明崇祯刻钤印本 浙江图书馆

00297 **赖古堂印谱四卷**　(清)周亮工辑　清康熙六年(1667)周氏赖古堂刻钤印本　西泠印社社务委员会

00298 **锦囊印林四卷**　(清)汪启淑辑　清乾隆十九年(1754)汪氏香雪亭刻钤印本　西泠印社社务委员会

00299 **西京职官印录二卷**　(清)徐坚辑　清乾隆十九年(1754)徐氏刻钤印本　西泠印社社务委员会

00300 **一切如来心秘密全身舍利宝箧印陀罗尼经一卷**　(唐)释不空译　宋乾德三年(965)吴越国王钱俶刻本　浙江省博物馆

00301 **一切如来心秘密全身舍利宝箧印陀罗尼经一卷**　(唐)释不空译　宋开宝八年(975)吴越国王钱俶刻本　邹安跋　陈锡均题签　浙江图书馆

00302 **一切如来心秘密全身舍利宝箧印陀罗尼经一卷**　(唐)释不空译　宋开宝八年(975)吴越国王钱俶刻本　浙江省博物馆

00303 **一切如来心秘密全身舍利宝箧印陀罗尼经一卷**　(唐)释不空译　宋开宝八年(975)吴越国王钱俶刻本　西泠印社社务委员会

00304 **禅门锻炼说一卷**　(清)释戒显撰　清顺治十八年(1661)杭州灵隐寺刻本　浙江图书馆

00305 **清庵先生中和集前集三卷后集三卷**　(元)李道纯撰　(元)蔡志颐辑　明影元大德十年(1306)刻本　佚名批　杭州图书馆

00306 **朱文公校昌黎先生文集四十卷外集十卷遗文一卷**　(唐)韩愈撰　(宋)朱熹考异　(宋)王伯大音释　**传一卷**　明嘉靖十三年(1534)建阳县刻本　杭州图书馆

00307 **唐樊绍述遗文一卷**　(唐)樊宗师撰　(清)张庚辑注　清乾隆四年(1739)秀水张庚强恕斋刻本　孙峻、胡宗楙、顾柏年、陈训正、郑功懋、戴振声、许济棻、顾颉刚跋　浙江图书馆

00308 **选玉溪生诗二卷**　(唐)李商隐撰　(清)姜炳璋辑注　清抄本　周退密题记并跋　佚名批校并句读圈点　浙江图书馆

00309 **杜清献公集校注一卷清献集佚篇考一卷**　(清)王棻、王咏霓撰　清末稿本　佚名题签并记　台州市黄岩区图书馆

00310 **秋岩诗集二卷**　(元)陈宜甫撰　清翰林院抄本(四库底本)　丁丙跋　浙江图书馆

00311 **杨铁崖文集五卷史义拾遗二卷**　(元)杨维桢撰　**对校存疑一卷**　(清)傅汝砺撰　清抄本　(《对校存疑》稿本)　清孙锵鸣等校　浙江图书馆

00312 **九灵山房集三十卷**　(元)戴良撰　清赵昱小山堂抄本　浙江图书馆

存十四卷(一至十四)

00313 **白云稿十一卷**　(明)朱右撰　清抄本　刘诗孙校补并跋　章梫校并跋　浙江图书馆

00314 **容菴集七卷周易传义存疑一卷**　(明)应大猷撰　明万历刻本　浙江图书馆

00315 **玩鹿亭稿八卷**　(明)万表撰　**附录一卷**　明万历

鄞县万邦孚刻本　浙江图书馆

00316 **绿槐堂稿二十二卷**　(明)王交撰　明隆庆五年(1571)王益荃刻本　嘉兴市图书馆
存十卷(一至十)

00317 **月峰先生居业四卷**　(明)孙鑛撰　明万历刻本　余姚市文物保护管理所

00318 **月峰先生居业次编五卷**　(明)孙鑛撰　明万历四十年(1612)吕胤筠刻本　余姚市文物保护管理所

00319 **初阳台燕集听琵琶赠歌者诗一卷**　(明)徐象梅撰　手稿本　浙江图书馆

00320 **宗伯集八十一卷**　(明)冯琦撰　明万历三十五年(1607)康氏刻本　康有为跋　浙江图书馆

00321 **六欲轩初稿不分卷**　(明)贺灿然撰　明刻本　平湖市图书馆

00322 **倘湖手稿二十二卷**　(清)来集之撰　手稿本　佚名补目录并跋　浙江图书馆
存十四卷(一至十、十九至二十二)

00323 **倘湖遗稿不分卷**　(清)来集之撰　稿本　清菊潭氏题记　浙江图书馆

00324 **奇零草不分卷北征录一卷浙江壬午科乡试朱卷一卷**　(明)张煌言撰　**张忠烈公年谱一卷**　(清)全祖望辑　清光绪十三年(1887)傅子樾抄本　清傅以礼批校并跋　清周星诒跋　浙江图书馆

00325 **禅悦内外合集十卷**　(清)祁骏佳撰　清宁澹书屋抄本　佚名朱墨圈点并校　绍兴图书馆

00326 **张子晤蕉诗文选最一卷附挽诗一卷**　(清)张人纲撰　清康熙四十二年(1703)寄云堂木活字印本　佚名校点　台州市黄岩区图书馆

00327 **老竹轩诗不分卷**　(清)赵沈埙撰　稿本　清毛奇龄批跋　浙江图书馆

00328 **射山诗钞三卷拾遗一卷**　(清)陆嘉淑撰　清道光二年(1822)陶所庵抄四年管庭芬续抄本　清管庭芬校并跋　浙江图书馆

00329 **二斋文集八卷**　(清)胡亦堂撰　清康熙十一年(1672)刻本　宁波市图书馆

00330 **安序堂文钞二十卷**　(清)毛际可撰　(清)林云铭、严允肇评　清康熙刻本　清郑杰跋　浙江图书馆

00331 **齐老编年诗钞九卷续钞四卷**　(清)金张撰　清康熙刻本　浙江图书馆

00332 **观文堂诗钞賸稿八卷**　(清)金烺撰　清嘉庆十一年(1806)金氏抄本　清金照跋　朱幼溪题诗并校跋　浙江图书馆

00333 **敬业堂诗集四十八卷续集六卷**　(清)查慎行撰　清康熙五十八年(1719)刻本　清朱昌燕跋　海宁市图书馆

00334 **青峰集不分卷**　(清)章世法撰　稿本　清毛奇龄题签并记　浙江图书馆

00335 **江声草堂诗集八卷**　(清)金志章撰　清乾隆十九年(1754)自刻本　清叶庆垣跋　浙江图书馆

00336 **游仙百咏注三卷**　(清)厉鹗撰　(清)汪鉽注　手稿本　管元耀题签、跋并录清管庭芬跋　浙江图书馆

00337 **秋水斋诗十五卷**　(清)张映斗撰　清乾隆十八年(1753)乌程张守约等刻本　浙江图书馆

00338 **北墅金先生遗集一卷**　(清)金淳撰　清嘉庆杭州爱日轩陆贞一刻本　清潘菽坡、清荔红跋　浙江图书馆

00339 **谦斋诗稿二卷补遗一卷**　(清)曹庭枢撰　清乾隆九年(1744)曹氏刻本　嘉善县图书馆

00340 **鲒埼亭集三十八卷经史问答十卷鲒埼亭集外编五十卷**　(清)全祖望撰　**全氏世谱一卷年谱一卷**　(清)董秉纯撰　清嘉庆九年(1804)余姚史梦蛟借树山房刻同治十一年(1872)印本(《经史问答》配清乾隆三十年(1765)董秉纯刻本)　移莽仲子跋并录清严元照批校并跋　赵彦偁跋　章钰批校　张宗祥跋并录清孙志祖、严元照、李宗莲批校并跋　浙江图书馆

00341 **鲒埼亭集三十八卷经史问答十卷鲒埼亭集外编五十卷**　(清)全祖望撰　**全氏世谱一卷年谱一卷**　(清)董秉纯撰　清嘉庆九年(1804)余姚史梦蛟借树山房刻同治十一年(1872)印本(《经史问答》配清乾隆三十年(1765)董秉纯刻本)　余嘉锡跋并录清吴骞题记、评、校并跋　清孙志祖跋　清方东树题记　清颜元照批校并跋　清戴钧衡批校　清唐翰题题记　清赵彦偁跋　清萧穆题记　清章钰批校并跋　清李宗莲跋　刘国钧批　佚名批校　浙江图书馆

00342 **古趣亭文集十四卷**　(清)范家相撰　稿本　□寅跋　浙江图书馆
存八卷(一、二、六至八、十、十三、十四)

00343 **石幢居士吟稿二卷**　(清)梁肯堂撰　**皇清诰授荣禄大夫兵部尚书都察院右都御史漕运总督梁公墓志铭一卷**　(清)吴锡麒撰　清嘉庆写刻样本　佚名批　浙江图书馆

00344 **陶篁村稿不分卷**　(清)陶元藻撰　清乾隆五十八年(1793)手稿本　清徐镜清、樊增祥跋　浙江图书馆

00345 **桐石草堂集九卷**　(清)汪仲鈖撰　清乾隆刻本　嘉兴市图书馆

00346 **春雨诗钞四卷**　(清)黄大龄撰　清乾隆三十年(1765)日昇堂刻本　浙江图书馆

00347 **远村吟稿一卷**　(清)陈鉴撰　清乾隆刻本　清丁丙跋并题记　丁宣之题记　浙江图书馆

00348 **讷斋未定稿二卷**　(清)平世增撰　稿本　浙江图书馆

00349 **九曲山房诗钞十六卷**　(清)宗圣垣撰　稿本　绍兴图书馆
存六卷(九、十、十三至十六)

00350 **邱至山古近体诗一卷**　(清)邱学勄撰　清乾隆五

十八年(1793)手稿本　浙江图书馆

00351 **古槐书屋诗文稿□□卷**　(清)王树英撰　稿本　清王武锡跋　浙江图书馆
存十四卷(古槐书屋古今体诗一、三,古槐书屋诗钞一至四,云邑山水诸咏一,丽水山水诸咏一,桂一楼诗集一至四,删诗存草一,烟霞啸客少时赋一)

00352 **笠芸诗瓢十二卷**　(清)周昱撰　清嘉庆十七年(1812)鲍廷博知不足斋刻本　王修跋　浙江图书馆

00353 **有正味斋骈体笺注九卷**　(清)吴锡麒撰　(清)赵炳煃笺注　稿本　浙江图书馆

00354 **游楚吴吟不分卷**　(清)张云璈撰　稿本　王修、佚名跋　浙江图书馆

00355 **瘦吟庐诗草不分卷**　(清)沈炜撰　清道光稿本　清周师濂批校并题记　绍兴图书馆

00356 **邻彭山馆诗钞四卷**　(清)纪勤丽撰　稿本　绍兴图书馆

00357 **菽原堂初集一卷**　(清)查揆撰　稿本　浙江图书馆

00358 **笠舫诗文集□□卷**　(清)王衍梅撰　稿本　清陈石麟、清沈宗信、清诸朔题记　余重耀题签　浙江图书馆
存十四卷

00359 **梅庵先生遗集二种二卷**　(清)王维祺撰　(清)王棻编　清同治五年(1866)稿本　清王棻、清俞樾、清王彦威题签并记　台州市黄岩区图书馆

00360 **内自讼斋古文稿十一卷**　(清)周凯撰　稿本　浙江图书馆

00361 **三至轩吟草一卷**　(清)吴晟撰　稿本　清郑心一句读、圈点并跋　浙江图书馆

00362 **柳东先生賸稿□□卷**　(清)冯登府撰　稿本　清钱泳题记　许淳斋录佚名批校　寄园、篪轩、□沂、鲁南批　浙江图书馆
存十二卷(石经阁诗钞一至三、南埭山庄诗钞一、海月江风集一、拜竹诗龛诗存两卷、勺园诗续集一、冷斋集一、月湖欸乃一、竹榭词一、象山县志凡例一)

00363 **艺香诗草略存一卷**　(清)倪沣撰　手稿本　清倪继宽校补　王修题签并跋　浙江图书馆

00364 **碧琅馆诗草二卷**　(清)陈鹤撰　稿本　清张澹、清陈敏、清蔡之麐、清章安行、清魏谦升、俞德懋题记　清沈绍先、清陈治跋　清顾书升、清静涵批　浙江图书馆

00365 **北山文续钞一卷诗续钞一卷**　(清)姜文衡撰　(清)王棻编　清同治六年(1867)稿本　台州市黄岩区图书馆

00366 **石屋文稿二卷石屋文字一卷石屋杂著一卷**　(清)曹籀撰　手稿本　浙江图书馆

00367 **心亨书屋存稿三卷**　(清)管徵麐撰　稿本　清管庭芬跋　浙江图书馆

00368 **花宜馆诗续钞一卷**　(清)吴振棫撰　手稿本　浙江图书馆

00369 **花宜馆文略一卷**　(清)吴振棫撰　稿本　浙江图书馆

00370 **小补萝屋吟稿一卷**　(清)王绮撰　手稿本　孙峻、沈家璠跋　浙江图书馆

00371 **桂辛山人诗稿一卷书学雅言一卷**　(清)杨鼎撰　手稿本　浙江图书馆

00372 **补堂遗稿一卷**　(清)陶思渊撰　清陶介亭贤奕书楼抄本　王理孚跋　温州市图书馆

00373 **芷湘吟稿六卷附录一卷**　(清)管庭芬撰　稿本　浙江图书馆

00374 **正气斋诗稿不分卷**　(清)李槿撰　稿本　浙江图书馆

00375 **聊复闲吟一卷**　(清)管鸿儒撰　稿本　清管庭芬跋　浙江图书馆

00376 **深诣斋诗钞三卷**　(清)黄镳撰　(清)王棻编　清光绪稿本　台州市黄岩区图书馆

00377 **啸古堂文集四卷**　(清)蒋敦复撰　稿本　清齐学裘批校　浙江图书馆

00378 **嵩少山人诗草三卷**　(清)吴淞撰　稿本　浙江图书馆

00379 **蕴珠室诗稿不分卷**　(清)吴崇俊撰　稿本　清龚自闳、清丁丙、清吴鸣岐、清吴松英跋　清解友仁题签　清阮祖棠题款　浙江图书馆

00380 **翕园诗存二卷**　(清)陶在新撰　稿本　清陶濬宣批并跋　浙江图书馆

00381 **梯云山馆初稿二卷**　(清)周毓芳撰　稿本　清邓显鹤、清许乃普跋　清张家榘批并题记　清李石梧题签、批并跋　清谌瑶、清邵开来跋　清蒋煇、清石湘筠、清唐开韶批并跋　清宗绩辰跋　清危(熁)、清李联璧、清徐朝彝批并跋　清杜启昆、清峨生、清盛襄、清沈允椿、清詹雅节、清俪青跋　浙江图书馆

00382 **见山楼诗草四卷**　(清)张翊儁撰　手稿本　陆廷黻跋　潘景郑题记并跋　浙江图书馆

00383 **迟鸿轩诗续一卷文续一卷**　(清)杨岘撰　手稿本　浙江图书馆

00384 **章鋆诗文稿不分卷**　(清)章鋆撰　手稿本　浙江图书馆

00385 **镜海楼诗稿四卷文稿一卷**　(清)杨凤翰撰　稿本　清钱保塘、孙峻题记　浙江图书馆

00386 **秋心废稿一卷皋庑偶存一卷淮浦闲草一卷**　(清)刘履芬撰　稿本　清江湜跋　浙江图书馆

00387 **劫余賸稿不分卷**　(清)沈人俊撰　手稿本　清孙家桢、清季培、清蒲华跋　清曹楙、清王棻题款　清汪鸣皋、清嵇绍敏、清让卿跋　清瘦生、清晓峰题签　浙江图书馆

00388 **柔桥三集十六卷**　(清)王棻撰　稿本　浙江图书馆

00389 **忍默恕退之斋诗钞不分卷赋草一卷试律钞一卷** (清)沈宝禾撰 稿本 清潘曾玮题词 清周清题诗 清金安澜跋 清张肇辰批并跋 浙江图书馆

00390 **松梦寮稿不分卷** (清)丁丙撰 稿本 杭州图书馆

00391 **霞外山人书翰一卷邮筒存检一卷** (清)平步青撰 手稿本 浙江图书馆
存一卷(邮筒存检全)

00392 **来青轩诗钞三卷** (清)沈阆崐撰 稿本 清汪曰桢题款 清杨葆光跋 浙江图书馆

00393 **泽雅堂诗集四卷** (清)施补华撰 手稿本 浙江图书馆

00394 **泽雅堂集一卷** (清)施补华撰 稿本 樊增祥跋 浙江图书馆

00395 **梦若山房诗稿十二卷** (清)朱棪撰 稿本 清郑钤题记 浙江图书馆

00396 **湘麋馆遗墨粹存一卷** (清)陶方琦撰 稿本 樊增祥批 浙江图书馆

00397 **撰庐初稿四卷** (清)陶方琦撰 手稿本 清马赓良题记 清孙德祖题签并题记 清陶在铭、清陶在新题记 浙江图书馆

00398 **止轩集不分卷** 王继香撰 稿本 清沈景修跋 清王继榖校补 浙江图书馆

00399 **止轩文习初草四卷文蜕初草一卷** 王继香撰 稿本 清陈璚、清沈景修、清陶濬宣、鲍临题签 浙江图书馆

00400 **稷庐信稿一卷** (清)陶濬宣撰 清光绪三十四年(1908)稿本 绍兴图书馆

00401 **王风一卷** (清)丁立诚撰 清抄本 清俞樾跋 浙江图书馆

00402 **瓻醁楼诗草一卷** (清)吴文江撰 稿本 宁波市图书馆

00403 **诵芬书屋小稿四种六卷** (清)黄杞孙撰 稿本 清于源、清姚燮、清淡庵跋 清李万秋批并跋 清秦光第跋、题款并题签 清程步云跋 清孙汝成题款 清雷葆廉、清吴希庸跋 清周作镕题款 清金安澜跋 清韩仪凫、清戴德坚题款 清左景康跋 清郭桐题款 清桐孙、清王文镕、清樊风雷、清□其培、清柯尧植、清□裘桥、清钱□跋 清子□、清□保庸题款 清张凯题签并记 浙江图书馆

00404 **三湖诗稿一卷** (清)笪世基撰 手稿本 王绮跋 浙江图书馆

00405 **苏苑诗钞** (清)应瀕颖撰 稿本 佚名题签并记 台州市黄岩区图书馆
存二种

00406 **阮亭选古诗三十二卷** (清)王士禛辑 清康熙天藜阁刻本 清王纲录董熜、朱琰评点 海宁市图书馆

00407 **大家文选二十二卷** (明)薛甲辑 明嘉靖四十四年(1565)刻本 余姚市文物保护管理所

00408 **唐十二家诗四十九卷** (明)张逊业辑 明刻本 刘祝群跋 温州市图书馆

00409 **汉铙歌十八曲集解一卷** (清)谭献撰 清同治十二年(1873)稿本 陈汉章题签 浙江图书馆

00410 **文粹一百卷** (宋)姚铉辑 明初刻本 杨绍廉批校 温州市图书馆
存二十八卷(二十五至二十七上、三十至五十四)

00411 **大雅集八卷** (元)赖良辑 (元)杨维桢评点 清抄本 清洪颐煊校并跋 清协寅案语 佚名录黄丕烈跋 浙江图书馆

00412 **明诗综一百卷** (清)朱彝尊辑 清康熙刻本 清吴骞跋 杭州图书馆

00413 **江左三家沧桑诗选□□卷** 陈遹声辑 稿本 诸暨市图书馆

00414 **明文偶抄不分卷** (清)徐锡麟辑 稿本 徐仲荪跋 杭州图书馆

00415 **沈南疑先生槜李诗系四十二卷** (清)沈季友辑 清康熙四十九年(1710)金南锳敦素堂刻本 屈爔题记并注 嘉兴市图书馆

00416 **越风三十卷** (清)商盘辑 清乾隆三十七年(1772)山阴王大治刻嘉庆十六年(1811)徐兆重修本 清李慈铭批注并跋 浙江图书馆

00417 **永嘉集内编不分卷外编不分卷** (清)孙衣言辑 稿本 温州市图书馆

00418 **琼廉集词选一卷** (明)唐世济撰 明崇祯十四年(1641)新都程尚刻本 浙江图书馆

00419 **醉奩词别集二卷** 王继香撰 稿本 清应宝时批并跋 清陈璚题签 清李慈铭、清谭献、清马赓良跋 清沈景修题签并记 清孙德祖跋 清陶方琦题记 清文悌跋 清马宝瑛观款 清陆诒经、伊立勋题记 桂坫跋 浙江图书馆

00420 **新刻天下四民便览万宝全书三十二卷** (明)周文焕、周文炜辑 明周氏万卷楼刻本 嘉兴市图书馆
存三十一卷(一至二十二、二十四至三十二)

00421 **王先生十七史蒙求十六卷** (宋)王令撰 清康熙四十九年(1710)海阳程宗璜刻本 嘉兴市图书馆

00422 **东莱先生诗律武库十五卷后集十五卷** 题(宋)吕祖谦撰 清康熙五十四年(1715)郑尚忠桃源山庄刻本 浙江图书馆

00423 **说郛六十卷** (元)陶宗仪编 明抄本 清毛扆、王舟瑶跋 临海市博物馆

00424 **文苑三绝** 明万历四十六年(1618)刻本 杭州市余杭区图书馆
存二种

00425 **焉文子三种四卷** (清)王知介撰 清初手稿本 杭州图书馆

第二批浙江省古籍重点保护单位名单

（2个）

1. 瑞安中学图书馆

2. 嘉善县图书馆

浙江省人民政府办公厅关于在开化县开展重点生态功能区示范区建设试点的通知

各市、县（市、区）人民政府，省政府直属各单位：

经省政府同意，在开化县开展重点生态功能区示范区建设试点，现将试点方案予以印发。开化县要认真组织实施试点工作，为全省重点生态功能区建设提供经验和示范。衢州市和省级有关部门要加强支持指导，推动开化县试点工作顺利开展。

附件：开化县重点生态功能区示范区建设试点方案

2014年1月17日

附件

开化县重点生态功能区示范区建设试点方案

一、总体要求

（一）指导思想

牢固树立"绿水青山就是金山银山"理念，坚持以转变经济发展方式为主线，以建设重点生态功能区为目标，以打造国家东部公园为抓手，大胆探索、改革创新，建立健全生态文明制度体系，加快形成生产生活生态融合、人口资源环境和谐的体制机制。

（二）基本原则

——坚持生态自觉与制度约束相统一。把生态文明建设融入经济、政治、文化、社会建设各方面，把资源消耗、环境损害、生态效益纳入经济社会发展评价体系，推动全省加快建立生态文明制度。

——坚持生态保护与绿色发展相统一。把建设重点生态功能区作为首要任务，实行最严格的环境保护制度，大力发展生态经济，加快构建生态安全体系，推动全省加快实施主体功能区战略。

——坚持生态激励与环境责任相统一。按照"谁受益谁补偿""谁污染环境谁付费"的要求，探索建立与污染物排放总量、出境水水质、森林质量挂钩的财政奖惩机制，推动全省建立完善生态补偿制度。

（三）主要目标

到2017年，森林覆盖率保持在80%以上，出境断面水质Ⅰ类、Ⅱ类水天数保持在90%以上，化学需氧量、氨氮、二氧化硫、氮氧化物等污染物排放均下降10%，生态系统完整性和物种多样性得到有效维持，率先建立生态文明制度体系，成为全省重点生态功能区建设示范区。

二、重点任务

（一）健全绿色产业体系发展机制

大力发展生态循环农业，加快推进农业清洁化生产和废弃物资源化利用，重点发展一批绿色农产品和生产基地。大力发展现代林业，保护森林资源，培育珍贵和彩色树种，加强森林抚育，推进森林可持续经营，提高森林质量，壮大林下经济。积极发展生态工业，加快淘汰改造高能耗、重污染企业，推进工业园区生态化。大力发展以休闲旅游、文化创意、健康服务等为重点的现代服务业，加快推进钱江源旅游度假区、根艺文化产业园、龙顶茶文化创意园、根宫佛国文化旅游区等平台建设。

（二）加快建设生态型城镇体系

按照"一城多镇"的城镇格局，把县城建设成为山水园林休闲城市，把马金、池淮、杨林、苏庄、齐溪等打造成为"风情小镇"。加快建设美丽乡村，加强历史文化村落保护，形成一批3A级乡村景区。建立健全城乡一体化发展机制，促进山区人口向城镇集聚。

（三）建立健全全域景观改造机制

积极推进花卉主题公园等10大公园建设，加强森林公园建设，创建钱江源、南华山、圣潭沟等10个国家4A、3A级景区。推进高速公路、国省道等10条主干道及沿线山体景观改造，打造“百里黄金水岸线”。积极推进林相改造，形成一批多彩景观。大力发展创意农业，形成一批农业景观。

（四）完善环境治理和生态修复机制

加强农村生活污水治理，全面完成中心村、历史文化保护村、城郊村、沿河沿路村的治理任务。加强农业面源污染治理。加强城镇污水治理体系建设，实现生活污水、工业废水集中处理、达标排放。强化大气污染防治，禁止野外焚烧秸秆等农作物废弃物，加快改造和淘汰燃煤锅炉，全面淘汰“黄标车”。加强饮用水水源地、湿地保护和建设，确保城乡饮水安全。加强河道治理，明确河湖开发利用和保护要求，开展河道等级划分和划界确权工作。健全城乡垃圾收集体系，实现无害化处理。加强废弃矿山修复和地质灾害点整治。加强绿化造林和山体植被修复，治理水土流失。建立生态系统分区管理机制，按照区域生态功能定位和生态保护目标，实施差异化保护与修复。建立生物多样性保护机制，促进生物资源可持续开发利用。

（五）积极推进行政管理体制改革

精简政府机构，优化职能配置，加强生态保护执法力量，合理调整部分行政区划，形成与重点生态功能区相适应的行政管理体制。

三、配套支持的政策

（一）加大财政扶持力度

省财政对开化县的财政体制和各项转移支付政策保持不变。中央、省出台增支政策形成的地方财力缺口，省财政原则上通过一般性转移支付调节。在做好产业发展“治旧控新”工作的基础上，对开化县实行工业税收收入保基数、保增长政策，即以2012年工业税收收入实绩为基数，从2014年起，每年按全省工业税收收入平均增长比例计算补偿的数额；工业税收收入实际执行数低于基数的，差额部分按体制计算补足。同时，省财政安排开化县重点生态功能区示范区建设试点资金。

（二）探索建立生态环境财政奖惩制度

对开化县每年排放的化学需氧量、氨氮、二氧化硫、氮氧化物，省财政按每吨3000元收缴。对开化县的出境水水质，按照Ⅰ类、Ⅱ类占比，省财政每年每个百分点分别给予120万元、60万元补助；按Ⅳ类、Ⅴ类、劣Ⅴ类占比，每年每个百分点分别倒扣20万元、60万元、120万元。对Ⅰ类、Ⅱ类水占比比上年提高的，每提高一个百分点分别奖励1000万元、500万元；对Ⅰ类、Ⅱ类水占比比上年下降的，每下降一个百分点分别倒扣1000万元、500万元。对开化县森林覆盖率，每高出全省平均水平的一个百分点奖励200万元，每低一个百分点倒扣200万元；对开化县林木蓄积量，比上年每增加1万立方米，奖励50万元，比上年每减少1万立方米，倒扣50万元。

（三）加快基础设施建设

支持开化县加强交通基础设施建设，涉及公路、铁路等重大基础设施项目资本金地方出资部分，由开化县自筹，省里在安排地方政府债券时，给予适当倾斜。支持开化县乡道、通景公路建设改造。加强生态基础设施建设，加快生态移民，加强农田水利建设、重大水利项目建设、中小河流治理、小流域治理和环境整治，开展天然气网管建设，省予以优先考虑且按相关政策补助。开化县要制订2014—2017年中期建设规划，分年实施，报省级有关部门备案；省级有关部门根据中期建设规划，对建设情况进行绩效考评。

（四）加强要素保障

引导金融机构加大对国家东部公园建设的支持力度，探索生态公益林林权抵押制度创新。对国家和省重大基础设施建设项目以及省政府确定的重大项目用地实行省市县统筹耕地占补平衡。“允许建设区、有条件建设区”内涉及“两区一田”的项目，允许通过规划修改程序保障用地空间。纳入省重点的项目，享受省重点项目政策。开发宜耕后备土地资源，允许套种茶叶、油茶等生态保护型经济作物。支持开化县开展碳排放权和林业碳汇交易试点，开展农民住房财产权抵押、担保、转让试点。在衢州绿色产业集聚区设立开化工业“飞地”。鼓励省属国有企业到开化县投资开发。建立厅县共建机制，加派优秀干部赴开化县挂职指导。

（五）积极推进各项改革

开展工业园区、旅游度假区等各类园区整体编制水土保持方案，按园区控制性详细规划审批权限，由相应的水行政主管部门审批。支持开化县加快中心镇发展和改革，开展省级小城市培育试点。建立重点生态功能区考核体系，衢州市给予单列考核。

四、组织实施

（一）加强组织领导

省级有关部门要切实加强对开化县重点生态功能区示范区建设试点工作的综合协调和指导，衢州市及开化县具体组织实施试点工作。

（二）完善工作机制

建立省市县三级联动协调机制，共同研究解决试点工作中的重大问题。开化县要根据试点方案，制订阶段性实施计划，明确年度重点推进的改革任务。试点期自2014年至2017年。

（三）营造良好氛围

加强舆论宣传，凝聚改革共识，建立鼓励创新、宽容失败、允许试错、责任豁免的机制，形成党政主导、企业参与、各界支持共建国家东部公园的良好环境。

浙江省人民政府办公厅关于加强城市内涝防治工作的实施意见

各市、县(市、区)人民政府,省政府直属各单位:

近年来,暴雨等灾害性天气对经济社会发展、城市运行管理和人民群众生产生活造成较大影响。特别是部分城市排涝工作规划滞后、水利等基础设施投入不足、管理体制不顺、应急应对不力以及排涝设施维护不到位等问题较为突出,导致出现严重的城市内涝灾害。为贯彻落实《国务院办公厅关于做好城市排水防涝设施建设工作的通知》(国办发〔2013〕23号)精神和省委、省政府关于治污水、防洪水、排涝水、保供水、抓节水"五水共治"的决策部署,进一步提升我省城市防治内涝灾害能力,经省政府同意,现就加强城市内涝防治工作提出如下实施意见:

一、城市内涝防治工作总体要求和目标任务

(一)总体要求

深入贯彻落实党的十八届三中全会、省委十三届四次全会精神,按照"五水共治"的总体要求,把城市内涝防治作为统筹协调推进"五水共治"的重要举措和任务;按照"十百千万治水大行动"的总体布局和强库堤、疏通道、攻强排,着力消除易淹易涝片区的工作要求,把城市内涝防治项目列入各级政府为民办实事内容;按照以人为本、适度超前、设施完备、严密防范、确保安全的原则,加快构建高效完善的城市排涝体系,努力营造人水和谐的人居环境,切实保障人民群众生命财产安全和城市正常生产生活秩序。

(二)目标任务

2014年汛期前,完善城市内涝防治应急预案,制订实施城市易涝隐患区域整治方案;2014年底前,编制完成城市排水防涝综合规划;2015年底前,基本消除社会反响大、影响面广的积淹水区;2017年底前,基本消除易淹易涝片区和影响城市正常生产生活秩序的严重内涝灾害现象,杭州市、宁波市中心城区能有效应对不低于50年一遇的暴雨,其他设区市中心城区能有效应对不低于30年一遇的暴雨,县级城市中心城区能有效应对不低于20年一遇的暴雨,暴雨内涝易发或经济条件较好的城市要根据具体情况适当提高标准;全省每年增加10万立方米/小时城市内涝应急强排(机排)能力;力争用5年时间完成排水管网的雨污分流改造,用10年时间建成较为完善的城市排水防涝工程体系。城市新区建设必须严格按照排涝标准配套排涝设施,确保不发生新的内涝。

二、加快完善城市内涝防治应急体系

(一)优化防治应急预案

各级政府要进一步细化完善防汛排涝、工程抢险应急预案,提升预案的合理性、可操作性。各级气象部门要进一步完善重大气象灾害的预警预案,为防灾减灾工作的开展和部署提供科学支撑。各级建设、水利、国土资源、交通运输、公安、交警、电力、通讯、供水、供气等部门要完善防洪排涝、交通疏导、电力保障等防御应对内涝灾害的各类专项预案,并对应急队伍、处置时间、处置要求作出具体规定。要按照预案需求足量配置应急物资设备,避免因暴雨内涝造成人员伤亡和重大财产损失。各地、各部门要认真开展业务培训和应急演练,不断提高城市防汛排涝的应急处置能力和部门协作能力。

(二)提升应急抢险能力

2014年汛期前,各级政府要建立建设、水利、公安、消防、交警、电力等排涝应急抢险队伍,按照城市建成区每平方公里应急排涝能力不低于100立方米/小时的标准,足量配备所需抽水泵、移动泵车等,并配套相应的自主发电设备。易受台风、暴雨影响的沿海地区、平原地区设区市至少要配备一台抽水能力不低于1000立方米/小时的抽水车,有条件地区可多辆配备。各地要配备一定数量的移动电源车和固定发电机,确保停电状态下排水泵站能正常运行。

(三)强化积水应急处置

对于易发生短时汇水量突增的下穿式立交、地下空间、在建工地以及往年易涝点等重点区域,要逐一制订和落实排涝方案及抢险措施,确定专人轮流值守,掌握内涝动态和形势。发现积水深度影响交通通行时,应当设置警示标志,并及时进行有效处置。

(四)增强调洪蓄洪能力

水利部门在汛期合理调度城市外围流域、水系、水库、水闸,强暴雨前及时泄洪,通过预排预泄等方式严格控制城市河道洪水水位,增加城市调洪蓄洪能力。城市河道、湖泊等管理部门要根据城市防涝需求和气象信息,编制不同预警等级的水位控制操作预案,并严格组织实施。

(五)提升基层防御能力

各级政府特别是乡镇政府(街道办事处)要按照"属地管理"的原则,建立和完善社区、小区物业等基层防灾联动机制,落实配备人员、物资、设备,提升基层自我防御和自助自救能力。

三、加大整治易涝隐患区域力度

(一)加快易涝地区整治

各级政府要组织全面排查城市内涝易发区和隐患点,

查找城市防洪排涝体系中的薄弱环节，根据城市河道、排水管网的排涝能力编制城市内涝灾害风险图，制订内涝解决方案和排涝工程年度实施计划，落实责任部门加快整治，在汛期前消除隐患。对于当年新出现的易淹易涝区，要及时查明原因，限期整改治理。

（二）改造提升泵站闸站

摸排各类下穿式立交、地下通道等设施的排涝站、电源设备及其雨水收集系统，复核汇水面积，对于雨水收集系统与排涝站不配套、未配备双电源、实际汇水面积超过设计汇水面积等问题，要及时掌握、重点防范，在2014年汛期前完成改造和提升。

（三）加大河道整治力度

排查梳理影响城市河道行洪排涝的桥涵、围堰及其他阻水设施，限时落实整改；加强汛前河道清淤疏浚，特别是雨水排出口周边河道清淤，杜绝出现河床淤塞排水口现象；加快贯通骨干河道，打通城市断头河，健全城市河网水系，提高行洪排涝能力；严禁随意填埋河道水系，有条件的地区要合理恢复已填埋的河流。

四、全面编制城市排水防涝综合规划

（一）全面编制排涝规划

各级政府要围绕目标任务，由城市规划部门牵头，会同相关部门抓紧做好城市排水防涝综合规划的编制或修编工作，由本级人民政府依法批准并纳入城市总体规划和土地利用总体规划。城市排水防涝综合规划要与城市防洪规划有效衔接。

（二）开展基础系统研究

加强城市排水防涝基础性系统研究，全面普查当地地表径流、排水设施（泵站、管网）、受纳水体等，建立完善排水设施地理信息系统，综合运用现场探测、在线监测等方法，做好普查数据的采集、管理与质量控制，为城市排水防涝系统规划、建设与管理打好基础。

（三）提高排涝建设标准

各地根据本地降雨规律和暴雨内涝风险情况，结合《室外排水设计规范》规定，合理确定城市排水防涝设施建设标准。易受台风、暴雨影响的沿海地区、平原地区应采用国家标准的上限，并视城市发展需要适当提高。各地排水防涝设施建设标准应于2014年底前确定。

（四）严格规划实施条件

严格组织实施经批准的城市排水防涝综合规划。积极推行低影响开发建设模式，将建筑、小区雨水收集、可渗透面积、蓝线划定与保护等要求作为城市规划许可和项目建设的前置条件。加强新城区城市规划选址的洪涝灾害风险评估，按照科学合理的建设时序有序推进，不得新增断头河、断头管。

五、扎实推进城市排水防涝系统建设

（一）加快大型排涝设施建设

各级政府要根据河网水系、地形地势，加快大型沿河强排闸站泵站等基础设施建设，有条件的城市可以探索建设城区防汛包围方案，减少流域洪水对城市内涝的叠加影响，大幅度提升城市内涝排除效率。

（二）强化城市排水管网建设

加大城市排水主干管设施新建、改建力度，提升城市整体排水能力。加快推进雨污分流管网改造与建设，新建城区要按要求建设雨污分流排水管网。规划上有雨水出路的区域，要加快落实管网建设，打通雨水出路。各地在城市新区建设、旧城区改造中要优先配套建设排水设施，每年列出管网建设（改造）计划项目，并确保按计划开工建设和投入运行。2016年底前，杭州市、宁波市要启动地下综合管廊试点工程建设，其他城市要因地制宜建设一批综合管廊项目。

（三）加强削峰调蓄设施建设

各地要配套建设具有削峰调蓄功能的景观水池、低洼水塘；道路红线宽度超过60米的道路两侧、学校操场、行洪河道两侧逐步配套建设雨水蓄水设施；规划用地面积2万平方米以上的新建建筑物按照每公顷建设用地不小于100立方米的标准配套建设蓄水设施。削峰调蓄设施应与城市内河有效连接，形成完整的排涝体系。

（四）有机更新城市绿地系统

有条件地区应积极推行“下凹式”绿地建设，新建住宅小区、旧城改造的绿地率应分别不低于30％和25％。要保持良好的地表透水性，道路、停车场、广场推广使用透水性铺装材料；人行道路面采用可下渗结构，留足渗水地面，以减少径流量；新建城区硬化地面中，可渗透地面面积比例不应低于40％，采用满铺式地下室结构的新建建筑物须在规划设计时考虑足够的雨水下渗通道。

六、强化排水防涝设施日常维护管理

（一）加强排涝设施维护管理

加大对排水管网养护、管渠清疏和排涝闸站泵站等排水设施维护的工作力度，提高日常维护的质量和效率，确保排水顺畅。小型雨水管道（管径＜600mm）清疏每年不得少于2次；中型雨水管道（600mm≤管径＜1000mm）清疏每2年不得少于3次；大型雨水管道（1000mm≤管径）清疏每2年不得少于1次。

（二）提高排涝设施检测能力

积极引进新技术、新设备、新材料、新工艺，配置与排涝设施数量相匹配的管道检查疏通机械设备，提高排涝设施维护的技术水平、养护质量和工作效率，运用远程监控等先进手段，提升城市排涝系统科学化、自动化水平。广泛应用CCTV（闭路电视检测系统）、声呐等现代化技术，加强管道功能性检查和结构性检查，提高设施完好率。

（三）加强城市井盖安全管理

各级政府要切实承担起城市井盖管理的职责，按照“谁所有、谁负责”的原则，落实井盖的管理、养护和维修责任。要明确城市井盖管理的牵头部门，综合协调城市供水、排水、燃气、热力、房产（物业）、电力、电信、广播电视等相关部门，建立工作联络协调机制。对存在安全隐患的及时更新改造，增设防坠落保护装置和防盗保护装置，提高安全防护等级。

（四）加大设施损毁处罚力度

建立联动管理机制，加大对各类排涝设施损毁行为的处罚力度。强化建设工程工地管理，严禁将施工泥浆、砂浆废水等排入城市河道、排水管网；加大堵塞排涝设施、随意填埋河道、损坏排水管网设施和盗窃窨井盖等行为的查处力度；规范排污管道管理，加强排污设施周边地下管线统一管理。

七、严格落实城市内涝防治措施

（一）落实政府责任

严格落实城市人民政府的排水防涝主体责任，实行市长、县（市、区）长负责制，省政府对各市、县（市、区）政府实行目标责任制管理。各级政府要把城市内涝防治作为关系全局、关系民生的大事摆在突出重要位置，加强组织领导，明确职责分工，建立协调机制，确保认识到位、责任到位、投入到位、措施到位。省建设、水利、监察等部门要加强对各市、县（市、区）政府相关工作的指导和监督检查，对因工作失职、渎职造成严重后果的要严肃追究责任。

（二）加强部门协作

建立健全城市内涝防治部门协作机制，努力形成上下联动、齐抓共管的工作格局。建设部门要指导监督城市排水防涝综合规划编制，负责落实排水管网、排涝泵站等排涝设施的规划建设管理，合理安排建设时序等；水利部门要指导和监督堤坝等防洪设施规划建设和城市外围水域的合理调节，提升城市防洪能力；气象部门要及时、准确预报预警各类灾害性天气尤其是强台风、强降雨等极端天气；发展改革部门要会同有关部门督促地方做好建设项目前期工作，积极落实资金予以支持；财政部门要加大城市排涝设施建设和维护资金投入，加强资金使用监管；国土资源、交通运输、民政、通信等有关部门要按照职责分工，各司其职，协作配合，主动做好相关工作。

（三）保障资金投入

各市、县（市、区）政府要进一步增加投入，提高城市建设维护资金、土地出让收益、城市防洪经费等用于城市排水防涝设施改造、建设和维护资金的比例，并根据养护定额和养护标准设立排水防涝设施维护专项资金，用于城市排水管网管渠清疏、排涝闸站泵站维护、抽水设备保养、应急设备配置等，确保排水防涝设施处于良好状态。各级政府应对专项资金的使用情况实行严格的审计监督，确保专款专用。

（四）加强科技支撑

各级政府要进一步完善暴雨天气监测预警系统，建立覆盖全域的水情信息采集系统。进一步整合交警、水利、气象等资源，实时监控排水管网及排水防涝设施，有效控制汛期水位，合理调度排涝设施。进一步加快推进城市排水防涝智慧化管控平台建设，实现汛前、汛期及时采集督办低洼积水、井盖缺失等问题。

（五）加强舆论引导

各级政府要按照以公用通信网为主的原则，合理组建防汛专用通信网络，确保信息畅通。要通过电视、广播、报刊、网络等多种方式，广泛宣传防治内涝灾害的相关知识，及时播发灾害及抢险救援信息，确保公众及时了解灾情和处置工作进展，并动员社会各方积极支持和参与内涝防治工作。

2014 年 1 月 24 日

浙江省人民政府办公厅关于印发浙江省人民政府 2014 年立法工作计划的通知

各市、县（市、区）人民政府，省政府直属各单位：

《浙江省人民政府 2014 年立法工作计划》已经省政府同意，现印发给你们，请认真贯彻实施。

2014 年 1 月 27 日

浙江省人民政府 2014 年立法工作计划

根据《中华人民共和国立法法》、国务院《规章制定程序条例》和《浙江省人民政府立法工作年度计划编制和实施规定》（浙政发〔2009〕30 号）的有关规定，现对省政府 2014 年立法工作作如下安排：

一、总体要求

高举中国特色社会主义伟大旗帜，以邓小平理论、“三个代表”重要思想、科学发展观为指导，认真贯彻落实党的十八大、十八届三中全会和省委十三届四次全会精神，紧紧围绕建设物质富裕精神富有的现代化浙江总目标，深入实施“八八战略”，牢牢把握基本建成法治政府新要求，加强重点领域立法，积极拓宽公众有序参与立法途径，增强立法的针对性、及时性和系统性，不断提高立法质量和效率，充分发挥立法在全面深化改革中的引领、推动和保障作用，为干好“一三五”、实现“四翻番”，再创浙江体制机制新优势提供有力的法制保障。

二、力争在本年度内完成的重点立法项目(13 件)

(一)需要提请省人大常委会审议的地方性法规项目(5 件)

1. 为了防御地震灾害,减轻地质灾害影响,保护人民生命和财产安全,提请审议《浙江省防震减灾条例》草案(由省地震局起草)。

2. 为了加强审计监督,促进廉政建设,保障经济持续健康发展,提请审议《浙江省审计条例》草案(由省审计厅起草)。

3. 为了保护石油、天然气管道,保障石油、天然气输送安全,维护能源安全和公共安全,提请审议《浙江省石油天然气管道保护条例》草案(由省发改委起草)。

4. 为了促进和规范土地整治工作,实现耕地占补平衡,提高耕地质量,保障土地资源的可持续利用,提请审议《浙江省土地整治条例》草案(由省国土资源厅起草)。

5. 为了保障农产品质量安全和人民群众健康,促进农业和农村经济发展,提请审议《浙江省食用农产品质量安全条例》草案(由省农业厅起草)。

(二)需要制定出台的规章项目(8 件)

1. 为了建立健全政策性农业保险制度,提高农业生产抗风险能力,制定《浙江省政策性农业保险管理办法》(由省发改委起草)。

2. 为了更好地鼓励科学技术创新,推动科学技术进步,促进经济社会持续健康发展,修改《浙江省科学技术奖励办法》(由省科技厅起草)。

3. 为了加强大型群众性活动的安全管理,维护社会治安秩序和公共安全,制定《浙江省大型群众性活动安全管理办法》(由省公安厅起草)。

4. 为了加强和规范国家安全技术保卫工作,维护国家安全,制定《浙江省国家安全技术保卫规定》(由省安全厅起草)。

5. 为了完善军人抚恤优待制度,切实保障优抚对象合法权益,修改《浙江省军人抚恤优待办法》(由省民政厅起草)。

6. 为了加强土地资源管理,优化土地资源配置,保障土地合理和可持续利用,切实保护耕地,制定《浙江省节约集约利用土地规定》(由省国土资源厅起草)。

7. 为了加强税收征收管理,规范税收征缴行为,维护纳税人合法权益,促进经济社会协调发展,制定《浙江省税收征管保障办法》(由省地税局起草)。

8. 为了规范和加强政府参事工作,保障参事依法履行职责,发挥参事参政议政、建言献策、民主监督、统战联谊的作用,制定《浙江省政府参事工作规定》(由省政府参事室起草)。

三、需要进一步调研、论证,待条件成熟后提出的立法项目(38 件)

(一)在加快转变经济发展方式方面需要提请省人大常委会审议的地方性法规项目和需要制定出台的规章项目(9 件)

地方性法规项目(3 件):《浙江省电子商务条例》(由省商务厅起草)、《浙江省旅游管理条例(修订)》(由省旅游局起草)、《浙江省专利保护条例(修订)》(由省科技厅起草)。

规章项目(6 件):《浙江省天然气利用管理办法》(由省发改委起草)、《浙江省民营文艺表演团体管理办法》(由省文化厅起草)、《浙江省展览业管理办法》(由省商务厅起草)、《浙江省产品质量鉴定管理办法》(由省质监局起草)、《浙江省旅游度假区管理办法(修订)》(由省旅游局起草)、《浙江省智慧城市建设保障办法》(由省法制办会同省经信委起草)。

(二)在加强社会建设、创新社会管理和改善民生方面需要提请省人大常委会审议的地方性法规项目和需要制定出台的规章项目(18 件)

地方性法规项目(9 件):《浙江省人口与计划生育条例(修改)》(由省卫生计生委起草)、《浙江省水上交通安全管理条例》(由省交通运输厅起草)、《浙江省实施〈中华人民共和国突发事件应对法〉办法》(由省应急办起草)、《浙江省劳动人事争议仲裁条例》(由省人力社保厅起草)、《浙江省民办教育促进条例》(由省教育厅起草)、《浙江省农村土地承包经营权流转条例》(由省农业厅起草)、《浙江省气象灾害预警和应急响应管理条例》(由省气象局起草)、《浙江省城镇住房保障条例》(由省建设厅起草)、《浙江省征收集体所有土地房屋补偿条例》(由省国土资源厅起草)。

规章项目(9 件):《浙江省旅馆业治安管理办法实施细则(修订)》(由省公安厅起草)、《浙江省社会团体管理办法(修订)》(由省民政厅起草)、《浙江省国家赔偿费用管理办法》(由省财政厅起草)、《浙江省工资支付保障金暂行办法》(由省人力社保厅起草)、《浙江省无障碍环境建设实施办法》(由省建设厅会同省残联起草)、《浙江省非物质文化遗产生态区保护管理办法》(由省文化厅起草)、《浙江省游泳场所管理办法(修订)》(由省体育局起草)、《浙江省通信设施建设和保护规定》(由省通信管理局起草)、《浙江省防空地下室管理办法》(由省人防办起草)。

(三)在推进生态文明建设方面需要制定出台的规章项目(6 件)

《浙江省海洋特别保护区管理办法》(由省海洋与渔业局起草)、《浙江省畜禽养殖污染防治办法》(由省环保厅起草)、《浙江省环境噪声管理办法》(由省环保厅起草)、《浙江省餐厨废弃物管理办法》(由省建设厅会同省食安办起草)、《浙江省古树名木保护管理办法》(由省林业厅起草)、《浙江省海洋生态损害赔(补)偿管理办法》(由省海洋与渔业局起草)。

(四)在加强政府自身建设方面需要提请省人大常委会审议的地方性法规项目和需要制定出台的规章项目(5 件)

地方性法规项目(1 件):《浙江省政府信息公开条例》(由省法制办会同省政府办公厅起草)。

规章项目(4 件):《浙江省重大建设项目稽察办法》(由省发改委起草)、《浙江省实施〈中华人民共和国政府采购法〉办法》(由省财政厅起草)、《浙江省国家建设项目审计办法(修订)》(由省审计厅起草)、《浙江省机关事务管理办法》(由省机关事务局起草)。

四、明确要求,确保省政府立法工作计划顺利完成

(一)严格落实立法工作责任

对要求在年度内完成的重点立法项目,各起草单位要组织力量抓紧起草,按时、保质地完成起草任务。对需要进一步调研、论证,待条件成熟时提出的立法项目,各起草单位也要抓紧组织调研、论证,做好立法前期准备工作;如条件基本成熟,确需在年度内提请审议或制定出台的,应按规定提交书面报告,由省法制办提出办理意见。对未列入计划的立法项目,原则上不予办理。省法制办要切实加强对立法项目起草工作的督促和指导,强化立法项目办理进度管理,必要时可直接组织起草或提前介入;对送审的立法项目要抓紧组织审核,及时提请省政府常务会议审议。各地、各部门要积极配合和支持起草单位和省法制办的工作,按规定做好意见征求、立法调研等工作。

(二)科学合理设计制度规范

紧紧围绕全面深化改革要求,在维护国家法制统一的前提下,更加注重体制机制创新,把立法决策与改革决策结合起来,着力解决制约科学发展的制度性障碍,引领、推动和保障改革顺利进行。坚持以人为本、立法为民,维护人民群众根本利益,统筹兼顾长远利益和眼前利益、全局利益和局部利益,统筹兼顾不同方面群众的具体利益,体现规则公平、权利公平。坚持问题导向,按照立法的实际需要来合理设置体例、规定内容,防止和克服“大而全”“小而全”以及照抄照搬上位法规定的现象,增强立法的针对性和实效性。坚持严格把关,坚决贯彻中央和省委关于全面深化改革、加快转变政府职能的要求,继续深化行政审批制度改革,正确处理政府与市场、政府与社会的关系,严把立法草案起草、审核关,严防新设行政许可、审批事项,严防增加公民、法人和其他组织义务或者限制其权利的内容,严防部门利益法制化。

(三)进一步改进立法工作方式

坚持把党的群众路线贯穿立法工作全过程,进一步拓宽公众有序参与立法途径。加强立法调研,着眼于解决现实突出问题,深入实际、深入基层、深入群众,倾听基层和群众的意见、呼声。建立健全立法草案公开征求相关行业协会及企业、公众意见和立法听证意见情况报告、立法协商、专家咨询论证等机制,广泛听取各方面意见建议,努力使立法过程成为集中民意、集聚民智的过程。注重协调、沟通和配合,进一步形成立法工作合力。各起草单位在起草立法草案时,要牢固树立全局观念,主动听取其他相关部门意见,及时沟通、积极协商;对存在的分歧意见,在送审时要作出说明。省法制办要加强协调,妥善处理相关各方意见;对经反复协调仍不能取得一致意见的,要及时研究提出处理建议;涉及重大、复杂问题的,要事先报请省政府决定。要进一步加强与省人大有关专门委员会和省人大常委会法工委的沟通联系和衔接配合,主动听取对草案的修改意见。

浙江省人民政府办公厅关于在淳安县开展重点生态功能区示范区建设试点的通知

各市、县(市、区)人民政府,省政府直属各单位:

经省政府同意,在淳安县开展重点生态功能区示范区建设试点,现将试点方案予以印发。淳安县要认真组织实施试点工作,为全省重点生态功能区建设提供经验和示范。杭州市和省级有关部门要加强支持指导,推动淳安县试点工作顺利开展。

附件:淳安县重点生态功能区示范区建设试点方案

2014 年 2 月 10 日

附件

淳安县重点生态功能区示范区建设试点方案

一、总体要求

(一)指导思想

牢固树立“绿水青山就是金山银山”理念,坚持以转变经济发展方式为主线,以建设重点生态功能区为目标,大胆探索、先行先试,建立健全生态文明制度体系,加快形成生产生活生态融合、人口资源环境和谐、保护发展富民共赢的体制机制。

（二）基本原则

——坚持生态自觉与制度约束相统一。把生态文明建设融入经济、政治、文化、社会建设各方面，把资源消耗、环境损害、生态效益纳入经济社会发展评价体系，推动全省加快建立生态文明制度。

——坚持生态保护与绿色发展相统一。把建设重点生态功能区作为首要任务，实行最严格的源头保护制度，大力发展生态经济，加快构建生态安全体系，推动全省加快实施主体功能区战略。

——坚持生态激励与环境责任相统一。按照“谁受益谁补偿”“谁污染环境谁付费”的要求，探索建立与污染物排放总量、出境水水质、森林质量挂钩的财政奖惩机制，推动全省建立完善生态补偿制度。

（三）主要目标

到2017年，淳安县森林覆盖率（剔除湖面水面计算）保持在80%以上，出境断面水质Ⅰ类水天数保持在90%以上，化学需氧量、氨氮、二氧化硫、氮氧化物等污染物减排全面达标，生态系统完整性和物种多样性得到有效维持，基本建立最严格水资源管理制度，率先建立生态文明制度体系。

二、重点任务

（一）完善环境治理和生态修复机制

深入实施全国生态文明建设试点、国家良好湖泊生态环境保护试点。推进“五水共治”，加强城乡环保基础设施建设与运行维护管理，实现城镇和行政村污水处理设施全覆盖，完成沿湖沿溪村庄污水治理任务，提高生活污水、农业工业废水集中处理率和处理等级。强化土壤修复和湿地保护，科学实施退耕还林和造田造地，发展生态循环农业，加强节水灌溉、农业减排和“肥药双控”，积极推进农村面源污染治理。加强饮用水水源地保护和建设，确保城乡饮水安全，推进节水型社会建设。加强河道治理，明确河湖开发利用和保护要求，开展河道等级划分和划界确权工作。健全城乡垃圾收集体系，探索垃圾分类，推进资源化无害化处理。加强废弃矿山修复和地质灾害点整治。探索建立环境损害赔偿和责任追究制度。

（二）健全绿色产业体系发展机制

争当中国湖泊休闲度假示范，实施省级旅游综合改革试点，大力发展以休闲旅游、文化创意、健康服务、会议会展等为重点的现代服务业，加快推进淳安县千岛湖国家级旅游度假区、国家级休闲运动产业基地、省级健康产业集聚区等重大平台建设，全力打造华东休闲度假集散地、国家级生态旅游示范区。大力发展生态农业，重点发展一批绿色农产品和生产加工基地，创建国家有机产品认证示范区。积极发展生态工业，加快淳安中国水业基地建设，推进工业园区生态化。大力推进三次产业在生态平台上融合发展，重点培育农林产品精深加工、休闲观光农业园区、工业旅游等业态，成为浙江生态产业融合示范区。

（三）加快建设生态型城镇体系

以新型城镇化为主导，加快推进以千岛湖镇为核心，汾口、威坪等五大中心镇为支撑，旅游风情小镇为特色的“一核五心多特”城镇体系建设。按照重点生态功能区小城市的标准建设千岛湖镇，打造宜居宜游的秀水名城。加快中心镇人口集中、产业集聚，提升带动能力。因地制宜培育一批特色鲜明的滨湖旅游风情小镇。推进中心村、精品特色村建设，完善农村基础设施配套，加强历史文化村落保护，打造“美丽乡村”升级版。建立健全城乡一体化发展机制，促进人口等资源要素向城镇集聚。

（四）全力推进全县景区化建设

积极实施全县景区化发展战略，按照“乡土气息、美丽元素、景观风貌”原则，推进全县景区化与城乡统筹融合互促。积极推进千岛湖国际商务度假中心等六大旅游综合体建设，建成国内一流的环千岛湖景观绿道，构建环湖休闲度假圈。开发千岛湖大峡谷、方腊故里、金紫尖、茶山、千亩田、龙门里等一批3A级以上旅游景区，推进民宿民居、农事体验等农家旅游景点的开发。充分挖掘沿湖湾、沿溪流、沿公路干道资源，建设一批高端旅游度假村落和乡村旅游休闲社区。

（五）积极推进行政管理体制改革

精简政府机构，优化职能配置，加强环境保护综合执法力量，合理调整部分行政区划，形成与重点生态功能区相适应的行政管理体制。

三、配套支持的政策

（一）加大财政扶持力度

淳安县享受省对县财政体制一类一档财政政策。中央、省出台增支政策形成的地方财力缺口，省财政原则上通过一般性转移支付调节。在做好产业发展“治旧控新”工作的基础上，对淳安县实行工业税收收入保基数、保增长政策，即以2012年工业税收收入实绩为基数，从2014年起，每年按全省工业税收收入平均增长比例计算补偿的数额；工业税收收入实际执行数低于基数的，差额部分按体制计算补足。同时，省财政安排淳安县重点生态功能区示范区建设试点资金。

（二）探索建立生态环境财政奖惩制度

对淳安县每年排放的化学需氧量、氨氮、二氧化硫、氮氧化物，省财政按每吨3000元收缴。对淳安县的出境水水质，按照Ⅰ类、Ⅱ类占比，省财政每年每个百分点分别给予120万元、60万元补助；按Ⅳ类、Ⅴ类、劣Ⅴ类占比，每年每个百分点分别扣20万元、60万元、120万元。对Ⅰ类、Ⅱ类水占比比上年提高的，每提高一个百分点分别奖励1000万元、500万元；对Ⅰ类、Ⅱ类水占比比上年下降的，每下降1个百分点分别扣1000万元、500万元。对淳安县森林覆盖率，每高出全省平均水平的1个百分点奖励200万元，每低1个百分点扣200万元；对淳安县林木蓄积量，比上年每增加1万立方米，奖励50万元，比上年每减少1万立方米，扣50万元。

（三）支持加快基础设施建设

支持淳安县加强基础设施建设，重大交通基础设施项目资本金地方出资部分，由淳安县自筹，省里在安排地方政府债券时，给予适当倾斜。支持淳安县乡道、通景公路建设改造，支持加强生态基础设施建设，加快生态移民，加强农田水利建设、重大水利项目建设、中小河流治理、小流域治理和环境整治，开展生态农田、生态林业土壤修复以及林相改造和松材线虫病防治，支持天然气网管建设，加快推进清洁能源发展，省里予以优先考虑且按相关政策补助。淳安县要制订2014—2017年中期建设规划，分年实施，报省级有关部门备案；省级有关部门根据中期建设规划，对建设情况进行绩效考评。

（四）加强要素保障

引导金融机构加大对重点生态功能区建设的支持力度，探索生态公益林林权抵押制度创新。对国家和省重大基础设施建设项目以及省政府确定的重大项目用地，在自身无法落实耕地占补平衡的前提下，实行省市县统筹耕地占补平衡。加大对低丘缓坡、山地资源的开发利用，有效减少建设占用优质耕地。允许结合土地利用总体规划中期评估修改工作，优化县域城乡建设用地空间布局、保障用地空间。纳入省重点的项目，享受省重点项目政策。支持开展碳排放权和林业碳汇交易试点，开展农民住房财产权抵押、担保、转让试点。支持开展低丘缓坡资源综合利用试点。推进江东杭千（扶贫）开发区建设，完善管理体制。支持千岛湖旅游上市。鼓励省属国有企业参与淳安县基础设施建设和投资开发。建立厅县共建机制，加派优秀干部赴淳安县挂职指导。

（五）推进各项改革

开展各类园区整体编制水土保持方案，按园区控制性详细规划审批权限，由相应的水行政主管部门审批。支持淳安县加快中心镇发展和改革，支持开展千岛湖镇省级小城市培育试点。支持淳安县开展全国生态文明建设试点和国家良好湖泊生态环境保护试点。探索千岛湖配水工程生态补偿办法。建立重点生态功能区专项考核体系，取消对地区生产总值的考核。

四、组织实施

（一）加强组织领导

省级有关部门要切实加强对淳安县重点生态功能区示范区建设试点工作的综合协调和指导，杭州市及淳安县具体组织实施试点工作。

（二）完善工作机制

建立省市县三级联动协调机制，共同研究解决试点工作中的重大问题。淳安县要根据试点方案，制订阶段性实施计划，明确年度重点推进的改革任务。试点期自2014年至2017年。

（三）营造良好氛围

加强舆论宣传，凝聚改革共识，建立鼓励创新、宽容失败、允许试错、责任豁免的机制，形成党政主导、企业参与、各界支持共建重点生态功能区的良好环境。

浙江省人民政府办公厅关于印发浙江省劳动模范评选管理办法（试行）的通知

各市、县（市、区）人民政府，省政府直属各单位：

《浙江省劳动模范评选管理办法（试行）》已经省政府同意，现印发给你们，请认真贯彻执行。

2014年2月7日

浙江省劳动模范评选管理办法（试行）

第一章　总则

第一条　为加强和规范省劳动模范评选和管理工作，发挥省劳动模范在经济建设和社会发展中的模范带头作用，激励广大职工发扬工人阶级伟大品格，坚定不移地走中国特色社会主义道路，在深入实施“八八战略”，干好“一三五”、实现“四翻番”，建设物质富裕精神富有的现代化浙江的进程中建功立业，根据国家有关规定，结合浙江实际，特制定本办法。

第二条　各级政府应加强省劳动模范评选、表彰和管理工作的领导。省劳动模范应发扬爱岗敬业、争创一流、艰苦奋斗、勇于创新、淡泊名利、甘于奉献的劳模精神，与时俱进，不断提高自身素质，充分发挥先进模范作用。

第三条　省劳动模范的推荐评选和管理工作在省委、省政府领导下，由省劳动模范评选委员会负责。省劳动模范评选委员会下设办公室，为其日常工作机构，办公室设在省总工会。

第四条 本办法适用于全国劳动模范、全国五一劳动奖状、全国五一劳动奖章、省劳动模范和省模范集体的评选和管理工作，以及按规定享受省部级以上劳动模范(先进工作者)待遇人员的管理工作。授予单位另有规定的按其规定执行。

1956年至1964年期间获得省先进生产(工作)者荣誉称号人员的管理工作，可参照本办法执行。

第二章 评选表彰

第五条 省劳动模范评选范围：在我省改革开放、经济建设和各项社会事业中作出突出贡献的中国籍工人、农民、机关事业单位工作人员、其他劳动者。

省模范集体评选范围：在各行各业的基层单位中作出特别贡献的企业、机关事业单位及社区委员会、村民委员会等社会组织。

第六条 省劳动模范的基本条件：

(一)热爱祖国，拥护中国共产党的领导和社会主义制度，坚决贯彻执行党的基本路线和各项方针政策，模范遵守国家法律法规，践行社会主义核心价值体系和当代浙江人共同价值观；

(二)爱岗敬业、艰苦奋斗、勇于创新、服务人民、奉献社会，在群众中享有较高威信；

(三)在本职岗位上取得突出业绩，为社会主义经济建设、政治建设、文化建设、社会建设、生态文明建设和党的建设作出突出贡献。

第七条 省模范集体的基本条件：

(一)认真执行党的路线、方针、政策，严格遵守国家法律法规，全面落实科学发展观，组织健全，领导班子团结有力；

(二)科技进步，不断提高自主创新能力；节能减排，注重保护生态环境；安全生产，监督管理机制健全；

(三)尊重劳动，保障职工合法权益，劳动关系和谐稳定；诚实守信，自觉履行社会责任；经济、社会效益居本地区或本行业领先水平。

第八条 违反保护耕地、计划生育、环境保护等基本国策的，实行一票否决。凡违反国家法律法规，发生较大及以上生产安全事故、严重职业危害和群体性事件，拖欠职工工资，欠缴职工养老、工伤、医疗、失业、生育保险和工会经费，未签订集体合同，有行贿受贿行为或严重失信行为的企事业单位及其负责人，规定期间内不参加评选。

第九条 省劳动模范的推荐评选，应按照公开、公平、公正的原则，面向经济建设、社会发展事业和基层第一线劳动者，兼顾各行各业。党政机关(含人民团体、群众团体)厅(局)级以上领导干部一般不参加评选，处级干部的推荐从严控制。

第十条 省劳动模范是时代精神的体现者，每次评选应根据不同时期的特点制订具有时代特色的具体评选条件。

第十一条 省劳动模范和省模范集体每五年评选一次。对成绩特别显著、贡献特别突出、影响特别重大的先进人物和集体，经省政府决定，可即时授予省劳动模范或省模范集体称号。

第十二条 省劳动模范和省模范集体推荐评选，要坚持评选条件，严格评选程序，并自觉接受群众和社会监督。一般按以下程序进行：

(一)基层推荐。被推荐的省劳动模范须由所在单位群众民主推荐产生。履行职代会或职工大会(村民代表大会、社区委员会)讨论通过等民主程序，并经所在单位审核同意后，方可推荐上报。

1. 推荐的企事业单位和企业负责人须按隶属关系经过县(市、区)以上工商、税务(国税、地税)、人力社保、安监、环保、人口计生等部门签署意见，同时征求社会管理综合治理部门和法院、检察院意见。国有企业和国有企业负责人要经国资监管机构同意，并报纪检、监察、审计等部门签署意见。非公有制企业出资人要征得当地县级以上新经济与新社会管理组织工作委员会同意。

2. 推荐人选是党政机关(含人民团体、群众团体)、事业单位工作人员的，须按干部管理权限，征得纪检、监察、组织人事、人口计生、审计等部门同意。

(二)初审把关。在基层单位推荐的基础上，各市劳动模范评选委员会(劳动竞赛委员会)对推荐人进行初审，省各产业系统所属单位的推荐人由主管部门党委、行政和产业工会初审。初审合格后，由各市劳动模范评选委员会办公室和省产业工会汇总上报省劳动模范评选委员会办公室进行审核。

(三)推荐考察。推荐名单经省劳动模范评选委员会办公室审核后并组织考察，征求省委、省政府有关部门意见，提交省劳动模范评选委员会会议和省政府常务会议审议。

被推荐对象要在所在单位、市级主流媒体、省级主流媒体进行不少于7天的公示。

(四)审议批准。经公示如无异议，推荐名单报省政府和命名表彰部门审议批准。

第十三条 省劳动模范和省模范集体命名表彰时，由省政府颁发奖章、奖牌和荣誉证书。对获得全国五一劳动奖章荣誉称号的个人，省政府同时授予“浙江省劳动模范”称号。

第十四条 人力资源社会保障部联合国家有关部委办部署开展的部级劳动模范(先进工作者)评选表彰活动，我省的评选推荐工作根据国家评选通知要求，由省人力社保厅会同有关省级主管部门负责。表彰结果由省人力社保厅抄送省劳动模范评选委员会办公室，表彰对象纳入省劳动模范管理序列。

第三章 奖励和待遇

第十五条 对省劳动模范和省模范集体的奖励，坚持以精神鼓励为主、物质奖励为辅的原则，同时给予一定的政治和物质生活方面的待遇。各级政府、有关部门和企事业单位要在政治上、生活上关心爱护省劳动模范，不断提高和改善省劳动模范的工作、生活和学习条件。

第十六条 省劳动模范（含享受省部级以上劳动模范和先进工作者待遇人员）按规定享受离退休荣誉津贴、医疗补助和特殊困难补助等物质生活待遇。享受的待遇标准、所需费用、办理程序等按照国家和省政府现行的有关政策规定执行。

获得两个以上同类别荣誉称号的劳动模范，按其获得的最高荣誉称号享受相应待遇，不重复享受。获得两个以上不同类别荣誉称号的劳动模范，除一次性荣誉奖励外，其他待遇不重复享受。

第十七条 省劳动模范参加疗（休）养和公务活动期间，按出勤对待。

第十八条 各地可根据实际情况制订提高和改善劳动模范待遇的规定。

第四章 日常管理

第十九条 省劳动模范评选委员会作为劳动模范的评选管理机构，由省政府领导担任主任，委员由省级相关单位领导组成。其主要职责是：

（一）全面负责省劳动模范推荐评选工作，审核授予省劳动模范名单；

（二）研究制订全省劳动模范管理工作的有关政策，指导和协调劳动模范管理工作有关事宜；

（三）研究决定全省劳动模范评选管理工作的其他重大事项。

第二十条 省劳动模范评选委员会办公室主任由省总工会领导担任。办公室的主要职责是：

（一）具体组织开展省劳动模范推荐评选工作；

（二）筹备召开省劳动模范表彰大会；

（三）指导、协调和处理全省劳动模范日常管理工作，建立健全省劳动模范档案和信息数据库，实行动态管理和重大情况及时报告制度，接待和处理有关省劳动模范问题的来信、来访；

（四）检查有关省劳动模范政策的落实情况，提出调整省劳动模范政策的建议方案；

（五）宣传省劳动模范先进事迹，搭建工作平台，发挥省劳动模范在推动经济社会发展中的模范带头作用；

（六）省劳动模范评选委员会交办的其他工作。

第二十一条 受各级政府和主管部门的委托，各级地方工会和产业工会作为省劳动模范评选和管理的日常工作机构，承担省劳动模范的评选、管理、培养、宣传和服务职能。要建立健全评选管理制度，完善工作机制，切实做好评选管理工作。

第二十二条 省劳动模范和享受省部级以上劳动模范（先进工作者）待遇人员的日常管理工作实行属地管理和分级管理相结合的原则。省劳动模范因工作调动人事隶属关系变化的，应执行当地或所在单位劳动模范管理的有关规定并落实相关待遇。

第二十三条 建立省劳动模范重要情况报告制度。凡涉及省劳动模范工作变动、辞职、下岗、离退休、亡故或严重违法、违纪等情况，必须逐级上报至省劳动模范评选委员会办公室（省总工会）备案。

第二十四条 其他省（区、市）调入我省工作的省及以上劳动模范（先进工作者），荣誉称号经确认后，其管理关系可按规定转入我省，按我省同类、同等级别劳动模范享受相关待遇。

第五章 荣誉称号的撤销

第二十五条 省劳动模范凡有下列情况之一者，应撤销其荣誉称号，并收回荣誉证书、奖章，终止省劳动模范待遇。

（一）伪造先进事迹，骗取荣誉的；

（二）受到刑事处罚的；

（三）受到行政开除处分的；

（四）受到开除党籍或留党察看处分的；

（五）道德品质败坏，腐化堕落或有其他严重违法乱纪行为，在社会上造成恶劣影响的；

（六）非法离境的；

（七）其他原因不宜保留荣誉称号的。

第二十六条 省劳动模范有下列情况之一者，终止享受劳动模范待遇：

（一）省劳动模范荣誉称号被撤销的；

（二）自动离职、单位除名的；

（三）其他不适合继续享受劳动模范待遇的。

第二十七条 撤销省劳动模范荣誉称号和终止享受省劳动模范待遇，依照评选审批程序，由其原推荐单位逐级上报，所在市或省产业工会向省劳动模范评选委员会办公室提出书面报告并附相关资料，报省政府和荣誉称号授予部门审核批准。

第六章 附则

第二十八条 各市和省产业工会可根据本办法制订实施细则，报省劳动模范评选委员会办公室（省总工会）备案。

第二十九条 本办法自 2014 年 4 月 1 日起施行。

浙江省人民政府办公厅关于印发浙江省人民政府法律顾问工作规则的通知

各市、县(市、区)人民政府,省政府直属各单位:

《浙江省人民政府法律顾问工作规则》已经省政府同意,现印发给你们,请认真贯彻实施。

2014年2月14日

浙江省人民政府法律顾问工作规则

第一条 为全面推进依法行政,加快建设法治政府,根据中央关于普遍建立法律顾问制度的要求,建立省政府法律顾问组(以下简称法律顾问组),并按照本规则开展工作。

第二条 聘请5～7名法律专家担任省政府法律顾问(以下简称法律顾问),为省政府提供法律服务。

第三条 省政府法制办公室具体负责法律顾问组的日常联络和组织协调等工作。

法律顾问组组长由省政府法制办公室主任兼任,副组长由省政府法制办公室分管副主任兼任。

第四条 法律顾问由省政府法制办公室在省内知名法律专家中推荐,报省政府批准后由省政府聘任。

法律顾问应当符合下列条件:

(一)拥护中国共产党的领导,具有良好的职业操守和道德修养;

(二)从事行政法、经济法、民商法等领域的教学、研究和法律服务工作,具有教授、研究员等高级职称和法律职业资格;

(三)熟悉省情、民情、社情,有较强的分析和处理实际问题的能力;

(四)热心服务于社会公共事务,有时间和精力履行职责。

第五条 法律顾问每届聘期三年,期满可以续聘,但连续聘任不超过两届。

第六条 法律顾问履行下列职责:

(一)为省政府的重大决策提供法律咨询意见;

(二)参与省政府立法项目的研究、论证和重要规范性文件的合法性审查工作;

(三)参与省政府重大行政复议案件、疑难信访案件的研究讨论;

(四)协助省政府处理重大涉法事件,起草有关法律文书或法律意见书;

(五)受省政府委托,参加重大项目的谈判、合同和协议的签订等工作;

(六)对涉及我省的社会公共事件提出法律意见和建议;

(七)办理省政府交办或委托的其他法律事务。

第七条 法律顾问可以应邀列席或参加省政府有关会议;根据工作需要,经同意,可以查阅有关政府文件和资料。经授权,对特定事项进行调查或取证时,有关部门或单位应当给予协助、配合。

有关部门或单位对法律顾问提出的法律意见和建议应当认真研究,及时反馈处理情况。

第八条 法律顾问应当遵守下列规定:

(一)诚信、正直、恪尽职守,保守在履行职责过程中知悉的国家秘密和省政府工作秘密;

(二)不得同时接受他人委托,办理与省政府有利害冲突的法律事务;

(三)不得在个人名片上印有"省政府法律顾问"的字样,不得以省政府法律顾问名义招揽或开展相关业务;

(四)不得利用工作便利,为本人或他人牟取不正当利益;

(五)不得从事其他任何有损省政府利益或形象的活动;

(六)出具的法律意见应当合法、及时、客观、公正,并由本人署名。

第九条 法律顾问认为自己与所承办的法律事务有利害关系,可能影响公正履行职责的,应当主动提出回避。是否回避,由法律顾问组组长决定。

第十条 省政府交办或委托的法律事务,原则上由省政府法制办公室商请具有相关专业特长的法律顾问办理,并提供相应的文件、资料和工作条件。

第十一条 省政府法制办公室应当定期听取法律顾问的工作意见、建议,为法律顾问履行职责提供服务。

第十二条 省政府法制办公室要加强对全省政府法律顾问工作的指导、监督和协调。

第十三条 本规则自2014年3月1日起施行。

浙江省人民政府办公厅
关于加强湿地保护管理工作的意见

各市、县(市、区)人民政府,省政府直属各单位:

湿地与森林、海洋并称为全球三大生态系统,被誉为“地球之肾”,具有保持水源、净化水质、调洪蓄水、储碳固碳、调节气候、保护生物多样性等功能,是生态安全体系的重要组成部分。为切实加强湿地保护,促进湿地资源可持续利用,推进生态文明建设,根据《浙江省湿地保护条例》等有关规定,经省政府同意,现就加强湿地保护管理工作提出以下意见:

一、总体要求

以党的十八届三中全会精神为指导,认真执行国家和省有关湿地保护的法律法规,结合“五水共治”行动,从维护湿地生态系统结构完整性和发挥湿地改善水环境、提供生物栖息地、保障生态安全、传承生态文明的基本功能出发,依法加强管理,健全保护管理体制机制,采取抢救性保护、修复与治理、污染控制等人工适度干预措施,恢复与重建湿地生态系统,遏制湿地面积减少和功能退化的趋势,逐步促成布局合理、类型齐全、层次清楚、重点突出、面积适宜的湿地自然保护生态体系。至2017年,建立省级以上湿地公园30个、湿地合理利用示范区50个、湿地生态教育基地50个;划定全省湿地保护红线,确定县级以上湿地保护名录,自然湿地保护率达到60%;90%以上的重点野生动植物物种得到有效保护;水环境明显好转,区域水质在现有基础上提高一个标准。至2020年,全面提高湿地保护管理和综合利用水平,使全省湿地保护与合理利用进入有序的良性循环,充分发挥湿地生态系统的各种功能和效益,实现全省湿地生态保护、生态产业、生态文化协调发展,推进美丽浙江建设。

二、主要任务

(一)科学划定湿地保护红线

根据国家《推进生态文明建设规划纲要(2013—2020年)》提出的有关湿地红线要求,结合我省实际开展湿地红线划定工作,并制订相应的湿地红线管理办法与保障措施。各地要根据当地湿地资源现状、生态安全与经济社会可持续发展需要,于2014年底前完成湿地红线划定工作,并严守湿地红线,严格控制对现有湿地的占用和破坏。

(二)开展湿地保护规划编制工作

各级林业部门要会同有关部门根据《浙江省湿地保护条例》规定,抓紧开展湿地保护规划编制工作,确保在2015年6月底前完成。湿地保护规划应当与土地利用总体规划、城市总体规划、县(市)域总体规划、生态环境功能区规划、海洋功能区划、流域综合规划等相衔接。湿地保护规划报送审批前,要通过论证会、听证会等形式广泛征求意见。修改、调整湿地保护规划要按照规划制定程序报原审批机关批准。

(三)确定和公布湿地保护名录

列入保护名录的湿地是需实施抢救性保护、生态修复、生态补偿的重点领域。各地要根据《浙江省湿地保护条例》的规定,依据全省湿地资源调查成果,结合本地湿地资源状况,尽快开展县级湿地保护名录的确定、公布工作和省重要湿地名录的申报工作,确保在2015年6月底前完成。其中,对已批准的各种湿地类型的保护区(包括自然保护小区)、湿地公园(包括城市湿地公园);面积8公顷以上的湿地;面积8公顷以下但具有特殊保护价值的湿地,包括具有典型湿地类型、野生动植物集中分布区、位于鸟类重要迁徙路线、有特殊历史或文化意义、与当地居民生产生活密切相关(如水源保护区、温泉)等的湿地,应列入县(市、区)级湿地保护名录。

(四)加大湿地的抢救性保护、修复和示范力度

要有计划、有重点地恢复和重建已被破坏的湿地。县级以上人民政府要以抢救性保护湿地生态类型多样性和生物多样性为重点,加强对列入名录的重要湿地的保护。对已建立的湿地自然保护区(小区)、湿地公园,要强化管理措施,确保湿地生态修复工程取得实质性进展,生物多样性得到有效保护,生态环境得到明显改善。对因自然灾害或人类活动影响导致湿地面积急剧下降、海洋生物和候鸟栖息地大幅度减少、水质污染严重、水土流失严重的重点区域,要通过划定保护区域、限制开发、建立自然保护区(小区)或湿地生态保育区、湿地公园等措施进行抢救性保护;对出现生态功能退化或生物多样性减少但不显著的区域,要通过管控措施,有效减少人为干扰,减轻自然承载压力;湿地周边建有堤坝的,要视实际情况进行生态化改造。要充分利用我省湿地资源丰富的特点,积极科学推进湿地生态旅游以及不同类型的湿地特色旅游示范区、湿地风景名胜区建设,积极探索湿地农业、渔业、水利等合理利用示范区和促淤增涂试点工程建设,加大力度推进湿地对工业污水、生活污水净化处理示范区建设。

(五)提升湿地科研监测水平

县级以上林业部门要抓紧抓好湿地资源监测体系建设,建立动态管理平台,组织协调有关部门、科研机构及时开展湿地资源、湿地利用状况、湿地生态系统结构与功能

的调查和评估,实时掌握湿地资源的动态变化,定期向社会公布,为政府决策提供依据。省里建立省湿地保护研究中心和专家库,整合科研力量,大力开展新技术试验示范,推广湿地生态修复、治理新模式,提高湿地保护管理科技水平。

(六)加强依法管理

各地要强化对湿地开发利用的管理,对涉及向湿地区域排污或改变湿地自然状态,以及建设项目占用湿地的行为,行政审批部门要会同相关部门按照相关法律法规进行严格审批。要加强监管,依法制止违法占用、开垦、填埋以及污染湿地行为,依法追究严重破坏湿地生态的单位和个人的责任。凡列入湿地保护名录的湿地,未经批准不得开垦、占用或随意改变用途;一旦发现违法行为,应立即责令停止,并采取有效的补救措施,努力恢复湿地的生态结构与功能。因保护湿地给湿地利益相关者合法权益造成损失的,应当按照有关规定予以补偿。

三、保障措施

(一)加强组织领导

各地要把湿地保护管理工作列入重要议事日程,切实加强组织领导,完善管理体制和工作机制,加大政策扶持力度,确保湿地保护管理各项措施落到实处。省政府从2014年起把湿地保护工作列入生态省建设的考核体系。要建立和完善综合协调、部门联动的湿地保护管理体制,各市、县(市、区)要根据需要建立湿地保护联席会议机制,及时研究解决湿地保护管理工作中的重大问题。要加强队伍建设,各级林业部门要尽快建立健全湿地保护队伍;批准建设的湿地自然保护区、省级湿地公园必须落实相应的机构和人员,切实履行湿地保护管理职责。

(二)加大投入力度

各地要按照《浙江省湿地保护条例》,将湿地保护工作纳入国民经济和社会发展规划,把湿地保护管理经费、湿地生态效益补偿经费列入财政预算。加大湿地保护区(小区)、湿地公园、湿地合理利用示范区等重要湿地的必要基础设施建设、生态修复和治理、生物多样性保护、科研和监测工作等的项目资金投入,保障湿地保护管理工作经费。各级财政部门要统筹整合相关资金,对省级以上湿地自然保护区(小区)、湿地公园等重点保护建设项目给予适当补助。省林业厅、省财政厅要积极探索湿地生态效益补偿办法,尽快开展湿地生态效益补偿的试点工作,逐步建立分级、分类补偿相结合以及政府补偿、市场补给有机统一的湿地生态补偿机制。

(三)加强部门配合

林业部门要做好湿地保护工作的组织、协调、指导和监督等工作;编制部门要加强湿地保护管理机构和人员编制的管理、指导;发展改革部门要加强湿地保护规划衔接、审核审批和国家及省级湿地建设项目的审批;财政部门要加大湿地保护资金的投入;国土资源部门要严格湿地征占用审批;环保部门要加强对湿地水污染的综合治理;建设部门要加强城市建设发展中湿地管理的力度,确保不占或少占原生湿地资源;水利部门要加强河道、溪滩、湖泊等湿地水资源的保护和管理;农业部门要加强对农用湿地的保护;海洋与渔业部门要加强水生生物、海洋自然保护区、海洋特别保护区等的保护;旅游部门要加强湿地生态旅游活动的规范化管理。

(四)加强宣传引导

要把学习宣传湿地保护科普知识作为生态文明建设的重要内容,广泛动员各类媒体加强对《国际湿地公约》《中华人民共和国野生动物保护法》《浙江省湿地保护条例》《湿地保护管理规定》等法律法规规章的宣传,普及湿地保护知识,增强全社会的湿地保护意识,自觉履行湿地保护义务,合力推进湿地保护工作。

2014年2月19日

浙江省人民政府办公厅关于进一步加强耕地占补平衡管理的通知

各市、县(市、区)人民政府,省政府直属各单位:

多年来,各地、各有关部门认真贯彻《中华人民共和国土地管理法》,努力开发耕地后备资源,加大垦造耕地力度,实现了全省耕地总量动态平衡。但由于我省耕地后备资源匮乏、分布不均衡,一些重大建设项目因耕地占补平衡难以落实,影响了建设用地报批,省统筹补充耕地指标落实难、异地调剂补充耕地指标价格无序、过快上涨等问题日益突出。为切实加强耕地占补平衡管理,经省政府同意,现将有关事项通知如下:

一、强化耕地占补平衡法定责任

各级政府是确保本行政区域内耕地总量不减少的责任主体,政府主要领导是耕地保护第一责任人,对当地耕地占补平衡工作负总责。各地要按照“先补后占”“占多少、垦多少”和“质量相当”的原则,加大耕地垦造工作力度,充实补充耕地指标储备库,保证本行政区域内耕地数量不减少、质量不降低。各设区市人民政府要加强对所辖县(市、区)垦造耕地工作的指导和督促检查,确保全市按时完成年度垦造耕地和省统筹补充耕地任务。

二、完善耕地占补平衡统筹机制

要进一步健全以县(市、区)补充耕地为主,省、设区市统筹解决为辅,跨区域调剂为补充的“三位一体”耕地占补平衡统筹机制。各市、县(市、区)政府要积极落实垦造耕地任务和省统筹补充耕地任务,优先保障基础设施建设、民生工程和新农村建设项目的补充耕地需要。鼓励耕地后备资源比较丰富的地方加大垦造耕地力度,在完成省统筹补充耕地任务的前提下,有补充耕地指标结余的,可通过省补充耕地指标调剂平台,以合理的价格调剂给耕地后备资源匮乏的地方。对国家和省重大基础设施建设项目以及省政府确定的重大工程项目,实行省、市、县(市、区)统筹耕地占补平衡。

三、科学开发利用耕地后备资源

各地要在坚持生态保护优先的前提下,因地制宜、科学合理开发利用低丘缓坡、沿海滩涂和未利用土地,努力新增有效耕地面积,增加补充耕地指标。各级发展改革、水利、农业、林业、海洋与渔业等部门要密切配合,认真履行职责,形成工作合力,共同支持垦造耕地工作。省级有关部门要研究制订利用荒山荒坡、沿海滩涂等垦造耕地的支持政策。

四、加强垦造耕地质量管理

各地要把质量作为垦造耕地的第一要求,采取有效措施,加强垦造耕地项目管理和耕地质量、生态、数量管理。要全面落实造地项目法人制、公告制、合同制、监理制和审计制,严格项目规划选址、设计施工、质量监管、竣工验收等各个环节管理。垦造耕地项目必须达到国家和省规定的耕地质量标准、地力等级和配套建设的灌溉设施,满足农林业生产基本要求。强化垦造耕地项目质量评定。垦造耕地项目未达到相关质量标准和地力要求的,必须按照“谁垦造、谁负责,谁验收、谁负责”的原则,严肃追究项目主管、施工单位及监管等责任人员的责任。

省里和设区市人民政府要定期组织开展垦造耕地项目专项检查,对垦造耕地数量弄虚作假、耕地质量不符合农林业生产基本条件的县(市、区),耕地保护责任制年度考核不予通过。同时,按被检查县(市、区)耕地质量不达标面积比例,相应扣减下一年度新增建设用地计划指标。

五、加大省统筹耕地占补平衡力度

(一)切实落实省统筹补充耕地任务

省统筹补充耕地任务由省国土资源厅根据“812”土地整治工程确定的低丘缓坡和滩涂围垦省统筹补充耕地计划任务,分年度下达给各设区市,由各设区市落实到承担省统筹任务的县(市、区)。自本通知下发之日起新立项的滩涂围垦(填海)项目,省统筹补充耕地任务调整为按滩涂围垦(填海)项目围成面积的20%落实。对完成省统筹补充耕地任务的滩涂围垦(填海)项目,在享受现有省级滩涂围垦和省统筹补充耕地指标补助等政策基础上,按上缴统筹补充耕地指标数,再给予一定的以奖代补。省统筹补充耕地任务完成情况列入政府耕地保护责任制年度考核内容,各有关市、县(市、区)必须按时完成年度造地任务。

各有关市、县(市、区)要加快解决省统筹补充耕地历史欠账,以设区市为单位盘点现有补充耕地指标库存情况,清理省统筹补充耕地项目和补充耕地指标欠账情况,制订省统筹补充耕地指标完成时间表和整改落实方案,确保在2014年底前完成“百万”造地保障工程省统筹补充耕地任务。各地要加快省统筹补充耕地项目实施进度,对尚未立项的,以库存补充耕地指标或当地其他垦造耕地项目抵冲省统筹补充耕地指标。

(二)调整省统筹补充耕地管理方式

省统筹补充耕地由项目管理调整为按指标管理,由落实垦造耕地项目方式调整为上缴补充耕地指标方式,垦造耕地项目由县(市、区)审批立项、实施和验收。省、市国土资源管理部门要加大对省统筹补充耕地指标项目检查复核力度。对已经验收合格并报国土资源部备案、纳入补充耕地指标储备库的垦造耕地项目,要及时纳入省统筹补充耕地指标库。

对省统筹补充耕地指标的垦造耕地项目符合基本农田要求的,应划入基本农田进行管理,并及时做好基本农田划区定界工作。

(三)调整省统筹补充耕地资金补助标准和建设用地计划指标奖励标准

属“812”土地整治工程的省统筹补充耕地项目省补助资金按《浙江省人民政府办公厅关于印发全省“812”土地整治工程实施方案的通知》(浙政办发〔2013〕60号)明确的5万元/亩标准执行,并按指标入库面积的15%奖励年度新增建设用地计划指标。属“百万”造地保障工程的省统筹补充耕地项目,仍按照《浙江省人民政府关于进一步落实省统筹补充耕地指标的通知》(浙政发〔2007〕62号)和《浙江省人民政府办公厅关于进一步做好低丘缓坡综合开发利用工作的通知》(浙政办发〔2008〕84号)规定,给予3万元/亩的省补助资金和按指标入库面积的10%奖励年度新增建设用地计划指标。

(四)规范省统筹补充耕地指标使用管理

国家、省批准立项的交通、能源、水利、军事等重大基础设施建设项目以及省政府确定的重大工程项目涉及占用耕地,项目所在地确实无法落实耕地占补平衡的,可由项目所在地政府会同项目建设单位主管部门提出使用省统筹补充耕地指标申请,省国土资源厅根据当地耕地后备资源情况、补充耕地指标库存情况和省统筹补充耕地指标库存情况统筹安排,并将指标安排情况抄送省财政厅。省统筹补充耕地指标相应列入垦造耕地项目承担方、补充耕地指标使用方的年度耕地保有量。

对项目所在地自行承担国家重大基础设施建设项目耕地占补平衡的县(市、区),省国土资源厅在下一年度按落实补充耕地面积的10%奖励年度新增建设用地计划指标。

六、规范耕地占补平衡指标调剂管理

(一)调整补充耕地指标调剂政策

自本通知下发之日起,除2012年12月31日前,已达成跨市调剂补充耕地指标协议的可继续执行外,取消跨市自行交易调剂补充耕地指标,建立省级补充耕地指标调剂平台，实行省统一平台、统一定价、统一调剂。补充耕地调剂价格要公平、合理，具体由省国土资源厅会同省财政厅、省物价局研究提出，报省政府确定。标准农田占补平衡指标调剂管理参照耕地占补平衡管理政策。同时，按照“山海协作工程”要求，支持区域间开展多种形式的资源产业合作，优先调剂土地资源与产业合作双方补充耕地指标，促进欠发达地区招商引资和经济社会发展。

（二）明确补充耕地指标调剂条件

各地应立足内部挖潜，科学合理开发耕地后备资源，积极完成上级下达的垦造耕地任务，落实耕地占补平衡。补充耕地确有不足的，可以向省国土资源厅申请调剂补充耕地指标。对未完成省统筹补充耕地任务、垦造耕地项目未验收报备的，不得对外调出指标；对未完成上级下达垦造耕地任务，且耕地后备资源较多、当地补充耕地指标尚有余额的，不得申请调入指标。

（三）规范补充耕地指标调剂办理

补充耕地指标有结余的县（市、区），可向省国土资源厅提出指标调出申请，并将相应垦造耕地项目纳入省级补充耕地指标调剂库。省国土资源厅根据申请使用补充耕地调剂指标的市、县（市、区）及建设项目类型等情况，确定跨市、县（市、区）补充耕地指标调入方，并将补充耕地调剂指标对应的垦造耕地项目划入调入方补充耕地指标库。指标调剂双方按照省里确定的补充耕地调剂价格直接办理资金交割手续。调剂补充耕地指标列入调出和调入双方年度耕地保有量。

七、加强耕地占补平衡资金监管

（一）调整耕地开垦费收缴标准

建设项目确需占用耕地的，建设单位要依法依规缴纳耕地开垦费，委托当地政府落实耕地占补平衡责任。自本通知下发之日起，耕地开垦费按《浙江省人民政府关于调整耕地开垦费征收标准等有关问题的通知》（浙政发〔2008〕39号）规定的收缴标准的2倍收取，占用基本农田、标准农田的，耕地开垦费按照《中共浙江省委办公厅浙江省人民政府办公厅关于建立完善耕地保护共同责任机制扎实做好耕地保护工作的通知》（浙委办〔2012〕55号）规定收取。

对使用省统筹补充耕地指标落实耕地占补平衡的建设项目，耕地开垦费按每平方米75元标准缴纳。对当地耕地占补平衡指标不足、需调入补充耕地指标的市、县（市、区），可根据耕地开垦费标准、调剂补充耕地指标价格，结合补充耕地指标结构和数量，制订本地建设项目占用耕地使用补充耕地指标统一结算标准。涉及标准农田补建、标准农田质量提升所需建设费用，不得额外向项目建设单位再行收取。

（二）加强省统筹补充耕地项目补助资金管理

使用省统筹补充耕地指标缴纳的耕地开垦费，纳入省造地改田资金统一管理。各市、县（市、区）政府要加强省统筹补充耕地项目补助资金管理，专项用于垦造耕地，不得挤占、挪用、截留。

（三）规范调剂补充耕地指标资金管理

申请使用调剂补充耕地指标的市、县（市、区），在确保当地垦造耕地所需资金的前提下，调剂资金可以从当地耕地开垦费收入中支出，仍有不足的，可使用其他财政资金。对外调出补充耕地指标的市、县（市、区），要将80%以上的指标调剂所得资金，纳入造地改田资金管理，专项用于垦造耕地、高标准基本农田建设、耕地地力培育、新垦造耕地后续种植、耕地保护和土地管理等工作。

自本通知发布后，省政府以前发布的文件与本通知的规定不一致的，按本通知的规定执行。

2014年2月20日

浙江省人民政府办公厅关于印发浙江省大气重污染应急预案（试行）的通知

各市、县（市、区）人民政府，省政府直属各单位：

《浙江省大气重污染应急预案（试行）》已经省政府同意，现印发给你们，请结合实际，认真贯彻执行。

2014年3月6日

浙江省大气重污染应急预案（试行）

1　总则
1.1　编制目的
1.2　编制依据
1.3　适用范围

1.4 预案体系
1.5 工作原则
2 应急组织体系及职责
2.1 省大气重污染应急组织机构
2.2 市、县(市、区)大气重污染应急组织机构
2.3 专家咨询机构
3 监测与预警
3.1 监测与预报
3.2 预警分级
3.3 预警启动
3.4 预警发布
3.5 预警变更和解除
4 应急响应
4.1 响应原则
4.2 省级应急响应
4.3 市、县(市、区)应急响应
4.4 信息公开
4.5 区域联防联动
4.6 响应终止
5 总结评估
6 应急保障
6.1 人力资源保障
6.2 资金保障
6.3 监测与预警能力保障
6.4 通信与信息保障
7 附则
7.1 以上、之间、大于的含义
7.2 督查考核与责任追究
7.3 预案管理与更新
7.4 预案制订与实施

1 总则

1.1 编制目的

有效应对大气重污染，建立健全大气重污染应急处置机制，提高大气重污染预防预警和应急响应能力，保障人民群众身体健康，有效维护社会稳定。

1.2 编制依据

《中华人民共和国环境保护法》《中华人民共和国大气污染防治法》《中华人民共和国突发事件应对法》《大气污染防治行动计划》《浙江省大气污染防治条例》《国家突发环境事件应急预案》《浙江省突发公共事件总体应急预案》《环境空气质量标准》(GB3095—2012)、《环境空气质量指数(AQI)技术规定(试行)》(HJ633—2012)、《环境空气质量评价技术规范》(HJ663—2013)和《城市大气重污染应急预案编制指南》等法律、法规、规章和标准。

1.3 适用范围

本预案适用于浙江省范围大气重污染的预警和应急处置工作。

本预案所指的大气重污染，是指根据环境保护部《环境空气质量指数(AQI)技术规定(试行)》(HJ633—2012)，环境空气质量指数(AQI)大于200，即空气环境质量达到5级(重度污染)及以上程度的大气污染。

1.4 预案体系

建立全省大气重污染应急预案体系，各市、县(市、区)政府，根据本级突发公共事件总体应急预案，参照本预案，结合本地区实际，制订大气重污染应急预案，连同政府相关部门制订的具体应急行动方案一并报上级人民政府环境保护行政主管部门备案。

省级相关部门根据职责，结合本预案制订具体应急行动方案，落实本领域污染减排措施。

排放大气污染物的工业企业和单位根据本地区政府的要求，编制相应的应急预案，减少大气污染物排放。

1.5 工作原则

(1)以人为本，减少危害。坚持科学发展观，以保障人民群众身体健康为首要目标，着力强化大气重污染应急响应措施，加强公众自我防范和保护，努力减少大气重污染造成的危害。

(2)政府主导，社会参与。充分发挥各级政府应对大气重污染的主导作用，及时发布预警信息，启动应急预案，采取有效措施，减少污染排放。广泛动员社会各界积极参与大气重污染应对工作，倡导公众减少能源消耗，绿色、低碳出行，共同承担防治空气污染的社会责任。

(3)属地管理，应急联动。大气重污染应对是突发事件应急管理工作的重要内容，市、县(市、区)政府是应对大气重污染的责任主体，政府主要领导是应对大气重污染的第一责任人。充分发挥政府各相关职能部门的作用，分工负责，密切配合，建立健全应急联动机制，形成应对大气重污染的合力。

(4)加强监测，信息公开。健全和完善空气质量监测体系，强化实时监测，加强重要监测设施建设和数据质量管理，确保空气质量监测数据准确可靠。加强信息公开，通过政府门户网站和各类媒体，及时准确发布空气环境监测相关信息，拓宽预警信息发布渠道，确保公众的环境知情权。

(5)分级预警，按级管控。以城市为主要预警单元，按照空气污染程度和持续时间等，建立分级预警制度；相关部门加强分析研判，实行定期会商，实施有效预警。根据不同预警等级，采取程度不同的应急响应和污染管控措施，有效降低污染指数，减少污染程度。

2 应急组织体系及职责

2.1 省大气重污染应急组织机构

省政府负责全省大气重污染环境监测预警和应急处置工作的组织领导，并根据实际工作需要，成立省大气重污染应急指挥部(以下简称省指挥部)，统一领导、组织协调和指导全省大气重污染的应对工作。

2.1.1 省指挥部组成

省指挥部总指挥由省政府分管副省长担任(必要时由省政府主要领导担任总指挥)，副总指挥由省政府分管副秘书长或省政府办公厅分管副主任、省环保厅厅长、省气象局局长担任。成员由省环保厅、省气象局、省委宣传部、省经信委、省教育厅、省公安厅、省建设厅、省交通运输厅、

省农业厅、省卫生计生委、省通信管理局等单位负责人组成。根据应对工作的需要，必要时增加有关省级单位和部门负责人为省指挥部成员。

2.1.2 省指挥部主要职责

(1)贯彻落实国家和省委、省政府有关大气重污染防治和应对工作的决策部署；

(2)组织编制、修订省级大气重污染应急预案，研究制订全省大气重污染防治、监测预警和应急响应的政策措施；

(3)组织实施全省大气重污染应急预案，指导各地大气重污染应急预案的编制和省级有关部门应急行动方案的制订；

(4)指挥、协调跨区域大气重污染的应急响应工作，督促检查省级有关部门和市、县(市、区)政府大气重污染应急措施的落实情况；

(5)组织开展大气重污染应急专家组、应急队伍的建设管理以及应急物资的储备保障等工作。

2.1.3 省指挥部应急预警办公室

省指挥部在省环保厅下设应急预警办公室(以下简称省大气重污染应急办)，为省指挥部办事机构，承担省指挥部日常事务工作，负责大气重污染环境监测预警和应急协调工作，省大气重污染应急办主任由省环保厅厅长担任。省大气重污染应急办主要职责为：

(1)贯彻落实省指挥部有关大气重污染防治、监测预警和应急响应的决策部署；

(2)承担省指挥部的应急值守工作；

(3)根据环境空气质量状况，定期或不定期组织召开形势分析会议，提出预警建议和应急措施；

(4)根据省指挥部授权，发布省级大气重污染预警信息；

(5)配合其他部门承担大气重污染应急新闻发布工作；

(6)根据省指挥部指示，组织省级有关部门开展对各部门、各地大气重污染应对工作督查检查和考核；

(7)承办各地在大气重污染应对工作中需要省指挥部协调、支援的具体事项；

(8)组织开展大气重污染应急演练；

(9)组织开展应对大气重污染的宣传教育与培训；

(10)负责联系省大气重污染应急专家组；

(11)负责建立省级大气重污染应对工作联络网络；

(12)完成省指挥部交办的其他工作。

2.1.4 省指挥部各成员单位职责

(1)省环保厅：承担省大气重污染应急办职能；牵头编制修订大气重污染应急预案和监测预警应急行动方案；会同气象部门加强空气质量监测；配合有关部门制订工业企业产能限制应急行动方案。

(2)省气象局：负责全省大气环境气象条件监测、预报工作；会同省环保厅开展大气重污染天气过程预报分析会商，及时发布监测预报预警信息；根据天气条件组织实施气象干预行动(人工影响天气作业)。

(3)省委宣传部：加强对本预案的宣传，协调做好预警信息发布，组织指导新闻报道工作。

(4)省经信委：会同省环保厅制订工业企业产能限制应急行动方案；指导督查各地执行大气污染企业限产应急措施；指导协调省内电力运行调度，增加采购省外电力；及时汇总报告相关工作信息。

(5)省教育厅：负责制订中小学和幼儿园应急行动方案；指导督查各地执行应急措施；及时汇总报告相关工作信息。

(6)省公安厅：负责制订机动车限行、禁止燃放烟花爆竹应急行动方案；指导督查各地机动车限行、禁止燃放烟花爆竹管控措施；配合环保部门加强对机动车污染物排放的监督抽测；配合有关部门加大对渣土车、砂石车等车辆违反规定上路行驶的检查执法力度；及时汇总报告相关工作信息。

(7)省建设厅：负责制订建筑工地及城市道路扬尘控制应急行动方案；指导督查各地执行扬尘防控措施；指导各地建立停工工地名单管理制度并及时更新；及时汇总报告相关工作信息。

(8)省交通运输厅：负责制订公共交通应急行动方案；指导督查各地实施公共交通运力保障措施；及时汇总报告相关工作信息。

(9)省农业厅：负责指导督查各地实施控制秸秆焚烧措施；及时汇总报告相关工作信息。

(10)省卫生计生委：组织协调医疗机构和指导督查各地做好大气重污染致病群众的医疗救治工作；加强对特殊人群的健康防范指导，组织开展防病科普知识宣传工作；及时汇总报告相关工作信息。

(11)省通信管理局：指导督查和协调各电信运营企业做好应急指挥通信网络畅通；及时汇总报告相关工作信息。

本预案未规定职责的其他有关单位和部门必须服从省指挥部的指挥，根据应急处置工作需要，开展相应应对工作。

2.2 市、县(市、区)大气重污染应急组织机构

各市、县(市、区)政府负责本行政区域大气重污染应对的组织领导和应急处置工作，成立大气重污染应急组织机构，并结合本地区实际制订大气重污染应急预案及相关部门应急行动方案，落实和实施本预案规定的应急响应各项措施。

2.3 专家咨询机构

各级大气重污染应急组织机构根据需要设立专家组，为大气重污染应对工作提供政策、技术咨询与建议。省大气重污染应急专家咨询组由省指挥部组建，由省大气重污染应急办负责联系。

3 监测与预警

3.1 监测与预报

依据国家《环境空气质量标准》(GB3095—2012)开展空气质量监测和评价，根据地理、气象条件和污染排放分布状况，每日对空气质量进行预报。

3.2 预警分级

根据环境保护部《环境空气质量指数(AQI)技术规定(试行)》(HJ633—2012),并结合我省实际,按照环境质量预测结果、空气污染程度、大气重污染持续时间和影响范围,将大气重污染预警级别分为一级、二级、三级、四级,分别用红色、橙色、黄色、蓝色标示。设区市环境空气质量指数(AQI)采用该市国控评价点位监测结果算术平均值统计计算,县级城市环境空气质量指数(AQI)采用辖区内省控评价点位监测结果算术平均值统计计算。

(1)四级预警(蓝色预警)

经监测预测,城市未来1天空气质量指数(AQI)在201~300之间。

(2)三级预警(黄色预警)

经监测预测,城市未来1天空气质量指数(AQI)在301~400之间。

(3)二级预警(橙色预警)

经监测预测,城市未来1天空气质量指数(AQI)在401~450之间。

(4)一级预警(红色预警)

经监测预测,城市未来1天空气质量指数(AQI)大于450。

3.3 预警启动

3.3.1 省级预警启动

经监测预测,省内3个以上相邻的设区市城市范围内出现或将出现符合分级预警条件的大气重污染,启动省级相应级别预警。

省环保厅和省气象局根据大气重污染监测预警应急行动方案,开展省内重点城市和重点区域大气重污染的趋势分析和评估,趋势分析和评估的重要信息由省大气重污染应急办及时上报省指挥部,并提出发布预警信息的建议,同时通报可能出现重度以上大气污染的城市政府,由当地政府采取相关预警和应急措施。

省指挥部各成员单位落实应急值守制度,按照各自职责,做好应急人员、车辆、设备、物资的调度准备。

3.3.2 市、县(市、区)预警启动

经监测预测,城市范围内出现或将出现符合分级预警条件的大气重污染,各市、县(市、区)启动相应级别预警。

3.4 预警发布

环保部门会同气象部门综合运用环境监测和气象观测资料,分析预测大气质量。如预测可能持续出现重度污染以上天气,各级大气重污染应急组织机构的办事机构或环保部门及时向本级大气重污染应急组织机构提出发布预警信息建议。

(1)省级预警发布

省级预警由省指挥部发布,具体由省大气重污染应急办落实。

四级预警(蓝色预警)、三级预警(黄色预警)、二级预警(橙色预警)由省指挥部副总指挥、省大气重污染应急办主任签发;一级预警(红色预警)由省大气重污染应急办报请省指挥部总指挥签发。

省大气重污染应急办通过以下几种方式发布预警信息:

一是通过已建立的省级大气重污染应对工作联络网络,以文件传真的方式向省指挥部成员单位和相关设区市人民政府发布预警信息。

二是通过省环保厅门户网站(www.zjepb.gov.cn)、官方微博(@浙江环保)、官方APP发布预警信息。

三是通过气象信息发布渠道、突发事件预警信息发布系统发布预警信息。

四是由省大气重污染应急办提供应急预警的新闻通稿,通过广播、电视、报纸等媒体发布预警信息。

五是由省通信管理局按照有关规定组织协调各电信运营企业发送大气重污染预警短信。

预警信息发布内容包括:区域和城市未来1天大气重污染发生的时间、地点、范围、污染等级和需要采取的应急措施。

(2)市、县(市、区)预警发布

各市、县(市、区)大气重污染应急组织机构负责或授权其办事机构发布本地区大气重污染预警信息。

3.5 预警变更和解除

在预警有效期内,省大气重污染应急办组织环保部门和气象部门加强跟踪分析,如有分析结论证明可以提前提升、降低预警级别或解除预警的,立即向省指挥部报告并提出预警变更或解除的建议。

预警变更和解除程序与发布程序一致。

4 应急响应

4.1 响应原则

按照属地管理原则,大气重污染区域范围内的政府按照有关规定全面负责本行政区域内的应急响应工作。必要时,省政府给予指导、协调和支援。

4.2 省级应急响应

4.2.1 省级响应启动

出现下列情况之一,经省指挥部批准,启动本预案。

(1)发布省级预警;

(2)出现超出大气重污染区域范围内的设区市政府应急处置能力的事件;

(3)出现需要由省政府协调、指导处置的大气重污染事件。

预案启动后,省指挥部立即通知各成员单位。

4.2.2 省级响应措施

省指挥部各成员单位在接到省级预警,启动本预案应急响应通知后2个小时,按照各自职责和具体应急行动方案,迅速开展应急响应。省指挥部及成员单位视情采取以下一项或几项措施:

(1)召开省指挥部会议,研究部署大气重污染防控和应急响应措施;

(2)通知大气重污染区域范围内的各设区市人民政府,实施相应级别的应急响应;

(3)省指挥部各成员单位迅速组织大气重污染区域范围内的各设区市相关部门落实各项应急措施并对执行情

况开展督促检查；

(4)省指挥部派出现场工作组和技术力量，赴大气重污染区域指导应急处置工作，督促检查污染减排措施的落实情况；

(5)协调大气重污染区域周边地区实施相关应急处置措施，并做好监督检查。必要时，与相邻省(市)进行协调、沟通，采取相关应急处置措施；

(6)及时评估污染减排措施的效果，并根据监测情况及时调整应急处置措施。

4.3 市、县(市、区)应急响应

4.3.1 响应分级

发布蓝色预警，启动Ⅳ级应急响应。

发布黄色预警，启动Ⅲ级应急响应。

发布橙色预警，启动Ⅱ级应急响应。

发布红色预警，启动Ⅰ级应急响应。

4.3.2 响应措施

采取大气重污染应急响应措施，旨在进一步减少污染排放，减缓污染程度，保护公众健康。本预案确定市、县(市、区)政府在健康防护措施、建议性污染减排措施和强制性污染减排措施三个方面应对大气重污染的原则要求，各地根据本地区实际，制订可行、有效的应急响应具体措施。条件成熟时，可制订更为严格、具体的强制性污染物减排措施，并抓好落实。

4.3.2.1 Ⅳ级响应

(1)健康防护措施。提醒儿童、老年人和呼吸道、心脑血管疾病患者等易感人群减少户外活动。

(2)建议性污染减排措施。倡导公众及排放大气污染物的单位自觉采取措施，减少污染排放，具体措施包括：

a. 尽量乘坐公共交通工具出行，减少机动车上路行驶；

b. 增加施工工地洒水降尘频次，加强施工扬尘管理；

c. 排污单位采取措施，控制污染工序生产，减少污染物排放。

4.3.2.2 Ⅲ级响应

(1)健康防护措施。提醒儿童、老年人和呼吸道、心脑血管疾病患者等易感人群尽量留在室内，避免户外运动；中小学、幼儿园减少体育课、课间操、运动会等户外运动；一般人群减少户外运动和室外作业时间。

(2)建议性污染减排措施。倡导公众及排放大气污染物的单位自觉采取措施，减少污染排放，具体措施包括：

a. 尽量乘坐公共交通工具出行，减少机动车上路行驶；

b. 增加施工工地洒水降尘频次，加强施工扬尘管理；

c. 排污单位采取措施，控制污染工序生产，减少污染物排放；

d. 机动车停车时及时熄火，减少车辆原地怠速运行。

4.3.2.3 Ⅱ级响应

(1)健康防护措施。提醒儿童、老年人和呼吸道、心脑血管疾病患者等易感人群应当留在室内，避免户外运动；中小学、幼儿园停止体育课、课间操、运动会等户外运动，必要时可停课；一般人群应避免户外活动；户外活动可适当采取佩戴口罩等防护措施。

(2)建议性污染减排措施。倡导公众及排放大气污染物的单位自觉采取措施，减少污染排放，具体措施包括：

a. 尽量减少能源消耗，夏季空调温度较平日调高2℃～4℃，冬季较平日调低2℃～4℃；

b. 尽量乘坐公共交通工具出行，减少机动车上路行驶；

c. 机动车停车时及时熄火，减少车辆原地怠速运行；

d. 增加施工工地洒水降尘频次，加强施工扬尘管理；

e. 排污单位进一步采取措施，控制污染工序生产，减少污染物排放；

f. 公共交通运营部门加大公交运力保障；

g. 增加道路机械清扫保洁频次，减少交通扬尘污染。

(3)强制性污染减排措施。在保障城市正常运行的条件下，在空气达到严重污染的区域，采取以下强制性污染减排措施：

a. 加大对燃煤锅炉、机动车排放、工业企业等重点大气污染源的执法检查频次，确保其污染防治设施高效运转；

b. 土石方施工工地减少土方开挖规模；

c. 停止建筑拆除工程；

d. 禁止烟花爆竹燃放、露天烧烤，严禁垃圾、秸秆焚烧；

e. 火电、钢铁、石化、水泥、有色、化工等行业的重点排污单位采取削减上网负荷、生产用电量等措施减少污染排放15%；

f. 加强交通管制，减少机动车污染排放。

4.3.2.4 Ⅰ级响应

(1)健康防护措施。提醒儿童、老年人和呼吸道、心脑血管疾病患者等易感人群应当留在室内，避免户外运动；中小学、幼儿园停课，企事业单位根据情况可实行弹性工作制；建议停止大型露天活动；一般人群应避免户外活动；户外活动应当采取佩戴口罩等防护措施。

(2)建议性污染减排措施。倡导公众及排放大气污染物的单位自觉采取措施，减少污染排放，具体措施包括：

a. 尽量减少能源消耗，夏季空调温度较平日调高2℃～4℃，冬季较平日调低2℃～4℃；

b. 乘坐公共交通工具出行，减少机动车上路行驶；

c. 机动车停车时及时熄火，减少车辆原地怠速运行；

d. 增加施工工地洒水降尘频次，加强施工扬尘管理；

e. 排污单位进一步采取措施，控制污染工序生产，减少污染物排放；

f. 减少涂料、油漆、溶剂等含挥发性有机物的原材料及产品的使用；

g. 交通运输部门进一步加大公交运力保障；

h. 在气候条件允许的条件下，采用人工影响局部天气措施，改善大气环境；

i. 进一步增加道路机械清扫保洁频次，减少交通扬尘污染。

(3)强制性污染减排措施。在保障城市正常运行的条件下，在空气达到严重污染的区域，采取以下强制性污染减排措施：

a. 进一步加大对燃煤锅炉、机动车排放、工业企业等重点大气污染源的执法检查频次，确保其污染防治设施高效运转；

b. 施工工地停止土石方作业和建筑拆除施工，停止施工渣土车、砂石车等易扬尘车辆运输；

c. 禁止烟花爆竹燃放、露天烧烤，严禁垃圾、秸秆焚烧；

d. 火电、钢铁、石化、水泥、有色、化工等行业的重点排污单位采取削减上网负荷、生产用电量等措施减少污染排放30%；

e. 加强交通管制，实施机动车限行，采取控制机动车行驶时间、区域和数量等措施，进一步减少机动车污染排放(公交车、大型客车、出租车、特种车、校车、运输农副产品车等除外)。

4.3.3　响应级别调整

应急响应期间，根据实时监测的AQI指数值的变化，并考虑气象条件趋势分析，及时提升或降低应急响应的级别，提高应急处置的针对性。

4.4　信息公开

通过授权发布、发新闻稿、接受记者采访、举行新闻发布会和专业网站、官方微博等多种方式、途径，及时、准确、客观、全面地向社会发布大气重污染和应急响应工作信息，回应社会关注。

信息公开的主要内容包括：大气重污染首要污染物、污染范围、可能持续的时间、潜在的危害程度、已采取的措施、可能受影响的区域及需采取的措施建议。

4.5　区域联防联动

建立行政区域间大气重污染联防联动机制，共同做好大气重污染应对工作。依托长三角环境保护联防联控机制，在长三角区域大气污染防治协作小组的统一协调下，加强与周边省(市)应对大气重污染的区域协作。省大气重污染应急办密切与周边省(市)的信息交流和应急协调，提高大气重污染预测及趋势研判的及时性、准确度；当城市大气污染受外来影响明显时，及时向相关省(市)提出污染减排的支持意见和建议，区域协作共同减缓大气重污染的影响。

4.6　响应终止

经监测预测，空气质量指数将降至或降至预警条件以下时，经专家咨询组分析评估，由各级大气重污染应急组织机构的办事机构或环保部门提出解除应急响应建议，报大气重污染应急组织机构批准后，终止应急响应，并通知各成员单位。

5　总结评估

省级应急响应终止后1个工作日内，省指挥部各成员单位要将应急措施落实情况以书面形式报省大气重污染应急办。省大气重污染应急办组织有关部门和专家，会同有关大气重污染区域范围内的政府对大气重污染应急处置工作进行总结评估，提出改进应对工作的意见建议，评估报告上报省指挥部。

6　应急保障

6.1　人力资源保障

加强大气重污染应急队伍的建设，提高应对能力，保证在大气重污染情况下，能迅速参与并完成各项应急响应工作。

各级环保部门和气象部门要加强专业技术人员的日常培训，培养一批训练有素的应急监测和综合分析人才。

6.2　资金保障

各级财政部门统筹安排专项资金，落实大气重污染预警系统建设、运行和应急处置工作经费，为做好大气重污染应对工作提供财力保障。

6.3　监测与预警能力保障

各级环保部门与气象部门要加强合作，建立重污染天气监测预警体系，做好重污染天气过程的趋势分析，完善会商研判机制，提高监测预警的准确度，及时发布监测预警信息。

宣传部门加强协调，督促各类媒体及时、准确发布大气重污染预警信息。

6.4　通信与信息保障

通信管理部门负责建立大气重污染应对工作通信保障体系，督促基础电信运营企业发布大气重污染预警手机信息。

建立各级大气重污染应对工作联络网络，明确各相关人员通信联系方式和方法，并提供备用方案，确保应急响应指令畅通。

7　附则

7.1　以上、之间、大于的含义

本预案所称“以上”“之间”均含本数，“大于”不含本数。

7.2　督查考核与责任追究

省指挥部组织监察、环保等相关部门对全省大气重污染应对工作的监督检查，对有关成员单位应急行动方案和各地大气重污染应急预案制订和应急体系建设等情况进行检查；大气重污染预警启动时，派出执行监督组对有关部门、各地应急措施的组织落实情况进行抽查。监督检查结果纳入对有关部门、各地的考核。建立大气重污染应对工作通报、约谈等制度，对未按照有关规定落实各项应急措施的相关部门和政府进行通报、约谈。对因工作不力、行政效率低下、履职缺位等导致未有效落实应急措施的，依据有关法律、法规、规章的规定追究有关单位和人员责任。

7.3　预案管理与更新

本预案由省大气重污染应急办负责管理。预案实施后，省大气重污染应急办组织有关部门适时开展预案的宣传、培训和演练，并根据应对工作实际情况，适时组织评估和修订。

7.4　预案制订与实施

本预案由省环保厅会同省级相关部门制订，报省政府批准后，自发布之日起实施。

附件：1. 应急预案体系框架图(略)

2. 浙江省大气重污染应急处置流程图(略)

浙江省人民政府办公厅关于公布小城市培育试点扩围名单的通知

各市、县(市、区)人民政府,省政府直属各单位:

小城市培育试点是省委、省政府推进新型城市化、加快城乡一体化发展的战略举措。第一轮小城市培育试点3年来,各地、各有关部门加大工作力度,加强政策支持,试点成效显著。为深入推进小城市培育试点工作,进一步扩大试点效应,经省政府同意,在第一轮27个小城市培育试点镇的基础上,将建德市乾潭镇等9个中心镇和省级重点生态功能区范围的淳安县千岛湖镇等7个县城纳入新一轮小城市培育试点范围。各地、各有关部门要认真贯彻落实党的十八届三中全会、全国新型城镇化工作会议精神和省委、省政府推进新型城市化的决策部署,突出改革统领,做好科学规划,注重因地制宜,扎实推进小城市试点培育,引导和推动中心镇加快发展、科学发展、转型发展。

2014年3月20日

小城市培育试点扩围名单

杭州市:淳安县千岛湖镇(县城)*、建德市乾潭镇。

宁波市:江北区慈城镇、宁海县西店镇。

温州市:文成县大峃镇(县城)*、泰顺县罗阳镇(县城)*。

湖州市:南浔区练市镇。

嘉兴市:海宁市长安镇。

绍兴市:上虞区崧厦镇。

金华市:永康市古山镇。

衢州市:开化县城关镇(县城)*。

舟山市:定海区金塘镇。

台州市:路桥区金清镇。

丽水市:云和县县城*、庆元县县城*、景宁畲族自治县县城*。

注:标*为省级重点生态功能区范围的县城。

浙江省人民政府办公厅关于创新农药管理机制保障农产品质量及生态安全的意见

各市、县(市、区)人民政府,省政府直属各单位:

农药是防治病虫害、保障农业丰收必不可少的生产资料,也是影响农产品质量安全的关键因素,事关群众身体健康和生态安全。近年来,各地加强农药等农业投入品管理,积极指导农民科学使用农药,不断强化农产品质量安全监管,有力促进了高效生态农业发展。但是,滥用乱用农药现象仍较为普遍,违法生产、销售、使用禁限用的高毒农药和隐性成分农药的行为屡禁不止,生物农药推广应用率不高,农药产业发展水平总体较低等,影响了农产品质量安全和农村生态环境。为切实保障农业生产和农产品质量安全,推进"五水共治"和绿色农业强省建设,根据《中华人民共和国农产品质量安全法》《农药管理条例》《浙江省农作物病虫害防治条例》和《国务院办公厅关于加强农产品质量安全监管工作的通知》(国办发〔2013〕106号)等精神,经省政府同意,现就创新农药管理机制、保障农产品质量及生态安全提出如下意见:

一、总体要求

以科学发展观为指导,围绕"五水共治"和绿色农业强省建设的总体要求,以"保供给、保安全、保民生"为主要目标,坚持安全为本、依法监管、堵疏结合、标本兼治的方针,加强农药源头管理，科学引导生产，优化农药产业和使用结构，加强农药管理队伍建设，加快构建集农药登记、执法监管、科学使用、质量检测、风险预警等为一体的现代农药管理体系，促进农业现代化和现代农药产业发展。通过3～5年努力，力争使高效、低毒、低残留环境友好型农药普及率达90%以上，其中生物农药的推广应用率达10%以上，化学农药使用量减少15%以上；农药对病虫害防治的贡献率达80%以上；农药产品质量抽检合格率和标签合格率分别达92%和95%以上；主要农产品控制农药残留合格率达98%以上，确保不发生因农药使用引发的重大农产品质量安全、人畜中毒死亡和生态环境安全事故，农药管理和安全使用水平全国领先。

二、加强农药管理，规范农药市场秩序

（一）依法规范农药登记制度

省农业行政主管部门要按照农业部农药登记审批制度改革和"部、省一体化"工作要求，认真落实农药登记制度，切实发挥农药登记在调整产品结构中的导向作用。加快推进蔬菜、杨梅、草莓、中药材、蚕桑、山核桃、食用笋等区域特色作物用药试验筛选与依法登记。科学开展农药药效、残留、环境、毒理、产品化学等试验及风险评估，为农药登记管理提供有效服务。要严把资料登记、初审关，降低登记复审率，实行农药登记网上审核。建立农药使用再评价制度，加强农药登记产品跟踪调查，综合评估安全风险、产品质量等，为农药登记证续展和换发提供依据。

（二）规范农药经营管理

按照《浙江省农作物病虫害防治条例》规定，农药经营实行许可制度。各级农业、工商行政管理部门要严格农药经营准入标准，建立经营人员年度培训等制度，指导经营者按照服务半径合理布点，规范农药经营秩序。按照"安全第一、合理布局、方便群众"的原则，全面推进高毒（高风险）农药定点经营制度，各市、县（市、区）农业行政主管部门要根据当地农作物种植结构、病虫害发生情况及防治要求、农产品农药残留状况等，合理布局高毒（高风险）农药定点经营单位。省农业行政主管部门要根据《浙江省农作物病虫害防治条例》规定，制订高风险农药认定管理办法。大力发展农药连锁经营、配送服务等新型农药流通业态。经营的农药属于危险化学品的，依照《危险化学品安全管理条例》的规定执行。

（三）加强农药生产和进出口管理

农药生产依法实行许可制度，严禁无定点资质企业从事农药生产，严禁农药企业生产无证产品。各级经信部门要加强农药企业生产管理，严格执行产业政策。农药生产企业要严格按照产品质量标准和技术规程进行生产，确保生产产品与许可、登记的产品一致。认真落实农药安全生产和环境保护措施。全面推行农药产品条形码，实现农药产品的可追溯。加强农药进出口管理，积极应对国际贸易摩擦，保护企业合法权益。

（四）加大农药等农业投入品的市场执法监管力度

各级农业、工商、公安、经信、质监等部门要加大对农药等农业投入品执法监管力度，依法严肃查处制售假劣农资、非法经营、非法添加禁限用的高毒农药、非法添加隐性成分等违法行为，涉嫌犯罪的，依法移送司法机关处理。各级农业、质监部门要加大对农药等农业投入品和农产品的质量监测力度。承担农产品质量安全检测工作的机构，要配备必要的仪器设备，充实检测人员，加强蔬菜、水果、茶叶等主要农产品农药残留检测。加快建成农产品质量安全快速检测室，对公众免费开放。创新农药等农业投入品市场监管机制，建立农业投入品购销、监管信息化网络平台，推行挂牌动态管理、"黑名单"等制度。加强执法能力建设，改善执法条件，提高执法规范化水平；加强农产品质量安全监管体系建设，将农产品质量安全监管执法纳入农业综合执法范围，确保监管工作落到实处。

三、指导农民科学使用农药，确保农产品质量安全

（一）加强农药使用管理

各级农药行政主管部门要制订完善农药合理使用准则、农药残留限量标准和田间施药操作规程，督促农产品生产经营者认真执行安全间隔期（休药期）、生产档案记录等制度，确保可追溯。各级农业、林业部门要根据当地病虫害发生特点，及时发布病虫害防治用药指导目录，通过电视、网络、报刊、浙江农民信箱等媒体及时公布农药登记、质量监测、药效、安全风险等信息，向农民推荐安全、高效、适用的农药品种，指导农民正确选药、适期用药。充分利用基层农技推广体系，结合农民培训工程和科技入户工程，加大对农民科学使用农药的培训、指导，提高农民科学用药水平。农药经营者应遵照农业、林业部门发布的病虫害预报预警信息销售农药，并正确介绍农药使用范围、防治对象、使用方法等，不得误导农药使用者增加用药种类、用药次数和用药量。建立健全"检打联动、追根溯源"机制，促使农民遵守农药安全、合理使用规范，科学防治病虫害，确保农产品质量安全。要建立健全废弃农药及农药包装物的回收处理制度，推广"经营单位回收、专业机构运输、资质单位处置、财政补助支持、部门监督协调、实行无害化处理"的废弃农药及农药包装物回收处置模式，促进"清洁田园"建设。

（二）大力推进农业标准化生产

要坚持绿色生产理念，加快制订保障农产品质量安全的生产规范和标准，加大质量控制技术的推广力度。大力培育和发展专业化统防统治组织，优化病虫害防治服务，推广病虫害绿色防控技术，减少化学农药用量，提高防治效率。制订并实施农药减量使用计划，逐步控制和减少高毒（高风险）农药使用，探索高效双低（低毒、低残留）农药和生物农药补贴工作，加快推广高安全、低风险的环境友好型农药。加快推进特色经济作物病虫害防治农药的登记生产、试验示范和推广应用，确保农林业生产有合法农药可用。

（三）建立农药安全使用风险预警机制

县级以上农业行政主管部门应建立农药安全使用预警机制，创新农药再评价机制。加强对已登记农药的安全性和有效性的监测，发现登记农药对农林产业和产品质量安全、人畜安全、生态环境等有严重危害或者较大风险的，要依照《浙江省农作物病虫害防治条例》的规定，在特定区域、特定时段内以及对特定农作物依法实行限制使用。加强饮用水水源保护区农药使用管理。

（四）妥善处置农药安全事故

发生农作物农药药害和农药使用安全事故时，农业、卫生部门应当会同环保等有关部门及时组织力量进行调查和处置，最大限度降低危害和损失。严格高危农药的管理，强化警示标识和宣传，防止发生非生产性人员中毒死亡事故。

四、推进农药科技创新，促进农药产业转型升级

（一）优化农药产业产品结构

落实和完善促进农药产业转型升级的政策措施，支持研发生产安全、高效、经济、低毒、低残留的环境友好型农药，落实扶持生物农药生产的税收优惠政策。鼓励现有农药原药生产企业向化工园区或集聚区集聚、农药制剂生产企业向工业园区或集聚区发展。推动和支持农药龙头企业兼并重组，加强与跨国公司战略合作，加快高安全、低风险的新农药、新剂型研发生产，逐步限制、淘汰高毒、高污染、高环境风险的农药产品和工艺技术，优化农药产品结构。实施名牌战略，完善质量管理制度，提升产品质量，促进农药产业转型升级。

（二）大力推进农药科技创新

利用和整合大专院校、科研院所、农技推广部门和农药企业的科技资源，建设完善农药科技创新平台，对农药关键应用技术和重点项目进行联合攻关，加快研究开发一批适应绿色农业发展的高效、低毒、低残留和环境友好型农药新产品、新剂型。积极支持相关科研单位、农药推广部门和企业自主开发、引进、吸收国内外新装备、新产品、新技术。加强农药安全使用与控制农产品农药残留的关键技术集成研究，加快推广先进适用施药技术。各级政府在高新技术企业认定、科技企业扶持、技术改造、重大科技攻关项目安排等方面给予倾斜，引导农药生产企业增加对新产品、新技术开发的投入，增强农药生产企业核心竞争力。

五、切实加大保障力度

（一）加强组织领导

各级政府要对本地区的农药管理和农产品质量安全负总责，把这项工作作为“五水共治”和绿色农业强省建设的重要举措来抓，加强组织领导和统筹协调，创新工作体制机制，出台有力的政策措施，切实提高农药管理和农产品质量安全水平，促进农业转型升级和美丽乡村建设。各级、各有关部门要各司其职，密切配合，共同抓好农药管理和农产品质量安全工作。

（二）加强队伍体系建设

各级政府要加强农药管理和农产品质量安全监管队伍建设。各级农业行政主管部门要做好农药管理的牵头协调工作，落实承担农药管理的机构和人员，优化整合农药管理力量，统筹协调农药管理各项工作。推进农药管理和农产品质量安全监管工作重心和力量配置下移，将农药管理和农产品质量安全监管列为基层农业公共服务的重要内容，乡镇（街道）要明确人员承担农产品质量安全和农药管理工作，强化统筹管理，充分发挥行政村市场监管协管员在农产品质量安全和农药监管中的作用，进一步健全基层农药管理体系。大力培养农药管理专业人才，加强法律法规、业务技能等方面的教育培训，切实提高农药管理水平。

（三）加大财政支持力度

各级政府要建立农药监管和安全使用的投入保障机制，将农药管理体系建设及人员经费和必要的监督检验、推广应用、科普宣传等工作经费纳入同级财政预算。加强农药质量检测、农产品农药残留检测、农药风险监测预警、农药执法监管的设施设备和仪器的配置。各级财政要加大对特色作物用药登记试验、生物农药及高效双低（低毒、低残留）农药应用、新农药研发与安全用药技术、废弃农药及包装物回收处置等工作的支持力度。鼓励农药生产企业、社会组织和个人增加对农药产业转型升级的投入，加快农药产业转型升级步伐。

2014年3月24日

浙江省人民政府办公厅关于印发浙江省建设项目环境影响评价文件分级审批管理办法的通知

各市、县（市、区）人民政府，省政府直属各单位：

经省政府同意，现将《浙江省建设项目环境影响评价文件分级审批管理办法》印发给你们，请认真组织实施。

2014年7月10日

浙江省建设项目环境影响评价文件分级审批管理办法

第一条 按照深化行政审批制度改革的要求，为加强和规范我省建设项目环境影响评价分级审批管理，提高审批效率，根据有关法律法规和《建设项目环境影响评价文件分级审批规定》(环境保护部令第5号)、《浙江省建设项目环境保护管理办法》(省政府令第288号)等有关规定，结合我省实际，制定本办法。

第二条 在本省行政区域内，建设项目环境影响评价文件的审批适用本办法。

第三条 建设项目环境影响评价文件的分级审批权限，原则上按照建设项目的审批、核准和备案权限及建设项目对环境的影响性质和程度以及国家有关规定确定。

除特定的重污染、高环境风险或严重影响生态的、选址跨行政区域的建设项目外，环境影响评价文件原则上实行属地审批和管理。

第四条 省环境保护行政主管部门负责审批下列建设项目环境影响评价文件：

(一)省环境保护行政主管部门确定的重污染、高环境风险以及严重影响生态的建设项目。

(二)国务院环境保护行政主管部门委托省环境保护行政主管部门审批的建设项目。

(三)选址跨设区市行政区域的建设项目。

(四)按照法律、法规、规章规定由省环境保护行政主管部门审批的其他建设项目。

省环境保护行政主管部门负责审批环境影响评价文件的建设项目清单，由省环境保护行政主管部门制订、调整并经省政府批准后发布。

第五条 设区市环境保护行政主管部门负责审批下列建设项目环境影响评价文件：

(一)省环境保护行政主管部门委托设区市环境保护行政主管部门审批的建设项目。

(二)设区市人民政府及其投资主管部门审批、核准、备案的建设项目。

(三)所辖行政区域内重污染、高环境风险以及严重影响生态的建设项目。

(四)选址跨所辖县(市、区)行政区域的建设项目。

(五)按照法律、法规、规章规定由设区市环境保护行政主管部门审批的其他建设项目。

根据国家和省深化行政审批制度改革的有关要求，设区市人民政府可以将本条第(二)项的部分建设项目，依法下放给项目所在地县(市、区)环境保护行政主管部门审批。具体建设项目清单由设区市人民政府制订、调整、发布并抄送省环境保护行政主管部门和省级投资主管部门。

本条第(三)项的建设项目清单，由省环境保护行政主管部门制订、调整并经省政府批准后发布。

第六条 县(市、区)环境保护行政主管部门负责审批下列建设项目环境影响评价文件：

(一)省或设区市环境保护行政主管部门委托县(市、区)环境保护行政主管部门审批的建设项目。

(二)国家、省和设区市环境保护行政主管部门审批权限以外的建设项目。

未设立区环境保护行政主管部门的市辖区行政管辖范围内的建设项目，环境影响评价文件由设区市环境保护行政主管部门负责审批。

第七条 副省级城市、计划单列市和舟山市环境保护行政主管部门负责依法审批第五条及第四条第(一)项(辐射项目除外)中的建设项目环境影响评价文件。

第八条 义乌市环境保护行政主管部门负责依法审批第五条、第六条及第四条第(一)项(辐射项目除外)中的建设项目环境影响评价文件。

第九条 省政府确定的对工业项目开展以负面清单制、企业依法承诺制、备案制和事后监管制为主要内容的改革试点地区，应当在国家《建设项目环境影响评价分类管理名录》(环境保护部令第2号)明确的需编制环境影响报告书(表)项目类别的基础上，根据建设项目污染程度、环境风险程度和影响生态环境程度，科学制订负面清单。列入负面清单的工业项目不得纳入“核准目录外企业投资项目不再审批改革试点”。

第十条 建设项目可能造成跨行政区域的不良环境影响，有关环境保护行政主管部门对该项目的环境影响评价结论有争议的，其环境影响评价文件由共同的上一级环境保护行政主管部门审批。

第十一条 跨行业、复合型的建设项目，审批规定互相有交叉的，其环境影响评价文件的审批权限按其中的最高级别执行。

第十二条 被依法撤销环境影响评价批复文件的建设项目重新进行环境影响评价的，适用本办法。

第十三条 建设项目环境影响评价文件审批的分级管理，法律、法规另有规定的，从其规定。

第十四条 上级环境保护行政主管部门应切实加强对下级环境保护行政主管部门建设项目环境影响评价文件审批管理工作的指导、监督和管理。

环境保护行政主管部门超越法定权限或者违反法定程序和条件批准建设项目环境影响评价文件的，由该环境保护行政主管部门或者其上级环境保护行政主管部门按照《中华人民共和国行政许可法》有关撤销行政许可的规定执行；造成严重后果的，由省或设区市环境保护行政主管部门责令其限期整改，对直接负责的主管人员和其他直接责任人员，由有权机关按照管理权限依法予以处分。

第十五条 产业园区、风景名胜区、旅游度假区环保部门依据法律、法规、规章授权履行环境保护职责。

第十六条 本办法自2014年7月25日起施行，此前我省建设项目环境影响评价文件审批管理权限的有关规定同时停止执行。

浙江省人民政府办公厅关于印发浙江省大气污染防治行动计划重点工作部门分工方案的通知

各市、县(市、区)人民政府，省政府直属各单位：

《浙江省大气污染防治行动计划重点工作部门分工方案》已经省政府同意，现印发给你们，请结合实际，认真贯彻执行。

2014年7月16日

浙江省大气污染防治行动计划重点工作部门分工方案

根据《国务院办公厅关于印发大气污染防治行动计划重点工作部门分工方案的通知》(国办函〔2013〕118号)和《浙江省大气污染防治行动计划》(浙政发〔2013〕59号)，现制定浙江省大气污染防治行动计划重点工作部门分工方案如下：

一、加快调整能源结构(省发改委总牵头)

(一)制订实施全省煤炭消费总量控制方案

1. 制订煤炭消费总量中长期控制目标，制订实施燃煤消费总量控制方案，实现煤炭消费总量负增长。[省经信委、省发改委(省能源局)。列第一位者为牵头部门，下同]

2. 新建项目禁止配套建设自备燃煤电站。除集中供热的热电联产和整体煤气化联合循环发电系统(IGCC)外，禁止审批国家禁止的新建燃煤发电项目；现有多台燃煤机组装机容量合计达到30万千瓦以上的，可按照煤炭等量替代的原则建设为大容量燃煤机组。[省经信委、省发改委(省能源局)]

3. 实施低硫、低灰分配煤工程，推进煤炭清洁化利用。[省经信委、省发改委(省能源局)、省环保厅]

(二)制订高污染燃料禁燃区建设方案

组织开展"高污染燃料禁燃区"创建，淘汰禁燃区内燃烧使用高污染燃料的各类设施。[省发改委(省能源局)、省经信委、省环保厅、省建设厅、省质监局]

(三)制订实施全省集中供热和煤改气淘汰小锅炉实施方案

加快推进工业园区集中供热、"煤改气""煤改电"工程建设。制订工业园区(产业集聚区)集中供热建设方案，推行大电厂集中供热模式，建设和完善热网工程，淘汰分散燃煤锅炉。[省发改委(省能源局)、省经信委、省环保厅、省建设厅、省质监局]

(四)制订清洁能源发展计划

1. 制订天然气开发利用方案，加快推进天然气管网设施、汽车加气站建设。推广使用天然气等清洁能源。[省发改委(省能源局)、省经信委、省建设厅、省能源集团]

2. 积极有序发展水电，开发利用地热能、风能、太阳能、生物质能，安全高效发展核电。[省发改委(省能源局)、省经信委、省国土资源厅、省环保厅、省电力公司]

(五)提高外购电比例

加大省外电源合作开发力度，建立稳定的外来电基地，提高长期外购电比例。[省发改委(省能源局)、省经信委、省能源集团、省电力公司]

(六)严格节能措施

1. 严格落实节能评估审查制度，新建高耗能项目单位产品(产值)能耗要达到国际先进水平，用能设备达到国家一级能效标准。(省经信委)

2. 积极发展绿色建筑，新建建筑要严格执行强制性节能标准，推广使用太阳能热水系统、地源热泵、空气源热泵、光伏建筑一体化、"热—电—冷"三联供等技术和装备。(省建设厅、省发改委、省经信委、省科技厅、省财政厅、省电力公司)

二、防治机动车污染(省环保厅总牵头)

(一)强化机动车排气监管

1. 建立机动车排污监管平台。全面建成机动车环保检测和监管体系，实施机动车环保标志管理。(省环保厅、省公安厅)

2. 严格新车和转入车辆环保准入，强化车辆登记、检测、维修、报废全过程管理。(省公安厅、省环保厅、省交通运输厅)

3. 鼓励出租车每年更换高效尾气净化装置，加快推进公交车、出租车更新换代，加快柴油车车用尿素供应体系建设。（省交通运输厅、省公安厅、省环保厅）

4. 提高低速汽车（三轮汽车、低速货车）节能环保要求，抓好低速汽车的生产监管，促进相关产业和产品技术升级换代。（省经信委、省环保厅）

5. 禁止低速汽车在城市中心区域行驶。（省公安厅、省环保厅）

（二）实施黄标车区域限行，加速黄标车淘汰

1. 全面实行黄标车区域限行。（省公安厅、省环保厅）

2. 指导各地出台鼓励黄标车淘汰政策，全省全面淘汰黄标车。（省环保厅、省公安厅、省财政厅、省交通运输厅）

（三）制订全省油品提升保供方案

1. 督促石油炼制企业升级改造。[省发改委（省能源局）、省经信委、省环保厅、省质监局]

2. 按计划组织供应国Ⅳ、Ⅴ标准的车用汽、柴油。（省商务厅、省环保厅、省工商局、省质监局）

3. 加强油品质量监督检查，严厉打击非法生产、销售不合格油品行为。（省质监局、省商务厅、省工商局）

（四）制订公共交通清洁能源汽车发展计划

1. 公交、环卫等行业和政府机关率先使用新能源汽车，采取直接上牌、财政补贴等措施鼓励个人购买。（省财政厅、省发改委、省经信委、省科技厅、省公安厅）

2. 全省每年新增或更新的公共汽车中清洁能源汽车的比例达到30%以上，其中杭州、宁波、温州、湖州、嘉兴、绍兴、金华、台州等国家和省确定的大气污染防治重点城市达到50%以上。加快推进在用营运公交车淘汰更新或清洁能源改造。（省交通运输厅、省发改委、省公安厅、省财政厅、省建设厅）

3. 开展工程机械等非道路移动机械和船舶的污染控制。（省环保厅、省交通运输厅、省质监局）

（五）实施道路畅通工程

1. 推广智能交通管理。加快推广使用电子不停车收费系统（ETC）。实施公交优先战略，提高公共交通出行比例，开展城市步行和自行车交通系统规划编制，加强步行、自行车交通系统建设。实施交通治堵工程，降低机动车使用强度，促进道路畅通。交通拥堵严重的城市，可实施机动车限行。[省交通运输厅（省治堵办）、省公安厅、省建设厅]

2. 优化城乡空间布局，完善城市交通组织。（省建设厅、省交通运输厅）

三、治理工业污染（省环保厅总牵头）

（一）制订脱硫脱硝实施方案

全省基本完成热电企业脱硫工程建设，镇海炼化催化裂化装置完成脱硫设施建设并投运。所有钢铁企业的烧结机和球团生产设备、石油炼制企业的催化裂化装置、有色金属冶炼企业都要安装脱硫设施，全省所有燃煤锅炉和工业窑炉完成脱硫设施建设或改造；所有火电和水泥行业完成烟气脱硝治理，达到国家规定的浓度限值。所有新建、在建火电机组必须采用烟气清洁排放技术，现有60万千瓦以上火电机组基本完成烟气清洁排放技术改造，达到燃气轮机组排放标准要求。[省环保厅、省发改委（省能源局）、省经信委、省能源集团]

（二）治理工业烟粉尘

火电、钢铁、石化、水泥、有色、化工等六大行业以及燃煤锅炉项目，分别按照国家的相关规定执行新的排放标准，杭州、宁波、湖州、嘉兴、绍兴等环杭州湾地区执行大气污染物特别排放限值。完成火电（65蒸吨/小时以上锅炉）提标改造并严于国家标准要求，基本完成全省所有燃煤锅炉和工业炉窑除尘设施建设或改造。[省环保厅、省发改委（省能源局）、经信委、省质监局、省能源集团]

（三）制订全省挥发性有机废气治理方案

1. 加快实施《浙江省挥发性有机物污染整治方案》。（省环保厅、省经信委、省工商局、省质监局）

2. 开展加油站、储油库、油罐车的油气回收治理，在原油成品油码头开展油气回收治理，加强油气回收监管。（省环保厅、省交通运输厅、省商务厅）

3. 开展对印染、炼化化工、涂装、合成革、橡胶塑料制品、印刷包装、木业、制鞋、化纤、生活服务等10个主要行业的VOCs整治，石化行业推行泄漏检测与修复技术改造。基本建成VOCs污染防控体系。（省环保厅、省经信委、省工商局、省质监局）

四、调整产业布局与结构（省经信委总牵头）

（一）严格产业准入。

1. 提高节能环保准入门槛，健全重点行业准入条件，公布符合准入条件的企业名单并实施动态管理。（省经信委、省发改委、省环保厅）

2. 将二氧化硫、氮氧化物、烟粉尘和挥发性有机物排放是否符合总量控制，作为建设项目环境影响评价审批的前置条件。（省环保厅、省发改委、省经信委）

3. 全省禁止新建20蒸吨/小时以下的高污染燃料锅炉，禁止新建直接燃用非压缩成型生物质燃料锅炉。原则上城市建成区不新建以生物质为燃料的锅炉，城市建成区以外，鼓励以压缩成型生物质为燃料的锅炉项目建设。（省经信委、省发改委、省环保厅）

4. 坚决遏制产能严重过剩行业盲目扩张，产能过剩行业新、改、扩建项目要实行产能减量置换。（省经信委、省发改委、省环保厅）

5. 按照主体功能区规划要求，合理确定重点产业发展布局、结构和规模，重大项目原则上布局在优化开发区和重点开发区。所有新、改、扩建项目必须全部进行环境影响评价。加强产业政策在产业转移过程中的引导与约束作用，严格限制在生态脆弱或环境敏感地区建设“两高”行业项目。加强对各类产业发展规划的环境影响评价。（省发改委、省经信委、省国土资源厅、省环保厅、省建设厅）

（二）产业布局调整

1. 对城市建成区内钢铁、石化、化工、有色金属冶炼、

水泥、平板玻璃等重污染企业实施搬迁改造，推动工业项目向园区集中，全面完成大气重污染企业关停或搬迁工作。（省发改委、省经信委、省国土资源厅、省环保厅、省建设厅、省工商局）

2. 对布局分散、装备水平低、环保设施差的小型工业企业进行全面排查，制订综合整改方案，实施分类治理。（省环保厅、省经信委）

3. 建立以节能环保标准促进“两高”行业过剩产能退出的机制。制订财政、土地、金融等扶持政策，支持产能过剩“两高”行业企业退出、转型发展。通过跨地区、跨所有制企业兼并重组，推动过剩产能压缩。严禁核准产能严重过剩行业新增产能项目。（省发改委、省经信委、省财政厅、省国土资源厅、省环保厅、人行杭州中心支行、浙江银监局）

（三）制订实施全省落后产能淘汰规划

1. 认真清理产能严重过剩行业违规在建项目。（省发改委、省经信委）

2. 按照《浙江省淘汰落后产能规划（2013—2017年）》，全面完成落后产能淘汰任务，淘汰产能目录向社会公布。（省经信委、省发改委）

（四）制订全省清洁生产计划

1. 对全省钢铁、水泥、化工、石化、有色金属冶炼等重点行业进行清洁生产审核，针对节能减排关键领域和薄弱环节，采用先进适用的技术、工艺和装备，实施清洁生产技术改造。（省经信委、省发改委、省财政厅、省环保厅）

2. 推进非有机溶剂型涂料和农药等产品创新，减少生产和使用过程中挥发性有机物排放。开发缓释肥料新品种，减少化肥施用过程中氨的排放。（省科技厅、省经信委、省农业厅）

（五）制订全省园区循环化改造计划

鼓励产业集聚发展，实施园区循环化改造，构建循环型工业体系。（省发改委、省经信委、省环保厅、省商务厅）

五、整治城市扬尘和烟尘（省建设厅总牵头）

（一）城市工地及道路扬尘控制

1. 加强施工扬尘监管，积极推进绿色施工，实施施工工地封闭管理，做到施工现场围挡、工地砂土覆盖、工地路面硬化、拆除工程洒水、出工地运输车辆冲净且密闭、外脚手架密目式安全网安装100％落实，建立对违法违规企业的长效制约机制。（省建设厅、省环保厅）

2. 暂不开发的场地100％绿化。（省林业厅、省国土资源厅、省建设厅）

3. 施工工地渣土运输车应采取密闭措施，逐步推行卫星定位系统。（省建设厅、省交通运输厅）

4. 强化道路扬尘治理，探索建立城乡一体的道路路面保洁机制，着力提高城镇道路机械化清扫率。（省建设厅、省公安厅、省国土资源厅）

（二）控制餐饮油烟

1. 禁止在未经规划作为饮食服务用房的居民楼或商住楼新建从事产生油烟的餐饮经营活动。所有产生油烟的餐饮企业、单位须安装油烟净化装置，并建立定期清洗的制度，确保净化装置高效稳定运行。（省环保厅、省建设厅、省工商局、省食品药品监管局）

2. 推广使用高效净化型家用吸油烟机。（省经信委、省商务厅）

（三）建设烟尘控制区

1. 禁止露天焚烧生活垃圾、工业边角料。严格控制露天烧烤。（省建设厅、省公安厅、省环保厅）

2. 对有烟粉尘排放的港口、物流露天堆场等实施封闭管理，确实无法封闭的，应建设防风抑尘设施。（省交通运输厅、省环保厅）

3. 煤堆场等实施封闭管理或建设防风抑尘设施。（省经信委、省环保厅、省建设厅）

4. 加大烟花爆竹禁燃力度，严禁在规定时间、规定地点外燃放烟花爆竹。（省公安厅、省建设厅）

（四）控制干洗行业废气污染

干洗企业严格执行国家《洗染业管理办法》，新开洗染店或新购洗染设备的，必须为全封闭式干洗机并增加压缩机制冷回收系统；在用干洗设施要进行治理，强制回收干洗溶剂。完成干洗行业废气污染治理。（省环保厅、省建设厅、省工商局）

（五）控制装修废气污染

推广使用水性涂料，鼓励生产销售和使用低毒、低挥发性溶剂。民用建筑内外墙体强制使用水性涂料，家庭装修倡导使用水性涂料。（省建设厅、省经信委、省环保厅、省商务厅、省质监局）

六、控制农村废气污染（省农业厅总牵头）

（一）制订秸秆及农作物废弃物综合利用实施方案

1. 加快推进秸秆及农作物废弃物综合利用，实现秸秆资源化、商品化。基本实现秸秆还田和多元化利用。（省农业厅、省发改委、省环保厅）

2. 建立健全禁止露天焚烧秸秆的长效监管机制，充分利用卫星遥感加强秸秆焚烧监控，严防随意露天焚烧秸秆。（省环保厅、省农业厅）

（二）控制农业氨污染

积极推行测土配方施肥和减量增效技术，大力推广使用有机肥，引导农民科学施肥，着力提高肥料利用率，减少农田化肥使用量和氨挥发量。（省农业厅、省发改委）

（三）实施采矿粉尘治理和废弃矿山治理

制订实施《矿山粉尘管理规范》和《全省矿山粉尘整治专项行动工作方案》。所有采石场要落实扬尘、粉尘控制措施，对已关闭废弃矿山开展危岩治理，并进行土地复垦和植被恢复。（省国土资源厅、省环保厅、省林业厅）

（四）实施绿化造林工程

大力开展植树造林，深入实施“1818”平原绿化行动，加强生态公益林、防护林建设，增强森林生态功能。（省林业厅、省建设厅、省交通运输厅）

七、强化保障措施（省环保厅总牵头）

（一）明确政府责任

1. 省政府与各市政府签订目标责任书，将目标任务分解落实到各地政府。（省环保厅、省发改委、省经信委、

省建设厅、省农业厅）

2. 各市、县（市、区）政府制订本地区的实施细则，并逐年制订实施大气污染防治年度计划。（省环保厅、省发改委、省经信委、省建设厅、省农业厅）

3. 各级大气污染防治专项行动牵头单位要各负其责，制订实施各专项行动实施方案和年度计划。（省环保厅、省发改委、省经信委、省建设厅、省农业厅）

（二）严格督查考核

1. 严格实施《环境空气质量管理考核办法》，考核结果作为当地政府领导班子和领导干部实绩分析评价的重要内容，并与建设项目审批以及财政资金奖惩结合，考核结果要公开发布，接受公众监督。（省环保厅、省委组织部、省财政厅）

2. 开展大气污染防治行动计划实施情况中期评估，对推进工作不力、没有完成阶段性任务的有关政府和部门负责人实行约谈。（省环保厅、省委组织部、省监察厅）

3. 落实执法责任，对监督缺位、执法不力、徇私枉法等行为，依法追究有关部门和人员的责任。（省监察厅、省公安厅、省司法厅、省环保厅）

4. 每月公布全省城市环境空气质量。主动公开新建项目环境影响评价、企业污染物排放、治污设施运行情况等环境信息，接受社会监督。涉及群众利益的建设项目，应充分听取公众意见。建立重污染行业企业环境信息强制公开制度。（省环保厅）

5. 制订考核办法，进行年度考核、中期评估和终期考核。[省环保厅、省发改委（省能源局）、省经信委、省财政厅、省建设厅、省农业厅]

6. 对因工作不力、履职缺位等导致未能有效应对重污染天气的，以及干预、伪造监测数据和没有完成年度目标任务的，要依法依纪追究有关单位和人员的责任，对有关地区和企业实施建设项目环评限批，取消国家授予的环境保护荣誉称号。（省监察厅、省环保厅）

7. 健全信息报送制度。各专项行动牵头部门做好专项工作进展情况总结，每季度向省环保厅报送工作进展情况，每年报送年度工作总结。[省环保厅、省发改委（省能源局）、省经信委、省财政厅、省建设厅、省农业厅]

（三）完善政策制度

1. 加快修订《浙江省大气污染防治条例》，制订《浙江省重点工业行业挥发性有机废气污染物排放标准》等地方排放标准。（省环保厅、省质监局、省法制办）

2. 研究制订高耗能、高污染和资源性行业准入条件和产业准入目录。（省经信委、省发改委、省环保厅）

3. 制订实施餐饮油烟管理规范。（省环保厅、省建设厅、省工商局、省食品药品监管局）

4. 制订实施建筑工地及城市道路扬尘管理规范。（省建设厅、省环保厅、省交通运输厅）

5. 制订实施矿山粉尘管理规范。（省国土资源厅、省环保厅）

6. 落实重点行业排放标准以及汽车燃料消耗量标准、油品标准、供热计量标准等，完善行业污染防治技术政策和清洁生产评价指标体系。[省环保厅、省发改委（省能源局）、省经信委、省建设厅、省质监局]

7. 完善环境监管体制，加强对地方政府执行环境法律法规和政策的监督。（省编委办、省环保厅）

8. 加大环境监测、监管、信息、应急、监察等能力建设力度，达到标准化建设要求。建设全省空气质量监测网络，加强重点污染源在线监控体系建设，推进环境卫星应用。（省环保厅、省发改委、省财政厅）

9. 各有关部门要密切配合。省环保厅要加强指导、协调和监督，有关部门要制订有利于大气污染防治的相关政策，依法做好各自领域的相关工作。（省环保厅会同有关部门）

（四）强化激励机制

1. 创新有利于大气污染防治的财政、信贷、用地等政策措施，各级财政要加大投入，对脱硫脱硝工程、燃煤锅炉淘汰、煤改气、黄标车淘汰、机动车油改气、“两高”行业企业退出等给予引导性资金支持。（省发改委、省经信委、省公安厅、省财政厅、省国土资源厅、省环保厅、省商务厅、浙江银监局）

2. 实施二氧化硫、氮氧化物及烟粉尘减排电价，完善天然气价格政策。[省物价局、省发改委（省能源局）、省环保厅、省电力公司]

3. 加强对火电厂用煤总量、煤质的监管。[省经信委、省发改委（省能源局）]

4. 通过政策补偿和实施峰谷电价、季节性电价、阶梯电价、调峰电价等措施，逐步推行以天然气或电替代煤炭。[省物价局、省发改委（省能源局）、省环保厅、省电力公司]

5. 全面落实“合同能源管理”的财税优惠政策，完善促进环境服务业发展的扶持政策，推行污染治理设施投资、建设、运行一体化特许经营。完善绿色信贷和绿色证券政策，将企业环境信息纳入征信系统。严格限制环境违法企业贷款和上市融资。（省发改委、省经信委、省财政厅、省环保厅、省建设厅、省地税局、省国税局、人行杭州中心支行、浙江银监局、浙江证监局）

6. 推进排污权有偿使用和交易试点。（省财政厅、省环保厅）

7. 推进天然气价格形成机制改革，理顺天然气与可替代能源的比价关系。[省物价局、省发改委（省能源局）]

8. 合理确定成品油价格，完善成品油价格改革补贴政策。[省物价局、省发改委（省能源局）、省财政厅]

9. 加大排污费征收力度。（省环保厅、省财政厅）

10. 适时提高排污收费标准。（省物价局、省财政厅、省环保厅）

11. 将挥发性有机物纳入排污费征收范围。（省环保厅、省财政厅、省物价局）

12. 深化节能环保投融资体制改革。引导银行业金融机构加大对大气污染防治项目的信贷支持。探索排污权抵押融资模式，拓展节能环保设施融资、租赁业务。（省发改委、省财政厅、省环保厅、省金融办、人行杭州中心支行、浙江银监局）

13. 将空气质量监测站点建设及其运行和监管经费纳入各级财政预算予以保障。(省财政厅、省发改委、省环保厅)

14. 组织落实中央大气污染防治专项资金政策，研究本省财政支持政策。(省财政厅、省发改委、省环保厅)

(五)强化监管执法

1. 积极开展各类执法检查，始终保持打击各类环境违法行为的高压态势。加强对火电厂用煤总量、煤质以及餐饮、干洗、露天焚烧废弃物等生活源的监管。[省环保厅、省发改委(省能源局)、省经信委、省公安厅、省建设厅、省司法厅]

2. 各地对未完成整治的企业，要从新项目准入、排污许可证核发、各类评优及资金补助等各方面予以制约。对涉嫌环境犯罪的，要依法追究刑事责任。(省环保厅、省发改委、省经信委、省公安厅、省财政厅)

3. 对未通过能评、环评审查的项目，有关部门不得审批、核准、备案，不得提供土地，不得批准开工建设，不得发放生产许可证、安全生产许可证、排污许可证，金融机构不得提供任何形式的新增授信支持，有关单位不得供电、供水。(省经信委、省环保厅会同有关部门)

(六)加强预警应急

1. 建立重污染天气监测预警体系，细化大气重污染源清单，加强环境空气质量、空气污染气象条件的监测预报。(省环保厅、省应急办、省气象局)

2. 实施《浙江省大气重污染应急预案》，依据重污染天气的预警等级，迅速启动应急响应，并视情渐次采取大气重污染源限产限排和停工停产，以及机动车限行、扬尘控制等措施，防止大气污染蔓延。(省环保厅、省经信委、省公安厅、省建设厅、省应急办、省气象局)

(七)强化科技支撑

1. 组织开展大气雾霾治理重大课题和关键共性技术研发。加强区域大气复合污染特征、形成机制、来源解析、健康影响、大气污染预报和治理技术等方面的基础性研究。(省科技厅、省环保厅、省卫生计生委、省气象局)

2. 加强大气复合污染监测、信息、应急及监察等能力建设。(省环保厅、省财政厅、省公安厅、省气象局)

3. 建成机动车排气监测和信息管理监控平台。(省环保厅、省公安厅、省财政厅、省交通运输厅)

4. 发展环保公共科技创新服务平台，积极开发推广脱硫脱硝、高效除尘、挥发性有机物治理等关键技术，创新发展清洁能源，大力发展环保产业，以重点示范工程建设带动重点行业节能环保水平提升。(省科技厅、省环保厅、省卫生计生委、省气象局)

5. 落实支持企业技术中心、国家重点实验室、国家工程实验室建设，推进大型大气光化学模拟仓、大型气溶胶模拟仓等科技基础设施建设等相关政策。(省科技厅、省发改委、省经信委、省环保厅)

(八)动员社会参与

积极开展多种形式的宣传教育，普及大气污染防治的科学知识，不断增强全社会大气污染防治意识。加强信息公开、畅通举报渠道，创设有利于公众参与监督的各种载体。引导公众从自身做起、从点滴做起，积极参与环保行动，形成文明、节约、绿色的消费方式和生活习惯，共同改善空气质量。(省环保厅、省委宣传部、省教育厅、团省委、省妇联)

浙江省人民政府办公厅关于完善农村土地承包制度搞活承包经营权权能的意见

各市、县(市、区)人民政府，省政府直属各单位：

为稳定和完善农村基本经营制度，保护农民土地(指农村承包土地，下同)承包经营权益，加快构建新型农业经营体系，经省政府同意，现就完善农村土地承包制度、促进承包经营权权能显化、搞活承包经营权权能提出如下意见：

一、总体要求

以党的十八届三中全会和省委十三届四次、五次全会精神为指导，围绕发展现代农业和增进农民利益，以确权登记为基础，以赋权活权为重点，落实农村土地集体所有权，稳定农户承包权，放活土地经营权，创新管理机制，实现承包经营权权能，为发展现代农业夯实基础。到2014年底，力争实现农村土地承包经营权登记制度全覆盖，依法应签合同的签订率达到100%、依法应颁发权证的颁发率达到100%，基本实现农民承包地面积、四至、合同、权证“四到户”，证地、证户、证簿“三相符”，基本形成规范有序、流转顺畅、规模适度的土地流转机制，50%以上的县(市、区)建立流转土地经营权登记颁证制度，1/3以上的县(市、区)开展土地承包经营权抵押、担保试点，农村土地承包制度进一步完善，承包经营权权能进一步显化。

二、全面完善农村土地承包经营权登记制度

(一)开展调查摸底

各县(市、区)要组织收集整理土地承包档案、承包合同、土地承包台账、登记簿，对承包地到户、承包合同签订、承包经营权证发放、土地承包关系变动、土地承包经营权证登记管理等情况进行全面调查，重点核实批准暂缓开展二轮承包的村是否开展二轮承包，完成二轮承包的村承包地块、四至、面积、合同是否到户，承包经营权证是否发放，承包合同、档案、登记簿是否齐全，合同、权证、登记簿是否相符，经法定程序调整承包关系的是否变更登记等内容，并汇总农村土地承包经营矛盾纠纷事项。

（二）突出推进重点

尚未开展二轮承包的村，2014 年要完成二轮承包工作；二轮承包未签订承包合同、未建立登记簿、未发放承包经营权证的，做到应签尽签、应建尽建、应发尽发；二轮承包以来承包关系经法定程序已发生变化，而承包合同、登记簿、权证未变更的，做到应变尽变。承包经营权证尚在村级以上组织保管的，在核实后发放到户。因特殊原因无法落实上述工作要求的，由村逐级向县级人民政府农村土地承包管理部门报告，并报请县级人民政府依法提出处置意见。可对通过招标、拍卖、公开协商等方式取得的“四荒地”等土地依法颁发权证。

（三）依法分类确权

以确权确地为基础，确权确股不确地为补充，分类落实农户承包经营权。四至明确的，必须确权落地，鼓励有条件的地方进行承包面积实测、制作农户承包地块空间定位图并登记入册。对未落实土地承包经营权到户、难以确权确地的，在对整片地块面积进行测量并定位的基础上，采取确权确股（量）不确地的方式，落实土地承包经营权。

（四）强化常态管理

县级农村土地承包管理部门要依据《中华人民共和国农村土地承包经营权证管理办法》《浙江省实施〈中华人民共和国农村土地承包法〉办法》等规定，建立健全土地承包经营权登记簿管理制度，及时做好相关登记与权证的换发、补发、变更、注销等工作。有条件的地方可根据农业部《农村土地承包经营权确权登记数据库规范》要求开展信息化管理。农村土地承包经营权确权登记、发证时，应当依法载明夫妻双方为承包方代表、现有家庭成员为权利共有人等情况。严格执行《农业部国家档案局关于加强农村土地承包档案管理工作的意见》（农经发〔2010〕12 号）的规定，县乡村三级做好农村土地承包档案整理与保管、利用和增补工作。

三、促进农村土地承包经营权权能显化

（一）规范流转行为

坚持土地集体所有制、保护耕地、保护农民利益的底线和依法自愿有偿的原则，积极引导农村土地流转。引导流入土地的规模经营主体雇用本地劳动力，发展现代生态循环农业和粮食生产，防止“非农化”“非粮化”。引导土地流转双方签订规范的书面流转合同。推行农村土地流转登记备案制度，乡镇建立流转情况登记册，落实人员负责登记、归档和管理工作，及时准确记载流转情况。

（二）创新流转机制

充分发挥流转服务组织和村级集体经济组织的作用，引导和鼓励采取委托流转、股份合作等方式，推进整村整组整畈连片集中长期流转。引导和支持农户以土地经营权入股组建土地股份合作社，或与企业、科研单位等组建股份合作农场，实行租金保底和利润分红结合的分配机制，进一步探索土地承包经营权入股发展农业产业化经营的有效实现形式。创新风险防范机制，探索推广土地流转风险保障金制度，严格落实土地用途管制。创新财政激励机制，可对土地流出农户与相关村级组织进行奖励。

（三）加强流转服务

结合农村产权交易中心建设，健全县乡村三级农村土地承包经营权流转服务体系，加强设施建设，完善运行机制，提供法律政策宣传咨询、流转信息、价格指导、合同签订、矛盾纠纷调处和档案管理等服务。鼓励培育土地承包经营权评估中介机构，开展土地流转价格指导服务。

（四）促进权能显化

鼓励各地探索开展流转土地经营权登记发证，由县级农村土地承包管理部门对达到一定规模、流转期限较长的土地经营权，依申请开展登记与发放《农村土地承包流转经营权证》，并加快开展赋予土地承包经营权抵押、担保等权能试点。金融、农村土地承包等管理部门要在具备条件的地方，积极探索土地承包经营权抵押、担保的具体办法，建立配套的抵押、担保登记办法和资产处置机制。林权流转和抵押按照《浙江省林权流转和抵押管理办法》规定执行。《农村土地承包流转经营权证》发放的具体办法由省农业厅制订。

四、切实加强组织领导

各市、县（市、区）要高度重视农村土地承包管理工作，加强组织领导，落实任务和责任，采取有力政策措施，积极推进农村土地确权赋权等工作；加强财政保障，将农村土地流转服务组织建设及其日常运转经费纳入财政预算，保障完善农村土地承包制度和落实承包经营权权能工作经费；加强农村经营管理体系建设，进一步明确农村土地承包管理工作的岗位设置、岗位职责、管理人员，落实乡镇（街道）农村土地承包日常管理人员；加强农村土地承包经营纠纷调解仲裁制度、队伍等建设，完善纠纷调解仲裁体系，防范和化解矛盾纠纷，维护社会稳定。

2014 年 7 月 18 日

浙江省人民政府办公厅关于公布首批省重要湿地名录的通知

各市、县(市、区)人民政府,省政府直属各单位:

为切实加强湿地保护,维护湿地生物多样性和生态平衡,促进湿地资源可持续利用,推进生态文明建设,根据《浙江省湿地保护条例》有关规定,经省政府同意,现予公布首批省重要湿地名录。

各地、各有关部门要切实加强组织领导,加大政策支持,强化规范管理,依法打击擅自破坏湿地违法行为,促进我省湿地保护事业健康发展。

2014 年 11 月 7 日

首批省重要湿地名录

序号	市、县(市、区)	名称
1	杭州市	杭州西溪国家湿地公园
2	富阳市	富春江咕噜咕噜岛省级湿地公园
3	宁波市	杭州湾国家湿地公园
4	宁波市镇海区	镇海九龙湖省级湿地公园
5	象山县	韭山列岛国家级自然保护区
6	苍南县	苍南山海省级湿地公园
7	平阳县	南麂列岛国家级自然保护区
8	德清县	德清下渚湖国家湿地公园
9	长兴县	长兴仙山湖国家湿地公园
10	长兴县	长兴扬子鳄省级自然保护区
11	安吉县	安吉竹溪省级湿地公园
12	嘉兴市	嘉兴市石臼漾省级湿地公园
13	嘉兴市秀洲区	秀洲莲泗荡省级湿地公园
14	绍兴市	绍兴市镜湖国家城市湿地公园
15	诸暨市	诸暨白塔湖国家湿地公园
16	东阳市	东阳东白山省级湿地公园
17	磐安县	磐安七仙湖省级湿地公园
18	衢州市衢江区	衢州乌溪江国家湿地公园
19	龙游县	龙游绿葱湖省级湿地公园

续表

序号	市、县(市、区)	名　　称
20	开化县	开化钱江源省级湿地公园
21	舟山市定海区	五峙山省级自然保护区
22	舟山市普陀区	普陀桃花岛大深水滨海省级湿地公园
23	岱山县	岱山秀山岛省级自然保护区
24	台州市黄岩区	台州鉴洋湖省级湿地公园
25	临海市	临海市三江国家城市湿地公园
26	温岭市	温岭龙门湖省级湿地公园
27	玉环县	玉环漩门湾国家湿地公园
28	丽水市	丽水九龙国家湿地公园
29	青田县	青田鼋省级自然保护区
30	云和县	云和梯田省级湿地公园
31	景宁县	景宁望东垟高山湿地省级自然保护区
32	景宁县	景宁大仰湖湿地群省级自然保护区

浙江省人民政府办公厅关于全面编制实施环境功能区划加强生态环境空间管制的若干意见

各市、县(市、区)人民政府,省政府直属各单位:

为深入贯彻党的十八届三中、四中全会和省委十三届四次、五次全会精神,优化国土空间开发格局,增强区域开发的环境合理性,保障全省生态环境安全,提升生态文明建设水平,现就全面编制实施环境功能区划、加强生态环境空间管制提出如下意见:

一、提升环境功能区划的空间管制效力

1. 强化区划的功能定位。按照主体功能区规划、省域国土空间总体规划和环境功能区要求,从生态环保的角度对国土空间实行分区差别化管理,是优化国土空间开发格局、从源头预防控制环境污染和生态破坏的重要手段,是实现生态环境可持续的重要保障。全面编制实施环境功能区划,使之成为区域生态环境空间管制规划,是提升生态环境空间管制效力、健全我省生态文明建设制度的重要举措。各级政府要充分发挥环境功能区划的基础性和约束性作用,把实施环境功能区划作为履行政府环境保护等法定职责的重要手段、决策区域开发建设活动的重要依据和开展分区差别化管理的基础平台。

2. 加强规划衔接融合。编制实施省和市县环境功能区划,要在省域国土空间总体规划的框架下,科学确定本区域环境功能分区,具体落实生态环境管控措施,突出环境功能区划对重要生态功能空间的管控作用。要加强环境功能区划与主体功能区规划、经济社会发展规划、城乡规划、土地利用规划、地下空间规划、海洋功能区划、流域规划等相关规划(区划)的衔接融合,避免出现环境管理政策和措施上的交叉重复。

3. 明确分级管控要求。省级环境功能区划在《浙江省主体功能区规划》的基础上,以明确重点区域、流域的分区宏观管控要求为主,提出各环境功能区的主导服务功能、环境敏感程度和生态环境保护政策。市县级环境功能区划由市、县(市)政府编制,是市区和县域生态环境空间管制的约束性规划。主要针对各环境功能区经济社会发展趋势、自然生态条件和主要环境问题,充分衔接主体功能区规划、土地利用规划、城乡规划等相关规划,整合辖区水、气、噪声等要素环境功能区划,明确各环境功能区的生态环境保护目标、污染控制要求、环境准入条件,以及各环境要素的具体管理要求。

4. 实行分区差别化管理。县级以上人民政府要根据有关技术规范,结合区域环境功能空间差异,将本行政区域划分为自然生态红线区、生态功能保障区、农产品安全保障区、人居环境保障区、环境优化准入区、环境重点准入区等6类环境功能分区，并在各功能分区内对实现环境功能目标有较大影响的建设开发活动，实行相应的准入管理政策。其中，自然生态红线区属于生态环境极敏感、生态功能极重要、具有特殊保护价值的区域，实行环境禁止准入管理。生态功能保障区属于生态环境高度敏感或生态服务功能重要的区域，农产品安全保障区是保障主要农、牧、渔业产品产地环境安全的区域，人居环境保障区是以居住、商业等为主的城镇化区域，实行环境限制准入管理。现有以工业开发为主、区域开发比较成熟、环境问题凸显的区域，实行环境优化准入管理。工业化发展潜力较大、未来重点开发、产业集聚的区域，实行环境重点准入管理。

5. *推行负面清单管理。*各级环境功能区划要在落实分级管控和分区管理要求的基础上，进一步细化分区差别化环境目标和管控措施，设立相应的准入条件，并实行负面清单管理。负面清单要明确项目的名称类别、监管办法，激发市场主体活力，提高市场准入管理效率。对环境禁止准入和限制准入区域的项目进入，要根据特殊管控要求，实行严格控制和监管。

二、强化环境功能区划的环境管控措施

6. *严守生态保护红线。*在重点生态功能区、陆地和海洋生态环境敏感区、脆弱区等区域划定生态功能保障基线、环境质量安全底线和自然资源利用上线等三条生态保护红线，建立生态保护红线体系，实行严格保护。生态保护红线的具体范围由各级政府在编制环境功能区划时按照相关技术规范划定。各地要切实加强生态保护红线区内自然生态环境和生态功能的原真性、完整性保护，依法关闭生态保护红线区内破坏生态环境或具有潜在破坏性的企业。同时，完善财政转移支付制度，扩大财政转移支付中用于生态保护红线区公共服务和生态补偿的资金比例。

7. *落实空间环境准入制度。*环境功能区划是各类规划环评和建设项目环评编制、审查的基本依据。产业园区规划环评和各类专项规划环评要依据当地环境功能区划确定的相关要求，明确禁止性、限制性措施，确保开发建设活动的科学性。建设项目环评要依据所在区域的环境功能区划开展，在建设项目环评文件报批时，需就项目与当地环境功能区划的符合性进行说明。凡建设项目环评与当地环境功能区划要求不相符合的，一律不得建设。

8. *强化排污总量控制制度。*各级政府要把强化排污总量控制制度作为实现环境功能区划目标的重要手段。在编制和调整环境功能区划过程中，要细化各环境功能区的总量控制措施，明确不同行业和污染因子的排污总量削减替代比例。建设项目新增污染物排放量，必须在满足排污总量削减替代比例要求的同时，严格按不同环境功能区进行排污总量削减替代。不符合排污总量控制要求的项目，一律不得建设。

9. *加强环境执法监管。*以主体功能区规划、省域国土空间总体规划、环境功能区划为依据，针对各类区域的环境功能特点，完善环境监管制度。禁止准入的区域，要依法关停或搬迁不符合环境功能区划要求的企业，限期修复已遭污染或破坏的环境。限制准入的区域，要加强生态保护和修复，开展环境综合整治，落实污染减排措施。重点准入的区域，要建设完善的环境基础设施，逐步提高环境准入标准，严格控制新增污染物排放量，减轻工业化和城镇化对生态环境的影响。优化准入的区域，要全面提高污染物排放控制要求，大力推进区域环境污染综合整治，切实改善区域环境质量。

10. *强化环境承载能力监测预警。*各地要把区域环境承载能力作为国土空间开发控制的基础性依据，做到该禁止的坚决禁止，该限制的严格限制，可以开发的合理开发。要根据不同环境功能分区特点，研究环境承载能力量化指标体系及评估技术方法，建立动态监测和预警机制，对环境功能或环境质量不达标的区域实行预警，实施限制性措施。

三、加强环境功能区划的审批调整管理

11. *全面开展区划编制工作。*省环境保护行政主管部门要会同有关部门，指导各地抓好相关环境功能区划的编制工作。根据环境功能区划的分级管控规定，设区市人民政府负责城区环境功能区划编制，并协调所辖县(市)开展区划编制。县级人民政府负责本县(市)域环境功能区划编制工作。各市、县(市)人民政府要严格按照省域国土空间总体规划和省级环境功能区划要求，结合当地主体功能区规划、城乡规划、土地利用规划、海洋功能区划等，以及原有生态环境功能区规划试行成果，与省域国土空间总体规划编制工作同步，抓紧开展环境功能区划编制工作，做好相互衔接。

12. *切实加强区划审批管理。*市县级环境功能区划编制完成后，需经设区市人民政府同意，并由设区市人民政府统一向省人民政府提出审批申请。省环境保护行政主管部门负责组织技术评估，提出审查意见，并与各市环境功能区划一并报请省人民政府批准实施。经审批的环境功能区划如需重大调整，需按相同程序报省人民政府审批。环境功能区划中的自然保护区、饮用水源保护区、风景名胜区和森林公园等，如已按法定程序报经相应行政主管部门同意调整的，可视作环境功能区划已同步调整，相关资料送省环境保护行政主管部门备案，不需另行报批。

13. *建立健全区划评估机制。*环境功能区划批准后每5年进行一次评估。市、县(市)人民政府要重点加强对区划实施后的环境功能目标实现情况、生态保护红线执行情况和各项措施管控效果进行评估，及时完善分区差别化管理工作。省环境保护行政主管部门要会同省级有关部门，及时评估全省环境功能区划的实施成效，对各地实施情况提出意见和建议，督促各地切实做好生态环境空间管制工作，促进区域国土空间开发格局优化和生态环境质量改善。

四、健全环境功能区划实施的保障制度

14. *完善管制效力评价制度。*市县级环境功能区划的执行情况纳入生态省建设考核评价体系。各级政府要根据环境功能区划，完善以区域环境功能目标达标情况为重点的生态环保工作评价制度,针对主体功能区和环境功能区的不同定位,实行不同的绩效评价指标和考核办法。环境功能区划中以禁止准入和限制准入为主的区域,应当主要评价生态建设和环境保护工作,加大生态补偿和财政转移支付力度;以优化准入和重点准入为主的区域,要强化经济转型升级、自主创新、资源消耗、环境治理等的综合评价。积极研究建立针对不同环境功能分区的产业市场化退出机制。

15. 强化监督检查和问责。各市、县(市)人民政府是编制实施本级环境功能区划的责任主体,政府主要领导是第一责任人,要带头严格执行环境功能区划。省环境保护行政主管部门应当加强对环境功能区划编制(调整)审批、实施的监督检查,对因环境功能区划执行不到位,导致区域环境违法问题严重、环境纠纷多发的,暂停审批该地区除民生保障、污染防治以及生态保护以外的建设项目。对违反程序和技术规范擅自调整或修改环境功能区划等行为,要坚决纠正,并严肃追究相关单位和责任人的行政责任。

16. 加快建立动态监督机制。各地要加快建设和完善环境功能区划信息化管理系统,做好与各类环境专项管理领域信息系统的整合对接,实现区划实施管理的信息化、动态化。要建立区划实施情况监测指标体系,通过统计分析、数据核查、环境监测、遥感监测、实地勘查等手段,对环境功能区划的实施情况进行动态监控,及时掌握环境状况的变化。要建立环境功能区划实施的信息公开制度,将环境功能区划的实施情况向社会公开,引导公众参与,接受公众监督。

附件:环境功能区分类表

2014 年 11 月 3 日

附件

环境功能区分类表

功能区类型	准入要求	区域特点	主要功能及范围	发展引导和环境管理要求
自然生态红线区	禁止准入	生态环境敏感度极高,需要特别保护的区域。	实行严格保护。包括有代表性的自然生态系统、珍稀濒危野生动植物物种的天然集中分布地、有特殊价值的自然遗迹所在地等。如依法设立的自然保护区、风景名胜区、森林公园和地质公园、饮用水源保护区等区域。	严格按照法律法规和相关规划,实施强制性保护。不得新建工业性和资源性开发项目,已建工业企业一律向工业园区搬迁,严禁工业废水排放,实施生态环境敏感、脆弱区域的生态移民。
生态功能保障区	限制准入	生态环境敏感度高,具有生态系统服务功能的区域。	以生态保护为主。包括水源涵养、水土保持、生物多样性保护等具有较高生态服务功能的区域,以及其他需维护生态系统完整性、稳定性,保持并提高生态调节能力的区域。	实行退耕还林,限制矿山开发,禁止新建二、三类建设项目,已建三类项目限期关闭,现有二类项目逐步向工业园区或功能区转移。严格实施畜禽养殖禁养区、限养区规定,控制规模化畜禽养殖项目规模。
农产品安全保障区	限制准入	保障主要农、牧、渔业产品产地环境安全的区域。	以保障农产品安全生产为主。包括主要粮食及优势农产品主产区、主要畜禽养殖业地区和内陆水域及沿海渔业养殖捕捞区。	限制工业开发和城镇建设规模,推进农村环境综合整治,逐步削减农业面源污染物排放量,加强土壤污染防治。禁止新建、扩建三类项目和涉重金属、挥发性有机污染物排放的项目。
人居环境保障区	限制准入	以居住、商业等为主的城镇化区域。	保障人口密度较高、集中进行城镇化的区域。提供健康安全、优美的人居环境。	严禁新建二、三类项目,现有二类、三类项目应逐步退出,逐步消除人居与工业混杂现象,完善环境基础设施,加强生活、交通源废气排放控制和社会生活噪声污染控制。

续表

功能区类型	准入要求	区域特点	主要功能及范围	发展引导和环境管理要求
环境优化准入区	优化准入	以工业开发为主、区域开发比较成熟、环境问题凸显的区域。	包括区域开发建设强度较高的工业区。提供健康安全的工业生产和人居环境。	禁止新建、扩建重污染项目，禁止畜禽养殖；提高行业准入标准，实施总量控制制度，逐步淘汰落后产能和高污染、高环境风险产品；强化环境基础设施建设，提高污染集中治理水平；积极消除污染隐患，预防和减少环境污染纠纷。
环境重点准入区	重点准入	工业化发展潜力较大，是未来产业集聚和重点开发区域。	以工业开发为主的区域。提供健康安全的工业生产环境。	科学引导开发建设活动的优化布局，强化“三位一体”环境准入，加强环境综合治理，强化污染集中治理，加大环境管理和监督力度。

浙江省人民政府办公厅关于进一步推进地理信息产业发展的实施意见

各市、县（市、区）人民政府，省政府直属各单位：

为贯彻落实《国务院办公厅关于促进地理信息产业发展的意见》（国办发〔2014〕2号）和《浙江省人民政府关于促进地理信息产业加快发展的意见》（浙政发〔2012〕51号），进一步推进我省地理信息产业发展，经省政府同意，提出如下实施意见：

一、总体要求

以科学发展观为指导，以满足经济社会发展需求为导向，以产品开发利用、关键技术突破、产业集聚发展、体制机制创新为重点，坚持市场主体，强化分类指导、示范应用和政策扶持，充分利用数字城市地理空间框架建设成果，全面提高地理信息获取和处理能力，推进地理信息规范监管和广泛应用，提升地理信息产业发展整体水平和国际竞争力。

二、加快重点领域发展

（一）提升遥感数据获取、处理能力和应用水平

1. 充分利用国家测绘遥感卫星，发展高中空飞机、低空无人飞机、地面遥感等遥感系统，加快航空航天对地观测数据获取设施建设，形成光学、雷达、激光等遥感数据获取体系，突破遥感影像获取困难的瓶颈，实现高分辨率遥感数据的快速获取。（责任单位：省测绘与地理信息局、省发改委、省经信委）

2. 建立遥感数据服务标准化技术体系，加强遥感数据处理、解译分析，实现遥感数据处理自动化和智能化，提高数据处理、分析能力。（责任单位：省测绘与地理信息局、省科技厅、省质监局）

3. 建立高精度遥感数据共享平台和机制。拓展遥感技术和数据成果在资源调查、灾害监测、环境监测、生态保护、现代农业、城乡规划和工程建设、海上交通及海洋渔业等领域的广泛应用，积极培育遥感应用市场。（责任单位：省发改委、省经信委、省国土资源厅、省建设厅、省环保厅、省水利厅、省农业厅、省海洋与渔业局、省测绘与地理信息局）

（二）提高技术和装备研发水平

1. 充分利用我省自主研发的图库一体化、国土规划管理、海洋功能区划管理、三维精细化建模等地理信息技术，引进、消化、吸收国内外先进技术，推进地理信息软件开发和系统集成，推进地理信息软件自动化、智能化、集成化、大型化。（责任单位：省经信委、省科技厅、省测绘与地理信息局）

2. 发展航摄低空飞行器、航摄相机、高性能传感器、便携式数据采集终端等，研发、生产具有自主知识产权的先进装备。（责任单位：省经信委、省发改委、省科技厅、省测绘与地理信息局）

（三）推进北斗卫星导航与位置服务

1. 完善现代测绘基准体系，充分利用已建成的全球卫星定位连续运行综合服务系统，建设北斗卫星导航及其多星兼容的地基增强系统和北斗时空服务平台、导航与位

置综合服务平台，构建统一、协调、完整、开放的卫星导航基础设施，夯实应用基础。（责任单位：省测绘与地理信息局、省经信委、省气象局、省地震局）

2. 完善北斗卫星导航与位置服务产业链，在北斗芯片、天线、模块、终端及其运营系统等核心技术方面实现突破。支持研发、生产北斗卫星导航定位及位置服务相关的芯片、天线及终端产品。（责任单位：省测绘与地理信息局、省发改委、省经信委、省科技厅）

3. 开展北斗卫星导航综合示范工程建设，推进北斗卫星导航在智慧城市重点工程及社会相关领域应用。促进北斗卫星导航与位置服务产业与相关行业深度融合发展，培育新的经济增长点。（责任单位：省测绘与地理信息局、省发改委、省经信委、省科技厅）

（四）促进地理信息技术、产品和服务广泛应用

1. 推进地理信息技术和产品在行政管理、智慧城市、现代农业、城乡统筹、新型城镇化、不动产管理、应急保障、国土空间规划、海洋功能区划、生态文明建设与评估，以及在社会、民生领域等方面的深度应用。（责任单位：省发改委、省经信委、省国土资源厅、省环保厅、省建设厅、省农业厅、省海洋与渔业局、省测绘与地理信息局）

2. 利用地理信息技术促进智能地下管网、通信、电力、交通等公共设施建设，以及物流配送、特殊车辆（船舶）动态监控等有效管理，推动“三改一拆”“五水共治”、浙江渔场修复振兴等重点工作开展。（责任单位：省建设厅、省农办、省交通运输厅、省环保厅、省水利厅、省农业厅、省海洋与渔业局、省测绘与地理信息局）

3. 围绕海洋经济发展和海洋综合管理工作，发展船舶监控定位、港口物流导航、渔业资源开发和保护、海域海岛保护和利用、滩涂资源开发利用、海洋资源勘探、海洋环境保护和海洋防灾减灾等海洋地理信息技术的应用服务。（责任单位：省发改委、省国土资源厅、省交通运输厅、省海洋与渔业局、浙江海事局、省测绘与地理信息局）

4. 开发特色地图和以地图为媒介的动漫、游戏、教育用品等文化创意产品，培育大众地理信息消费市场。（责任单位：省测绘与地理信息局、省经信委、省教育厅、省新闻出版广电局）

三、加快省地理信息产业园建设

（一）促进产业集聚发展

1. 加大招商引资力度，积极主动做好与相关央企对接工作，促进地理信息及相关企业加快集聚，形成产业相对集中、配套齐全、特色鲜明的产业发展格局，促进品牌化、规模化、集群化发展。（责任单位：德清县政府、省发改委、省经信委、省科技厅、省测绘与地理信息局、湖州市政府）

2. 加快推进联合国全球地理信息管理德清论坛永久会址建设。创建省级战略性新兴产业示范基地、国家级地理信息产业园、中国北斗产业浙江基地、高新技术产业化基地和省级服务业集聚示范区。建立和完善省地理信息产业园管理体制和机制。（责任单位：德清县政府、省发改委、省经信委、省科技厅、省测绘与地理信息局、湖州市政府）

（二）加强资源要素保障

1. 强化省地理信息产业园建设用地、人才、电力等资源要素保障，支持中国联通云计算数据中心基地建设。（责任单位：省发改委、省经信委、省国土资源厅、省人力社保厅）

2. 创新服务模式，在产业园区设立服务窗口，为企业提供便利的基础地理信息数据服务。（责任单位：省测绘与地理信息局、省编委办、德清县政府）

3. 政府部门重大信息化项目建设，同等条件下优先采购省地理信息产业园企业中列入《节能产品政府采购清单》的产品、技术和服务。（责任单位：省财政厅、省发改委、省经信委、省测绘与地理信息局）

四、加强科技创新

（一）加快创新体系建设

1. 建立以应用为重点、企业为主体、市场为导向、高校科研院所为支撑，产学研结合的地理信息科技创新体系。支持与武汉大学、浙江大学、中国测绘科学研究院等大院名校联合创建研发机构、科研创新平台和科技转移中心。（责任单位：省科技厅、省经信委、省教育厅、省测绘与地理信息局）

2. 鼓励有条件的地理信息企业建立研究机构或工程中心等科技创新平台，构建技术创新与成果转化服务体系。（责任单位：省科技厅、省经信委、省测绘与地理信息局）

（二）大力开展协同创新

1. 充分发挥科技创新平台作用，实施一批地理信息技术攻关项目，突破一批支撑产业发展的关键共性技术。鼓励和推动高校、科研院所与企业形成创新利益共同体，探索企业出题、政府立题、协同解题的产学研协同创新之路。（责任单位：省科技厅、省发改委、省经信委、省教育厅、省测绘与地理信息局）

2. 加快地理信息技术标准化创新工程建设，加强地理信息工程质量管理，提升产品品质，培育发展一批国内知名的地理信息软件和技术服务品牌。（责任单位：省质监局、省经信委、省科技厅、省测绘与地理信息局）

（三）强化人才支撑

1. 支持高校调整专业结构，加快各类地理信息人才培养。鼓励高校与企业建立联合培养地理信息产业人才的机制。（责任单位：省教育厅、省测绘与地理信息局）

2. 全面落实高层次人才优惠政策，把地理信息企业专业人才纳入国家、省级高层次专业技术人才遴选范围，加快培养适应地理信息产业发展的复合型、实用型人才，为创新发展提供人才支撑。（责任单位：省人力社保厅、省教育厅、省测绘与地理信息局）

五、加大财税金融支持

（一）加大财政支持力度

1. 进一步加大对公益性地理信息产品生产投入力度，落实政府采购政策，鼓励政府部门地理信息服务外包。（责任单位：省财政厅、省发改委、省测绘与地理信息局）

2. 通过省工业和信息化等专项资金，支持相关市县在地理信息获取、处理、应用、出版等关键环节实施产业试点示范项目，推动地理信息产品及技术广泛应用。（责任单位：省财政厅、省发改委、省经信委、省测绘与地理信息局）

3. 将地理信息产业纳入省产业发展引导基金支持范围，推进地理信息产业加快发展。（责任单位：省发改委、省经信委、省财政厅、省金融办、省测绘与地理信息局）

（二）落实相关税收优惠政策

1. 地理信息企业销售自主开发、生产、出版的地理信息产品，符合软件产品范围和认定条件的，可按规定申请享受国家鼓励软件产业发展的增值税优惠政策。地理信息企业符合软件企业认定条件的，经认定后可申请享受有关软件企业的所得税优惠政策。（责任单位：省经信委、省财政厅、省地税局、省国税局）

2. 地理信息企业投资国家鼓励类项目，除《国内投资项目不予免税的进口商品目录》《进口不予免税的重大技术装备和产品目录(2014 年修订)》所列商品外，在投资总额内所需进口自用设备以及按照合同随设备进口的技术及配套件、备件，免征进口关税。（责任单位：杭州海关、省发改委、省经信委、省财政厅、省国税局）

（三）加大金融支持力度

1. 鼓励社会资本投资地理信息产业，有条件的市县可按规定设立主要支持地理信息企业发展的股权投资(基金)企业或创业投资(基金)企业，引导社会资金投资地理信息产业，不断扩大投入规模，提高产业发展后劲。（责任单位：省发改委、省财政厅、省金融办）

2. 积极支持符合条件的企业采取发行股票、债券等多种方式筹集资金，拓宽直接融资渠道。银行业金融机构在控制风险的前提下，积极拓宽抵押品范围，开发适合地理信息企业的创新型金融产品，对其合理信贷需求给予支持。（责任单位：浙江证监局、浙江银监局、省金融办、省测绘与地理信息局）

3. 充分发挥融资性担保机构和融资担保扶持资金的作用，为地理信息企业提供贷款担保服务，推动企业利用知识产权等无形资产进行质押贷款。大力发展金融租赁、融资租赁等其他融资方式，支持地理信息产业发展。（责任单位：浙江银监局、省经信委、省商务厅、省金融办、省测绘与地理信息局）

六、优化发展环境

（一）夯实产业发展基础

1. 加强基础测绘和海洋测绘工作，进一步丰富地理信息数据资源；加快数字城市地理空间框架和“天地图·浙江”网站建设，构建统一、权威、标准的地理信息公共服务平台，实现地理空间数据的交换与共享。（责任单位：省测绘与地理信息局、省发改委、省经信委）

2. 充分利用地理国情普查和监测成果，及时提供地理国情信息产品，建立信息共享机制。（责任单位：省测绘与地理信息局）

（二）加强分类指导

1. 对地理信息产业中具有基础性、公益性、战略性或关系国家安全的领域，坚持以政府投资为主，加强基础地理信息公益性生产与服务。（责任单位：省财政厅、省测绘与地理信息局）

2. 各级财政投资建设的地理信息公共服务平台，向企事业单位和社会公众开放；研究出台基础地理信息数据免费或低收费政策，鼓励相关地理信息企业利用基础地理信息开展社会化应用和增值服务。（责任单位：省测绘与地理信息局、省财政厅、省物价局）

3. 地理信息社会化服务，主要由企业提供，政府给予合理引导和支持，促进测绘与地理信息成果广泛应用。（责任单位：省测绘与地理信息局、省发改委、省经信委）

4. 对地理信息装备制造、软件开发、系统集成、信息与技术服务等市场化程度高的领域，坚持以社会投资为主，政府给予一定的政策、资金引导和扶持。（责任单位：省财政厅、省发改委、省经信委、省科技厅、省测绘与地理信息局）

（三）营造开放有序的发展环境

1. 建立地理信息及相关企业单位名录库，加强地理信息统计分析，及时发布地理信息产业发展相关信息。（责任单位：省测绘与地理信息局、省经信委、省统计局）

2. 完善地理信息服务资质管理、数据使用许可、地图审核等制度以及地理信息技术标准体系。建立地理信息市场资产评估、咨询服务等制度以及工程监理、监督检验等质量保障体系。（责任单位：省测绘与地理信息局、省经信委、省质监局）

3. 健全涉密地理信息保密管理规定，进一步完善涉密地理信息处理、分发与应用跟踪机制，加强对涉外地理信息合作项目及其使用地理信息成果的监督管理。（责任单位：省测绘与地理信息局、省经信委、省保密局）

4. 加大知识产权保护力度，依法打击非法获取和处理地理信息、地图侵权盗版、擅自传播和使用未经许可的地理信息，以及侵犯地理信息知识产权等违法行为，维护统一开放、公平竞争的市场秩序。（责任单位：省科技厅、省工商局、省新闻出版广电局、省测绘与地理信息局）

5. 健全地理信息市场信用体系。（责任单位：省测绘与地理信息局、省工商局）

（四）强化协调配合

1. 把地理信息产业发展摆在更加突出的位置，强化政策保障，加快地理信息全产业链建设。（责任单位：省测绘与地理信息局、省发改委等）

2. 按照统一、协调、有效的原则，做好地理信息产业发展的统筹规划、市场监管、标准建设、安全保密等工作，促进地理信息产业健康快速发展。（责任单位：省测绘与地理信息局、省发改委、省经信委、省工商局、省质监局、省保密局）

2014 年 11 月 11 日

浙江省人民政府办公厅关于深入推进反走私领域企业守法诚信体系建设的意见

各市、县(市、区)人民政府,省政府直属各单位:

为进一步提升我省反走私领域企业守法诚信水平,有效预防和减少进出口企业违法违规行为,促进我省开放型经济健康发展,经省政府同意,现就深入推进反走私领域企业守法诚信体系建设提出如下意见:

一、重要意义

反走私领域企业守法诚信体系建设是社会信用体系建设的重要组成部分。近年来,各地、各有关部门紧紧围绕全省开放型经济发展大局,在始终保持打击走私高压态势的同时,按照"信用浙江"建设的目标要求,创新社会管理,注重源头预防,通过完善工作机制、强化宣传教育、实施信用分类管理、开展"双服务"活动等举措,扎实推进反走私领域企业守法诚信体系建设,在规范企业进出口行为、促进企业守法自律、保障贸易安全与便利、优化开放型经济发展环境等方面起到了积极作用。目前,我省海关、检验检疫高资信企业数量均居全国前列,已成为我省对外贸易的主要力量。

我省反走私领域企业守法诚信体系建设虽然取得一定进展,但与开放型经济发展水平不匹配、不协调、不适应的矛盾仍然突出:高资信企业所占比重还不高,不到全省有实际进出口业务企业总数的20%;进出口企业走私违规案件居高不下,占走私违规案件总数的80%以上;覆盖进出口领域的征信系统尚未形成,守信激励和失信惩戒机制尚不健全,守信激励不足,失信成本偏低;各地工作进展还不平衡,有的地方工作不够重视。

我省正处于在更大范围、更宽领域、更深层次上提高开放型经济水平的拓展期。深入推进反走私领域企业守法诚信体系建设,是构建安全、高效的开放型经济体系的基础性工程,有利于规范进出口和市场秩序、降低对外交易成本、提高企业国际竞争力,有利于政府部门转变职能、简政放权、更好地做到"放""管"结合,有利于进一步优化发展环境、提升区域软实力和国际影响力、促进开放型经济又好又快发展。

二、指导思想

坚持以邓小平理论、"三个代表"重要思想和科学发展观为指导,认真贯彻党的十八大,十八届三中、四中全会和省委十三届四次全会精神,全面落实国务院关于加快社会信用体系建设和加强反走私工作等决策部署,以改革创新为统领,以推进国际贸易安全与便利化为目标,以"扩面""提质"为主线,充分发挥政府的基础作用,优化整合工作资源,创新完善工作机制,深入推进反走私领域企业守法诚信体系建设,加快构建我省安全、高效的开放型经济体系。

三、工作目标

力争到2020年,高资信进出口企业明显增长,海关高资信企业达到全省有实际进出口业务企业总数的20%以上,检验检疫高资信企业达到全省检验检疫监管企业总数的25%以上,高资信企业的进出口额占全省进出口总额的80%以上;进出口企业信用监管体系进一步完善,守信激励和失信惩戒机制全面发挥作用,贸易便利化水平不断提高;进出口企业政策法规宣传教育实现全覆盖,企业守法诚信意识普遍增强;进出口企业信用信息平台基本建成,企业信用信息实现互联互通、协同共享;进出口企业信用环境明显改善,企业诚信建设工作格局和长效机制进一步健全。

四、主要任务

(一)加大诚信企业培育力度

坚持量质并举、巩固提升,强化分类指导,重点加大海关、检验检疫高资信企业培育力度,不断扩大高资信进出口企业的覆盖面。大力推广台州市反走私领域企业守法诚信体系建设经验,深化规范企业进出口行为与海关、检验检疫等部门企业分类管理相结合的工作机制,制订进出口守法诚信企业培育工作标准,指导企业健全完善内控管理、财务账册管理、进出口货物管理、报关管理等制度,建立科学的企业信用管理流程。鼓励和支持有条件的企业设立信用管理师,建立客户和内部职工诚信档案,开展诚信考核与评价,防范信用风险,提升企业综合竞争力。加强宣传引导,鼓励符合条件的企业申请成为海关"经认证的经营者(AEO)"。支持具有法定资质的中介机构按照《海关认证企业标准》对企业进行认证。积极开展高资信企业联合推荐试点工作,实现一次申报、联合评定、结果互认。

(二)开展重点行业诚信建设

加强分析研判,根据区域经济特点,抓住外贸依存度高、进出口环节违规情事多的行业,坚持惩处与教育并重,在加强监管的同时,针对行业共性问题,组织开展行业自查自纠,认真解决存在的问题,促进企业规范经营。大力开展口岸中介服务行业诚信问题专项治理,规范进出口环节经营性服务和收费,建立完善口岸中介服务机构及其从业人员的信用记录和披露制度，优化口岸进出口秩序，降低口岸通关成本。支持跨境电子商务等新兴业态健康发展，帮助中小电子商务企业建立完善信用管理和交易信用评估制度，提升企业自身的信用建设水平。指导行业协会加强诚信建设工作，强化行业协会诚信自律，发挥行业协会在行业诚信建设中的作用。

（三）加快信用信息平台建设

加强进出口领域信用信息采集、共享工作，以数据标准化和应用标准化为原则，以进出口、产品质量、纳税、工商等领域为重点，依托海关、检验检疫、人民银行、国税、工商、商务等部门的信息化工程，借助电子口岸管理平台，建立健全纵向贯通、横向集成、共享共用、安全可靠的进出口企业信用信息平台，努力实现平台统一、更新及时、信息共享、结果互认。推进企业信用信息的交换与共享，对企业基本信息、资信等级信息、违法违规信息进行分级分类管理。依托信用信息平台，依法公开企业信用信息，充分发挥信用信息平台在企业自律、政府管理和社会监督中的作用。

（四）完善企业信用管理措施

认真贯彻“守法诚信便利、违法失信惩戒”的管理原则，强化企业信用管理，针对不同的信用等级实行分级分类、动态监管，营造监管有效、公平公正、守信激励的通关环境。加强对高资信企业的奖励和激励，在进出口监管和公共服务过程中，深化信用信息的应用，对守法诚信企业实行优先办理、简化程序等“绿色通道”支持激励政策。进一步优化监管方式方法，全面推进“一次申报、一次查验、一次放行”通关监管改革，实现企业信用信息互换、监管互认、执法互助。有效落实“宽严相济”政策措施，强化高资信企业的后续服务、管理。加强对失信企业的约束和惩戒，根据进出口领域企业信用评价结果，在行业准入、融资信贷、税收、用地审批、政策扶持等方面实施信用分类监管。依法打击各类走私违法犯罪，营造良好发展环境。

（五）开展企业诚信宣传教育

坚持统分结合、注重实效，根据不同地区、不同行业和不同企业的特点，制订2015—2020年进出口企业政策法规教育培训计划，逐步实现进出口企业教育培训全覆盖，重点抓好企业法定代表人和高级管理人员的培训。加强企业守法诚信教育，通过政策法规培训、上门辅导等手段，提高企业参与诚信建设的主动性和积极性。充分发挥广播、电视、报纸、网络等媒体的宣传引导作用，树立诚信典型，营造守信氛围。

五、保障措施

（一）加强组织领导

各级政府要充分发挥主导作用，加强反走私领域企业守法诚信体系建设工作组织领导和协调推进，建立健全政府主导、部门联动、行业规范、企业自律有机结合的工作格局，在人、财、物等方面予以充分保障。各进出口监管部门要将进出口企业诚信建设纳入本部门整体工作，按照职责分工和工作实际，负责指导本系统的企业诚信建设工作，制订具体实施方案并组织实施。

（二）完善推进机制

各级打击走私综合治理办公室要切实履行组织、指导、协调、督查、服务职能，充分发挥牵头作用，搭建工作平台，建立健全工作协作机制，加强沟通协调，强化资源共享。各进出口监管部门要认真做好企业信用管理规则制订、信用信息采集、信用等级评价及整合应用。在加强部门协作的同时，对上积极争取国家有关部委的支持，对下加强指导，推动进出口企业诚信建设。

（三）加强督促检查

各地、各部门要加强对本意见落实工作的督促检查，定期对本地区、本系统企业诚信建设情况进行总结和评估，及时发现问题并提出改进措施。省反走私办负责对全省工作落实情况的督促检查，积极发挥反走私综合治理目标考核的导向作用，确保各项任务和措施落实到位。

2014年12月1日

中共杭州市委　杭州市人民政府
关于进一步加快萧山区余杭区与主城区
一体化发展的若干意见

加快萧山区、余杭区（简称两区，不含大江东产业集聚区，下同）与主城区一体化发展，是遵循城市发展规律、优化城区资源配置，实现两区和全市在更高起点上科学发展的重大举措，是对人民群众迫切需要实现社会事业发展一体化和基本公共服务均等化的积极回应。为进一步加快两区与主城区一体化发展，特制定如下意见。

一、指导思想和基本原则

（一）指导思想

认真落实省委、省政府决策部署和市委“杭改十条”意见，深化体制机制改革，着力构筑两区与主城区之间布局科学合理、要素自由流动、产业协调发展、公共服务均衡共享的一体化发展新格局，促进两区和全市实现高起点上融合发展、协调发展、加快发展。

（二）基本原则

坚持系统谋划、有序推进。按照一体化发展要求，系统谋划改革方案，破除融合发展中存在的体制机制障碍。同时，明确责任制、路线图和时间表，有序推进、分步实施，确保改革措施落实到位。

坚持民生优先、重点突破。以解决群众最关心、最直接、最现实的热点难点问题为突破口，在户籍、就业和社保、社会福利和救助、教育、公共交通等基本公共服务领域，加快实现两区与主城区的“同城同待遇”。

坚持统筹兼顾、适度倾斜。既要着眼于完善八城区体制机制，调动各城区积极性，进一步理顺两区政府管理体制，又要在完善财政体制方面充分考虑两区实际，在规划管理、行政审批等方面突出依法高效，加快形成适应杭州大都市发展要求的政府管理新格局。

二、加快实现公共服务一体化

（三）统一户籍管理

按照“八城区内并轨、八城区外迁入政策统一、平稳过渡”和合理控制城市人口总规模的原则，推进两区户籍管理与主城区并轨。

自本意见印发之日起，夫妻投靠、投资落户、购房落户、人才引进等八城区外户口迁入两区政策统一执行主城区政策。其中，两区购房落户政策中除建筑面积80平方米的标准不变外，付款方式、上市交易、审批程序等标准按主城区政策执行。本意见印发日之前结婚、购房的，继续按两区原有户口迁入政策执行；户口迁入后，统一执行新的户籍政策。

2015年1月1日起，以迁入地“有合法固定住所，实际居住且人户一致”为原则，实现两区与主城区户口双向迁移。两区的单位集体户的出生申报、三代以内直系亲属相互迁移（迁入地为集体土地、军产、公共租赁房、廉租房、承租的直管公房等及有产权纠纷的房产除外）、婚嫁、住房搬迁等八城区内户口迁移管理政策统一执行主城区政策。

两区集体土地上的区内户口迁移、分户政策暂时维持不变，待全市户籍制度改革方案确定后，按新政策执行。

（四）统一就业和社会保障政策及体系

2015年起，逐步实现两区与主城区之间社会保险缴费权益（缴费年限、记录和个人账户）和医保定点单位互认。两区要按照市本级标准及时将就业政策以及社会保险参保的范围和对象、缴费和待遇标准，企业退休人员社会化管理服务经费和待遇标准，财政补助标准等调整到位。2018年前，两区按规定要求完成社保基金清算工作。2018年1月1日起，两区养老、医疗、失业、工伤、生育保险纳入市本级统筹。两区社保资金管理办法另行制订。

两区征地农转非人员养老保险纳入市本级统筹后，新增征地农转非人员一次性缴纳养老保险按照市本级缴费标准和年限执行，纳入职工基本养老保险，筹资和缴费方式可由两区确定。

按照就业和社保管理体制、经办职责、信息系统、经办标准“四统一”的要求，逐步实行统一的就业、社保经办管理制度，推进“区、乡镇（街道）、行政村（社区）”三级就业、社保经办管理服务体系建设。两区社保纳入市本级统筹后，就业和社会保障管理服务同步实现一体化。

（五）加快社会优抚、社会福利和社会救助一体化

统一社会优抚补助标准。2015年起，两区义务兵家庭年优待金、春节企业退休复退军人慰问金、退伍转业安置金、进藏退役士兵安置金等优抚对象的定期抚恤金执行市本级标准。

统一社会福利补助标准。2015年起，两区养老机构建设和运营、照料中心建设、老年食堂运营、残疾人保障等补助执行市本级标准。

统一社会救助补助标准。2015年起，两区低保、残保、水电煤补贴、物价临时价格补贴、高龄津贴、散居孤儿基本生活费等执行市本级标准。

（六）扩大优质教育资源覆盖面

加快两区与主城区名校（园）集团化办学和学校（幼儿园）互助共同体建设，支持主城区优质中小学（幼儿园）到两区举办、承办和领办新校（园）。

加快推进高中段（含中等职业学校，下同）学校招生一体化。按照“管理不变、招生一体”的思路，在现有办学管理体制不变的情况下，完善八城区高中段学校布局规划，加快寄宿制优质高中段学校建设。2015年起，逐步实施主城区和两区省一级重点普通高中和特色示范普通高中的双向定额招生，到2018年，统一八城区学前教育、义务教育段学校招生政策，并创造条件加快高中段学校招生一体化。

（七）加强公共卫生和计生服务

统一编制市区卫生规划。引导省、市优质医疗机构与两区医院合作办医，鼓励社会资本在两区兴办上规模、上水平的综合型、专科型医院和高端特需医疗服务机构。

提升公共卫生和计生服务能力。2015年起，两区城乡公共卫生、免费婚检、免费孕检、免费产前筛查和新生儿疾病筛查、中小学生窝沟封闭、计划生育等补助执行市本级政策。

（八）实现市民卡应用和服务一体化

由杭州市民卡有限公司对两区的市民卡中心进行公司化整合，实现八城区市民卡的统一管理、统一运营。公司化整合后，可继续保留与原银行的合作关系以及市民卡银行账户开卡和存款等功能。2015年起，两区与主城区共享市民卡便民服务。

（九）统一住房公积金、保障性安居工程等有关政策

2015年起，杭州公积金中心对两区公积金业务实行统一制度、统一核算、统一管理；两区分中心资金实行统一运行、统一审批标准、统一服务流程，并实现八城区住房公积金通存、通兑、通贷，进一步方便八城区职工公积金提取和贷款，提高公积金使用效益。两区公积金增值收益留归两区。两区归集的公积金资金管理办法另行制订。

保留杭州公积金中心两区公积金分中心的建制，人、财、物由两区负责；分中心主任、副主任以两区为主、与杭州公积金中心共同管理，并由杭州公积金中心任免。

两区政府继续负责公租房(含廉租房)、经济适用房等保障性住房和人才房建设,其建设、申请、补助标准与市本级政策统一。

(十)优化公共交通组织管理

加快地铁建设,完善两区地铁各站点周边公交配套设施,加强公交站点、公共自行车服务点与地铁站点的对接。

完善八城区公共汽车客运专项规划,两区年度区域公交客运线网优化调整方案(含新增线路)由市交通运输主管部门审核。继续执行市与两区公交一体化政策,市财政按市出资比例承担两区公交一体化政策性亏损补助。

加快出租车营运统一管理,2015 年起,由市交通运输主管部门统筹主城区和两区出租车运力投放。主城区与两区新增的全市域(八城区范围)出租车原则上实行"同城同待遇",存量及新增的区域性出租车仍维持区域经营政策。

(十一)促进产业提升发展

加大对两区产业的扶持力度,重点产业项目安排要向两区倾斜。市财政支持符合国家产业政策导向和市委、市政府确定的重点产业项目建设,促进两区产业转型升级。

三、深化政府管理体制改革

(十二)依法做好规划管理

两区控制性详规须服从全市城市总体规划、土地利用规划、产业发展规划、综合交通规划、生态保护规划等上位规划。

依据《中华人民共和国城乡规划法》,两区范围内的控制性详规由市规划局通过适当方式会同两区政府组织编制,共同报市政府批准;两区控制性详规的一般性修改和调整,经两区规划分局技术审查后,由市政府委托两区政府审批,并报市规划局备案;涉及跨区域重大线性基础设施规划和重要区域控规的修改和调整,由市规划局组织实施,征求两区政府意见后,共同报市政府批准。两区控制性详规审批管理办法另行制订。

两区的镇政府可以组织编制村庄规划,由市政府委托两区政府审批。两区规划分局和镇政府可以组织编制重要地块的修建性详规。修建性详规应当符合控制性详规的要求,由市政府委托两区政府审批,报市规划局备案。

两区相关权限范围内建设项目的《建设项目选址意见书》《建设用地规划许可证》《建设工程规划许可证》《乡村建设规划许可证》,由市规划局核发、两区规划分局承办。

市规划局要加强对两区规划执行情况的技术指导和督促检查。

调整两区规划分局管理体制。2015 年起两区规划分局单独设置,人员编制单列,人、财、物、编制由两区负责。分局领导班子成员以两区为主、与市规划局共同管理,并由市规划局任免。

(十三)完善财政体制

市成立专项工作组,根据财力与事权相匹配、事权与支出责任相适应的原则,适时出台两区财政体制调整办法。

在两区财政体制调整前,由两区继续承担全部支出责任,并按照市有关标准,规范各项支出,确保公共服务政策按时与市本级标准接轨。

(十四)深化行政审批改革

在保持两区现行审批权限的基础上,按照"应放尽放、高效便民"的原则,授予两区更多的行政审批权限。需由市级审批并报省级同意的行政审批事项,由相关市直部门会同两区向省政府提出申请,经同意后,通过授权、委托的方式,授予两区行政审批权。

对投资建设工程类项目,除市级及以上政府投资的项目、跨行政区(流)域的项目以及政府核准的投资项目目录规定由市级及以上政府审批的项目外,其余项目的审批和管理权限均通过委托和直接放权的形式下放给两区。

涉及经济社会管理、为企便民公共服务的各项审批权限,按照"就近、高效、便捷"的原则,通过委托和直接放权的形式下放给两区,实现与主城区一体化管理。

(十五)做好重大基础设施等城市建设项目的统筹安排

按照"规划统一管理、建设属地负责"的原则,统筹安排两区与主城区之间重大基础设施建设的计划、标准和时序。

合理划分供水、排水、固废处理等公共设施的服务区域,并相应推进建设、运营体制机制创新。

对主城区和两区接壤区域、无法单独开发的规划区块,以市本级为主,由市统一规划管理、统一收储出让、统一开发建设、统一指定属地管理,并处理好与相关区的利益关系。

(十六)明确城乡建设和社会管理责任

两区现行城乡建设、交通道路及设施建设、文教卫体等社会事业项目建设体制不变,市本级要通过多种形式加大对两区重大基础设施建设的支持力度。两区的市政设施、公用事业、市容景观、环境卫生等城市管理以及交警、交通等社会管理继续由两区负责,两区要进一步提升管理水平,切实履行管理职责。

四、加强组织领导

(十七)加大推进力度

建立萧山余杭与主城区一体化发展工作领导小组,由市委书记、市长担任组长,常务副市长、两区区委书记及相关分管副市长担任副组长,市有关职能部门和两区政府负责人为成员,统筹协调和推进一体化发展各项工作。领导小组下设办公室(设在市政府办公厅),办公室主任由常务副市长担任,负责领导小组日常工作和具体问题的督查、协调和落实。

(十八)落实工作责任

市直有关部门要会同两区党委、政府,按照本意见要求,抓紧制订实施细则,做好各项准备工作,按照时间节点落实各项措施。两区党委、政府要高度重视,切实抓好工作落实,每年向社会公布公共服务政策与市本级标准并轨情况。今后,市有关部门在制订、完善各项政策措施时,要充分考虑八城区地域广、情况较为复杂的实际,加强调查研究,增强全局意识和把握能力。

(十九)加强舆论宣传

市有关部门和两区党委、政府要教育引导党员干部群众特别是领导干部,充分认识两区与主城区一体化的重大意义,做到想全局、抓局部,顺民心、促发展,在加快自身发展的同时,更好地促进全市的融合协调发展。各新闻单位要精心组织,加强宣传,为推进两区与主城区一体化发展营造良好的舆论氛围。

本意见由萧山、余杭与主城区一体化发展工作领导小组办公室负责解释。市现行相关政策与本意见不一致的,以本意见为准。两区现行政策标准高于市本级标准的,高出部分由两区妥善处理。本意见出台后,两区新出台的相关政策要与市本级标准保持一致,重大民生保障政策出台前须报市政府批准。本意见未涉及的内容,继续按两区现有管理体制、管理职责、管理权限执行。如遇国家、省出台重大体制机制调整等相关政策,市委、市政府将相应调整和完善。

附件:进一步加快萧山区、余杭区与主城区一体化发展重点任务分工表(略)

2014 年 12 月 31 日

中共淳安县委办公室　淳安县人民政府办公室
关于培育发展家庭农场的实施意见(试行)

各乡镇党委、政府,县属各单位:

为加快构建新型农业经营体系,进一步推动现代农业发展,根据《浙江省人民政府办公厅关于培育发展家庭农场的意见》(浙政办发〔2013〕120 号)和《杭州市人民政府办公厅关于加快培育发展家庭农场的实施意见》(杭政办函〔2013〕190 号)文件精神,现就我县培育发展家庭农场提出如下实施意见。

一、总体要求

家庭农场是以家庭经营为基础,以家庭成员(包括婚姻、血缘关系)为主要劳动力,从事农业规模化、集约化、商品化生产经营,以农业收入为家庭主要收入来源,并经工商注册登记的新型农业生产经营主体。

(一)登记条件

1. 家庭农场经营者应是长期、稳定、专业从事农业生产的人员,具备相应农业生产技能;

2. 家庭成员(包括婚姻和血缘关系)是家庭农场主要劳动力、直接参与生产经营活动;

3. 经营生产资料,要求有适度的规模,土地须有 5 年以上经营期限,通过流转的土地须签订规范有效的流转合同。

(二)工作目标

从 2014 年开始的 3 年内,全县培育发展家庭农场 150 家,其中培育县级以上示范性家庭农场 30 家,80% 以上的家庭农场参加农民专业合作社,家庭农场成员人均纯收入达到当地农民人均纯收入的 2 倍以上。

二、工作重点

1. 优化注册登记服务。县级职能部门要优化服务,认真做好家庭农场法人化工作。农业经营主体可在个体工商户、个人独资企业、普通合伙企业、公司中自主选择其中一类主体申报注册为家庭农场。工商部门要做好服务引导工作,优化登记程序、简化登记材料、试行先照后证,依法免收家庭农场注册登记相关费用。各乡镇根据所辖区产业特色和发展规划,积极引导有稳定生产规模且符合条件的农业经营主体登记注册家庭农场,并积极协助做好家庭农场登记代办服务工作。

2. 加快农村土地流转。在健全和完善农村基本经营制度的基础上,坚持农户自愿原则,以市场为导向,引导向家庭农场流转土地,发展适度规模经营。各乡镇要指导家庭农场使用统一规范的合同文本,依法规范流转行为和流转期限。县农办要会同乡镇完善县乡两级农村土地流转信息服务平台,积极开展土地流转供求信息发布,促进土地供需有效对接。乡镇、村要积极做好纠纷调处,维护农民和家庭农场合法权益。

3. 建立示范创建标准。根据现代农业发展要求,结合我县实际,针对农、林、牧、渔等不同类型,科学设置县级示范性家庭农场创建标准,实行动态管理,建立示范性家庭农场名录。扎实开展家庭农场商标注册及无公害农产品和产地、森林食品基地、绿色食品和有机食品质量认证工作,着力培育发展高标准、高效益的家庭农场。

4. 培育职业农民队伍。结合农村实用人才培训计划,着重开展家庭农场经营者实用技术、经营管理、市场营销、电子商务等专题培训,培育一批有文化、善经营、会管理的家庭农场主,全面提升家庭农场经营者素质。鼓励引导大中专毕业生、返乡农民、复退军人、农民企业家等投资创办家庭农场,培养更多的具有现代经营理念的家庭农场经营人员。

三、扶持政策

在全面落实中央、省、市各项支农惠农政策的同时,我县创办家庭农场享受以下扶持政策:

1. 加大信贷支持。优化金融信贷服务,把家庭农场作为信贷支农的重点，拓宽融资渠道。积极推进林权、农业机具及设施、注册商标、粮食购销订单等抵(质)押贷款，探索实施土地承包经营权、宅基地等抵押贷款业务。金融机构要加大对家庭农场的信贷支持力度、简化程序、优惠利率，开展家庭农场信用等级评定和授信贷款，出台具体的实施细则。

2. 扶持产业发展。鼓励家庭农场进行"规模化、集约化、现代化"生产，围绕县域农业产业区域布局规划发展。家庭农场生产经营过程中需要建造简易(机)仓库、生产管理用房等农业生产配套设施，可以依法申请办理设施农用地手续。家庭农场集中连片土地流转规模经营，发展设施农业，建设标准化生产基地和示范农业园区的，享受县相关土地流转、产业发展和园区建设的扶持政策。鼓励家庭农场充分利用电子商务平台加大产品营销。

3. 执行税费优惠。家庭农场的农业生产经营活动享受国家规定的有关农业减免税政策。农民专业合作社享有的税费优惠政策，家庭农场符合相关条件的给予同等享受。税务部门要为家庭农场办理税务登记和免税申报手续提供指导和便利，家庭农场生产的鲜活农产品运输按规定享受"绿色通道"政策。

县级以上示范性的家庭农场同时享受以下扶持政策：

1. 财政奖励。对获得省级、市级、县级示范性家庭农场的，县财政分别给予一次性10万元、5万元、3万元的奖励。

2. 贴息贷款。对示范性家庭农场贷款用于生产经营的、单笔贷款5万元以上或累计贷款30万元以上，连续支付利息不少于3个月的，县财政给予贴息，当年最高贴息贷款不超过100万元，贴息补助以上一年度实际发生的贷款和支付的利息为依据，贷款期限不足12个月的，按实际贷款期限计算贴息，贴息率为3%，累计不超过5%，贷款贴息项目一般为3年。

3. 保费补贴。对示范性家庭农场参加政策性农业保险的，农作物保险品种按县相关文件规定执行，县财政在原承担比例基础上再增加10%的保费承担比例。

四、保障措施

1. 加强组织领导。县政府成立家庭农场发展工作领导小组，指导督查和统筹协调有关工作，由分管副县长担任组长，县农办、财政、农业、林业、国土、国税、工商、金融、保险等部门负责人为成员。相关部门要密切配合，形成合力，各乡镇要落实专门人员主抓，配套工作措施，确保落实到位，共同推进家庭农场的培育发展。

2. 加强督查考核。为有序、规范推进家庭农场发展，县委、县政府将培育发展家庭农场工作列入各乡镇领导班子工作业绩考核内容。被评为县级示范性家庭农场的，予以授牌表彰，为家庭农场的发展创造良好环境。

3. 优化工作服务。农业、林业、科技、工商等部门要组织开展与家庭农场"一对一"结对服务，送政策、送技术、送农资、送信息、解难题，指导家庭农场创建品牌，开展无公害农产品、绿色食品、有机农产品认证，发展标准化生产，保护合法权益，为家庭农场当好"保姆"。县财政每年安排专项资金开展家庭农场经营者素质提升培训，帮助其提高生产、经营和管理水平。

县级示范性家庭农场认定管理办法由县农办会同县相关部门制定下发。

2014年3月6日

中共宁波市委　宁波市人民政府关于全面深化农村改革加快城乡一体化发展的若干意见

解决好农业农村农民问题是全党工作的重中之重，加快城乡一体化发展是解决"三农"问题的根本途径。为深入贯彻落实党的十八大、十八届三中全会精神，按照市委关于全面深化改革的决策部署，扎实推进农村各项改革，加快我市城乡一体化发展，特提出如下意见。

一、总体要求

1. 指导思想。认真贯彻落实市委关于全面深化改革、再创体制机制新优势的决策部署，以发展新型城镇化为主题，以强化城乡一体规划建设为龙头，以推动农业农村集聚、集中、集成、集约发展为抓手，着力构建新型农业经营体系，着力提升幸福美丽新家园建设水平，着力保障农民更多财产权益，着力健全城乡一体保障服务网，努力建设与现代化国际港口城市相适应、与基本实现现代化目标相契合的具有宁波特色的城乡发展一体化先行区。

2. 基本原则

——坚持以人为本，富民为先。把实现好、维护好、发展好最广大农民群众的根本利益，作为推进城乡一体化改革发展的出发点和落脚点，强化以民为本、由民作主理念，让广大农民平等参与现代化进程，在建设新型城镇化过程中分享更多红利。

——坚持统盘谋划，规划引领。按照"城乡一张图、全市一盘棋"的要求，加强改革的整体设计和系统安排，充分发挥规划对城乡空间资源配置的引领作用，做到无规划不设计、无设计不建设。

——坚持因地制宜，分类指导。根据区域经济社会发展水平及郊区、平原、山区不同资源禀赋条件，实行差异化发展战略，分类确定实现目标，梯度推进、分步到位。

——坚持深化改革，创新驱动。坚持以开放促改革、以改革促发展、以创新促提升，注重政府引导和市场配置相结合，顶层设计与基层创造相结合，增量改革与存量优化相结合，促进农业转型升级、农村繁荣和谐、农民全面发展。

——坚持试点先行，有序推进。注重以点带面、典型示范，在卫星城、中心镇和具备条件的乡镇(街道)设立30个左右的“城乡一体化改革发展试点乡镇”(以下简称“试点乡镇”)，充分发挥试点乡镇的主动性和创造性，积极探索、大胆实践，为深化全市农村改革提供经验借鉴。

3. 主要目标

到2016年，全市统筹城乡发展水平综合评价得分达到94分，城镇化率超过71%，小型村、空心村、自然村缩减10%左右，新改造建设农村住房10万户，农业适度规模经营率达到70%，农业劳动生产率超过7万元/人，股份合作制改造村超过40%，城乡居民人均收入差距缩小到2.0：1以内。以交通客运、治水治污、环境保洁、绿化生态、社会保障和公共服务为重点的“五网”建设加快联网对接，城乡基础设施配置和公共服务保障供给基本实现城乡一体化。

到2020年，全市统筹城乡发展水平综合评价得分达到96分，城镇化率超过74%，城乡居民人均收入差距缩小到1.95：1以内，城乡一体化发展的体制机制更加健全，新型城乡空间形态基本形成，农业现代化、农村城镇化、农民市民化、要素市场化基本实现，城乡差距最小化城市建设走在全省全国前列。

二、重点任务

(一)强化城乡规划统筹，优化镇村空间布局

4. 构建新型城乡空间形态。以新型城镇化为引领，顺应城镇用地规模和城镇人口增加，自然村落和农村人口减少的趋势，突出“城镇高度集聚，农村多样保留”，进一步调整完善市域城镇体系，以空间结构调整带动人口结构优化和资源均衡配置。研究制定优化城乡空间布局推进镇村规划建设指导意见，推进农村人口向城镇、中心村(集聚区)集聚，工农产业向规划功能区和农业规模经营集中，基础设施和公共服务向规划建成区集成，土地、水(能源)等资源要素向高效集约利用方式转变。

5. 调整完善镇村布局规划。按照“五个一批”的要求，以县域为单位，调整完善镇村布局规划，搞好建设规划修编完善。全面融合一批城中村、园中村和城郊周边村，合并集聚一批零星分散的自然村、空心村，保护开发一批生态自然、乡村文化特色鲜明的古村落，整治提升一批中心村、规划保留村，搬迁减少一批小型村、偏远贫困及地质灾害多发等不适宜于人居的村庄，着力打造各具特色、宜居宜业宜游的美丽乡村。2014年底前，县(市)区都要明确农民集聚区和规划保留村布点定位，乡镇(街道)都要明确“1＋3＋X”(一个城镇，农民集聚区、中心村、特色村三类村(社区)和X个规划保留村)布局体系。

6. 促进“多规融合”。以宁波城市总体规划修编和土地利用总体规划中期评估为契机，加强城乡规划、土地利用规划与国民经济和社会发展规划、生态环境保护规划的相互衔接，近期重点加快城乡规划与土地利用规划的“两规”融合，确保规划实施落地。优先支持试点乡镇在2014年9月底前完成土地利用总体规划及镇总体规划或街道控制性详细规划，实现“两规”的同步编制、统一报批、有序实施。明确县(市)区政府为镇村布局规划修编主体，按照《宁波市城乡规划条例》，突出政府主导、群众参与、专家论证、人大监督，做好规划的统筹和管理，强化规划执行的严肃性。

(二)突出新型城镇化引领，提升幸福美丽新家园建设水平

7. 提高城镇承载能力。突出城镇节点功能，加快建立卫星城市和中心镇辐射范围内相关规划共编、工程共建、功能共享的统筹协调机制，完善基础设施和公共服务，提高城镇承载能力，打造一批各具特色、宜居宜业的小城市。注重产城联动，鼓励支持开发区域之外和分散在农村的工业企业向规划功能区集中，研究出台推进制造业集聚、集群、集约发展的实施意见，推动农村人口和产业向城镇集聚，实现产业发展、就业转移和人口集聚相统一。以人口城镇化为核心，以本市户籍自愿进城镇落户农民为对象，制定出台深化户籍制度及其配套改革意见，引导农业转移人口有序融入城镇，迁入城镇的农民平等享受城镇居民各项待遇，保留原有农民各项权益。

8. 加快幸福美丽新家园建设。按照“四美三宜”“五个一批”的要求，加快美丽乡村建设。制定新一轮加快推进农房“两改”的实施意见，形成以镇为主、镇村联动，土地统配、区域平衡，资金统筹、多元筹资的推进机制，在充分尊重农民群众意愿的前提下，加大小型村、空心村、自然村撤并力度，建设一批联排、多层、高层住宅为主的农民集中居住区。推进规划保留村庄整治建设和“一户多宅”清理，研究建立全市统一的村庄分类整治规划建设体系及信息化管理平台，创新申报竞争、项目化管理、标准化建设等工作机制，深化全面小康村、中心村、特色村及精品线(区块)“三村一线”创建，到2016年全市培育特色村75个、中心村60个、全面小康村105个、精品线(区块)20条以上。完善扶贫开发和结对帮扶机制，以市级确定的相对欠发达“16＋3”区域为重点，扎实推进“村庄整治建设十大行动计划”，加大下山移民力度，力争该区域村庄整体面貌得到有效改观，加快区域协调发展。

9. 创新农村社会治理机制。着眼增强农村发展活力和维护和谐稳定，推动农村基层服务型党组织建设，建立和完善以基层党组织为核心、村民自治和村务监督组织为基础、集体经济组织和农民合作组织为纽带、各类经济社会服务组织为补充的农村组织体系。加快城镇规划建成区的行政村撤村建居步伐，建设多形态农民集聚区，按照城市社区管理模式，推动建立健全“一委一居一中心”服务管理体制机制。深入推进农村精神文明建设，倡导移风易

俗，培养良好道德风尚。加强民主管理、民主决策、民主监督，深化完善“网格化管理、社会化服务”，实行法治、德治与自治相结合，促进农村治理方式创新。支持企业和社会组织采取投资筹资、捐款捐助、人才和技术支持等方式兴办农村各类社会事业，激发社会组织活力。创新村级集体经济帮扶方式，保障经济薄弱村长期稳定收益。根据村庄及人口规模、社会事务管理等职能，研究建立农村社区与城市社区并轨的运行经费公共财政保障机制。

10. 推进农村土地综合整治。坚持城乡土地资源优化配置和土地利益农民与村集体优先分享，积极盘活农村土地存量，注重调动镇村基层积极性，落实好农户权益，实施城乡建设用地增减挂钩政策，研究出台推进农村土地综合整治实施意见，提高农村土地利用综合效益。优先支持试点乡镇开展城乡建设用地增减挂钩项目，按照建新拆旧、先占后补、占补平衡的要求，对土地利用空间布局进行微调确保落地，配套安排农村发展必需的土地周转指标。实施农村土地综合整治项目获取的城镇建设用地指标，其土地出让净收益市级统筹部分及县(市)区留成部分及时全额返还，主要用于农房“两改”建设资金平衡、农村生产生活设施改善及农民身份转换的保障支出等。

11. 创新农村金融服务与投融资机制。创新农村金融组织形式，研究制定金融支持“三农”发展的指导意见，推进农村金融产品和服务方式创新。积极推进土地承包经营权、林权、海域使用权、股份合作社股权、农村住房等“多权一房”抵(质)押贷款，扩大农户联保贷款和无抵押信用贷款，提高信用村户授信额度，推广“安居宝”等住房按揭信贷模式，培育发展一批村镇银行、小额贷款公司、资金和保险互助合作社等新型农村金融组织。充分发挥政府性资金引导作用和乘数效应，鼓励在卫星城、中心镇及试点乡镇设立由政府、企业、个人共同参与的股权投资基金，支持县(市)区特别是试点乡镇组建城镇(新农村)建设投融资公司，促进城镇建设投资主体多元化。完善政策性农业保险制度，探索建立健全农业与农房相捆绑的农业保险机制，提高主导农产品保险覆盖面和风险保障水平。

(三)构建新型农业经营体系，加快现代农业发展

12. 加大土地使用权流转力度。坚持和完善农村基本经营制度，落实集体所有权，稳定农户承包权，放活土地经营权，赋予农民对承包地占有、使用、收益、流转及承包经营权抵押、担保权能。顺应发展需要和农民群众意愿，在试点基础上采取农村土地承包经营权确权确地或确权确股不确地的方式，到 2016 年基本完成农户土地承包经营权确权登记颁证工作。研究出台新一轮推进土地流转政策意见，以扩大流转面积、延长流转时限、稳定流转主体、创新流转方式和完善流转服务为工作重点，支持农户承包土地向各类农业市场经营主体流转集中，加快推进整村、整组连片集中委托流转，鼓励农民以土地承包经营权入股，大力发展多种形式的土地股份合作，提升土地流转和规模经营水平。

13. 创新农业经营方式。推进家庭经营、集体经营、合作经营、企业经营等共同发展的农业经营方式创新，重点培育发展专业大户、家庭农场、农民专业合作社、农业企业，加快构建以农户家庭经营为基础、合作与联合为纽带、社会化服务为支撑的立体式复合型现代农业经营体系，发挥新型农业经营主体在规模、管理、技术、市场、质量、品牌等方面的优势，不断提高农业产业化组织带动基地、联结农户的覆盖面。落实地方政府属地管理责任，强化新型农业经营主体在农产品质量安全及生产销售中的主体责任，加快健全农业标准体系，严格农业投入品管理，创新测土配方、生物制品应用手段，建立信息化全程监管追溯体系，健全农产品质量安全体制机制。研究出台新型农业生产经营主体扶持政策，鼓励家庭农场和土地股份合作社通过工商注册登记成为法人，增强农民专业合作社服务能力，推进生产合作、供销合作、信用合作“三位一体”合作体系建设。加大财政资金项目支持农业市场主体力度，完善配套设施用地保障和人才引进办法，实施大学生到农业领域就业创业扶持政策，健全农业龙头企业带动的农业产业化经营模式，规范引导工商资本、社会资本到农村投资发展适合企业化经营的现代种养业，提升新型农业经营主体发展现代农业的能力。

14. 发展多层次农业社会化服务。严守耕地保护红线，划定永久基本农田，以粮食生产功能区、现代农业园区和四大现代农业先导区建设为重点，建立推进农业全产业链发展体制机制，促进特色主导农产品发展，进一步提升农业综合生产能力。加强研究推进农业社会化服务与发展现代农业协调机制，加快构建以公共服务机构为依托，以合作经济组织、家庭农场、龙头企业、专业公司为骨干，公益性服务和经营性服务、专项服务和综合服务相结合的新型农业社会化服务体系，培育种子种苗、农机、农资、气象、测土配方、农产品检测、营销物流等新型农业服务业态。

(四)赋予农民更多财产权利，促进富民强村

15. 保障农民依法享有平等的土地财产权利。保障农户宅基地用益物权，探索建立农村宅基地有偿使用、有偿退出和跨社置换机制。选择若干试点，对自愿放弃宅基地、转让农房到城镇安置落户的农户，探索现房安置、货币补贴或享受城镇居民保障性住房申购办法。在农村住房制度改革项目中依法取得的住房，履行补缴出让金相关手续后，允许上市转让交易。在符合规划和用途管制的前提下，对农村集体经营性建设用地，允许采取出让、租赁、作价入股等方式参与项目开发建设，实行与国有土地同等入市、同权同价，研究出台农村集体经营性建设用地流转管理办法。缩小征地范围，规范征地程序，加快改革征地制度，完善被征地农民合理、规范、多元保障机制，确保农民公平分享土地增值收益。

16. 加快农村股份合作制改革。深化农村集体产权制度改革，保障农民集体经济组织成员权利，赋予农民对落实到户的集体资产股份占有、收益、有偿退出及抵押、担保、继承权，采取集体资产量化、集体物业经济参股等渠道，加快实施农民持股计划，研究制定新一轮加快推进农村股份合作制改革的指导意见。以城中村、城郊村或经济

较发达村、搬迁拆并村、中心村等为重点，大力推进农村股份合作制改革扩面提质，依法免征村股份经济合作社集体固定资产因评估增值发生的相关税收，支持有条件的股份合作社探索市场化改革或有序退出机制。转变村级集体经济发展方式，通过物业配置、项目新建或货币补偿等方式，用足用好村级发展留用地政策，拓宽村集体经营性收入和农民财产性收入渠道。探索以乡镇(街道)为统筹主体，鼓励多村联合、交叉持股，发展农村新型股份合作经济。

17. 加快建立农村产权流转交易市场体系。建立城乡统一的土地、房屋产权登记制度，加快农村集体土地所有权、农村土地承包经营权、农村宅基地使用权和房屋所有权确权登记颁证，赋权还能，维护村集体和农民土地用益物权。研究建立县乡两级农村产权交易平台或统一纳入公共资源交易中心，逐步将确权后的农民土地承包经营权、农村集体建设用地使用权、林地及林木所有权、合作经济股权、大型农业设施和农业科技成果知识产权等纳入流转交易范围，通过拍卖、招投标、网络竞价等方式，促进农村产权公开公正规范流转，激活农村资源资产。

18. 提高农民素质促进创业就业。拓宽农民增收渠道，着力构建农民持续增收的长效机制。改革农业补贴制度，实行补贴标准动态调整机制。以培育现代农场主和乡土专家为重点，积极研究生产型、技能型、经营型农村实用人才培养机制，实施优秀农民进高校和境外培训计划，培育一批与市场农业相适应的新型职业农民和现代农业生产经营者。深入推进转移就业培训，加快农民向二、三产业转移，大力开发农副产品加工业、农村社区服务业、农家乐乡村休闲旅游业等新型业态，完善城乡均等的创业就业公共服务和劳动者职业培训体系，强化农民创业要素供给服务和政策扶持，增强农民创业就业能力，促进增收致富。

(五)统筹城乡基础设施建设，推进城乡公共服务均等化

19. 加快构建城乡一体交通客运网。建立城乡一体化交通规划体系，同步编制县乡公路网调整规划，加快农村公路网络化建设，提高“村村通”道路等级，到2016年农村公路网密度达到108公里/百平方公里以上。完善规划保留村村庄内部路网结构。优化农村客运网络布局，建设城乡客运分级场站网络，组织开展城乡一体化配送物流体系建设，探索城乡一体化交通管理体制，到2016年各县(市)基本实现城乡客运一体化。

20. 加快构建城乡一体的水环境网。按照“五水共治”总体部署，启动“治水强基”三年行动计划。组织实施农村污水治理行动计划，制定加快农村生活污水治理实施意见，加快城区及建制镇管网向城郊、农村延伸，到2015年建制镇污水处理设施实现全覆盖，到2016年实施生活污水治理的村达到90%，农户受益率达到70%以上。实施甬江防洪工程、主干河道排涝工程等重大水利设施建设，开展农村小流域、山塘水库治理，强化旱涝保收农田水利建设，提高农业农村防灾减灾能力，建立农村应急广播及避让避险系统，实现农村气象灾害监测预警信息发布接收全覆盖。继续开展“千里清水河道”整治工程，到2016年完成600公里的生态河道建设，全市水环境功能区水质达标率达到71%。实施农村饮用水提升工程，推进城乡联网集中供水，加快农村管网、饮用水设施更新改造，提高农村饮用水安全覆盖率。

21. 加快构建城乡一体的环境保洁网。巩固村庄整治建设成果，推进农村生活垃圾分类和就地消纳，实现生活垃圾减量化、资源化、无害化处理，2016年城乡生活垃圾无害化处理率达到95%。建立完善县(市)区财政奖补农村环境保洁办法，总结推广“一把扫帚扫城乡”环境保洁体制，实现农村环境保洁常态化。

22. 加快构建城乡一体的绿化生态网。积极开展森林城镇、森林村庄建设，加大农村绿化造林和管护力度，推进围村、通道、水系、农田、村庄等林带建设，到2016年森林村庄达到1000个以上，森林城镇达到50个。以直接承担生态保护责任的乡镇、村、农户为补偿对象，提高对水源地、重要生态湿地、生态公益林的生态补偿力度。以粮食生产功能区耕地保护补偿为切入点，探索建立耕地保护补偿机制。

23. 加快构建城乡一体的保障服务网。在实现城乡低保、基本养老保险并轨扩面的基础上，推动保障制度全覆盖向人群全覆盖转变，2016年城乡居民养老保险参保率达到92%。积极探索对农村土地承包经营权永久流转退出的农民，研究其参加各类养老保险(障)的政策措施。加快推进新农合和城镇居民医保两项制度并轨，2015年建立健全城乡居民基本医疗保险制度，实现城乡低保、基本养老、基本医疗全面并轨。研究低收入农户与低保边缘户认定标准统一、救助体系接轨的办法。探索建立城乡公共服务标准和质量差距逐步缩小机制，推动城市优质教育、医疗卫生、文化体育、养老服务、科技信息等公共资源向农村延伸覆盖。推进城乡公共文化设施共建共享，2016年全市农村文化礼堂覆盖率达到70%。

三、保障措施

24. 创新推进机制。充分发挥市统筹城乡发展推进社会主义新农村建设领导小组作用，加强办公室力量配备，建立定期联席会议制度，加强对配套政策制定工作的督促，协调解决重大问题，分解目标任务，建立评价体系，形成有效推进各项任务落实的运行机制。县(市)区党委、政府作为推进城乡一体化改革发展的责任主体，建立党政“一把手”负责制，加强统筹协调，着力在重点领域和关键环节取得突破。

25. 构建政策体系。按照加快城乡一体化改革发展的总体部署，市级相关职能部门要各司其职、密切配合、形成合力，分期分批研究制定专项配套政策(具体分工见附件)，形成“1+X”政策体系。

26. 加强投入保障。健全“三农”投入稳定增长机制，加大对城乡一体化改革发展的财政支持力度，不断增强农村公共产品供给服务能力，切实把基础设施建设和社会事业发展的重点转向农业农村，财政支出中用于“三农”的比

重明显提高。完善支农政策，强化财政资金的绩效考核，提高财政资金使用效益。

27. 推进改革试点。积极稳妥推进城乡一体化改革，相关改革项目和需突破的政策举措在试点乡镇先行先试，力争改革发展取得创新突破，经验做法在全市应用推广。市、县(市)区要加大对试点乡镇改革放权和政策支持力度，土地增减挂钩指标、低丘缓坡土地整治指标、土地周转指标优先用于试点乡镇项目建设，涉及村集体经营性土地流转交易、宅基地跨社置换有偿使用等改革项目优先给予安排。统筹安排相关财政资金，支持试点乡镇推进城乡一体化改革发展。

28. 营造良好氛围。加强思想引导，加大政策宣传力度，形成改革共识，增强各级各部门推进城乡一体化改革发展的自觉性、主动性和创造性。鼓励大胆探索创新，宽容改革失误，尊重基层和群众首创精神，注重示范引领，及时总结推广典型经验，为全面推进城乡一体化改革发展营造良好的社会环境。

附件：研究制定专项配套政策责任分工(略)

2014 年 2 月 8 日

中共宁波市镇海区委
关于贯彻落实党的十八届四中全会精神
全面推进“法治镇海”建设的决定

2014 年 12 月 18 日区委十三届八次全体(扩大)会议通过

为深入贯彻落实党的十八届四中全会精神，按照省委十三届六次全会和市委十二届八次全会关于建设“法治浙江”“法治宁波”的重大部署，区委十三届八次全体(扩大)会议紧密结合镇海实际，就全面推进“法治镇海”建设作出如下决定。

一、全面推进“法治镇海”建设的指导思想、总体目标和基本原则

1. 全面推进“法治镇海”建设的指导思想。贯彻落实党的十八大和十八届三中、四中全会精神，高举中国特色社会主义伟大旗帜，以马克思列宁主义、毛泽东思想、邓小平理论、“三个代表”重要思想、科学发展观为指导，深入贯彻习近平总书记系列重要讲话精神，坚持党的领导、人民当家作主、依法治国有机统一，以服务大局为重要使命，以执法为民为本质要求，以公平正义为价值追求，以党的领导为根本保证，不断提高经济、政治、文化、社会和生态各个领域的法治化水平，为“六大战略”实施、美丽新镇海建设提供有力法治保障。

2. 全面推进“法治镇海”建设的总体目标。充分发挥法治的引领和规范作用，善于运用法治思维和法治方式深化改革、推动发展、化解矛盾、维护稳定，形成严格执法、公正司法、全民守法的法治环境，建设法治理念深入人心、规章制度健全有效、公正公平有效维护、公共服务高效规范、社会环境安全稳定的“法治镇海”，全面提升各个领域的法治化水平，努力在民主政治、法治政府、司法公平、法治社会等方面建设走在全省、全市前列。

3. 全面推进“法治镇海”建设的基本原则。必须坚持党的领导，坚持党保证执法、支持司法、带头守法，把党的领导贯彻到“法治镇海”建设的全过程和各方面；必须坚持人民主体地位，做到法治建设为了人民、依靠人民、造福人民、保护人民，维护社会公平正义；必须坚持服务大局，紧紧围绕实施“六大战略”这一主线，有效推进法治建设的各项工作；必须坚持法律面前人人平等，任何组织和个人都必须尊重宪法法律权威，都必须在宪法法律范围内活动；必须坚持法德并举，既重视发挥法律的规范作用，又重视发挥道德的教化作用，实现法律和道德相辅相成、法治和德治相得益彰；必须坚持从实际出发，把中央和省市要求与我区实际紧密结合起来，全面推进依法治国总体部署与本区法治建设实践紧密结合起来，一步一个脚印把“法治镇海”建设推向深入。

二、坚持依法执政，加强民主政治建设

4. 严格遵守和维护宪法法律。各级党政机关、基层组织和社会团体、企事业单位都必须以宪法为根本活动准则，维护宪法法律权威，捍卫宪法法律尊严，追究和纠正一切违反宪法法律的行为，保证宪法法律实施。落实宪法宣誓制度。开展宪法日活动。

5. 完善党的领导方式和执政方式。坚持党委总揽全局、协调各方，统筹推进法治建设各领域工作，善于使区委的重大决策经过法定程序成为全区人民的意志，善于使党组织推荐的人选经过法定程序成为地方国家政权机关的领导人员，善于通过地方国家政权机关实施党委对经济社会发展各项事业的领导，善于运用民主集中制原则维护中央权威、推动中央和省市区委部署贯彻落实、维护全区安定团结的良好局面。把加强党的领导同人大、政府、政协、审判机关、检察机关依法依章程履行职能、开展工作统一起来，充分发挥这些组织中党组的领导核心作用。领导和支持工会、团委、妇联等人民团体和社会组织在全面推进“法治镇海”建设中发挥作用。完善民主集中制各项制度，完善党员民主权利保障制度，健全党委依法决策程序和机制，强化全委会决策和监督作用，科学配置党委部门及内设机构权力职能，促进党委权力公开透明运行，全面实行党代表任期制，深化干部人事制度改革。加强和改进党对政法工作的领导，健全党委定期听取政法机关工作汇报制度，建立健全政法机关党组织重大事项向党委报告制度、党委(党组)成员依照工作程序参与重要决策和重要业务制度，加强政法机关党的建设，在法治建设中充分发挥党组织政治保障作用和党员先锋模范作用。支持和加强国防、军队和后备力量建设，推动军民整合深度发展。

6. 支持和推动人民代表大会制度与时俱进。坚持和完善人民代表大会制度，支持和保障人大及其常委会依法行使监督、决定、任免等职权。加强党委对人大选举工作的领导。推动人大"两个联系、一个发挥"工作，深化代表联络站和代表履职平台建设。加强议案和建议处理工作。加强人大及其常委会自身建设，优化代表、常委会组成人员和工作委员会组成人员结构，提高专职委员比例。加强镇(街道)人大工作。

7. 支持和推动协商民主广泛多层制度化发展。坚持和完善中国共产党领导的多党合作和政治协商制度，深入推进政府协商，认真做好人民团体协商，扎实开展基层组织协商和社会组织协商，探索创新协商途径渠道，丰富协商方式方法，增强协商实效。发挥人民政协在发展协商民主中的重要渠道作用，开展专题协商、对口协商、界别协商、提案办理协商。建立健全协商议题提出、组织活动、成果采纳落实和反馈机制。

8. 提高党员干部法治思想和依法办事能力。党员干部必须对宪法法律怀有敬畏之心，牢记法律红线不可逾越、法律底线不可触碰，带头遵守宪法法律、带头依法办事，切实提高运用法治思维和法治方式深化改革、推动发展、化解矛盾、维护稳定能力。把宪法法律列入党委(党组)中心组学习内容，列为党校、行政学院、社会主义学院必修课。把法治建设成效作为衡量领导班子和领导干部工作实绩重要内容，纳入政绩考核指标体系。把能不能遵守法律、依法办事作为考察干部的重要内容，在相同条件下，优先提拔使用法治素养好、依法办事能力强的干部。

9. 加强党内法规制度和工作体系建设。必须严格遵行党章。加大党内规范性文件备案审查和解释力度。建立健全党内规范性文件定期集中清理制度和即时清理机制。各级党组织和广大党员干部不仅要模范遵守国家法律，而且要按照党规党纪以更高标准严格要求自己，坚定理想信念，践行党的宗旨。坚持抓早抓小，着力解决苗头性倾向性问题，严肃查处违反党规党纪行为。

三、坚持严格执法，建设法治政府

10. 依法全面履行政府职能。围绕建设职能科学、权责法定、执法严明、公开公正、廉洁高效、守法诚信法治政府的目标，优化政府机构设置、职能设置、工作流程，推进机构、职能、权限、程序、责任法定化，积极推进政府职能向创造良好发展环境、提供优质公共服务转变，全面履行经济调节、市场监督、社会管理、公共服务、环境保护等职能。构建"四张清单一张网"，加大简政放权力度，建立政府部门权责清单制度和财政专项资金管理清单动态调整机制，探索推进企业投资负面清单管理方式，坚决消除权力设租寻租空间，深化行政审批制度改革，努力打造"审批事项少、办事效率高、投资环境优"的创业者乐园。完善网上政务服务体系，提高行政效能。

11. 健全依法决策机制。按照科学决策、民主决策、依法决策的要求，建立健全重大行政决策公众参与、专家论证、风险评估、合法性审查、集体讨论决定的法定程序，进一步完善民主听证会、民主恳谈会等民主协商形式，确保决策科学合理、合法有效、过程公开、责任明确。完善政府法律顾问制度，发挥法律顾问在制定重大行政决策、推进依法行政中的积极作用。对涉及民生的重大决策事项，在作出决策前实施社会稳定风险评估。建立决策后评估和纠错制度。建立行政机关内部重大决策合法制审查机制，健全行政规范性文件合法性审查制度。

12. 深化行政执法体制改革。按照减少层次、整合队伍、提高效率的原则，合理配置执法力量，推进综合执法，健全联动机制。完善政府行政执法管理，促进事先管理与事后处罚相结合，提高执法效率和服务水平。实行行政执法案件主办人制度和案件审核制度，建立案件质量跟踪评判机制。严格执行罚缴分离和收支两条线管理制度。健全行政执法和刑事司法衔接机制，建立信息共享、案情通报、案件移送制度。

13. 规范行政执法行为。依法惩处各类违法行为，加大关系群众切身利益的重点领域执法力度。严格执行重大执法决定法制审核制度。健全行政执法裁量权基准制度，建立执法依据定期梳理和公布制度。全面落实行政执法责任制，加强执法监督。建立执法全过程记录制度，加强日常执法监督检查，规范辅助执法人员管理。加强行政执法信息化建设。切实保护行政相对人的知情权、参与权、监督权和寻求救济的权利。支持法院受理行政案件，落实行政机关出庭应诉制度，健全尊重并执行法院生效裁判的制度。健全行政机关对司法建议的反馈制度。

14. 创新政府管理服务方式。推动公共资源市场化配置，完善公共资源交易平台。创新公共服务模式，探索公共服务供给主体多元化，积极推进政府向社会力量购买服务，建立健全政府购买服务标准、招标投标和监督评估等制度。规范行政给付、行政奖励等授益性政府行为。全面规范政府和部门行政机关合同管理工作。

四、坚持公正司法，提高司法公信力

15. 支持法院、检察院依法独立公正行使职权。健全执法司法规范运行机制，保障执法司法机关依法独立公正地行使职权，建立健全领导干部干预司法活动、插手具体案件处理的登记备案制度和责任追究制度。完善惩戒妨碍司法机关依法行使职权、拒不执行生效裁判和决定、藐视法庭权威等违法犯罪行为的法律规定。建立健全司法人员履行法定职责保护机制。

16. 健全司法权力运行机制。健全公安机关、检察机关、审判机关、司法行政机关各司其职，侦查权、检察权、审判权、执行权相互配合、相互制约的体制机制。改革法院案件受理制度，完善刑事诉讼中认罪认罚从宽制度。完善对涉及公民人身、财产权益的行政强制措施实行司法监督制度。完善主审法官、合议庭、主任检察官、主办侦查员办案责任制，落实谁办案谁负责。加强职务犯罪线索管理，健全受理、分流、查办、信息反馈制度，明确纪检监察和刑事司法办案标准和程序衔接，依法严格查办职务犯罪案件。

17. 坚持严格公正司法。健全事实认定符合客观真相、办案结果符合实体公正、办案过程符合程序公正的法律制度。推进以审判为中心的诉讼制度改革，确保侦查、审查起诉的案件事实证据经得起法律的检验。明确各类司法人员工作职责、工作流程、工作标准，实行办案质量终身负责制和错案责任倒查问责制。建立政法干警行使权力"留痕管理"制度，强化对执法活动重点环节的监督制约。

18. 保障群众参与司法。完善人民陪审员和人民监督员制度，提高人民陪审员履职意识和能力。健全司法便民工作机制，规范窗口服务、网上查询、工作热线和短信系统的操作流程，在司法调解、司法听证、涉诉信访等司法活动中保障人民群众参与。

19. 加强人权司法保障。强化诉讼过程中当事人和其他诉讼参与人的知情权、陈述权、辩护辩论权、申请权、申诉权的制度保障。完善对限制人身自由司法措施和侦查手段的司法监督，加强对刑讯逼供和非法取证的源头预防，健全冤假错案有效防范、及时纠正机制。规范查封、扣押、冻结、处理涉案财物的司法程序，依法保障胜诉当事人及时实现权益。落实诉讼终结制度，实行诉访分离，保障当事人依法行使申诉权利。

五、健全监督体系，加强权力运行制约

20. 加强对权力行使的监督。加强党内监督，严格执行民主集中制，完善党内监督十项制度，严格执行领导干部廉洁自律规定，健全领导干部报告个人有关事项、任职回避、述职述廉等制度规定，推行新担任领导干部个人有关事项公开制度试点。加强人大及其常委会监督，加强对法律法规实施情况的监督，加强对"一府两院"的监督，加强对政府全口径预决算审查监督和国有资产监督，健全专题询问、质询、特定问题调查等制度。加强行政监督，加强对政府内部权力的制约，对财政资金分配使用、国有资产监督、政府投资、政府采购、公共资源转让、公共工程建设等权力集中的部门和岗位实行分事行权、分岗设权、分级授权，定期轮岗，强化流程防控，防止权力滥用；加强政府内部层级监督和专门监督，发挥行政监察作用，强化执法监察、效能监察；建立健全小微权力的监督机制；完善审计制度，抓好审计机关人财物统一管理试点，推进审计职业化建设。探索建立审计监督与法律监督相衔接工作机制。加强对司法活动的监督，完善政法委执法监督机制，强化检察机关法律监督职能，完善人民监督员制度，依法规范司法人员与当事人、律师、特殊关系人、中介组织的接触、交往行为，坚持破除各种潜规则，坚决反对和惩治粗暴执法、野蛮执法行为。加强民主监督和社会舆论监督，加强人民政协民主监督，完善民主监督的组织领导、权益保障、知情反馈、沟通协调机制，充分发挥好民主党派人士、无党派人士民主监督职能，健全工会、团委、妇联等人民团体的监督机制，完善舆论监督制度，健全公众参与监督的激励机制。加大问责力度，全面推行工作责任制和责任追究制，建立重大行政决策终身责任追究及责任倒查机制，健全责令公开道歉、停职检查、引咎辞职、责令辞职、罢免等问责方式和程序，建立问责跟踪监督制度。

21. 健全作风建设常态化制度。巩固和拓展党的群众路线教育实践活动成果，持之以恒抓好中央八项规定精神落实，严格执行省委"28条办法"和市正风肃纪有关规定，加大正风肃纪力度，形成作风建设新常态。健全厉行节约反对浪费制度和配套措施。健全财务预算、核准和审计制度，严格控制"三公"经费支出。精简文件简报和会议活动。完善公务用车制度改革。完善领导干部工作生活待遇规定。

22. 推进反腐败体制机制创新和制度保障。严格执行党风廉政建设责任制，落实党委主体责任和纪委监督责任，强化党委（党组）主要负责人的"第一责任人"责任和党委（党组）成员的"一岗双责"。健全党内廉政建设责任制监督检查机制和责任追究制度，健全防控廉政风险、防止利益冲突等制度规定，深化惩治和预防腐败体系建设。加强对执纪办案工作的监督，确保依法依纪安全文明办案。

23. 推进党务、政务、司法公开。不断探索完善党务公开的途径和形式，建立健全党内情况通报、党内事务听证咨询等制度。深化政务公开，重点推进财政预算、公共资源配置、重大建设项目批准和实施、社会公益事业建设、行政执法等领域的信息公开。健全人民群众申请公开政府信息限期答复制度。健全政府信息公示公告及保密审查机制。构建阳光司法机制，推进审判、检务、警务等公开。加强法律文书释法说理，建立重大案件信息发布、生效法律文书统一上网和公开查询制度。

六、推进法治宣传教育，全力建设法治社会

24. 围绕中心工作拓展法治实践平台。坚持把实施"六大战略"作为全面推进"法治镇海"建设的大平台，强化执法司法保障，严格依法办事，保护合法、打击非法，推动法律有效实施。整合法律服务资源，加强法规政策宣传教育，利用正反典型，善于以案释法，推动形成遵法守法良好氛围，发挥法治的保障和推动作用。

25. 促进全社会学法遵法守法用法。坚持把全民普法和守法作为全面推进"法治镇海"建设的长期基础性工作，深入开展法治宣传教育，健全普法宣传教育机制，充分发挥宣传、文化、教育部门和人民团体在普法教育中的职能作用，推动"谁执法谁普法"的普法责任制，加强普法讲师团、普法志愿者队伍建设，建立社会"大普法"工作格局。把法治教育纳入国民教育体系，全面落实学校法治教育计划、教材、课时、师资。把法治教育纳入精神文明创建内容，推进"法律六进"活动深入开展，加大法治文艺创作、巡演、普及力度，打造"一镇（街道）一品"法治文化建设示范点，充分运用网络、电视、报刊等现代大众传媒加强法治宣传教育。加强社会诚信建设，发挥政府诚信在社会诚信建设中的导向作用，强化社会公众诚信教育，建立社会信用体系和社会信用评价体系。深化“厚德镇海”建设，加强公民道德建设，弘扬中华传统美德。

26. 推进社会治理方式创新。坚持系统治理、依法治理、综合治理、源头治理，提高社会治理法治化水平。深化网格管理组团服务工作，在全区全面推广网格管理工作模式，使基层网格成为党委、政府工作的延伸平台、收纳基层信息情况的触角、服务基层群众的窗口。创新矛盾纠纷预防化解机制，建立健全区、镇（街道）、村（社区）三级矛盾纠纷处置预防化解平台，建立健全社会矛盾预警机制、利益表达机制、协商沟通机制、救济救助机制，畅通群众利益协调、权益保障法律渠道，完善调解、仲裁、行政裁决、行政复议、诉讼等有机衔接、相互协调的多元化纠纷解决机制，完善人民调解、行政调解、司法调解联动工作体系，完善仲裁制度，健全行政裁决制度，保障合理合法诉求依照法律规定和程序就能得到合理合法的结果。提升立体化防控体系建设水平，健全完善立体化社会治安防控体系、公共安全管理机制、社会应急处置联动机制，依法严厉打击暴力恐怖、涉黑犯罪、邪教和黄赌毒等违法犯罪活动，依法强化危害食品药品安全、影响安全生产、损害生态环境、破坏网络安全等重点问题治理，加强对刑释解教人员、社区矫正对象等特殊人群的帮助、教育和安置，努力提高“平安镇海”建设水平。扩大社会组织对基层治理的参与面，完善培育扶持和依法管理社会组织的政策，发挥人民团体和社会组织在法治社会建设中对其成员的行为导引、规则约束、权益维护作用，建立健全社会组织参与社会事务、维护公共利益、救助困难群众、帮教特殊人群、预防违法犯罪的机制和制度化渠道，支持行业协会商会类社会组织发挥行业自律和专业服务功能。

27. 加快建设公共法律服务体系。推进覆盖城乡居民的公共法律服务体系建设，加强民生领域法律服务。完善法律援助制度，扩大援助范围，健全司法求助体系。普遍建立法律顾问制度。加强法律服务机构建设。

七、落实保障措施，凝聚“法治镇海”建设合力

28. 加强党的领导。建立健全党委领导法治制度和工作机制，各级党委（党组）要充分发挥推进法治建设领导核心作用，统一领导、统一部署、统筹协调，党政主要负责人要切实履行第一责任人职责。完善党委领导，人大、政府、政协分别负责，各部门分工实施的法治建设工作机制。完善党委法治建设工作领导小组例会制度，定期听取工作汇报，研究部署重要工作，协调解决重大问题。

29. 落实工作责任。建立和完善工作目标责任制，把全面推进“法治镇海”建设的任务落实到各镇（街道）、各有关部门，做到每项工作都有具体的时间表、路线图和责任人，形成统一领导、分工负责、相互配合、上下联动的工作机制和合力。围绕全面推进“法治镇海”建设的主要环节，建立科学的评价体系和考核办法，把落实情况纳入党政领导班子和领导干部任期目标和年度述职报告的重要内容，加强结果运用。

30. 夯实基层基础。推进基层治理法治化，发挥基层党组织的战斗堡垒作用，推动基层服务型党组织建设规范化、常态化、长效化，加强村（居）“两委”建设，规范村（居）民主管理，提升法治化水平。增强基层干部法治观念、法治为民的意识，提高依法办事能力。加强人民法庭、检察室、公安派出所、司法所等基层法治机构建设，建立重心下移、力量下沉的法治工作机制，改善基层基础设施和装备条件。开展法治镇（街道）先进单位、民主法治村和民主法治社区创建活动。引导、推荐优秀法治干部下基层，探索建立法治干部到基层服务机制。做好干部带案下访、专题接访、重点约访等工作。

31. 建设法治队伍。把思想政治建设摆在首位，加强理想信念教育，深入开展社会主义核心价值观和社会主义法治理念教育，大力提高思想政治素质、业务工作能力、职业道德水准，推进法治专门队伍正规化、专业化、职业化。突出政治标准，把善于运用法治思维和法治方式推动工作的人选拔到领导岗位上来，畅通执法、司法部门干部和人才相互之间以及与其他部门具备条件的干部和人才交流渠道。加强法律服务队伍建设，各级党政机关和人民团体普遍设立公职律师，参与决策论证，提供法律意见，促进依法办事。加强公证员、基层法律服务工作者、人民调解员和法律服务志愿者队伍建设。

32. 营造良好氛围。运用具体、典型案例开展法治宣传教育，增强普法宣传的实效。充分发挥报纸、电视、网络等渠道和微博、微信等新媒体手段，进一步提升法治公益广告宣传的强度和频度。新闻媒体要通过开辟法治专题专栏、专门法治频道、组织专家访谈等多种形式，积极报道各项工作开展情况，深入挖掘创新做法、典型经验和工作成效，增强法治宣传教育的互动性和渗透力，不断激发社会各界和人民群众的积极性与主动性，整合各方面社会资源，努力形成全社会关心、支持和参与全面推进“法治镇海”建设的社会氛围和整体合力。

建设“法治镇海”，既是当前的紧迫任务，又是长期的系统工程。全区各级各部门和广大共产党员要按照中央和省市区委的部署要求，紧密团结在以习近平同志为总书记的党中央周围，高举中国特色社会主义伟大旗帜，开拓进取，扎实工作，全面推进“法治镇海”建设，不断提高我区各个领域的法治化水平，为深入实施“六大战略”、推动镇海经济社会发展走在前列而努力奋斗！

2014 年 12 月 23 日

中共宁海县委　宁海县人民政府
关于印发《宁海县“五水共治”总体方案》的通知

各乡镇党委、人民政府，各街道党工委、办事处，县直及省、市属各单位：

《宁海县“五水共治”总体方案》已经县委、县政府同意，现印发给你们，请结合实际，认真贯彻执行。

2014 年 2 月 27 日

宁海县“五水共治”总体方案

为全面改善水环境，更好保护水资源，有效提高民生品质，加快发展生态文明，确保经济社会可持续发展，根据省、市统一部署，结合我县实际，特制定“五水共治”(治污水、防洪水、排涝水、保供水、抓节水)总体方案。

一、指导思想和工作目标

(一)指导思想

认真贯彻党的十八大和十八届三中全会精神，以科学发展观为指导，以“五水共治”倒逼转型升级，科学谋划，发动全社会的广泛参与，建设一批治水强基的重大项目和开展水环境的专项整治行动，切实形成科学治水、依法治水、铁腕治水的良好局面，促进区域环境承载力与经济社会发展相适应，为“建设滨海生态县、打造人居幸福地”奠定更加坚实的基础。

(二)工作目标

全面执行最严格的水资源管理制度，扎实开展清水治污行动、防洪强基行动、排涝疏通行动、供水保障行动、全民节水行动，通过集中攻坚、纵深推进、全面提高三个阶段，到 2020 年，全县实现水环境清洁、美化、宜人，水资源利用节约、集约、高效，城乡供水安全、优质、可靠，水灾防范体系科学、完备、有效，基本建成现代化的亲水宜居之城，实现人水和谐，为发展生态文明、建设美丽宁海提供有力保障。

二、主要任务

(一)开展清水治污行动

大力实施水源保护、河道整治、工业治污、农村治污、污水处理五大工程，努力实现主要“河(溪)流、山塘水库、池塘”水质明显改善。今后 3 年，将建设 25 个，总投资 33.3 亿元(今年完成 9.2 亿元)的治污水项目。全面落实“河长制”，提高城镇截污纳管覆盖率和农村环保设施覆盖率。到 2016 年，全面消灭“垃圾河”“黑河”“臭河”，建成生态河道 25 公里；全面消除劣Ⅴ类水，Ⅳ、Ⅴ类水质提高一个类别，Ⅲ类水质保持稳定；全县饮用水水源地水质达标率保持 100%，污泥无害化处置利用率达到 100%，农村垃圾集中收集、生活污水处理行政村实现全覆盖，全县河流水体实现水清、流畅、岸绿、景美目标。

(二)开展防洪强基行动

加快实施上拦、中疏以及下排外挡三大工程，下大力气把水患转变为水利。今后 3 年将建设 6 个、总投资 38.7 亿元(今年完成 7.4 亿元)的防洪水项目。到 2016 年，县城及重要镇区达到防洪标准，城区达到五十年一遇，中心镇达到二十年一遇；到 2020 年，全县所有镇区、重要村庄及园区达到防洪标准。

(三)开展排涝疏通行动

加快实施城市排涝、平原河道、颜公河治理三大工程，努力构建完善完备的排涝体系。今后 3 年将建设 10 个，总投资 23.3 亿元(今年完成 2.7 亿元)的排涝水项目。到 2016 年，基本完成平原地区主干排涝河道整治，初步建成重要区域内涝泵闸设施，基本解决我县长街等地区排涝突出问题。到 2020 年，基本完成平原地区重要排涝河道整治，进一步完善泵闸设施，平原排涝体系基本形成，彻底解决我县平原区域排涝问题；城市建成区排涝标准达到二十年一遇，平原地区排涝标准提高到十年一遇以上。

(四)开展供水保障行动

扎实推进引水、联调、提升三大工程，努力保障全县人民喝上优质的饮用水。今后 3 年，将建设 4 个、总投资 3.1 亿元(今年完成 1.2 亿元)的保供水项目。到 2016 年，建成比较完善的水务基础设施，全县 6 座制水厂投入运行，新建供水管网 300 公里以上，新增受益人口 5 万人，大水网覆盖到 17 个乡镇(街道)，全县供水能力达到 29 万吨/日，大水网覆盖率达到 70%以上，农村饮用水安全覆盖率达到 93%。到 2020 年，所有乡镇(街道)大水网覆盖率达到 100%，农村饮用水安全覆盖率达到 95%。

(五)开展全民节水行动

大力开展公益宣传、政策引导和先进推广三大工程，加快建设全民文明用水的节水型社会。今后3年，将建设5个、总投资3.1亿元(今年完成0.6亿元)的抓节水项目。到2015年，全县用水总量控制在1.88亿立方米，万元GDP用水量比2010年下降25%，万元工业增加值用水量比2010年下降15%，农田灌溉水有效利用系数达到0.58。到2016年，一整套节水政策体系基本形成，一大批生活、工业、农业等节水新工艺、新技术、新设备、新器具被广泛应用。到2020年，全县文明用水蔚然成风、生产生活用水节约高效，重要节水指标位于全市前列。

三、实施步骤

(一)集中攻坚阶段(2014年1月到2016年底)

"五水共治"，关键是前3年。要下猛药、用重典、出重拳，集中解决一批突出问题。要着力整治黑河、臭河、垃圾河、黄河等问题河流，推进河网水体净化美化；着力强化执法监管，严厉打击涉水违法犯罪行为；着力加大工程治水力度，完善全流域防洪排涝体系；着力提高优化品质，增强城乡供水能力；着力扩大覆盖面，提高城乡污水处理能力；着力强化引导，提高节水的社会化水平。结合制订"十三五"规划，围绕"五水共治"工作目标，在系统评估、科学论证的基础上，高标准制订"十三五"水源地保护、防洪排涝、污水处理等各涉水专项规划，为下步治水提供规划保障。

(二)纵深推进阶段(2017年1月到2018年底)

在头3年集中攻坚的基础上，着眼长远、立足长效，坚持点面结合、标本兼治，务求全面解决问题。在基本完成3年行动计划项目建设的基础上，统筹谋划，系统梳理，根据"十三五"规划，再滚动安排建设一批治水项目，确保到2018年底，全域河网水系环境亲水宜人，全县防洪排涝体系基本形成，城乡优质供水和污水处理实现全覆盖，全社会节水成为风尚，与治水相关的规章制度和政策措施进一步完善。

(三)全面提高阶段(2019年1月到2020年底)

科学调控水资源利用，完善水生态补偿机制，加大水生态建设力度，弘扬先进的水文化，着力描水景、勾水韵、筑水魂，使我县呈现江南水乡与现代都市相映生辉、水资源水环境与经济社会发展相得益彰的生动局面。在总结前5年规划治水、工程治水、管理治水、法制治水、全民治水的基础上，结合谋划"十四五"规划，建立完善治水相关政策标准体系，形成长效管用的治水体制机制，使我县治水工作走在全市前列。

四、工作要求

(一)加强领导，明确责任

县委、县政府成立由书记、县长任组长、县四套班子相关领导任副组长的"五水共治"领导小组，负责全县治水工作的组织领导和重大决策。领导小组下设办公室，负责领导小组日常事务和全县治水工作的综合协调、工作指导和督查考核，由常务副县长兼任办公室主任。各乡镇(街道)、开发园区要参照县里做法，成立由党政"一把手"负总责的领导机构，全面负责当地治水工作。县农办、县环保局、县住建局、县水利局、县水务集团等"五水共治"牵头部门要按照县委、县政府的统一部署，充分发挥职能作用，做好相关规划、方案的制定和实施工作。"五水共治"各参与部门和行政审批、要素保障部门要根据分工，主动配合，全面做好有关工作。

(二)全民参与，形成合力

要充分发挥党委政府主导作用、企事业单位主体作用、人民团体主力作用、人民群众主角作用，以改革的精神和创新的办法，建载体、搭平台、畅渠道，吸引和发动各方面力量参与到"五水共治"中来。坚持部门联动、上下联动、区域联动、干群联动，通过广泛倡议、社会募集、企业结对、上下游互动、志愿者行动等多种方式，集中全社会的智慧，动员各方面的力量，形成广泛参与、合力攻坚、共建共享的治水局面，坚决打赢这场全民治水的硬仗。

(三)多措并举，强势推进

要把"五水共治"纳入年度工作目标考核范围，作为评价各级领导班子、领导干部政绩的重要内容；"五水共治"项目建设要根据规划一张图、实施一盘棋、检查一张表和评先"一票否决"的要求，建立月公示、季点评、年考核的工作推进机制。严格落实项目建设责任，优化资金和要素保障，加大协调推进力度。要强化纪检监察机关的职能监督和新闻媒体的舆论监督，通过随机抽查、现场督查、明查暗访等多种方法，加大对各级各部门"五水共治"的监督力度，对工作推进不力、造成严重后果的，该问责的问责，该曝光的曝光。加强综合联动执法，对非法排污倾倒、破坏水利设施、妨碍泄洪排涝、危害水生态环境等违法犯罪行为实行"零容忍"，坚决依法查处。

(四)强化宣传，营造氛围

要组织开展形式多样、为广大群众喜闻乐见的宣传活动，提高全社会对"五水共治"重要性、紧迫性的认识，引导珍惜水资源、爱护水环境，增强全县上下投身治水的积极性，形成共同治水的高度共识，营造全社会关心、支持、参与和监督治水的良好氛围。要引导企事业单位履行社会责任，推行清洁生产，发展循环经济。要宣传"五水共治"工作中涌现出的好经验、好做法，以先进典型推进全县"五水共治"扎实开展。要发扬文明的用水新风，宣传先进的水文化，培育民间志愿者队伍，充分发挥社会力量在"五水共治"中的积极作用。

附件：县"五水共治"集中攻坚阶段项目(实施类)计划表(略)

中共温州市瓯海区委　温州市瓯海区人民政府
关于推进社会治理创新工作的实施意见

各功能区，各街道党工委、办事处，泽雅镇党委、人民政府，区属各单位：

为深入贯彻党的十八大、十八届三中全会精神，根据中央和省市委关于创新社会治理体系、提升社会治理能力的有关部署，进一步推进平安瓯海建设，经研究，决定在全区推进社会治理创新工作，现提出如下意见。

一、指导思想

以科学发展观为指导，牢牢把握最大限度增加和谐因素、增强社会发展活力的总要求，始终着眼于维护最广大人民的根本利益，改进社会治理方式，激发社会组织活力，健全预防和化解社会矛盾机制，全面推进社会治理创新工作，不断提高我区社会治理的能力和水平。

二、总体目标

坚持系统治理、依法治理、综合治理、源头治理，加快形成党委领导、政府主导、社会各方面参与、政府治理和社会自我调节、居民自治良性互动的社会治理格局，确保瓯海社会既充满活力又和谐有序，为建设生态宜居民富区强的幸福瓯海提供有力支撑和保障。

三、工作内容

1. 红色细胞工程。要坚持党在社会治理中总揽全局、协调各方的核心作用，继续深化红色细胞工程，充分发挥基层党员生活工作在群众中、密切联系服务群众的优势，以党员联系服务群众为示范，带动更多的群众参与自我服务、自我管理。要积极推进基层党组织建设，以创新联系服务机制为重点，切实引领基层自治组织、社会组织、公民个人有序参与社会治理，有效发挥基层的积极性、主动性和创造性，不断提升基层社会治理能力。要持续推动干部下沉到基层、下沉到网格，做到民情在一线掌握，工作在一线推动，问题在一线解决，特别是要结合党的群众路线教育实践活动，解决四风突出问题，解决窗口单位门难进、脸难看、事难办问题，整治基层执法监管部门乱收费、乱罚款、吃拿卡要等问题。（牵头单位：区委组织部）

2. 政社互动工程。要充分发挥政府在社会治理中的主导作用，实施政事、政社分开，把属于社会的职能归还给社会组织，促进社会组织发育，把属于市场的职能归还给经济组织，形成政府、市场、社会组织各负其责的现代社会管理体制。要加快推进政府向社会组织转移职能试点工作，选择代表性强、运作规范、执行和检验标准明确的政府职能事项先行试点，实现政府部门相关职能和工作事项向社会组织有序规范地转移，进一步推动政府职能转变、社会组织健康有序发展。要优化工作流程，把现有工作流程不合理的地方理顺，把服务的死角、盲角和不到位的地方覆盖到，有效整合服务事项、服务资源、服务人员，简化办事程序，下放审批权限和下派工作人员，把政府服务与管理延伸到城乡社区，做到人员下沉、工作下沉、服务下沉，实现职能部门和镇街之间业务有效衔接。要不断加大体制机制的创新创优力度，建立健全社会参与机制，注重完善利益协调机制，抓好社会公正和社会秩序，保障社会组织、公民等社会力量平等地参与社会治理的权利，从而有效激发社会活力。（牵头单位：区府办）

3. 三社联动工程。要充分认识城乡社区在社会治理中的基础性作用，推进“三社联动”工作，按照“需求导向、扩大参与、整合资源”的基本原则，健全社区综合服务管理平台、激发社会组织活力、加强社工队伍建设，努力构建多元共治、优势互补、专业服务的基层社会治理新模式。要分类推进城乡社区建设，搭建社区社会组织和社工服务平台，完善“三社联动”信息网络，并以公共服务为重点，以专业化服务为特色，着力强化社区服务功能。要支持和发展社会组织，进一步推动政府购买服务，深入实施公益创投，将适合由社会组织提供的公共服务和解决的事项交由社会组织承担，推动社会组织实现自我管理、自我服务、自我监督，引导社会组织参与社会治理。要建立社会工作服务案例库，完善社会动员机制和志愿服务长效机制，促进社工能力提升，激发公众参与热情，进一步建立上下联动、共建共享的社会治理机制。要加强对社会组织的法律监管和政府监管，引导社会组织健全内部治理机制、建立重大事项报告制度、加大信息披露力度、促进同业规范，进一步提升社会组织自律自治水平。（牵头单位：区民政局〈社工办〉）

4. 清剿隐患工程。要全面清剿影响社会平安稳定的安全隐患，深入推进平安建设，努力提升人民群众的安全感和满意度。要加大安全生产隐患排查整治，突出抓好道路交通、出租房、消防安全、危化品和食品安全以及建筑施工安全等重点领域隐患排查，努力预防和减少安全事故发生。要继续保持严打高压态势，积极开展“除恶治乱”专项行动，严厉打击涉黑涉恶、严重暴力、“两抢一盗”和“黄赌毒”等违法犯罪行为。要大力整治治安乱点，加强对重点人群、重点物品、重点场所、重点部位的管理，严防发生重大恶性案件、个人极端暴力事件和治安灾害事故发生。要高度重视重大决策、重大项目社会稳定风险评估工作，严格落实稳评机制，推进涉法涉诉信访改革，建立畅通有序地诉求表达、矛盾调处、权益保障机制，有效预防和化解社会矛盾。相关职能部门在工作开展过程中，要结合实际，创造性地动员公民、社会组织等社会力量参与其中，协助治理，充分发挥民力无限的积极作用。（牵头单位：区平安办）

5. 强基固本工程。要深化拓展“网格化管理、组团式服务”，加大资源整合，强化责任落实，尽可能把资源、服务、管理放到基层，使基层有职有权有物，完善基层综合服务管理平台，更好为群众提供有效的服务和管理。要积极吸收社会组织、志愿者等社会力量进入网格参与治理，促进工作落实。要全面推进基层创安活动，以平安村居创建为载体，充分发挥村“两委”等基层组织在隐患排查、为民解忧等方面的积极作用，广泛动员村民共同参与社会治理。要扎实开展系统创安活动，以平安企业、平安校园、平安医院等创建为载体，推动平安建设工作向末端延伸，有效提升各类行业自我管理的水平。要切实增强平安宣传工作，丰富内容，拓展阵地，创新形式，不断提高人民群众对平安建设的知晓率、参与率和安全感满意率，进一步扩大平安宣传工作的传播力和影响力，为全面深化平安瓯海建设、促进社会和谐稳定提供强大的精神动力和舆论支持。（牵头单位：区综治办）

四、工作要求

1. 深化思想认识。要充分认识推进社会治理创新工作对于我区全面深化改革、推动赶超发展、实现治理体系和治理能力现代化具有非常重要的意义。各镇街、各部门要深刻把握社会治理创新工作的基本内涵和要求，严格落实主体责任，加强体制机制创新、加快政府职能转变、激发社会共治热情，把这项工作作为贯彻党的群众路线教育实践活动、深化“平安瓯海”建设的突破口来抓，抓紧抓实。同时，要充分认识社会治理创新工作的重心在城乡社区，城乡社区的服务和管理能力强了，社会治理的基础就实了。各镇街、各部门要在基层大胆探索，激发基层社会治理活力，找准工作切入点和抓手，通过政策创新、实践突破、由点到面，加快形成科学有效的基层社会治理模式。

2. 加强组织领导。各镇街、各部门要把推进社会治理创新工作摆上重要位置，统筹协调，纳入本镇街、本部门经济社会发展的总体规划。为切实加强对此项工作的领导，区委、区政府决定建立瓯海区推进社会治理创新工作领导小组，领导小组具体名单如下：

组　　长：厉秀珍

第一副组长：彭立华

常务副组长：黄 波

副 组 长：林宝新、黄慧、陈先微、林金祥、李康、留红光

成　　员：区委办、区府办、区委组织部、区委宣传部、区委政法委（平安办、综治办）、区委农办、区信访局、区发改局、区经信局、区教育局、区民宗局、区民政局（社工办）、区司法局、区财政局、区人力社保局、区住建局、区城管与执法局、区交通运输局、区水利局、区文广新局、区卫生局、区人口计生局、区环保局、区安监局、区市场监管局、区新居民服务管理局、区公安分局、市交警四大队、区消防分局、区总工会、团区委、区妇联等单位主要负责人。

领导小组下设办公室，办公室设在区委办，胡明德兼任办公室主任，陈朝明、叶向敏、王汉旺、张强、王友杰兼任办公室副主任。

全区推进社会治理创新工作领导小组办公室统筹协调五大工程牵头单位推进社会治理创新工作。五大工程实行牵头单位负责制，各成员单位密切配合，认真履行职责，积极发挥作用。各镇街也要相应成立强有力的领导小组和工作班子，制定切实可行的工作方案，推动工作落实。

3. 统筹协调推进。要结合当前正在开展的党的群众路线教育实践活动，加大对推进社会治理创新工作的投入力度，通过抓红色细胞工程、政社互动工程、三社联动工程、清剿隐患工程、强基固本工程等工作，努力实现社会治理能力的提升。要推进“三社联动”，加强基层党组织和城乡社区建设，支持和发展社会组织，强化公众的参与意识、法律意识和诚信意识，实现政府治理和社会自我调节、居民自治良性互动。要统筹解决信访突出问题、新居民服务管理问题、历史遗留问题等，着力做好公共安全工作、完善社会治安防控体系、健全应急指挥和联动处置机制等，有效解决影响社会稳定的突出问题。要加大对社会治理创新工作的宣传力度，多渠道多形式集中民意、民智、民力，不断提升我区社会治理能力的层次和水平。

4. 强化工作保障。各镇街、各部门要加强指导，及时了解、研究、解决推进社会治理创新过程中的新情况、新问题，总结推广典型经验和成功做法，并形成长效机制。同时，要建立推进社会治理创新工作的评价体系，把推进社会治理创新工作的情况进行绩效评估，纳入领导干部综合评价的重要内容。

2014 年 10 月 8 日

中共泰顺县委办公室 泰顺县人民政府办公室 关于加快推进罗阳镇重点生态功能区小城市培育试点三年政策扶持的通知

各乡镇党委、人民政府,县直属各单位:

为加快推进罗阳镇重点生态功能区小城市培育试点,促进罗阳镇集聚辐射能力的提高,根据省政府办公厅《关于公布小城市培育试点扩围名单的通知》(浙政办发〔2014〕43号)精神,结合我县实际,经县委、县政府同意,现就推进我县罗阳镇重点生态功能区小城市培育试点工作(2014—2016年)提出如下意见。

一、增强资源要素保障

1. 设立罗阳镇小城市培育试点专项扶持资金。2014年起,按照与省财政补助资金1:2的比例,建立罗阳镇小城市培育试点工作专项扶持资金,主要用于罗阳镇的基础设施、社会事业、生态功能区保护、技术创新和人才集聚服务平台、公共服务平台、规划编制及体制机制创新等项目的补助。

2. 落实完善罗阳镇"双百"财政政策。按照"划分收入、核定支出、收支包干、确定基数、超收分成"的办法,2014—2016年,罗阳镇经营性收入超基数增收部分100%归罗阳镇,非经营性收入超基数增收部分50%归罗阳镇;罗阳镇老城区开发实施项目的土地出让收入除按规定计提后100%返还罗阳镇。

3. 进一步强化土地要素保障。以空间规划为重要依据,以推进项目建设为重要内容,确保全县年度计划土地指标的60%以上用于支持罗阳镇小城市培育试点建设,并积极争取上级建设用地指标重点支持罗阳镇主导产业发展。

二、完善行政管理体制

1. 进一步完善罗阳镇综合行政执法职能。按照"赋予试点镇与县级基本相同的经济社会管理权限"的要求,在现有罗阳镇执法中队的基础上,进一步整合国土、人口计生、交通、林业、卫生等方面法律、法规、规章规定的行政执法职能。

2. 进一步完善机构设置和人员配置。一是根据罗阳镇人口规模、经济总量和管理任务等要求,对罗阳镇在行政和事业人员编制数上予以一定的倾斜,并在核定的机构编制限额内,在报送县机构编制部门审批确定之后,确保罗阳镇行政和事业人员实际在编率达到98%以上。同时,罗阳镇可以根据实际工作需要,在核准的用编计划内,面向全县事业单位公开选调在职在编事业单位人员。二是县政府部门派驻罗阳镇的基层站所,业务上接受上级职能部门的指导,日常管理以罗阳镇为主,其主要负责人的任用、调整及工作人员的调动,应书面征得罗阳镇党委的同意。同时,罗阳镇党委可根据工作需要对基层站所相关人员提出任用、调整和解聘的建议。三是鉴于罗阳镇小城市建设管理任务的需要,罗阳镇党政领导职数的配备相比其他乡镇适当增加1~3名。

3. 加快推进户籍制度改革。实行城乡户口登记管理一体化,加快建立按实际居住地登记户口的户籍管理制度,凡在罗阳镇建成区内拥有合法固定住所、稳定职业或生活来源的本地农民和外来人员及直系亲属,均可根据本人意愿办理城镇居民户口。

三、建立生态奖惩机制

按照省级重点生态功能区小城市培育试点三年(2014—2016年)行动计划目标任务要求,探索建立生态环境奖惩制度。具体奖惩方式如下:

1. PM2.5日均浓度达标天数。以75%作为基数,按照罗阳镇PM2.5日均浓度达标天数所占比例(优良率)每高于基数一个百分点,给予罗阳镇奖励10万元,每低于基数一个百分点倒扣罗阳镇10万元;优良率比上年每提高一个百分点奖励罗阳镇20万元,比上年每下降一个百分点倒扣罗阳镇20万元。

2. 污染物排放强度。全县主要污染物(COD)排放强度年削减率比2.5%高的,每高一个百分点,奖励罗阳镇20万元;比2.5%低的,每低一个百分点,倒扣罗阳镇20万元。

3. 出境水水质。对罗阳镇的县界出境水水质,按Ⅰ类、Ⅱ类占比,县财政每年每个百分点分别给予罗阳镇5万元、2万元补助;按Ⅳ类、Ⅴ类、劣Ⅴ类占比,每年每个百分点分别倒扣罗阳镇1万元、2万元、5万元;对Ⅰ类、Ⅱ类占比比上年提高的,每提高一个百分点给予罗阳镇分别奖励50万元、20万元;对Ⅰ类、Ⅱ类占比比上年下降的,每下降一个百分点分别倒扣罗阳镇50万元、20万元。

4. 污水处理率。根据县住建局监测确认的罗阳镇建成区污水处理率比上年提高的,每提高一个百分点给予罗阳镇奖励100万元;对罗阳镇建成区污水处理率比上年下降的,每下降一个百分点倒扣罗阳镇150万元。

5. 人均公共绿地面积。根据县住建局计算确认的罗阳镇建成区人均公共绿地面积比上年提高的,每提高1平方米奖励罗阳镇150万元;对罗阳镇建成区人均公共绿地面积比上年下降的，每下降 1 平方米倒扣罗阳镇 150 万元。

四、切实加强组织领导

1. 加强组织领导。各级各部门要高度重视小城市培育试点工作，将其列入重要议事日程。组织成立由县委书记任组长，县长任第一副组长的小城市培育试点工作领导小组，定期召开会议，讨论和研究小城市培育试点工作中出现的重大问题。同时，领导小组下设办公室，负责小城市培育试点相关具体工作的协调推进。

2. 做好服务保障。县部门各有关单位要从各自职能出发，勇于创新，深化改革，采取有力措施，协调配合，放权让利，搞好服务，积极指导和支持罗阳镇的改革发展。

3. 落实工作目标。罗阳镇要切实增强主体意识、责任意识，确定和落实工作目标和工作计划，制定实施具体的办法措施，大胆探索，锐意进取，更好地带动周边乡镇的改革和发展。

本通知自下发之日起执行。

2014 年 6 月 12 日

中共嘉兴市委 关于深入贯彻省委“两美”建设决定 打造江南水乡典范的实施意见

（2014 年 7 月 25 日中共嘉兴市委七届八次全体会议通过）

为深入贯彻落实党的十八届三中全会和省委十三届五次全会精神，根据《中共浙江省委关于建设美丽浙江创造美好生活的决定》，结合我市实际，制定如下实施意见。

一、推进“两美”建设、打造江南水乡典范的总体要求

1. 重大意义。建设美丽嘉兴、创造美好生活，打造江南水乡典范，既是省委推进“两美”建设对嘉兴的明确部署和要求，也是我市改善生态环境、推进富民强市、加快科学发展的迫切需要。这些年来，我市深入实施生态立市战略，扎实开展全国生态文明建设试点，着力打好转型升级“组合拳”，努力从根本上解决好生态环境问题，全市生态建设和环境保护取得明显成效，为打造江南水乡典范奠定了坚实基础。但也应看到，粗放型的增长方式尚未得到根本转变，资源环境约束在进一步加剧，生态环境总体形势依然严峻。全市上下必须站在全局和战略的高度，牢固树立“绿水青山就是金山银山”的发展理念，深刻认识推进“两美”建设、打造江南水乡典范，是深入贯彻落实科学发展观在嘉兴的生动实践，是对建设现代化网络型田园城市内涵的丰富和深化，是对人民群众美好生活新期待的关切和回应，要切实增强责任意识和忧患意识，坚定决心和信心，全力加以推进。

2. 指导思想。坚持以邓小平理论、“三个代表”重要思想、科学发展观为指导，认真贯彻落实党的十八大、十八届三中全会、习近平总书记系列重要讲话和省委十三届五次全会精神，深入实施生态立市战略，把生态文明建设融入经济建设、政治建设、文化建设、社会建设各个方面和全过程，全面深化改革，突出产业升级、城乡统筹、人文生态“三大引领”，强化源头严控、过程严管、恶果严惩“三项机制”，促进生产生活生态“三生融合”，努力打造“水清岸绿天蓝、宜业宜居宜游、富饶和谐幸福”的江南水乡典范。

3. 主要目标。到 2016 年，美丽嘉兴建设的体制机制和组织保障体系基本健全，生产生活生态融合互动，人民群众最为关心的水、大气等环境质量有效改善，发展自豪感、生活幸福感、心灵归属感、社会认同感不断增强，江南水乡典范建设取得明显进展。

——生产发展更加优质。经济转型升级取得积极进展，要素配置市场化程度全省领先，与生态文明建设相适应的低消耗、低排放、高附加值的产业结构加快形成，创新型经济大力发展，生态经济成为经济增长新亮点。全市 R&D 经费支出占地区生产总值比重达到 2.7%左右，高新技术产业增加值占规模以上工业增加值的比重达到 35%，服务业增加值占地区生产总值比重达到 43%左右，单位地区生产总值综合能耗年均下降 4%左右，全面完成省定节能降耗减排目标任务。

——生态环境更加优美。科学合理的生产空间、生活空间和生态空间开发格局初步形成，生态建设和环境保护取得惠民利民的实际成效。“五水共治”成效显著，垃圾河、黑河、臭河全面消灭，农村生活污水和垃圾集中处理实现全覆盖；全市交接断面水质考核合格以上，县（市、区）考核优良率不断提高；在上游来水水质稳定改善基础上，基本消灭劣五类水体，市域主要河流四类水成为主体，三类以上水体比重每年提高三个百分点以上。绿道、绿化建设全省领先，大气、固废等污染得到有效治理，空气质量明显改善，生态安全屏障体系加快构建，环境健康安全体系初步建立。全市林木覆盖率达到 20%以上，PM 2.5浓度比 2013 年下降 20%以上，年优良空气天数达到 250 天以上。

——生活方式更加文明。全市生态文化培育取得显著成效，生态市和绿色系列创建活动全面开展。生态文明教育不断加强，生态文明理念深入人心，全社会节约资源、保护环境的意识和企业的社会责任感进一步增强，合理消费、绿色消费、爱护生态环境的良好风气进一步形成，生态文明行为习惯在全社会积极养成，人民生活品质、社会文明程度不断提升。

到2020年，经济实力、可持续发展能力和区域竞争力不断增强，初步形成比较完善的生态文明制度体系，以水、大气、土壤和绿化美化为主要标志的生态系统初步实现良性循环，全市生态环境面貌出现根本性改观，河网自净能力基本恢复，市域水质达到全国水功能区目标水质要求，“水乡绿城”风貌充分显现，生态文明建设各项工作走在前列，主要指标显著改善，初步建成“水清岸绿天蓝、宜业宜居宜游、富饶和谐幸福”的江南水乡典范。

二、突出产业升级，着力打造“富饶江南水乡”

4. 着眼创新驱动、开放带动全面提升产业竞争力。大力实施与沪杭同城和创新驱动发展战略，不断增强经济转型的技术、人才、外部支撑，着力破除低端制造、传统市场、县域经济路径依赖。强化区域联动，整合、引进、集聚国内外一流科研机构、高端人才等创新资源，高起点推进嘉兴科技城提升扩容建设，积极创建省科技改革创新试验区，全力打造省级综合性重大产业科技创新平台和国家级高新技术产业园区，建设嘉兴创新发展“主引擎”。围绕建设“省校合作的一面旗帜”，大力支持浙江清华长三角研究院、浙江中科院应用技术研究院加快发展，大力支持浙江大学国际联合学院等创新载体建设，强化政策配套，加速推进科技、金融、产业融合发展。坚持项目、人才并重，突出服务机制优化，积极吸引浙商回“嘉”创业创新。充分发挥独特区位优势，加强与上海自贸区全方位对接，探索建立改革发展配套区，全面推进杭州都市经济圈转型升级综合改革试点嘉兴三年实施计划，加快滨海港产城统筹发展试验区建设，推动嘉兴出口加工区整合提升为综合保税区，推进嘉兴港全域口岸开放，鼓励共建上海自贸区项目协作区、临沪产业合作园区等，加快建设人才改革试验区，全力打造全面接轨上海示范区、高科技成果转化重要基地和高层次科技人才创业乐园。

5. 着眼高端绿色、循环低碳打好转型升级“组合拳”。严格按照主体功能区规划和环境功能区划，瞄准高端产业和产业高端，优化存量、提升增量，统筹谋划区域产业发展格局。积极培育战略性新兴产业和装备制造、电子信息等优势产业，扎实推进信息化与工业化深度融合，加快创建国家信息消费试点市，大力发展信息经济。积极创建全国质量强市示范城市，全面推进“四换三名”工程建设，力争到2016年底，培育50家左右在省内具有较大影响力、综合竞争力进入国内同行业前十位的知名企业，50个在国内外拥有较高市场占有率和较好消费者满意度的产品品牌，培育50名具有国际化视野和资本运作能力的现代企业家。加强产业模式、体制机制创新，推进新经济园、创业创新中心与开发区（工业园区）融合发展，创建一批国家级和省级科技园区、智慧园区、生态园区、国际园区等品牌园区（功能区），着力提高资源要素利用效率。提升发展传统产业，狠抓印染、造纸、制革、化工整治提升，关停淘汰一批落后产能。大力发展金融、物流、健康、创意设计等现代服务业，促进先进制造业和现代服务业融合发展。整合旅游资源，深入挖掘“大运河”世界文化遗产生态、旅游等功能，借力上海迪斯尼乐园等区域高端旅游品牌，强化合作共赢，加快旅游目的地建设，着力打造国际化休闲旅游城市。积极发展绿色循环低碳经济，构建以低能耗、低污染、低排放为基础的低碳经济发展模式。推动循环经济在生产、流通、消费、回收各环节和企业、园区、社会各层面的发展，促进资源综合利用、高效产出。积极推进光伏产业“五位一体”创新综合试点建设，鼓励发展风能、生物质能等新能源和可再生能源。

6. 着眼“五水共治”、源头治理倒逼经济转型升级。坚持统筹谋划、系统整治，加快编制市域水系、水环境综合整治等规划，科学实施综合治水项目，系统解决嘉兴水系中存在的结构性、功能性和资源配置不合理等问题。深入实施“139”行动计划，全面落实“河长制”，统筹推进水环境综合整治。全面封堵排污口，彻底整治垃圾河、黑河、臭河。大力实施新一轮“万里清水河道”工程和市、县、镇三级污水管网建设改造，确保到2016年底，主副中心城区污水收集处理率达到90%以上，农村生活污水处理农户受益率达到80%以上。加快工业企业污水全入网，确保所有工业企业污水实现达标入网。完善城乡保洁机制，实现生活垃圾、工业固废全收集全处理。全面实施水利建设三年行动计划，初步建成市、县、镇三级区域防洪体系，建立健全城市内涝防治应急体系。加快水源地建设保护、应急备用水源等工程建设，积极实施“双水源”战略，不失时机加快推进千岛湖引水工程，推动太湖引水工程建设，力争让全市人民早日喝上优质水。积极创建节水型社会、节水型城市。

三、突出城乡统筹，着力打造“秀美田园城市”

7. 优化城乡空间布局。按照人口资源环境承载能力和主体功能区定位要求，进一步完善市域国土空间规划体系，推进经济社会发展规划、城乡规划、土地利用总体规划、环境保护规划等多规融合、一体发展，形成统筹衔接、功能互补、节约集约的规划体系。强化规划的刚性约束，制定国土空间差别化准入条件，严禁一切不符合主体功能区定位的开发活动，严控区域内符合功能定位的建设活动，严管开发、建设、保护和利用等各个环节。按照新型城市化发展要求，坚持工业化、信息化、城镇化、农业现代化同步发展，进一步优化现代化网络型田园城市布局体系，统筹城乡规划实施、基础设施建设、产业布局、社会事业发展和生态环境保护，加快形成人口、经济、资源、环境相协调的城乡空间格局。全面深化统筹城乡综合配套改革，加快建立城乡要素平等交换、公共资源均衡配置的体制机制。全面推进绿道、绿化建设，加快形成水、绿共生互融的城乡生态系统。严禁地下水开采，加强地面沉降等地质灾害防治和住宅质量检测，完善城乡防火、防灾安全设施，提高城乡安全保障水平。

8. 加快美丽城市建设。根据环境和人口承载能力、可开发土地资源和经济社会发展水平，以深化“五城联创”

为载体，以提升人居环境为导向，统筹推进中心城市和新市镇建设，着力营造“园在城中、城在园中”的城市风貌，确保蝉联全国文明城市。突出功能完善、品位提升和特色塑造，注重产城融合互动，进一步增强主副中心城市的集聚和辐射能力。立足区位条件、产业基础、自然禀赋和文化传统，分类推进省、市级小城市培育，推广海盐县“就地城镇化”经验，实施小集镇提升工程，推进新市镇特色发展。贯彻低影响开发理念，尽力降低城市开发对自然环境的影响。坚守城市发展“边界”，推进“绿色城市”、“智慧城市”、“人文城市”建设。编制地下空间规划，建立健全地下空间开发利用的体制机制。深入推进“三改一拆”，加快老旧小区改造，加大力度有序推进城市有机更新。扎实推进城市治堵项目建设，突出“公交优先”发展战略，健全低碳交通网络，积极创建“公交示范城市”。大力推进市域绿道网建设，加快绿道与人文景区、公园广场和城镇道路的对接连通，拓展提升绿道的环保、运动、休闲、旅游、通勤等功能。加强城镇生态景观保护和建设，推进生态人文小城市试点，加快建设江南“风情小镇”。大力推行绿色建筑，加快既有建筑节能改造和太阳能等可再生能源建筑一体化应用，积极创建国家可再生能源建筑应用示范城市（县）。强化市容市貌路长制网格化管理，加大城镇环境卫生管理力度，提高城市垃圾分类处理、资源化利用水平。

9. 深化美丽乡村建设。深入推进“百村示范、千村整治”工程，加强农村环境综合整治连线成片，建立长效管理机制，推进村庄生态化有机更新。加大农村土地整治平台建设力度，确保到2016年底前每年复垦土地一万亩。建立完善美丽乡村“四级联创”机制，全面开展美丽乡村先进县（市、区）、镇、精品村（特色村）及优美庭院示范户创建活动。结合江南水乡特色村落保护，优化村庄规划和村居设计，将具有历史文化底蕴、旅游开发价值、江南水乡韵味和现代农业基础的特色村庄纳入“1＋X”镇村规划体系，打造一批具有嘉兴特色的历史文化村。深化绿色示范镇、村创建，深入实施“三清两绿”工程，不断提高农村绿化水平。加快推进农村危房改造，改善居住环境、拓展发展空间。

10. 提升农业生态经济效益。强化农业支持保护，完善资金、土地、技术、人才等要素投入和保障机制。围绕“生产功能巩固、生态功能提升、景观功能增强”三个目标，加强农业“两区”和基础设施建设，大力发展生态循环农业、休闲观光农业和湿地农业。加快构建新型农业经营体系，积极培育新型农业经营主体，推进生产、供销、信用“三位一体”的农村合作体系建设，提升农业社会化服务能力。加强农业面源污染治理。以“减量、治污、提质”为核心，全面实施畜牧业发展专项规划和畜禽养殖污染处置收费制度，健全养殖废弃物无害化处理体系，实现养殖业的规模化、标准化和生态化。扎实推进鱼塘生态化改造、渔业资源增殖放流、稻鱼共生轮作减排等“三大工程”，促进渔业转型。积极推广农药化肥减量控害增效技术，扩大病虫害专业化统防统治和测土配方施肥应用面积，推进良田良制、良种良法、良机良艺的融合配套，确保农产品质量安全。

四、突出人文生态，着力打造“和谐幸福家园”

11. 积极培育生态文化。弘扬具有嘉兴特色的人文精神，注重挖掘嘉兴传统文化中的生态理念和生态思想，传承尊重自然、顺应自然、保护自然的历史文脉。积极培育和践行社会主义核心价值观，弘扬“红船精神”，大力倡导“勤善和美”的当代嘉兴人共同价值观。结合“世界环境日”“中国水周”“植树节”等重要时节，充分展示生态环保成就、普及生态环保知识、传承生态人文精神，激发全市人民建设美丽嘉兴、创造美好生活的主体意识。深化绿色系列创建，构建包括学校、社区、家庭、企业和社会公益教育等在内的生态文明教育网络体系。强化全社会的生态伦理、生态道德、生态价值意识，大力推进志愿服务制度化，形成政府、企业、公众互动的社会行动体系。倡导实用节约、适度消费等绿色低碳的生活方式、消费模式和行为习惯，制定完善激励绿色消费的政策措施，推行政府绿色采购制度，建立绿色消费服务体系，形成科学、健康、环保的绿色消费模式。

12. 强化自然生态保护。坚守生态红线，严格管控非建设用地，加快构建流域生态系统、湿地生态系统、耕地生态系统、森林生态系统和城市生态系统。加大对重要生态功能区、生态环境敏感区和脆弱区的保护力度，建立完善保护机制，加强日常管护。强化钱塘江、运河、红旗塘等河道的生态屏障功能，加强河道、湖荡、饮用水源地生态保护，推进北部湖群湿地生态系统修复，增强涵养水源、净化水质、植被绿化的生态功能。加大海洋生态保护力度，进一步加强对海湾、河口、海岛等生态系统保护，完善海域环境、物种及海洋资源的保护体系，保护生物多样性。构建百里海塘等滨海生态走廊，加强海洋蓝色生态屏障建设。按照保护优先、开发有序的原则，严格开发建设中的生态环境监管，加大对水、土地、矿山、林地、湿地、海洋、海岛等资源开发过程中的生态环境保护监管力度。

13. 深入推进治气治废等环境综合治理。坚持源头治理、综合防治，建立政府统领、企业施治、市场驱动、公众参与的大气污染防治新机制。严格控制煤炭消费总量，大力推广天然气等清洁能源，到2015年底前，实现县以上城市供气管网全覆盖。积极创建高污染燃料禁燃区。大力推进工业园区集中供热和煤改气，深入实施工业脱硫脱硝减排工程，有效控制工业烟粉尘和挥发性有机废气，全面消除烟囱冒黑烟现象。加快淘汰黄标车，推广使用新能源汽车等清洁交通工具，切实做好油品提升工作。建立健全重污染天气监测、预警和应急响应体系，积极参与长三角地区治气降霾联防联控。以农业用地和污染场地为重点，实施土壤治理修复工程，深化重金属、持久性有机污染物综合防治。建立完善土壤环境监测体系，全面开展重点区域土壤环境调查，加快建立土壤环境状况数据库，到2015年基本实现土壤环境监测网络全覆盖，重大土壤环境安全隐患基本消除。科学划定土壤环境保护优先区域，严格控制新增土壤污染。强化废弃物综合利用和无害化处置，完善村收、镇运、县处理的垃圾收集处理系统，大力推进生活垃圾分类收集处置，加快垃圾焚烧厂改造、扩容。建立覆盖危险废物和污泥产生、贮存、转运及处置的全过程监管体系，以县（市、区）为单位，统筹谋划建设固体废物无害化处理设施。制订实施秸秆禁烧管理办法和资源化利用经济政策，全面禁止农作物秸秆焚烧，加快实现秸秆还田和多元化利用。

14. 提升城乡居民生活品质。大力实施城乡居民收入倍增计划，促进居民收入增长和家庭财产普遍增加，不断扩大中等收入群体，到2016年城乡居民收入力争在2010年基础上实现翻番。完善再分配调节机制，不断提高低收入和贫困居民收入水平。深入实施文化兴市战略，加强公共文化服务体系建设，不断增强基本公共文化服务的均衡性、普惠性，积极推进文化惠民工程，广泛开展群众性文化体育活动，不断满足城乡居民精神文化生活需要。全面推进各项社会事业发展，加大财政公共服务支出，统筹做好教育、医疗、住房、养老、扶残助残、食品安全、安全生产等各项民生工作，让全市人民享有更好的教育、更稳定的工作、更满意的收入、更可靠的社会保障、更高水平的健康服务和更舒适的居住条件。加强民主政治建设，建立完善科学民主决策机制，推进地方人民代表大会制度工作创新，健全社会主义协商民主制度，创新基层民主建设载体，不断提高全社会法治化水平，努力营造权利公平、机会公平、规则公平的良好环境，促进社会公平正义。围绕打造长三角最具安全感城市，全面深化“平安嘉兴”建设，积极构建以“七张网”为主体框架的立体化社会治安防控体系，打造“秩序好、发案少，社会稳定、群众满意”的设防城市，严密防范和依法严厉打击各类违法犯罪活动，切实保障人民群众生命财产安全。加强和创新社会治理，坚持和发展“枫桥经验”，深入推进“网格化管理、组团式服务”，支持和引导社区、社会组织、社工“三社”互动融合发展，深化居住证制度改革，完善和创新新居民管理服务，全面推广基层法治、德治、自治“三治”建设，全力维护社会和谐稳定。

五、建立完善打造江南水乡典范的体制机制

（一）建立完善“源头严控”的体制机制

15. 探索建立自然资源资产产权制度和环境空间管制制度。实施最严格的自然资源和生态空间保护制度，从源头上预防各类生态破坏行为。全面落实国家、省关于自然资源资产产权制度和用途管理制度的改革举措，积极推进自然资源资产产权制度改革，以农村土地整治增减挂钩节余指标交易为突破口，加快城乡统一的建设用地市场建设。按照自然资源属性、用途和环境功能，明确用途管制规则，建立生态环境空间管制制度，对自然资源实行统一监管，提升生态环境空间管制效力。建立生态保护红线体系，试点开展环境功能区划，加快划定生态功能保障基线、环境质量安全底线和自然资源利用上线等三条红线。按照国家、省生态功能红线，科学划定永久性生态用地。以解决水、大气、土壤突出环境问题为目标，建立健全环境质量安全底线。完善土地、水、能源等为重点的资源利用上线和管控要求，建立健全资源利用上线与生态功能保护、环境质量要求相结合的协调联动机制。

16. 建立完善生态环境准入制度。研究建立资源环境承载能力监测预警机制，对水土环境、环境容量和海洋资源超载区域实行限制性措施。实行空间、总量、项目“三位一体”的环境准入制度，把环境容量与区域总量、环境质量、项目环评紧密挂钩，严把环境准入关。全面推行经济社会发展规划、区域发展规划及重大政策措施的战略环评，严格落实专项规划环评制度。加快建立公开透明、公正高效的环评审批体系，探索实施建设项目环评审批属地管理制度。研究建立竞争充分、高效有序的环评服务体系和权责明晰、奖惩分明的环评监管体系，进一步加强对环评中介机构的监管。加快环评审批制度改革，建立行业准入负面清单，推行环评备案监督制，严格实行环评承诺与责任追究制度。建立环境保护重大决策听证、重要决议公示和重点工作通报制度。

17. 实行节能减排降耗总量管制。深入实施能源消费总量和能源消耗强度“双控制”，探索推进用能预算化管理制度。健全主要污染物总量控制制度，推进行业性和区域性污染物总量控制，促进环境资源要素存量提质、增量选优。完善排污许可证制度，探索实施污染源“一证式”管理。建立完善市、县（市、区）两级政府排污权储备和排污单位排污权台账制度，实行污染物总量控制激励机制。完善企业绩效综合评估制度，推动环境资源要素向高效益、高产出、高科技企业集聚。严格“新、扩、改”项目主要污染物总量准入管理，严格控制重点污染行业总量规模。建立碳排放强度、碳排放总量约束机制。

（二）建立完善“过程严管”的体制机制

18. 完善环境监管体系。建立完善严格监管所有污染物排放的环境保护管理制度。完善综合行政执法体制，推进环保行政执法与公众监督、舆论监督、司法监督结合，加大监管力度，提高监管实效。建立环境执法联席会议制度，完善环境执法联动协作机制，切实形成工作合力。强化公众监督，拓宽公众环境诉求表达渠道，建立健全公众参与环境管理的工作机制，规范公众参与行为。建立完善舆论监督环境管理工作机制和跟踪反馈机制，加大违法企业公开曝光力度，增强舆论监督的针对性与实效性。建立健全司法监督环境监管工作机制，推行联合执法、信息共享、案件移送等三项机制，完善工作例会、案件会商、定期通报和提前介入等四项制度，全面提升打击环境污染犯罪的整体水平与能力。

19. 深化资源要素配置市场化改革。注重通过市场机制激发企业自觉治污和节约利用资源的内生动力。推广海宁要素市场化配置综合配套改革试点经验，健全亩产效益综合评价体系，建立资源要素差别化使用、低效企业退出、新增项目优选等机制，构建资源要素高效流动的市场体系。全面推进节约集约用地亩产倍增行动计划试点，探索建立存量土地盘活、土地产出效益与新增建设用地指标分配挂钩制度，推进工业用地弹性管理制度改革，探索海域、岸线配置体制改革。深化能源要素配置改革，开展用能量（权）、碳排放权交易，完善用电、用气差别化、阶梯式价格机制。深化水资源配置改革，全面实行居民用水阶梯式水价、企业用水超定额和水资源费累进加价制度，探索建立中水回用和再生水利用激励机制。

20. 全面推进资源有偿使用和生态补偿机制。健全全面反映资源稀缺程度、生态环境治理修复成本的资源环境价格形成机制。按照污染治理实际成本，逐步提高排污费征收标准。严格执行各种资源税费制度，建立完善有利于资源节约和环境保护的资源价格形成机制和车船税征收机制。健全耕地保护补偿机制，完善土地资源、海洋资源、湿地等科学开发和保护管理机制。建立环境资源市场化配置机制，深化完善排污权有偿使用、交易和排污总量削减替代制度，开展氨氮、氮氧化物和水权交易试点。健全生态保护激励约束机制，完善生态补偿机制，合理确定生态补偿标准，进一步健全生态环保财力转移支付制度。

21. 建立健全协同治理和第三方治理机制。完善环境保护区域协调和跨区域综合治理机制，推进区域、流域和近岸海域联防联控，加强与长三角地区的生态环保合作交流。强化跨行政区域河流交接断面考核、环境空气质量管理考核，不断提升区域水环境综合治理和大气污染联防联控能力与水平。培育第三方专业化环保服务机构，推行环境污染第三方治理和污染源在线监测第三方运营。探索建立"污染者付费，专业化治理"新模式，推进治污集约化、产权多元化、运营市场化。出台环境污染第三方治理指导意见，逐步推行委托治理和购买服务的环境污染治理新模式。

（三）建立完善"恶果严惩"的体制机制

22. 探索建立环境损害责任终身追究制度。对污染环境、破坏生态行为"零容忍"，加大责任追究和惩治力度，切实保护公民环境权益。根据自然资源禀赋，将水、土地、林木、海洋等自然资源资产纳入审计范围，探索编制自然资源资产负债表，建立领导干部自然资源资产离任审计制度。建立健全环境问题约谈制度，对政府决策、执行失误以及不作为导致的环境损害问题建立责任追究机制。

23. 建立健全环境损害惩治制度。建立以环境损害赔偿为基础的环境污染责任追究体系，对造成生态环境损害的责任者严格实行赔偿制度，构成犯罪的，依法追究刑事责任。探索建立环境污染损害赔偿责任风险基金，鼓励推行环境污染损害责任保险制度，对高风险企业实行环境污染强制责任保险。完善环保公安联动执法、环境公益诉讼和非诉案件强制执行机制，依法打击污染环境、破坏生态、损害社会公共利益的行为。

六、健全打造江南水乡典范的保障措施

24. 完善组织领导。将生态市建设工作领导小组调整为市委、市政府美丽嘉兴建设领导小组，发挥牵头抓总作用，统筹协调和指导监督建设美丽嘉兴、创造美好生活的重大事项。将推进"两美"建设、打造江南水乡典范的新要求纳入"十三五"经济社会发展规划。各级人大要按照法律赋予的职责，强化生态环保预算审查监督和执法检查监督，依法行使好重大事项决定权。各级政府要认真制定实施配套政策，强化行政执法，加大财政投入，全面推进相关工作。各级政协要充分发挥协商、监督、咨政等功能，团结动员各方面力量为推进"两美"建设、打造江南水乡典范建言献策。各地各部门要结合实际，建立高效有力的协调机制和工作机制，合力推进美丽嘉兴建设。

25. 加强法治保障。深入推进"法治嘉兴"建设，切实强化法治思维、完善治理体系、提高依法治理能力。全面贯彻环境保护法等法律法规，围绕打造江南水乡典范要求，在生态环境保护、"五水共治"、"三改一拆"等方面强化司法保障。依法严格审理，加大执法力度，加强法律法规实施的监督检查和主体功能区规划实施等的有效监测。严格落实环境质量、污染物排放、环境准入标准，实施绿色认证制度。强化综合执法、联动执法，建立健全联动、联防、联治机制，依法严厉打击各种环境违法行为。积极推行行业与企业环保社会责任标准和企业环境信用等级评价，逐步建立企业环保社会责任认证体系，增强企业保护生态环境的社会责任感。

26. 推动多元投入。紧密结合生态文明建设重点，积极开展政府专项资金竞争性分配改革。建立专项资金使用绩效评估考核机制和专项审计制度。鼓励公益性项目通过PPP模式等吸引多元化投资主体，引入社会资本参与投资建设。积极发挥财政资金引导作用，加强政银企合作，吸引带动社会资本和各类创业投资、股权投资参与美丽嘉兴建设。调整优化信贷结构，探索构建"绿色金融体系"，加强美丽嘉兴建设重点领域和薄弱环节的金融支持。加快发展直接融资，多渠道扩大美丽嘉兴建设融资规模。创新发展水权、排污权、碳排放权等绿色金融产品，促进企业自觉节能减排。

27. 严格落实责任。建立健全反映江南水乡典范建设要求的区域发展绩效评价体系，进一步修订完善县（市、区）党政领导班子、领导干部年度考核实施办法。按照主体功能区定位，推行分类考核评价，引导不同资源禀赋、环境承载能力的区域差异化发展。健全完善"河长制"考核办法，明确职责分工，形成治水合力。加强实绩综合分析，突出"既看发展成果，又看发展成本与代价""既注重考核显绩，更注重考核潜绩"的考核导向，严格考评结果运用，形成正确的工作导向和用人导向。

28. 强化社会协同。充分利用多媒体宣传平台，大力营造建设美丽嘉兴、创造美好生活的良好氛围，凝聚社会各界力量，合力打造江南水乡典范。充分发挥公众、新闻媒体和社会组织的监督作用，构建全方位社会监督体系，积极引导企业履行社会责任，追求绿色效益。充分发挥民间公益环保组织作用，推进美丽嘉兴志愿者队伍和监督员队伍建设，更好地发挥其在环保专项行动、环保监督、环保宣传等方面的作用。做好环境信息公开工作，对城乡规划、产业布局、土地开发等重大项目，要采取公示、听证等形式听取专家和公众意见。做好突发环境事件舆情善后处理工作，积极回应公众关切。

中共湖州市委办公室　湖州市人民政府办公室关于印发《湖州市大气污染防治(治霾318)攻坚行动实施方案》的通知

各县(区)委、县(区)人民政府，市直属各单位：

《湖州市大气污染防治(治霾318)攻坚行动实施方案》已经市委、市政府同意，现印发给你们。请结合实际认真贯彻执行。

2014年10月8日

湖州市大气污染防治(治霾318)攻坚行动实施方案

为切实改善我市空气质量，根据《湖州市大气污染防治行动计划(2014—2017年)》(湖政办发〔2014〕49号)，针对目前面临的严峻形势和大气主要污染源，决定开展大气污染防治(治霾318)攻坚行动(下称"攻坚行动")，现制定如下实施方案。

一、目标要求

1. 空气质量指数(AQI)优良率提升10%，PM 2.5日均浓度下降7%，控制在69微克/立方米以下，PM 2.5指标实现"摘帽进位"；

2. 全面完成2014年省政府下达的大气主要污染物减排、黄标车淘汰、燃煤小锅炉淘汰等目标任务；

3. 有效解决群众反映的大气污染防治突出问题，努力提升群众对空气质量的满意度；

4. 总结攻坚行动有效做法，建立健全大气污染防治长效机制，做到防治工作的常态化、制度化。

二、主要任务

按照"统一思想、找准源头、综合施策、形成合力、狠抓落实"总体要求，在全面实施大气污染防治工作基础上，突出重点范围、重点部位、重点行业，精确施策、精准发力，开展治扬尘、治废烟、治尾气三大攻坚战。

(一)开展治扬尘攻坚战(共8项任务)

1. 城市建筑扬尘整治：10月15日前所有建筑工地做到"7个100%"，即施工现场围挡、工地砂土(沙场)覆盖、工地路面硬化、拆除工程洒水、出工地运输车辆冲净且密闭、暂不开发的场地绿化100%落实，以及外脚手架密目式安全网100%安装；12月底前完成400万平方米建筑工地扬尘治理。(牵头部门：市建设局，责任人：李全明；配合部门：市行政执法局)

2. 城市道路扬尘整治：市中心城区道路机械化清扫率55%以上，重点路段全部实行机械化清扫；市政道路施工过程中的砂土100%密闭覆盖；12月底前完成250万平方米道路的扬尘治理。(牵头部门：市建设局，责任人：李全明；配合部门：市行政执法局)

3. 道路渣土、砂石运输车整治：10月15日前落实专人上路检查，对渣土、砂石运输车实施全天候监管。城市建成区范围内杜绝渣土、砂石运输车沿途撒漏现象。(牵头部门：市行政执法局，责任人：莫雨民；配合部门：市建设局、市交通运输局、市公安局)

4. 公路、码头扬尘整治：公路实行8小时保洁制，路面洒水不少于一天一次。其中，过境公路实行12小时保洁制，路面洒水不少于一天两次；对于路面上出现的污染物及时进行清理或冲洗；道路施工过程中严禁使用吹风设备清洁路面；落实码头道路全面硬化，面层采用水泥砼铺面或沥青砼铺面，散货装卸设施的受料口和落料处设置喷水抑尘装置，带式输送机设密封罩，沙场等露天散货堆场建设围墙、防风墙或封闭设施，并设置喷淋系统。(牵头部门：市交通运输局，责任人：房石磊；配合部门：市建设局、市矿治办)

5. 矿山粉尘治理：10月15日前，在产矿山全部达到市级绿色矿山标准，不达标的一律不得生产；严格实施减点控量规划，2014年建筑石料实际开采量控制在5000万吨以内。(牵头部门：市矿治办，责任人：李世华；配合部门：市国土资源局、市环保局)

6. 废弃矿山治理：12月底前至少完成21家废弃矿山治理。(牵头部门：市矿治办，责任人：李世华；配合部门：市国土资源局)

7. 煤堆场整治：按照"防渗漏、防流失、防扬尘、防噪音"要求，11月底前，完成湖州中心城区煤堆场治理示范项目建设，完成重点部位周边的煤堆场整治；12月底前，完成中心城区22家煤堆场整治；2015年9月底前，完成

三县和南浔区煤堆场整治。(牵头部门:市经信委,责任人:熊全龙;配合部门:市贸粮局、市环保局、市交通运输局)

8. 场平工程管理:加强湖州开发区西片黄芝山区域等场平工程管理,场平工地出入路面全部硬化,土方运输车辆100%冲洗干净且车身密闭;施工过程中全面落实洒水喷淋等降尘抑尘措施;暂不开发的场平工程场所全部采取播撒草籽、小麦籽等或采用防尘网覆盖等临时性措施。(牵头部门:湖州开发区管委会,责任人:凌建荣)

(二)开展治废烟攻坚战(共7项任务)

1. 热电企业脱硫脱硝除尘:按照新的火电厂大气污染物排放标准中特别排放限值要求,全面完成统一能源热电等4家市本级热电企业脱硫除尘改造;全面启动热电企业脱硝工程建设,12月底前全面完成浙能长兴电厂4台火电机组脱硝改造。(牵头部门:市环保局,责任人:朱鸿;配合部门:市经信委)

2. 水泥企业脱硝改造:12月底前完成煤山南方、长兴南方、小浦南方、长广水泥等水泥企业共7条2000吨/日以上水泥熟料生产线脱硝改造并投入运行,加强对已建成脱硝设施的运行监管。(牵头部门:市环保局,责任人:朱鸿;配合部门:市经信委)

3. 挥发性有机废气治理:按照行业整治标准和浙江省整治方案要求,对挥发性有机废气进行有效收集处理,12月底前完成湖州展望天明药业等27家化工企业有机废气治理。(牵头部门:市环保局,责任人:朱鸿;配合部门:市经信委)

4. 高污染燃料小锅炉淘汰:12月底前,全市淘汰380台燃煤小锅炉,其中中心城区禁燃区一期范围内燃煤燃油小锅炉(约37台)全部淘汰;禁止审批新增20蒸吨/小时以下燃煤等使用高污染燃料的小锅炉,在供热供气管网覆盖的区域内,对10蒸吨/小时以下使用高污染燃料的小锅炉停止定期检验;加强温室龟鳖养殖业和小木业整治,加快禁养限养区内温室龟鳖养殖棚拆除和小木业企业拆违进度,加快无证小锅炉淘汰进度,对暂无法集中供热供气区域的锅炉依法整治提升,严禁焚烧工业废料,遏制“冒黑烟”现象,做到达标排放。(牵头部门:市发改委,责任人:胡国荣;配合部门:市质量技监局、市环保局、市经信委、市贸粮局、市农业局)

5. 餐饮油烟及露天烧烤整治:10月底前完成市中心城区餐饮业油烟治理,有照餐饮企业油烟净化装置安装率90%以上;督促室外经营的餐饮业分期分批进店经营,重点整治规范露天烧烤,对未获得工商营业执照和油烟污染造成群众反映强烈的餐饮店和露天烧烤予以取缔。(牵头部门:市行政执法局,责任人:莫雨民;配合部门:市环保局、市市场监管局、市贸粮局、市消防支队)

6. 秸秆综合利用与禁烧:遏止秋收季节大面积露天焚烧农作物秸秆现象,重点部位周边全面禁止秸秆露天焚烧,全市农作物秸秆综合利用率达90%以上。(牵头部门:市农业局,责任人:杨建明;配合部门:市环保局、市行政执法局)

7. 禁止烟花爆竹违规燃放:加大教育宣传力度,落实专门巡查力量,强化部门联动执法,理顺协同处理机制;完善烟花爆竹规定,严肃查处违规燃放烟花爆竹行为,坚决禁止烟花爆竹违规燃放。(牵头部门:市公安局,责任人:徐伟明;配合部门:市安全监管局、市市场监管局、市质量技监局、市行政执法局)

(三)开展治尾气攻坚战(共3项任务)

1. 黄标车淘汰及区域限行:11月底前全市淘汰12000辆以上黄标车,其中市区淘汰4500辆以上,三县各淘汰2500辆以上;市中心城区黄标车和无标车限行区域从0.325平方公里扩大到19.2平方公里。(牵头部门:市公安局,责任人:徐志宏;配合部门:市环保局、市贸粮局、市交通运输局、市财政局)

2. 禁止燃油助力车、无牌无证摩托车上道路行驶:发布《关于禁止燃油助力车上道路行驶的通告》,在全市范围内禁止燃油助力车生产、销售和上道路行驶,禁止各加油站给燃油助力车加油;加大对无牌无证摩托车检查力度,严厉查处无牌无证摩托车上道路行驶违法行为;稳妥推进“限摩”工作。(牵头部门:市公安局,责任人:徐志宏;配合部门:市市场监管局、市质量技监局、市贸粮局、市行政执法局)

3. 船舶尾气治理:依法严厉打击船舶超载行为,设立“船舶超载黑名单”制度,将超载船舶比例控制在3%范围以内;加快老旧船舶改造和淘汰进度;推进内河船舶清洁能源应用,加快液化天然气(LNG)船舶改造试点工作和水上加气站建设。(牵头部门:市交通运输局,责任人:房石磊)

在攻坚行动中,对湖州开发区、太湖度假区、吉山文教区内重点部位(即三环北路—申申高速连接线—318国道—二里桥路—南华路—杭长桥南路—东坡路—成业路—田横路—104国道—杨丘线所围成的封闭区域)实施彻底治、治彻底。该区域在规定期限内要做到:所有建筑工地“7个100%”措施全面落实;主要道路每天机械化清扫、洒水两遍以上;公路码头沙堆场全面完成抑尘设施建设或封闭;煤堆场落实覆盖措施,完成抑尘设施建设;渣土、砂石运输车实施全天候监管,杜绝跑冒滴漏;全面禁止烟花爆竹违规燃放;全面禁止秸秆焚烧;全面完成餐饮油烟及露天烧烤整治,餐饮集中区域完成油烟深度治理。

11月组织实施一次重污染天气应急演练,以检验各部门应急工作机制建设情况,提高重污染天气应急应对能力。

三、实施步骤

攻坚行动时间为2014年10月至2015年1月,分三个阶段实施。

(一)全面启动阶段(2014年10月上旬)

部署攻坚行动,明确目标要求,锁定攻坚任务,落实工作责任。各县区出台工作方案,同步推进。

(二)实施整改阶段(2014年10月至2015年1月)

按照攻坚行动目标要求,各牵头部门、各县区及湖州开发区、太湖度假区协同各配合部门全面攻坚18项具体任务。加强对攻坚行动督查中存在的问题的督促整改，确保各项目标任务如期完成。

（三）总结提升阶段（2015 年 1 月下旬）

对攻坚行动进行总结分析，巩固攻坚成果。进一步强化生态优先、保护优先意识，深化源头分析，研究防治举措，建立完善源头严控、过程严管、恶果严惩、多元投入的长效管理体制机制。

四、保障措施

（一）加强领导

攻坚行动在市委、市政府统一领导下进行；市清洁空气行动领导小组及大气污染防治工作联席会议要切实履行总体安排、统筹协调、整体推进、督查考核等职责；各牵头部门要对牵头的具体任务负总责，横向上协调配合部门协同推进，纵向上督促实施主体落实到位；各配合部门要各司其职，服从牵头部门统一安排，主动承担相应责任；各县区及湖州开发区、太湖度假区要按照属地管理的原则，履行主体责任，严格执行领导小组和牵头部门的要求部署，制定相应方案并组织实施。

（二）加强宣传

充分发挥媒体舆论导向作用，市县媒体联动，对攻坚行动的重大意义、工作动态、成效经验开展广泛深入宣传，形成强大的舆论氛围。充分发挥舆论监督作用，建立新闻媒体曝光机制，每月由各媒体对联席会议提供的问题和调查掌握的问题及时进行曝光。通过开展集中和专题宣传，动员各社会团体、民间组织、志愿者，投入到攻坚行动中来，提升公众治气理念，引导企业自律，使人人都成为大气污染防治的宣传者、实践者和监督者。

（三）加强督查

开展专业督查、两办督查、社会督查三个层面高频次的督查。在督查中，把握好“客观公正、及时准确、实际实效”的原则，通过督查对各责任单位在攻坚行动中工作推进、措施落实、问题整改等情况进行全面准确的分析、判断和评估，形成提出问题、交办问题、跟踪问题、解决问题的机制。坚持问题导向，有针对性地开展重大问题及时会商和定期专题会商，及时有效解决问题，提高工作的实效性。

（四）加强执法

各部门要加强联动监管执法，对各类环境违法事件，要及时查处、执法到位；对拒不执行各类行政处罚决定的，依法予以强制执行；对涉嫌环境犯罪的，依法追究刑事责任。进一步完善动态监管机制，对重污染天气立即启动应急措施，加大检查频次，并对排污大户企业一律实行限产或停产，对施工道路及工地一律实行停止施工。拒不执行上述措施的，依法严肃查处。

（五）加强考评

对日常巡查、暗访、督查发现的问题在一定范围内进行通报，并要求相关责任单位及时整改并反馈整治情况；对工作推进中的各类负面典型进行跟踪曝光，强化舆论监督；对明显履职不到位、工作推进慢、整改落实差的责任单位，分别约谈分管领导和主要领导，并将约谈情况报市纪委和市委组织部备案。在总结提升阶段，由领导小组对攻坚行动进行专门评估、考核，将考核结果按“优秀、合格、不合格”三个等第进行通报，并对未完成省定考核目标任务的县区、部门在县区综合考核、万名群众评议机关中降一等次处理。

中共湖州市南浔区委　湖州市南浔区人民政府
关于加快推进练市小城市培育试点工作的扶持政策

中共练市镇党委、练市镇人民政府，区级各部门：

《练市镇小城市试点三年（2014—2016 年）行动计划》已通过省级专家评审，为顺利完成练市镇小城市培育试点三年行动计划的各项目标任务，经区委、区政府研究，决定重点给予以下三方面的具体支持，确保培育试点的各项工作落到实处。

一、关于两级“组织领导机构”的建立

一是建立区小城市培育试点工作领导小组。由区委、区政府主要领导任组长，有关区领导和练市镇党委书记任副组长，区有关部门和练市镇政府主要负责人为成员的领导小组（具体见附件），领导小组下设办公室，办公室设在区发改经信委，具体负责小城市试点工作的牵头协调工作。

二是建立镇小城市培育试点工作推进小组。由镇党委书记任组长、镇长任副组长，镇班子成员为领导小组成员，下设工作推进小组办公室，负责行动计划实施、项目推进等各项工作。按照“一年一个样、三年大变样”的培育要求，明确责任分工，加强统计考核，认真组织实施三年行动计划和年度推进计划，确保各项任务落实到位。

二、关于“三大扶持政策”的主要内容

一是积极推进强镇扩权改革。根据小城市管理需求，在保持镇级编制不变的前提下，赋予练市镇县区级经济社会管理权限。按照“依法下放、按需下放、能放则放、权责一致”的原则，通过委托、交办和延伸机构等方式和途径，加强区级职能部门派驻延伸机构，积极争取市属部门在练市镇设立分局，下放经济社会管理权限，强化练市镇在经济管理、社会保障、公共文化、义务教育、医疗卫生、计划生育和法律援助等方面的服务职能。

二是建立专项扶持资金和加大税费支持。严格按照省政府小城市培育要求，建立练市镇小城市培育3：1的专项资金配套制度（暂定三年），区政府每年按市区规定额度将小城市培育试点配套资金列入年度财政预算，并在每年9月底前将资金足额拨付到位。练市镇土地出让净收益区留成部分（除按规定提取专项外，免于计提20%的财政集中款）全额返还用于练市镇建设，教育费附加全额用于练市镇教育事业。建立练市镇重点公共基础设施类建设项目由区和镇共同分担的建设机制，优先考虑将练市镇的重大项目列入南浔区重点项目库。从2014年开始，连续三年每年投资1亿元支持练市镇交通基础设施建设。

三是强化土地保障。在新一轮土地利用总体规划整体修编中，充分考虑练市镇发展需要，给予一定规模的建设用地规划指标倾斜。在省政府下达的年度计划指标内，根据练市镇项目建设需要，优先安排建设用地指标，建立每年不少于全区可用指标20%的用地计划单列制度，对列入省、市重点急需项目，采取一事一议，并积极向上争取省留计划指标。鼓励盘活转而未供土地和存量建设用地，对盘活出来的建设用地指标（包括农村土地综合整治项目节余的新增建设用地指标），区不再提留，全部保障练市镇新增建设用地需求。

三、关于“五大重点改革”的推进举措

一是加快行政管理体制改革。根据小城市管理需求，增加相应城市管理职能，根据实际需要增加编制，对内设机构进行优化调整，部分机构的主要领导兼任区级相关部门副职。除国家规定实行垂直管理的部门外，其他区派驻镇机构，原则上下放镇管理或以镇管理为主，其主要领导干部的任免须事先征求镇党委同意。

二是建立区一级财政体制机制。按照增强小城市培育发展财力、财权与事权匹配的要求，建立“划分收支、核定基数、超收分成、一定三年”的小城市一级财政体制。2014年至2016年练市镇税收收入实行独立的财政管理体制，体制内收入分成比例由7：3调整为9：1（参照开发区体制），即练市镇得90%。

三是推进户籍制度改革。从2014年开始，全面建立按居住地登记的户籍管理制度，凡在镇建成区内居住2年以上，拥有合法固定住所、稳定职业或生活来源的外来人员及其共同居住生活的直系亲属，均可根据本人意愿申请办理城镇居民户口，在教育、就业、兵役、社会保障等方面享受与当地城镇居民同等待遇。对本地户籍人员，不受居住年限等限制，可根据本人意愿申请办理城镇居民户口，继续保留承包土地经营权，享受原所在村集体资产权益，5年内享受农村居民生育政策。

四是开展投融资体制改革。加快推进以深化投融资体制改革和金融创新为重点的投融资改革，进一步完善投融资平台，增强政府负债经营能力。鼓励金融机构设立练市分支机构，支持设立村镇银行和小贷公司。鼓励社会资本参与城市公用设施投资运营，探索运用BT、BOT、PPP等方式，参与镇区污水处理、道路、环卫保洁、园林绿化等市政领域。

五是推进农村“三权”改革。坚持“定量不定位”，加快探索建立承包权长久不变的农村承包土地流转机制；在宅基地使用权确权和评估基础上，探索推进农村宅基地本集体经济组织范围内流转交易，三年内实现全覆盖。按照增强村集体经济造血功能的原则，制定农村集体资产股份合作制改革相关政策文件，逐步建立“归属清晰、权能完整、流转顺畅、保护严格、运行规范、发展有劲”的现代农村集体资产产权制度。探索建立统一的村集体经营性建设用地流转平台，允许符合条件的村集体经营性建设用地出让、租赁、入股。

2014年6月20日

中共诸暨市委　诸暨市人民政府
关于社会治理“一张网”工程的实施意见

社会治理“一张网”工程是提升发展“枫桥经验”的重大课题，是开展党的群众路线教育实践活动的重要抓手，是一项系统性、基础性工程。实施社会治理“一张网”工程，目的是创新基层治理方式，完善镇、村管理运行机制，进一步健全社会治理体系，提升社会治理能力。为切实抓好社会治理“一张网”工程，现提出如下实施意见。

一、指导思想

以党的十八大和十八届三中全会精神为指导，深入贯彻习近平总书记关于坚持和发展“枫桥经验”重要批示精神，认真落实全国、全省纪念“枫桥经验”50周年大会和市委十五届五次全会要求，全面实施社会治理“一张网”工程，不断创新和提升发展新时期“枫桥经验”内涵，推动我市社会治理体系和治理能力现代化走在全国前列。

二、基本原则

（一）关口前移，重心下沉

立足基层基础，加强市、镇、村、组（自然村）四级协调联动，市级力量下沉到镇，镇级力量下沉到村，村级力量下沉到组（自然村）。

（二）分级负责，条块结合

坚持属地管理与线上负责相结合，以块为主体，整合资源力量，明确三级网格功能职责，合理配置网格员，确保条与块各司其职、协同作战。其中，社会矛盾化解类、公共服务类管理职责由块上落实为主、线上配合；公共安全类、违法监管类管理职责由线上落实为主、块上配合。

（三）明确职责，注重实效

坚持以格定员、以员定责，一格多责、一员多能，人、格、事、责对应捆绑，切实把任务落实到格，职能明确到事，责任落实到点，问效追责到人，形成管线、包镇、驻村、进格、联户一竿子到底的工作机制。

三、工作重点

（一）网格划分

以镇域为单位，建立镇、村、自然村三级网格。其中镇乡（街道）为一级网格，镇乡（街道）所辖行政村（社区）为二级网格，自然村（规上企业）为三级网格。各镇乡（街道）要结合实际，科学合理设定网格规模，三级网格原则上以自然村（规上企业）为基本单位，镇乡（街道）可以结合村民小组的管理模式，延伸落实，使网格大小适中，不搞一刀切。在各镇乡（街道）三级网格的基础上，形成横向以镇乡为主体，纵向以部门相应治理职能为纽带，纵横交错的立体社会治理网络格局。

（二）人员配置

根据社会治理"一张网"工程的目标设定和功能设置，分别配置第一网格长、网格长和网格员。人员配置中可根据工作性质、任务轻重，实行一格多员和一员多格。

一级网格：第一网格长为市级责任领导，网格长为镇乡（街道）党、政主要负责人，网格员为信访局、司法局、公安局、法院、检察院、安监局、消防大队、交通运输局、质监局、市场监管局、卫生局、农业局、林业局、城管执法局、建设局、国土资源局（长效办）、规划局、水利水电局、民政局、人力社保局、环保局、农办、人口和计生局、宣传部、政法委、公共服务中心（应急办）、组织部、纪委等部门的班子成员（部门班子成员网格配置见附件1），责任部门主要负责人，镇乡（街道）的各线分管领导。

二级网格：第一网格长为镇乡（街道）包村领导，网格长为驻村干部、行政村（社区）支部（总支）书记、村主任，网格员为镇乡（街道）机关干部、部门派出机构人员（站办所人员）、村两委会其他成员、大学生"村官"。

三级网格：第一网格长为驻村干部，网格长为村两委会成员（两委会成员不足的可以选择其他合适人员），网格员为相关镇乡（街道）干部（站办所人员）、各类专管员、党员、村民代表、社会志愿人士、民间调解员等专兼职人员。

（三）功能职责

社会治理"一张网"工程突出管理职责的落实。管理职责主要分矛盾化解、公共安全、违法监管和公共服务四大类，具体包括社会矛盾信访化解、调解，社会治安，安全生产，消防安全，森林防火，突发事件防控，特殊人群管理，食品安全，疫情防控，"四违"管理，劳动用工管理和欠薪维稳，环境污染防治，"三资"管理，计划生育，社会保障，民政救助，卫生保洁，河道清理，以及舆情民意掌握、工作检查考核、效能追责问责等20项（网格划分及人员配置示意图见附件2）。各网格成员的职责明确如下：

1. 一级网格：负责镇域范围网格的配置、运作，执行和落实市里下达的工作任务，及时处置二、三级网格上报的信息事项，确保镇域范围各项工作职责任务落实，社会平安稳定；开展督查考核，对市级部门下沉人员提出考核建议，对网格成员中的市管领导干部存在的失责行为提出追责建议。

第一网格长职责：督促指导网格工作，了解、掌握本网格的运行情况，一季度听取一次网格运行情况汇报，对本网格拟上报的追责人员及追责事项进行审核；对本网格的各项工作任务负领导责任。

网格长职责：全面部署网格工作任务，抓好网格运行，每月听取一次网格运行情况汇报，及时处置二、三级网格上报信息，负责一、二、三级网格及网格人员的督查、考核和效能问责（具体考核办法由镇乡街道自行制订，可参考枫桥镇试点做法），对市管领导干部存在失责行为的，提出追责建议；对本网格的各项工作任务负总责。

网格员职责：镇乡（街道）分管领导对分管线工作负责，市级下沉的网格员对本部门职能工作的落实负责。每月对网格内职能工作进行一次指导、督促；每半年对网格内职能工作进行一次业务培训；对所辖网格内发现的隐患、问题即时提出整改意见，并积极参与化解相关重大事项和问题；各网格员对本网格内、各自职责范围的工作任务负直接责任。

2. 二级网格：负责行政村（社区）范围内网格的配置、运作，执行和落实一级网格下达的各项任务和要求，及时处置三级网格上报的信息事项，确保行政村范围各项工作职责任务落实，社会平安稳定；上报本网格运作情况和网格员履职情况，并对网格员提出考核建议。

第一网格长职责：全面部署网格工作任务，每周听取一次网格运行情况汇报，督促指导网格工作，了解、掌握本网格的运行情况，审核网格长对三级网格人员提出的考核建议；对本网格内的各项工作任务负总责。

网格长职责：部署本网格工作任务，抓好网格运行，每周听取一次网格运行情况汇报，及时处置或上报三级网格上报信息，对网格运行情况进行督促检查，并对三级网格人员提出考核建议；对本网格内的各项工作任务负直接责任。

网格员职责：每周在网格内开展一次业务走访宣传，每周在网格内不少于两次巡查摸排；及时发现和上报网格内存在的易引发信访、产生事故或其他不良影响的问题隐患等信息；对网格内发生的事项和问题第一时间开展处置。一般事项即时解决，无法即时解决的3天内报送处置进展和结果。网格职责范围内无法解决的事项，当天报送上一级网格，并全程参与解决；对事项处置结果在3天内给予回复反馈；对属于本网格办理或上级网格交办的事项须在7天内办结，特殊情况经一级网格长审批可适当延期；各网格员对本网格内、各自职责范围的工作任务负直接责任。

3. 三级网格：负责自然村（规上企业）范围内网格的配置、运作，执行和落实二级网格下达的各项任务和要求，及时采集、处置或上报信息，确保本网格范围各项工作职责任务落实，社会平安稳定；上报本网格运作情况和网格成员履职情况。

第一网格长职责：督促指导网格工作，每天听取网格工作汇报，了解、掌握本网格的运行情况，抓好各项管理工作的落实和信息传递工作；对本网格的各项工作任务负直接责任。

网格长职责：全面部署落实本网格工作任务，抓好网格运行，每天听取网格员工作汇报，督促网格员做好工作；对本网格内的各项工作任务负直接责任或相关责任。

网格员职责：每天开展巡查摸排，即时报送网格内的相关信息，做好台账记录，及时发现和上报本辖区存在的易引发信访、产生事故或其他不良影响的问题隐患，做好台账记录；积极参与并负责本网格内发生的事项和问题的处置；各网格员对本网格内、各自职责范围的工作任务负直接责任或相关责任。

（四）考核问责

镇乡（街道）"一张网"工程办公室制定本区域网格管理考核办法。市级部门网格员由镇乡（街道）每季度进行一次考核排位，考核结果经一级网格第一网格长签字确认后报市"一张网"工程办公室，对年度考核后三位的给予通报批评。一级网格长履职情况由市"一张网"工程办公室考评，并报市委组织部在领导干部"三考合一"中予以体现；镇乡（街道）其他网格长、网格员由镇级"一张网"工程办公室自行考核。需要效能追责的，副科级及以上领导干部由市纪委处理，副科级以下干部由各镇乡（街道）及相应主管部门处理，报市纪委备案。《诸暨市社会治理"一张网"工程责任追究办法》见附件3。

四、工作要求

（一）加强组织领导

市委、市政府建立由主要领导任组长，分管领导任副组长，有关职能部门为成员的社会治理"一张网"工程领导小组及办公室。各镇乡（街道）要建立相应组织，明确由组织副书记担任领导小组办公室主任，牵头做好"一张网"系统的日常运行、督促、考核、问责等工作，形成党委牵头抓总、政府具体负责、组织督促落实、纪委效能监察的"一张网"工程工作机制。

（二）精心组织推进

各镇乡（街道）要按要求划分好网格、配置好网格员，明确镇、行政村（社区）、自然村（规上企业）三级网格和网格员的工作职责、工作流程、考核制度、问责办法。一级网格涉及的相关部门，要明确网格员配置，并落实职责、任务，各镇乡（街道）的责任部门要密切配合，确保按要求开展工作。

（三）落实考核问责

市"一张网"工程领导小组办公室要加大工作督查力度，每月组织一次以上检查抽查，检查结果要进行通报。纪委、组织部门要加强考核问责，对工作不落实、不到位的，严格按照考核制度和问责办法追查相关责任人的责任。各镇乡（街道）要根据本实施意见，制订科学合理的"一张网"工程考核问责制度，量化考核指标，严格考核督查，确保"一张网"工程取得实效。

附件：1. 社会治理"一张网"工程相关部门班子成员网格配置一览表（略）
2. 诸暨市社会治理"一张网"工程一级网格划分及人员配置示意图（略）
3. 诸暨市社会治理"一张网"工程责任追究办法

2014年3月24日

附件3

诸暨市社会治理"一张网"工程责任追究办法

为贯彻落实市委、市政府《关于社会治理"一张网"工程的实施意见》，督促有关单位和各级网格及人员主动履职，确保"一张网"工程有效实施，提升我市社会治理水平，特制订诸暨市社会治理"一张网"工程责任追究办法。

一、责任追究依据

依据《中国共产党纪律处分条例》《中华人民共和国行政监察法》《浙江省影响机关工作效能行为责任追究办法》《诸暨市机关效能责任追究办法》等有关规定，对"一张网"工程推进不力及不认真履行网格内职责、不按要求完成网格内任务的人和事，逐级逐人逐时段倒查并追究相关责任单位和直接责任人的责任。

二、责任追究方式和情形

社会治理"一张网"工程责任追究的对象是责任单位及其网格人员，责任追究的方式分口头效能告诫、通报批评、书面效能告诫、党政纪处分。涉嫌犯罪的，移送司法机关依法处理。

（一）有下列情形之一的，给予口头效能告诫

1. 网格负责人未在规定时限内研究网格运行情况、部署网格工作任务的，或未按要求对网格运行情况进行指导、督查、考核的；

2. 网格员未在规定时限内完成网格内指导督促、走

访宣传、巡查摸排等常规工作的；

3. 网格员在网格管理过程中未按规定做好巡查记录、工作台账的；

4. 网格负责人及网格员在常规巡查中，未及时发现和上报本网格内事故隐患、信访苗头或其他问题的；

5. 网格负责人及网格员没有及时参与网格内问题的处置，或对网格职责范围内能够处置的事项或问题，未经妥善处置而直接上报上一级网格的。

（二）有下列情形之一的，给予通报批评（扣发一至三个月绩效考核奖，当年度考核不得定为优秀）

1. 市级职能部门主职领导，在全市“一张网”工程实施过程中组织不力，行动迟缓，致使本单位承担的工作任务未按要求完成的；

2. 各镇乡（街道）党政主职领导和市级职能部门班子成员，对“一张网”工程的组织建设、工作制度、流程标准、督查考核等不重视、不配合，或指导、组织培训不到位，导致网格工作任务推进不力，网格管理职责不清、运行不畅、管理存在漏洞的；

3. 网格负责人及网格员对排查出的问题不按要求解决，相互推诿，推脱责任的；

4. 网格负责人及网格员对职责范围内无法解决的问题，未按规定时限报送上一级网格，且未采取必要的应急措施防止事态扩大的；

5. 网格负责人及网格员对职责范围内的问题没有及时解决，被上级监督检查发现的；或造成到市本级举报投诉且被查实的；或被市本级新闻媒体曝光的；

6. 上一级网格负责人对下一级网格单位发生责任追究情形没有及时进行责任追究的，或未及时向市“一张网”工程办公室提出责任追究建议的。

（三）有下列情形之一的，给予书面效能告诫（扣发三至六个月绩效考核奖，当年度考核不得定为称职及以上等次）

1. 网格负责人及网格员落实市委、市政府中心工作不到位，影响工作落实，情节严重的；

2. 网格负责人及网格员对上级部门交办、转办和督办的事项，在规定时限内未办结，且未获得上级部门延期办理许可的；

3. 网格负责人及网格员因履职不到位，发生一般性安全生产事故、食药品安全事故、环境污染、违法建设和群体性事件等情况的；

4. 网格负责人对网格职责范围内的事项，未按要求进行检查督促、具体指导和督查考核，或对群众举报或其他违法违规线索没有及时组织查处纠正，或查处不彻底，造成不良影响或较重后果的；

5. 因网格负责人及网格员工作不到位、排查不彻底，造成不良影响或较重后果的，或导致群众去绍兴市上访的，或被绍兴市级新闻媒体曝光的。

（四）有下列情形之一的，给予党纪政纪处分（涉及犯罪的，移送司法机关依法处理）

1. 网格负责人及网格员因履职不到位造成有人员死亡或有重大财产损失的安全生产事故、食药品安全事故、环境污染、违法建设以及造成大规模群体性事件等情况的；

2. 网格负责人及网格员因履职不到位，造成重大社会公共服务或行政监管责任问题，在社会中造成恶劣影响，被省级及以上媒体曝光的；

3. 网格负责人及网格员对网格责任调查不配合或故意阻挠调查，造成严重后果的；

4. 网格负责人及网格员不依法履行职责，导致影响公民、法人和其他组织正常生产、经营活动，造成重大损失或其他严重后果的；

5. 其他需要给予党纪、政纪处分或追究法律责任的。

三、责任追究程序

（一）呈报建议

一级网格单位发现本级或下级网格单位（网格负责人及网格员）存在上述责任追究情形，涉及副科级及以上领导干部的，由一级网格单位填写《诸暨市社会治理“一张网”工程责任追究审批表》，向市“一张网”工程办公室提出责任追究建议；涉及副科级以下干部的，由一级网格单位提出责任追究建议，交相关镇乡（街道）、相应主管部门进行责任追究，结果报市纪委监察局备案。

（二）调查核查

市“一张网”工程办公室负责对相关网格上报的责任追究意见进行复核，界定责任追究情形，形成调查核实材料，在《诸暨市社会治理“一张网”工程责任追究审批表》上提出处理建议后，报市纪委监察局。

（三）问责处理

市纪委监察局收到责任追究审批表及调查核实材料后，应在15日内作出问责处理，结果抄送相关市领导、市委组织部及有关单位。

四、其他

（一）本办法由市“一张网”工程办公室负责解释。

（二）本办法自发文之日起试行。

附件3—1：诸暨市社会治理“一张网”工程责任追究审批表（略）

中共嵊州市委　嵊州市人民政府 关于开展“三争”提升年活动的通知

各乡镇、街道，市级机关各部门：

为贯彻落实市委第十三届十一次全体(扩大)会议和全市经济工作会议精神，引导全市上下振奋精神、改革创新、攻坚克难推动经济社会发展再上新台阶，经市委、市政府研究，决定开展“三争”提升年活动。现通知如下：

一、指导思想

深入贯彻落实党的十八大、十八届三中全会精神和省委干好“一三五”、实现“四翻番”目标，贯彻“五水共治”“五措并举”部署，紧扣“工业强市、实干兴市”工作基调，以“三争”提升年活动为总载体，进一步动员全市广大党员干部提升思想境界、提升工作标准、提升方式方法、提升工作实绩，以改革统领全局，深入开展党的群众路线教育实践活动，凝魂聚气，攻坚克难，奋力前行开创跨越发展新局面。

二、总体要求

——争当“两个英雄”，提升思想境界和精神状态。切实增强进取意识、机遇意识和责任意识，企业进一步强化“以亩产论英雄”的理念，干部进一步强化“以实绩论英雄”的理念，激发正能量，争先创佳绩。

——争取“三气三力”，提升工作标准和工作能力。紧跟市委市政府决策部署，提升蓬勃向上的朝气、创业创新的底气，敢作敢为的胆气，对照目标、勇于争先，切实增强市委市政府的领导力，乡镇部门的执行力，基层一线的落实力，务求全面完成各项任务，力求超额实现各项指标。

——争创“两畅环境”，提升大局意识和担当精神。牢固树立全市“一盘棋”的大局意识，通力配合、无缝协作，上下更通畅，横向更顺畅；改革创新、攻坚克难，勇于担当，创新一批新经验，解决一批老问题，实现一批新突破。

三、主体内容

(一)以治水为突破口，打好转型升级“组合拳”

1.“五水共治”。全面开展治污水、防洪水、排涝水、保供水、抓节水等“五水共治”。全面落实909条河道“河长”制，落实乡镇(街道)、村(社区)属地责任，全面推进“双十双百”行动，开展农村环境和河道“三清三建”集中行动、规模化畜禽养殖场整治集中行动，推进125个行政村的农村生活污水处理设施建设。

2. 有效投资。完成固定资产投资增长15%以上，工业性投资增长15%以上，设备投资增长30%以上。完成82只亿元以上工业技改项目和49项市重点建设项目任务。开发区(浦口街道)工业投入增长20%以上，完成工业用地出让1500亩。高新园区完成工业用地出让1500亩，力争引进投资规模50亿元以上项目。

3.“四换三名”。全面推进腾笼换鸟、机器换人、空间换地、电商换市和名品、名企、名家培育工程，积极推动“个转企、小升规、规改股、股上市”。新增规上企业50家以上。淘汰改造30家高能耗重污染企业；完成企业技改投入70亿元以上，组织50家以上企业实施“机器换人”专项行动；新建改建扩建多层厂房30万平方米以上；新组织50家以上企业发展电子商务，电子商务产业园实现交易额超8亿元；申请注册“嵊州厨具”集体商标，争创省著名商标2件以上。全市规模以上工业企业亩均产值和亩均税收均提高10%。

4. 招商引资。优化服务，大力推进浙(嵊)商回归工程，加快招引一批大项目、好项目。引进市外境内资金50亿元、外资1亿美元。完成“浙商回归”任务。

5. 股改上市。完善政策机制，加大工作力度，加快上市步伐。新启动股份制改造50家，完成企业股改10家以上，新三板等股权交易市场挂牌5家，企业上市1家以上。

6. 创新驱动。深入实施创新驱动发展战略，加大科技创新力度，新增5家以上国家高新技术企业。

7. 要素保障。积极争取资金，盘活国有资产。公共财政预算收入力争增长15%，国资实现融资20亿元以上。积极争取建设用地指标，新增建设用地2500亩以上，盘活存量土地1000亩以上，完成供地4000亩以上。

(二)加快新型城镇化步伐，着力提升城乡发展品质

8. 规划修编。按照现代化城市的标准，完成中心城区控规修编及城市综合交通、绿道系统等城市专项规划的修编。

9.“三改一拆”。开展无违建县、乡镇(街道、管委会)和村(社区)创建，全面推开以整治“一户多宅”为重点的“空心村”整治工作。拆除150万平方米，改造70万平方米，创建无违建乡镇(街道、管委会)7个以上，无违建村(社区)20%以上，新增违法建设做到“零容忍”。

10.“三江口”建设。突出新区带动作用，以提升城南新区形象和品质为核心，加大城中村改造和“三江口”城市新核心区建设，着重推进城南新区环城南路两侧整村拆迁，全市完成城中村改造拆除建筑面积40万平方米。

11. 中心镇“六个一”建设。积极推进中心镇建设，每个中心镇都要实施一个提升集镇品位的项目、一个农民集中居住区项目、一个较大规模的“三改一拆”项目、一个一定体量的商贸综合体项目、一个较大体量的房地产项目、

一个工业功能区提质扩面项目。

12. 美丽乡村建设。积极开展“四边三化”“双清”行动、清洁家园和“森林嵊州”建设等工作，扎实推进精品带、中心村、小康示范村、精品村建设和“空心村”改造。完成4条精品带建设和空心村整治20万平方米。创建成为省美丽乡村先进县(市)。

13. 交通治堵。加强道路和停车设施建设改造，规范交通秩序，提升市区交通畅通度。建成公交枢纽站2个，新增停车泊位800个，投放城市公共自行车1000辆。

(三)全面深化改革，着力优化发展环境

13. 政府机构改革。按照精简统一效能原则，稳步推进大部门制改革，加快形成精干高效的政府组织体系。

14. 审批制度改革。以“三集中、三到位”为重点，推进行政审批制度改革。部门许可职能向一个科室集中，审批科室向政务大厅集中，审批事项网上办理集中，做到事项进驻大厅到位，审批授权窗口到位，电子监察到位。

15. 乡镇治理模式试点。按照“主动发现问题，及时固定证据，综合分类交办，依法依规处置”的要求，探索乡镇管理和服务新机制，提升治理实效，做好黄泽镇和仙岩镇的试点工作。

16. 养老模式创新。探索养老与文化礼堂相结合的农村居家养老模式。加强与农村家宴中心、居家养老服务中心、精品村建设、基层党校、文化活动中心等项目的资源整合，完成30家建设任务，完善保障机制，着力打造农村精神家园。

17. 殡葬制度改革。开展违建坟墓集中整治，重点治理“二沿五区”，做到控新拆违。加快生态墓地建设，重点建设乡镇一级或片区为单位的生态中心公墓。年底前，各乡镇(街道、管委会)完成人口总数3%的建设任务，其中至少有1～2处乡镇级生态公墓建设任务，并通过市级验收。

18. 社会事业发展。健全城乡社会保障体系，推进教育、卫生公共服务均衡化发展，加快基本公共文化服务标准化、均等化建设，加大推进民生事业建设。

19. 平安建设。创新“枫桥经验”，加大维稳信访工作力度，加强社会综合治理，积极推进平安嵊州、法治嵊州建设。赴京去省上访总量明显下降，新增治安监控视频探头1600个，安全生产实现三个“零增长”。

(四)深入开展党的群众路线教育实践活动，切实加强党的建设

20. 党的群众路线教育实践活动。全面开展以为民务实清廉为主要内容的党的群众路线教育实践活动，按照“照镜子、正衣冠、洗洗澡、治治病”的总要求，集中解决形式主义、官僚主义、享乐主义和奢靡之风“四风”问题。

21. 干部队伍建设。突出“以实绩论英雄”导向，加大干部锻炼、考察和交流力度，着力打造有激情、重实干、敢担当的干部队伍。

22. 基层组织建设。开展“五好”服务型乡镇(街道)创建活动，加强村(社区)班子培训教育，加强“两新”党建工作，加强党员教育管理，着力夯实基层基础。

23. 作风效能建设。出台实施《机关工作人员作风建设量化评价管理办法》，深化和完善“民情微群”、倒查知晓率、红黄牌警示督办、关键岗位跟踪督评、软环境指数管理等制度，强化效能检查。

24. 党风廉政建设。严格执行中央八项规定和省委“28条办法”“六个严禁”，加大正风肃纪力度，厉行勤俭节约，“三公”经费下降30%以上。全面落实党风廉政建设责任制，严肃责任追究，加强惩防体系建设。

四、保障措施

1. 强化组织领导。成立“三争”提升年活动领导小组，四套班子主要领导为组长，市委副书记为常务副组长，市委常委、副市长为副组长，市委办、市府办、纪委、组织部、宣传部和相关部门领导为领导小组成员。下设活动领导小组办公室，负责活动日常事务，做好组织协调工作，保障活动顺利推进。办公室地点设在市委办(市委政研室)，市委办主任兼任活动办主任。各项工作分管市领导要切实发挥牵头抓总作用，带领职能部门抓好落实，统筹协调活动的开展。

2. 落实工作责任。“三争”提升年活动总揽全局、贯穿全年，联动性强、覆盖面广，必须强化责任，狠抓落实。市领导要切实负起责任，抓紧研究，部署落实工作任务和工作责任，确保各项工作有步骤推进，干在实处，取得实效。各乡镇(街道)和部门要“一把手”负总责，健全责任体系，一级抓一级、层层抓落实，形成上下联动、合力推进的生动局面。

3. 加大督查考核。结合“三争”提升年活动要求，进一步调整完善考核机制，结合到年度工作考核之中，与评比先进、干部选拔任用和干部收入分配紧密结合起来，加大奖优罚劣的力度。加强活动跟踪督查，“三争”提升年活动领导小组和“两办”督查室、纪委要经常性开展督查，督促各项工作按计划有序推进。加强舆论监督，加大对不良行为、不良风气的曝光力度，进一步营造争先创优的良好氛围。

2014年3月19日

金华市婺城区人民政府办公室关于印发婺城区畜牧业污染专项整治行动方案的通知

各乡镇人民政府、新狮街道办事处，区政府有关部门：

《婺城区畜牧业污染专项整治行动方案》已经区政府同意，现印发给你们，请认真贯彻执行。

2014 年 3 月 20 日

婺城区畜牧业污染专项整治行动方案

为保护和改善生态环境，落实市“五水共治”目标任务，促进婺城畜牧业可持续发展，根据省人大常委会《关于加强畜禽养殖污染防治促进畜牧业转型升级的决定》和《婺城区农业面源污染整治实施方案(2013 年—2015 年)》要求，制定本行动方案。

一、指导思想

以科学发展观为指导，按照“减量化、规模化、资源化、生态化、无害化”的治理原则，突出创新驱动，综合运用行政、法律、经济等手段，控制和调减畜禽养殖排污总量，加快推进畜牧业污染整治，发展生态型畜牧业，改善区域水环境质量。

二、整治目标

通过开展畜禽养殖污染专项整治行动，进一步规范畜禽养殖，建立畜禽养殖污染防治长效机制，有效解决重点区域畜禽养殖污染问题，实现畜禽产业健康有序发展。

执行总量控制，2014 年完成禁养区内所有养殖场的关停、拆除和转产，实现养殖总量比 2013 年底下降 30%，其中生猪年饲养总量控制在 60 万头以内(详见附件 1)；奶牛存栏总量控制在 1.5 万头以内。落实禁限养区制度，根据《婺城区畜禽养殖禁养区限养区划分规定》(婺区政办〔2013〕70 号)，对违反规定的畜禽养殖场(户)予以关停、拆除。推进整治提升，到 2015 年底全面关停限、宜养区内低小散畜禽养殖场，整治提升规模养殖场，规范完善养殖场(户)干湿分离、雨污分流以及沼气池、储粪池等治污设施建设，实现规模养殖场零排放和排泄物资源化利用双 100%。

三、整治任务

(一)禁养区内现有各类畜禽养殖场全面关停，力争在 2014 年 10 月底前完成。全面禁止在生活饮用水源保护区、重要生态功能区、风景名胜区、旅游度假区、森林公园、城镇规划区等范围内新建畜禽养殖场。

(二)限养区内的养殖场(户)污染物治理设施按照要求配套建设到位，经当地乡镇(街道)、行政村同意，可以暂时予以保留，但不得新建、扩建畜禽养殖场(养殖小区)。逐步削减限养区内的饲养总量。

(三)宜养区内的畜禽养殖场(户)须按畜禽养殖污染治理标准，配套建设污染物治理设施，消纳土地、贮粪堆积发酵池、沼气厌氧发酵净化池，做到干湿分离、雨污分流，形成生态循环，确保达标排放，并核定其最大养殖容量，实行养殖区域和养殖场(户)的养殖量双控制。

(四)建立养殖场准入制度，对新建(转迁)畜禽养殖场必须执行环境影响评价和“三同时”(建设项目中防治污染的设施，必须与主体工程同时设计、同时施工、同时投产使用。防治污染的设施必须经原审批环境影响报告书的环保部门验收合格后，该建设项目方可投入生产或者使用)制度，通过环评和审批意见提出针对性的污染防治措施和总量控制指标，从源头控制新增污染源。

(五)在整治期间，积极配合做好关停、腾空、拆除和整改治理工作的养殖场(户)，经验收合格的适当给予关停退养补助。

四、整治安排

(一)动员部署阶段(2014 年 2—3 月)

1. 召开会议、动员部署。各乡镇(新狮街道)召开本辖区畜牧业污染专项整治动员大会，结合实际，制定方案，明确责任分工；在前期摸底调查的基础上，再次进行核查，并将结果于 3 月 20 日前报区整治办(农林局)，联系人：朱红，电话：82342739，617895)。

2. 公示名单、分类整治。各乡镇(新狮街道)结合畜禽养殖场(户)的调查摸底情况，明确整治对象、整治内容、整治时限、整治措施，设置举报监督电话，并以行政村为单位予以公示。同时根据关停拆除、退养、整改等整治内容的不同，向整治对象分别下达限期整改通知书、限期关停拆除通知书。

3. 落实人员，建立组织。各乡镇(新狮街道)乡镇长

(主任)为整治工作第一责任人,分管领导为具体责任人,负责督促、协调整治工作。由各乡镇(街道)干部、防疫员、联村干部与整治村干部组成专项整治工作组,负责辖区内畜禽养殖场(户)关停、拆除、污染治理、设施建设等工作。

(二)全面整治阶段(2014 年 4—10 月)

1. 自行整治阶段(2014 年 4—5 月):各畜禽养殖场(户)按照限期整改通知书、限期关停拆除通知书的要求,自行进行整改、关停拆除。各乡镇(新狮街道)工作组做好整改、关停拆除的督查工作。

2. 集中整治阶段(2014 年 6—10 月):各乡镇(新狮街道)要突出整治重点,分阶段完成畜牧业污染专项整治工作。

(1)2014 年 6 月底前,全面完成桐溪流域、通园溪流域、长湖流域等整治任务。

(2)2014 年 10 月前,全面完成禁养区内畜禽养殖场整治任务。对限养、宜养区内畜禽养殖场(户)要严格按照治污设施建设标准(详见附件 2),配套建设贮粪堆积发酵池、沼气厌氧发酵净化池,做到干湿分离、雨污分流,实现全区畜禽养殖场"零排放"和畜禽排泄物资源化利用。对排泄物治理不到位的要严厉查处,责令限期整改,对整改不力或达不到要求的依法予以关停。

3. 总结验收阶段(2014 年 11—12 月):各乡镇(新狮街道)对照整治任务进行全面清查,及时组织做好审核、验收、公示等工作,做到整改、关停一家,验收一家。区整治办牵头组织各有关部门对乡镇(新狮街道)进行督查。

五、整治及产业提升措施

(一)整治措施

1. 总量控制、严格审批。专项整治期间,禁止新建、扩建任何未经审批的畜禽养殖场,对禁养区内的畜禽养殖场(户),取消现行各种政策补助和项目申报。整治行动结束后,根据全区环境承载力,严格控制畜禽存出栏总量和畜禽养殖准入条件。

2. 完善设施,搭建平台。完善输送管网、贮肥池、农村沼气服务网点等基础设施配套建设。各乡镇(新狮街道)和相关部门要合理规划建设能源沼气发电、生态循环养殖、有机肥企业等项目,实现资源循环利用。

3. 深化治理,健全体系。要按照"谁污染,谁治理"的原则,严格执行环境保护法律法规和技术规范,对畜禽养殖排泄物进行处理与利用。加快构建病死动物无害化处理长效管理机制,推进病死动物无害化处理厂、乡镇无害化处理收集点建设。

4. 联合执法,长效管理。区各有关部门要切实加大畜牧业污染整治的执法力度,加强对禁养区复养及畜禽养殖污染整治工作现场监督和检查,依法查处养殖场(户)不按规定处理畜禽粪便、乱丢病死动物等各种环境违法行为。各乡镇(新狮街道)按照属地管理原则,组织畜禽养殖场(户)按标准做好排泄物治理,落实整治政策,对存在"两违"情况的及时予以制止和拆除。

(二)产业提升措施

1. 加强科学规划。根据全区环境承载能力和畜产品消费需求,结合土地利用总体规划,统筹布局畜禽养殖区块和总量,制定出台生态畜牧业发展规划。鼓励低、小、散养殖户以联建形式创建股份制标准化生态养殖场(小区)。

2. 加强指导服务。对符合要求的养殖设施装备改造提升项目,在小额贴息贷款和科技扶贫项目上给予支持。完善畜牧业保险政策,扩大保险覆盖面。

3. 完善处置管理。建立完善以区域性公共处理设施为主体、养殖场和屠宰场自行处理为基础的病死动物无害化处理网络,落实属地管理责任。

六、工作要求

(一)建立组织,加强领导

为切实加强领导,区政府成立婺城区畜牧业污染专项整治和产业提升工作领导小组,由区政府分管领导任组长,区府办、纪委监察、宣传、信访、公安、财政、水务、农林、国土、环保、行政执法、供电等部门负责人任成员,下设办公室(以下简称区整治办),设在区农林局。各乡镇(新狮街道)也要成立相应的畜牧业污染专项整治和产业提升工作组,由乡镇长(主任)任组长,进一步加强领导,落实整治责任。

(二)明确责任,分工合作

各有关部门要各司其职,密切配合,形成工作合力。纪委监察部门负责检查处理违法违纪行为;宣传部门负责加强宣传,在全社会营造良好的舆论氛围;信访部门负责处理信访事件,化解矛盾纠纷;公安部门负责保障政府依法行使职权;财政部门负责政策补助和奖励资金的落实和保障;农林部门负责全区畜禽养殖污染治理和转型发展的技术指导和服务;国土部门会同乡镇(新狮街道)依法对违法违章建造的畜禽养殖场(户)进行查处、拆除,指导开展土地复垦;环保部门负责畜禽污染的监督管理;行政执法部门负责协助畜禽养殖棚舍关停拆除工作;供电部门负责对被确定关停或搬迁的养殖场(户)进行断电,对违规建设的不予通电;其他各有关部门也要按照相关职责,积极配合做好此项工作。

(三)加强督查,确保实效

各乡镇(新狮街道)要切实按照"五水共治"工作的有关要求和区政府的统一部署,大力推进畜牧业污染专项整治行动。区委区政府督查室将牵头组织相关部门,定期或不定期对整治工作进行督查,对按要求完成整治任务、工作成效显著的乡镇(街道)予以表彰,对工作不落实、未完成目标任务的予以通报批评。

附件:1. 2013 年生猪养殖情况及 2014 年生猪饲养控制目标汇总表(略)

2. 婺城区畜禽养殖场治污设施建设标准

3. 婺城区畜牧业污染专项整治补助奖励政策

附件 2

婺城区畜禽养殖场治污设施建设标准

一、实现雨污分流。污水通过接管或建设暗沟形式接入处理池，严格控制污水产生量和明显减少臭气。雨水通过明沟接入有关溪河。

二、实行干湿分离。提倡干清粪，粪便用于加工有机肥或直接用于农作物。污水进入预处理池。

三、按标准要求建足干粪池、沼气池和配套池。要求存栏 50～99 头猪(或折猪当量)，建干粪池 10 立方米，建厌氧池 40 立方米，用肥调节池 10 立方米，田间池 10 立方米。存栏 100～300 头猪(或折猪当量)，建干粪池 15 立方米，建厌氧池 60 立方米、集水池 5 立方米、用肥调节池 15 立方米、田间池 10 立方米。(1 头牛按 10 头猪的标准进行折算)。300 头以上的猪场，另附图纸，实行能源生态型沼气工程。

四、配足消纳土地面积。原则上每 5 头猪配 1 亩土地消纳沼液，无法配足消纳土地的，则采取异地消纳处理。沼液运输车(3 吨/辆)由承运人自己购买，政府给予一半补助。由养殖场、农产品基地、政府各出一点，三方出资解决沼液运输运行保本问题。(1)养殖场承担每车 40 元；(2)基地承担每车 10 元；(3)政府补贴每车 20 元。

凡是原来无治理设施的畜牧养殖场，都要按以上标准要求配套建设好治理设施；原来已有部分治理设施但未达到以上标准要求的畜牧养殖场应及时扩建治理设施；原有已有治理设施并达到以上标准要求但由于失管造成堵塞和破损等原因未发挥治理设施应有作用的要进行疏通、改造和完善治理设施。

附件 3

婺城区畜牧业污染专项整治补助奖励政策

一、补偿范围：禁养区需要关停的畜禽养殖场(户)，登记截止时间为 2014 年 3 月 20 日。

二、养殖场整治补助标准

1. 猪舍、牛舍拆除补偿标准

砖瓦结构(室内面积)按不超过 130 元/平方米给予补偿；简易结构按不超过 50 元/平方米给予补偿；民房内只拆栏舍的按不超过 30 元/平方米给予补偿。

凡猪舍、牛舍(含附属设施)等建筑物属违法建筑的，原则上不予补偿。

2. 牛(奶牛)、母猪、猪处置补偿标准

奶牛按不超过 1000 元/头给予补偿，但每平方米栏舍奶牛存栏数超过 0.1 头的，按 0.1 头/平方米核准；生猪按不超过 100 元/头给予补偿，但每平方米栏舍生猪存栏数超过 0.5 头的，按 0.5 头/平方米核准；能繁母猪按不超过 500 元/头给予补偿。

三、奖励政策

在 2014 年 5 月 30 日前自行拆除猪舍、牛舍并复垦的，砖瓦结构给予不超过 120 元/平方米的奖励，简易结构给予不超过 50 元/平方米奖励。

在 2014 年 6 月 30 日前自行拆除猪舍、牛舍并复垦的，砖瓦结构给予不超过 100 元/平方米的奖励，简易结构给予不超过 40 元/平方米奖励。

在 2014 年 7 月 30 日前自行拆除猪舍、牛舍并复垦的，砖瓦结构给予不超过 60 元/平方米的奖励，简易结构给予不超过 30 元/平方米奖励。

对超过规定期限没有完成关停拆除复垦的畜禽养殖场，依法强制关停拆除，不得享受任何补助奖励。

四、畜禽排泄物综合治理补助标准

1. 联建股份制标准化生态养殖场(小区)治污设施补助标准(禁养区内养殖场一律不予补助)

新建雨污分流管道每米补助 30 元；新建贮粪堆积发酵池每立方补助 100 元；新建沼气厌氧发酵净化池每立方补助 500 元。

2. 异地消纳排泄物补助标准

鼓励利用农田、园地、林果等农产品种植基地消纳畜禽排泄物，在种植基地新建贮肥池每立方米补助 200 元，沼液运输每车补贴 20 元(3 吨/车)。

五、补助程序

1. 各乡镇(新狮街道)与农户签订养殖场(户)关停拆除协议，清点畜禽存栏数，丈量猪(牛)舍面积，并将基础资料报区畜牧业整治领导小组办公室备案。

2. 在限定时间内自行完成拆除复垦的畜禽养殖场，由业主提出书面申请，由乡镇(街道)进行实地审核验收，审核验收合格后再进行公示，公示结束后报区财政局。补助和奖金由区财政统一拨付给各乡镇(街道)，由乡镇(街道)负责发放到户。

3. 各乡镇(新狮街道)要加强资金的使用管理，严格把关，做到专款专用，及时将资金发放到位。

浦江县加强长效管护、巩固“清三河”工作成果实施方案

各乡镇党委、政府，各街道党工委、办事处，县机关部门，县属各单位：

为切实做好河道保洁长效管护工作，巩固我县“清三河”工作成果，助力我县“五水共治”深入推进，现提出我县下步加强长效管护、巩固“清三河”工作成果实施方案。具体内容如下：

一、工作目标

按照省垃圾河、黑臭河整治验收标准，在全县范围进一步建立健全河道（沟渠、池塘等）保洁长效管护机制，确保我县“清三河”工作成果不反弹，改善河道景观和城乡人居环境，实现“河畅、水清、岸净、景美”的目标，加快“美丽浦江”建设。

二、工作范围

1. 浦阳江、壶源江两干流，全县 51 条主要支流，通济桥灌区干渠等。

2. 各村（社区）房前屋后沟渠及村内与周边池塘等。

三、工作内容

1. 坚持河道保洁与村社保洁相结合。“垃圾河、黑臭河”问题表现在水里，根子在岸上。要从根本上防止“垃圾河、黑臭河”死灰复燃，一定要坚持“水岸同治”，切实加强环境卫生整治，真正做到垃圾不落地、污水不入河。为此，必须继续深入开展“双清”“清水养殖”“清洁田园”和截污纳管等行动，在完善“村收乡运县集中”的垃圾处理机制基础上，全面推行“垃圾不落地”管理体制。尤其是要真正发挥村（社区）主体作用，让村级组织切实承担起整治环境卫生责任，“治脏与治乱”同步结合，狠抓村容村貌、房前屋后、河沟池塘。将河道（沟渠、池塘等）保洁工作情况列入每月一次的农村环境卫生“十差村”及“十佳村”评选考核范围。大力落实各级河道（沟渠、池塘等）日常保洁经费，保障工作顺利开展。按照多级投入的原则，县财政拨款一部分，乡镇（街道）负担一部分，企业（居民）承担一部分，有序开展环境卫生费征收工作。

2. 坚持突击清理与长效保洁相结合。“清三河”工作既是一场攻坚仗，更是一场持久战。既要善于以全民大会战为契机，营造气势，快速行动，奠定大局；又要从体制机制入手，着眼长远，强化管护，确保全流域长效保洁。从 7 月份开始，每月 25 日定为我县“环境卫生保洁日”。各乡镇（街道）、机关部门及企事业单位要发动全县干部群众开展“宣传环境卫生、巩固‘清三河’工作成果”集中大行动。发扬党员干部模范带头作用，冲锋在前，全力投入，主动到最脏最乱第一线；发挥普通群众主人翁精神，积极响应，主动参与，水体保洁全县铺开。同时，以“环境卫生保洁日”为支点，全面贯彻落实责任包干的“河长”制，建立健全行之有效的全流域河道管护机制。根据“河长”制工作手册，对河道（沟渠、池塘等）和周围环境卫生进行全面分解，责任到人。加强对河道（沟渠、池塘等）保洁的巡查力度，强化日常管理，发现问题及时督促保洁员落实整改，努力提升保洁效果。建立相应台账，按照“一河一策”“一河一档”“一村一档”完善环境卫生巡查记录台账。

3. 坚持专业保洁与义务保洁相结合。“清三河”工作不但需要全天候保洁，还需要临时集中清理，以群众合力实现全县水体日清日洁。一是大力加强专业保洁员队伍建设。各乡镇（街道）健全河道（沟渠、池塘等）日常保洁制度，落实保洁人员到岗，实现定人定时定点定责，做到保洁随时在、垃圾及时清。二是积极发挥义务护水队作用。要根据“政府主导、部门协作、公众参与”的方针，不断扩大全县义务护水队规模。在县建立护水大队，在乡镇（街道）建立护水中队，在村（社区）建立护水小队。各义务护水队不定期开展护水活动，尤其是在暴雨后等特殊时段，协助专业保洁员及时清理垃圾。

4. 坚持教育与惩治相结合。“清三河”工作是一项系统工程，除了涉及到水体卫生整治，也涉及人的文明卫生意识和行为习惯。为此，“凡人善举”要及时表扬，“恶习陋习”要曝光惩治，逐步引导全县上下形成良好的生活方式和卫生习惯。各单位要牢固树立“去陋习、树新风”意识，大力开展“十大陋习”劝导督查行动；继续发挥群众监督主力军作用，开展手机身边河流随手拍等活动；各村（社区）着力培养群众卫生意识，将河道（沟渠、池塘等）保洁与农村环境卫生整治列入村规民约。

四、工作要求

1. 统一思想，提高认识。“清三河”工作是我县今年“五水共治”的重点工作。河道（沟渠、池塘等）保洁长效管护则是巩固我县“清三河”工作成果的关键。各单位要充分认识此项工作的重要性，层层发动，齐抓共管，常抓不懈。

2. 明确责任，强化落实。各乡镇（街道）应认真执行“河长”制、保洁员考核制等管理制度，按照“清一段，保一段，美一段”的要求，明确责任，做好本辖区河道（沟渠、池塘等）保洁管护工作，确保所有整治地段不反弹。

3. 加强监督，严格奖惩。各乡镇（街道）要积极接受

各级监督巡查，对交办的问题及时认真整改。同时，要做好自查自纠工作，开动脑筋，想好办法，解决问题。河道(沟渠、池塘等)保洁工作还要纳入相关部门和各乡镇(街道)的综合考评、工作人员年度实绩考核的范围。对工作成效显著的单位与个人予以表彰；对任务不落实、行动不到位、工作不配合的单位和个人，要严肃追究责任。

2014 年 7 月 24 日

中共武义县委办公室　武义县人民政府办公室关于印发《武义县美丽乡村精品创建工作实施方案》的通知

各乡镇、街道，县直属各单位：

《武义县美丽乡村精品创建工作实施方案》经县委、县政府研究同意，现印发给你们，请认真贯彻实施。

2014 年 3 月 5 日

武义县美丽乡村精品创建工作实施方案

根据省新农村建设指导意见，为深入推进我县美丽乡村建设行动，实现村庄景观化、环境洁美化、生态景区全域化，依据《中共武义县委 武义县人民政府关于开展"美丽乡村"建设行动的实施意见》(县委〔2011〕12 号)精神和我县美丽乡村建设工作实际，特制订本实施方案。

一、指导思想

围绕"生态立县、工业强县、旅游富县、科技兴县"发展战略，按照"科学规划布局美、村容整洁环境美、创业增收生活美、乡风文明身心美"的要求，以历史文化村落保护利用为重点，强化保护抢救工作，彰显人文特色，突出农村产业发展，形成村点出彩、沿线美丽的美丽乡村建设格局。

二、工作目标和要求

围绕美丽乡村建设总体规划，通过 5 年左右的时间，建设 15 个左右美丽乡村精品村，打造 5 条各具特色的乡村旅游精品线，合力推进生态景区全域化。实现历史文化村落得到有效保护，乡土文化得到充分挖掘，乡村旅游得到快速推进，村风民风得到明显改善，经济社会得到和谐发展。

三、精品村准入条件和申报程序

(一)五条精品线

1. 历史文化与农耕文化精品线(上松线)

后陈村—履坦坛头村(湿地公园)—百亩火龙果农业观光园—俞源古村落(太极星象农业观光园)—陶村(千亩桃园)—江下畲族村(十里荷花)—大溪口村(牛头山景区)

2. 温泉文化精品线(武丽线)

温泉度假区—溪里—徐村—岭下汤古村落

3. 茶文化精品线

茶文化产业园—水阁(古茶场)—更香茶叶基地

4. 萤乡文化精品线

沈家—菱道—杨家

5. 五金工业文化精品线(永武线)

桐琴—泉溪—白革

(二)精品村准入条件

1. 村庄历史悠久，文化底蕴深厚，有较多县级以上文保单位或古建筑的；

2. 有重要历史文化积淀和人文价值的；

3. 自然生态环境较好，具有较高旅游开发潜力。

符合以上条件之一并在 5 条美丽乡村建设精品线规划范围内且村级班子团结、战斗力较强、干群关系融洽的村，可列入美丽乡村精品村建设规划。

(三)申报程序

在每年 3 月份前申报下一年度的精品村建设项目，申报村应对照准入条件，广泛听取村民意见，经村民代表大会表决通过，向所在乡镇(街道)提出申请，乡镇(街道)经集体研究，并由主要领导签字后，在 3 月底前以文件形式上报县领导小组办公室，县领导小组讨论确定下一年度建设村。

四、建设项目确定和实施

(一)建设项目确定

建设村根据美丽乡村精品村建设规划设计，提出具体项目实施方案，经乡镇(街道)审核，报县领导小组讨论研究后确定具体建设项目。

(二)项目设计

由县领导小组办公室牵头组织，委托相关设计单位进行统一规划设计，规划设计要按照"一村一品""一村一景”“一村一韵”的要求彰显特色，充分听取专家、学者和当地群众意见，挖掘村庄文化、塑造村庄品牌，并增强设计的可操作性。每年8月底前完成下一年度建设村的规划设计论证，10月底前完成施工图交所在乡镇进行工程预算。

（三）项目招投标

建设项目招投标按规定规范进行，原则上在12月底前完成下一年度项目的招投标。建筑工程、市政公用工程和水利水电工程等建设项目的报名投标单位必须具备相应的三级及以上资质等级，中标单位不得将工程转包，如发现有转包现象，乡镇（街道）应立即予以制止并整改，否则，将取消对该建设项目的补助，同时取消中标单位下年度投标资格。

县级及以上文保单位的修复实施单位原则上由具备文物保护工程三级及以上资质的单位承担。专业性、艺术性较强的项目和零散的古民居、古祠堂、古宗祠、古道的修复，在相关部门和乡镇（街道）实地核实、报县领导小组办公室同意后，可以采用议标方式，由有相应能力的单位施工。

（四）项目实施

各建设村是精品村建设项目的实施主体，相关乡镇（街道）是精品村建设项目的责任主体，县领导小组办公室是监管主体。各单位在项目实施中要各负其责，确保工程建设质量、进度和安全。在建设中确需设计变更或增减工程量的，必须事先以书面形式提出，经村、乡镇（街道）审核，报县领导小组办公室审批后方可按相关程序进行，工程量的变更必须有监管部门认可的现场签证单，否则不予认可。

五、项目验收、资金补助和审计监督

（一）项目验收

1. 精品村建设项目严格按照规划设计方案标准验收。精品村建设项目竣工后，经所在乡镇（街道）初验合格的，由乡镇（街道）统一上报县领导小组办公室，办公室组织有关单位及时进行验收。

2. 施工单位对验收不合格的建设项目要抓紧进行整改，在规定时间内整改不到位的，将按延误工期扣除相应工程款。

（二）资金补助

1. 建设项目验收合格后（省级历史文化村落保护利用重点村须经省考核合格）按结算审定价的90%予以补助。施工单位进场施工后付合同价的10%，完成总工程量的60%，再拨付40%，验收合格后，拨付余额。项目建设实施单位、责任单位在收到县财政补助资金后，要按规定及时、足额拨付工程款预拨款，工程完工并经审计后及时结清工程款。

2. 资金补助审批程序。建设项目达到拨款工程量时，施工单位根据完成的工程量向村里申请，村两委会核对工程量后向所在乡镇（街道）提交书面申请，乡镇（街道）派人核实后签署意见报县领导小组办公室，上报时要附完成工程量的相关依据。县领导小组办公室会同财政局、审计局核实后，报县领导小组审批，县财政办理拨付手续。

（三）项目审计监督

项目建设资金必须做到专款专用，任何单位和个人不得滞拨、截留、挤占、挪用。县审计局将其纳入到年度审计计划并实行全程跟踪审计。各建设村的资金使用情况要在村公开栏进行公示。

六、其他

1. 加强组织领导。成立武义县美丽乡村精品创建工作领导小组，领导小组下设办公室，办公室设在县农办，负责美丽乡村精品创建日常工作。各有精品村建设项目的乡镇（街道）要建立领导小组，主要领导任组长亲自抓，分管领导具体抓，要安排不少于3名干部进驻建设村协助村里开展工作。

2. 明确职责分工。县农办负责牵头编制全县美丽乡村总体规划、建设精品村村庄规划设计和年度工作计划，会同成员单位做好政策制定、计划安排、资金投入、业务指导、检查督促、总结验收等实施工作。县财政局负责把美丽乡村精品创建补助、奖励资金纳入财政预算，会同有关单位制订相关资金管理办法，及时下拨奖励补助资金，加强资金使用的监管。县审计局负责对建设村建设项目的跟踪审计，县国土局、建设局、交通运输局、水务局、农业局、林业局、文化局、环保局、旅游局等部门单位要制定相应的实施方案，加强协调，密切配合，整合项目资金支持美丽乡村精品创建工作，认真抓好各项目的实施。各精品建设村要在乡镇（街道）的指导下，制订好切实可行的工作计划，明确分工，落实责任，确保工作到位。所在的乡镇（街道）要加强工作督查，及时帮助建设村落实好相关政策处理，确保无障碍施工。

3. 资金保障。县财政整合资金安排4600万元，其中1500万元用于全县洁美工程，3100万元用于美丽乡村精品村建设。

4. 建立“一月一例会一通报”制度。每月召开一次例会，例会由建设村所在的乡镇（街道）主要领导召集，县、乡、村相关负责人参加，各项目施工单位负责人要汇报施工情况，监管单位指出存在问题，乡镇（街道）作出具体要求，及时研究解决实施中出现的问题。例会内容以纪要形式报县领导小组。

5. 对美丽乡村精品创建工作实行专项考核，考核办法另行制订。

中共开化县委　开化县人民政府
关于推进新型城镇化的实施意见

各乡镇党委、政府，工业园区，芹阳办事处，县级机关各部门：

为全面贯彻党的十八大、十八届三中全会精神以及中央、省、市关于扎实推进新型城镇化的系列决策部署，结合省委十三届五次全会关于“建设美丽浙江、创造美好生活”的要求和我县重点生态主体功能区建设实际，根据县委十三届六次全会部署，现就推进开化新型城镇化提出如下实施意见。

一、总体要求

（一）指导思想

以国家主体功能区、省级重点生态功能区示范区建设为主线，以省级生态小城市培育试点为契机，以风情小镇打造为重点，致力于新型城镇化与新型工业化、信息化、农业现代化整体推进、融合发展，紧紧围绕“全域景区化、产业生态化、人口市民化、城镇风情化、管理精细化”要求，强化规划引领，推进转型升级，加快人口集聚，彰显源头风情，强化要素保障，创新体制机制，提升文明素养，努力建设“两美”国家东部公园。

（二）基本原则

——坚持规划引领、集约高效。坚持高起点规划，实行规划一张图、建设一盘棋、审批一支笔，严格规划执行，控制生产、生活、生态空间布局，实现生产、生活、生态空间集约高效。

——坚持生态为基、特色发展。以生态保护为己任，以绿色产业为支撑，大力发展特色经济、适宜产业，实现经济生态化；因地制宜，错位竞争、差异发展，塑造出特色鲜明的城乡风貌。

——坚持以人为本、城乡联动。以满足人的多元需求为导向，更加注重城镇能级提升，积极推进城乡统筹、城乡互动和中心镇、中心村的协调发展，实现基本公共服务城乡居民全覆盖。

——坚持文化传承、山水相融。注重延续城乡历史文脉，强化人文立魂、山水塑形、绿韵作裳，力求将山水、文化等元素有机融入城镇设计和城市形态之中。

——坚持政府引导、市场运作。切实履行政府制定规划政策、提供公共服务和营造制度环境的重要职责，牢固树立经营城市、经营城镇的理念，充分发挥市场在资源配置中的决定性作用，积极引导社会资本积极参与新型城镇建设。

（三）基本要求

——全域景区化，按照“在公园里建城乡”的要求，以生态、绿色为主基调，以景区、景点为主坐标，融生态理念于现代新型城镇建设的全过程，努力把每一个城镇都建设成天蓝、地绿、洁净、秀美的生态家园，实现处处是景、移步换景。

——产业生态化，按照集约、集聚发展的要求，以环境资源可承载为前提，以自然空间可兼容为基础，积极促进符合重点生态功能区发展导向的产业不断向相应功能区集聚发展。

——人口市民化，按照人人平等、权利共享的要求，积极开展生态移民，全面促进高山远山、地质灾害隐患点、水源保护区等区域的农户搬迁至县城、集镇及中心村；探索开展户籍制度改革，打破户籍壁垒，确保进城农民在就学、就业、就医、养老保险等方面享有与城镇居民同等权利。

——城镇风情化，按照精致、集约、有内涵的要求，以一镇（乡）一品、一村一品为方向，因地制宜、因形就势，充分利用现有山水脉络等独特自然风光，大力挖掘古埠、古道、古关等古色文化，大力弘扬开化的龙顶茶文化、根艺文化、民俗文化等特有文化，充分展示开化的山水、园林、生态、人文等风情。

——管理精细化，以建设“智慧城市”为突破口，充分运用现代通讯和信息技术手段，健全城市地理信息、智能交通、社会治安、环境管理、市容管理等智能化信息系统，实现信息资源共建共享，促使城镇治理更加科学、规范、有效。

（四）目标任务

到2016年，力争城镇建成区面积拓展到18平方公里，常住人口达到15万人，其中中心城区建成区面积15平方公里，常住人口达到13万人，城镇化率达到48%以上，主要经济指标稳中有升，三产占比达到45%以上，基本形成定位清晰、空间优化、功能完善、风貌独特的城镇发展格局，实现生产集约高效、生活宜居适度、生态山清水秀。

到2020年，力争城镇建成区面积拓展到25平方公里，常住人口达到25万人，其中中心城区建成区面积20平方公里，常住人口达到20万人，城镇化率达到60%以上，户籍人口城市化率达到48%以上，形成三、二、一的产业结构，三产占比达到50%以上，城镇能级、城市文明程度、居民生活水平明显提高，建成一批特色风情小镇，实现自然开化、休闲开化、人文开化、美丽开化，与全省同步基本实现现代化。

二、构筑城镇发展新体系

(五)科学划分县域空间

按省级重点生态功能区示范区建设规划，将县域2236平方公里划分为“三大区域、十类功能区”。

1. 划分生态保护区。生态保护区主要位于县域西部及西北片区域，涉及齐溪、何田、长虹、苏庄、池淮和杨林的部分区域，包括以古田山为核心的自然保护区，以钱江源为核心的森林公园，以圣潭沟、南华山、钱江源、白石尖等为主体的风景名胜区，茅岗水库、马金溪、何田溪、村头溪、中村溪等5个饮用水源保护区以及生态涵养区等功能区。该区域以生态资源保留和维护为重点，重点维护国土生态安全、保护自然资源、保障饮用水资源安全，禁止导致生态功能退化的开发活动。

2. 划分生态农林区。生态农林区主要位于县域东部、中部和南部区域，包括生态农业区、生态林区、生态缓冲区。生态农业区主要包括基本农田和一般农用地；生态林区主要包括国家级生态公益林和省级生态公益林；生态缓冲区主要为县域中部、东部和南部现代农业、生态型经济林、用材林、生态乡村及水源涵养等区块，是生态保护区域和高强度开发建设区块间的重要过渡性区域。该区域关系全县的生态安全和农产品供给安全，具备生态环境保护、水土保持、生态产品提供等多种生态服务功能，禁止导致生态功能退化的开发活动。

3. 划分产城集聚区。产城集聚区以新华埠镇为主，包括生态城镇区和生态工业园。该区域是适宜开发建设的区域，主要用于集聚人口和产业，重点进行生态城镇和生态工业、现代服务业开发建设。

(六)构建新型城镇体系

4. 形成科学合理的城镇体系。构建“一体(新华埠镇)、两翼(马金镇、池淮镇)、多点(苏庄镇、村头镇、杨林镇、桐村镇、齐溪镇)”的县域城镇体系。新华埠镇的城市形态要由单中心向多组团发展，形成芹阳片区、朝阳片区和华埠片区的带状城市。马金镇要以生态的绿色食品加工、轻工业和旅游服务业为特色，成为开化县域北部区域性中心镇。池淮镇要依托省级现代农业综合区主平台，大力发展创意休闲农业，以商贸物流、现代农业、农林产品加工和集散为特色，成为县域西部中心镇。其他乡镇要依托历史文化底蕴、山水自然风光和特色产业优势，将一些具有独特风格、意趣和韵味的镇村，按照“风情小镇”的内涵要求，因地制宜定好位、布好局，制定行动计划，科学组织实施。

(七)高起点编制空间规划

5. 以规划主导风情小镇建设。扎实推进“多规合一”，科学编制重点生态功能区示范区建设规划、国家东部公园发展战略规划以及风情小镇建设规划等，确保与原有规划相衔接。科学编制村庄布点规划，优化村庄布局；完善生态乡村建设专项规划，打造生态乡村。加强以中心村为重点的村庄建设规划，结合美丽宜居村示范工程、历史文化村落和中国传统村落的保护，重点培育和建设中心村，加快整治自然村，打造一批精品村、特色村。

(八)加快中心城区建设

积极引导人口和产业向中心城区转移，加快形成“一城三区”的城市格局。

6. 优化改造芹阳片区。按照商业居住区、文化旅游区定位，改造提升公共服务设施，加强地下空间开发利用，增加公共停车位；加快推进城中村、旧住宅区以及西北入城口改造，增加公共绿地，重点打造芹江两岸景观、西渠风情街、中国根街、玉屏文化创意园、荷花广场文化主题公园；谋划呑滩滨水商业、居住中心、和尚山特色旅游地产和大棚坞高品质住宅小区建设。

7. 谋划新建朝阳片区。形成行政商务、公共服务、休闲旅游、生态产业相融的综合新区。茶场地块推进产业转型升级，主要发展一类生态工业；青联地块实施“退二进三”，逐步转型为三产服务用地，发展电子商务及汽车交易等现代服务业；独山地块以打造甲壳虫动漫创意产业园和家居建材等专业市场为突破口，配套建设公共服务设施和滨水住宅区；朝阳地块以高品质居住和行政商务、教育医疗等公共服务建设为重点，增强新城吸引力。

8. 拓展提升华埠片区。加强火车站站前片区规划建设，打造现代物流仓储园区；华民地块以钱江源花卉苗木产业园建设为契机，打造居住和养生养老综合体；杨村地块拓展空间发展生态工业；华埠老城区要推进历史文化街区改造、市政设施配套和城市景观提升工程，形成商贸氛围浓厚、文化底蕴深厚的古镇风貌。

三、彰显风情城镇特色

(九)留住自然风貌

9. 保护好生态环境。更加注重保护生态系统的完整性，减少人为破坏和干扰。全面落实封山育林和山体修复措施，扎实推进“针改阔”工程，逐步发展针阔混交林、阔叶林，主动削减林木采伐计划。

10. 打造好水岸风情。加快百里黄金水岸线、千里清水河道、万座清水鱼塘等项目建设，建成“有鹅卵石和沙滩、有芦苇荡和竹林、有古埠头和茶楼”的开化特色水岸风情。

11. 建设好示范工程。依托现有山水脉络等独特风光，以桃溪、姚家源村为样板，以双溪、金溪公园为代表，建设一批集景观建设、林相改造、生态涵养于一体的示范工程，打造一批环境优美的景观带和风景线。

(十)彰显建筑风格

12. 强化风格设计。把“美学”概念引入城镇建设，重点做好呑滩、朝阳、火车站等地块的城市设计，合理安排、严格控制城市的公共空间、滨水空间、城市色彩和天际线。

13. 力求显山露水。充分利用山水资源，依靠山水塑形，推进城镇园林绿化，打造出白墙黛瓦、错落有致、具有江南小镇韵味的城镇建筑风格，努力为后人留下可以传承的城市文化遗产。

(十一)展示人文风情

14. 打造各具特色的风情小镇。新华埠镇要大力挖掘埠头文化，加快产业和人口集聚，打造“千年古镇、生态新城”，芹阳片区要恢复以文塔凌霄、玉屏映日、西渠环带为代表的芹城"古八景"，唤醒城市记忆，再造现代文化；马金镇要以水为基，以包山书院为魂，充分挖掘古镇、古街、古道、古祠等古文化，打造成"徽风古镇"；池淮镇要依托省级现代农业综合区优势，建设成为景观农业季季出彩、创意农业时时有乐的"田园池淮"；齐溪镇要以大龙山茶培育为重点，打造出闻名遐迩的"源头茶香小镇"；苏庄镇要依托生物多样性，建成自然人文野趣的"森林小镇"；杨林镇要依托旅游资源和交通区位优势，以山水为"媒"，以田园为基，以古关为要，打造成"边陲风情小镇"；桐村镇要充分利用三清门户、万亩竹海、闽南风俗等优势资源，打造成乡村休闲旅游的体验园；村头镇要以创意茶园建设为重点，以农特产品基地建设为抓手，打造成"余玠故里、老家村头"；长虹乡要打响"诗画乡村，七彩长虹"乡村旅游品牌，建设成为全县乡村旅游的示范区和钱江源头最具乡愁的旅游风情之乡；音坑乡要以下淤婚纱摄影基地为核心，以四季果香、水岸风情为特色，打造成集时尚、休憩于一体的"浪漫音坑"；中村乡要深入挖掘梅花诗人、将军故里、双溪口遗址等历史文化内涵，致力打造集体验、旅游、养生为一体的"梅花之乡"；林山乡要以浙西第一峰——白石尖景区开发为轴心，以姜坞古民居、文殊院等景点培育为新引擎，打造可感、可探、可赏的山地运动休闲区；何田乡要做好亲水嬉鱼文章，力争成为集品鱼、赏鱼于一体的"清水鱼之乡"；大溪边乡要充分挖掘宗祠文化、庙会文化、农耕文化，着力打造成民风淳朴、民俗浓厚的"风情之乡"。

四、构建生态产业体系

（十二）做强文旅产业

15. 致力打造核心景区。大力实施"1551"工程。积极推进根宫佛国5A级景区提升，创建古田山国家级自然保护区、钱江源水湖枫楼景区、甲壳虫动漫创意产业园、钱江源花卉苗木产业园、密赛千亩镜港创意农业科技园等5个4A级景区和南华山、圣潭沟、玉屏公园、白石尖等5个3A级景区创建，打造桃溪组团、翁村组团、现代农业园区组团、钱江源组团、南华山—圣潭沟组团、长虹组团、古田山组团、金星花卉组团、何田"亲鱼嬉水"组团等10个3A级旅游景点村组团。

16. 发展乡村休闲旅游。大力发展"十百千万"民宿产业，打造十个精品民宿点、百个特色民宿村、千家示范经营户，新增万张接待床位，按"五个全覆盖"（即景区景点全覆盖、标准化建设全覆盖、网络销售全覆盖、民宿经济全覆盖、农事体验全覆盖）的要求，把开化建设成为全省景观最美、功能最齐、服务最优的乡村休闲旅游体验区。依托县域主要景区，开发建设周边旅游基础好、发展潜力大的特色乡村景点，打造龙顶茶香、霞山梅韵、音坑山花、根宫花雨、华埠彩云、田园春色、桃源人家、桐村红叶、杨林秋风、林山流霞等10个森林景观点。结合"绿道网"建设，精心打造县城到音坑与齐溪、县城到长虹、县城到苏庄、县城到池淮与杨林、县城到林山等5条乡村旅游精品线。

17. 强化旅游配套服务。重点围绕"吃、住、行、游、购、娱"等旅游"六要素"做文章。深入挖掘钱江源美食文化，推出开化青蛳、清水鱼等十大名菜，形成具有浓郁特色的"钱江菜系"；加快推进钱江源美食城建设，打响"美食第一城"品牌。做大康体医疗、养生养老、休闲度假等产业；引导民间资本到中心城区开发建设一批经济便捷连锁商务酒店；鼓励通过招商引资等方式建设一批具有乡土气息的野外露营点，全面提升乡村休闲旅游的接待能力；加大名企培育、名品打造、名导名厨培训，提升对外推荐和对内服务水平。开发建设旅游专业市场，让游客能够放心的买到开化的农特产品以及小件的根艺作品等。加强信息基础建设，全面推进新一代移动通信网、互联网和广播电视网"三网融合"，实施城市百兆光纤工程和宽带乡村工程，实现全县宽带无线网络全覆盖，促进乡村休闲旅游与外界的无缝对接；围绕民宿专业村、3A级景区村创建，落实"景中无杆、镜中无线"的要求，加快电力、通讯等重大基础设施改造提升。

18. 加强旅游品牌宣传。通过报纸、广播、电视、互联网等多种途径，强化开化国家东部公园、根宫佛国、钱江源、古田山等景区的策划宣传，加强对钱江源花卉苗木产业园、甲壳虫动漫创意产业园等重要景点的宣传营销。注重加强与北京、上海等地知名旅行社的合作，积极拓展客源市场；主动对接黄山、婺源、武夷山、三清山、千岛湖等周边5A景区，加强区域战略协作。保持节庆旅游持续发酵，常态化开展开茶节、根佛文化节、油菜花节、禁渔节、祈水节、保苗节等传统节庆活动，传承香火草龙、古法榨油、开化贡纸等非物质文化遗产。

（十三）做优生态工业

到2016年，争取培育产值10亿元以上企业4家，产值亿元以上15家。到2020年，努力形成100亿元文化创意、50亿元"三新"材料、50亿元食品医药产业。

19. 优化改造工业平台。编制实施《开化县工业产业集聚发展总体规划》，把杨村科技生态产业园建设成为特色产业园区；要加快土地流转和开发利用，每年至少盘活500亩土地；加快青联片区"退二进三"步伐，不断优化产业布局，加快推进服务业项目落地；乡镇原则上不再新设工业平台，要严格控制马金、池淮、音坑等已有乡镇工业平台扩张，推进乡镇工业平台以及独山、茶场片区等现有工业平台的生态化改造；大力实施"花园式厂区"创建专项行动，把企业、园区作为景点、景区来建设。

20. 推进工业转型升级。大力发展文化创意产业，改造提升新能源、新材料、食品医药、轻工电子等传统产业，加快培育一批节能环保、生物信息等新兴产业；以治水倒逼企业转型，加快淘汰落后产能，严格执行修改后的环保法，坚决关停一批高能耗、高污染的企业；要大力实施"四换三名"工程，扎实推进腾笼换鸟、机器换人、空间换地、电商换市，积极培育名企、名品、名家；坚守生态底线、严格产业准入，杜绝高污染、高能耗项目落地。实施科技创新工程，与高校、科研院所开展产学研合作，支持和鼓励企业加大研发投入，形成以企业为主体、市场为导向、人才为核心的创新体系，支持创亿创佳、合成材料、华康药业、元通硅业、七一电器、泰康药业、单晶硅行业等企业全面提高自主创新能力。引导企业加强规范化管理，鼓励更多的企业通过强化内部管理迎接 ISO900、ISO14001 等系列管理体系认证。充分运用企业综合效益评价体系，划出培育方阵，实行分类管理。

（十四）做特现代农业

21. 发展创意休闲农业。制定完善《开化县创意农业三年发展规划》和《开化县培育发展创意农业的实施意见》，积极创建全国乡村旅游与休闲农业示范县，通过3年左右时间的努力，到2016年底，培育发展创意农业景观点39个，形成“四线一区”的创意农业发展空间布局，打造“县城—齐溪205国道创意农业景观线”“县城—古田山创意农业景观线”“县城—南华山创意农业景观线”“县城—长虹创意农业景观线”4条精品线路和池淮镇创意农业示范园区。建成密赛千亩镜港创意农业科技园、千亩红花油茶园、千亩风情茶园、千亩向日葵观赏基地、千亩杜鹃基地、千亩四季花海农业综合体等一批创意农业示范点。启动池淮益龙芳、马金茗博园、芹源精品茶园、葫芦沟风情茶园及十里铺创意茶园5个创意茶园建设。鼓励农业生产经营大户、家庭农场、专业合作社、农业龙头企业以及民间资本积极发展创意农业、休闲农业、有机农业。整合县农办、农业、林业、水利、旅游、国土、财政等相关部门涉农项目，对符合条件的创意农业园给予重点扶持。

22. 壮大特色有机农业。全面提升龙顶茶、山茶油、清水鱼等传统特色农业，打造钱江源特色农产品品牌。认真落实《有机农产品培育认证三年行动计划》，全面推行有机农产品培育认证，至2016年，全县新认证有机农产品达到40个，建成有机农产品生产基地超万亩，其中2014年新认证有机农产品15个，新建有机农产品生产基地3500亩。开展“农超对接”的销售和品牌建设战略，推广“粮食银行”模式，推动农业“接二连三”；培育壮大电子商务，畅通网络销售平台，强化农特产品的宣传营销。

23. 加快发展生态农场。结合《开化县培育发展家庭农场的实施意见（试行）》，通过政策引导、资金扶持、典型示范等，鼓励和支持专业合作社、经营大户大力发展家庭农场。除对新建连栋钢架大棚、玻璃温室等设施建设和茶叶、食用菌、清水鱼等开化特色农业产业及税收减免、土地流转、创新金融保险支持、吸纳人才等方面都有明确政策扶持外，对于当年被评为省、市、县级示范性家庭农场给予适当奖励，重点用于基础设施建设。支持土地承包经营权有序流转，鼓励农业经营方式创新，推进土地适度规模经营。今后三年，实现土地流转每年5000亩，新发展生态农场500家，其中，县级以上示范性家庭农场50家。

五、加快人口集聚

（十五）促进内聚外引

24. 不断优化创业环境。优化投资环境，鼓励在外创业就业的10万开化人回归，特别是积极吸引在义乌、东阳、苏州、杭州等地从事文化创意、红木家具、建筑装修产业的开化人；加大招才引智力度，尤其是要围绕根文化、茶文化等紧缺人才，创新人才引进政策，努力吸引一批“新开化人”到开化创业落户。

25. 扎实推进生态移民。完善生态移民资格认定办法，将高山远山（涉及31个自然村）、地质灾害隐患点（涉及150多处，其中重点地质灾害隐患点有12处）、100人以下的自然村（涉及382个自然村）、重大水利项目移民、古村落保护村（涉及11个行政村、15个自然村）、水源保护区（涉及齐溪水库和茅岗水库）等区域6大类农民（涉及搬迁对象约14000户、47000人）实施梯度转移，有序搬迁到产城集聚区。要搬迁的自然村原则上不安排新建项目。

（十六）创新机制体制

26. 深化户籍制度改革。认真落实国务院关于进一步推进户籍制度改革的意见，尊重城乡居民自主定居意愿，适时全面放开建制镇和小城市落户限制，积极引导并有序推动农业转移人口向产城集聚区或中心镇转移，共享基本公共服务。

27. 探索“三权”制度改革。积极推进农村土（林）地承包经营权、农户宅基地用益物权、农村集体资产股权制度改革，确保“三权到人（户）、权跟人（户）走”；探索农房流转、抵押、担保，建立统一登记制度，成立产权交易机构，全面激活农村、农户的资源、资产和资金。自今年起，用两年时间，基本完成全县农村产权制度改革确权、颁证任务，真正达到“所有权明晰、经营权放活、处置权落实、收益权保障”的改革目的。

28. 制定出台配套政策。出台创业就业新政策，降低创业门槛。制定异地搬迁新政和支持农民购房的金融贷款政策。出台新的保障性住房政策，扩大保障性住房的覆盖面。出台平等享受公共服务政策。有序推进新华埠镇“撤村建居”，让农民就地转型。

（十七）完善公共服务配套

29. 优化调整教育布局。配套建设中小学和幼儿园，加快新建实验中学、华埠中心幼儿园和华埠民办幼儿园；迁建城东小学；扩建华埠镇中心小学；谋划建设朝阳新区教育综合体建设工程；新建朝阳小学、幼儿园，确保新增居民和进城农民子女平等享受优质教育。加大名校、名师、名园培育，提升教育、教学水平。

30. 有效整合医疗资源。合理规划中心城区医疗布局，加快县级公立医院资源改革。加快推进县第一人民医院建设，有效整合县中医院、县妇幼保健院等中心城区的医疗资源，鼓励民间资本办医，引进集疗养、养生为主的特色专科医院。主动对接省级中心医院，加强医疗合作，不断提升医疗管理服务水平。

31. 加大文化体育投入。加快规划建设以博物馆、文化馆、图书馆为主体的文化新城建设。充分发挥文化艺术中心的功能，加强文化园区建设，在南湖公园建造大型儿童乐园。大力推进“五个一”精品工程，围绕国家东部公园推出一本书、一首歌、一台戏、一曲舞、一个文化标识（logo）。加快中心城区体育场馆等设施建设，结合旧城改造和新区开发，建设更多的全民健身活动场所。借助开化旅游资源和体育名人效应，打造品牌体育赛事。

六、全面改善城乡人居环境

（十八）加快美丽城乡建设

32. 扎实推进绿化彩化美化亮化。制定《开化县景观林建设3年行动方案(2015—2017年)》,大力建设健康彩色森林,引导多树种造林、多造混交林,加快实现荒山、废弃矿山等生态薄弱区绿化覆绿,全面推进森林提质扩面,三年建设森林景观林8000亩。深入开展"四边三化"活动,编制实施全域绿化彩化美化和重要节点亮化3年行动计划,加快推进城市主入城口改造;把乡村旅游线路打造成水杉、银杏、香樟等景观大道,把钱江源、苏古线以及马金至何田至长虹红色旅游线路等通景公路打造成最美乡村公路;将外移的205国道打造成精品景观大道。

33. 着力打造美丽乡村景观带。按照"点上出彩、线上闪亮、面上美丽"的基本思路,以"四宜二园"("四宜"是指宜居宜业宜游宜养,"二园"是指国家东部公园和生态家园)为目标,依托村庄原有人文、自然、产业、景观特色,高起点规划、高标准实施,按照"一村一品、一村一韵、一村一景、一村一业"量体裁衣,努力打造一批"净如洗、美如画、韵如神、意如诗"相统一的美丽乡村精品村。积极推进整治造景,按照"宏观打造景观、细致培育精品"的理念,持续深化钱江源秀美山水线、古田山田园风情线等美丽乡村精品线路的环境综合整治提升工程建设,真正建成景色秀美、个性鲜明、风情各异的美丽乡村景观带。积极推动美丽中国示范县创建活动,全面提升美丽乡村建设水平。

34. 建设一批绿道网。按照绿道网规划,重点建设4条、总长为275公里的县域主绿道(1号主绿道:沿马金溪建设,北接淳安,南接常山,全长98公里;2号主绿道:西接钱江源森林公园,东接马金镇霞山村,全长43公里;3号主绿道:北起钱江源,南至古田山,全长47公里;4号主绿道:北接古田山,行经南华山,在苏庄、张湾间分叉,向南一条连接华埠镇、一条连接至江西三清山)、8条总长为287公里的县域支绿道。

35. 大力实施山体修复行动。对摸底调查的25处山体破损区块进行全面修复,制订取土弃土管理办法,提出初步的绿化方案,并根据山体破损形成的原因,由各有关责任主体落实修复责任。严格山林管护,坚决打击查处森林火灾,提倡文明祭祀;严厉打击非法采矿盗煤、盗伐滥伐林木等破坏生态资源环境的违法行为,巩固并提升森林覆盖率和蓄积量。

36. 打造全省最美河道。加快推进百里黄金水岸线项目建设,持续开展河道治理,打造一批富有乡村文化内涵的桃花溪、杨梅河、水岸林、风景潭和"桃红柳绿"养眼舒心河道;全面落实河道"五禁",即"禁渔、禁养、禁倒、禁排、禁采"措施,全面推行洁水养殖,实施增殖放流,打造一批人鱼和谐溪流;加快推进芹江水面景观工程建设,把开化的水资源转化成为水产业。

37. 推进城乡环境综合整治。推进城镇截污纳管,推行垃圾处理减量化、无害化、资源化,加快垃圾填埋场建设;推进精细化管理,制定车辆、施工现场、噪音整治等管理办法,防止"跑、冒、滴、漏"现象,探索引进市场化保洁机制,着力破解"脏、乱、差"问题;坚持问题导向,扎实推进污染企业整治以及工业废气、工业固废处置,重视矿尾水治理。

(十九)创新社会治理体系

38. 开展"六城联创"。制定"六城联创"工作实施意见,逐个细化"六城联创"工作方案,强化对"六城联创"工作的组织领导,扎实推进美丽中国示范县、国际花园城市、国家园林县城、国家绿色能源示范县、国家卫生县城、全国文明县城创建,设定创建目标,倒排创建计划,严格督查考核,保证创建效果。

39. 创新行政执法机制。整合行政执法资源,延伸执法触角,成立华埠、马金、池淮、苏庄、杨林、齐溪等执法中队;重点整治环境污染、违章建房、电鱼毒鱼炸鱼等行为,下大力气解决"看得见的管不了、管得了的看不见"等管理空白问题。

40. 提高治理能力。坚持和发展"枫桥经验",充分发挥"网格化管理、组团式服务"作用,深入推进"平安开化"创建;重视解决一些倾向性、苗头性问题,及时化解和调处矛盾纠纷;完善治理体系,加快城镇新型社区建设,推行中心村社区化管理。

(二十)努力提升人文素养

41. 强化生态文明理念教育。创新宣传载体,对干部群众开展广泛的生态文明理念教育,大力倡导绿色低碳的生活方式、消费模式和行为习惯,引导城乡居民养成良好的生态自觉;深化"垃圾不落地"行动,广泛推行志愿者积分制,落实城区道路环境秩序整治责任包干制,教育引导广大群众共建生态家园。

42. 加强文化礼堂建设。按计划建设一批有记忆、有特色、有亮点的乡村文化礼堂,把文化礼堂建设成群众的"精神乐园"。2014年,要建成20家文化礼堂。要突出重点、合理安排3A级景区村文化礼堂的建设计划,力求建成开化的文化景点。

43. 大力弘扬传统文化。加强历史文化村落保护,注重保护、挖掘民间非物质文化遗产;大力挖掘开化纸、开化砚、开化青瓷等文化;建好霞山古民居、文塔凌霄、荷花广场文化主题公园、玉屏文化创意园等载体,展示开化的传统文化。

44. 弘扬"最美开化人"精神。以最美系列引领人,以"最美精神"感染人,大力弘扬社会主义核心价值观,着力提升公众人文素养,培育良好的职业道德、家庭美德和社会公德。

七、坚持项目牵引带动

(二十一)推进重点项目建设

45. 建成一批生态产业园。有序推进七一电器产业园、红木家具创业园等一批产业平台建设,建成钱江源花卉苗木产业园、根文化主题园、茶文化产业园、现代创意农业园、杨村科技生态产业园、文化创意产业园、甲壳虫动漫创意产业园、现代仓储物流园、红木家具创业园等一批生态产业园。

46. 推进重大基础设施工程建设。谋划一批全县域交通网络规划、水利建设规划项目,加强向上沟通,争取将一批重大基础设施项目列入国家、省级重大项目规划。交通方面,围绕"四纵四横九连"交通体系,重点推进205国道外移、马金至何田至长虹红色旅游公路工程等项目。加快杭新景高速开化段、九景衢铁路开化段、西里线、苏古线等重大交通项目建设，启动建设黄衢南高速公路钱江源互通口、城华快速道等重大项目建设，促进"外通内畅"。实施公交优先战略，加快城乡交通设施建设，优化公交线网和公交站场枢纽布局。水利方面，要深入谋划百里黄金水岸线、钱江源水库、云景湾水库、茅岗水库引水工程等一批重大水利项目，其中，百里黄金水岸线的一期工程常山港华埠段治理工程今年要全面启动实施、打造成滨水景观，二期工程马金溪芹阳至马金河段要加快项目规划编制；钱江源水库项目要综合考虑供水、灌溉、开发生态旅游等功能。能级方面，统筹城乡交通通信、能源水利、防灾减灾等基础设施建设，促进城市基础设施向农村延伸覆盖。谋划建设城市饮用水源、城市管道燃气、文化艺术中心二期、规划展示馆等公建项目，推进下山脱贫小区、城市保障性住房、大型商住地产开发建设，提高城市服务功能。

八、全面加强组织保障

（二十二）强化组织领导

充分发挥打造风情小镇培育生态城市工作领导小组牵头抓总的核心作用，统筹协调和监督指导全县新推进型城镇化各项工作。人大、政府、政协要各司其职、各尽其责。各乡镇、部门要建立高效有力的协调机制和工作机制。

（二十三）强化政策驱动

要加大政策扶持，积极发挥财政资金杠杆作用；鼓励和支持民营资本和各类创业投资、股权投资通过BT、BOT、PPP等形式进入生态产业和生态基础建设领域；建立完善的绿色信贷政策，鼓励企业参与森林碳汇排放权交易，促进碳服务关联产业发展，最大限度地发挥生态功能和价值。

（二十四）强化督查考核

充分运用督考资源，加强对推进新型城镇化的常态化监督检查。突出"既注重考核显绩，更注重考核潜绩"的生态文明建设考核导向，建立健全我县新型城镇化考核评价体系，加强实绩综合分析，严格考评结果运用。

（二十五）强化宣传引领

充分利用互联网、电视、报纸、广播等各种媒介平台，多形式、全方位开展主题宣传活动；及时报道新型城镇化的建设成果，提炼总结推进新型城镇化的经验做法，推动形成人人支持、参与新型城镇化建设的良好格局。

2014年8月29日

中共舟山市委　舟山市人民政府关于深化新区渔农村改革加快推进城乡发展一体化的若干意见

根据党的十八届三中全会和省委十三届四次、五次全会精神，结合舟山群岛新区发展实际，现就全面深化渔农村改革、加快推进城乡发展一体化，提出如下意见。

一、总体要求

1. 重要意义。近几年来，我市认真贯彻中央和省委决策部署，渔农村工作取得了显著成效，为构建城乡发展一体化格局打下了良好基础。随着党的十八届三中全会作出全面深化改革的部署，舟山群岛新区建设加快，我市"三渔""三农"工作重心正在发生重大转变，全市进入了以工促农、以城带乡、城乡融合发展的新阶段。全面深化渔农村改革，加快推进城乡发展一体化，是拓展新区发展空间、全力加快新区建设的突破口之一和重要抓手；是推进海岛新型城市化、打造"海上花园城市"的客观要求；是转变"三渔""三农"工作方式、大力解决新时期"三渔""三农"问题的重要举措；是改善民生、提高新区人民生活水平的重要途径。全市上下要从战略和全局的高度深刻认识全面深化新区渔农村改革、加快推进城乡发展一体化的重大意义，切实增强使命感和责任感，全力做好这项工作。

2. 指导思想。认真贯彻落实党的十八届三中全会精神，全面落实"八八战略"、省委十三届四次、五次全会和市委"突出一二三、打好五硬仗"决策部署，以渔农村产权制度改革为动力，以加快群岛新区新型城市化为主导，以构建城乡发展一体化体制机制为重点，统筹推进城乡一体化，把舟山群岛新区建设成为经济繁荣、城乡一体、生态秀美、生活美好的海上花园城市。

3. 基本原则。——先行先试，创新发展。加大改革创新力度，推进土地承包经营权、渔农村集体资产股权、渔农户宅基地用益物权"三权"到人（户）、权跟人（户）走，建立现代渔农村产权制度。推进渔农民专业合作社规范化发展。总体谋划、分步实施，逐步突破城乡二元结构，加快形成有利于城乡发展一体化的体制机制。——以城带乡，融合发展。充分发挥城镇对渔农村的带动作用和渔农村对城镇的促进作用，加快新型集聚小区建设，走出一条以小岛搬迁、大岛集聚、舟山本岛建设花园城为基本格局，以城乡融合、统规统建为基本内容的群岛新型城市化发展路子。——以人为本，和谐发展。积极推进以人为核心的城市化，完善基本公共服务均等化体制机制，推进基层社会治理体制创新，让渔农民平等参与城乡发展一体化进程，共享城乡发展一体化成果。——市场导向,特色发展。充分发挥市场在资源配置中的决定性作用和更好发挥政府作用,建立健全渔农村产权流转交易服务机制,积极推进要素优化配置,促进城乡生产要素自由流动和平等交换。根据区域、城乡、海岛间不同发展基础和资源禀赋,走差异化、特色化发展之路。

4. 发展目标。到2015年,力争基本完成渔农村集体资产股份合作制改革、渔农村集体建设用地(含宅基地)确权登记、农村土地承包经营权确权登记发证等任务,基础设施建设同城化进度加快,城乡一体化的公共服务制度不断推进。到2017年,渔农村产权制度基本确立,城乡一体化的公共服务制度初步建立,城乡发展一体化初见成效。到2020年,本岛新型城市化建设初具规模,在舟山本岛率先基本实现城乡教育、医疗、养老、住房保障、社会救助、基础设施等公共服务一体化,在全市基本形成城乡生产要素合理流动、发展空间集约利用、公共资源均衡配置、公共服务均等覆盖的发展格局。

二、推进渔农村集体资产股份合作制改革

5. 严格界定村经济合作社与村民委员会职能,实行渔农民经济权利长久化与社会权利属地化管理制度,加快建立归属清晰、权责明确、保护严格、流转顺畅的新型渔农村集体经济组织产权制度。

6. 纳入渔农村集体资产股份合作制改造的资产,原则上为集体所有的经营性资产和未实行家庭承包的耕地、林地等资源性资产及公益性资产。对集体经营性资产全部以价值的形式按股量化到人,其他则采取档案化形式确定社员所占的股份份额。股份享受的基本对象是村集体经济组织成员,同时要依法保障特殊群体的权益。股权原则上设置单一形式的个人股,实行“生不增、死不减”,一次配置长久不变的静态管理。资产量化到人,股权登记到户,户内载明家庭成员股权份额。

7. 改制后的新型渔农村集体经济组织其形式为股份经济合作社,由县级人民政府核发村股份经济合作社证明书,或向工商行政管理部门登记注册,取得法人资格,宣告村股份经济合作社成立,原村经济合作社不再保留。村股份合作社依法行使原集体资产的所有权和经营管理权。村经济合作社在股份合作制改造过程中资产所有权属不发生转移,对资产评估增值部分暂不并计应纳税所得额征收企业所得税,改造后的村股份经济合作社以评估前的资产价值作为计税基础。

三、探索渔农村集体建设用地(含宅基地)使用与退出机制

8. 开展渔农村集体建设用地(含宅基地)确权登记工作。严格实行“一户一宅、拆旧建新、法定面积、按规确权”的宅基地管理制度。对权属合法、面积准确、界址清楚的给予确权登记发证;对手续不完善,存在权属争议的先备案,待权属关系明确后再确权登记发证;对建新不拆旧的,拆除旧房后确权登记发证;对超过规定面积的,根据不同时间、不同情况实行分类处理,确定土地权属。

9. 率先在舟山本岛规划区内开展渔农村宅基地空间置换改革试点。政府通过农村住房换城镇公寓房、货币化补偿、“留权不留地”等方式,实行宅基地自愿有偿退出。对自愿以户为单位实行旧宅拆除、宅基地收归集体且放弃重新申请和使用宅基地权利的;或者符合申请和使用宅基地资格,且自愿放弃申请和使用宅基地权利的渔农民,可享受置换新型集聚小区公寓房政策,也可选择货币补偿后登记发证。

10. 渔农村集体建设用地(含宅基地)成片、整村退出的,由国家征收,建立统一的征收价格补偿体系。对零星分散退出的集体建设用地(含宅基地),科学实施农村土地综合整治,节余的指标由政府统一收购或用于新型集聚小区建设。

四、完善农村土地承包制度

11. 全面开展农村土地承包经营权确权登记发证工作,根据群众意愿和发展需要,农村土地承包经营权可以确权确地,也可以确权确股不确地。

12. 强化对土地承包经营权的物权保护。完善和推广流转后土地承包经营权颁证制度、流转风险保障金制度、土地流出农户社会保障办法。强化农村土地承包经营权流转扶持力度,鼓励发展以土地承包经营权入股等形式的合作经营。健全农村土地流转纠纷调解仲裁机制,加强农村土地流转风险防范。

13. 探索农村集体土地经营方式转变。在农民自愿的前提下,对人地分离、抛荒较为严重或户均耕地较少的农民承包土地,通过农村土地综合整治、土地承包经营权流转或探索政府征收等方式,发挥市场在土地资源配置中的决定性作用,实行规模化集约化经营,提高土地收益,增加农民收入。

五、推进城乡要素市场化配置改革

14. 建立渔农村产权流转交易市场,探索土地承包经营权、渔农村集体资产股权、渔农户宅基地用益物权流转机制。搭建以县(区)为单位的渔农村产权交易平台,研究制定相关交易管理办法、规则及其配套制度,确保渔农村产权流转交易公开、公正、规范运行。

15. 建立城乡统一的建设用地市场。在符合规划和用途管制前提下,探索建立渔农村集体经营性建设用地出让、租赁、入股、置换机制。建立城乡统一的经营性建设用地公开交易平台,实行统一登记管理、统一项目准入、统一批后监管、统一收益分配的管理制度。

16. 完善渔农村金融服务体系,鼓励金融机构加强对渔农业发展和渔农村基础设施建设的信贷投入。创新渔农村金融产品,探索土地承包经营权、渔农民住房财产权、集体资产股权等抵押贷款业务。

六、加快新型集聚小区建设

17. 统筹推进城乡规划建设一体化。将市、县(区)、乡镇和村庄纳入统一规划,建立梯次衔接、功能配套、以大带小、节约土地的城乡规划建设体系。促进城乡基础设施和公用事业统筹科学布局,形成城乡一体、相互衔接的基础设施体系。加强村镇规划编制与管理,指导各村镇的建设布局,培育一批特色镇、特色村。

18. 在充分尊重渔农民意愿的前提下，根据"先规划，后整理，先建设，后搬迁"和渔农民有积极性、政府有能力、发展可持续原则，加大渔农民住宅集聚力度，建设新型集聚小区。

19. 在统筹规划、群众自愿、节约资源、彰显特色的前提下，各县（区）要按照小岛搬迁、大岛集聚的要求，积极探索渔农民住宅跨行政村、跨乡镇向城区、城镇集聚。在本岛规划建成区内，布点建设新型集聚小区，按市场化、项目化运作方式，试行渔农民住宅、宅基地使用权申请资格置换新型集聚小区公寓房。对孤寡老人、"五保户"等特殊群体，以老年公寓的方式引导集聚。

20. 强化新型集聚小区建设项目用地保障。强化财政金融支持，多种渠道筹集新型集聚小区建设资金，保证新型集聚小区项目资金平衡。按照保障房政策减免相关税费，切实降低新型集聚小区公寓房建设成本。加大监管力度，确保新型集聚小区公寓房质量。通过推进新型集聚小区建设，进一步改善渔农民居住环境，实现农房转变为城镇公寓房，增加渔农民财产性收入。

七、积极推进城中村综合改造

21. 加快编制城中村综合改造规划，确定改造的区域、改造的重点和改造的时序。根据规划和城市建设计划因地制宜、分类实施城中村改造，使城中村改造工作与城市功能完善、区域环境提升等相结合，与城市开发建设同步协调进行。

22. 在城市近期发展建设的区域，城中村改造要结合重点项目推进、撤村建居和渔农村集体资产股份合作制改革等工作，以整体拆迁为主，拆迁后的区域纳入城市规划建设用地统一开发建设。对确实一时难以拆迁重建的城中村，实施环境整治改造，完善市政基础设施系统。城中村改造范围内农居拆迁补偿，按照《舟山市旧城改造、城中村改造、农房集聚建设房屋征收补偿指导意见》（舟政办发〔2013〕171号）执行。

23. 城中村改造建设用地指标优先列入年度用地计划，安置房及公共配套建设用地实施土地优惠供给政策。规划实施整体拆迁重建的城中村集体土地全部依法征收；规划环境整治改造区块的城中村集体土地不改变土地性质和土地用途。各县（区）、功能区要推进城中村综合改造，促使城中村转变为城市的有机组成部分。

八、努力提升基本公共服务均等化水平

24. 促进城乡教文卫体事业优质均衡发展。推进义务教育标准化学校建设和学前教育公益普惠化发展，到2020年乡镇中心幼儿园省等级覆盖率和义务教育标准化率分别达到95%和90%以上。深化基层医疗卫生机构运行机制改革，加强中心镇卫生院建设，到2020年基本实现每万名城乡居民拥有3～4名全科医生。在渔农村新型集聚小区规划中充分考虑公共文化、体育配套设施建设，建立基本公共文化体育服务标准，推进城乡公共文化体育服务社会化运作。

25. 完善城乡一体的社会保障体系。扩大城乡居民社会养老和医疗保险的人群覆盖，完善城乡居民养老保险标准增长机制。将被征地农民基本生活保障制度并轨到企业职工基本养老保险制度或城乡居民养老保险制度。完善承包土地长期流转的农村居民可选择按个体劳动者办法参加职工社会保险制度。完善城乡一体、适度普惠的社会救助体系，逐步建立提高最低生活保障标准，缩小城乡低保标准差距。全面落实城乡一体的就业创业培训政策，完善渔农民创业就业激励和培训补贴机制。

九、完善渔农村基层治理体制

26. 完善渔农村社区治理机制。要积极推行渔农村村民委员会改建成社区居民委员会；条件尚不成熟的，暂时维持现状。一社区多村的，鼓励创造条件合并为一社区（村）。原则上一个社区（村）设置一个股份经济合作社，鼓励一村多经济合作社在村集体股份合作制改革完成后合并。

27. 完善"网格化"治理服务体系。充分发挥市、县（区）网格办作用，统筹解决市、县（区）层面为民服务重大事宜。调整优化管理责任网格，充分整合各方资源，完善不同类型服务团队，全面落实为民办实事全程代理制度，切实为网格内群众办实事解难事，维护基层社会稳定，提高网格管理服务实效。完善乡镇（街道）社会管理服务中心，承办便民服务事项审批、社会综合管理等工作，人员由乡镇（街道）选派。离岛的，可再设一个社会管理服务中心。设立社区（村）便民服务站，作为基层便民服务、村民自我服务和社会各类组织参与服务的阵地，接受乡镇社会管理服务中心指导。

十、建立新型户籍管理制度

28. 根据新区经济发展和人口集聚的需要，逐步取消农业户口与非农业户口的性质划分，建立以合法稳定住所或合法稳定职业为户口迁移基本条件、以经常居住地为户口登记基本形式的城乡统一的新型户籍管理制度。

29. 加快推进劳动就业、社会保障、土地承包、计划生育等相关政策与户籍制度改革的配套衔接，实施渔农村居民社会身份与集体经济组织成员经济身份相分离，使渔农民在渔农村所享有的各项权益不因户口转换而改变。探索实施有利于新区经济社会发展的户口迁移和城镇落户新政策，确保在城市（镇）具有合法稳定住所的渔农村人员，本人及其共同居住生活的配偶、未成年子女、老年父母，可以在当地申请登记常住户口。

十一、保障措施

30. 加强组织领导。由市城乡发展一体化领导小组负责组织领导、统筹协调、整体推进、督促落实，领导小组办公室承担具体工作任务。要按照本意见提出的工作任务，制定具体的配套政策和工作方案，明确责任分工，建立专门工作组，推动工作落实。要加大财政投入保障，积极引导社会资金参与城乡一体化和渔农村建设。要加强宣传引导，充分发挥广大渔农民的主体作用，营造良好舆论氛围和改革环境。

2014年7月7日

临海市人民政府关于印发
加快乡村绿色发展示范区建设扶持办法的通知

临海经济开发区、临海头门港新区管委会，各镇人民政府、街道办事处，市政府直属各单位：

《临海市关于加快乡村绿色发展示范区建设的扶持办法》已经十五届第二十八次常务会议讨论通过，现印发给你们，请认真贯彻实施。

2014 年 12 月 31 日

临海市关于加快乡村绿色发展示范区建设的扶持办法

为认真贯彻落实中央农村工作会议精神，以科学发展观为指导，紧紧围绕农业增效、农民增收、农村繁荣的目标，加快城乡统筹、绿色一体，重点发展现代农业、推进美丽乡村建设，全力打造乡村绿色发展示范区，根据《关于加快乡村绿色发展示范区建设的若干意见》(临市委发〔2012〕63 号)文件精神，特制定本扶持办法。

一、加快现代农业发展，促进农业增效农民增收

(一)健全和发展现代农业产业体系

1. 加快“两区”和“三化”示范工程建设。

按照“稳粮增产、确保供给、高效生态、转型提质”的要求，加大政策支持力度和财政投入力度，加快粮食生产功能区和现代农业园区建设，扎实推进农业特色产业“生态化、产业化、基地化”示范工程的顺利实施。

——粮食生产功能区按照粮食生产功能区建设政策有关规定执行，粮食生产按照年度粮食生产政策有关规定执行。

——现代农业园区按照《临海市现代农业园区建设工作实施意见》(临政发〔2011〕37 号)执行。

——实施农业特色产业“三化”示范工程，对获得台州市级“三化”示范村奖 6 万元，临海市级“三化”示范村奖 3 万元。

2. 提升四大主导产业。

柑橘、杨梅、茶叶、西蓝花四大主导产业，走“特色、优质、精品、生态、高效”之路，实施产业提升工程，提高土地产出率、资源利用率、劳动生产率，着力创建一批产地环境生态、产业特色鲜明、产品优质高效的现代农业示范样板。

——加强基地基础设施建设，加快栽培管理和产后加工自动化、机械化、信息化建设和先进技术成果推广应用，投资额在 10 万元以上的，按投入额 15%给予补助。

——加快西蓝花新品种引进与培育，推广西蓝花与早稻轮作制度，按照年度粮食生产政策有关规定执行。推广西兰花穴盘育苗，对使用穴盘育苗给予 40 元/亩的补助。

——推广杨梅防虫网(40 目以上)使用，对于 10 株以上，以株为单位，每株补助 100 元。鼓励杨梅实施统防统治，对工作突出的镇(街道)给予 5 万元奖励。

——每年安排一定的资金用于四大主导产业品牌的宣传与保护。

3. 扶强五大新兴产业。

草莓、葡萄、蓝莓、油茶、对虾作为我市五大新兴产业，要以扩大规模、新品种新技术引进、基地设施建设为重点，实现做大做强。

——新建草莓、蓝莓成片面积 100 亩以上的，每亩补助 100 元。新建葡萄成片面积 50 亩以上的，每亩补助 100 元。新建南美白对虾养殖基地成片面积 100 亩以上的，每亩补助 200 元。新建油茶基地成片面积 200 亩以上的，每亩补助 240 元。基地设施建设按投入额 15%比例给予补助。

4. 发展小产业。

为丰富四季时令水果蔬菜，增加农民收入，对小产业发展予以扶持。

——新发展小水果、中药材、珍稀花卉苗木(不能在农保地上)，投入额 50 万元以上的，按 15%比例给予补助，最高补助 40 万元。

——新发展蔬菜基地 300 亩以上、山地蔬菜基地成片面积 100 亩以上的，每亩补助 100 元。

5. 发展休闲观光农业。

充分挖掘和利用农业的生产、生活、生态和文化等功能，积极发展休闲观光农业、农家乐、森林旅游等产业，推动农业产业融合发展，培育新的增长点。传承和弘扬农业传统文化和山水文化，支持举办各种农事节庆活动。

——鼓励种植油菜花和向日葵，对风景旅游区域内或市统一确认区域种植油菜花和向日葵，成片面积在 100 亩以上，每亩补助300元。

——对乡村旅游精品线路建设，经各级认可的新创建农家乐特色村(点)进行奖励。省级农家乐特色村奖25万元，台州市级农家乐特色村奖10万元；省级农家乐特色点奖5万元，台州市级农家乐特色点奖3万元；五星级经营户奖5万元，四星级经营户奖3万元，户、点、村不得重复享受奖励。

(二)加快培育现代农业生产经营主体

6. 做大做强农业产业龙头。

坚持家庭经营在农业中的基础性地位，推进家庭经营、集体经营、合作经营、企业经营等共同发展的农业经营方式创新。

——鼓励兴办家庭农场、合作股份农场，对新办家庭农场，新固定资产投资30万元以上、经营面积30亩以上且承包年限在10年以上的，给予一次性1万元补助；新固定资产投资50万元、经营承包土地100亩以上、承包年限在10年以上，给予一次性2万元补助。

——企业、合作社等产业化组织技改投入(企业100万元以上，合作社、农家乐经营户、粮油加工型企业50万元以上)立项并按期完工投产，经有关部门认定，以该项目的设备投资额为依据，按15%的比例进行补助。

——扶持农产品加工业。新建农产品加工企业，投资额200万元以上的(不含地价，下同)(粮油加工企业投资额100万元以上)，按投入额20%的比例给予补助。

——扶持外向型农业发展。对农产品出口额超过500万元的给予一次性3万元奖励，超过1000万元给予一次性5万元的奖励；每年新增农产品出口额在500万元以内的给予2万元奖励，新增500万～1000万元的给予3万元奖励，新增1000万元以上的给予5万元奖励。

——对加工企业新获得QS认证的，奖励2万元。

——发展适度规模畜牧养殖，保障市场供应。适度发展生猪养殖，推进养殖方式转变，鼓励自繁自养。对全场实行自繁自养且符合环保、动物防疫条件要求(对动物无害化处理100%有承诺协议)并与种植园地签订养殖场排泄物消纳协议的新建或扩建生猪规模养殖场，年出栏生猪1000头以上的给予一次性5万元补助，年出栏3000头以上的给予一次性8万元补助；对新建禽类规模养殖场存栏达到10000只以上的给予一次性3万元补助；着力发展草食动物养殖，羊年存栏1000只年以上，肉牛存栏在200头以上，奶牛存栏100头以上的养殖场给予一次性补助5万元。鼓励以村为单位实施畜禽散养“出村进区”，每个村级畜牧小区建设规模在300平方米以上，入户数量在10户以上的，根据规模给予一次性5万～10万元补助。

——加快中小型养殖场改建扩建，推进大中型畜禽养殖场设施化改造，加快自动化喂料系统、智能化控温等基础设施建设，对存栏500头以上规模养殖场配备自动化喂料系统的，每家给予2万元的补助。

——大力推广养鱼稳粮增收工程，发展多种共养模式，对稻田养鱼集中连片面积30亩以上，稻田中间或两头必须开有深60厘米、宽100厘米以上的鱼沟(“十”型或“一”型)，建有蓄鱼池(每只4平方米以上)，且所挖的鱼沟池面积占稻田总面积5%以上，大规格鱼种放养量20斤/亩以上或夏花放养量在10000尾/亩以上，每亩补助300元；发展茭白田养鱼，养鱼面积占总面积10%左右，成片面积在30亩以上，给予每亩150元补助。鼓励鱼塘种稻，水稻种植面积占30%、成片面积30亩以上的，给予每亩300元补助。

——鼓励创办、改造提升水产养殖场、养殖基地，固定资产投资在100万元以上的，按投入额15%的比例给予补助。凡投资浅海深水网箱养殖的(网箱直径大于10米，深度大于5米)，每只网箱一次性补助2万元；对购买275马力以上的大马力远洋捕捞船只(持有农业部核发的远洋捕捞许可证)，购买船只资金确有困难且已投保的，金融部门应给予船价30%～50%的贷款，市政府给予贴息2年。

——对新命名为省级农业龙头企业的，奖励8万元。对新获得省级名茶厂称号的，奖励8万元。对新命名为国家级、省级农业(科技、健康养殖)示范基地(园区)的或被国家级、省级立项建设并验收合格的，分别奖励5万元、3万元。

——鼓励农产品配送企业做大做强，对年配送额在1000万元以上并保证产品安全的配送企业奖励5万元。

——鼓励高校毕业生直接从事农业创业，对高校毕业生创办的农业项目在补助、税收、贷款、农业保险等方面予以政策倾斜；鼓励农技专业高校毕业生到农业企业、合作社就业，对签订一年以上期限劳动合同并缴纳社会保险费的且其工资低于当地全社会在岗职工平均工资的，每年可给个人1500元的就业补助，企业和合作社所缴社保费用部分由财政全额贴补，补贴期限最长不超过3年；鼓励农业龙头企业、农民专业合作社吸纳高校毕业生就业，具体按《关于进一步做好普通高等学校毕业生就业工作的实施意见》(临政发〔2012〕61号)执行。

7. 鼓励和引导工商等资本到农村发展适合企业化经营的现代农业。

——对农业种养基地投入额在300万元以上的经营主体，优先帮助解决土地流转等问题，并按投入额15%比例予以补助。对当年度投入额在1000万元以上经营主体在补助基础上给予10万～20万元奖励。

——落实税收优惠政策，强化农业用地保障，减轻规费负担。具体按《关于鼓励投资发展现代农业的意见》(浙政办发〔2014〕63号)执行。

8. 着力构建新型服务平台。

推进农业经营体制机制创新，形成多元化、多层次、多形式的经营服务体系，构筑“三位一体、多位运作”的农村新型合作组织平台。

——对正常开展活动的农民专业合作社联合会、农家乐联合会、农产品营销协会和市级农业各产业协会，每个协会每年补助工作经费5万元。

——围绕“信用体系全覆盖、金融贷款多产品、农村产权能抵(质)押、信贷利益共分享”的要求，扶持土地流转服务中心、综合产权抵(质)押服务办理中心，农村资金互助社、信用镇、村和涉农担保公司等各种服务中介组织发展壮大。

9. 着力推进土地(林地)使用权流转。

坚持"明晰产权,放活经营权,落实处置权,保障收益权"和按照"依法、自愿、有偿"的原则,鼓励农民以转包、出租、互换、转让、入股、分时承包等形式流转土地承包经营权。

——对新流转土地经营权及流转期限10年以上(含10年),经市、镇(街道)两级土地流转管理办公室认定,流转规范且形成规模经营面积在100亩以上的流出农户,给予每亩200元的一次性补助;对新流转土地经营权及流转期限在5～9年的,经市、镇(街道)两级土地流转管理办公室认定,流转规范且形成规模经营面积在100亩以上的流出农户,给予每亩100元的一次性补助。对流出农户中的低收入农户,一次性补助提高50%。

——对整村有80%的农户委托村集体组织流转承包土地的,给予村集体经济组织每亩20元的一次性补助,用于农业基础设施建设。

——对实行土地股份合作制,股份制期限不少于10年,入股农户不少于80%,并经工商行政管理部门登记、入股面积在300亩以上,入股土地主要用于发展高效生态农业的合作社,给予每家合作社2万元的补助,入股农户可同时享受土地流转一次性补助。

——对季节性闲置的土地通过季节性流转发展粮食生产的农业经营主体,给予每亩20元的补助。

——对流转土地成片面积100亩(含100亩)以上,流转期限在5年以上,且用于农业生产的承租方,给予一次性补助2万元。

——对镇(街道)流转服务组织,在给予每个1万元开办经费补助的基础上,按照新增流转期限5年以上、形成规模经营50亩以上的规范化流转面积数量再给予每亩10元的经费补助。

——对流转林地经营权(招、拍、挂)成片面积在300亩以上(不改变林地用途),流转年限在20年以上,且依法办理林地流转登记手续的,给予承包者2万元的一次性补助。

——对流转非公益林和低效园地发展农业生产,必须经相关部门批准,成片面积在100亩以上且流转年限在10年以上的,经市、镇(街道)两级土地流转管理办公室认定,给予流出农户或村每亩50元的一次性补助;对用于农业生产的承租方,给予2万元的一次性补助。

(三)强化现代农业的科技支撑

10. 加快农业科技创新体系建设。

——加快实施现代农业科技创新工程,提高自主创新能力,对获得省农业企业科技研发中心称号给予5万元奖励;获得省级农业科技企业称号的奖励3万元;被认定为引进大院名校共建创新载体的,奖励5万元。

——鼓励农业企业和农民专业合作社与高等院校、科研院所开展科技合作,引进农业科技成果,推进农业科技成果产业化。凡与高等院校、科研院所开展农业科技合作,签订科技合作协议,按企业当年实际支付技术合同金额的30%给予补助,最高不超过20万元。

11. 构建新型农业科技推广体系。

继续贯彻落实《关于推进畜牧兽医体系改革切实加强动物防疫工作的通知》(浙政发〔2005〕31号)、《关于改革和加强基层农业技术推广体系的通知》(浙政发〔2005〕32号)和《关于全面落实农技推广工作责任加快构建新型农技推广体系的通知》(浙政办发〔2006〕130号)文件精神,市政府每年安排专项资金,改革和加强基层农技推广体系,积极实施种子种苗工程,创新农技推广方法,开展新技术试验、示范和推广。

——对引进国内外领先良种和技术进行繁育推广或改良本市原有品种,并成为主要推广品种的,给予引进者1万～3万元奖励。对本市选育,并经过省审定的新品种,一次性奖励5万元。

——加强畜禽种苗工程建设。重点发展猪、羊、兔等优势畜种,对固定资产投入100万元以上(不含地价)并取得《种畜禽生产经营许可证》的企业给予5万～10万元补助。

——对饲养经本市主管部门认定的经产土种猪20头以上的,每头补助1000元。

——凡被列入国家级、省级科技项目(在临海实施),并通过验收的,分别给予项目承担单位10万元、5万元奖励。

12. 推进农业信息化建设。

加强农村生产和农民生活信息化技术的应用,推进"信息入户"。继续实施"农民信箱"、"科技信箱"、农技110、临海新农村建设网、中国西蓝花网、农民党员干部现代远程教育等农业信息化建设工程。市政府安排一定资金用于农业信息化,并动员社会力量捐赠共建。对获得省级、台州市级农民信箱万村联网工程示范网站称号的,分别给所在镇2万元、1万元的奖励。

13. 大力推进农业机械化建设。

——实施"大农机"扶持。按照建设省级农业机械化示范区要求,全面建设粮食生产全程机械化示范点,粮食生产全程机械化水平达到75%以上,柑橘、西蓝花、茶叶等主导产业的主要作业环节和产品初加工基本实现机械化,对以上生产需购置"大农机"的给予专项补助并鼓励开展创建农机示范村、安全村活动。

(四)培育现代农业物流产业

14. 大力促进农产品流通。

——加快农业产业平台建设,对新办集农产品购销、科技信息、价格发布、产品检测、中介代理等于一体的农业综合服务集散中心,按其投资额20%予以补助。

——加快农产品电子商务发展,具体按照临政发〔2014〕154号《临海市人民政府办公室关于印发临海市促进电子商务发展扶持办法(试行)的通知》执行。

——按照"政府支持、专业合作社主办、市场化运作"新模式,新办设施先进、功能完善、交易规范的农副产品批发市场,投资额在200万元以上的,200万～500万元补助

10%,500万元以上部分按5%补助,最高补助100万元。

——鼓励设立绿色农产品专卖场,对配有农产品安全信息查询平台,建立质量安全检测和追溯制度,且年销售额在300万元以上的,给予一次性5万～10万元的奖励;对与专卖场建立长期供销合同,常年供应绿色(无公害)农产品,成片面积100亩以上的绿色农产品基地,给予一次性3万～5万元奖励。

——市政府积极组织农业企业、农民专业合作社每年不少于两次参加国内外农产品等专业博览会,参展企业的摊位费由政府给予补助。

——加快农产品仓储冷链、物流配送建设,对新办物流配送企业按投资额15%给予补助;新建冷库容积在80～200立方米给予一次性1万元补助、200～500立方米给予一次性2万元补助、500～800立方米给予一次性3万元补助、800立方以上给予一次性5万元补助;对新购2吨以上冷藏车的农业企业、合作社和大户,给予2万～3万元补助。

——以农村"新网"工程建设为切入点,继续加快农村连锁超市放心店建设,形成覆盖全市的经营网络,建立和健全淡季主要农资储备制度,保障和完善农业生产资料供应工作。

(五)提升农产品竞争力

15. 实施农业品牌战略。

鼓励原产地域产品申报原产地域保护和注册证明商标,鼓励农产品注册国际商标,对在国际组织注册农产品商标的给予0.3万元费用补贴。获得中国驰名商标的奖50万元;获得国家原产地域保护注册、地理标志证明商标、集体商标、国家地理标志农产品等称号的各奖8万元;获得浙江省名牌产品(农产品)和浙江省著名商标的分别奖8万元;获得国家级、省级金奖的分别奖2万元、1万元。同一品牌获得同一级别认定的,不重复奖励。奖金统一用于品牌的保护和宣传。

16. 切实加强农产品质量安全监管。

——加强农产品质量安全工作。市财政每年安排经费用于农业标准化检测体系建设。对新认证的无公害农产品(森林食品、养殖基地)、绿色食品的,分别补助0.5万元、1.5万元。

——加强基层农业公共服务中心建设。对获得省示范性基层农业公共服务中心的奖8万元,合格基层农业公共服务中心的奖5万元。

(六)加快农业基础设施建设和生态环境建设

17. 加强农业基础设施建设。

——加大小农水投入。设立专项补助资金,每年安排一定的计划,对高效节水灌溉、小堰坝、小水塘、小泵站、小水渠及重要农桥等小型农田水利基础设施建设给予工程总投资的65%补助(工程总投资不含政策处理费,补助资金含市以上补助资金,下同)。

——对台灾、洪灾等水毁水利工程,完成应急抢险的给予工程总投资全额补助,完成水毁修复(须立项)的给予工程实际总投资的85%补助。

——加大河道、溪流整治力度,列入市(含市级)以上河道、溪流整治计划的给予工程总投资80%补助。

——加快病险水库山塘除险加固工程建设,列入市级以上(含市级)的小型水库除险加固项目给予工程总投资的90%补助,山塘整治、海塘、水闸除险加固项目给予工程总投资的80%补助。

——列入市以上(含市级)新建水库给予工程总投资60%,新建山塘、水闸给予工程总投资50%补助。

——列入"河道疏浚"计划的项目,给予每公里3—6万元资金补助;

——列入省级(含省级)以上水资源、水土保持综合治理项目的给予工程总投资85%补助。

——列入"千万农民饮用水"工程计划的,给予工程直接费的30%补助,对于省列项目给予工程直接费的50%补助,对于贫困村和集体经济薄弱的山区村经批准实施后给予工程直接费的65%补助;

——大力发展设施农业。凡在建设用地范围之外新建钢架大棚20亩以上,且每亩投入2万元以上的,给予一次性补助5万～10万元.

18. 改善农业生态环境。

实施沃土工程,大力推广测土配方施肥技术,积极实施"农药减量控害增效工程",科学合理使用化肥农药,控制农药残留和化肥流失,加强水环境保护和森林保护,建设优美舒适的生态环境。

——积极开展商品有机肥推广应用示范方(由主管部门认定)建设竞赛活动,对使用商品有机肥的示范方,成片面积粮油1000亩以上、蔬菜300亩以上、茶叶500亩以上、水果500亩以上、花卉苗木500亩以上的,经考核验收确认增产、增效15%以上的,按有机肥投入额的15%给予补助。

——建立农药包装废弃物回收处理机制。对统一回收农药包装瓶(袋)按5000元/吨予以补助,用于回收过程中的整理、储存、运输等环节费用。集中回收后由具有危险废物处置经营许可单位进行统一处置,处置费用按5000元/吨予以补助。

——推广绿色防控设施。对高产创建示范区综合应用杀虫灯、黄板、性诱剂等绿色防控设施300亩以上,按50元/亩予以一次性补助。

——加强病虫测报网点建设。对新建蔬菜、水果、茶叶、水稻等病虫害测报点的,给予每个测报点一次性补助3万元。

——强化畜禽污染物治理,推进畜禽排泄物综合利用。对规模畜禽养殖场的畜禽粪便实施净化处理,发酵池规模在80立方米以上奖5万元,发酵池规模在100立方米以上奖7万元。推广"猪—沼—作物"等农牧结合、生态循环养殖模式,对采取茶园、果园等立体综合养殖、利用喷滴灌技术实施"猪—沼—作物"等生态循环模式面积达100亩以上的,或建设生物发酵床零排放猪舍达500平方米的规模化畜禽养殖治理项目,通过环保、畜牧等部门验收合格且体现减排量的每个给予一次性5万元。加强沼气后续服务体系建设，对具有沼气管理资质，为我市畜禽养殖场的沼气设施进行后续维护，签约服务单位在50家以上的沼气社会化服务机构一次性奖励5万元。

——加强水环境改善和保护。按照“污染者付费、受益者补偿”原则，试行受益地区、受益者向水环境保护区、流域上游和环境保护项目提供补偿办法，探索建立受益地区对保护地区的补偿机制。

——加强中幼林扶育，每年中幼林扶育2万亩。每亩补助150元；加快沿海基干林带及农田林网建设，每年建设2千亩，每亩补助1500元。

——加快推进“森林临海”建设，对获得省级森林城镇、森林村庄分别奖20万元、6万元，对获得台州市森林村庄奖2万元。

大力培育和发展生态公益林事业，按照省定的标准和要求，及时发放森林生态效益补偿资金。

二、加快建设农村新社区，全面改善农村人居环境

19. 扎实推进美丽乡村建设。

坚持统筹规划分类实施、示范引领稳妥推进，促进人口集聚，优化农村人居环境，加快城乡一体化和美丽乡村建设。

——扎实推进美丽乡村建设。按照“一镇一品牌、一村一特色、一路一景观”的总体要求，努力建设一批全省领先的宜居、宜业、宜游的美丽乡村。具体奖励办法按《临海市“美丽乡村”建设行动计划（2012—2016年）》（临市委发〔2012〕44号）、《临海市2012年度“美丽乡村”建设实施方案》（临市委办〔2012〕31号）和《临海市“美丽乡村”建设项目和资金管理办法（试行）》（临政发〔2012〕103号）执行。

——扎实推进农村生活污水治理。按照“五水共治、治污先行”的工作思路，以村点覆盖全面、群众受益广泛、设施运行常态、治污效果良好为基本要求，扎实推进农村生活污水治理。具体奖励办法按《关于加快推进农村生活污水治理的实施意见》（临市委〔2014〕32号）、《关于印发临海市农村生活污水治理项目资金管理办法（试行）的通知》（临政发〔2014〕15号）和《关于印发临海市农村生活污水治理项目管理细则（试行）的通知》（临政办发〔2014〕36号）执行。

——积极开展创建生态村镇工作。被认定为台州市级生态村的，按村人口数量分档奖励（下同），人口在2000人以上的奖7万元，1000～2000人的奖6万元，1000人以下的奖5万元；被认定为省级生态村的，人口在2000人以上的奖10万元，1000～2000人的奖8万元，1000人以下的奖7万元；被认定为国家级生态村的，人口在2000人以上的奖15万元，1000～2000人的奖13万元，1000人以下的奖12万元。成功创建国家级生态镇（街道）的，奖30万元；成功创建省级生态镇（街道）的，奖励20万元；成功创建台州市生态镇（街道）的，奖励10万元。

——加快村内基础设施建设，积极鼓励村内基础设施建设列入“一事一议”项目建设。

——加快中心村培育。凡被认定为中心村建设合格村的，所需配套资金按省、市要求，市财政给予补助。

——推进康居工程建设。经市建设规划部门认定，对以镇（街道）为主体组织编制村庄规划的，给予每村4万元补助。按照拆除、清理构（建）筑物的补助，以行政村为单位，小村（800人〈含〉以下）拆除旧房建筑占地面积达到1000平方米（含）以上；中村（800～1500人）拆除旧房建筑占地面积达到2000平方米（含）以上；大村（1500人〈含〉以上）拆除旧房建筑占地面积达到3000平方米（含）以上。补助标准如下：1000（含）～2000平方米的，按30元/平方米补助；2000（含）～3000平方米的，按35元/平方米补助；3000平方米（含）以上的，按40元/平方米补助。鼓励自然村撤并，以行政村为单位，凡完成自然村人口基本迁移率目标的，按1000元/人进行奖励，总人口数50人以下的自然村基本迁移率目标为90%；50～100人的目标为85%；100人以上的目标为80%。自然村人口100%迁移的，予以加倍奖励（2000元/人）。建房补助，拆除旧房建筑占地面积1000平方米（含）以上的实施村，应建户在存量建设用地上建房并严格按照审批图纸施工，建成后经验收合格的，按建筑占地面积40元/平方米的标准对该村予以奖励。村级安居房补助，村级集体建造普通住房用于孤寡老人、“五保户”、困难户等特殊群体集中居住的，按建筑面积80元/平方米的标准给予建房补助。房屋调剂补助，符合建房条件而不再建造新房的村民，按《临海市农民住宅用地管理办法》（临海市人民政府令第30号）第18条规定调剂房屋并拆除原有住房的，由市财政对调剂房屋按建筑占地面积60元/平方米的标准补助给村民。

——加快推进西部建设发展。西部是我市重要组成部分，要以乡村绿色发展示范区为主抓手，坚持绿色发展、特色发展、均衡发展。具体奖励办法按《关于加快进一步加快西部建设发展的若干意见》（临市委〔2014〕51号）执行。

——鼓励农业企业吸纳本地农村劳动力，支持农民就业奔小康。对累计吸纳本地农村劳动力100人以上，且均签订1年以上劳动合同，并按规定办理社保的农业企业，给予一次性奖励5万元；吸纳超过200人的，给予一次性奖励10万元。对新增使用本地农村劳动力50人以上，且均签订1年以上劳动合同，并按规定办理社保的农业企业，给予一次性奖励5万元；新增使用超过100人，给予一次性奖励10万元。

——加快推进低收入农户增收。以片区扶贫、下山移民和“低收入农户奔小康”工程等建设为抓手，重点开展产业开发、培训就业和金融支持等帮扶工作，不断拓宽增收平台，吸纳低收入农户加入专业合作社，以产业带动致富，增强低收入农户可持续发展的“造血”功能，促进欠发达村加速发展和低收入农户增收致富。

——深入开展“清洁家园、和谐乡村”活动。按照“有人干事、有钱办事、有章理事”的要求，以“两清两治一绿”为目标，加大投入，完善机制，强化责任，创新方法，扎实推进“清洁家园、和谐乡村”活动，具体奖励办法按《关于2011年深入开展“清洁家园、和谐乡村”活动的实施意见》（临市委发〔2011〕51号）执行。

20. 推进城镇基础设施和公共服务向农村延伸。

——针对农村基础设施和公共服务的薄弱环节，推进交通、供水、供电、燃气和信息、流通等网络向农村延伸，改善农村生产生活条件。继续实施下山移民工程，市财政每年安排200万元作为下山移民专项补助资金。完善低收入农户的帮扶机制，市里安排专项资金落实帮扶措施。抓好地质灾害隐患点的治理、搬迁和大中型水库移民后期扶持工作，市里安排专项资金进行补助。

——加强农村防灾减灾体系建设，建立全市小流域、山洪灾害防御和预警体系，健全基层气象防灾减灾体系。完成气象防灾减灾标准化镇(街道)建设的，奖励10万元；完成气象灾害防御标准化社区(村)建设的，奖励3万元。

——进一步完善新农村道路建设，加强农村公路养护和管理，完善安保设施建设；加快农村客运线路和站场建设。鼓励在村庄及交通道口显眼位置添置永久性文化宣传标牌、文化公益广告或文化雕塑，营造浓厚的文化生活氛围。

——打造规范、高效、便捷的便民服务体系。不断优化办事流程、提高办事效率、拓宽服务内涵、畅通服务网络，形成上下联动、层级清晰、共建共享、覆盖城乡的市、镇(街道)、村(社区)三级便民服务体系。

21. 全面提高农村卫生文化事业发展水平。

——巩固和完善农医保制度，逐步提高政府贴补资金，资助农民参加新型农村合作医疗保险(下称新农合)，扩大新农合门诊就诊网点，并为参加新农合的农民每两年进行一次免费健康体检。全面推进新农合信息化工作，农民就医实现即时结报，新农合参保率达到90%以上。政府设立农村公共卫生专项资金(每人每年25元)，专门用于农村公共卫生三大类十二个项目的建设。办好惠民医院，健全公共卫生服务网络。保证一类疫苗接种经费、结核病防治配套经费、艾滋病免费检测经费和健康相关产品监测费。

——实施广播电视“户户通”工程。市财政加大对广播电视“户户通”工程的投入，逐步实现有线电视全覆盖；对高山移民的农户，有线电视网络建设收取建设成本费。加强对村级广播室的建设，经验收合格的，给予适当补助。

三、加强新型农民培育，提升农民整体素质

22. 深入实施农村劳动力培训工程。

推进农民培训工程。重点加强新型职业农民和农村实用人才培育，稳步推进转移就业培训，普遍提升农民科技文化综合素质，以增加农民收入为目标，以提升创业技能、专业技术、就业技能、学历教育为基本内容，加强部门协作，完善培训体系，健全服务机制，创新培训方式，强化规范管理，促进农民培训从数量型、普及型向质量型、提高型转变。加大财政扶持力度，落实按照总任务人均不少于300元的最低培训经费要求。

23. 全面实施“百名农村党员人才工程”。

充分发挥农村党员在技术推广、致富带头、企业创办、三产引路、社会稳定、班子团结等领域的示范领衔作用，推选出百名有培养、发展潜力的农村党员，通过举办有针对性的培训、考察，出台相关实施意见，鼓励他们成才、创业、发展，成为新农村建设中的排头兵和中坚力量。支持大中专毕业生从事农业创业。

24. 着力加强农村职业教育。

对未能继续升学的农村户籍初中应届毕业生、普通高中毕(结)业生，根据就业技能要求，到职业学校进行6个月至1年的职业技能培训，培训费用由政府和个人共同承担，其中个人承担20%，对困难群众家庭子女予以减免。进一步发挥各镇(街道)成校(社区学校)在新农村建设中提高农民素质的主阵地作用，加大对农村成人文化技术学校的投入，各镇(街道)要按规定足额拨付成人教育经费。

25. 提高农村社会保障水平。

——完善被征地农民养老保障政策，做到即征即保。全面推进城乡统筹就业，基本实现基层劳动保障工作平台全覆盖，社区劳动保障工作平台建成率达到65%以上。进一步规范并逐步提高最低生活保障标准和救助水平，加强对困难农户的医疗、教育、住房救助。进一步做好政策性农村住房保险工作，积极稳妥地开展政策性农业保险试点工作。

——落实好保护农民工合法权益的各项政策。建立健全职工工资正常支付制度和增长机制，实现基本养老、医疗、工伤保险向稳定就业的农民工覆盖。切实解决农民工子女的上学难问题，完善以公办学校为主的外来民工子女入学办法。

四、建立多渠道的投入保障机制，确保新农村建设有序推进

26. 增加财政和社会力量对新农村建设的投入。

发挥公共财政的主导作用，各级政府要确保预算内“三农”支出增长高于经常性财政支出的增长幅度，固定资产投资用于农村的增量要继续高于上年，土地出让收入用于农村建设的增量要继续高于上年，新增教育、卫生、文化等事业经费和固定资产投资增量主要用于农村，建设用地税费提高后新增收入主要用于“三农”。鼓励企事业单位、社会团体、个人等社会力量参与新农村建设，对通过境内非营利性社会团体和国家机关向农村公益性社会事业捐助捐赠的，可以按规定享受相应的税收优惠政策。继续开展村企结对共建新农村活动。对无偿捐资20万元以上(含20万元)的企业和个人，市委、市政府予以表彰。

27. 发展壮大村级集体经济。

积极探索壮大集体经济的新路子，将发展物业经济作为扶持发展村级集体经济的主攻方向。

——盘活存量土地、房产资源，在符合集镇、村庄建设规划和土地利用总体规划的前提下，引导和鼓励村集体经济组织利用村集体留用地、集体建设用地、存量房产等，发展物业经济，增加集体物业和服务收入。

——积极开展财政扶持经济薄弱村发展集体经济工作，以物业经济为重点，增强集体经济发展内生动力，保障农村基层组织正常运转。扶持以项目建设形式推进，项目资金由市财政、镇(街道)、村三级按2∶2∶1比例筹集，其中市财政补助每村最高20万元。

——继续补助经济薄弱村运行经费，对集体经济收入5万元以下的村，结合人口、收入、工作量等因素，镇（街道）区域内统筹补助，款项用于村级组织运转日常管理支出，为保证补助金额真实准确，实行一年一核。

28. 加大金融信贷支农力度。

加快农村金融改革试验区建设，进一步强化金融要素保障。积极培育农村资金互助社、村镇银行、小额贷款公司等新型农村金融组织，鼓励金融机构在偏远山区投放营业网点。加快打造农村金融新产品，服务“三农”。积极开展农民专业合作社信用体系建设，建立农民专业合作社信用档案和信用评价指标体系，实现信用信息动态更新和共享，优惠政策投放以信用评价为重要考核指标。实施农民专业合作社融资担保优惠政策，开展贷款无反担保的担保工作，按照农民专业合作社规范化等级给予贷款利率优惠和担保费用优惠。

29. 建立完善农业风险防范机制。

进一步完善自然灾害和重大动植物病虫害预测预报和预警应急体系建设。市财政每年筹集专项资金用于重大动植物疫病防控和防疫基础设施建设；安排专项资金用于农作物救灾种子储备和农药储备。建立重大农业生产事故补偿准备金和农业技术推广基金会，提高农业防灾减灾能力。

五、切实加强领导，不断完善新农村工作体制

30. 切实加强新农村建设的领导体系和工作队伍建设。

加强农村基层组织建设。推进农村创先争优活动，着力构建好村党支部领导权、村委会事务权、村经济合作社管理权、村务社务监督委员会监督权“四权”管理体制。继续深化“阳光财务”工作，进一步规范“三资”审批、报结、公开程序等管理制度，实行全程监管、年度考核。全面实行村经济合作社银行结算账户管理制度，全面推行村级公务招待零开支制度，继续推进百村审计工作，切实推进农村基层事务公开化、廉洁化。结合镇（街道）政府职能转变，健全农村工作指导员和科技特派员制度，继续探索大学生村官在农村、社区和农村经营主体工作新模式，继续抓好农村远程教育，发挥教育效果。

六、附则

1. 本办法自2014年1月1日起施行。

2. 对同一事项涉及多项奖励的，按额度最高的一项奖励。

3. 对发生重大安全生产、产品质量安全责任事故和违反其它“一票否决”事项的单位，不得享受本办法扶持。

4. 本市以前出台的相关政策与本办法不一致的，按本办法执行。

5. 本办法由临海市委市政府农村工作办公室牵头解释。

温岭市人民政府办公室关于印发“三改一拆”拆后土地利用的实施意见（试行）的通知

各镇人民政府，各街道办事处，市政府直属各单位，在温垂直管理各单位：

《关于“三改一拆”拆后土地利用的实施意见（试行）》已经市政府同意，现印发给你们，请认真抓好落实。

2014年2月11日

关于“三改一拆”拆后土地利用的实施意见

（试行）

为了进一步巩固“三改一拆”成果，防止拆后反弹，充分提高土地资源利用效率，改善城乡面貌，优化人居环境、促进节约集约用地，根据城乡规划、土地管理等有关法律法规和《浙江省人民政府办公厅转发省国土资源厅关于切实加强“三改一拆”行动中违法用地建筑拆除和土地利用工作指导意见的通知》（浙政办发〔2013〕105号）规定，结合我市实际，制定“三改一拆”拆后土地利用实施意见：

拆后土地利用遵循因地制宜、区块规划、注重民生、边拆边改的原则，结合地块的规划情况、地类情况以及地块的区位和面积，分别选择复耕、办理用地审批和绿化、场地改造的利用方式。

一、复耕

违法建筑占用耕地的，原则上要求拆除后对占用的土地进行复耕，由各镇（街道）组织力量实施，确需按规划落实项目开发建设的除外。对于占用非耕地的，可以结合农村综合整治项目进行复耕。

二、办理用地审批

（一）拆除地块符合土地利用总体规划，属于允许建设区范围的

1. 按照城乡规划，已落实建设项目的，由所在镇（街道）负责做好土地政策处理，并根据城市规划用途按照现行法律法规规定上报办理用地相关审批手续。在用地报批期间，拆除现场可用景观围墙隔离。

2. 对不符合现行城乡规划或者不在规划区范围的，各镇（街道）应编制《"三改一拆"违法建筑拆后土地再利用布点专项规划》，对拆后土地重新规划利用。鼓励以村级集体为主体实施拆后利用，拆后土地重点用于农民建房、标准厂房、乡村公共设施和公益事业建设等涉及民生项目。供地方式原则上以办理集体土地使用为主。

（二）拆除地块不符合土地利用总体规划，属于有条件建设区或限制建设区的

原则上以拆后复耕和绿化为主。在不影响环境、交通和村容村貌的前提下，可以报批农业设施用地，用于农业生产项目。对于地块面积较大，拆后利用价值较高的地块，可以按照现行城乡规划或者通过编制《"三改一拆"违法建筑拆后土地再利用布点专项规划》，明确拆后土地的利用方向（非产业类项目），再上报调整土地利用总体规划，按规定办理项目用地审批手续。调整土地利用总体规划以镇（街道）为单位，将涉及调整区块按照规划调整有关要求一次性上报。规划建设规模由各镇（街道）自筹平衡，涉及基本农田调整的，机动指标由各镇（街道）自行解决。

对于一个区块内有多个拆除地块，第二次土地调查土地利用现状地类确认为建设用地的，且在土地利用总体规划确定的限制建设区内，复耕后适宜种植的，可按照增减挂钩政策纳入农村土地综合整治项目拆旧区，统筹实施全域综合整治，获取城乡建设用地增减挂钩指标，挂钩安排城镇或其他建设项目用地。对于小面积零星地块（包括面积少于400平方米的单宗地块），如果复垦后能与周边耕地相连，形成集中连片耕地的，可纳入整治项目复垦。

三、绿化和场地改造

拆除地块无法采取复耕、用地报批方式进行利用以及面积较小的边角地块，可以通过绿化、场地平整、建造公共停车场等方式进行拆后利用，具体由当地镇（街道）组织实施，也可鼓励村级集体组织绿化和改造。

四、编制专项规划

各镇（街道）要按照属地管理的原则，加强对违法建筑拆除后土地利用和管理的领导，及时会同市建设规划、国土资源、水利、农林等部门对违法建筑拆除地块的"两规"和地类情况逐块进行摸排研究，确定可直接利用的面积，编制《"三改一拆"违法建筑拆后土地再利用布点专项规划》，统筹安排，有序实施，确保拆后土地科学合理利用。

五、其他规定

（一）对拆除后复耕和办理用地审批的土地，地类认定以第二次土地调查（2009年12月31日）数据库为准。

（二）办理用地审批的项目，涉及占用农用地的，均需办理农转用手续。

（三）拆后土地需以出让方式供地的，必须按照现行城乡规划实施，不得纳入《"三改一拆"违法建筑拆后土地再利用布点专项规划》范围。

（四）按照拆改结合、边拆边改的原则，开展拆后利用，但拆违进度、复耕面积与拆后利用面积相挂钩。拆后利用土地根据镇（街道）拆违进度的百分比控制进度，并须按照办理审批面积与复耕面积3∶1选择符合复耕条件的地块进行复耕。

（五）鼓励村级集体开展拆后利用。在符合土地利用总体规划的前提下，且二调数据库为建设用地的，成片利用面积超过20亩（含20亩）以上的，按照不低于20%返还给村级集体用于拆后利用开发；成片利用面积在20亩以下，10亩（含10亩）以上的，按照不低于30%返还给村集体；成片利用面积在10亩以下，5亩（含5亩）以上的地块，按照不低于50%返还给村集体；面积在5亩以下的，按照拆后利用专项规划，由村级集体组织拆后利用。成片利用返还村级集体的面积原则上落实在成片地块内，无法落实的，可异地落实，也可按份额联合开发或者参与收益分成。

（六）各有关职能部门要解放思想，做好服务，在审批中要推行集体联合踏勘，简化手续，提速办理。同时要加强监管，督促办理相关审批手续，防止出现新的违法用地、违法建筑现象。

中共龙泉市委
关于深入实施生态立市战略建设美丽龙泉
创造美好生活的决定

（2014 年 8 月 25 日中共龙泉市委十三届九次全体会议通过）

为深入贯彻落实党的十八大、十八届三中全会、中央城镇化工作会议、浙江省委十三届五次全会和丽水市委三届七次全会精神，推进建设美丽中国、美丽浙江在龙泉的实践，推动生态文明建设迈进新阶段，现就深入实施生态立市战略，建设美丽龙泉、创造美好生活作出决定。

一、科学把握总体要求

1. 指导思想。坚持“绿水青山就是金山银山”绿色生态发展战略思想，坚定不移实施“三市并举”发展战略，把生态文明建设融入经济建设、政治建设、文化建设、社会建设各个方面和全过程，按照“山水古城、剑瓷名城、旅游新城”的城市定位和全省重点生态功能区、生态产业集聚区、生态文明先行示范区的功能定位，走“剑瓷兴市、产业强市、生态富民”绿色生态发展之路，建设生态环境美、生产发展美、文化创意美、社会和谐美、百姓生活美的美丽龙泉，开创打造物质富裕精神富有“活力龙 幸福泉”新局面。

2. 主要目标。建设美丽龙泉、创造美好生活是一项具有系统性、长期性、艰巨性的任务，要确定具体工作目标，有步骤分阶段推进。到 2015 年，生态文明建设总指数、生态环境状况指数、空气质量指数、森林覆盖率保持全省前列，出境地表水交接断面水质、集中式饮用水水源地水质达标率均为 100%，地表水环境功能区水质达标率 95%以上，城镇化率达到 60%，城乡居民人均可支配收入分别达到 3.5 万元和 1.2 万元，社会治安群众满意率 95%以上。到 2016 年，力争全面完成“五城联创”目标，城镇化率达到 62%，城乡居民人均可支配收入力争达到 3.8 万元和 1.4 万元，社会治安群众满意率稳中有升。到 2020 年，“3+3”绿色生态产业体系、生态安全屏障体系和环境健康安全体系全面构建，比较完善的生态文明制度体系基本形成，城乡统筹发展指数、城乡居民收入、居民健康指数、生态环境指数、文化发展指数、社会发展指数、社会保障指数、农民权益保障指数全面提升。

二、优化城乡发展空间布局

3. 完善空间规划体系。按照主体功能区的定位和资源环境承载力相协调的要求，修编调整市域总体规划、生态环境功能区划、水功能区水环境功能区划，编制生态产业集聚区、生态文明先行示范区建设规划，争取列入并积极开展全省文化生态融合创新改革示范区改革试点。完善各类规划和功能区调整机制，促进经济社会发展规划、城乡规划、土地利用规划等多规融合、一体发展，形成覆盖全市、定位清晰、管控严格的空间规划体系。建立科学规划和管理机制，强化规划刚性执行。

4. 优化空间开发格局。根据《浙江省主体功能区规划》的要求，科学划定优化开发区、重点开发区、限制开发区和禁止开发区。构筑“3+3”绿色生态产业集聚平台，完善新型城镇化战略格局，建设生态安全体系，逐步形成人口、经济、资源、环境相协调的“一极三轴三区”的产业空间布局。“一极”即市区，大力发展城市经济；“三轴”即沿市区至安仁、市区至小梅、市区至上垟所形成的“Y”形高速公路三条绿色生态经济发展轴，在安仁、砝石、兰巨、查田、小梅、八都、上垟等节点打造绿色生态产业集聚区；“三区”即在屏南、龙南等南部乡镇，住龙、锦溪、宝溪、竹垟等西部乡镇和城北、道太、岩樟等北部乡镇，重点发展生态农业、生态旅游和养生养老经济。

5. 统筹推进城乡一体化。推进新型工业化、城镇化、农业现代化、信息化同步发展，加快形成“市区—中心镇—特色乡镇—中心村（特色村）”城乡空间布局框架和“一城三镇”城镇体系布局。统筹推进城乡规划实施、基础设施建设、生态产业布局、社会事业发展和生态环境保护。按照推进“人的城镇化”的要求，深入实施农民异地搬迁工程，推动国家级自然保护区、水源地保护区、两翼地区、紧水滩库区、地质灾害隐患区和国家级文物保护单位所在区的农民加快向市区、中心镇、中心村集聚；探索建设新型农村社区，推动农民就地城镇化、农村公共服务社区化。规划并建设集景观建设、林相改造、生态涵养于一体，富有人文内涵的市域“千里绿道网”，增进城乡生态空间有机联系。

三、构建“3+3”绿色生态产业体系

6. 推进生态农业、生态工业、现代服务业三次产业协调发展。着力发展生态精品农业。推进粮食功能区、现代农业（林业）园区建设，培育提升竹茶菌蔬主导产业，大力发展现代林业经济和休闲观光农业，积极培育无公害、绿色和有机农产品，鼓励发展现代农业新型主体，推进农产品加工园区、食用菌特色园区和交易市场建设，探索建立农产品身份证制度，完善农产品质量标准和质量可追溯体系。大力推进生态工业转型升级。深入实施生态工业“六大行动计划”和企业培育“三大工程”，打好有效投资、浙商回归、"四换三名"等转型升级"组合拳"，推动优势主导产业高新化、传统特色产业高端化、战略性新兴产业和生产性服务业规模化，构筑"三优三特一新"为主的区域特色生态工业产业体系；推进工业园区生态化改造，推行清洁生产，发展绿色循环低碳经济；推进龙泉—萧山山海协作产业园建设；强化招商选资，突出招商引资对促进工业转型升级的作用；推进资源要素差别化配置，倒逼企业转型升级。提速发展现代服务业。坚持以园拓业、以业兴城、产城融合，加快培育综合体经济，大力发展城市经济，推动县域经济向都市经济转变；积极发展商贸物流、文化创意、金融保险、健康养生、科技研发等服务业；推动电子商务与生态精品农业、生态工业、文化产业、生态旅游业等深度融合；推进建筑业和房地产业健康发展。

7. 推进旅游业、文化产业和养生养老经济三大特色产业加快发展。把旅游业作为引领性产业和未来的第一支柱产业来培育，推进文旅融合、农旅融合、城旅融合、养旅融合和工旅融合，重点建设"一山一江一城、一窑一园一镇"精品旅游景区，构建"以山水观光为主线、养生(养老)休闲为核心、乡村旅游为基础、剑瓷文化为特色"的旅游产业体系，加强"人类非物质文化遗产地""天然氧吧休闲养生地"旅游宣传营销，打响"江浙之巅、剑瓷龙泉"旅游核心品牌，建设丽水旅游次中心，打造长三角和海西区文化生态休闲旅游目的地。持之以恒强文化，推动产业转型文化化、文化创意园区化、文化园区景区化，坚持科技强剑瓷、品牌立剑瓷、文创兴剑瓷，实施剑瓷兴市"十大举措"，全力培育剑瓷百亿文化产业，同步推进特色茶、食用菌等文化产业转型发展；推进龙泉宝剑传统锻制技艺申报人类非物质文化遗产保护名录、龙泉青瓷窑遗址申报世界文化遗产、大窑龙泉窑申报国家考古遗址公园等工作；加快养生养老基地建设，积极培育"食养""药养""水养""体养""文养""气养"等养生养老产业，努力把龙泉打造成为特色鲜明、国内外知名的现代休闲养生养老城市。

8. 深化改革和推进创新驱动发展。科学推进低丘缓坡综合开发利用试点、农村金融改革试点、扶贫开发综合改革试点"三大国家改革试点"；按照农村土地承包经营权、股份经济合作社股权、宅基地(房屋)使用权"权证到人(户)、权跟人(户)走"的要求，推进农村产权制度改革，建立健全产权评估、产权流转、担保抵押、产权信托、收储融资、纠纷调处、风险防范、社会保障等现代农村产权服务体系；开展自然资源资产产权制度改革，加快推进以土地为核心的自然资源不动产统一登记，对自然资源实行统一监管；持续深化林权制度改革，加大林地流转力度，提高林地规模化、集约化经营水平；规范村级资金互助会建设，稳步推进乡级资金互助会联合会建设；推进投融资机制改革，鼓励各类市场主体依法平等进入负面清单之外领域；推行行政审批权力清单制度和负面清单制度，深化行政审批制度改革。全面实施创新驱动发展战略，围绕创建科技强市、质量强市和品牌强市，深入实施工业化与信息化深度融合"八倍增两提高"专项行动，深化市校合作，加大创新型企业培育力度，加快构建以企业为主体的产学研协同创新体系；积极探索绿色安全制造模式，加快新技术引进推广与科研成果转化。

四、建设天蓝水清山绿地净的生态环境

9. 加强重点区域生态保护。加强凤阳山国家级自然保护区保护建设，加大对"三江"源头生态屏障区、水源地保护区、龙泉溪、紧水滩库区等生态环境敏感区的生态保护力度，制定国土空间差别化准入条件，强化准入管理；严格保护自然资源保护区、生态环境涵养区、水源地保护区、历史文化保护区等区域的自然资源、生态环境、文化遗迹，严禁一切不符合主体功能区定位的开发活动，严控区域内符合功能定位的建设活动，严格监管开发、建设、保护和利用等各个环节。按照保护优先、开发有序的原则，加大对优化开发区、重点开发区的生态监管力度。加强"三沿"地区、旅游景区绿化美化彩化。加强生物多样性、野生动植物、古树名木、濒危物种保护。

10. 加大生态修复力度。坚持自然修复和人工修复并重，通过封山育林、放流养生等措施，让生态系统休养生息，对无法实现自我修复的生态系统开展工程修复。统筹推进以生态公益林、景观林、防护林为重点的城乡绿化和植被改造，治理"青山白化"和荒山荒地；落实水土保持"三同时"制度，禁止乱砍乱采乱挖，加强土地整治和森林采伐管理，加强矿山生态环境整治，防止水土流失；严禁河道采砂，推进水环境生态治理和修复；加强土壤监测，推广配方施肥和使用有机肥，加强农药安全使用，严防和治理土壤污染；严格垦造耕地后续管护。健全 PM 2.5立体监测网络，加强雾霾、酸雨等监测，推进工业废气、建筑工地扬尘、城市烟尘和机动车尾气防治。

11. 全力推进"五水共治"和"三改一拆"。坚持依法治水、科学治水、铁腕治水、全民治水，推进"五水共治"。"五水共治"治污先行，突出"清三河"，重点"治三污"，坚决杜绝垃圾河，全面消灭黑臭河，全面治理工业污水、城市生活污水和农村生产生活污水，确保 2017 年全市污水处理厂执行一级 A 标准；加强水库整治除险加固，实施中小河流综合治理工程和"独流入海工程"，提高防洪能力；推进城区内河整治，完善城市排水管网，提升城区行洪、排涝能力；推进水源地保护和城区供水引水工程、集镇饮水安全工程和农村饮水安全提升工程，保障城乡安全供水；积极推进农业节水、企业节水和生活节水。把"三改一拆"作为法治龙泉建设的大平台，纳入深化法治龙泉建设的总体框架；将"三改一拆"与新型城镇化、旅游发展、"五水共治"和美丽乡村建设相结合，全面开展无违建县(市)、无违建乡镇(街道)和无违建村(社区)创建，持续推进旧住宅区、旧厂区(房)、城中村改造，注重拆后土地利用。开展乱停乱靠、乱占乱堆、乱贴乱扔、乱搭乱建、乱倒乱放"十乱"综合整治，建设干净整洁有序的城乡环境。

12. 健全完善生态保护机制。扎实推进"811"生态文明建设推进行动。实施最严格的自然资源和生态空间保护制度，从源头上预防各类生态破坏行为。建立生态保护红线体系，科学划定生态功能保障基线、环境质量安全底线和自然资源利用上线等三条红线，严格实行空间、总量、项目“三位一体”的环境准入制度、环评制度和“三同时”制度。完善生态公益林补偿机制，出台并实施水源地生态效益补偿办法；探索实行生态保护、节能降耗、投入产出等“负面清单”制度，严把招商引资、园区准入的环保、效益、能耗“门槛”；建立健全以企业亩产效益为核心的综合评价机制，加强节能减排降碳总量管控和工业用地监管；建立环境保护重大决策听证公示、重点工作通报制度，坚持并完善市乡村三级“河长制”。

五、推进美丽城乡建设

13. 积极打造“最美县城”。抓好城市总体规划、历史文化名城保护规划、城市整体特色风貌控制规划、城市景观设计规划和城市控规图集修编(编制)，深化提升公共设施、综合交通、经济综合体、绿道网、城市景观等规划设计，统筹推进新城开发、旧城改造和名城创建。注重融入生态、剑瓷等元素，全面推进城市“六个一”建设和“五城联创”，加强瓯江两岸改造和西街古街区保护开发，深化“一江两岸三山”靓化体系、绿网体系和水景体系，打造“青山环城、绿水穿城、森林进城”的“山水古城”，建设集“世界剑瓷技艺传承地、剑瓷文化创意集散地、剑瓷文化体验区、剑瓷文化会展交流中心”为一体的“剑瓷名城”，培育长三角和海西区“最美山水型、文化创意型、养生休闲型”的“旅游新城”。强化城市综合治理，推进“大城管”体系构建，推动城市管理从突击性治理向长效性管理转变；加强“智慧城市”建设，抓好“天网工程”，提高城市管理数字化、网络化、智能化水平；科学开发利用城市地下空间，加大城市交通拥堵整治力度，努力缓解行车难、停车难；提升社区管理服务水平。加大中心镇培育力度，努力将安仁镇打造为集工贸游一体发展的中心镇，八都镇打造为全国重点镇和竹木产业特色镇，查田镇打造为市域南部经济社会中心和五金汽配产业基地；注重创建中国青瓷小镇、温泉小镇、古窑小镇、披云小镇等一批特色文化创意型乡镇、风情小镇；创建一批美丽生态乡镇(街道)、生态村和绿色企业、绿色家庭。

14. 提升美丽乡村建设水平。按照“四美三宜”的要求，统筹推进美丽乡村建设，努力把农村打造成为农民幸福生活家园、市民休闲旅游乐园。立足自然资源、生态环境、村庄风貌，因地制宜科学编制村庄规划；提高农房设计水平，抓好农房改造和危房改造，挖掘龙泉农房特色，设计推广样板民居，建设美丽宜居示范村庄；深化“十村示范、百村整治”工程，坚持“点”“线”“面”统筹推进，加快形成美丽乡村成片连线。推进“花样农家”、美丽乡村示范村和最美乡村建设，大力发展以文化体验、避暑养生等民宿型为特色的农家乐综合体，着力形成“一村一品”“一村一景”“一村一韵”；突出市区至龙泉山、市区至上垟、市区至住龙、市区至小梅沿线，抓好“六边三化三美”行动，打造美丽乡村风景线；抓好农村生活污水整治和垃圾处理，加强农村环境综合整治连线成片，推进村庄生态化有机更新，美化农村人居环境，打造“洁净乡村”。大力创建绿色城镇和生态示范村，保护乡土自然景观，加强特色文化村落和传统古村落保护利用。建立健全村规民约和长效管理机制，提高农村自我治理能力。

15. 加快建设综合交通网。坚持交通优先战略，加快推进龙浦高速、衢宁铁路、龙浦铁路等项目建设，争取武松龙高速、温武铁路等项目纳入省“十三五”规划，主动对接通用航空大型基地机场项目，推进省道改建工程和农村联网公路建设，建设交通运输物流中心，加快构建“三高三铁一机”和国省道为重点的交通网络体系，着力打造交通便捷之城和浙闽赣三省边际区域综合交通枢纽。提升全市交通基础设施建、管、养、运一体化发展水平。加快推进城市外环线建设，完善旅游综合交通体系，优化城市公共交通，发展低碳交通。

六、提升城乡居民生活品质

16. 持续改善城乡居民物质生活条件。突出高校毕业生、农村转移劳动力、城镇困难人员、退役军人等群体，推进就业创业；深入实施群众增收致富奔小康工程，积极开展农民增收主题活动，深入推进“富民壮村强乡镇”工程，千方百计促进城乡居民收入增长和家庭财产普遍增加；加快推进各项社会事业发展，完善社会保险、养老服务、社会福利、社会救助、社会优抚、社会慈善等保障体系，逐步提高财政人均公共服务支出，统筹做好就业、教育、医疗、住房、养老、食品安全、农产品安全等各项民生工作，让全市人民享有更好的教育、更稳定的工作、更满意的收入、更可靠的社会保障、更高水平的医疗卫生服务和更舒适的居住条件，使百姓居住在龙泉更有安全感、生活在龙泉更有幸福感、工作在龙泉更有成就感、走出龙泉更有自豪感。

17. 不断丰富城乡居民精神文化生活。积极培育和践行社会主义核心价值观，进一步弘扬“团结实干、负重拼搏、开拓创新、敢于争先”的龙泉精神。推进文化惠民工程和乡镇综合文化站、农村文化礼堂等建设，推动基本公共文化服务向基层延伸、向农村覆盖，增强均衡性、普惠性；广泛开展群众性文化体育活动，丰富城乡居民精神生活，培育良好社会心态，促进群众身心健康。深入开展全民教育、法治教育、卫生科技、环境保护知识普及活动，提高全市人民受教育水平、健康水平和科学素质，增强市民法治观念和科学人文素养，营造浓厚的社会人文氛围；积极开展生态创建和教育活动，提升市民生态素养，推动养成与生态文明建设相适应的思想品德、职业道德、社会公德和家庭美德，提高全社会节约资源、保护环境的自觉意识，大力倡导绿色低碳的生活方式、消费模式和行为习惯。

18. 努力营造和谐稳定的社会环境。深入推进“法治龙泉”和“平安龙泉”建设。全面深化“352”社会治理模式创新，推进社会治理体系和治理能力现代化。畅通和规范群众诉求表达、利益协调、权益保障渠道，进一步改进信访工作；做好环境侵权信访工作和突发环境事件舆情善后处理工作，积极回应公众关心的环境问题。深入开展重大决策社会稳定风险评估，完善“大调解”工作机制，积极预防和化解社会矛盾。强化安全发展理念，加强安全生产主体责任落实，切实抓好安全生产工作。加强公共安全体系建设，完善立体化社会治安防控体系，严密防范和依法打击各类违法犯罪行为；建立健全应急联动应对机制，加强防灾减灾体系建设。加强网络舆情监管与引导；加快社会信用体系建设。

七、强化建设美丽龙泉、创造美好生活的工作保障

19. 加强组织领导。建立市委、市政府"美丽龙泉"建设领导小组及其办公室，研究编制美丽龙泉建设纲要，将美丽龙泉建设纳入"十三五"经济社会发展规划，统筹协调推进各项工作落实。支持人大依法对生态文明建设重大事项作出决议决定、对生态保护相关法律法规贯彻实施情况加强执法检查、对政府推进生态文明建设工作加大监督力度；支持政协结合生态文明建设实践履行政治协商、民主监督和参政议政职能。建立基层环保监管体系，加强浙江龙泉工业园区、中心镇等基层环保机构以及全市环保队伍建设。坚持"既看发展成果，又看发展成本与代价""既注重显绩，也注重潜绩"的工作导向、考核导向和用人导向，进一步完善生态文明建设评价体系，建立健全反映建设美丽龙泉、创造美好生活要求的发展绩效评价体系，完善领导班子和领导干部综合考核考评办法；建设过得硬打胜仗的干部队伍，打造高效规范的政务环境。

20. 加强法治建设。坚持运用法治思维和法治方式推进生态文明建设，完善依法治理体系，提高依法治理能力，营造公平公正公开的司法环境，提升生态文明建设的法治化水平。依法依纪强化环保问责，对决策、执行失误或不作为导致环境损害的行为进行责任追究；建立环境执法司法联席会议制度、环境执法联动协作机制，依法打击污染环境、破坏生态、损害社会公共利益的犯罪行为。积极推行行业与企业社会责任标准和企业环境信用等级评价，逐步建立企业环保社会责任认证体系，增强企业保护生态环境的社会责任感。

21. 加强要素保障。围绕水、大气、土壤、固体废物等污染防治和资源有偿使用、生态补偿、生态修复以及食品安全等，推进相关规章规定的"立改废"工作，加强政策保障。积极向上争取财政资金和项目资金，扩大社会和民间资本投资规模，多渠道筹措资金，财政支出要重点保障生态文明建设；鼓励金融机构加大对资源节约、环境保护、生态建设、绿色产业等项目的信贷支持，鼓励企业加大技改投入。全面贯彻落实有关生态文明建设的系列政策，综合运用财政、投资、税收、金融等手段，谋划、引进和推进一批美丽龙泉建设项目；积极筹办培养龙泉青瓷宝剑高级专业人才院校，加大生态文明建设、文化发展等领域的急需人才、专业人才的培养和引进力度，积极培养科技创新、文化创意团队。

22. 加强宣传引导。积极开展生态保护法律法规宣传、普及和贯彻，营造强化生态文明建设的良好氛围；培育和激发全市人民建设美丽龙泉、创造美好生活的主体意识，动员和支持全社会力量投身美丽龙泉建设；充分发挥公众、新闻媒体和社会组织的监督作用，全方位构建社会监督体系。注重发挥民间公益环保组织作用，推进志愿者队伍和监督员队伍建设，更好地发挥其在环保专项行动、环保监督、环保宣传等方面的作用。

2014 年 9 月 1 日

中共遂昌县委　遂昌县人民政府
关于加快推进新型城镇化建设的实施意见

各乡镇党委、政府，各街道党工委、办事处，县属各单位：

为加快推进新型城镇化，充分发挥城镇化在经济社会发展中的引领、辐射和带动作用，全力推进山区科学发展示范区建设，根据党的十八届三中全会、中央城镇化工作会议、《中共浙江省委浙江省人民政府关于印发〈浙江省深入推进新型城市化纲要〉的通知》(浙委〔2012〕96 号)、《中共丽水市委丽水市人民政府关于加快新型城市化进程的意见》(丽委〔2012〕15 号)和《中共丽水市委丽水市人民政府关于积极探索山区新型城市化路径加快推进"美丽县城"建设的实施意见》(丽委办发〔2014〕4 号)精神，结合遂昌实际，提出如下意见。

一、加快推进新型城镇化的总体要求

1. 重大意义。城镇化是现代化的必由之路。中央城镇化工作会议对城镇化工作作出了全面部署，强调要推进以人为核心的城镇化，为城镇化建设指明了方向。近年来，我县深入贯彻全省新型城市化发展战略，统筹推进撤镇设街道、中心镇培育、村规模调整等各项工作，城镇化步伐逐步加快。但从总体上看，我县城镇化进程仍然明显滞后，还存在城市化率偏低、城镇功能布局不合理、城镇特色不鲜明、综合承载能力和辐射带动作用不强等突出问题。加快推进新型城镇化，是解决"三农"问题的重要途径，是推动城乡一体化发展的有力支撑，是提升县域经济竞争力的重要抓手，对加快转型跨越、推动强县富民具有重大的现实意义。全县各级党组织和广大党员干部要抢抓机遇，苦干实干，加快推进，努力开创我县城镇化工作新局面。

2. 指导思想。深入学习贯彻党的十八届三中全会精神，围绕省委"八八战略"和市委"绿色崛起、科学跨越"战略总要求，坚定"绿水青山就是金山银山"战略指导思想，按照"目标强县富民、空间东进西拓、产业扬长补短、民生与时俱进、社会和谐幸福、发展科学持续"的战略路径，坚持以人为本、因地制宜、注重质量，加快具有遂昌特色的新型城镇化进程，全力建设美丽县城、美丽乡村、美丽生态、美丽生活、美丽事业。

3. 主要目标。坚持走以人为本、生态优先、城乡统筹、经济高效、特色发展的城镇化道路。到2020年，全县城市化水平达到60%以上，中心城区规划面积达到100.5平方公里，城镇人口规模达到10万人以上。新城、东城、老城三城组团发展，中心城区、中心镇、中心村三级梯度发展，一、二、三产融合发展取得明显成效。城乡一体化发展格局基本形成，城镇化与工业化、信息化、农业现代化同步推进，为加快建设山区科学发展示范区提供重要支撑。

二、健全和完善新型城镇化规划布局

4. 优化空间布局。立足县域空间特点，按照既服务现在又支撑未来的原则，实施"以城带乡、以东带西、东部优化提升、中部集聚拓展、西部生态保护"的空间开发策略，构建"一心、两副、两轴、三组群"的城镇体系架构(一心：中心城区；两副：石练、金竹两个中心镇；两轴：以公路交通干线及产业布局为导向向东西两翼拓展，形成两极发展轴带；三组群：新路湾—北界—应村—高坪组群、焦滩—王村口—龙洋组群、黄沙腰—柘岱口—西畈组群)，加快形成布局合理、分工明确、功能互补、城乡互动的现代城镇体系。

5. 完善规划体系。围绕"长三角休闲旅游名城"的发展定位，编制和完善县域总体规划、控制性详细规划和各类专项规划，加快形成覆盖城乡、相互衔接、管治有效的城乡规划体系。加强中心城区规划，围绕三城组团发展格局，完善新区建设、城市更新、公共设施、城市交通、城市绿道、地下空间、山体开发利用等规划，促进城市空间从地上到地下，从平面开发向立体开发转型。加强中心镇规划，编制中心镇总体规划和各类专项规划，推进中心镇特色化、集聚化和现代化发展，更好发挥对周边地区的辐射带动作用。加强中心村规划和农村新社区建设，根据各村工作实际，加快形成一村一规划、一村一产业、一村一特色。全面实施"阳光规划"，建立健全城乡规划监督管理机制，切实维护规划的权威性和严肃性。

三、加快推进美丽县城建设

6. 拓展城市发展空间。以低丘缓坡综合开发利用为契机，加快东进西拓步伐，推进"东城、新城、老城"三城组团发展。加快东城产城一体化发展，完成路网、水网、电网、信息网等配套工程，推进毛田、洋浩、龙板山、石材加工园区等区块开发建设，尽快形成规模和产能。加快新城建设，完成古院、后江等区块市政配套建设，推进城市文化综合体、遂昌第二中学、安置小区和其它进驻项目建设。加快老城城市更新，全面启动上溪滩、荷花滩、东桥路、园丁路延伸段(吴乐畈)等区块拆迁改造工程，分步实施街道及南北溪两侧房屋立面改造，对县城沿山、沿溪及边角区块进行改造提升。

7. 优化城市功能布局。合理划分城市功能区，构建统筹协调、分工配合、功能互补的城市功能布局。东城以产城联动为主，形成兼具工业、商贸、物流、居住等多元功能的城市工业新区和产业高地；新城以政务服务为主，建成集行政办公、文化教育、商务金融、酒店服务和居住功能为一体的现代城市综合新区；老城以旅游商住为主，突出休闲、旅游、娱乐、商务、人居等功能，打造舒适休闲的旅游小城。围绕"居家过日子"思维，优化完善各城区内的功能布局和配套设施，把让群众生活更舒适的理念体现在城市建设和管理的每一个细节中，为市民生产生活提供优质服务。

8. 提高城市承载能力。加强城市基础设施建设，改善城市人居环境。完善城市交通路网，加快推进古院新区路网、连直线(云峰段)公路改建等道路建设，深化衢宁铁路(遂昌段)、妙高山隧道、环城南路等项目前期。强化城市饮用水安全保障，加快遂昌县供水工程、东城供水工程等项目建设，深化清水源水库等项目前期，到2020年饮用水达标率达到95%以上。加强电网提升改造，满足生产生活用电需求，逐步推进电线及各种网线下地。加快垃圾填埋场二期建设，到2020年垃圾收集率达到90%以上，城区垃圾无害化处理率达到100%。推进污水管网建设，逐步实施雨污分流，到2020年污水处理率达到90%以上，努力达到一级A排放标准。推进天然气综合利用工程，形成以天然气为主、液化石油气为辅的供气格局。

9. 增强城市经济活力。狠抓招商引资一号工程，统筹推进一、二、三产招商，加快遂昌—诸暨山海协作共建产业园建设，全面提升工业园区发展水平，促进项目尽快落地和达产达效。大力发展生态工业，深入实施"1210"工程，支持元立、凯恩等骨干企业做大做强，扶持中小微企业快速发展，推动"个转企、小升规、规改股、股上市"，实施创新驱动战略和"四换三名"工程，加快企业技术创新和转型升级步伐，突出"亩产税收"导向。做强城市旅游经济，围绕"吃住行游购娱养"七要素，完善旅游服务配套，加快竹炭休闲养生基地、三墩旅游综合体等休闲旅游基地建设，努力创建"中国最佳旅游服务县"。拓展城市经济业态，大力发展总部经济、商贸经济、物流经济，加快竹炭产业研发服务中心、商贸综合体、东城物流中心等项目建设；推进住宿餐饮、创意文化等服务业发展；推动休闲购物、特色小吃、娱乐健身等夜间经济发展。加大建筑业扶持力度，促进房地产市场健康发展。

10. 完善城市服务配套。以提升城市人文关怀，提高市民生活幸福指数为发展导向，加快完善城市公共服务配套。坚持教育优先发展战略，开展省级教育现代化县创建，深入实施"3527"学校布局规划，完成梅溪小学、遂昌第二中学、遂昌中学等新扩建项目建设，落实教育质量提升五年行动计划，提升职业教育品牌，提高教育教学质量。启动省级卫生应急工作示范县创建，实施县乡村卫生一体化综合管理改革试点，深化公立医院综合改革，加快县人民医院新住院楼、民营医院等项目建设，健全医疗卫生服务网络，到2020年20分钟医疗卫生服务圈覆盖率达到95%。完善公共文化服务体系，开展节庆文化、广场舞、"活力遂昌"文化刷墙等活动，加快推进全民健身中心、城市文化综合体等项目建设，培育发展文化产业，打响县域文化品牌。健全大社保体系、社会救助体系和养老服务体系，提高“五保”和“三无”人员供养水平，加快县养老中心一期工程建设。建立健全以公共租赁住房为主要形式的多层次住房保障体系，改善低收入住房困难群体住房条件，到2020年全县城镇住房保障覆盖面达到30%。

11. 推进城市精细管理。坚持用科学态度、先进理念、专业知识建设和管理城市，健全和完善地理信息、交通通信、社会治安、环境管理、应急处置等系统，构建与新型城市化相适应的城市管理体系。以建设“智慧城市”为目标，发展电信通讯事业，推进信息化和城镇化、工业化深度融合。完善“数字城管”运行机制，实现城区及周边乡镇、工业园区“数字城管”全覆盖。建立权责统一、权威高效的行政执法体制，探索城市管理综合执法机制。加强城市应急管理体系建设，提高应对突发事件和抵御灾害风险的能力。深化社会治安综合治理，全面推进“平安遂昌”建设。大力开展城市交通治堵，推进公交体制改革和公共自行车项目建设，提高公交分担率；加大停车场建设和地下空间开发力度，倡导绿色出行，缓解停车难问题。深化“三改一拆”行动，创建省级“无违建县”。加强市容市貌整治，完善城市标识系统，规范清理广告牌，做好城市保洁工作。提高市民素质，推进文明城市建设。

12. 彰显城市个性形象。将山水生态、文化特色融入城市建设，形成遂昌城市风格，建设有文化传承、地域特色、乡村记忆的美丽县城。突出精品精致，城市建设追求精品化、独特性、差异化，努力做到“小而美、小而特、小而精、小而雅”。做好山水文章，利用城区山体和溪流，形成山水交融的独特休闲景观和城市建筑，让居民望得见山、看得见水。延续城市历史文脉，在城市建设中融入文化元素，展示我县汤显祖文化、好川文化、红色文化、民间传统文化等文化特色。协调建筑风格，以现代简约徽派风格为主，形成人与自然相和谐的建筑群体空间形态。协调城市色彩，以淡青色、灰色、白色作为城市主色调，城市灯光以暖色调为主，塑造舒适休闲的旅游小城形象。加快推进城市建设“六个一”工程，创成省级园林城市。

四、加快推进城乡一体化进程

13. 加快中心镇发展。进一步完善和落实《关于加快中心镇建设的若干意见》，推进石练镇、金竹镇两个中心镇发展，打造辐射带动周边农村发展的区域中心。以建设县域副中心为目标，推进石练中心镇旅游经济区、工业功能区、高效生态农业基地建设，加快石练绿色农产品加工园区、农家乐精品一条街、爱丰小区等项目建设，发挥对中西部地区的辐射作用。以峡湖金公路通车为契机，推进金竹中心镇发展，加大旅游招商、产业招商力度，推进旅游、温泉、矿产等资源有序开发，加快金竹小区二期等项目建设，带动区域经济社会发展。重视一般集镇发展，立足区位条件，把握功能定位，发展特色产业，培育区域经济发展新的增长极。

14. 加强中心村建设。贯彻落实《关于加快中心村培育建设的若干意见》，计划到2020年培育30个中心村。以“布局社会化、产业规模化、人口集聚化、设施配套化、服务社区化、环境生态化”为要求，扎实推进第二轮徐村、坑口、弓桥头等5个中心村建设。整合农民异地转移、整村搬迁、农村危旧房改造等项目，促进人口、产业和公共服务向中心村集聚，提升中心村辐射带动功能。以中心村带动新农村建设，促进农业增效、农民增收、农村发展。按照“打造一批、培育一批、提升一批”的总体思路，深化历史文化村落保护利用，到2015年建成3个历史文化精品村，培育10个历史文化特色村。

15. 完善乡村公共基础设施。推进城乡交通一体化建设，完成王村口至老虎跳公路改建工程，加快乌溪江大桥等项目建设，深化遂江线项目前期，改善中、西部水陆交通条件，打造县域公路“一小时半”交通圈。完善公共服务体系，推进城乡教育均衡化发展，发展农村文化体育事业，加强社区卫生服务中心、乡镇卫生院标准化建设，完善“五保合一”大社保体系。改善人居环境，全面开展“五水共治”，实施以“十大工程”为重点的“清水洁流”行动计划，打造“水环境最佳县”。深化“六边三化三美”行动，推行农村垃圾分类处理，创建“中国最洁净乡村”。推进“美丽乡村”建设，开展“寻找鲜花盛开的乡村、农户、田园”活动，建设美丽乡村风景线。

16. 培育壮大乡村特色经济。提升原生态精品现代农业，全面实施“5522”工程，大力发展农业主导产业和特色产业，促进农业规模化、集约化、商品化生产经营，鼓励家庭农场、专业大户、农民合作社发展，打造生态化、精品化、电商化的现代农业示范基地，强化无公害农产品、绿色食品、有机食品认证，打响原生态精品农业品牌。将乡村休闲旅游作为第一支柱产业来培育，全力推进遂昌金矿国家矿山公园创5A、汤沐园创4A、高坪乡村旅游创3A工程，创建9个以上农家乐综合体，发展乡村体验旅游、生态健康旅游、休闲度假旅游，打响“五行遂昌、一诺千金”县域品牌。大力发展养生养老产业，加快推进养生养老项目建设，着力培育食养、药养、水养、体养、文养“五养”特色品牌，推进养生养老产业发展走在全市乃至全省前列。培育壮大农村电子商务，全面实施“2510”工程，加快农村电子商务创业园区建设，实现农村电子商务服务站全覆盖，推进全国首批一事一议财政奖补促进美丽乡村建设试点，打造浙西南最大的农特产品网上交易平台。

17. 加快城乡统筹改革步伐。坚持以城带乡、城乡互动，将资金、项目、服务向基层倾斜，加大对乡镇、农村工作的扶持力度，解决服务群众“最后一公里”问题。按照尊重意愿、自主选择，因地制宜、分步推进，存量优先、带动增量的原则，有序推进农业转移人口市民化，加强农业转移人口就业和技能培训，提高农业转移人口融入城镇的素质和能力。开展大中型水库移民避险解困试点，加快推进农民安置小区建设，实施新一轮特扶项目，培育发展村级集体经济，促进低收入农户增收和扶贫重点村加快发展。加快推进农村产权制度改革，深化林权抵押贷款，稳步推进农村宅基地使用权和农村经济合作社股份合作制改革。

五、加快推进新型城镇化的工作保障

18. 加强组织领导。县委、县政府成立加快推进新型城镇化工作领导小组，切实加强对城镇化工作的领导，积极、稳妥、扎实地推进新型城镇化。各乡镇(街道)、部门要成立组织机构，落实责任和措施，确保各项工作落到实处。县委、县政府督查室和县效能办要加强对城镇化工作的监督检查，着力解决影响工作推进的突出问题，严肃查处各类违规行为。业务部门要有计划地开展专题培训，提高党员干部驾驭城镇化工作的能力和水平。

19. 强化要素保障。围绕新型城镇化，加强政策研究，积极向上争取政策和资金扶持，完善城镇化工作相配套的财税、用地、环保、科技、人口迁移、社会保障等政策。集约节约利用土地，优化城镇用地规划布局，提高城镇建设用地利用效率。创新城镇化工作推进机制，加大项目建设征迁和政策处理力度，确保项目无障碍施工和顺利推进。深化农村金融改革试点，加强政银企合作，激活民间投资活力，引导各种资本积极参与新型城镇化建设。加强城镇化工作人才引进和本土人才培养，为城镇化工作提供智力支持。

20. 推进改革创新。探索具有遂昌特色的城镇化发展道路，着力破解影响城镇化进程的体制制度障碍。建立新型城镇化协作机制，打破部门壁垒，对城镇化工作重点项目实行统一规划、并联审批、统筹施工，提高工作效率。优化政务环境，践行"一诺千金"服务品牌，使遂昌成为投资创业的热土，增强城市发展后劲。处理好政府和市场的关系，推广政府购买服务，推进城市绿化、卫生保洁、后勤保障等部分职能市场化运作。深化教育、就业、社会保障等方面的改革，推进城镇常住人口基本公共服务均等化。

21. 营造良好氛围。凝聚新型城镇化的思想共识，增强广大干部的工作使命感和紧迫感，形成加快推进新型城镇化的强大合力。坚持正确用人导向，选派干部到城镇化工作相关岗位进行挂职，利用急难险重岗位锻炼干部和发现干部。建立新型城镇化的考核机制、激励机制和项目领办负责制，把推进新型城镇化作为绩效考核管理的重要内容。落实重大项目公示公开、征求意见等制度，引导群众积极参与和监督新型城镇化建设。加强新型城镇化宣传工作，描绘发展蓝图，展示阶段成效，引导舆论导向，形成全县上下关心、支持、参与新型城镇化建设的良好氛围。

2014 年 6 月 9 日

中共景宁畲族自治县委　景宁畲族自治县人民政府关于进一步加强新形势下民族工作 深化少数民族经济社会发展扶持工作的若干意见

紧紧围绕"共同团结奋斗、共同繁荣发展"的主题，深入贯彻落实《中华人民共和国民族区域自治法》及《关于加大力度继续支持景宁畲族自治县加快发展的若干意见》(浙委〔2012〕115 号)文件精神，进一步加强新形势下我县民族工作，全力助推"在推动科学发展、促进社会和谐、增进民族团结上走在全国民族自治县前列"目标实现。现就深化我县少数民族经济社会发展扶持工作，提出如下意见。

一、经济社会发展目标

加快畲族人口集聚，推动少数民族群众增收，争取少数民族农村居民年人均纯收入增幅高于全县平均水平，加强少数民族人才培养，积极推进"畲族文化总部"、"民族经济总部"建设，着力打造"中国畲乡、小县名城"。

二、加快少数民族产业发展

制定少数民族经济产业发展规划。对从事县主导产业的少数民族群众，补助条件按规模减半，以村为单位联户统计的方式计算，补助标准在相关政策基础上，再提高10%～30%；制定特扶政策，鼓励兴办家庭农场、合作社等，发展新兴产业和优势种养业，引领少数民族群众增收致富。

通过土地流转、引进工商资本等形式，发展壮大民族村集体经济。

在安排修建产业基础设施时，向民族村倾斜，项目安排比例不少于 20%。修建竹林道每公里再补助 1.5 万元。

加大畲族工艺品、畲族医药加工等民族企业扶持力度，参照国家民品企业优惠政策执行。

鼓励少数民族群众发展畲族乡村休闲旅游业、畲家乐等服务业，补助标准在相关政策的基础上，再提高 30%。

三、加快少数民族人口集聚

规划建设两个 2000 人以上的畲族特色异地搬迁安置点。鼓励少数民族群众向县城、中心镇、中心村转移集聚，在享受异地搬迁政策的基础上，每人再给予 6500 元的补助。

四、改善少数民族生活条件

加大对少数民族人口较为集聚、发展潜力较好、规划保留的民族村基础设施投入，加大民族村联网公路建设，在原有政策基础上，每公里再补助 10 万元。确需而未列入建设的民族村道路享受同等政策。

加大农房改造力度，对民族村群众建房进行统一规划建设，在享受相关政策的基础上，再给予每人 3000 元的建房补助。

通过置换、集体收购等形式对畲族风情旅游度假区内民族古村落进行保护性的开发和利用。

每年整合资金建设提升3个魅力畲寨样板村、3个民族特色村寨、2个民族团结进步小康村。

五、提升少数民族教育水平

少数民族学生实行"十五年"基础教育免费制度。

继续实行少数民族学生中考加20分政策,并确保景宁中学当年招收少数民族学生不低于前三年平均录取率。

继续实行民族教育券制度,给予县内就读的少数民族初、高中学生每学年不少于500元、小学生每学年不少于300元的生活补助。继续实行少数民族大学生补助、奖励政策。

县民族小学优先招收少数民族学生,鼓励少数民族学生到县城就读,给予适当补助。

设立少数民族学生奖励基金,对优秀在校少数民族学生进行奖励。

每年选送2～3名景宁籍畲族初中毕业生到中央民族大学附属中学学习。

六、强化少数民族社会保障

继续实行少数民族群众参加城乡医疗保险个人缴费部分50%补助政策。继续实行少数民族农村居民大病住院医疗补助、农户政策性住房保险、贫病补助等政策。

着力推进民族医院建设。

七、推进畲族文化事业发展

县财政每年按上年度财政收入0.5%设立畲族文化发展基金,健全畲族文化研究组织,加强畲族语言、服饰、歌舞、体育、建筑、畲医畲药等文化的研究、传承、保护、利用。

尊重少数民族风俗习惯,涉及民族习俗、文化等工作内容,要经民宗部门审核。

八、加强少数民族干部队伍建设和人才培养

加强少数民族干部培养,重视少数民族人才工作。重点民族乡镇(街道)、部门必须按一定比例配备少数民族干部,在拔尖人才、科技新秀等县高层次人才培养工作中给予倾斜。

县级机关事业单位公开招录公务员、事业单位工作人员原则上实际招录少数民族干部的比例要高于12%。

积极向上级争取政策,高校在景宁招收定向委培生时,少数民族学生比例要占15%以上。

九、加大财政资金扶持力度

县政府每年按上年度地方财政收入的3%继续安排少数民族发展资金,作为少数民族经济社会事业发展的政策性、加强性和引领性资金。少数民族异地搬迁、危旧房改造、基础设施建设、民族教育、城乡医疗保险等补助资金,由县财政另行安排。其他各渠道资金安排不得削减。

十、加强少数民族工作领导

建立健全民族工作机制,设立民族工作领导小组,组长由县委、县政府主要领导担任,下设办公室,县政府分管领导任办公室主任。

县级相关部门在制定全县发展规划时,要有明确的少数民族发展同步规划,民族工作要列入各部门、乡镇(街道)年度工作目标责任制考核。

本意见实施细则另行制定。

2014年5月9日

党的建设篇

中共杭州市余杭区委
关于印发《杭州市余杭区区管领导干部
“四考合一”考核评价实施办法(试行)》的通知

各镇党委、街道党工委，区直各单位党组织：

现将《杭州市余杭区区管领导干部“四考合一”考核评价实施办法（试行）》印发给你们，请结合实际，认真贯彻执行。

2014年7月8日

杭州市余杭区区管领导干部“四考合一”
考核评价实施办法(试行)

为切实加强区管领导干部队伍建设，建立促进科学发展的干部考核评价机制，根据上级有关精神，结合我区实际，制定本办法。

一、指导思想

深入贯彻落实科学发展观，坚持注重基层导向、干事导向、作风导向、业绩导向和民意导向，通过综合运用组织考察、实绩考核、评议考查、综合考评等方式，全面、客观地考核评价领导干部德、能、勤、绩、廉等方面的现实表现，促进领导干部树立正确的政绩观，激发干事创业的工作热情，为创造余杭发展新优势，开创余杭科学发展新局面提供坚强的组织保障。

二、实施对象

全体区管在职领导干部（调研员、副调研员参照执行）。

三、主要内容

“四考合一”考核评价实施办法由组织考察、实绩考核、评议考查、综合考评四个部分组成，由区委组织部牵头组织实施，具体为：

1. 组织考察。在每年年末组成若干个考察组，开展对区管领导班子和区管领导干部的考察工作，当年进行届中或届末区管领导班子和区管领导干部考察的，组织考察不再单独开展。考察主要采取年度总结、述职述德述廉、个别谈话、实地走访、电话抽访、专项调查、综合分析等方式，根据区管领导干部综合表现，评定优秀、称职、基本称职、不称职等次。

2. 实绩考核。实绩考核适用于镇（街道）领导班子成员。围绕区委、区政府中心工作，针对镇（街道）设置考核项目，根据项目完成情况，对应镇（街道）领导班子成员评定优秀、称职、基本称职、不称职等次，具体根据当年度《杭州市余杭区镇（街道）领导班子成员实绩考核办法》执行。

3. 评议考查。采取分层分类评议方式开展，将各层面评议以百分制形式加权量化到区管领导干部个人，分类别按照个人得分高低，评定优秀、称职、基本称职、不称职等次，具体根据当年度《杭州市余杭区区管领导干部评议考查实施办法》执行。

4. 综合考评。由区效能考评办负责对镇（街道）和区直单位全年整体工作完成情况进行考核，根据考核结果，每类别前15%的单位，其班子成员综合考评为优秀等次；末5%的单位，其班子成员综合考评为基本称职等次；末位且未完成基本任务的单位，其班子成员根据分工，视任务完成情况，可确定为不称职等次；其余确定为称职等次。

四、结果评定

“四考合一”结果分优秀、称职、基本称职、不称职四个类别十个档次，按照镇（街道）和区直单位正副职分类确定。镇（街道）领导干部综合组织考察、实绩考核、评议考查、综合考评情况确定等次，区直单位领导干部综合组织考察、评议考查、综合考评情况确定等次。区委、区政府对重点工作、重点项目的督查结果，作为区管领导干部“四考合一”结果评定的重要内容。具体标准如下：

（一）镇（街道）领导干部：

1. 优秀类，分优秀＋、优秀、优秀－三个档次。

优秀＋：组织考察、实绩考核、综合考评等次均为优秀；

优秀：组织考察、实绩考核等次均为优秀；

优秀－：组织考察等次为优秀，实绩考核等次为称职；

2. 称职类，分称职＋、称职、称职－三个档次。

称职＋：组织考察等次为称职，实绩考核等次为优秀；

称职：组织考察、实绩考核等次均为称职；

称职－：组织考察等次为优秀，实绩考核等次为基本称职；

3. 基本称职类，分基本称职＋、基本称职、基本称职一三个档次。

基本称职＋：组织考察等次为基本称职，实绩考核等次为优秀；

基本称职：组织考察、实绩考核等次一项为称职，另一项为基本称职；

基本称职一：组织考察、实绩考核等次均为基本称职；

4. 不称职：组织考察、实绩考核等次有一项为不称职。

（二）区直单位领导干部：

1. 优秀类，分优秀＋、优秀、优秀一三个档次。

优秀＋：组织考察、评议考查、综合考评等次均为优秀；

优秀：组织考察、评议考查等次均为优秀；

优秀一：组织考察等次为优秀，评议考查等次为称职；

2. 称职类，分称职＋、称职、称职一三个档次。

称职＋：组织考察等次为称职，评议考查等次为优秀；

称职：组织考察、评议考查等次均为称职；

称职一：组织考察等次为优秀，评议考查等次为基本称职；

3. 基本称职类，分基本称职＋、基本称职、基本称职一三个档次。

基本称职＋：组织考察等次为基本称职，评议考查等次为优秀；

基本称职：组织考察、评议考查等次一项为称职，另一项为基本称职；

基本称职一：组织考察、评议考查等次均为基本称职；

4. 不称职：组织考察、评议考查等次有一项为不称职。

（三）其他评定依据

1. 区委、区政府对重点工作、重点项目的督查结果。

2. 镇（街道）和区直单位领导干部评议考查基本称职和不称职票数相加超过总数三分之一，一般“四考合一”等次应评为基本称职类；不称职票数超过总数三分之一的，或连续两年每年不称职票数超过总数五分之一的，一般“四考合一”等次应评为不称职等次。在“德”的正向评价中，“好”和“较好”得票数相加达不到总数三分之二，或在“德”的反向测评中，不良表现有2项（含）以上得票，且得票数超过总数三分之一的，“四考合一”一般不得评定优秀类。

3. 综合考评等次为优秀的，其领导干部“四考合一”等次上浮一个档次；综合考评等次为基本称职的，其领导干部“四考合一”等次下浮一个档次。“四考合一”等次连续两年为基本称职一的，经组织认定，可确定为不称职；调研员、副调研员“四考合一”等次只分优秀、称职、基本称职、不称职四类不分档次，根据组织考察、评议考查和综合考评情况确定。

四、结果运用

1.“四考合一”等次作为区管领导干部选拔任用和确定年度考核等次的重要依据。

2. 近三年“四考合一”等次均为优秀类别的区管领导干部，原则上优先提拔任用或转任重要岗位，符合相关条件的，优先推荐杭州市管副职后备干部或列为区管正职后备干部。

3. 当年度“四考合一”等次确定为称职一、基本称职＋、基本称职、基本称职一，且组织考察、实绩考核、评议考查中有一项为基本称职的区管领导干部，进行提醒谈话、诫勉谈话，且不得列为后备干部，两年内不得提拔任用或转任重要岗位。

4. 当年度“四考合一”等次确定为不称职的区管领导干部，经组织调查核实，视情况启动免职、降职程序。

本办法由中共杭州市余杭区委组织部负责解释，自公布之日起施行。

中共建德市委关于落实“走访不漏户，户户见干部”要求进一步深化乡镇（街道）干部“驻乡进村访户”活动的通知

各乡镇（街道）党（工）委，市级机关各单位党组织：

2月7日，省委书记、省人大常委会主任夏宝龙到我市调研指导第二批党的群众路线教育实践活动，对我市基层干部走村入户工作给予了充分肯定，并提出了“走访不漏户，户户见干部”的要求。为认真贯彻落实夏宝龙书记重要指示精神，深入推动党的群众路线教育实践活动，切实加强乡镇（街道）干部队伍建设，现就进一步深化乡镇（街道）干部“驻乡进村访户”活动通知如下：

一、壮大工作力量，丰富活动内容

抓好扩面延伸工作。推动“驻乡进村访户”活动向乡镇（街道）的基层站所延伸，把市级部门单位派驻乡镇（街道）站所和分支机构的干部职工，统一纳入活动参与范围。结合党的群众路线教育实践活动，市级领导干部带头在联系点走村入户、蹲点调研，机关部门党员干部分期分批走访联乡结村单位和服务对象。根据单位类型、承担任务、服务对象等差异，结合工作岗位、个人的实际作出合理安

排，整合资源，组团服务，引导机关部门下沉乡镇（街道）、乡镇（街道）下沉基层。严格住夜联村访户工作要求。实行"124"制度，乡镇（街道）班子成员住乡除正常值班外每周不少于1个晚上，其他干部住乡住村每周不少于2个晚上，干部个人每月安排走访不少于4次。实行乡镇（街道）干部联村（社区）、联企、联户、联项目"四联"制度，领导班子带头率先示范，每名成员至少直接联系1个村（社区）、5家住户，尤其要联系重点村、重点户。坚持"八必联五必访"制度，其他干部至少结对帮扶1名重点户、困难户。乡镇党政正职要走遍所有自然村和党员困难户，联村干部要走遍联系村所有住户，确保实现走访不漏户、户户见干部，不留空白、不留盲点。丰富住夜值班的内容和形式。广泛开展各种形式的夜学、夜议、夜访、夜办，推广乡镇（街道）干部住夜走村做法，确保住夜值班真起作用、真见实效。利用党员干部远程教育平台开设"乡镇工作大讲堂"，充实夜学内容，提升乡镇干部业务能力，推进乡镇"全科干部"建设。

二、创新活动载体，完善运行机制

创新服务群众有效载体。坚持挂牌上岗、每周无会日、固定服务日制度，优化提升"六事一日工作法"，探索"开放式网格党建、区域化统筹服务"，完善为民办事全程代理制度，推进党员服务中心、村（社区）办公场所、便民服务中心的有效整合，提升"一站式"综合性服务质量，深化基层服务型党组织建设。健全民情分析研判制度。积极推行民情日记、民情档案、民情比武等有效做法，深化民主恳谈会、民主听证会、民主议事会和民情沟通日"三会一日"制度，定期分析社情民意，全方位了解基层群众生产生活情况和各种利益诉求，及时掌握基层倾向性、苗头性问题，有效化解基层矛盾。推行师傅带徒制度。在乡镇（街道）干部联村联户安排中注重新老搭配、组团结对，充分发挥"老乡镇"民情联系优势，加强对年轻干部做群众工作的帮带指导，加快年轻干部锻炼成长。

三、抓实主题教育，提升服务成效

组织专题活动。扎实推进乡镇（街道）党的群众路线教育实践活动，在学习教育、听取意见环节深入开展"千名干部组团破难、万名党员入户解忧"活动。乡镇（街道）干部要结合查摆"四风"问题，深入实施基层走亲、连心解忧，用脚步丈量民情、用真情听取民声、用实招破解民忧，重点摸清"两难"（群众生产生活困难、村级发展难题），努力做到"两帮"（帮助群众办成一两件实事、帮助村级完善三年发展蓝图），切实解决好联系服务群众"最后一公里"问题。实施提质增效。结合"爱岗敬业强责任，专心致志抓落实"大讨论活动，对"驻乡进村访户"工作进行"回头看"，认真讨论反思，深度总结完善，提振精气神，增加责任心，强化执行力，提高"驻乡进村访户"工作水平。推进中心工作。突出"驻乡强服务、进村促发展、访户助民生"的功能定位，紧密结合"五水共治"、"三改一拆"、项目攻坚等中心工作，下沉力量、靠前指导，使"驻乡进村访户"工作成为服务发展、服务民生、服务群众的有力抓手。

四、强化考评督查，推动常态长效

建立办事档案。全面实行乡镇（街道）干部办事档案、工作日志、办事月报等做法，加强日常考核、年度考核、一线考核，凡是服务群众工作不到位或工作、考勤、值班、病事假等相关制度执行不到位、群众意见大的，一律不能评先评优。强化群众监督。实行访户签名回执制度，回执单每月在乡镇（街道）办事大厅公开。开展乡镇（街道）干部群众知晓度、群众满意度测评，重视在基层党员群众的乡语口碑中考察识别干部，促进包村联户、住夜值班等制度落实。从严督促检查。组建专门督查组，通过各级党代表巡查、明察暗访、情况通报、新闻曝光等一系列举措，强化正风肃纪和效能问责。市纪委、市委组织部会同有关部门对"驻乡进村访户"情况每月抽查通报一次，对发现违反改进工作作风规定、损害群众利益的行为及时进行查处。

各乡镇（街道）要立即行动起来，集中开展新一轮的走访活动，并做好必要的住夜及相关工作保障。对活动中发现的典型事迹和好的做法及时进行总结宣传，有关情况及时报市委组织部。

2014年2月12日

桐庐县县管领导干部不敢担当情形问责办法（试行）

各乡镇党委、街道党工委，县级机关、企（事）业各单位党委（党组）：

为认真贯彻落实党的十八届三中全会精神和中央、省市委关于加强干部队伍建设的新要求，切实抓好党的群众路线教育实践活动整改措施落实，根据《党政领导干部选拔任用工作条例》《关于实行党政领导干部问责的暂行规定》等文件精神，结合我县实际，制定本办法。

一、指导思想

深化干部人事制度改革，通过建立对县管领导干部不敢担当情形的问责机制，认真解决我县干部队伍中存在的一些不敢担当、不愿担当、不能担当、不善担当的问题，进一步促进干部作风转变，树立干事创业的用人导向，为“一个目标、五大桐庐”建设提供坚强的组织保障。

二、适用对象

县管领导干部，其他干部可参照执行。

三、问责情形

有下列不敢担当情形之一的，应当实行问责：

1. 在执行县委县政府决策部署和落实领导指示要求中，推诿扯皮，致使政令不畅、执行不力、贻误工作的。

2. 在改革创新中，不敢解放思想、不敢拍板、不敢承担风险，影响全县重点改革创新任务有效推进的。

3. 在重大项目推进中，不敢勇挑重担，不能迎难而上，不善攻坚破难，致使项目推进实际成效不明显，在县以上督查通报中，一年内被通报整改两次以上的。

4. 在五水共治、无违建县创建等重点工作中，不敢较真碰硬、不敢啃硬骨头、不能一抓到底，在重点工作实绩通报中一年有两次以上较差的。

5. 在服务基层、服务企业、服务群众中，不深入、不主动，对企业和群众诉求态度生硬、坐视不理，造成不良影响的。

6. 在突发事件或自然灾害中，不敢冲锋陷阵，不敢靠前指挥，造成不良后果的。

7. 在信访维稳中，不敢直面矛盾，碰到难题绕，遇到群众诉求躲，因措施不力，引发群访或越级上访的。

8. 在班子分工和工作分配中，挑肥拣瘦、拈轻怕重，甚至不服从组织安排，造成不良影响的。

9. 在日常工作中，不肯深入基层，不能求真务实，搞花架子、要表面，因工作不实，在“四比一争”考评中得分在本单位或同类单位中明显偏低的。

10. 在依法履职中，不敢坚持原则，不按章办事，在原则问题上搞平衡、和稀泥，损害政府形象和群众利益的。

11. 在干部队伍管理中，不敢得罪人，对歪风邪气不敢抓、不敢管，不认真履行“一岗双责”，干部队伍中出现作风问题或发生违纪违法问题的。

12. 其他需要问责的情形。

四、问责方式

对县管领导干部不敢担当情形的问责方式分为：批评，通报批评，诫勉谈话，调离岗位，停职检查，引咎辞职、责令辞职或免职。对情节较轻的，给予批评；情节较重的，给予通报批评、诫勉谈话、调离岗位；情节严重的，给予停职检查、引咎辞职、责令辞职或免职。

问责的同时应追究党纪政纪或法律责任的，依照有关规定执行。

五、问责程序

对县管领导干部不敢担当情形实行问责，必须坚持实事求是、权责一致、惩教结合、依靠群众、依法有序的原则，同时要鼓励担当，宽容失误，坚持正确导向。具体由县纪委、县委组织部按照管理权限和程序负责实施。

1. 问责受理。对在工作考核、干部考察、专项督查中发现的，群众信访、举报、投诉的，新闻媒体曝光的，或者其他方式发现的应当问责的线索，由县纪委、县委组织部研究启动问责调查。

2. 调查核实。县纪委、县委组织部应派出调查组深入了解事实，根据需要可组织相关职能部门共同参与调查，调查过程中要充分听取干部群众意见和本人申述，并记录在案。对其合理意见，应当予以采纳。

3. 提出建议。根据调查结果，视情节和责任，提出问责建议。

4. 问责决定。拟给予批评、通报批评、诫勉谈话问责的，由县纪委、县委组织部研究决定；拟给予调离岗位、停职检查、引咎辞职、责令辞职、免职问责的，由县委常委会集体研究决定。问责决定作出后，下达《问责决定书》，送达被问责人员及其所在单位。给予批评、通报批评的，可不下达问责决定书。

5. 组织谈话。与被问责干部谈话，说明问责理由，指明努力方向，认真做好思想教育工作。

6. 申诉复核。干部对问责决定不服的，可在收到决定之日起15日内，向问责决定机关提出书面申诉。问责决定机关接到书面申诉后，应当在30日内作出复核决定，并以书面形式告知申诉人及其所在单位。申诉复核期间，不停止问责决定的执行。

六、问责执行

1. 给予批评的，县管正职由县委领导进行谈话，其他县管干部由县纪委、县委组织部负责人或所在单位主要领导进行谈话。当年内受到批评两次以上的年度考核不得定为优秀。

2. 给予通报批评的，责令当事人作出书面检查，并在一定范围内进行通报。当年内受到通报批评的年度考核不得定为优秀，两次以上的定为基本称职。

3. 给予诫勉谈话的，当事人应当提交书面检查报告。当年内受到诫勉谈话的年度考核定为基本称职等次，两次以上的定为不称职。

4. 给予调离岗位、停职检查的，年度考核定为基本称职或不称职等次，并根据其情节轻重给予平级交流、降职或转任非领导职务等组织处理。给予停职检查的，在停职期间可酌情安排从事临时性、专项性工作或脱产培训学习。

5. 给予引咎辞职、责令辞职或免职的，年度考核定为不称职等次，一年内不安排职务，两年内不得担任高于原任职务层次的职务。在不安排职务期间可酌情安排从事临时性、专项性工作或脱产培训学习。

七、有关要求

对领导干部不敢担当情形实行问责是深化干部人事制度改革的新举措，有关部门要各司其职，密切配合，认真抓好落实，并在实践中不断总结和完善。

1. 要严格执行组织纪律，对拒不服从问责决定的干部，要先给予免职并按有关规定给予纪律处分。

2. 对因问责而调整职务的干部，应当综合考虑其一贯表现、资历、特长等因素，酌情安排适当岗位或者相应工作任务，并有针对性地加强培训教育和跟踪管理。

3. 各级党组织要进一步加强对干部的思想教育工作，引导和帮助干部争做一名克难攻坚、敢于担当的好干部。

本办法由县委组织部商县纪委负责解释，自印发之日起施行。

附件：1. 桐庐县县管领导干部不敢担当情形问责决定书；（略）

2. 桐庐县县管领导干部不敢担当情形问责复核决定书。（略）

2014 年 6 月 3 日

中共宁波市委关于建立健全科学民主依法决策机制的实施意见

为认真贯彻党的十八大和十八届三中全会精神，更好地巩固和发展群众路线教育实践活动成果，推进科学执政、民主执政、依法执政，根据省委《关于建立健全科学民主依法决策机制的意见》，结合宁波实际，提出如下实施意见。

一、总体要求

坚持以邓小平理论、“三个代表”重要思想、科学发展观为指导，深入学习贯彻党的十八大和习近平总书记系列重要讲话精神，着眼于推进治理体系和治理能力现代化，全面落实科学执政、民主执政、依法执政的要求，始终坚持党的群众路线，坚持实事求是，坚持改革创新，坚持制度建设，进一步健全决策机制，规范决策程序，拓宽决策思路，优化决策方式，使各项决策和部署更好地遵循客观规律、符合中央和省委精神、切合宁波实际、体现群众意愿，保证人民赋予的权力始终用来为人民谋利益，为深入实施“六个加快”战略和“双驱动四治理”决策部署，全力推进经济社会转型发展三年行动计划，努力实现“两个基本”、建设“四好示范区”目标提供坚实基础和重要保证。

二、建立健全决策的调查研究和咨询论证机制

（一）加强调查研究

认真贯彻市委《关于进一步加强和改进调查研究工作的意见》，坚持先调研后决策，把调查研究作为决策的必经程序，贯穿于决策的全过程，为决策提供切实可行的意见建议。凡需提交各级党委、政府讨论决策的事项，要事先组织相关部门和研究机构进行广泛深入和全面系统的调查研究，充分了解真实情况、各方意见和群众的利益诉求，并形成调研报告或比选方案。对事关经济社会发展全局的重大决策，各级党委、政府主要负责同志应在决策前亲自调研，掌握第一手资料。

（二）扩大群众参与

重大事项决策要通过多种渠道和形式，广泛征求各级党代表、人大代表、政协委员和群众代表的意见建议。积极拓宽民情反映渠道，充分发挥“两代表一委员”密切联系群众的作用，建立健全信息收集、处理、反馈、回访等环节完整的民情工作链。对城乡规划建设、社会治理、公共服务等涉及面广、与群众利益密切相关的重大事项决策，要积极通过新闻媒体、网络平台或社会公示、民主听证等方式，广泛征集群众意见和建议，切实扩大重大事项决策的民意基础。

（三）开展咨询论证

对事关全市经济社会发展全局的重大战略、重要部署、重大项目，特别是专业性、技术性较强的重大事项，各级党委、政府在决策之前，要组织专家开展咨询论证。咨询或论证时出现意见分歧较大的事项应暂缓决策或取消提交决策，应论证而未论证或论证通不过的事项不得提交决策。

（四）实施风险评估

作出直接关系群众切身利益且牵涉范围广、容易引发社会稳定问题的重大事项决策，要按照《宁波市重大事项社会稳定风险评估办法（试行）》开展社会稳定风险评估，对可能引发的社会不稳定因素进行科学预测、综合研判，最大限度避免决策失误。要把风险评估作为决策的重要依据，区别不同风险等级，相应作出调整决策方案、暂缓实施决策等安排。凡是按规定应当进行风险评估而未评估的，不得予以立项、审批或作出决策。

（五）坚持合法性审查

建立健全规范性文件、重大事项决策合法性审查机制，对涉及民生问题等重大决策事项，各级党委、政府应组织力量开展可行性审查并提出意见。对涉及法律问题的决策事项，应由人大有关部门或政府法制部门进行合法性审查。建立规范性政策文件的备案审查制度，对报送备案的政策性文件，备案机关应当及时进行合法性、合规性、合理性等方面审查。

三、建立健全决策的讨论形成机制

（六）健全党委决策规则

充分发挥党委总揽全局、协调各方的领导核心作用，按照《中国共产党宁波市委员会工作规则》，严格贯彻落实民主集中制原则，完善并严格执行市委议事规则和决策程序。各级党委要按照科学决策、民主决策、依法决策相统一的要求，自觉维护宪法法律权威，遵守党章等党内法规，运用法治思维和法治方式，确保决策于法有据、合法合规。

（七）完善行政决策程序

按照《宁波市人民政府重大行政决策程序规定》，健全政府科学民主依法决策机制，坚持公平公开公正的原则，严格落实重大行政决策的各项程序，切实加强重大事项决策中决策范围、决策启动、合法性审查、集体审议、公布执行和监督检查等环节的管理，提高决策水平和效率。

（八）支持和保证人大依法行使重大事项决定权

坚持依法治国基本方略和依法执政基本方式，善于通过国家政权机关实施党对国家和社会的领导，强化法治思维，善用法治方式，不断健全科学民主依法决策机制。注重发挥人大职能作用，属于人大职权范围的重大事项，一般应通过人大依法审议决定。党委要根据年度中心任务，适时提出须经人大法定程序的重大决策主张。人大要依法行使重大事项决定权，确保将党委决策意图转变为地方国家意志。“一府两院”要认真贯彻《宁波市人大常委会讨论决定重大事项办法》，及时提出须提请人大审议决定的重大事项建议议题，落实政府重大政策出台前向人大报告规定。

（九）完善重大决策政治协商制度

认真贯彻《中共宁波市委关于进一步加强中国共产党领导的多党合作和政治协商制度建设的实施意见》和《中共宁波市委关于加强和完善人民政协政治协商的意见》，把政治协商纳入党委、政府重大事项决策程序，坚持协商于决策之前和实施之中，丰富拓展协商民主形式，规范协商民主内容和协商程序，增加协商密度。创新开展政协全会提案协商、委员双月恳谈会、协商交流会和各专委会协商交流会等协商形式，认真广泛听取政协参加单位和政协委员的意见建议，及时解决和调整决策前和实施中的有关问题。积极开展党际协商，并应根据需要通过多种形式，直接听取民主党派、工商联、人民团体和各界人士的意见建议。

四、建立健全决策的执行落实机制

（十）建立决策落实责任制

对重大事项决策要明确责任主体、任务分解、工作目标和进度要求，形成权责明晰的决策落实工作机制。按照权责统一的原则，形成多层次抓落实的目标体系和岗位责任制。各级党委、政府办公厅（室）应及时科学地对重大事项决策进行工作分解，提出完成工作的目标、任务、时限、基本要求及考核评价办法，使重大决策和部署变成具体工作目标，量化到岗、细化到人。建立健全重大事项决策落实情况报告制度，决策实施单位要及时上报落实情况。

（十一）开展决策执行的监督检查

重大决策事项除依法应当保密外，要按照有关规定向党代会或全委会、人代会或人大常委会报告，向政协委员通报，并适时向社会公开，接受社会各界和群众监督。建立健全对重大事项决策实施情况定期检查、专项督查、情况报告制度。各级督查部门应按照党委、政府的部署和要求，及时制定督查方案，创新督查方式，采取随机抽查、明查暗访和动态监控等形式，加大监督检查力度。要进一步加强人大法律监督和工作监督，加强政协民主监督，加大纪检监察监督力度，发挥舆论监督、特约监督、群众监督作用，推动各级党委、政府重大决策部署有效贯彻落实。

（十二）实施决策成效评估和纠错修正

重大事项决策实施后，应采取抽样检查、跟踪调查、第三方评估及群众满意度调查等方式，收集分析决策实施相关信息，及时了解决策实施情况，全面客观评估决策实施效果，注重评估成果的应用。完善决策失误纠偏纠错机制，发现决策有偏差或者落实中存在问题，应及时向决策的各级党委、政府提出调整、修正和完善相关决策方案的建议，使决策内容更加切合实际、政策举措更加切实可行、决策实施取得更大实效。

五、保障措施

（十三）加强组织领导

各级党委、政府主要负责人要高度重视科学民主依法决策机制建设，切实负起领导责任。各级党委、政府办公厅（室）要认真抓好决策服务，组织协调有关方面把决策前、决策中、决策后的各个环节的工作做深做细。各级政策研究部门要切实加强调查研究，及时全面地反映群众的所思所忧所盼。纪检监察机关和组织、统战、法制等部门要认真履行职能，切实发挥好在党委、政府决策中的作用。

（十四）加强地方智库建设

积极探索宁波特色新型智库的组织形式和管理方式，引导研究部门、在甬高等院校围绕党委、政府决策部署开展工作，鼓励哲学社会科学界更好地发挥智库作用。高度重视智库人才建设，进一步整合研究资源，积极建言献策，为科学决策提供高质量的智力支持。

（十五）加强决策的责任追究

按照“谁决策、谁负责”的原则，坚持决策效果评估和责任追究相统一，健全完善决策责任追究制度。对违反程序和规定决策、不执行或擅自改变决策，上级党委、政府要及时予以批评纠正；造成重大损失和严重社会影响的，要追究责任领导和直接责任人的责任。决策承办部门不按规定做好决策前期工作，导致党委、政府决策不能体现民意或民意体现不充分的，要追究部门主要负责人和直接责任人的责任。建立保障改革创新、宽容失败、允许试错机制，鼓励和支持大胆改革创新。

2014 年 8 月 13 日

中共奉化市委关于进一步加强和改进调查研究工作的意见

为认真贯彻落实市委开展党的群众路线教育实践活动的部署和要求，进一步加强和改进调查研究工作，提高调查研究科学化水平，推进科学决策、民主决策，根据《中共宁波市委办公厅宁波市人民政府办公厅关于进一步加强和改进调查研究工作的意见》(甬党办〔2014〕25号)文件精神，结合本市实际，现提出如下意见。

一、把握加强和改进调查研究工作的总体要求

1. 重要意义。调查研究是我们党长期坚持、一以贯之的优良传统和作风，是我们党的基本领导制度和基本工作方法，必须高度重视、始终坚持。各地各部门要充分认识加强调研工作的重要性，切实把调查研究作为提升决策水平的重要保证、破解难题的重要抓手、密切联系群众的重要途径、改进作风的重要载体，以解放思想、实事求是、与时俱进、求真务实的精神，深入基层、深入群众，扎实开展调研工作，不断提高科学决策水平。

2. 指导思想。坚持以邓小平理论、"三个代表"重要思想、科学发展观为指导，深入学习贯彻习近平总书记系列重要讲话精神，紧紧围绕"两城四地"建设、推进"三大建设"和四大板块开发，以科学理论指导调查研究、以科学制度保障调查研究、以科学方法推进调查研究，着重研究事关全局和长远的战略问题、影响和制约科学发展、加快发展的突出问题、全面深化改革中的紧迫问题、群众反映强烈的热点问题，不断提高调查研究科学化水平，为党委、政府科学决策提供依据。

3. 工作原则。坚持调查研究与改进工作作风相结合，弘扬求真务实精神，从实际出发研究和解决问题。坚持调查研究与密切联系群众相结合，充分反映民意，广泛集中民智，在调查研究中增强同人民群众的深厚感情。坚持调查研究与提高决策水平相结合，完善决策机制，切实做到没有经过调查研究的不决策。坚持调查研究与推动实际工作相结合，加强调研成果转化运用，在深入研究新情况、不断解决新问题的实践中努力开创各项工作新局面。

二、推进调查研究制度化规范化

4. 完善重要决策调研论证制度。坚持先调研后决策，切实把调查研究作为决策的必经程序，贯穿于决策全过程。完善重要决策提出机制，积极回应社会关切和群众期待，加强储备性政策研究，提高党委决策的前瞻性和针对性。广泛开展重要决策民主协商，凡是提交党委常委会议、政府常务会议讨论的重要决策，要事先开展充分的咨询论证，并形成咨询意见或比较方案。对于重要决策特别是涉及群众切身利益的重要政策措施出台，要采取听证会、论证会或公众媒体征求意见的形式，广泛听取党代表、人大代表、政协委员及各方面群众的意见。坚持决策效果评估和责任追究相统一，对因缺乏调查研究、违反决策程序造成重大损失的，要追究领导责任。

5. 建立调研成果与信息交流制度。党政领导干部调查研究可与理论中心组学习活动结合起来，定期交流研究成果。建立全市调研信息网络，组建信息员队伍，负责将本地、本部门主办的情况反映等与调研工作有关的内部刊物和信息资料，及时抄送市委政研室。市委政研室通过《今日奉化》《奉化调研》等平台及时发布各级各部门的课题成果、信息资料，逐步实现全市调研信息互通。

6. 完善调研成果转化制度。各地各部门要高度重视调研部门的意见和建议，及时把研究成果体现到决策部署中去，转化为推动实际工作的重要举措。建立健全重要调研报告批示交办、督办制度，对市领导批办的重要调研报告，主办单位要及时向市委政研室抄送办理情况。不断拓宽调研成果展示推介的渠道和途径，发挥政研系统、党委内刊与各种媒体的作用，及时刊发优秀调研文章，推动调研成果交流共享。

7. 建立健全调研成果激励制度。由市委政研室牵头，组织开展全市党政系统优秀调研成果评选活动，对获奖的调研成果予以表彰奖励。

三、改进调查研究的作风

8. 领导干部带头调研。建立健全领导干部带头调研制度。市领导每年下基层调研时间不少于3个月，每年至少牵头主持1项重点调研课题，完成1篇调研报告。各镇(街道)、市直机关部门单位党政主要领导每年要向市委、市政府报送1篇有深度、有价值的调研报告。各镇(街道)、市直机关部门单位要结合工作实际，每年确定一批重点调研课题，由班子成员牵头进行调研，调研成果及时报送市委政研室。

9. 充分听取基层和群众意见。坚持深入群众、深入基层、深入实际，安排更多时间与群众和基层干部直接交流沟通，面对面听取意见，实打实解决问题。对群众反映强烈的突出问题，能解决的立即解决，涉及政策层面的要认真研究，并及时向群众反馈。调研中发现的问题，要及时向党委、政府反映，并抓好问题解决的督促落实，以实际成效取信于民。

10. 切实改进调研方式。坚决纠正应付式、例行公事式调研，提倡开展不打招呼、不搞层层陪同、不走规定路线、一竿子插到底的随机调研，力戒走形式、走过场。领导干部每年开展的调研活动中，要有一定比例的随机性调研。进一步改进调研方式，创新调研手段，既要到工作开展好的地方去总结经验，更要到困难较多、情况复杂、矛盾尖锐的地方去研究问题；既要运用座谈会、个别访谈、实地考察等方法，又要采用问卷调查、抽样调查、网络调查等形式；既要解剖麻雀，又要了解全局，善于在调研中发现新事物、研究新问题、探求新规律、提出新对策。

四、加强调研机构队伍建设

11. 健全调查研究机构。党委政研室是党委的调查研究和决策服务机构，是为党委起草重要文稿和重要政策的参谋服务部门。要强化市委政研室职能，切实配好班子，抓好队伍建设。市委政研室应配备一定数量的专职人员具体负责调查研究工作。各镇（街道）、市直单位要在不增加内设机构和行政编制的前提下，整合相应科室职能，落实调研工作责任。

12. 加强调研队伍建设。要选调政治素质好、业务能力强的人员充实调研队伍，各镇（街道）、市直单位要配齐配强调研力量。要高度重视调研干部的思想政治和工作能力建设，优先选派调研干部参加学习培训、外出考察、到上级部门顶岗轮训、到基层单位挂职锻炼等，大力弘扬“勤学、多思、深察、善谋”的政研精神，努力提高调研干部的政治理论水平和调研业务水平。各地各部门要关心调研干部的成长进步，加大调研干部交流选拔力度，注重选任优秀调研干部到领导岗位，始终保持调研队伍的生机与活力。

13. 发挥现代智库作用。建立完善特约调研员制度，加强专家智库和民间智库建设，通过聘请决策咨询委员、课题委托研究、组织专题论证、网络问计于民等途径，增进与专家学者与社会有识之士的联系，集中专家学者的智慧，使其成为调研工作的重要力量。加强与国内著名高校和科研机构的联系，探索建立互利共赢的合作关系。

五、加强对调查研究工作的领导

14. 加强组织协调。各地各部门要切实加强和改进对调研工作的领导，做到主要领导亲自抓、分管领导具体抓。要把调研工作与本地、本部门的中心工作一起规划、部署、落实与考核。市委常委会每年至少一次听取市委政研室工作汇报，研究部署调研工作，帮助解决实际问题。市委政研室主要负责人列席涉及重要工作部署的市委常委会议等重要会议。党政领导的重大调研活动应安排调研部门的同志参加。

15. 增强工作合力。建立市调研工作联席会议制度，统筹安排市委、市人大、市政府、市政协的重大课题调研活动，定期或不定期就全市调研工作中的重要问题进行研究。联席会议由市委办主任或市委办副主任主持，市委办、市人大办、市府办、市政协办相关科室为成员单位，市委政研室承担联席会议办公室职能，负责组织联络工作。健全调研工作网络，由市委政研室牵头抓总，以重大调研课题为纽带，加强调研协作，整合研究资源，集聚研究力量，形成信息互通、资源共享、协同攻关的大调研格局。

16. 创造良好环境。加快推进调研部门信息网络化和办公自动化，不断提高调研工作效率和决策服务水平。尽力帮助调研部门解决实际困难和问题，改善调研干部的工作和生活条件。积极鼓励调研干部参加专业技术资格评价工作，调动干部开展调查研究的积极性和主动性。

2014 年 11 月 25 日

中共温州市龙湾区委　温州市龙湾区人民政府关于印发《“三联四推五提升”专项活动实施方案》的通知

各街道党工委、办事处，区属各单位：

《“三联四推五提升”专项活动实施方案》已经区委、区政府同意，现印发给你们，请遵照执行。

2014 年 2 月 11 日

“三联四推五提升”专项活动实施方案

为深入贯彻落实党的十八大和十八届三中全会精神，扎实抓好党的群众路线教育实践活动，全面推进干部队伍建设，区委、区政府决定，在全区范围内开展以“区领导联街、部门联村、街道干部联户，推动一批重点工程项目提速建设、推动一批重要经济指标争先进位、推动一批重大民生问题妥善解决、推动一批区域特色品牌加快形成，促进宗旨意识有新提升、干群关系有新提升、工作能力有新提升、作风形象有新提升、发展成就有新提升”为主要内容的“三联四推五提升”专项活动。特制定本方案。

一、指导思想和基本原则

（一）指导思想

以党的十八大、十八届三中全会、省委十三届四次全会和市委十一届六次全会精神为指导，以改进工作作风、密切干群关系、提升服务能力、加强干部队伍建设为出发点，以“三联四推五提升”活动为抓手，分片组团，联动攻坚，推动我区各项工作“全市领先，全省一流”，为开创龙湾赶超发展新局面提供坚强保障。

（二）基本原则

1. 领导带头与全员参与相结合原则。既注重发挥党员领导干部的示范带头作用，又依托部门和街道的主体力量，使各级领导和党员干部都能贴近基层，走村入户，解决难题，推动发展。

2. 团队协作与责任包干相结合原则。按照“人员联系哪里、责任落到哪里”的要求，对联系区领导和挂钩部门与属地街道进行责任捆绑，既明确所属团队，又明确各自工作侧重点。

3. 工作实效与建章立制相结合原则。强化问题意识、整改意识，解决突出问题，把活动中的成功做法转化为制度规定，使紧密联系群众的好观念内化于心，工作依靠群众的好作风外化于形。

二、工作目标和要求

全区以街道为基础单位，分为六个大组，采取“三联”方式，将区领导、部门单位统筹编排到各个街道，以组团形式重点做好“四推”工作，实现“五提升”的目标。具体如下：

（一）三联

1. 区领导联街。按照区领导联系基层方案，编排形成六个大组，每组由一名区领导担任组长。各组组长和组员分别挂钩联系重点项目（详见附件1）、重点招商项目（详见附件2）和社区（详见附件3），并要紧紧围绕街道的“经济指标、民生实事、特色品牌、重点项目”等四个方面的重点开展工作。组长对所领衔的大组面上工作负总责，并对组员的具体工作作适当分工；也可根据实际情况，对联系部门参与街道重点工作提出具体要求。组员对各自所联系的社区面上工作负总责，同时督促社区所辖村联系部门抓好“计生、创卫、平安建设、五水共治”等重点工作。组员对各自联系的重点招商项目要及时跟踪督促。各大组组长要定期召集组员对联系街道开展实地督促检查或听取工作进展汇报，对疑难问题进行“会诊”，并帮助解决。原则上，每位区领导每年到所联系街道调研、督促指导累计时间不少于1个月，每月到所联系街道不少于2次，做到带头深入基层，带头掌握民意，带头破解难题。

2. 部门联村。对列入2014年度全区考绩范围的71个部门单位（除指挥部外）与96个行政村挂钩，原则上30人以上的单位联系2个村，其他单位联系1个村。每个部门除捆绑或单独联系1个重点项目外，要着重抓好联系村的“计生、创卫、平安建设、五水共治”等四项重点工作。同时，要积极配合街道联系领导做好街道的“经济指标、民生实事、品牌打造”等相关工作。部门主要领导要组织本部门班子成员和精干力量每周至少1次到联系村，了解掌握相关情况，认真梳理问题，分析症结，探索解决方法和途径。原则上，部门班子成员每年到联系村累计调研时间不少于3个月。

3. 街道干部联户。各街道干部要按照网格化管理的分片负责要求，分片入户，在全面摸底掌握民情的基础上，深入走访农村贫困家庭、困难党员和诉求强烈的重点户，并要会同联系部门尽力帮助他们解决生产生活中的实际困难，认真化解各类矛盾。原则上，街道班子每名成员至少直接联系5家重点户，街道中层干部和一般干部原则上联系至少10家重点户。切实做到真诚倾听群众呼声，真情关心群众疾苦，真心为群众破解难题，架起干部与群众的“连心桥”。

（二）四推

1. 推动一批重点工程项目提速建设。通过领导示范、部门包干、街道落实等行之有效的方法方式，把握形象进度，强化质量意识，加强日常督促，在一线推进一批事关我区经济社会和城市建设发展大局的重点工程和重点招商项目，力争超额完成年度固定资产投资任务，夯实我区发展基础。

2. 推动一批重要经济指标争先进位。区领导要靠前指挥，发挥团队力量，整合联村部门资源，从街道的实际出发，重点围绕工业经济、有效投资、工业性投资、社会消费品零售总额等重要经济指标，深入分析现状和潜力，通过抓项目、建平台、汇智力，推进“四换三名”工作、小微创业园建设和网络经济发展等振兴实体的具体举措，来推动街道各项重要经济指标争先进位，以点上增长汇聚成面上优势。

3. 推动一批重大民生问题妥善解决。街道联系领导及挂钩部门要根据区委、区政府提出的十项20条为民办实事项目，指导街道制订具体的工作方案，突出重点，协同推进。各联村部门要深入到挂钩联系村，在全面掌握村情民意的基础上，梳理一批事关群众个人切身利益的惠民举措、历史遗留等问题和事关公共利益的生态环境、食品安全等方面问题，分清轻重缓急和难易程度，及时予以解决，对一时不能解决的问题，由挂钩部门负责，最大限度地争取相关层面的支持。

4. 推动一批区域特色品牌加快形成。各街道要立足各自实际，深入挖掘比较优势，积极谋划打造特色鲜明、推广意义大、面上示范带动效应明显的特色主打品牌和自选品牌。各联街区领导要根据街道特点，站在更高层面，引导和推动街道从点、线、面等方面统筹打造经济类和其他类特色品牌。各联村部门要根据所联系村的资源现状，围绕美丽水乡建设、精神文明建设等方面工作合力打造一批亮点区块、精品线路和特色看点。

(三)五提升

1. 宗旨意识有新提升。通过专项活动的开展,使党员、干部宗旨意识和群众观念有新提升,始终做到坚持以人为本、人民至上,坚持立党为公、执政为民,坚持服务群众、依靠群众。

2. 干群关系有新提升。使领导干部牢牢扎根基层,深入实际、深入群众,做到想群众所想,急群众所急,办群众所需,增进与群众的感情,拉近与群众的距离,密切与群众的联系。

3. 工作能力有新提升。使广大干部调查研究、掌握实情的能力,科学决策、民主决策的能力,解决问题、化解矛盾的能力和宣传群众、组织群众的能力进一步提升,充分体现"过得硬、打胜仗"的要求。

4. 作风形象有新提升。使党员干部能始终把为民务实清廉作为核心价值追求,形成全心全意为人民服务的思想自觉和行动自觉,以优良党风促政风带民风,实现干部清正、政府清廉、政治清明。

5. 发展成就有新提升。通过专项活动的不断深化,将挂钩联系专项活动和创卫等阶段性重点活动的做法总结上升为制度化设计,转化为常态长效机制,助推龙湾经济、政治、文化、社会、生态文明建设取得新进展,再创龙湾科学发展新优势。

三、组织保障

(一)强化组织领导

成立区"三联四推五提升"专项活动领导小组,由区委书记任组长,区委副书记、区长任第一副组长,区委副书记任常务副组长,区委组织部长、常务副区长、区纪委书记任副组长,区委办、区府办、区纪委(监察局)、区委组织部、区委宣传部、区委政法委、区考绩办、区委政研室、区发改局、区经信局、区计生局、区卫生局、区统计局、区水利局、区招商局、区城市化建设办公室等部门作为成员单位,负责整个活动开展的指导督促。领导小组下设办公室,设在区考绩办,办公室主任由区委副书记兼任,办公室常务副主任由区考绩办主任兼任,负责"三联四推五提升"活动的统筹规划、组织实施和协调管理。各街道、各部门要把"三联四推五提升"活动纳入重要议事日程,加强组织领导,制定相应活动方案,及时上报至区"三联四推五提升"专项活动领导小组办公室。区级层面每季度召开一次经验交流会,由各组汇报交流活动进展情况。领导小组办公室要定期将面上问题进行一次梳理汇总,定期通报工作进度,定期将梳理的问题进行分类交办,做到"定期研判、定期通报、定期交办"。

(二)加强督查考绩

加强对专项活动的督查考绩,实行平时督查和年终考绩相结合、明察暗访和工作实绩相结合的方式进行。将这次专项活动纳入街道年度考绩范围,同时以200分计入部门年度考绩总分。区考绩办负责整个活动的考核工作。区府办会同区发改局制定十大民生实事的考核细则与考绩评定工作;区经信局负责制定工业经济、工业性投资的考核细则与考绩评定工作,区发改局负责制定有效投资的考核细则与考绩评定工作和负责制定捆绑联系重点项目考核细则与考绩评定工作,区三产办负责制定社会消费品零售总额的考核细则与考绩评定工作,区财政局负责制定税收收入、财政收入的考核细则与考绩评定工作;区考绩办协调抓好区域特色品牌的考核细则和考绩评定工作;区委政法委、区计生局、区卫生局、区水利局分别负责制定部门联系村四项重点工作的考核细则和考绩评定工作。领导小组办公室和区纪委(监察局)要加强对活动的督促和指导,采取明查暗访和分色预警的方式,不定期对部门开展专项活动情况进行督导检查。

(三)注重统筹协调

各部门要根据本实施方案,结合各自实际,组织精干力量全力推进"三联四推五提升"专项活动,部门主要领导要带领督促机关干部勤下基层,摸实情,办实事,解难题,将技术、政策、信息等资源送到基层一线;各街道要全面发动,有序组织街道机关干部进村入户。要把专项活动同面上工作有机结合起来,做到科学统筹、合理安排、共同推进、协调发展,真正实现挂钩联系和面上工作两不误、两促进。

(四)严明工作纪律

把群众路线教育实践活动的要求贯穿于专项活动始终,严格执行中央"八项规定"以及省、市委的贯彻落实办法,轻车简从,注重实效。领导干部在基层开展调研和督导期间,不搞层层陪同,不干扰基层工作,不给基层和企业增加负担;部门要下沉一线,全力攻坚,对于不按时序推进项目的,进行严肃问责,工作严重滞后和问题突出的要在《今日龙湾》上作出公开检讨。

(五)造浓活动氛围

要充分利用龙湾新闻网、《今日龙湾》和信息等形式,开辟专栏,重点关注专项活动开展。区新闻中心要派记者跟踪报道,对活动开展情况深入了解,广泛宣传。区委宣传部要认真总结活动中的好经验、好做法,及时发现、培养、宣传一批叫得响、靠得住、经得起实践检验的先进典型,及时曝光工作推进不力的反面典型,营造创先争优的工作态势和浓厚的推进氛围,不断把"三联四推五提升"专项活动引向深入。

附件:1. 区领导、部门挂钩联系一览表(略)
2. 区领导联系重点招商项目一览表(略)
3. 区领导联系社区一览表(略)

中共海宁市委
关于推行项目主办工作制
建设担当型干部队伍的试行意见

各镇、街道党委，市级机关各部门、市直属各单位党委(党组)、支部：

《关于推行项目主办工作制 建设担当型干部队伍的试行意见》已经市委同意，现予印发。各单位要充分认识推行项目主办工作制的重要意义，统一干部思想认识，认真抓好《意见》的贯彻执行。市委组织部、市督考办、市信访局作为推行项目主办工作制的主要职能部门，要切实履行管理和指导职责，对《意见》执行中发现的问题及时予以完善，保证项目主办工作制的顺利推行。

2014 年 9 月 1 日

关于推行项目主办工作制
建设担当型干部队伍的试行意见

为推动干部践行“五(吾)带头”，加大工作推进力度，实现绩效管理的项目化、具体化、精细化，全力打造担当型干部队伍，经研究，决定在全市推行项目主办工作制，按年度确定主办项目，分层级落实至每名机关干部，由其主抓主推、全责承办，营造人人有项目、个个须担当的工作氛围，达到“推进事、提升人”的双重目标。现将有关事项明确如下：

一、主办项目总括

主办项目指立足干部本职岗位，围绕年度总体目标责任制考核及与群众生产生活和海宁发展稳定密切相关的重点、难点、薄弱点工作内容而确定的由干部个体承担的具有担当性、破题性、可阶段性评价特征的具体工作项目。

主办项目的来源包括：干部岗位职责范围内，且列入目标责任制考核的重要内容；市委、市政府中心工作推进中明确的工作任务；各单位确定的年度重要工作；通过信访、走访、意见征集等渠道收集的事关群众生产生活、企业经营发展的重大问题；事关海宁发展稳定的突发性重要任务等。

主办项目按产生方式可分为申办项目和交办项目两大类，申办项目由干部自下而上申办产生，交办项目由市级领导通过市督考办或市级部门等主体通过“三民快车道”途径自上而下交办产生。

二、主办项目确责

主办项目确责指落实项目主办责任到干部个体的过程。

(一)申办项目按以下程序确责

市级领导：个人申报、市四套班子主要领导初审、市委书记办公会议复审、本人领办；

单位党政主要领导：个人申报、分管(或联系)市领导审定、本人领办、报市党政主要领导备案；

部门其他科(局)级领导：个人申报、单位主要领导初审、分管(或联系)市领导复审、本人领办；

镇、街道其他科(局)级领导：个人申报、单位主要领导审核、本人领办；

单位内设机构或下属单位负责人：个人申报、单位分管领导审核、本人领办、报单位主要领导备案；

其他干部：由所在单位自定程序确责。

申办项目确责时须明确具体目标要求和重要时间节点。目标要求能量化的必须量化，不能量化的要有细化的定性目标。为保证申办项目主办责任的清晰明确，同一项目须多人确责的应将项目细化为小项分别确责，确难细化的明确责任顺序，第一顺位人员为主办牵头人。

市委、市政府重点工作必须由相关市级领导和单位主要领导作为主办责任人。干部确责申办项目数上不封顶。

建立科(局)级领导干部主办项目确责会商机制。项目确定后，由市委组织部、市督考办按项目分口组织项目会商，对项目内容、目标、时间节点及主办责任人等要素作深入分析，作出调整的，由主办责任人重新领办。

(二)交办项目按以下程序确责

市级领导交办项目：市级领导通过自身调研或分管口部门工作建议，对具有项目性质的内容作出具体目标要求的批示或填写项目交办单，市督考办登记并下发，单位确定主办责任人，领办情况反馈交办领导及市督考办。

“三民快车道”交办项目：市经信局、市服务业发展粮食局、市民政局、市人力社保局等市级机关部门将走访中掌握到的事关群众生产生活、企业经营发展的各类问题上传至市政务网“百姓问政——三民快车道”栏目，市信访局梳理确定主办项目，填写项目交办单并登记下发，单位确定办理责任人，领办情况反馈市信访局。其中需多部门联合办理的项目，由市信访局提出建议后，可转为市级领导交办项目。

科（局）级以上领导干部的主办项目确责后，由所在单位抄送市委组织部备案。各单位内部交办项目的确责参照办理。

三、主办项目管理

实施主办项目分级管理机制，按项目来源和干部层级由不同主体承担跟踪管理等日常工作。主办项目管理由市委组织部全面负责，建立平台，形成以担当论英雄的用人导向；市级领导和单位党政主要领导的主办项目，由市督考办负责日常管理；单位党政主要领导以下干部的主办项目，由所在单位负责日常管理；“三民快车道”交办的项目由市信访局负责日常管理。

实施主办项目进度跟踪机制。凡列为主办项目的，实施进度跟踪管理，依托干部工作日志系统，按照干部层级，分单位建立主办项目库，按项目建账编号，按周、月、季、半年度、年底等项目时间节点进行跟踪，跟踪结果在日志系统全息反映，接受上级领导和单位干部监督。对已完成的主办项目，经日常管理部门核准后予以销号，对进度落后于计划的由相应上级领导约谈。科（局）级以上领导干部主办项目跟踪结果报市委组织部。

实施主办项目公示公议机制。主办项目分别在确责及实施跟踪管理后，由所在单位通过“工作日志”系统和海宁政务网予以内外网实时公布，并接受干部群众评议。每年通过市级层面领导干部实绩公示公议、中层干部公述民评、电视（网络）问政以及各单位主办项目大比武等活动推进主办项目开展。

四、主办情况评价

对市级领导项目主办情况实行个人项目主办情况与分管条线项目主办情况捆绑评价，作为年度考核等次建议的主要参考依据。

设立科（局）级领导干部“项目担当系数”，根据干部承担的主办项目数量和完成情况评定，作为年度考核的重要组成部分，具体分“项目难度、主办总量、主办质量、主办效率”四个评价维度。“项目担当系数”采集以“两评一核”形式进行，即单位干部群众评价、上级领导评价和主办项目完成情况核查。市委组织部负责“两评”，与实绩公示公议相结合分年中、年末两次进行，对四个评价维度进行测评量化；市督考办、市信访局、各单位党委（党组）分别负责“一核”，结合日常管理进行，核查后对“两评”量化值进行修正微调，主办项目多的干部给予累计加分。市督考办负责市级领导、单位党政主要领导申办项目及市级领导交办项目的核查（结合市党政主要领导、交办领导对办理情况的评审情况），市信访局负责“三民快车道”交办项目的核查，各单位党委（党组）负责党政正职以外科（局）级领导干部申办项目的核查，核查结果报市委组织部。

科（局）级以下干部项目主办情况评价工作由各单位自行组织，与公务员和事业单位工作人员量化考核结合进行，凡项目主办情况考核列末位的必须作为考核末位人员上报。

五、相关配套措施

1. 强化干部担当导向。开展担当型干部评选工作，根据主办项目考核以及干部岗位职责总体履行情况，按干部管理权限分层级综合评定一批“担当先锋”。干部担当情况作为各级干部提拔使用、推先评优以及后备干部动态调整的重要依据。全市各单位党委（党组）或领导干部个人向市委组织部推荐干部人选时，必须对人选综合素质和担当情况进行综合分析、严格把关。

2. 强化干部动态监测管理。主办项目考核结果作为年度考核结果的重要组织部分，并列入动态管理监测指标。半年度或时间节点跟踪未达目标进度的，进行“领导约谈”；未完成年度目标的，年度考核予以“红灯预警”，并根据主办项目未完成的情况，实施递进式管理。

3. 建立担当型干部勉励保护机制。深化领导干部经常性考核，实施“联访季析”机制，市委组织部分口联系单位、常态走访了解、每季专题分析，及时了解掌握领导班子、领导干部工作状态和主办项目进展情况，发现、识别担当型干部。将“联访季析”结果与干部民主推荐、民主测评情况互为印证，加强分析，对干部勇于担当引起的失票失分予以理解、保护，在考核评价、选拔任用中做到既看票又不唯票。

中共桐乡市委关于加强全市干部团队精神建设的实施意见

为进一步营造全市上下同心、内外和谐的发展环境，提升广大干部敢于担当、勇于创新的能力水平，发扬克己奉公、为民服务的奉献精神，推进我市率先改革、率先转型，加快建设美丽幸福新桐乡，现就加强全市干部团队精神建设提出如下实施意见。

一、指导思想和基本内涵

1. 指导思想。深入贯彻落实党的十八大、十八届三中、四中全会精神，按照中央“信念坚定、为民服务、勤政务实、敢于担当、清正廉洁”的好干部标准和省委关于打造好团队“七个必须”的要求，紧紧围绕全市一盘棋、上下一条心、人人有激情、个个敢担当的总体目标，切实加强干部团队精神建设。

2. 基本内涵。我市干部团队精神的基本内涵是：团结、拼搏、奉献。

团结。即服从大局、分工协作、文化凝聚，形成向心力。

拼搏。即勇挑重担、克难攻坚、敢担责任，增强战斗力。

奉献。即主动作为、为民服务、争创一流，提高公信力。

二、工作重点

（一）增强团结协作

1. 树立大局观念。讲政治、顾大局，倡导团队至上的共同价值观，牢固树立荣辱与共的团队意识，依靠团队作战、发挥团队作用、提升团队效能，在工作中、行动上做到个人行动与团队行动相一致，个人利益服从团队利益，形成合力、合拍、合作的良好氛围。

2. 加强分工协作。科学制订团队工作目标，合理分解目标任务，明确团队成员的年度、季度、月度工作目标和职责，团队成员之间既分工明确，又相互协作，心往一处想、劲往一处使、汗往一处流，共同完成团队各项目标任务。

3. 注重文化凝聚。坚持以团队文化为纽带增强团队凝聚力，通过经常性组织开展有利于培育团队观念和大局意识的各类文体活动，丰富团队文化生活，营造快乐工作环境，强化组织关怀，关心关爱干部职工，形成团队强大合力。

（二）激发拼搏斗志

1. 勇于抢挑重担。培养团队勇往直前、奋发有为的精神，各团队要紧紧围绕中心工作，积极主动“要任务、抢担子”，努力打造“狮子型”团队。特别是年轻干部要主动请缨，到基层一线、艰苦岗位接受锻炼、经受考验，努力在各类重点工作、突击任务中发挥积极作用。

2. 善于克难攻坚。培养团队坚韧不拔、克难攻坚的意志，面对重任和考验，面对矛盾和问题，面对困难和挑战，始终保持良好的精神状态，在急难险重任务面前敢于挺身而出，在困难挫折面前勇于迎难而上，及时发现问题、化解矛盾、解决难题。对善于破解难题，能干事、干成事的优秀干部给予提拔使用，形成有为才有位的良好用人导向。

3. 敢于担当责任。培养团队勇于负责、敢于担当的精神，杜绝“为官不为”行为，形成千斤重担大家挑的氛围，在发展经济、为民服务等方面敢于打破不合时宜的条条框框，敢于承担责任、化解风险。坚持敢闯、敢冒，敢创、敢干，积极打造敢担当、能担当、善担当的干部团队。

（三）发扬奉献精神

1. 强化宗旨观念。以为民服务为根本宗旨，以工作实绩为衡量标准，尽心履职，谋事创业。树立正确的政绩观、人生观、价值观，坚持群众观点、树立群众意识、增进群众感情，提高党和政府的公信力。

2. 坚持主动作为。坚决摈弃各种等靠要、图安逸思想，积极克服各种不利因素，努力做到干工作想在前、冲在前，不断拓展工作新领域，创新工作新方法。敢为人先，大胆实践，积极主动服务发展、服务基层、服务群众。

3. 激励争创一流。积极营造比学赶超、创先争优的浓厚氛围，各团队要以过硬的工作作风和突出的工作业绩，在嘉兴及以上领域中争创第一，赢得群众的信任和支持。对在市级考核评比中获得优秀及在嘉兴市级以上获得创先争优荣誉的团队和个人给予表彰奖励。

三、工作要求

1. 高度重视，以上率下。市级领导班子和各镇（街道）、部门（单位）主要领导要高度重视干部团队精神建设，带头增强团队意识，发挥表率作用，打造好团队。

2. 认真履职，落实责任。市纪委、市委办（督考办）、市政府办、组织部、宣传部等有关单位，要根据本意见精神，制订完善相关制度，加强团队建设的监督指导。各镇（街道）和部门（单位）要结合自身实际，制订切实可行、行之有效的团队建设实施办法。

3. 树立典型，营造氛围。每年在全市开展“十佳优秀团队”评选活动，树立先进典型。各类新闻媒体要加大宣传力度，弘扬优秀团队精神，努力营造加强干部团队精神建设的良好氛围。

2014 年 10 月 27 日

中共长兴县委办公室
关于印发《长兴县干部全员竞聘工作实施意见(试行)》的通知

各乡镇(街道、园区)党委,县级机关各部门党组织:

现将《长兴县干部全员竞聘工作实施意见(试行)》印发给你们,请认真贯彻落实。

2014年4月28日

长兴县干部全员竞聘工作实施意见(试行)

为进一步深化干部人事制度改革,认真贯彻执行《公务员法》《党政领导干部选拔任用工作条例》《党政机关竞争上岗工作暂行规定》以及《长兴县乡镇机关、县级机关部门中层干部任用规程》等有关规定,不断健全完善干部全员竞聘工作机制,特制定本实施意见。

一、指导思想

以邓小平理论、"三个代表"重要思想和科学发展观为指导,坚持民主、公开、竞争、择优原则,积极推进干部交流,优化干部队伍结构,促进干部能上能下,努力形成"人人有压力、个个有机会"的充满生机与活力的用人机制,为加快建设县强、民富、景美、人和的"太湖望县、锦绣长兴"提供坚强有力的组织保证。

二、工作内容

干部全员竞聘主要包括"中层干部竞争上岗、一般干部双向选择、特定对象跨岗交流"三项内容,统一组织、分步实施。

三、适用范围

1. 参加干部全员竞聘的单位包括全县乡镇(街道、园区)、县级机关部门(不含县委协助管理的双重管理单位)。个别系统较大、人数较多、性质特殊的单位可根据实际情况单独组织实施。

2. 参加干部全员竞聘的对象包括全县乡镇(街道、园区)、县级机关部门在岗在编的行政事业人员。

四、基本程序

坚持"统一组织、统一政策、统一时间"的原则,干部全员竞聘工作在县委统一领导下,成立干部全员竞聘领导小组,定期在全县范围内统一实施。

1. 中层干部竞争上岗

(1)确定目标岗位。各单位按照"三定方案"规定的内设机构和派出机构设置,制定本单位《中层干部竞争上岗实施方案》,明确所有中层岗位。其中,全县集中开展干部全员竞聘期间,每个单位均须推出一定数量的中层岗位面向全县竞岗。

(2)确定任职资格。按照《长兴县乡镇机关、县级机关部门中层干部任用规程》等有关规定,结合工作实际,分别确定中层岗位任职资格条件,在本单位或全县范围内进行公告。

(3)组织报名审核。由各单位负责组织开展竞岗报名工作,报名对象除报考本单位的中层岗位以外,还可报考其他单位面向全县竞岗的中层岗位。各单位对报名对象进行资格审查后统一对竞岗报名情况进行公布。

(4)综合能力测试。对参加竞争中层岗位的对象,各单位可根据实际情况采取多种形式,统一组织综合能力测试,测试结果作为单位党委(党组)研究确定面试人选的重要参考依据。

(5)公开竞岗面试。各单位组织竞岗对象进行公开竞岗面试。面试评委主要由本单位班子成员、外邀评委组成,人数一般不少于7人。

(6)组织考察考核。各单位党委(党组)根据综合能力测试、公开竞岗面试等情况,研究确定拟聘用的初步人选,并对拟聘用的人选进行考察考核,考察考核的内容主要包括思想政治表现、道德品质、岗位所需的专业知识与特长、工作实绩、廉洁自律等方面,并对考察对象进行民主测评。对符合条件人数较多的职位,可进行差额考察。

(7)确定聘用人选。考察考核结束后,由各单位党委(党组)集体研究确定各目标岗位的聘用人选,经公示后按照有关规定办理相关手续。

2. 一般干部双向选择

(1)确定岗位。中层干部竞争上岗结束后,由各单位党委(党组)根据"三定方案"核定的内设机构(派出机构)设置、编制数等情况,研究一般干部双向选择的岗位和数量，并在单位内部公布。

(2)公开报名。各单位组织本单位中层副职以下的正式在岗在编人员，结合自身工作经历、专业特长等情况，填报所要选择科室志愿。

(3)资格审查。根据一般干部双向选择报名情况，由各单位统一进行资格审查，并将志愿报名和资格审查情况提供给科室分管领导和科室长。

(4)科室长选择。科室长根据工作需要对一般干部进行选择，并征求分管领导意见后，提出建议人选。

(5)确定人选。各单位党委(党组)对各科室长提出的建议人选进行审核，并结合报名者的政治素质、业务水平、工作能力及其一贯表现，经党委(党组)集体研究后确定人选。在双向选择中落选的对象，可视情作为跨岗交流的对象。

3. 特定对象跨岗交流

(1)确定交流对象。干部全员竞聘领导小组根据有关规定、超缺编情况及干部队伍实际，研究提出特定对象跨岗交流的原则性意见，各单位党委(党组)根据跨岗交流的原则性意见规定的范围，对本单位的干部队伍结构进行认真分析，采取个人报名、民主测评、党委(党组)集体研究等方式，提出拟跨岗交流的对象。

(2)两轮双向互选。按照进出平衡、编制对等的原则，由各单位和交流对象进行两轮双向选择，根据双向选择结果，确定交流对象去向。若交流对象在两轮双向选择中落选的，实行试岗锻炼，时间一般为3个月。试岗锻炼期满后，根据试岗期间考核情况视情安排工作。

五、工作要求

1. 干部全员竞聘工作一般每四年全县统一集中组织开展一次。在此期间，按照中层干部每两年一个聘期的规定，各单位在全县统一规定的时间内，自行组织开展一次中层干部竞争上岗、一般干部双向选择工作，确需推出中层职位在全县面上进行竞争上岗和特定对象跨岗交流的，由县委组织部统一协调组织实施。

2. 各单位要严格遵守人事编制管理有关规定，干部全员竞聘须在各单位核定的编制和职数内进行，行政事业人员原则上不得混岗混编。

3. 各单位要严格执行组织人事纪律，在实施干部全员竞聘工作过程中，如有人员拒绝聘用或不服从组织调配，甚至无理取闹的，将视情节给予待聘或解聘处理。干部全员竞聘实施期间，须认真做好日常工作，确保各项工作正常进行。如因工作失职造成严重后果的，将按党纪政纪追究责任。

4. 各单位要按照《长兴县乡镇机关、县级机关部门中层干部任用规程》等有关规定，保持中层干部队伍聘期内相对稳定，不到聘期不得进行大规模调整。确因岗位空缺或工作需要调整的，需事先征得县委组织部同意，竞聘结束后报组织部备案。

5. 干部全员竞聘工作纳入党建工作考核，由县委组织部负责督查考核。

6. 本实施意见自发文之日起执行，由县委组织部负责解释，未尽事宜按有关规定办理。干部全员竞聘期间如遇特殊情况由干部全员竞聘领导小组研究决定。

中共安吉县委办公室
关于开展“乡镇(街道)、部门一把手与百姓面对面”活动的通知

各乡镇(街道)党委，县级机关各部门党委(党组)：

为深入推进党的群众路线教育实践活动，进一步畅通党群干群交流沟通渠道，深入一线听民声，破难解困促发展，经研究，决定在全县开展“乡镇(街道)、部门一把手与百姓面对面”活动。现将有关事项通知如下：

一、总体目标

围绕“为民、务实、清廉”总要求，坚持问题导向，以切实转变作风、密切联系群众为突破口，深入群众、深入基层、深入实际，在全县上下形成亮短揭丑找问题、服务破难促发展、齐心合力共担当的良好氛围和常态工作方法，聚全县之力加快推进“三个安吉”建设新进程。

二、活动安排

1. 活动形式。乡镇(街道)、部门一把手以联系村(社区)、企业等联系单位为重点，走进村(社区)、走进企业、走进项目现场，邀请百姓群众、服务对象、网民等进行面对面交流沟通，百姓群众点题，乡镇(街道)、部门一把手逐一答题，面对面听取意见，实打实解决问题。

2. 时间安排。“乡镇(街道)、部门一把手与百姓面对面”活动每季度开展一次，利用白天或夜晚开展“夏季纳凉听民意”“冬季帮扶送温暖”等面对面系列主题活动，每次活动时间不少于2小时。

3. 活动内容。重点围绕下列内容开展交流：根据党的群众路线教育实践活动部署和要求，就党员干部“四风问题”整改落实和作风转变进行交流和评议；围绕县委县政府中心工作、重点工作、民生问题、服务对象诉求等进行交流，看成绩、找差距，看亮点、找不足；乡镇(街道)、部门

惠民、惠企政策宣传和落实情况；结合单位理论中心组学习，就热点难点问题与群众交流探讨、问计于民；乡镇（街道）辖区内和部门服务条线上，群众和服务对象关注的其他问题等。

群众和服务对象发言提问的具体内容，可事先征集收集，也可现场随机提问。对事先征集的发言内容，应保证原汁原味，不回避矛盾和尖锐问题。

三、相关要求

1. 加强领导，精心组织。为确保活动取得实效，各乡镇（街道）、部门一把手要亲自部署带头抓，精细组织，合理安排，形成上下联动、条块结合、群众有序参与的局面。县委宣传部对活动开展情况进行指导、督查。

2. 狠抓落实，确保效果。坚持“解决问题、服务一线、为民务实”为评判标准，防止活动走过场、走形式。按照“现场答、限期办”的要求，对群众反映的突出问题，能解决的当场办理、现场解决；对涉及政策层面或需要协调其他乡镇（街道）、部门的，要及时研究协调，并及时向群众反馈。各责任单位将每期活动方案、问题落实解决情况及时报县委宣传部备案。

3. 广泛宣传，营造氛围。各单位要通过动员准备、印发资料等形式，加大宣传力度，提高群众的知晓率、支持率和参与率。县委宣传部要及时总结宣传一批能办事、办实事，能破难、善服务的典型人物及事例和工作经验。新闻媒体要开辟专栏、专题，组织一系列有力度、有深度的宣传报道。

附件：乡镇（街道）、部门一把手与百姓面对面活动登记表（略）

2014 年 7 月 14 日

中共绍兴市越城区委关于进一步加强基层党组织建设的意见

各镇党委、街道党工委，区级各部门（单位）党组（工委、党委）：

为认真贯彻落实习近平总书记提出的从严治党“八项要求”，巩固、拓展党的群众路线教育实践活动成果，着力解决当前我区基层党组织建设存在的突出问题，切实打通联系服务群众“最后一公里”，有效形成重视基层、狠抓基层的良好导向，根据中央和省、市委的部署要求，现就进一步加强我区基层党组织建设提出如下意见。

一、深入推进软弱涣散党组织整顿转化

（一）常态化推进后进村、社区整转提升

着力抓好新一轮后进村、社区党组织整转提升工作，由联系区领导带队，会同所在镇街、结对部门对部分后进基层党组织整转提升情况进行一次“回头看”，逐项检查整转措施落实情况，实地察看整转效果，分析梳理存在问题，研究制订下步措施。对已经整转到位的要继续跟踪帮扶、巩固提高，防止反弹“回潮”，对整转措施没有落实到位、整转效果不明显、群众不满意的，要找准症结，限期补课，达到建强班子、理清思路、解决问题、推进工作的目的。

（二）完善“堡垒指数”星级管理

健全完善基层党组织评星晋级机制，对不同类型、不同基础的基层党组织，要分类修订评星标准，每年一季度前，由区委组织部牵头，各镇街和区级相关部门党（工）委联动开展星级评定，考评结果在一定范围内公示通报。对星级评定实行动态管理，及时增星摘星，并根据评定结果，每年倒排一批软弱涣散基层党组织进行集中整顿、限期转化。

二、加强以党组织书记为重点的基层带头人队伍建设

（三）选优配强村、社区组织班子

坚持从严管理干部，着力加强基层党组织书记队伍建设，注意选拔培养党性强、能力强、服务意识强的党员担任党组织书记。书记空缺的要第一时间选配到位，对不能胜任的要尽快调整，一时没有合适人选的，要下派镇街干部担任第一书记。班子不健全的要抓紧配齐，对一些规模较小的村、社区，“两委”成员届中出缺的，原则上由其余“两委”成员依法交叉兼任。村委会、社区主任出缺时，由党组织书记主持日常行政工作，确保各项工作有人抓、不失管。

（四）严格村干部考评管理

要以《越城区村干部工作守则》执行落实为重点，进一步健全完善村干部管理规范，明确村干部履职要求，加大对村干部“四项承诺”履行、日常工作效能的督查力度，有效杜绝个别村干部选前乱承诺、当选不干事、在位不在岗等现象。认真开展村干部“双述双评”活动，对考核评议不合格的村级组织班子成员，将视情节轻重予以问责问效、兑现辞职承诺，违反党纪条规的严肃追究相应责任。

（五）加强村、社区干部素质教育

按照统筹规划、分级负责、分层培训的原则，扎实抓好新一轮村、社区干部大规模教育培训。区级层面每年开展一次基层党组织书记党校集中轮训，并健全落实“一月一培训”制度，由区委书记带头，每月安排一名区领导围绕分管线工作对村、社区主职干部进行授课培训，镇街和区有关职能部门分层次组织开展村、社区其他干部、村(居)民代表业务培训。着力加大身边先进典型学习活动,选树一批杭兰英式的村、社区党组织书记,不断提升村、社区干部的政治素质和能力水平。

(六)开展基层组织后备人才集中推荐工作

重点从农村致富能手、在外创业能人、大学生"村官"、退役士兵中,选拔一批村、社区组织后备人才,特别是抓好村、社区主职后备人才培养,建立起以镇街为单位的村、社区组织后备人才库,确保每个村、社区都有2～3名后备人才,规模较大的村、社区有3～4名后备人才。要通过"一对一"帮带、组织培训、参与重点工作等方式,加强对村、社区后备人才的压担培养。对那些政治素质好、有奉献精神、能创业致富、有志于回报家乡的在外创业能人,现职村(居)民小组长、村(居)民代表中的优秀年轻人才,要作为重点培养对象,努力培养造就一支数量充足、素质优良、结构合理、朝气蓬勃的村、社区后备干部队伍。

三、健全完善基层组织运行机制

(七)进一步理顺村级组织机构关系

认真落实《浙江省村级组织工作规则(试行)》,教育引导基层干部懂规矩、守规矩。切实强化村党组织在村级重大事项决策、村级其他组织人选提名等方面的领导核心地位,保障其他组织和机构在村党组织领导下依法依规行使职权。依法加强宗教事务管理,坚决防止宗教势力影响和干扰村级事务。引导村级组织及时将"五水共治""三改一拆"等中心工作写入村规民约或村民自治章程。认真落实村务联席会议制度,建立健全村民委员会向村党组织定期汇报工作制度,有效增强村级班子的整体合力。

(八)严格执行村级重大事项"五议两公开"民主决策程序

凡涉及群众基本权益、村集体"三资"管理、集体经济和农村公益事业发展等村级重大事项,以及与多数群众利益密切相关的重要问题,都要在村党组织领导下,按照"党员群众建议、村党组织提议、村务联席会议商议、党员大会审议、村民(代表)会议决议、表决结果公开、实施情况公开"的步骤进行决策,确保村级事务管理民主规范、阳光透明。社区党组织要借鉴"五议两公开"工作法,完善社区"两委"议事协调机制。各镇街要加强督促检查,深入推进村(居)务监督委员会建设,进一步明确监督权限,规范监督程序,保证村、社区各项事务公开、公平、公正,切实解决优亲厚友、暗箱操作、损害群众利益等突出问题。

(九)建立健全民主管理和民主监督各项工作制度

全面深化推进村(居)"三务"信息公开工作,村、社区要根据公开目录和规定要求,定期向党员群众公开,一般事项至少每季公布一次,财务收支每月公布一次,重大事项根据实际情况随时公布。严格落实《进一步加强村级财务管理若干规定》、《严禁违规搞党员特殊福利暂行规定》、《规范共产党员信访行为若干规定》等规章制度,杜绝违规发放各类党员特殊福利,督促引导广大党员干部严守政治、组织纪律,维护信访秩序,严格财务管理,确保令行禁止、政令畅通。

四、健全完善联系服务群众各项工作机制

(十)在区级部门深化推行联村联户、结对帮扶制度

区级各部门至少结对联系1村1社区,重点联系班子涣散、发展滞后、情况复杂、矛盾突出、重点工作较多的村、社区。围绕区委区政府中心工作和阶段性工作重点,主动加强联系,掌握村情民意,帮助排忧解难,推进各项工作。深化推进社区党建"契约化共建、项目化管理"工作,进一步整合辖区资源,推进区域共建,强化服务能力,实现互动双赢。区直机关党工委要加强对部门(单位)结对帮扶情况的督查考评与定期通报,推动结对联系工作有效落实。

(十一)在镇街深入开展"走村不漏户、户户见干部"工作

以"民情通"工作为载体,督促落实镇街干部住夜工作制度、日常联村(社区)、联户、联企、联项目和固定下村日等制度。按照走遍、走实的要求,每年镇街党政主要负责人要走遍所有自然村及重点户、困难户,驻村指导员要走遍联系村所有农户,其他干部要走遍联系网格内所有农户及困难党员、困难群众,街道干部还要按规定要求积极上门走访居民群众,实现全体镇街干部进村(社区)入户联系走访全覆盖。注重在走村访户工作中锻炼培养"全科型"干部,提高新时期做群众工作的能力水平。

(十二)在行政村扎实推行"联系不漏户、党群心贴心"工作

村党员进网入格联系群众,村干部包片联户帮助解决实际困难,把听取群众意见呼声与为群众办事解忧真正结合起来。村干部、农村党员、村民小组长、村民代表要普遍联系农户,做到"四必到、四必访",即有不满情绪必到、有突发事件必到、有矛盾纠纷必到、有红白喜事必到;困难家庭必访、危重病人家庭必访、空巢老人及留守儿童家庭必访、信访户必访。村干部每半年走访联系网格内农户不少于1次。

(十三)在社区深入开展"点亮微心愿·共筑中国梦"四季主题活动

区级机关在职党员到居住地社区和结对社区报到,落实"两地报到、双岗服务"工作。社区党组织要及时将报到的在职党员编入相应网格,签订承诺,认领任务,落实责任,并通过设立网络平台、联系走访等方式,扎实开展"六个一"志愿服务和认领、兑现"微心愿"活动,落实"五带头五不为"自律承诺。加强日常监督管理,定期反馈在职党员志愿服务情况,并作为党员民主评议、年度评先评优及干部培养考察的重要依据。

(十四)在两新组织着力打造"双强争先"、联心同心的"命运共同体"

充分发挥党员在技术革新、节能减排、转型升级等方面的表率作用,服务两新组织科学发展。继续倡导构建和谐劳动关系,引领先进企业文化建设,推广实施"职工职业生涯规划"和"精英成长计划",使人才培养与两新组织发展结合更为紧密。深化党建带群团建设,构建党建领头、党群带建的"大党建"工作格局。深化"新生代引领计划",加强新生代出资人教育培养,不断提升其对党建工作的支

持度。

（十五）深化完善农村工作指导员制度

认真总结以往经验做法，适时做好新一轮农村工作指导员选派工作，结合后备干部培养锻炼，定期选派素质好、有潜力、干劲足的优秀年轻干部到村工作。加强日常管理与考核，镇街干部变“联村”为“驻村”，确保有足够时间驻村工作，全程参与村内事务、各项重大事项的决策、管理与监督，真正做到底数清、人头熟、情况明，驻村指导务实有为，各项工作有序推进。

五、严肃党内政治生活

（十六）规范发展党员工作

认真贯彻落实新修订的《中国共产党发展党员细则》，按照“控制总量、优化结构、提高质量、发挥作用”的总要求，严格贯彻落实发展党员工作各项规定要求。围绕“一稳两降三增”目标，分类分档加强调控，保证新发展党员质量，优化党员队伍结构。切实加强对发展党员工作的业务培训，落实党员发展各项规程，加强《入党志愿书》编码管理，从严把好党员“入口”关。

（十七）完善“三会一课”制度

着力抓好“三会一课”等基本制度的执行落实，督促基层党组织定期召开支委会、党员大会和党小组会，定期不定期上党课，确保党内组织生活正常开展。推进学习型基层党组织建设，以学习贯彻党的十八大、十八届三中全会精神和习近平总书记系列重要讲话精神为重点，切实加强对党员的理想信念教育，切实强化党员意识，发挥先锋模范作用。区党员领导干部和镇街、部门班子成员都要率先垂范，定期为联系村、社区党员上党课。

（十八）强化党员管理监督

加强党员组织关系管理，全面推行“六问一必查”工作法，查清流动党员去向，及时转接组织关系，做好基层党组织和党员管理信息的更新完善工作。在去年组织关系集中梳理、迁转基础上，下半年要继续以支部为单位，对党员组织关系再开展一次梳理排查，全面核实党员身份信息，确保每名党员都纳入党组织的管理之中。不断健全党员“先锋指数”规范管理，加大日常督查考评力度，结合群众路线教育实践活动“党性体检、民主评议”，重点抓好“差评”党员的教育、转化与处置工作，对照区党员管理“十条红线”，对评定为警示型、不合格的党员，要落实帮扶措施，限期整改转化，对拒不整改或整改效果不明显的，要敢于动真碰硬，予以劝退、除名，真正打通党员“出口”通道。

（十九）促进党员作用发挥

结合服务型基层党组织建设，充分发挥党员在服务基层、服务群众中的先锋模范作用，打通联系服务群众“最后一公里”。在行政村，推进党员“亮化工程”常态化，落实农村党员“亮身份、亮承诺、亮业绩”制度，继续推进“党员之家”“党员责任区”“党员示范岗”及“闪光言行之星”推荐参评工作。在社区，围绕“服务居民群众、创新社会管理”主题，探索推进“三个组织”自治管理和社区党建“契约化共建、项目化管理”，努力发挥党员在参与社区建设、管理和服务中的积极作用。在两新组织，围绕“服务发展、服务员工、服务社会”主题，深化推进“青春党建”，提升创意组织生活的质量与层次，开展“千企联千村、党建助治水”行动，着力解决两新党组织和党员作用发挥不明显的问题。

六、着力解决基层群众反映的突出问题

（二十）集中开展整治村、社区等基层干部违法违纪行为专项行动

区、镇街两级党（工）委要专题研究，逐项深入摸排，制定工作方案，紧紧扭住基层党组织和党员干部“四风”突出问题，特别是发生在群众身边的不正之风和违法违纪行为，开展集中整治。特别要集中力量查处群众反映强烈的村、社区干部滥用权力、中饱私囊，欺行霸市、欺压群众等问题，甚至涉黑涉恶案件，净化基层社会风气。镇街党（工）委要定期向区委专题报告开展专项行动情况及典型案例，将整治情况向群众通报。对故意诽谤、恶意中伤村干部的行为，要依法严肃处理，及时予以澄清，坚决防止对基层干部“污名化”现象。

（二十一）全面清理基层牌子多、台账多、考核评比多问题

按照省、市委的统一部署，进一步巩固和扩大清牌减负工作成果，全面清理、规范在村、社区等基层组织设立的临时工作机构、加挂的各种牌子、布置的各类创建活动，精简村、社区的各类台账和材料报表。规范完善村、社区工作事务准入、退出制度，上级委托基层的代办事项，凡未列入准入“清单”或未批准准入的，一律不得交村、社区办理。充分发挥村（社区）级便民服务中心作用，全面整合各类资源，实行“一站式”服务、代理代办服务和全年无休服务，大力削减、清理面向村、社区开展的各类检查、考核、评比达标活动，切实减轻基层负担。

七、切实强化基层组织建设各项保障

（二十二）全面落实基层党（工）委抓党建工作责任

健全完善区、镇街党（工）委书记和机关部门、行业系统基层党组织负责人履行基层党建工作专项述职评议考核制度，每年开展1次专项述职，上级组织部门派人参加。区、镇街两级党员领导干部都要挂点联系1个以上基层党组织。任期内，区委常委、副区长要走遍全区所有的行政村、社区，镇街主要领导要走遍辖区行政村的各个自然村。各级党（工）委都要真正重视党建工作，区、镇街党（工）委书记要切实履行好第一责任人和直接责任人责任，投入足够精力，着力解决党建难题。镇街党（工）委要狠抓基层党建工作制度的落实，指导基层党组织开展正常组织生活，加强党员发展教育管理，务实抓好基层服务型党组织建设工作。区级各部门要强化责任意识，按照各自事权职能，采取有效措施，加大对基层各项工作的支持力度。特别是教育、卫生等行业系统主管部门要采取有力措施，加强对本行业本系统基层党组织建设的具体指导。

（二十三）加强基层组织各项经费保障

积极争取市财政支持，将村级组织运转经费和基层组织党建工作经费纳入财政预算，并根据区情、村（社区）情逐步提高最低保障标准。对村“一定三有”、社区“三有一化”、两新组织“六个有”等落实情况进行全面检查，找准薄

弱环节，采取针对性措施加以解决。区管党费留存部分的使用，优先向基层党组织倾斜。积极探索保障两新党组织运转经费的方法途径。全面落实村主职干部基本报酬和社区专职工作者报酬，确保达到上年度当地农村劳动力平均收入水平和职工平均工资水平，统筹解决其他村干部报酬，关心关爱离任村、社区干部。继续扶持经济薄弱村发展，切实增强村级组织自我保障能力。

（二十四）集中解决基层组织活动场所问题

坚持整合资源、因地制宜、统筹推进的原则，抓好全区基层组织活动场所规范化建设。村、社区基层党组织没有活动场所或不达标的，要采取有力措施，争取及早达标。在两新组织比较集中的地方，探索建立一批枢纽型、区域性党群服务中心，解决小微企业党的活动场所问题。基层组织活动场所除保障正常办公以外，应更多用于服务群众，特别是要努力满足群众日益增长的居家养老、文化娱乐、医疗卫生等多样化需求。

全区各级党（工）委、区委组织部门和教育实践活动整改落实办公室、督导组，要加强沟通协调、督促指导，切实抓好整改落实各项工作，及时通报进展情况，合力解决突出问题。持之以恒推进作风建设，强化制度执行，夯实基层基础，努力形成改作风、转作风的新习惯、新常态。认真总结推广教育实践活动中加强基层党组织建设的好经验好做法，建立长效机制，认真抓好落实，长期坚持下去。

2014 年 10 月 20 日

中共绍兴市柯桥区委办公室　绍兴市柯桥区人民政府办公室
关于完善规范管理、能进能出机制
着力建设“三合适”村干部队伍的若干意见

为加强村（居）干部（以下统称“村干部”）队伍建设，完善规范管理、能进能出机制，打造一支“说合适话、用合适方式、做合适事”（以下简称“三合适”）的村干部队伍，推动广大村级基层干部践行群众路线，现提出如下意见。

一、重要意义

村干部是党和政府联系广大基层群众的桥梁、纽带，是社会主义新农村建设的直接组织者、推动者和实践者。近年来，我区以实施“领头雁”工程为抓手，突出抓好基层党组织评星晋级、重点帮扶村整转、村级后备干部千人计划、农村三资管理改革和村级组织换届选举规范等工作，切实加强村干部队伍建设，取得了明显成效，时任省委书记赵洪祝同志批示肯定：“绍兴县用‘三合适’方法加强农村党员、干部队伍建设，取得较好成果，要注意完善提高。”十八大以来，党中央高度重视抓基层、打基础工作。最近，习近平总书记就进一步加强农村基层组织建设，特别是选好用好管好村两委带头人作出重要批示，中央和省委还下发了《关于在第二批党的群众路线教育实践活动中进一步加强基层党组织建设的通知》，要求将此作为整改落实、建章立制的重要内容。目前，我区的一些村级组织及村干部还存在素质不够高、决策不规范、服务不到位等问题。对此，坚持问题导向、强化底线思维，分级负责、分类管理，健全村干部培养选拔、教育培训、监督管理、激励保障等制度，依法完善规范管理、能进能出机制，着力打造一支“三合适”村干部队伍，对于深入推进基层服务型党组织建设，进一步密切党群干群联系，不断巩固党在基层的执政基础，加快推进“美丽乡村”建设，具有十分重要的意义。

二、总体目标

通过 5 年左右时间，村干部队伍建设努力实现以下目标：①队伍结构优化，以 45 岁左右为主体、老中青相结合，一定数量的大学生“村官”进入村两委，各村两委有女干部；②履职能力提升，服务能力强、带富能力强的“双强”型村主职干部达到 80％以上；③规范意识增强，全面落实承诺履诺评诺和村级运行机制，说合适话、用合适方式、做合适事的氛围较好；④出口通道疏通，不称职村干部及时受到相应处置，实现能进也能出；⑤整体形象较好，村干部不正之风和违法违纪现象明显减少，群众满意度提高。

三、主要措施

（一）注重培养选拔

1. 严把村干部准入关。进一步明确村干部资格条件，新进班子的年龄一般不超过 55 周岁，坚持德才兼备、以德为先，确保政治坚定、“双带”能力强、群众公认度高，无“五不能”和“十不宜”人员。不断提高村两委成员交叉比例、村民代表中党员比例、党组织班子成员兼任村监委主任比例、党组织书记兼任经合社社长比例。

2. 动态管理后备库。深入实施村级后备干部“千人计划”，强化党组织领导把关，完善“两荐一评一选”等选拔方式，把握年龄、性别、文化程度和政治思想、能力素质等条件，加强对人选的全面考察，将年轻的优秀人才和能手及时充实到后备干部库。建立村级后备干部档案，开展后备干部成长考察记实，实行动态管理，不符合资格条件的及时淘汰。

3. 锻炼启用后备干部。将村级后备干部纳入基层党员干部轮训计划，每年镇（街道、开发区）至少组织一次集

中培训，并通过网络学院等自主学习方式，加强平时教育培训。因地制宜为后备干部设岗定责、压担锻炼，围绕农村基层重点工作搭建舞台，落实培养经费，保障工作条件，建立镇（街道、开发区）领导干部联系帮扶、村干部师徒结对、后备干部定期工作交流等机制，促使快速成长。村级班子出现缺额时，通过相关合法程序，优先让后备干部接任。

4. 拓宽选人用人视野。重点跟踪培养外出经商创业有成、愿意回乡服务群众，年富力强、热心服务、思想观念新、善于做群众工作的人才，注重从优秀的大学生“村官”、村民小组长、两新组织经营管理者、复转军人和涉农部门、镇街机关、事业单位、国有企业的优秀退职干部中选拔村干部特别是村党组织书记。对本村无合适人选的（非选举产生人员），可打破身份、行业、地域界限，进行跨村招聘。

（二）加强教育培训

5. 分级负责组织培训。区级相关职能部门每年至少分别组织一次村党组织书记、村委主任、村监委主任、经合社社长的专题轮训，重视抓好思想教育。各镇（街道、开发区）结合本地实际，制定村干部培训届期规划和年度计划，每年至少对村主职干部专题培训两次、非主职干部轮训一遍，并加强对村民（社员）代表的教育培训，引导他们不断增强规矩意识，自觉遵守行为规范。

6. 创新教育培训方式。依托农村党员干部现代远程教育网络，面向村干部提供菜单式培训。有计划地择优选派村干部到镇（街道、开发区）机关和先进村（居）挂职锻炼，提高把握全局、科学管理、处理复杂问题的能力。重视抓好村干部学历教育，组织参加大专及以上学历培训，支持参加自学考试和函授学习。大力加强区、镇两级党校和实践培训基地建设，丰富教育内容和形式，完善学习监督与考核制度。

（三）规范监督管理

7. 强化人员管理的“三定”意识。认真执行县委办〔2013〕116号文件精神，按照精简、高效原则配置职位，严控村级班子定编数。凡村级组织班子中不交叉任职的、超过任职年龄的非主职干部，一般不纳入定编定岗，实行实误实记。明确班子成员职责分工，强化落实工作责任，充分发挥各自主动能动性。全面落实村干部照片、职责、联系电话上墙公示制度，确保群众有事能找到人、找对人。

8. 强化决策管理的规则意识。各村（居）依据《浙江省村级组织工作规则（试行）》相关规定，在镇（街道、开发区）的指导和村党组织的领导下，结合实际制定村民自治章程（村规民约），作为村民自治的基本依据。深化落实“夏履民主程序”、“村务听证”等基层协商民主做法，村级重大事务决策实行“五议两公开”。因镇制宜统一完善党务、村务、财务“三公开”制度，健全党员群众意见建议征求和反馈机制。

9. 强化“三资”管理的规范意识。落实村主职干部的主体责任和村监委成员的监督责任，严格执行“三资”管理规定，严控公款支出，规范工程招标，厉行勤俭节约，强化廉洁自律。加大对村级财务收支的监督力度，完善印章使用管理等有关规定。实行村干部经济责任审计，村干部任期届满或离任的，由区农办或镇（街道、开发区）组织开展经济责任审计；对群众关注的建设工程、土地征用补偿费分配等重大事项实行专项审计，加强审计结果的运用。

10. 强化社会管理的服务意识。村干部要密切联系群众，全面推行“网格化管理、组团式服务”和“联系不漏户、党群心贴心”工作，每年走遍村内所有住户，全面提升村民熟悉度、民情知晓度、群众满意度。按照民情通工作要求，分村情、户情、事情等类别，全面建立“百村档案”。加强村级便民服务中心建设，健全限时即办、全程代办等服务制度，力求群众小事不出村，解决服务群众“最后一公里”问题。

11. 强化作风建设的底线意识。严格执行《柯桥区村干部作风建设十项规定》，严明工作纪律，注重自身形象。完善村干部集中坐班制、去向公示制、节假日值班制、外出请假制、重大事项报告制等五项制度，落实村主职干部工作例会制、专题工作交流制，加强暗访督查，督促村干部尽职尽责，切实解决“不在岗、不在行、不在状态”问题。

（四）强化激励保障

12. 落实报酬待遇。严格执行《关于进一步保障基层组织运行经费的意见》（县委办〔2012〕183号），落实在职村干部报酬同步增长机制，因镇制宜规范非主职干部报酬系数和实误实记人员的误工补贴标准，村书记、主任“一肩挑”的可适当提高报酬系数。优化报酬结构，强化考核奖罚，激发村干部干事创业积极性。探索对任职达到一定年限的优秀村干部给予适当工龄补贴，鼓励争当经验丰富且能力突出的“资深”村干部。确保村干部基本养老和医疗“两险”全覆盖，有序推进工伤、生育、失业等参保工作。稳步推进农村离职老干部生活补贴扩面提标工作，规范处置超龄村干部合理享受养老保险金和报酬补贴问题。

13. 加强组织关爱。落实谈心谈话制度，镇（街道、开发区）党委（工委）书记与村主职干部、联村领导与村非主职干部开展定期谈心谈话，及时沟通思想，了解诉求和困难。完善优秀村干部评先评优、推优入党、推荐“两代表一委员”、参加高层次培训等多元激励制度。健全落实区、镇、村三级党内关爱资金，关爱生活困难、履行职务受侵害的村干部。加强正面引导和组织担当，防止村干部被“污名化”，打击诬告陷害行为。

14. 开展“双诺双述双评”。村干部全员签订《任期目标“四保四不”承诺书》和《年度工作目标承诺书》，年初在镇（街道、开发区）机关内部、村务公开栏和党员、村民代表大会上书面公告，年底分别向镇（街道、开发区）和本村全体党员、村民代表述职述廉，接受双向评价，评价结果与村干部的奖励报酬、评先评优等挂钩。健全村干部岗位目标责任制考核。

（五）健全退出机制

15. 疏通多种退出通道。规范村干部到龄逐步退出机制，换届时除主职干部外，连选连任的一般不超过60周岁。探索建立村干部实绩警示机制，对于违反履职管理规定和年度双向评价结果较差的，采取领导约谈、批评教育、书面诫勉等措施；对于长期外出等难以履行职责的村干部，责令定期整改，整改无效的，按程序终止其职务并不予定编。探索建立不称职村干部退出机制，明确不称职具体情形，对于违反《任期目标"四保四不"承诺书》的、连续两年满意度评价结果居全镇（街道、开发区）分类排序末位的、被判处刑罚的、丧失行为能力的村干部，依法依规采取劝退、责令辞职、免职、罢免等处理。

四、组织领导

区纪委、组织、农办、民政等部门要加强联动和指导监督，结合职能，进一步细化目标和措施要求，结合群众路线教育实践活动整改落实、建章立制工作，做好相关制度"学、清、立、改、停"。镇（街道、开发区）要将"三合适"村干部队伍建设工作作为基层组织建设的重中之重，结合实际抓好落实，社区干部在《关于进一步加强城市社区建设管理的若干意见（试行）》（县委办〔2013〕24号）的基础上参照执行。要加强思想教育和舆论引导，切实提高基层各级党员干部的认识，形成工作合力。坚持正面教育与组织处置相结合，选树正反面典型，及时总结经验教训，宣传推广好的做法，以点带面，积极稳妥推进各项工作，确保实现突破、取得实效。

2014年9月1日

中共绍兴市上虞区委关于进一步加强村主职干部队伍建设的意见

各乡镇、街道党委，区直各部门和单位党委（党组、工委）：

为认真贯彻落实党的十八大和十八届三中全会精神，充分发挥村主职干部在推进农村改革、美丽乡村建设、基层服务型党组织建设和基层社会治理中的示范引领作用，进一步夯实基层基础，提升农村基层组织的凝聚力、战斗力和引领力，现就进一步加强村主职干部队伍建设提出如下意见：

一、目标任务

加强村主职干部队伍建设的总体目标是：以"百姓喜爱的好支书"杭兰英为标杆，通过3～5年努力，村主职干部队伍结构明显改善，整体素质不断提升，建成一支"有正气、有本领、有口碑"的村主职干部队伍。具体目标是：

1. 队伍结构进一步优化。村主职干部的年龄结构以45～55周岁为主体，高中以上文化程度的占80%以上，带富能力强、服务能力强的"双强型"干部占50%以上，倡导有条件的村村党组织书记和村委会主任实现"一肩挑"。

2. 履职能力进一步增强。村主职干部贯彻落实上级决策、推动创新发展、做好群众工作、抓班子带队伍的能力进一步增强，在建设美丽乡村中的引领和带头作用更加明显。

3. 干部形象进一步提升。村主职干部自觉讲奉献、重品行、守规矩，大局意识、担当精神、干事激情进一步增强，杭兰英式的先进典型不断涌现，村主职干部队伍整体形象进一步提升。

二、具体措施

（一）重视培养选拔，选优配强村主职干部

从明确选任标准、拓宽选拔渠道、注重源头培养等方面入手，切实选优配强村主职干部。

1. 严格选任标准。把"有正气、有本领、有口碑"作为选拔村干部特别是村主职干部的重要标准。乡镇（街道）党委要发挥好主体作用，严格把握选任标准，在村级组织换届选举中，坚持民主、竞争、择优的原则，真正把优秀人才选进村级班子特别是村主职干部队伍中来。

2. 拓宽选人视野。要拓展来源渠道，从现任村干部、大学生村官、农村致富能手、经营能人、复员退伍军人等群体中择优选拔村主职干部，特别是要把优秀的村委会主任培养选拔为村党组织书记。本村暂时没有合适党组织书记人选的，可通过机关干部下派任职、企业党员回乡任职等方式解决。

3. 加强梯队建设。乡镇（街道）党委要超前谋划培养村级后备干部，通过走访、考察等途径，摸排一批有志于扎根基层、服务群众的农村优秀人才，按1∶1比例建立村主职干部后备人才库，实行动态管理。要深化"三个一百"村干部培育递进计划，落实分类指导、压担锻炼、结对帮扶等措施，力争通过3年左右时间，培育百名村级后备干部成为村班子成员、百名村班子成员成为村主职干部、百名村主职干部成为"双强型"干部，着力构建发现、培养、选用的村干部培养选拔链。加强村干部源头工程建设，严把党员入口关，引导和鼓励优秀民间人才向党组织靠拢，稳妥实施自主创业的返乡高校毕业生党员回迁工作，有效提升农村党组织的生机活力。

（二）强化教育培训，提升村主职干部综合素质

按照"联系实际、按需施教、讲究实效"的要求，有计划、多途径、多形式加强对村主职干部的教育培训，着力提高综合素质和履职能力。

1. 突出思想作风建设。乡镇（街道）党委要加强对村主职干部的思想作风教育，帮助查找解决突出问题，推动村主职干部转作风、树正气。要经常对村主职干部谈心谈

话，及时提醒解决苗头性、倾向性问题，营造讲团结、干实事的良好氛围。要针对性地开展软弱涣散村党组织整顿工作，对作风不正、本领不强、口碑不好的村主职干部按规定程序及时予以调整。

2. 加强履职能力培训。依托区镇两级党校主阵地，紧扣农村实际和岗位需要，以“入户访谈、现场解难、用心服务、阳光议事、互助共治、精神引领、示范带动”等杭兰英“民情通”工作法为重点，加强对村主职干部依法办事、管理项目、治理村务、服务群众等方面的培训。区级层面对村主职干部组织轮训，确保村主职干部届期内至少参加一次区以上的集中培训。乡镇（街道）按照实际、实用、实效的原则，对村干部和村民代表进行集中轮训。

3. 丰富教育培训方式。充分运用现代远程教育、专题研讨、现场体验和社会实践等方式，增强教育培训的吸引力和实效性。有条件的乡镇（街道）可组织优秀村主职干部到乡镇（街道）重点工程、中心工作中挂职锻炼。鼓励村干部参加学历培训班，现任村主职干部40周岁以下、未达到大专文化程度的，一般都要接受学历教育。组织开展结对帮带、联谊交流、学习考察等活动，注重新老结对、以老带新，传授领导艺术和群众工作方法。加大警示教育力度，剖析典型案例，教育和引导村主职干部强化法纪意识和底线思维。

（三）拓展为民服务，优化村主职干部形象

以基层服务型党组织建设为引领，结合民情通工作的深入开展，深化村主职干部“面对面、点对点”服务群众工作，以扎实有效的举措赢得民心、树立威信。

1. 落实走访联系机制。按照教育实践活动中提出的村党员干部“联系不漏户，党群心贴心”和“受教育、增感情、解难题”的要求，建立健全联网访户、分线联片制度，每位村主职干部至少联系1个网格，每半年走访联系网格内的农户不少于1次，每年走遍村内的党员、村民代表和困难户，倾听群众诉求，帮助解决实际困难，着力打通联系服务群众“最后一公里”。

2. 深化“四不出村”服务。全面推行村级组织“四不出村”服务规程，切实发挥村主职干部在落实“四不出村”服务规程中的组织协调和示范引领作用，进一步健全村级服务平台，认真落实便民代理服务、网格联系服务、信息咨询服务、致富指导服务等四大机制，确保群众办事不出村、矛盾调解不出村、信息咨询不出村、致富求助不出村。

3. 推进民生实事工程。村主职干部要围绕建设美丽乡村目标，坚持量力而行、尽力而为，从群众亟须解决的迫切问题入手，谋划推进惠民利民的实事工程，切实做好“五水共治”“三改一拆”、发展集体经济、优化公共服务等工作，以实际行动回应村民关切。

（四）从严监督管理，规范村主职干部履职行为

坚持多管齐下、严格管理，切实规范村主职干部履职行为。

1. 坚持民主决策。严格执行《村级组织规范化管理实施细则》，健全村级组织议事规则和决策程序，村级重大事务决策确保“五议两公开”，提升决策的科学性。严把宅基地审批、土地征用发包、物业出租转让、民政救济救助等事关群众切身利益的公开公平关，真正把好事办实、实事办好。

2. 严格监督管理。建立健全村主职干部重大事项报告、请销假等管理制度，加强日常监督制约，确保村主职干部把主要精力和时间放在村里。完善村主职干部任期和离任经济责任审计制度，加强对执行党务、村务公开制度情况的检查监督，严控村级工程项目变更，严控非生产性开支。落实村党组织书记履行党风廉政建设责任制，完善村主职干部履职保证金制度。

3. 强化问责预警。全面落实村主职干部“四不”公开承诺，建立健全以“承诺公开、监测督查、履诺考核、违诺追究”为主要内容的运行机制，促进村干部依法依规履职。对村主职干部出现决策不民主、执行不到位、服务不主动、办事不公正、难事不敢碰、廉洁不注重、村级后备干部工作不重视以及其他需要问责情形的，及时进行问责预警。

（五）规范考核评价，激发村主职干部队伍活力

建立健全职责清晰、任务明确、考评科学、奖惩分明的考核办法，有效激发村主职干部队伍的生机活力。

1. 推行目标承诺制度。村主职干部在充分征求意见的基础上，围绕密切联系群众、推动科学发展、促进民主治村、建设文明乡村、争创先进、守住底线等方面有针对性地提出任期目标和年度计划，经乡镇（街道）党委审核把关后，向党员群众公开作出承诺，接受党员群众监督。

2. 强化工作督查制度。乡镇（街道）党委通过月例会、季督查、半年度考核等方式，加强对村主职干部工作的日常评估。围绕区委区政府中心工作，加强对“五水共治”“三改一拆”、环境卫生整治等重点工作的专项考核。日常评估和专项考核的结果实行台账管理，纳入年终考核。

3. 完善“双述双评”制度。实行村主职干部年度目标考核“双述双评”制度，村主职干部每年年底要向乡镇（街道）党委和全体党员、村民代表述职述廉，接受乡镇（街道）党委统一考核和党员群众民主评议，并进行满意度测评，考核评议结果与村主职干部奖励报酬、评先评优相挂钩。村级后备干部队伍建设情况纳入“双述双评”。对考核结果末位的村主职干部，进行诫勉谈话并扣减其奖励报酬。

（六）落实激励保障机制，调动村主职干部干事创业激情

认真落实“三真”要求，完善村主职干部报酬待遇、社会保障、组织关爱“三位一体”的激励保障机制。

1. 落实履职保障。加快推进村级集体经济增收五年计划、“五个一体化”建设、农村住房保障工程等民生实事工程，为村干部干事创业提供保障。健全完善村主职干部报酬统筹统支制度，对村主职干部基本报酬进行财政转移补助。乡镇（街道）要根据村规模大小和工作任务轻重，合理确定村主职干部报酬总额，提高奖励报酬的比重，并适当拉开档次，对工作实绩突出的村干部加大奖励力度。定期组织村主职干部进行健康体检，完善村主职干部基本养老保险制度和农村退职主职干部生活补助金制度。

2. 强化政治激励。加大从优秀村主职干部中考录乡

镇公务员的力度。乡镇(街道)党委在作出重大决策和推进重点工程项目之前,要广泛听取村主职干部的意见和建议。积极推荐政治素质好、参政议政能力强的优秀村主职干部作为各级党代表、人大代表、政协委员人选,为村主职干部发挥优势、建言献策搭建平台。

3. 注重典型宣传。定期组织开展"双十佳"村主职干部评选活动,通过广播电视、报纸、网络微博、远教平台等媒体渠道,大张旗鼓地宣传村主职干部的先进典型事迹,在全社会形成重视基层干部的鲜明导向。

三、工作要求

1. 加强组织领导。区委把村主职干部队伍建设摆上重要议事日程,作为加强农村基层组织建设、推进基层治理现代化的首要任务,列入每年基层党建工作报告的重要内容。区委组织部、区民政局要切实加强对村主职干部队伍建设的指导,加强对乡镇(街道)党委落实村主职干部队伍建设工作的督查。

2. 落实主体责任。抓好村主职干部队伍建设,乡镇(街道)党委负有主体责任,党委书记是第一责任人。要把村主职干部及其后备干部队伍建设情况作为乡镇(街道)党委书记抓基层党建工作专项述职的重点,作为考核乡镇(街道)党委书记工作实绩的重要内容。各乡镇(街道)党委要建立并落实责任制,真正把村主职干部队伍建设的各项工作落到实处,同时,要统筹抓好对其他村干部的教育培训、待遇保障、考核监督等工作。

3. 强化工作合力。进一步健全区直部门单位联村工作机制,既要帮助指导结对联系村加快推进民生实事工程,又要帮助提高村主职干部能力素质。宣传部门要抓好村主职干部先进典型事迹的宣传报道,财政部门要统筹安排好转移补助资金,纪检机关和农办、党校、人社、农林等部门要按照区委要求,落实职责,协调配合,努力提高我区村主职干部队伍建设水平。

附:村主职干部队伍管理标准化细则(试行)

2014 年 9 月 16 日

附件

村主职干部队伍管理标准化细则(试行)

类别	工作标准		
村主职干部	履职规范	通民情解民忧	严格履行《民情通网下工作标准化建设实施细则》所规定的网格员"三个一"(每半年走访联系网格内的农(居)户不少于1次,对长期在外农(居)户每半年联系沟通不少于1次,每周向网格长上报群众诉求等信息不少于1条)职责;督促其他村两委会干部履行民情通网格员职责。
			按照"四不出村"服务要求,设立便民服务平台,落实便民服务措施;创建"老娘舅"式民间调解队伍,构建村干部、驻村干部、联系片警等多方联动协作调解机制;及时掌握梳理群众信息需求,因地制宜落实服务措施,加强便民信息咨询服务;整合村内外资源,开展农技指导、农产品销售、就业创业帮扶等服务,引领群众共同致富。
			围绕"六有"(有坚强有力的领导班子,有本领过硬的骨干队伍,有功能实用的服务场所,有形式多样的服务载体,有健全完善的制度机制,有群众满意的服务业绩)目标,加强基层服务型党组织建设,提升群众满意度,满意率不低于80%。
		促民生办实事	深入推进村级集体经济增收五年计划、"五个一体化"工程、农村住房保障工程。村级集体经济年收入在20万元以上。
			推进创业承诺实事项目:年初,制定年度工作计划,以书面形式向党员群众作出公开承诺;年中,以会议形式向党员群众报告践诺情况;年末,召开由村干部、全体党员、村民代表参加的民主评议会,陈述承诺内容,接受党员群众监督。
			认真贯彻落实上级政策要求,扎实做好"五水共治""三改一拆""美丽乡村"建设等党委政府布置的重点工作。
		健机制强管理	带头执行落实好村级重大事项"五议两公开"制度,程序规范、议事高效,做到有会议记录、有台账资料。
			带头执行履职在岗制度,工作日必须有一名主职干部在岗。外出离岗时间超过2天的,应书面向乡镇(街道)党委请假;期满后,1天内向乡镇(街道)党委销假。重大事项报告在24小时内上报乡镇(街道)党委。

续表

类别			工作标准
村主职干部	履职规范	健机制强管理	认真执行好党务公开、村务公开及“三资”管理情况公开，村级党务定期公开，重大事项根据实际情况随时公开；一般村务事项至少每季度公开一次，涉及村民利益的重大问题以及群众关心的事项应当随时公开；村级财务一般每月公开一次，集体财务来往较多的村，财务收支情况应按旬公开。
			加强村级工程项目管理，坚持量力而行原则，对上级无补助、社会无赞助、村级无实力的“三无”村级工程项目，一律不得实施；除不可抗力因素外，整体项目工程变更率不得高于合同价的20%。
		倡文明创和谐	抓好农村环境卫生整治，建立长效投入与管理机制，垃圾收集率、清运率和处理率达到80%以上，村庄环境整齐、整洁、卫生、规范、优美。
			加强村级公共文化娱乐设施建设，建好一个文化活动室和一个体育活动场所；积极开展各类文化活动和文明村、文明户创建活动，文明家庭创评率达80%以上，尊老爱幼、家庭和睦、邻里团结、遵纪守法成为风尚；落实扶贫帮困措施，农村最低保障做到“应保尽保”。
			抓好社会管理综合治理工作，开展“平安乡村”创建，当年无刑事案件和重大安全事故发生；建立健全村级信访矛盾预警调处机制，及时化解信访苗头和不稳定因素，杜绝集体访、越级访；做好社区禁毒、社区矫正等特殊人群的监管工作，确保不脱管、不漏管。
	争创目标	学习杭兰英“民情通”工作法争做“三个有”干部	学习“入户访谈、现场解难、用心服务、阳光议事、互助共治、精神引领、示范带动”等杭兰英“民情通”工作法，努力做一个“有正气、有本领、有口碑”的村主职干部。当年度所在村年度考核处于前列，并被评为区级以上先进集体，个人获得区级以上先进荣誉称号。
	底线标准	“九不准”	不承包承建或以他人名义变相承包承建本村的公共项目及涉及征用本村土地的所有项目。
			不违规干预和插手本村工程建设。
			不违反村级组织重大事务民主决策制度。
			不反对村党组织决定或村民代表会议的合法决定、决议。
			不发生搭建违法建筑、违法占用耕地、违法开采矿山、违法轧(洗)砂等行为。
			不煽动、组织或参与集体上访、无理上访。
			不参与赌博、嫖娼、打架闹事等违纪违法活动。
			不参加邪教组织，党员干部不参加宗教活动。
			不违反计划生育政策。
类别			保障措施
乡镇、街道	教育培养		组织开展思想作风、履职能力、谈心谈话、廉政警示、联谊学习交流等五项教育，组织村主职干部每年参加一次集中轮训。
			扎实推进“三个一百”村干部培育递进计划，通过走访、考察等途径，摸排一批有志于扎根基层、服务群众的农村优秀人才，按照1∶1的比例建立村主职干部后备人才库，确保村级后备干部保持一定数量。落实分类指导、压担锻炼、结对帮扶等措施，提高村级后备干部农村实际工作能力。

续表

类别		保障措施
乡镇街道	监督管理	建立健全四项制度:(1)村级班子定期考察制度:采取"回头看"考察、届期考察及专项考察相结合的方式,对村级班子整体运行状况及村干部履职情况进行定期考察评价,考察结果作为干部调整、评先评优的重要依据。(2)基本履职金制度:采取本人预缴一定金额和区、镇街各半配套的方式建立,年底由镇街根据村主职干部履职情况兑现,对带头或参与上访、村级业务招待费全年列全区前10位和增幅前10位等10类不作为、乱作为行为进行无下限倒扣。(3)经济责任审计制度:每年对辖区范围内三分之一的村进行内部审计,村主职干部离任后,也应进行审计。对群众关心的建设工程、土地征用补偿费分配等需要审计的其他重大事项实行专项审计。审计结果应及时公布。(4)违反"四不"承诺责任追究制度:对村主职干部违反承诺情形的,由乡镇(街道)党委通过批评教育、诫勉谈话等方式督促其在限定时间内改正;对拒不整改的,视情扣减其奖励报酬并取消本人及该村集体当年度评先评优资格;对符合辞职情形的,及时启动辞职程序。
		实行"6+X"目标责任制考核,根据每年发展思路和工作重点,在统一规定社会管理、公共服务、创收致富、环境整治、民主管理、自身建设等六项基本考核内容的基础上,按照配合完成乡镇(街道)中心工作、重点工程、产业发展等,以及每个村的具体情况,设置若干个个性考核指标,实施"月查、季考、年评"制度,考准考实村级班子的工作实绩。
		开展"双述双评",村主职干部每年年底向乡镇(街道)党委和全体党员、村民代表述职述廉,接受乡镇(街道)党委统一考核和党员群众民主评议,并进行满意度测评,考核评议结果与村主职干部奖励报酬、评先评优相挂钩。村级后备干部队伍建设情况纳入"双述双评"。对考核结果末位的村主职干部,进行诫勉谈话并扣减其奖励报酬。
	激励保障	落实报酬统筹统支,根据村规模大小和工作任务轻重,合理确定村主职干部报酬总额,并适当拉开档次。报酬总额分基础报酬和奖励报酬两部分组成,一般基础报酬不高于50%,逐步提高奖励报酬比重,对工作实绩突出的村主职干部加大奖励力度。
		提供基本养老保险,村主职干部任职满一年,经乡镇(街道)考核合格后可参加城镇职工基本养老保险,投保缴费时间从任职年份开始,参保经费由村集体和个人共同负担,乡镇(街道)可适当补助。
		实施退职生活补助,对正常离任、年满60周岁、担任村党组织书记或村委主任累计十年以上的农村退职主职干部,给予定期生活补助,已享受城镇职工基本养老保险的,或在职时因违法违纪被查处而退职的不得享受。
		强化政治激励,积极推荐政治素质好、参政议政能力强的优秀村主职干部作为各级党代表、人大代表、政协委员人选。
		注重典型宣传,定期开展优秀村主职干部评选活动,通过广播、电视、报纸、网络微博等媒介,宣传优秀村主职干部的典型事迹。

中共兰溪市委关于
深化完善市四套班子例会制度的意见

为巩固深化党的群众路线教育实践活动成果，进一步健全集体领导制度和民主集中制，充分发挥市级班子的集体智慧，保证决策的民主化、科学化，推动全市各项工作的顺利开展，经市委研究，决定深化完善市四套班子例会制度。现将有关意见通知如下：

一、会议参会人员：

市四套班子成员，人武部部长，法检“两长”，担任实职的副处级以上领导，市纪委副书记，“两办”主任。

二、会议研究和讨论的主要事项：

1. 传达上级重要文件、重要会议精神和重大工作部署，研究贯彻执行意见；

2. 通报全市经济社会发展方面的重要决策部署、重大活动安排和重点工作情况；

3. 研究讨论全市经济建设、政治建设、文化建设、社会建设和党的建设有关工作；

4. 统筹协调市域经济社会发展中出现的热点、难点问题；

5. 研究讨论事关全市改革发展稳定的重大项目和重点工程；

6. 协调处置突发事件或安排落实紧急任务；

7. 交流市四套班子成员分管或牵头有关工作进展情况；

8. 布置市四套班子下一阶段重点工作；

9. 对市委、市政府提交的重大事项作出决定；

10. 其他需要例会集体讨论通过的事项。

三、会议形式及其他事项：

1. 例会由市委书记召集并主持；书记不能参加会议时，可委托其他成员召集主持；

2. 例会议题由市委办征求各方意见，提出建议，并报市委主要领导确定；

3. 例会原则上每月召开一次，根据需要可随时召开；

4. 参会成员因故不能参加会议，应在会前向“两办”请假；

5. 如有票决议题，会议坚持民主集中制原则，以赞成票超过应到会人数的三分之二以上为通过(请假人员的意见可用书面形式表达)；

6. 例会以会议纪要或抄告单形式明确会议决定事项，并由会议主持人签发。

2014 年 9 月 30 日

中共东阳市委办公室　东阳市人民政府办公室
关于进一步加强不守规矩村官管理的意见

各镇乡党委、政府，各街道党工委、办事处，市机关有关部门：

为深入贯彻党的十八大、十八届三中全会精神和省市相关要求，进一步加强和改进农村主职干部队伍管理，重点强化对部分不守规矩村官的监管力度，提升全市农村主职干部队伍建设水平，经市委、市政府研究，现就进一步加强对不守规矩村官的管理提出以下意见：

一、指导思想

围绕建设“吃得了亏、干得了事、放得了心”型农村主职干部队伍的目标，重点解决部分农村主职干部中出现的不守规矩问题，对存在的苗头性、倾向性问题主动干预、预警在前、强化监管，提升党委、政府对不守规矩村官的管理力度，确保农村主职干部在履职中不出事、少出事、不出大事。

二、人员界定

本意见所指“不守规矩村官”指存在以下 5 种情况之一的现任农村主职干部：

1. 所在村违法用地、违章建筑情况较严重，且本人参与的；

2. 财务管理制度混乱，违反财经制度现象较突出的；

3. 工作作风霸道，群众信访较为集中的；

4. 本人存在打架斗殴、聚众赌博等各类违法违纪情况的；

5. 存在其他"不守规矩"行为的。

三、工作举措

1. 定员分类。各镇乡街道党(工)委结合平时掌握的情况,通过进村入户了解情况、梳理群众信访等方式,定期对本辖区内农村主职干部情况进行认真梳理分析,提出纳入重点管理对象的不守规矩村官名单。名单由市纪委、市委组织部掌握,实行动态管理,并逐人建立档案。由市委组织部牵头组织进行调查并形成个人分析报告,如实、完整、清楚地反映纳入重点管理对象的不守规矩村官存在的问题。根据调查和分析结果,按照"一般关注、重点关注、高度关注"三个等级对纳入重点管理对象的不守规矩村官进行分类定级。

2. 分级约谈。建立市、镇两级领导约谈机制,及时掌握不守规矩村官的思想动态,有针对性地指出存在问题。"一般关注"的,由各镇乡街道主要领导负责约谈;"重点关注"的,由市纪委、市委组织部主要领导负责约谈;"高度关注"的,由市委主要领导负责约谈。

3. 挂号监管。由市委组织部牵头,根据调查和约谈情况,逐人提出需要重点加强监管的问题,告知相关部门,由市纪委、政法委、信访局、民政局、公安局、财政局、人力社保局、规划局、建设局、国土局、人口计生局、环保局、安监局、国税局、市场监管局等部门,在各自的职责范围内实行挂号监管、重点督查。各部门单位要加强与镇乡街道党(工)委的对接联系,及时进行情况反馈。对重点监管问题整改到位的,要及时销号,整改成效不明显的要依法依规从严处理。涉及重点监管问题监管不到位的,要同步追究部门负责人责任。

4. 处置整顿。对经约谈后整改成效不明显的不守规矩村官,镇乡街道党(工)委可根据需要对其进行歇职整顿。歇职时限一般为3个月或6个月,期间停发村主职干部基本报酬,当年考核降低一个等次。农村党组织书记的歇职由镇乡街道党(工)委作出决定并将组织关系迁入镇乡街道党(工)委下设的后进党员整转帮扶支部,同时任命临时村党组织负责人,歇职期满后根据实际情况作出复职决定或免去职务决定。村委会主任的歇职,由村党组织向村民会议或村民代表会议提议,并进行票决。同意者超过半数,歇职决议生效,并向全体村民公示。村委会主任歇职期满,由村民会议或村民代表会议再次讨论票决是否复职,或继续歇职直至组织劝辞。村委会主任歇职期间,村党支部主持召开村民代表会议,在村委会成员中票决产生一名委员临时负责村委会工作。

四、工作要求

1. 要高度重视。各镇乡街道党(工)委是不守规矩村官管理的责任主体,要充分认识加强对不守规矩村官管理工作的重要性,把这项工作作为加强农村主职干部队伍建设的重要抓手。镇乡街道党(工)委书记要亲自抓,层层落实责任,相关人员切实履行好工作职责。如出现因调查摸底不充分导致不守规矩村官应纳入而未纳入重点管理范围的,或因监管处置不力导致纳入重点管理对象的不守规矩村官仍然发生违法违纪行为或造成恶劣影响的,要对镇乡街道党(工)委进行责任追究。

2. 要敢于担当。各镇乡街道党(工)委一方面要真心关心支持农村主职干部开展工作,及时帮助解决工作中遇到的困难和问题,成为农村主职干部的坚强后盾;另一方面,也要及时发现和解决苗头性、倾向性问题,本着负责任的态度,做到敢管、真管、管得住、管得好,成为农村主职干部的有力监督者。

3. 要务求实效。各镇乡街道党(工)委在工作中要把握好负责、稳妥的原则,认真细致地研究制定好工作方案,在加强管理的同时注意保护管理对象的工作积极性。有关部门与镇乡街道党(工)委之间要加强信息沟通交流,确保信息传递的及时、有效,切实形成工作合力,确保工作取得实效。

2014年9月1日

中共龙游县委
关于建立能上能下机制建设过得硬打胜仗干部队伍的实施意见

各乡(镇)党委、街道党工委,县直机关各部门党组织:

为认真贯彻落实全国组织工作会议和全省干部队伍建设会议精神,充分激发干部队伍活力,根据《党政领导干部选拔任用工作条例》和省委《关于完善能上能下机制建设过得硬打胜仗干部队伍的若干意见》(浙委发〔2013〕20号文件)的相关要求,结合我县实际,现就建立能上能下机制,建设过得硬打胜仗的干部队伍,制定如下实施意见。

一、总体要求和主要原则

1. 总体要求。坚持正确的用人导向,按照"信念坚定、为民服务、勤政务实、敢于担当、清正廉洁"好干部标准,进一步完善干部能上能下机制,着力解决干部队伍建设中能上不能下、能进不能出以及一些干部精神状态不佳、工作能力不强、工作作风不实等问题,大力选拔修身严、用权严、律己严、谋事实、创业实、做人实的干部,把不担当、不负责、不作为的干部调整下去，努力做到能者上、平者让、庸者下，形成一套规范有序、科学顺畅的干部进出机制，增强干部队伍的生机和活力，为推动“两化”引领、创新实干，加快我县经济社会转型跨越、科学发展提供坚强的组织保证和人才支持。

2. 主要原则。

——坚持党管干部，不断提高干部管理工作水平。落实好党要管党、从严治党的方针，坚持把加强党的领导和充分发扬民主结合起来，充分发挥党组织在干部选拔任用中的领导和把关作用。

——坚持用人标准，大胆使用加快龙游跨越发展的好干部。把理想信念坚定作为好干部第一位的标准，进一步加强领导班子建设和干部队伍建设，努力做到选贤任能、用当其时，知人善任、人尽其才，把好干部及时发现出来、合理使用起来。

——坚持实绩优先，大力选拔“狮子型”领导干部。坚持德才兼备，以德为先，在继续发扬“老黄牛”精神的同时，重视选配政治过硬、能驾驭全局、敢抓敢管、勇往直前、富有团队精神和实绩突出、各方面起表率作用的“狮子型”领导干部。探索以“实事考才”、“实战选才”、“实绩用才”等方式选人用人，营造奖优促劣、比学赶超的浓厚氛围。

——坚持能上能下，坚决调整不适宜担任现职领导干部。把从严管理干部贯彻落实到干部队伍建设全过程，坚持从严教育、从严管理、从严监督。以调整“不担当、不负责、不作为”干部为重点，完善领导干部刚性退出工作机制。

二、坚持优化结构，大力培养选拔好干部

3. 高度重视选好配强“一把手”。县级机关部门主要领导应注重从具有乡镇（街道）党政正职任职经历的干部中选拔。乡镇（街道）党政正职优先从具有乡镇（街道）领导干部任职经历的人员中选拔。保持乡镇（街道）党政正职队伍相对稳定，乡镇（街道）党政正职一般应任满一届，党政正职一般不同时调离所在乡镇（街道）。

4. 完善来自基层一线的干部培养选拔机制。坚持关注基层、重视基层导向，对长期在基层一线默默无闻、勤勉干事的干部，同等条件下优先使用。注重从具有乡镇（街道）工作经历的干部中选拔领导干部。加大乡镇（街道）与机关部门之间的干部交流力度。注重从优秀村（社区）干部、大学生村官等基层一线人员中选拔乡镇（街道）干部。继续选派县级机关部门优秀年轻干部到乡镇（街道）挂职锻炼，有计划地安排优秀领导干部和后备干部参加重点（中心）工作。

5. 破格提拔实绩特别突出的优秀干部。对在关键时刻或承担急难险重任务中经受住考验、表现突出、作出重大贡献的，在条件艰苦、环境复杂、基础差的乡镇（街道）或单位工作实绩突出的，以及在其它岗位上尽职尽责，工作实绩特别显著的干部，可予以破格提拔。

6. 支持和保护坚持原则、敢于负责的干部。完善民主推荐提名办法，正确分析和对待民主推荐、民主测评结果，不简单以票取人。在干部推荐提名时，充分发挥党组织、主要领导、分管领导的审核把关作用，着重看人选的政治素质、实绩表现和人岗相适度，不让坚持原则的干部吃亏，不让“老好人”占先。大力营造鼓励创新、宽容失败的氛围，调动保护党员干部谋发展、干事业的积极性。

7. 合理使用各年龄段干部。合理配备领导班子年龄结构，科学确定退出县级机关部门和乡镇（街道）领导岗位的年龄界限。对担任机关部门和乡镇（街道）正职领导，近五年年度考核三次以上被确定为优秀等次，且在达到退出领导岗位年龄界限的上年度考核被确定为优秀等次的，因工作需要，退出领导岗位的年龄可以适当放宽1—2岁；担任县人大、政协工作机构正职领导的，退出领导岗位的年龄可以放宽2岁。乡镇（街道）领导班子要注意保留一些50岁以上经验丰富、工作得力、群众满意的“老乡镇”、“全科”干部。要加强对改任非领导职务干部管理，进一步发挥改任非领导职务干部的作用。

8. 加强县管后备干部的培养选拔。制定年轻干部、党外干部和结构型干部培养规划，按照“重视‘60后’、用好‘70后’、选拔‘80后’、关注‘90后’”的思路，加强县管后备干部教育培养和选拔使用。通过上挂锻炼、外派招商、下派项目一线等方式培养后备干部。坚持优进绌退、动态管理，始终保持县管后备干部队伍的合理数量和结构。

三、坚持实干导向，健全干部考核选拔工作新机制

9. 推行“实事考才”，在全员量化中考准干部。完善县管领导班子和领导干部考核评价体系，全面推行以“细化任务、量化实事、强化督考、优化运用”为主要内容的乡镇（街道）、机关部门干部全员实事量化考核办法，考准考实干部工作实绩。

10. 实施“实战选才”，在攻坚一线比选干部。围绕“中心工作部署到哪里，干部工作跟进到哪里”的思路，探索实施“实战选才”制度，将考核干部的考场设在“五水共治”、“三改一拆”、“大干项目、大抓招商”、信访维稳等攻坚一线，通过实战比选干部。

11. 注重“实绩用才”，在分类争先竞赛中选用干部。大力推行“实绩用才”制度，注重选拔实绩突出和精通业务、敢于创新、敢于担当的干部。坚持把实事量化考核和“五水共治”、“三改一拆”、重点项目建设、招商引资等专项考核结果作为领导干部选拔任用的重要依据。

四、坚持从严管理，调整不适宜担任现职领导干部

12. 畅通不适宜担任现职领导干部退出渠道。制定出台《调整不适宜担任现职领导干部暂行办法》。对领导能力有欠缺、人岗不相适或因身体原因不能胜任现任岗位的干部，采取平职交流、改任非领导职务等调整方式。对存在问题较为突出、造成较大负面影响的干部，采取降职、免职、引咎辞职、责令辞职等调整方式。严格执行组织纪律，对拒不服从组织调整的干部，给予免职并按有关规定给予纪律处分。

13. 加强对被调整干部跟踪管理。坚持惩处、教育和使用相结合，形成能上能下的良性循环机制。将被调整干部的学习培训纳入干部学习培训体系，建立日常学习和定期培训相结合的制度，不断提高被调整干部的综合素质。

注意加强对被调整干部后续管理，对在新岗位表现突出，实绩明显，符合选拔任用条件的，按照相关规定，重新担任或提拔担任领导或非领导职务。

五、坚持完善工作机制，形成抓队伍促发展的良好氛围

14. 完善领导工作机制。推进干部能上能下是一项难度大、政策性强的工作，各单位党组织要高度重视，教育引导广大干部切实提高对完善能上能下机制，建设过得硬打胜仗干部队伍重要性的认识。党委（党组）书记要切实履行抓好本地区本部门干部队伍建设第一责任人的职责，切实加强对干部工作的领导和指导。

15. 健全完善考核考察机制。坚持日常考核与专项考核相结合，通过个别谈话、专项考核、领导干部经济责任审计，参加领导班子民主生活会、党员领导干部述职述廉和年度工作会议等途径，了解领导干部的日常表现，加强经常性考核。把领导干部完成重大任务、推进重大项目、应对重大突发事件情况作为检验和考察干部的重要内容，组织开展专项考核。

16. 建立定期分析研判机制。组织部门要把选好干部、管好干部作为首要任务，公道对待干部，公平评价干部，公正使用干部，敢于坚持原则，让好干部真正受尊重、受重用，让那些阿谀奉迎、弄虚作假、会跑会要的干部真正没市场受惩戒。要建立领导班子和干部队伍常态化分析研判机制，为县委选拔任用干部当好参谋助手。

17. 完善监督管理机制。严格执行《关于加强干部选拔任用工作监督的意见》，坚决整治和防止用人上不正之风，确保选人用人风清气正。落实干部监督工作责任，开展干部选拔任用工作评估，提高选人用人水平。坚持以踏石留印、抓铁有痕的力度从严管理干部。

2014 年 4 月 18 日

中共台州市黄岩区委办公室
关于印发《区管领导干部谈心谈话制度》的通知

各乡、镇、街道党委（党工委），区委各部门，区级机关各单位党组织：

《区管领导干部谈心谈话制度》已经区委同意，现印发给你们，请认真贯彻落实。同时，各地各部门根据本制度精神，按照干部管理权限，结合实际制定本单位具体实施办法。

2014 年 12 月 31 日

区管领导干部谈心谈话制度

为进一步加强领导班子和领导干部队伍思想政治建设和作风建设，增进与区管领导干部的思想沟通和交心谈心，及时深入了解干部、准确评价干部、关心爱护干部，不断巩固党的群众路线教育实践活动成果，根据《党政领导干部选拔任用工作条例》、《中国共产党党内监督条例》等文件精神，结合我区实际，制定本制度。

一、谈心谈话对象

区管领导干部。

二、基本原则

1. 实事求是原则。坚持从实际出发，客观公正评价干部，既不因成绩而姑息错误，也不因错误而否定成绩，切实做到对人和对事相统一。

2. 以诚相待原则。坚持开诚布公、坦诚交流，注意倾听谈心谈话对象的意见和建议，营造良好的谈心谈话氛围。

3. 激励关爱原则。坚持以人为本，尊重和关心干部，既帮助干部解决思想顾虑和实际困难，又对干部出现的问题早提醒早纠正，促进干部健康成长。

4. 注重实效原则。坚持突出重点、有的放矢，根据不同的谈话对象和谈话内容，采取不同的谈话方式和方法，切实增强针对性和实效性。

5. 经常及时原则。坚持经常性的定期谈话和有针对性的不定期谈话相结合，善于发现问题，及时告诫、提醒、引导干部，尽量把问题解决在萌芽状态。

三、类型及内容

1. 日常沟通谈话。结合日常工作需要，了解掌握领导班子在贯彻执行上级重大决策部署、推进经济社会发展、执行民主集中制和思想政治建设方面的情况，以及干部的思想、工作、生活、作风、廉洁自律等情况，耐心倾听干部的心声和利益诉求。

2. 职务调整谈话。在干部提拔重用、交流任职、退出领导岗位或退休等职务调整时进行谈心谈话，宣讲有关人事政策和纪律要求，引导干部正确对待进退留转，并注意听取干部对职务调整的相关意见和建议。

3. 考核反馈谈话。结合领导班子和领导干部年度考核、日常考察、换届考察等工作，采取适当形式及时向干部反馈考核考察情况、干部群众反映的问题和意见等，帮助分析原因，端正思想认识，明确努力方向。

4. 提醒帮助谈话。干部在道德品质、履行职责、工作作风、廉政勤政等方面出现苗头性、倾向性问题，或者干部在承担重要工作、外派挂职、工作生活中遇到重大挫折时，及时给予关心关爱，并帮助其疏导思想，理顺情绪，振奋精神。

5. 诫勉谈话。在年度考核、信访或其他渠道发现存在一定问题；在领导班子中闹不团结；重要工作推动落实不力；分管和负责的工作在考核中排名末位或靠后；不严格执行廉洁自律、作风建设等规定，造成不良影响的；受到党纪、政纪处分等情况的，及时进行诫勉谈话，责令限期改正。

6. 其他谈话。根据工作需要，可安排专题谈心谈话。

四、主要方式

1. 集中谈与平时谈相结合。考核反馈谈话、职务调整谈话，结合考察考核和干部调整工作，相对集中进行。日常沟通谈话、提醒帮助谈话等，根据工作需要，安排在平时进行。

2. 主动约谈与接受约谈相结合。建立以区领导和区纪委、区委组织部相关领导主动约谈有关干部和接受有关干部约谈为主要内容的“双向约谈”工作机制。

3. 个别谈话与集体谈话相结合。一般采用个别谈话的形式，但涉及到较多干部调整、需要针对领导班子或领导干部存在的共性问题提出要求等情况时，也可采取集体谈话的形式。

五、主体及分工

1. 区委主要领导每年至少与乡镇街道党委（党工委）书记、区委各部门主要负责人谈心谈话1次；区政府主要领导每年至少与乡镇街道政府（办事处）主要领导、区政府直属各单位主要负责人谈心谈话1次；其他区四套班子领导根据各自工作分工，每年负责与分管和联系区级机关单位、联系乡镇街道的班子成员谈心谈话1次以上。

2. 区纪委领导每年与乡镇街道纪委（纪工委）书记、区级有关单位纪委书记，以及第一、第二、第三纪工委班子成员谈心谈话1次以上，平时可根据工作需要，视情组织日常沟通谈话、提醒帮助谈话、诫勉谈话等其他谈心谈话。

3. 区委组织部领导每年与区级机关各单位、乡镇街道班子成员开展正常性的谈心谈话，其中与乡镇街道班子成员谈心谈话1次以上。

4. 各级党组织主要负责人每年至少与本党组织党员、干部、职工谈心谈话1次。

上述谈心谈话，可结合工作实际和需要，交叉进行。

六、成果运用

1. 要把谈心谈话成果与民主生活会有机结合，使民主生活会能针对性解决一些思想认识、班子团结、工作作风和工作协调上的问题。

2. 谈心谈话成果作为干部调整、加强班子思想政治建设和干部思想政治工作的重要依据。

3. 谈心谈话对象反映的有关情况和问题，区纪委、区委组织部要通过适当方式进行深入了解。

4. 谈心谈话对象反映的涉及其工作和生活的实际困难，要努力协调帮助解决。

5. 对谈心谈话中认定存在的问题，要跟踪了解情况，对没有改正或改正不明显的，及时提出警示，情节较严重的，提出组织处理或纪律处分意见。

七、有关要求

1. 加强组织领导。各谈心谈话主体要高度重视，切实把干部谈心谈话工作摆上重要议事日程，精心组织，科学安排，齐抓共管，形成合力。做好谈心谈话记录，各谈心谈话主体对谈话中了解的重要情况和意见建议应以书面形式及时转交给相关部门，区委组织部要建立谈心谈话台账，及时汇总谈心谈话情况，分析干部队伍思想动态，有针对性地提出加强干部教育、管理、监督的措施。

2. 增强工作实效。谈心谈话双方应提前做好准备，增强谈心谈话的针对性和实效性，保证谈心谈话质量。谈心谈话时既要谈工作更要谈思想，既要谈成绩更要谈不足，不回避矛盾，不谈空话、套话。主谈的领导干部要带头坚持原则，带头讲真话，杜绝一团和气、不敢批评的现象。谈心谈话对象要实事求是地反映情况、汇报思想，虚心诚恳地接受批评、反思不足。

3. 严肃工作纪律。谈心谈话双方及相关工作人员应当自觉遵守工作纪律，增强保密意识，凡涉及信访举报问题、干部隐私等不宜公开的内容，不得泄露。对失密、泄密以及搞打击报复者，按照有关规定严肃处理。

中共仙居县委办公室
关于深化“强基惠民村村帮”工程扎实推进党的群众路线教育实践活动的实施意见

为密切党群干群关系，切实解决好联系服务群众“最后一公里”问题，结合我县行政村规模调整和村级组织换届实际，县委及时对帮扶团队进行重新组合调整，并就进一步深化“强基惠民村村帮”工程提出如下意见：

一、目的意义

在党的群众路线教育实践活动中，组织全县各级领导干部和机关干部下基层、接地气，广泛听取干部群众和服务对象的意见建议，进一步增进与百姓的感情，密切党群干群关系。同时，通过联村帮户的方式，落实“五帮五促”工作要求，引导全县党员干部重心下移，全程帮助指导新一届村级班子开展工作，帮助解决一批基层、群众反映的突出问题，切实增强各级干部做好群众工作的本领，不断推进新村的融合以及村级组织换届后农村的稳定与发展，为全面深化改革创新、大力推进“五化同步”，加快仙居绿色发展、科学跨越提供坚强的组织保证。

二、活动内容

“强基惠民村村帮”工程是我县开展教育实践活动的重要载体，也是进一步巩固行政村规模调整成果和推进村级组织换届后农村新一轮发展的有力抓手。各帮扶团队重点要在村一级开展“五帮五促”活动：

（一）帮理顺关系，促班子和谐

深入分析换届后村班子的具体情况，通过谈心谈话、个别走访等方式，准确掌握新一届村班子的思想状况和个性特点，组织开展新老干部“同心议事”活动，加强沟通协调，帮助新老干部消除隔阂、增进团结，努力形成两委协调一致、良性互动的村级工作运行机制，促进村级班子和谐共事，共谋发展，不断提高村级组织带领群众创业致富的能力。同时，坚持思想教育与组织整顿相结合，协助乡镇、街道切实加强村级班子建设，扎实开展村干部“双层联评”，督促村干部兑现创业承诺和辞职承诺。注重村级后备干部的选拔培养和农村发展党员工作，着力解决村级组织后继乏人的问题。

（二）帮扶优机制，促管理民主

督促落实《浙江省村级组织工作规则（试行）》和《仙居县民主治村十条（试行）》，建立健全各项民主管理制度，有序推进以“四化一核心”为主要内容的村民自治运行机制。全面深化“五议两公开”、村务大事民决、村级民主决策“五步法”、村务联席会议等有效做法，指导联系村进一步规范重大事项决策程序。发挥村务监督委员会的作用，严格执行村级财务管理基本账户、财务收支联审联签、村级行政事务“零招待”、村财务公开等制度，促使联系村财务管理规范化。指导联系村党组织健全完善“三会一课”、党员活动日、远教播放、和谐农村党员责任组、党员“政治生日”谈心谈话、党员先锋指数考评等制度，充分发挥村党组织的战斗堡垒作用和农村党员的先锋模范作用。

（三）帮理清思路，促科学发展

按照科学发展观的要求，充分发挥帮扶单位的职能优势、人才优势、信息优势、资源优势，引导和帮助村“两委”转变发展观念，拓宽发展思路。指导和帮助联系村抓住村庄发展规划编制，着力推动新村融合发展。抓住“五水共治”、“农村环境综合整治”、“黄皮屋整治”、土地流转等契机，通过级差排基、租赁、入股、发展“农家乐”、领办合作社等方式，强化造血功能，拓宽村集体经济来源。大力发展现代农业、高附加值的设施农业、生态农业、休闲观光农业，积极发展生态工业、环保工业和现代服务业，推进“一村一策”，打造“一村一品”，实现村里有致富项目，村民有创业项目，村集体经济有大幅增加，农民年人均纯收入得到快速进展。

（四）帮破解难题，促惠民先行

发挥团队的职能优势，帮助联系村解决一些实实在在的困难和问题。指导联系村深入实施“低收入农户创业增收工程”，落实帮扶政策，强化帮扶措施，有效解决低收入农户增收难题。帮助联系村积极开展“农村危旧房改造”、“美丽乡村建设”，切实解决农民建房难问题；积极开展“百村饮水工程”建设，不断破解群众饮水难问题。指导联系村加强和创新社会管理体制，着力解决农村计划生育、矛盾纠纷调处、信访积案化解、重点工程土地征收等工作中的难题，全面完成农村各项工作任务。根据农村基层群众的需求，组织开展各种形式的送资金、送项目、送技术、送文化、送温暖活动，让群众真正得实惠，提高群众满意度。

（五）帮文化建设，促乡风文明

农村文化建设是推进乡风文明建设的重要切入点，要积极推进文化惠民、文化育民工程，为新农村建设注入先进文化内涵和精神动力。结合农村环境综合治理、新农村建设，帮助开展文明乡镇、文明村、文明家庭、文明社区创建，帮助推进慈孝乡镇、慈孝村创建，加强乡风文明建设，促进农村和谐稳定。积极引导农民摒弃陈规陋习，移风易俗，倡导崇尚科学和文明健康的生活方式，树立“新风尚”。

组织开展群众性文体活动，帮助打造农村文化品牌，弘扬“新文化”。强化法制意识，引导农民以正确的方式表达利益诉求，构建平安稳定“新秩序”。加强传统美德教育，选树孝老爱亲、热心助人、见义勇为、诚实守信等道德模范，传播“正能量”。帮助新建社区、特别是撤村建居社区提升居民素质，培养文明生活习惯，促进“村民”向“居民”的身份转变。

三、活动方式

“强基惠民村村帮”工程以“一村一团”为主要帮扶模式，各乡镇(街道)和县级机关各单位帮扶联系村在村级组织三年届期内，原则上保持不变，因调动、离职等导致帮扶团团长变更的，由各单位按照团长相应职务进行调整(人员暂未到位的由单位主要领导任团长)，并报县委组织部和县委党的群众路线教育实践活动领导小组办公室备案。

(一)整合资源，开展抱团帮扶

在“一村一团”的基础上，将各乡镇(街道)所有帮扶团成员组成一个帮扶团队，联系乡镇的县领导为召集人，集中优势资源，实行多个部门联合，开展“抱团式”帮扶，集中解决新农村建设、“五水共治”、疑难信访积案等单靠基层力量、乡镇资源难以解决的突出问题。拓展组团领域和方式，整合相关职能部门的专业人才，科学组建“五水共治、重点工程、产业发展、美丽乡村、信访稳定、乡风文明”等各类专业帮扶团队，统筹开展定向服务和抱团服务工作。

(二)结亲联姻，定点示范帮扶

开展“结千家亲、办千家事、解千家难”活动，每个帮扶团成员要结亲联姻5～10户农户，可选择困难户、低收入农户、种养殖大户、留守儿童户、党员干部户等不同类型的农户，并按村庄规模划分服务网格，绘制帮扶百晓图，做好网格内所有村民的联系走访工作，帮助解决就业难、看病难、上学难、住房难、行路难、致富难等实际问题。同时，统一制作发放“连心卡”，悬挂“结亲联姻”牌，公开帮扶团成员联系方式和帮扶承诺。县四套班子领导按所联系的乡镇，分别纳入帮扶团，同步开展“结亲联姻”活动，全体乡镇干部要做到联户走访全覆盖，确保“走访不漏户、户户见干部”。

(三)认领心愿，公开亮诺帮扶

建立“认领村心愿”活动长效机制，按“每季一主题”的要求，各帮扶团队要定期深入帮扶村，认真分析联系村存在的问题，深入走访调研，真实掌握行政村调整和村级换届后新村新班子的新思路新愿景，主动认领一批基层干部群众愿望强烈的“心愿”，并结合帮扶村届期帮扶目标和年度工作重点提出帮扶承诺事项。各帮扶团认领的“心愿”项目和帮扶事项要具体实在，要明确工作目标和完成时间，所办的实事好事要让群众看得见、摸得着、感受得到。团队的承诺事项一般应认真听取村“两委会”、党员会议和村民代表会议的意见建议，并进行公开亮诺，同时报送县委组织部和所在乡镇、街道备案。

(四)健全机制，常态长效帮扶

建立“每月进村、每季例会、半年点评、年终考核”工作运行机制。帮扶团每月到村开展工作不少于一次，并且在联系村召开村民会议或村民代表会议、开展重要经济社会活动、重大村务决策、发生重大突发性事件时做到“四个必到”。建立每季例会制度，由乡镇(街道)负责牵头，召集各帮扶团队集中分析交流帮扶工作开展情况，及时研究解决工作中碰到的新情况、新问题。建立团队帮扶工作半年通报点评会制度，以乡镇、街道为单位，由县联系领导牵头，交流工作经验，通报工作进度，探讨疑难问题，优化工作措施。帮扶工作中，各帮扶团员要对照承诺事项，坚持写“心愿日历”和“帮扶日志”，详细记录帮扶情况和履诺进度情况，各帮扶团要指定专人，每月将开展帮扶情况输入“仙居县群众工作网”，做到实时更新，记录详实。县委将“强基惠民村村帮”工程列入县对乡镇部门经济社会目标责任制考核和干部年度考核内容，考核办法另行制定。同时，每年开展“十佳”帮扶团队和“十佳”帮扶干部的评选活动，建立奖优罚劣机制，对帮扶成效显著、群众满意度高的给予表彰奖励，并作为干部提拔使用的重要依据，对业绩平平、群众不满意的，由县委进行诫勉谈话并适时调整。

四、组织领导

各地各单位要高度重视“强基惠民村村帮”工程，精心组织、有序推进、务求实效。各乡镇(街道)要充分发挥牵头抓总、服务协调作用，统筹落实帮扶工作，要注重典型示范，积极开展帮扶示范点的创建工作。各帮扶团队要严格按照县委要求，在乡镇党委统一领导下，认真负责、积极主动并创造性地开展帮扶工作，做到“帮办不包办，到位不越位，帮忙不添乱”。各级领导干部要切实把“强基惠民村村帮”工程作为听意见、转作风、强服务、树形象的主载体来抓，真正把自己摆进去，率先垂范，带头走访调研、带头听取意见、带头认领实事、带头结亲联姻、带头抓好落实，推动形成上级带头、领导示范、以上率下的生动局面。要以良好的作风开展“村村帮”活动，轻车简从，减少陪同，简化接待，不给基层添麻烦、增负担，不影响基层工作秩序。要注重统筹结合，把开展活动与做好当前改革发展稳定各项工作结合起来，与全面深化改革创新、大力推进五化同步结合起来，与抓实“五水共治”、“三改一拆”、“农村环境综合整治”等重点工作结合起来，推动各地各单位全年各项任务的顺利完成。县级各新闻媒体要加强对“强基惠民村村帮”工程的宣传报道，为活动的顺利开展营造良好的舆论氛围。

附件：全县“强基惠民村村帮”工程帮扶团队一览表(略)

2014年3月14日

中共丽水市委办公室
关于深化“双先双创”活动
进一步加强基层服务型党组织建设的意见

根据中央、省委关于加强基层服务型党组织建设和在第二批党的群众路线教育实践活动中进一步加强基层党组织建设的有关要求，结合实际，就我市进一步加强基层服务型党组织建设提出若干意见：

一、深入开展“双先双创”活动，形成有效服务载体

以“双先双创”活动为主载体，围绕“五个服务”和“六有”目标，实施“六大行动”，统筹推进基层服务型党组织建设。

（一）明确“双先双创”活动的总体目标

开展“双先双创”活动，就是要以“岗位争先创业绩、服务领先创满意”为主要内容，引导基层党组织和广大党员，树立岗位争先的理念，努力创一流业绩；树立服务领先的理念，努力创群众满意。力争经过3年至5年努力，使基层党组织服务意识明显增强，服务能力明显提高，服务成效明显提升，在各领域涌现出一大批符合“六有”目标的基层服务型党组织。

（二）全面落实“五个服务”的总体要求

各基层党组织和党员要结合工作实际、岗位实际，落实好服务改革、服务发展、服务民生、服务群众、服务党员的总体要求。要做服务改革的带头人，落实好党的方针政策和改革举措；要做服务发展的领路人，完成好上级交办的任务；要做服务民生的热心人，实现好群众的意愿；要做服务群众的贴心人，联系好广大群众；要做服务党员的娘家人，发挥好党员的先锋模范作用。要通过落实“五个服务”，使党员和群众对基层党组织的满意率都达到90%以上。

（三）实施“六大行动”

坚持分类指导，结合各领域基层党组织的不同特点，实施“六大行动”，开展扎实有效的服务活动。在农村围绕建设美丽乡村开展“致富创业”行动，在乡镇围绕转变干部作风开展“住村联心”行动，在城市社区围绕建设文明和谐社区开展“党员志愿”行动，在企业围绕加强政治引领开展“红领助企”行动，在机关围绕机关效能建设开展“服务发展”行动，在事业单位和社会组织围绕提供优质服务开展“岗位奉献”行动。

（四）深化完善“三大指数”考评管理

要根据当年的工作任务、要求，完善考评内容，细化考评指标，规范考评程序，强化结果运用。扎实推进“五好”服务型乡镇（街道）创建，每年确定一批“五好”服务型乡镇和“五好”服务型乡镇创建先进县（市、区），不断提升乡镇（街道）“服务指数”。深化基层党组织“堡垒指数”管理，完善“五星级”争星晋位工作机制，每年一季度开展对上一年度的星级评定工作。全面实施“先锋指数”管理，范围上从农村向机关、企事业单位延伸，并将“党性体检”指标列入考评内容。根据三大指数考评结果，每年要评比表彰和总结宣传一批先进基层党组织和先锋党员、优秀共产党员，列出一批后进党组织和警示党员、不合格党员，落实教育帮扶和整顿转化措施。

二、加强基层党组织和带头人队伍建设，提高有效服务能力

着眼于进一步提高基层党组织服务群众的能力，通过选优配强班子，加强教育培训，抓好整顿转化，严格干部管理，切实加强基层党组织和带头人队伍建设。

（一）选优配强基层党组织班子

按照精减高效、服务与功能相统一的原则，选优配强基层党组织班子。注重从农村致富能人、专业合作组织负责人、在外创业能人、大学生村官、退伍军人中培养选拔村（社区）党组织班子成员，特别是党组织书记。建立村（社区）和两新党组织书记备案制，县（市、区）委组织部和乡镇（街道）要建立村（社区）和两新党组织书记档案，及时更新变动情况，定期开展班子状况分析。及时配齐基层党组织书记，对党组织书记空缺的要及时报县（市、区）委组织部备案，并在2个月内配备到位；党组织书记工作能力弱，且暂时无法调整的，要及时选派“第一书记”加强力量。开展村（社区）党组织后备人才集中推荐工作，今年底前以乡镇为单位建立后备人才库，确保每村（社区）有2～3名后备人才，其中村（社区）主职后备人才至少1名。两新党组织也要建立后备人才库。

（二）抓好基层党员干部服务能力培训

实行分级负责、分类培训，实现培训全覆盖。市本级重点抓好“四个一百”示范培训，每年培训村、社区、两新组织党支部书记和大学生村官各100名。县（市、区）和乡镇（街道）要制定专门的培训计划，县（市、区）每年至少对基层党组织书记集中轮训一遍，乡镇（街道）每年至少对村（社区）干部和党员轮训一遍，乡镇（街道）党委书记每年至少给村（社区）党支部书记上一次党课。基层党组织书记每年累计培训时间不少于7天。大力推进基层党员干部的技能培训，按照“三农需要什么、党员就学什么”的要求，每位干部每年至少选学一门专业技能，并通过考核认证。要通过上党课、现代远程教育、专题讨论、专家辅导等形式，丰富培训形式，提高培训实效。

（三）加强后进党组织整顿转化

每年结合“堡垒指数”考核和工作任务表现、支部运转情况，列出一批后进党组织进行重点帮扶。村级后进党组织一般要按5%～8%的比例进行排摸确定。对后进党组织，要实行一支部一对策，针对重点问题，提出整转措施，明确整转时限，落实领导责任。后进党组织的名单、整转方案和联系领导要报县（市、区）委组织部备案。县（市、区）和乡镇（街道）要加强整转情况的检查，督促落实好整转任务，并按照整转要求做好考核验收；要加强跟踪管理，经常性地组织开展“回头看”，巩固整转成效。

（四）严格基层干部管理

县（市、区）要制定完善村（社区）干部管理办法，对工作职责、监督管理、考评奖惩等作出明确规定。健全落实村干部坐班、值班或轮班制度，严格执行村干部请销假制度，加强对村干部在岗情况的检查。有计划地组织开展村（社区）等基层干部违法违纪行为专项整治行动，集中整治发生在群众身边的不正之风和违法违纪行为，特别是群众反映强烈的村（社区）干部滥用权力、中饱私囊、作风霸道、欺压群众等问题。

三、全面落实“四有”要求，拓宽多种服务途径

全面落实“四有”要求，落实和深化直接联系服务群众制度，进一步拓宽服务途径，真正实现群众“话有地方说、事有地方办、困难有人帮、问题有人管”。

（一）深化完善“三联三不漏”机制

深化完善市县机关、企事业单位党组织结对帮扶制度，每个单位党组织到少结对帮扶1个村，做到结对联系不漏村、村村有帮扶。深化完善“住村联心”工作制度，乡镇干部要全员住村，每名乡镇干部每周住乡村不少于2夜，每年走访全部农户1次以上，每季走访“三老”人员、离任村干部、党员、村民代表、困难户1次以上，做到住村联心不漏户、户户见干部。认真落实“四必到、四必访”（即有不满情绪必到、有突发事件必到、有矛盾纠纷必到、有红白喜事必到；困难家庭必访、有危重病人家庭必访、“空巢”老人及留守儿童家庭必访、信访户必访）要求，确保每名群众都有党员联系，做到党员联系不漏人、人人得实惠。

（二）全面建立“民情地图”

县（市、区）和乡镇（街道）要全面建立“民情地图”。乡镇（街道）干部要以熟悉村情民情为目的，按照实用有效的原则，逐村逐户建立民情档案。对村情民情要做到“四清”（基本情况清、社会关系清、困难诉求清、服务需求清），做到脑中有图、心中有数，实现提情知人、提人知情。村（社区）基层党组织每半年至少召开一次以上“民主恳谈会”，听取党员群众的意见建议。乡镇（街道）每月至少召开一次民情分析会，对村情民情进行专题研究。全面建立“民情工作室”制度，所有乡镇（街道）都要设立民情工作室，以“两代表一委员”为主体，每月定期接待群众，听取群众的意见和诉求。

（三）建立完善群众诉求响应机制

全面推行“乡会村开”做法，乡镇（街道）要根据群众反映的热点难点问题和党委政府重点工作等，每月梳理出一批议题进行现场办公，在一线解决问题。全面落实“事不过夜”要求，乡镇（街道）和村（社区）干部要坚持轮值制度，全面实行乡镇（街道）干部“每周志愿三小时办事服务”，让群众找得到人、办得了事。抓好“一户一策一干部”和农村指导员工作制度的落实，加强与群众的结对联系帮扶，帮助群众解决实际困难。

（四）建立重大事件应急服务机制

针对发生重大自然灾害、影响社会稳定的群体性事件及重点项目推进等重大事件，基层党组织要建立相应的应急服务机制。具体要求上要做到“五个有”：平时有预案，紧密结合各领域基层党组织的实际，制定详细的应急预案，并加强模拟演练，做到响应快速，行动迅速；事先有提醒，加强重大事件发生前的预警和舆论引导，通过发放短信、上门走访、发布公告等形式，提醒引导群众做好应对准备；事中有服务，第一时间组织党员干部做好劝说动员、疏散转移等应急服务工作，尽力保障群众的生命财产安全；事后有帮扶，及时落实帮扶措施，指导帮助群众做好灾后重建、生产自救等，尽快恢复生产生活秩序；过程有宣传，加强跟踪和挖掘，及时发现重大事件应对中的先进典型，强化正面舆论宣传，凝聚正能量。

（五）进一步理顺村级组织运行机制

全面落实好《浙江省村级组织工作规则》，强化村党组织的核心作用，保障其他组织和机构在村党组织领导下依法依规行使职权。及时指导村级组织将“五水共治”、“三改一拆”等中心工作修订写入村规民约和村民自治章程。认真落实村务联席会议制度，建立健全村民委员会向村党组织定期汇报制度。严格执行村级重大事项“五议两公开”民主决策程序，并指导社区党组织借鉴“五议两公开”完善社区“两委”议事协调机制。全面推广“民事村了”的做法，乡镇（街道）要指导各村（社区）建立“一栏三队”，即：建立“村务群言栏”，主动收集群众的意见建议；组建纠纷调解服务队，及时上门调解纠纷、化解矛盾；组织文明和谐宣传队，围绕党委政府中心工作向群众宣讲政策；组织项目建设推进队，协助做好“五水共治”、“三改一拆”及重点项目建设等工作。要通过“民事村了”，实现小事不出村、大事不出乡镇。

四、构建全方位党建格局，健全完善服务体系

以扩大党组织覆盖为抓手，健全党组织覆盖网络，完善服务体系，构建服务格局，提高服务效能和群众满意度。

（一）健全党组织覆盖网络

按照“哪里有群众、哪里就有党员，哪里有党员、哪里就有党组织”的要求，紧密结合党组织和党员情况的变化，适时调整基层党组织设置；有条件的地方都要成立党组织，没有条件成立党组织的地方，也要实现党的工作全覆盖。特别是对重点领域、重点区域、重点行业和党员人数较多的党支部，要及时优化组织设置。加强区域化党建，可以由街道、社区党组织与辖区内单位党组织共同组建区域性党组织，也可以依托居民区、商务区、开发区（工业园区）等组建区域性党组织。探索建立网络党组织，通过QQ群、微博、微信等开展活动，拓宽阵地，做好党员服务。

（二）健全党组织服务体系

进一步优化整合资源，拓展服务渠道，健全党组织服务体系。充分运用好村（社区）便民服务中心这一服务平台，规范管理，完善功能，提高效能，使其成为党组织服务的重要平台和窗口。扎实推进“96345”便民服务中心和党员服务中心并网建设，积极拓宽党员服务范围。基层党组织要将志愿服务纳入“三会一课”的内容，定期组织开展专题志愿服务活动，每年年初要制定全年志愿服务活动计划，并向党员公告。全年开展集中性的专题服务活动不少于4次。深化机关在职党员进社区报到，推动企事业单位和其它领域党组织在职党员进社区报到。常态化征集“微心愿”，加强对“微心愿”认领和兑现情况的跟踪，实现认领“微心愿”活动经常化、制度化。

（三）全面落实办事承诺制

各基层党组织要在每年年初确定一批实事项目，向群众公开承诺每件实事项目的目标、举措、完成时限及责任人。乡镇（街道）每年要结合重点工作、中心工作和群众反映强烈的事项，提出10件实事，通过乡镇党代会年会确定下来。村级班子每年要围绕新农村和美丽乡村建设、“五水共治”等重点工作，确定3—5件实事项目。社区、企业等基层党组织每年要结合实际，确定实事承诺项目。实事项目的实施和进展情况要及时向党员群众公开，接受党员群众监督，年终要接受党员群众评议。

五、切实加强组织领导，不断强化服务保障

认真抓好基层党组织“一定三有”“三有一化”等政策要求的落实，进一步强化基层服务型党组织建设在经费、场所、政策等各方面的保障。

（一）加大投入保障力度

村（社区）党组织的工作经费和村主职干部、社区工作人员报酬要纳入财政预算。要确保村级组织运转经费每年不少于5万元，社区工作经费每年不少于10万元，乡镇（街道）和工业园区党群活动中心工作经费每年不少于10万元。非公企业党组织工作经费按职工工资总额的5‰～8‰在税前列支。采取企业出一点、党费拨一点、财政补一点的方式，确保非公企业党支部的活动经费每年不少于3000元。各级留存党费的30%以上要用于农村（社区）党建工作，并向村级党组织倾斜。要确保村主职干部基本报酬达到上年度当地农村劳动力平均收入水平，社区专职工作者报酬要达到上年度当地职工工资水平。探索试行非公企业党组织书记岗位补贴制度，对不是企业管理层党员担任党组织书记的，每年给予1000～2000元的补贴。要关心关爱离任村干部，按照不低于当地农民人均收入增长幅度的水平，逐年提高离任村干部生活补助标准。建立村（社区）党组织活动场所建设和维护的投入保障机制，目前无活动场所的村、人口在1000人以上且活动场所面积不到100平方米的村，要采取措施，确保年内全部达到要求。非公企业党组织要有固定活动场所，且有明显标识。进一步规范基层组织活动场所的管理和使用，提高党群活动中心和党员活动室使用效率，避免出现建好不用、用而不管等现象。

（二）加大政策支持力度

全面清理基层牌子多、考核评比多、达标创建多问题，全面清理上级机关在乡镇、村等基层组织设立的临时工作机构、加挂的各种牌子，精简村（社区）的各类台账和材料报表。探索建立健全工作事务准入制度，各级各部门凡未经批准列入的事项，一律不得交由村（社区）办理。大力削减面向基层的各类检查、考核、评比和达标活动。加大对基层党组织和党员的鼓励和奖励，对基层服务型党组织建设成效明显的村（社区），在基础设施建设和重点项目建设立项上予以优先安排；对表现突出的党员，可结合上一年度“先锋指数”考评结果，给予一定额度利率优惠的党员创业信贷扶持。

（三）关心关爱基层干部

进一步关心关爱基层干部，加大从优秀村（社区）党组织书记和大学生村官中选拔乡镇（街道）领导干部、考录乡镇（街道）公务员、招聘事业编制人员的力度。可以探索划出一定的乡镇（街道）事业岗位名额，在本乡镇（街道）优秀村干部、大学生“村官”和有志回乡的大学毕业生中定向招聘。适当提高村（社区）党组织书记在各级党代会代表、人大代表、政协委员候选人中的比例。要注意发现挖掘和树立宣传一批百姓喜爱的好支书，形成重视基层带头人队伍建设的良好氛围。

各级党委要切实加强对基层服务型党组织建设的领导。严格落实基层党建工作责任制，进一步落实县、乡党委书记基层党建工作专项述职评议考核制度，把基层服务型党组织建设作为主要内容，每年组织开展一次专项述职和评议考核。市、县两级党员领导干部都要挂点联系1个以上基层党组织。县（市、区）委要真正重视基层党建，投入足够精力，协调解决党建难题。乡镇党委要狠抓基层党建工作制度的落实，指导基层党组织正常开展活动，结合实际做好“五个服务”。县（市、区）委书记和乡镇党委书记要认真履行第一责任人和直接责任人职责，任期内，县（市、区）委书记要走遍所有行政村，乡镇党委书记要走遍所有自然村。

各级发改、财政、农办、国土、建设、市场监管、税务等部门都要立足职能，加大对基层的支持力度。教育、科技、公安、民政、司法、人力社保、环保、农业、文化、卫生计生、体育等依托村（社区）等基层组织开展公共服务的部门，要强化责任意识，推动重心下移、资源下沉，为基层党组织开展服务提供保障。各行业系统主管部门要加强对本行业本系统基层党组织的具体指导。

2014年9月5日

中共庆元县委办公室　庆元县人民政府办公室
关于推行"一线破难、一线比学"工作机制的实施意见

为深化党的群众路线教育实践活动，进一步改进作风，着力提高服务基层、服务群众水平，经研究，决定在全县推行"一线破难、一线比学"工作机制。现提出如下实施意见：

一、目的意义

推行"一线破难、一线比学"工作机制，是党的群众路线教育实践活动的深化，是改进工作作风、加强乡镇（街道）工作的重要举措，是推动各项工作落实、破解基层难题的实际需要。全县各级各部门要通过"一线破难、一线比学"，认真践行党的群众路线，以加强党员干部队伍作风建设为重点，紧扣重点工作落实及解决基层和群众反映强烈的热点难点问题，推进重心下移、力量下沉，使干部作风得到进一步转变、发展环境得到进一步优化、各项工作得到进一步落实，为打造"寻梦菇乡、养生庆元"提供作风保障。

二、主要内容

（一）拓展"人人在一线、个个挑重担"机制

坚持县领导"六联六促六提升"为主要内容的"人人在一线、个个挑重担"等好制度好经验好做法，动员各级各部门带着问题调研一线，带着对策深入一线。

1. 建立乡镇（街道）、部门主要负责人联系群众制度。乡镇（街道）、部门主要负责人要至少联系3名以上群众代表，通过走访探望、调查研究、定期约谈、定期座谈、日常联系相结合的方式，深入了解民情民意。

2. 加大基层联系服务力度。县领导每月至少安排一次到联系乡镇（企业）现场办公，帮助协调解决问题。部门主要负责人要结合工作职能，每月至少安排两次到基层现场办公，乡镇（街道）党政领导要随时深入基层进行现场办公。

3. 探索重点项目政策处理部门包干办法。大力弘扬"不甘落后、开拓创新、勇于担当、和衷共济"的新时期庆元精神，对事关全县发展大局的重大项目政策处理工作，打破单位职责分工限制，探索实行部门分片包干负责制，将干部放在问题一线、项目一线竞赛，合力推进项目建设。

（二）建立乡镇（街道）工作"月月现场会"制度

着眼推进科学发展，提升基层工作水平，切实破解街道在项目推进等工作过程中存在的困难和问题，及时总结推广乡镇在重点工中的各类经验和做法，推动"破难解忧""比学赶超"，促进各项工作落实。

1. 会议组织：街道工作现场办公会每2个月召开一次，县委、县政府主要领导、街道联系领导、涉及需协调解决问题的分管县领导及相关部门参加；乡镇工作现场推进会每2个月召开一次，在重点工作开展成效明显的乡镇召开，县委、县政府主要领导、相关县领导、相关部门及各乡镇（街道）主要负责人参加。

2. 会议议题审定：街道工作现场办公会需现场集中协调解决的问题及涉及单位，由召开的街道在会议召开前10天整理上报县委办、县府办，并将问题交相关部门研究，由相关部门在会议召开的前3天提出初步解决意见。乡镇工作现场推进会议题以美丽乡村、产业发展、农民增收、"三改一拆"、"五水共治"、基层党建等为主题，由乡镇申报，上报县委办、县府办，由县委、县政府确定。

3. 会议督查：对街道工作现场办公会议定的有关事项，由县委办、县府办及时形成会议纪要，并牵头督查室、效能办做好跟踪督办，办理情况定期向县委、县政府领导报告。乡镇工作现场推进会情况由相关职能部门整理形成会议通报（简报），对涉及需督办事项由督查室、效能办做好跟踪督办。

（三）实行重点工作挂号销号机制

对县委、县政府确定的重点工作和街道工作现场办公会需解决的突出问题，实行交办单制度，明确责任领导、责任单位、完成时限，并实行逐个问题"挂号"整改，逐条目落实"销号"，一个环节一个环节地抓，一个问题一个问题地加以解决。

三、组织保障

（一）加强组织领导

各单位要把推行"一线解忧、一线比学"工作机制摆上重要议事日程，精心组织，狠抓落实，确保落到实处。各级领导干部要充分发挥表率作用，深入一线，摸透实情，科学谋划和安排工作，着力突破重点难点和关键环节，一级做给一级看，一级带着一级干，实现上下同心，步调一致抓落实。

（二）形成长效机制

将推行"一线破难、一线比学"工作机制作为党的群众路线教育实践活动整改工作的重要内容加以贯彻落实，并不断进行研究完善，促进制度科学化和常态化实施，形成长效机制。

（三）强化督查考核

加强对"一线破难、一线比学"工作机制实施情况的督查，并加大重点工作、突出问题落实完成情况复核力度，以实地督查复核直接推动问题的解决。同时，将现场办公会议定的有关事项及重点工作督查办理结果作为各单位年度目标管理考核依据，将乡镇是否召开过现场推进会作为考核加扣分依据。

2014年10月28日

图书在版编目(CIP)数据

浙江政策年鉴.2015/中共浙江省委政策研究室编.
—北京:研究出版社,2015.12
ISBN 978-7-80168-934-4

Ⅰ.①浙… Ⅱ.①中… Ⅲ.①方针政策—浙江省—
2015—年鉴 Ⅳ.①D675.5-54

中国版本图书馆 CIP 数据核字(2015)第 292001 号

责任编辑: 王晚娇 **责任校对:**张 璐 王宏鑫

作　　者: 中共浙江省委政策研究室
地址:杭州市省府路省行政中心 3 号楼
电话:0571—87055076
邮编:310025
出版发行: 研究出版社
地址:北京市东城区沙滩北街 2 号中研楼
电话:010—55602355(总编室)　010—64267325(发行部)
网址:www.yjcbs.com　E-mail:yjcbsfxb@126.com
印　　刷: 浙江印刷集团有限公司
版　　次: 2015 年 12 月第一次印刷
规　　格: 889×1194 毫米　1/16
印　　张: 31
字　　数: 1275 千字
书　　号: ISBN 978-7-80168-934-4
定　　价: 300.00 元